谢建华管理技术文库·质量管理实践经典教材 ③

企业经营管理
结合ISO 9001:2015
应用实务

谢建华 ◎ 编著

·北 京·

图书在版编目（CIP）数据

企业经营管理结合ISO 9001：2015应用实务/谢建华编著．
北京：中国经济出版社，2017.1
ISBN 978-7-5136-4488-4

Ⅰ.①企… Ⅱ.①谢… Ⅲ.①企业管理—质量管理体系—国际标准—研究 Ⅳ.F273.2-65

中国版本图书馆CIP数据核字（2016）第279071号

策划编辑	崔姜薇
责任编辑	张　博
责任审读	贺　静
责任印制	马小宾
封面设计	任燕飞装帧设计工作室

出版发行	中国经济出版社
印 刷 者	北京科信印刷有限公司
经 销 者	各地新华书店
开　　本	880mm×1230mm　1/16
印　　张	49.75
字　　数	1500千字
版　　次	2017年1月第1版
印　　次	2019年9月第2次
定　　价	128.00元

广告经营许可证　京西工商广字第8179号

中国经济出版社 网址 www.economyph.com 社址 北京市西城区百万庄北街3号 邮编 100037
本版图书如存在印装质量问题，请与本社发行中心联系调换（联系电话：010-68330607）

版权所有　盗版必究（举报电话：010-68355416　010-68319282）
国家版权局反盗版举报中心（举报电话：12390）　　服务热线：010-88386794

序　言

改革开放三十多年来，中国涌现了众多的成功企业，他们有着激情与梦想，创业的成功一方面得益于企业家的战略眼光和创业精神，另一方面得益于快速发展的时代。

对于中国企业和企业家，靠"摸着石头过河"的经营方式已经不可能生存下去。因为，一个没有长远发展战略的企业，一个缺乏对市场和环境深刻了解的企业，是注定长不大的企业，是注定要被时代淘汰的。换句话说，不与时代同步的企业和企业家是不可能持续成功的。

也许有人会说，一些企业好像也没有明确的战略，经济效益也很不错，发展得也很好啊。其实，经济效益来自于企业经营管理者全面的思考和对企业的形势所做的充分的分析，并不等于经营管理者真的没有战略，他们只是没有明确地提出何种战略，或者说战略没有写在纸上。

美国通用电气董事长兼CEO杰克·韦尔奇说："我整天没有做几件事，但有一件做不完的工作，那就是规划未来。"

管理大师彼得·德鲁克说："在超级竞争的环境里，正确地做事很容易，始终如一地做正确的事情很困难，组织不怕效率低，组织最怕高效率地做错误的事情。"

而战略就是确保做正确的事，所以成功的前提是战略正确。只有战略正确，细节才会有意义，执行才会有意义。

一个企业的经营战略和目标，构建了企业的发展趋势和蓝图，是整个企业全体人员努力的方向和奋斗的目标，在很大程度上决定了企业未来的发展。在极速变化和竞争激烈的市场环境下，每个企业都面临着生存的危机，具有危机意识和先知先觉的企业方能够立于不败之地，长盛不衰。因此，企业应随时掌握外在环境的变化，如市场的趋势、顾客的需求、竞争者的动态、社会文化的变迁等，并应考量内部环境，如资源的多寡、技术能力、过去实绩状况、优势和劣势等，综合考虑制定经营战略、设定长中短期的目标，根据各项目标展开具体行动方案，这就是企业的经营计划。

企业经营计划是在经营决策基础上，根据经营目标对企业的生产经营活动和所需要的各项资源，从时间和空间上进行具体统筹安排所形成的计划体系。事实上，经营计划是企业围绕市场，为实现自身经营目标而进行的具体规划、安排和组织实施的一系列管理活动。企业经营计划是企业经营活动的先导，并始终贯穿于企业经营活动的全过程。

美国著名管理学家迈克尔·哈默曾提出，对于21世纪的企业来说，过程将非常关键。优秀的过程使成功的企业与其他竞争者区分开来。为什么过程对企业来说如此重要呢？因为过程是一个企业所有运作活动的路径和方式，企业通过执行过程来实现其战略决策和经营目标。所以，过程的优劣直接影响企业运作和管理的效率，进而影响其最终财务效益。同时，利用过程改进可以带来提高产品质量、降低营运成本、缩短作业时间等诸多重要的效果，为企业创造竞争优势。

企业的经营目的就是为顾客创造价值并获得经营绩效，而能够实现这一目的的路径就是企业的过程。华为老板任正非多次说过要重视过程："企业的人是会流动、会变的，但流程和规范会留在华为，必须有一套机制，无论谁在管理公司，这种机制不因人而变。但是流程本身是死的，而使用它的人是活的，需要人对流程的理解。而对流程了解比较多的是管理者，只有他们而不是基层人员，才清楚为什么这样设定流程。"

笔者从事企业咨询管理工作16年来，有幸辅导和参与众多中小企业的经营和成长过程，见证了他们的激情与豪迈，也目睹了众多企业的兴衰。本书正是从企业经营管理的需要出发，强调了企业的愿景、使命和战略目标的重要性，阐述了企业如何谋划战略，如何制订经营计划和目标，如何将经营目标展开到各职能、各层级并贯穿于企业的业务过程中，如何通过对过程的策划和实施来实现组织目标，如何识别过程的风险并策划控制风险的方法以确保管理体系有效运行，如何进行数据统计分析和评价，及时纠正错误并持续改进过程而实现组织绩效等问题。

ISO 9001：2015 标准的发布，为全球企业提供管理的思路、框架和方法。**融合了组织战略、方针、目标、领导力、过程管理、PDCA、风险管理、知识管理、绩效评价、全面质量管理、创新等现代企业经营管理要素的 ISO 9001：2015 标准实际上是一个经营管理系统，而不仅仅是质量管理体系。**

企业在实施 ISO 9001：2015 标准时，应将其与经营战略和目标紧密结合在一起，而不应该将它们看成是两个不同的系统，而切割开来管理。如果说经营计划是企业战略的体现，那么执行 ISO 9001：2015 标准就是具体的战术，它是企业战略目标的展开，并将之分解落实到具体的过程和部门中去实施和控制。

笔者在十多年的企业管理咨询和培训中深切地感受到，无论是集团公司还是中小型企业，虽然实施 ISO 9001 多年，但很多企业的管理方法和质量水平并未有明显提升。究其原因，一是重视不足，很多高层管理者虽然口头上强调，但没有将组织战略和经营计划融入管理体系过程中，缺少资源支持，缺乏监督、检查和考核；二是未能理解标准的核心思想和实施方法，各种规章制度文件繁杂，内部流程不清，运行困难；三是执行不到位，流于形式，缺乏严谨认真、精益求精的工作态度。

当前，受国内外市场环境和国内人工、材料成本上升的影响，无论是制造业还是服务业，利润都日趋微薄，优胜劣汰是必然趋势。当下，正是我们检讨管理的时候，如何规划组织战略，如何厘清和简化内部作业流程，加强设计控制，改进工艺水平，提高质量控制能力，降低不良质量成本，提升过程的有效性和效率，是企业的当务之急。

本书是笔者十多年对质量管理的理论研究和经营管理实践的总结，期望对高层管理者、广大质量工作者、工程技术人员、企业管理干部和广大读者能有一定启发、指导和帮助。本书在编写中参考和引用了很多文献（列于书后），有些信息资料来源于网上，特向这些署名或未署名的作者表示由衷的感谢！

由于章幅所限，很多相关内容未能详尽，加之笔者专业知识水平和经验有限，书中的偏差和不当之处在所难免，诚恳地希望从事质量管理工作的专家、学者及广大读者批评指正，在此深表感谢！

最后，感谢参与本书编写的全体编委会成员，他们是：吴洁、吴虹、王明园、司徒碧雯、彭菲、潘丽燕、刘志江、林国栋、梁幼娇、李林杰、金维科、姜丽莎、方宇安、蔡新权、郑蕾蕾、张珊珊、李翠云、苗建青、成晓云、徐文洪、高艳梅、刘娇娇、张素娟、郭芳芳、吕琦燕、王瑛、赵敏、刘丽、薛灵、苗凤、周敏敏、韩子青、朱兆磊、李康乐、李永强、王凤、张舵、张栋栋、李敏、徐书霞、冯海辉、张素燕、龙秀丽、孙家红、杜晓新、孙玉英、吴磊磊、王传勇、叶国陈、徐承露、任芳、陈小微、余丹娜、马骏、杨敏、姜丽。

谢建华
2016 年 9 月于广州

目 录

开篇案例1　一个小老板的管理故事／1

 小公司如何留住骨干——股权激励／3

 关于授权——放权鼓励／3

 关于招聘——适才适用／3

 老板尽量唱红脸——各负其责／4

 士兵里拔将军——重在培养／4

 公司里的亲戚——尽量不用／5

 不要奢望在公司内部交朋友——制度管理／6

 避免当场做决定——兼听则明／6

 当老板和开车——忌朝令夕改／7

 学会说"不"——坚持原则／7

 政策的制定——利益共享／8

 有些事情越透明越好——增强互信／8

 按时发工资——切勿拖欠／9

 关于涨工资——区别对待／10

 发劳保用品——勿自作聪明／11

 财务制度之签字与凭证——完善流程／12

 关于股份制、分红与年终奖——财散人聚／12

 充分运用科技手段进行管理——防错增效／13

 从结果管理到过程管理——及时解决问题／14

 隔行不挣钱——专注本行／14

开篇案例2　从估值10亿元到轰然倒塌，它为何一夜沉没？／16

第一章　ISO 9001：2015标准的重要理念和主要变化

 第一节　ISO 9000族标准的发展历程／23

  一、国际标准化组织（ISO）简介／23

  二、什么是ISO 9000族标准／24

  三、ISO 9000系列标准的产生和发布／24

  四、ISO 9000族标准的修订和发展／25

  五、与质量管理体系有关的其他ISO标准介绍／26

 第二节　ISO 9001：2015标准的重要理念和主要变化／28

  一、ISO 9001：2015改版的意图和目标／28

二、ISO 9001：2015 与 ISO 9001：2008 标准条款对照／29

三、ISO 9001：2015 的重要理念和主要变化／31

第二章　ISO 9001：2015 标准理解及实施要点

第一节　标准【引言】的解读／47

第二节　标准【范围和规范性引用文件】条款说明／54

第三节　标准【术语和定义】条款说明／56

第四节　标准第 4 章【组织环境】的理解及实施要点／71

第五节　标准第 5 章【领导作用】的理解及实施要点／79

第六节　标准第 6 章【策划】的理解及实施要点／84

第七节　标准第 7 章【支持】的理解及实施要点／89

第八节　标准第 8 章【运行】的理解及实施要点／102

第九节　标准第 9 章【绩效评价】的理解及实施要点／124

第十节　标准第 10 章【改进】的理解及实施要点／131

第三章　企业战略管理和应用案例

第一节　ISO 9001：2015 标准中与"战略"有关的要求／137

第二节　什么是战略管理／137

　　一、什么是战略管理／137

　　二、案例：从"立白"的白手起家体会"战略"／140

第三节　为什么需要战略管理／144

第四节　战略管理的四个阶段／145

　　一、战略管理的四个阶段／145

　　二、战略管理的过程／146

第五节　企业的愿景、使命和战略目标／146

　　一、企业的愿景／146

　　二、企业的使命／147

　　三、企业的战略目标／150

第六节　企业战略分析／151

　　一、企业战略分析的组成／151

　　二、宏观环境分析——PESTEL 分析模型／151

　　三、竞争环境分析——波特五力分析模型／155

　　四、行业竞争力分析实例——空运产业竞争结构分析／158

　　五、内部环境分析／161

　　六、外部环境和内部环境综合分析——SWOT 分析／173

第七节　企业战略制定和选择／178

　　一、公司（或总体）发展战略／178

二、业务（或竞争）战略／186

三、职能战略／191

四、企业制定战略的方法／191

五、战略方案的评估和选择／192

第八节　企业战略实施及控制／193

一、战略实施的阶段／193

二、战略实施各阶段作业说明／193

三、战略实施的基本原则／194

四、战略执行的陷阱／195

第九节　企业战略评价和调整／195

一、战略评价体系／195

二、战略调整／197

三、战略管理失败的原因／198

四、战略规划和战略管理流程／199

第十节　应用案例——加多宝战略管理实践／201

第四章　企业方针、目标和经营计划的制定

第一节　企业方针的制定／215

一、什么是企业文化／215

二、什么是企业方针／215

三、什么是企业宗旨／215

四、愿景、使命、宗旨、方针的对比／216

五、如何制定质量方针／218

第二节　如何制定质量目标和过程目标／220

一、目标以及质量目标的定义／220

二、对质量目标的要求／220

三、如何制定组织目标／220

四、对质量目标的日常管理要求／224

第三节　如何制订经营计划／225

一、经营计划在组织中的重要性／225

二、经营计划管理框架图／225

三、经营计划应包含的基本内容／226

四、战略规划、经营计划、预算之间的关系／227

五、从战略规划分解到中长期经营目标和职能目标／227

六、中长期目标分解为年度经营目标／228

七、年度经营目标分解为年度职能目标／228

八、根据年度经营目标和职能目标展开部门工作计划／229

九、集团企业年度经营计划制订的流程（示例）／229

十、中小型企业经营计划管理程序范例／230

十一、某公司五年发展规划案例／233

十二、某公司三年发展规划案例／242

十三、某中小企业年度经营计划案例／249

第五章　企业风险管理方法和应用案例

第一节　ISO 9001：2015 标准中与"风险"有关的要求／261

第二节　为什么要实施风险管理／264

　　一、有关风险管理的术语和定义／264

　　二、风险管理的重要性／266

　　三、实施风险管理的好处／266

第三节　风险管理的原则和过程／267

　　一、风险管理原则／267

　　二、风险管理的过程和步骤／268

第四节　企业经营风险分析和对策／281

　　一、企业战略经营架构图／281

　　二、企业风险管理过程／281

　　三、企业面对的主要风险及其对策／282

　　四、如何将风险管理融入过程管理／284

　　五、风险管理失败案例分析／292

　　六、风险管理制度范例（适用于经营层级）／297

　　七、风险管理程序范例（适用于作业层级）／303

第六章　企业过程管理方法和应用案例

第一节　企业为什么需要过程管理／311

　　一、当今企业面临的挑战／311

　　二、通过过程管理实现经营战略和目标／311

　　三、过程管理的好处／312

第二节　什么是过程和过程方法／312

　　一、什么是过程／312

　　二、什么是过程方法／314

　　三、过程方法将各相关职能部门有效地联结／315

　　四、基于 PDCA 循环质量管理体系模式的说明／316

第三节　过程类别及其相互关系／317

　　一、企业的三类过程／317

　　二、三类过程之间的关联／317

　　三、过程将顾客、组织和供方三者联结成一条价值链／318

第四节　企业如何应用过程方法构建管理体系／319

　　一、企业的成功来自于优异的过程运营／319

二、如何识别企业的顾客导向过程（核心过程）/319

三、如何识别支持过程和管理过程/321

四、确定过程之间的顺序和相互关系/321

五、确定过程应控制的风险和过程目标/322

六、策划对每个过程的管理方法——过程管理图（过程乌龟图）/325

七、将过程形成文件/326

八、建立过程与部门职责对照表/330

九、过程的实施和监测/331

十、过程的分析和改进/331

第七章 质量管理体系文件编写和实施方法

第一节 质量管理体系文件类型及价值/335

一、质量管理体系文件类型/335

二、文件的价值/336

第二节 质量管理体系文件架构和编写说明/337

一、质量管理体系文件架构/337

二、对质量管理体系文件要求的说明/337

三、文件编写说明/338

四、质量体系文件的评价/339

第三节 新版质量手册编写说明和手册范例/340

一、质量手册编写说明/340

二、新版质量手册范例/341

第四节 过程化程序文件编写说明/361

一、关于程序文件的说明/361

二、过程化程序文件编写说明/361

三、过程化程序文件范例/363

第五节 作业指导书编写说明/376

一、作业指导书是企业质量控制的关键/376

二、作业指导书的编写原则/376

三、作业指导书的编写说明/377

四、作业指导书的参考范例/378

第六节 质量管理体系实施方法/402

第八章 产品设计和开发管理及应用案例

第一节 产品设计和开发概述/407

一、ISO 9001：2015标准对"产品设计和开发"的要求/407

二、新产品开发的重要意义 / 408
三、对新产品开发的要求 / 408
四、新产品研制开发的方式 / 409
五、新产品开发应吸取的经验和教训 / 409

第二节 产品设计和开发的五个阶段及其实施方法 / 411
一、产品设计和开发的五个阶段 / 411
二、产品设计和开发管理的基本原则 / 411
三、产品设计和开发各阶段的实施方法 / 414

第三节 产品设计开发应用程序范例 / 470

第九章 产品设计风险分析方法——DFMEA 技术

第一节 产品设计失效风险的影响 / 489
一、什么是失效 / 489
二、失效给企业带来的后果 / 489
三、不同阶段失效的损失程度 / 489
四、失效对质量的影响 / 490

第二节 FMEA 概述 / 490
一、FMEA 的基本概念 / 490
二、FMEA 的应用和发展 / 492

第三节 设计潜在失效模式及后果分析（DFMEA）/ 493
一、DFMEA 概述 / 493
二、设计 FMEA 的策划和编制说明 / 494
三、DFMEA 案例参考 / 511

第十章 制造过程风险分析方法——PFMEA 技术

第一节 制造过程风险分析 PFMEA 概述 / 515
一、什么是 PFMEA / 515
二、PFMEA 中小组的努力 / 515
三、PFMEA 的编制及完成时间 / 515
四、PFMEA 的注意要点 / 515
五、DFMEA 和 PFMEA 的主要区别 / 516
六、过程 FMEA 的作业流程 / 516

第二节 过程 FMEA 的策划和编制说明 / 516
一、明确过程意图和质量目标 / 516
二、建立过程流程图 / 516
三、PFMEA 分析可利用的其他工具和信息 / 517

四、PFMEA 的分析和编制说明 / 518

五、过程 FMEA 跟踪和维护 / 531

六、过程 FMEA 的联系 / 531

七、FMEA 结果之应用 / 532

八、PFMEA 案例参考 / 533

第十一章 质量控制计划（CP）编制方法和参考实例

第一节 质量控制计划（CP）概述 / 537

一、什么是质量控制计划 / 537

二、质量控制计划涵盖的三个不同阶段 / 538

三、质量控制计划应包含的要素 / 538

四、制订并实施控制计划的益处 / 539

第二节 质量控制计划的编制方法 / 539

一、控制计划栏目说明 / 539

二、制作控制计划需用到的工具 / 541

三、控制方法与控制水平 / 541

四、控制计划的制作流程 / 542

五、控制计划编制案例 / 544

六、控制计划在各阶段的实施和连接 / 548

第三节 控制计划参考实例 / 549

一、以设备设定为主的过程 / 549

二、以机器参数为主的过程 / 550

三、以夹具/输送台为主的过程 / 550

四、以工装为主的过程 / 551

五、以操作人员为主的过程 / 552

六、以预防性维护为主的过程 / 552

七、以部件或材料为主的过程 / 553

八、以环境为主的过程 / 553

第十二章 数据统计分析评价与绩效考核

第一节 监视、测量、分析和评价的策划 / 557

一、ISO 9001：2015 对监视、测量、分析和评价的要求 / 557

二、对监视、测量、分析和评价的策划 / 558

第二节 数据统计分析和评价 / 562

一、各部门目标统计分析 / 562

二、利用统计分析结果进行绩效评价 / 569

第三节　目标管理和绩效考核 / 572
　　一、什么是目标管理 / 572
　　二、目标管理的应用 / 572
　　三、目标管理的特点 / 572
　　四、目标管理的操作方法和实施原则 / 573
　　五、目标管理的优缺点 / 574
　　六、什么是绩效管理 / 575
　　七、绩效考核中的关键绩效指标（KPI）/ 575
　　八、绩效考核设计总体思路 / 577
　　九、绩效考核的维度、考核内容和评价主体设计 / 577
　　十、绩效考核标准的策划和确定 / 577
　　十一、绩效系数等级设定和绩效工资的计算 / 580
　　十二、绩效考核常规流程 / 581
　　十三、绩效管理体系的特点 / 581

第十三章　COP/SP/MP 过程化程序文件范例

第一节　顾客导向过程（COP）程序范例 / 585
　　COP 文件范例 1　市场营销管理程序 / 585
　　COP 文件范例 2　新客户开发管理程序 / 590
　　1.《客户拜访记录表》/ 593
　　COP 文件范例 3　报价管理程序 / 594
　　2.《报价需求单》/ 596
　　3.《产品报价分析表》/ 597
　　COP 文件范例 4　产品设计开发管理程序 1 / 598
　　COP 文件范例 5　产品设计开发管理程序 2 / 598
　　4.《新产品开发建议书》/ 481
　　5.《可行性评估报告书》/ 482
　　6.《新产品开发方案书》/ 483
　　7.《新产品设计开发计划表》/ 484
　　8.《设计任务书》/ 485
　　9.《设计评审记录》/ 486
　　COP 文件范例 6　合约/订单评审程序 / 598
　　10.《订单评审表》/ 601
　　11.《订单更改通知单》/ 601
　　COP 文件范例 7　样件制作管理程序（适用于无设计表任的组织）/ 602
　　12.《下料单》/ 605
　　13.《样件确认记录表》/ 605
　　COP 文件范例 8　生产计划管理程序 / 606
　　COP 文件范例 9　生产加工管制程序 / 609
　　COP 文件范例 10　产品交货管理程序 / 612
　　14.《产品再检通知单》/ 614

COP 文件范例 11　变更管理程序 1 / 615

COP 文件范例 12　变更管理程序 2 / 618

15.《变更申请（通知）单》/ 621

COP 文件范例 13　客户服务管理程序 / 622

COP 文件范例 14　客户或供方财产管理程序 / 624

16.《客户或供方财产一览表》/ 626

17.《客户或供方财产异常反馈单》/ 626

COP 文件范例 15　客户投诉/退货处理程序 / 627

COP 文件范例 16　客户满意度管理程序 / 630

18.《客户满意度调查表》/ 633

19.《客户满意度统计表》/ 634

第二节　支持过程（SP）程序范例 / 635

SP 文件范例 1　文件控制程序 / 635

20.《文件制定/修订/废止申请单》/ 369

21.《文件清单》/ 369

22.《文件发行/回收管制表》/ 370

23.《文件补发申请单》/ 370

SP 文件范例 2　图纸技术资料管制程序 1 / 635

24.《图纸技术资料接收登记表》/ 639

25.《图纸技术资料分发回收表》/ 639

26.《图纸技术资料补发申请单》/ 639

27.《图纸补发登记表》/ 639

SP 文件范例 3　图纸技术资料管制程序 2 / 640

SP 文件范例 4　记录控制程序 / 643

28.《记录保存年限表》/ 646

29.《入箱记录登记表》/ 646

SP 文件范例 5　人力资源管理程序 / 648

30.《人员增补申请单》/ 650

31.《年度培训计划表》/ 651

32.《培训记录表》/ 651

33.《外部培训申请单》/ 652

34.《教育训练履历表》/ 652

35.《特殊岗位人员资格鉴定表》/ 652

SP 文件范例 6　设施设备管理程序 / 653

36.《设施设备新增申请表》/ 657

37.《设备验收报告单》/ 657

38.《设施设备一览表》/ 658

39.《设备日常保养记录表》/ 658

40.《设备维修/保养履历表》/ 659

41.《设施设备维修单》/ 659

42.《设备易损配件清单》/ 660

43.《报废申请单》/ 660

SP 文件范例 7　模治具管理程序 / 661

SP 文件范例 8　工装管理程序 / 665

44.《工装制作申请单》/ 668

45.《工装总览表》/ 668

46.《工装/检具验收单》/ 669

SP 文件范例 9　测量设备管理程序 / 670

47.《测量仪器/设备总表》/ 674

48.《测量仪器收发明细表》/ 674

49.《年度测量仪器校验计划表》/ 675

50.《测量仪器校正通知单》/ 675

51.《通用卡尺校准报告》/ 676

SP 文件范例 10　实验室管理程序 / 677

52.《实验需求申请单》/ 681

53.《信赖性测试报告》/ 682

54.《实验进度管控表》/ 682

SP 文件范例 11　供应商管理程序 / 683

55.《供应商资料表》/ 687

56.《供应商调查评估表》/ 688

57.《样品确认单》/ 689

58.《合格供应商名录》/ 690

59.《供应商定期评估表》/ 690

60.《供应商改善通知单》/ 691

SP 文件范例 12　采购管理程序 / 692

61.《物料申购单》/ 695

62.《退货单》/ 695

SP 文件范例 13　外包管理程序 / 696

63.《外发加工通知单》/ 699

64.《进料检验通知单》/ 699

SP 文件范例 14　仓储管理程序 / 700

65.《产品再检通知单》/ 704

66.《盘点表》/ 704

67.《易耗品安全库存一览表》/ 704

SP 文件范例 15　进料检验程序 / 705

68.《进料检验记录》/ 708

69.《供应商进料品质月统计表》/ 708

70.《供应商品质异常通知单》/ 709

SP 文件范例 16　制程及成品检验程序 / 710

SP 文件范例 17　不合格品管制程序 / 713

71.《不合格品评审（处理）报告》/ 718

72.《返工通知单》/ 719

73.《废品申报单》/ 719

第三节　管理过程（MP）程序范例 / 720

MP 文件范例 1　经营计划管理程序 / 720

  MP 文件范例 2 公司风险管理制度／720

  MP 文件范例 3 风险管理程序／720

 74.《风险识别、分析和评价表》／272

 75.《不可接受风险应对措施表》／277

  MP 文件范例 4 财务预算和控制管理程序／720

  MP 文件范例 5 不合格及纠正措施管理程序／723

 76.《纠正措施处理单》／726

  MP 文件范例 6 数据分析与绩效评价管理程序／727

  MP 文件范例 7 内部审核管理程序／730

  MP 文件范例 8 管理评审程序／734

 77.《内审与管理评审规划表》／737

 78.《管理评审决议事项跟踪表》／737

 79.《会议通知单》／737

  MP 文件范例 9 提案改善与持续改进管理程序／738

 80.《提案改善建议书》／741

 81.《提案改善跟踪表》／741

 82.《提案改善计划表》／742

 83.《提案改善成果报告书》／743

第十四章 内部审核和管理评审的实施方法

第一节 内部审核概述／747

 一、有关审核的基本概念／747

 二、基于过程的审核方法／748

第二节 内部审核实施方法／751

 一、内部审核的流程／751

 二、内部审核的策划／751

 三、内部审核的准备／753

 四、内部审核的实施／758

 五、纠正措施跟踪和验证／765

 六、内部审核报告／766

 七、记录整理和保存／766

第三节 管理评审的策划和实施／768

 一、实施管理评审的目的和意义／768

 二、管理评审的策划／769

 三、管理评审的实施／770

 四、管理评审报告／772

 五、管理评审决议事项的落实和追踪／772

 六、管理评审记录／772

本书主要参考文献／774

图目录

图1-1 单一过程要素示意图 / 33
图1-2 基于PDCA循环的QMS结构模型示意图 / 34
图1-3 QMS的三个目的 / 34
图1-4 QMS的四大理念 / 35
图1-5 QMS的七项原则 / 37
图2-1 PDCA循环应用于整体的质量管理体系 / 51
图2-2 PDCA循环贯穿于各个过程 / 51
图2-3 PDCA循环促进质量提升 / 52
图2-4 风险管理过程图 / 85
图3-1 战略管理过程 / 146
图3-2 企业使命表述的主要要素 / 148
图3-3 企业战略分析的组成 / 151
图3-4 企业外部环境的组成 / 151
图3-5 五力分析模型 / 156
图3-6 波特价值链图 / 165
图3-7 销售成长分析图 / 169
图3-8 细分市场分析图 / 169
图3-9 消费者分析图 / 169
图3-10 市场成功和营销投入分析图 / 170
图3-11 渠道利用和铺货分析图 / 170
图3-12 渠道激励和客户分析图 / 170
图3-13 销售分布和利润分布图 / 171
图3-14 产品型号和生命周期分析图 / 171
图3-15 生命周期销售和利润分析图 / 171
图3-16 产品创新和技术创新分析图 / 172
图3-17 SWOT分析传统矩阵示意图 / 173
图3-18 企业战略层次图 / 178
图3-19 纵向一体化扩展图 / 184
图3-20 "战略钟"分析 / 189
图3-21 职能战略的6个方面 / 191
图3-22 战略评价体系 / 196
图3-23 战略正确性评价 / 196
图3-24 战略实施过程评价 / 197
图3-25 战略实施绩效评价过程 / 196
图4-1 组织的目标层次 / 221
图4-2 经营计划管理框架图 / 225
图5-1 风险管理过程 / 268
图5-2 企业战略经营架构图 / 281
图5-3 企业风险管理过程 / 281

图 6 - 1　企业面临的挑战／311
图 6 - 2　企业战略目标实现／311
图 6 - 3　一个过程图示／312
图 6 - 4　一个过程的例子／313
图 6 - 5　过程的前后衔接／313
图 6 - 6　过程的输入、输出及关联／313
图 6 - 7　过程的输入、输出及关联的例子／314
图 6 - 8　过程穿越职能单位之间的壁垒／315
图 6 - 9　过程将各职能部门指向同一目标／315
图 6 - 10　质量管理体系模式图／316
图 6 - 11　过程形态／317
图 6 - 12　三类过程的关联／317
图 6 - 13　COP 和 SP 之间的关系／318
图 6 - 14　顾客、组织和供方形成价值链图／318
图 6 - 15　过程运营图／319
图 6 - 16　顾客导向过程识别图／320
图 6 - 17　制造业顾客导向过程示例／321
图 6 - 18　支持过程和管理过程的识别／321
图 6 - 19　质量管理体系过程关系／322
图 6 - 20　风险管理融入过程控制／325
图 6 - 21　过程管理图或乌龟图／326
图 6 - 22　采购过程乌龟图示例／326
图 7 - 1　质量管理体系文件架构／337
图 8 - 1　设计开发计划的五个阶段／411
图 8 - 2　串行过程与并行过程示意图／412
图 8 - 3　设计开发计划有效实施的因素／413
图 8 - 4　设计开发的五个阶段／414
图 8 - 5　初始过程流程图示例／434
图 8 - 6　设计开发的五个阶段／439
图 8 - 7　设计开发的五个阶段／454
图 8 - 8　平面布局图示例／459
图 8 - 9　设计开发的五个阶段／463
图 8 - 10　设计开发的五个阶段／468
图 9 - 1　失效的三种情况／489
图 9 - 2　失效给企业带来的后果／489
图 9 - 3　不同阶段失效的损失程度／489
图 9 - 4　FMEA 的时间顺序／491
图 9 - 5　DFMEA 的作业流程图／494
图 9 - 6　设计意图与设计目标／494
图 9 - 7　喇叭方块图／495
图 9 - 8　圆珠笔结构图／495
图 9 - 9　圆珠笔功能图／496
图 9 - 10　自行车失效树形图／497

图 9-11　失效链示例 / 500
图 9-12　严重度判别流程 / 501
图 9-13　DFMEA 的多层次关联 / 510
图 10-1　PFMEA 的作业流程图 / 516
图 10-2　过程流程图示例 / 517
图 10-3　过程 FMEA 的联系 / 531
图 11-1　控制计划在各阶段的实施和连接 / 548
图 11-2　过程流程图、PFMEA 和控制计划之间的关联 / 548
图 12-1　企业目标和绩效管理图 / 575
图 12-2　绩效考核常规流程 / 581
图 14-1　第一方、第二方、第三方审核之间的关联 / 747
图 14-2　审核准则、证据、发现与结论之间的关联 / 748
图 14-3　供应商管理过程图 / 749
图 14-4　内部审核流程 / 751
图 14-5　集中式和滚动式审核计划的区别 / 753
图 14-6　过程关系图 / 754

表目录

表2-1 组织的相关方的需求和期望列表（示例）／75

表3-1 宏观环境分析评价表／155

表3-2 五力分析评价表／158

表3-3 内部资源和能力分析评价表／163

表5-1 风险识别、分析和评价表（参考格式）／272

表5-2 不可接受风险应对措施表（参考格式）／277

表8-1 顾客调查表——营销功能（示例）／416

表8-2 市场营销计划——营销功能（示例）／417

表8-3 新产品可行性分析报告（参考格式1）／419

表8-4 新产品可行性分析报告（参考格式2）／421

表8-5 跨职能小组职责（示例）／424

表8-6 新产品可行性评审（参考格式1）／426

表8-7 新产品可行性评审（参考格式2）／427

表8-8 设计开发总计划（示例1）／428

表8-9 新产品开发计划（示例2）／430

表8-10 新产品设计任务书（示例）／432

表8-11 新产品设计任务书（参考格式）／433

表8-12 产品初始材料清单（格式）／434

表8-13 产品/过程特殊特性初始清单（示例）／436

表8-14 新产品开发保证计划（参考格式）／437

表8-15 产品可制造性和装配设计分析表（参考格式）／442

表8-16 设计评审记录（参考格式）／444

表8-17 产品工程图样确认表（参考格式）／444

表8-18 新设备、工装、试验设备规划表（格式）／445

表8-19 新设备、工装、量具和试验设备开发进度表（参考格式）／445

表8-20 样件制作计划（参考格式）／446

表8-21 样件检验和确认记录表（参考格式）／447

表8-22 试验报告（参考格式）／448

表8-23 设计验证计划（参考格式）／448

表8-24 产品/过程特殊特性清单（示例）／449

表8-25 变更申请（通知）单（格式）／453

表8-26 过程流程图（示例）／457

表8-27 特性矩阵表（示例1）／460

表8-28 特性矩阵表（示例2）／460

表8-29 测量系统分析（MSA）计划（参考格式）／461

表8-30 初始过程能力研究（SPC）计划（参考格式）／462

表8-31 试生产计划（参考格式）／464

表8-32 试验报告（参考格式）／466

表8-33 产品包装评价表（参考格式）／467

表 9-1　推荐的 DFMEA 严重度评价准则／500
表 9-2　推荐的 DFMEA 频度评价准则／503
表 9-3　推荐的 DFMEA 探测度评价准则／505
表 10-1　推荐的 PFMEA 严重度评估准则／522
表 10-2　推荐的 PFMEA 发生频度评价准则／525
表 10-3　推荐的 PFMEA 探测度评价准则／527
表 11-1　控制计划（格式1）／537
表 11-2　控制计划（格式2）／539
表 11-3　产品/过程特殊特性清单（示例）／544
表 11-4　过程流程图（示例）／545
表 11-5　网格件注塑成型的控制计划／549
表 11-6　电路板波峰焊的控制计划／550
表 11-7　汽缸体加工的控制计划／551
表 11-8　金属板冲压的控制计划／551
表 11-9　以操作人员为主的控制计划／552
表 11-10　喷涂油漆的控制计划／552
表 11-11　以部件或材料为主的控制计划／553
表 11-12　以环境为主的控制计划／554
表 14-1　内部审核执行计划（示例）／754
表 14-2　内部审核检查表（示例）／757
表 14-3　内部审核不符合项报告（示例）／764
表 14-4　内部审核不符合项分布汇总表（示例）／765
表 14-5　内部审核报告（示例）／767
表 14-6　管理评审计划（示例）／771
表 14-7　管理评审决议事项跟踪表（格式）／772
表 14-8　管理评审报告（格式）／773

开篇案例1是一个从几个人做起的小公司,发展到百人规模的公司老板的管理自述,公司规模虽然不大,但很有代表性,反映了中国众多中小型企业的成长印记。和中国大多数民企老板一样,这个公司的老板当初凭着创业激情,抓住市场机会,在创业中发展,在发展中探索,在探索中逐步完善。这其中的经验教训,绝对是用真金白银砸出来的。

这个故事中所谈到的20个经营管理问题,对于中国的中小型企业而言,或多或少都存在,没有哪家企业敢说自己一个都没有。

民营企业老板通常是两类人出身:一类是销售出身,另一类是技术出身。在创业初期,他们不懂管理,对管理也不重视,比较看重短期利益,由着性子做事,因此,常常犯下很多决策和管理上的错误。一些企业因此延误了发展的机遇,往往做了十几年还维持在很小规模的水平上,而更多的企业由于缺乏经营管理的经验和方法,在创业中存活了短短几年就夭折了。

> 据普华永道会计师事务所统计,中国中小企业的平均寿命仅2.5年,集团企业的平均寿命仅7~8年。而日本有3146家超过200年的企业,7家超1000年。德国超过200年的企业有837家,荷兰222家,法国196家。
>
> 另据全国工商联对民营企业的调查,占中国经济总量半壁江山的中国民营企业平均寿命只有2.9年。在中国每天有2740家企业倒闭,平均每小时就有114家企业破产,每分钟就有2家企业破产。而日本企业的平均寿命为30年,是我们的10倍;欧美企业平均寿命为40年,是我们的13倍。(资料来源:深圳新闻网,2014-12-02。)

中国企业寿命短的原因当然是多方面的,抛开体制等外部环境因素,企业自身经营问题是导致中小企业衰败的根本原因。

一是先天不足导致发育畸形。

一个人如果先天不足,其一生的健康就会受到影响,企业也如此。短命企业从一开始就缺乏科学的战略规划及着力于长期培养忠诚顾客的理念,他们经营企业只是为了"一夜暴富"。

所以,这些企业领导者关注的不是严谨的市场论证、周密的战略布局、周到的客户服务和先进的公司文化,低素质和不愿革新的经营风格使他们一开始就将企业带偏。

二是心浮气躁导致虚火过旺。

轰轰烈烈的企业都非常注重自己的知名度,脚踏实地来得太慢,他们总是期望以更小的代价在短时间内获利。正因为心浮气躁,才使这些企业好大喜功,以至于他们没有时间去研究自己的得失,没有精力去搞自己的研发,没有兴趣去培养自己的核心竞争能力。

三是不守规律导致昙花一现。

人违背了生存或生活规律,就容易得病,企业也是如此。低龄企业都是违背了生存规律的企业。它们的通病都是太相信奇迹、太崇拜奇迹,总是指望突然间能创造出一个非常好的产品,然后赚大钱,而轻视企业从小到大、由弱到强的发展规律,轻视依靠制度而不是个人能力的企业运营。

四是太过顺利而盲目扩张。

所谓"成也萧何,败也萧何",国内不少企业早年抓住了市场需求的机会发展迅速,便认为自己无所不能,于是便贪大求全,急功近利。如快速成长超过了极限,急剧扩张导致企业组织出现缺陷,管理体系跟不上,以及过度的市场投机心理、频繁的人员流动、过高的广告营销费用、感情化的投资决策、运动式的管理方式等,都可能使企业被轻易击倒。

五是忘记了对风险的控制。

人性的趋利本性和市场的逐利本能往往容易使企业把"做长"的深远考虑暂时搁置或压抑,从而让企业变得短视,过于看重短期利益。同时总想要"做大",而忽略了对风险的控制,不仅"大"没有做起来,反而连"小"命也没了。

六是因循守旧，缺乏创新。

我国中小企业多为劳动密集型企业，技术设备相对落后，甚至有些企业还处于原始的手工操作阶段，产品结构不合理、技术含量不高、产品附加值低，缺乏竞争力。还有一些企业满足于引进设备、仿制产品所带来的短期效益，缺乏自主创新意识，无法跟上市场和顾客的要求，而被淘汰。

七是管理不善。

一些中小企业由于缺乏应有的流程制度和管理体系，管理不善，导致人员流动频繁，质量不稳定，从而质量问题频发，客户投诉、退货，甚至索赔经常发生，物料损耗大，生产成本高，利润微乎其微，最后维持不下去，关门倒闭。

尽管企业的失败有种种原因，如宏观上的政策风险、国内外竞争压力，但从企业本身和组织内部考虑，最重要的一条就是：缺乏工匠精神和管理创新。

什么是工匠精神？工匠们喜欢不断雕琢自己的产品，不断改善自己的工艺，享受着产品在双手中升华的过程。工匠们对细节有很高要求，追求完美和极致，对精品有执着的坚持和追求，把品质从99%提高到99.99%，其利虽微，却长久造福于世。

工匠精神的内涵：

（1）精益求精。注重细节、追求完美和极致，不惜花费时间精力，孜孜不倦，反复改进产品，把99%提高到99.99%。

（2）严谨，一丝不苟。不投机取巧，必须确保每个部件的质量，对产品采取严格的检测标准，不达要求绝不轻易交货。

（3）耐心，专注，坚持。不断提升产品和服务，因为真正的工匠在专业领域上绝对不会停止追求进步，无论是材料、设计，还是生产流程，都在不断完善。

（4）专业，敬业。工匠精神的目标是打造本行业最优质的产品，其他同行无法匹敌的卓越产品。

工匠精神的意义：

2016年3月5日国务院总理李克强做政府工作报告时说，鼓励企业开展个性化定制、柔性化生产，培育精益求精的工匠精神，增品种、提品质、创品牌。"工匠精神"出现在政府工作报告中，让人耳目一新，有媒体将其列入"十大新词"予以解读。古语云："玉不琢，不成器。"工匠精神不仅体现了对产品精心打造、精工制作的理念和追求，更是要不断吸收最前沿的技术，创造出新成果。

工匠精神落在个人层面，就是一种认真精神、敬业精神。其核心是，不仅仅把工作当作赚钱养家糊口的工具，而是树立起对职业敬畏、对工作执着、对产品负责的态度，极度注重细节，不断追求完美和极致，给顾客无可挑剔的体验。将一丝不苟、精益求精的工匠精神融入每一个环节，做出打动人心的一流产品。与工匠精神相对的则是"差不多精神"——满足于90%，差不多就行了，而不追求100%。我国制造业存在大而不强、产品档次整体不高、自主创新能力较弱等现象，多少与工匠精神稀缺、"差不多精神"显现有关。

工匠精神落在企业家层面，具体而言，表现在以下几个方面：第一，创新是企业家精神的内核。企业家通过从产品创新到技术创新、市场创新、组织形式创新等全面创新，从创新中寻找新的商业机会，在获得创新红利之后，继续投入、促进创新，形成良性循环。第二，敬业是企业家精神的动力。有了敬业精神，企业家才会有将全身心投入到企业中的不竭动力，才能够把创新当作自己的使命，才能使产品、企业拥有竞争力。第三，执着是企业家精神的底色。在经济处于低谷时，其他人也许选择退出，唯有企业家不会退出。改革开放三十多年来，我国涌现出大批有胆有识、有工匠精神的企业家，但也有一些企业家缺乏企业家精神……可以说，企业家精神的下滑，才是经济发展的隐忧所在。

开篇案例 1

一个小老板的管理故事

平时管理书看得不少，讲座也听了一些，但IBM、HP等大公司的管理方法，自己公司却用不上。本人在深感烦恼的同时，将日常遇到的问题和处理方法写出来与各位探讨，也许比教科书上的方法更为实用。

首先介绍我的公司的基本情况：员工百人左右，成立十多年，年销售额几千万，问题几百个。

1. 小公司如何留住骨干——股权激励

这些年物价上涨，经营费用上涨，公司利润却未涨多少。每个员工都希望工资大幅增加，但估计90%以上的小公司无法做到这点。有时我这当老板的恨不得将公司门一关，自己拿着钱去炒股或炒房，图个清静。虽说近几年由于给每个员工上五险一金，人均费用每月增加几百元，但员工并不领情，员工只算每月到手多少钱，至于公司的支出则与他们无关。

既然无法让所有人都满意，我就只满足公司20%的骨干。

首先发展骨干员工入股：我将公司股份买一送一，半价销售给骨干员工，五年内退股只退还本金，五年以上退股我三倍赎回。我每年拿出利润的60%分红，有钱大家赚，但股东一旦做了对不起公司的事，加倍惩罚，从股金中扣除。这招还真好使，在近五年里没有一个股东离职，而且公司重点岗位都有股东，省了我不少精力。

为什么不白送骨干员工股份？其实我并不是在乎钱，主要是白给的东西别人不珍惜，而且入股的钱又可作为押金，以防股东做出格的事。另外，员工入股的钱不出五年即可通过分红收回，不投入哪来的产出啊！

2. 关于授权——放权鼓励

记得公司刚有十几个人的时候，全公司我最忙，经常同时接两三个销售电话，还得安排送货、结账、进货，每天来得最早，走得最晚。一次弟弟到我的公司来，看了半天，感慨道："哥我怎么觉得你在养活公司所有人呐？"我当时还挺自豪。

结果公司四五年也发展不大，一直十几个人，而且公司员工感觉备受压抑，没有发展空间。后来我终于明白该放权就得放权，哪怕员工只能做到你的70%。有时候真着急啊，明明能谈下的客户，销售人员就差那么一点谈不下来，恨不得立刻自己冲上去。不过该忍还得忍，不然手下员工如何进步。

小公司发展过程中15人是个坎，50人是个坎，200人又是个坎，管理方法不改进，一般无法进一步发展。老板事事亲力亲为的公司，很难过15人。一个人能力强，可直接管理七八个人，能力一般，则只能直接领导四五个人。

各个国家效率最高的部门就是军队，看看军队的组织结构：一个班十一二个人，除班长外还有一个副班长，三个班一个排，三个排一个连……团长管一千多人，可能只认识其中百十来人。团长看见某个士兵有问题，绝对不会骂士兵，他只会骂士兵所在营的营长，营长则再骂连长，一级管理一级。所以军队尽管有千军万马，依然能做到令行禁止。

现在客户找我买东西，我经常说："哎呀真对不起，价格我不知道，我给您介绍个销售人员，我让他跟您联系吧。"

3. 关于招聘——适才适用

这些年没少招聘，几年前最多时我一下午面试五六十人。刚开始没有经验，每回招人都找最好的，工资2000元的售后服务岗位经常招名牌大学本科生，还要求英语过四级。后来发现，招来的人根本留不住。本来中专生就完全能够胜任简单的工作岗位，找个本科生双方都不合适，只是在写公司简介时比较好看。

另外，面试时应聘人员说的话不可全信，有时对方刚失去工作后比较失落，为得到新工作，他们什么都敢承诺。一次公司招聘商务人员，岗位工资定为3000元左右，一个女孩投简历面试，本科学历，三年工作经验，上份工作工资3500元，我问她工资比上份工作低，能否接受。她毫不犹豫表示没问题。由于她比较适合商务职位，我就录用了她。

半个月后，前任商务和她交接完离职后第二天她也提出离职，理由居然是工资低，搞得公司非常被动。再次招聘我招了个原工资2500元的女孩，她现在还在该岗位，不但干得好，而且对工资也很满意。大部分人对待新工作的职位和待遇都是只能上不能下，能上能下的人太少了。

招人的经验是：宁可漏过一千，不可错招一个。据我的经验，公司招聘时低一档用人、高一档发工资效果比较好。

此外，亲戚朋友能少用就少用吧，这个话题以后我还将涉及。

4. 老板尽量唱红脸——各负其责

每天公司里总有很多事发生，有的应该表扬，有的应该批评。批评和表扬到底该由谁来执行呢？

刚开公司时，找不着当老板的感觉，平素又最烦管人，所以员工有什么问题我很少说。结果公司员工自由散漫，谁也不服谁，工作无法开展。后来我觉得再这样下去实在不行，于是开始板起脸管人。这下子新的问题又出现了，公司里几乎所有的矛盾都集中到我和员工之间，经常有员工当面与我理论是非曲直，这老板当的真郁闷，而我又实在不想当一个声色俱厉的管理者。

后来与日本企业接触多了，发现不少奥秘。日本公司总经理很少骂普通员工，对他们可和蔼了，但他经常当着员工的面训斥中层干部。而普通员工犯错误，则由该员工的直接领导负责处理，当然月底发工资时总经理心里可不含糊。这样，公司不仅管理得井井有条，而且员工心里也比较平衡。

它山之石，可以攻玉。说干就干，咱公司不大，好歹也有几个主管。于是开会明确职责，谁的手下出问题谁自己处理，别什么问题都往我这推。平常我一般只表扬好人好事，鼓励为主，而主管自身犯错时我也很少当众批评，通常是私下交流。没过多久，公司管理顺畅了，我在公司里的形象也大为改观，员工更尊重我了。

有时觉得，老板对于公司有点像古代皇帝对于国家。如果皇帝很贤明而大臣很昏庸，老百姓通常觉得国家还是有希望的，大不了清君侧，换个大臣了事。而如果皇帝很昏庸，老百姓通常觉得这个国家没希望了，开始琢磨造反改朝换代。

咱当老板总不能让公司员工揭竿而起或用脚表态一走了之吧，既然主管和部门经理享受着公司岗位津贴当然，他们就应该为老板分忧，该唱黑脸作恶人时就应当仁不让，而老板一般应保持一个超然的态度，置身于事件之外，旁观者清嘛。不过部门经理需要支持时，只要不是原则性错误，我通常态度鲜明予以支持。

5. 士兵里拔将军——重在培养

公司销售部很长一段时间没有主管，十几个业务员都由我来管，不是我不想设立主管，而是觉得部门里几个骨干能力差不多，没有特别突出的，并且由于行业的限制及所制定的销售政策决定了每个业务员基本上都是单打独斗，合作很少，日子长了大家都变得比较自私。而普通员工比骨干员工能力差得比较多，流动性也比较大，因此销售部一直没有部门负责人。

每天我除了与其他几个部门经理沟通外，还得对销售部的十多个人进行管理，烦死我了。销售部有事与其他部门协调时由于本部门无主管，其他部门经理经常不买账。地位不对等呀，于是又来找我，唉！实在难以忍受，士兵里拔将军也得提拔一个销售部主管。

于是公司制定提拔标准，再根据业绩、能力、与其他同事相处是否融洽等考核标准，终于选出了一个主管，虽然不是很理想，一边干一边培养吧。

一年过去了，这位主管并不十分出彩，但日常事务倒也管得井井有条。原来，到货时需要卸车，销售部公共区域卫生需要打扫，节假日值班安排等头疼的事都需要我亲自指派，有时还得又唱红脸又唱黑脸。现在好了，有主管了，我只要找到销售主管，让他安排就行了。此外如联系厂家安排新产品培训、与其他部门协调等工作我都交给销售主管去做，一年也未出什么大错。看来有个平凡的主管也比没有强呀。人的能力不是天生的，就像蜜蜂一样，刚出生时大家都一样，只要从小喂它蜂王浆，按蜂王培养，它就能成长为蜂王。

6. 公司里的亲戚——尽量不用

这个问题，我只有教训，没有经验。还好，我妻子的工作单位一直不错，是世界500强公司，她对我的小公司没什么兴趣。公司刚成立时，我决定尽量不用亲戚、朋友。后来公司发展到一定规模时，一位外地长辈打来电话，说她儿子（也就是我表弟）毕业一年，在当地我们这个行业的一个小公司当业务员，收入不是很高，希望来北京发展。

我这个亲戚家庭比较困难，其中一个孩子因为特殊情况无法上班，而要来北京的这个表弟我原来见过，现在十八九岁，相当聪明，当时想公司正缺人，用谁不是用，因此我爽快地同意了。

表弟刚来北京时，吃住都在我父母家，年轻人和老年人生活习惯不同，搞得我妈经常找我抱怨。过了一段时间，我将其安排到公司宿舍，算是解决了问题。表弟人很机灵，又会来事，几个月时间就完全适应了公司环境，而且业务完成得很好，提成总在前几名。后来我发现，表弟经常在公司里亮出自己的"特殊"身份，对同事吆五喝六，其他员工对此很不满。

为此我找他谈过几回，他都表示一定改正，不过收效不大。转眼一年过去，表弟在这个行业里已经如鱼得水。这时，表弟找我说他在老家有几个同学，又聪明又可靠，希望带过来一起在公司发展。我想这是好事啊，来吧，照单全收。然而，麻烦开始了。

表弟和他的几个朋友吃住都在一起，互相只说家乡话，公司里除了我谁也听不懂。而且他们虽在不同部门，但被部门主管察觉他们相互勾结挣黑钱。表弟非常聪明，他散布说公司股东之间有矛盾，他是我这一派的，让他的直接主管不要站错队，否则后患无穷。公司不少员工真被他唬住了，过了一段时间，问题才反映到我这来。

公司对待此类问题一向是第一次罚款警告，第二次开除。我和表弟谈了一回，他拍胸脯表示绝不再犯类似错误。没过一个月，又有部门主管向我反映表弟的小团伙在干黑活，而且不但不避讳其他员工，甚至鼓励其他人一起干。我真的很为难，再不管该养虎为患了，我还指望公司做强做大，让一起创业的股东老有所依呐。长痛不如短痛，一咬牙，我将表弟和他的小团伙陆续请出了公司。公司业务为此震荡半年。

表弟靠着从公司带走的客户，现在还在这个行业做，每年也挣不少钱。亲戚、朋友能不用还是不用吧，否则最后连亲戚、朋友也没得做了。

曾经听过其他公司老总讲自己在公司做大后如何对待亲戚的故事。他的五六个亲戚在他创业时不计得失帮他干，做大后亲戚跟不上公司发展步调，且占据高位不好管理。这时，他采取牺牲钱财保全亲情的方法：岁数大的给一笔钱帮其另外创业，岁数小的公司出钱送到国外留学并负担所有开销，读成MBA后帮其再找工作，从而顺利地解决了这一棘手问题。

7. 不要奢望在公司内部交朋友——制度管理

刚当老板时不习惯管人，总觉得公司里应该人人平等，大家都是朋友，有什么事好商量。干了一段时间后，感觉公司里比较混乱，制度形同虚设，犯错误成本非常低，大家平时基本是想干啥就干啥，工资还不能少发。

一天，一个在大公司工作的朋友到我这儿待了半天，走时深有感触地对我说："你这儿的管理要加强啊，在公司半天都看不出谁是老板，员工既不怕你也不听你的呀。"我听后觉得很有道理，但具体怎么做也搞不明白。后来问题终于集中爆发了，公司里贪污现象严重，效率低下，员工觉得没有奔头，几个骨干自己一合计单挑一摊，十几个人的公司跑了七八个骨干，还带走了一半客户。

好在此时我还有另外一个较小的分公司，新招了几个业务员。毕竟我是白手起家，心理承受能力足够强，一咬牙决定重新开始。吸取这次教训，新公司制定了严格的规章制度并做到了认真执行，业务很快有了起色，一年后人员又恢复到十几个，利润也超过以前。

想想还是自己当初心态不对，认为自己的公司应像国有企业一样，人人都是公司的主人翁，人人都平等，大家自觉把事干好。但这只是梦想，公司内部大家所得利益不同，岗位不同，不会有绝对平等。虽然大家人格上是平等的，但岗位、职权、工资、奖金不可能都一样。为什么除了垄断行业外，大部分国有企业都倒闭了？因为国有企业的经营观念管理方法不符合目前的市场经济和社会环境。

世人熙熙皆为利来，世人攘攘皆为利往。当老板就当老板吧，甘蔗没有两头甜，我不再奢望与公司员工做朋友，一切按规章制度来，只要管理好公司，让大家尽量拿到更多的工资奖金，人人都上保险，骨干员工入股共享公司发展成果，对得起自己的良心就完了。老板本来就是个孤独的职业，交朋友就在公司以外吧。

每个稍具规模的公司都有一大本规章制度，但不同公司的管理水平相差甚远，管理公司的关键还在于规章制度是否被认真执行，老板能不能自己认可规章制度并亲自或安排专人监督落实。规章制度执行好了，人员管理就水到渠成，一切按规矩来，老板也不用一天到晚训斥员工。其实，从办公司到现在，我没有骂过任何一个员工，有几次公司员工离职后又回来，原因竟然都是无法忍受新公司老板发脾气骂人。不过我感觉现在我在公司还挺有威信，至少朋友来公司不会说看不出谁是老板了。

8. 不要当场做决定——兼听则明

影视作品、报纸广播里经常有这样的场景：领导干部现场办公或下基层走访，有人民群众扶老携幼、涕泪滂沱地反映当地官员久拖不决的某些问题，领导同志大手一挥，无比激动地斥责那些不作为的贪官污吏，该免职的免职，该法办的法办，几年解决不了的问题五分钟之内现场解决，真是大快人心，爽！

当老板没多久，公司人员渐渐多起来，我的领导欲望也逐渐膨胀，常常脑袋一热手一挥地解决问题。有一回，业务员甲向我投诉，另一个业务员乙恶性竞争抢他的客户，同一单生意故意报低价致使用户未与甲业务员成交，公司也受到利润损失。我一听非常生气，这种极端自私的行为如何能够容忍，于是贴出通知：此担生意，乙业务员不仅没有提成，而且通报批评，所有提成奖励归甲业务员。

后来乙业务员找到我说，该用户他已经跟了半年多，价格型号都基本谈妥，前些天他外出拜访其他用户时，该用户打电话到公司落实细节问题结果甲业务员接了电话，过后甲不仅未转告乙业务员，而且还让用户直接找自己并许诺更多优惠，差点将生意搅黄。我听完后非常诧异，怎么与甲说的完全不一样啊。后又找其他几个业务员核实，结果证明乙业务员的说法基本属实。

通告已经张贴了，这可如何是好？我只好做了一些补救措施，并制定相应规章制度，以避免以后类似情况发生。事后我反思，当初为什么不调查一下再做决定呢？如果乙业务员性格内向些而不找我申辩直接开路走人了，这对公司损失更大，而且会影响其他员工。回想最近经常快速做出的一些鲁莽决定，我非常后悔，遇到问题都要多考虑、多研究。有时候的皇帝金口玉言，说的话不能随便改，今天的公司老板也不能不过脑子、不全面调查就随口做决定，否则朝令夕改，威信尽失。

现在，员工找我解决问题，我一般都说："行，我知道了，等我查一下，几天之内给你回复"。这样，类似错误就很少发生了。看来做事不能只图一时痛快，要全面考虑，职位越高越应避免当场做决定。很多人感觉大公司办事效率低，如果大公司反应都像个体户一样快，很快大公司也就变成个体户了。

9. 感悟当老板和开车——忌朝令夕改

有一年我回老家，坐一个亲戚开的车。亲戚刚拿驾照没多久，是一位实习司机。一路上马路又宽又直，司机的手却在不停地动，左一下右一下，车也在画龙，我坐在副驾驶座上，心里很紧张，系上安全带，嘴里话也少了，脚下直使劲，旁边车道上的车不停地在按喇叭，还好，我们最后安全到达。回想十年前自己刚拿驾照时，已是老司机的弟弟坐我的车也有同样感受，当时我信心很足，根本不理解坐车的人怎么会有这种感觉，现在我方才明白。

总结自己开公司的经验，我也经常犯类似的错。政策朝令夕改，常常我看见别的公司有什么新章程就一拍脑门拿来用，过段时间发现效果不好又推倒重来，弄得公司员工无所适从。原有的提成奖励方法有的已经很好，经过实践检验较为合理，员工也认可，偏偏听完什么专家讲座或看完某本管理书后，不经过深思熟虑并结合公司实际情况就照搬照抄，立刻重新制定政策，结果会计抱怨不好操作，员工抱怨政策不合理，一通折腾后又改回原样。

现在常想，办公司和开车很像，老板就好比驾驶员，车在路上跑，只要在本车道的两条白线内就OK，不必时刻调整方向盘，否则司机累，乘客累，还易出危险，费力不讨好。办公司只要公司在可控范围内运营不犯大错，政策就应稳定执行，保持连贯性，让员工心里有底。小公司老板集权力于一身，没人监督，制定政策更应该小心谨慎，不然公司总在调整，员工缺乏稳定感，不跑光才怪呢。

10. 学会说"不"——坚持原则

中国人好面子，"不"字很难说出口，而老板又是公司的最后一道关口，有时不得不拉下脸说"不"。

我们公司有规定，公司的钱一律不借个人，当然，特殊情况员工可以预支部分工资。前两年，一个骨干员工找我聊天，他问："如果一个员工对公司的贡献是其他人的好几倍，公司会不会借钱给他？"对这个问题我真的很犹豫，想了半天，我说："公司有规定，公司的钱一律不借个人。"他还不甘心，又问："对骨干员工也这样？"。我说："公司对所有人一视同仁，骨干员工可以多拿工资奖金，可以以优惠条件入股，但执行这项规定谁也不能例外。"

随后我问他是不是想借钱，他承认说要买房子想借30万。我很奇怪，告诉他买房可找银行贷款，但这个员工说找银行贷款要付利息和手续费，找公司借钱可以不付利息了。后来我了解到，他已经有一套住房，这次是想再买一套住房来投资。

一年后，该员工因为其他原因离职了。想想当初要是借钱给他，此时还真不好要回来。我回绝了他一回，以后类似情况就好处理了。这些年，公司包括我在内的所有股东买房钱不够都是找银行贷款，没人借用公司流动资金。

有时，经营公司总会遇到特殊情况，但在原则问题上老板一定要站稳立场，规定面前人人平等，所谓"不患寡而患不均"，没有不透风的墙，只要开了先例，以后其他员工就不好管了。

当老板该说"不"时就要说"不"，无论对谁。被人骂得难受时，总比公司歇菜难受一辈子强，有很多公司就因为老板磨不开面子盲目给别人担保或随意借款，结果最后自己公司倒闭了。当老板不对自己的公司负责，别人是不会为你着想的。

11. 政策的制定——利益共享

经过几年的努力，公司终于拿到某个著名品牌在北京的代理权，我非常高兴。为完成该品牌在北京的全年销售任务，公司召开销售会议，在会上我给销售部每个员工详细布置了任务，订好全年的销售目标。

三个月过去了，公司代理品牌的销量未能达到年初制定的季度销售目标，什么原因呢？公司整体销售不错呀，难道是业务员不擅长销售主打产品？销售培训没跟上？

偶然听到的业务员之间的对话让我解开了谜团。

一天下班后，我正准备离开，听到门外两个业务员在聊天。

甲业务员："今天你卖得不错呀，一单就走了50000多。哎，你为什么不推咱主打产品呀？"

乙业务员："顾客用惯了另一个牌子，再说卖那个牌子利润多500元，我的提成不也能多100元嘛。"

原来如此。按说乙业务员不仅是公司骨干，还是公司小股东，他尚且如此，更别说其他业务员了。

我开始反省，错误还在我。卖主打产品虽说有时眼前利润可能稍小，但如果考虑售后服务成本及完成任务后厂家的各种促销支持，还是利大于弊的，关键是员工并不关心这些，他们只关心自己的收入，这还是因为公司的销售政策没定好。

第二天，我重新制定了销售奖励政策，向主打产品倾斜，凡销售主打产品不光有利润提成，还有流水提成，而每季度销售员如不能完成主打产品流水任务将影响其该季度的季度奖。政策一改，立竿见影，当年第二季度主打产品销售目标顺利完成。

一般来说，公司员工的利益与公司老板的利益是不一致的，二者经常会有冲突。指望公司员工牺牲个人利益去成全公司利益基本上是天方夜谭。但老板有老板的优势，老板是公司政策的制定者，他可以利用人趋利避害的本性制定政策，将公司员工利益尽量与公司利益统一起来，让二者一荣俱荣，一损俱损。这样根本不需要做思想工作，员工自己就朝着老板希望的方向使劲了。就像古代大禹治水一样，疏导为主，堵塞为辅。

一个明智的政策必须符合人的本性，所有假大空的言论都应该被摒弃。有些领导在台上给员工做报告、讲大道理，说的话有时自己都不信，现在谁比谁傻呀，无利可图，政策不对头，再讲大道理也没用。20世纪农村实行土地承包制改革，一包就灵，归根到底还是因为政策终于符合人的本性了。

12. 有些事情越透明越好——增强互信

但凡老板公布各种销售政策时，基本都会对商品的实际成本有所保留，无论是对公司员工，还是合作伙伴或下级经销商，老板一般都不交实底。2006年，我们因业务发展需要在北京周边的一个城市设立分公司，分公司是采取收购当地一个合作伙伴部分股份，我公司派驻骨干员工的形式开办的，当地合作伙伴公司的老板马总继续当总经理，负责日常经营。

由于对方是一个成熟的盈利企业，所以不用担心新开公司第一二年会赔本的问题。当初决定合作时大家商定：分公司作为我公司所代理某项产品在当地的唯一经销商，享受我公司从厂家进货相同底价及促销政策，接受总公司业务指导，年底双方按股份比例对分公司利润分红。

一切走上正轨之后，我将与分公司合作的各项业务交由公司管理渠道的副总经理老何负责，直到年底，相安无事。

第二年，矛盾出现了。由于分公司从总公司进货需要开增值税票，而且每次都需总公司派车将货物从厂家库房提出送到货运站再发至分公司所在城市，这就会产生很大一笔物流和税务方面的费用。

老何考虑到费用没地方出，于是在新的一年给分公司发产品报价及厂家政策时暗自留了2%。没有不透风的墙，分公司马总在行业里经营多年，与全国各地经销商都有联系，不到一个月，他就看出了老何所提供的销售政策有问题。在一次厂家的销售会议上，马总找老何对质，老何当然极力掩饰，两人几乎翻脸。

马总对老何彻底失去信任，直接找到我，提出这个问题如不解决，双方无法继续合作。

我好言安抚，将与厂家签订的本年度代理协议原件拿出，同时将从厂家库房提货及发货的费用、资金占用费用、仓储费、开发票所需交的税费等详细列了清单逐一计算，计算结果大致为流水的2%。马总看完后顺了气，坦言只要在厂家销售底价及政策上对他不加隐瞒，这2%的费用他完全能够理解并接受。我接着承诺，利用双方合作销量大的优势向厂家申请更多额外的销售支持，一定让分公司享受到比自己做更优惠的价格及政策。马总满意而归，一场纠纷烟消云散。我想，其实合作伙伴所要求的只是知情权，一个平等了解厂家真实销售政策的权利。

在通信极其发达的今天，那种城南布头便宜两毛、城北半个月不知道的情况再也不会出现了。只要不涉及个人隐私、不影响公司根本利益，我公司各项事务基本都是透明的。商品的底价向所有业务员公开，只是事先向他们说明物流、仓储、税金等各项费用的计算摊销方法，规定销售最低价，其他一概由业务员自己做主，这样不仅增强了员工与公司的相互信任，而且简化了很多销售中间环节，提高了员工的反应速度。

13. 按时发工资——切勿拖欠

其实这一条是当老板最应该做到的一点。估计每一个老板都不会反对这一点（至少在口头上不会反对），但实际情况是很多公司做不到这一点。公司在日常运营时，经常会遇到资金紧张的情况，如做工程甲方压着工程款未能及时支付，银行贷款到期需立即归还等，这一切对于老板来说都是未能及时发工资的充分理由。老板通常这样想，又不是不发工资，只不过稍微晚几天，公司资金紧张，员工应该理解。

然而，真实情况是，无论有何理由，对于不按时足额发工资，员工都无法理解。员工的工资不是老板赏赐的，而是他辛苦劳动所得，也许他正等着到日子拿工资交房租、还月供或支付孩子的学费。不能及时领到工资，员工可能马上就会面临生存问题。正常情况下，老板兜里的钱总比员工活分些，所以老板经常想当然认为员工晚拿几天工资没关系，是不正确的。

那么，如果碰到资金紧张的情况该怎么办？一般情况下，做生意应量力而行，有多少本挣多少利，不行就找银行贷款。如果从银行贷不到款，也可在公司内部或亲戚朋友间集资，讲明用钱的地方，谈好借款期及利息，大部分员工对于公司有把握的业务还是愿意参与的。到月底实在发不出工资，如果公司还想继续做下去，老板还是把私房钱拿出来吧，还不够的话，就把房子车子先典当了，资金周转过来再赎回。

拖欠工资这事容易反复发生，有一回就会有第二回，只要资金一紧张老板就会用拖欠员工工资来缓解，结果员工对公司和老板的信任荡然无存。调查表明，员工对于公司最无法容忍的就是拖欠工资，这也是某些企业人员流动的最主要因素。

14. 关于涨工资——区别对待

提起这个问题我就头疼，这两年物价上涨厉害，通货膨胀率很高，垄断行业及国家公务员纷纷大张旗鼓地涨工资，公司员工也不时议论纷纷，经常问我："老板，咱什么时候涨工资呀？"

我也想给大家涨工资，但我们所在行业销售的产品偏偏每年都在不停地降价，利润空间越来越薄，而且由于需要给每个员工交五险一金，公司的用人成本每人每年比几年前增加了近万元，只不过增加的部分没发到员工手里，一般员工看不见。唉，"地主"家里也没有余粮啊。

管理书上经常说：要给员工树立远大理想，创造发展空间，制订个人职业规划，分析公司现状及长远规划，激励团队精神，激发员工士气。通过这些年的实践，我发现要完美做到以上几点真的很难，我自己也不善言辞，给员工做报告更不是我的长项。再说光有精神力量而缺乏物质奖励，是管得了一时管不了一世的。

除股东外的大部分普通员工对于公司的经营困境并不了解，员工认为公司经营不好是老板没本事，我的工资该涨还得涨，如果涨不到我满意的程度，那么我就用脚投票，只要找到比现在收入高的职位就拜拜走人。

既然这个问题回避不了，就得想法解决。根据二八法则，公司80%的利润都是由20%的骨干员工创造的，因此公司的首要问题就是留住这20%的骨干员工。给20%的员工涨工资公司还是负担得起的。另外80%的普通员工工资可根据工作年限适当调整，多做思想工作，如果还不行就一切随缘吧。通过近几年的情况看，85%的骨干员工比较稳定，公司经营没有产生大的波折。

公司有一个部门共有三名员工：张师傅、王师傅、李师傅。来我公司前，三人全是国有企业下岗职工。其中，张师傅来公司六七年了，比较踏实肯干；王师傅来公司四五年，中规中矩；李师傅来公司两年，工作中有时爱偷懒，经常发牢骚。这天，李师傅找我说："经理，我们部门工资好久没涨了，师傅们平常工作都很辛苦，您看是不是意思意思，工资往上涨涨，要不该影响工作积极性了。我跟几位师傅合计了一下，想找个时间和您一块儿开个会讨论一下。"

我一听明白了，李师傅私下准做好了部门其他人工作，想要一起向我发难呢。此风不可长，否则公司人人都学他岂不乱套了，再说该部门平均工资在同行业里已高于平均水平。于是我回答道："这两天我很忙，要不后天下班咱们开个会吧。""好嘞。"李师傅笑了。

第二天，我找了个机会将张师傅叫进办公室，先聊了聊家常，对他的日常工作予以肯定，然后对他说鉴于他工作一向比较努力，从下月起每季度给他单独增发一部分季度奖，但这额外奖励只有他一人有，希望他保密，最后问他对该部门现有工资的看法。

他说："经理，其实我觉得现有工资也差不多了，当然对于工龄长的老员工稍微有点低，您给我涨了季度奖后我就很满足了，我保证好好干！"

下午快下班时，我又将王师傅叫进了办公室。同样，先聊了会家常，然后我对王师傅说："今年公司盈利方面比较困难，可能暂时无法涨工资。由于业务量下降，你们部门估计很快需要精简一个人，另外两个人会比较忙一些，公司在年终奖上会有所考虑，对留下的二人适当增加。你对此有什么好的建议？"

王师傅考虑了下说："经理，我明白了。我觉得目前的工资还行，涨工资的事等公司利润增加时您自然会考虑。我没的说，该怎么干还怎么干。"

第三天下班时，会议如期举行。

首先，李师傅先发言："经理，我们三个师傅商量了下，都觉得目前的工资水平比较低，公司是不是考虑给涨涨，要不该影响大家工作积极性了，对公司也不好。"

我说："目前的你们部门的工资在同行业里已经算比较高的，今年市场环境不好，公司正在调整，又上了新的项目，估计利润会比去年少一些，希望大家克服一下，等公司利润增加后大家工资都会增加。"

李师傅很不高兴："经理，公司利润的事是公司经理考虑的事，跟我们没关系。一个公司利润下降是老板没本事，员工工资不应受影响，该涨还得涨。再说我们出来打工不就图个挣钱吗，发多少钱我们就干多少活，是不是二位师傅？"李师傅转头问其他人。

张师傅和王师傅什么表情也没有，一言不发。

会议又进行了20分钟，基本是我解释几句，李师傅慷慨激昂几句。突然，张师傅说："经理，我想起来了，我还有一个活今天必须干完，我得马上走。"

"行，辛苦了，您去吧。"我回答。

"经理，"王师傅趁机也说，"我闹肚子，得去上个厕所。"

"去吧，去吧，上厕所能不批吗。"我说道。

最后，只剩下目瞪口呆的李师傅坐在会议桌前。

15. 发劳保用品——勿自作聪明

公司刚成立时，我学着国有企业那一套，时不时在过节时发点劳保用品、饮料食用油之类，每回公司派车采购回来，乱哄哄一阵忙，员工每人拿到手后有的用自行车驮，有的打车，还有的零打碎敲往家拿。后来公司人员逐渐增多，业务也忙了，就逐渐停止发劳保用品了。

有一年春节前我去一个朋友公司拜访，正赶上他们过节前发东西，每个员工两大捆卫生纸，一小桶食用油，几大桶可乐，一箱芦柑。十几个员工每人前面一小堆，不少人正发愁怎样往家拿，打个车吧不值，坐公共汽车吧又拿不了。

我进了朋友办公室，他正在算账呢。见我进来嘿嘿一乐，对我说："看我们公司热闹吧，正发过节的东西呢。"

我问他："发那些东西干嘛，又不好拿。"

朋友故作高深地对我说："这你就不明白了吧，我过节发这些东西让员工拿回家，员工家属一看就觉得咱公司福利待遇好，员工多有面子啊，这些东西摊到每人头上才100元，看起来又一大堆，多合算呀。"

我又问他："你公司员工不一直嚷嚷要上劳动保险吗？有钱你还不如把保险给员工上了。"

"谁上那个呀，每人每月公司要多负担好几百元。"

节后，朋友公司的业务骨干走了不少。

后来，我公司招聘，应聘人员中就有一个曾经在朋友公司干过。

我问他："你为什么离职呀，原来公司不是挺好的，过节还发东西呢。"

他不屑一顾："就那点东西，加起来也就百十来块，蒙谁呀。劳动保险不给上，年底奖金不兑现，老板算得也太精了。"

听了这话，我不禁汗颜，早几年发劳保用品时我内心深处也想着能省点奖金什么的，那时员工私下不定怎么发牢骚呢。

现在这社会，谁比谁傻呀，老板知道卫生纸不值钱，员工一样也知道，商品供过于求，超市要啥有啥，明码标价。当老板的做决定时最好还是站在员工角度考虑考虑，这样才能尽量少犯低级错误。否则，总觉得自己比别人聪明，早晚要摔跟头。

16. 财务制度之签字与凭证——完善流程

几年前的一天，我正在座位上改广告稿，忽然听到财务室传来争吵的声音，一会儿，出纳小丽与业务员小马脸红脖子粗地走到我面前。小马说："上周五我把一张3000元的支票交给小丽，今天会计又让我交货款，我说交给小丽了，可小丽不承认。"

小丽委屈得直掉眼泪："我根本就没收到那张支票，我刚翻遍了所有的票夹，又查了银行对账单，根本就没有。"

小马说："我明明放到小丽桌上，怎么会没有呢？"

小丽说："经理您可以问问财务室的人，他们都能证明我绝对没收过小马的支票。"

一场糊涂官司，吵得我头都大了。

我说："再去财务室仔细找找，墙角、柜子、桌子底下都翻翻。"

十分钟后，财务室传来一阵欢呼，支票在两张桌子的夹缝中找到了。

这件事对我触动很大，财物流程还有漏洞，万一这张支票找不到，算谁的责任？真让我判断，我也无法决定。一直以来，公司对现金的管理比较严格，凡业务员交回的现金，都由当班出纳现场收好并验明真伪，然后开具现金收据交给业务员，收据上写明金额、交款人、客户名称、日期，并由交款人签字确认。业务员将收据的一联交给会计做账，会计每天根据现金收据对公司现金结存进行盘点。这些年现金方面从未出过差错，但公司对支票的管理相对松懈，一般就是由业务员交给当班出纳完事。

在这件事发生以后，公司立刻修改流程，规定凡当班出纳收到业务员交回的支票后，必须在业务员工作单上签字确认，而业务员事先也须在工作单上注明所交支票的支票号及金额，如有纠纷，随时备查，这样一环套一环，责任明确了，就很难再发生类似纠纷了。

总结这些年的教训，我觉得办公司，财务制度一定要健全并严格执行。公司大了，人员素质参差不齐，如果财务制度上有漏洞，难免有人会加以利用并非法得利，这样不仅公司利益受到损失，而且起了一个坏的带头作用，其他员工会觉得自己不利用公司财务漏洞就是吃亏，如此下去公司风气越来越坏，老板到时哭都来不及了。千里之堤溃于蚁穴，任何小的财务漏洞都应及时弥补。

同时，原始凭证亦极为重要，好脑子不如烂笔头，谁也不可能记住半年、一年前每一笔花销的细节，而一张规范的原始凭证正好可以弥补这一点。财务制度及规范自有其存在的道理，有时看起来连老板的自由也被限制了，但财务人员是否配齐，财务制度是否健全正是做企业和干个体户的重要区别之一。当我们从单干或夫妻店发展到三五个人的时候，建立合理的财务制度是无论如何也绕不过去的。可惜当初自己比较愚笨不懂这些，也没有人给我指点迷津，所以创业之初我走了不少弯路。

17. 关于股份制、分红与年终奖——财散人聚

各公司搞股份制的方法各不相同。上市公司的股价怎样计算、怎样转让我也不太明白，估计大家都得考虑公司固定资产、流动资金、年盈利能力、无形资产、市盈率、负债率等几方面吧。

我公司员工入股，无形资产、市盈率等都未计算在内，老板让利，员工实实在在得到实惠，我们只算公司的净资产。每年年底会计出张报表，列清楚公司的固定资产、流动资金、应收应付、待摊折旧、当年利润、费用税金等，明明白白，对于希望入股的骨干员工全部公开。因为员工对我十分信任，大部分人连报表看都不看，只要明白公司净资产值多少钱、投资入股后每年大概的分红比例和增值比例就满意了。

当然，正规的方法是应该让第三方会计师事务所进行资产评估并出具报告，但员工都认为没必要，我也就乐得省事。员工入股后，公司给每个人一张收据，写清楚该员工出资金额，再与每个股东签订一份入股协议，写清楚员工实际出资金额、占公司总股份的百分比、每年分红方案、双方权益责任、退股方法等，双方签字盖章，各留一份，一切OK。5年后员工如想要退股，我们定的是按当时公司净资产计算股价赎回或者按员工实际投资额的三倍赎回。现在公司第一批股东入股时间早已超过五年了，由于公司发展不错，还未发生退股现象。

入股时我发现一个现象：销售部员工入股最积极，财务部员工入股最消极。这大概与两个部门员工日常工作性质与看问题方法有关吧。销售人员做事总是比较积极、冲动，容易只注意事情有利的一面，忽视不利的一面；财务人员做事比较谨慎，看问题容易忽视积极的一面，只看到消极的一面。所以，每当公司做重大决定时，我经常同时听取这两个部门的意见，并权衡协调。

牛根生说的好："财聚人散，财散人聚。"将公司股份分一部分给员工，不仅留住了人才，而且还能激励员工更好地为公司工作。因为，给员工股份的同时，也赋予了员工相应的责任，当老板将公司50%以上股份分给公司员工时，他一定感觉到肩上的担子轻了不止50%。其实，公司老板并不一定要占公司50%以上股份，如果其他小股东每人所占公司股份比例都不到5%，那老板股份只要占到公司总股份的20%~30%就已经是公司的绝对大股东了，当老板总不至于当到公司所有小股东都团结起来反对你吧。

前些年，我每年将公司当年盈利的30%用于分红，虽然总数不少，但对于小股东来说，有些不疼不痒。近两年我听取他人建议，由于一方面目前公司自有资金足够支撑日常运转，另一方面最近通货膨胀率太高，我索性将年底分红的比例提高到当年净利润的60%，消息一公布，公司小股东都很欢迎，一些原来犹豫的员工也纷纷向我打听入股的事。

从前，年终奖一向是我亲自分配，现在公司人多了，我不可能了解公司每个员工在这一年里的工作细节，因此，公司就根据当年效益确定年终奖总数，我再根据年终奖总数及各部门贡献和部门人数按比例分配到各个部门，让各部门经理与人力资源经理参照考核标准分配给每个员工，最后，我只要根据每个部门这一年的工作业绩评定部门经理的年终奖就可以了。

以前财务都是将年底分红与年终奖作为费用在第二年按月摊销，方法不是很科学，现改为当年按月计提，每月在利润中将这部分费用预留出来，这样年底发奖金时就能做到心中有数，每部门在计算年终奖总数时也有依据了。

18. 充分运用科技手段进行管理——防错增效

现代科技日新月异，解决了不少管理上的难题。

之前考勤打卡管理，公司员工上下班时拿自己的考勤卡在打卡钟上打印个时间，月底人事部统计一目了然。可随后出现了代打卡现象，关系好的员工互相帮忙代打卡，虽然公司每回抓着代打卡的都会处罚，但仍屡禁不止。

后来指纹技术渐渐成熟，公司只花几百元买了一个指纹考勤机就彻底解决了以上问题。

随着公司销售网点逐渐增多，办公地点越来越分散，管理起来也日渐复杂。有时某种商品甲销售点积压半年卖不出去，乙销售点接着用户订单又重新进货，销售点之间信息沟通不畅。

四五年前，公司花重金购买了网络版财务软件，使公司各销售点之间、北京总公司与外地分公司之间做到了实时沟通。公司所有库存商品一目了然，每个业务员的每笔业务随时可查，应收应付账款明明白白，各类报表随要随有，我再也不用老问会计：现在库存多少？账上还剩多少钱？某月销售额多少？只要有台能上网的电脑，无论何时何地，动动手指头，我所需要的数据立即就会出现在眼前。

最近为了提高售后服务部门的服务质量，减少与客户的纠纷，公司在集团电话上加装了录音卡，每天所有的呼入呼出电话全部录音，售后服务部门的客服人员定期开会听电话录音，分析每人接电话的优缺点，大家一起讨论提高。过了一段时间，我发现，不仅客服人员接电话水平有所提高，而且公司电话费也节省不少，可能是因为电话录音后员工不好意思再用公司电话打私人电话了吧，真是一举两得。

运用科技手段管理公司，不仅效率大为提高，而且能尽量避免各种人为因素引起的偏差。现在人工成本越来越高，购买先进设备代替人来完成工作，对公司来说是个节省成本的好方法。

19. 从结果管理到过程管理——及时解决问题

一直以来，公司基本上采用的都是结果管理，每年年初定好这一年的各项任务指标，然后再把公司总的年任务向下分配到各个部门，部门继续向下分配到每个人，每个人将一年的任务参考上一年的历史情况细分到新一年的每个月，公司依据每人每月的任务制定考核标准。每月月初财务部汇总计算出上月每个员工的实际完成任务量，将报表交到部门经理和总经理处，经理研究完上月报表再制定新的政策，并对未完成任务的员工进行个别辅导或调整。

以上传统方法按部就班，比较可行，但由于目前竞争越来越激烈，市场变化加快，公司原有的管理方法有点跟不上竞争对手的节奏。如果问题在本月初出现，下月初才能反映到报表上，经理根据报表修改销售政策再开会布置下去，40天已经过去了，有时候40天足以把小问题拖成大问题。

前一段时间了解了戴尔对销售部的管理方法，戴尔刚开始也是对销售人员进行一月一考核，然后改为一周一考核，最后改为一日一考核。每天晚上，销售主管将销售人员的当日销售报表收上来后分析总结，完成任务的OK，完不成任务的接受单独辅导，分析没有完成任务的原因，制定新的行动方案，规划第二天的任务、第二天晚上再对前一天制定的方案进行总结考核并重新制定下一天的方案。这样改进之后，戴尔销售部的业绩大为提高，当然，销售人员也快被逼疯了，据说很少有人能在戴尔销售部门忍受三年以上。

它山之石，可以攻玉，虽然目前公司要做到一天一考核还有点不现实，但做到每周一考核还是可以的。于是我们将业务部门的报表改为一周一汇总，每周一必须将上周每人的业务开展情况及任务实际完成情况总结并核实，对于异常现象立刻采取措施，对于任务完成较差的员工马上单独交流，弄清原因，及时解决问题。新措施实行了一段时间后，我感觉公司对市场反应速度大大提高了，各级经理对业务方面的实际情况也基本做到心里有底，当月问题不必积压到下月初才被发现解决了。

20. 隔行不挣钱——专注本行

这句话适用于90%的公司，当然，如果您觉得自己是那剩下的10%，也不妨一试。

一般公司只要能坚持个三五年，挣了点钱，老板就开始琢磨再干点什么。大部分人总觉得自己的行业不如别人的行业挣钱，很不幸，我就是其中一个。

此前，我脑袋一热，开了个饭馆，从此厄运开始了。当初我觉得自己在销售方面颇有天赋，开饭馆肯定没问题。殊不知饭馆光会销售根本不行，做得不好吃客人最多来一次。

本人不好吃喝，也没耐心和大厨琢磨新菜。而且开饭馆不只是进货结账、卫生防疫、工商、公共安全样样要跟上，起早贪黑累得要死，跟开公司不是一个路数。我实在没耐心，找了个公司部门经理去负责，结果管得一塌糊涂，半年赔了几十万，最后关门了事。

如各位有兴趣要开饭馆，一定先想明白以下几点：

第一，你是否能起早贪黑，吃得了苦。

第二，如是接别人转让的饭馆，搞明白上家为何转让（不可只听一面之词，一定要多方面调查清楚）。

第三，饭馆租金、人员开销等费用核到每天每张桌子是多少钱，饭馆定位，面向什么层次客户，一天能翻几次台，每桌平均消费是多少，毛利率是多少，是否能赚回来。

第四，与附近的工商、卫生、公共安全等部门处理好关系。

第五，停车问题。

第六，找大厨，找到后如何管理，是后厨承包还是流水提成？

第七，你的亲人是否愿意做采购或找个像你的亲人一样对你忠心的人做采购。

第八，饭馆服务员需管吃管住，而且工资近期增长很快，预算要留出富余。

第九，还有N个问题需要考虑。

另外，我还曾经涉猎过服装、节电设备等行业，都没挣到钱。比较惭愧，我从未在大公司待过，也未系统地接受过管理培训，刚毕业时虽进入大部委工作两年，可惜职务太低，没学到真谛。一说起管理，我总感觉别人讲得头头是道，就好像武侠小说里的名门正派，而自己则是街头打群架的小混混出身，没有理论，只有教训。有时，感觉成功是不可以复制的，而错误则是可以重复的。比如，大家就算知晓了微软公司运行的每一个步骤，也不可能成为另一个比尔·盖茨；若不重视财务管理，公司在钱财上就会有损失。

（作者：黄中强，资料来源：《商界》，内容做了部分删减。）

开篇案例 2

从估值 10 亿元到轰然倒塌，它为何一夜沉没？

微微拼车曾在 2015 年初盛极一时，与嘀嗒拼车、51 用车、天天用车一起被认为是拼车市场的明日之星。但光环转瞬即逝，一度被估值 10 亿元人民币的微微拼车最终在资本寒冬里率先倒下。本文直面微微拼车创始人王永，回顾微微拼车的兴衰经历，反思创始人用 4000 万元买来的那些教训。

"我们用 3 个月的时间，从 30 人增长到 300 人，又用 3 个月的时间，从 300 人裁员到 30 人。"王永对网易科技记者说："如今回头看，当初的一切都很疯狂。"在最疯狂的时候，微微拼车每天要补贴 100 万元，但后来证明，其中 30%甚至更多都被刷单者拿走了；地方分公司动辄向总部要走上百万元的推广费，结果只带来一千或者几百名新用户；员工普遍拿着高薪，学硅谷文化，每个月的水果、酸奶钱都要花掉好几万元。当然，疯狂没有持续多久。微微拼车在花掉 4000 万元人民币以后，彻底宣告失败。这笔钱给王永买来很多教训，如创业初期要避免烧钱、避开巨头，否则命运就无法掌握在自己手中；融资不能贪婪，要及时拿钱，出价最高的不一定最可靠；团队里要有同舟共济的合伙人，打工心态的职业经理人往往靠不住；内控和管理工作一刻不可松懈，否则公司会死在内耗上。当然，贯穿微微拼车失败始终的一个问题是——王永觉得自己不是一个称职的创业者，他把微微拼车失败 80%的责任都揽在自己身上，认为"在公司最热闹的时候，我一度迷失了自己"。

2014 年 10 月，微微拼车只有大约 30 名员工，王永的想法也很简单，公司账上有 400 万先用着，走一步算一步。王永是楚星设计、品牌中国等企业的创始人，20 年来他在设计领域闷声赚钱，从未想过自己会与互联网创业发生瓜葛。但在 2014 年，各种拼车软件层出不穷的时候，王永心动了。因为热衷公益，王永一直关注并推动公益顺风车事业的发展，当他看到商业版本的顺风车如此受市场欢迎之时，便决定卷起袖管自己干。于是，2014 年 4 月，王永筹备成立了北京微卡科技有限公司；10 月，微微拼车正式上线。

和嘀嗒拼车、51 用车、天天用车一样，微微拼车希望搭建一个拼车平台，方便车主和乘客互助出行。不一样的地方在于——王永是个传统企业家，他精于传播，且在全国各地拥有不少合作资源。这个特点帮助微微拼车迅速壮大，同时也导致了微微拼车的最终失利。

故事回到 2014 年 10 月，微微拼车只有不到 30 名员工，公司账上的资金也不到 400 万元。但凭借王永在顺风车领域的号召力，以及全国各地的合作资源，微微拼车在多个城市迅速打开了市场，资本接踵而至。2014 年 12 月，微微拼车拿到了 400 万元人民币的首笔投资，投资方叫中新圆梦，给微微拼车的估值是 8000 万元人民币；2015 年 1 月，微微拼车拿到了第二笔投资 750 万元人民币，投资方叫茂信合利，给出的估值是 1.5 亿元人民币。

这两笔投资的进入，让王永的胆子大了起来，微微拼车随即进入人员和业务的"大跃进"状态。2015 年 1 月以后，王永对"微微拼车是行业第一"这个事实深信不疑。他告诉网易科技，当时微微拼车的业务覆盖了国内 180 多个城市，注册用户数已经超过百万，日均订单在 3 万单左右。不断入职的新员工挤满了位于中关村南大街铸诚大厦的 16 层，人满为患之后又到楼上楼下租用了更多的办公场地。"我们上了《新闻联播》，我主演的电影《顺风车》也启动了预热。"王永回忆说，当时一切看起来都欣欣向荣，包括中信资本、盛大资本在内的一大波投资机构络绎不绝地登门拜访。他们给微微拼车的估值也从 1.5 亿元变成 3 亿元，又从 3 亿元变成 5 亿元、8 亿元，直到 10 亿元。王永在微微拼车大约持股 70%，按照 10 亿元估值一算，他的身价已为 7 亿元。"当时觉得自己马上就要成功了，非常亢奋，每天几乎

16个小时都在工作。"王永甚至开始谋划上市，谋划全球化，谋划一个规模更大的私家车共享经济平台。

中新圆梦、茂信合利都希望能投入更多的资金，但被王永以不愿出让更多股份、希望小步快跑为理由拒绝了。当投资人给微微拼车估值1.5亿元、3亿元、5亿元的时候，如果王永拍板，钱也许很快就会到账。但王永希望听到更高的出价。终于，中信资本喊出了10亿元报价，王永开始心动。为此，他甚至还拒绝了一家A股公司10亿元人民币收购微微拼车的请求。但很快他就为自己的贪婪和犹豫付出了代价，投资人一夜之间全部消失在微微拼车最受资本追捧的日子里。有一位知名投资机构的负责人约了三次才见到王永，除了王永每日要跑三四个城市演讲、比较忙的因素外，他也坦陈，因为估值涨得太快，自己"有了傲气、不知天高地厚"。骄傲和贪婪加在一起，让王永在犹犹豫豫的状态下拒绝掉了很多急于入局的资本，而把未来孤注一掷在出价最高的中信资本身上。

就在中信资本做完尽职调查、准备开投决会之前，故事发生了致命转折——滴滴来了。2015年2月14日，滴滴打车和快的打车宣布合并。合并后没过多久，就传出滴滴将要推出拼车产品"滴滴顺风车"的消息，这对微微拼车、嘀嗒拼车、51用车和天天用车等拼车行业的创业公司来说，是非常致命的一击。事实也证明，没过多久，拼车行业的另一个创业公司"爱拼车"就宣布停止运营。而摆在大家面前的最迫切问题是——滴滴把投资人都吓跑了。

王永显然没有预测到这样的状况，否则他应该先拿一笔钱活下来，而不是一直等待高估值。有趣的是，在宣布推出滴滴顺风车之前，滴滴的团队还曾拜访过微微拼车，并且信誓旦旦地对微微拼车的高管说，滴滴不会做拼车，即使做也会采取收购或合作的方式。这件事让王永至今耿耿于怀。滴滴把中信资本吓跑以后，微微拼车并没有马上走投无路。那时候，微微拼车每天要烧掉100万元人民币，账上的钱所剩无几，但如果放低估值去融资还是有一定机会的。果然，盛大资本来了，他们给微微拼车的估值是4亿元人民币，愿意投资1亿元人民币换取25%的股份，其中4000万来自盛大，另外6000万来自两家跟投的机构。与盛大的谈判非常漫长，而微微拼车账上的钱已经快要花光了。为了维持仅存的一点希望，王永个人先后拿出2000多万投入公司。在业务方面，微微拼车一度加大了在上海、杭州等城市的补贴力度，仅仅是为了能做出漂亮的数据给盛大看。现在回想起来，王永说，那时候自己就是赌博心态。而结果是，他赌输了。2015年6月，股市暴跌，在这样的背景下，盛大资本在投决会上决定不会投资微微拼车。而王永转身去找其他投资人时，发现没有人有接盘的意愿，无论估值可以降到多低。自知大势已去，王永加大了裁员的力度，"从30人到300人很容易，但从300人到30人，过程中的痛苦可想而知"。

融资失败终结了微微拼车的创业之旅，但这只是表象，真正杀死这家公司的，是其在战略、团队、管理等方面的一系列问题。

王永说，对于失败他自己要承担80%的责任。作为董事长，王永最初主导公司的战略和外部事务，但在融资、招人、技术和管理等宏观层面，他的判断力都明显不足。微微拼车的一位前员工告诉记者，王永对于互联网不甚了解，前期他在融资方面太过乐观和傲慢，后期则没有做到当机立断。公司在用人上也没有形成规范，王永独断的现象时有发生。王永在全国各地有很多合作伙伴，这些人给微微拼车初期的扩张工作带来很大帮助，但后来他们用尽各种手段掏空了这家公司的资金。如果王永手下有一支称职的高管团队，微微拼车或许也不会失败得那么突然。

王永对微微拼车前高管们的评价是——"简历都很牛",不少人在华为、金山、摩托罗拉、百度等大型IT公司供职过,但对于互联网产品的开发和运营却不甚了解,也基本没有带领上百人团队的经验。比如,在产品方面,微微拼车App的用户体验很差,有一段时间每天要宕机三四次。但最致命的问题出在资金上。微微拼车从开始到最后一共花出去超过4000万元,王永认为其中至少有一半被浪费了。首先,在市场补贴方面,微微拼车做得不够精细。有一段时间,微微拼车每天要补贴掉100万元,最多的一天则为150万元。"我们没有把钱补给真正需要补贴的人",王永说,"补贴是一种自残行为,短期内看起来好像有点繁荣,但实际上并没有培养起用户忠诚度,反而招来大量的职业刷单者。在我们的后台,刷单比例至少占到30%。"

但补贴并不是微微拼车烧钱的唯一出口。在推广费用上,这家公司的内控问题相当严重。"有三分之一的城市出现了这种状况,比如通过合同造假的方式侵吞推广费,甚至一顿饭要万元的应酬费。"王永说,"甚至有些地方,几十万的推广费花完了,下面员工竟然说没有见过这些钱。"聊到这里,王永的情绪有点激动。他说,当他发现这些情况的时候已经晚了,因为此前微微拼车的高速增长掩盖了很多问题,而财务权一直在CEO蒲繁强手里。

微微拼车前员工告诉网易科技,蒲繁强在财务方面基本不进行任何规划和管理。各地来要钱,一般都会同意,也不问钱怎么花,也不考核实际的效果,只负责加油打气。比如,重庆的团队要走80万元推广费用,只带来1000多个用户;唐山要走150万元,基本没带来什么用户;北京的一个活动花费了20万元,只带来100多个用户。高管每个月工资3万多元,媒介总监2万元,总监的助理都要1.5万元。王永做企业20多年,本来他有自己的经验和判断方法,但当高管们用"互联网要信任、透明、快节奏"等理念来游说他的时候,他动摇了、相信了,"他们告诉我,我们要学硅谷,每天穿个大裤衩、穿双拖鞋来上班,每天要有水果、酸奶,要好吃好喝。有一个月我看账目,买水果、买酸奶的开销都好几万元。"当王永发现这些问题的时候,公司账上已经没有钱了,他把自己的积蓄全部拿了出来,甚至还找朋友借了不少钱,用于收拾微微拼车剩下的摊子。

"4000万元买来哪些教训?如果给你一次机会,重新回到2014年10月,你觉得微微拼车的结局会变吗?"对于这个问题,王永声称自己虽然没有百分之百的把握,但吸取了前述教训之后再去经营微微拼车,胜算一定会很大,"也许现在拼车领域剩下来与滴滴顺风车对抗的就不是嘀嗒拼车,而会是微微拼车。"王永说,创业就像登山,他以前在自己的小圈子里小有成就,但就好像只到过海拔2000米的山顶。而经过微微拼车,他去过了海拔3000米的地方。虽然摔得很惨,但教训也是财富。

微微拼车给王永带来很多教训,也有对人性的思考。"以前我做公益,碰到的好像都是好人;做了微微拼车之后,遇到的好像全是坏人。"王永口中的"坏人",指的是刷单用户和侵吞公司财产的员工,"我在湖畔大学上学,马云就跟我们讲,世界上其实没有好人,也没有坏人,人的一半是善,另一半是恶。"

回想起纠结估值的那段时间,王永也承认自己有点贪婪,迷失了本性。而在如何处理人性的问题上,王永的答案是"一定要靠规则。"当然,如果再创业,王永一定不会选择类似拼车这样通过疯狂补贴来竞争的行业。"生意总归要赚钱,要有利润。O2O补贴大战,其实都是自欺欺人。"王永说,"互联网是一种工具,我们不能把互联网当饭吃,真正的发动机还是商业本身。本来我对这个道理的理解还是比较深的,但在那段狂风暴雨的时间里对自己产生了怀疑。"

在采访结束之后,记者与另外几位拼车行业的专业人士探讨微微拼车的成败。不少人表示,在他们眼里,像王永这样的传统企业家来玩互联网,几乎注定要败在互联网创业者的脚下。但王永认为,自己曾离成功很近,如今内心渐渐释然,他说自己还会继续创业:"如果一个创业者能栽一个很大的跟头,对他未来做更大的事情,一定是有巨大帮助的。"

(作者:贺树龙,资料来源:网易科技。)

第一章 ISO 9001:2015标准的重要理念和主要变化

第一节　ISO 9000族标准的发展历程

　　一、国际标准化组织（ISO）简介

　　二、什么是ISO 9000族标准

　　三、ISO 9000系列标准的产生和发布

　　四、ISO 9000族标准的修订和发展

　　五、与质量管理体系有关的其他ISO标准介绍

第二节　ISO 9001:2015标准的重要理念和主要变化

　　一、ISO 9001:2015改版的意图和目标

　　二、ISO 9001:2015与ISO 9001:2008标准条款对照

　　三、ISO 9001:2015的重要理念和主要变化

第一节 ISO 9000 族标准的发展历程

2015年9月23日,备受瞩目的 ISO 9001:2015 重磅发布,这标志着全球质量管理一个新的开始。负责标准修订工作的 ISO/TC 176 工作委员会主席 Nigel 博士表示:ISO 9001 新版为未来25年的质量管理标准做好了准备。

ISO 9001 质量管理体系是目前应用范围最广、发证量最多的国际标准体系,自1987年问世以来,分别于1994年、2000年、2008年经历了三次改版,直至现在的2015版。这个标准之所以如此受欢迎,还要归功于该标准为各类组织提供了通用的质量管理框架和思路,同时也为组织建立了提供满足顾客和法律法规要求的产品及服务的基本信心。根据用户反馈,该体系有助于加速企业效益增长、提高生产率,并显著提升顾客满意度及忠诚度。

ISO 9000 系列标准也为其他的管理体系,包括环境、安全和健康、信息安全和能源管理等奠定了基础。同时,随着其核心标准 ISO 9001 在诸多特定行业(如汽车、通信、航空、医疗器械等)地深入应用,不论是从深度、广度而言,其影响力都在与日俱增。

一、国际标准化组织(ISO)简介

1. 什么是 ISO

国际标准化组织(International Organization for Standardization)是一个全球性的非政府组织,是国际标准化领域中一个十分重要的组织。许多人会注意到,"ISO"与国际标准化组织全称(International Organization for Standardization)的缩写并不相同,为什么不是"IOS"呢?其实,"ISO"并不是其全称首字母的缩写,而是一个词,它来源于希腊语 isos,意为"相等",现在有一系列用它作前缀的词,诸如"isometric"(意为"尺寸相等"),"isonomy"(意为"法律平等")。从"相等"到"标准",内涵上的联系使"ISO"成为组织的英文名称。

2. ISO 起源

国际标准化组织的前身是国家标准化协会国际联合会和联合国标准协调委员会。1946年10月,25个国家标准化机构的代表在伦敦召开大会,决定成立新的国际标准化机构,定名为 ISO。大会起草了 ISO 的第一个章程和议事规则,并认可、通过了该章程草案。

1947年2月23日,国际标准化组织正式成立,是世界上最大的、最有权威的国际标准化组织,总部设在瑞士日内瓦,我国是 ISO 的25个创始国之一,代表我国参加 ISO 的国家机构是中国国家技术监督局(CSBTS)。

◎ 1946年,伦敦,ISO 的创始者们。

3. ISO 宗旨

ISO 的宗旨在全世界范围内促进标准化工作的发展,以便于产品和服务的国际交往,并扩大各成员国在知识、科学、技术和经济方面的合作。

4. ISO 主要任务

制定国际标准,协调世界范围内的标准化工作,组织各成员国和技术委员会进行情报交流,并与其他国际机构进行合作,共同研究有关标准化的问题,ISO 的技术成果是正式出版的国际标准。

5. ISO 工作领域

负责除电工、电子领域之外的所有其他领域的标准化活动。电工、电子工程的国际标准化工作由国际电工委员会（IEC）负责。

6. ISO 标准编号

ISO 制定的国际标准除了有规范的名称之外，还有编号，编号的格式是，ISO + 标准号 + 冒号 + 发布年号，如 ISO 9001：2015、ISO 9000：2015、ISO 14001：2015、ISO 9004：2009 等，分别是某一个标准的编号。

二、什么是 ISO 9000 族标准

质量管理和质量保证的国际化是为了促进国际贸易和合作、消除技术壁垒。

建立、实施质量管理体系是组织增强市场竞争能力的需求，也是组织持续保持提供满足顾客和适用法律法规要求的产品的能力的需要。

基于以上原因制定国际化的质量管理和质量保证标准成为一种迫切需要。

ISO 9000 族标准是国际标准化组织（ISO）在 1994 年提出的概念，是指由 ISO/TC 176（国际标准化组织质量管理和质量保证技术委员会）制定的所有国际标准。

ISO 9000 族标准并不是指一个标准，而是关于质量管理的术语、指南和质量体系要求的一系列标准。

ISO 9000 族标准可以帮助组织建立、实施并有效运行质量管理体系，是质量管理体系通用的要求和指南。它不受具体的行业或经济部门的限制，可广泛适用于各种类型和规模的组织，在国内和国际贸易中促进相互理解和相互信任。

三、ISO 9000 系列标准的产生和发布

随着质量管理的迅速发展，各国对质量管理中所用的名词术语及质量保证的要求，都制定了相应的国家标准。由于各国的情况不同，因此，在基本概念上、管理方法上以及对质量保证的要求上都存在着较大差别。为了适应国际贸易的需要，亟须统一各国的认识，特别是对质量保证的概念和质量保证要求的内容，需有一个统一的准则。

1979 年 ISO 成立了质量管理和质量保证技术委员会（TC/176）负责制定质量管理和质量保证标准。ISO/TC176 的秘书国是加拿大，主要成员有美、英、法、加、德、澳、南非、挪威、瑞士、日本等国。经过各国专家的艰苦工作，用了近 7 年的时间，几经修改，于 1986 年、1987 年相继发布一系列质量管理标准，即 ISO 9000 系列标准第一版，包括以下标准：

ISO 8402：1986《质量管理和质量保证——术语》

ISO 9000：1987《质量管理和质量保证标准——选择和使用指南》

ISO 9001：1987《质量体系——设计、开发、生产、安装和服务的质量保证模式》

ISO 9002：1987《质量体系——生产和安装的质量保证模式》

ISO 9003：1987《质量体系——最终检验和试验的质量保证模式》

ISO 9004：1987《质量管理和质量体系要素指南》

上述标准简称为"一个术语，两个指南，三种质量保证模式"。

ISO 9000 系列标准发布后，很快在工业界得到认可，世界范围内掀起了一股应用 ISO 9000 标准的热潮，并被各国标准化机构等同或等效采用。同时，世界各国根据 ISO 9000 标准开展了第三方质量体系认证和注册服务工作。

四、ISO 9000 族标准的修订和发展

1987 版 ISO 9000 系列标准制定时期世界各国的经济发展占主导地位的是制造业，因此 1987 版标准突出体现了制造业的特点，但也存在一些有待改进的问题：

- 1987 版标准主要针对制造业编写，难以适应金融、教育、行政和商业服务等其他领域。
- 从内容上看该系列标准适用于大、中型企业，对小型企业则过于烦琐。
- 全面质量管理中的成功经验，现代管理中的先进理念和方法在系列标准中强调得不够。
- 标准数量虽不多，但标准之间以及标准中的一些内容之间的协调性还存在问题。

1. 1994 年发布第二版

基于上述问题，1994 年对该标准进行了修订，此次修订称为"有限修订"，此次修订后的系列标准 ISO/TC 176 正式定义为 ISO 9000 族标准。

1994 年修订后的族标准包括以下内容：

ISO 8402：1994《质量管理和质量保证——术语》

ISO 9000-1：1994《质量管理和质量保证——第 1 部分：选择和使用指南》

ISO 9001：1994《质量体系——设计、开发、生产、安装和服务的质量保证模式》

ISO 9002：1994《质量体系——生产和安装的质量保证模式》

ISO 9003：1994《质量体系——最终检验和试验的质量保证模式》

ISO 9004-1：1994《质量管理和质量体系要素指南》

这次修订保留了 1987 版标准的基本结构，只对标准内容做技术性局部修改，从而使 1994 版标准还存在没有解决的问题：

- 1994 年修订版虽然强调了体系，但是没有充分体现系统的理念。
- 关注"文件化"和符合性，没有充分强调持续改进和总体绩效提高。
- 标准数量比较多，使"标准家族"过于庞大，给使用者带来困难和不便。

2. 2000 年发布第三版

此次修订称为"彻底修订"，是在总体结构和技术内容方面进行了全面修改，即 2000 版 ISO 9000 族标准。

2000 版的变更是最为重大的变更，质量管理的理念从原来零散的要素管理，变更为系统化的全面质量管理，导入了以顾客为关注焦点、领导作用、全员参与、过程方法、管理的系统方法、持续改进、基于事实的决策方法、与供方互利的关系这八项质量管理原则和 PDCA 管理循环，这些改进体现了与时俱进的现代管理理念和方法。

2000 版 ISO 9000 族核心标准包括：

ISO 9000：2000《质量管理体系——基础和术语》

ISO 9001：2000《质量管理体系——要求》

ISO 9004：2000《质量管理体系——业绩改进指南》

ISO 19011：2002《质量和（或）环境管理体系审核指南》

3. 2008 年发布第四版

此次标准的修订只是一次修正，ISO 9001：2008 标准与 2000 版相比变化不大，总体框架和逻辑结构未变，只是部分条款的要求更加明确、更具适用性，对用户更加有利，更加便于使用。

这次标准修订的特点：

- 总体框架和逻辑结构未变；

- 更规范、更严谨，有利于用户的使用；
- 肯定了 2000 版的成果，充分考虑了与其的连续性；
- 对原条款中一些有争议的或模糊的地方做了文字上的修订，并增加了一些注释说明；
- 有助于各方对标准的理解、转换、实施和改进。

4. 2015 年发布第五版

最新版标准于 2015 年 9 月 23 日正式发布。

2015 版 ISO 9000 族核心标准包括：

ISO 9000：2015《质量管理体系——基础和术语》

ISO 9001：2015《质量管理体系——要求》

ISO 9004：2009《追求组织的持续成功——质量管理方法》

ISO 19011：2011《管理体系审核指南》

下面对上述四个核心标准进行简要说明：

ISO 9000：2015《质量管理体系——基础和术语》

- 该标准解释了七项质量管理原则（2000 版是八项原则，现将过程方法和管理的系统方法合并为过程方法，因此变成七项），这些原则是制定和实施 ISO 9001 标准的基础；
- 该标准定义了 13 类 138 个术语，特别是新增和修订很多基础术语（如组织的环境、风险、创新、产品、服务等），用较通俗的语言阐明了质量管理领域所用术语的概念。

ISO 9001：2015《质量管理体系——要求》

- 该标准规定了质量管理体系的要求，共 10 个部分内容；
- 该标准提出的要求是通用的，旨在适用于各种类型、不同规模和提供不同产品和服务的组织；
- 该标准是质量管理体系审核和认证的唯一标准。

ISO 9004：2009《追求组织的持续成功——质量管理方法》

- 该标准的名称由 ISO 9004：2000 版的《质量管理体系——业绩改进指南》改为《追求组织的持续成功——质量管理方法》；
- ISO 9004：2009 的重要思想首先是为"如何通过管理让组织获得持续成功？"这个问题提供指导意见，而并不是指导组织如何建立质量管理体系；
- 虽然 ISO 9004：2009 可以作为 ISO 9001：2015 的补充，但它可以单独使用。它并不用于第三方认证、监管或用于合同目的，也不是 ISO 9001：2015 的实施指南；
- ISO 9004：2009 为组织在基础过程效率的提高、整体绩效的持续改进上提供指导。从长远来看，它侧重于以平衡的方式来满足顾客及其他相关各方的期望和需求。

ISO 19011：2011《管理体系审核指南》

- 该标准可以用于任何管理体系的审核指导；
- 该标准提供关于审核方案管理和管理体系审核的策划和实施以及审核员和审核组能力和评价的指南；
- 该标准适用于广泛的潜在使用者，包括审核员、实施管理体系的组织以及由于合同或法定要求需要实施管理体系审核的组织；
- 该标准的指南可以用于自我申明的目的，也适用于从事审核员培训或人员注册的组织。

五、与质量管理体系有关的其他 ISO 标准介绍

除了上述核心标准外，国际标准化组织还制定了以下一些标准，旨在为应用 ISO 9001 标准的组

织提供支持信息。组织在实施或寻求改进其质量管理体系、过程或相关活动的过程中，以下标准可为其提供帮助。

ISO 10001——《质量管理——顾客满意 组织行为规范指南》，为组织确定其在满足顾客需求和期望方面的满意程度提供指南。实施该标准可以增强顾客对组织的信心，使组织对顾客的预期更加准确，从而降低误解和抱怨的可能性。

ISO 10002——《质量管理——顾客满意 组织投诉处理指南》，通过确认和理解投诉方的需求和期望，解决接到的投诉，为组织提供投诉处理过程的指南。

ISO 10003——《质量管理——顾客满意 组织外部争议解决指南》，为组织有效解决有关产品投诉的外部争议提供指南。若组织不能在内部对投诉进行补救或纠正，争议解决指南可为其提供解决途径。大多数投诉可以在不形成对抗的条件下在组织内部成功解决。

ISO 10004——《质量管理——顾客满意 监视和测量指南》，为组织采取增强顾客满意的措施，并识别顾客所关注的产品、过程和属性的改进机会。这些措施能够增强顾客忠诚，避免顾客流失。

ISO 10005——《质量管理体系——质量计划指南》，为组织制订和实施质量计划，作为满足相关产品、过程、项目或合同的手段，形成支持产品实现的方法和惯例提供指南。制订质量计划的益处在于能够使相关人员增加可以满足质量要求并有效控制相应过程的信心，推动其积极参与。

ISO 10006——《质量管理体系——项目质量管理指南》，可适用于从小到大、从简单到复杂、从单独的项目以及作为项目组合之组成部分的各种项目。既可供项目管理人员使用，亦可供需要确保其组织应用 ISO 质量管理体系相关标准所包含惯例的人员使用。

ISO 10007——《质量管理体系——技术状态管理指南》，帮助组织在整个产品生命周期内应用技术的和行政的手段，对技术状态项目以及有关的技术状态信息进行管理的一种活动。技术状态管理是将产品的技术状态形成文件，并在产品寿命周期内的所有阶段为标识和追溯产品物理的和功能的要求的实现状况及准确获取信息提供途径。

ISO 10008——《质量管理——顾客满意 B2C 电子商务交易指南》，指导组织如何有效实施 B2C 电子商务交易系统，从而为增加顾客对 B2C 电子商务交易系统的信心奠定基础，提高组织满足顾客要求的能力，以减少投诉和纠纷。

ISO 10012——《测量管理体系——测量过程和测量设备的要求》，为测量过程管理以及支持和证明符合计量要求的测量设备的计量确认提供指南。规定测量管理系统的质量管理要求，以确保满足计量要求。

ISO/TR 10013——《质量管理体系文件指南》，为编制和保持质量管理体系所需的文件提供指南。

ISO 10014——《质量管理——实现财务和经济效益的指南》，专门为最高管理者制定。为通过应用质量管理原则实现财务和经济效益提供指南，有利于促进组织应用管理原则以及选择持续成功的方法和工具。

ISO 10015——《质量管理——培训指南》，为组织解决相关培训问题提供帮助和指南。可适用于 ISO 质量管理体系相关标准涉及"教育"与"培训"事宜所需的指南。所描述的"培训"包括所有类型的教育和培训。

ISO/TR 10017——《ISO 9001：2000 的统计技术指南》，统计技术有助于变异的测量、表述、分析、解释和建模，甚至使用相对有限的数据，也能做到这一点。

对数据进行统计分析有助于更好地理解变异的性质、程度和原因，从而有助于解决甚至预防由这些变异所可能引发的问题。

统计技术能使组织更好地利用可获得的数据做出决策，因而有助于组织持续改进产品和过程的质量，以使顾客满意。统计技术适用的活动范围很广，如市场调研、设计、开发、生产、验证、安装和服务等。

本指导性技术文件旨在指导和帮助组织考虑和选择适合该组织需求的统计技术。而确定统计技术需求的准则以及所选择的统计技术是否适宜仍由该组织做出最终决定。

ISO 10018——《质量管理——人员参与和能力指南》，提供影响人员参与和能力方面的指南。质量管理体系取决于称职人员的积极主动参与，以及这些人员的组织管理方式。对所需知识、技能、行为、工作环境的识别、发展和评价至关重要。

第二节 ISO 9001:2015 标准的重要理念和主要变化

一、ISO 9001:2015 改版的意图和目标

本次改版的战略意图和目标是：

- 反映当今质量管理体系在实践和技术方面的变化，为未来 10 年或更长时间规定核心要求；
- 确保本标准要求反映组织在运作过程中日益加剧的复杂动态的环境变化；
- 确保制定的要求能促进组织的有效实施，及有效地进行第一方、第二方和第三方符合性评估；
- 确保标准是充分的以提供对满足要求的组织的信任。

1. ISO 9001 的变化应与质量管理体系要求和组织战略意图有关

- 当代社会已由工业社会转向信息社会，经济体系已由工业经济转向以信息和知识为基础的服务经济；
- 当代企业面临的环境特点是：市场全球化、竞争激烈化、企业国际化；
- 企业运行的特点是：运营虚拟化、战略短视化；
- 企业管理的趋势是：管理过程化、组织扁平化、职能综合化；
- 创新变革已成为世界经济发展的永恒动力。

2. ISO 9001 的变化应适应企业面临的市场竞争环境的变化，增加对组织提供合格产品和服务的能力的信任

- 经济全球化，使企业面对的竞争者和顾客范围更广；
- 市场竞争加剧，竞争的基础和层面多样化；
- 顾客要求多样化、个性化，变化频率加快；
- 变化本身成为普遍的、持续的、常规的现象。

3. ISO 9001 的变化应加强组织满足顾客的能力

组织需要不断提高顾客的满意程度，促进组织各项工作的持续改进，提高组织的整体绩效，加强组织满足顾客的能力。

4. ISO 9001 的变化应满足标准使用的需要

加强标准使用者对基于 ISO 9001 的质量管理体系的信任，要求标准的结构和内容具有更加广泛的通用性，能适用于各种类型和规模的组织。

二、ISO 9001：2015 与 ISO 9001：2008 标准条款对照

ISO 9001：2015 条款	ISO 9001：2008 条款
1. 范围	1. 范围（1.1 总则　1.2 应用）
2. 规范性引用文件	2. 规范性引用文件
3. 术语和定义	3. 术语和定义
4. 组织环境	**4. 质量管理体系**
4.1 理解组织及其环境	4. 质量管理体系　5.6 管理评审
4.2 理解相关方的需求和期望	4. 质量管理体系　5.6 管理评审
4.3 确定质量管理体系的范围	1.2 应用　4.2.2 质量手册
4.4 质量管理体系及其过程	4. 质量管理体系　4.1 总要求
5. 领导作用	**5. 管理职责**
5.1 领导作用和承诺	5.1 管理承诺
5.1.1 总则	5.1 管理承诺
5.1.2 以顾客为关注焦点	5.2 以顾客为关注焦点
5.2 方针	5.3 质量方针
5.2.1 制定质量方针	
5.2.2 沟通质量方针	
5.3 组织的角色、职责和权限	5.5.1 职责和权限　5.5.2 管理者代表 5.4.2 质量管理体系策划
6. 策划	5.4.2 策划
6.1 应对风险和机遇的措施	5.4.2 质量管理体系策划　8.5.3 预防措施
6.2 质量目标及其实现的策划	5.4.1 质量目标
6.3 变更的策划	5.4.2 质量管理体系策划
7. 支持	**6. 资源管理**
7.1 资源	6. 资源管理
7.1.1 总则	6.1 资源提供
7.1.2 人员	6.1 资源提供
7.1.3 基础设施	6.3 基础设施
7.1.4 过程运行环境	6.4 工作环境
7.1.5 监视和测量资源	7.6 监视和测量设备的控制
7.1.6 组织的知识	无
7.2 能力	6.2.1 总则 6.2.2 能力、培训和意识

ISO 9001:2015 条款	ISO 9001:2008 条款
7.3 意识	6.2.2 能力、培训和意识
7.4 沟通	5.5.3 内部沟通
7.5 文件化信息	4.2 文件要求
7.5.1 总则	4.2.1 总则
7.5.2 创建和更新	4.2.3 文件控制　4.2.4 记录控制
7.5.3 文件化信息的控制	4.2.3 文件控制　4.2.4 记录控制
8. 运行	**7. 产品实现**
8.1 运行策划和控制	7.1 产品实现的策划
8.2 产品和服务的要求	7.2 与顾客有关的要求
8.2.1 顾客沟通	7.2.3 顾客沟通
8.2.2 产品和服务要求的确定	7.2.1 与产品有关的要求的确定
8.2.3 产品和服务要求的评审	7.2.2 与产品有关的要求的评审
8.2.4 产品和服务要求的更改	7.2.2 与产品有关的要求的评审
8.3 产品和服务的设计和开发	7.3 设计和开发
8.3.1 总则	7.3.1 设计和开发策划
8.3.2 设计和开发策划	
8.3.3 设计和开发输入	7.3.2 设计和开发输入
8.3.4 设计和开发控制	7.3.4 设计和开发评审 7.3.5 设计和开发验证 7.3.6 设计和开发确认
8.3.5 设计和开发输出	7.3.3 设计和开发输出
8.3.6 设计和开发更改	7.3.7 设计和开发更改的控制
8.4 外部提供的过程、产品和服务的控制	7.4 采购
8.4.1 总则	7.4.1 采购过程　4.1 总要求
8.4.2 控制类型和程度	7.4.1 采购过程　7.4.3 采购产品的验证
8.4.3 提供给外部供方的信息	7.4.2 采购信息　7.4.3 采购产品的验证
8.5 生产和服务提供	7.5 生产和服务提供
8.5.1 生产和服务提供的控制	7.5.1 生产和服务提供的控制 7.5.2 生产和服务提供过程的确认
8.5.2 标识和可追溯性	7.5.3 标识和可追溯性
8.5.3 顾客或外部供方的财产	7.5.4 顾客财产
8.5.4 防护	7.5.5 产品防护
8.5.5 交付后的活动	7.5.1 生产和服务提供的控制
8.5.6 更改控制	7.3.7 设计和开发更改的控制

ISO 9001:2015 条款	ISO 9001:2008 条款
8.6 产品和服务的放行	7.4.3 采购产品的验证 8.2.4 产品的监视和测量
8.7 不合格输出的控制	8.3 不合格品控制
9. 绩效评价	**8. 测量、分析和改进**
9.1 监视、测量、分析和评价	8. 测量、分析和改进
9.1.1 总则	8.1 总则 8.2.3 过程的监视和测量
9.1.2 顾客满意	8.2.1 顾客满意
9.1.3 分析与评价	8.4 数据分析
9.2 内部审核	8.2.2 内部审核
9.3 管理评审	5.6 管理评审
9.3.1 总则	5.6.1 总则
9.3.2 管理评审输入	5.6.2 管理评审输入
9.3.3 管理评审输出	5.6.3 管理评审输出
10. 改进	8.5 改进
10.1 总则	8.5.1 持续改进
10.2 不合格和纠正措施	8.3 不合格品控制 8.5.2 纠正措施
10.3 持续改进	8.5.1 持续改进 8.5.3 预防措施

三、ISO 9001:2015 的重要理念和主要变化

新版标准的重要理念和主要变化可归纳如下表：

一种结构	——高层结构
两个模型	——单一过程模型 ——基于 PDCA 的质量管理体系模型
三个目的	——产品和服务满足要求 ——增强顾客满意 ——提升质量管理体系绩效
四大理念	——领导力 ——组织战略 ——过程方法 ——基于风险的思维

七项原则
  ——以顾客为关注焦点
  ——领导作用
  ——全员参与
  ——过程方法
  ——改进
  ——基于证据的决策
  ——关系管理

八个术语

ISO 9001:2008	ISO 9001:2015
产品	产品和服务
删减	不用删减（改为对适用性的说明）
管理者代表	不再使用（但要求最高管理者分配类似职责和权限）
文件、质量手册、程序文件、记录	文件化信息
工作环境	过程运行环境
监视和测量设备	监视和测量资源
采购的产品	外部提供的产品和服务
供方	外部供方

1. 一种结构——高层结构

采纳了 ISO 指令第一部分的附录 SL 中的"**高层结构**"（HLS），如下：

条款	ISO 9001:2015	ISO 9001:2008
1	范围	范围
2	规范性引用文件	规范性引用文件
3	术语和定义	术语和定义
4	组织环境	质量管理体系
5	领导作用	管理职责
6	策划	
7	支持	资源管理
8	运行	产品实现
9	绩效评价	测量、分析和改进
10	改进	

之所以采用这样的结构，主要是由于 ISO/IEC 导则 2012 的要求。为了开发和维护国际标准及其他出版物，ISO/IEC 需遵从"ISO/IEC 指令"，这个指令由两部分组成，即第一部分"技术工作程序"和第二部分"国际标准结构和起草的规则"。

《ISO/IEC Directives, Part 1, Consolidated ISO Supplement, 2013》第一部分指令含有一规范附件

SL（Annex SL）：管理体系标准建议。其中附录2（Appendix 2）：高层结构，等同的核心正文，共用术语和核心定义。这个《附件 SL 附录2》其实是一个管理体系标准的标准模板，即是一个制定标准的"标准"。

这个共同的结构就是上述的 10 个条款的结构形式。不仅如此，这个结构也对这 10 个条款中一定要包含哪些分条款，以及每个条款需要论述的基本方向做了具体规定。

这样一个高层结构增强了不同管理体系标准的兼容性和符合性。对于实施多体系的组织来说，高层结构为各体系的有效整合提供了一个便利的机会。每个标准的结构框架、论述方向都是一致的，整合起来就非常容易。

对于广大的标准使用者来说，不论是实施 ISO 9001 的组织的体系管理人员，还是认证机构的审核人员都是一个好消息。各个不同管理体系标准的学习、记忆、理解和实施都会更加容易，也更易于达成目的。

此外，MSS 高层结构也是一个更加开放的结构，它为需要一个更加复杂的管理体系的组织提供了便利条件，包括在此基础上整合其他特定行业的特殊要求。

特别需要声明的一点是，MSS 高层结构对组织来说不是强制性的要求。也就是说，组织自身的文件体系结构、标题和术语并不强制要求与 ISO 9001 所采用的高层结构保持一致。组织可以自行决定是否采用新版标准的结构、标题和术语。比如，新版标准现在使用"文件化信息"取代了过去的"文件"和"记录"的表述，组织其实不需要为了与标准保持一致，将现有文件中的"文件"和"记录"的表述全部改为"文件化信息"，从而把所有文件和表格都修订一遍。如果组织愿意这样做，当然可以。但是如果考虑到成本不进行修改，也完全没有问题，只要组织在内部及对外交流中在理解上没有问题就可以。

新版标准的这个安排，实际上也是关注 QMS 的实际结果，而不是注重形式的具体表现。随着其他管理体系标准的陆续修订，以及组织逐渐熟悉并广泛应用 MSS 高层结构，MSS 高层结构会逐渐显现出它的影响力，甚至会超出 ISO 的范围，成为国际技术标准和规范以及贸易交流的新标杆。

2. 两个模型

（1）单一过程模型

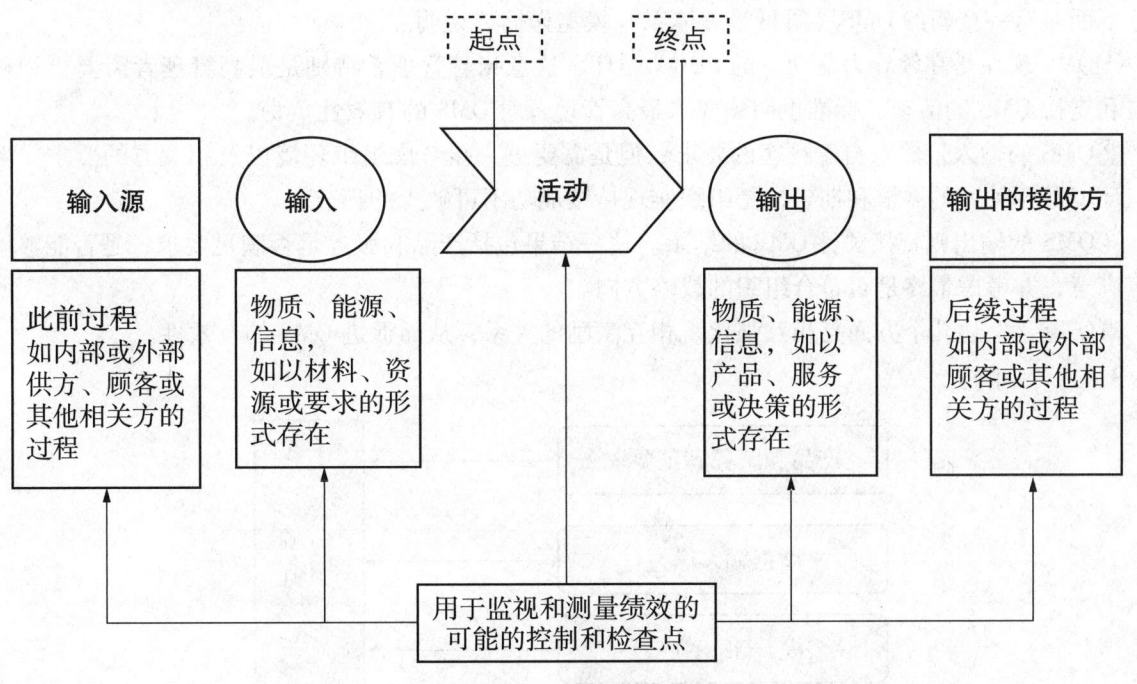

图 1-1 单一过程要素示意图

传统的过程模型只关注输入、活动和输出，以及对这三个过程环节的监控。新的过程模型则进一步向过程的两端延伸，从而强化和确保过程的效率和有效性。包括：

①在输入方面，需要进一步考虑输入的来源。它可能是一个过程或几个过程，也可能是一个对象或者几个相关方。基于输入的结果和过程的有效性，组织也需要考虑对输入来源的监控。

②在输出方面，需要进一步考虑输出的接受者。它可能是一个过程或几个过程，也可能是一个对象或者几个相关方。为了确保输出的结果和过程的有效性，组织也需要考虑对输出的接受者的监控。

（2）基于 PDCA 的质量管理体系模型

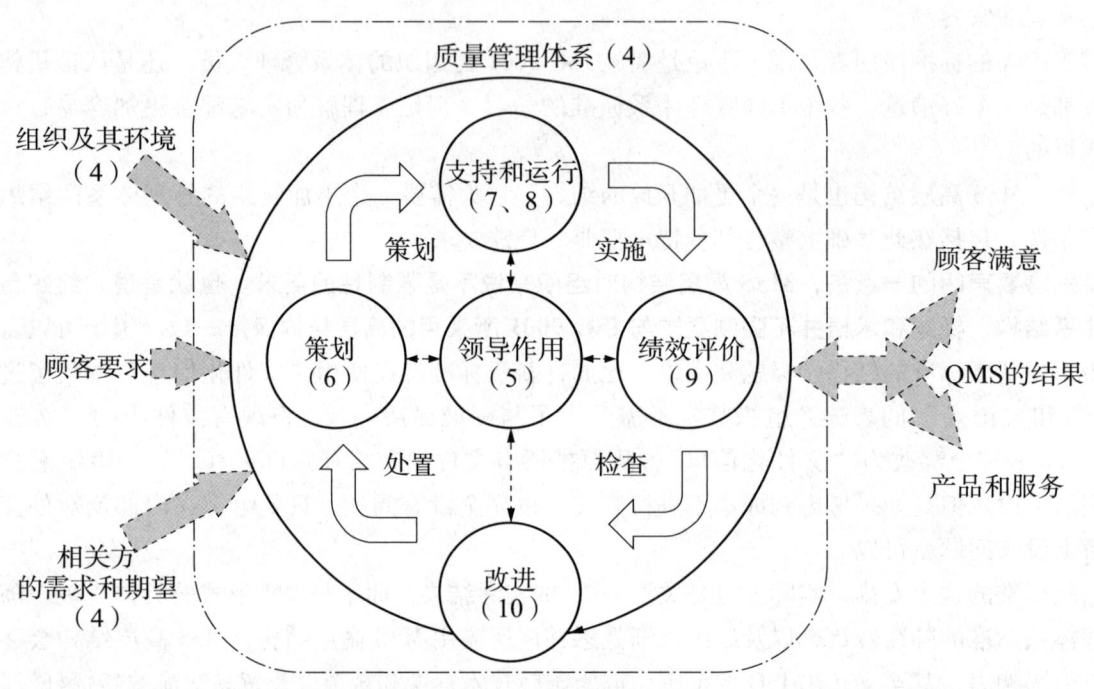

图 1-2　基于 PDCA 循环的 QMS 结构模型示意图

注：括号中的数字表示标准中相应的章节

下面对这一全新的 QMS（质量管理体系）模型做简要说明。

①QMS 现在是在领导力驱动下的 PDCA 循环。这意味着管理者特别是最高管理者需要更积极地参与和支持 QMS 的活动，标准也明确要求最高管理者对 QMS 的有效性负责。

②QMS 的输入依然来自于顾客的要求，但是需要进一步考虑组织环境以及相关方的要求。考虑组织环境及相关方的需求和期望，是组织实现持续成功不可缺少的环节。

③QMS 的输出则直接关注 QMS 的结果。这一结果包括产品和服务是否满足要求，是否能够增强顾客满意，并考虑最终是否符合组织的战略方向。

事实上，上述几个方面是相互强化、相互激励的关系，从而促进 QMS 的有效性。

3. 三个目的

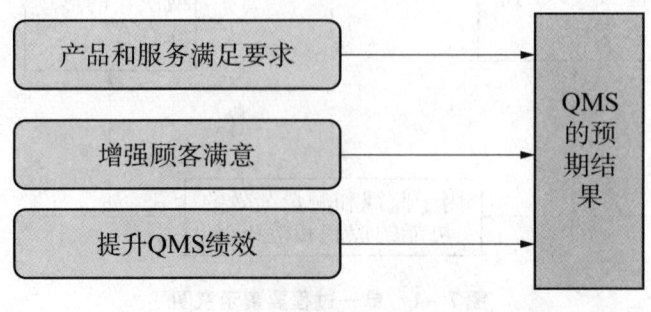

图 1-3　QMS 的三个目的

(1) 产品和服务满足要求

这是组织质量管理体系实施的首要目的,产品和服务必须满足顾客要求、满足适用法律法规要求。这在标准"0.1 总则"、"0.3 过程方法"、"1.0 范围"、"4.2 理解相关方的需求和期望"、"5.1.2 以顾客为关注焦点"、"8.2.2 产品和服务要求的确定"、"8.2.3 产品和服务要求的评审"等条款中均有提到。

(2) 增强顾客满意

只有增强顾客满意才能提升顾客的忠诚度,从而超越竞争对手赢得市场。顾客满意没有最好,只有更好,这应该是组织持续的、不断的追求。

(3) 提升质量管理体系绩效

标准"引言"中的第一句话就是"采用质量管理体系是组织的一项战略决策,能够帮助其提高整体绩效,为推动可持续发展奠定良好基础。"

可见,提升质量管理体系绩效是组织生存和发展的基础,是组织的核心目标。质量管理体系绩效可能包括市场占有率、销售增长率、利润率、产品合格率、交期稳定、质量成本降低等。

4. 四大理念

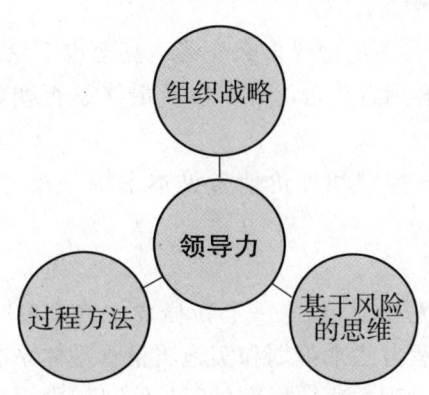

图 1-4 QMS 的四大理念

(1) 领导力

2015 版标准有一个特色就是强化了最高管理者在 QMS 内的作用,决心赋予最高管理者一个更积极的角色。毋庸置疑,最高管理者的参与和支持对于 QMS 实现预期结果、达成 QMS 有效性是至关重要的,而现实的矛盾在于最高管理者的参与程度实际上有所下降。因此,新版标准在多个方面试图强化领导力在 QMS 中的作用:

①图 1-2 的质量管理体系模型,则形象地展示了领导力在整个 QMS 中的核心地位。

值得注意的是,新版标准中的领导力更注重的是"领导能力",而不是领导者的日常管理。相关标准条款 5 的标题已经从 2008 版的"管理职责"变更为"领导作用",强调了领导力的作用。领导力意味着管理者需要基于组织环境为组织指明方向,并在组织内得到理解和形成共识,进而激发员工为组织创造价值的意愿。

"领导力"这一概念的导入被很多人认为是标准本次改版的最重要的变化之一,具有深远的影响。当然,实际效果如何,还要取决于组织的认知和积极主动的实践。

②标准强调达成 QMS 的预期结果,并符合组织的战略方向。这既是 QMS 的必然追求,也是激励最高管理者参与和支持 QMS 的诱导因素。

③标准 5.1.1a) 直接指明最高管理者需要对质量管理体系的有效性负责;同时取消了对于管理者代表的要求。

④标准 5.1.1c) 明确要求 QMS 与组织的运营过程进行整合,并且指明这是对最高管理者的要求。希望将 QMS 融入组织的日常运营过程,而不是两张皮。

⑤事实上，标准条款 5 全部都是对最高管理者的要求，而且是强制性要求，包括 5.1、5.2、5.3。最高管理者当然不一定亲自执行和具体运作每一个事项，但是需要安排、参与和支持相关活动，并且听取结果的报告，特别是 QMS 绩效的报告。最高管理者需要在条款 5 的各个方面证实其领导力和承诺，而不仅仅是让这些事情完成。

（2）组织战略

新版标准的一个重要理念就是，要求组织在策划和实施质量管理体系时应结合组织的战略方针展开，并确保将质量管理体系的要求融入组织的业务过程中，以实现战略目标。过去，很多企业在实施质量管理体系时存在"两张皮"的现象，质量管理体系是一套文件，似乎是专为认证审核和顾客审核所用，而实际的业务过程又是按另一套执行，导致运行臃肿，不但没有提升整体绩效，反而增加了负担。

2015 版标准已经包含企业的经营管理过程，新版虽然名称上还是质量管理体系，但实际上就是企业的经营管理体系。

更进一步地，新版标准也强调了 QMS 应该符合组织的战略方向。这意味着实现 QMS 的预期结果对组织达成整体经营目标、实现组织的经营战略都是一个有力的促进。这一点直接体现在标准条款 4.1、5.1.1、5.2.1、9.3.1 之中。

不论 QMS 文件编制得多么好，不论记录多么完善，甚至也不论每一个条款多么符合要求，关键是产品和服务是否符合要求，顾客满意是否增强，以及最终是否朝着实现组织的战略方向迈进。这才是评价 QMS 有效性的最终标准。

关于组织战略的制定、实施、控制和评价请参见本书第三章"**企业战略管理和应用案例**"的内容。

（3）过程方法

作为质量管理原则之一，过程方法不是一个新概念，在 2000 版的标准中已首次提出，并在 2008 版沿用至今，但真正运用过程方法来策划和实施质量管理体系的企业相当少。

所以，2015 版明确要求采用过程方法，标准"0.1 总则"中强调"本标准采用过程方法，该方法结合了 PDCA（策划、实施、检查、处置）循环与基于风险的思维。过程方法能使组织策划其过程及其相互作用。""0.3 过程方法"中强调"在实现其预期结果的过程中，系统地理解和管理相互关联的过程有助于提高组织的有效性和效率。过程方法包括按照组织的质量方针和战略方向，对各过程及其相互作用系统地进行规定和管理，从而实现预期结果。"

"4.4 质量管理体系及其过程"要求"组织应按照本标准的要求，建立、实施、保持和持续改进质量管理体系，包括所需过程及其相互作用。"可见，过程方法通过 PDCA 循环贯穿于整个质量管理体系。

关于过程方法的运用，请参见本书第六章"**企业过程管理方法和应用案例**"的内容。

（4）基于风险的思维

为什么使用基于风险的思维？

第一，增强有利影响，避免或减少不利影响，确保产品、服务持续合格，增强顾客满意度。

第二，通过考虑组织的风险，增加实现规定目标的可能性，确保质量管理体系能够实现其预期结果。

第三，基于风险的方法可促进企业建立牢固、全面的知识库，营造积极的改进文化氛围。成功的企业会主动采用基于风险的方法。

新版标准"0.3.3 基于风险的思维"中强调"基于风险的思维对质量管理体系有效运行是至关重要的"。本标准以前的版本已经隐含基于风险思维的概念，例如，采取预防措施消除潜在的不合格原因，对发生的不合格问题进行分析，并采取适当措施防止其再次发生。

为了满足本标准的要求，组织需策划和实施应对风险和利用机遇的措施。应对风险和利用机遇可为提高质量管理体系有效性、实现改进结果以及防止不利影响奠定基础。

机遇的出现可能意味着某种有利于实现预期结果的局面，例如：有利于组织吸引顾客、开发新产品和服务、减少浪费或提高生产率的一系列情形。利用机遇也可能需要考虑相关风险。风险是不确定性的影响，不确定性可能是正面或负面的影响。风险的正面影响可能提供改进机遇，但并非所有的正面影响均可提供改进机遇。

基于风险的思维现在融合到新版标准的全过程，并且在QMS策划和审核过程中，组织都应该主动地应用基于风险的思维，以增强顾客的信心和满意度，确保持续提供合格的产品和服务，在组织内部建立积极的预防和改进文化，实现持续成功。

基于风险的思维与PDCA循环一起成为过程方法的一个重要组成部分。基于风险的思维已经完全融入新版标准的各个条款，而且是以更加直接的方式体现，如条款要求考虑"……的影响""……的潜在影响""……的后果"等。

关于风险管理的实施，请参见本书第五章"**企业风险管理方法和应用案例**"的内容。

5. 七项原则

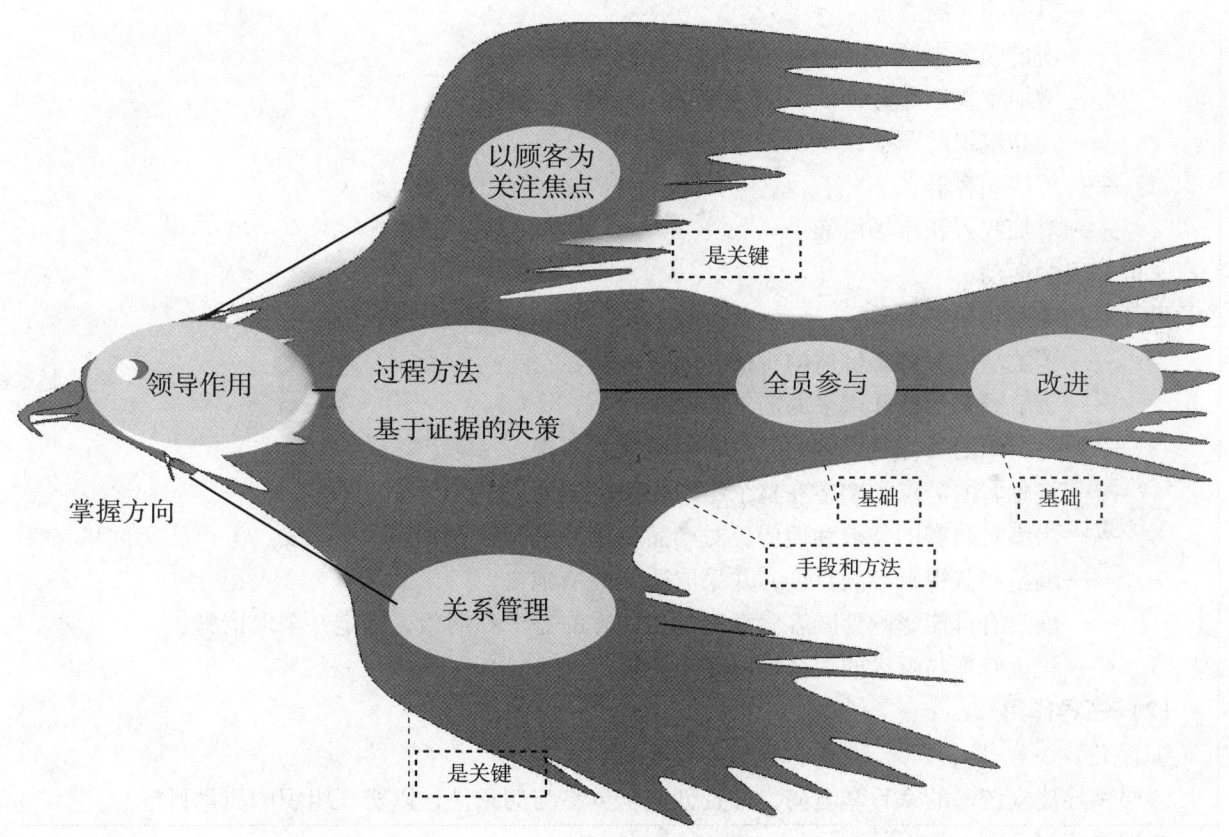

图1-5　QMS的七项原则

质量管理原则是ISO 9001质量管理体系标准建立的理论基础，新版标准继续沿用这一模式。本次标准修订时重新评估了这些质量管理原则，将其中的原则之一"管理的系统方法"合并到过程方法中。因此，2008版所应用的8项质量管理原则，现在变成了7项质量管理原则。

7项质量管理原则是质量管理实践经验和知识的总结，尤其是在ISO 9000族标准的实施经验和理论基础上的总结，ISO/TC176用高度概括、同时又易于理解的语言做了清晰的表述。它是质量管理的最基本、最通用的一般性规律，它适用于所有类型的产品和组织，是质量管理的理论基础。

7项质量管理原则实质上也是组织管理的普遍原则，它是现代社会发展、管理经验日渐丰富、管理科学理论不断演变发展的结果。标准强调，最高管理者应在组织内宣传和贯彻7项质量管理原则的知识及其应用，质量管理原则可作为组织制定质量方针的基础。质量管理原则的应用不仅可为组织带来直接利益，而且也对成本和风险的管理起着重要的作用。

以下对每一个质量管理原则都从四个方面阐述：①释义，②理论依据，③关键益处，④可开展的活动。

(1) 以顾客为关注焦点

①释义

质量管理的主要关注点是满足顾客要求并且努力超越顾客的期望。

②理论依据

组织只有赢得顾客和其他相关方的信任才能获得持续成功。与顾客相互作用的每个方面都提供了为顾客创造更多价值的机会。理解顾客和其他相关方当前和未来的需求，有助于组织的持续成功。

③关键益处

潜在的获益之处是：

——增加顾客价值；

——提高顾客满意度；

——增进顾客忠诚；

——增加重复性业务；

——提高组织的声誉；

——扩展顾客群；

——增加收入和市场份额。

④可开展的活动

可开展的活动包括但不限于：

——了解从组织获得价值的直接和间接的顾客；

——了解顾客当前和未来的需求和期望；

——将组织的目标与顾客的需求和期望联系起来；

——将顾客的需求和期望在整个组织内予以沟通；

——为满足顾客的需求和期望，对产品和服务进行策划、设计、开发、生产、交付和支持；

——测量和监视顾客满意度，并采取适当的措施；

——确定有可能影响到顾客满意度的相关方的需求和期望，确定并采取措施；

——积极管理与顾客的关系，以实现持续成功。

(2) 领导作用

①释义

各层领导建立统一的宗旨和方向，并且创造全员参与的条件，以实现组织的质量目标。

②理论依据

统一的宗旨和方向以及全员参与，能够使组织将战略、方针、过程和资源保持一致，以实现其目标。

③关键益处

潜在的获益之处是：

——提高实现组织质量目标的有效性和效率；

——组织的过程更加协调；

——改善组织各层次、各职能间的沟通；

——开发和提高组织及其人员的能力，以获得期望的结果。

④可开展的活动

可开展的活动包括但不限于：

——在整个组织内，就其使命、愿景、战略、方针和过程进行沟通；
——在组织的所有层次创建并保持共同的价值观和公平道德的行为模式；
——培育诚信和正直的文化；
——鼓励在整个组织范围内履行对质量的承诺；
——确保各级领导者成为组织人员中的实际楷模；
——为组织人员提供履行职责所需的资源、培训和权限；
——激发、鼓励和表彰员工的贡献。

(3) 全员参与

①释义

整个组织内各级人员的能力、授权和参与，是提高组织创造价值和提供价值能力的必要条件。

②理论依据

为了有效和高效地管理组织，各级人员得到尊重并参与其中是极其重要的。通过表彰、授权和提高能力，促进在实现组织的质量目标过程中的全员参与。

③关键益处

潜在的获益之处是：

——通过组织内人员对质量目标的深入理解和内在动力的激发以实现其目标；
——在改进活动中，提高人员的参与程度；
——促进个人发展、主动性和创造力；
——提高员工的满意度；
——增强整个组织的信任和协作；
——促进整个组织对共同价值观和文化的关注。

④可开展的活动

可开展的活动包括但不限于：

——与员工沟通，以增进他们对个人贡献的重要性的认识；
——促进整个组织的协作；
——提倡公开讨论，分享知识和经验；
——让员工确定工作中的制约因素，毫不犹豫地主动参与；
——赞赏和表彰员工的贡献、钻研精神和成绩；
——针对个人目标进行绩效的自我评价；
——对评估员工的满意度和沟通结果进行调查，并采取适当的措施。

(4) 过程方法

①释义

当活动被作为相互关联的功能连贯过程进行系统管理时，可更加有效和高效地始终得到预期的结果。

②理论依据

质量管理体系是由相互关联的过程组成的。理解体系是如何产生结果的，能够使组织尽可能地完善其体系和绩效。

③关键益处

潜在的获益之处是：

——提高关注关键过程和改进机会的能力；
——通过协调一致的过程体系，始终得到预期的结果；

——通过过程的有效管理、资源的高效利用及职能交叉障碍的减少，尽可能提升其绩效；

——使组织能够向相关方提供关于其一致性、有效性和效率方面的信任。

④可开展的活动

可开展的活动包括但不限于：

——确定体系和过程需要达到的目标；

——为管理过程确定职责、权限和义务；

——了解组织的能力，事先确定资源约束条件；

——确定过程相互依赖的关系，分析个别过程的变更对整个体系的影响；

——对体系的过程及其相互关系进行管理，有效和高效地实现组织的质量目标；

——确保获得过程运行和改进的必要信息，并监视、分析和评价整个体系的绩效；

——对能影响过程输出和质量管理体系整个结果的风险进行管理。

(5) 改进

①释义

成功的组织总是致力于持续改进。

②理论依据

改进对于组织保持当前的业绩水平，对其内、外部条件的变化做出反应并创造新的机会都是非常必要的。

③关键益处

潜在的获益之处是：

——改进过程绩效、组织能力和顾客满意度；

——增强对调查和确定基本原因以及后续的预防和纠正措施的关注；

——提高对内外部的风险和机会的预测和反应能力；

——增加对增长性和突破性改进的考虑；

——通过加强学习实现改进；

——增强改革的动力。

④可开展的活动

可开展的活动包括但不限于：

——促进在组织的所有层次建立改进目标；

——对各层次员工进行培训，使其懂得如何应用基本工具和方法实现改进目标；

——确保员工有能力成功地制定和完成改进项目；

——开发和部署整个组织实施的改进项目；

——跟踪、评审和审核改进项目的计划、实施、完成和结果；

——将新产品开发或产品、服务和过程的更改都纳入到改进中予以考虑；

——赞赏和表彰改进。

(6) 基于证据的决策

①释义

基于数据和信息的分析和评价的决策更有可能产生期望的结果。

②理论依据

决策是一个复杂的过程，并且总是包含一些不确定因素。它经常涉及多种类型和来源的输入及其解释，而这些解释可能是主观的。重要的是理解因果关系和潜在的非预期后果。对事实、证据和数据的分析可导致决策更加客观，因而更有信心。

③关键益处

潜在的获益之处是：

——改进决策过程；
——改进对实现目标的过程绩效和能力的评估；
——改进运行的有效性和效率；
——增加评审、挑战与改变意见和决策的能力；
——增加证实以往决策有效性的能力。

④可开展的活动

可开展的活动包括但不限于：
——确定、测量和监视证实组织绩效的关键指标；
——使相关人员能够获得所需的全部数据；
——确保数据和信息足够准确、可靠和安全；
——使用适宜的方法对数据和信息进行分析和评价；
——确保人员对分析和评价所需的数据是胜任的；
——依据证据，权衡经验和直觉进行决策并采取措施。

(7) 关系管理

①释义

为了持续成功，组织需要管理与供方等相关方的关系。

②理论依据

相关方影响组织的绩效。组织管理与所有相关方的关系，以最大限度地发挥其在组织绩效方面的作用。对供方及合作伙伴的关系网的管理是非常重要的。

③关键益处

潜在的获益之处是：
——通过对每一个与相关方有关的机会和限制的响应，提高组织及其相关方的绩效；
——对目标和价值观，与相关方有共同的理解；
——通过共享资源和能力，以及管理与质量有关的风险，增加为相关方创造价值的能力；
——使产品和服务稳定流动的、管理良好的供应链。

④可开展的活动

可开展的活动包括但不限于：
——确定组织和相关方（例如：供方、合作伙伴、顾客、投资者、雇员或整个社会）的关系；
——确定需要优先管理的相关方的关系；
——建立权衡短期收益和长期考虑的关系；
——收集并与相关方共享信息、专业知识和资源；
——适当时，测量绩效并向相关方报告，以增加改进的主动性；
——与供方、合作伙伴及其他相关方共同开展开发和改进活动；
——鼓励和表彰供方与合作伙伴的改进和成绩。

6. 八个术语

(1) 产品

新版标准使用"产品和服务"取代过去的术语"产品"。术语"产品和服务"包括所有的输出类别（硬件、服务、软件和流程性材料）。现在的术语"产品"不再包括所有的输出类型，而只是包括硬件、软件和流程性材料这三种形式。

特别列出"服务"旨在强调在某些要求的应用方面，产品和服务之间存在的差异，便于服务型行业的理解和应用。服务的特征是至少作为输出的组成部分，是通过顾客接触面予以实现的。这意味着在提供服务之前不可能确认其是否符合要求。

在大多数情况下,"产品和服务"作为单一术语同时使用。组织或由外部供方向顾客提供的大多数输出包括产品和服务两方面。例如:有形或无形产品可能涉及相关的服务,而服务也可能涉及相关的有形或无形产品。

正如在 MSS 高层结构阶段所述,如果组织已经习惯于使用术语"产品"来包含所有的输出类型,可以自行决定继续保留这样的使用,只要不会引起大家误解或造成不良影响就可以。不必仅仅为了与标准保持一致,而修订 QMS 将"产品的表达"修改为"产品和服务的表达形式"。

(2) 删减

新版标准在其要求中对组织质量管理体系的适用性方面不再使用"删减"一词。然而,组织可根据其规模和复杂程度、所采用的管理模式、活动领域以及所面临风险和机遇的性质,对相关要求的适用性进行评审。

在标准"4.3 确定质量管理体系的范围"中有关适用性方面的要求,规定了组织确定某项要求不适用于其质量管理体系范围内的条件。只有不实施某项要求不会对提供合格的产品和服务造成不利影响,组织才能决定该要求不适用。而且,虽然标准没有明示,但通常不适用的要求只可能是 PDCA 循环的 D 部分,即标准条款"8 运行"之内的要求。

(3) 管理者代表

新版标准不再有管理者代表的要求,并不是管理者代表的职能不重要,而是为了赋予最高管理者一个更积极的角色。当然,这并不意味着组织不可以任命管理者代表。关键是,无论是否任命管理者代表,最高管理者都需要参与、支持和领导 QMS 的活动,并且获取有关 QMS 绩效的报告,而且需要证实参与了这些活动。

(4) 文件、质量手册、程序文件、记录

在 ISO 9001:2008 中使用的特定术语如"文件""程序文件""质量手册"或"质量计划"等,在新版标准中规定为"保持文件化信息"要求。不再强制性要求质量手册和程序文件,这意味着组织的文件结构和文件化的程度有着更大的灵活性。

这对于某些服务型组织、小型组织和特定功能的组织具有较大的意义。对于大多数的传统制造型组织来说,传统的金字塔式的文件结构和过去的文件化程度仍然是有价值的。组织可以进行探讨和尝试,关键是保障 QMS 结果有效。

在 ISO 9001:2008 中使用"记录"这一术语表示提供符合要求的证据所需要的文件,现在表示为要求"保留文件化信息"。组织有责任确定需要保留的文件化信息及其存储时间和所用介质。

"保持"文件化信息的要求并不排除组织基于特殊目的也可能需要"保留"同一文件化信息的可能性,如保留其先前版本。

若标准中使用"信息"一词,而不是"文件化信息"(比如在 4.1 中"组织应对这些内部和外部因素的相关信息进行监视和评审"),则并不要求将这些信息形成文件。在这种情况下,组织可以决定是否有必要适当保持文件化信息。

(5) 工作环境

新版用"过程运行环境"替代了原来的"工作环境"。

有一些过程,比如在服务领域的顾客等待过程,可能与顾客的接触和服务还没有开始,称不上是工作环境。但是顾客等待过程还是可能会影响到顾客的满意度,对这样的环境进行适当的考虑和控制也许是必要的,甚至是关键的,如银行服务厅适当的空间、足够的座椅、舒适的温度等。因此,对环境的外延的考虑得以扩展。

另外,标准通过注释对环境的内涵的考虑也扩大了,除了物理的因素外,还增加了社会的、心理的因素。这种对环境因素的外延和内涵的扩展,目的都是让过程有效,并最终提高顾客满意度。

(6) 监视和测量设备

对于一些服务性的过程,如导游服务,组织依然需要实施适当的监视或测量,以验证服务要求已得到满足,包括获取顾客满意的信息。这种情况下,可能无法使用通常的一些有形的监视、测量设备,而使用诸如问卷调查表、电话访问、网络调查等方式。此时,这些问卷调查表、电话访问系统、网络调查系统就是一种监视和测量资源。

使用"资源"代替"设备"的措辞,实际上扩大了可用的监视和测量的手段,有利于服务型组织的理解和应用,也符合实际的需要。

(7) 采购的产品

"外部提供的产品和服务"替代"采购的产品"这样的措辞,统称通过外购、外包或外发等各种形式从外部组织获得的产品和服务。相应地,这些外部组织统称为外部供方。

(8) 供方

新版标准规定符合下列情况的外部组织统称为外部供方:

①外部供方的过程、产品和服务构成组织自身的产品和服务的一部分;

②外部供方替组织直接将产品和服务提供给顾客;

③组织决定由外部供方提供过程或部分过程。

外包总是具有服务的重要特征,因为这将必然通过供方与组织之间的接触面至少实施一项活动。

基于产品和服务的性质,外部提供所需的控制可能存在很大差异。组织可以采取基于风险的思维,确定对外部供方以及外部提供产品和服务的适当控制类型和控制程度。

综上所述,新版标准融入了组织战略、方针、目标、领导力、过程管理、PDCA、风险管理、知识管理、绩效评价、全面质量管理和创新等现代企业经营管理要素。因此,ISO 9001:2015 实际上是一个经营管理系统,而不仅仅是质量管理体系。

第二章
ISO 9001:2015标准理解及实施要点

第一节　标准【引言】的解读

第二节　标准【范围和规范性引用文件】条款说明

第三节　标准【术语和定义】条款说明

第四节　标准第4章【组织环境】的理解及实施要点

第五节　标准第5章【领导作用】的理解及实施要点

第六节　标准第6章【策划】的理解及实施要点

第七节　标准第7章【支持】的理解及实施要点

第八节　标准第8章【运行】的理解及实施要点

第九节　标准第9章【绩效评价】的理解及实施要点

第十节　标准第10章【改进】的理解及实施要点

第一节 标准【引言】的解读

引 言

0.1 总则

采用质量管理体系是组织的一项战略决策，能够帮助其提高整体绩效，为推动可持续发展奠定良好基础。

组织根据本标准实施质量管理体系具有如下潜在益处：

a) 稳定提供满足顾客要求以及适用的法律法规要求的产品和服务的能力；
b) 促成增强顾客满意的机会；
c) 应对与其环境和目标相关的风险和机遇；
d) 证实符合规定的质量管理体系要求的能力。

内部和外部各方均可使用本标准。

实施本标准并不意味着需要：

——统一不同质量管理体系的架构；
——形成与本标准条款结构相一致的文件；
——在组织内使用本标准的特定术语。

本标准规定的质量管理体系要求是对产品和服务要求的补充。

本标准采用过程方法，该方法结合了 PDCA（策划、实施、检查、处置）循环与基于风险的思维。

过程方法能使组织策划其过程及其相互作用。

PDCA 循环使得组织确保对其过程进行恰当管理，提供充足资源，确定改进机会并采取行动。

基于风险的思维使得组织能确定可能导致其过程和质量管理体系偏离策划结果的各种因素，采取预防控制，最大限度地降低不利影响，并最大限度地利用出现的机遇。

在日益复杂的动态环境中持续满足要求，并针对未来需求和期望采取适当行动，这无疑是组织面临的一项挑战。为了实现这一目标，组织可能会发现，除了纠正和持续改进，还有必要采取各种形式的改进，比如变革突变、创新和重组。

在本标准中使用如下助动词：

"应"表示要求；
"宜"表示建议；
"可以"表示允许；
"能"表示可能或能够。
"注"是理解和说明有关要求的指南。

0.2 质量管理原则

本标准是在 ISO 9000 所描述的质量管理原则基础上制定的。每项原则的介绍均包含其释义、该原则对组织的重要性的理论依据，应用该原则的主要收益示例，以及应用该原则时组织绩效的典型改进措施示例。

质量管理原则包括：

——以顾客为关注焦点；
——领导作用；
——全员参与；

——过程方法；
——改进；
——基于证据的决策；
——关系管理。

0.3 过程方法

0.3.1 总则

本标准倡导在建立、实施质量管理体系以及提高其有效性时采用过程方法，通过满足顾客要求增强顾客满意。

采用过程方法所需满足的具体要求见4.4。

在实现其预期结果的过程中，系统地理解和管理相互关联的过程有助于提高组织的有效性和效率。此种方法使组织能够对体系中相互关联和相互依赖的过程进行有效控制，以增强组织整体绩效。

过程方法包括按照组织的质量方针和战略方向，对各过程及其相互作用，系统地进行规定和管理，从而实现预期结果。可通过采用PDCA循环（见0.3.2）以及基于风险的思维（见0.3.3）对过程和体系进行整体管理，从而有效利用机遇并防止发生非预期结果。

在质量管理体系中应用过程方法能够：

a) 理解并持续满足要求；
b) 从增值的角度考虑过程；
c) 获得有效的过程绩效；
d) 在评价数据和信息的基础上改进过程。

单一过程各要素的相互作用如图1所示。每一过程均有特定的监视和测量检查点，以用于控制，这些检查点根据不同的风险有所不同。

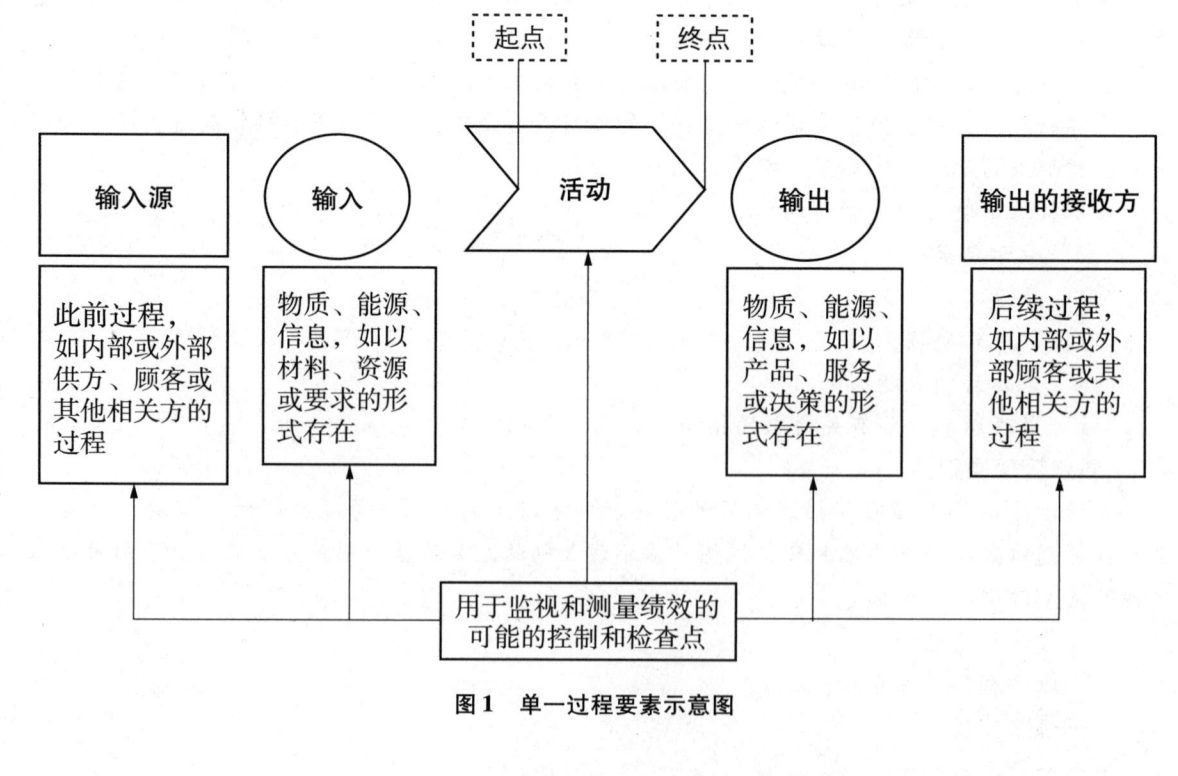

图1　单一过程要素示意图

0.3.2 策划—实施—检查—处置循环

PDCA循环能够应用于所有过程以及作为整体的质量管理体系。本标准第4章至第10章内容在PDCA循环中的应用如图2所示。

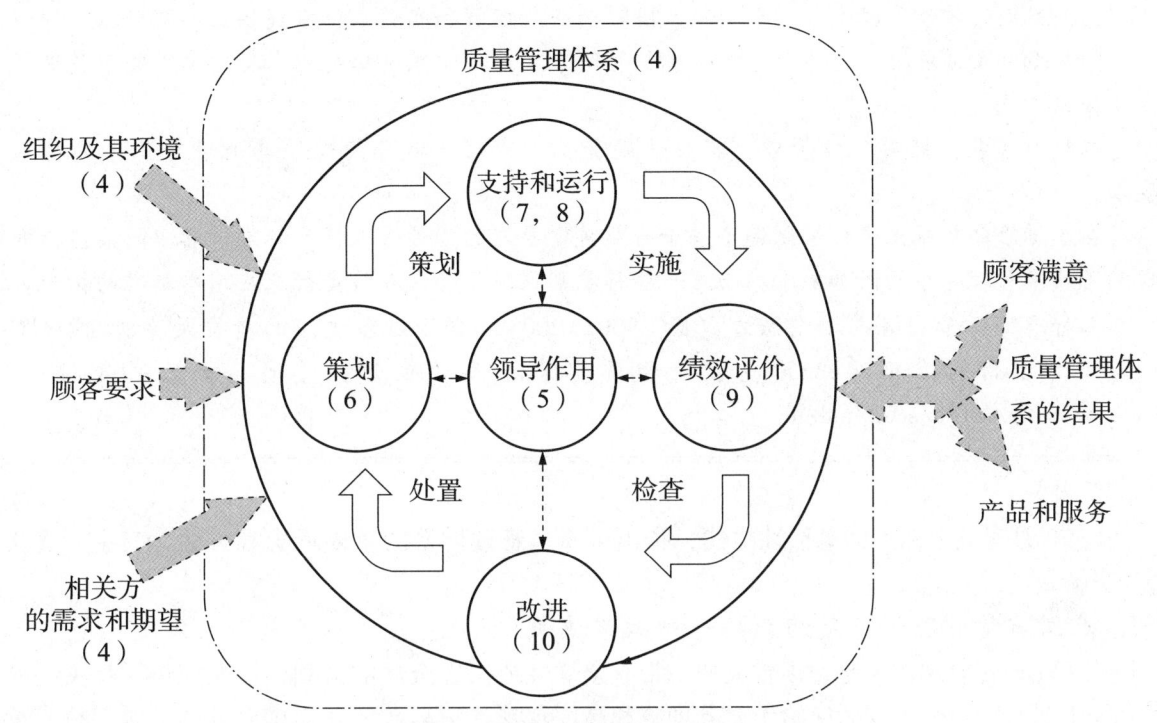

图2　本标准的结构在PDCA循环中的展示

注：括号中的数字表示标准中相应的章节

PDCA循环可以简要描述如下：

策划：建立体系及其过程的目标、配备所需的资源，以实现与顾客要求和组织方针相一致的结果；

实施：实施所做的策划；

检查：根据方针、目标和要求对过程以及产品和服务进行监视和测量（适用时），并报告结果；

处置：必要时，采取措施提高绩效。

0.3.3 基于风险的思维

基于风险的思维对质量管理体系有效运行是至关重要的。本标准以前的版本已经隐含基于风险思维的概念，例如：采取预防措施消除潜在的不合格原因，对发生的不合格问题进行分析，并采取适当措施防止其再次发生。

为了满足本标准的要求，组织需策划和实施应对风险和利用机遇的措施。应对风险和利用机遇可为提高质量管理体系有效性、实现改进结果以及防止不利影响奠定基础。

机遇的出现可能意味着某种有利于实现预期结果的局面，例如：有利于组织吸引顾客、开发新产品和服务、减少浪费或提高生产率的一系列情形。利用机遇也可能需要考虑相关风险。风险是不确定性的影响，不确定性可能是正面或负面的影响。风险的正面影响可能提供改进机遇，但并非所有的正面影响均可提供改进机遇。

0.4　与其他管理体系标准的关系

本标准采用ISO制定的管理体系标准框架，以提高与其他管理体系标准的兼容性。

> 本标准使组织能够使用过程方法,并结合 PDCA 循环和基于风险的思维,将其质量管理体系要求与其他管理体系标准要求进行协调或整合。
> 本标准与 ISO 9000 和 ISO 9004 存在如下关系:
> ISO 9000《质量管理体系 基础和术语》为正确理解和实施本标准提供必要基础;
> ISO 9004《追求组织的持续成功 质量管理方法》为组织选择超出本标准要求的质量管理方法提供指南。
> 本标准不包括针对环境管理、职业健康和安全管理或财务管理等其他管理体系的特定要求。
> 在本标准的基础上,已经制定了若干行业特定要求的质量管理体系标准。其中的某些标准规定了质量管理体系的附加要求,而另一些标准则仅限于提供在特定行业应用本标准的指南。
> 本标准的章节内容与之前版本(ISO 9001:2008)章节内容之间的对应关系见 ISO/TC 176/SC2(国际标准化组织/质量管理和质量保证/质量体系分委员会)的公开网站:www. ISO. org/tc176/sc02/public。

【理解要点】

"引言"是对整个标准的概括性描述,指出了质量管理体系的重要理念和方法,其主要含义包括以下几点:

1. 采用质量管理体系是组织的一项战略决策

组织采用质量管理体系是一项重大的、带有全局性或决定全局的策划,涉及与体系相关的所有部门和所有过程。最高管理者应给予充分理解和高度重视,主动参与并提供充分的资源支持质量管理体系的策划和实施,将标准要求融入企业的经营管理活动中,而不能把质量管理体系看成是审核或认证的标准。实践证明,质量管理体系能够帮助企业提高整体绩效,为推动可持续发展奠定良好基础。

2. 指出了采用本标准实施质量管理体系具有的四项潜在益处

a) 稳定提供满足顾客要求以及适用的法律法规要求的产品和服务的能力;
b) 促成增强顾客满意度的机会;
c) 应对与其环境和目标相关的风险和机遇;
d) 证实符合规定的质量管理体系要求的能力。

3. 强调了使用本标准的灵活性

不同组织在实施本标准时,可以根据自身的规模、产品和服务的类型、过程的复杂程度采用适合的方式来建立质量管理体系,标准不要求:

——统一不同质量管理体系的架构;
——形成与本标准条款结构相一致的文件;
——在组织内使用本标准的特定术语。

4. 强调了 PDCA 循环在质量管理体系中的运用

> PDCA 循环是戴明(W. Ed-wards Deming)博士在 20 世纪 50 年代提出的,主要为解决问题的过程提供一个简便易行的方法。
> 在质量管理中,PDCA 循环得到了广泛的应用,并取得了很好的效果,因此有人称 PDCA 循环是质量管理的基本方法。
> PDCA 管理模式的应用对我们提高日常工作的效率有很大的益处,它不仅在质量管理工作中可以运用,同样也适合于其他各项管理工作。

PDCA 循环能够应用于整体的质量管理体系，如图 2-1 所示。

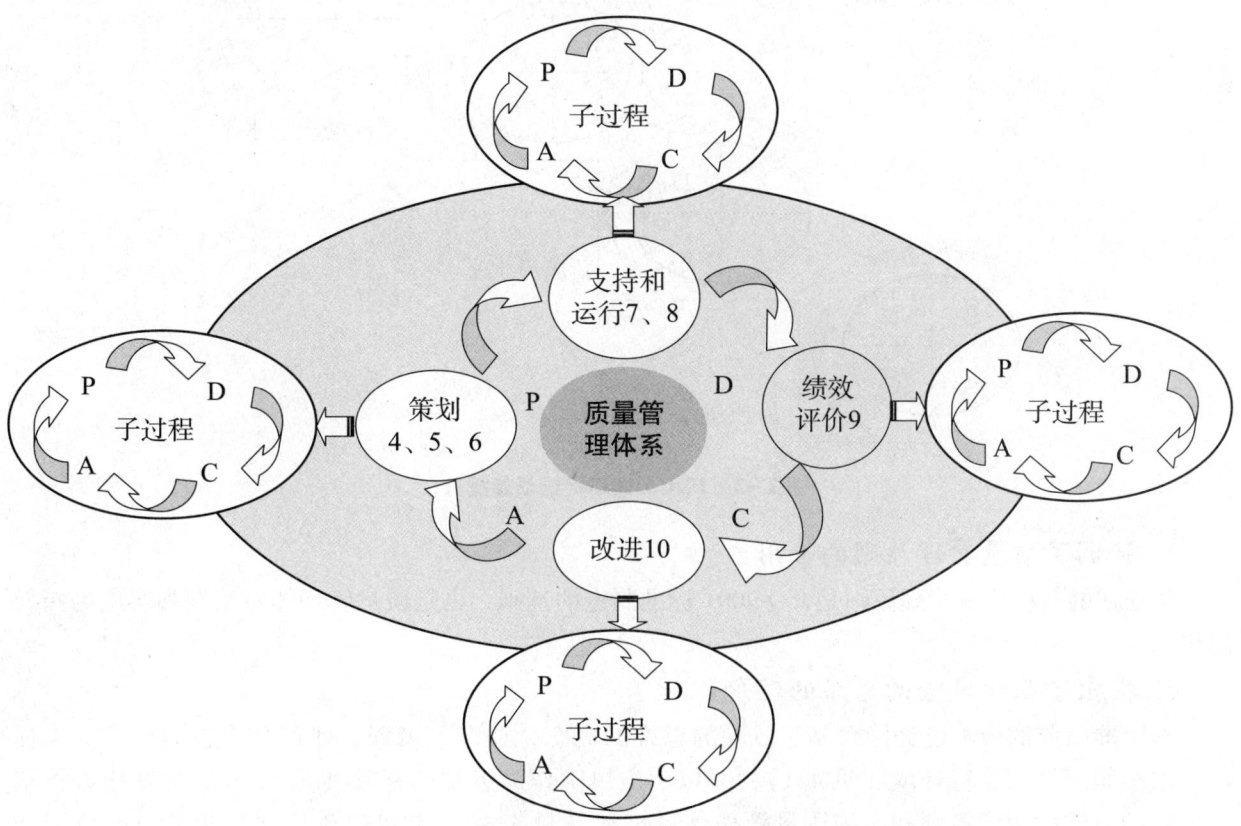

图 2-1　PDCA 循环应用于整体的质量管理体系

PDCA 循环可以简要描述如下：

策划：建立体系及其过程的目标、配备所需的资源，以实现与顾客要求和组织方针相一致的结果；

实施：实施所做的策划；

检查：根据方针、目标和要求对过程以及产品和服务进行监视和测量（适用时），并报告结果；

处置：根据数据分析的结果，必要时，采取措施提高绩效。

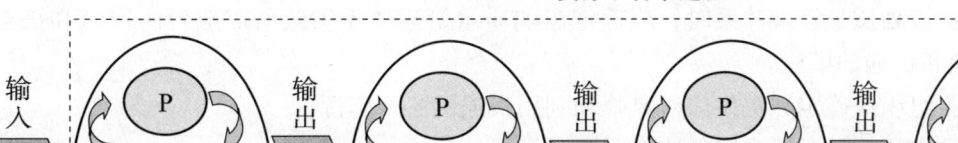

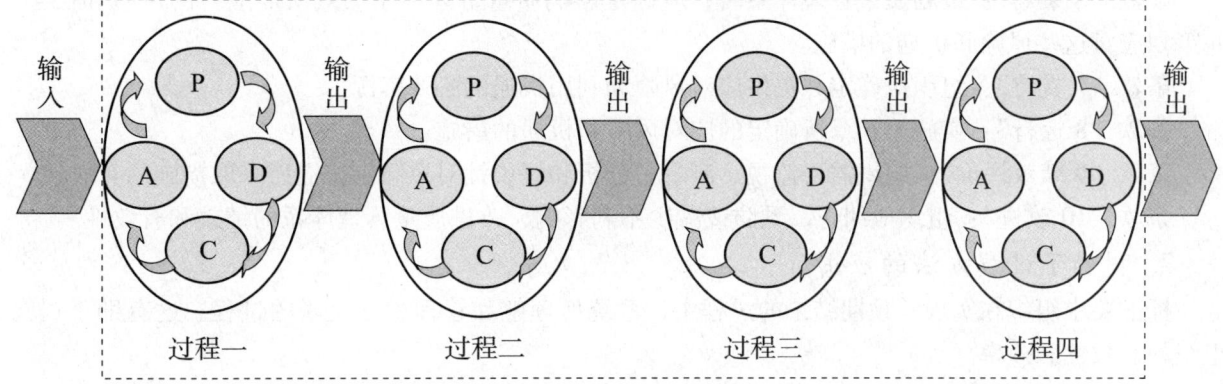

图 2-2　PDCA 循环贯穿于各个过程

之所以将其称之为 PDCA 循环，是因为这四个活动不是运行一次就完结，而是要周而复始地进行。一个循环完了，可能还有其他问题尚未解决，或者又出现了新的问题，再进行下一次循环。每一次循环使得质量水平上一台阶，如此不断提升和完善。

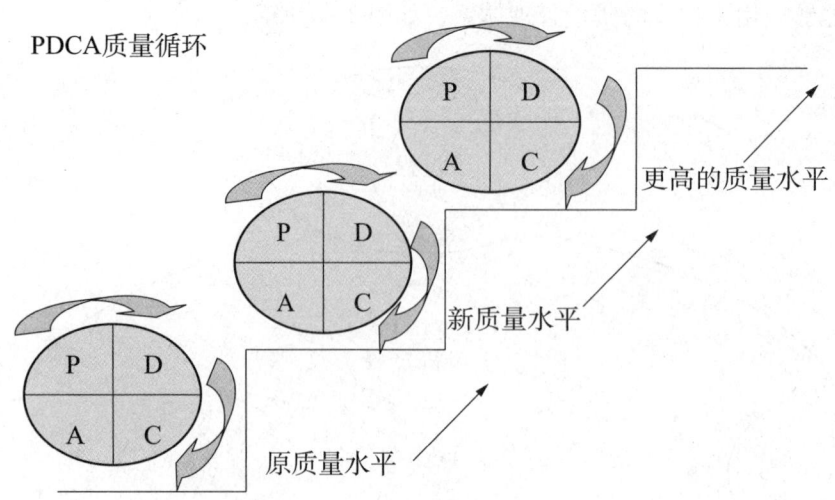

图 2-3 PDCA 循环促进质量提升

5. 强调了质量管理原则的应用

所描述的七项质量管理原则是 ISO 9001 标准制定的基础，也是质量管理体系策划和实施的指导思想。

6. 提出了基于风险的思维的理念

本标准以前的版本已经隐含基于风险的思维的概念，如有关策划、评审和改进的要求。本标准要求组织理解其运行环境（见 4.1），并以确定风险作为策划的基础（见 6.1）。这意味着将基于风险的思维应用于策划和实施质量管理体系过程（见 4.4），并借以确定文件化信息的范围和程度。

质量管理体系的主要用途之一是作为预防工具。因此，本标准并未就"预防措施"安排单独章节，而是通过在规定质量管理体系要求的过程中运用基于风险的思维表达预防措施概念。

基于风险的思维体现在本标准的相关条款（章节）的要求中，如：

条款"4 组织环境"：确定组织的内、外部因素以及相关方的需求和期望对质量管理体系预期结果的影响的相关风险和机遇。

条款"5 领导作用"：促进使用过程方法和基于风险的思维；确定和应对能够影响产品、服务符合性以及增强顾客满意度的风险和机遇。

条款"6 策划"：策划质量管理体系时，应确定影响质量管理体系绩效所需应对的风险和机会，并策划应对这些风险和机遇的措施。

条款"7 支持"：组织应确定并提供应对风险和利用机遇的必要资源。

条款"8 运行"：实施第 6 章所确定的应对风险和机遇的措施。

条款"9 绩效评价"：组织需要监视、测量、分析和评价针对风险和机遇所采取措施的有效性。

条款"10 改进"：组织应纠正、预防或减少不利影响，改进质量管理体系的绩效和有效性。

7. 明确了过程方法的应用

标准要求组织在实现其预期结果的过程中，系统地理解和管理相互关联的过程，这有助于提高组织的有效性和效率。

过程方法使组织能够对体系中相互关联和相互依赖的过程进行有效控制，以增强组织整体绩效。

过程方法包括按照组织的质量方针和战略方向，对各过程及其相互作用系统地进行规定和管理，从而实现预期结果。

过程方法可通过采用 PDCA 循环以及基于风险的思维对过程和体系进行整体管理，从而有效利用机遇并防止发生非预期结果。过程方法的具体实施请参阅本书第六章"**企业过程管理方法和应用**

案例"的内容。

8. 说明了本标准与其他管理体系标准的相容性

本标准采用 ISO 制定的管理体系标准框架，以提高与其他管理体系标准的兼容性。

本标准使组织能够使用过程方法，并结合 PDCA 循环和基于风险的思维，将其质量管理体系要求与其他管理体系标准要求进行协调或整合。

第二节　标准【范围和规范性引用文件】条款说明

ISO 9001：2015　质量管理体系——要求

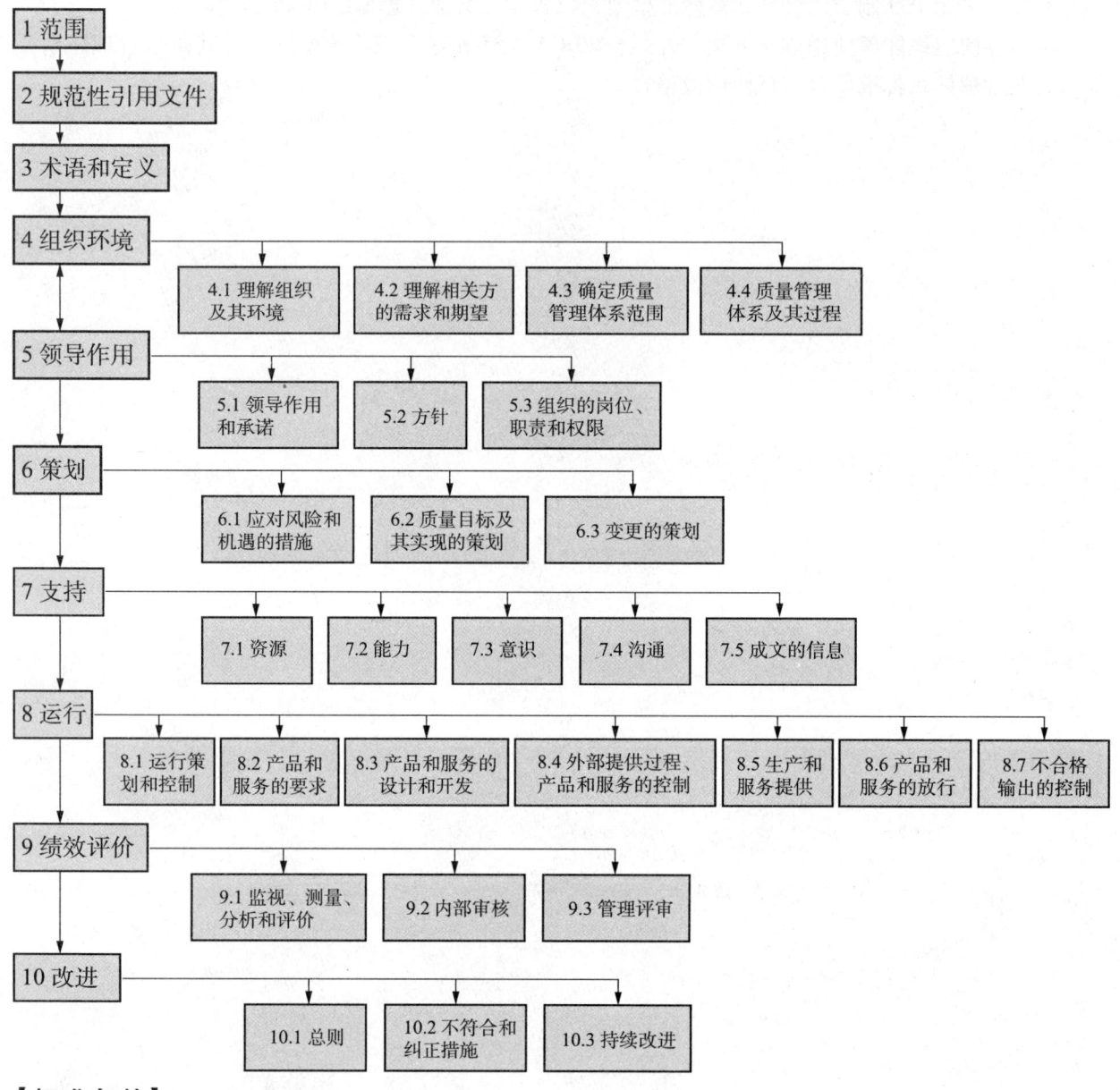

【标准条款】

1. 范围

本标准为下列组织规定了质量管理体系要求：

a）需要证实其具有稳定地提供满足顾客要求和适用法律法规要求的产品和服务的能力；

b）通过体系的有效应用，包括体系改进的过程，以及保证符合顾客和适用的法律法规要求，旨在增强顾客满意。

本标准规定的所有要求是通用的，旨在适用于各种类型、不同规模和提供不同产品和服务的组织。

注1：在本标准中，术语"产品"或"服务"仅适用于预期提供给顾客或顾客所要求的产品和服务；

注2：法律法规要求可称作法定要求。

【理解要点】

（1）本条款明确了质量管理体系的适用范围，说明了采用本标准的组织可以实现什么目的，以及采用了本标准后组织可以得到什么结果。此处"范围"是指本标准的应用范围，不能与组织的质量管理体系范围相混淆。

本标准规定的质量管理体系要求是通用的，可以适用于各种类型、不同规模和提供不同产品和服务的组织。组织的概念包括但不限于：代理商、公司、集团、商行、企事业单位、行政机构、股份公司、社团慈善机构或研究机构，或上述组织的部分或组合，而无论其是否为法人组织、公有的或私有的。

（2）本条款包含两个方面的重要含义：

一是说明组织实施质量管理体系的目的：见 a）和 b）。

二是指出了本标准的核心思想：**旨在满足顾客及适用的法律法规要求和增强顾客满意。**

（3）如果组织需要证实其具有稳定地提供满足顾客要求和适用的法律法规要求的产品和服务的能力，则可以采用本标准。组织提供的产品和服务除了应满足其顾客的要求，还应满足与产品和服务有关的法律法规的要求，这是组织在质量管理方面追求的目标。

需要注意的是：应用本标准使组织具有的这种能力，是一种稳定的能力，能够保持产品实现过程稳定受控，不产生大的波动，以确保产品和服务持续满足要求。

（4）本标准注重过程，更关注结果。本标准给出了质量管理的模式，组织应按照标准的要求系统地开展质量管理活动。但应用本标准更重要的是要关注顾客、关注质量管理体系的结果（有效性和效率）。组织应通过应用本标准实现提供合格产品和服务、满足顾客要求和适用的法律法规要求、不断增强顾客满意度的预期目标，这样应用才有真正的意义。

（5）本标准中的"产品和服务"仅适用于预期提供给顾客或顾客所要求的产品和服务，以及提供过程中预期得到的产品和服务，而不包括在产品和服务形成过程中不期望得到的结果（非预期结果），如对环境产生影响的污染、废料和对工作场所中人的安全健康产生影响的不良结果。这些非预期结果是环境管理体系和职业健康与安全等管理体系要控制的。

（6）本标准表述的"法律法规要求"，与我国对法律法规的表述是一致的。法律法规的要求对于质量管理是重要的，满足适用于产品的法律法规要求是必须的、也是最基本的要求。

【标准条款】

> **2 规范性引用文件**
>
> 下列文件对于本文件的应用是必不可少的。凡是注日期的引用文件，仅注日期的版本适用于本文件。
>
> 凡是不注日期的引用文件，其最新版本（包括所有的修改单）适用于本文件。
>
> ISO 9000:2015 质量管理体系　基础和术语

【理解要点】

本条款没有实施性内容，规范性引用文件表明了本标准的引用文件及其适用性。

ISO 9001:2015 引用 ISO 9000:2015 为规范性引用文件。ISO 9000:2015 解释了质量管理原则，定义了 ISO 9001 中所使用的术语。具体的术语和定义请参见第三节的内容。

第三节 标准【术语和定义】条款说明

【标准条款】

> 3 术语和定义
>
> ISO 9000:2015 界定的术语和定义适用于本文件。

【理解要点】

ISO 9000:2015"基础和术语"说明了 7 项质量管理原则，定义了 ISO 9001 中所使用的术语。

该标准所包含的术语共分 13 类，138 个术语，具体分布如下：

"3.1 有关人员的术语" 6 个：

最高管理者、质量管理体系咨询师、参与者、积极参与者、管理机构、争议解决者。

"3.2 有关组织的术语" 9 个：

组织、组织环境、相关方、顾客、供方、外部供方、争议解决过程提供方、协会、计量职能。

"3.3 有关活动的术语" 13 个：

改进、持续改进、管理、质量管理、质量策划、质量保证、质量控制、质量改进、技术状态管理、更改控制、活动、项目管理、技术状态项。

"3.4 有关过程的术语" 8 个：

过程、项目、质量管理体系的实现、能力获得、程序、外包、合同、设计和开发。

"3.5 有关体系的术语" 12 个：

体系（系统）、基础设施、管理体系、质量管理体系、工作环境、计量确认、测量管理体系、方针、质量方针、愿景、使命、战略。

"3.6 与要求有关的术语" 15 个：

客体、质量、等级、要求、质量要求、法律要求、法规要求、产品技术状态信息、不合格（不符合）、缺陷、合格（符合）、能力、可追溯性、可靠性、创新。

"3.7 与结果有关的术语" 11 个：

目标、质量目标、成功、持续成功、输出、产品、服务、绩效、风险、效率、有效性。

"3.8 有关数据、信息和文件的术语" 15 个：

数据、信息、客观证据、信息系统、文件、文件化信息、规范、质量手册、质量计划、记录、项目管理计划、验证、确认、技术状态记实、特定情况。

"3.9 与顾客有关的术语" 6 个：

反馈、顾客满意、投诉、顾客服务、顾客满意行为规范、争议。

"3.10 有关特性的术语" 7 个：

特性、质量特性、人的因素、能力、计量特性、技术状态、技术状态基线。

"3.11 有关确定的术语" 9 个：

确定、评审、监视、测量、测量过程、测量设备、检验、测试、进展评价。

"3.12 有关措施的术语" 10 个：

预防措施、纠正措施、纠正、降级、让步、偏离许可、放行、返工、返修、报废。

"3.13 有关审核的术语" 17：

审核、结合审核、联合审核、审核方案、审核范围、审核计划、审核准则、审核证据、审核发现、审核结论、审核委托方、受审核方、向导、审核组、审核员、技术专家、观察员。

ISO 9000:2015 中"术语和定义"如下：

3.1 有关人员的术语 6 个：

3.1.1 最高管理者 top management
在最高层指挥和控制组织的一个人或一组人。
注 1：最高管理者有权在组织内部授权并提供资源。
注 2：若管理体系的范围仅涵盖组织的一部分，则最高管理者是指那些指挥并控制组织该部分的人员。
注 3：这是 ISO/IEC 导则，第 1 部分的 ISO 补充规定的附件 SL 中给出的 ISO 管理体系标准中的通用术语及核心定义之一。

3.1.2 质量管理体系咨询师 quality management system consultant
对组织的质量管理体系实现给予帮助、提供建议或信息的人员。
注 1：质量管理体系咨询师也可以在部分质量管理体系的实现方面提供帮助。
注 2：ISO 10019：2005 为识别质量管理体系咨询师是否具备组织所需的能力提供了指南。

3.1.3 参与 involvement
参加某个活动、事项或介入某个情境。

3.1.4 积极参与 engagement
参与活动并为之做出贡献，以实现共同的目标。

3.1.5 管理机构 configuration authority（dispositioning authority）
技术状态控制委员会 configuration control board
被赋予技术状态决策职责和权限的一个人或一组人。
注：在管理机构中，应当有组织内、外有关的相关方的代表。

3.1.6 争议解决者 dispute resolver
提供方指定的帮助相关各方解决争议的人。
示例：员工、志愿者、合同人员。

3.2 有关组织的术语 9 个：

3.2.1 组织 organization
为实现其目标，通过职责、权限和相互关系而拥有其自身职能的一个人或一组人。
注 1：组织的概念包括但不限于代理商、公司、集团、商行、企事业单位、政府机构、合营公司、社团、慈善机构或研究机构，或上述组织的部分或组合，无论是否具有法人资格、公有的或私有的。
注 2：这是 ISO/IEC 导则，第 1 部分的 ISO 补充规定的附件 SL 中给出的 ISO 管理体系标准中的通用术语及核心定义之一。

3.2.2 组织环境 context of the organization
对组织建立和实现其目标的方法有影响的内部和外部因素的组合。
注 1：组织的目标可能涉及其产品和服务、投资和对其相关方的行为。
注 2：组织环境的概念，除了适用于营利性组织，还同样能适用于非营利或公共服务组织。

3.2.3 相关方 interested party（stakeholder）
能够影响决策或活动、受决策或活动影响，或感觉自身受到决策或活动影响的个人或组织。
示例：顾客、所有者、组织内的人员、供方、银行、监管者、工会、合作伙伴以及可包括竞争对手。
注：这是 ISO/IEC 导则，第 1 部分的 ISO 补充规定的附件 SL 中给出的 ISO 管理体系标准中的通用术语及核心定义之一。

3.2.4 顾客 customer

将会或实际接受为其提供的或应其要求提供的产品或服务的个人或组织。示例：消费者、委托人、最终使用者、零售商、内部过程的产品或服务的接收者、受益者和采购方。

注：顾客可以是组织内部的或外部的。

3.2.5 供方 provider（supplier）

提供产品或服务的组织。

示例：产品或服务的制造商、批发商、零售商或商贩。

注1：供方可以是组织内部的或外部的。

注2：在合同情况下，供方有时称为"承包方"。

3.2.6 外部供方 external provider/supplier

非组织组成部分的供方。

示例：产品或服务的制造商、批发商、零售商或商贩。

3.2.7 争议解决过程提供方 DRP-provider（dispute resolution process provider）

组织外部提供和实施争议解决过程的个人或组织。

注1：通常，争议解决过程提供方是一个法律实体，独立于组织和投诉者，因此具有独立性和公正性。在某些情况下，组织内部会设立一个处理解决投诉的独立部门。

注2：争议解决过程提供方与各方约定提供争议解决，并对执行情况负责。争议解决过程提供方安排争议解决者，也利用支持人员、行政人员和其他管理人员提供资金、文秘、日程安排、培训、会议室、监管和类似职能。

注3：争议解决过程提供方可以是多种类型，包括非营利、营利和公共事业实体。协会也可作为争议解决过程提供方。

3.2.8 协会 association

由成员组织或个人组成的组织。

3.2.9 计量职能 metrological function

负责确定并实施测量管理体系的行政和技术职能。

3.3 有关活动的术语 13 个：

3.3.1 改进 improvement

提高绩效的活动

注：活动可以是循环的或一次性的。

3.3.2 持续改进 continual improvement

提高绩效的循环活动。

注1：制定改进目标和寻求改进机会是一个持续的过程，该过程使用审核发现和审核结论、数据分析、管理评审或其他方法，其结果通常导致纠正措施或预防措施。

注2：这是 ISO/IEC 导则，第1部分的 ISO 补充规定的附件 SL 中给出的 ISO 管理体系标准中的通用术语及核心定义之一。

3.3.3 管理 management

指挥和控制组织的协调的活动。

注1：管理可包括制定方针和目标以及实现这些目标的过程。

3.3.4 质量管理 quality management

关于质量的管理。

注：质量管理可包括制定质量方针和质量目标，以及通过质量策划、质量保证、质量控制和质量改进实现这些质量目标的过程。

3.3.5 质量策划 quality planning
质量管理的一部分,致力于制定质量目标并规定必要的运行过程和相关资源以实现质量目标。

3.3.6 质量保证 quality assurance
质量管理的一部分,致力于提供质量要求会得到满足的信任。

3.3.7 质量控制 quality control
质量管理的一部分,致力于满足质量要求。

3.3.8 质量改进 quality improvement
质量管理的一部分,致力于增强满足质量要求的能力。

注:质量要求可以是有关任何方面的,如有效性、效率或可追溯性。

3.3.9 技术状态管理 configuration management
指挥和控制技术状态的协调活动。

注:技术状态管理通常集中在整个产品寿命周期内建立和保持某个产品或服务及其产品技术状态信息的控制的技术的和组织的活动方面。

3.3.10 更改控制 change control
在产品技术状态信息正式被批准后,对输出的控制活动。

3.3.11 活动 activity
在项目工作中识别出的最小的工作项。

3.3.12 项目管理 project management
对项目各方面的策划、组织、监视、控制和报告,并激励所有参与者实现项目目标。

3.3.13 技术状态项 configuration object
满足最终使用功能的某个技术状态内的客体。

3.4 有关过程的术语8个:

3.4.1 过程 process
利用输入产生预期结果的相互关联或相互作用的一组活动。

注1:过程的"预期结果"称为输出,还是称为产品或服务,需随相关语境而定。

注2:一个过程的输入通常是其他过程的输出,而一个过程的输出又通常是其他过程的输入。

注3:两个或两个以上相互关联和相互作用的连续过程也可作为一个过程。

注4:组织为了增值通常对过程进行策划并使其在受控条件下运行。

注5:对形成的输出是否合格不易或不能经济地进行确认的过程,通常称之为"特殊过程"。

注6:这是ISO/IEC导则,第1部分的ISO补充规定的附件SL中给出的ISO管理体系标准中的通用术语及核心定义之一。

3.4.2 项目 project
由一组有起止日期的、相互协调的受控活动组成的独特过程,该过程要达到符合包括时间、成本和资源的约束条件在内的规定要求的目标。

注1:单个项目可作为一个较大项目结构中的组成部分,且通常规定开始和结束日期。

注2:在一些项目中,随着项目的进展,目标和范围被更新,产品或服务特性被逐步确定。

注3:项目的输出可以是一个或几个产品或服务单元。

注4:项目组织通常是临时的,是根据项目的生命期而建立的。

注5:项目活动之间相互作用的复杂性与项目规模没有必然的联系。

3.4.3 质量管理体系实现 quality management system realization
质量管理体系的建立、形成文件、实施、保持和持续改进的过程。

3.4.4 能力获得 competence acquisition

获得能力的过程。

3.4.5 程序 procedure

为进行某项活动或过程所规定的途径。

注1：程序可以形成文件，也可以不形成文件。

3.4.6 外包 outsource

安排外部组织执行组织的部分职能或过程。

注1：尽管外包的职能或过程在管理体系范围之内，但是外部组织不在管理体系覆盖范围内。

注2：这是ISO/IEC导则，第1部分的ISO补充规定的附件SL中给出的ISO管理体系标准中的通用术语及核心定义之一。

3.4.7 合同 contract

有约束力的协议。

3.4.8 设计和开发 design and development

将对客体的要求转换为对其更详细的要求的一组过程。

注1：构成设计和开发输入的要求通常是研究的结果，它与形成设计和开发输出要求相比较，可以更概括性地表达为更普通的含义。这些要求通常从特性方面来规定。在一个项目中，可以有多个设计和开发阶段。

注2：在英语中，单词"design（设计）"和"development（开发）"与术语"design and development（设计和开发）"有时是同义的，有时用于规定整个设计和开发的不同阶段。

注3：设计和开发的性质可使用限定词表示（如：产品设计和开发、服务设计和开发或过程设计和开发）。

3.5 有关体系的术语12个：

3.5.1 体系（系统）system

相互关联或相互作用的一组要素。

3.5.2 基础设施 infrastructure

组织运行所必需的设施、设备和服务的体系。

3.5.3 管理体系 management system

组织建立方针和目标以及实现这些目标的过程的相互关联或相互作用的一组要素。

注1：一个管理体系可以针对单一的领域或几个领域，如质量管理、财务管理或环境管理。

注2：管理体系要素确定了组织的结构、岗位和职责、策划、运行、方针、惯例、规则、理念、目标以及实现这些目标的过程。

注3：管理体系的范围可能包括整个组织，组织中特定的和已识别的职能，组织中特定的和已识别的部门，或者组织中一个或多个跨团队的职能。

注4：这是ISO/IEC导则，第1部分的ISO补充规定的附件SL中给出的ISO管理体系标准中的通用术语及核心定义之一。

3.5.4 质量管理体系 quality management system

管理体系中关于质量的部分。

3.5.5 工作环境 work environment

开展工作时所处的一组条件。

注：条件包括物理的、社会的、心理的和环境的因素（如温度、光照、认可计划、职业压力、人因工效和大气成分）。

3.5.6 计量确认 metrological confirmation

为确保测量设备符合预期使用要求所需要的一组操作。

注1：计量确认通常包括：校准或验证、各种必要的调整或维修及随后的再校准、与设备预期使用的计量要求相比较以及所要求的封印和标签。

注2：只有测量设备已被证实适合于预期使用并形成文件，计量确认才算完成。

注3：预期使用要求包括：测量范围、分辨力、最大允许误差等。

注4：计量要求通常与产品要求不同，并且不在产品要求中规定。

3.5.7 测量管理体系 measurement management system

为完成计量确认并控制测量过程所必需的一组相互关联或相互作用的要素。

3.5.8 方针 policy

由最高管理者正式发布的组织的宗旨和方向。

注：这是ISO/IEC导则，第1部分的ISO补充规定的附件SL中给出的ISO管理体系标准中的通用术语及核心定义之一。

3.5.9 质量方针 quality policy

关于质量的方针。

注1：通常质量方针与组织的总方针相一致，可以与组织的愿景和使命相一致，并为制定质量目标提供框架。

注2：本标准中提出的质量管理原则可以作为制定质量方针的基础。

3.5.10 愿景 vision

由（组织的）最高管理者发布的组织想成为什么的志愿和前景。

3.5.11 使命 mission

由（组织的）最高管理者发布的组织存在的目的。

3.5.12 战略 strategy

实现长期或总目标的计划。

3.6 与要求有关的术语15个：

3.6.1 客体 object（entity，item）

可感知或可想象到的任何事物。

示例：产品、服务、过程、人员、组织、体系、资源。

注：客体可能是物质的（如：一台发动机、一张纸、一颗钻石），非物质的（如：转换率、一个项目计划）或想象的（如：组织未来的状态）。

3.6.2 质量 quality

客体的一组固有特性满足要求的程度。

注1：术语"质量"可使用形容词来修饰，如：差、好或优秀。

注2："固有的"（其反义是"赋予的"）意味着存在于客体内。

3.6.3 等级 grade

对功能用途相同的客体所做的不同要求的分类或分级。

示例：飞机的舱级和宾馆的等级分类。

注：在确定质量要求时，等级通常是规定的。

3.6.4 要求 requirement

明示的、通常隐含的或必须履行的需求或期望。

注1："通常隐含"是指组织和相关方的惯例或一般做法，所考虑的需求或期望是不言而喻的。

注2：规定要求是经明示的要求，如：在文件化信息中阐明。

注3：特定要求可使用限定词表示，如：产品要求、质量管理要求、顾客要求、质量要求。

注4：要求可由不同的相关方或组织自己提出。

注5：为实现较高的顾客满意，可能有必要满足那些顾客既没有明示也不是通常隐含或必须履行的期望。

注6：这是ISO/IEC导则，第1部分的ISO补充规定的附件SL中给出的ISO管理体系标准中的通用术语及核心定义之一。

3.6.5 质量要求 quality requirement

关于质量的要求。

3.6.6 法律要求 statutory requirement

立法机构规定的强制性要求。

3.6.7 法规要求 regulatory requirement

立法机构授权的部门规定的强制性要求。

3.6.8 产品技术状态信息 product configuration information

对产品设计、实现、验证、运行和支持的要求或其他信息。

3.6.9 不合格（不符合）nonconformity

未满足要求。

注：这是ISO/IEC导则，第1部分的ISO补充规定的附件SL中给出的ISO管理体系标准中的通用术语及核心定义之一。

3.6.10 缺陷 defect

与预期或规定用途有关的不合格。

注1：区分缺陷与不合格的概念是重要的，这是因为其中有法律内涵，特别是在与产品和服务责任问题有关的方面。

注2：顾客希望的预期用途可能受供方所提供的信息的性质影响，如操作或维护说明。

3.6.11 合格（符合）conformity

满足要求。

注1：与英文术语"conformance"是同义的，但不赞成使用。与法文术语"compliance"是同义的，但不赞成使用。

注2：这是ISO/IEC导则，第1部分的ISO补充规定的附件SL中给出的ISO管理体系标准中的通用术语及核心定义之一。

3.6.12 能力 capability

客体实现输出使其满足输出要求的本领。

注：ISO 3534-2中规定了统计领域中过程能力术语。

3.6.13 可追溯性 traceability

追溯客体的历史、应用情况或所处位置的能力。

注1：当考虑产品或服务时，可追溯性可涉及：
——原材料和零部件的来源；
——加工的历史；
——产品或服务交付后的分布和所处位置。

3.6.14 可靠性 dependability

在需要时完成规定功能的能力。

3.6.15 创新 innovation

实现或重新分配价值的、新的或变化的客体。

注1：以创新为结果的活动通常需要管理。

注2：创新在其结果方面通常非常重要。

3.7 与结果有关的术语 11 个：

3.7.1 目标 objective

要实现的结果。

注1：目标可能是战略性的、战术性的或运行层面的。

注2：目标可能涉及不同的领域（例如：财务、健康与安全以及环境的目标），并可应用于不同层次（如：战略、组织整体、项目、产品和过程）。

注3：可以采用其他的方式表述目标，例如：预期的结果、目的、质量目标或指标。

注4：在质量管理体系中，组织制定的质量目标，与质量方针保持一致，以实现特定的结果。

注5：这是 ISO/IEC 导则，第 1 部分的 ISO 补充规定的附件 SL 中给出的 ISO 管理体系标准中的通用术语及核心定义之一。

3.7.2 质量目标 quality objective

与质量有关的目标。

注1：质量目标通常依据组织的质量方针制定。

注2：通常，在组织内的相关职能、层级和过程分别规定质量目标。

3.7.3 成功 success

（组织）目标的实现。

注：组织的成功强调其经济或财务利益的需求与其顾客、用户、投资者/受益者（所有者）、组织内的人员、供方、合作伙伴、利益团体和社区等相关方的需求之间的平衡。

3.7.4 持续成功 sustained success

（组织）在一段时期内自始至终的成功。

注1：持续成功强调组织的经济财务利益需求与社会和生态环境的利益需求之间的平衡。

注2：持续成功与组织的顾客、所有者、组织内的人员、供方、银行、协会、合作伙伴或社会等相关方有关。

3.7.5 输出 output

过程的结果。

注：组织的输出是产品还是服务，取决于其主体特性，如：画廊销售的一幅画是产品，而接受委托绘画则是服务。在零售店购买的汉堡是产品，而在饭店里接受订餐并提供汉堡则是服务的一部分。

3.7.6 产品 product

在组织和顾客之间未发生任何交易的情况下，组织产生的输出。

注1：在供方和顾客之间未发生任何必要交易的情况下，可以实现产品的生产。但是，当产品交付给顾客时，通常包含服务因素。

注2：产品最主要的部分通常是有形的。

注3：硬件是有形的，其量具有计数的特性（如：轮胎）。流程性材料是有形的，其量具有连续的特性（如：燃料和软饮料）。硬件和流程性材料经常被称为货物。软件由信息组成，无论采用何种介质传递（如：计算机程序、移动电话应用程序、操作手册、字典内容、音乐作品版权）。

3.7.7 服务 service

在组织和顾客之间需要完成至少一项活动的组织的输出。

注1：服务的主要特征通常是无形的。

注2：服务通常包含为确定顾客的要求与顾客在接触面的活动以及服务的提供，可能还包括建立持续的关系，如：银行、会计师事务所或公共组织（如：学校或医院）。

注3：服务的提供可能涉及，例如：

——在顾客提供的有形产品（如需要维修的汽车）上所完成的活动；

——在顾客提供的无形产品（如为准备纳税申报单所需的损益表）上所完成的活动；

——无形产品的交付（如知识传授方面的信息提供）；

——为顾客创造氛围（如在宾馆和饭店）。

注4：服务通常由顾客体验。

3.7.8 绩效 performance

可测量的结果。

注1：绩效可能与定量的或定性的结果有关。

注2：绩效可能与活动、过程、产品、服务、体系或组织的管理有关。

注3：这是 ISO/IEC 导则，第1部分的 ISO 补充规定的附件 SL 中给出的 ISO 管理体系标准中的通用术语及核心定义之一。

3.7.9 风险 risk

不确定性的影响。

注1：影响是指偏离预期，可以是正面的或负面的。

注2：不确定性是指对事件及其后果或可能性的信息缺失或了解片面的状态。

注3：通常用潜在的事件和后果，或者两者的组合来表现风险的特性。

注4：通常用事件后果（包括情形的变化）和相应事件发生可能性的组合来表示风险。

注5："风险"一词有时仅在有负面结果的可能性时使用。

注6：这是 ISO/IEC 导则，第1部分的 ISO 补充规定的附件 SL 中给出的 ISO 管理体系标准中的通用术语及核心定义之一。

3.7.10 效率 efficiency

取到的结果与所使用的资源之间的关系。

3.7.11 有效性 effectiveness

实现策划的活动并取得策划的结果的程度。

注：这是 ISO/IEC 导则，第1部分的 ISO 补充规定的附件 SL 中给出的 ISO 管理体系标准中的通用术语及核心定义之一。

3.8 有关数据、信息和文件的术语 15 个：

3.8.1 数据 data

关于客体的事实。

3.8.2 信息 information

有意义的数据。

3.8.3 客观证据 objective evidence

支持某事物存在或真实性的数据。

注1：客观证据可通过观察、测量、试验或其他手段获得。

注2：用于审核目的的客观证据，通常由与审核准则相关的记录、事实陈述或其他信息所组成并可验证。

3.8.4 信息系统 information system

组织内部使用的通信渠道网络。

3.8.5 文件 document

信息及其载体。

示例：记录、规范、程序文件、图样、报告、标准。

注1：载体可以是纸张，磁性的、电子的、光学的计算机盘片，照片或标准样品，或它们的组合。

注2：一组文件，如若干个规范和记录，英文中通常被称为"documentation"。

注3：某些要求（如易读的要求）与所有类型的文件有关，然而对规范（如修订受控的要求）和记录（如可检索的要求）可以有不同的要求。

3.8.6 文件化信息 documented information

组织需要控制并保持的信息及其载体。

注1：文件化信息可以任何格式和载体存在，并可来自任何来源。

注2：文件化信息可涉及：

——管理体系，包括相关过程；

——为组织运行而创建的信息（一组文件）；

——实现结果的证据（记录）。

注3：这是ISO/IEC导则，第1部分的ISO补充规定的附件SL中给出的ISO管理体系标准中的通用术语及核心定义之一。

3.8.7 规范 specification

阐明要求的文件。

示例：质量手册、质量计划、技术图纸、程序文件、作业指导书。

注1：规范可能与活动有关（如程序文件、过程规范和试验规范）或与产品有关（如产品规范、性能规范和图样）。

注2：规范通过陈述要求，也可以陈述设计和开发实现的结果。因此，在某些情况下，规范也可以作为记录使用。

3.8.8 质量手册 quality manual

组织的质量管理体系的规范。

注：为了适应组织的规模和复杂程度，质量手册在其详略程度和编排格式方面可以不同。

3.8.9 质量计划 quality plan

对特定的客体，规定由谁及何时应用程序和相关资源的规范。

注1：这些程序通常包括所涉及的那些质量管理过程以及产品和服务实现过程。

注2：通常，质量计划引用质量手册的部分内容或程序文件。

注3：质量计划通常是质量策划的结果之一。

3.8.10 记录 record

阐明所取得的结果或提供所完成活动的证据的文件。

注1：记录可用于正规化可追溯性活动，并为验证、预防措施和纠正措施提供证据。

注2：通常记录不需要控制版本。

3.8.11 项目管理计划 project management plan

规定满足项目目标所必需的事项的文件。

注1：项目管理计划应当包括或引用项目质量计划。

注2：适当时，项目管理计划还包括或引用其他计划，如与组织结构、资源、进度、预算、风险管理、环境管理、健康安全管理以及安全管理有关的计划。

3.8.12 验证 verification

通过提供客观证据对规定要求已得到满足的认定。

注1：验证所需的客观证据可以是检验结果或其他形式的确定结果，如：变换方法进行计算或文件评审。

注2:为验证所进行的活动有时被称为鉴定过程。

注3:"已验证"一词用于表明相应的状态。

3.8.13 确认 validation

通过提供客观证据对特定的预期用途或应用要求已得到满足的认定。

注1:确认所需的客观证据可以是试验结果或其他形式的确定结果,如:变换方法进行计算或文件评审。

注2:"已确认"一词用于表明相应的状态。

注3:确认所使用的条件可以是实际的或是模拟的。

3.8.14 技术状态记实 configuration status accounting

对产品技术状态信息、建议的更改状况和已批准更改的实施状况所做的正式记录和报告。

3.8.15 特定情况 specific case

质量计划的对象。

注1:使用该术语是为了避免在 ISO 10005:2005 中"过程、产品、项目或合同"重复出现。

3.9 与顾客有关的术语6个:

3.9.1 反馈 feedback

对产品、服务或投诉处理过程的意见、评价和关注的表示。

3.9.2 顾客满意 customer satisfaction

顾客对其期望已被满足程度的感受。

注1:在产品或服务交付之前,组织有可能不知道顾客的期望,甚至顾客也在考虑之中。为了实现较高的顾客满意,可能有必要满足那些顾客既没有明示也不是通常隐含或必须履行的期望。

注2:投诉是一种满意程度低的最常见的表达方式,但没有投诉并不一定表明顾客很满意。

注3:即使规定的顾客要求符合顾客的愿望并得到满足,也不一定确保顾客很满意。

3.9.3 投诉 complaint

就其产品、服务或投诉处理过程本身,向组织表达的不满,无论是否明示或隐含地期望得到回复或解决。

3.9.4 顾客服务 customer service

在产品或服务的整个寿命周期内,组织与顾客之间的互动。

3.9.5 顾客满意行为规范 customer satisfaction code of conduct

组织为提高顾客满意,就其行为对顾客做出的承诺及相关规定。

注1:相关规定可包括:目标、条件、限制、联系信息和投诉处理程序。

注2:在 ISO 10001:2007 中,术语"规范"用于代替"顾客满意行为规范"。

3.9.6 争议 dispute

提交给争议解决过程提供方的对某一投诉的不同意见。

注:一些组织允许顾客首先向争议解决过程提供方表示其不满,这种不满意的表示如果反馈给组织就变为投诉;如果在争议解决过程提供方未进行干预的情况下组织未能解决,这种不满意的表示就变为争议。许多组织都希望顾客在采取外部争议解决之前,首先向组织表达其不满。

3.10 有关特性的术语 7 个：

3.10.1 特性 characteristic
可区分的特征。
注 1：特性可以是固有的或赋予的。
注 2：特性可以是定性的或定量的。
注 3：有各种类别的特性，如：
——物理的（如：机械的、电的、化学的或生物学的特性）；
——感官的（如：嗅觉、触觉、味觉、视觉、听觉）；
——行为的（如：礼貌、诚实、正直）；
——时间的（如：准时性、可靠性、可用性、连续性）；
——人因工效的（如：生理的特性或有关人身安全的特性）；
——功能的（如：飞机的最高速度）。

3.10.2 质量特性 quality characteristic
与要求有关的，客体的固有特性。
注 1："固有的"指本来就有的，尤其是那种永久的特性。
注 2：赋予客体的特性（如：客体的价格）不是它们的质量特性。

3.10.3 人为因素 human factor
对考虑中的客体有影响的人的特性。
注 1：特性可以是物理的、认知的或社会的。
注 2：人为因素可对管理体系产生重大影响。

3.10.4 能力 competence
应用知识和技能实现预期结果的本领。
注 1：经证实的能力有时是指资格。
注 2：这是 ISO/IEC 导则，第 1 部分的 ISO 补充规定的附件 SL 中给出的 ISO 管理体系标准中的通用术语及核心定义之一。

3.10.5 计量特性 metrological characteristic
能影响测量结果的特性。
注 1：测量设备通常有若干个计量特性。
注 2：计量特性可作为校准的对象。

3.10.6 技术状态 configuration
在产品技术状态信息中规定的产品或服务的相互关联的功能特性和物理特性。

3.10.7 技术状态基线 configuration baseline
在某一时间点确立并经批准的产品或服务特性的产品技术状态信息，作为产品或服务整个寿命周期内活动的参考基准。

3.11 有关确定的术语 9 个：

3.11.1 确定 determination
查明一个或多个特性及特性值的活动。

3.11.2 评审 review
对客体实现所规定目标的适宜性、充分性或有效性的确定。
示例：管理评审、设计和开发评审、顾客要求评审、纠正措施评审和同行评审。
注：评审也可包括确定效率。

3.11.3 监视 monitoring
确定体系、过程、产品、服务或活动的状态。

注1：确定状态可能需要检查、监督或密切观察。

注2：监视通常是在不同的阶段或不同的时间，对客体状态的确定。

注3：这是 ISO/IEC 导则，第1部分的 ISO 补充规定的附件 SL 中给出的 ISO 管理体系标准中的通用术语及核心定义之一。

3.11.4 测量 measurement
确定数值的过程。

注1：根据 ISO 3534-2，确定的数值通常是量值。

注2：这是 ISO/IEC 导则，第1部分的 ISO 补充规定的附件 SL 中给出的 ISO 管理体系标准中的通用术语及核心定义之一。

3.11.5 测量过程 measurement process
确定量值的一组操作。

3.11.6 测量设备 measuring equipment
实现测量过程所必需的测量仪器、软件、测量标准、标准物质或辅助设备或它们的组合。

3.11.7 检验 inspection
对符合规定要求的确定。

注1：若检验结果表明合格，则可被用于验证的目的。

注2：检验的结果可表明合格、不合格或合格的程度。

3.11.8 试验 test
按照要求对特定的预期用途或应用的确定。

注：若试验结果表明合格，则可用于确认的目的。

3.11.9 进展评价 progress evaluation
针对实现项目目标所做的进展情况的评定。

注1：评定应当在整个项目过程中，在项目生命周期的适当点，依据项目过程和产品或服务的准则进行。

注2：进展评价的结果可能导致对项目管理计划的修订。

3.12 有关措施的术语10个：

3.12.1 预防措施 preventive action
为消除潜在不合格或其他潜在不期望情况的原因所采取的措施。

注1：一个潜在不合格可以有若干个原因。

注2：采取预防措施是为了防止发生，而采取纠正措施是为了防止再发生。

3.12.2 纠正措施 corrective action
为消除不合格的原因并防止再发生所采取的措施。

注1：一个不合格可以有若干个原因。

注2：采取纠正措施是为了防止再发生，而采取预防措施是为了防止发生。

注3：这是 ISO/IEC 导则，第1部分的 ISO 补充规定的附件 SL 中给出的 ISO 管理体系标准中的通用术语及核心定义之一。

3.12.3 纠正 correction
为消除已发现的不合格所采取的措施。

注1：纠正可与纠正措施一起实施，或在其之前或之后实施。

注2：返工或降级可作为纠正的示例。

3.12.4 降级 regrade

为使不合格产品或服务符合不同于原有的要求而对其等级的变更。

3.12.5 让步 concession

对使用或放行不符合规定要求的产品或服务的许可。

注：让步通常仅限于在限定的产品和服务数量或期限内并针对特定的用途，对含有不合格特性的产品和服务的交付。

3.12.6 偏离许可 deviation permit

产品或服务实现前，对偏离原规定要求的许可。

注：偏离许可通常是在限定的产品和服务数量或期限内并针对特定的用途。

3.12.7 放行 release

对进入一个过程的下一阶段或下一过程的许可。

注：在英语中，就软件和文件而论，术语"release"通常是指软件或文件本身的版本。

3.12.8 返工 rework

为使不合格产品或服务符合要求而对其采取的措施。

注：返工可影响或改变不合格的产品或服务的某些部分。

3.12.9 返修 repair

为使不合格产品或服务满足预期用途而对其采取的措施。

注1：不合格的产品或服务的成功返修未必能使产品符合要求。返修可能需要连同让步。

注2：返修包括对以前是合格的产品或服务，为重新使用所采取的修复措施，如作为维修的一部分。

注3：返修可影响或改变不合格的产品或服务的某些部分。

3.12.10 报废 scrap

为避免不合格产品或服务原有的预期使用而对其所采取的措施。

示例：回收、销毁。

注：对不合格服务的情况，通过终止服务来避免其使用。

3.13 有关审核的术语 17 个：

3.13.1 审核 audit

为获得客观证据并对其进行客观的评价，以确定满足审核准则的程度所进行的，系统的、独立的、并形成文件的过程。

注1：审核的基本要素包括由对被审核客体不承担责任的人员，按照程序对客体是否合格的确定。

注2：审核可以是内部（第一方）审核，或外部（第二方或第三方）审核，也可以是结合审核或联合审核。

注3：内部审核，有时称为第一方审核，由组织自己或以组织的名义进行，用于管理评审和其他内部目的，可作为组织自我合格声明的基础。可以由与正在被审核的活动无责任关系的人员进行，以证实独立性。

注4：通常，外部审核包括第二方和第三方审核。第二方审核由组织的相关方，如顾客或由其他人员以相关方的名义进行。第三方审核由外部独立的审核组织进行，如提供合格认证/注册的组织或政府机构。

注5：这是 ISO/IEC 导则，第 1 部分的 ISO 补充规定的附件 SL 中给出的 ISO 管理体系标准中的通用术语及核心定义之一。

3.13.2 结合审核 combined audit

在一个受审核方，对两个或两个以上管理体系同时进行的审核。

注：被包含在结合审核中的管理体系的一部分，可通过组织所应用的相关管理体系标准、产品标准、服务标准或过程标准来加以识别。

3.13.3 联合审核 joint audit

在一个受审核方，由两个或两个以上审核组织所进行的审核。

3.13.4 审核方案 audit programme

针对特定时间段所策划并具有特定目标的一组（一次或多次）审核。

3.13.5 审核范围 audit scope

审核的内容和界限。

注：审核范围通常包括对实际位置、组织单元、活动和过程的描述。

3.13.6 审核计划 audit plan

对审核（3.13.1）活动和安排的描述

3.13.7 审核准则 audit criteria

用于与客观证据进行比较的一组方针、程序或要求。

3.13.8 审核证据 audit evidence

与审核准则有关并能够证实的记录、事实陈述或其他信息。

3.13.9 审核发现 audit finding

将收集的审核证据对照审核准则进行评价的结果。

注1：审核发现表明符合或不符合。

注2：审核发现可导致识别改进的机会或记录良好实践。

注3：在英语中，如果审核准则选自法律要求或法规要求，审核发现可被称为合规或不合规。

3.13.10 审核结论 audit conclusion

考虑了审核目标和所有审核发现后得出的审核结果。

3.13.11 审核委托方 audit client

要求审核（3.13.1）的组织（3.2.1）或人员

3.13.12 受审核方 auditee

被审核的组织。

3.13.13 向导 guide

由受审核方指定的协助审核组的人员。

3.13.14 审核组 audit team

实施审核的一名或多名人员，需要时，由技术专家提供支持。

注1：审核组中的一名审核员被指定作为审核组长。

注2：审核组可包括实习审核员。

3.13.15 审核员 auditor

实施审核的人员。

3.13.16 技术专家 technical expert

向审核组提供特定知识或专业技术的人员。

注1：特定知识或专业技术是指与受审核的组织、过程或活动以及语言或文化有关的知识或技术。注2：在审核组中，技术专家不作为审核员。

3.13.17 观察员 observer

伴随审核组但不作为审核员的人员。

注：观察员可来自受审核方、监管机构或其他见证审核的相关方。

第四节 标准第4章【组织环境】的理解及实施要点

本章"组织环境"包含4个方面的内容：4.1 要求组织确定与其目标和战略方向相关并对影响其实现质量管理体系预期结果的各种外部和内部因素进行分析，4.2 要求理解相关方的需求和期望；4.1 和 4.2 的输出是作为 4.3 "确定质量管理体系的范围"和 4.4 "质量管理体系及其过程"的输入。4.1 和 4.2 同时也是第 6 章策划应对风险和机遇措施的输入。第 4 章其实就是根据企业的战略规划来建立适合企业运行的质量管理体系，从而实现战略目标。

本章条款结构如下：

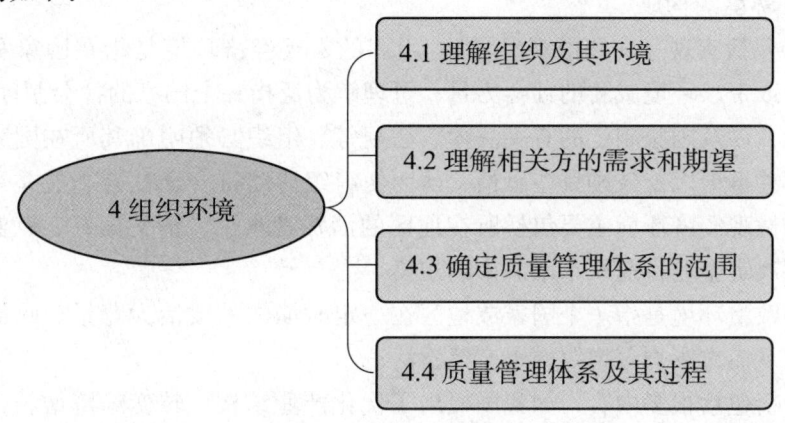

【标准条款】

> 4 组织环境
>
> **4.1 理解组织及其环境**
>
> 　　组织应确定与其目标和战略方向相关并影响其实现质量管理体系预期结果的能力的各种外部和内部因素。
>
> 　　组织应对这些内部和外部因素的相关信息进行监视和评审。
>
> 　　注1：这些因素可能包括需要考虑的正面和负面要素或条件。
>
> 　　注2：考虑来自国际、国内、地区或当地的各种法律法规、技术、竞争、市场、文化、社会和经济环境的因素，有助于理解外部环境。
>
> 　　注3：考虑与组织的价值观、文化、知识和绩效等有关的因素，有助于理解内部环境。

【理解和实施要点】

本条款旨在要求组织对其内外部因素（正面或负面）进行分析和理解，这些因素可能会影响质量管理体系达成期望结果的能力。无论组织的规模（大型或小型）、活动、产品或类型（营利性或非营利性）是何种情况，组织的环境总是处于不断的变化之中，因此，组织应不断地对其进行监视。这种监视使组织能够识别、评价和管理与相关方有关的风险以及他们不断变化的需求和期望。

对组织的内外部环境的分析，为组织制定战略方向和方针、目标，确定质量管理体系的范围、策划质量管理体系及其过程、识别风险和机遇提供了必要的信息基础。

针对 4.1 的实施，标准并未要求必须保持文件化信息，也就是说不一定要有对应的文件，但在企业实际执行中通常会在诸如企业战略分析、企业经营计划等文件中体现。

一、几个概念的理解

1. 组织环境

"组织环境"是本版标准的一个新概念，对它的理解至关重要。组织环境是指对组织建立和实现其目标的方法有影响的内部和外部因素的组合。

组织环境对组织的形成、发展和灭亡有着重大的影响。组织环境为某些组织的建立起了积极的促进作用，如由于互联网诞生才会出现阿里巴巴、京东商城等众多互联网公司，而这些互联网公司的出现改变了传统企业的营销模式。某些环境的变化为组织的发展提供了有利条件，相反，由于某些组织未能适应环境的变化，因而已不复存在。在当代和未来，组织的目标、结构及管理等只有变得更加灵活，才能适应环境多变的要求。

2. 组织环境的构成

组织环境可分为组织的外部环境和内部环境。

（1）组织外部环境的构成

①经济环境（包括宏观经济和微观经济）。组织的宏观经济环境是指在国家和地区的水平上给组织创造市场机会或带来环境威胁的社会力量；可理解为泛指一个国家的社会制度、执政党的性质、政府的方针、政策，以及国家制定的有关法律、法规等。组织必须明确其所在国家和政府目前禁止哪些事情、允许哪些事情以及鼓励哪些事情，从而使组织活动符合全社会利益并受到某些方面的保护和支持。组织的微观经济环境主要包括所在地区的消费者水平、消费偏好、就业程度等，微观经济环境因素会直接决定企业目前及未来的市场规模。

②政治环境。政治环境是指一个国家或地区在一定时期内的政治大背景。政治环境的好坏影响着宏观经济形势，从而也影响着组织的生产经营活动。

政治环境的分析包括很多内容，如我国提出了优化产业结构、转变经济增长方式、以信息化带动工业化、以工业化促进信息化、实施供给侧结构性改革、鼓励大众创业、万众创新等，这一切都对企业的生产经营活动有着决定性的影响，指导着企业正确地确定自己的经营方向、经营目标、经营方针、经营战略和策略。

③技术环境。社会科技的进步会促进组织活动过程中物质条件的改善和技术水平的改进，从而使利用这些物质条件进行活动的组织取得更高的效率。技术环境对组织活动成果有着重要的影响，技术进步了，企业现有产品就可能被采用了新技术的竞争产品所取代。产品更新换代以后，组织现有的生产设施和工艺方法可能显得落后，生产作业人员的操作技能和知识结构可能不再符合要求，如工业4.0的导入就会改变很多企业的生产模式。

④自然环境。通常是指组织所处地区的地理位置和自然资源的状况。我国地域辽阔，各地区自然条件和资源差异较大，沿海地区与内陆地区的经济发展条件和水平也完全不同，东部地区和西部地区的经济发展程度差别很大。

⑤文化环境。文化是一个极其广泛的概念，这里主要是指教育、科技、道德、心理习惯以及人们的价值观与道德水准等影响组织系统的各种文化条件的总体，我们称为文化环境。

（2）组织内部环境的构成

①组织使命。组织使命是指该组织（作为一个子系统）在社会（大系统）中所处的地位、所起的作用、承担的义务以及扮演的角色。组织使命体现组织的根本目的，它既是反映外界社会对本组织的要求，又体现着组织的创办者或高层领导人的追求和抱负。

②组织资源。组织资源是组织拥有的，或者可以直接控制和运用的各种要素。这些要素既是组织运行和发展所必需的，又是通过管理活动的配置整合，能够起到增值的作用，为组织及其成员带来利益的。

③组织文化（企业文化）。企业文化又称组织文化，是一个组织所特有的由价值观、信念、处事方式等组成的文化形象。

组织的文化环境至少有两个层面的内容：一是组织的制度文化，包括组织的管理制度、工作流程、工艺规范、规章制度、考核奖励制度以及健全的组织结构等；二是组织的精神文化，包括组织的价值观念、组织信念、经营管理哲学以及组织的精神风貌等。一个良好的组织文化是组织生存和发展的基础和动力。

文化是企业的灵魂，企业文化产生自然的影响力，牵制人的思想，驱动人的行为，是一种非制度的强大驱动力。

（3）组织目的与组织环境的关系

对组织环境的理解是一个过程，这个过程确定了影响组织的目的、目标和可持续性的各种因素。

组织的形成是为了实现某一特定目的，且该目的驱使着组织所做的每一件事。一个组织要想长期生存发展，自然应清楚地定位自己的社会角色和为社会能做的贡献。组织的目的可被表达为愿景、使命、方针和目标。

组织使命：使命是一个企业存在的目的和意义或企业存在的理由，是企业存续发展对企业自身及社会的价值与意义。

组织愿景：愿景是企业使命的形象化与具体化，由于社会分工的存在以及特定企业在资源及禀赋等方面的差异性与局限性，每个企业只能在特定的领域或方面以特定的方式来表达和实现其使命，从而表现为不同的企业愿景。

企业战略目标：企业在一定时期内，为完成企业使命及愿景所要达到的结果，也是衡量企业经营活动的标准。

组织与环境的关系不仅是组织对环境做出单方面的适应性反应，组织对环境也具有积极的反作用。主要表现为：组织主动地了解环境状况，获得及时、准确的环境信息；通过调整自己的目标，避开对自己不利的环境，选择适合自己发展的环境；通过自己的力量控制环境的状况和变化，使之适应自己的活动和发展，而无须改变自身的目标和结构；可以通过自己的积极活动创造和开拓新的环境，并主动地改造自身，建立组织与环境新的相互作用关系。

二、组织环境分析的几种方法

1. "SWOT" 分析法

环境分析常采用"SWOT"分析法。"SWOT"分析法是对企业内部和外部条件的各方面内容进行综合和概括，进而分析组织的优势与劣势、面临的机会和威胁的一种方法。具体表示的内容如下：

"S"——Strength（优势）

"W"——Weakness（劣势）

"O"——Opportunity（机会）

"T"——Threats（威胁）

其中，优势（S）与劣势（W）主要分析企业自身的实力及与竞争对手的比较，而机会（O）和威胁（T）则将注意力放在外部环境的变化及企业可能受到的影响上。因此，SWOT分析实际上是对企业内外部条件的各方面内容进行综合和概括，帮助企业把资源和行动聚集在自己的强项和有最多机会的地方。

2. "PESTEL" 分析法

PESTEL分析模型又称大环境分析，是分析宏观环境的有效工具，不仅能够分析外部环境，而且能够识别一切对组织有冲击作用的力量。具体表示的内容如下：

"P"——Political（政治因素）

"E"——Economic（经济因素）

"S"——Social（社会因素）

"T"——Technological（科技因素）

"E"——Ecological（环境因素）

"L"——Legal（法律因素）

3. 波特五力模型

波特五力模型是迈克尔·波特（Michael Porter）于 20 世纪 80 年代初提出，他认为行业中存在决定竞争规模和程度的五种力量，这五种力量综合起来影响着产业的吸引力以及现有企业的竞争战略决策。

五种力量分别为：同行业内现有竞争者的竞争能力、潜在竞争者进入的能力、替代品的替代能力、供应商的讨价还价能力、购买者的讨价还价能力。

本条款的实施建议：尽管标准本身并未要求形成文件，但基于企业的实际需要，建议可以用企业战略分析、企业经营计划、组织内外部分析表或 SWOT 分析表等形式体现。

组织环境分析的具体展开请参见本书第三章"**企业战略管理和应用案例**"的内容。

【**标准条款**】

> **4.2 理解相关方的需求和期望**
>
> 由于相关方对组织稳定提供符合顾客要求和适用法律法规要求的产品和服务的能力具有影响或潜在影响，因此，组织应确定：
> a) 与质量管理体系有关的相关方；
> b) 与质量管理体系有关的相关方的要求。
>
> 组织应监视和评审这些相关方的信息及其相关要求。

【**理解要点**】

相关方是指能够影响决策或活动、受决策或活动影响，或感觉自身受到决策或活动影响的个人或组织。

本条款的意图是确保组织不仅关注顾客的要求和期望，而且对质量管理体系的相关方的要求和期望也应进行确定，并监视和评审所确定的相关方及其要求，但标准并不要求组织满足所有相关方的需求和期望。

质量管理体系的建立和实施必须理解相关方与组织的关系，并将其管理纳入企业的经营管理之中。

与组织的质量管理体系有关的潜在相关方通常有：

——顾客或最终用户；
——所有者（业主或股东）；
——组织内的人员（雇员及其他为组织工作者）；
——外部供方（供应商或外包商）；
——银行；
——监管者或政府机构；
——地方社区团体；
——非政府组织（如工会、行业协会）；
——合作伙伴以及可能的竞争对手。

每个相关方的需求和期望是不同的，有些可能相互冲突，有些可能变化很快。因此，表达和满足相关方的需求和期望的方法可以采用多种新式，如协作、合作、沟通、外包或终止某项活动等。

【**实施要点**】

相关方的识别和确定是一系列的活动，通过这些活动的开展可系统有效地确定对组织质量管理体系存在影响或潜在影响的相关方。

（1）组织可开展以下活动：
①通过各种方式收集相关方信息，如头脑风暴、网络、水平对比、主动调查、满意度分析等；
②客观认识本组织相关方的要求，并用可行的方式回应它们表达的关注（如产品安全告知书、

对产品交付后有害物质处理的措施、产品质量投诉处理程序、座谈会、公告等）；

③承认相关方在组织的质量管理体系方面的利益和合法权利；

④认识到某些相关方能对组织的质量管理活动产生重大影响；

⑤评估并考虑相关方接触、参与及影响本组织的相应能力；

⑥甚至需要考虑可能受到某一决策影响的相关方的意见，即使它们在本组织的治理中暂时没有被正式视为相关方。

（2）各组织都有许多相关方，不同相关方有各种不同的利益，有时是相互竞争的利益。各相关方与组织可以有共同的利益，也可以有相互冲突的利益。例如，社区居民的利益可以包括一个企业的积极影响（如就业），也可以包括同一个企业的负面影响（如污染）。

（3）某些相关方是组织整体的某一部分。这可以包括该组织的成员或雇员，以及该组织的相关方或其他业主。应当承认，这些相关方在该组织的目的和成功中分享一种共同利益，但这并不意味着它们有关该组织的利益都是同样的。

（4）某些相关方属于有组织的团体，它们有目的地向特定组织表述自己的利益。而另外一些利益相关方可能根本不是有组织的，正因为如此，它们才可能被忽略或无视。这个问题对于弱势群体可能显得特别重要，比如在食品安全的问题上，农药残留和重金属超标对于广大消费者而言是无力从更专业和更量化的角度去阐述诉求的。

相关方及其需求和期望的示例：

相关方	需求和期望
顾客	产品的质量、安全性、价格和交付
所有者和（或）股东	持续的盈利能力 透明度
组织的员工	合理的薪资和福利 良好的工作环境 职业安全感 得到承认和奖励
供方和合作伙伴	互利和连续性、付款及时
社会	提供就业机会 环境保护 道德行为 遵守法律法规要求

（5）组织在实施本条款时，可以将所识别的相关方的需求和期望用一个表列出来，但这并不是必需的。组织的相关方及其需求和期望是会变化的，因此，应定期对相关方及其要求的相关信息进行监视和评审。

表2-1　组织的相关方的需求和期望列表（示例）

相关方	需求和期望	信息来源	对应的措施或方法	结果评审
如企业员工	1. 改善作业环境 2. 提供培训机会	员工调查表及座谈会	1. 噪音改善和防护，车间安装风冷水循环系统，缓解夏季高温影响 2. 策划员工年度培训计划	1. 措施可行并已完成 2. 已制订培训计划并实施

（6）本标准不要求组织考虑其认为与质量管理体系无关的相关方，也不必满足所有相关方的需

求和期望。某个相关方的特定要求是否与其质量管理体系相关,这需要组织自行判断。

本条款的实施建议:标准本身并未要求形成文件,但建议将相关方的需求和期望以列表的形式表述,便于将相关措施和方法融入过程和质量管理体系中。

【**标准条款**】

> **4.3 确定质量管理体系的范围**
>
> 组织应确定质量管理体系的边界和适用性,以确定其范围。
>
> 在确定范围时,组织应考虑:
>
> a) 4.1 中提及的各种外部和内部因素;
>
> b) 4.2 中提及的相关方的要求;
>
> c) 组织的产品和服务。
>
> 如果本标准的全部要求适用于组织确定的质量管理体系范围,组织应实施本标准的全部要求。
>
> 组织的质量管理体系范围应作为文件化信息,可获得并得到保持。该范围应描述所覆盖的产品和服务类型,如果组织确定本标准的某些要求不适用于其质量管理体系范围,应说明理由。
>
> 只有所确定的不适用的要求不影响组织确保其产品和服务合格的能力或责任,对增强顾客满意也不会产生影响,方可声称符合本标准的要求。

【**理解要点**】

(1) 本条款旨在是要求组织确定质量管理体系的范围,以便对组织环境(条款4.1)、相关方及其需求和期望(条款4.2)、组织产品及服务的描述确定其边界和适用性,并对每一要求的适用性进行正确评估。

(2) 在确定质量管理体系的范围时,组织应考虑条款4.1和条款4.2中的以下问题:

——组织的外部及内部因素;外部因素如政府法规的要求、竞争对手的优势,内部因素如质量控制的需要、资源的充分性等;

——可能影响质量管理体系的相关方要求,如顾客的要求。

(3) 范围的确定应考虑下列各项:

——组织的产品及服务,如产品和服务的类型及范围;

——组织的场所,包括不同现场及活动;

——商业方针及战略;

——外部提供的活动、过程、产品及服务;

——组织知识。

【**实施要点**】

1. 质量管理体系范围的确定

在过去的工作实践中,常有在质量管理体系范围内忽略不直接构成组织订单处理和完成业务循环组成部分的职能部门的现象,如财务、行政、后勤、公关、接单前的营销等;但在一个经营组织内不可能有与组织相关方无直接或间接关系的部门。根据新版标准的条款4.1、条款4.2的要求,已很难在QMS范围中排除任何部门或过程。

2. 对"适用性"的理解和应用

本标准在其要求对组织质量管理体系的适用性方面不使用"删减"一词。然而,组织可根据其规模和复杂程度、所采用的管理模式、活动领域以及所面临风险和机遇的性质,对相关要求的适用性进行评审,这是新版标准变化的一个值得关注的方面。应用本标准应深刻理解其用意,更加主动地思考与应用范围有关的各种情况，使其对标准要求的应用与组织的内、外部环境相适应。

新版标准有关要求的变化可能使我们重新考虑过去的一些习惯做法。例如，过去很多制造型企业，当产品是按顾客的要求生产时，可作为排除产品设计开发要求的理由，而根据新版标准对设计开发的定义，只有不对最终产品的定义增添任何技术细节时，方可认为无产品设计开发活动；再如，过去很多服务型企业为了便于认证审核，通常将设计开发条款排除了，而根据新版标准这是不可以的；又如，过去只要产品或服务中没有供应商提供的产品，即构成排除2008版中条款7.4要求的理由，而新版标准的条款8.4涉及外部提供的产品、过程和服务，包括资源提供。因此很难有排除条款8.4要求的场合。

实际上，组织按过程方法建立质量管理体系，只要能表达本组织相应过程确能保证实现QMS期望的结果即可，不必把很多精力用在寻找排除标准某条要求的理由上。组织大量存在的情况是，可能开展一个活动就能同时满足标准中几个条款的要求（如服务规范的制定），也可能要通过很多活动才能满足标准某一条款的要求（如工序控制）。

在确定标准的某个要求是否适用于组织时，可尝试回答下列问题来寻找答案：

——如果没有这个要求会出现什么问题？

——满足这个要求会增强顾客的信任吗？

——如果组织对这个要求不承担责任，那么谁对此负责？

——这是所要求的过程，但却外包给了第三方，组织的责任是什么？

本条款的实施建议：标准要求必须将质量管理体系范围作为文件化信息加以保持，包括对不适用条款的理由做出说明。如果组织依然建立和保持质量手册的话，这可在质量手册中说明；此外，也可在其他文件如质量体系策划文件中加以说明。

【标准条款】

> **4.4 质量管理体系及其过程**
>
> 4.4.1 组织应按照本标准的要求，建立、实施、保持和持续改进质量管理体系，包括所需过程及其相互作用。
>
> 组织应确定质量管理体系所需的过程及其在整个组织中的应用，且应：
>
> a) 确定这些过程所需的输入和期望的输出；
> b) 确定这些过程的顺序和相互作用；
> c) 确定和应用所需的准则和方法（包括监视、测量和相关绩效指标），以确保这些过程的运行和有效控制；
> d) 确定这些过程所需的资源并确保其可获得；
> e) 分配这些过程的职责和权限；
> f) 按照6.1的要求应对风险和机遇；
> g) 评价这些过程，实施所需的变更，以确保实现这些过程的预期结果；
> h) 改进过程和质量管理体系。
>
> 4.4.2 在必要的范围和程度上，组织应：
>
> a) 保持文件化信息以支持过程运行；
> b) 保留文件化信息以确信其过程按策划进行。

【理解和实施要点】

本条款旨在确定质量管理体系所需的过程，特别是考虑其在组织中的应用，故条款a~h的识别和确定使QMS完全纳入组织的经营管理之中。

（1）新版标准的条款4.4不是全新的内容，大部分内容在2008版的标准中是有的。但应关注到新增部分所带来的变化，如条款：

——中的"相关绩效指标"；

——这些过程相关的职责和权限分配；

——与条款6.1（应对风险和机遇的措施）要求相一致的风险和机遇，并策划和实施相应措施予以应对；

——改进过程及质量管理体系。

准确理解这些变化的思想将促进质量管理体系策划和建设的完整性和有效性。特别是条款"规定与这些过程相关的责任和权限"，这本应是不言自明的一条要求，但在我国企业标准实践的过程中，常常缺乏过程管理理念中最主要的一项职责的理解和安排，即"过程所有者"（process owner）的职责，也就是过程的责任者。尽管ISO 9001历次版本中均未明确要求指定"所有者"，但在TC176有关过程方法的指导文件（如N544）中将确定过程所有者作为识别过程的一项主要内容。所谓"过程所有者"在N544文件中说明为"确保每个过程和其相互作用的实施、保持和改进"的人员。在过程管理中经常涉及跨部门或多部门协调的工作，因此在过程管理活动中，确定过程所有者及其作用和权责通常是成功实现过程管理的基本条件。

（2）质量管理体系的建设是一项长期的工作，不能一蹴而就、一劳永逸。质量管理体系是一个不断发展的动态系统，组织及其管理体系必须具有应变能力以适应变化的环境。还需要认识到，不是所有的系统、过程和活动都可以被预先确定，因此，组织需要具有灵活性，以适应复杂的组织环境。

（3）所有利用资源实施行动以产生结果的工作都是一个过程。一个有效的过程就是其结果确能满足组织目的的过程。理解和控制影响过程的因素就可控制过程的结果，这是质量管理的一个基本观念。过去人们普遍认为ISO 9001就是"说、写、做"一致，组织只要做到"说、写、做"一致就满足了标准的要求，这种思想其实是片面的。我们要思考的是说对了没有、写对了没有、做对了没有，通过"说、写、做"实现了预期结果没有，在有效性和效率方面是否有提高。

另外，在实践中很多组织认为过程方法就是将过程运行活动进行程序化，形成程序文件即可。应注意程序方法和过程方法的主要观念不同：

——程序方法：以符合规则的方式去完成任务，做规定要做的事。

——过程方法：理解需求，寻找最佳方式实现需求；检查需求是否被满足、是否以最佳方式完成、结果是否有效。

（4）新版标准较2008版条款4.1增加了"应按照6.1的要求确定风险和机遇"的要求。这对质量管理并非全新课题。质量管理科学很多工具本来就是处理有不确定性影响的对象，包括过程结果和影响过程结果的因素。只是过去常用"不合格""缺陷""偏差"等字样来描述"与预期的偏离"（ISO 9000术语"风险"中关于"影响"的注解）。因此，除典型工具DFMEA、PFMEA外，很多质量工具，特别是处理质量波动的工具如控制图，本质上都是该过程的风险应对措施。

虽然新版标准并未对组织风险确定的证据提出文件化的要求，但组织应将评估过程的风险应对措施落实到过程和产品的控制中。

（5）对4.4.2条款的理解，新版标准仍对过程维持和保留文件化信息提出了要求。对照2008版9001条款4.1中有"组织应按本标准要求建立质量管理体系，将其形成文件"字样，新版标准的条款4.4.1中不再有"将其形成文件"的要求，而是由组织根据必要的程度建立和保留适当的文件。关于文件化信息的要求，请参见对条款7.5的相应解释。

本条款的实施建议：质量管理体系及其过程识别和建立以及管理，可以参考使用过程关系图、过程地图、章鱼图、乌龟图或过程清单等工具来实施。

关于质量管理体系及其过程的策划和应用，具体请参见本书第六章"**企业过程管理方法和应用案例**"的内容。

第五节　标准第 5 章【领导作用】的理解及实施要点

本章"领导作用"正是第二项质量管理原则的体现，包含三个方面的内容：5.1 规定了组织的最高管理者应在质量管理体系中及以顾客为关注焦点方面证实其领导作用和承诺；5.2 要求最高管理者应制定、实施和保持质量方针；5.3 要求最高管理者应确保整个组织内相关岗位的职责、权限得到分派、沟通和理解。5.2 和 5.3 是对 5.1 部分要求的具体展开，第 5 章就是体现最高管理者的领导作用。

本章条款结构如下：

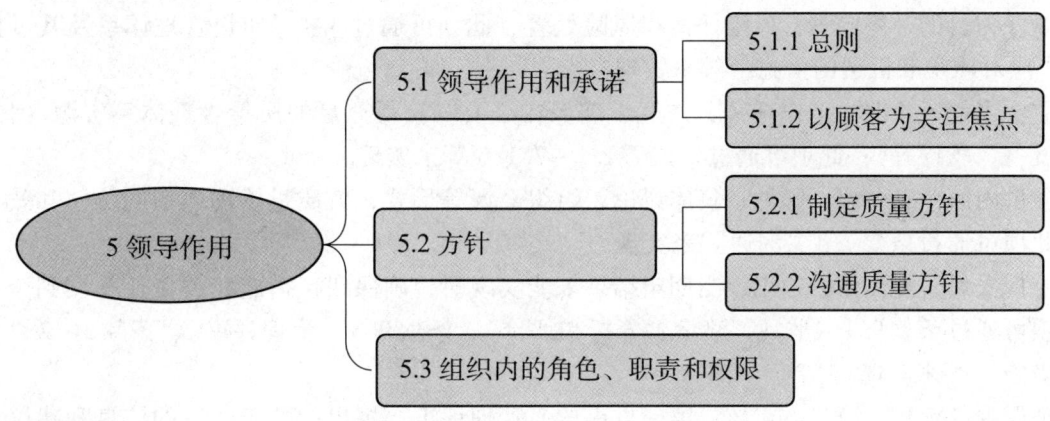

【标准条款】

> 5　领导作用
> 5.1　领导作用和承诺
> 　　5.1.1　总则
> 　　最高管理者应通过以下方面，证实其对质量管理体系的领导作用和承诺：
> 　　a）对质量管理体系的有效性负责；
> 　　b）确保制定质量管理体系的质量方针和质量目标，并与组织环境相适应，与战略方向相一致；
> 　　c）确保质量管理体系要求融入组织的业务过程；
> 　　d）促进使用过程方法和基于风险的思维；
> 　　e）确保质量管理体系所需的资源是可获得的；
> 　　f）沟通有效的质量管理和符合质量管理体系要求的重要性；
> 　　g）确保质量管理体系实现其预期结果；
> 　　h）促使人员积极参与，指导和支持他们为质量管理体系的有效性做出贡献；
> 　　i）推动改进；
> 　　j）支持其他相关管理者在其职责范围内发挥领导作用。
> 　　注：本标准使用的"业务"一词可广义地理解为涉及组织存在目的的核心活动，无论是公有、私有、营利或非营利组织。

【理解和实施要点】

（1）最高管理者的领导作用是整体质量管理体系建立、实施、监视与测量以及持续改进其有效性的基本必要条件。本条款旨在明确与质量管理体系有效性及策划结果的实现相关的最高管理者的职责，使其发挥领导作用。

（2）本条款列出了最高管理者可以证实其领导作用和对质量管理体系的承诺的 10 个方面，最高管理者可通过以下方面的实施来证实其履行了责任：

①通过持续的绩效监视或度量及定期管理评审来确保质量管理体系的适宜性及有效性，并承担责任；此项可通过条款9.1"监视、测量、分析和评价"和条款9.3"管理评审"等来实现。

②在制定或更新质量方针和目标时，确保其与组织内外部环境、战略和承诺保持一致，并支持总体经营过程；此项可通过条款4.1"理解组织及其环境"、条款4.4"质量管理体系及其过程"、条款5.2"方针"、条款6.2"质量目标及其实现的策划"等来实现。

③确保质量管理体系过程和其他职能过程接口（如财务、设计、测试、顾客支持等）在组织中无缝对接；此项可通过条款条款4.4"质量管理体系及其过程"来实现。

④确保部门之间建设性的合作，体现系统方法，以实现过程间有效的接口和将输入转化为输出时的有效性为目的，协同进行风险评估和风险处置；此项可通过4.4"质量管理体系及其过程"条款6.1"应对风险和机遇的措施"等来实现。

⑤监视当前及预期的工作任务、进度，确保在必要时获得充足的质量管理体系资源（如人力、工具及设备、软件等）；此项可通过条款7.1.1~7.1.6等来实现。

⑥通过内部信息会议、邮件、集体讨论、组织会议等形式，就质量管理体系的价值和效益进行沟通；此项可通过条款7.4"沟通"来实现。

⑦监视质量管理体系的输出，当期望结果未能实现时，确保纠正措施相关责任落实到个人或团队；此项可通过条款9.1"监视、测量、分析和评价"、条款9.3"管理评审"、条款10.2"不合格和纠正措施"等来实现。

⑧确保内部审核、第二方审核、第三方审核、管理评审等提出的关于改进的信息和建议在组织内进行有效沟通；此项可通过条款7.4"沟通"、条款9.2"内部审核"、条款9.3"管理评审"、条款10.2"不合格和纠正措施"、条款10"改进"等条款来实现。

⑨使其他管理者及员工担当事务，并指导和支持他们为质量管理体系的有效性做出贡献，因岗用人、人尽其能、人尽其责应作为组织的基本用人原则。此项可通过条款5.3"组织的岗位、职责和权限"、条款7.1.2"人员"、条款7.2"能力"、条款7.3"意识"等来实现。

⑩促进改进，包括针对产品和服务的改进，以及针对过程和质量管理体系的改进。最高管理者应确保改进过程是组织质量管理体系中的有效构成部分，该过程应至少包含以下活动：

a. 改进机会的识别；
b. 改进优先顺序的判断和决策；
c. 改进目标的确定；
d. 改进措施的选择和决策；
e. 改进效果的跟踪和评价。

此项可通过条款10.1"总则"和条款10.3"持续改进"等来实现。

【标准条款】

> **5.1.2 以顾客为关注焦点**
>
> 最高管理者应通过确保以下方面，证实其以顾客为关注焦点的领导作用和承诺：
>
> a）确定、理解并持续地满足顾客要求以及适用的法律法规要求；
>
> b）确定和应对风险和机遇，这些风险和机遇可能够影响产品和服务合格以及增强顾客满意的能力；
>
> c）始终致力于增强顾客满意。

【理解和实施要点】

（1）本条款旨在确保最高管理者在关注顾客要求的实现、增强顾客满意度方面，展示其领导作用和承诺（如积极参与、以身作则），确保顾客的要求得到确定和满足。

本条款强调以顾客为中心的思想，是 7 项质量管理原则之首，也是标准的核心思想和理论基础。

（2）以顾客为关注焦点的具体做法：

①理解和确定顾客的需求和期望，并在组织中沟通顾客的需求及期望；

②将组织目标与顾客的需求及期望关联起来；

③评审和确定应对能够影响产品、服务符合性以及增强顾客满意度的能力的风险和机遇；

④在确定顾客要求和达成共识方面与顾客进行双向沟通；

⑤评审与产品和服务有关的要求；

⑥严格执行订单或合同的要求；

⑦确保顾客的要求得到满足；

⑧妥善保管顾客的财产；

⑨对顾客的反馈进行评审；

⑩对顾客的抱怨实施纠正措施；

⑪获取顾客满意度信息进行分析和改进。

本条款的实施建议：本条款可结合条款 6.1 "应对风险和机遇的措施"、条款 8.2 "产品和服务的要求"及条款 9.1.2 "顾客满意"等来理解和实施。

【**标准条款**】

> 5.2 方针
>
> 5.2.1 制定质量方针
>
> 最高管理者应制定、实施和保持质量方针，质量方针应：
>
> a) 适合组织的宗旨和环境并支持其战略方向；
>
> b) 为建立质量目标提供框架；
>
> c) 包括满足适用要求的承诺；
>
> d) 包括持续改进质量管理体系的承诺。
>
> 5.2.2 沟通质量方针
>
> 质量方针应：
>
> a) 可获取并保持文件化信息；
>
> b) 在组织内得到沟通、理解和应用；
>
> c) 适宜时，可为有关相关方所获取。

【**理解和实施要点**】

（1）本条款旨在确保最高管理者保持质量方针与组织战略方向的一致，并确保质量方针被清晰地理解和贯穿于整个组织。

（2）质量方针的作用：

①充分反映组织和最高管理者的质量意识；

②对顾客（社会）的质量要求做出承诺；

③激励全体员工，指导质量管理。

（3）质量方针的制定和评审。

——质量方针是由组织的最高管理者正式发布的该组织总的质量宗旨和质量方向。

——最高管理者应依据明确的组织战略方向，充分考虑影响组织运营的内外部环境因素，考虑顾客要求、法律法规要求、各利益相关方的需求和期望，针对组织的过程、产品和服务的性质和特点，在识别了风险和机会的基础上，建立质量方针。

——质量方针应为质量目标的制定提供框架，应体现满足顾客和法规要求、增强顾客满意度的观念和持续改进的思想。

——质量方针应与时俱进，组织应对质量方针进行持续的适宜性评审，通常在条款9.3"管理评审"中进行，评审因素包括：

①顾客与法律法规要求的改变；

②组织自身发展的需要；

③最高管理者战略的考虑；

④改进的需要等。

（4）质量方针的发布和宣导。

——质量方针应作为文件化信息以正式的形式表述、发布、管理和维护，通过有效的渠道和方式与组织内各级员工进行沟通，使员工理解质量方针并应用于其工作中。适当时，利益相关方应可获得质量方针文件。

——质量方针文件可根据组织的管理习惯，考虑以任何介质和方式发布，包括纸介质、电子版、网络共享平台等，并针对这些不同的发布方式，考虑和安排获取质量方针文件的适宜途径和方法。

——正式的质量方针及其解释需要传达到所有在组织控制下工作、代表组织工作、影响质量管理体系绩效的人员。应安排适宜的培训和教育活动，使质量方针在组织内得到普遍一致的理解，并确保所有相关人员在工作中主动应用质量方针中所阐述的原则。

——对于那些影响或可能影响组织质量管理体系，或其感知会受组织质量管理体系影响的利益相关方（如顾客、供方等），组织应以适当的方式使这些利益相关方可获得组织的质量方针文件，如考虑正式或非正式发放，采用物理介质或电子方式传输等。

本条款的实施建议：需保持形成文件的质量方针及其内外部沟通的信息。

关于质量方针的建立具体请参见第四章"企业方针、目标和经营计划制定"。

【标准条款】

> **5.3 组织内的角色、职责和权限**
>
> 最高管理者应确保组织内相关角色的职责、权限得到分配、沟通和理解。
>
> 最高管理者应分配职责和权限，以：
>
> a）确保质量管理体系符合本标准的要求；
>
> b）确保各过程获得其预期输出；
>
> c）报告质量管理体系的绩效以及改进机会（见10.1），特别是向最高管理者报告；
>
> d）确保在整个组织推动以顾客为关注焦点；
>
> e）确保在策划和实施质量管理体系变更时保持其完整性。

【理解和实施要点】

（1）本条款的意图是确保最高管理者对相关岗位进行指派，并确保这些人员了解自己负责的工作事项（职责）、被授予的权限、各类工作的负责人以及各职责与权限之间的关系。

在该条款中，"确保各过程获得其预期输出"是2015版标准提出的新要求，体现了新版标准更关注结果的意图。

2015版标准的一个显著变化是不再提及"管理者代表"这一特定角色。在以往的质量管理体系实践中，很多情况下"管理者代表"被理解为"管理者"的"代表"，可代表管理者行使管理职责和权限，从而使最高管理者在质量管理体系中的职责成为虚设。新版标准很好地解决了这一误解。

（2）关于角色、职责的指派，可考虑下列因素：
①已定义的过程及组织架构图；
②人员能力方面，需确保分配的职责和所需能力保持一致；
③可用资源方面，主要考虑人力资源，但仍需要考虑会影响责任分配的资源；
④组织方针、内部规则、岗位描述、工作指南等确保已分配职责和相关文件化信息的一致性；
⑤法律法规要求、职业道德规范及必需的资格确保相关要求和职责分配相匹配；
⑥通过绩效目标及评估结果来确保合适人员履行对实现预期绩效水平的承诺；
⑦组织所用的其他管理体系要确保不同管理体系之间的职责分配保持一致。

（3）最高管理者确保以适合于组织实现其期望的业务结果、满足顾客要求和适用法律法规要求为目的，在确定角色、职责和权限时应注意以下方面：

①对于角色、职责、权限的定义既应包括各级管理层，也应包括执行层；既应包括组织、管理与协调活动相关的角色和职责，也应包括各类任务执行活动的相关角色和职责。各角色和职责的定义应适合于确保各过程达成预期的输出目的，而且是充分的和必要的。

②对于过程较为复杂、规模较大的组织，可能会有某一种角色由多人承担的情况。反之，在较小型、过程较为简单的组织，可能会有某个人员担任多种角色的情况。在信息和自动化技术应用程度较高的组织，也会存在使用很少的人员担任多种角色的情况。

③在向具体人员分配角色和职责时，最高管理者应确保授予人员与其角色和职责相适应的权限，授权的程度应足以使人员按规定要求完成其职责范围内的任务，同时不应超越其完成任务所需的权限。应避免因授权不足或授权混乱而造成各过程不能按规定要求达成预期的输出的情况。

④应确定谁负责向最高管理者报告质量管理体系的绩效和改进的机会。这一角色和职责应明确定义并指派到具体人员。该角色为完成其职责，应被授权可获得和访问质量管理体系各过程的绩效信息和数据。这些信息和数据须来源于每一个质量管理体系的过程单元，可通过已定义的角色、职责、权限和报告关系逐级汇聚，也可通过大数据分析等技术的应用以更智能、更便利的方式获取。

⑤在全组织范围内负责促进以顾客为关注焦点的意识的角色和职责的指派。该角色应被授权可获得和访问关于组织质量管理体系各过程对于顾客需求和期望的反应的敏捷性和有效性方面的信息和数据，分析其中的风险和机遇以及教训，分析改进的合理优先顺序，将相应的改进决策反馈至各质量管理体系过程，促使决策得到实际执行。

⑥应关注负责质量管理体系变更事项的角色和职责的指派。该角色的职责应包括对质量管理体系的变更进行控制和管理的所有相关活动。变更的提出可源于产品和服务的技术改进措施的执行、过程模式改进措施的执行以及纠正和预防措施的执行。

⑦一个组织中，角色、职责和权限的定义和指派方式与该组织的管理模式和文化密切相关，这些因素决定一个组织的组织结构。

本条款的实施建议：可表述在相关文件中，例如组织架构、岗位职务说明书、工作指南、程序、手册等。

第六节　标准第6章【策划】的理解及实施要点

本章"策划"是在第4章和第5章的基础上展开的，包含以下三个方面的内容：6.1 在策划质量管理体系时，根据组织内外部环境和相关方的需求及期望策划应对风险和机遇的措施；6.2 根据质量方针策划质量目标及策划如何实现质量目标；6.3 当组织确定需要对质量管理体系进行变更时，此种变更应经策划并系统地实施。

本章条款结构如下：

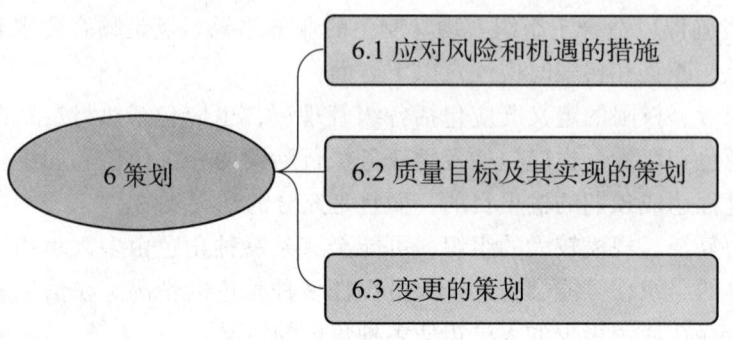

【标准条款】

> 6.1 应对风险和机遇的措施
>
> 6.1.1 在策划质量管理体系时，组织应考虑到4.1所提及的因素和4.2所提及的要求，并确定需要应对的风险和机遇，以：
>
> a）确保质量管理体系能够实现其预期结果；
>
> b）增强有利影响；
>
> c）避免或减少不利影响；
>
> d）实现改进。
>
> 6.1.2 组织应策划：
>
> a）应对这些风险和机遇的措施；
>
> b）如何：
>
> 1）在质量管理体系过程中整合并实施这些措施（见4.4）；
>
> 2）评价这些措施的有效性。
>
> 应对措施应与风险和机遇对产品和服务符合性的潜在影响相适应。
>
> 注1：通过信息充分的决策，应对风险可选择规避风险，为寻求机遇承担风险，消除风险源，改变风险的可能性或后果，分担风险，或保留风险。
>
> 注2：机遇可能导致采用新实践，推出新产品，开辟新市场，赢得新顾客，建立合作伙伴关系，利用新技术和其他可行之处，以应对组织或其顾客的需求。

【理解和实施要点】

（1）本条款是2015版标准新增加的要求，强调了组织应基于风险的思维和方法进行质量管理体系策划，围绕组织所识别的质量管理体系中的所有业务过程、管理过程和支持过程加以应用，并尽可能嵌入到组织的所有过程中。

在本版标准中，关于"预防措施"这一概念通过"基于风险的思维"进行了表述。本版标准条款6.1.1和条款6.1.2的要求，实现了组织业务与质量体系管理及策划的"无缝衔接"。

（2）所有类型和规模的组织在实现其目标和预期结果的经营活动中，都面临使组织不能确定的内部和外部的各种因素和影响。这些事件发生的概率及其影响程度是组织无法事先准确或相对准确预知的。这些事件将对经营活动产生影响，从而影响组织目标和预期结果的实现。这种在一定环境下和一定限期内客观存在的、影响组织目标和预期结果实现的各种不确定性因素就是风险。

所谓机遇就是对组织有利的时机、境遇、条件和环境。

（3）在建立质量管理体系（QMS）时，组织应识别出希望达到的目标和期望的结果。在策划过程中，组织需了解可能影响这些目标和期望结果的因素，其中包括对相关风险和机遇的识别，并应考虑内部、外部环境以及利益相关方对质量管理体系达成其目标结果的影响。在识别利益相关方的需求时，可以识别和确定质量管理体系的风险与机遇。在识别风险和机遇时，组织可关注提升正面效果，创造新机会并预防或降低不良效应（预防措施），即采纳"基于风险的思维"。

（4）在本标准中，没有要求使用正式的风险管理框架来识别风险和机遇。组织可以选择适合自己的方式来识别风险和机遇。基于风险思考的思维，其应用可以帮助组织建立主动预防的企业文化，关注于更好地完成工作以及改进工作方式。

（5）在识别了对质量管理体系有影响的风险和机遇后，组织应开始策划控制风险及利用机遇的措施。已确认的措施计划需要纳入质量管理体系过程和组织业务过程，并评价这些措施的效果。

这些措施包括为质量管理体系过程建立合适的控制或针对机遇建立新的过程。有很多措施都可被组织选用来解决风险，质量管理方面的典型实例就是开发各种控制活动，包括过程、产品及服务的检查、监视和测量，校准，产品及过程设计，纠正措施，规定、方法和作业指导书，培训及选用有能力的人员等方面。

通过评价市场需求可识别机遇，如提供新产品和服务或使用新技术来建立诸如顾客或供应链在线服务的更好的系统。对质量管理体系过程进行绩效分析，则可识别出减少浪费或提高结果和绩效的机遇。组织应针对所追求把握的机遇进行措施策划。

（6）形成文件和记录的要求。在条款4.4.1中，组织确定了QMS所需的过程以及对这些过程的风险和机遇的控制，并考虑必要的文件化信息需求。条款4.4.2要求组织应保持足以支持过程运行的文件化信息，并保留足以确信过程已按策划要求实施的文件化信息（记录）。

（7）风险管理过程示意图如图2-4所示：

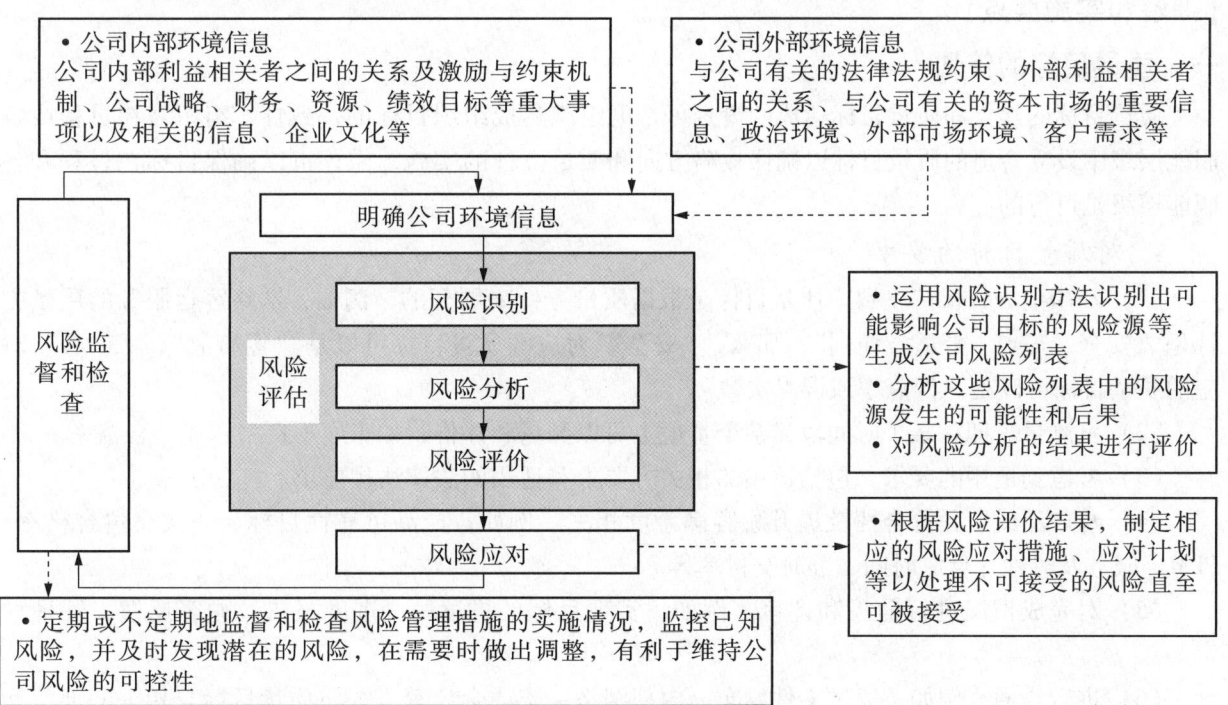

图2-4 风险管理过程

本条款的实施建议：适当时，可包括组织经营层面的风险和机遇的分析及应对措施（SWOT 分析）、过程风险的分析及应对措施（风险矩阵图）、产品设计开发的风险分析及应对措施（DFMEA）、产品制造过程的风险分析及应对措施（PFMEA）。

关于风险管理的具体方法和实施请参见第五章"企业风险管理方法和应用案例"。

【标准条款】

> 6.2 质量目标及其实现的策划
>
> 6.2.1 组织应针对相关职能、层次和质量管理体系所需的过程建立质量目标。
>
> 质量目标应：
>
> a) 与质量方针保持一致；
>
> b) 可测量；
>
> c) 考虑适用的要求；
>
> d) 与产品和服务合格以及增强顾客满意相关；
>
> e) 予以监视；
>
> f) 予以沟通；
>
> g) 适时更新。
>
> 组织应保持有关质量目标的文件化信息。
>
> 6.2.2 策划如何实现质量目标时，组织应确定：
>
> a) 要做什么；
>
> b) 需要什么资源；
>
> c) 由谁负责；
>
> d) 何时完成；
>
> e) 如何评价结果。

【理解和实施要点】

一、质量目标的策划

质量目标的建立和质量目标达成的策划可帮助组织达成组织目标的一致性。组织需在过程或各职能层级中设立合适的质量目标以确保战略方向和质量方针的实施，需评审以确保目标在过程和各职能层级是可行的。

1. 对质量目标的要求

（1）和质量方针保持一致。质量目标是根据质量方针来展开的。例如，铁路客运服务的质量方针是"安全、正点、舒适、便利"，那么，"安全"对应的质量目标可以是"零事故"，"正点"对应的质量目标可以是"误点率或误点次数"。

（2）可测量。即在某个时间段或某个量值上可以测量和评价，如工序不良率、成品合格率。

（3）考虑到适用的要求。包括适用的相关方要求和适用的法律法规要求。

（4）与产品或服务符合性及提升顾客满意度相关。例如，产品可靠性目标、一次交付合格率、PPM、服务及时性、反应时间、准时交付率等。

（5）对完成情况进行监控和评审。例如，实现目标的进度——进度报告、顾客反馈、管理评审等。

（6）进行沟通。例如，通过文件发布、内部网络系统或会议等方式将质量目标与相关的部门和人员沟通。

（7）进行适当的更新。考虑组织目前的能力和制约因素、顾客反馈及其他市场事宜，并根据目标实施并评价结果，适当增加或减少目标，或提升或降低目标值。

2. 质量目标策划方法

（1）合理设定可实现的目标。战略是在组织的使命、愿景及价值标准的基础上进一步指明了组织在现在和将来为持续保持竞争优势并实现持续成功而所需的组织全局的计划和策略。那么目标的设定应与战略相一致，对于每一个相关事项，有必要逐一设定预期目标。

（2）目标展开。目标展开首先将战略目标按实现该目标所需的知识、技术、业务能力以及系统要素的成熟度等逐一进行分解，将分解的结果分配给组织的各个级别层次和部门，同时决定实现目标的日程计划以及任务和负责人。

组织应在相关职能、层次、过程上建立与方针、战略、愿景相一致的质量目标或绩效指标，并应在横向——同级部门（基于业务关联或服从）、纵向——最高管理层、中层、基层展开。每个不同的层次都有相应的过程，应明确其关键过程和关键过程绩效指标（KPI）或绩效参数。

（3）质量目标按时间要求可以分为长期目标、中期目标和短期目标。长期目标通常指超过5年的目标，中期目标通常指3~5年的目标，短期目标通常指当年目标。按层次可以分为组织的总目标、部门目标、班组目标和个人目标。

二、目标实现的策划

组织为策划实现质量目标所要做的活动可通过策划"4W1H"活动实现预期目标，即What——要做什么；Which——所需哪些资源；Who——由谁负责；When——何时完成；How——如何评价结果。

如SMART（设立具体的、可度量的、可达到的、相关的、有时限的目标）之类的技术应用能帮助组织实现目标的策划，因其能确保目标是有时限的、相关的并且可实现的。组织还需要识别谁负责去完成目标，并确保有充足的资源可提供（见本章第7节"支持"），以及如何评价结果。对是否达成特定目标的评价结果可作为管理评审的一部分进行评审，其他策划方式有项目管理、建立关键里程碑、制定关键绩效指标（KPI）或举行经常性的审查或反馈会议等。

本条款的实施建议：形成文件的各职能、各层次、各过程的质量目标或绩效指标。

关于质量目标的策划和实施具体请参见第四章"**企业方针、目标和经营计划制定**"的内容。

【标准条款】

> **6.3 变更的策划**
>
> 当组织确定需要对质量管理体系进行变更时，变更应按所策划的方式实施（见4.4）。
>
> 组织应考虑到：
>
> a) 变更目的及其潜在后果；
>
> b) 质量管理体系的完整性；
>
> c) 资源的可获得性；
>
> d) 职责和权限的分配或再分配。

【理解和实施要点】

一、质量管理体系变更需求的识别

组织可基于下列考虑策划质量管理体系的变更：

1. 组织所处的内外部环境的变化；
2. 利益相关方的需求、期望及其他相关方面的任何变化；
3. 监视、测量、分析及评价的结果，包括所识别的趋势和反馈；
4. 已识别的风险和机遇的评审。

组织可通过多种途径识别变更的需求，如管理评审的一部分、审核结果、不符合项评审、投诉分析、过程绩效分析、组织环境变化、顾客及利益相关方的需求变更等。

二、质量管理体系变更的实施

1. 关注内外部动态变化

组织应特别关注外部动态发生的变化，包括技术、市场、竞争或法律法规环境发生重大变化的征兆或早期迹象。当外部环境（包括国家、行业、地方法律法规、国际标准、技术、竞争、文化、社会、经济和自然环境等）和内部环境（包括公司的治理结构、政策、战略、承诺、理念、价值观和资源、文化以及与相关方的关系等）发生重大变化时，组织应对变更进行策划，对影响质量管理体系有效运行的相关变更信息和事务进行动态识别，评估风险和机遇，并制定应对措施，对变更前、变更中、变更后的全过程加以控制，从而降低或消除风险，赢得最有力的环境、机遇和条件，为组织的健康发展提供支持。

2. 变更策划的时机

（1）质量管理体系的建立和实施的初始阶段。

（2）组织机构发生调整、导入不同于之前的新产品、生产工艺发生重大变化等需改进或更新现有的质量管理体系时。如工厂新产品线的迁移、在服务或生产过程使用新软件系统（如开放顾客在线下单）。这些变更对质量管理体系完整性的影响需要经过组织评估并采取必要措施来预防不利影响。

（3）为满足新要求调整、充实现存的质量管理体系时。

（4）多个管理体系集成或一体化时。

3. 变更的目的和任何潜在的后果

变更有可能带来好的结果，也可能带来风险和挑战。例如，导入新的软件系统后，有可能由于软件不够成熟和完善，导致运行效率低、部分功能缺陷等，以致无法实现预期的变更目的。所以进行变更的策划时应考虑充分、未雨绸缪。

4. 确保管理体系的完整性

组织在对质量管理体系的变更进行策划和实施时，应保持质量管理体系的完整性，变更体系的策划应充分。如前所述，导入新的软件系统后，原来的作业程序可能发生变化，需要新增或修订相应的文件，应策划涉及使用软件系统的人员的培训安排。

5. 变更策划应确保资源的可获取性

体系变更后，关键是资源能否满足动态要求，如有的组织从单一的产品扩展为多元化的产品，生产设施设备、测试设备、技术人员等资源能否满足动态，这都是策划面临的重要问题。

6. 变更策划还应充分考虑职责和权限的分配或调整

体系的变更可能导致组织职能和权限进行重大调整，此时应修订相关的文件并使相关人员知晓调整后的职责和权限。

7. 在变更前识别风险和机遇

基于风险思考的方法对识别策划质量管理体系变更时的必要措施很有帮助，组织需要对质量管理体系的变更进行评估，因为它可能影响组织持续稳定提供满足顾客和法律要求的产品和服务以及提高顾客满意度的能力。

组织可采取论证、小试、模拟实验、理论计算等方法确定变更的可行性，包括对变更实施过程中可能带来的新风险进行预判和评估，变更方案得到批准后方可实施。

8. 评价变更的有效性

变更过程中如需增加新的控制措施或对现有控制措施进行修改，通常需要得到书面许可，并在进行风险评估和确定应对措施后方可实施。主管部门应对变更方案进行评审，对变更实施过程及变更后风险控制的有效性进行全程监控和评价。

本条款的实施建议：质量管理体系变更结果的证据可能涉及过程变更、文件更改、变更评审或验证的记录等。

第七节 标准第7章【支持】的理解及实施要点

本章"支持"是对组织的质量管理体系建立、运行及持续改进活动提供资源和信息支持,包含5个方面的内容:资源、能力、意识、沟通和文件化的信息。

本章条款结构如下:

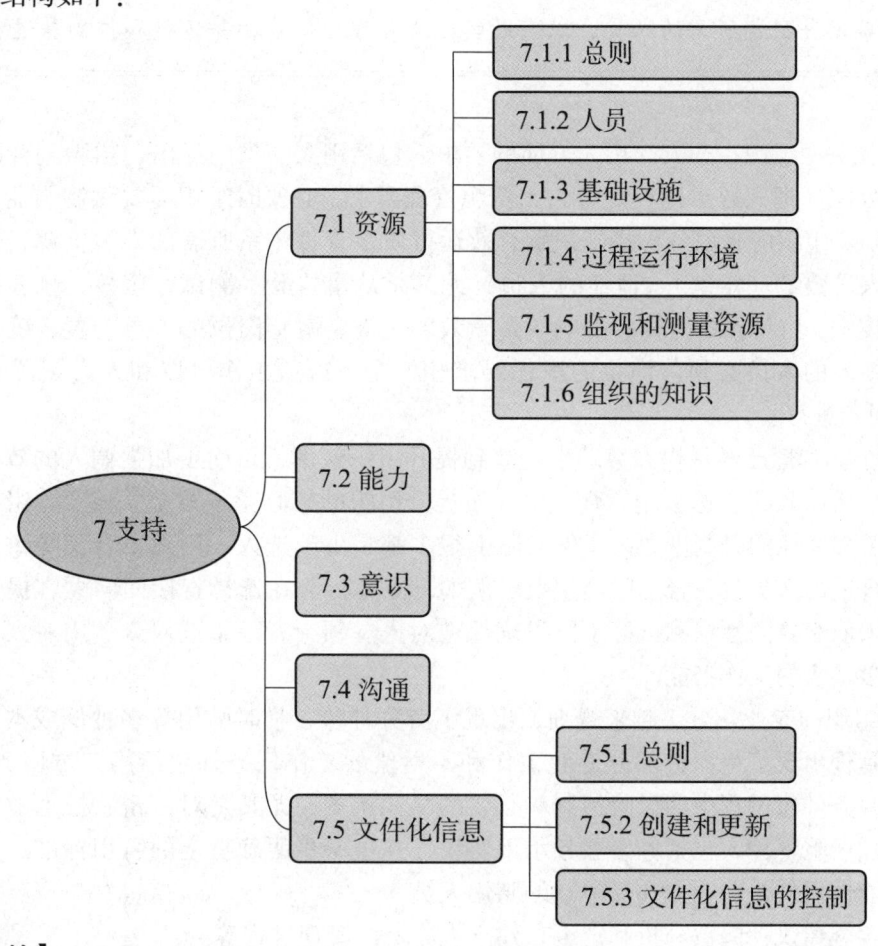

【标准条款】

> 7 支持
> 7.1 资源
> 　7.1.1 总则
> 　组织应确定并提供所需的资源,以建立、实施、保持和持续改进质量管理体系。
> 　组织应考虑:
> 　a) 现有内部资源的能力和局限;
> 　b) 需要从外部供方获得的资源。

【理解要点】

(1) 本条款"总则"是对质量管理体系所需资源的总体要求。

组织应在建立、实施、保持和持续改进质量管理体系时,围绕所确定的质量管理体系的范围分析、评估现有内部资源的能力和受限条件,识别出组织内部现有资源中不能满足顾客需求和适用的法律法规要求的环节和需进一步匹配的外部资源,然后制订资源配置计划并按照计划提供所需的资源。外部提供的过程、产品和服务的控制在条款8.4中作了规定。

（2）在确定所需资源时，组织应考虑目前的能力如现有材料、人力资源及其能力、机械设备、信息和设施等。组织在评审自己目前所具有的能力时，应识别各种现有制约因素，即为减少不利影响或达成目标需要什么以及需要什么措施。

【标准条款】

> **7.1.2 人员**
>
> 组织应确定并配备所需的人员，以有效实施质量管理体系，并运行和控制其过程。

【理解要点】

（1）本条款关注组织在选人、用人方面的要求，包括用人需求的提出、招聘到合适的人员（选对人）和工作分配（把人放对位置）等人力资源管理要求，必要时组织需要编制与业务规划相匹配的人力资源规划。组织应采取各种措施识别有效运行质量管理体系所需的人力资源，包括与岗位工作量相匹配的人员数量（定编）、适任的人员，尤其是从事检验、测试、审核、顾客投诉处理、设计开发、质量技术、特殊工种等直接影响质量绩效的关键、敏感岗位的人员配置，确保所有直接或间接影响质量绩效的人员必须与岗位的适任要求相匹配，这项工作可以和人力资源管理体系中的"三定"方案同步进行。

（2）鉴于企业管理已经从提高劳动生产率到提升组织效率，目前更加强调人的效率对组织持续成功的重要性，所以人的"选、用、育、留"对提升组织的核心竞争力至关重要。组织通常在抱怨执行力问题时更多关注的是制度原因，但实际上很多都是由于选人、用人不合理导致的，即没有在合适的时间将合适的人员放在合适的岗位上。例如，服务行业在选择直接面向顾客提供服务的一线人员时，需要采取必要的性格测试等手段以确保选对人。领导者除了选对人、用对人，还要善于培养人的能力和激励人的工作潜能。

（3）随着组织的专业化分工越来越细，出现了劳务外包、临时聘用等多种低成本劳动力管理手段，人力资源管理出现了组织将部分专业工作和不增值的工作任务外包给第三方服务供方的情况。组织需要考虑服务外包过程中的风险控制和必要的尽职调查，尤其是对涉密、技术敏感等岗位人员的配置需要加强风险管控，包括签署服务水平协议，并进一步明确特定的聘用标准、界定哪些岗位的人员配置不能使用外包劳动力和受限制的聘用人员。

本条款的实施建议：岗位分析和定编，建立人力资源管理过程等。

【标准条款】

> **7.1.3 基础设施**
>
> 组织应确定、提供并维护所需的基础设施，以运行过程，并获得合格产品和服务。
>
> 注：基础设施可包括：
> a) 建筑物和相关设施；
> b) 设备，包括硬件和软件；
> c) 运输资源；
> d) 信息和通信技术。

【理解和实施要点】

（1）组织应确定运行过程和实现目标必要的基础设施，并对提供和维护必要的基础设施进行策划。

（2）在确定必要的基础设施时，组织应考虑需要哪些设施、设备、计算机软件、服务或运输方式才能提供合格的产品和服务。基础设施的需求可以基于顾客、法律法规要求以及组织知识所需。

基础设施管理包括：

①厂房、建筑物、生产车间、仓库、办公场所和相关的设施（如供水、供电、供气、制冷、消防等）。

②机器、设备、工装等，包括对硬件和软件的维护。

③支持性服务（如电话机、电脑、传真机、复印机、内部网络、运输车辆、IT系统等）的管理。

（3）在确定基础设施的需求时，组织可通过开展差距分析来检查目前的基础设施、识别新需求及需要采取的行动，如制订设备维护计划、策划替换现有的基础设施、定期测试信息和通信系统、定期检测设备和基础设施。

本条款的实施建议：建立基础设施管理过程或设施设备管理过程等。

【标准条款】

> **7.1.4 过程运行环境**
>
> 组织应确定、提供并维护所需的环境，以运行过程，并获得合格产品和服务。
>
> 注：适宜的过程运行环境可能是人为因素与物理因素的结合，例如：
> a) 社会因素（如非歧视、安定、无对抗）；
> b) 心理因素（如减压、预防过度疲劳、保证情绪稳定）；
> c) 物理因素（如温度、热量、湿度、照明、空气流通、卫生、噪声等）。
> 由于所提供的产品和服务不同，这些因素可能存在显著差异。

【理解和实施要点】

（1）组织应确定并提供和维护过程运行所需的环境，以提供合格的产品和服务。

（2）组织应根据其业务和管理过程中暴露的各类风险来识别、提供、维护和管理为达到产品和服务符合要求的过程运行所需的环境，如很多电子类产品防尘、防静电、恒温恒湿的要求、物资和档案文件的储存条件、油漆作业时对温度和湿度的要求、车工对照明的要求、空气流动对焊接质量的影响、噪声对作业者的影响、作业和办公场所的清洁卫生等，特别是服务行业，因为服务提供过程所需的环境通常直接暴露在服务现场（如酒店、餐厅、银行等）并直接影响顾客满意度，所以更需要加强服务提供过程中的运行环境控制。

（3）社会和心理因素对产品和服务质量的影响有时也很重要，尤其在服务行业中，服务提供过程中的社会和心理因素对服务质量影响更大，更需要重点关注。例如，考虑人为因素——一线服务人员的心态直接影响到服务提供的质量，保证充足的人员轮班、排班或停工时间以预防人员筋疲力尽；控制飞行员的飞行时间；控制提供货运或配送服务的驾驶员的驾驶时间等。

（4）在确定了过程运行环境后，应在必要时适当维护和控制运行环境以确保产品和服务持续满足要求。日本企业在工作环境管理方面所采用的"5S"管理模式就是一个非常成功的方法。

本条款的实施建议：识别组织过程运行所需的环境条件，建立规范、管理办法或程序等加以控制。

【标准条款】

> 7.1.5 监视和测量资源
> 7.1.5.1 总则
> 当利用监视或测量来验证产品和服务是否符合要求时,组织应确定并提供所需的资源,以确保结果有效和可靠。
> 组织应确保所提供的资源:
> a) 适合所开展的监视和测量活动的特定类型;
> b) 得到维护,以确保持续适合其用途。
> 组织应保留适当的文件化信息,作为监视和测量资源适合其用途的证据。
>
> 7.1.5.2 测量溯源
> 当要求测量溯源时,或组织认为测量溯源是信任测量结果有效的基础时,测量设备应:
> a) 对照能溯源到国际或国家标准的测量标准,按照规定的时间间隔或在使用前进行校准和(或)检定,当不存在上述标准时,应保留作为校准或验证依据的文件化信息;
> b) 予以标识,以确定其状态;
> c) 予以保护,防止由于调整、损坏或衰减所导致的校准状态和随后的测量结果的失效。
> 当发现测量设备不符合预期用途时,组织应确定以往测量结果的有效性是否受到不利影响,必要时应采取适当的措施。

【理解和实施要点】

(1) 应识别并提供适当的监视和测量资源,以确保结果有效且可靠。

监视和测量所需的资源可能因组织提供的产品和服务的类型及建立的 QMS 过程而异。在某些情况下,简单检查或监视就足以确定质量状态。而在其他情况下,测量则是必需的,而且还可能要求测量设备经检定或校准。

(2) 无论是制造业还是服务业,均需基于其行业产品和服务质量特性的不同,选用不同的监视、测量设备、手段和方法并与所进行的监视、测量活动保持一致,并通过采取维护措施确保持续满足使用要求。

(3) 当测量设备用于验证符合要求并为测量结果的准确性提供信任时,测量设备应:

①对照能溯源到国际或国家标准的测量标准进行校准或检定,校准或检定周期应符合相关要求。当某测量设备目前还没有相关国际或国家的测量标准时,组织应制定该测量设备的自校规程,并在规定的时间间隔内,由有相应能力或资质的人员进行校准。

②测量设备的校准或检定或其他合适的状态应该能够易于识别。

③测量设备停用后应予以封存和标识,启用封存测量设备前,应对其进行校准或检定或采用任何确保其准确度的其他手段。

④应及时发现和纠正测量设备的不正确使用或存放方法(如将计量器具、工装随意放置导致其变形、不按照规定的操作规程使用或调整计量器具、在不满足检验和试验条件的环境中使用计量器具、将计量器具长期放置在不满足储存条件的环境中等)。

⑤校准、检定或验证人员应具有相应的资质或专业培训背景,在允许或规定的范围内工作。

(4) 监视和测量资源应予以防护,应有防止其失准或失效的措施。

①一旦发现某监视系统或测量设备失准或失效,应立即停用,并对该监视系统或测量设备以往的监视或测量结果进行追溯和评价,直至确认其某一时段以前的测量结果为有效时为止。批量产品或自动生产线的首检制度和适宜的中间抽检是及时发现监视和测量设备(包括工装、监视和测量软件)失效的有效方法。

②在服务行业使用问卷调查表的方式进行测量时，应围绕调查目标设计问卷并及时优化设计内容，以确保问卷内容与调查目标一致。在涉及基准、样板或标准动作等示范性测量工具或手段的使用时应做好其日常维护并确保持续的准确度。应适时维护和动态监控信息系统中使用的自动校验功能性软件，以确保持续有效。

（5）应保留监视和测量设备的检定或校准、验证（包括重新校准、验证）的记录。

本条款的实施建议：建立监视和测量设备管理过程等加以控制。

【标准条款】

> **7.1.6 组织的知识**
>
> 组织应确定必要的知识，以运行过程，并获得合格产品和服务。
>
> 这些知识应予以保持，并能在所需的范围内得到。
>
> 为应对不断变化的需求和发展趋势，组织应审视现有的知识，确定如何获取或接触更多必要的知识和知识更新。
>
> 注1：组织的知识是组织特有的知识，通常从其经验中获得，是为实现组织目标所使用和共享的信息。
>
> 注2：组织的知识可基于：
>
> a) 内部来源（如知识产权，从经验获得的知识，从失败和成功项目吸取的经验和教训，获取和分享未成文的知识和经验，过程、产品和服务的改进结果）；
>
> b) 外部来源（如标准、学术交流、专业会议，从顾客或外部供方收集的知识）。

【理解和实施要点】

（1）本条款相较于2008版标准是新增加的要求。组织应保护认为对过程运行及实现产品和服务符合性必要的知识，并鼓励根据不断变化的需求和趋势获取必要的知识。组织应考虑如何确定和管理实现产品和服务符合性，以满足组织目前和将来对所需知识的需求。

人员及其经验是组织知识的基础，这些经验和知识的获取及分享可产生整合效应，从而创造出新的或更新的组织知识。

（2）组织应考虑建立知识管理过程，知识管理是在获取、吸收、传播和应用知识方面支持组织的一组过程。知识管理的目的是"在正确的时间、正确的地点，获得正确的知识"。

在确定和维护组织知识时，组织可考虑：

①从失败、临近失败的情况和成功中汲取经验教训；

②获取组织内部人员的知识和经验；

③从顾客、供应商和合作伙伴方面收集知识；

④获取组织内部存在的知识；

⑤与竞争对手比较；

⑥与相关方分享组织知识，以确保组织的可持续性；

⑦根据改进的结果更新必要的组织知识。

（3）组织知识管理价值链包括知识获取、知识分享、知识创新和知识应用四个环节。组织应及时识别、确定和维护过程运行和实现产品和服务的符合性所需的各类知识，包括但不限于：

①设计、工艺、制造、服务过程中获取的经验教训、失效分析等，包括对各类疏失、突发事件、特殊质量问题的应对措施等；

②典型、批量、惯性问题的发生情况、处置方法、结果记录、分析和结论意见等；

③先进的管理理念、管理方法、最佳实践、工作方法、技能技艺、检测方法等；

④科研成果、工艺成果、QC成果等；

⑤产品性能说明书、产品使用说明书、产品故障分析、产品维护指南等；

⑥知识产权（含专利和企业标准）等。

（4）组织应采用多种方式获取所需的知识，如邮件采集、网页监采和建立经验库、知识库和行业数据库等。鼓励组织建立经验反馈系统，必要时导入知识管理信息系统，适时识别、获取和分享与产品和服务符合性有关的各类知识，涉及知识产权保护的应严格按照国内外知识产权保护相关法规执行。

（5）作为组织创新的一部分，知识创新始终跟随时代的步伐。尤其是在互联网时代，知识的更新瞬息万变，组织应随着内外部环境的变化及时创新知识结构，确保可持续发展。

（6）组织应采取各种措施和借助必要的工具方法，将获取的各类知识应用到过程的各个环节，包括及时更新必要的作业过程和标准，以确保质量管理体系有效运行。

（7）组织在开展知识管理工作的时候，应把知识管理工作放在组织战略的高度进行考虑，建立专门知识管理人员和机构对其负责，从而实现其知识管理的持续改善，将知识管理真正固化为组织核心竞争能力构建的长效工具、方法和机制。

（8）本条款虽然是新的要求，但是对于组织而言，组织的知识一直存在于现有管理体系中并在日常经营管理中应用。然而，很多组织过去在知识管理方面常常会存在这些问题：保留的大量数据从未进行分析；重复投资开发已存在的知识；同类问题在本组织内重复发生；解决问题后并未纳入规范；重要的隐性知识掌握在少数几个员工手中，又无防止流失的措施；相同工作因人不同而绩效差异极大等。

本条款的实施建议：标准本身并未要求形成文件和记录。通常，有关产品和服务的知识在产品设计开发过程中确定，有关制造工艺的知识在制造过程的设计开发中确定；有关失效分析的知识可以通过 DFMEA/PFMEA 或问题分析与解决过程积累；对于知识的保持和分享及保密等，制造业通常建立图纸技术资料管理过程，其他行业可以建立知识管理过程加以控制。

【标准条款】

> **7.2 能力**
>
> 组织应：
> a）确定在其控制下工作的人员所需具备的能力，这些人员从事的工作影响质量管理体系绩效和有效性；
> b）基于适当的教育、培训或经验，确保这些人员是胜任的；
> c）适用时，采取措施以获得所需的能力，并评价措施的有效性；
> d）保留适当的文件化信息，作为人员能力的证据。
>
> 注：适当措施可包括对在职人员进行培训、辅导或重新分配工作，或者聘用、外包胜任的人员。

【理解和实施要点】

（1）组织应识别对于质量管理体系有效性而言必要的工作和职责所需的必要能力，并基于培训、教育或经验，确保组织控制下开展工作的人员能够胜任。

（2）组织应识别和界定在组织控制下的、从事影响质量绩效和效率的岗位，并对该岗位影响质量的因素进行分析。进行岗位分析和岗位能力分析，是满足"适任"要求的前提，岗位分析可以进行内部横向对比和与竞争或行业标杆对比：

①内部横向对比。在设置岗位和岗位职能时，应比较组织内部所有岗位之间工作或劳动强度的差异、技能与能力或知识方面要求的高低、可测量到的贡献的大小、承担责任的大小、有效工作时间和效率的差异、从事常规性工作和开拓性工作的差异等，应采取"系数均衡法"（定量法则）进行相对平衡。

②与竞争对手或行业标杆对比。在设置岗位和岗位职能时，应基于组织所确定的战略目标比较和分析组织的竞争对手或行业标杆（相同或相近的产品系列和生产条件或销售规模的组织）的情况。更应关注优势较强的竞争对手，批判性地吸纳和采用先进合理的管理模式。

通过上述对比分析或采用其他合理方法分析后，从教育、培训或技能、经验等方面确定其能力。组织有必要建立每个岗位的胜任力模型，明确岗位的适任条件，确定员工能力考核的方法和准则。

（3）组织的各级管理人员应基于所管辖岗位的能力标准，适时地评价在岗人员是否持续满足其能力要求。可以和组织的员工绩效考核工作相结合，基于不同的绩效考核周期监控在岗人员在考核周期内的绩效表现，通过采用绩效面谈、培训等多种手段确保人员的能力持续满足工作需求。

（4）对于能力达不到岗位任职要求的，组织应适时提出培训要求，综合考虑组织的人力资源规划、自身人才培养目标和各岗位的培训需求，统筹考虑培训预算安排，汇总形成培训计划并采用师带徒、脱产培训、业余培训等多种措施组织实施培训计划。

培训手段应多样化，应基于培训需求并以达到培训目的为主，不能为培训而培训，更不能为认证而培训。围绕培训目标设计培训有效性的评价方式和内容，可通过对理论、实际操作、业绩进行评定和观测等方法，确定受训人员是否具备了所需知识、技能和能力，必要时可提出再培训需求。组织可以开展培训管理体系的 PDCA 循环运行。

（5）当法律法规或组织内部有要求时，相关岗位人员必须持有效的资质证书，并在证书规定的范围内开展工作。

（6）如使用到外部提供方，可能需要一些其他的控制措施，如开展外包过程审核，检验外部供应商的产品和服务，制定规定所需的能力要求的合同和服务水平协议。组织根据外部提供方能力对确保符合要求的重要性的不同，采取不同措施。

（7）在有些情况下，应该考虑到提供延伸服务所需要的技能培训。例如，在迪士尼公园，对一个户外清洁工的延伸服务的技能培训内容涉及各种相机、摄影机的使用。

（8）证实人员能力的教育、培训、技能和经验的有关记录必须保存。

本条款的实施建议：建立胜任力模型或岗位职务任职条件、人力资源管理过程等。

【标准条款】

> 7.3 意识
> 组织应确保在其控制下工作的人员知晓：
> a）质量方针；
> b）相关的质量目标；
> c）他们对质量管理体系有效性的贡献，包括改进绩效的益处；
> d）不符合质量管理体系要求的后果。

【理解和实施要点】

（1）关于"意识"，在2008版标准的条款6.2.2"能力、培训和意识"中已有体现，新版标准将其列为单独的条款，强调"意识"在建立、实施、保持和持续改进质量管理体系中的重要性。

（2）组织应确保在其控制范围内开展工作的人员知晓质量方针、相关的质量目标、对质量管理体系有效性的贡献以及不符合质量管理体系要求可能引发的后果。

（3）在组织控制范围内工作的人员可能包括现有的员工、临时工、外部供方（如承包商和外包服务）。

（4）在组织控制范围内开展工作的人员需证实其对于质量方针和相关质量目标以及如何为实现这些目标做出贡献方面的知识和意识。这可包括对"可接受"的产品和服务与"不合格"的产品和服务的知识和理解，以及当产品和服务不满足既定规范时，应知道如何去做。

（5）可通过多种形式来养成这方面的意识，如准备"可接受"和"不可接受"的结果或产品的图片，并提供相应培训，提出对产品和服务的明确要求，设计只交付"合格"产品和服务的过程，清楚隔离不合格产品和服务的过程，知晓有关应对投诉和在出现严重不符合趋势时内部越级上报程序方面的知识。

（6）质量意识教育是建设企业文化的一部分，组织需从核心价值观层面构建组织的质量文化并固化和推广，通过提升高层、中层和基层管理人员及其他各类员工的质量意识进而提升公司的产品和服务质量。

（7）通过培训使员工增强质量意识，意识到自己从事活动与组织发展的关联性和重要性，鼓励员工参与管理和改进，进一步为实现质量目标做出贡献。培训的形式应多样化、有灵活性。

（8）组织内所有部门和每一个人都应知晓各自应承担的相关质量责任，认识到质量是自己的事情，而不仅仅是质量控制和质量保证人员的责任。每一位员工必须清楚自己所做的每一项工作可能产生的负面影响，以及降低这些影响的控制措施和目标或指标，并在绩效考核的约束氛围中自觉实施。

本条款的实施建议：可以通过入职培训、日常培训、早会、座谈会或管理例会等形式宣传和教育，同时可通过标语、海报、宣传栏、员工手册或其他文件的形式宣导和贯彻。

【标准条款】

> **7.4 沟通**
>
> 组织应确定与质量管理体系相关的内部和外部沟通事项，包括：
> a）沟通什么；
> b）何时沟通；
> c）与谁沟通；
> d）如何沟通；
> e）谁来沟通。

【理解和实施要点】

（1）新版标准相较于2008版标准而言，增加了外部沟通要求。组织如果与外部利益相关方的沟通不充分，则对其质量绩效和效率的影响是显而易见的。组织应识别与其持续成功紧密相关的利益相关方及其期望，建立内、外部沟通渠道，明确内外部沟通的安排、时机和内容，以确保实现质量管理体系的绩效和效率。

沟通重要的是所沟通的信息应明确、相关且为接收者所理解，并在必要时采取相关措施。例如在供应和生产链的每个接口，组织应识别需要进行沟通的相关方，以确保QMS的有效运行。沟通的对象包括顾客、供应商、外包或外购产品和服务的外部相关方。沟通还包括部门和团队的内部沟通，以及与销售和市场人员的沟通等。

组织内部和外部的沟通使用的方法可能不同。外部沟通可能需要更正式的方式，如报告、规范、合同、协议等。相比之下，内部沟通可使用非正式的沟通方式，如简报、电子邮件、企业内网等。根据待沟通问题的重要性，内部沟通可能也需要较正式的方法，如书面报告或规范。

组织需确定需要沟通的内容和沟通对象、最佳的沟通方法以及沟通的时机，还需决定由谁负责沟通。

（2）组织沟通的主要内容包括但不限于：
——市场信息；

——各项工作的职责和权限及其接口；
——法规要求、技术规范要求、上级或行业要求；
——相关方的要求和期望，以及顾客反馈的信息；
——对相关方施加影响；
——策划的结果；
——过程控制和改进的要求；
——资源需求、提供、配置信息；
——产品要求及其检验结果；
——管理绩效考核和完成情况；
——体系实施、变更的有关信息；
——审核、评审结论；
——数据统计和分析的信息；
——决议、决定。

（3）沟通的对象包括但不限于：
——工作有接口关系的外部相关方之间，如政府、协会、总公司与分公司之间；
——工作有接口关系的不同的职能部门之间；
——工作有接口关系的不同层次岗位之间；
——领导与不同层次的员工之间；
——部门、岗位与有工作接口关系的相关方之间。

（4）沟通的主要方式、工具包括但不限于：
——文件资料传递；
——例会、专题会议、座谈；
——口头、书面汇报；
——培训、技术交流；
——网络信息平台；
——警示标志、统一的辨识标志；
——通知、通报、内部刊物、声像和电子媒体。

（5）组织应围绕质量管理体系前期策划所识别的各利益相关方及其期望，策划和确定不同的沟通方式、时机和责任，尤其对组织外部直接影响质量绩效的各相关方，更应该加强沟通管理和及时反馈。

本条款的实施建议：不需要建立单独的沟通管理过程或程序。与不同相关方的沟通通常在相应的过程文件中说明，如与外部供方的沟通可以在供应商管理过程和采购管理过程中规定；与顾客的沟通可以体现在市场营销和报价管理过程、订单合同评审过程、顾客反馈处理过程、顾客满意度管理过程、顾客财产管理过程等。组织内部沟通可以通过质量管理体系的各层级文件、会议、网络信息平台、通知、通报、内部刊物、声像和电子媒体等实施。

【标准条款】

> 7.5 文件化信息
>
> 7.5.1 总则
>
> 组织的质量管理体系应包括：
>
> a) 本标准要求的文件化信息；
>
> b) 组织确定的为确保质量管理体系有效性所需的文件化信息。
>
> 注：对于不同组织，质量管理体系文件化信息的多少与详略程度可以不同，取决于：
>
> ——组织的规模，以及活动、过程、产品和服务的类型；
>
> ——过程及其相互作用的复杂程度；
>
> ——人员的能力。
>
> 7.5.2 创建和更新
>
> 在创建和更新文件化信息时，组织应确保适当的：
>
> a) 标识和说明（如标题、日期、作者、索引编号）；
>
> b) 形式（如语言、软件版本、图表）和载体（如纸质的、电子的）；
>
> c) 评审和批准，以保持适宜性和充分性。
>
> 7.5.3 文件化信息的控制
>
> 7.5.3.1 应控制质量管理体系和本标准所要求的文件化信息，以确保：
>
> a) 在需要的场合和时机，均可获得并适用；
>
> b) 予以妥善保护（如防止泄密、不当使用或缺失）。
>
> 7.5.3.2 为控制文件化信息，适用时，组织应进行下列活动：
>
> a) 分发、访问、检索和使用；
>
> b) 存储和防护，包括保持可读性；
>
> c) 更改控制（如版本控制）；
>
> d) 保留和处置。
>
> 对于组织确定的策划和运行质量管理体系所必需的来自外部的文件化信息，组织应进行适当识别，并予以控制。
>
> 对所保留的、作为符合性证据的文件化信息应予以保护，防止非预期的更改。
>
> 注：对文件化信息的"访问"可能意味着仅允许查阅，或者意味着允许查阅并授权修改。

【理解和实施要点】

（1）新版标准相较于2008版而言，在质量管理体系的文件化方面赋予了组织更多的弹性和灵活性，但并不意味着质量管理体系对文件和记录的要求不重要了，而是着重强调要建立一个文件化的质量管理体系，而不是一个文件体系，强调关注质量管理体系的有效性和绩效，而不是聚焦于文件的符合性。只有在用于沟通信息、提供所策划的活动完成的证据或经验分享时才有可能需要文件化信息，不能以认证为目的或为接受外部检查而将质量管理体系过度文件化。

（2）迄今为止，许多使用ISO 9001的组织已为其QMS制定了书面程序和记录。使用文件化信息这一说法并不改变上述内容，这种替代说法更多地反映了许多组织使用电子媒介手段记录支持其过程和QMS运行的数据和信息的发展动态和实践。

（3）应注意2008版中提到"形成文件的程序"已被本标准中"保持文件化信息"的要求所替代。同样，在2008版中提到的"记录"之处，已被"保留文件化信息"的要求所替代。

（4）文件化信息不是越多越好，而是应该与组织的规模、活动类型、过程、产品和服务、过程及其相互作用的复杂程度、人员的能力相适应。

这些文件化信息包括书面文件、计算机硬盘或CD光盘中存放的文件，以及录音、录像、样板、示范、照片或图样等。典型的文件有：方针、目标、跨部门的流程性管理文件、操作规程/标准/规范/指南等操作性文件，以及记录和报告、档案等证实性文件。同时，组织还要考虑来自于外部的文件，如适用的国际公约、规范、标准、法律法规和技术规格书等。

应更多地关注服务行业存放在服务现场的指南性文件、告知、示范、样板等和电商、IT企业存放在业务信息系统和管理信息系统中的电子媒介文档。

（5）质量管理体系策划和编制必要的文件时，不仅需要考虑如何使所策划的这些质量管理体系文件与组织现有的规章制度、企业标准化等固有的文件化管理体系保持衔接和一致，还应考虑其充分性、符合性、可操作性、可考核性、5W1H原则、非正常情况下的工作步骤，以及文件修改的及时性如何保证、文件修改的信息如何收集和传递、如何使文件修改的成本降到最低、方法最简单，这些都是策划的重要内容。

（6）对文件化信息的控制也包括对其编制、批准、发放、使用、更改、再次批准、标识、回收和作废等全过程进行管理。在文件化信息发布前，应由授权的人员批准，确保文件充分性。文件的编制人员应对其符合性负责，文件的审核人员除了应对其符合性负责外，还必须对其可操作性负责，文件的批准人应对其实施的后果负责。组织应控制文件修改、发放、回收、标识以防止误用作废文件。文件的发放对象应在每个文件发放前明确，以确保能够在使用处及时获得适用文件的有效版本。受控文件的流向应确保能够追溯。

（7）如何防止组织未对外公开的文件流失，特别是组织特有技术、已有的市场信息的流失，是文件管理的重要内容之一。涉及国家机密的文件需要按照国家保密法规实施密级管控，涉及公司商业机密等方面的信息文档应按照公司内部规定执行。

（8）记录和档案是一种阐明所取得的结果，或提供所完成活动的证据的文件化信息。记录所提供的信息可能会作为采取纠正措施的依据，应确保其真实性、可追溯性、规范性，并和档案管理有关规定相一致。应对记录的标识、储存、保护、检索、受控查询、限制修改、保存期限和处置进行控制。记录的检索和归档可采用硬拷贝、电子媒体等信息技术。记录、档案应尽可能标准化，并遵循"简洁明了"的原则。在设计记录表格时，应尽可能考虑如何使填写记录的人员简捷方便、内容完整不漏项，同时做到不烦琐。

（9）本标准要求的必须保持文件化信息（建立文件）和保留文件化信息（建立记录）如下：

必需的文件（5处）	
标准条款	标准要求
4.3 确定质量管理体系的范围	组织的质量管理体系范围应作为文件化信息，可获得并得到保持
4.4 质量管理体系及其过程	4.4.2 在必要的范围和程度上，组织应： a）保持文件化信息以支持过程运行；
5.2 方针	5.2.2 沟通质量方针 质量方针应： a）可获取并保持文件化信息；
6.2 质量目标及其实现的策划	组织应保持有关质量目标的文件化信息
8.1 运行策划和控制	e）在必要的范围和程度上，确定并保持、保留文件化信息，以： 1）确信过程已经按策划进行； 2）证实产品和服务符合要求

必需的记录（20处）	
标准条款	标准要求
4.4 质量管理体系及其过程	4.4.2 在必要的范围和程度上，组织应： b）保留文件化信息以确信其过程按策划进行
7.1.5 监视和测量资源 7.1.5.1 总则	组织应保留适当的文件化信息，以作为监视和测量资源适合其用途的证据
7.1.5.2 测量溯源	a）对照能溯源到国际或国家标准的测量标准，按照规定的时间间隔或在使用前进行校准和（或）检定，当不存在上述标准时，应保留作为校准或验证依据的文件化信息；
7.2 能力	d）保留适当的文件化信息，以作为人员能力的证据
8.1 运行策划和控制	e）在必要的范围和程度上，确定并保持、保留文件化信息，以： 1）确信过程已经按策划进行； 2）证实产品和服务符合要求
8.2.3 与产品和服务有关的要求的评审	8.2.3.2 适用时，组织应保留与下列方面有关的文件化信息： a）评审结果； b）产品和服务的新要求
8.3.3 设计和开发输入	j）证实已经满足设计和开发要求所需的文件化信息
8.3.4 设计和开发控制	f）保留这些活动的文件化信息
8.3.5 设计和开发输出	组织应保留有关设计和开发输出的文件化信息
8.3.6 设计和开发更改	组织应保留下列方面的文件化信息： a）设计和开发更改； b）评审的结果； c）更改的授权； d）为防止不利影响而采取的措施
8.4 外部提供的过程、产品和服务的控制	8.4.1 总则 对于这些活动和由评价引发的任何必要的措施，组织应保留文件化信息
8.5.2 标识和可追溯性	当有可追溯要求时，组织应控制输出的唯一性标识，并应保留所需的文件化信息以实现可追溯
8.5.3 顾客或外部供方的财产	若顾客或外部供方的财产发生丢失、损坏或发现不适用情况，组织应向顾客或外部供方报告，并保留所发生情况的文件化信息
8.5.6 更改控制	组织应保留文件化信息，包括有关更改评审的结果、授权进行更改的人员以及根据评审所采取的必要措施
8.6 产品和服务的放行	组织应保留有关产品和服务放行的文件化信息。文件化信息应包括： a）符合接收准则的证据； b）可追溯到授权放行人员的信息
8.7 不合格输出的控制	8.7.2 组织应保留下列文件化信息： a）描述不合格； b）描述所采取的措施； c）描述获得的让步； d）识别处置不合格的授权

标准条款	标准要求
9.1 监视、测量、分析和评价	9.1.1 总则 组织应评价质量管理体系的绩效和有效性 组织应保留适当的文件化信息，以作为结果的证据
9.2 内部审核	9.2.2 组织应： f）保留文件化信息，以作为实施审核方案以及审核结果的证据
9.3 管理评审	9.3.3 管理评审输出 组织应保留文件化信息，以作为管理评审结果的证据
10.2 不合格和纠正措施	10.2.2 组织应保留文件化信息，以作为下列事项的证据： a）不合格的性质以及随后所采取的措施； c）纠正措施的结果

本条款的实施建议： 可建立文件和记录控制程序来实施。

关于质量管理体系的文件编写和实施方法具体请参见第七章"**质量管理体系文件编写和实施方法**"。

第八节 标准第8章【运行】的理解及实施要点

新版标准用"运行"代替了2008版中的"产品实现",便于理解,也更符合实际,更适合于各类组织的实施。本条款的"运行"是指满足产品和服务提供要求所需的运行过程,包括产品和服务要求的确定及评审过程、产品和服务的设计开发过程、采购和供应商管理过程、生产制造过程、服务提供过程、更改控制过程、产品和服务的监视及测量过程、不合格品控制过程、产品防护过程、交付过程等。本条款是实现组织增值并实现顾客满意的过程,是质量管理体系控制的重点。

本章条款结构如下:

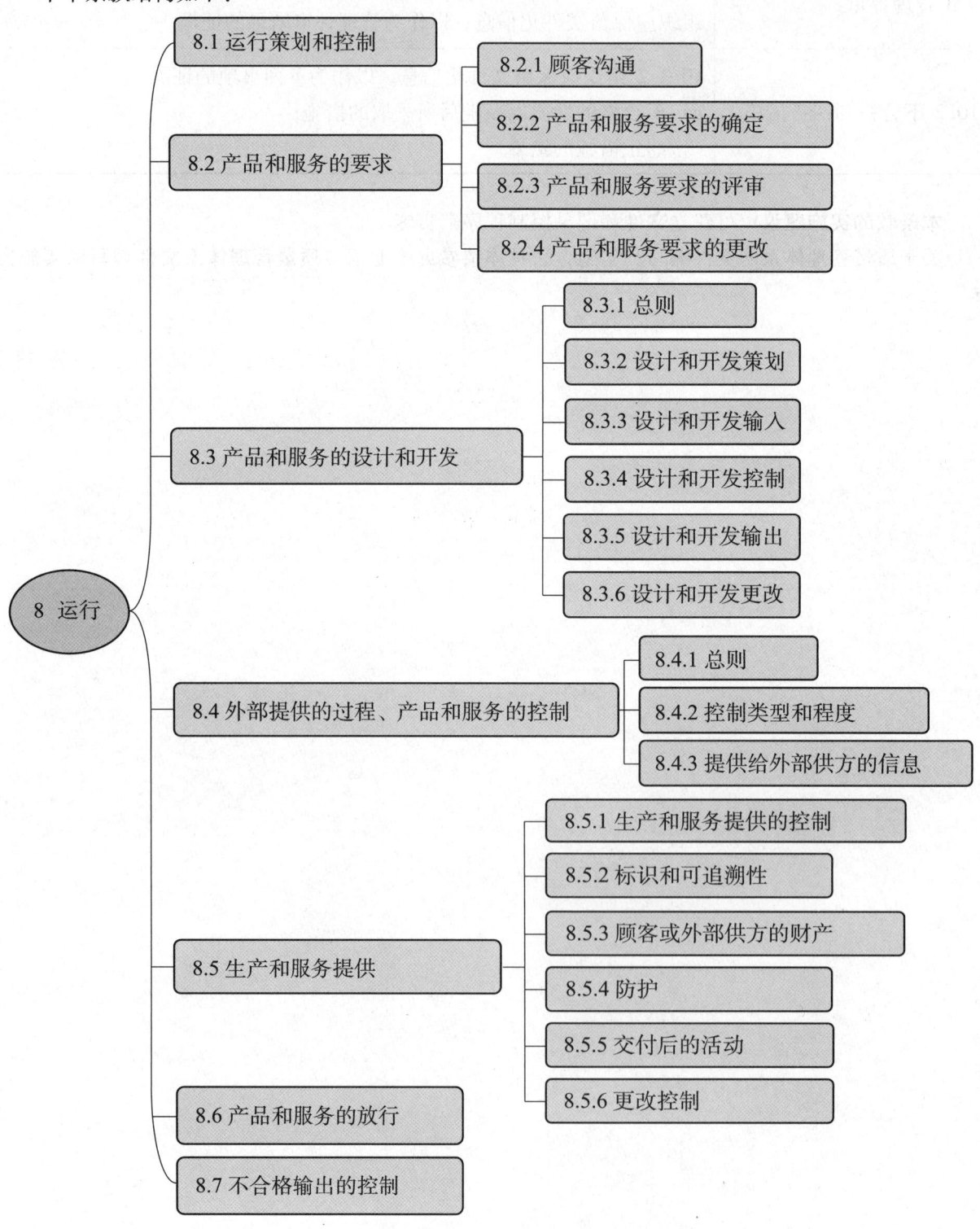

【标准条款】

> 8 运行
>
> **8.1 运行策划和控制**
>
> 为满足产品和服务提供的要求,并实施第6章所确定的措施,组织应通过以下措施对所需的过程(见4.4)进行策划、实施和控制:
>
> a) 确定产品和服务的要求;
> b) 建立下列内容的准则:
> 1) 过程;
> 2) 产品和服务的接收。
> c) 确定所需的资源以使产品和服务符合要求;
> d) 按照准则实施过程控制;
> e) 在必要的范围和程度上,确定并保持、保留文件化信息,以:
> 1) 确信过程已经按策划进行;
> 2) 证实产品和服务符合要求。
>
> 策划的输出应适于组织的运行。
>
> 组织应控制策划的变更,评审非预期变更的后果,必要时,采取措施减轻不利影响。
>
> 组织应确保外包过程受控(见8.4)。

【理解和实施要点】

(1) 本条款的"运行策划和控制"代替了 2008 版中的"产品实现的策划",要求组织基于条款4.4的要求,为实现其生产和服务提供必要的运行过程,包括由外部提供的过程。组织应对这些过程进行策划、实施和控制,以满足产品和服务的要求。

不同的组织,其产品和服务的类型和复杂程度不同,其运行过程也各不相同,对这些过程进行有效的策划和开发就显得尤为重要,它是保证产品和服务达到质量目标和要求的重要方面。组织应结合自身实际,识别哪些运行过程属于本条款的控制范围。

(2) 本条款强调了"实施第6章所确定的措施"的要求,组织应基于风险的思维,在对其运行过程进行策划、实施和控制时,充分考虑第6章所确定的对风险和机遇的应对措施,并在运行过程中实施这些措施。

(3) 策划过程应从确定产品或服务要求开始,在确定产品和服务要求时,组织不仅应考虑顾客和法律法规要求,还要考虑组织的战略要求,包括利益相关方的相关要求。

(4) 组织还应建立过程的运行以及产品和服务的接收准则,此时应考虑:

——风险和机遇;
——质量目标;
——产品和服务的要求。

(5) 根据产品和服务提供过程的性质和复杂度,组织需要确定所需的资源以及现有资源是否充分,包括支持每一个过程所必需的资源,这就意味着每个过程的输入、输出和资源都应当得到确定。

(6) 组织需要建立有效的控制措施用于:

——确认满足准则;
——交付预期的输出;
——识别需要改进的区域。

(7) 组织确定的准则以及支持这些准则的文件化信息是策划的输出。

这些策划的输出将作为组织内部运行过程的输入,或作为顾客用的输入,策划的结果应以适当的格式和媒介保存，以便需要使用的人便利地使用这些策划的结果。

（8）在策划运行和控制的准则时，组织应同时考虑计划中的变更和潜在的非预期变更，以及这些变更可能对运行造成的影响。组织应监控针对产品和服务提供的计划性变更，并对非计划性的变更结果进行评审。在必要情况下，组织应当采取措施以应对或减少任何不良影响。

（9）组织应建立并保留文件化信息，而其文件化信息程度应当可以确保组织的所有过程能够按照策划的要求得以实施，并证实组织正在提供的产品和服务可以满足相关确定的要求及接收准则。

（10）本条款增加了对外包过程的控制要求，进一步明确外包过程也是组织运行过程的一部分，组织也应予以策划和控制，具体的实施可按条款8.4执行。

本条款的实施建议：本条款的输出，适当时可包括生产制造控制过程、工艺流程图、控制计划或QC工程图、工艺作业指导文件、服务提供控制过程、服务规范、产品检验标准或规范、抽样计划以及实施结果的记录等。

【**标准条款**】

> **8.2 产品和服务的要求**
> **8.2.1 顾客沟通**
> 与顾客沟通的内容应包括：
> a）提供有关产品和服务的信息；
> b）处理问询、合同或订单，包括更改；
> c）获取有关产品和服务的顾客反馈，包括顾客投诉；
> d）处置或控制顾客财产；
> e）关系重大时，制定应急措施的特定要求。

【**理解和实施要点**】

（1）新版标准关于顾客沟通的条款出现在了对顾客要求进行确定和评审之前。这一变化表明，在确定要向顾客提供什么产品和服务之前就应与顾客进行沟通，理解顾客要求，体现了顾客要求的重要性。沟通的内容增加了顾客财产的处理和控制，以及在相关情况下应急措施特定要求的内容。

（2）组织应当拥有相应的过程，从而能够与顾客就产品和服务问询、合同或订单处理（包括修改）、顾客意见和感受（包括顾客投诉）、顾客财产的处理和对待（如适用）及应急措施的特定要求（在相关情况下）等事宜进行沟通。

（3）组织和顾客的关系是通过产品或服务联系起来的。因此与顾客沟通的内容主要也是就产品或服务而言，包括：

①沟通要提供的产品或服务的细节，以便使顾客理解组织提供给顾客的是什么。这些信息可通过印刷品、网站、电话或其他适当形式进行沟通；

②明确顾客如何联系组织进行问询、订购产品或服务以及组织将如何告知顾客相关变更；

③建立适当形式让组织从顾客处获取有关问题、疑虑、投诉、正面和负面反馈的信息。形式可包括但不限于电子邮件或打电话、在线调查、顾客保障渠道、面对面会议；

④适宜时，确保顾客得知组织如何处理和控制顾客财产；

⑤确保在出现紧急情况时，组织积极与顾客就可能的事宜和可采取的措施进行沟通。这里的事宜是指对满足顾客要求有负面影响的问题。

（4）组织与顾客沟通的目的是为了使组织充分理解顾客的要求与期望，组织应该明确需要与顾客在哪些方面进行沟通、沟通的渠道和方法、沟通过程的有关要求。对这些明确了的沟通过程，组织应有效实施，确保沟通有效并实现顾客要求。

本条款的实施建议：可结合条款7.4"沟通"来理解和实施。有关产品和服务信息的沟通可以体现在市场营销或销售管理过程；有关问询、合同或订单（包括变更）的处理可体现在订单合同评审过程；有关产品和服务的顾客反馈（包括顾客抱怨）的处理可以体现在顾客反馈的处理过程；有关顾客满意的沟通可以体现在顾客满意度的管理过程；有关处置或控制顾客财产的沟通可以体现在顾客财产管理过程；有关紧急应变事项的沟通可以通过应急准备和响应过程体现。

【标准条款】

> **8.2.2 产品和服务要求的确定**
>
> 在确定向顾客提供的产品和服务的要求时，组织应确保：
>
> a) 产品和服务的要求得到规定，包括：
> 1) 适用的法律法规要求；
> 2) 组织认为的必要要求。
> b) 提供的产品和服务能够满足所声明的要求。

【理解和实施要点】

（1）这一条款要求组织应当拥有一个过程，以确保提供给顾客的产品和服务要求得到确定，其中包括任何适用的法律法规要求和组织认为需要的要求。定义产品和服务要求时可考虑：

——产品或服务的目的是什么；
——顾客需求和期望；
——相关法律法规要求。

（2）组织应确保有能力来满足所确定的要求，在确定是否满足了做出的产品和服务承诺时，组织宜考虑如下因素：

——可用的资源；
——能力和产能；
——组织知识；
——过程确认（如产品测试、服务演示）。

本条款的实施建议：本条款可以和条款8.3.3"设计和开发输入"的要求结合起来理解和实施。

【标准条款】

> **8.2.3 产品和服务要求的评审**
>
> 8.2.3.1 组织应确保有能力向顾客提供满足要求的产品和服务。在承诺向顾客提供产品和服务之前，组织应对如下各项要求进行评审：
>
> a) 顾客规定的要求，包括对交付及交付后活动的要求；
> b) 顾客虽然没有明示，但规定的用途或已知的预期用途所必需的要求；
> c) 组织规定的要求；
> d) 适用于产品和服务的法律法规要求；
> e) 与以前表述不一致的合同或订单要求。
>
> 组织应确保与以前规定不一致的合同或订单要求已得到解决。
>
> 若顾客没有提供成文的要求，组织在接受顾客要求前应对顾客要求进行确认。
>
> 注：在某些情况下，如网上销售，对每一个订单进行正式的评审可能是不实际的，作为替代方法，可评审有关的产品信息，如产品目录。
>
> 8.2.3.2 适用时，组织应保留与下列方面有关的文件化信息：
>
> a) 评审结果；
> b) 产品和服务的新要求。

【理解和实施要点】

（1）本条款旨在确保组织有能力满足向顾客提供的产品和服务的要求，并应在承诺向顾客提供产品和服务之前进行评审。评审能让组织减少有关事宜在运行和交付后的风险。

（2）评审内容包括：

①顾客规定的要求，包括对交付及交付后活动的要求；规定的要求，如对产品固有质量特性的要求，如尺寸、外观、功能、性能、安全性、可靠性、舒适性等；对产品交付的要求，如交货期、包装、运输等；交付后活动的要求，如现场安装、维护、用户培训等。

②顾客虽然没有明示，但规定的用途或已知的预期用途所必需的要求；例如，顾客购买手机，顾客不会明示手机要有声音、要能入网通话等，因为这是规定的用途所必需的；再如，顾客想要入住某个酒店时，预期酒店房间干净整洁、能提供基本的设施，床上用品干净卫生，且酒店员工有礼貌并能及时提供必要的服务等。

③适用于产品的法律法规的要求；包括适用的政府、安全和环境法规，适用于材料的获取、贮存、搬运、再利用、销毁或废弃。产品强制认证要求、环保要求、无毒无害、汽车的废气排放等。

④组织规定的要求；组织规定的要求通常超越顾客的要求和法律法规的要求；例如，组织在产品设计开发时，规定的公差、参数、可靠性通常超越顾客和法规的要求，此外还可能规定如免费维修、技术培训、人性化设计、质量零缺陷等附加要求。

⑤与先前表述存在差异的合同或订单要求。如之前确定的要求与合同或订单中规定的要求不一致，组织应评审这些差异并与顾客进行沟通解决，以达成一致。

（3）评审的时机应是在组织向顾客做出提供产品和服务的承诺之前进行。这里讲的承诺，对于不同的行业所体现的形式不尽相同，制造行业往往是合同、订单签订之前；而服务类行业可能表现为其他形式，如银行理财产品的收益率、客运服务的客票、餐饮业的菜单等。

（4）评审的方法可能是以下一种或几种：

①相关责任部门人员会签；

②相关责任人会议评审；

③合同阶段与顾客共同评审；

④组织专家评审；

⑤个人决策，如由业务主管评审；

⑥小组评审，这种评审可能需要工程、质量、业务、生产、采购、物控、甚至财务部门参加，需要形成书面的评审意见。

（5）如顾客提出要求时没有形成文件，例如通过电话或当面预订时，组织在向顾客提供产品或服务前应经顾客确认其要求。例如，在餐馆点餐后可向顾客重复所点的食物；又如在电话洽谈时复述顾客要求并做好记录。

（6）组织应保留有关评审结果及有评审所确定的任何措施的记录，以证明组织对与顾客签订的最终协议，包括对其修改或变更进行了评审，并证明组织能够满足产品和服务有关的要求。

组织可通过任何适当媒介保留评审的结果。例如，餐馆可保留书面或电子订单，详细记录顾客所点的菜品食物，而对于一个复杂的建筑施工项目，组织可能需要保留详细的可行性分析报告等。

如评审识别出有增加或变更的需求，组织应更新或增加文件化信息，以确保记录了新需求（如保留变更订单或解决误解的邮件对话）。这些文件化的信息可作为将来与新顾客和现有顾客的类似协议的依据。

本条款的实施建议：可建立合同或订单评审过程加以控制。

【标准条款】

8.2.4 产品和服务要求的更改

若产品和服务要求发生更改,组织应确保相关的文件化信息得到修改,并确保相关人员知道已更改的要求。

【理解和实施要点】

当产品或服务要求发生更改,组织应确保任何相关文件都要得到修改,而且还要确保相关人员都知道这一更改要求。为确保相关人员了解变更,组织宜选择合适的沟通方法,并保留适当的记录,如沟通的电子邮件,会议纪要或修改后的订单或更改通知单。

本条款的实施建议:可结合8.2.3条款在合同或订单评审过程中规定更改的控制。

【标准条款】

8.3 产品和服务的设计和开发

8.3.1 总则

组织应建立、实施和保持适当的设计和开发过程,以确保后续的产品和服务的提供。

【理解和实施要点】

根据定义,设计和开发是"将对客体的要求转换为对其更详细的要求的一组过程",而客体是指"可感知或可想象到的任何事物,示例:产品、服务、过程、体系等"。因此,设计和开发可以是产品设计和开发、服务设计和开发、过程设计和开发、体系设计和开发等。

本条款要求组织应建立、实施和保持设计和开发过程,以便确保后续的产品和服务的提供。结合条款8.3.2~8.3.6来理解,本条款强调的是产品和服务的设计和开发,而对制造业而言,制造过程的设计开发并不强制要求建立过程。当然,如果企业自觉的建立过程控制也是可行的。

【标准条款】

8.3.2 设计和开发策划

在确定设计和开发的各个阶段和控制时,组织应考虑:
a) 设计和开发活动的性质、持续时间和复杂程度;
b) 所需的过程阶段,包括适用的设计和开发评审;
c) 所需的设计和开发验证及确认活动;
d) 设计和开发过程涉及的职责和权限;
e) 产品和服务的设计和开发所需的内部和外部资源;
f) 设计和开发过程参与人员之间接口的控制需求;
g) 顾客和使用者参与设计和开发过程的需求;
h) 对后续产品和服务提供的要求;
i) 顾客和其他有关相关方期望的设计和开发过程的控制水平;
j) 证实已经满足设计和开发要求所需的文件化信息。

【理解和实施要点】

(1) 本条款要求组织策划和控制其产品和服务的设计和开发。设计和开发策划的输出是针对特定项目的任务和活动计划,这一计划包括设计和开发各个阶段的活动及可能产生影响的限制和风险、资源需求及对分工和职责的明确定义。

(2) 本条款的要求提供了在设计和开发策划时必须考虑的关键因素，包括：

①设计和开发的是新的还是现有的产品或服务以及其复杂程度（如产品项目和服务项目的复杂性）和开发时间限制等因素；

②确定设计和开发所必需的阶段（如市场调研和立项、概念设计、详细设计、样件试作、试生产或服务测试、设计评审、量产等）；

③确定设计开发各阶段所需实施的验证和确认活动以确保输出的产品和服务满足输入要求及满足规定用途或预期用途；

④确定设计和开发工作的具体内容以及设计和研发过程中涉及的必要的职责和权限；

⑤确定需要的内部和外部资源（如组织知识、设备、技术、能力要求、顾客或供应商的支持、提供技术信息的标准等）；

⑥确定参与设计和开发过程的人员之间的接口控制，包括组织接口和技术接口：

a. 组织接口是指各职能部门的相关人员为完成新产品开发任务之间的工作关系。这些关系可能涉及：

- 职责与权限的划分；
- 需要传递的信息与数据；
- 协调、配合、反馈。

b. 技术接口是指基于产品开发不同技术层面进行的交流和配合，包括时间进度和技术上的配合。如硬件设计和软件设计人员之间的技术配合。

⑦确定顾客和用户在设计和开发活动中可能的参与行为（如顾客调研、顾客参与评审、确认或消费者体验）；

⑧后续产品和服务提供的支持和售后活动需求；

⑨预期的顾客或其他相关方对设计和开发过程所期望的控制水平（如医疗设备、药品的安全和临床实践）。如顾客或最终用户未确定明确的控制措施，组织宜根据产品和服务的性质确定必要的控制措施；

⑩证实设计和开发要求已能够满足所需的文件化信息。如设计开发输入和输出的信息文件，设计评审、验证、确认活动的记录等。

【标准条款】

> 8.3.3 设计和开发输入
>
> 组织应针对具体类型的产品和服务，确定设计和开发的基本要求。组织应考虑：
>
> a) 功能和性能要求；
>
> b) 来源于以前类似设计和开发活动的信息；
>
> c) 法律法规要求；
>
> d) 组织承诺实施的标准和行业规范；
>
> e) 由产品和服务性质所决定的、失效的潜在后果。
>
> 设计和开发输入应完整、清楚，满足设计和开发的目的。
>
> 应解决相互冲突的设计和开发输入。
>
> 组织应保留有关设计和开发输入的文件化信息。

【理解和实施要点】

(1) 设计和开发的输入是设计开发的依据，必须识别所有的设计输入要求，应针对具体类型的产品和服务，确定设计和开发的基本要求。条款8.2.2与产品有关的要求的确定应作为设计的输入，输入应包括：

①由顾客、市场需要或组织确定的功能或性能要求；功能是指是否具有某项作用或用途，性能是指这种作用的程度；如能发音是功能，音质的好坏是性能；空调制冷是功能，制冷能力的强弱是性能。

②来源于之前类似设计和开发活动的信息，这些信息可以帮助组织提高设计和开发的有效性，并使组织通过借鉴以往类似的设计经验，不断完善设计和开发活动，甚至创造出更佳的设计开发实践样板，也可以帮助组织避免和减少设计和开发中的错误，缩短设计和开发周期。

③与产品和服务有关的、适用的法律法规要求（如安全法规、食品卫生法、环保法规等）。

④组织自愿承诺符合的标准或行业惯例（如行业规约，健康和安全标准）。

⑤由产品和服务的性质导致的失效的潜在后果。这些产品和服务失效的后果大到可能致命（如车辆的制动系统失效），小到可能导致顾客轻微不满意（如色差或使用上的不便）。有关产品设计开发的失效分析可参考"潜在失效模式和后果分析"（FMEA）工具实施。

（2）如输入的要求存在冲突或困难或无法实现，组织应开展活动来解决这些问题。为确保设计与开发输入是完整的、充分的、合理的、清晰的，应对设计开发输入进行评审并保持评审的记录，评审记录应包括评审项目和评审的结果。

【标准条款】

> **8.3.4 设计和开发控制**
>
> 组织应对设计和开发过程进行控制，以确保：
>
> a）规定拟获得的结果；
> b）实施评审活动，以评价设计和开发的结果满足要求的能力；
> c）实施验证活动，以确保设计和开发输出满足输入的要求；
> d）实施确认活动，以确保形成的产品和服务能够满足规定的使用要求或预期用途；
> e）针对评审、验证和确认过程中确定的问题采取必要措施；
> f）保留这些活动的文件化信息。
>
> 注：设计和开发的评审、验证和确认具有不同目的。根据组织的产品和服务的具体情况，可单独或以任意组合的方式进行。

【理解和实施要点】

（1）新版标准合并了2008版中的设计评审、设计验证和设计确认三个条款，不再明确地划分评审、验证和确认阶段，便于不同类型的组织更好地结合自身实际对设计和开发活动进行控制。

（2）在确定了输入后，组织应按照策划的安排实施和控制设计和开发活动，以确保实现设计和开发的预期结果。控制内容包括规定设计与开发活动拟取得的结果、进行评审、验证和确认活动以及针对评审、验证和确认活动中确定的问题采取必要的措施；

（3）为有效实施上述活动，组织应确保：

①确定设计目标和要求，使所有参与设计和开发活动的人员知道且充分理解顾客或最终用户的要求和期望的最终输出。

②按策划的安排评审每个阶段的输出，以评价设计和开发的结果满足要求的能力、识别问题并制定了解决方案。评审的参加者应包括与所评审的设计和开发阶段有关的职能代表，适当时可包括参与产品生产或服务的人员以及相关顾客、最终用户和供应商。

③通过验证检查确保满足在设计和开发过程初期识别的所有要求。对于大型项目而言，这一过程可分到各关键阶段，并在每个阶段结束时进行验证。

验证活动可包括：

——进行测量、检验、试验；

——变换方法进行计算；
——模拟或试用证实、演示；
——将新设计与已证实的似设计进行比较；
——对照类似的产品进行评价等；
——在发布前检查设计阶段文档。

④通过确认检查确保最终的产品或服务按照预期使用要求满足顾客或最终用户的需求。确认活动可包括：
——营销试用；
——运行测试；
——预期的用户条件下的模拟和测试；
——部分模拟或测试（如车辆的撞击测试）；
——提供反馈的最终用户测试（如软件项目）。

评审、验证和确认有可能在一个过程中完成。如验证作为评审的一部分来进行或验证和确认同时进行。

⑤如评审、验证和确认活动发现了问题，应决定这些问题的解决措施。应将这些措施的有效性作为下次评审的部分内容。

⑥应保留上述活动的文件化信息，作为按照计划开展了设计和开发活动的证据。

【标准条款】

> **8.3.5 设计和开发输出**
>
> 组织应确保设计和开发输出：
> a) 满足输入的要求；
> b) 满足后续产品和服务提供过程的需要；
> c) 包括或引用监视和测量的要求，适当时，包括接收准则；
> d) 规定产品和服务特性，这些特性对于预期目的、安全和正常提供是必需的。
> 组织应保留有关设计和开发输出的文件化信息。

【理解和实施要点】

（1）设计开发输出是设计和开发活动的成果，必须形成文件，不同类型和不同阶段的设计活动可能形成不同的文件。设计和开发的输出应以能够对照设计和开发输入进行验证的方式提出，并应在放行前得到有关权责人员的审核、会签和批准。

（2）设计和开发的输出要求：

——输出应满足输入的要求；也就是输出要满足输入时规定的尺寸、功能或性能的要求，如某产品为电源适配器，设计输入规定输出直流电压为19V，直流电流4.5A，当产品设计出来后，通过测试进行验证，结果必须是达到19V和4.5A才符合要求。

——应提供采购所需的信息，如材料规范、图纸、材料清单等。

——应提供生产和服务所需的信息，如装配图、产品规范、工程规范、包装规范、防护要求（如温湿度、防撞击），对餐馆而言如菜单、食谱、烹调方法、服务规范等，以便能生产和提供符合要求的产品和服务。

——提供关于监视和测量所需的明确信息，适当时包括验收准则，用以判定后续的各个生产和服务提供过程的输出是否符合设计的要求。

——应规定对于实现产品和服务的预期目的、对产品正常使用至关重要的关键特性和对产品安全性有影响的产品特性，如产品使用说明书、食品存储或产品清洁说明书等。

【标准条款】

8.3.6 设计和开发更改

组织应对产品和服务设计和开发期间以及后续所做的更改进行适当的识别、评审和控制,以确保这些更改对满足要求不会产生不利影响。

组织应保留下列方面的文件化信息:

a) 设计和开发更改;
b) 评审的结果;
c) 更改的授权;
d) 为防止不利影响而采取的措施。

【理解和实施要点】

(1) 本条款旨在识别、评审和控制在产品和服务设计和开发过程期间或之后所做的变更。设计和开发的更改贯穿于产品的生命周期。

(2) 引起设计和开发更改的原因可能是多方面的:

——在设计阶段中出现的遗漏或错误,如由于经验不足和设计开发中的疏忽引起质量问题;

——顾客要求的改变或供应商提出的改变;

——相关法律、法规和强制性标准提出了新的要求,如在环保方面要求控制排污;

——设计评审、验证和确认引起的更改;

——设计完成后发现制造、安装有困难或是服务提供后发现不完善。

(3) 设计和开发更改的控制要求:

——设计更改前应评价设计更改对产品组成部分和已交付产品的影响。如对合同、进度和费用的影响,对制造、试验和检验方法的影响,对采购库存的影响,以及对维修、顾客手册、备件的影响等,或是服务变更可能导致对服务提供过程及对顾客的影响。

——对任何设计和开发的更改,组织都要根据更改的具体情况来决定是否需要对该更改进行评审、验证和确认,但在正式实施前应得到授权人的批准。

——组织应对设计更改带来的产品应用系统,顾客装配过程以及对其他产品系统的影响进行评价,可行后再实施设计更改。

——更改的评审结果及任何必要的措施都应保留记录,以提供更改受控的证据。设计更改应及时传达到各有关方面。

本条款的实施建议:不同企业由于其产品和服务的形态和复杂程度不同,因此设计开发的过程会有较大的差异。通常建立设计开发管理过程或先期产品质量策划(APQP)管理过程、样件制作管理过程、变更管制过程等加以控制。

有关设计和开发的实施方法请参见第八章"**产品设计和开发管理及应用案例**"。

【标准条款】

> **8.4 外部提供的过程、产品和服务的控制**
>
> **8.4.1 总则**
>
> 组织应确保外部提供的过程、产品和服务符合要求。
>
> 在下列情况下,组织应确定对外部提供的过程、产品和服务实施的控制:
>
> a) 外部供方的产品和服务将构成组织自身的产品和服务的一部分;
>
> b) 外部供方代表组织直接将产品和服务提供给顾客;
>
> c) 组织决定由外部供方提供过程或部分过程。
>
> 组织应基于外部供方按照要求提供过程、产品和服务的能力,确定并实施外部供方的评价、选择、绩效监视以及再评价的准则。对于这些活动和由评价引发的任何必要的措施,组织应保留文件化信息。

【理解和实施要点】

(1) 条款8.4的标题由2008版的条款7.4"采购"变为"外部提供过程、产品和服务的控制",进一步明确了控制的对象和范围。本条款的范围不局限于采购产品,还增加了对外包过程和外部提供的服务的控制要求。组织应识别其是否存在外包过程和外部提供的服务并采取必要的控制措施。

外部供方通常包括以下三种类型:

①外部供方的过程、产品和服务构成组织自身的产品和服务的一部分,如采购的材料、零部件、组件;酒店的清洁卫生承包;餐馆的消毒餐具外包等。

②外部供方替组织直接将产品和服务提供给顾客,如运输服务、空调安装等。

③组织决定由外部供方提供过程或部分过程,如热处理、电镀、表面处理等。

(2) 标准强调,应基于外部供方提供所要求的过程、产品或服务的能力,确定外部供方的评价、选择、绩效监视以及再评价的准则,并有效实施控制。

(3) 新版标准增加了建立对外部供方绩效进行监视的准则并实施监视的要求,强调组织应关注外部供方为组织提供产品和服务的绩效如供货质量、及时交货率、服务及时性等。组织应采取适宜的方法(如样品试用、对产品进行检测或测量、第二方审核、现场调查;供方质量业绩的评价、顾客满意测量结果、与产品有关的历史业绩;征询供方其他顾客的意见、了解其社会信誉等)对外部供方的绩效进行持续的监视。

(4) 明确要求组织应保存选择、评价和重新评价活动及评价所引起的任何必要措施的文件化信息,这和以前保持记录的要求是一致的。

【标准条款】

> **8.4.2 控制类型和程度**
>
> 组织应确保外部提供的过程、产品和服务不会对组织稳定地向顾客交付合格产品和服务的能力产生不利影响。
>
> 组织应:
>
> a) 确保外部提供的过程保持在其质量管理体系的控制之中;
>
> b) 规定对外部供方的控制及其输出结果的控制;
>
> c) 考虑:
>
> 1) 外部提供的过程、产品和服务对组织稳定地满足顾客要求和适用的法律法规要求的能力的潜在影响;
>
> 2) 由外部供方实施控制的有效性;
>
> d) 确定必要的验证或其他活动,以确保外部提供的过程、产品和服务满足要求。

第二章　ISO 9001：2015 标准理解及实施要点

【理解和实施要点】

（1）组织对外部提供的过程、产品和服务控制的类型和程度取决于外部供方对组织产品或服务符合要求可能造成的影响。

外部提供的过程必须保持在组织的质量管理体系控制范围内，组织应确定对外部供方实施的具体控制要求。这些控制旨在确保产品和服务提供按计划进行并符合要求，确保外部提供的过程、产品和服务不会对组织稳定地向顾客提供合格的产品和服务的能力产生不利影响。

（2）组织应规定对外部供方的控制及其输出结果的控制，如对外部供方进行现场审核、在供方处实施产品验证、进料检验和试验等。

（3）组织应结合外部供方自身的控制能力进行风险评价，识别潜在风险，确定必要的验证或其他活动，包括：验收检验、试验、分析报告、第二方审核、统计数据和绩效指标评价等，以确保外部提供的过程、产品和服务满足要求。

【标准条款】

> **8.4.3　提供给外部供方的信息**
>
> 组织应确保在与外部供方沟通之前所确定的要求是充分和适宜的。
>
> 组织应与外部供方沟通以下要求：
>
> a）需提供的过程、产品和服务；
>
> b）对下列内容的批准：
>
> 1）产品和服务；
>
> 2）方法、过程和设备；
>
> 3）产品和服务的放行；
>
> c）能力，包括所要求的人员资格；
>
> d）外部供方与组织的互动；
>
> e）组织使用的对外部供方绩效的控制和监视；
>
> f）组织或其顾客拟在外部供方现场实施的验证或确认活动。

【理解和实施要点】

（1）组织在与外部供方建立合作关系前，应沟通以下方面的要求：

——有关产品质量、价格、交货与服务的要求；

——有关产品和服务的批准要求，如样件确认和批准，生产件批准（PPAP）。

——有关方法、过程和设备的批准要求，如控制计划、检测方法和检测设备、过程能力 ppk 值或 cpk 值要求。

——有关产品和服务放行的批准要求，如让步申请的批准等。

——关键岗位人员能力和资格的要求，如检验人员、校正人员资格。

——外部供方与组织的接口部门和人员，如采购接口、技术接口、质量接口等。

——组织对外部供方的绩效实施控制和监视的要求，如月度、季度、年度绩效评价，分级考核等。

——若组织或其顾客拟在外部供方现场实施验证或确认活动时，应在采购信息中做出规定。

（2）为确保采购要求是充分的和适宜的，在采购文件发放前，必须由相关的权责人员对采购文件的内容进行评审与批准，如提供给供应商的图纸技术资料必须是经批准发布的最新版本。

本条款的实施建议：通常可建立供应商管理过程、采购管理过程、外协管理过程、进料检验过程等进行管理和控制。

【标准条款】

> 8.5 生产和服务提供
>
> 8.5.1 生产和服务提供的控制
>
> 组织应在受控条件下进行生产和服务提供。适用时，受控条件应包括：
>
> a) 可获得文件化信息，以规定以下内容：
> 1) 拟生产的产品、提供的服务或进行的活动的特性；
> 2) 拟获得的结果。
> b) 可获得和使用适宜的监视和测量资源；
> c) 在适当阶段实施监视和测量活动，以验证是否符合过程或输出的控制准则以及产品和服务的接收准则；
> d) 为过程的运行使用适宜的基础设施，并保持适宜的环境；
> e) 配备胜任的人员，包括所要求的资格；
> f) 若输出结果不能由后续的监视或测量加以验证，应对生产和服务提供过程实现策划结果的能力进行确认，并定期再确认；
> g) 采取措施防止人为错误；
> h) 实施放行、交付和交付后的活动。

【理解和实施要点】

（1）本条款是以 ISO 9001:2008 条款 7.5.1"生产和服务提供的控制"和条款 7.5.2"生产和服务提供过程的确认"为基础，将相关要求进行了合并和扩展。

生产和服务提供过程直接影响组织向顾客提供的产品或服务的符合性和满意度，因此组织应对生产和服务提供过程进行预先的策划（见 8.1），对生产工艺、人员、设备、工装、材料、监视和测量方法、工作环境等因素加以控制，使其在受控条件下运行。

（2）生产和服务提供的受控条件，适用时应包括：

①可获得所生产的产品、提供的服务或进行的活动的特征和拟获得的结果的文件化信息；

——所生产的产品和提供的服务的特征可从条款 8.3.5"设计开发的输出"获得，如产品规格书、服务规范等；所进行的活动的特征可从条款 8.1"策划的输出"获得，如控制计划、作业指导书等。

②可获得和使用适宜的监视和测量资源；

——按本标准的条款 7.1.5"监视和测量资源"的要求提供并使用合适的监视和测量资源，以便在生产和服务提供过程中对产品特性和过程特性进行监视和测量，使这些特性控制在规格范围内。对于服务业，监视也可能是由人来实施对服务过程的检查，而实施检查的人员也是资源的一种。同样"监视和测量资源"也包括软件和信息资料。

③在适当阶段实施监视和测量活动，以验证是否符合过程或输出的控制准则以及产品和服务的接收准则；

——应根据运行策划的安排，按控制计划或 QC 工程图的规定在生产和服务提供的适当阶段进行监视和测量，特别是针对特殊特性的控制。其目的是为了验证过程正处于控制之下并满足过程和过程输出的控制准则以及产品和服务的接收准则。

④为过程的运行提供适宜的基础设施和环境；

——按本标准的条款 7.1.3"基础设施"和条款 7.1.4"过程运行环境"的要求提供适宜的基础设施和运行环境。

⑤配备具备能力的人员，包括所要求的资格；

——强调人的能力也是确保过程受控的条件之一，并对过程至关重要。组织应根据各运行过程的需要为过程委派具备能力、资质的人员以确保过程受控。

⑥若输出结果不能由后续的监视或测量加以验证,应对生产和服务提供过程实现策划结果的能力进行确认和定期再确认;

——有一些生产和服务提供过程的输出,不能经由后续的监视或测量来验证是否达到了规定的要求,使问题在产品使用或服务已交付之后才显现出来,这样的过程通常称为"特殊过程"。

比如电镀加工的过程,电镀的牢度和抗腐蚀性在电镀完工后无法对每一个产品进行试验,只能抽少量样件做模拟试验和破坏性试验,如果电镀过程控制不好,会导致顾客使用一段时间后开始变色、生锈、脱落,降低了产品的使用寿命。其他如焊接、表面处理、涂漆、热处理、注塑成型、铸造、锻造、涂料的生产等均属此类过程。

组织应识别并确定是否存在这样的过程,若存在这类过程,则应对其实现策划结果的能力进行确认,确认包括:

①过程和作业方法的评审,如焊接工序需经工艺评定后才可执行。

②针对这类过程的特定方法,如焊接的特定操作方法和焊接作业指导书。

③记录的要求,对这类过程运行中的参数如温度、压力、速度、浓度、电压、电流等应作记录,并应记录过程运行的时间、产品数量、操作人员等。

④再确认,当过程不稳定或出现质量问题或设备维修后、较长时间停工后再启动等,均应执行再确认,也可定期执行确认。

⑤采取措施防止人为错误;

——对那些更多依赖人的过程,应特别关注是否有防错措施。组织应识别这些活动,并制定必要的防错措施,如报警装置、限制动作等。

⑥实施放行、交付和交付后活动。

——对产品的放行,产品的交付以及产品交付后活动(如安装、培训、售后服务)实施控制。

本条款的实施建议:建议可建立诸如生产计划管理过程、生产制造控制过程、服务提供控制过程、监视和测量过程、产品交付过程等进行控制。

【标准条款】

> **8.5.2 标识和可追溯性**
>
> 需要时,组织应采用适当的方法识别输出,以确保产品和服务合格。
>
> 组织应在生产和服务提供的整个过程中按照监视和测量要求识别输出状态。
>
> 当有可追溯要求时,组织应控制输出的唯一性标识,并应保留所需的文件化信息以实现可追溯。

【理解和实施要点】

(1)新版标准使用"过程输出"替代了2008版中的"产品",二者本质上并无不同,但是新标准范围、对象更加严谨、合理。"过程输出"的内容既可以是采购过程输出的原材料,也可以是半成品、零部件和最终产品,也可以是服务的结果或某一过程的结果。

本条款用"产品和服务"替代了2008版中的"产品",进一步明确了标识的对象也包括服务。组织不应仅仅关注实物产品的标识,也应关注对服务过程的输出的标识,如"车位已满""已清扫""已消毒"等。

(2)标准要求组织应在生产和服务提供的整个过程中按照监视和测量要求识别输出状态,也就是产品和服务"符合"或"不符合"的状态标识。

——产品标识的目的:

①便于正确使用和加工;

②防止混淆和误用；
③便于贮存控制；
④便于分析失效及采取纠正措施；
⑤有利于实现可追溯性；
⑥防止产品错误的流入下一道工序或出货。

——产品标识的内容：

①产品特性标识包括：名称、型号、规格、数量、制造日期、产品批号、颜色等。
②产品状态标识包括：待检、合格、不合格、特采、已加工、待加工、报废品等。

——产品标识的方法：产品标识的方法应根据产品的形态和过程的运行方式由组织来确定，如果有顾客或法规的要求，应按其要求标识。

通常，产品标识的方法有：颜色、印章、标签、标牌或标卡、流程卡、检验记录、区域划分、不同形状或不同颜色的器具等。

（3）追溯的要求：

①可追溯性是根据记载的标识追踪所考虑对象的历史、应用情况或所处场所的能力。它可能涉及：原材料和零部件的来源、加工过程的历史、产品交付后的分布和场所。

②可追溯性标识并不是所有产品都必需的，当有顾客要求、法律法规要求或组织出于对管理方面的考虑对产品或服务提出可追溯性的要求，并采用唯一性标识来识别产品，同时做好相应的记录。例如，发动机机身号是唯一性的标识，可追溯发动机的生产日期、生产班组、操作员、检验员、材料供应商、各项性能指标的状况等。

本条款的实施建议：组织根据需要和惯例，可建立单独的标识和追溯管理办法或规范，也可在其他如检验和试验程序、生产过程控制程序、储存和交付程序、不合格品控制程序等文件中规定标识方法；也可以不形成文件，只要能做到标识和可追溯性要求即可。

【标准条款】

> **8.5.3 顾客或外部供方的财产**
>
> 组织应爱护在组织控制下或组织使用的顾客或外部供方的财产。
>
> 对组织使用的或构成产品和服务一部分的顾客和外部供方财产，组织应予以识别、验证、保护和防护。
>
> 若顾客或外部供方的财产发生丢失、损坏或发现不适用情况，组织应向顾客或外部供方报告，并保留所发生情况的文件化信息。
>
> 注：顾客或外部供方的财产可能包括材料、零部件、工具和设备，场所、知识产权和个人资料。

【理解和实施要点】

（1）本条款在2008版"顾客财产"的基础上增加了外部供方的财产管理，组织应充分识别顾客或外部供方的财产并实施有效控制。

（2）顾客或外部供方的财产是指在组织的控制下或供组织使用的、由顾客或外部供方提供的、其所有权属于顾客或外部供方的零件、材料、包装、样品、设备、量具，包括知识产权如图纸、技术资料等。例如：

- 构成产品的材料、部件或组件；
- 用于修理、维护或升级的产品；
- 最终产品的包装材料，包括可重复使用的包装，如周转箱；
- 服务行业为顾客保管的财物（如停车）；
- 代表顾客提供的服务（如将顾客的财产运到第三方）；

- 顾客或外部供方提供的设备、设施和工装；
- 顾客或外部供方的知识产权，包括提供的规范、图样；
- 个人信息，如顾客的银行开户信息，到网络运营商处办卡的个人资料等。

（3）对于顾客或外部供方财产，组织应对其进行验证、标识、保护和维护。在组织中应能清楚地识别哪些是顾客或外部供方的财产，应有不同于组织财产的标识。

（4）对于顾客提供的零件、材料（包括包装材料）应建立账目，使用数量和剩余数量的记录，对于贮存环境也应控制，可参照组织内仓储管理的要求实施。

（5）对于顾客或外部供方提供的设备、量具，应分别按生产设备管理的要求执行预防性和预见性维护和按监视和测量设备的控制要求来执行。

（6）对于顾客或外部供方提供的图纸、技术资料，应按图纸技术资料管制程序的要求管理，并做好保密。

（7）如果发现顾客或外部供方产品丢失、损坏或不适用的情况，必须予以记录并及时报告顾客或外部供方，与顾客或外部供方协商解决。

（8）当顾客或外部供方提供工装时，可对其进行永久性的标识，以便可以清楚地识别属于顾客或外部供方的财产。标识的方法可以打钢印、标有顾客或外部供方名称与编号或其他可行的措施。

本条款的实施建议：根据顾客或外部供方提供的不同财产情况，可在不同的文件中规定管理方法。如提供的材料可在进料检验程序和仓储管理程序中规定，如提供的设备可在设施设备管理程序中规定，如提供的量具可在监视和测量设备管理程序中规定等。

【标准条款】

> 8.5.4 防护
>
> 组织应在生产和服务提供期间对输出进行必要的防护，以确保符合要求。
>
> 注：防护可包括标识、处置、污染控制、包装、储存、传输或运输以及保护。

【理解和实施要点】

（1）本标准由以前的"产品防护"改为对"生产和服务提供期间的输出"的防护，使防护的范围更加合理、全面，更符合组织实施防护的实际情况。

（2）组织应确定可影响产品或服务符合性的输出并实施适当的防护措施，以防止生产和服务提供过程中的任何输出遭到损坏，确保这些输出符合要求。

对制造业而言，这里的"输出"包括采购材料、生产或外包加工过程各工序的制品、最终产品等；在软件行业指对其编制的程式、电子文档的防护；设计院对其设计图纸的防护。

而在服务行业，其"输出"有其特殊性，如酒店对入住顾客的贵重物品提供保险柜给予存放、银行应确保储户的钱款和人身安全等。

本条款的实施建议：可建立防护管理办法进行控制或在仓储管理程序、产品交货管理程序中加以规定。

【标准条款】

> **8.5.5　交付后的活动**
>
> 组织应满足与产品和服务相关的交付后活动的要求。
>
> 在确定所要求的交付后活动的覆盖范围和程度时，组织应考虑：
>
> a）法律法规要求；
>
> b）与产品和服务相关的潜在不良的后果；
>
> c）产品和服务的性质、使用和预期寿命；
>
> d）顾客要求；
>
> e）顾客反馈。
>
> 注：交付后活动可包括保证条款所规定的措施、合同义务（如维护服务等）、附加服务（如回收或最终处置等）。

【理解和实施要点】

（1）本条款旨在确保组织在交付了产品或服务后满足相关要求，并认识到交付并不意味着组织责任的终止。

（2）在确定交付后活动时，组织除考虑已知的要求（如法律或顾客要求）外，还应考虑产品或服务不按预期运作的可能性及需要的后续措施。如组织未考虑潜在或规定的交付后活动将增加顾客不满意或失去潜在机会的风险。交付后活动可以是：

——与顾客接触，确认他们是否满意产品或服务；

——现场安装设备和处理顾客的旧设备；

——合同安排，如保修或技术支持；

——帮助培训顾客技术人员；

——在线问题咨询；

——回收或报废处置；

——顾客查询产品或服务交付相关的在线信息（如航班状态）。

（3）"交付后活动"的要求可以是组织向顾客承诺提供的售后服务和维护，也可以是顾客向组织提出的要求，这些要求也是合同的一部分。组织如果承诺满足这些要求，则需要对服务哪些项目、由谁去服务、如何服务、必须配备哪些资源等做出安排。

本条款的实施建议：对组织识别并确定的交付后活动，应建立服务管理过程或制定规范或指南加以实施。

【标准条款】

> **8.5.6　更改控制**
>
> 组织应对生产或服务提供的更改进行必要的评审和控制，以确保持续地符合要求。
>
> 组织应保留文件化信息，包括有关更改评审的结果、授权进行更改的人员以及根据评审所采取的必要措施。

【理解和实施要点】

（1）有关设计和开发的更改在条款 8.3.6 已做出规定，本条款主要是指生产和服务提供过程的更改。

标准强调，组织应对生产和服务提供的更改进行必要的评审和控制，以确保稳定地符合要求。

(2) 典型的控制变更活动包括：
——评审；
——实施前的验证或确认；
——批准（适当时，包括顾客授权）；
——实施措施，包括过程及其文件的更改。
(3) 组织应根据变更的性质决定要保留的文件化信息和保留的格式。例如：
——评审活动的纪要；
——验证和确认结果；
——变更描述，包括授权实施变更的人员（或顾客批准）。

本条款的实施建议：本条款可结合8.3.6"设计和开发更改"的要求建立更改控制过程加以实施。

【标准条款】

> **8.6 产品和服务的放行**
> 组织应在适当阶段实施策划的安排，以验证产品和服务的要求已得到满足。
> 除非得到有关授权人员的批准，适用时得到顾客的批准，否则在策划的安排已圆满完成之前，不应向顾客放行产品和交付服务。
> 组织应保留有关产品和服务放行的文件化信息。文件化信息应包括：
> a) 符合接收准则的证据；
> b) 可追溯到授权放行人员的信息。

【理解和实施要点】

(1) 组织应针对其产品和服务的放行进行策划（条款8.1），确定在适当的控制点上进行验证活动。验证的对象是产品和服务，目的是验证产品和服务是否满足要求，确保只有满足要求的产品和服务才能够放行交付给顾客。

(2) 在对产品和服务进行验证时，组织应依据接收准则来判断是否合格，并应保存相应的文件化的信息（如检验记录等），以证实产品和服务是否符合规定的要求。文件化信息应清楚地指明有权决定将产品放行给顾客的人员（如质量部门负责人等），有权放行人员应对监视和测量结果的真实性和可靠性进行评审并承担责任。

(3) 在所有策划安排的验证活动没有得以完成并获得符合的结果之前，产品或服务在通常情况下不得交付给顾客。如果由于某些原因，在所策划安排的某些验证活动或过程没有圆满完成之前就需要向顾客放行或交付产品和服务，则应经过组织内有关授权人员的批准；在合同或口头约定只有顾客同意才能提前放行或交付的情况下，这种放行或交付还需要得到顾客的批准，以确保不会影响最终产品和交付的服务的质量。

例如，采购的材料因生产急需，根据该材料的过往检验结果可以预判不会发生异常，在这种情况下可以采取紧急放行，但需得到组织内有关授权人员的批准，若合同或协议有规定，应得到顾客批准才能紧急放行。

(4) 授权最终放行产品或服务的人员应可追溯。这可通过保留诸如批准人员签名的文件化信息来实现或对实现特定准则后自动放行产品的总体授权（如网上销售的自动电子支付授权）来实现。产品或服务放行授权还可通过保留依据职位说明、权限级别或类似文件规定的适当人员的文件化信息来确定。

本条款的实施建议：本条款可建立产品检验和试验控制过程加以实施。

【标准条款】

> 8.7 不合格输出的控制
>
> 8.7.1 组织应确保对不符合要求的输出进行识别和控制，以防止非预期的使用或交付。
>
> 　　组织应根据不合格的性质及其对产品和服务符合性的影响采取适当措施。这也适用于在产品交付之后，以及在服务提供期间或之后发现的不合格产品和服务。
>
> 　　组织应通过下列一种或几种途径处置不合格输出：
>
> 　　a) 纠正；
>
> 　　b) 隔离、限制、退货或暂停对产品和服务的提供；
>
> 　　c) 告知顾客；
>
> 　　d) 获得让步接收的授权。
>
> 　　对不合格输出进行纠正之后应验证其是否符合要求。
>
> 8.7.2 组织应保留下列文件化信息：
>
> 　　a) 描述不合格；
>
> 　　b) 描述所采取的措施；
>
> 　　c) 描述获得的让步；
>
> 　　d) 识别处置不合格的授权。

【理解和实施要点】

（1）新版标准用"不合格输出"替代了 2008 版中"不合格品"的提法，更加适合各个行业。特别是服务行业，其不合格输出明显不同于制造业，服务型组织应结合自身的特点识别其不合格输出的类型和具体内容并在其质量管理体系中加以规定。应避免以往一些服务行业按标准生搬硬套，甚至照搬制造业的现象。

（2）本条款的对象是组织运作全过程中任何不符合要求的输出，包括采购的产品、过程中的产品和最终提供给顾客的产品中识别出来的不合格品，也包括服务行业的不合格服务过程。这些都同样适用于产品交付后、服务提供时或服务提供后发现的不合格产品和服务。

（3）对不合格的处置方式有所变化，明确使用纠正、隔离、遏制、暂停产品和服务的提供、告知顾客等说法，更加具体，适合各个行业。组织在确定对不合格的处置方式时应结合自身特点，特别是服务行业，如餐厅服务员和顾客发生了冲突，对这样一个不合格输出采取的措施可以是道歉、赔偿等。

（4）本条款旨在防止不合格输出流入下一阶段或下一位顾客。控制不合格输出有多种形式，如：

——纠正不符合；

——将不符合从过程中完全移除。

组织需要采取的控制程度取决于不符合的性质及其潜在影响。如不能采取以上控制，组织应告知顾客或其他相关方已识别出不符合及该不符合的潜在影响。

（5）如发现时该不符合已流入下一阶段，或已交付给顾客，组织应采取适当措施避免非预期的使用或不良后果。可采取的措施包括：

——召回（如由于药物成分不正确等安全问题、产品缺陷等）；

——暂停或收回受影响的产品或服务（如由于食品标签上的保质期不对、目录上的定价不对、不能提供描述的服务等）；

——再加工；

——消除不符合或将不符合降低到商定的可接受的水平。

若不能采取这些控制措施，可根据不符合的性质与顾客达成协议，允许使用不合格的产品或服务。这种情况下，应由适当的人员授权或相关时由顾客进行授权。

（6）对不合格的输出采取适当的处置措施后，组织应对其再次进行验证，以证实其是否符合规定的要求或使用要求。

（7）组织应确保保留的文件化信息包括以下内容：有关不合格的描述；组织为纠正不符合所采取的措施的描述；获得让步的描述；批准的让步和处置措施的授权人。

本条款的实施建议：本条款可建立不合格控制过程加以实施。

荐读：今天的中国最缺的是耐得住寂寞的人

今天的中国，最缺的是什么？是耐得住寂寞的人。每一个人做事之前想的都是"我能从中得到什么好处"，以及"我怎么才能用最短的时间向领导交差"。于是，这个国度充斥着各种粗制滥造、假冒伪劣。

为什么古人能写出中国文学的巅峰之作《红楼梦》而现代人不能？

为什么故宫老建筑几百年屹立不倒而我们盖的大楼寿命才30年？

为什么古人的书法艺术今人难以企及更难以超越？

为什么苹果一款iphone能卖到近10亿部以上？

为什么特斯拉一款model3一周的预订量能超过32万台？

为什么义乌生产的打火机用不了1个月，而美国军用打火机可以使用10年？

为什么中国制造至今不被发达国家的主流消费者所接受？

为什么我们能在商业模式创新上遥遥领先，却只能在技术上步步追随？

为什么中国拥有13亿人口却被认为对世界现代科技的贡献为零？

为什么我们的楼房正面看起来奢华气派，背面看起来却丑陋不堪？

……

本来，我可以写上100个为什么，想想自古也没这么写文章的，遂作罢。

总之一个为什么：为什么今天的中国人难以成就永恒的经典？

最近网上有篇文章，我非常欣赏它的标题"思考的质量决定人生的质量"，是的，思考的深度决定人生的高度。

而思考，需要静下心，把自己安放在无人瞥见的角落静静待着。但是，今天的人们更向往聚光灯、摄像头，静静待着的人都在看手机，看网红一夜成名的故事。

至此，猛然想起华为那张几乎没有什么设计的广告："华为坚持什么精神？就是真心向李小文学习"，配图是院士李小文赤脚穿一双布鞋在讲课。

为什么向李小文学习？华为的解释是这样的：李小文搞科研，从来不惧怕外国权威，敢于与同行争论。李小文身上那点纯粹，正是大多数俗人所不具备的。对科学家来说，纯粹是牛顿头上的那颗苹果。日之所思、梦之所萦，都是自己上下求索的问题。这正是华为要认认真真向李小文学习的原因。

这不正是我们大力宣传的"工匠精神"吗？

说到这里，我想起一个关于"德国制造"的故事。一次记者招待会上，记者问西门子掌门人冯·西门子："为什么只有8000万人的德国，竟然可以有2300个世界名牌？"这位西门子掌门人说："靠的是德国人的工作态度，对每个生产技术细节的重视，我们德国员工承担着生产一流产品的义务。"这位记者又问："企业的最终目标不是利润最大化吗？"冯·西门子说："那是英美经济学，我们德国人有自己的经济学：第一，生产过程的和谐与安全；第二，高科技产品的实用性。"

于是我又联想起德国菲仕乐品牌锅的故事。据说，一口菲仕乐锅可以用一百年，按常理说，企业不应该生产这样的锅，这等于自断财路。但菲仕乐不这么认为，"所有买了菲仕乐锅的人都不用再买第二次了，这就是我们的口碑，这个口碑会招来更多的人买。至今，菲乐仕已经卖出1亿多口锅，全世界80多亿人，还有70多亿的大市场等着我们。"你看，这就是德国人的思维。

据说，英国首相布莱尔曾向德国总理默克尔请教德国经济成功的秘诀，默克尔只说了一句："我们至少还在做东西，布莱尔先生。"

如果说哪个国家更具有"工匠精神"，首先是德国，其次是日本。

我第一次留意"工匠精神"的概念，大约缘起于对锤子手机的关注。说实话，我对罗永浩谈不上好感，但是，罗永浩那张躬身于作坊的照片还是深深地打动了我，不是缘于照片的艺术性，而是照片传递出来的精神内涵。

这张照片让我想起小时候我们村的老手艺人赵科，这个老头在一间破旧不堪的门店里焗盆补碗焊铁壶一辈子……

至此，又想起河南博物院十大镇馆之宝之一的象牙雕刻《白菜蝈蝈》，白菜上的那只蝈蝈神态逼真，连腿上的纤毛都清晰可见，以后，每次看到我们城市充斥着的各种低俗雕塑，我都想吐。

今天的中国，最缺的是什么？是耐得住寂寞的人。每一个人做事之前想的都是"我能从中得到什么好处"，以及"我怎么才能用最短的时间向领导交差"，鲜有人想"我的作品能流传后世吗"。

以我至爱的书法为例，几乎能划拉两下子的人都敢以"书法家"自诩，在我看来，以古人书法标准衡量，99%的人连门都没入。书法最需要潜心修研。

我很喜欢一句中国老话，叫"慢工出细活"。所谓"细活"其实就是精品。要出精品就需要慢慢打磨，打磨时光，打磨自己的内心。

这些年，中国制造进步很大，于是很多人以为中国制造已经很了不起了，其实他没有看到发达国家制造是什么样子。目前，我们的制造尚处于从"数量制造"向"质量制造"转型，而发达国家制造已经从"质量制造"迈向"艺术制造"时代，他们追求的不再是质量，质量的门槛早已迈过去，他们追求的是把产品做得像艺术品一样精美。美的集团董事长方洪波有一个清醒的认识，他说，"中国制造与世界的差距不是缩小了而是拉大了"。

工信部部长苗圩也有类似表达，他说千万不要以为中国制造很了不起，我们远没有到放弃制造转型服务的时候。

有一副对联我很喜欢："板凳要坐十年冷，文章不写一句空"。我一直坚定地认为，无论做人还是做事，都要踏踏实实，别总想着一夜爆红。

你知道《红楼梦》是中国古代文学的巅峰之作，你知道曹雪芹写《红楼梦》花费了多少时间吗？"批阅十载，增删五次"，写了十年才成，先后修改五遍，怪不得曹雪芹感慨系之："满纸荒唐言，一把辛酸泪。都云作者痴，谁解其中味？"

这几年，商业模式创新在中国备受推崇，在我看来这恰恰是社会急功近利的折射。为什么中国的老板们如此热衷于商业模式创新？用华人文化董事长黎瑞刚的话讲，叫"商业模式变现最快"。搞核心技术开发需要长期坐冷板凳，而且最后还不一定成功，能安心在冷板凳上坐十年、二十年的人已经很少了，这是华为推崇李小文的原因。我有一个观点：如果一个社会推崇的是商业模式而非核心技术，这个社会别指望它有"工匠精神"。

至此，不得不说说"快"和"慢"的辩证关系。中国人对"快"情有独钟，什么事都想一夜完成，这可能和我们过去掉队太远有关。但是，很多事情不是你想快就能快，比如"十月怀胎一朝分娩"，大多数人都明白揠苗助长的道理。

小米是中国快公司的典范。但是自2015年第三季度始，小米开始慢下来了，为什么？你仔细研究小米战略不难发现，这几年顺风顺水的小米什么事都做了，唯独一件事它没有做，那就是布局技术研发，这是过去五年雷军犯下的最致命错误。一个缺乏技术支撑的企业是不可能有发展后劲的。沉浸在模式成功中的雷军，哪里有心思布局技术研发，因为技术研发催生的都是慢公司。

有趣的是，当年和雷军打赌的董明珠，其领导下的格力电器也慢下来了。不过，格力的慢和小米的慢还是有本质区别的。格力的慢，是因为它慢慢抛弃了"工业精神"（我此前一直认为，"工业精神"与"工匠精神"有相似之处），而小米压根儿就没有什么"工业精神"，雷军总结的"互联网思维七字诀"中虽然也有"专注"二字，但他自己都没做到。

华为是慢公司的典型，23年前，联想业绩是华为的17倍；23年后，华为净利润是联想的5倍。当年快的现在都慢下来了，当年慢的现在反而快上去了，这就是辩证法。为什么华为这个慢公司快起来了？逻辑再简单不过，当年的慢就是为了把企业根基打扎实，好比一辆载重卡车后劲十足，这种快不是人为的，是自然生发出来的力量。以做手机为例，华为在全球市场攻城略地如履平地，小米刚进入印度市场即遭遇专利壁垒，为什么？华为有专利技术积累而小米没有。

当代中国，一直缺少重大发明与技术突破，应当说与"工匠精神"匮乏息息相关。国际统计发现，一项重大技术从立项到研发出产品，周期一般为十年。十年，对于大多数中国老板来说时间太长了，长到无法接受，他们喜欢挣快钱，今天定计划明天出产品后天就大卖的那种。

截至目前，中国99.99%的产品仍然属于追随型产品，就是别人研发出来了我跟进而已，我们的专利基本上都是实用专利，而且必须向别人缴纳专利费。

没有技术又不想丢掉市场怎么办？那就"山寨"吧。近年来，"山寨"在中国泛滥成灾，不少国人还为此洋洋得意，感觉自己占了个大便宜，殊不知，"山寨"乃文明社会的毒瘤，是对别人知识产权的公然侵犯，是对"工匠精神"的亵渎，是阻挡中国成为受人尊重大国的拦路虎。美国前国务卿希拉里，每次来中国访问都警告中国要尊重知识产权，也是有原因的。

屠呦呦可能是当今中国最具"工匠精神"的科学家，而任正非则是当代中国最具"工匠精神"的企业家。他们都赢得了我们社会的敬重，他们都成就了伟大的事业。

令人欣慰的是，今天，我们终于认识到"工匠精神"的难得与可贵，一时间"工匠精神"成为街谈巷议。我想说的是，未来五年，中国不可能培养出数量可观的工匠，这也与中国的社会大环境有关，也和中国的教育培训体系有关，工匠的培养需要十年时间，而"工匠精神"的培育需要一代人。

伟大，需要时间来成就。

（作者：刘步尘，家电行业资深观察家。资料来源：中外管理新媒体。）

第九节　标准第 9 章【绩效评价】的理解及实施要点

本章"绩效评价"是 PDCA 管理循环中的 C（检查）阶段，目的是评价质量管理体系的绩效和有效性并寻求改进的机会。本节分三个部分，9.1 包括对监视、测量、分析和评价的策划（9.1.1），并实施分析和评价（9.1.3），同时监视和评审顾客满意度（9.1.2）；9.2 是通过内部审核确定质量管理体系的符合性和有效性；9.3 是通过管理评审以确保质量管理体系持续的保持适宜性、充分性和有效性，并与组织的战略方向一致。

本章条款结构如下：

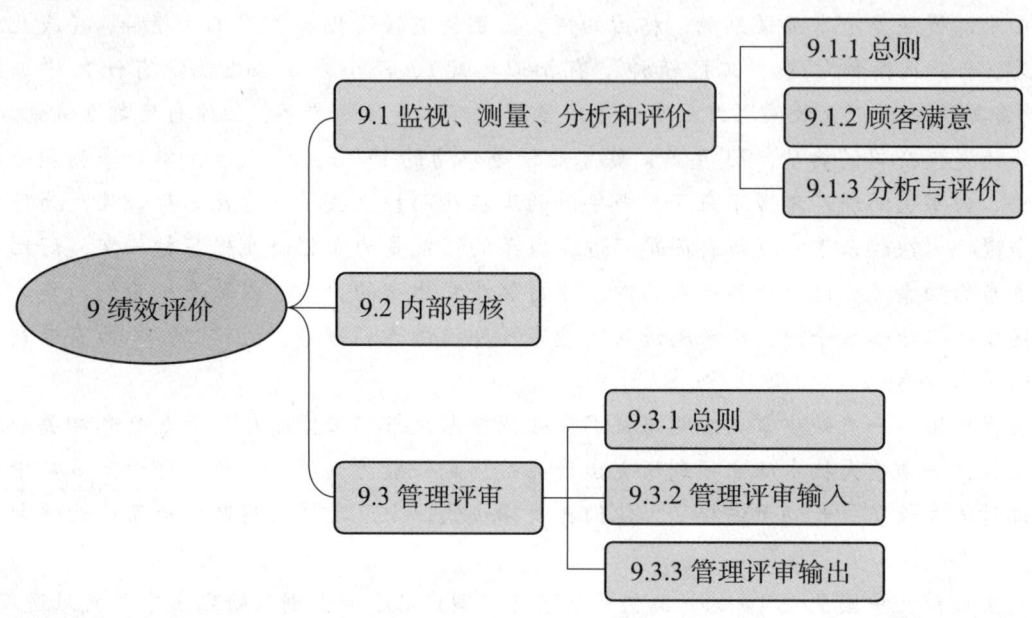

【标准条款】

> 9　绩效评价
> 　9.1　监视、测量、分析和评价
> 　　9.1.1　总则
> 　　组织应确定：
> 　　a）需要监视和测量什么；
> 　　b）需要用什么方法进行监视、测量、分析和评价，以确保结果有效；
> 　　c）何时实施监视和测量；
> 　　d）何时对监视和测量的结果进行分析和评价。
> 　　组织应评价质量管理体系的绩效和有效性。
> 　　组织应保留适当的文件化信息，以作为结果的证据。

【理解和实施要点】

（1）本条款强调的是监视、测量、分析和评价过程的策划，是对"监视、测量、分析和评价"的总体要求。要求组织策划监视、测量、分析和评价的对象、方法和时机，以确保监视、测量、分析和评价活动的有效性，并用于评价质量管理体系的绩效和有效性。

（2）本条款对监视和测量的对象并没有明确，也没给出具体的监视和测量的方法，组织在决定要监视和测量哪些内容时，应考虑 4.4"质量管理体系及其过程"中的要求和 9.1.3"分析和评价"条款中所要求的各项内容。

3. 组织应保存适当的文件化信息以作为结果的证据,也就是说,组织实施的监视、测量、分析和评价活动应保持适当的记录,以证实其结果的有效性。

本条款的实施建议:本条款建议结合 4.4 和 9.1.3 两个条款进行策划和实施。

有关绩效评价的具体实施方法请参见第十二章"**数据统计分析评价与绩效考核**"。

【标准条款】

> **9.1.2　顾客满意**
>
> 　　组织应监视顾客对其需求和期望已得到满足的程度的感受。组织应确定获取、监视和评审该信息的方法。
> 　　注:监视顾客感受的例子可包括顾客调查、顾客对交付产品或服务的反馈、顾客座谈、市场占有率分析、顾客赞扬、担保索赔和经销商报告。

【理解和实施要点】

(1) 本条款基本上沿用了 2008 版的条款 8.2.1 "顾客满意"的内容,增加了对顾客满意信息进行评审的要求。

(2) 顾客满意度是指顾客对其要求和期望已被满足的程度的感受。顾客没有抱怨并不等于顾客满意。

顾客满意度是对组织质量管理体系绩效的一种测量,组织质量体系运行的好坏,很大程度表现在顾客的满意程度上。因此,组织应主动收集顾客满意度的信息,并对收集的信息进行分析和评审,对不满意或满意度低的项目进行改进。

(3) 顾客满意度收集的信息对制造业来说可包括:产品质量、交付准时性、服务及时性、技术水平、问题反馈的及时性和有效性、开发能力等;对服务业而言可包括服务的环境、服务态度、服务及时性、服务水平等。

(4) 顾客满意信息收集的方法:

——问卷调查(这种方法很常用但不准确);
——随同产品和服务附有征求顾客意见表;
——拜访顾客;
——邀请顾客代表座谈;
——委托中介机构做顾客满意度调查;
——有关交付的产品或服务质量的顾客数据;
——市场占有率分析;
——社会媒体,如网站、留言板;
——业务流失分析;
——顾客索赔的次数和金额;
——经销商报告等。

(5) 组织应决定需要从哪些顾客获取顾客满意的反馈以及如何监视这些数据。组织可选择在每次交易结束时请求每个顾客提供反馈,也可选择根据销售量,对老顾客或新顾客等目标顾客进行抽样。获取反馈可以持续进行,也可根据组织确定的特定频度进行。

(6) 组织应在对结果进行分析和评价后确定是否达到预期的顾客满意度目标,组织应根据这些信息采取必要的措施。这些信息作为管理评审的输入,经管理评审以确定是否有必要采取措施进一步提高顾客满意。

本条款的实施建议:建议建立顾客满意度管理过程加以实施。

【标准条款】

> 9.1.3 分析与评价
>
> 组织应分析和评价通过监视和测量获得的适当的数据和信息。
>
> 应利用分析结果评价：
>
> a) 产品和服务的符合性；
> b) 顾客满意程度；
> c) 质量管理体系的绩效和有效性；
> d) 策划是否得到有效实施；
> e) 应对风险和机遇所采取措施的有效性；
> f) 外部供方的绩效；
> g) 质量管理体系改进的需求。
>
> 注：数据分析方法可包括统计技术。

【理解和实施要点】

（1）本条款体现了基于证据的决策方法的质量管理原则。

组织应按 9.1.1 策划的监视和测量对象、方法和时机收集和分析适当的数据，目的是用以证实质量管理体系的适宜性和有效性。分析和评价的结果所提供的信息用于确定质量管理体系的绩效和有效性以及改进的需要。

分析和评价的输出通常是趋势分析或报告，以作为管理评审的输入。

（2）所获取的数据和分析结果的评价至少应包括以下方面的内容：

①产品和服务的符合性；

——根据条款 8.5.1 "生产和服务提供的控制" 中的监视和测量活动和条款 8.6 "产品和服务的放行" 中的验证活动，收集、统计和分析产品和服务的符合性数据，如产品的合格率、不良率、PPM 等；如服务的等待时间、顾客问题解决的及时性、访问便利、清洁度等。

②顾客满意程度；

——即条款 9.1.2 "顾客满意" 的监视和评审结果。

③质量管理体系的绩效和有效性；

——对条款 4.4 中的过程绩效指标和 6.2 中的质量目标进行分析和评价。

④策划是否得到有效实施；

——可以通过条款 9.2 "内部审核" 的结果来评价。

⑤针对风险和机遇所采取措施的有效性；

——根据条款 6.1 策划的应对风险和机遇的措施，评价这些措施的有效性。

⑥外部供方的绩效；

——根据条款 8.4 外部供方的绩效监视结果来评价。

⑦质量管理体系改进的需求。

——可通过过程的特性和趋势分析、产品的特性和趋势分析，如关键特性使用控制图、推移图等监视；通过内部审核和管理评审的输出等，评价质量管理体系的改进需求。

（3）通过数据分析应得出质量绩效的趋势和过程运行绩效的趋势，这些数据应与组织的目标和过程衡量指标进行比较，以找出存在的不足，并确定迅速解决与顾客相关问题的优先顺序，确定与顾客相关的关键趋势和相互关系，以支持管理评审、中长期和短期经营计划的决策。

（4）应建立和使用数据系统、以便及时报告产品和服务信息，并向有关部门报告数据。

（5）数据应与竞争对手或适当的标杆企业进行比较，以了解组织的优势与劣势，确定组织的机会与威胁，为经营计划的制订或调整提供依据。

本条款的实施建议：本条款的具体实施方法和案例请参见第十二章"**数据统计分析评价与绩效考核**"。

【标准条款】

> 9.2 内部审核
>
> 9.2.1 组织应按照策划的时间间隔进行内部审核，以提供有关质量管理体系的下列信息：
>
> a) 是否符合：
>
> 1) 组织自身的质量管理体系要求；
> 2) 本标准的要求；
>
> b) 是否得到有效的实施和保持。
>
> 9.2.2 组织应：
>
> a) 依据有关过程的重要性、对组织产生影响的变化和以往的审核结果，策划、制定、实施和保持审核方案，审核方案包括频次、方法、职责、策划要求和报告；
>
> b) 规定每次审核的审核准则和范围；
>
> c) 选择审核员并实施审核，以确保审核过程客观公正；
>
> d) 确保将审核结果报告给相关管理者；
>
> e) 及时采取适当的纠正和纠正措施；
>
> f) 保留文件化信息，作为实施审核方案以及审核结果的证据。
>
> 注：相关指南参见 ISO 19011 管理体系审核指南。

【理解和实施要点】

（1）内部审核是对组织的质量管理体系进行评价的方法之一，内部审核的目的是确定质量管理体系：

——是否符合组织自身的质量管理体系要求（包括组织策划和制定的方针、目标、手册、程序、规范、标准、作业指导文件、顾客要求、法律法规要求等）；

——是否符合本标准的要求；

——是否得到有效的实施和保持；

——识别任何改进的机会。

（2）组织应建立、实施和保持审核方案。审核方案确定了在特定时段内策划的一个或多个审核组合的安排，目的是为了确保质量管理体系的有效性。

（3）审核方案应确定审核开展的频次。这可以通过建立审核进度计划（如月度、季度、年度）来体现。在确定审核频次时，组织应考虑过程运行的成熟度或复杂度、过程变更以及内审方案的目标。例如，过程越成熟，需要的内审时间可能就越少；过程越复杂，需要的内审就越频繁。在策划审核时可考虑的输入包括但不限于：

——过程的重要性；

——管理优先级；

——过程绩效；

——影响组织的变更；

——以往审核的结果；

——顾客投诉趋势；

——法律法规问题。

（4）组织内审方案还应确定审核方法。审核方法可包括访谈、观察、抽样和信息评审。由于本标准强调过程方法，组织应通过项目或过程而不是特定条款来实施审核。

（5）在安排审核员时，组织应确保审核过程的客观性和公正性。在一般情况下，内审员不应审核自身工作。在某些情况下，尤其是小型组织或公司的领域需要特定的岗位知识时，内审员可能会审核自身的工作领域。在这种情况下，组织可让内审员与同事一起工作，或让同事或经理评审审核结果，以确保审核结果的公正性。

（6）作为内部审核活动的一部分，组织应确定每次内审的准则和范围。内审准则可以是具体的标准或要求，内审范围可以是具体部门、产品线、过程和设施。对于实施了多个有同类要求的管理体系标准的组织而言，开展结合审核能避免重复，有助于节省时间和资源。

（7）在每次内审结束后，应将结果汇报给相关管理层，并根据这些结果提出适当的纠正或采取纠正措施要求。组织可建立准则，规定如何根据不符合的严重程度来确定何时需要纠正措施。通常组织会确定响应时间和纠正不符合的时间，以确保及时解决不符合事项。

（8）保持文件化信息，作为审核方案实施和审核结果的证据。这些记录通常包括审核计划、审核员资格证明、审核检查表、不符合项报告、纠正措施、审核报告等。

本条款的实施建议：通常建立内部审核管理过程加以实施。

有关内部审核的实施请参见第十四章"内部审核和管理评审的实施"。

【标准条款】

9.3 管理评审

9.3.1 总则

最高管理者应按照策划的时间间隔对组织的质量管理体系进行评审，以确保其持续的适宜性、充分性和有效性，并与组织的战略方向一致。

9.3.2 管理评审输入

策划和实施管理评审时应考虑下列内容：

a）以往管理评审所采取措施的情况；

b）与质量管理体系相关的内外部因素的变化；

c）下列有关质量管理体系绩效和有效性的信息，包括其趋势：

1）顾客满意和有关相关方的反馈；

2）质量目标的实现程度；

3）过程绩效以及产品和服务的合格情况；

4）不合格及纠正措施；

5）监视和测量结果；

6）审核结果；

7）外部供方的绩效。

d）资源的充分性；

e）应对风险和机遇所采取措施的有效性（见6.1）；

f）改进的机会。

9.3.3 管理评审输出

管理评审的输出应包括与下列事项相关的决定和措施：

a）改进的机会；

b）质量管理体系所需的变更；

c）资源需求。

组织应保留文件化信息，作为管理评审结果的证据。

【理解和实施要点】

（1）本条款特别提到了管理评审要评价质量管理体系与组织的战略方向相一致，而不仅仅是质量方针和目标，这体现了与组织战略的协调一致。条款4.1要求组织在确定影响其实现质量管理体系预期结果的各种外部和内部因素时，要考虑其目标和战略方向；同样，管理评审也要考虑组织的战略方向，这是前后呼应的。

（2）管理评审是由组织的最高管理者就组织的战略、方针和目标对质量体系进行定期的、系统的评价。管理评审的目的是确保质量管理体系持续的适宜性、充分性和有效性。

——体系的适宜性是指体系策划是否符合组织的实际情况，体系文件是否适合实际作业，包括体系适应内外环境的能力，如市场变化、客户变化、新技术、新设备的引进等。

——体系的充分性是指过程是否充分展开、资源是否充分适用，是否具有满足产品和服务要求的能力。

——体系的有效性是指达到计划或规定目标的程度，当达成程度低时，要分析是策划问题还是执行问题。

管理评审应侧重于识别质量管理体系存在的问题和潜在问题，并评价改进的机会。

（3）组织应按照策划的时间间隔开展管理评审，并不要求一次解决所有的输入和问题，但管理评审计划应体现满足管理评审的所有输入要求。组织可将管理评审作为单独的活动来开展，也可与相关的活动一起开展（如战略策划、商业策划、年会、运营会议、其他管理体系标准评审、月度或季度的管理例会、质量例会等），协调安排，以增加价值、避免管理层重复参会。

（4）管理评审的输入与其他条款直接相关，包括条款9.1.3中的数据分析和评价。管理评审的输入应用于确定趋势，以便做出有关质量管理体系的决策和采取措施。

管理评审的输入包括：

①以往管理评审所采取措施的实施情况；

——即过去的管理评审决议事项的实施情况和跟踪结果报告，特别是未能实施或实施不到位的情况；

②与质量管理体系相关的内外部因素的变化；

——评价条款4.1所识别的内外部环境因素的变化情况；

③有关质量管理体系绩效和有效性的信息，包括下列趋势性信息：

a. 顾客满意和相关方的反馈；

——包括条款9.1.2顾客满意度及4.2相关方的需求和期望的变化，以及8.2.1中有关产品和服务的顾客反馈，包括顾客抱怨。

b. 质量目标的实现程度；

——评价条款6.2质量目标及其实现的策划；

c. 过程绩效以及产品和服务的符合性；

——条款4.4中的过程绩效指标和8.6中验证的产品和服务符合性数据；

d. 不合格以及纠正措施；

——条款10.2不合格和纠正措施的实施情况；

e. 监视和测量结果；

——条款9.1.1监视和测量的策划和实施结果；

f. 审核结果；

——包括条款9.2内部审核的结果、顾客对组织的审核结果和外部第三方认证审核结果；

g. 外部供方的绩效；

——条款8.4外部供方的绩效监视结果；

④资源的充分性；

——条款7.1所涉及的资源的充分性评价；

⑤应对风险和机遇所采取措施的有效性（见6.1）；

——条款6.1识别的风险和机遇，及应对这些风险和机遇所采取措施的有效性；

⑥改进的机会。

——参与评审的各职能部门针对条款10.1的要求提出改进的机会。

（5）组织可选择在管理评审中评审新产品推广、财务结果、新商机等项目，以便确定组织是否实现了预期结果。

（6）管理评审结果必须有输出，输出应包括但不限于：

①改进的机会；

——确定评审输入中提出的改进机会；

②质量管理体系所需的变更；

——为确保适宜、充分和有效，质量管理体系是否需要作必要的更改；质量方针、质量目标是否需要作必要的修订

③资源需求。

——根据上述资源充分性的评审，确定需要补充哪些资源。

（7）组织应保留文件化信息，以作为管理评审结果的证据。信息可包括评审计划、演示文稿、会议纪要或报告等。

本条款的实施建议：通常建立管理评审过程加以实施。

有关管理评审的实施及案例请参见第十四章"**内部审核和管理评审的实施方法**"。

第十节　标准第10章【改进】的理解及实施要点

本章"改进"是PDCA管理循环中的A阶段,改进是提高绩效的活动,持续改进则是提高绩效的循环活动。持续改进质量管理体系的目的在于增强满足要求的能力和增加顾客和其他相关方满意的机会。

经济全球化使我们在任何地方、任何时候都能感受到竞争的激烈,迫使我们对产品管理、经营和发展战略等进行改进。

互联网经济和工业4.0的兴起,要求我们只有不断创新,包括产品创新、技术或工艺创新、管理或体制创新等,才能适应经济发展的要求。创新的过程实际上也就是改进的过程。质量改进为组织的创新活动提供了基本方法。

本章条款结构如下:

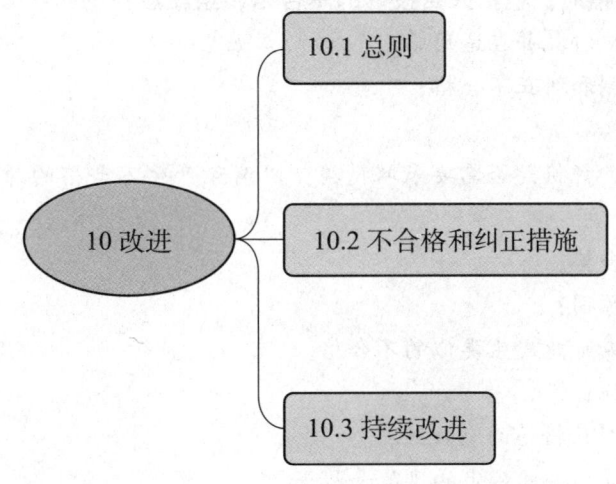

【标准条款】

> **10　持续改进**
>
> **10.1　总则**
>
> 组织应确定和选择改进机会,并采取必要措施,以满足顾客要求和增强顾客满意。
>
> 这应包括:
>
> a) 改进产品和服务,以满足要求并应对未来的需求和期望;
>
> b) 纠正、预防或减少不利影响;
>
> c) 改进质量管理体系的绩效和有效性。
>
> 注:改进的例子可包括纠正、纠正措施、持续改进、突破性变革、创新和重组。

【理解和实施要点】

(1) 本条款是对改进的总体要求。改进的目的在于让组织策划和实施行动以达成预期结果和提高顾客满意。

(2) 本条款明确指出改进不仅指质量管理体系的改进,还包括对产品和服务的改进;不仅指对质量管理体系的有效性的改进,还包括对质量管理体系的绩效的改进,再一次凸显对质量管理体系绩效的关注。

(3) 组织应识别和选择存在的改进机会,改进产品和服务,纠正、避免和减少非预期情况给组织带来的不利影响,改进质量管理体系的绩效和有效性,以满足顾客要求并增强顾客满意。

(4) 改进的方法可以有多种,例如:

①引导创新、修改和改进现有过程或实施新过程的突破性项目；

②在现有过程中开展渐进、持续的改进活动；

③消除所存在不符合的原因。

（5）本条款明确"纠正、避免或减少不利影响"也是改进的方法之一，组织应在自身的质量管理体系运行中体现这些内容。组织应系统地评审其过程、产品和服务以及质量管理体系，识别改进的机会，并有效地实施适宜的改进措施。改进的方式既包括被动型（如纠正、纠正措施）、逐渐型（如持续改进），也包括跳跃型（如突变）、创造型（如创新）或重组型。

本条款的实施建议：本条款是改进的总体要求，具体实施是通过10.2"不合格和纠正措施"和10.3"持续改进"这两个条款实现的。

【标准条款】

> 10.2 不合格和纠正措施
>
> 10.2.1 当出现不合格时，包括来自投诉的不合格，组织应：
>
> a）对不合格做出应对，并在适用时：
>
> 1）采取措施以控制和纠正不合格；
>
> 2）处置后果。
>
> b）通过下列活动，评价是否需要采取措施，以消除产生不合格的原因，避免其再次发生或者在其他场合发生：
>
> 1）评审和分析不合格；
>
> 2）确定不合格的原因；
>
> 3）确定是否存在或可能发生类似的不合格。
>
> c）实施所需的措施；
>
> d）评审所采取的纠正措施的有效性；
>
> e）需要时，更新策划期间确定的风险和机遇；
>
> f）需要时，变更质量管理体系。
>
> 纠正措施应与不合格所产生的影响相适应。
>
> 10.2.2 组织应保留文件化信息，作为下列事项的证据：
>
> a）不合格的性质以及随后所采取的措施；
>
> b）纠正措施的结果。

【理解和实施要点】

（1）当出现不符合，包括投诉时，组织应采取措施调查何处发生错误，并尽可能纠正错误，避免将来再发生类似问题。处理不合格、采取纠正和纠正措施是改进的重要活动和手段，其目的是控制、纠正不合格，消除不合格的危害和影响，纠正产生不合格的原因，防止不合格的再次发生。

（2）组织应评审和分析不符合，以确定所发生的不符合的原因以及该不符合是否还存在于其他区域或部门，或该不符合是否可能再次出现或可能在其他区域或部门出现。根据不符合对组织的潜在影响，组织应确定需要采取的措施的程度。组织应据此评审实施必要的措施，组织可使用多种方法开展根本原因分析，如鱼骨图、8D、失效树分析、FMEA等。

（3）组织应通过确认已实施措施或已采取纠正的证据来验证纠正措施的有效性。组织可通过观察过程绩效或评审文件化信息来完成验证。为确保有效地验证纠正措施的实施，组织可确定完成措施的适当时间周期。根据所发现的不符合的特点、性质以及解决不符合的难易程度和所需的资源多少，时间周期可能有所不同。

（4）本条款强调了必要时对策划时确定的风险和机遇进行更新的要求。条款6.1.1要求组织应确定需要应对的风险和机遇，条款 6.1.2 要求组织应策划应对这些风险和机遇的措施，这其中也包括组织应针对可能出现的不合格策划必要的措施。而当组织发现了不合格，并经评审和分析，认为以往策划的风险和机遇以及策划的应对措施不充分、不适宜时，组织应及时更新这些内容。

（5）组织应保留体现采取了哪些纠正或纠正措施及其结果的文件化信息，包括不符合的性质的信息（如不符合描述、不符合评级）。这些文件化信息可以是纠正措施表、数据库以及证明采取了措施的证据。

本条款的实施建议：本条款通常通过建立不合格和纠正措施管理过程来实施。

【标准条款】

> **10.3　持续改进**
>
> 　　组织应持续改进质量管理体系的适宜性、充分性和有效性。
>
> 　　组织应考虑分析和评价的结果以及管理评审的输出，以确定是否存在需求或机遇，这些需求或机遇应作为持续改进的一部分加以应对。

【理解和实施要点】

（1）本条款明确了组织应通过实施持续改进，改进质量管理体系的适宜性、充分性和有效性。

（2）组织应首先基于分析和评价（条款 9.1.3）的输出和管理评审（条款 9.3）的输出，以确定是否存在持续改进的需求和机会，进而决定需要采取怎样的持续改进的措施。组织应注重持续改进活动的结果和效果，如对产品、服务、过程的改进和对质量管理体系绩效与有效性的改进。

（3）组织在持续改进的过程中，应关注如何识别和使用适宜的改进方法和工具，如前面提到的根本原因分析、8D、FMEA 和鱼骨图等，再如六西格玛、精益制造、标杆管理等。

本条款的实施建议：本条款不要求单独建立过程来实施，也不拘于格式，给组织很大的灵活性。

第三章
企业战略管理和应用案例

第一节　ISO 9001:2015标准中与"战略"有关的要求
第二节　什么是战略管理
　　一、什么是战略管理
　　二、案例：从"立白"的白手起家体会战略
第三节　为什么需要战略管理
第四节　战略管理的四个阶段
　　一、战略管理的四个阶段
　　二、战略管理的过程
第五节　企业的愿景、使命和战略目标
　　一、企业的愿景
　　二、企业的使命
　　三、企业的战略目标
第六节　企业战略分析
　　一、企业战略分析的组成
　　二、宏观环境分析——PESTEL分析模型
　　三、竞争环境分析——波特五力分析模型
　　四、行业竞争力分析实例——空运产业竞争结构分析
　　五、内部环境分析
　　六、外部环境和内部环境综合分析——SWOT分析
第七节　企业战略制定和选择
　　一、公司（或总体）发展战略
　　二、业务（或竞争）战略
　　三、职能战略
　　四、企业制定战略的方法
　　五、战略方案的评估和选择
第八节　企业战略实施及控制
　　一、战略实施的阶段
　　二、战略实施各阶段作业说明
　　三、战略实施的基本原则
　　四、战略执行的陷阱
第九节　企业战略评价和调整
　　一、战略评价体系
　　二、战略调整
　　三、战略管理失败的原因
　　四、战略规划和战略管理流程
第十节　应用案例——加多宝战略管理实践

第一节 ISO 9001:2015 标准中与"战略"有关的要求

> **4.1 理解组织及其环境**
>
> 组织应确定**与其宗旨和战略方向**相关并影响其实现质量管理体系预期结果的能力的各种外部和内部因素。
>
> 组织应对这些外部和内部因素的相关信息进行监视和评审。
>
> **4.3 确定质量管理体系的范围**
>
> 组织应确定质量管理体系的边界和适用性,以确定其范围。
>
> 在确定范围时,组织应考虑:
>
> a) 4.1 中提及的各种**外部和内部因素**;
>
> **5.1 领导作用和承诺**
>
> **5.1.1 总则**
>
> 最高管理者应通过以下方面,证实其对质量管理体系的领导作用和承诺:
>
> b) 确保制定质量管理体系的质量方针和质量目标,**并与组织环境相适应,与战略方向相一致**;
>
> **5.2.1 制定质量方针**
>
> 最高管理者应制定、实施和保持质量方针,质量方针应:
>
> a) 适应组织的宗旨和环境并支持其**战略方向**;
>
> **9.3 管理评审**
>
> **9.3.1 总则**
>
> 最高管理者应按照策划的时间间隔对组织的质量管理体系进行评审,以确保其持续的保持适宜性、充分性和有效性,**并与组织的战略方向一致**。

从上述标准条款的要求可以看出,组织在策划自己的质量管理体系时必须要考虑整体战略和目标;在确定质量管理体系的范围时要考虑与战略有关的内外部因素;最高管理者要确保制定的质量方针和质量目标与组织战略方向一致;最后,在对质量管理体系进行评审时,要看质量管理体系的运行及其结果是否与组织的战略方向一致。

第二节 什么是战略管理

一、什么是战略管理

1. 战略的概念

"战略"一词来源于军事,古称"韬略",指对战争全局的筹划和谋略。在中国,"战略"一词历史久远,"战"指战争,"略"指谋略。《孙子兵法》被认为是中国最早对战争进行全局筹划的著作。现在,"战略"一词被引申至政治和经济领域,其含义演变为泛指统领性的、全局性的、左右胜败的谋略、方案和对策。从这个角度上来说,诸葛亮的《隆中对》就是中国历史上非常具有代表性的战略案例。

组织战略就是指:组织为了实现长期的生存和发展,在综合分析组织内部条件和外部环境的基础上做出的一系列带有全局性和长远性的谋划。通俗地理解:战略就是做正确的事(战术:把事做正确)。

2. 什么是战略管理

战略管理的定义是：企业确定其使命，根据组织外部环境和内部条件设定企业的战略目标，为保证目标的正确落实和实现进行谋划，并依靠企业内部能力将这种谋划和决策付诸实施，以及在实施过程中进行控制和评价的一个动态管理过程。

从企业未来发展的角度来看，战略表现为一种计划（Plan）；而从企业过去发展历程的角度来看，战略则表现为一种模式（Pattern）；如果从产业层次来看，战略表现为一种定位（Position）。而从企业层次来看，战略则表现为一种观念（Perspective）；此外，战略也表现为企业在竞争中采用的一种计谋（Ploy）。这是关于企业战略比较全面的看法，即著名的5P模型。

战略并不是"空的东西"，也不是"虚无"，而是直接左右企业能否持续发展和持续盈利的最重要的决策参照系。战略管理则是依据企业的战略规划，对企业的战略实施加以监督、分析与控制，特别是对企业的资源配置与事业方向加以约束，最终促使企业顺利达成企业目标的过程管理。

3. 战略管理的理论历史

安索夫——最初在其1976年出版的《从战略规划到战略管理》一书中提出了"企业战略管理"。

他认为：企业的战略管理是指将企业的日常业务决策同长期计划决策相结合而形成的一系列经营管理业务。

斯坦纳——在他1982年出版的《企业政策与战略》一书中则认为：

企业战略管理是确定企业使命，根据企业外部环境和内部经营要素确定企业目标，保证目标的正确落实并使企业使命最终得以实现的一个动态过程。

4. 战略管理理论的发展趋势

进入21世纪以来，动荡的经营环境动摇了企业对战略规划的信仰。随着环境不确定性的急剧增加，企业越来越难以保持持续的竞争优势，而传统的战略理论对此又无能为力，反叛传统战略理论的呼声便日益高涨。正是在这样的背景下，以环境不确定性、未来不可预测性、系统复杂性和发展非均衡性为基础的"后现代"企业发展战略理论应运而生。

"后现代"企业发展战略理论其实并不是一个体系化的理论，它尚处在形成和演化过程之中，很不完善。之所以称为"后现代"，是因为在哲学和社会学中，"后现代"意味着对理性、必然性、确定性的反叛和解构，后现代企业发展战略理论所强调的，正是不确定性、随机性、直觉性、偶然性、试错性、应急性、学习性、自组织性和自适应性等特征，其主要观点如下：

（1）战略是一个发展过程

现实的战略往往不是理性和计划的结果，而是不断试错的结果。环境的不确定必然导致企业不断尝试与修改自己的对策，这些应试对策的逐步积累就形成了战略。尤其是当企业的知识与经验无法应对外部复杂环境时，不妨摸着石头过河，从试错中寻找解决方案。同时，既然外部世界如此复杂多变，高层管理者的主要职责不是程式化地制定战略，而是管理组织学习。通过学习尤其是组织学习（Organizational Learning），企业才能应对不确定性，才能在一种渐进式的学习过程中创建出企业的战略。21世纪以来的学习型组织理论进一步认为，只为适应与生存而学习是不够的，必须创造性地学习，才能将企业打造成为一种有机的、高度柔性的、扁平化和人性化的可持续发展组织。

（2）战略是一种意图

哈默尔和普拉哈拉德曾提出"战略是一种意图"的著名论断，这个论断越来越契合当下的经营环境。所谓意图，是指一种最终追求的目标。意图虽然仅仅是一种直觉或愿望，并不具体明晰，当然更谈不上完善，但它却扮演了"罗盘"的角色。在充满高度不确定性和存在大量偶然性的现实商业环境中，在变化越来越快的市场上，即使是最好的战略也不可能给企业一个完全确定的既定路线。因此，作为指引方向和导航的"罗盘"，远比具体而详尽的"地图"重要得多。

（3）战略是一个应急过程

明茨伯格（H. Mintzberg）和沃特斯（J. Waters）指出，合适的战略制定与决策过程，取决于环境波动的程度,一个好的战略应能够给企业多种选择,并配有相应的应急措施。企业可以对这些选择做出清晰的权衡,同时又能适应市场上迅速发生的变化。为了提高应急能力,企业应把自己锤炼成为"自组织"、"自适应"的组织。对于"自组织"的强调和推崇,成为20世纪90年代后期许多企业管理论著的主要特征。这些理论彻底放弃了机械式的战略模式和组织模式,代之以更激动人心和革命性的有机模式——自组织模式。自组织和自适应理论认为,战略规划的程序和结果都应该和现实紧密相连;组织的自发学习和创新,可以使企业更好地适应复杂多变的环境。

5. 战略的特征

战略具有以下方面的特征:

全局性:必须从组织全局的角度出发,确定组织发展的远景目标和行动纲领。

长远性:战略的着眼点是组织的未来,是为了谋求组织的长远发展和长远利益。

纲领性:战略是一种概括性和指导性的规定,是组织行动的纲领。

客观性:战略必须建立在对内外环境客观分析的基础上。

竞争性:战略的一个重要目的就是要在竞争中战胜对手,赢得市场和顾客。

风险性:战略着眼于未来,但未来充满不确定性,必然导致战略方案带有一定的风险。

6. 战略管理的六大原则

适应环境原则——来自环境的影响力在很大程度上会影响企业的经营目标和发展方向。战略的制定一定要注重企业与其所处的外部环境的互动性。

全程管理原则——战略是一个过程,包括战略的分析、制定、实施、控制与评价。在这个过程中,各个阶段互为支持、互为补充,忽略其中任何一个阶段,企业战略管理都不可能成功。

整体最优原则——战略管理要将企业视为一个整体来处理,要强调整体最优,而不是局部最优。战略管理不强调企业某一个局部或部门的重要性,而是通过制定企业的宗旨、目标来协调各单位、各部门的活动,使他们形成合力。

全员参与原则——由于战略管理是全局性的,并且有一个制定、实施、控制和修订的全过程,所以战略管理绝不仅仅是企业领导和战略管理部门的事,在战略管理的全过程中,企业全体员工都将参与。

反馈修正原则——战略管理涉及的时间跨度较大,一般在五年以上。战略的实施过程通常分为多个阶段,因此要分步骤地实施整体战略。在战略实施过程中,环境因素可能会发生变化,此时,企业只有不断的跟踪反馈方能保证战略的适应性。

从外往里原则——卓越的战略制定是从外往里而不是从里往外。

7. 战略管理的层次

(1) 总体层战略

总体层战略又称公司战略,是企业最高层次的战略,是企业整体的战略总纲。在存在多个经营单位或多种经营业务的情况下,企业总体战略主要是指集团母公司或者公司总部的战略。总体战略的目标是确定企业未来一段时间的总体发展方向,协调企业下属的各个业务单位和职能部门之间的关系,合理配置企业资源,培育企业核心能力,实现企业总体目标。

(2) 业务层战略

业务层战略又称经营单位战略。现代大型企业一般都同时从事多种经营业务,或者生产多种不同的产品,有若干个相对独立的产品或市场部门,这些部门即事业部或战略经营单位。由于各个业务部门的产品或服务不同,所面对的外部环境(特别是市场环境)也不相同,企业能够对各项业务提供的资源支持也不同,因此,各部门在参与经营过程中所采取的战略也不尽相同,各经营单位有必要制定指导本部门产品或服务经营活动的战略,即业务层战略。

(3) 职能层战略

职能层战略是为贯彻、实施和支持公司战略与业务战略而在企业特定的职能管理领域制定的战略。通常包括营销战略、人事战略、财务战略、生产战略、研发战略等。公司层战略倾向于总体价值取向，以抽象概念为基础，主要由企业高层管理者制定；业务层战略主要就本业务部门的某一具体业务进行战略规划，主要由业务部门领导层负责；职能层战略主要涉及具体执行和操作问题。

二、案例：从"立白"的白手起家体会"战略"

17岁做民工白手起家，一包洗衣粉做出上百亿的大生意！

17岁做民工，36岁开公司的他，从贴牌销售洗衣粉起家，把一个皮包公司干成了洗涤用品市场份额第一，年营收180亿元人民币的中国日化龙头企业。

一、贴牌起家，借鸡生蛋

广东普宁人陈凯旋在"文革"中长大，读完高中后辍学，到广州做民工。

打了几年散工后，他回到普宁，通过倒腾洗衣粉买卖赚到第一桶金。生意越干越顺手以后，他意识到当二道贩子不是长久之计，于是琢磨要自己开厂，创品牌。

按照常规，他不可能做成这件事。因为，他只有一点小钱，一无技术，二无实力找工人、建厂房。但他想出一个打破常规的办法：先找人帮忙生产，拿过来贴上自己的品牌打市场。实力壮大了，再自己建工厂。

他很快找到愿意给他生产的下家：广东洗涤用品厂。这个还停留在计划经济时期的国有企业，市场化以后不懂也没有积极性搞销售，大量洗衣粉产品积压在仓库，正在发愁怎么处理掉。

陈凯旋还找来当地的质检局，付费请对方检测这些贴牌生产的洗衣粉是否质量合格，免得被洗涤用品厂钻空子，以次充好，砸了他将要建立的牌子。

有了甘当绿叶的工厂，陈凯旋开始打出立白的品牌。被他憋出来的这个找"代工"的办法，在当时极少有人这么干，更没有人专门教过他，但他就是这样干了。

1994年，陈凯旋和哥哥陈凯臣等一共6名伙伴，在广州注册成立了立白公司。他们租了三间小办公室，白天办公，晚上打地铺，白天当老板，晚上睡地板。

二、依靠亲朋，打开局面

立白是在夹缝中打拼出来的。

当时的广东市场，是全国洗涤用品竞争最激烈的地方。宝洁大中华总部就在广州，而当时全国洗衣粉销量最大的本土企业浪奇也是广州的。

为了在夹缝中拼出一条路，也为了找市场感觉，陈凯旋曾蹬着三轮车沿街叫卖，也摆地摊卖过洗衣粉。为了建立经销商队伍，他常常背着洗衣粉到处找客户，多数时候都失败而归。甚至，中山的一位客户连续三次当面撕了他的名片。

在市场上受够冷落的陈凯旋想到，要创品牌，必先广告，但陈凯旋没那么多钱打广告。为此，他可是用尽了心思。公司的第一条广告，是他用5000元找广东电视台的工作人员，用星期天加班干私活完成的，因为这样可以节约一点制作费。

在大城市既要与宝洁、联合利华过手，还要与浪奇厮打，取胜的可能性很小。在大城市受挫的陈凯旋，及时调整策略：先从县里面干起，从农村市场开打。

经过千辛万苦之后，陈凯旋和伙伴们一点一点推开了市场的大门，建立了自己的经销商队伍与合作伙伴。一年下来后，他们获得自己都不敢相信的成绩：累计卖出超过一亿元的商品，基本占领了潮汕地区的市场，尤其是基层市场。

但取得业绩的陈凯旋却开心不起来。其时，行规都是让经销商先拿货，卖完再结款。起初，急于打开市场的陈凯旋也是这么干，但干着干着，他感到不对劲。这种模式，货出得快，钱回来得慢，带来很大资金压力，甚至导致三角债问题。

陈凯旋总是担心继续这样下去会出大问题。一年下来，有点市场根基后，他决定打破这个行规：让更多权利给经销商，但要求现款现货。

你懂不懂行规？你算老几，还先让我们交钱？我把你的货拿走，卖不出去怎么办？好不容易撑起来的经销商改革大会不欢而散。他的如意算盘宣告破产。

过去的伙伴们一个个离去后，陈凯旋内心一阵荒凉。但总不能这样认输吧，几经辗转，他又想出新办法"既然外人不相信我，我何不交给自己的人来做。"

然后，他和哥哥亲自出马。做老师的，当工人的，做小买卖的，但凡他认为勉强能干明白这个事儿的亲戚，都给组织起来，最终组织了一个几十人的队伍。

几十个亲戚于是被他们撒豆成兵。这些被陈凯旋点燃金钱梦想的人，唯陈凯旋是从，行动敏捷，吃苦耐劳，在陈凯旋点子多，办法足的支持下，再加上基层市场对什么牌子也并不那么在意，很快就打开局面，让立白再上台阶。

三、群马拉车，众星拱月

亲戚们打响了立白的招牌，也打响做立白洗衣粉经销能够挣到钱的效应。之前一些不愿意合作的人也转而主动找上门来，希望跟立白一个锅里吃饭。

希望与立白合作的，无论过去是是非非，陈凯旋一律欢迎。但他的条件依然不改：现款现货。而且还新增相互捆绑的条款：在你的区域只委托你一人独家代理，同时，你也只能代理我一家的产品。大家都一心不二用，踏踏实实，同舟共济。

在经销区域的设定上，陈凯旋也采取不同行规的策略。当时，同行都是采取大区销售，让大区再去发展小区。陈凯旋则以县域为单位，一个县一个代理。

现款现货避免了三角债的麻烦，也让经销商有危机感，加倍把做立白当成事业干。1997年底，日化行业三角债危机整体爆发，接近1/4日化企业一夜间关门破产。奉行了现款现货的立白，当年销售额则突破10亿元，再上一个大台阶。

给予经销独家授权，要求经销商只做自己一家的产品，让立白变相地把经销商变成自己不发工资还充满干劲的伙伴，甚至是员工，而不是客户。

以县为单位设立区域经销，一县一经销，则让立白既能对经销商进行扁平化管理，最大限度把最高命令落实到基层，也有利于经销商在有限范围内把市场一竿子打到底。

为防止经销商窜货，把每个经销商都拽在手里的陈凯旋，还成立商会，让所有经销商参与其中。让大家经常联系，互通有无，一切摆在台面上。一旦某经销商出现窜货行为，公司就会立即取消其资格，确保大家公平竞争。

在这种经销策略下，陈凯旋让立白在全国所有主要县城都有一个强有力的伙伴，创业一般地与其砥砺前行。这些伙伴在各个战场抢份额，占市场，如群马拉车，众星拱月一般，推动立白滚滚向前。这也成为立白取得成功的决定性因素之一。

四、不打价格战，主打品牌战

20世纪90年代末，是立白与众多本土日化企业分道扬镳的分水岭。

当时，洗衣粉原料价格整体上扬，工厂运营成本上升，但洗衣粉成品市价却稳在那里，没人主动开涨，甚至有企业继续杀价，要把本来就已没什么钱挣的生意陷入亏损境地。立白要杀价跟进，还是维持不动，还是去做一件大家不敢想的事？

陈凯旋和团队左思右想后，决定做大家不敢想也不敢做的事，不再容忍总是被价格和同行牵着鼻子走的被动。而且，他认为立白是时候要做这个事了。

他决定，立白不但不降价，而且还要提价。为了提价有理，他同时配套一个策略：把提价和降价的利差，全部拿出来加倍投广告，提高立白的品牌影响。

那时的市场格局，也给了陈凯旋干这个事的机会。当时，宝洁收购立白在本土的最大对手浪奇高富力。宝洁的算盘是，消灭本土对手，把高富力的市场份额让自己的嫡系汰渍和和碧浪占有，所以它接手高富力后几乎将其雪藏。这也刚好给了陈凯旋一个打如意算盘的机会：趁高富力淡出，把它的市场份额抢过来。

看准时机后，陈凯旋狠狠出击。他把广告预算提高到以前的3倍，仅仅在广东一省，一个月就砸下五六十万元，让立白成为洗涤行业广告攻势最猛的品牌。

强烈广告攻势下，质量并不差的立白很快成为热火品牌，再加上即使提价也依然比外资品牌低，而洗衣粉本身并没有那么高的用户忠诚度等因素，陈凯旋很快就打了胜仗。而且是既赢得了战争，也赢得了战场。既提高了品牌，也赚到了利润。

这一战更重要的意义则在于，它让立白走出中国大多数企业靠低价，甚至低价、低品质竞争的自我毁灭之路，找到一个靠品牌、品质不断新生的道路，并且为此积累了经验，对此建立了信心，进而也奠定公司成为民族日化扛旗人的基础。

五、走出广东，走向全国

打赢提价这一战，极大鼓舞了陈凯旋对本土企业创造价值和品牌的信心，也更坚定了他一直的信念：做企业，要创造价值，不要毁灭价值，不能总打价格战。

他把立白的核心价值聚焦在两个方面。

一是品质。立白既自己建立研发中心，生产基地，也同国内外广泛合作，不断提高品质和效能。1998年，公司在广州市番禺区建成了华南区最大的洗涤用品生产基地，之后还收购了德国汉高在国内的两家工厂。

二是品牌。陈凯旋一直对建立卓越品牌情有独钟，相信这是一个企业最大的财富。1998年，立白成为广东第一日化品牌，也拥有了自己的生产基地和研发中心之后，陈凯旋决定开拓更广阔的市场，并进一步深化和升华立白的品牌印象。

首先，他和团队确立出一个让品牌脱颖而出的打法。在一众品牌中，用一句话张扬出立白最大的特点，讨论来讨论去，他们最终决定：主打立白不伤手的特点。

陈凯旋说，洗衣粉是一种生活必需品，应该努力塑造其贴近生活的品牌形象。他认为，小品很贴近生活。于是，他还找来当时因小品人气爆棚的陈佩斯，做立白的形象代言人。然后，还推出了一个类似情景剧的广告：美国某机场，警察追赶着被认为有携毒嫌疑的陈佩斯，将他拦下，打开他的旅行包，里面却是一袋袋洗衣粉。接下来是陈佩斯的广告词，"这是立白洗衣粉，是我老婆非要我带到美国来的"，并且指着洋警察的领子说："洗衣服干净，不伤手的。"

"不伤手"，这对很多消费者而言，可谓是一击而中。

这则广告风趣幽默，品牌定位异常清晰。伴随其在全国各大电视台轮番播放，立白也迅速成为一个全国性的品牌，公司的生意也从广东走向全国。

六、稳扎稳打，一直往上打

从一包洗衣粉开始，从零开始。不到20年干出每年超过180亿元的大生意，拿下洗涤用品的行业第一。立白的速度不可谓不快。

但在陈凯旋的发展策略里，稳和好却放在快的前面。稳定一个，发展一个，再稳定一个，再发展一个，而且先易后难地发展。这始终是陈凯旋的核心观念。

在市场拓展上，立白先攻农村市场，在农村站稳后，再攻城市市场。在走向全国的过程中，他们先在最有根基的两广打基础，站稳脚跟后，再往内陆发展，等全国几乎所有省市都站稳后，他们才大攻北京、上海，然后猛打猛冲，发起大决战。

在品牌策略上，陈凯旋同样也是稳扎稳打，一直向上打，打到全国后，主动挑起大决战。借助大型综艺节目、电影电视的娱乐时尚和流行文化元素，展开品牌攻势，成为立白最成功的营销策略。

从2013年开始，立白先后投入超过10亿元真金白银，冠名《我是歌手》，同时还深入植入《小爸爸》《我们结婚吧》《爸爸去哪儿》等节目，创造出品牌营销的经典案例和企业生意拓展的巨大成功。

立白集团媒介传播总监王冬介绍，仅是与《我是歌手》第一季的合作，立白的美誉度和知名度就比往年提升了13%，高峰期公司产品的月销量同比增长了66%。

"立白歌手，我是洗衣液"这类节目，除了打响立白的招牌，更重要的是为立白注入鲜活的文化与活力元素，赋予一个原本冷冰冰的工业化快消品以流行时尚乃至人文和情怀元素，进而大大提升整个品牌的level。

如今，在立白的成功示范下，越来越多的日化企业，越来越多过去被认为土气的本土品牌，都把品牌升级的战场打到大型综艺节目和娱乐时尚的舞台，并在这个舞台洋气、鲜活、闪亮，开始慢慢在国人心中建立起本土品牌并不比外资品牌差的印象。甚至，连马云也步陈凯旋的后尘，选择与湖南卫视合作，推出"双11"晚会。

2015年，立白自己兴建的立白中心正式投入使用。中心投入使用之前，集团就与德国巴斯夫、美国陶氏化学、丹麦诺维信进一步签订战略合作协议，通过与跨国上游供应商将在技术、研发等各方面展开更深度的合作，在盛名下夯实品质。

七、专心致志，做大日化

洗涤行业毛利低，市场争夺异常惨烈。

同等投入如果放到房地产、资本市场，一定能更快获得更多利润。因此，很多人劝陈凯旋做地产，搞资本运作。但他一直不为所动，二十多年一门心思搞日化。

这不是因为他不追求更大的成功，而是他相信日化还大有可为。他认为，做好日化是他的使命。"我怕分心，集中精力做好一件事情就好。"他说。

当前的中国大日化市场，洗发水、化妆品、牙膏依然基本上被外资垄断，市场占比达到85%左右，唯独只有以立白为主的洗涤用品行业，本土品牌还占有半壁江山。陈凯旋新的目标是洗涤要占更大，洗发水、化妆品、牙膏也都要强大。

事实上，他也早就在这样布局。2004年，立白启动了大日化、多品牌战略。之后，公司先后成功并购了重庆奥妮洗发水、上海高姿化妆品、蓝天六必治牙膏等知名品牌。成功进入家居清洁、口腔护理、化妆品等大日化的几个重要细分领域。

做广告一扔几亿元的陈凯旋，非常朴素，喜欢节俭清淡的生活。他说自己平时身上很少带钱，也没有这个卡，那个卡。"穿的、用的、吃的都很简单！"

一年的大多数时间，陈凯旋都像上班族一样规律的生活，工作，只不过比上班族更辛苦。他每天早上6：00起床，吃完早餐，就去上班，然后一直工作到夜里。

谈到成功的诀窍，陈凯旋分享了一个小事情。他说，人的灵感常常突如其来，如果不及时记下来，可能再也想不起来，因此，有了不错的想法要及时记录。所以，他家的卫生间、房间床头、客厅等，都有简易便签，"随时想到随时记录"。他是一个爱思考的人，每天都能记下几条。

"立白集团的企业文化都是我写的，一个经营管理总要求，立信、立责、立质、立真、立先的五立核心价值观；爱国心、感恩心、亲缘心、分享心、利他心、包容心、简朴心、平常心、自省心、自信心这十颗心，这都是我的心声。"他说。

（文/毕亚军　资料来源：华商韬略，转自网络，略有删改）

第三节 为什么需要战略管理

目前中国不乏成功的企业，他们有着激情与梦想。创业的成功一方面得益于企业家的天才，另一方面得益于他所处的时代。

在 WTO 时代，对中国企业和企业家来讲，靠"摸着石头过河"的方式已经不可能生存下去。因为，没有一个长远发展战略的企业，一个缺乏对市场和环境深刻了解的企业，是注定长不大的企业，是注定要被时代淘汰的。换句话说，一个不与时代同步的企业和企业家，是不可能持续成功的。

企业如果没有战略，就好像没有舵的轮船，没有方向。也许有人会说，一些企业好像也没有明确的战略，经济效益也很不错，发展得也很好啊。然而，经济效益来自于企业经营管理者很好的思考和对企业的形势所做的充分分析，并不等于经营管理者真的没有战略，只是没有明确地提出，或者说战略没有写在纸上。

古人言："不谋万世者，不足谋一时；不谋全局者，不足谋一域"。这说明了筹划未来的重要性。

美国 90% 以上的企业家认为："最占时间、最为重要、最为困难的事就是制定战略规划。"

美国通用电气（GE）董事长兼 CEO 杰克·韦尔奇说："我整天没有做几件事，但有一件做不完的工作，那就是规划未来。"

管理大师彼得·德鲁克说："在超级竞争的环境里，正确地做事很容易，始终如一地做正确的事情很困难，组织不怕效率低，组织最怕高效率的做错误的事情。"

战略就是确保做正确的事，那么，细节决定成败要有一个前提，那就是在战略正确的前提下。只有战略正确，细节才会有意义，执行才会有意义。

美国兰德公司的研究结论表明，85% 倒闭的大企业是由管理者的重大决策失误造成的。

综上所言，企业战略管理具有如下的重要性：

（1）企业战略管理有助于企业正确评价外部环境的危机与机遇

外部环境分析对企业非常重要，其重点是识别和评价超出某一企业控制能力的外部发展趋势和事件，从而揭示了企业所面临的主要机会和威胁，企业能够对这些因素做出进攻性或防御性的反应。企业只有正确识别和评价外部机会与威胁才能制定明确的任务，设计实现长期战略目标所需的战略及相应的政策，并随着企业外部竞争环境的变化做适度的调整。

（2）企业战略管理有助于明确企业核心能力，制定企业有效的战略活动领域，使企业获得长久的竞争优势

通过战略管理中对企业的内部分析，使企业认清自己的优势与弱势，明确企业的核心能力，并以企业核心能力为主题，明确企业发展的领域，保证企业的专业性；制定企业发展战略，从而使企业获得持久的竞争优势和稳定的超额利润。企业采取基于核心能力的发展战略，不仅能够保证企业专业化的发展，还可以在多样性的业务上具备很强的竞争力。

（3）企业战略是企业发展的方向指引

企业活动是一种商业活动，商业活动总会有激烈的竞争，在激烈的竞争中，我们只有选择正确，才能在竞争中获胜，并取得长足发展；而企业战略是企业发展的方向指引，它决定了企业的发展方向、发展目标和发展路径，而这些都是对企业未来发展的谋划，也是战略对企业发展的方向指引作用。

（4）正确可行的企业战略是企业飞速发展的有力保障

正确的企业战略可以促使企业对资源和能力进行系统的盘整和整合运用，更强地配置现有企业资源，更好地规划企业发展，同时促使企业聚焦于自己的核心能力，打造自己的核心竞争力，以更快、更好地实现企业愿景、使命和价值观。

第四节　战略管理的四个阶段

一、战略管理的四个阶段

战略管理包含四个关键阶段：

战略分析和展望——了解组织所处的环境和相对竞争地位；组织业务领域和发展方向。

战略制定和选择——战略制定、评审和选择。

战略实施和控制——实施战略措施，并控制过程。

战略评价和调整——检验战略的有效性，必要时进行战略调整。

（1）战略分析的主要目的是评价影响企业发展的关键因素，并确定在战略选择步骤中的具体影响因素

战略分析包括三个主要方面：

其一，确定企业的使命和目标。它们是企业战略制定和评估的依据。

其二，外部环境分析。战略分析要了解企业所处的外部环境（包括宏观、微观环境）正在发生哪些变化，这些变化给企业将带来更多的机会还是更多的威胁。

其三，内部环境分析。战略分析还要了解企业自身所处的相对地位，具有哪些资源以及战略能力；还需要了解与企业有关的利益和相关者的利益期望，在战略制定、评价和实施过程中，这些利益相关者会有哪些反应，这些反应又会对组织行为产生怎样的影响和制约。

（2）战略分析阶段明确了"企业目前状况"，战略制定和选择阶段所要回答的问题是"企业走向何处"

战略制定过程所要决定的主要问题有：企业进入何种新产业？放弃何种产业？如何配置资源？是否进入新的地域？是否扩大市场范围？是否扩大经营或进行多元经营？是否进行合并或建立合资公司？如何防止被敌意接管？由于没有任何企业拥有无限的资源，战略制定者必须确定在可选择的战略中，哪一种能够使公司获得最大收益。战略决策将使公司在相当长的时期内与特定的产品、市场、资源和技术相联系。

第一步需要制定战略选择方案。在制定战略的过程中，当然是可供选择的方案越多越好。企业可以从对企业整体目标的保障、对中下层管理人员积极性的发挥以及企业各部门战略方案的协调等多个角度考虑，选择自上而下的方法、自下而上的方法或上下结合的方法来制定战略方案。

第二步是评估战略备选方案。评估备选方案通常使用两个标准：一是考虑选择的战略是否发挥了企业的优势，克服劣势，是否利用了机会，将威胁削弱到最低程度；二是考虑选择的战略能否被企业利益相关者所接受。需要指出的是，实际上并不存在最佳的选择标准，管理层和利益相关团体的价值观和期望在很大程度上影响着战略的选择。此外，对战略的评估最终还要落实到战略收益、风险和可行性分析的财务指标上。

第三步是选择战略。即最终的战略决策，确定准备实施的战略。如果由于用多个指标对多个战略方案的评价产生不一致时，最终的战略选择可以考虑以下几种方法：

a. 根据企业目标选择战略。企业目标是企业使命的具体体现，因而，选择对实现企业目标最有利的战略方案。

b. 聘请外部机构。聘请外部咨询专家进行战略选择工作，利用专家们广博和丰富的经验，能够提供较客观的看法。

c. 提交给上级管理部门审批。对于中下层机构的战略方案，提交上级管理部门能够使最终选择方案更加符合企业整体战略目标。

最后一步是战略政策和计划。制定有关研究与开发、资本需求和人力资源方面的政策和计划。

（3）战略实施就是将战略转化为行动

主要涉及以下一些问题：如何在企业内部各部门和各层次间分配及使用现有的资源；为了实现企业目标，还需要获得哪些外部资源以及如何使用；为了实现既定的战略目标，需要对组织结构做哪些调整；如何处理可能出现的利益再分配与企业文化的适应问题，如何进行企业文化管理，以保证企业战略的成功实施，等等。

（4）战略评价就是通过评价企业的经营业绩，审视战略的科学性和有效性

战略调整就是根据企业情况的发展变化，即参照实际的经营绩效、变化的经营环境、新的思维和新的机会，及时对所制定的战略进行调整，以保证战略对企业经营管理进行指导的有效性。包括调整公司的战略展望、公司的长期发展方向、公司的目标体系、公司的战略以及公司战略的执行等内容。

企业战略管理的实践表明，战略制定固然重要，战略实施同样重要。一个良好的战略仅是战略成功的前提，有效的企业战略实施才是企业战略目标顺利实现的保证。

二、战略管理的过程

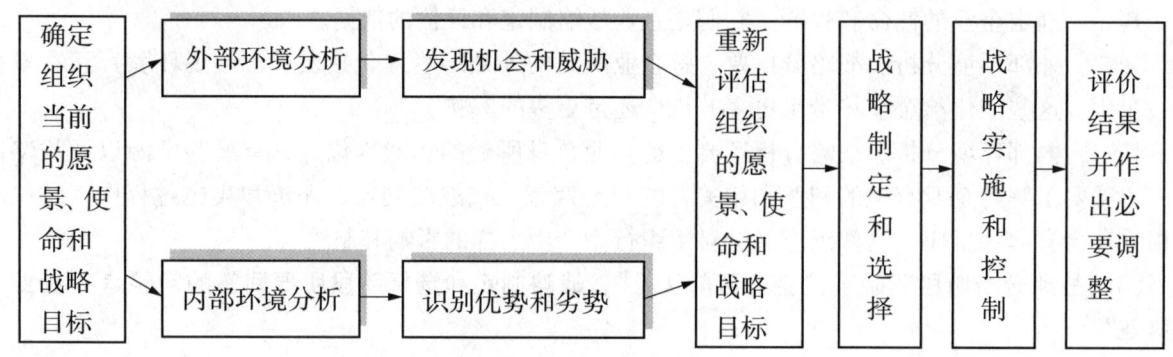

图3-1 战略管理过程图

第五节 企业的愿景、使命和战略目标

一、企业的愿景

1. 对企业愿景的理解

简单地讲，企业愿景就是企业的愿望和前景。

企业愿景是一幅关于公司未来发展的蓝图——反映了公司在技术和顾客方面的重点、所追求的区域市场和产品市场、所致力于培养的能力以及经营者努力创造一个怎样的公司。

企业愿景实际上是为企业描述未来的发展方向，是个人和群体所渴望的未来的"状态"，他回答企业将成为一个什么类型的公司、要占据什么样的市场位置、具有什么样的发展能力，还包括参与者内心的抱负，它极大地鼓励人们朝哪个方向努力。

企业愿景可以被视为进行企业战略设计时最为基本的概念，是开展战略管理活动的逻辑起点。它是一个梦想，可以通过长期的努力，最终变成现实；它是一种信念，可以强化和改善人们对企业的承诺和责任感；他是一种期待，可以促使员工去获得一种值得努力付出的结果。

2. 愿景并非遥不可及

3个著名企业的愿景及提出的年代：

公司名称	提出的"愿景"	提出年代
福特公司	汽车要进入家庭	20世纪20年代
苹果公司	计算机进入家庭	20世纪80年代
微软公司	计算机进入家庭，放在每一张桌子上，使用微软的软件	20世纪80年代

今天看来，上表中这些公司的"愿景"确实实现了。所以这里要说的是，当时讲愿景的时候，虽然是比较远的事，但只要一步步去努力，就会获得成功。

3. 如何创建企业愿景

创建企业愿景时应考虑的问题：

"我们公司的战略展望是什么？也就是说：公司将去向何方？"

"公司未来的技术、产品、顾客的重点是什么？"

"我们究竟想发展成为一个怎样的公司？"

"5～10年之内我们想在行业中取得怎样的地位？"

围绕这些问题的基本观点和结论，就构成了公司的战略愿景。因此，战略愿景反映了经营管理者在公司组织及其业务发展方面的追求，它清晰地反映了公司组织所确定的长期业务目标和模式，吸引着公司向着特定的方向发展，并勾勒出公司发展的战略轨迹。

愿景是企业使命的形象化与具体化，由于社会分工的存在以及特定企业在资源及其禀赋等方面的差异性与局限性，每个企业只能在特定的领域或方面以特定的方式来表达和实现其使命，从而表现为不同的企业愿景。如索尼公司在20世纪50年代愿景的鲜活描述：

"我们将创造流行于世界各地的产品；

我们将成为第一个打入美国市场并进行直销的公司；

我们将在美国公司失败的半导体收音机创新上成功；

从现在起50年，我们的品牌将和地球上最著名的品牌一样知名，并且在创新和质量方面不逊于那些最有创新性的公司；

'日本制造'将成为品质好的代名词"。

在上述愿景实现之后，索尼公司后来将企业愿景改为：

"为包括我们的股东、顾客、员工，乃至商业伙伴在内的所有人提供创造和实现他们美好梦想的机会"。

显然，这一愿景超越了产品的局限，体现了更高的思想和境界。

4. 企业愿景的意义

- 使公司高层管理者对公司的长期发展方向和未来业务结构有一个清晰的认识；
- 可以降低公司的管理部门缺少战略展望和制定对策时指导的风险；
- 它传递着公司的意图，激励员工竭尽全力为实现公司的愿景做出贡献；
- 底层的管理部门可以依照它来制定部门战略，设置部门的目标体系制定与公司的发展方向和战略协同一致的职能战略；
- 有助于为公司规划未来做好充分的准备。

二、企业的使命

1. 什么是企业使命

企业使命（Mission），是指企业之所以存在的理由与所追求的价值，是企业存续发展对企业自身及社会的价值与意义。它解释了企业形成和存在的根本目的、发展的基本任务，以及完成任务的基本行为规范和原则。

企业使命还揭示了企业区别于其他组织而存在的原因或目的，即企业应满足何种需要，它从根本上回答了"我们的业务是什么？"这一问题。

企业使命为企业建立了统一的精神追求，可以唤起所有员工崇高的使命感，是引导和激发全体员工持之以恒、为企业不断实现新的发展和超越而努力奋斗的动力之源。

2. 企业使命的创立

企业要如何创立使命，彼得·德鲁克是这样说的："我们所经营的是什么事业？谁是我们的顾客？我们为顾客提供的价值为何？"

不同类型企业的使命表述，在内容、章幅和形式上各有不同，但从构成要素来看，在表述企业使命时大体上可以从以下九个方面（弗雷德·R. 戴维）考虑：

（1）顾客——谁是企业的顾客。

（2）产品或服务——企业的主要产品或服务是什么。

（3）市场区域——市场区域即企业计划要开辟或参与竞争的区域。

（4）技术水平——企业技术水平的定位能够反映企业所提供产品或服务的质量，有助于明确企业的技术竞争力。

（5）增长与盈利——增长与盈利即企业是否能够及通过何种方式实现业务增长和提高盈利水平，是表达企业盈利能力的信息。

（6）企业哲学——经营哲学是指企业在生产经营活动中所持有的基本信念、价值观念和行为准则、精神追求等。正确的经营哲学是企业成功的最重要的保证。

（7）自我认识——自我认识是企业对自身比较优势和特别能力的判断与认识。

（8）对公众形象的关切——企业希望的公众形象是什么。

（9）对雇员的关注——体现对雇员的关怀及其利益的重视。

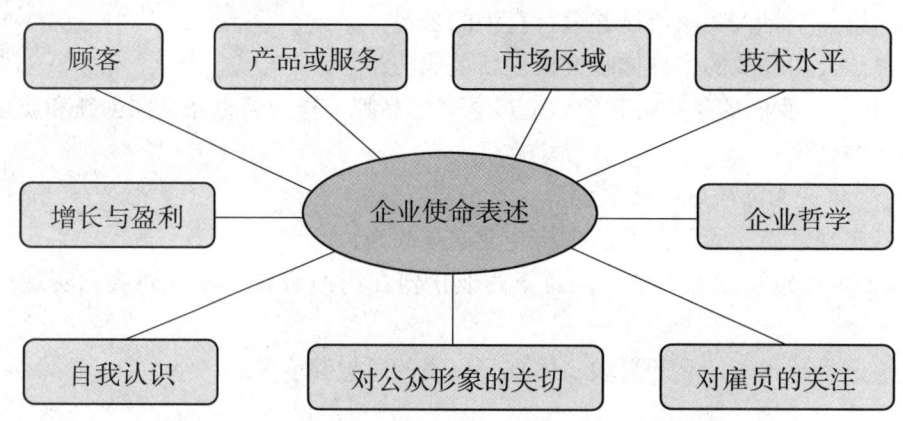

图 3-2　企业使命表述的主要要素

3. 企业使命表述应注意的问题

（1）表述应是"需求导向"而不是"产品导向"

立足需求特别是创造需求来概括企业的存在目的，可以使企业围绕满足不断发展的需求，开发出更多的产品和服务，获得新的发展机会，如下所示。

公司	"产品导向"表述	"需求导向"表述
玛丽化妆品公司	生产女士化妆品	创造魅力和美丽
美国电话电报公司	生产电话设备	提供信息沟通工具
埃克森石油公司	出售石油和天然气	提供能源
迪士尼公司	提供娱乐场所	组织娱乐休闲

（2）使命表述的宽窄界定

公司	不适宜的表述	合适的表述
制笔公司	提供信息传播服务（太宽）	提供信息记录手段
电影公司	制作影片（太窄）	提供文化娱乐服务（如可向电视音像方向发展）

4. 企业愿景和使命的区别与联系

企业愿景与使命既有区别又有联系。

区别在于：愿景是解决"企业是什么"，告诉人们企业将做成什么样子，是对企业未来发展的一种期望和描述。愿景是企业在大海远航的灯塔，只有清晰地描述企业的愿景，社会公众和公司员工、合作伙伴才能对企业有更为清晰的认识。一个美好的愿景能够激发人们发自内心的感召力量，激发人们强大的凝聚力和向心力。企业使命是企业存在的理由和价值，即回答为谁创造价值，以及创造什么样的价值。简单地说，使命就是必须做的大事、一定要完成的任务。由于企业的使命一般涉及多方利益，各方利益的主次轻重必须在使命陈述中明确。如果不明确，当各方利益发生冲突时，就会无所适从。

联系在于：构筑愿景是企业发展战略规划的重要支撑点，是企业做强、做大的不竭动力。而一个企业要想长盛不衰，实现美好的愿景目标，最重要的是全体员工的使命感不衰。如果缺少这一条，企业就会失去成功的希望。

由此可见，企业既不能将愿景当作使命，也不能将使命当作愿景，更不能截然分割开。

企业愿景是人的一种意愿的表达，它概括了企业未来的目标、使命和核心价值，是一种企业为之奋斗的意愿，企业最终希望实现的图景。它就像灯塔一样为企业指明方向，是企业的灵魂。

5. 部分知名企业的愿景和使命参考

公司	愿景	使命
华为	丰富人们的沟通和生活	聚焦客户关注的挑战和压力，提供有竞争力的通信解决方案和服务，持续为客户创造最大价值
联想	未来的联想应该是高科技的联想、服务的联想、国际化的联想	为客户利益而努力创新
索尼	为包括我们的股东、顾客、员工，乃至商业伙伴在内的所有人提供创造和实现他们美好梦想的机会	体验发展技术造福大众的快乐
微软	计算机进入家庭，放在每一张桌子上，使用微软的软件	致力于提供使工作、学习、生活更加方便、丰富的个人电脑软件
迪士尼	成为全球的超级娱乐公司	使人们过得快活
万科	成为中国房地产行业领跑者	建筑无限生活
厦门金龙	成为具备全球竞争力的客车产业集团	提升中国客车的全球竞争力，为世界交通运输贡献价值
格力	缔造全球领先的空调企业，成就格力百年的世界品牌	弘扬工业精神，追求完美质量，提供专业服务，创造舒适环境
中国移动	成为卓越品质的创造者	创无限通信世界，做信息社会栋梁
TCL	创全球名牌、建国际企业	创新科技、共享生活
华侨城集团	华侨城集团是企业家创新的舞台，是明星企业的孵化器，是创业者梦想成真的家园，是具有高成长性和鲜明文化个性的国际化企业	华侨城集团致力于人们生活质量的改善、提升和创新，以及高品位生活氛围的营造，致力于将自身的发展融入中国现代化事业推进的历史过程中
美的集团	做世界的美的 致力于成为国内家电行业的领导者，跻身全球家电综合实力前五强，使"美的"成为全球知名的品牌	为人类创造美好生活 为客户创造价值、为员工创造机会、为股东创造利润、为社会创造财富

三、企业的战略目标

1. 什么是战略目标

战略目标就是在一定时期内综合内外部环境和资源,为完成企业使命及愿景所要达到的结果,而设定的一个预期要达到的目标,是组织愿景的具体化和明确化,反映了企业在一定时期内经营活动的方向和所要达到的水平。

战略目标一般以竞争者为核心,大多是以取得市场上的关键地位为目标。战略目标背后往往存在着强烈的战略意图。

战略目标是一个富有弹性的体系,它的基本构成不是固定不变的。

2. 战略目标的主要内容

我们来看看几个知名企业的战略目标:

耐克公司的战略目标:
- 保持和提高在美国最佳运动品牌的地位;
- 在日益增长的健身市场上建立强有力的格局;
- 开发满足妇女需求产品;
- 探索为满足美国成年人需求的产品市场;
- 指导与管理公司中继续发展的国际经营;
- 通过合理的库存和12种"金子"的产品,增加毛利。

通用电气公司的战略目标:

在公司进入的每一项业务上,占有第一或第二的市场份额,成为全球最具竞争力的公司。在1998年之前,达到存货周转率10倍、营业利润率18%的目标。

伊利公司战略目标:

2010年,在国内乳品行业市场占有率最高,品牌知名度、美誉度、忠诚度最高;全面推进国际化经营战略,进入世界乳业20强,成为中国最有竞争力的企业之一。

2015年,进入世界乳业10强,成为全球最具竞争力的大型乳业集团之一。

华为公司总裁任正非于2016年1月13日在市场工作大会上的讲话要点
- 要敢于在战略机会点上实施饱和攻击;
- 终端要敢于在5年内超越1000亿美元的销售收入;
- 精减非主航道、非战略机会点项目的编制;
- 坚持每年从应届生中招收不少于5000~6000人;
- 从机制和制度上,全面构建自我批判的能力。

企业的战略目标内容通常由效益目标、成长目标和管理目标组成。

效益目标是根据公司业务规划进行预测后得出;

成长目标主要是对公司业务的拓展和市场份额提出的发展要求;

管理目标是根据企业现状分析提出的在未来三至五年或更长一段时间内应该加强的关键点。

德鲁克在《管理实践》一书中提出了8个关键领域的目标:①市场;②技术改进和发展;③提高生产力;④物资和金融资源;⑤利润;⑥人力资源;⑦职工积极性发挥;⑧社会责任。

关于战略目标制定的具体方法请参考第四章"企业方针、目标和经营计划制定"

第六节　企业战略分析

一、企业战略分析的组成

企业的战略分析包括外部环境分析和内部环境分析，外部环境通常又涵盖宏观环境分析和竞争环境分析，而内部环境通常包括资源和能力、核心竞争力、价值链、市场营销能力和财务等方面的分析，如图3-3所示。

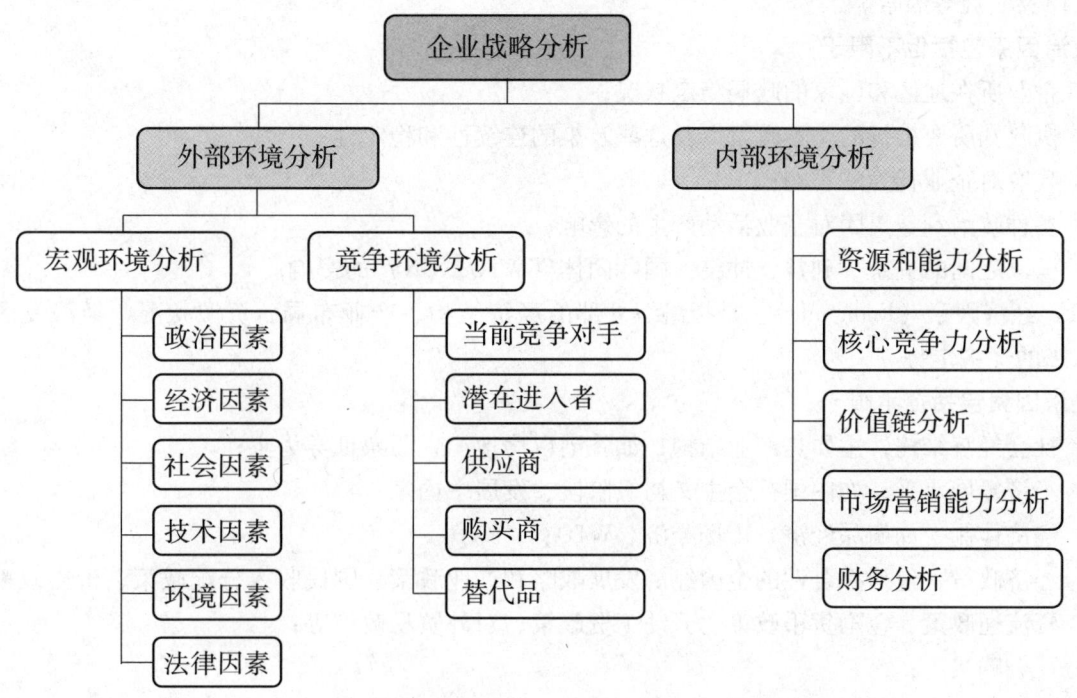

图3-3　企业战略分析的组成

二、宏观环境分析——PESTEL分析模型

1. 企业外部环境的组成

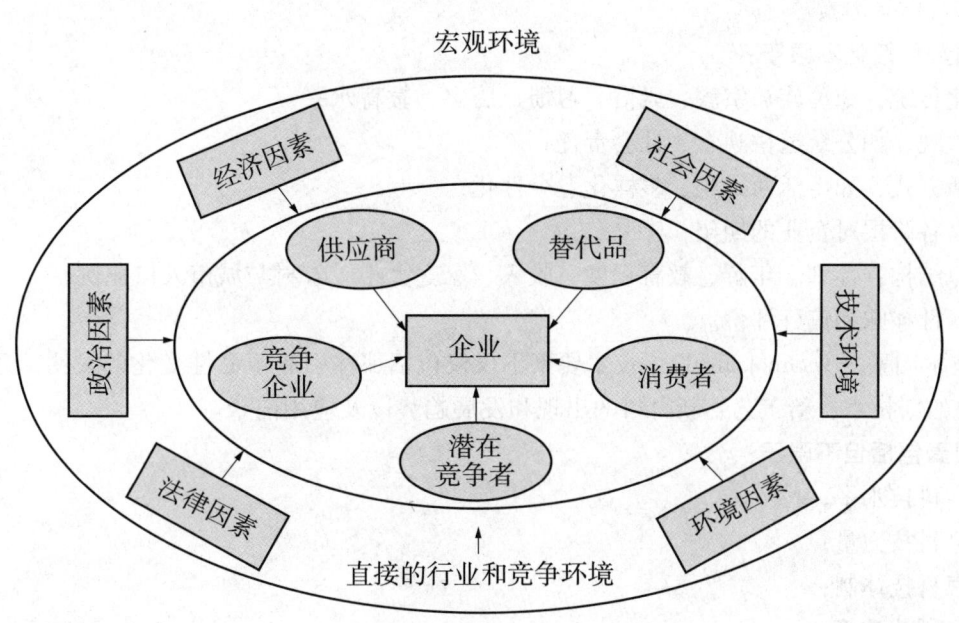

图3-4　企业外部环境的组成

2. 宏观环境分析——PESTEL 分析法

PESTEL 分析模型又称大环境分析，是分析宏观环境的有效工具，它不仅能够分析外部环境，而且能够识别一切对组织有冲击作用的力量。它是调查组织外部影响因素的方法，其每一个字母代表一个因素，可以分为六大因素：政治因素（Political）、经济因素（Economic）、社会因素（Social）、技术要素（Technological）、环境因素（Environmental）和法律因素（Legal）。

六大因素说明：

（1）政治因素（Political）：是指对组织经营活动具有实际与潜在影响的政治力量和有关的政策、法律及法规等因素。

政治因素包括但不限于：
- 企业所在地区和国家的政局稳定状况；
- 执政党所要推行的基本政策以及这些政策的连续性和稳定性；
- 政府对企业行为的影响；
- 各种政治利益集团对企业活动产生的影响；
- 国家之间的关系、利益、冲突，国际团体（WTO，UN）的影响。

（2）经济因素（Economic）：是指组织外部的经济结构、产业布局、资源状况、经济发展水平以及未来的经济走势等。

经济因素包括但不限于：
- 社会经济结构，主要是产业结构；如香港以房地产、股票证券为主；
- 经济发展水平；如中国社会主义初级阶段、发展中国家；
- 经济体制；如商品经济、市场经济、WTO；
- 经济政策，包括综合性的全国经济发展战略和产业政策、国民收入分配政策、价格政策、物资流通政策、金融货币政策、劳动工资政策、对外贸易政策等；
- 社会购买力；
- 消费者收入水平和支出模式；
- 消费者储蓄和信贷；
- 通货膨胀、汇率、利息、关税等。

（3）社会因素（Social）：是指组织所在社会中成员的历史发展、文化传统、价值观念、教育水平以及风俗习惯等因素。

社会因素包括但不限于：
- 文化传统，如种族、宗教、风俗、习惯、历史、教育水平；
- 价值观，如公众道德观念、社会责任；
- 生活方式，如生活西式化、多样化、个性化；
- 社会各阶层对企业的期望；
- 人口结构：性别、年龄、教育程度、收入、家庭大小、农村与城市人口比例；
- 地区性趣味和偏好评价。

（4）技术因素（Technological）：技术要素不仅仅包括那些引起革命性变化的发明，还包括与企业生产有关的新技术、新工艺、新材料的出现和发展趋势以及应用前景。

技术因素包括但不限于：
- 社会科技水平；
- 社会科技力量；
- 国家科技体制；
- 国家科技政策；

- 科技立法。

(5) 环境因素（Environmental）：一个组织的活动、产品或服务中能与环境发生相互作用的要素。

环境因素包括但不限于：
- 土地严重超载，人均耕地递减；
- 水土流失，土地荒漠化和污染情况严重；
- 森林减少；
- 淡水资源紧缺；
- 不可再生的有限资源短缺，如石油、煤炭；
- 环境污染严重。

(6) 法律因素（Legal）：组织外部的法律、法规、司法状况和公民法律意识所组成的综合系统。

法律因素包括但不限于：
- 世界性公约、条款；
- 基本法（宪法，民法）；
- 劳动保护法；
- 公司法和合同法；
- 行业竞争法；
- 环境保护法；
- 消费者权益保护法；
- 行业公约。

PESTEL 是在 PEST 分析基础上加上环境因素（Environmental）和法律因素（Legal）形成的。在分析一个企业集团所处的背景的时候，通常是通过这六个因素来分析企业集团所面临的状况。

3. PESTEL 分析案例——啤酒行业的宏观环境分析

按照 PESTEL 的框架模型，围绕啤酒酿制行业，对以下六大宏观因素逐一进行分析，进而探究影响该行业的结构性驱动因素以及这些宏观因素之间所存在的相互影响和彼此制约的根本性联系。

(1) 政治因素

从政治因素来分析，目前及未来若干年内，中国及世界的政治形势基本趋于稳定的政治局面，"和平与发展"是当代世界的两大主题，是世界各国人民的共同愿望。中国围绕着这一时代主题，大力发展同其他国家的贸易伙伴关系，随着我国加入世贸组织，中国的关税壁垒逐一取消，国外的产品随即进入中国。据不完全统计，有近 40 个国外品牌的啤酒在国内生产，产量占到全国的 4.3%，使得原来国家对啤酒行业的保护和鼓励政策荡然无存，随之而来将面临的是国外品牌啤酒的挑战，从而对我国啤酒行业造成一定冲击。同时，这也存在一定的有利因素，进口关税的降低，使啤酒行业可以扩大先进设备及啤酒原料的选择余地，如进口的大麦通常质量好，工艺容易控制，从而降低了生产成本。通过引进国外的先进装备，有利于提高啤酒的酿制水平，也有利于我国的啤酒产品走向国际市场。

(2) 经济因素

国务院发展研究中心对于中国 2001—2020 年的经济增长率进行预测的结果表明，2001—2010 年，中国的 GDP 增长率达到 7.9%，因此，可以预测中国在未来若干年内继续有稳定的、可持续的经济发展，中国经济大环境的良好发展态势，预示了啤酒行业将继续保持强劲的发展势头。

从每年啤酒销量逐年递增的态势来看，就业率并不影响啤酒行业的发展，相反，啤酒因其作为廉价的消费品，从而成为人们愁烦时发泄的工具，快乐时的兴奋剂，交际场合及倾诉衷肠时的有效媒介。因而，因其啤酒兼容并包（快乐与忧愁的分享、保健的功效）的独特功效，决定了消费群体受经济影响的状况不是十分明显。可见，建立和培养大众消费群体对啤酒的兴趣并加以正确引导、宣传是至关重要且极具恒久魅力的。

（3）社会文化因素

①生活方式的变化

啤酒最早出现于古埃及和美索不达米亚（今伊拉克）地区，其制作方法由埃及经北非、伊比利亚半岛、法国传入德国。在德国南部，啤酒制造业空前发展，并由德国的啤酒技术人员将啤酒工艺传播到全世界。改革开放后，受欧洲西方文化的影响，人们的饮食文化开始向西方靠拢，啤酒随之进入了中国，人们对啤酒经历了"不了解→试着尝试→如今的餐饮娱乐时的不可或缺"，可见啤酒文化的深厚魅力。随着人们对啤酒功效的深入探索，得知啤酒非但含有人体所需要的氨基酸，并且还含有丰富的维生素B2、烟酸和矿物质，故而得名"液体面包"。啤酒的适龄消费人群逐渐在向前延伸，现已扩大为18岁至60岁的人群，可见，啤酒行业其强大的消费群体。

②人口增长进程及分布的影响

首先，从我国人口的增长进程及趋势来看，自20世纪70年代初我国大力推行计划生育以来，中国人口出生率、自然增长率均已显著下降，但历史积淀下的巨大的人口规模所决定的人口增量仍相当可观。介于中国人口年龄结构呈现"两头小、中间大"的格局持续保持的势头，从啤酒适合18岁至60岁年龄的消费群体来看，其前景仍是十分乐观的。

其次，纵观全球人口出生率、生育率的变动过程，总体趋势都是由高到低。发达国家出生率、生育率的下降早在工业革命时期即已开始，到20世纪末人口生育率已降至更低水平以下，甚至出现了人口负增长，因而，未来世界人口增长的重点集中在发展中国家和地区。2000年，世界人口的80.66%分布于发展中地区，2050年这一比例将上升至87.33%，人口负担加重。因而，从未来世界人口分布趋势以及啤酒的廉价、保健及时尚的特点来看，这一行业的未来发展趋势是向发展中国家挺进。

（4）科技因素

从科技因素方面分析，"改变人类命运最戏剧化的因素之一是技术"，企业的发展，离不开技术，没有技术和产品创新，就没有企业的成长与进步，就没有企业的未来。"燕京"之所以敢在市场上向世界啤酒大鳄叫板，正因为他们有技术、产品创新做依托，可见，啤酒行业同科技的关系绝不逊色于IT业同科技的关系。然而，从我国的啤酒厂的整体现状看来看，仍是水平较低、规模较小、物耗较高、效益较低，每生产1吨啤酒用水量在8~40立方米，相应的排水量为7~35立方米，而发达国家的吨啤酒用水量仅为5~10立方米，说明我国啤酒厂与国外发达国家啤酒厂的先进水平仍有一定差距。因此，不断进行技术革新、技术进步、节约有限资源、强化环保是啤酒制造业的发展趋势。

（5）环保因素

从自然因素方面分析，绝大多数的工业生产活动不可避免地要破坏自然环境，而如今从联合国到世界各国政府都对环境的污染给予了足够的重视，并制定了相关的法律予以制止，这既是保护地球环境的客观需要，同时又是"人与自然和谐共处"的大势所趋，对啤酒酿制行业来说，其与环境的因素是极为相关、不容忽视的。随着污染控制和治理力度的加强，国家环保总局和国家质量监督检疫总局针对啤酒行业废水排放量大、有机污染浓度高、对环境污染严重、排放因子相对较少的特点，联合发布了符合啤酒工业废水排污特点的行业性废水排放标准——《啤酒工业污染物排放标准》，已从2006年1月1日开始实施，该标准为强制性标准。地球是我们共同的家园，环保是全世界关注的时代主题，任何行业都必须做好有关环保的善后处理，这才是长久经营之道。

(6) 法律因素

从法律因素分析,法律对行业的规范和发展起到了保障、监督和限制的作用,随着社会经济的发展,企业商业往来频繁,所处的市场环境日趋复杂,随之面临各种显在和潜在的法律问题。如果存在于企业经营过程中的法律问题不能够得以及时察觉,就会"积患成疾",一旦爆发,企业可能会因此遭受重大损失。据国家质检总局的说法,《食品安全法》即将出台,这就要求行业应从发展高科技入手,采用先进工艺与检测手段,之前的"啤酒甲醛事件"就反映出了啤酒行业对相关法律法规的忽视,进而给国内整个啤酒行业带来了一定的负面影响。

总之,政治的稳定性及其所采取的政治主张及行为,将直接对整体的经济环境带来不同程度的正、负面影响,经济水平所处的不同阶段和经济发展的不同速度又对其所属的社会文化及生活方式等产生不同程度的影响,经济为科技发展提供了物质保证,同时,技术革新又推动了经济不断向前发展,经济、科技的飞速发展,就要新增刚涉足领域的相关立法以及完善和健全已知领域中相关法律法规,而环保是人类及世界经济实现可持续发展的根本。

4. PESTEL 分析评价表

PESTEL 分析也可用下表进行归纳和汇总。

表 3-1 宏观环境分析评价表

分析项目	与行业的相关因素	具体的变化与趋势	机会	威胁	可能对策
政治因素	国家政策、国际关系 对高新技术产业的投资政策				
经济因素	GDP WTO 加入 地区经济发展				
社会因素	具体消费心态变化 年轻人购买独立性倾向 人口数量 家庭户数 人口年龄结构				
技术因素	本产业技术变化 竞争产业技术变化				
环境因素	环保政策 生态环境				
法律因素	行业法规 国际公约				

三、竞争环境分析——波特五力分析模型

1. 波特五力分析说明

波特五力模型是迈克尔·波特(Michael Porter)于 20 世纪 80 年代初提出的,它认为行业中存

在决定竞争规模和程度的五种力量，这五种力量综合起来影响着产业的吸引力以及现有企业的竞争战略决策。五种力量分别为同行业内现有竞争者的竞争能力、潜在竞争者进入的能力、替代品的替代能力、供应商的讨价还价能力、购买者的讨价还价能力，如图3-5。

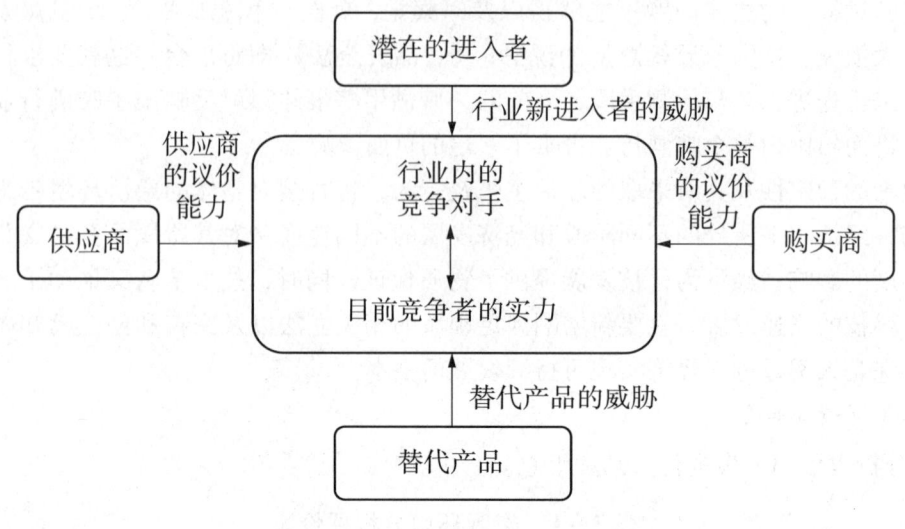

图3-5 五力分析模型

波特五力模型将大量不同的因素汇集在一个简便的模型中，以此分析一个行业的基本竞争态势。五种力量模型确定了竞争的五种主要来源，即供应商和购买者的讨价还价能力、潜在进入者的威胁、替代品的威胁，以及最后一点，同一行业的公司间的竞争。

竞争战略从一定意义上讲是源于企业对决定产业吸引力的竞争规律的深刻理解。任何产业，无论是国内的或国际的，无论生产产品的或提供服务的，竞争规律都将体现在这五种竞争的作用力上。因此，波特五力模型是企业制定竞争战略时经常利用的战略分析工具。

五力说明：

（1）供应商的议价能力

供方主要通过其提高投入要素价格与降低单位价值质量的能力，来影响行业中现有企业的盈利能力与产品竞争力。供方力量的强弱主要取决于他们所提供给买主的是什么投入要素，当供方所提供的投入要素其价值构成了买主产品总成本的较大比例、对买主产品生产过程非常重要或严重影响买主产品的质量时，供方对于买主的潜在讨价还价力量就大大增强。一般来说，满足如下条件的供方集团会具有比较强大的讨价还价力量：

①供方行业为一些具有比较稳固市场地位而不受市场激烈竞争困扰的企业所控制，其产品的买主很多，以至于每一单个买主都不可能成为供方的重要客户。

②供方各企业的产品各具有一定特色，以至于买主难以转换或转换成本太高，或者很难找到可与供方企业产品相竞争的替代品。

③供方能够方便地实行前向联合或一体化，而买主难以进行后向联合或一体化。

（2）购买者的议价能力

购买者主要通过其压价与要求提供较高的产品或服务质量的能力，来影响行业中现有企业的盈利能力。其购买者议价能力影响主要有以下原因：

①购买者的总数较少，而每个购买者的购买量较大，占了卖方销售量的很大比例。

②卖方行业由大量相对来说规模较小的企业组成。

③购买者购买的基本上是一种标准化产品，同时向多个卖主购买产品在经济上也完全可行。

④购买者有能力实现后向一体化，而卖主不可能前向一体化。

(3) 新进入者的威胁

新进入者在给行业带来新生产能力、新资源的同时，将希望在已被现有企业瓜分完毕的市场中赢得一席之地，这就有可能会与现有企业发生原材料与市场份额的竞争，最终导致行业中现有企业盈利水平降低，严重的话还有可能危及这些企业的生存。竞争性进入威胁的严重程度取决于两方面的因素，这就是进入新领域的障碍大小与预期现有企业对于进入者的反应情况。

进入障碍主要包括规模经济、产品差异、资本需要、转换成本、销售渠道开拓、政府行为与政策、不受规模支配的成本劣势、自然资源、地理环境等方面，这其中有些障碍是很难借助复制或仿造的方式来突破的。预测现有企业对进入者的反应情况，主要是采取报复行动的可能性大小，并取决于有关厂商的财力情况、报复记录、固定资产规模、行业增长速度等。总之，新企业进入一个行业的可能性大小，取决于进入者主观估计进入所能带来的潜在利益、所需花费的代价与所要承担的风险这三者的相对大小情况。

(4) 替代品的威胁

两个处于同行业或不同行业中的企业，可能会由于所生产的产品是互为替代品，从而在它们之间产生相互竞争行为，这种源自于替代品的竞争会以各种形式影响行业中现有企业的竞争战略。

①现有企业产品售价以及获利潜力的提高，将由于存在能被用户方便接受的替代品而受到限制。

②由于替代品生产者的侵入，使现有企业必须提高产品质量或通过降低成本来降低售价或使其产品具有特色，否则其销量与利润增长的目标就有可能受挫。

③源自替代品生产者的竞争强度，受产品买主转换成本高低的影响。

总之，替代品价格越低、质量越好、用户转换成本越低，其所能产生的竞争压力就强；而这种来自替代品生产者的竞争压力的强度，可以具体通过考察替代品销售增长率、替代品厂家生产能力与盈利扩张情况来加以描述。

(5) 同业竞争者的竞争程度

大部分行业中的企业利益都是紧密联系在一起的，作为企业整体战略一部分的各企业竞争战略，其目标都在于使自己的企业获得相对于竞争对手的优势。所以，在实施中就必然会产生冲突与对抗现象，这些冲突与对抗就构成了现有企业之间的竞争。现有企业之间的竞争常常表现在价格、广告、产品介绍、售后服务等方面，其竞争强度与许多因素有关。

一般来说，出现下述情况将意味着行业中现有企业之间竞争的加剧，这就是：行业进入障碍较低，势均力敌的竞争对手较多，竞争参与者范围广泛；市场趋于成熟，产品需求增长缓慢；竞争者企图采用降价等手段促销；竞争者提供几乎相同的产品或服务，用户转换成本很低；一个战略行动如果取得成功，其收入相当可观；行业外部实力强大的公司在接收了行业中实力薄弱的企业后，发起进攻性行动，结果使得刚被接收的企业成为市场的主要竞争者；退出障碍较高，即退出竞争要比继续参与竞争代价更高。在这里，退出障碍主要受经济、战略、感情以及社会政治关系等方面考虑的影响，具体包括：资产的专用性、退出的固定费用、战略上的相互牵制、情绪上难以接受、政策和社会的各种限制等。

波特的竞争力模型的意义在于，五种竞争力量的抗争中蕴含着三类成功的战略思想，那就是总成本领先战略、差异化战略、专一化战略。

2. 五力分析评价表

五力分析也可用下表进行归纳和汇总。

表 3-2 五力分析评价表

分析项目	现状分析	可能的变化与趋势	机会	威胁	可能对策
供应商的讨价还价能力					
购买者的讨价还价能力					
潜在竞争者进入的能力					
替代品的替代能力					
同行业内现有竞争者的竞争能力					

案例荐读 哈默的生财之道

19世纪中期，美国一些地方的居民开始寻求以法律手段制裁酒徒。这种呼声渐渐得到了全国范围的响应，特别是以维护传统家庭为己任的妇女。1919年美国国会通过《宪法》第18号修正案，也就是《全国禁酒令》，规定自次年起正式生效。

美国大组织家哈默1931年从苏联到美国时，正是富克兰林·罗斯福竞选总统的时候。哈默研究了当时美国的国内形势，分析结果认定罗斯福会掌握美国政权，而罗斯福曾经在竞选纲领中提过要废除《全国禁酒令》。

哈默认为，一旦罗斯福新政得势，1920年公布的禁酒令就会废除，为了解决全国对啤酒和威士忌的需求，那时市场将需要空前数量的酒桶。哈默在苏联住了多年，十分清楚苏联人有制作酒桶用的白橡木可供出口。于是，他毅然决定向苏联订购木板，并在纽约码头附近设立一间临时性的酒桶加工厂，后来又在新泽西州建造了一个现代化的哈默酒桶厂。

当哈默的酒桶从生产线上滚滚而出的时候，正好是罗斯福初掌总统大权和废除禁酒令的时候，人们对啤酒和威士忌酒的需求急剧上升，各酒厂生产量也随之直线上升。哈默的酒桶成为抢手货，获得了可观的盈利。

四、行业竞争力分析实例——空运产业竞争结构分析

1. 替代产品带来的压力

（1）商业联络业务领域。当今许多航空公司将其主要的市场营销战略放在吸引为商业目的乘坐飞机的旅客身上。商务客占我国国内客总数的80%。航空公司在此领域面临的替代产品竞争来自两方面：

一方面来自那些提供视听电话、电话会议设备、传真机、电子邮件这一类高级电信器材的供应商。例如电话公司现在已经能够提供廉价的全球性通信手段，并且在不久的将来能将纯声音通信辅之以形象、场景通信，经理人员将会既节省时间又降低成本，还能免受长途劳顿之苦。

另一方面的竞争来自水陆运输商。当然，在2400公里以上的中、远程航线上，水陆运输对空运构不成威胁。但是，就短程航线而言，水陆运输的地位不可轻视，尤其是在1500公里以下的航线。

(2) 度假旅游业务。与商业联络业务相比，在度假旅游业务方面可以替代空运的方式就更多了。由于度假旅游对于世界上大多数人来说是一种奢侈品，因此，主持这一市场的航空公司必须提醒自己：本公司正在与其他的奢侈品和服务供应商竞争。航空公司有三件事要做：一是说服顾客乘坐飞机旅行；二是想办法让顾客选择本公司；三是诱导顾客飞向该航空公司航班所到之处。

(3) 航空货运业务。一般把航空货运业务分为五类：紧急货运、日常性的易腐性货运、日常性的非易腐性货运、特快专递和邮件。

在很多市场中，由于空运费用较昂贵（往往高出地面运输价格的约十倍），发货人更愿意采用轮船、火车、卡车等地面运输方式托运货物。

2. 供应商（供方）的议价能力

具备下述六项特点的供方集团往往可以给航空公司带来较强大的压力：

(1) 当供方产业由几个公司支配，且其集中化程度比空运业高时，供应商在向较为分散的航空公司销售产品时，往往能在价格、质量及交货期上施加相当的影响；

(2) 当航空公司并非供方集团的主要客户时，则供方往往会自抬身价；

(3) 当供方产品成为航空公司的主要投入资源时，由于这种产品对航空公司产品的质量至关重要，使得供方在争价时又多了一些砝码；

(4) 当供方集团的产品已针对航空公司实行差别化时，航空公司打"供应者牌"的可能性就变得非常小；

(5) 当供方集团表现出前向联合的现实威胁，航空公司在与供应商争价时底气明显不足；

(6) 当供方集团在向空运业销售中不必与替代产品竞争时，供方争价的声音自然就高了八度。

例如：

① 油料公司

在国内市场上，中国航空油料总公司长期以来是各航空公司唯一的供应商。

② 飞机制造公司

例如：与国航有关的供方

国航机队规划的特点就是以波音系列为主，共有各型波音飞机44架，机型单一、先进，对机组管理、维修管理和企业形象等方面都很有利。但其弊端表现在对波音公司产品的争价能力有限。结合国航的未来规划和国家的统一部署，在国航未来的机队大家庭中将引入空中客车A340。这样国航的主要飞机供应商就是两家。

③ 航材公司

中国航空器材总公司隶属于民航总局，全权代表中国各航空公司对外采购飞机，实际上是中间商的角色。

④ 飞机发动机公司

目前世界上飞机发动机制造公司仍保持三足鼎立之势：美国的通用电器公司、普惠公司和英国的罗·罗公司。

⑤ 机上供应品制造商

机上供应品包括餐食、纪念品、报纸杂志等物。

⑥ 劳动力"组织"

在国外，航空公司的高技术雇员（飞行员、机务维修员等）、普通员工大多数有自己的工会。欧美这一类的工会的力量很强大，例如泛美航空公司的破产与工会的不合作有很大关系。从国内航空公司的长期发展看，人力资源管理方面的主要问题有两个：一是缺乏经营管理人才；二是员工素质跟不上发展要求。

⑦机场

航空公司与机场之间的关系可分为两类：一类是航空公司与驻地所在机场之间的关系，在国内，这类关系大多不理想；另一类是航空公司与其航班经停机场之间的关系，这类关系比较和谐。有些机场和航空公司、管理局是一家，如新疆乌鲁木齐机场、云南昆明机场，往往不让其他国内航空公司飞进去或限制其航班密度。

⑧飞机租赁公司

著名的飞机租赁公司有 YLFC、GECAS 和 BAS 等。我国航空公司从 20 世纪 90 年代以来大多数已尝到了"买飞机不如租飞机"的甜头，但他们应注意到飞机租赁的弊端。

3. 买方的议价能力

（1）旅行代理，国内一般称之为代理人。在当今许多国家，70% 以上的客票都是通过旅行代理订购的。

（2）旅游经营商

由于很多休闲旅客不只是希望买一张机票，他们还希望得到吃、住、行、玩一条龙服务。这种需求的存在，使旅游经营商应运而生。他们与旅行社、饭店、出租车公司、商店、餐馆等供应商讨价还价，最后得到一揽子服务的最低价格。这种行当在国外方兴未艾，成为航空公司的重要顾客，在国内已崭露头角。

（3）集运商和包销商

集运商与旅游经营商的不同在于，他们只为了获得价格便宜的座位与航空公司讨价还价，并不负责膳宿和中转接送等项目，因为有不少旅客喜欢自行安排时间表和食宿地点。在大多数情况下，欧美的集运商也是包销商。所谓包销是指将其一航班上一段时期内一定百分比的客票包销出去；如果卖不出去，可以在一定提前期内退回航空公司。

（4）有决策权的旅客和货主

这是指点名要某家航空公司的消费者。国航在这类旅客中的优势比较明显，旅客出于安全因素往往首选国航航班，将价格因素排在第二位。这一类型的旅客和货主是唯一能将顾客、消费者和买方三种身份统一起来的人。

（5）机场、省局、航站

在国内，某些新通航的机场、航站和航班很少的机场、省局、航站，往往有求于航空公司飞往他们那里。为了打消航空公司怕亏损的念头，他们往往与航空公司签订包销协议，保证航班达到航空公司所期望的客座率。

（6）货运代理公司

在欧美航空货运市场上，80% 以上的出口货物和 90% 以上的进口货物都是通过这个方式运输的。由于国内货运代理业集中程度远远高于客运代理，航空公司的压价能力就很有限。

（7）急件运输公司和捷运公司

如今急件运输公司和捷运公司中有一些公司已开始用自己的飞机承运货物，变成了航空公司的直接竞争对手。

4. 进入者的威胁

（1）国内航空运输市场的进入威胁

在 20 世纪 80 年代末 90 年代初国内航空运输市场上，曾出现过"航空公司热"。近年来基本上没有批准成立新的航空公司，中国航空公司和天鹅航空公司是例外。

航空公司必须警惕以下两种进入者的威胁，一是试图进入局部市场的公司，比如在北京—乌鲁木齐航线上，北方航空公司虽然停飞了，但条件成熟时它还会卷土重来；二是国内某些航空公司可能采取兼并、合并等方式成立新的航空公司。

（2）国际航空运输市场上的进入威胁

据统计，1994 年国际客运量世界前 30 名的空运企业中，就有 19 家直接飞中国。国际市场上的竞争程度比国内市场更激烈、更复杂，觊觎中国市场的外国航空公司为数不少，而它们之间多种形式的联合往往能越过国家间的双边或多边协定与国内航空公司展开直接或间接的竞争。如美利坚航空公司（AA，世界第一大航空公司）并未参与与中国通航，但从 1995 年开始在北京设立办事处，可谓用心良苦。

5. 产业现有企业间的竞争的特点

（1）国内空运市场上的竞争要素

安全的重要性在空运业是绝对排在第一位的。除此以外，国内空运市场上的竞争要素分为两个级别。第一级别是影响力较大的四个因素：航班时刻、航线、定价和航班频率；第二级别是影响力较小的五个因素：设备、服务、舒适、忠诚和总体感觉。

（2）国际空运市场上的竞争要素

从管制性的国际空运市场到放松管制下的国际航空运输市场，竞争要素的作用也有很大差别。在前一个市场上，政府保持着强有力的控制权，公众利益被摆在第一位；在后一个市场上，政府不再控制或很少控制航空公司的运营，利润被当成主要目标。

在国际航空运输市场上，竞争的本质是政府的专制权力。这种权力可用来制定规章、制定法律、调整竞争要素以利于国有航空公司。国际航空运输市场上的竞争要素共有六项：运价、航班频率、市场准入、设备、服务、广告。

6. 在航空运输业中政府的力量

（1）行业管理者

对外负责与其他国家的谈判，为本国航空公司的生存和发展争得有利的环境和政策；对内负责适航管理、基础设施建设管理、公平竞争管理、空运安全管理、服务质量监控、航空公司成立的审批等事宜。

（2）投资者

迄今为止，世界上绝大多数的国际航空公司都是国有企业或由国家控股，政府对航空运输业的干预程度可见一斑。

（3）延伸的竞争者

国内大多数中小航空公司的后台或是国家有关部委，或是某些地方政府，此时政府直接加入了现有航空公司之间的竞争；当中央和地方两级政府联合出资兴办机场时，政府扮演的是供方的角色；当政府通过宏观调控政策鼓励发展高速公路和铁路时，它是在扶植航空运输的替代品；邮政当局与航空公司签订航空邮件合同，有关部委还通过红头文件规定出国公干者必须乘坐中国民航班机（很多外国政府规定政府官员出国须乘本国国旗航空公司的航班），此刻政府充当的是买方的角色；不少地方政府一直保持着办航空公司的高昂热情，他们正做着培养航空运输市场进入者的事情。

（4）军事指挥者

例如在海湾战争期间，美国的航空公司就为美军运送了大量的人员和装备。

五、内部环境分析

1. 内部环境分析的作业步骤

第一步，对企业经营状况的主要方面进行调查，找出影响企业战略方向的因素，进行更深入的分析。这些方面被称之为内部战略要素。

第二步，通过有关分析方法，明确企业每一内部战略要素的作用，即这些要素到底是形成企业经营优势，还是形成企业劣势，同时据此确定关键战略要素。

第三步，根据上述内部分析结果，再结合企业外部环境的分析结果，就能确定企业的战略地位，企业管理当局可以以此为依据拟订战略方案。

内部环境通常包括资源和能力分析、核心竞争力分析、价值链分析、市场营销能力分析和财务分析等方面。

2. 资源和能力分析

（1）资源的类型与内容

	有形资源		无形资源
金融性资源	• 融资能力 • 企业内部产生现金流的能力	技术资源	• 专利、专有技术、贸易秘密、商标等知识产权 • 应用上述资源所需要的知识
物理性资源	• 设施及设备的性能和地理位置 • 获得原材料的渠道和价格	创新资源	• 高水平的管理人员及研发人员 • 新思维、新概念、新组合
人力资源	• 管理者及员工的素质、技术水平、骨干队伍情况、员工忠诚度 • 企业培训力量和水平	商誉	• 在用户中的声誉 • 品牌级别与名次 • 市场对质量和可靠性的印象 • 在供应商中的声誉

（2）产品线及竞争地位分析

①在本企业的产品或服务中，其优势和劣势是什么？是设计问题、质量问题、成本问题还是交货问题？

②企业是否具有使其获得竞争优势的某些专利？这些专利何时到期？

③本企业的产品或服务目前拥有多大的市场占有率？这个市场占有率的稳定程度如何？这个市场占有率是集中于少量的顾客还是分散的？市场占有率的变化趋势如何？

④本企业的产品或服务是否容易受到经济周期变化的影响？

⑤各种不同的产品线在市场营销、工程技术和生产制造等方面有多大的协同性？

⑥现在的和潜在的顾客怎样评价本企业的产品或服务？

⑦市场研究人员、研究与开发人员和推销人员是否在为新产品的开发而有效地工作？

（3）设施设备状况分析

①生产设备的数量是否充足？构成怎样？自动化程度如何？有无过剩的能力和扩充的可能？效率如何？

②所有生产设施（包括厂房面积等）是否很有效率？是否充足？有无扩充的余地？

（4）研究与开发能力分析

①各类研究与开发人员的数量、构成、知识结构如何？

②研究与开发人员的研究能力如何？是否已经开发出重要的新产品？

③研究试验设备的数量、构成及装备程度如何？

④研究经费是否充足？是否占销售额很大的比例？是否能够满足不断变化中的市场需求？

⑤研究与开发的组织管理能力如何？

（5）管理人员的数量及素质分析

①最高层管理人员是由什么人或群体构成的？他们的知识结构、年龄结构如何？

②最高管理层的管理风格是什么？呈现出什么样的管理模式（专制的还是参与的）？

③最高管理层中占统治地位的价值体系是什么？

④在涉及完成计划、降低成本和提高质量等实施和控制方面，中层管理人员和作业层管理人员

的数量及素质如何?

(6) 职工的人数及素质分析

①职工的人数是否充足?

②职工的技能和熟练程度怎样?这些技能是否能充分满足当前和未来的需要?

③职工的工作态度如何?出勤率怎样?以及职工的激励水平如何?

④本企业的工资政策是否合适?

⑤企业有无职工遴选、培训及晋升系统?

(7) 组织结构分析

①现有的组织结构是什么类型?

②是否有一个正式的组织结构图?

③组织结构中的责权关系是否明确?

④现有的组织结构在实现企业目标的工作中是否有效地合作并且是高效率的?

⑤每个组织结构的计划和控制工作是充分的还是过分烦冗的?

(8) 过去的目标和战略分析

①企业过去几年中的主要目标是什么?这些目标是否都已达到?这些目标是否适合企业自身?

②企业已采用了哪些战略?这些战略是否取得了成功?

3. 内部资源和能力分析评价表

表3-3　内部资源和能力分析评价表

分析项目	现状分析	机会	威胁	可能对策
无形资源				
产品线及竞争地位				
设施设备状况				
研究与开发能力				
管理人员的数量及素质				
职工的人数及素质				
组织结构				
过去的目标和战略				
其他				

4. 核心竞争力分析

(1) 什么是核心竞争力

核心竞争力,又称"核心能力"(Core Competence)、"核心竞争优势",是一个企业能够长期获得竞争优势的能力,是企业所特有的、能够经得起时间考验的、具有延展性,并且是竞争对手难以模仿的技术或能力。

企业核心能力是企业的组织文化、管理知识、经验、技术、智慧,以及如何协同不同的生产技能和整合多种技术知识的独特优势。

核心能力的本质是使企业获得为顾客提供价值的独一无二的能力。

当各种能力通过特殊方式组合在一起时,就能够创造核心能力,核心能力具有战略价值,使企业获得竞争优势。

20世纪80年代兴起的资源理论认为,最重要的超额利润源泉是企业长期积累形成的、独特的资源及其不可模仿和难以替代的竞争力——核心竞争力。战略必须建立在核心竞争力的基础上。

识别企业核心竞争力的标准有四个：

①价值性。这种能力首先能很好地实现顾客所看重的价值，如能显著地降低成本，提高产品质量，提高服务效率，增加顾客的效用，从而给企业带来竞争优势。

②稀缺性。这种能力必须是稀缺的，只有少数的企业拥有它。

③不可替代性。竞争对手无法通过其他能力来替代它，它在为顾客创造价值的过程中具有不可替代的作用。

④难以模仿性。核心竞争力还必须是企业所特有的，并且是竞争对手难以模仿的，也就是说它不像材料、机器设备那样能在市场上购买到，而是难以转移或复制的。这种难以模仿的能力能为企业带来超过平均水平的利润。

几个知名企业的核心竞争力比较

腾讯的核心竞争力：
- 即时通信体系。
- 账号体系，腾讯的账号体系及等级体系相当完善。
- 金融体系，虚拟流通货币——Q币、支付系统财付通。
- 数字化内容的增值服务。互联网增值业务，占据其公司总收入的80%。

沃尔玛的核心竞争力：
- 天天平价——"天天平价"作为沃尔玛长期奉行的经营宗旨。
- 顾客至上——沃尔玛的顾客关系哲学是：顾客是老板，顾客永远是对的。
- 高效的物流配送系统。
- 管理手段的信息化。
- 独特的企业文化。

加多宝的核心竞争力：
- 拥有祖传的配方。
- 强大的营销策划。
- 成熟的营销团队。

（2）核心竞争能力的培育

建立核心竞争能力的关键在于持之以恒。而做到这一点，首先企业内部对建立与支持哪些能力应该意见一致。其次，负责建立能力的管理班子应保持相对稳定。培养新核心竞争能力的方法主要有以下四种：

集中法：通过统一目标，加大对核心技术、技能的资金投入与人才配置，组建竞争能力开发团队等方法提高内部资源配置的效率。

借用法：通过与其他厂商、研究机构、主要客户形成联盟，如合资、合营、授权等，从中获得并消化吸收合作伙伴的技术和技能。

收购法：通过收购具有相关核心技术或竞争能力的企业或组织（并确保其在收购后不流失），而快速强化目标专长或竞争能力。

融合法：将若干相关生产技术、各功能领域技术（研发、生产、营销和服务等）、自有的和借用或收购的技术等加以有效整合。

（3）核心竞争能力的保持

核心竞争能力丧失的原因：

①核心竞争能力携带者的流失。

②与其他企业的合作。如日本一些企业通过战略联盟从西方获得大量的技术能力。

③放弃某些经营业务。如通用电气、摩托罗拉等公司从1970年至1980年先后退出彩电行业，

从而失去各自在影视像技术方面的优势。

④核心竞争能力逐渐被竞争对手所模仿,成为行业中必备的能力。

保护核心竞争能力的措施:

①培养核心竞争能力携带者的忠诚度。

②自行设计和生产核心产品。可口可乐公司自行配制糖浆就是一个很好的例子。

③谨慎处理某些经营不善的业务,要充分考虑转让或放弃业务所造成的影响。

④加强对企业核心技术的保密措施与管理制度。

⑤不断对现有核心技术或技能进行改良与改进,保持其在行业内的领先地位。

企业的核心竞争能力不是一成不变的,某个企业的核心竞争能力可能最终被竞争对手所成功模仿,并随着时间的推移,逐渐成为行业内的一种基本技能。

例如,在20世纪80年代,快捷优质的上门服务无疑是某家电企业的核心竞争能力。而如今各家电企业之间售后服务水平的差距已经大大缩小了,此时售后服务水平已经不是这家企业的核心竞争能力。这种变化在许多行业中都到处可见。

因此,企业应该以动态的观点看待企业的核心竞争能力,随时对自身的能力与外界(如竞争对手和行业水平)进行比较和评估,并不断对优势进行加强,以保持持久的核心竞争能力。

5. 价值链分析

(1) 什么是价值链分析法

由美国哈佛商学院著名战略学家迈克尔·波特提出的"价值链分析法"(如图3-6),把企业内外价值增加的活动分为基本活动和支持性活动,基本活动涉及企业生产、销售、进料后勤、发货后勤、售后服务。支持性活动涉及人事、财务、计划、研究与开发、采购等,基本活动和支持性活动构成了企业的价值链。

不同企业参与的价值活动中,并不是每个环节都创造价值,实际上只有某些特定的价值活动才真正创造价值,这些真正创造价值的经营活动,就是价值链上的"战略环节"。企业要保持的竞争优势,实际上就是企业在价值链某些特定的战略环节上的优势。

运用价值链的分析方法来确定核心竞争力,就是要求企业密切关注组织的资源状态,要求企业特别关注和培养在价值链的关键环节上获得重要的核心竞争力,以形成和巩固企业在行业内的竞争优势。

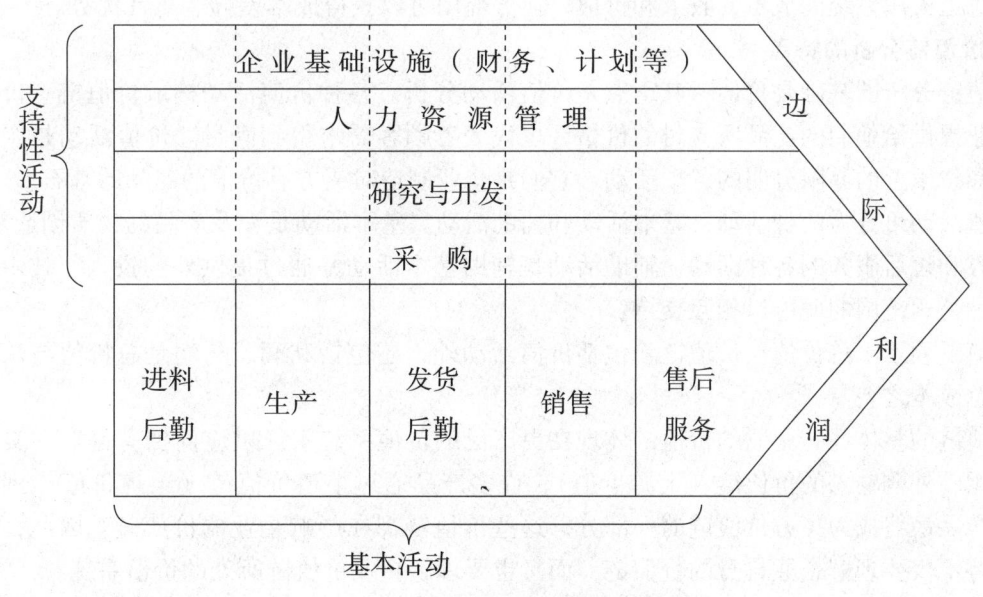

图3-6 波特价值链图

基本活动有 5 种类型：

①进料后勤：与接收、存储和分配相关联的各种活动，如原材料搬运、仓储、库存控制、车辆调度和向供应商退货。

②生产作业：与将投入转化为最终产品形式相关的各种活动，如机械加工、包装、组装、设备维护、检测等。

③发货后勤：与集中、存储和将产品发送给买方有关的各种活动，如产成品库存管理、原材料搬运、送货车辆调度等。

④销售：与提供买方购买产品的方式和引导它们进行购买相关的各种活动，如广告、促销、销售队伍、渠道建设等。

⑤服务：与提供服务以增加或保持产品价值有关的各种活动，如安装、维修、培训、零部件供应等。

支持性活动可以被分为 4 种基本类型：

①采购与物料管理：指购买用于企业价值链各种投入要素的活动，采购既包括企业生产原料的采购，也包括支持性活动相关的购买行为，如研发设备的购买等；另外亦包含物料的管理作业。

②研究与开发：每项价值活动都包含着技术成分，无论是技术诀窍、程序，还是在工艺设备中所体现出来的技术。

③人力资源管理：包括涉及所有类型人员的招聘、雇佣、培训、开发和报酬的各种活动。人力资源管理不仅对基本和支持性活动起到辅助作用，而且支撑着整个价值链。

④企业基础制度：企业基础制度支撑了企业的价值链条。如质量体系、行政制度、信息系统、会计制度等。

对企业价值链进行分析的目的在于分析公司运行的哪个环节可以提高顾客价值或降低生产成本。对于任意一个价值增加行为，关键问题在于：

①是否可以在降低成本的同时维持价值（收入）不变；

②是否可以在提高价值的同时保持成本不变；

③是否可以降低工序投入的同时能保持价值（收入）不变；

④更为重要的是，企业能否可以同时实现前三条。

价值链的框架是将链条从基础材料到最终用户分解为独立工序，以理解成本行为和差异来源。通过分析每道工序系统的成本、收入和价值，业务部门可以获得成本差异、累计优势。

（2）价值链分析的特点

①价值链分析的基础是价值，其重点是价值活动分析。各种价值活动构成价值链。价值是买方愿意为企业提供给他们的产品所支付的价格，也代表着顾客需求得到满足。价值活动是企业所从事的物质上和技术上的界限分明的各项活动。它们是企业制造对买方有价值的产品的基石。

②价值活动可分为两种活动：基本活动和辅助活动。基本活动是涉及产品的物质创造及其销售、转移给买方和售后服务的各种活动。辅助活动是辅助基本活动并通过提供外购投入、技术、人力资源以及各种公司范围的职能以相互支持。

③价值链列示了总价值。价值链除包括价值活动外，还包括利润，利润是总价值与从事各种价值活动的总成本之差。

④价值链的整体性。企业的价值链体现在更广泛的价值系统中。供应商拥有创造和交付企业价值链所使用的外购输入的价值链（上游价值），许多产品通过渠道价值链（渠道价值）到达买方手中，企业产品最终成为买方价值链的一部分，这些价值链都在影响企业的价值链。因此，获取并保持竞争优势不仅要理解企业自身的价值链，而且也要理解企业价值链所处的价值系统。

⑤价值链的差异性。不同的产业具有不同的价值链。在同一产业，不同的企业的价值链也不同，这反映了他们各自的历史、战略以及实施战略的途径等方面的不同，同时也代表着企业竞争优势的

一种潜在来源。

（3）价值链分析的意义

①行业分析

价值链上的每一项价值活动都会对企业最终能够实现多大的价值造成影响。进行价值链研究，就是要在深入行业价值链"经济学"的基础上，对其影响的方面和影响程度进行深入的考察，充分权衡其中的利弊，以求得最佳的投资方案（最佳价值链结构）。

②形成竞争优势

企业的任何一种价值活动都是经营差异性的一个潜在来源。企业通过进行与其他企业不同的价值活动或是构造与其他企业不同的价值链来取得差异优势。真正重要的是，企业的经营差异战略必须为顾客所认同。另外经营差异必须同时控制实现差异经营的成本，以便将差异性转化为显著的盈利能力。

③找到关键控制点

在企业的价值活动中增进独特性，同时要求能够控制各种独特性驱动因素，控制价值链上有战略意义的关键环节。

（4）价值链分析的内容

①企业内部价值链分析

企业内部价值链的分析旨在找出企业在内部价值链各个环节上的不增值的作业和成本与价值不适配的作业予以消除和改进，从而降低成本。内部价值链分析是对企业内部设计、开发、生产、销售及服务等互相影响的价值活动进行分析，寻找企业成本发生动因和价值增值的分布情况。

在具体的分析过程中，引入作业成本法，将内部作业链作为内部价值链的物质载体，对作业链上的每项作业进行分析，根据作业变动与价值变动的关系，将作业区分为增值作业和非增值作业，剔除非增值作业，从而实现内部价值链的最大增值。通过对企业内部价值链的分析，还可以考虑以内部价值链为基础，在横向和纵向价值链上寻求降低成本的新途径。

②企业纵向（行业）价值链分析

企业纵向价值链分析旨在通过将企业价值生产作业活动和那些企业的供应商和购买商联系起来，明确企业在整个行业的价值链中的地位，通过前向和后向整合，以达到扩大企业竞争优势的目的。

通过对供应商和购买商的价值链分析，可以帮助企业与其上下游企业建立起战略合作伙伴关系，形成稳定的供应和销售渠道；可以将价值链的分析延伸到供应商的供应商及购买商的购买商的价值链，帮助企业的上下游企业进行价值链的再造，以节约企业的采购成本和销售成本；可以考虑采用最经济的联系方式，达成与上下游企业价值链的合理对接；可以通过价值链的前向和后向整合，对供应商或购买商实施兼并，以增强企业的成本竞争优势。对企业纵向价值链的分析，还可以使企业在所处的行业中进行合理定位，基于自身所具备的优势选择适合自己的领域。

③企业横向（竞争对手）价值链分析

企业横向价值链分析主要是对同行业竞争对手的价值链进行分析。由于竞争对手生产过程中的内部成本、收入和资产等信息一般很难得到，因此，定量分析通常是不可行的。然而，竞争对手在价值生成过程中的定性信息及其战略通常是可以获得的。

企业通过了解竞争对手在生产价值链的每一环节上是如何完成任务以及成本情况，将结果同本企业的价值链分析结果进行比较，就可以利用定性分析的方法明确企业的相对成本地位，即同竞争对手相比是处于成本竞争优势还是劣势，从而采取一定的战略行动，消除成本劣势、创造成本优势。企业在分析竞争对手价值链的同时，也会发现同一指标的更先进的水平，那么可以以此来建立标杆，衡量和改进自身的经营生产活动，降低成本，提高成本竞争力。

(5) 价值链分析实例

【案例】某钢绳厂通过价值链分析实施"模拟市场核算、实现目标利润"的成本管理模式。

① 内部价值链分析

a. 在内部后勤环节原材料价值是关键，在采购上，采取招标竞价，同样质量谁价格低就使用哪家材料。同时，在材料质量控制上派驻质检人员到供应商现场控制，合格方可交货，来料进厂直接入库，减少了IQC检验的环节和检验成本。

b. 在生产作业环节上，该厂通过全员、全过程的全面成本管理，把降低成本的重点首先放在充分挖掘现有设备潜力上；其次放在技术改造上，对钢丝绳生产线进行五次技术改造，提高生产效率和产品质量。

c. 在外部后勤环节上，加强库存管理，采用零库存管理模式，及时调度、发运，降低库存成本。

d. 在市场销售环节，建立统一定价制度，确定最低销售价格，任何人没有权利降价，鼓励在不降低市场占有率的前提下尽可能提高价格。

通过上述对钢绳厂内部价值链的分析可以看出，通过对内部价值链上每一作业进行分析，优化增值作业，消除不增值作业，达到从企业内部降低成本的目的。

② 外部价值链分析

a. 与供应商建立战略联盟。

第一，建立为供应商提供服务的部门。在企业内部的组织结构上进行调整，成立专门的部门为供应商提供服务。

第二，产品开发与生产过程中实施供应商及早参与制。产品成本中有70%~80%是在设计中确定的，因而，在产品开发过程中寻求成本降低的机会是非常重要的。在产品开发过程中采取供应商参与合作方式，它的优点在于让供应商及早了解本企业开发新产品所需要的材料，实施并行开发，缩短开发周期。

第三，增进交流与协作。邀请供应商方面的技术人员与企业的技术人员共同工作。这样不但可以增进彼此的信任，还有助于及时的交流和合作，互相启迪增强双方的技术实力。

第四，长期承诺。给予更多的供应商更长时间的合作承诺可以有力地稳定供应商队伍，使双方更容易建立长期的合作关系，加强双方的信任和理解。

b. 与销售商建立战略联盟。

销售商比企业更能贴近顾客。销售商是市场信息和情报的来源、顾客的代言人、咨询者和问题的解决人。销售商不仅仅是一条通向消费者的渠道，在销售前后为顾客提供宽范围的服务方面，销售商也扮演着重要的角色。所以，只有企业与销售商建立密切战略联盟才可以及时获得产品使用情况的信息反馈，为进一步改进产品、研制新产品奠定基础，进一步完善售后服务降低消费者的使用成本，使顾客价值最大化，提升产品的竞争力。

钢绳厂应建立混合型的营销模式，既建立自己的销售渠道，又保留各级经销商的空间。与国内外主要经销商建立战略联盟，进一步稳固经销商的队伍，与经销商之间的合作由简单的契约型关系转向战略合作伙伴关系。

6. 市场营销能力分析

市场营销能力分析将从市场、渠道、产品和技术创新等多角度对企业进行内部评估。

(1) 市场分析包括

- 总体销售成长分析
- 分产品销售成长分析
- 细分市场分析
- 地区市场分析
- 消费群分析
- 消费选购因素分析
- 市场成功因素分析
- 营销投入分析

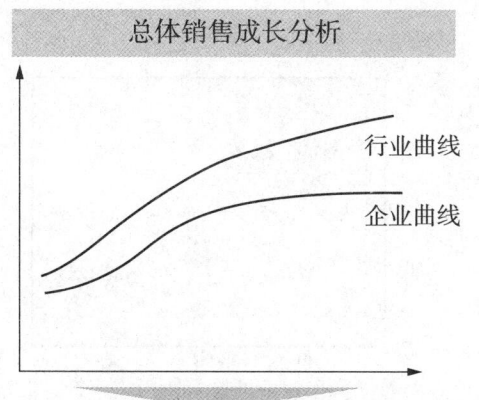

图 3-7 销售成长分析图

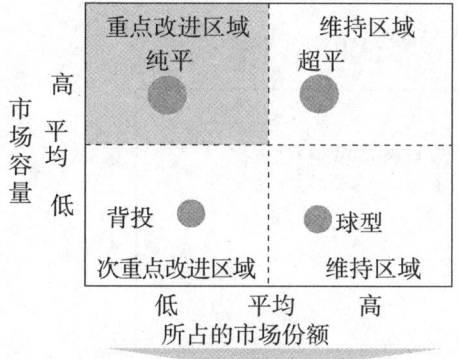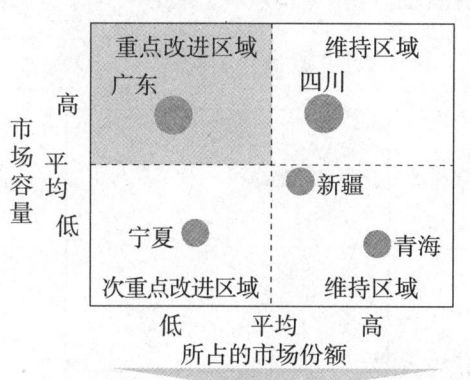

图 3-8 细分市场分析图

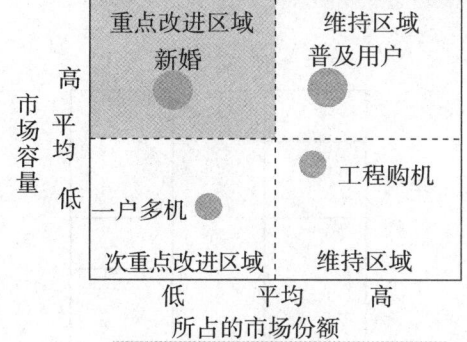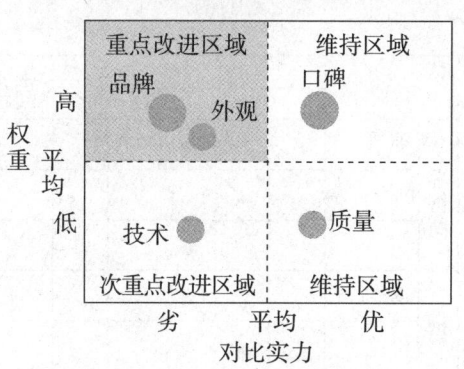

图 3-9 消费者分析图

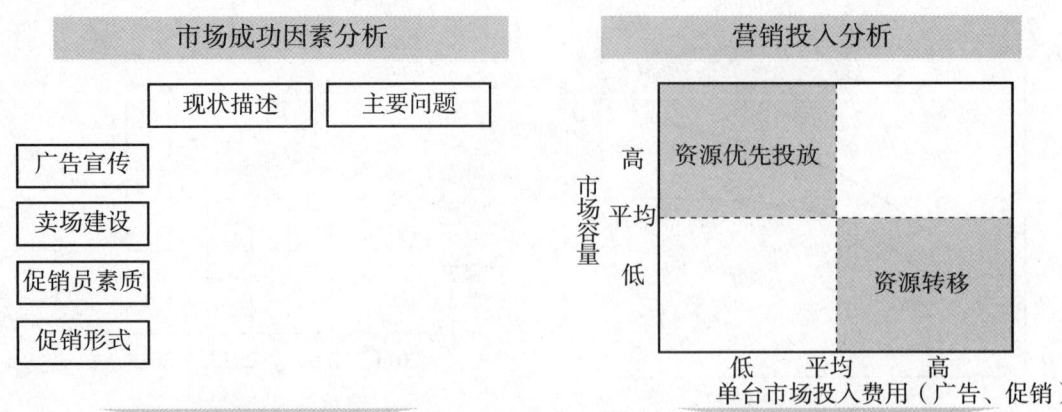

图 3-10 市场成功和营销投入分析图

(2) 渠道分析包括

- 渠道利用分析
- 渠道激励分析
- 渠道铺货分析
- 客户分析

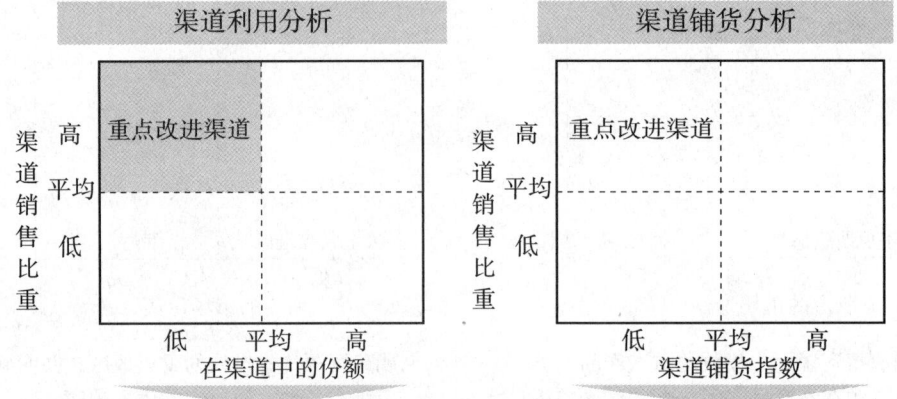

图 3-11 渠道利用和铺货分析图

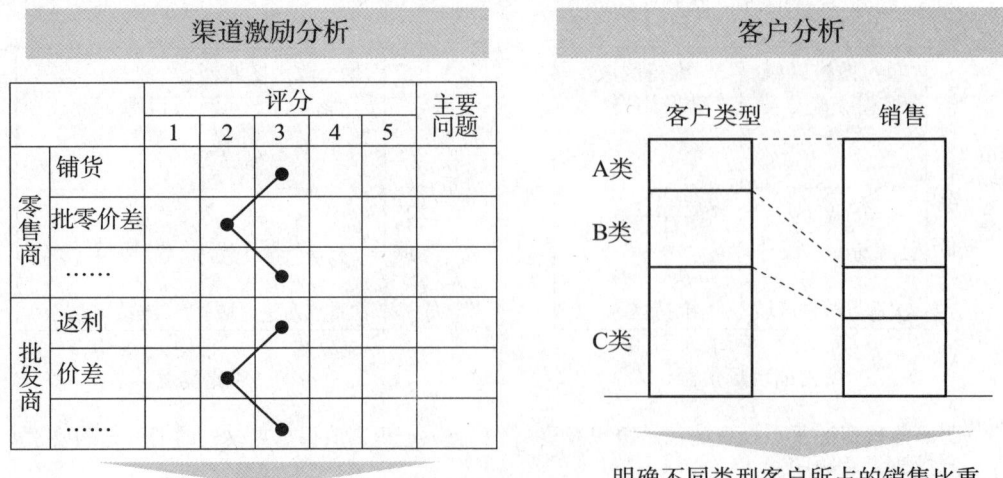

图 3-12 渠道激励和客户分析图

(3) 产品分析包括
- 销售分布分析
- 产品型号分析
- 利润分布分析
- 生命周期分析

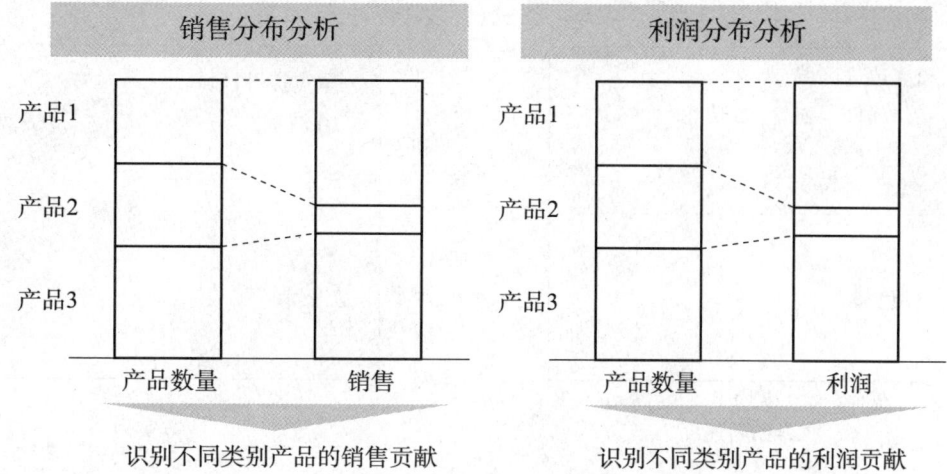

图 3-13 销售分布和利润分布图

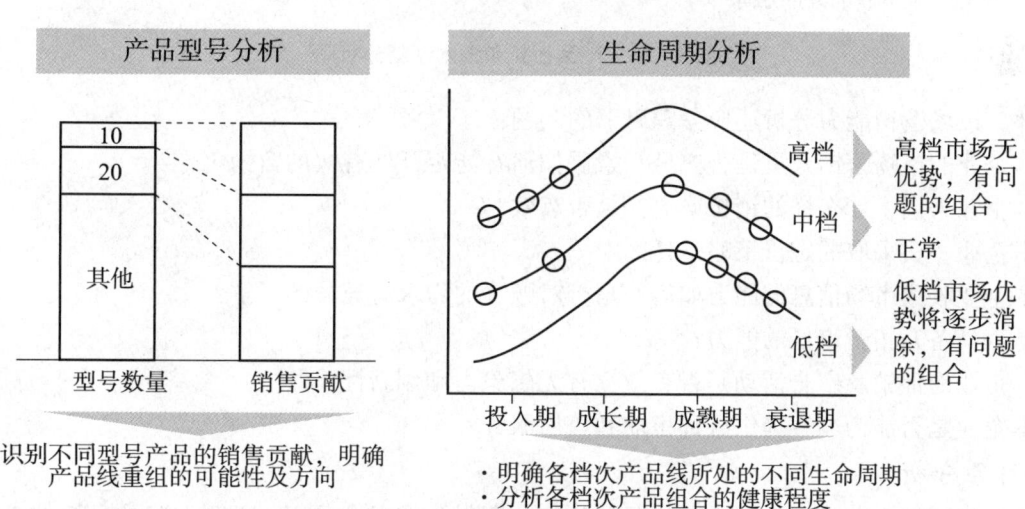

图 3-14 产品型号和生命周期分析图

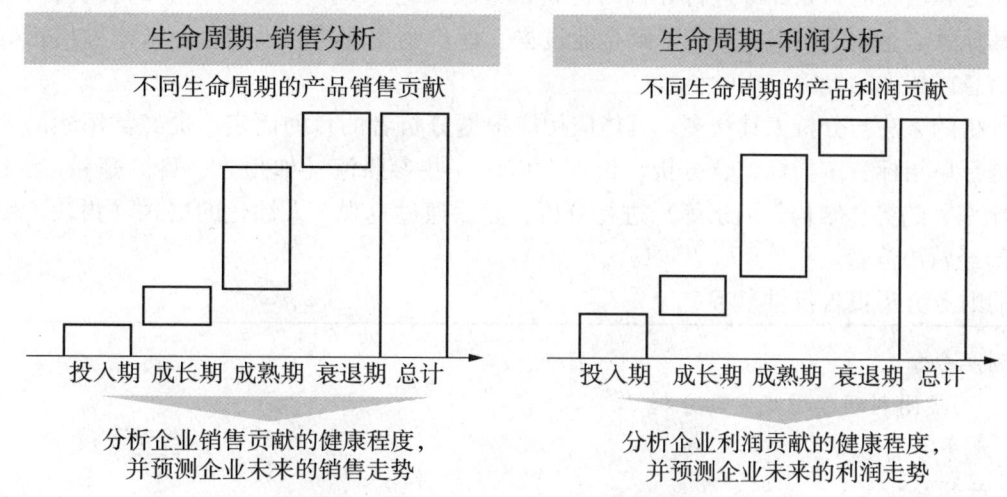

图 3-15 生命周期销售和利润分析图

(4) 技术创新分析包括

- 产品创新分析
- 技术创新分析

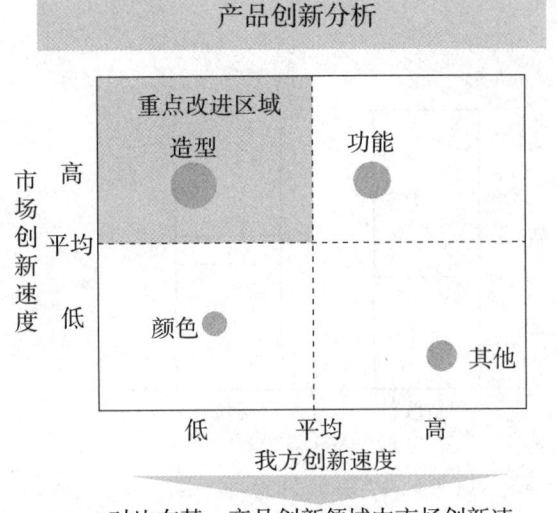
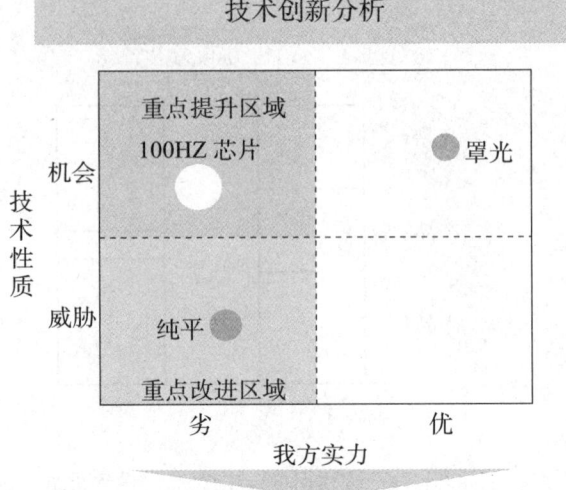

图 3-16 产品创新和技术创新分析图

此外，市场营销能力分析还应考虑以下的问题：

①本企业的市场营销人员是否充足？素质如何？能否开展有效的营销工作？
②本企业采用了什么样的销售渠道？是否有效？
③本企业一贯采取的定价策略是什么？
④本企业收集市场信息的能力如何？是否对顾客的需求有充分的了解？
⑤是否具备开拓新市场的能力？
⑥本企业的促销及广告活动是否有效？有无想象力和创新性？
⑦本企业是否能为顾客提供各种售前和售后服务？

7. 财务分析

财务分析是以会计核算和报表资料及其他相关资料为依据，采用一系列专门的分析技术和方法，对企业等经济组织过去和现在有关筹资活动、投资活动、经营活动、分配活动的盈利能力、营运能力、偿债能力和增长能力状况等进行分析与评价的经济管理活动。它是为企业的投资者、债权人、经营者及其他关心企业的组织或个人了解企业过去、评价企业现状、预测企业未来做出正确决策提供准确的信息或依据的经济应用学科。

财务分析的方法与分析工具众多，具体应用应根据分析者的目的而定。最经常用到的还是围绕财务指标进行单指标、多指标综合分析、再加上借用一些参照值（如预算、目标等），运用一些分析方法（比率、趋势、结构、因素等）进行分析，然后通过直观、人性化的格式（报表、图文报告等）展现给经营决策者。

以下的财务分析报告仅供参考：

一、利润分析
  （一）集团利润额增减变动分析
  1. 水平分析
  2. 结构分析

(二) 各生产分部利润分析
1. 生产本部利润增减变动分析
2. 分公司利润增减变动分析
二、收入分析
(一) 销售收入结构分析
(二) 销售收入的销售数量与销售价格分析
(三) 销售收入的赊销情况分析
三、成本费用分析
(一) 产品销售成本分析
(二) 各项费用完成情况分析
四、现金流量表分析
(一) 现金流量表增减变动分析
(二) 现金流量分析
五、有关财务指标分析
(一) 获利能力分析
(二) 短期偿债能力分析
(三) 长期偿债能力分析
六、存在问题及分析
(一) 销售成本的增长率大于产品销售收入的增长率
(二) 借款增加，获利能力降低，偿债风险加大
七、意见和改进措施

重点关注：

现代企业竞争是管理的竞争。面对日益萎缩的利润空间，我们需要知道：居高不下的成本究竟是客观原因还是主观原因造成的？材料利用率能否控制？现销收入能否更多些？赊销收入资金回笼能否更快些？在产销两旺的形势下，企业资金能否良性循环？

六、外部环境和内部环境综合分析——SWOT 分析

1. 什么是 SWOT 分析

所谓 SWOT 分析，即基于内外部竞争环境和竞争条件下的态势分析，就是将与研究对象密切相关的各种主要内部优势、劣势和外部的机会和威胁等，通过调查列举出来，并依照矩阵形式排列，然后用系统分析的思想，把各种因素相互匹配起来加以分析，从中得出一系列相应的结论，而结论通常带有一定的决策性。

SWOT 分析法是用来确定企业自身的竞争优势、竞争劣势、机会和威胁，从而将公司的战略与公司内部资源、外部环境有机地结合起来的一种科学的分析方法。

运用这种方法，可以对研究对象所处的情境进行全面、系统、准确的研究，从而根据研究结果制定相应的发展战略、计划以及对策等。SWOT 分析模型见图 3-17。

(1) 优势与劣势分析（SW）

由于企业是一个整体，并且由于竞争优势来源的广泛性，所以在做优劣势分析时必须从整个价值链的每个环节上，将企业与竞争对手做详细的对比。如产品是否新颖，制造工艺是否复杂，销售渠道是否畅通，以及价格是否具有竞争性等。如果一个企业在某一方面或几个方面的优势正是该行业企业应具备的关键成功要素，那么，该企业的综合竞争优势也许就强一些。衡量一个企

内　部　环　境	
优势 Strengths	劣势 Weakness
机会 Opportunities	威胁 Threats

外　部　环　境

图 3-17　SWOT 分析传统矩阵示意图

业及其产品是否具有竞争优势，只能站在现有潜在用户角度上，而不是站在企业的角度上。

（2）机会与威胁分析（OT）

随着经济、社会、科技等诸多方面的迅速发展，特别是世界经济全球化、一体化进程的加快，全球信息网络的建立和消费需求的多样化，企业所处的环境更为开放和动荡。这种变化几乎对所有企业都产生了深刻的影响。正因为如此，环境分析成为一种日益重要的企业职能。

环境发展趋势分为两大类：一类表示环境威胁，另一类表示环境机会。环境威胁指的是环境中一种不利的发展趋势所形成的挑战，如果不采取果断的战略行为，这种不利趋势将导致公司的竞争地位受到削弱。环境机会就是对公司行为富有吸引力的领域，在这一领域中，该公司将拥有竞争优势。

优劣势分析主要是着眼于企业自身的实力及其与竞争对手的比较，而机会和威胁分析将注意力放在外部环境的变化及对企业的可能影响上。在分析时，应把所有的内部因素（优劣势）集中在一起，然后用外部的力量来对这些因素进行评估。

2. SWOT 分析方法的应用

（1）SWOT 方法的应用范围

①制定公司发展战略

②竞争对手分析

③市场定位

④个人职业规划

（2）SWOT 分析的内容

SWOT 分析法常常被用于制定企业发展战略和分析竞争对手情况，在战略分析中，它是最常用的方法之一。进行 SWOT 分析时，主要有以下几个方面的内容：

优势	劣势
优势，是企业的内部因素，具体包括： • 技术技能优势 • 有形资产优势 • 无形资产优势 • 人力资源优势 • 组织体系优势 • 竞争能力优势 如有利的竞争态势；充足的财政来源；良好的企业形象；技术力量；规模经济；产品质量；市场份额；成本优势；广告攻势等。	劣势，也是企业的内部因素，具体包括： • 缺乏具有竞争意义的技能技术 • 缺乏具有竞争力的 有形资产 无形资产 人力资源 组织资产 如设备老化；管理混乱；缺少关键技术；研究开发落后；资金短缺；经营不善；产品积压；竞争力差等。
机会	**威胁**
机会，是企业的外部因素，具体包括：新产品；新市场；新需求；外国市场壁垒解除；竞争对手失误等。例如 • 客户群的扩大趋势或产品细分市场 • 技能技术向新产品新业务转移 • 前向或后向整合 • 市场进入壁垒降低 • 获得购并竞争对手的能力 • 市场需求增长强劲，可快速扩张 • 出现向其他区域扩张，扩大市场份额的机会	威胁，也是企业的外部因素，具体包括：新的竞争对手；替代产品增多；市场紧缩；行业政策变化；经济衰退；客户偏好改变；突发事件等。例如 • 出现将进入市场的强大的新竞争对手 • 替代品抢占公司销售额 • 主要产品市场增长率下降 • 汇率和外贸政策的不利变动 • 人口特征，社会消费方式的不利变动 • 客户或供应商的谈判能力提高 • 市场需求减少

（3）SWOT 分析提问思考

优势（STRENGTHS）	劣势（WEAKNESSES）
1. 擅长什么？ 2. 组织有什么新技术？ 3. 能做什么别人做不到的？ 4. 和别人有什么不同的？ 5. 顾客为什么青睐？ 6. 最近因何成功？	1. 什么做不来？ 2. 缺乏什么技术？ 3. 别人有什么比我们好？ 4. 不能够满足何种顾客？ 5. 最近因何失败？

机会（OPPORTUNITIES）	威胁（THREATS）
1. 市场中有什么适合我们的机会？ 2. 可以学什么技术？ 3. 可以提供什么新的技术/服务？ 4. 可以吸引什么新的顾客？ 5. 怎样可以与众不同？ 6. 组织在5-10年内的发展？	1. 市场最近有什么改变？ 2. 竞争者最近在做什么？ 3. 是否赶不上顾客需求的改变？ 4. 政治环境的改变是否会伤害组织？ 5. 是否有什么事可能会威胁到组织的生存？

（4）成功应用 SWOT 分析法的简单规则

①进行 SWOT 分析的时候必须对公司的优势与劣势有客观的认识；

②进行 SWOT 分析的时候必须区分公司的现状与前景；

③进行 SWOT 分析的时候必须考虑全面；

④进行 SWOT 分析的时候必须与竞争对手进行比较，比如优于或是劣于你的竞争对手；

⑤保持 SWOT 分析法的简洁化，避免复杂化与过度分析。

（5）制定行动计划

在完成 SWOT 分析后，便可以制定出相应的行动计划。制定计划的基本思路是：发挥优势，克服劣势，利用机会，避免威胁；考虑过去，立足当前，着眼未来。运用系统分析的综合分析方法，将排列与考虑的各种因素相互匹配起来加以组合，得出一系列公司未来发展的可选择对策。

3. SWOT 案例分析

【案例1】 一个食品公司的 SWOT 分析矩阵

内部优势与劣势 外部机会与威胁	优势（S） 1. 流动比率增长到2.52% 2. 盈利率上升到6.94% 3. 员工士气高昂 4. 拥有新的计算机信息系统 5. 市场份额提高到24%	劣势（W） 1. 法律诉讼尚未了结 2. 工厂设备利用率已降到74% 3. 缺少一个战略管理系统 4. 研究开发支出增加了31% 5. 对经销商的激励不够有效
机会（O） 1. 西欧的联合 2. 用户选购商品对健康因素的关切 3. 亚洲自由市场经济的兴起 4. 对汤料的需求每年增长10% 5. 美国与墨西哥自由贸易协定	SO 战略 1. 收购欧洲食品公司（S1、S5、O1） 2. 在墨西哥建厂（S2、S5、O5） 3. 开发新的健康汤料（S3、O2） 4. 组建在亚洲销售汤料的合资企业（S1、S5、O3）	WO 战略 1. 建立在欧洲销售汤料的合资企业（W3、O1） 2. 开发新的 Pepperidge Farm 产品（W1、O2、O4）
威胁（T） 1. 食品销售收入每年仅增长1% 2. ConAgra's Banuqet 牌食品以27.4%的市场份额处于领先地位 3. 不稳定的亚洲经济 4. 罐头盒不能被生物降解 5. 美元贬值	ST 战略 1. 开发新的微波炉加热食品（S1、S5、T2） 2. 开发新的可生物降解的汤料包装（S1、T4）	WT 战略 1. 停止在欧洲的不营利业务（W3、T3、T5） 2. 多元化经营、进入非汤料食品市场（W5、T1）

机会/威胁—优势/劣势的配对方法和应对：两个机会战略

一方面，从外部环境的角度出发，当企业面临某个市场机会组合时，为了利用这个机会，企业所需要拥有的内部资源可能落在自己的优势栏，也可能落在劣势栏。

另一方面，公司也可以从自身的优劣势角度出发去寻找机会，或者为了进一步发挥优势，或者为了弥补劣势。

WO（劣势—机会）战略
- 从机会角度，适用这种战略的条件是存在有利的市场机会，但企业的劣势却妨碍着这种机会的利用。因此，关键在于如何消除这种劣势来利用这种有利的机会。
- 或者从内部条件出发，这个战略的目标是通过抓住外部机会来弥补内部的劣势。

SO（优势—机会）战略
- 这个战略的目标是通过发挥企业内部优势而充分利用外部机会。
- 理想的战略状况是，实行这种战略可以实现利用外部机会与内部优势提升相互促进。
- 在战术的运用上可以加速发展，进一步巩固和扩大优势，并赢得在机会面前更大的主动权。

机会/威胁—优势/劣势的配对：两个威胁应对战略（一般非企业的主战略）

当外部的威胁不得不面对时，企业内部有优势者应理性地权衡内外部的博弈，考虑内外力量的对比和外部的趋势是否可逆。

当外部的威胁直击内部的软肋时，建议防御、撤退或着手变革。

WT（劣势—机会）战略
— 防御性战略为主：旨在减少内容劣势，同时回避外部环境的威胁。
— 如果面对的是市场威胁，建议适当收缩和撤退，寻求其它机会，或进行变革管理以化解困境。

ST（优势—威胁）战略
— 理性考虑博弈，利用本企业的优势扭转、回避或减轻外部的威胁影响。
— 有时候适当撤退或妥协也是可取的。
— 当面临市场的威胁时，应当考虑某种变革或采取收割战略。

【案例2】 某机械零件加工企业的SWOT分析

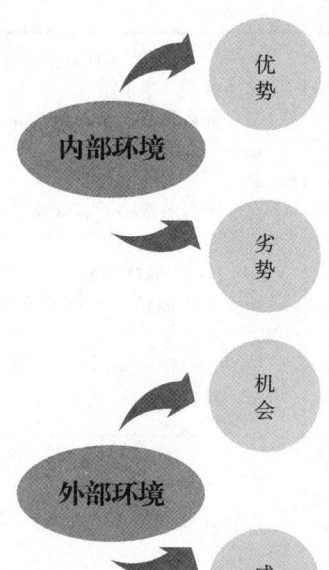

内部环境
- 优势：
  1. 跟客户研发时一起做起，对产品隐性需求了解；
  2. 客服反应及时，客户较满意；
  3. 设备基本是通用设备，业务扩展范围广泛；
  4. 生产技工基本稳定，对产能有保障。
- 劣势：
  1. 管理水平偏低，管理人员提升速度太慢；
  2. 技术人员欠缺，技术能力偏低；
  3. 生产工艺不完整，生产控制不稳定；
  4. 质量控制欠缺，未形成有效的质量控制体系；
  5. 管理成本较高，利润被吞噬。

外部环境
- 机会：
  1. 客户BYD在新能源车研发方面属国内领先，新能源车是未来全球的发展趋势；
  2. 国家大力支持此行业；
  3. 公司品牌在外已有一定知名度，利于新客户的开发。
- 威胁：
  1. 汽车产品、价格竞争大；竞争对手实力雄厚，可能影响产品利润；新能源车发展缓慢，短期内难有大的销售增长；
  2. 主要客户DL今年订单下滑，明年从全球市场环境看客户难有大的增长。

【案例3】 某管材生产企业的SWOT分析

SWOT 分析	优势—S 1. 管材销售市场成熟，产品质量稳定。 2. 融资能力强。 3. 屯河品牌知名度高。 4. 滴灌、管材生产进口线先进，技术领先。 5. 产品组合合理（PVC-PE-F E 地膜滴灌带）配套能力。	弱势—W 1. 滴灌销售市场无基础，产品营销系统技术支持力量薄弱，缺乏实际经验。 2. 滴灌缺乏与科研院校的合作沟通研发力极弱。 3. 营销网络不健全，延习传统模式。 4. 产品市场覆盖率面低、窄。市场占有率低。 5. 产品成本高不具备价格竞争优势。 6. 行业特点"季节性"限制产品销售。
机会—O 1. 边缝式产品在应用中的缺陷无法满足用户造成用户被动，是因为市场无同价能弥补边缝式不足的产品。 2. 节水行业领先者，争取国家政策、地方政策引导鼓励推广高效节水。 3. 管材应用领域不断扩大需求，具有增强潜力，互补产业逐渐萎缩。 4. 上游供应商原料价格呈季节性波动。 5. 目前市场竞争者滴灌带产品单一。	O1s1：滴灌产品依托管材已进入的市场，进入门槛低，销售费用减少。 O2s1：管材抓住时机，依托节水市场，扩大销售额。 O4s2：利用融资能力强的优势减小价格的波动。 O5s2：利用融资能力强的优势寻求合作，扩大自己的产品种类。 O1s4：通过各种宣传途径，将先进性与落后性进行对比。 O5s5：加强软性连带销售。	O1w1：加强销售人员的培训工作，特别是产品的差异化。 O2w1：依托政策引导消费。 O3w1：依托管材市场。 O5w2：依托科研单位共同开发换代产品。 O2w6：树立企业形象，造就品牌产品。
威胁 T 1. 市场竞争激烈，尤其是大田市场进入壁垒低，小型生产企业蜂拥直上。 2. 农产品获利能力弱，因此用户需要投入低的节水产品。 3. 工业品市场的产品技术差别正在逐步缩小。 4. 众多企业进入，竞争强。 5. 产业面临"淡季"的威胁。	T3s1：依托现有品牌，降低管理费用，加强营销队伍培训。 T5s1：扩大销售服务面积，考虑进入内地市场，做到淡季不淡。 T3s4：强化自身质量管理，加大产品差异化。 T2s5：将灌溉系统配套销售，提高销量，降低售价，减少农民投入。	1. 抓准边缝式产品在应用中存在的缺陷、通过强调产品差异化来满足用户未被完全满足的需要。 2. 同相关科研院校合作，提高社会知名度。 3. 管材产品成本高，工业品市场的技术差别正在逐步缩小相应行动：利用融资能力较强的优势和上游供应商的成本因素下降结合起来，缩小与竞争对手在价格上的距离以弥补这一劣势和消除威胁。 4. 劣势——威胁：管材产品市场份额低，发挥产品关联性强和规模和整合优势，提高产品覆盖率，不断提高市场占有率，在价格上形成竞争优势。 5. 劣势——威胁：产品销售受"季节"限制，产业面临"淡季"的威胁相应行动：研究与开发相关替代产品。

SWOT 分析协助战略决策应用要注意一些问题：

（1）弘扬优势，把优势绝对地放在第一位，优势分析未彻底的时候，不要去谈问题。不能把"扬长"和"补短"同等对待。把有限的资金和精力放在优势上，优势会放大。把有限的资金和精力放在问题上，可能问题都解决不完。

（2）大家陷入寻找错误的陷阱。言必问题，讨论问题多了就上瘾，时间一长就会越过"优势"，陷在弱势里面，看不到西瓜光捡芝麻。或者盲目乐观主义者，他们只看到优势看不到劣势，或者无限夸大优势而忽视劣势，最终当威胁突然来临的时候只能会迅速走向失败。

（3）从战略高度看，由于企业的资源和力量总是有限的，不去追求企业的全面优势，而是建立企业的相对优势是十分重要的，工作的重点在于建立和扩大与市场机会相匹配的优势，而补短应当是在环境中提供的机会大体与企业内部中的长处相配合，但又存在个别劣势因素，那么应设法克服。

第七节　企业战略制定和选择

企业战略管理可分为三个层次：公司战略（corporate strategy）、业务战略或竞争战略（business strategy）和职能战略（functional strategy）。

三个层次的战略都是企业战略管理的重要组成部分，但侧重点和影响的范围有所不同，见图 3-18。

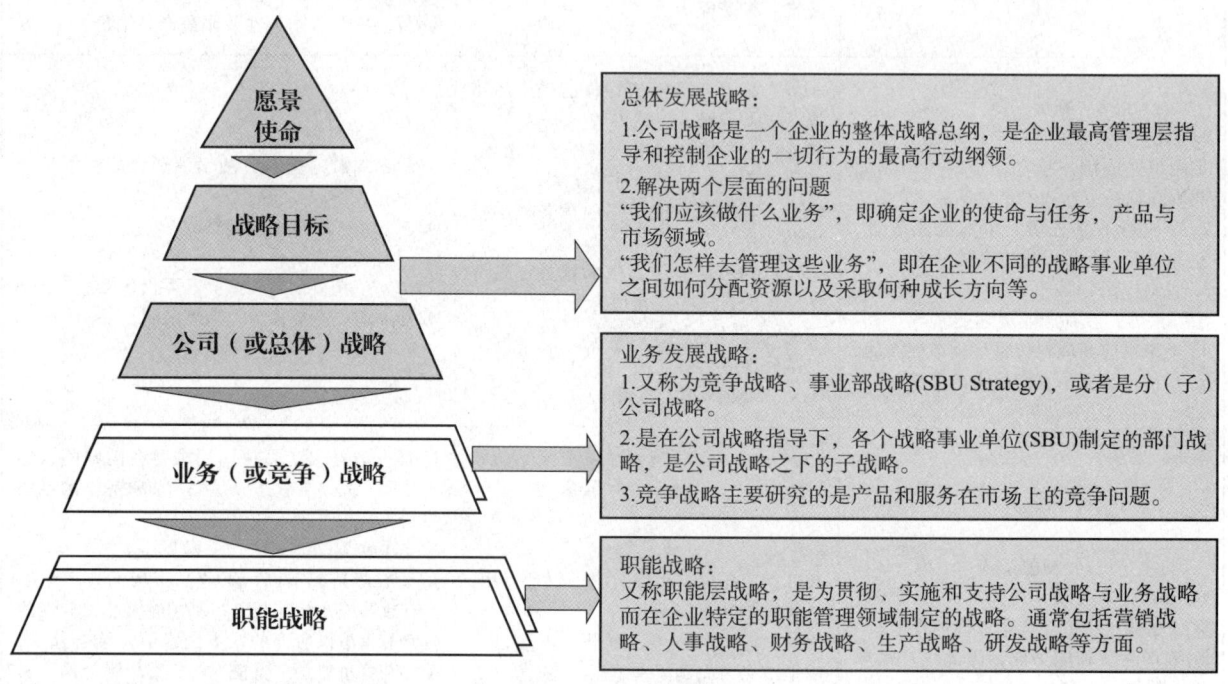

图 3-18　企业战略层次图

一、公司（或总体）发展战略

典型的公司层级战略有稳定型战略、紧缩型战略和增长型战略，这三种战略的特征、类型、适用条件和优缺点简述如下。

1. 稳定型战略

（1）稳定型战略的概念及特征

稳定型战略是指在内外环境的约束下，企业准备在战略规划期使企业的资源分配和经营状况基本保持在目前状态和水平上的战略。按照稳定型战略，企业目前所遵循的经营方向及其正在从事经营的产品和面向的市场领域，企业在其经营领域内所达到的产销规模和市场地位都大致不变或以较小的幅度增长或减少。

从企业经营风险的角度来说，稳定型战略的风险是相对较小的，对于那些曾经成功地在一个处于上升趋势的行业和一个不大变化的环境中活动的企业会很有效。由于稳定型战略从本质上追求的是在过去经营状况基础上的稳定，它具有如下特征：

①实行稳定型战略可以使企业在基本维持现有的产销规模、市场占有率和竞争地位的情况下，调整生产经营活动的秩序，强化各部门、各环节的管理，从而进一步提高企业素质，积累资源力量，为将来的大发展做好充分准备。

②满足于过去的经营效益水平，决定继续追求与过去相同或类似的经济效益目标。

③继续用基本相同的产品或劳务为原有的顾客服务。

④力争保持现有的市场占有率和产销规模或者略有增长，稳定和巩固企业现有的竞争地位。

⑤在战略期内,每年所期望取得的成就按大体相同的比率增长,从而实现稳步前进。

从以上特征可以看出,稳定型战略的主要依据是前期战略。它坚持前期战略对产品和市场领域的选择,它以前期战略所达到的目标作为本期希望达到的目标。因而,实行稳定型战略的前提条件是企业过去的战略是成功的。对于大多数企业来说,稳定型增长战略也许是最有效的战略。

一些公司之所以采用稳定发展战略是有多种原因的,其中一些原因如下:

①管理层可能不希望承担较大幅度地改变现行战略所带来的风险。因为当改革需要新的技能时,它会对使用以前所学技能的人员形成威胁。此外,成功企业的管理者通常认为,过去行之有效的战略将来仍会有效,因此无须改变现行战略。

②战略的改变需要资源配置的改变。已经建立起来的公司要改变资源配置模式是很困难的,通常需要很长时间。

③发展太快可能导致公司的经营规模超出其管理资源,进而很快发生低效率的情况。

④公司的力量可能跟不上或不了解可能影响其产品和市场的变化。

(2) 稳定型战略的类型

从战略的具体实施来看,可以分为以下几种:

①无增战略。无增战略似乎是一种没有增长的战略。采用它的企业可能基于以下两个原因:一是企业过去的经营相当成功,并且企业内外环境没有发生重大变化。二是企业并不存在重大的经营问题或隐患,因而战略管理者没有必要进行战略调整,或者害怕战略调整会给企业带来资源分配的困难。在这两种情况下,企业的管理者和职工可能不希望企业进行重大的战略调整,因为这种调整可能会在一定时期内降低企业的利润总额。采用无增战略的企业除了每年按通货膨胀率调整其目标外,其他暂时保持不变。

②维持利润战略。这是一种牺牲企业未来发展来维持目前利润的战略。维持利润战略注重短期效果而忽略长期利益,其根本意图是度过暂时性的难关,因而往往在经济形势不景气时被采用,以维持过去的经济状况和效益,实现稳定发展。但如果使用不当的话,维持利润战略可能会使企业的元气受到伤害,影响企业长期发展。

③暂停战略。在一段较长时间的快速发展后,企业可能会遇到一些问题使得效率下降,这是就可以采用暂停战略,即在一定时期内降低企业的目标和发展速度。暂停战略可以充分达到让企业积聚能量,为今后的发展做准备。

④谨慎实施战略。如果企业外部环境中某一重要因素难以预测或变化趋势不明显,企业的某一战略决策就要有意识地延缓实施进度,步步为营,这就是所谓谨慎实施战略。

(3) 稳定型战略的适用条件

采取稳定型战略的企业,一般处在市场需求及行业结构稳定或者较小动荡的外部环境中,因而企业所面临的竞争挑战和发展机会都相对较少。但是,有些企业在市场需求以较大的幅度增长或是外部环境提供了较多的发展机遇的情况下也会采取稳定型战略。这些企业一般来说是由于资源状况不足以使其抓住新的发展机会而不得不因此采用相对保守的稳定性战略态势。下面分别讨论一下企业采用稳定型战略的外部环境和企业自身实力的适用条件。

①外部环境

外部环境的相对稳定性会使企业更趋向于稳定战略。影响外部环境稳定性的因素很多,大致包括以下几个方面:

a. 宏观经济状况会影响企业所处的外部环境。如果宏观经济在总体上保持总量不变或总量低速增长,这就势必影响到该企业所处行业的发展,使其无法以较快的速度增长。因此,由于宏观经济的慢速增长会使某一产业的增长速度也降低,这就会使该产业内的企业倾向于采用稳定性战略,以适应外部环境。

b. 产业的技术创新度。如果企业所在行业的产业技术相对成熟,技术更新速度较慢的话,企业过去采用的技术和生产的产品无须经过较大的调整就能满足消费者的需求和与竞争者的抗衡，这样使得产品系列及其需求保持稳定，从而使企业采纳稳定性战略。

c. 消费者需求偏好的变动。这一点其实是决定产品系列稳定度的一个方面：如果消费者的需求变动较为稳定的话，企业可以考虑采用稳定型战略。

d. 产品生命周期或行业生命周期。对于处于行业或产品的成熟期的企业来说，产品需求、市场规模趋于稳定，产品技术成熟，新产品的开发和以新技术为基础的新产品的开发难以取得成功，因此以产品为对象的技术变动频率低，同时竞争对手的数目和企业的竞争地位都趋于稳定，这时提高企业的市场占有率、改变市场的机会很少，因此较为适合采用稳定型战略。

e. 竞争格局。如果企业所处的行业的进入壁垒非常高或由于其他原因该企业所处的竞争格局相对稳定，竞争对手之间很难有较为悬殊的业绩改变，则企业采用稳定战略可以获得最大的收益，因为改变竞争战略所带来的业绩增加往往是不如人意的。

②企业内部实力

当外部环境较好，行业内部或相关行业市场需求增长，为企业提供了有利的发展机会，但这不意味着所有的企业都适于采用增长型战略。如果企业资源不充分，如资金不足，研发力量较差或人力资源不足无法满足增长型战略的要求时，就无法采用扩大市场占有率的战略。在这种情况下，企业可以采取以局部市场为目标的稳定型战略，以使企业有限的资源能集中在自己有优势的细分市场，维护竞争地位。

当外部环境相对稳定时，资源较为充足和资源较为稀缺的企业都应当采取稳定型战略，以适应外部环境，但两者的做法可以不同。前者可以在更为广阔的市场上选择自己的资源分配点，而后者应当在相对狭窄的细分市场上集中自身的资源，以求稳定型战略。

当外部环境不利时，如行业处于生命周期的衰退阶段时，则资源丰富的企业可以采用一定的稳定型战略；而对那些资源不够充足的企业，如果它在某个特定的细分市场上有独特的优势，那么也可以考虑采用稳定型的战略。

（4）稳定型战略的优缺点

①稳定型战略的优点

a. 企业的经营风险相对较小。由于企业基本维持原有的产品和市场领域，从而稳定型战略可以用原有的生产领域、渠道，避免开发新产品核心市场的巨大资金投入、激烈的竞争抗衡和开发失败的巨大风险。

b. 能避免因改变战略而改变资源分配的困难。由于经营领域主要与过去大致相同，因而稳定战略不必考虑原有资源的增量或存量的调整，相对于其他战略态势来说，显然要容易得多。

c. 可以保持人员安排上的相对稳定，充分利用已有的各方面人才，发挥他们的积极性和潜力，减少人员调整、安置所造成的种种矛盾以及招聘、重新培训的费用。

d. 能防止因发展过快而导致的弊端。在行业迅速发展的时期，许多企业无法看到潜伏的危机而盲目发展，结果造成资源的巨大浪费。

e. 能给企业一个较好的修整期，使企业积聚更多的能量，以便为今后的发展做好准备。从这个意义上说，适时的稳定型战略将是增长型战略的一个必要的酝酿阶段。

②稳定型战略的缺点

a. 如果对战略期内外部环境的假设不成立，就会打破战略目标、外部环境、企业实力三者之间的平衡，使企业陷入困境。

b. 经营资源少、竞争地位弱的企业，一般采取以局部特定细分市场为目标的稳定型战略，如果对这部分特定市场的需求把握不准，企业可能全军覆没。

c. 大大降低企业对风险的敏感性、适应性和抗拒风险的勇气，从而增大了风险的危害性、严重性。

稳定型战略的优点和缺点都是相对的，企业在具体的执行过程中必须权衡利弊，准确估计风险和收益，并采取合适的风险防范措施。只有这样，才能保证稳定型战略的优点得到充分发挥。

2. 紧缩型战略

(1) 紧缩型战略的概念及特征

紧缩型战略是指企业从目前的战略经营领域和基础水平收缩和撤退，且偏离起点战略较大的一种经营战略。与稳定型战略和增长型战略相比，紧缩型战略是一种消极的发展战略。一般地，企业实施紧缩型战略只是短期的，其根本目的是使企业度过风暴后转向其他的战略。有时，只有采取收缩和撤退的措施，才能抵御竞争对手的进攻，避开环境的威胁和迅速的实行自身资源的最优配置。可以说，紧缩型战略是一种以退为进的战略。

紧缩型战略有以下特征：

①对企业现有的产品和市场领域实行收缩、调整和撤退战略，比如放弃某些市场和某些产品线系列。因而从企业的规模来看是在缩小的，同时一些效益指标，比如利润率和市场占有率等，都会有较为明显的下降。

②对企业资源的运用采取较为严格的控制和尽量削减各项费用支出，往往只投入最低限度的经管资源，因而紧缩型战略的实施过程往往会伴随着大量的裁员，一些奢侈品和大额资产的暂停购买等。

③紧缩型战略具有明显的短期性。与稳定和发展两种战略相比，紧缩型战略具有明显的过渡性，其根本目的并不在于长期节约开支，停止发展，而是为了今后发展积蓄力量。

(2) 紧缩型战略的类型

①从采用紧缩型战略的原因来看，紧缩型战略可以分成以下几类：

a. 适应型紧缩战略，它是指企业为了适应外部环境而采取的紧缩型战略。外部环境的变化主要有：整个国家的经济处于衰退之中，市场需求缩小，资源紧缺，从而导致企业在经营领域中处于不利地位。

b. 失败型紧缩战略，它是指企业由于经营失误造成竞争地位的下降，经济资源的短缺，只有撤退才有可能最大限度的保存实力。

c. 调整型紧缩战略，它是指企业为了利用环境中出现的新机会，谋求更好的发展，不是被动采用，而是有长远目标的积极的紧缩型战略。

②根据实施紧缩型战略的基本途径，将紧缩型战略划分为以下三类：

a. 抽资转向战略。抽资转向战略使企业在现有的经营领域不能维持原有的产销规模和市场面，不得不采取缩小产销规模和市场占有率，或者企业在存在新的更好的发展机遇的情况下，对原有的业务领域进行压缩投资，控制成本以改善现金流为其他业务领域提供资金的战略方案。另外，企业在财务状况下降时也有必要采取抽资转向战略，这一般发生在物价上涨导致成本上升或需求降低使财务周转不灵的情况下。针对这些情况，抽资转向战略可以通过以下措施来配合进行：

第一，调整企业组织。这包括改变企业的关键领导人，在组织内部重新分配责任和权力等。调整企业组织的目的是使管理人员适应变化了的环境。

第二，降低成本和投资。这包括压缩日常开支，实施更严格的预算管理，减少一些长期投资的项目等，也可以是适当减少某些管理部门或降低管理费用。在某些必要的时候，企业也会以裁员作为压缩成本的方法。

第三，减少资产。这包括出售与企业基本生产活动关系不大的土地、建筑物和设备；关闭一些工厂或生产线；出售某些在用的资产，再以租用的方式获得使用权；出售一些盈利的产品，以获得继续使用的资金。

第四，加速回收企业资产。这包括加速应收账款的回收期，派出讨债人员收回应收账款，降低企业的存货量，尽量出售企业的库存产成品等。

抽资转向战略会使企业的主营方向转移，这有时会涉及基本经营宗旨的变化，其成功的关键是管理者明晰的战略管理理念，即必须决断是对现存的业务给予关注还是重新确定企业的基本宗旨。

b. 放弃战略。在采取抽资转移战略无效时，企业可以尝试放弃战略。放弃战略是指将企业的一个或几个主要部门转让、出卖或停止经营。这个部门可以是一个经营单位，一条生产线或者一个事业部。

放弃战略与清算战略并不一样，由于放弃战略的目的是要找到肯出高于企业固定资产时价的买主，所以企业管理人员应该说服买主，认识到购买企业所获得的技术资源或资产能给对方增加利润。如 IBM 将亏损的个人电脑部门卖给联想，摩托罗拉将移动业务卖给联想。

c. 清算战略。清算战略是指卖掉其资产或停止整个企业的运行而终止一个企业的存在。显然，只有在其他战略都失败时才考虑使用清算战略。但在确实毫无希望的情况下，尽早地制定清算战略，企业可以有计划地逐步降低企业股票的市场价值，尽可能多的收回企业资产，从而减少全体股东的损失。因此，清算战略在特定的情况下，也是一种明智的选择。需要特别指出的是，清算战略的净收益是企业有形资产的出让价值，而不包括其相应的无形价值。

(3) 紧缩型战略的优缺点

①紧缩型战略的优点有

a. 有利于正确判断经营领域的盈亏状况，及时清理、放弃无利可图或亏损的领域，清除经营累赘，提高效率，降低费用，增加收益，改善财务状况，使企业及时渡过难关。

b. 能在企业经营不善的情况下最大限度地降低损失。在许多情况下，盲目且顽固地坚持经营无可挽回的事业，而不是明智的采用紧缩型战略，会给企业带来致命的打击。

c. 能帮助企业更好地实行资产的最优组合。如果不采用紧缩型战略，企业在面临一个新的机遇时，只能运用现有的剩余资源进行投资，这样做势必会影响企业在这一领域发展的前景。相反，通过采取适当的紧缩型战略，企业往往可以从不良运作处的资源转移部分到这一发展点上，从而实现企业长远利益的最大化。

d. 采用转向、放弃战略，使企业有可能更加有效地组合配置资源，提高经营素质，发挥和增强企业的优势、实力，在不断适应市场需要的同时，使自身取得新的发展机会。

②与上述优点相比，紧缩型战略也能为企业带来一些不利之处

a. 采取缩小经营的措施，往往会削弱技术研究和新产品开发能力，使设备投资减少，陷入消极的经营状态，影响企业的长远发展。

b. 收缩战略、转移战略、放弃战略的实施，都需要对人员进行调整，如裁减人员、更换高层领导人等，处理不好会导致职工士气低落、工人与管理者的矛盾和对立以及专业技术管理人员对战略实施的抵制，反而会限制企业提高效率。

c. 在宏观经济或行业处于衰退期时，企业紧缩经营将导致经济总体的供需关系缩小，影响经济的回升或者加速行业的衰退，反而抑制企业的发展。

(4) 案例：紧缩型战略使克莱斯勒起死回生

> 亚科卡这位美国著名的企业家，曾担任美国福特汽车公司的总裁，后又担任美国克莱斯勒公司总裁，他使克莱斯勒公司起死回生的业绩，使他成为一位传奇的人物。
>
> 20 世纪 70 年代末，持续数年的经济衰退使美国的汽车制造业蒙受沉重打击，其中受挫最甚的当属克莱斯勒公司，在 1978 年到 1981 年这三年内共亏损 36 亿美元，创下美国历史上企业亏损的最高纪录。在亚科卡上任的 1978 年 11 月 2 日，季度亏损就高达 1.6 亿美元。面对这个美国第三大汽车制造公司，亚科卡实施了全面收缩战略：关闭该公司 52 个工厂中的 16 个，合并 4 个，拍卖海外设备以及无关紧要的企业以筹备现金；辞退 50% 的员工从而减少 6 亿美元的薪金支出；从产品线中撤掉那些无利可图的产品或业务；更改运输线路，缩短装配时间，将 7 万多种配件综合为 4 万种，大大减少了加工程序。这一系列的改革措施为克莱斯勒公司东山再起赢得了喘息之机。

1980年，公司的盈亏平衡点的产量是230万辆整车，三年后降到110万辆。1982年，公司开始扭亏并略有盈余；1983年盈利9.25亿美元；1984年盈利达17.7亿美元。摆脱了连续四年亏损的噩梦，奇迹般地从死亡线上挣扎过来。

亚科卡临危授命，成为美国企业史上的英雄。

思考：

(1) 一般地讲，紧缩型战略被认为是一种缺乏吸引力的战略，而亚科卡使用的紧缩型战略非常成功，原因何在？

(2) 我国的一些大中型企业，尤其是国有企业普遍呈现出产品积压、经营管理不善、设备利用率不高、经济效益低、职工积极性不高的现象，是否可采用紧缩型战略？

(3) 亚科卡的经验有哪些地方值得我们借鉴？

3. 增长型战略

(1) 增长型战略的概念及特征

增长型战略，又称扩张型战略、进攻型战略、发展型战略。从企业发展的角度来看，任何成功的企业都应当经历长短不一增长型战略实施期，因为从本质上说只有增长型战略才能不断地扩大企业规模，使企业从竞争力弱小的小企业发展成为实力雄厚的大企业。

与其他类型的战略态势相比，增长型战略具有以下特征：

①实施增长型战略的企业不一定比整个经济增长速度快，但他们往往比其产品所在的市场增长得快。市场占有率的增长可以说是衡量增长的一个重要指标，增长型战略体现的不仅应当有绝对市场份额的增加，更应有在市场总容量增长的基础上相对份额的增加。

②实施增长型战略的企业往往取得大大超过社会平均利润率的利润水平。由于发展速度较快，这些企业更容易获得较好的规模经济效益，从而降低生产成本，获得超额的利润率。

③采用增长型战略态势的企业倾向于采用非价格的手段同竞争对手抗衡。由于采用了增长型战略的企业不仅仅在开发市场上下功夫，而且在新产品开发、管理模式上都力求具有竞争优势，因而其赖以作为竞争优势的并不会是损伤自己的价格战，而一般来说总是以相对更为创新的产品和服务以及管理上的高效率作为竞争手段。

④增长型战略鼓励企业的发展立足于创新。这些企业常常开发新产品、新市场、新工艺和产品的新用途，以把握更多的发展机会，谋求更大的风险回报。

⑤与简单的适应外部条件不同，采用增长型战略的企业倾向欲通过创造以前本身并不存在的某物或对某物的需求来改变外部环境并使之适合自身。这种去引导或创造合适的环境是由其发展的特性决定的：要真正实现既定的发展目标，势必要有特定的合适的外部环境，被动适应环境显然不一定有帮助。

(2) 增长型战略的类型

企业增长在战略上可分为一体化扩张和多样化扩张。一体化扩张又可分为横向一体化（水平一体化）和纵向一体化（垂直一体化）。实现这些扩张的方法包括内部发展和外部发展（合并和合资等）。内部发展是现有企业（公司）通过新股票发放或自身资金积累，扩大现有生产规模或建立新厂、新的部门、新的子公司等；合并是指一企业获取另一企业的资源且无人抗争的过程。如果被合并的企业进行抗争，则称此过程为兼并。

①增长型横向一体化战略

横向一体化指企业现有生产活动的扩展并由此导致现有产品市场份额的扩大。该类增长可以从三个方向进行：

a. 扩大原有产品的生产和销售；

b. 向与原产品有关的功能或技术方向扩展；

c. 与上述两个方向有关的向国际市场扩展或向新的客户类别扩展。

通过横向一体化,可以带来企业同类生产规模的扩大,实现规模经济。由于该类增长与原有生产活动有关,比起其他类型增长更易于实现,故一般来说,企业早期的增长多以此为主,且实现的方式以内部增长为主。

② 增长型纵向一体化战略

纵向一体化指企业向原生产活动的上游和下游生产阶段扩展。现实中,多数大型企业均有一定程度的纵向一体化。纵向一体化包括后向一体化和前向一体化。后向一体化指企业介入原供应商的生产活动;前向一体化指企业控制其原属客户公司的生产经营活动。如化学工业公司可向石油冶炼、采油方向扩展,以实现后向一体化;也可向塑料制品、人造纤维等方向扩展,以实现其前向一体化。图 3-19 大致描述了制造业公司纵向一体化的可扩展部门。

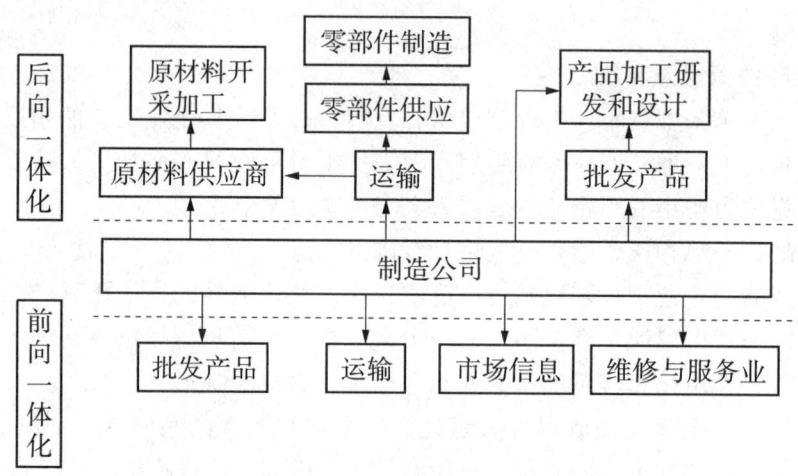

图 3-19 纵向一体化扩展图

纵向一体化是公司增长到一定阶段的主要扩张战略。诸多成功的企业通过横向一体化打败竞争对手,达到市场多头垄断地位后,便会进入纵向一体化扩张,以占领其供应和市场领域。一旦公司在一生产部门占领重要地位之后,向多种部门扩张便成为其唯一的增长战略。

③ 增长型多样化战略

多样化是一个意义广泛的概念,它可以涉及相关产品的活动,也可以涉及不相关产品的活动。由于横向一体化已涉及同类产品的多样化,纵向一体化已涉及相关但不同生产阶段产品多样化,所以这里的多样化仅指不相关产品的多样化。但是,严格区分相关与否并不容易。因为在实际中,多数公司多样化扩张的部门均多少与其原有市场营销和技术开发有联系。尤其是研究与开发,多来自于现存生产活动的需求,但可用于其他无关部门的生产之中。

多样化扩张是基于对市场风险和环境的不确定因素的防范意识。具有多样化经营的公司,可以减少某种不可预测因素的冲击。此外,一些原生产产品市场需求的下降,也会促使公司寻求多样化机会,以充分利用其生产能力。而当某一产品出现旺盛市场需求时,也会诱发新的公司介入此类生产活动(如前几年许多公司在"房地产热"中介入房地产市场)。

(3)增长型战略的适用条件

① 增长型战略的适用条件如下

a. 企业必须分析战略规划期内宏观经济景气度和产业经济状况。从需求的角度看,如果宏观和微观环境的走势都较为乐观的话,消费品的需求者和投资品需求者都会有一种理性的预期,认为未来的收入会有所提高,因而其需求幅度将会有相应的增长,保证了企业增长型发展战略的需求充足。从上面的分析可以看出,在选择增长型战略之前必须对经济走势做一个较为细致的分析,良好的经济形势往往是增长型战略成功的条件之一。

b. 增长型发展战略必须符合政府管制机构的政策法规和条例等的约束。世界上大多数国家都鼓励高新技术的发展，因而一般来说这类企业可以考虑使用增长型战略。

c. 公司必须有能力获得充分的资源来满足增长型战略的要求。由于采用增长型战略需要较多的资源投入，因此从企业内部和外部获得资源的能力就显得十分重要。这里的资源是一个广义的概念：既包括通常意义上的资本资源，也包括人力资源、信息资源等。在资源充分性的评价过程中，企业必须问自己一个问题："如果企业在实行增长战略的过程中由于某种原因暂时受阻，它是否有能力保持自己的竞争地位?"。如果回答是肯定的，那表明企业具有充分的资源来实施增长型战略，反之则不具备。

d. 判断增长型战略的合适性还要分析公司文化。如果一个企业的文化是以稳定型为其主旋律的话，那么增长型战略的实施就要克服相应的文化阻力。当然，企业文化也并不是一成不变的事物，事实上，积极和有效的企业文化的培育必须以企业战略作为指导依据。这里要强调的只是企业文化可能会给某种战略的实施带来一定的成本，而并不是企业文化决定企业战略。

（4）增长型战略的优缺点

①增长型战略优点

a. 企业可以通过发展扩大自身价值，这体现了经过扩张后的公司市场份额和绝对财富的增加。这种价值既可以成为企业职工的一种荣誉，又可以成为企业进一步发展的动力。

b. 企业能通过不断变革来创造更高的生产经营效率与效益。由于增长型发展，企业可以获得过去不能获得的崭新机会，避免企业组织的老化，使企业总是充满生机和活力。

c. 增长型战略能保持企业的竞争实力，实现特定的竞争优势。如果竞争对手都采取增长型战略，企业还在采取稳定型战略或紧缩型战略，那么就很有可能在未来失去竞争优势。

②增长型战略缺点

a. 在采用增长型战略获得初期的效果后，很可能导致盲目的发展和为了发展而发展，从而破坏企业的资源平衡。要克服这一弊端，要求企业在作每一个战略态势决策之前都必须重新审视和分析企业的内外部环境，判断企业的资源状况和外部机会。

b. 过快的发展很可能降低企业的综合素质，使企业的应变能力虽然表面上不错，而实质上却出现内部危机和混乱。这主要是由于企业新增机构、设备、人员太多而未能形成一个有机的相互协调的系统所引起的。针对这一问题，企业可以考虑设立一个战略管理的临时性机构，负责统筹和管理扩张后企业内部各部门、人员之间的协调，将各方面的因素都融合在一起，再考虑取消这一机构。

c. 增长型战略很可能是企业管理者更多地注重投资结构、收益率、市场占有率、企业的组织结构等问题，而忽视产品的服务或质量，重视宏观发展而忽视微观问题，因而不能使企业达到最佳状态。克服这一弊端，需要企业管理者对增长型战略有一个正确而全面的理解，要意识到企业的战略态势是企业战略体系中的一个部分，因而在实施过程中必须通盘考虑。

③实施增长型战略必须做好的相关工作

a. 对企业内外部环境进行分析，审视内外环境对企业的影响与制约等。

b. 增长型发展战略必须符合政府管制机构的政策法规和条例等的约束。

c. 公司必须有能力获得充分的资源来满足增长型战略的要求。

d. 判断增长型战略的适合性，还要分析公司的企业文化。

格鲁克（W. Glueck）在《幸福》杂志登载的 358 家公司在 45 年中所做的战略选择进行过研究，发现各公司采用的各种战略的频率如下：

- 增长型战略 54.4%
- 组合战略 28.7%

- 稳定型战略 9.2%
- 紧缩型战略 7.5%

二、业务（或竞争）战略

1. 业务（或竞争）战略概述

业务层战略称竞争战略、事业部战略，属于第二层的战略，与企业相对于竞争对手而言在行业中所处的位置相关。它是在总体战略指导下，经营管理某一个特定的战略经营单位的战略计划，是总体战略之下的子战略。它的重点是怎样在市场上实现可持续的竞争优势或者是改进一个战略经营单位在它所从事的行业中的竞争地位，或某一特定的细分市场中所提供的产品和服务的竞争地位。

企业的市场环境就是空前激烈竞争。如何在竞争中求发展，是每个企业都在思考的课题。根据迈克尔·波特教授的竞争战略理论，企业的利润将取决于：同行业之间的竞争，行业与替代行业的竞争，供应方与客户的讨价还价以及与潜在竞争者共同作用的结果。

竞争战略就是一个企业在同一使用价值的竞争上采取进攻或防守的行为。流行的战略是降价，既打到对方，也损害自己，形成负效应，进入恶性循环。正确的竞争战略有三种：

（1）总成本领先战略（Overall Cost Leadership）

（2）差异化战略又称别具一格战略（Differentiation）

（3）集中化战略又称目标集中战略、目标聚集战略、专一化战略（Focus）

第一种战略就是最大努力降低成本，通过低成本降低商品价格，维持竞争优势。要做到成本领先，就必须在管理方面对成本严格控制，尽可能将降低费用的指标落实在人头上，处于低成本地位的公司可以获得高于产业平均水平的利润。在与竞争对手进行竞争时，由于你的成本低，对手已没有利润可图时，你还可以获得利润。

第二种战略是公司提供的产品或服务别具一格，或功能多，或款式新，或更加美观。如果别具一格战略可以实现，它就成为在行业中赢得超常收益的可行战略，因为它能建立起应对五种竞争作用力的防御地位，利用顾客对品牌的忠诚而处于竞争优势。

第三种战略是主攻某个特定的客户群、某产品系列的一个细分区段或某一个地区市场。其前提是：公司能够以更高的效率、更好的效果为某一狭窄的战略对象服务，从而超过在更广阔范围内的竞争对手，可知该战略具有赢得超过行业平均水平收益的潜力。

2. 总成本领先战略

总成本领先要求坚决地建立起高效规模的生产设施，在经验的基础上全力以赴降低成本，抓紧成本与管理费用的控制，以及最大限度地减小研究开发、服务、推销、广告等方面的成本费用。

为了达到这些目标，就要在管理方面对成本给予高度的重视。尽管质量、服务以及其他方面也不容忽视，但贯穿于整个战略之中的是使成本低于竞争对手。当公司成本较低，意味着当别的公司在竞争过程中已失去利润时，这个公司依然可以获得利润。

赢得总成本最低的有利地位通常要求具备较高的相对市场份额或其他优势，诸如与原材料供应方面的良好联系等，或许也可能要求产品的设计要便于制造生产，易于保持一个较宽的相关产品线以分散固定成本，以及为建立批量而对所有主要顾客群进行服务。

总成本领先地位非常吸引人。一旦公司赢得了这样的地位，所获得的较高的边际利润又可以重新对新设备、现代设施进行投资以维护成本上的领先地位，而这种再投资往往是保持低成本状态的先决条件。

（1）成本领先战略的类型

根据企业获取成本优势的方法不同，我们把成本领先战略概括为如下几种主要类型：

①简化产品型成本领先战略；

②改进设计型成本领先战略；
③材料节约型成本领先战略；
④人工费用降低型成本领先战略；
⑤生产创新及自动化型成本领先战略。

(2) 成本领先战略的适用条件与组织要求
①现有竞争企业之间的价格竞争非常激烈；
②企业所处产业的产品基本上是标准化或者同质化的；
③实现产品差异化的途径很少；
④多数顾客使用产品的方式相同；
⑤消费者的转换成本很低；
⑥消费者具有较大的降价谈判能力。

(3) 其他技能及资源
企业实施成本领先战略，除具备上述外部条件之外，企业本身还必须具备如下技能和资源：
①持续的资本投资和获得资本的途径；
②生产加工工艺技能；
③认真的劳动监督；
④设计容易制造的产品；
⑤低成本的分销系统。

(4) 成本领先战略的收益与风险
①采用成本领先战略的收益在于
a. 抵挡住现有竞争对手的对抗；
b. 抵御购买商讨价还价的能力；
c. 更灵活地处理供应商的提价行为；
d. 形成进入障碍；
e. 树立与替代品的竞争优势。
②采用成本领先战略的风险主要包括
a. 降价过度引起利润率降低；
b. 新加入者可能后来居上；
c. 丧失对市场变化的预见能力；
d. 技术变化降低企业资源的效用；
e. 容易受外部环境的影响。

3. 差异化战略

所谓差异化战略，是指为使企业产品与竞争对手产品有明显的区别，形成与众不同的特点而采取的一种战略。这种战略的核心是取得某种对顾客有价值的独特性，企业要突出自己产品与竞争对手之间的差异性。

(1) 差异化战略的类型
主要有四种基本的途径：
①产品差异化战略
产品差异化的主要因素有：特征、工作性能、一致性、耐用性、可靠性、易修理性、式样和设计。
②服务差异化战略
服务的差异化主要包括送货、安装、顾客培训、咨询服务等因素。

③人事差异化战略

训练有素的员工应能体现出下面的六个特征：胜任、礼貌、可信、可靠、反应敏捷、善于交流。

④形象差异化战略

(2) 差异化战略的适用条件与组织要求

①外部条件

a. 可以有很多途径创造企业与竞争对手产品之间的差异，并且这种差异被顾客认为是有价值的；

b. 顾客对产品的需求和使用要求是多种多样的，即顾客需求是有差异的；

c. 采用类似差异化途径的竞争对手很少；

d. 技术变革很快，市场上的竞争主要集中在不断地推出新的产品特色。

②内部条件

a. 具有很强的研究开发能力，研究人员要有创造性的眼光；

b. 企业具有以其产品质量或技术领先的声望；

c. 企业在这一行业有悠久的历史或吸取其他企业的技能并自成一体；

d. 很强的市场营销能力；

e. 研究与开发，以及市场营销等职能部门之间要具有很强的协调性；

f. 企业要具备能吸引高级研究人员、创造性人才和高技能职员的物质设施；

g. 各种销售渠道强有力的合作。

(3) 差异化战略的收益与风险

①实施差异化战略的收益在于：

a. 建立起顾客对企业的忠诚；

b. 形成强有力的产业进入障碍；

c. 增强了企业对供应商讨价还价的能力。这主要是由于差异化战略提高了企业的边际收益；

d. 削弱购买商讨价还价的能力。企业通过差异化战略，使得购买商缺乏与之可比较的产品选择，降低了购买商对价格的敏感度。另外，通过产品差异化使购买商具有较高的转换成本，使其依赖于企业；

e. 由于差异化战略使企业建立起顾客的忠诚，所以这使得替代品无法在性能上与之竞争。

②差异化战略也包含一系列风险：

a. 可能丧失部分顾客。如果采用成本领先战略的竞争对手压低产品价格，使其与实行差异化战略的厂家的产品价格差距拉得很大，在这种情况下，用户为了大量节省费用，放弃取得差异的厂家所拥有的产品特征、服务或形象，转而选择物美价廉的产品；

b. 用户所需的产品差异的因素下降。当用户变得越来越老练时，对产品的特征和差别体会不明显时，就可能发生忽略差异的情况；

c. 大量的模仿缩小了感觉得到的差异。特别是当产品发展到成熟期时，拥有技术实力的厂家很容易通过逼真的模仿，减少产品之间的差异；

d. 过度差异化。企业对市场把握不准，产品的附加值造价高但无实际意义，因此不为消费者所接受。

4. 集中化战略

(1) 集中化战略的类型

集中化战略也称为聚焦战略，是指企业或事业部的经营活动集中于某一特定的购买者集团、产品线的某一部分或某一地域市场上的一种战略。这种战略的核心是瞄准某个特定的用户群体，某种细分的产品线或某个细分市场。具体来说，集中化战略可以分为产品线集中化战略、顾客集中化战略、地区集中化战略、低占有率集中化战略。

(2) 集中化战略的适用条件

具备下列四种条件，采用集中化战略是适宜的：

①具有完全不同的用户群，这些用户或有不同的需求，或以不同的方式使用产品；

②在相同的目标细分市场中，其他竞争对手不打算实行重点集中战略；

③企业的资源不允许其追求广泛的细分市场；

④行业中各细分部门在规模、成长率、获利能力方面存在很大差异，致使某些细分部门比其他部门更有吸引力。

(3) 集中化战略的收益与风险

①集中化战略的收益主要表现在：

a. 集中化战略便于集中使用整个企业的力量和资源，更好地服务于某一特定的目标；

b. 将目标集中于特定的部分市场，企业可以更好地调查研究与产品有关的技术、市场、顾客以及竞争对手等各方面的情况，做到"知彼"；

c. 战略目标集中明确，经济效果易于评价，战略管理过程也容易控制，从而带来管理上的便利。

②集中化战略的风险主要表现在：

a. 由于企业全部力量和资源都投入了一种产品或服务或一个特定的市场，当顾客偏好发生变化时，技术出现创新或有新的替代品出现时，就会发现这部分市场对产品或服务需求下降，企业就会受到很大的冲击；

b. 竞争者打入了企业选定的目标市场，并且采取了优于企业的更集中化的战略；

c. 产品销量可能变小，产品要求不断更新，造成生产费用的增加，使得采取集中化战略的企业成本优势削弱。

5. 企业竞争战略的"战略钟"分析

一个公司未能沿三个基本战略方向中的任何一个方向制定自己的竞争战略，即被夹在中间。这样的公司常常会处于极其糟糕的战略地位。夹在中间的公司几乎注定是低利润的。除非产业结构非常理想，并且其竞争对手也都处在夹在中间的境地。然而，产业的成熟会加大采取基本战略的企业和夹在中间的企业之间的差距，夹在中间的企业面对成本优势的竞争对手，会失去大量的低价格偏好客户，而对于高利润业务，又无法战胜那些做到了全面产品差异化的公司，最终只能寻找市场空隙，在夹缝中生存。"战略钟"分析见图 3-20。

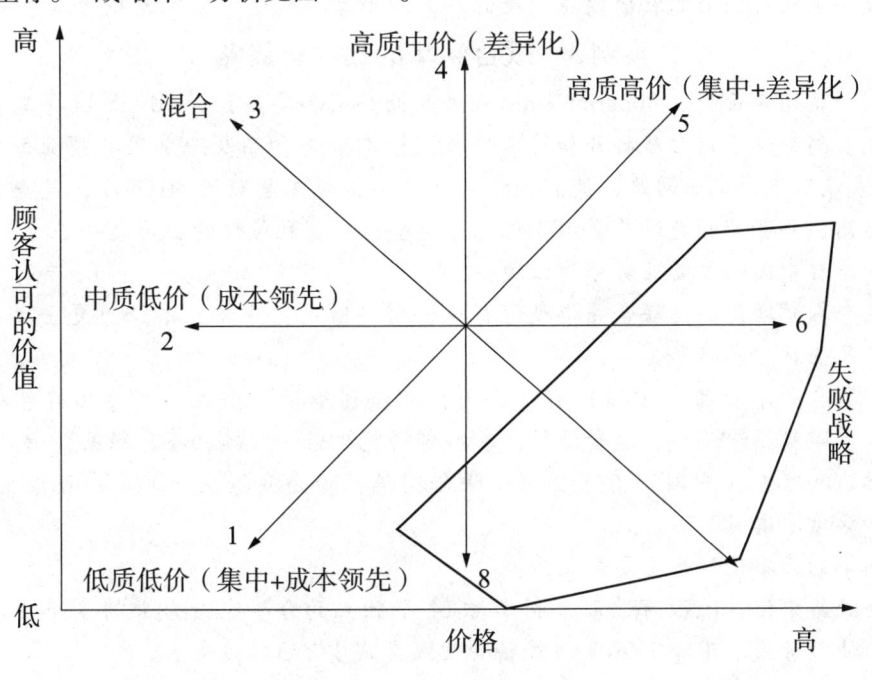

图 3-20 "战略钟"分析

6. 竞争战略案例分析

案例1　美国西南航空公司——成本领先兼顾差异化战略

美国西南航空公司通过不设头等舱、飞机上不供应餐点、只用一种省油的波音737飞机等措施，使得设备标准化，降低了零件的库存成本，并使维修人员和飞行训练减至最少，从而有效地降低了成本。而公司基本上不设枢纽站，都是短程的、点对点的航班，平均飞行时间只有55分钟。公司虽仅对有限的城市提供服务，但它在这些城市之间提供大量的航班，竞争者要想达到这样的服务频率几乎是不可能的。西南航空公司所采取的竞争战略就是成本领先兼顾差异化的战略。

案例2　农夫山泉——演绎差异化战略

一是产品特征。企业通过增加新的特征来推出新产品。"农夫山泉有点甜"是其主要特征。产品特征是企业实现产品差别化的极具竞争力的工具。农夫山泉的水来自千岛湖，是从很多大山中汇总的泉水，经过千岛湖的自净、净化，完全可以说是甜美的泉水，因而说"有点甜"是实在的。广告语传递了良好的产品品质信息，体现了农夫山泉的差异化宣传策略。"有点甜"在今天已经成为农夫山泉天然水品牌的传播标志。

二是式样。式样是指产品给予购买者的视觉效果和感觉。

1997年农夫山泉在国内首先推出了4升包装的农夫山泉饮用水。这种包装新颖、独特，给人以水、油等价的感觉。农夫山泉还在瓶身上印了一张千岛湖的风景照片。介绍千岛湖的水资源是独一无二的，属于国家一级水资源保护区。农夫山泉来源于千岛湖水面下70米pH值（酸碱度）最适宜的那一层。与其他商品相比，差异性立刻凸显出来。

三是品牌名称，赋予饮用水"农夫山泉"这样一个名字，有着它深刻的内涵。"农夫"二字给人以淳朴、敦厚、实在的感觉，"山泉"给人以远离工业污染、源于自然的感觉，这正好迎合了当前都市人回归自然的消费时尚。

四是形象差别化。它是通过塑造与竞争对手不同的企业形象来取得竞争优势。形象是公众对企业的看法。农夫山泉为表现出公司的形象差异化，2001年推出"一分钱"活动支持北京申奥；2002年推出"阳光工程"支持贫困地区的基础体育教育事业。通过这样的公益服务活动，农夫山泉获得极好的社会效益，提升了品牌形象，实现了形象差异化。

案例3　联合利华的集中化战略

联合利华集团是由荷兰Margrine Unie人造奶油公司和英国Lever Brothers香皂公司于1929年合并而成。总部设于荷兰鹿特丹和英国伦敦，分别负责食品及洗剂用品事业的经营。在全球75个国家设有庞大事业网络，拥有500家子公司，员工总数近30万人，是全球第二大消费用品制造商，年营业额超过美金400亿元，是全世界获利最佳的公司之一。

联合利华在中国的主要业务分为三块：

家庭及个人护理用品，联合利华股份有限公司品牌有：中华、洁诺、夏士莲、力士、旁氏、多芬、凡士林、奥妙和金纺；

食品，联合利华食品（中国）有限公司，联合利华独资企业，主要品牌包括家乐和立顿：生产家乐牌鸡精、鸡粉、速食汤料、色拉酱、花生酱、立顿红茶、绿茶、茉莉花茶等；

冰淇淋，和路雪（中国）有限公司，联合利华独资企业，生产梦龙、百乐宝、可丽波、可爱多等和路雪冰淇淋。

联合利华的集中化战略主要表现为：

一是企业集中化，1999年，联合利华把14个独立的合资企业合并为4个由联合利华控股的公司，使经营成本下降了20%，外籍管理人员减少了3/4；

二是产品集中化,联合利华果断退出非主营业务,专攻家庭及个人护理用品、食品及饮料和冰淇淋三大优势系列,取得了重大成功;

三是品牌集中化,虽然他拥有2000多个品牌,但在中国推广不到20个,都是一线品牌;

四是厂址集中化,通过企业调整、合并,减少了3个生产地址,节约了30%的运行费用。

三、职能战略

职能战略是指企业中的各职能部门制定的指导职能活动的战略。职能战略一般可分为6个方面:营销战略、财务战略、人力资源战略、研究与开发战略、生产战略、采购战略。

职能战略是为企业战略和竞争战略服务的,所以必须与企业战略和竞争战略相配合。比如,企业战略确立了差异化的发展方向,要培养创新的核心能力,企业的人力资源战略就必须体现对创新的鼓励;要重视培训,鼓励学习;把创新贡献纳入考核指标体系;在薪酬方面加强对各种创新的奖励。

职能战略描述了在执行公司战略和经营单位战略的过程中,企业中的每一职能部门所采用的方法和手段。职能战略在几个方面不同于公司战略和经营单位战略。

首先,职能战略的时间跨度要较公司战略短得多。

其次,职能战略要较公司战略更具体和专门化,且具有行动导向性。公司战略只是给出公司发展的一般方向;而职能战略必须指明比较具体的方向。

最后,职能战略的制定需要较低层管理人员的积极参与。事实上,在制定阶段吸收较低层管理人员的意见,对成功地实施职能战略是非常重要的。

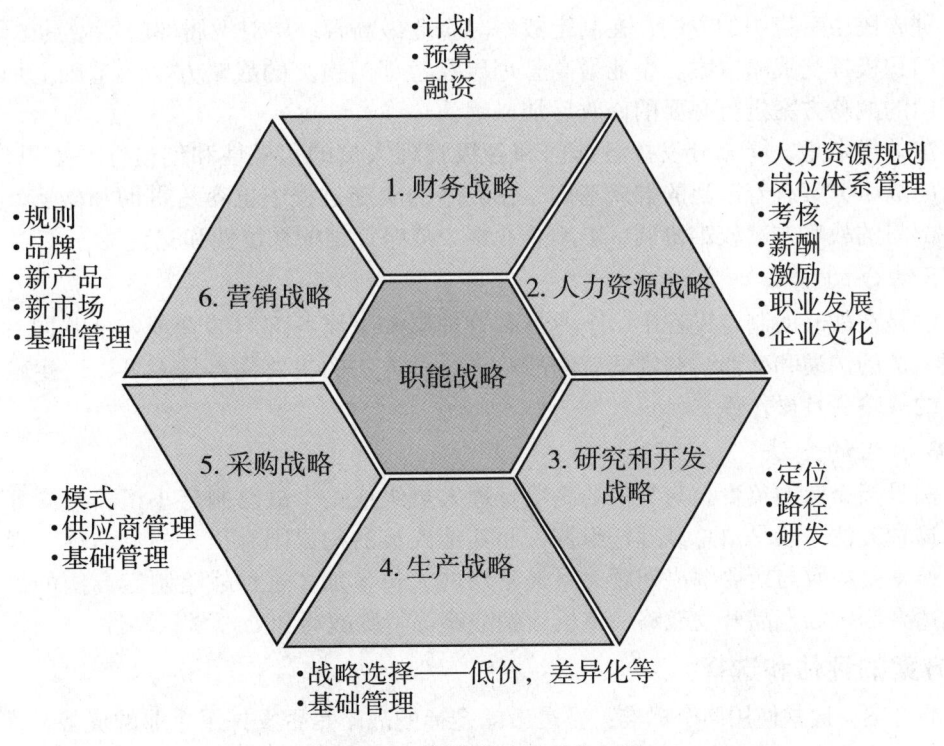

图3-21 职能战略的6个方面

四、企业制定战略的方法

不同类型与规模的企业,在战略制定过程中会有不同的形式。

小规模的企业,其战略一般都是非正式形成的,主要存在于管理人员的头脑之中,或者存在于口头协议之中。而大规模的公司,战略要经过详细繁杂的研究和讨论,有秩序、有规律的形成。

战略形成的方法可以分为以下几种形式：

根据战略形成人员来源的不同，可以分为外部形成（咨询）、内部形成、内外结合形成；

根据战略形成人员人数多少，可以分为一个人、少数人、多数人；

根据战略形成人员所在的层次，分为核心层、高层、基层、各层管理人员结合；

根据战略形成人员的工作，分为临时性的战略小组、专门的战略小组；

临时性的战略小组，是指企业的负责人与其他高层管理人员或者从企业外部聘请的人员组成一个临时的战略小组，共同处理企业所面临的问题。

专门的战略小组，是指企业为了其长期发展的需要，专门聘请一些人员组成小组，从事战略研究，研究战略形成的规律，及时发现本企业战略方面存在的问题。在企业战略形成时，专门的战略小组单独工作或参与临时性的战略小组的工作。

不同类型与规模的企业以及不同层次的管理人员，在战略形成过程中会有不相同的形式。根据不同层次管理人员介入战略分析和战略选择工作的程度，可以将战略形成的方法分为四种。

1. 自上而下的方法

这种方法是先由企业总部的高层管理人员制定企业的总体战略，然后由下属各部门根据自身的实际情况，将企业的总体战略具体化形成系统的战略方案。

这一方式的优点是，企业的高层管理人员能够牢牢地把握整个企业的经营方向，并能对下属各部门的各项行动实施有效的控制。

这种方法的缺点是，要求企业的高层管理人员制定战略时必须经过深思熟虑，战略方案务必完善，并且还要对下属各部门提供详细的指导。同时，这一方法一束缚了各部门的手脚，难以充分发挥中下层管理人员的积极性和创造性。

2. 自下而上的方法

这是一种先民主后集中的方法，在制定战略时企业最高管理层对下属部门不做具体硬性的规定，而要求各部门积极提交战略方案，企业最高管理层在各部门提交的战略方案的基础上加以协调和平衡，对各部门的战略方案进行必要的修改后加以确认。

这种方法的优点是，能充分发挥各部门和各级管理人员的积极性和创造性，集思广益。同时，由于制定出的战略方案有着广泛的群众基础，在战略的实施过程中也容易贯彻和落实。这种方法的缺点是，各部门的战略方案较难协调，影响企业整个战略计划的系统性和完整性。

3. 上下结合的方法

这种方法是在战略的制定过程中，企业最高管理层和下属各部门的管理人员共同参与，通过上下各级管理人员的沟通和磋商，制定适宜的战略。这种方法的主要优点是，可以产生较好的协调效果，制定出的战略更具操作性。

4. 战略小组的方法

这种方法是指企业的负责人与其他的高层管理人员组成一个战略制定小组，共同处理企业所面临的问题。这种方法一般是由总经理任组长，而其他人员的构成则有很大的灵活性，视小组的工作内容而定，通常是吸收与所要解决问题关系最密切的人员参加。这种战略制定方法的目的性强、效率高，特别适合制定如产品开发战略、市场营销战略等特殊战略和处理紧急事件。

五、战略方案的评估和选择

评估战略方案。通常使用两个标准：一是考虑选择的战略是否发挥了企业的优势，克服劣势，是否利用了机会，将威胁削弱到最低程度；二是考虑选择的战略能否被企业利益相关者所接受。需要指出的是，实际上并不存在最佳的选择标准，管理层和利益相关团体的价值观和期望在很大程度上影响着战略的选择。此外，对战略的评估最终还要落实到战略收益、风险和可行性分析的财务指标上。

选择最终的战略决策，确定准备实施的战略。如果由于用多个指标对多个战略方案的评价产生不一致，最终的战略选择可以考虑以下几种方法：

（1）根据企业目标选择战略。企业目标是企业使命的具体体现，因而，选择对实现企业目标最有利的战略方案。

（2）聘请外部机构。聘请外部咨询专家进行战略选择工作，利用专家们广博和丰富的经验，能够提供较客观的看法。

（3）提交上级管理部门审批。对于中下层机构的战略方案，提交上级管理部门审批能够使最终选择方案更加符合企业整体战略目标。

最后是战略计划。制订有关研究与开发、资本需求和人力资源方面的计划。

第八节　企业战略实施及控制

一、战略实施的阶段

战略实施就是将公司战略付诸实施的过程。

战略实施是一个自上而下的动态管理过程。所谓"自上而下"主要是指，战略目标在公司高层达成一致后，再向中下层传达，并在各项工作中得以分解、落实。所谓"动态"主要是指战略实施的过程中，常常需要在"分析—决策—执行—反馈—再分析—再决策—再执行"的不断循环中达成战略目标。

经营战略在尚未实施之前只是纸面上的或人们头脑中的东西，而企业战略的实施是战略管理过程的行动阶段，因此它比战略的制定更加重要。

企业战略实施包含四个相互联系的阶段。

（1）战略发动阶段。调动起大多数员工实现新战略的积极性和主动性，要对企业管理人员和员工进行培训，灌输新的思想、新的观念，使大多数人逐步接受一种新的战略。

（2）战略计划阶段。将经营战略分解为几个战略实施阶段，每个战略实施阶段都有分阶段的目标，相应的有每个阶段的政策措施、部门策略以及相应的方针等。要对各分阶段目标进行统筹规划、全面安排。

（3）战略运作阶段。企业战略的实施运作主要与各级领导人员的素质和价值观念、企业的组织机构、企业文化、资源结构与分配、信息沟通、控制及激励制度六个因素有关。

（4）战略的控制与评价阶段。战略是在变化的环境中实践的，企业只有加强对战略执行过程的控制与评价，才能适应环境的变化，完成战略任务。这一阶段主要是建立控制系统、监控绩效和评估偏差、控制及纠正偏差三个方面。

二、战略实施各阶段作业说明

1. 战略发动阶段

战略发动阶段。在这一阶段，企业的领导人要研究如何将企业战略的理想变为企业大多数员工的实际行动，调动起大多数员工实现新战略的积极性和主动性，这就要求对企业管理人员和员工进行培训，向他们灌输新的思想、新的观念，提出新的口号和新的概念，消除一些不利于战略实施的旧观念和旧思想，以使大多数人逐步接受一种新的战略。对于一个新的战略，在开始实施时相当多的人会产生各种疑虑，而一个新战略往往会将人们引入一个全新的境界。如果员工们对新战略没有充分的认识和理解，它就不会得到大多数员工的充分拥护和支持。因此，战略的实施是一个发动广大员工的过程，要向广大员工讲清楚企业内外环境的变化给企业带来的机遇和挑战、旧战略存在的各种弊病，新战略的优点以及存在的风险等，使大多数员工能够认清形势、认识到实施战略的必要性和迫切性，树立信心，打消疑虑，为实现新战略的美好前途而努力奋斗。在发动员工的过程中要努力争取战略的关键执行人员的理解和支持，企业的领导人要考虑机构和人员的认识调整问题，扫清战略实施的障碍。

2. 战略计划阶段

战略计划阶段。将经营战略分解为几个战略实施阶段，每个战略实施阶段都有分阶段的目标，相应的有每个阶段的政策措施、部门策略以及相应的方针等。要定出分阶段目标的时间表，要对各分阶段目标进行统筹规划、全面安排，并注意各个阶段之间的衔接，对于远期阶段的目标方针可以概括一些，但是对于近期阶段的目标方针则应该尽量详细一些。对战略实施的第一阶段，新战略与旧战略有很好的衔接，以减少阻力和摩擦，第一阶段的分目标及计划应该更加具体化和具有可操作性，应该制定年度目标、部门策略、方针与沟通等措施，使战略最大限度的具体化，变成企业各个部门可以具体操作的业务。关于这一阶段的方针、目标和计划制定请参见第四章"企业方针、目标和经营计划制定"。

3. 战略运作阶段

企业战略的实施运作主要与下面六个因素有关，即各级领导人员的素质和价值观念；企业的组织机构；企业文化；资源结构与分配；信息沟通；控制及激励制度。通过这六项因素使战略真正进入企业的日常生产经营活动中去，成为制度化的工作内容。

4. 战略的控制与评估阶段

战略的控制与评估阶段。战略是在变化的环境中实践的，企业只有加强对战略执行过程的控制与评价，才能适应环境的变化，完成战略任务。这一阶段主要是建立控制系统、监控绩效和评估偏差、控制及纠正偏差三个方面。

三、战略实施的基本原则

企业在经营战略的实施过程中，常常会遇到许多在制定战略时未估计到或者不可能完全估计到的问题，在战略实施中有三个基本原则，可以作为企业实施经营战略的基本依据。

1. 适度合理性的原则

经营目标和企业经营战略的制定过程受到信息、决策时限以及认识能力等因素的限制，对未来的预测不可能很准确，所制定的企业经营战略也不是最优的，而且在战略实施的过程中由于企业外部环境及内部条件的变化较大，情况比较复杂。因此，只要在主要的战略目标上基本达到了战略预订的目标，就应当认为这一战略的制定及实施是成功的。在客观生活中不可能完全按照原先制定的战略计划行事，因此战略的实施过程不是一个简单机械的执行过程，而是需要执行人员大胆创造，大量革新的过程。因为新战略本身就是对旧战略以及与旧战略相关的文化、价值观念的否定，没有创新精神，新战略就得不到贯彻实施。因此，战略实施过程也可以是对战略的创造过程。在战略实施中，战略的某些内容或特征有可能改变，但只要不妨碍总体目标及战略的实现，就是合理的。

另外，企业的经营目标和战略总是要通过一定的组织机构分工实施的，也就是要把庞大而复杂的总体战略分解为具体的、较为简单的、能予以管理和控制的问题，由企业内部各部门以至部门各基层组织分工去贯彻和实施。组织机构是适应企业经营战略的需要而建立的，但一个组织机构一旦建立就不可避免地要形成自己所关注的本位利益，这种本位利益在各组织之间以及和企业整体利益之间会发生一些矛盾和冲突，为此，企业的高层管理者要做的工作是对这些矛盾冲突进行协调一致、折中、妥协，以寻求各方面都能接受的解决办法，而不可能离开客观条件去寻求所谓的绝对合理性。

2. 统一领导，统一指挥的原则

对企业经营战略了解最深刻的应当是企业的高层领导人员，一般来讲，他们要比企业中下层管理人员以及一般员工掌握的信息要多，对企业战略的各方面要求及其相互联系了解得更全面，对战略意图体会最深，因此战略的实施应当在高层领导人员的统一领导、统一指挥下进行，只有这样资源的分配、组织机构的调整、企业文化的建设、信息的沟通及控制、激励制度的建立等各方面才能相互协调、平衡，才能使企业为实现战略目标而卓有成效地运行。

同时，要实现统一指挥的原则，要求企业的每个部门只能接受同一个上级的命令，但在战略实施中所发生的问题，能在小范围、低层次解决的问题，就不要放到更大范围、更高层次去解决，这样做所付出的代价最小，因为越是在高层次的环节上去解决问题，其涉及的面也就越大，交叉的关系也就越复杂，当然其代价也就越大。

统一指挥的原则看似简单，但在实际工作中，由于企业缺少自我控制和自我调节机制或这种机制不健全，因而在实际工作中经常违背这一原则。

3. 权变原则

企业经营战略的制定是基于一定的环境条件的假设，在战略实施中，事情的发展与原先的假设有所偏离是不可避免的，战略实施过程本身就是解决问题的过程，但如果企业内外环境发生重大的变化，以致原定的战略不能实现，显然这时需要把原定的战略进行重大的调整，这就是战略实施的权变问题。其关键在于如何掌握环境变化的程度，如果当环境发生并不重要的变化时就修改了原定的战略，这样容易造成人心浮动，带来消极后果，缺少坚韧毅力，最终只会导致一事无成。如果环境已经发生了很大的变化，若企业仍然坚持实施既定的战略，将最终导致企业破产，因此关键在于如何衡量企业环境的变化。

权变的观念应当贯穿于战略实施的全过程，从战略的制定到战略的实施，权变的观念要求识别战略实施中的关键变量，并对它做出灵敏度分析，提出这些关键的变量的变化超过一定的范围时，原定的战略就应当调整，并准备相应的替代方案，即企业应该对可能发生的变化及其造成的后果，以及应变替代方案，都要有足够的了解和充分的准备，以使企业有充分的应变能力。当然，在实际工作中，对关键变量的识别和起动机制的运行都是很不容易的。

企业战略管理的实践表明，战略制定固然重要，战略实施同样重要。一个良好的战略仅是战略成功的前提，有效的企业战略实施才是企业战略目标顺利实现的保证。另一方面，如果企业没有完善地制定出合适的战略，但是在战略实施中，能够克服原有战略的不足之处，那也有可能最终导致战略的完善与成功。

四、战略执行的陷阱

据《财富》杂志一章文章分析，好的企业战略有70%没有获得成功，失败的主要原因是"公司战略执行不到位"。战略执行的陷阱有：

（1）中高层领导注重战略执行的短期回报，希望立即看到新战略执行的效果，企业的薪酬制度也是按年度业绩指标来考核的，而战略执行成功与否是要在多年以后才能衡量出来的，需要时间。

（2）回到老路上去。高层领导在战略执行的初期要进行管理的变革，会遇到企业内外相当大的阻力，而此时企业业绩还不错，高层领导此时对新战略失去了兴趣，企业又回到老路上去。

（3）公司内部及外部所有利益相关者，对新战略目标并未达成共识，使战略执行十分困难。

（4）有时战略执行的最大阻力来自企业中层管理干部。每一位经理都有自己的利益所在，因此战略执行困难。

（5）企业各部门沟通不畅，使战略执行困难并导致脱节。

（6）阶段性目标不具体，没有量化。如果没有阶段性的量化指标，公司将永远达不到战略目标。

（7）急于求成不能循序渐进。战略执行初期，公司各种管理变革措施一起上，使企业各层管理人员难以适应。

（8）激励措施跟不上。公司完成战略阶段性目标任务后，企业高层领导急于赶进度，又马上布置了更繁重的新任务，忘记及时奖励有功人员，使干部及员工执行战略的积极性不高。

第九节 企业战略评价和调整

一、战略评价体系

战略评价为目标驱动，一定的评价指标体系从属于一定的评价目标体系，旨在通过对战略发展趋势和战略执行进行评估，发现战略实施过程中出现的问题，依据结果对实施方案、组织支持、战略执行、甚至战略目标本身进行调整，以期更好地实现战略目标。

因此我们要对三方面依次进行评价：战略正确性的评价、战略实施过程评价、战略实施绩效评价，如图3-22。

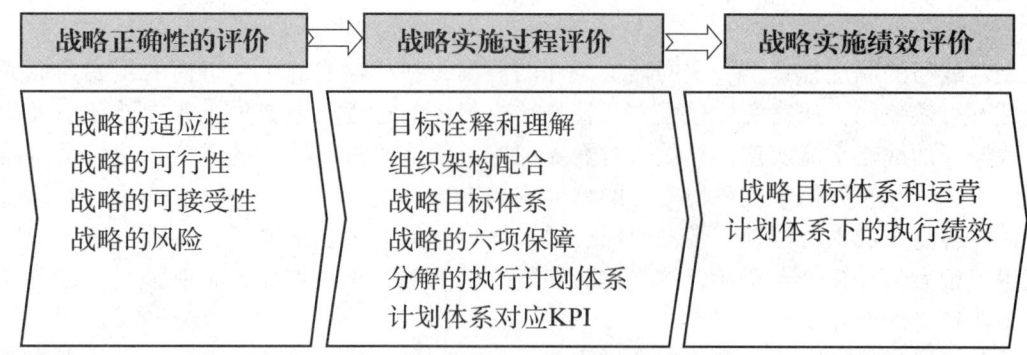

图 3-22 战略评价体系

1. 战略正确性的评价

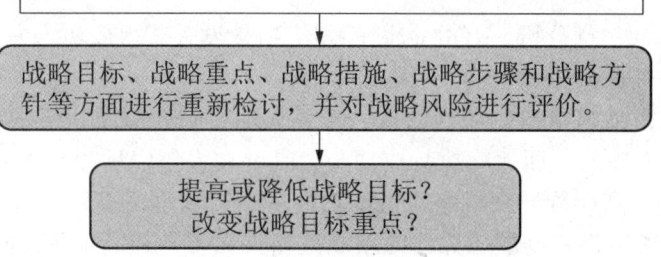

图 3-23 战略正确性评价

2. 战略实施过程的评价

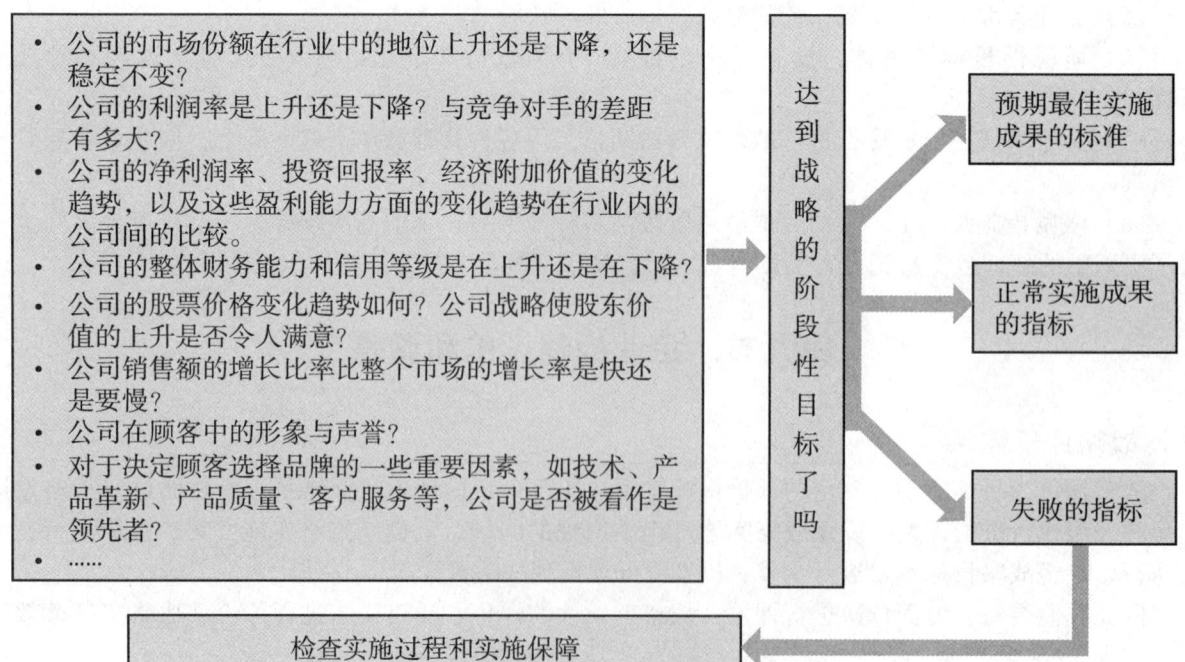

图 3-24 战略实施过程评价

3. 战略实施绩效评价

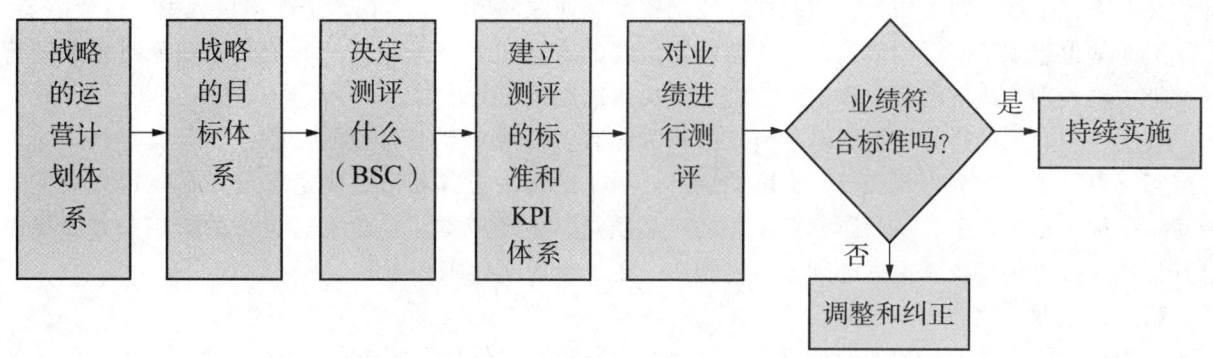

图 3-25 战略实施绩效评价过程

二、战略调整

1. 战略调整概述

战略调整就是根据企业情况的发展变化，即参照实际的经营事实、变化的经营环境、新的思维和新的机会，及时对所制定的战略进行调整，以保证战略对企业经营管理指导的有效性。包括调整公司的战略展望、公司的长期发展方向、公司的目标体系、公司的战略以及公司战略的执行等内容。

原先选择的战略在实施过程中遇到下述情况时，要进行调整：

第一，企业发展的环境发生了重要变化。这种变化可能源自某种突发性的社会、经济、技术变革，这种变革打破了原先市场的平衡；

第二，企业外部环境本身并无任何变化，但企业对环境特点的认识产生了变化或企业自身的经营条件与能力发生了变化；

第三，上述两者的结合。不论缘自何种原因，企业能否及时进行有效的战略调整，决定着企业在未来市场上的生存和发展水平。

2. 影响企业战略调整的因素

战略调整是一种特殊的决策，是对企业过去决策的追踪。这种追踪决策受到企业核心能力、企业家的行为以及企业文化等因素的影响：企业经营过程是某种核心能力的形成和利用过程，企业核心能力的拥有及其利用不仅决定着企业活动的效率，而且首先决定着企业或战略调整方向与线路的选择；决策的本质特征决定了战略调整也是在一系列的备选方案中进行选择，这种选择在一定意义上说是经营者行为选择的直接映照；企业文化则对上述选择过程以及选择确定后的实施过程中人的行为产生着重要的影响。下面我们依次描述这些因素的影响。

第一，企业的核心竞争能力。

改变或调整企业的经营领域或方向，首先需要分析企业已经形成的核心能力及其利用情况。在市场经济条件下，同一种产品的生产与销售通常是由多家企业完成的。企业面对的是竞争性的市场。在竞争市场上，企业为了及时实现自己的产品并不断扩大自己的市场占有份额，必须形成并充分利用某种或某些竞争优势。由于形成和利用竞争优势的目的是不断争取更多的市场用户，因此，企业在经营上的这种特点必须是对用户有意义的。

第二，企业家的行为倾向。

作为追踪决策，战略调整和企业其他类型的决策一样，受到企业家行为特征的影响。甚至可以认为，战略调整是企业家行为选择的结果。我们知道，企业是在企业家的领导下从事某种生产经营活动、表现它的市场存在的，企业家的行为选择对企业的绩效和发展有着至关重要的作用。这种作用主要体现在两个方面。

首先，企业家的行为选择直接制约着企业的行为选择，企业行为选择不仅是企业家行为选择的直接映照，而且是企业家行为选择的直接结果，从而直接决定着企业未来的行动是否有意义。从某种意义上说，企业经营领域与方向的选择或调整是企业家的事。虽然在这个决策过程中，企业需要、实际上通常也组织了广泛的员工参与，但确定最终的方案主要是企业家的职能。企业家对企业经营的贡献主要表现为决策的制定和组织实施，其决策的制定更为重要。

其次，企业家的行为不仅影响着员工的行为能否转变成对企业有效的贡献，而且其行为倾向也直接影响着员工的行为方式和行为力度的选择。员工的行为方式和力度决定着员工在既定方向下的劳动质量和劳动生产率，从而影响着企业的产品质量、生产成本。企业家对员工的影响一方面要通过日常的直接管理实现，更多的则是通过塑造一定的企业文化来完成的。

第三，企业文化。

作为企业或企业家行为选择结果的企业战略调整决策必然要受到企业文化的影响。

企业文化是企业员工普遍认同的价值观念和行为准则的总和，这些观念和准则的特点可以透过企业及其员工的日常行为而得到表现。自20世纪70年代末美日一些学者在对许多美国或日本企业经营中成功与失败的案例进行比较分析后，企业管理的理论学者与实际工作者已达成共识：文化对企业经营业绩、企业成长与发展水平存在影响是一个不争的事实。

文化对企业经营业绩及战略发展的影响主要体现在它的3个基本功能上：导向功能、激励功能及协调功能。

文化的导向功能是指共同接受的价值观引导着企业员工，特别是企业的战略管理者自觉地选择符合企业长期利益的决策，并在决策的组织实施过程中积极地表现出符合企业利益的日常行为。

文化的协调功能主要指在相同的价值观和行为准则的引导下，企业各层次和各部门员工的选择不仅符合企业长期或短期利益，其行为也必然是相互协调的。

文化的激励功能主要指员工在日常经营活动中自觉地根据企业文化所倡导的价值观念和行为准则的要求调整自己的行为。

企业文化的上述功能影响企业员工、特别是企业高层管理者的行为选择，从而能影响企业战略调整的方向选择及其组织实施。正是由于这种影响，与企业战略制定或调整和组织实施过程中需要采用的其他工具相比，文化作用的实现不仅是高效率的，而且可能是成本最低、持续效果最长的。从这个意义上说，文化是企业战略管理中最为经济的有效手段。

三、战略管理失败的原因

企业战略管理失败的原因很多，以下是众多企业常犯的错误。

（1）缺乏长远发展规划，战略变化频繁；
（2）盲目追逐市场热点，企业投资过度多元化；
（3）战略决策随意性较大，缺乏科学的决策机制；
（4）对市场和竞争环境的认识和分析盲目，缺乏量化的客观分析；
（5）企业战略计划流于书面报告，没有明确的切实可行的战略目标；
（6）企业战略计划难以得到中高层的有力支持，也没有具体的行动计划。

四、战略规划和战略管理流程

1. 战略规划流程（参考）

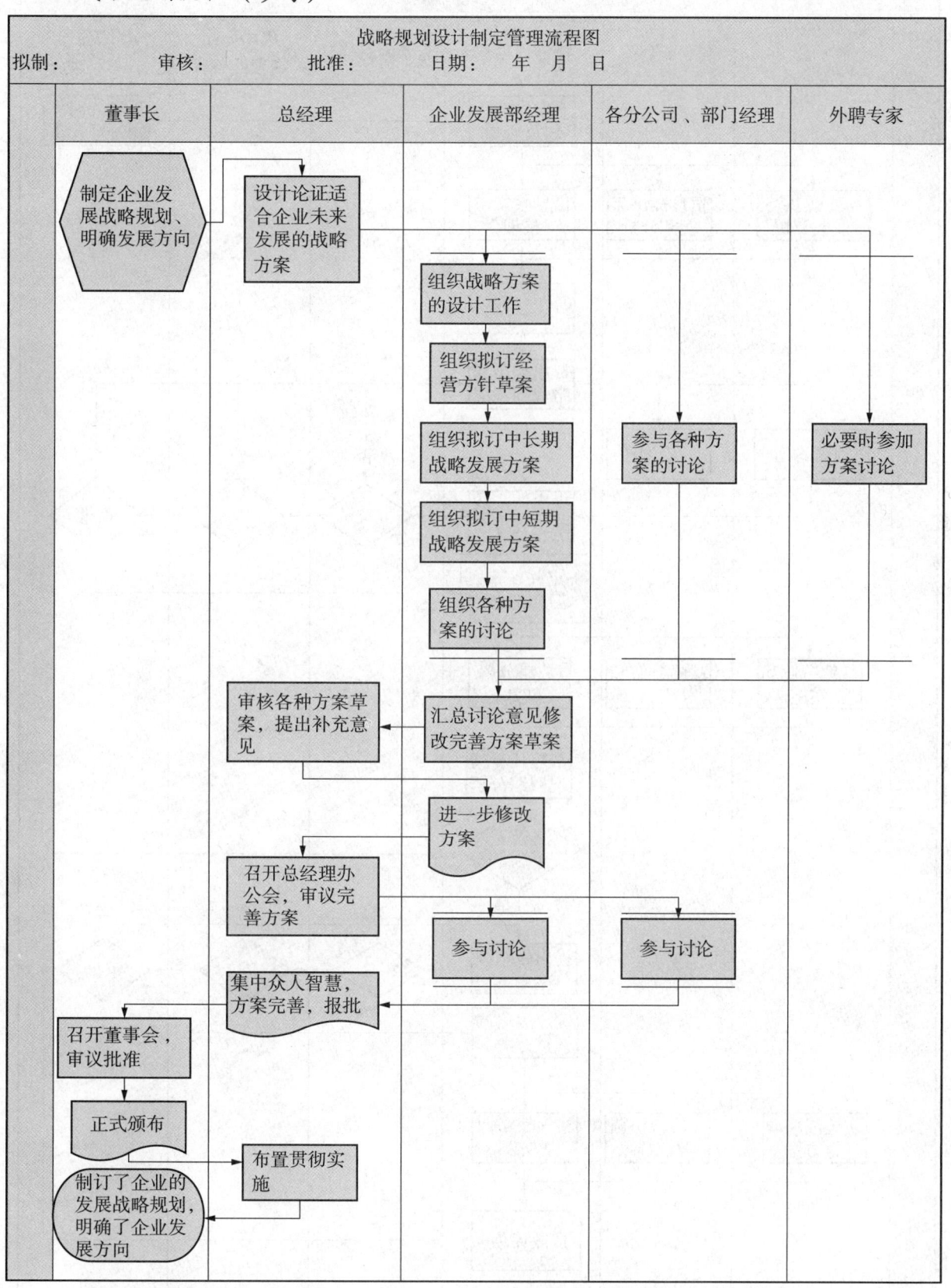

2. 战略管理流程（参考）

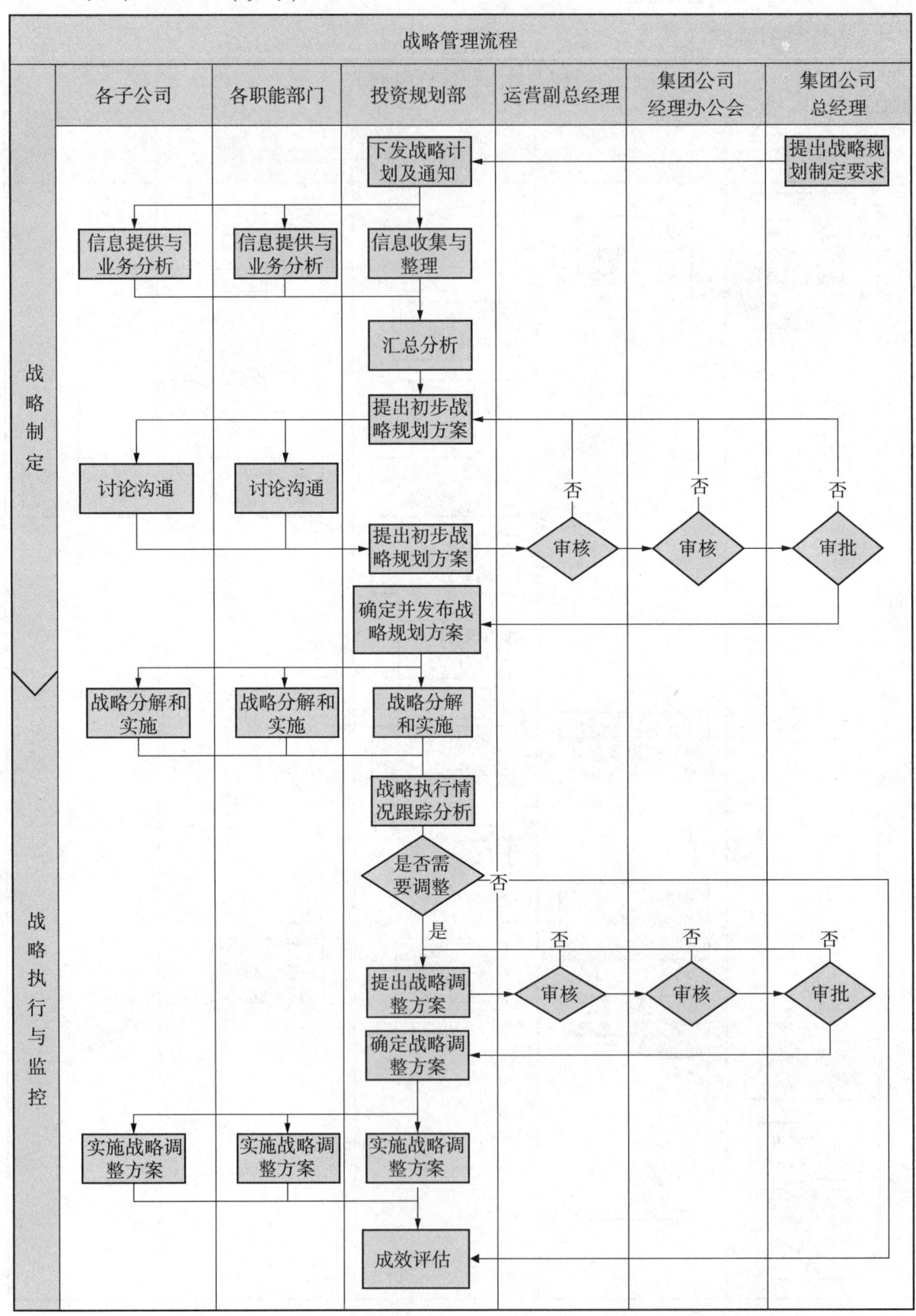

第十节　应用案例——加多宝战略管理实践

一、加多宝集团简介

加多宝集团是一家香港独资、以北京为内地总部的国内大型专业饮料、矿泉水生产及销售企业。目前，加多宝旗下产品包括红色罐装、瓶装"加多宝"和"昆仑山天然雪山矿泉水"。

加多宝出品的凉茶依据传统配方，采用上等草本材料配制，秉承传统的蒸煮工艺，经由现代科技提取本草精华、悉心调配而成；其内含菊花、甘草、仙草、金银花等具有预防上火作用的本草植物。现代科学研究表明：加多宝出品的正宗凉茶能预防上火，有益身体健康。

加多宝集团1995年推出第一罐红色罐装凉茶，1999年以港资形式在广东省东莞市长安镇设立生产基地。为配合开拓全国市场策略，集团先后在广东东莞、浙江绍兴、福建石狮、北京、浙江杭州、湖北武汉、广东佛冈、四川资阳、湖北仙桃建立凉茶生产基地，并有多处原材料种植生产基地。目前，加多宝凉茶不仅在国内深受广大消费者喜爱，还远销东南亚和欧美国家。

集团董事长陈鸿道——"凉茶大王"，现为加多宝集团及香港鸿道（集团）有限公司董事长。他之前经营的红色易拉罐装"王老吉"凉茶的年销售额曾超过200亿元人民币，超越可口可乐和百事可乐，成为中国罐装饮料市场第一品牌，后又带领红罐"加多宝"成为"中华第一罐"。2008年为汶川地震灾区捐出1亿元人民币，2010年青海玉树地震捐出1.1亿元人民币。在香港，陈鸿道有"佛商"之称。2010年，他带领的"王老吉"牵手亚运会，作为中国民族品牌的杰出代表，将依托国际性大型体育赛事，加速国际化进程，成为一个世界级的饮料品牌。

二、现状分析

1995年，广药将红罐王老吉的生产销售权租给了加多宝，而广药自己则生产绿色包装的王老吉凉茶；1997年2月12日，广药集团注册申请了"王老吉"商标，一天之后，广药集团与香港鸿道集团签订了商标许可使用合同，合同规定，鸿道集团自当年起取得独家使用"王老吉"商标生产销售红色纸包装及红色罐装凉茶的使用权；2000年双方第二次签署合同，约定鸿道对"王老吉"商标的租赁期限至2010年5月2日；2002年至2003年，鸿道又与广药签署补充协议，将租赁期限延长到2020年。在双方签署商标授权使用合同后的十余年间，加多宝将红罐王老吉从一个区域品牌打造成一个家喻户晓的"预防上火"的全国饮料品牌，2007年的销售额飙升到50亿元。2008年向汶川灾区捐赠1亿元人民币，令王老吉名声大振，当年销售额达到120亿元，王老吉销售收入占加多宝集团的百分之八九十，此时王老吉品牌被评估为1080.15亿元。

然而，广药与加多宝双方在2002年至2003年期间续签的补充协议出了问题。原来，时任广药总经理的李益民是在收取了陈鸿道300万元的贿赂后，才签署了将租赁期限延长到2020年的授权书。后来李益民东窗事发，广药认为该补充协议无效，商标租赁期限已于2010年5月2日到期。从2008年开始，广药就与鸿道交涉，但一直没有结果；同年8月，广药向鸿道发出律师函，称李益民签署的两个补充协议无效；2010年11月，广药启动王老吉商标评估程序；2011年4月，广药向中国国际经济贸易仲裁委员会提出仲裁请求；2011年12月29日，此案进入仲裁程序。2012年5月12日，根据中国国际经济贸易仲裁委员会的裁决书，广药集团收回鸿道集团有限公司的红色瓶装王老吉凉茶的生产经营权。同时宣布加多宝停止使用"王老吉"商标。

在之前，加多宝集团可能也曾想到会有这样的结局，所以在事发前几个月，就在红罐王老吉凉茶的罐上加上了"加多宝"这三个字。2012年5月5日，公司推出的红罐加多宝凉茶的外包装与此前的红罐王老吉几乎一致，仅仅把"王老吉"改成了"加多宝"。

三、加多宝的外部环境分析

（一）宏观环境分析（PEST分析）

1. 政治环境

2005年7月，经广东省文化厅、省食品行业协会联合组织由文史、文物、中医药、食品等著名专家组成的凉茶认定专家委员会严格审核，广东省21家企业拥有18个品牌54个秘方及术语率先被批准为广东省食品文化遗产。

2006年2月17日，广东凉茶再次升级，成为粤港澳三地认可的粤港澳食文化遗产。

2006年5月25日，凉茶终于被国务院公布成为首批国家级非物质文化遗产。这意味着凉茶不仅能得到国家文物保护法的保护，而且还能得到联合国《保护非物质文化遗产公约》在世界范围内的保护。

凉茶成为国家文化遗产后将受到国家有关法律永久性的保护，受保护的凉茶品牌和秘方在产品宣传方面将可合法使用术语（即功效），其秘方中所使用的中草药亦将受法律保护。

凉茶属于食品，按相关法规，食品在宣传中不能宣传药效功能，现在成为国家级非物质文化遗产，术语和秘方都受到保护，也就是说，在"文化遗产"之列的凉茶以后在宣传中可合法使用术语（即功效）。

此外，按国家规定药食同源的110种中草药才可用于食品中，但凉茶里所使用的中草药有近200种，因此，进入"文化遗产"之列的秘方，现在也可合法使用那些不在110种中草药里的草药了。

加多宝2007年获国家质量检验检疫总局颁发的《全国工业产品生产许可证》，同时被广州卫生局评为食品卫生等级的A级单位。

加多宝2009年被评为高新技术企业，根据国家对高新技术相关税收优惠政策，公司享受企业所得税优惠。

加多宝成为国内首批澳大利亚TGA认证的制药企业。

2011年加多宝联合其他企业共同签署了《凉茶文化与产业发展公约》，推进凉茶饮料的保护及全球普及。

2011年1月，加多宝集团陈鸿道先生获得非物质文化遗产"凉茶项目"代表性传承人的资格。

"十二五"规划提出，力争到2015年，饮料总产量达到1.6亿吨，年均增长10%左右，产品结构更加合理，碳酸饮料、果蔬汁类饮料、包装饮用水、茶饮料、蛋白饮料、其他饮料产量的比例分别为14:15:39:13:15:3。

2. 经济环境

近年来，随着消费观念和生活方式的转变，茶饮料成为中国消费者最喜欢的饮料品类之一。进入20世纪90年代，世界茶饮料以17%的年增长速度递增，被誉为"新时代饮料"而风靡世界。中国茶饮料市场进入21世纪后更是增长迅速，每年以30%的速度增长。统计数据显示，2011年中国茶饮料产量已超过900万吨，茶饮消费市场已占到整个饮料消费市场的20%左右的份额，市场份额直逼碳酸饮料，成为中国饮料市场中一道亮丽的风景线。未来三年，凉茶业将保持以几何基数的高速增长，成为除了水之外的第二大饮料品类，出现"井喷"。

我国饮料市场结构发生了明显的变化，原来备受推崇的碳酸饮料逐渐"退烧"，而以茶饮料为代表的健康饮品迅速崛起，成为饮料市场新的主力军。进入2012年，我国茶饮料市场呈现两大特点，首先，茶饮料行业整体进入成熟期，茶饮料品牌集中度越来越突出。其次，众多凉茶企业抢夺市场份额，凉茶市场呈现群雄混战局势。

茶饮料已成为茶产业的重要支柱，目前，茶饮料市场有700亿~800亿元。进入2012年，茶饮料市场的最大特点是茶饮料行业整体进入成熟期，茶饮料行业的品牌集中度越来越突出，茶饮料已经成为饮料市场渗透率最高的品类。近年屡次发生食品安全问题，碳酸饮料由于存在钙流失、饮后肥胖等问题而逐渐"退烧"，让消费者对于自然、健康的愿望变得空前高涨，作为中国传统饮料的茶饮料品类不仅继承了数千年来的饮茶文化，同时也符合消费者心目中日益清晰的饮料消费观念和选择趋势。

3. 社会环境

由下图可见，碳酸饮料仍旧是大部分人的选择。这类饮料的特点是以解渴为主，在功能上比较基础，在价位上也相对较低。同时果汁饮料也备受消费者的青睐。茶饮料有一定的特殊功能，比如凉茶祛火，其他的茶减肥，助消化等。可见，消费者对饮料的选择正逐渐趋向于健康化，茶类的功能性饮料将会有更大的市场。

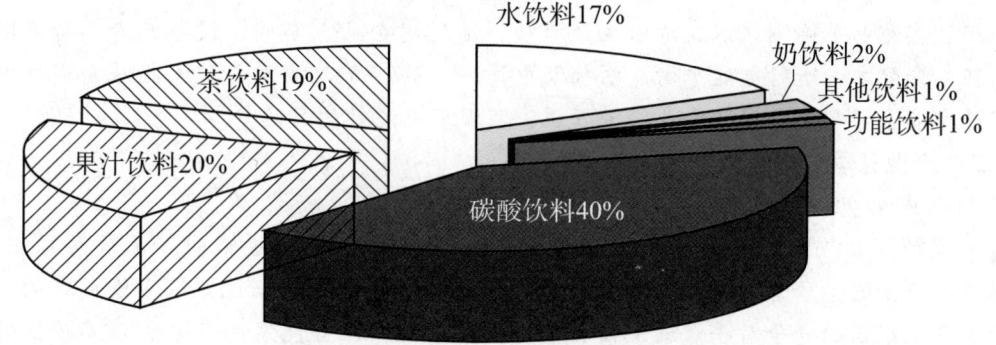

"凉茶"具有清热解毒、生津止渴、防治疾病等功效，是我国南方沿海地区民间世代流传、广泛饮用的饮料。然而，广东凉茶在近几年来旺销全国，巨大的市场增长空间和利润让众多企业对凉茶产业欣喜若狂，大大小小的品牌大举进军凉茶行业。有专家称，广东人正在培养全国人民喝凉茶的习惯，凉茶也几乎成为民族饮料的代名词。

但随着现代都市人的生活形态的改变，比如饮食结构上肉食的增多，夜生活频繁等，都令人比以往更加容易上火。这就为凉茶大举北上提供了极大的现实基础。凉茶品牌的崛起，有力地带动了整个凉茶市场向全国各地延伸，一跃成为民族特色饮品。

与王老吉的商标之争，虽然以加多宝败诉告终。但是由于加多宝对于这件事的公关处理，挽回了加多宝的败局。

加多宝斥巨资投资《中国好声音》，"好声音"收视长虹，使得加多宝销量直线上升。

连续12年资助贫寒学子实现上大学的梦想，近万名莘莘学子在加多宝的关爱下，走进了全国各地的大学殿堂；在我国遭受巨大灾难时挺身而出，在举国扼腕的"5·12"汶川大地震和"4·14"玉树大地震面前，毫不犹豫地宣布向灾区捐款1亿元人民币和1.1亿元人民币，历年累计捐助总额近3亿元人民币。这些都给加多宝树立品牌带来的积极有效地影响。

4. 技术环境

凉茶创始人王泽邦第五代玄孙王健仪表示,高祖王泽邦于清朝道光年间始创凉茶,而她本人于20世纪90年代将祖传秘方传授给陈鸿道先生的鸿道集团"独家永久专用",并准许鸿道集团及其在大陆投资的加多宝集团各公司独家生产凉茶产品。

1995年,加多宝集团秉承传统草药的蒸煮工艺,率先通过技术创新,在凉茶制作"水提"工艺的基础上,成功研发"集中提取,分散灌装"的工业模式。将草本精华提取、调配及灌注生产红罐凉茶,让传统配方与现代生产完美融合,保持凉茶生产的标准化和产品新鲜度、品质的一致性,实现了凉茶由街边小铺大碗茶到凉茶工业化大生产。加多宝凉茶引领凉茶产业走向了高速发展道路。

经过多年的研发,2006年,加多宝集团最终成功研制出凉茶浓缩汁液,成为国内首次研制并成功应用凉茶浓缩汁技术的企业,实现了凉茶饮料行业生产方式的历史性突破,实现了色泽、风味、口感、品质和食品卫生的最高品质要求。

"加多宝"的所有工厂均按照GMP标准建造,厂房布局合理、明亮、洁净,并从欧美引进先进的全自动饮料生产线。产品质量管理体系覆盖产品从原材料采购、生产制造至市场流通销售环节全过程。在整个生产过程设置了自动仪器监测,按照GMP良好操作规范进行全程质量监控,保证产品优质卫生,满足消费者的需要。在运送给客户前,还需以超声波真空检测系统对整箱产品进行百分之百检测,合格后才能进入市场,百分之百保证产品质量。

"加多宝"积极践行低碳生产生活,降低能源和资源消耗。近年来,加多宝集团对所属企业组织、实施电平衡测试以及清洁生产审核,通过对企业、车间、设备三者各自范围内的电能消耗、分配方向进行电能平衡,明确节电途径,落实整改方案与技术措施,减少电能损耗,促进电能合理利用,提高企业经济效益,实现节电增效的目的。

(二) 产业竞争分析(波特五力模型)

1. 行业内竞争者分析

目前饮料行业内越来越多的企业推出功能性饮料,凉茶市场也吸引了很多商家去开拓,这意味着加多宝的竞争者将越来越多。而相对加多宝较高的成本来说,很多低成本的产品将会成为加多宝很强的竞争对手。就拿最典型的例子来说,绿盒包装的王老吉以其较低的价格占据了很大一部分市场,而许多人并不知红罐和绿盒包装的王老吉属于两家公司,这也使加多宝在竞争中更加不利。另外,达利园集团推出的和其正凉茶也给加多宝市场带来了不小的竞争。但是这些都不是加多宝的最大竞争者,他的最大竞争者,一个是广药的正宗凉茶——王老吉,另一个是运动饮料——红牛。王老吉是人们最熟知的凉茶,红牛又很受年轻人喜爱。特别是广药刚把加多宝养大的孩子(王老吉)收回去,这给加多宝致命的一击。因此,加多宝集团应该有一定的危机意识了。

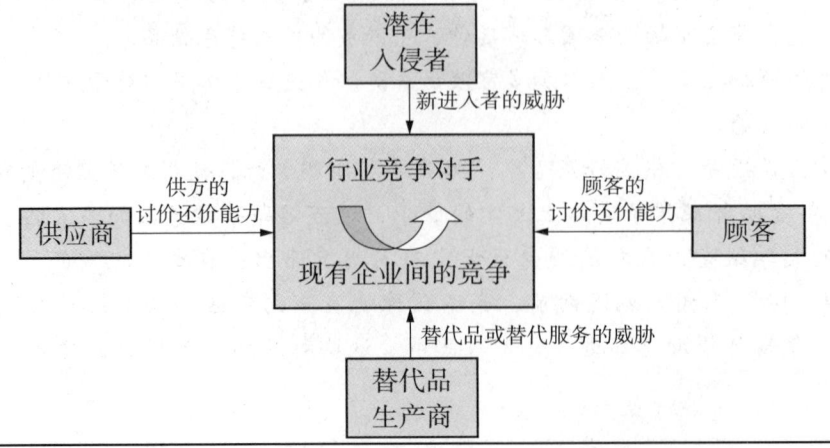

2. 潜在入侵者分析

在多元化发展的大趋势下，各大食品企业都是最有可能的潜在入侵者。例如雅客食品公司、绿盛集团、旺旺食品有限公司、杭州天舜食品有限公司等这些经营休闲类食品的公司，都很有可能进军饮料的行业。就拿达利集团来说，在多年的发展经营中，达利集团形成了"好吃点"饼干、"可比克"马铃薯休闲食品、雪饼、膨化休闲食品、"达利园"派类食品三大品牌的产品结构，但达利园还是成功地拓展了它的饮料市场，推出如达利园青梅绿茶、蜂蜜绿茶、优先乳等产品，特别是他推出的和其正凉茶给加多宝带来了很大的威胁。

3. 替代品分析

可口可乐、康师傅、娃哈哈、养生堂旗下的农夫山泉、统一，这些可谓是消费者熟知的饮料品牌。顺应着健康饮食这个大潮流，这些饮料公司也相继打着健康饮品的广告推出自己的茶饮料。2006年的早春，乍暖还寒，养生堂旗下的农夫山泉公司，就开始大张旗鼓地高调推出农夫茶系列饮料，并不惜血本的邀请了产品代言人韩国当红影视巨星李英爱做代言人。身为中国最大茶饮料生产厂商之一的康师傅也推出了能去油、解腻、助消化，长时间饮用还能温和养胃的大麦茶，口味独特的大麦茶在中国大陆的各个城市也渐渐形成了一股"热麦风"。随后，可口可乐（中国）饮料有限公司宣布，正式推出新的茶饮料系列——100%用真正茶叶泡制的"原叶"系列茶饮料，让消费者体验鲜爽茶滋味。在2005年跻身中国民营企业100强的杭州娃哈哈集团有限公司也推出了娃哈哈蜂蜜茉莉香茶、娃哈哈龙井绿茶、娃哈哈健康花草茶、娃哈哈低糖绿茶、娃哈哈水果茶、呦呦蜂蜜柚子茶、柠檬茶等。这些日益增多的茶饮料势必对加多宝的凉茶市场份额造成一定的影响。

4. 供应者分析

加多宝的主要原料为岗梅、火炭母、金沙藤、广金钱草、金樱根等，金樱根为其中一味重要药材原料。2002年，广州王老吉药业股份有限公司通过选派技术专家采集土壤样品、测量地理数据等方式，对紫金县凤安镇东龙村的东龙南药种植场的地质、水质和空气等指数进行分析论证后，于2006年与位于紫金县凤安镇东龙村的东龙南药种植场签订合同，双方决定在东龙南药种植场建立1000亩的"王老吉——紫金金樱根GAP种植基地"。加多宝公司还专门派工程师余鸿生为东龙南药种植场的常年技术指导。整个种植基地的建设将依据"325"模式，即2007年首先栽种300亩金樱根，2008年栽种200亩，2009年则栽种500亩。基地建成后，每年为加多宝公司提供240吨金樱根作为该公司生产凉茶的原料，今后还将采取"公司+基地+农户"的模式。由加多宝与东龙南药种植基地提供药苗、技术咨询指导和培训等服务，发动广大农户种植药材，带动农民脱贫致富，为当地农业结构调整铺出了一条"金色"道路，给农民提供良好的创收途径，实现良好的经济效益和社会效益。所以，东龙南药种植场与加多宝良好的合作关系使加多宝有一个稳定的原材料供应。

5. 购买者分析

加多宝每罐4元的价格相对同类品牌来说是较高的，相信这与加多宝自身的生产成本有很大的关系。加多宝的高价位会使其流失许多客户，对低端消费者来说，他们可能更多的会选择同类产品中价位较低的产品，所以建议加多宝在标志性的红罐包装以外可以考虑增加别的包装形式以减少成本从而降低价格，扩大消费群体。

四、加多宝的内/外部环境分析（SWOT 分析——优势、劣势、机会、威胁）

SWOT 分析 内部环境 → ↓ 外部环境	优势分析 由于加多宝公司将王老吉发展壮大，现在凉茶加多宝产品的配方和王老吉一样，王老吉被公认为凉茶始祖，依据传统配方采用上等草本材料配制，属于功能性饮料，品牌形象良好，并且有很好的顾客认知度，王老吉在加多宝公司生产时占有了较高的市场份额，因此加多宝公司也是大家熟知的公司，这是其一大优势。	劣势分析 加多宝集团因为贿赂事件，败诉讼于广药集团，这可能会给加多宝带来不好的口碑。最大的劣势是被广药收回了王老吉品牌，还有就是其产品单一，只有红色罐装加多宝一种产品，并且，罐装加多宝的成本较高，只适于中高端消费群体。另外，正宗凉茶的品牌自主权缺失是一个隐藏的危机。
机会分析 如今人们的健康意识增强，有利于加多宝这样的功能性饮料的发展。加多宝还可以进入新市场，拓展新业务，实现企业的多元化发展。另外，在国际市场上加多宝也有很大的发展空间。	SO 战略 发挥功能性饮料的优势； 在良好的品牌形象基础上进入新市场，实现企业的多元化发展； 进军国际市场。	WO 战略 开拓新市场以弥补自主权缺失的隐患和产品单一的现状。
威胁分析 广药的王老吉品牌是加多宝品牌的最大威胁，其余的低成本的竞争者也是加多宝销售市场的一个威胁，技术上的代替品和顾客需求的变化也会对加多宝不利。	ST 战略 以凉茶始祖的身份和良好的顾客认知与低成本竞争者竞争。	WT 战略 降低成本； 加强技术性研发； 适应市场及顾客需求的变化。

加多宝的竞争优势：

（1）营销渠道，这是经过 10 几年长期积累沉淀下来的结果。

（2）营销队伍，这也是经过 10 几年长期积累淘汰下来稳定的团队，加多宝在全国拥有 8000 人的销售团队，可以做到一夜之间在全国"上一模一样的海报，让所有业务员跟所有终端讲同一句话。"

（3）加多宝是私企，在销售策略、人才的使用等方面，加多宝要灵活得多。重要的人才，加多宝每年可以 1000 万元年薪聘请，而在其他这样的国企是不可能的。

（4）启用自有品牌，借"好声音"迅速造势，加多宝迅即取得良好的市场反应，这不但坚定了加多宝人的信心，也将为加多宝打造成"中国式可口可乐"奠定坚实的基础。

五、加多宝的战略制定

1. 企业文化

使命： 共创健康时尚饮品　传承中华传统文化

愿景： 拥有行业领先的优秀团队　创造高效共赢的经营价值　成为世界知名的饮料企业

核心价值观：

团结　目标一致　高度凝聚　激情自豪

承担 勇于承担 言出必行 互赖协同
务实 快速反应 精准落实 关注结果
进取 理想远大 敢于创新 精益求精
个人核心能力：

仁爱廉洁 怀仁爱之心 行君子之为	**业绩至上** 业绩最好的荣誉	
追求卓越 超越现状 积极求胜	**共创多赢** 和而不同 互利担当	
尽心尽责 永不言弃 全力尽责	**高效执行** 明确目标 规范高效	

品牌定位： 预防上火的饮料

2. 加多宝战略转型分析、品牌推广战略分析

加多宝公司失去王老吉品牌之后，该何去何从？面对错综复杂的市场竞争，以及新品牌顾客的不稳定性，加多宝公司对战略实施转型，势在必行。

第一，实行相关多样化战略，转移王老吉的品牌资产。

虽然加多宝公司已经被禁止使用王老吉商标，但由于加多宝公司与王老吉之间千丝万缕的关系，加多宝公司必须梳理好王老吉的品牌资产，将加多宝之前在顾客中建立的王老吉品牌的信誉转移到现在自己的品牌中来，实行相关多样化战略，完成从王老吉到加多宝的蜕变：

（1）王老吉"预防上火"的产品定位是王老吉品牌最核心的价值。加多宝需要通过大量的广告宣传、沟通渠道的建设，将消费者从"怕上火，喝王老吉"的消费认知转移到"怕上火，喝加多宝"上来，避免加多宝和王老吉成为凉茶市场上的两条平行线。

（2）通过铺天盖地的公关宣传强势占领人们的眼球，趁着大家仍然关注此事的时候，把握契机，让更多的消费者认识到多年的王老吉品牌的运营者是加多宝公司，植入加多宝才是中国凉茶之父的思想。

（3）加多宝应该表明之前利用王老吉身份在慈善事业中所做的贡献，利用积累的良好声誉，和消费者的好感进行产品推广，进行口碑营销。

第二，强化加多宝自身品牌，推广新的品牌价值。

不论是王老吉，抑或加多宝，消费者更关注的是凉茶的品质。加多宝需要让消费者相信现在的加多宝凉茶其实就是此前的王老吉，配方、工艺、品质和感观均没有任何改变，只不过是变换了商标而已，实质并没有发生变化。加多宝需要利用消费群体的消费认知和习惯，推广属于加多宝自身的品牌：

（1）利用海量的广告轰炸，让消费者对加多宝凉茶形成正确的认知，对加多宝品牌和王老吉品牌之间有客观的比较，避免消费者产生片面认识和误会。

（2）通过技术手段优化产品，提升产品的附加值；打造凉茶绿色健康的新式卖点，推广全新的品牌价值，吸引更多的忠实消费者。

第三，采取稳定发展战略，保持品牌过渡的连续性和平稳性。

面对企业品牌过渡转变的关键时期，为保证公司平稳地发展，加多宝公司可以集中精力于加多宝凉茶这一产品中，在稳定增长的市场上维持公司产品一定的市场增长率，消除因品牌变更而带来消费者的丢失，保持公司战略的连续性。同时加多宝集中生产单一的加多宝凉茶，走专业化道路，可以实现规模经济，为公司产品带来更大的竞争优势和盈利空间，有利于加多宝公司的过渡发展。

第四，强化市场、销售渠道，发挥自身优势，提升竞争力。

加多宝核心人才队伍建设较完备，市场推广经营较成熟，同时加多宝具有多年积累下来的资金、渠道、营销等方面的相对优势。因此，加多宝应该意识到自身的优势，强化市场渠道，稳定经销商的信心，对其加强市场和销售指导，通过自身完善的销售渠道，推广自己的

新品牌产品，实现产品的纵向发展。完备的核心人才队伍是加多宝公司的核心资源之一，在此非常时期，加多宝可以通过提高员工底薪，加强福利保障等举措安抚员工，防止优秀员工流失，坚决为产品销售反击确保人员的保障。

第五，吸取教训，摆脱思想包袱，轻装上阵。

加多宝应该从此次事件中吸取深刻的教训，摆脱他人品牌的制约，积极发展自己的品牌。同时加多宝应该痛定思痛，摆脱思想上的束缚，轻装上阵，整合公司资源，集中所有的力量，对产品进行大力创新、推广，"亡羊补牢，为时不晚"。面对王老吉这个由自己一手树立起来的品牌，加多宝应该也要有客观的认识，凉茶市场上原先一家独大的情况将得到改变，

逐步形成广药王老吉、加多宝凉茶、和其正凉茶三足鼎立的局面，而凉茶市场上产品同质化竞争将逐步向价格差异化、渠道多元化传导，加多宝公司需要在这些方面努力下功夫。

虽然加多宝失去了其最具竞争力的"王老吉"元素，但去除了这个最不稳定的因素，从长远角度而言，对加多宝未尝不是好事。加多宝应该乘此机会，重整旗鼓，发展属于自己的品牌，而不是一味的依附他人品牌生存，这样才有利于加多宝公司竞争能力的提高，才有利于加多宝公司长远健康的发展。

3. 加多宝品牌推广策略

(1) 加多宝包装策略

10 多年的发展，红罐王老吉已经形成了一个非常好的品牌效应。而加多宝作为一个全新的品牌名称，只有恰如其分的和之前建立起来的品牌形象结合起来，才能在短时间内将加多宝品牌迅速打入市场，形成新的品牌效应。

因此改名为加多宝之后，在包装部分，一方面继续沿用了之前的红罐包装，给予消费者熟悉感。另一方面，先前王老吉的标志改为加多宝，同时在红罐的另一面刻有字体稍小的王老吉标志，告之消费者加多宝就是之前的红罐王老吉，现在只是换个名字而已。

(2) 加多宝广告推广策略

加多宝此次广告策略为"同中求异"。

为了很好地与先前的品牌效应衔接起来，加多宝此次广告语与先前的广告语有很大的相似性，仅仅是将"王老吉"更名为"加多宝"，现在加多宝广告语为"怕上火，喝加多宝"。同时为了让消费者更好的认知加多宝，在广告内容方面加多宝特意强调"全国销量领先的红罐凉茶改名加多宝""还是原来的配方，还是熟悉的味道"。

为了能够在 2013 年 1 月 19 日协议彻底终止之前将加多宝品牌最大力度地推广出去，在凉茶市场的旺季（夏季），加多宝在电视媒体、网络媒体、各大零售店、户外全方位的投放了大量的广告，只要有加多宝的地方就有其广告。以扑面而来的广告冲击着消费者的视觉，同时让消费者记住之前的红罐凉茶已经改名为加多宝，并且除此之外其他一切都不变。

其中电视媒体广告推广主要以黄金时段的广告播放、热门节目《中国好声音》的冠名权进行推广；网络媒体主要在各大热门网站投放广告，例如百度；而零售店和户外则是随处可见的 POP 广告。

(3) 加多宝电视媒体推广策略

《加多宝中国好声音》是浙江卫视携手加多宝强力打造的大型专业音乐真人秀节目《The Voice of China——中国好声音》，于 2012 年 7 月 13 日亮相荧屏，携世界华人的音乐梦想重磅来袭！

除了获得《加多宝中国好声音》节目的冠名权，加多宝也在其官方网站上以节目为主题举办了一系列活动，与观众及其消费者进行互动游戏。主要有"导师正宗榜"的投票，"晋级猜想"投票，"互动游戏"，同时也设置了丰厚的活动奖项。

除此以外，加多宝同样为湖南卫视《向上吧！少年》和安徽卫视《势不可挡》节目的冠名。

（4）加多宝公益事业推广策略

加多宝通过一系列的公益活动提升自己的品牌形象。相继之前的汶川捐款1亿元人民币、玉树捐款1.1亿元人民币。加多宝公益事业的步伐从未停止。

目前，加多宝的"加多宝 学子情"爱心助学行动依旧在进行，旨在帮助2000名高考贫困生圆大学梦。

2012年9月7日云南省昭通市彝良县发生5.7级地震，9月7日下午，加多宝集团获此消息后，第一时间成立专项应急小组。9月8日组织人员将1000箱加多宝凉茶运到地震灾区，并配合救灾指挥中心把救灾物资发放到灾民手中，受到当地受灾群众的赞许。公益事业给加多宝竖立起了良好的品牌形象。

（5）经销商策略

①促销策略

经销商是产品迅速进入各地市场的关键因素，经销商作为厂家与最终零售商的中介，差价是其利润来源。为了在这关键时刻能够迅速将更名为加多宝的凉茶迅速打入市场，加多宝对各经销商实施促销策略，增加其利润。

对经销商的促销策略一方面为满100箱送3箱的优惠策略；另一方面对产品进行降价，但是市场价保持原价，提高各经销商的差价利润。

此次促销策略，促销对象为经销商，不同于其他品牌的大量终端促销方式。这种促销方式的亮点在于，一方面提高了经销商的利润，加强了经销商网络的巩固，另一方面保持着加多宝"高端产品"的品牌形象。

②排他协议策略

加多宝的经销商都必须与加多宝集团签订一份排他协议，即作为加多宝的经销商，只能是加多宝唯一的经销商，不得同时为其他凉茶品牌的经销商。

此次危机中最关键的竞争对手就是之前与加多宝为同一品牌的广药王老吉凉茶品牌。之前红罐王老吉与广药王老吉统一由鸿道集团经营管理的经销商进行销售，如今加多宝作为新的凉茶品牌脱离出来之后，加多宝经销商的排他协议让各经销商终止了广药王老吉的经销。同时，加多宝对经销商的促销策略也从利润方面阻断了广药王老吉利用更多的利润挖经销商墙角。

③压货策略

压货，顾名思义为渠道（经销商渠道）花钱买断产品后还没有销售出去的部分。加多宝向各大经销商进行压货，一方面刺激经销商将产品迅速铺入市场，另一方面让经销商没有剩余精力来经销类似产品。促使各经销商全心全意的将加多宝铺入市场。

（6）加多宝未来的发展战略

在加多宝败诉后，其集团高管王月贵在回答记者时说："加多宝完全有信心、有能力再造辉煌。对未来市场的信心源自加多宝的独家配方工艺，来自于'王老吉'凉茶创始人王泽邦"。有记者提问，惨烈的中国软饮料市场，一个新品牌想突破重围谈何容易？有记者就在会上向加多宝抛出了这样的问题：当你走进超市，发现两个外包装几乎一模一样的红罐饮料，会有何反应？加多宝虽自称是正宗凉茶，然而其品牌影响力毕竟太弱，消费者第一反应可能还是选择老牌子。对此问题，加多宝集团总经理庞振国表示，对于快消品来说，口味是决定性因素。加多宝拥有来自于"王老吉"凉茶创始人王泽邦的独家配方工艺，经过多年的培育，已经被消费者接受。庞振国还指出，加多宝拥有正宗凉茶配方和营销理念，生产工艺和此前一样，口味和此前一样。此外，加多宝长期建立起来的经销商团队稳定，合作伙伴的支持、庞大的分销网络都是竞争优势。他强调："目前，新产品已经下线，产品配方、工艺都没变，团队没变，包装颜色没变，换掉的仅仅是标识。"

加多宝最大的财富是拥有一支正值盛年的团队，他们熟知凉茶市场化运作手法，将新的凉茶品牌"加多宝"迅速捧红也不是没有可能。优秀团队的作用不可低估。当年牛根生和伊利一把手关系不和，愤然出走创立蒙牛，时日不多就可与伊利抗衡，就是这个道理。

由此可以看出，加多宝并不会轻易放弃凉茶这块好不容易做起来的大蛋糕。从市场上来看，加多宝已经开始在大张旗鼓地进行"去王老吉"运动。加多宝似乎有意通过广告轰炸使"加多宝出品正宗凉茶"深入人心。以此广告语为主题的新广告片被放在央视大力推广。无论是广告画面还是人们熟悉的口号旋律，都与当年红罐"王老吉"脍炙人口的广告如出一辙。加多宝渠道发展比较完善，王老吉渠道不完善，加多宝利用以前的渠道可以迅速打开市场，王老吉也会用他的品牌知名度来抢占市场，但是从各种资料和最近加多宝的一些举动显示，我相信加多宝会战胜最大的竞争对手——王老吉；和其他的竞争对手——和其正、红牛等，最终成为市场上的凉茶大王。

六、总结

通过以上的阐述和分析，我们看到加多宝的发展可以说是挑战与机遇并存。他当年凭借自己的营销战略，把王老吉做得如此大。现失去了自己做大的蛋糕——王老吉，如果对于普通的公司，这将面临倒闭，但加多宝公司的高管完全没有畏惧，并坦言，加多宝完全有信心、有能力再造辉煌。这是因为加多宝有一个别人拿不去的营销团队和企业责任感（为社会做贡献），因此一个公司要有自己的企业文化，并制定一个长远的目标，这样才能在激烈的市场竞争中存活下来。

（资料来源：百度文库，略有删改）

案例延伸　凉茶领导者加多宝战略升级推出金罐，开启凉茶黄金时代

2015年4月20日，中国凉茶行业迎来空前盛事。凉茶领导者加多宝在京举行了"开启凉茶黄金时代——2015年金罐加多宝上市发布会"，在万众瞩目中，金罐加多宝凉茶迎来了啼声初试，并以凉茶领导者之姿推出了饮料行业首个"金标准"体系，全面开启民族饮料品牌进军国际舞台的"黄金时代"。

加多宝集团执行总裁阳爱星在发布会上表示，在中央提出的"认识新常态，适应新生态，引领新常态"的发展逻辑和"一带一路""文化走出去"等宏观战略指导下，加多宝要在更深层次上释放更大的发展潜力，激发更大的发展活力，进而在全球经济一体化的今天，参与国际竞争，占领全球凉茶市场新高地。同时，加多宝凉茶2014年在销量、品牌力再次夺金，品牌影响力达到了前所未有的高度，在国内已经牢牢占据凉茶领导者地位，因此加多宝决定在2015年进行战略升级，并顺势推出金罐加多宝凉茶，开启加多宝凉茶的"黄金时代"，打造"凉茶中国梦"2.0版。

加多宝战略升级推出金罐　开启凉茶黄金时代

加多宝凉茶之所以推出金罐，与其天时、地利、人和的基础是密不可分的。

记者从发布会现场了解，从20世纪90年代初，凉茶创始人王泽邦第五代玄孙王健仪就把家传的正宗凉茶秘方独家传授给加多宝。20年来，加多宝不仅通过首创红罐凉茶开创了凉茶品类，更是投入数百亿元资金，积极进行品牌运作，通过"预防上火的饮料"的精准定位，让"怕上火喝加多宝"响彻全国。同时加多宝又创造性地发明了"集中提取，分散灌装"的工业化生产模式，让全世界的消费者都能喝到同一配方、同一口味的正宗凉茶，正是加多宝成功将这一正宗凉茶打造成继碳酸饮料、果汁、茶类之后的第四大饮料品类，引领凉茶行业大发展。

尤其值得注意的是，2012年，经过品牌切换后，加多宝凉茶仅仅用了不到3年时间，在品牌、销量、口碑等方面达到了前所未有的高度。就在不久前，中国统计信息服务中心、中国企业品牌研究中心、广东省食品行业协会、全球权威调研机构尼尔森等发布的权威数据再次表明，2014年加多宝凉茶在品牌力、销量等方面再次夺金，当之无愧地成为凉茶行业领导者和饮料行业领先品牌。

"面临国家良好的宏观政策与加多宝品牌这个千载难逢的历史机遇，我们推出红罐升级版——金罐加多宝凉茶是势在必行、刻不容缓的，也是加多宝经过长期酝酿和反复论证后，所做出的一项重大的战略举措。大家都知道，金色更能承载中国上下五千年的文化内涵，它不仅象征着富贵和高档，也象征着凉茶领导者的王者风范。金罐是应消费者呼声推出的，是消费者自己选出来的，完全贴合消费市场的趋势；金罐加多宝完全和竞品区隔，独一无二，与众不同，消费者不再混淆，能正确选择真正的正宗凉茶。金罐加多宝不仅承载着加多宝百炼成金的过去，也能更好地诠释加多宝对中国凉茶黄金时代的期许。"阳爱星在发布会上表示。

对此，中国定位第一人、特劳特中国区合伙人邓德隆指出，加多宝在品牌成功转换后经过3年的精心运作，已牢牢占据了凉茶领导者地位，使得加多宝凉茶得以遥遥领先于凉茶市场，而在国家整体战略下，加多宝顺势进行战略升级，推出金罐，在消费者心智中与其他凉茶品牌形成差异化，不仅将夯实加多宝在国内市场的龙头地位，并且为加多宝全面布局海外市场，与可口可乐形成区隔，为全球化竞争奠定了基础。"我相信，加多宝在精准定位下进行战略升级，不仅将推动加多宝在国内市场的飞跃，并且将成为加多宝成为世界级品牌的一个重要里程碑，成为畅销海内外的国际饮料品牌。"

同时，金罐加多宝也得到全产业链合作伙伴的支持。北京金锡红商贸有限公司董事长任炳文和中粮包装控股有限公司执行董事兼总经理张新对金罐加多宝凉茶的市场充满了信心。任炳文表示"加多宝这次推出金罐加多宝凉茶，让经销商感到非常振奋。金罐显得非常有品质和内涵，相信消费者会喜欢。作为加多宝最亲密的经销商伙伴，对于金罐加多宝的市场我们非常有信心，我相信2015年金罐加多宝一定会大卖，成为消费者首选，引领凉茶行业进入黄金时代。"

推出"金标准"体系，加多宝打造"凉茶中国梦"2.0版

　　对于加多宝下一步的战略，阳爱星在发布会上透露，加多宝将整合集团所有内外部资源，打造与金罐加多宝凉茶相配套的"金标准"体系，开启加多宝凉茶的"黄金时代"。简单地说，就加多宝首创的360度品质管理体系在行业内一直保持着绝对的优势。此次升级的2.0版，在原材料管控、提取工艺、过程质量管理等方面进行系统性升级，打造与国际接轨的世界级工厂，强化金罐加多宝凉茶在国际市场的核心竞争能力；另外，加多宝国际化战略的全面升级，一方面要继续夯实国内凉茶领导者地位，另一方面，将建立全球一体化营销体系，参与国际化饮料市场的竞争、传播中国传统凉茶文化。

　　阳爱星表示，我们清醒地认识到，加多宝在国际化的征途上，还面临着很多巨大的挑战，但这丝毫不会动摇加多宝弘扬凉茶文化、做大做强凉茶产业的历史使命，我们相信，在国家"一带一路""文化走出去""提升软实力"等宏观战略指导下，加多宝依托凉茶创始人的祖传配方和金标准体系，金罐加多宝一定能成为中国文化一张金灿灿的名片，实现加多宝的2.0版"凉茶中国梦"。

　　（本文来源于腾讯网登载的商业信息，仅供参考）

第四章
企业方针、目标和经营计划的制定

第一节 企业方针的制定

    一、什么是企业文化

    二、什么是企业方针

    三、什么是企业宗旨

    四、愿景、使命、宗旨、方针的对比

    五、如何制定质量方针

第二节 如何制定质量目标和过程目标

    一、目标以及质量目标的定义

    二、对质量目标的要求

    三、如何制定组织目标

    四、对质量目标的日常管理要求

第三节 如何制定经营计划

    一、经营计划在组织中的重要性

    二、经营计划管理框架图

    三、经营计划应包含的基本内容

    四、战略规划、经营计划、预算之间的关系

    五、从战略规划分解到中长期经营目标和职能目标

    六、中长期目标分解为年度经营目标

    七、年度经营目标分解为年度职能目标

    八、根据年度经营目标和职能目标展开部门工作计划

    九、集团企业年度经营计划制定的流程（示例）

    十、中小型企业经营计划管理程序范例

    十一、某公司五年发展规划案例

    十二、某公司三年发展规划案例

    十三、某中小企业年度经营计划案例

第一节　企业方针的制定

一、企业文化

企业文化，或称组织文化，是一个企业由其价值观、信念、仪式、符号、处事方式等组成的企业特有的文化形象。

企业文化是在一定的条件下，企业生产经营和管理活动中所创造的具有该企业特色的精神财富和物质形态。它包括文化观念、价值观念、企业精神、道德规范、行为准则、历史传统、企业制度、文化环境、企业产品等。其中价值观是企业文化的核心。

企业文化是企业的灵魂，是推动企业发展的不竭动力。它包含着非常丰富的内容，其核心是企业的精神和价值观。这里的价值观不是泛指企业管理中的各种文化现象，而是企业或企业中的员工在从事经营活动中所秉持的价值观念。

企业文化由三个层次构成：

（1）表层的物质文化，称为企业的"硬文化"。包括厂容、厂貌、机械设备，产品造型、外观、质量等。

（2）中间层次的制度文化，包括领导体制、人际关系以及各项规章制度和纪律等。

（3）核心层的精神文化，称为"企业软文化"。包括各种行为规范、价值观念、企业的群体意识、员工素质和优良传统等，是企业文化的核心，被称为"企业精神"。

二、企业方针

ISO 9000：2015 标准中的定义是——方针：由最高管理者正式发布的组织的宗旨和方向。

企业方针，是指引导企业前进的方向和目标，是指导企业行为的总则，它决定着企业建立战略目标、选择战略方案和实施战略方案的框架结构。

企业方针应该和企业哲学一致，反映企业宗旨的基本要求；企业方针是企业一切行动的准则，也是协调企业中的各单位各部门之间的关系和信息沟通的主要依据。

根据企业总的方针，可以制定各个系统和各组织功能的方针。如质量方针、环境方针、职业健康安全方针、财务管理方针、研究和开发方针、人力资源方针、销售方针、服务方针等。

为方便理解，举例如下：

企业的总方针：以人为本、诚信经营、科学管理、和谐发展

质量方针：突出过程管理、科学诚信服务、追求顾客满意、创造优质业绩

环境方针：营造绿色环境、遵守法律法规、提高环境意识、实现污染预防、推进节能降耗

职业健康安全方针：改善安全卫生工作环境，满足员工职业健康需要

财务管理方针：账前消化、账外运筹、账内规范、一账统领

人力资源方针：待遇留人、事业留人、感情留人、文化留人、制度留人

产品开发方针：长线品种与短线品种相结合、高精尖品种与短平快品种相结合、自行开发与产学研相结合

销售方针：代销与直销并存，不铺货，不赊货

服务方针：超前、快捷、准确、热情、专业、感动

三、企业宗旨

宗旨，指主要的思想、目的和意图。

企业宗旨可以是广泛的，可以是对产品、对市场、对顾客、对企业、对员工、对社会、对人类的一种态度和意图。企业宗旨反映了企业经营管理者为组织将要经营的业务规定的价值观、信念和指导原则；描述了企业力图为自己树立的形象；揭示了本企业与同行其他企业在目标上的差异；界定了企业的主要产品和服务范围，以及企业试图满足的顾客的基本需求。

一般来说，企业的宗旨有一个历史的形成过程。一个企业新建之初，其宗旨都比较模糊或比较简单，大致局限在经营范围的陈述上。随着企业的发展和对经营过程的体验，其宗旨会逐步成熟和完善。不同企业宗旨陈述详略不一，表达方式也不相同。但企业宗旨陈述是企业战略中最引人注目、最易为公众了解的部分，也是能够指导和激励各种利益相关团体的部分。因此对企业宗旨陈述的主要要求是保证它能简要的包括所有基本内容。

在明确企业宗旨以后，还应适当展开。一般认为，展开的企业宗旨应陈述为以下十个方面：

顾客——谁是企业的主要顾客？

产品或服务——企业的主要产品或服务是什么？

市场——企业主要在哪一个地区或行业展开竞争？

技术——企业的主导技术是什么？

对企业生存、发展和盈利的关注——对企业近、中、远的经济目标的态度。

哲学——企业的基本信仰、价值观念和愿望是什么？

自我意识——企业的长处和竞争优势是什么？

对公众影响的关注——企业期望给公众塑造一个什么样的企业形象？

利益协调的有效性——是否有效地反映了顾客、股东、公司职工、社区、供应和销售的厂商等各利益相关团体的利益。

激励程度——展开的企业宗旨能否有效地激励企业职工？

具体陈述中如何既简要又恰到好处地表达企业的宗旨，只有依赖于在实践中不断地探索和研究。不过，一般来说，企业的宗旨陈述应该注意以下几个问题：

（1）企业的宗旨陈述应该是比较宽泛的，其原因有二：一是宽泛的企业宗旨陈述为企业战略管理者的创造性提供了选择的余地，过于狭窄的宗旨陈述会限制这种创造性，从而使企业在多变的环境中错过许多机会；二是便于调和各种利益相关者的差异，原则性地表现对各种利益团体的重视程度，可以避免产生不必要的矛盾。

（2）企业的宗旨陈述应该比较全面。企业通过宗旨陈述不仅要从各方面来定义企业，而且还要能够综合反映企业各个利益团体的要求，否则就不能为制定目标和战略提供有效的指导。

（3）企业的宗旨陈述又不能过于宽泛而不限制企业的战略选择，因为过分宽泛的宗旨陈述无法统一企业对未来的认识。

一些企业的宗旨举例：

①用创造满足客户需求，用创新谋求公司发展，用创业实现人生价值，用优异业绩回报社会

②客户至上，为客户创造价值；以人为本，为员工实现价值；以企为根，为社会奉献价值

③以质量求生存，以安全求保障，以诚信求发展，以管理求效益

④技术为根，服务为本，顾客满意，共同发展

⑤管理无盲点，顾客无怨言，服务无挑剔，将用心服务进行到底

⑥专业质量、精益求精、言而有信、一诺千金、用心沟通、感受彼此、互惠互利、共同发展

四、愿景、使命、宗旨、方针的对比

愿景、使命、宗旨、方针都是企业文化的组成部分，但很多企业在对这几个方面的确定和阐释上存在着疑惑和理解上的差异，迄今为止，很多管理学著作的解释和论述也没有统一的标准，实际上也无法给出标准，因为这些都是形而上的思想体系。

为帮助大家理解愿景、使命、宗旨、方针，下面打个比方来说明。

比如你是个导游，从北京带旅行团去九寨沟旅游。

愿景——目的地九寨沟。

使命——让游客愉快开心地游玩。

宗旨——在漫长的旅途中，你用什么态度对待这次履行任务和旅行团的每位成员。

方针——就是行为指导原则，如热情、友善、周到、安全。

	含义理解	举例
愿景	ISO 9000：2105 标准中 "3.5.10" 的定义： 【愿景：由最高管理者发布的组织想成为什么的志愿和前景。】 可以理解为，企业对未来发展成"什么样子"的理想，是对未来的展望和憧憬。	某太阳能厂的企业远景： "打造世界名牌，创建百年企业" 格力的愿景： "缔造全球领先的空调企业，成就格力百年的世界品牌"
使命	ISO 9000：2105 标准中 "3.5.11" 的定义： 【使命：由最高管理者发布的组织存在的目的。】 企业使命是公司生存发展的根本意义，是公司事业的战略定位，是公司工作的深刻内涵和价值体现。	国家电网的企业使命： "奉献清洁能源　建设和谐社会" 某太阳能公司的企业使命： "倡导绿色生活，营造绿色家园" 某能源集团的企业使命： "奉献绿色能源，创造人本价值"
宗旨	汉语词典定义"宗旨：思想、目的和意图"。 企业宗旨可以是广泛的，可以是对产品、对市场、对顾客、对企业、对员工、对社会、对人类的一种态度和意图。	某太阳能热水器公司的企业宗旨： "做自己的品牌，营造积极、向上、健康、和谐的企业" 某能源开发公司企业宗旨： "服务社会，造福人类，推进全球节能环保产业"
方针	ISO 9000：2105 标准中 "3.5.8" 的定义： 【方针：由最高管理者正式发布的组织的宗旨和方向。】 企业方针是指引企业前进的方向和目标。它决定着企业建立战略目标、选择战略方案时的方向。	某公司的企业方针： "技术创新是企业发展的动力，市场创新是企业发展的关键，管理创新是企业发展的基础，文化创新是企业发展的保证"

以下是华为公司的愿景、使命和核心价值观，值得我们思考和学习。

愿景：丰富人们的沟通和生活。

使命：聚焦客户关注的挑战和压力，提供有竞争力的通信解决方案和服务，持续为客户创造最大价值。

核心价值观：

公司核心价值观是扎根于我们内心深处的核心信念，是华为走到今天的内在动力，更是我们面向未来的共同承诺。它确保我们步调一致地为客户提供有效的服务，实现"丰富人们的沟通和生活"的愿景。

成就客户：为客户服务是华为存在的唯一理由，客户需求是华为发展的原动力。我们坚持以客户为中心，快速响应客户需求，持续为客户创造长期价值进而成就客户。为客户提供有效服务，是我们工作的方向和价值评价的标尺，成就客户就是成就我们自己。

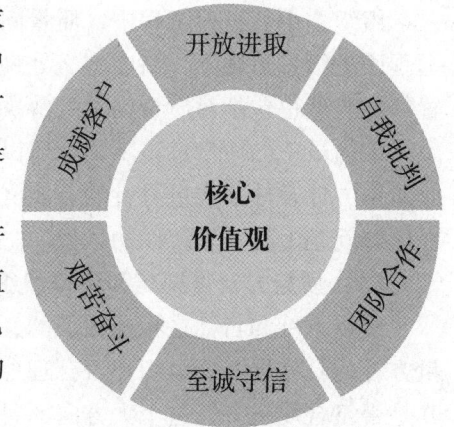

艰苦奋斗：我们没有任何稀缺的资源可以依赖，唯有艰苦奋斗才能赢得客户的尊重与信赖。奋斗体现在为客户创造价值的任何微小活动中，以及在劳动的准备过程中为充实提高自己而做的努力。我们坚持以奋斗者为本，使奋斗者得到合理的回报。

自我批判：自我批判的目的是不断进步，不断改进，而不是自我否定。只有坚持自我批判，才能倾听、扬弃和持续超越，才能更容易尊重他人和与他人合作，实现客户、公司、团队和个人的共同发展。

开放进取：为了更好地满足客户需求，我们积极进取、勇于开拓，坚持开放与创新。任何先进的技术、产品、解决方案和业务管理，只有转化为商业成功才能产生价值。我们坚持客户需求导向，并围绕客户需求持续创新。

至诚守信：我们只有内心坦荡诚恳，才能言出必行，信守承诺。诚信是我们最重要的无形资产，华为坚持以诚信赢得客户。

团队合作：胜则举杯相庆，败则拼死相救。团队合作不仅是跨文化的群体协作精神，也是打破部门墙、提升流程效率的有力保障。

五、如何制定质量方针

组织的质量方针是组织总方针的一个重要组成部分，如何理解质量方针，如何制定质量方针，如何运用质量方针去指导质量目标的制定和质量管理体系的建立、运行和持续改进，对组织的管理人员，特别是最高管理者来说，具有十分重要的实际意义。

1. 质量方针的定义

ISO 9000：2105 标准中"3.5.9"的定义："关于质量的方针"，也就是由组织的最高管理者正式发布的关于质量方面的全部意图和方向。通常质量方针与组织的总方针一致，或与组织的愿景和使命一致，并为制定质量目标提供框架。

质量方针的建立是组织最高管理者的职能之一，因为它是组织在质量方面的宗旨和方向，所以，其对提高质量管理能力和管理体系的有效性有着决定性的作用。

2. 制定质量方针的意义

组织质量方针是组织所有质量活动的准则，组织设立目标、制定和选择战略、进行各种质量活动策划等，都不能离开质量方针的指导。

（1）质量方针是组织质量文化的旗帜

在组织中如何认识质量问题，怎样对待质量问题，也就是人们的质量意识问题，是组织质量文化的重要组成部分。"观念决定成败"，组织员工有什么样的质量意识，就有什么样的质量管理体系，就有什么样的过程，就会产出什么样质量的产品。在没有组织质量方针作指导时，组织员工的质量意识也许是杂乱的、各行其是的，其生产的产品难以满足顾客的需求和期望。因此，提高员工的质量意识，组织最高管理者需要高举质量文化的大旗，将组织员工的质量意识统一在一个较高的意识水平，这面大旗就是组织的质量方针。最高管理者的质量意识，往往决定着组织的质量意识水平，而最高管理者的质量意识正是通过质量方针得到反映的。

（2）质量方针是组织解决质量问题的出发点

组织在生产经营过程中，质量问题无处不在，无时不有，如生产的产品是否合格、工作是否依据程序进行、出现不合格应怎么处理等。质量管理就是在质量方面所进行的指导、协调、控制和处置等，当然也包括对质量问题的解决。质量方针是进行这些活动的依据和出发点。

因为员工的质量意识不同，所以，在处理质量问题时也各有所异，往往会出现矛盾和冲突，这时质量方针及体现质量方针的有关文件将会成为大家的共识，解决问题的依据，质量方针会使大家在这些问题上有一个统一的认识。

（3）质量方针是制定和评审组织质量目标的依据

质量方针和目标是相辅相成的，质量方针提供了制定和评审质量目标的框架，质量目标是对质量方针的具体展开。组织是否合理地进行了资源的分配和利用以达到质量目标所规定的结果，要看其是否符合质量方针这个大方向的要求。

（4）质量方针是组织建立和运行质量管理体系的基础

质量方针是组织运行的行动纲领，其作为一种指导思想，指导质量管理体系的建立，包括进行质量职能分解、组织机构设置、过程的确定、资源的分配等。特别是组织质量管理体系文件化的建立，更是质量方针在其中的体现和具体化。

3. 如何建立组织的质量方针

（1）最高管理者的重视和参与，体现组织的宗旨和方向

制定质量方针是组织最高管理者的重要职能之一，这在标准第五章 5.1 "领导作用和承诺"中有明确的要求。有些组织在推行质量管理体系时，最高管理者并未参与策划质量方针，而是由主导人员引用一些口号或参考其他公司的质量方针来作为组织的质量方针，这是极不可取的。其一，不一定能代表最高管理者的质量意识水平和意图，不具有一定的高度；其二，不一定代表和反映组织目前的或未来的发展方向。组织最高管理者可以组织有关人员进行策划，最终形成一个具有组织特色的、能代表组织宗旨的质量方针，以便其最终的实施，并在组织中产生深远的影响。

（2）对组织的内外部环境进行客观分析，考虑顾客的需求和期望

任何一个组织都有其生存和发展的环境，既包括组织的规模、资源、体制、机制、人财物资源及组织员工的需求和期望等内部环境，也包括顾客和其他相关方需求和期望、竞争对手状况、供方、合作伙伴等的外部环境。组织的最高管理者首先应对自己的组织进行定位，考虑自己所占的位置，确定自己应占的位置，在考虑现有资源和能力的基础上，恰当地确定自己组织的发展方向，并应体现满足顾客和其他相关方的要求和期望。

（3）与组织产品和服务的特色相结合，易于理解和贯彻

制定质量方针切忌生搬硬套和流于形式，应结合组织的产品和服务特色来制定，便于各级人员的理解和贯彻，例如：

某螺丝厂质量方针："工作一丝不苟，以螺丝钉精神创造优良的品质，持续满足顾客要求"；

某房地产公司质量方针："精美设计、优质建筑、环保生态、贴心服务，信誉第一"；

某检测研究中心质量方针："独立公正、科学严谨、信守合同、优质高效"；

某卷烟厂的质量方针："立主人翁志、一叶一支、精选细作、创名优产品、持之以恒、满意消费"；

某港务公司质量方针："追求安全、及时、完整、周到，提供满足客户要求的装卸、仓储以及其他超值服务"；

某服饰厂质量方针："设计精心、选料用心、缝制专心、顾客放心"。

（4）与组织总方针保持一致，与未来的发展相一致

质量方针只是组织总方针的组成部分，应该与组织总的发展方向保持一致，只有这样，才能与其他方针协调实施，为实现组织的整体目标服务。

（5）应包括满足适用要求和持续改进的承诺

满足适用要求的承诺，是指满足适用于组织的法律法规要求、顾客要求以及相关方的要求的承诺。持续改进是每一个组织永恒的主题，是质量管理原则之一，要使组织中的人员具备持续改进的思想和意识，那么在质量方针中强调持续改进是一种很好的方式。持续改进纳入了纲领，就会深入人心，贯彻到日常管理工作中。

4. 质量方针的管理

（1）质量方针由最高管理者签署批准后，以组织文件正式发布实施，质量方针可单独发布，也可编入《质量手册》中发布。

（2）质量方针应在组织中广泛宣传和学习，使各级人员熟悉和理解，以便在实际工作中遵守和执行。

（3）应对质量方针进行持续适宜性评审。质量方针不是永恒不变的，随着内/外部环境的影响，原有的方针可能不能适应组织当前和未来的发展需要，故应定期进行评审。评审因素包括：

- 顾客与法律法规要求的改变；
- 组织自身发展的需要；
- 最高管理者战略的考虑；
- 改进的需要等。

第二节　如何制定质量目标和过程目标

一、目标以及质量目标的定义

目标：要实现的结果。（见 ISO 9000：2015，3.7.1）

目标可能是战略性的、战术性的或运行层面的。

目标可能涉及不同的领域（如质量目标、财务目标、健康与安全以及环境的目标），并可应用于不同层次（如战略目标、总目标、部门目标、项目目标、产品目标和过程目标）。

质量目标：与质量有关的目标。（见 ISO 9000：2015，3.7.2）

质量目标通常依据组织的质量方针制定。通常，在组织内的相关职能、层级和过程分别规定质量目标。

二、对质量目标的要求

（1）质量目标建立在质量方针的基础上，是对质量方针的落实和展开，要根据质量方针提供的框架来制定。

例如，对于铁路客运服务，质量方针应体现提供安全、正点、舒适、便利的服务的意图，这些内容即构成了制定质量目标的原则和框架。如针对"安全"，可考虑针对机车、设备设施运行安全以及车上环境治安分别制定质量目标；针对"正点"，可考虑时间特性方面的质量目标；针对"舒适""便利"，可考虑顾客旅行体验友好性方面的质量目标。

（2）必须包括与提供合格产品和服务以及增强顾客满意相关的目标。

例如，对于消费类电子产品制造业，质量方针应体现追求产品的功能性能水平、用户体验、可靠性等方面的意图，并将这些内容作为制定产品质量目标的基准。如针对"功能性能水平"，可考虑功能性能符合产品标准要求的开箱合格率；针对"用户体验"，可考虑用户使用友好性方面的质量目标；针对"可靠性"，可考虑诸如返修率等质量目标。

例如，对于金融业信息系统运维服务，质量方针应体现出这样的意图，即运维服务须保障信息系统满足高可靠、高可用性的运行需求，进而可针对高可靠、高可用性制定具体的质量目标。如针对"高可靠"可考虑信息安全监控效能、信息安全事件响应能力方面等质量目标；针对"高可用性"，可考虑核心系统可用性水平、重要系统可用性水平、普通应用系统可用性水平等不同的质量目标。

（3）制定质量目标应考虑适用法规的要求。

（4）质量目标应该是可测量的，包括定量或定性的目标要求，可测量，通常需要用具体的数据，应确定对目标的具体测量方法。

（5）在组织的相关职能与层次上建立相应的质量目标，职能是指各职能部门均有相应目标，层次是指从公司总目标到各部门目标，到班组目标，甚至到个人目标，分解到哪一层次应视具体情况而定。目标进一步量化以后，即成了指标。

（6）质量目标应包含在组织的经营计划中，并与公司的总目标协调一致。

（7）质量目标应该是可追求的，可追求性主要体现在两个方面：一是稳定，二是增强，一般都有时间方面的限制。如稳定，指在多长时间内，稳定在什么水平；如增强，指多长时间内达到什么水平。若没有时间限制，质量目标无法做到可追求。

三、如何制定组织目标

目标管理是使管理者的工作由被动变为主动的一个很好的管理手段，实施目标管理不仅是为了利于员工更加明确高效地工作，更是为了管理者将来对员工实施绩效考核提供了考核目标和考核标准，使考核更加科学化、规范化，更能保证考核的公正、公开与公平。

1. 制定目标的 SMART 原则

S——代表具体（Specific），指目标应该是明确的、具体的，不能笼统。

M——代表可度量（Measurable），指目标应该是可测量的、量化的。

A——代表可实现（Attainable），指目标在付出努力的情况下可以实现，避免设立过高或过低的目标。

R——代表相关性（Relevant），指目标是与部门职责和本职工作相关联的。

T——代表有时限（Time-bound），注重达成目标的特定期限，在规定的时间期限内必须实现。

2. 制定目标应考虑的几个方面

组织制定质量目标可从以下方面考虑：

（1）从顾客的角度考虑：产品和服务符合要求；产品可靠性；可维修性；准时交付等。

（2）从社会的角度考虑：符合法律法规要求；促进健康和安全；减少环境影响等。

（3）从公司员工的角度考虑：更好的工作条件；增加工作满意；促进了健康和安全；提高士气等。

（4）从供方和相关方角度考虑：稳定性；成长；合作关系等。

（5）从所有者和投资者角度考虑：增加投资收益；改进运行绩效；提高市场占有率；增加利润等。

3. 建立组织的目标体系

（1）组织目标体系的层次

一个组织的目标体系，根据组织的类型和规模，通常可包括以下层次：

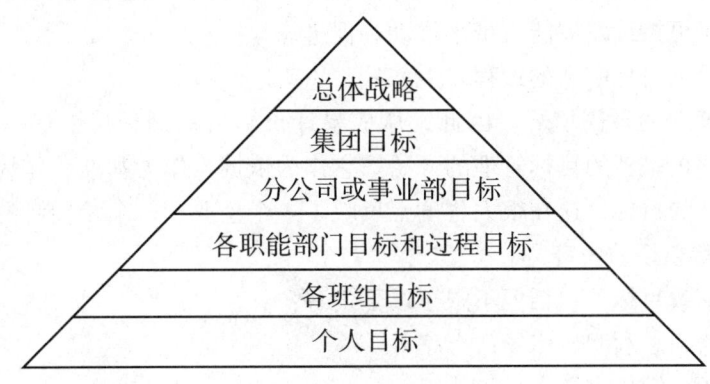

图 4-1 组织的目标层次

（2）目标管理要完成八个步骤

第一，从战略制定到战略目标的过程。

企业经营战略为首，没有战略就没有发展。目标管理首要的是目标的制定，而这个目标必须围绕战略需要进行科学设定。从战略到目标是一个从意图到明确的过程，没有这个过程，战略只能是一种意图、只能是一种打算，在一定程度上没有目标支撑的战略也只能是设想。有了目标，战略就有了清晰的目的和方向。因此，制定目标的依据必须是战略。没有无战略的目标，也没有无目标的战略。两者既是从属的关系，又是相辅相成的关系，缺一不可。

第二，从战略目标到战略计划的过程。

一般来说，凡是战略目标都有简单明了的特点。作为战略目标，还只是一个"纲"。要想"纲举目张"，还必须把简单的战略目标用计划的形式将其相对具体化。这个具体的过程就是战略计划的制定。

第三，从战略计划到目标责任的过程。

计划有了，谁来执行？这是计划实施的关键，但是，有人执行没有责任也是枉然。因此，最关键的还是目标责任以及目标责任人的问题。目标责任就是对目标达成与否的功过承担，责任人就是承担这种功过的具体人。

第四，从目标责任到目标实施的过程。

责任落实到位以后，就是带着责任进行目标的实施了。应该引起高度注意的是，在责任到实施的转换过程中，要讲求把责任量化成一个个可操作、可实现、可考量的具体目标，这种目标的设定和实施，一定要突出如下要点：目标是具体的；可以衡量的；可以达到的；具有相关性的；具有明确的截止期限的。

第五，从目标实施到目标督导的过程。

在目标实施中，为了确保目标的达成，还必须加强实施过程的督导。督，就是对实施情况予以监督；导，就是在实施中予以必要的指导。要相信实施部门和人员的自主管理，但是，没有必要的监督、大撒手、放任不管也是不行的。实践表明，员工不一定会做你要求的事，但会做你检查和考核的事。

第六，从目标督导到目标实现的过程。

目标的实现，按时间阶段分类可划分为：愿景目标、长期目标、中期目标、短期目标、突击目标等。督导的过程就是促进和激励目标责任部门去努力实现目标的过程。

第七，从目标实现到目标评价的过程。

目标实现之后，并不等于过程的完结，还必须进行另一个过程——从目标实现到目标评价。这里有三点必须进行评价：一是评价实现目标的各种资源使用情况，比如多少、优劣等；二是实现的目标是否还有弹性空间，比如是否可以当作基准、是否可以更加先进、是否可以保持相对稳定等；三是所实现的目标对于可持续发展能否带来推动和促进。

第八，从目标评价到目标刷新的过程。

以终为始是目标管理的最高境界。因此，从成果评价到目标刷新，也是一个自我超越的过程。经过评价的目标成果，正是新的目标管理的开始。它作为依据、作为基准、作为下一个目标的平台。能否超越原来已经实现的目标，这在很大程度上反映了一个企业、一个领导者的雄心。

(3) 组织目标通常包括的内容

组织管理体系的绩效目标可包括但不限于以下内容：

经营目标：总产值、总利润、市场占有率等。

销售目标：销售额、销售增长率。

产品质量目标：如产品交付合格率、产品返修率、顾客退货率等。

服务质量目标：如顾客满意度、投诉处理时间、上门服务的时间、交货期。

环境目标：如废水、废气、废弃物的排放达标，节能降耗指标（单位产能的综合能耗）。

职业健康安全目标：如工伤率、职业病发生率、意外事故发生次数。

成本目标：如质量成本、故障成本、制造成本、管理费用、行销成本等。

人事目标：员工流动率、培训合格率等。

财务目标：投资回报率、利润额、利润率等。

组织的过程目标通常包括的内容：

在策划质量管理体系时，按标准"4.4 质量管理体系及其过程"的要求已识别了组织所应用的过程，应对这些过程分别建立过程目标，以反映该过程的控制意图，并作为衡量该过程的执行有效性和效率的目标。以下给出了常见过程的参考目标：

序号	过程举例	参考的过程管理目标
1	文件控制过程	文件发行的及时率、正确率
2	图纸技术资料控制过程	图纸制作的错误次数、按时完成率、资料发行的错误率
3	记录控制过程	记录的准确性、记录保存的完好率、记录检索的时间
4	人力资源管理过程	人员到岗率、人员流失率、培训计划达成率、培训合格率

序号	过程举例	参考的过程管理目标
5	设施设备管理过程	设备维护计划执行率、设备故障率、设施设备维修金额、设备维修时间、设备故障次数或时间
6	工装管理过程	工装按计划执行维护率、工装完好率
7	测量仪器管理过程	仪器校正的合格率、校正计划执行率、因仪器问题的测量失误率
8	实验室管理过程	实验数据的准确性、实验设备的故障率、故障次数或故障时间
9	市场营销管理过程	销售额、市场占有率、销售增长率
10	报价管理过程	报价的准确率、及时率
11	合约/订单评审过程	合约/订单评审差错率或差错次数、合约/订单变更信息传送的及时率;订单准时完成率
12	顾客抱怨/退货处理过程	顾客抱怨件数、抱怨处理的时间、抱怨处理的满意率
13	设计开发管理过程	新产品开发成功率、样件合格率、开发计划完成率
14	变更管制过程	变更的及时率、变更的有效率
15	供应商管理过程	每类物料的合格供应商家数、供应商定期评估的合格率
16	采购管理过程	采购产品合格率、采购交期准确率、采购订单的错误次数
17	外包控制过程	外发加工产品或零部件的合格率、外发按时交货率、外发加工成本,外包服务的及时率
18	进料检验过程	进料检验合格率、不良材料流入生产部门的比率或次数、进料检验完成时间
19	生产计划管理过程	生产计划的达成率、产能达成率
20	生产制造控制过程	制程直通率、不良率、返工率、报废率、过程能力 Cpk 值
21	产品测试过程	测试准确率、测试及时率
22	制程及成品检验过程	制程检验不良率、成品检验合格率、出货检验合格率、顾客验货合格率、不良退货率
23	不合格品管制过程	不合格返工后检验合格率、不良退货率
24	产品交货控制过程	交货准时率、准确率
25	售后服务管理过程	服务反应时间、服务满意度
26	顾客和外部供方财产管理过程	顾客和外部供方财产的完好率
27	仓储管理过程	仓储物料或产品的账物准确率、库存周转率、库存损失金额
28	顾客满意度管理过程	顾客满意率、顾客满意度总平均分、不满意项目的改善率
29	内部审核管理过程	内审不符合项的改善结案及时率
30	管理评审过程	管理评审输出事项的改善完成率
31	不符合与纠正措施过程	不符合处理及时率,纠正措施按时结案率
32	提案改善管理过程	提案改善件数、提案改善成功率

四、对质量目标的日常管理要求

（1）质量目标应在全公司各部门、各层级宣传和沟通，让员工熟知公司目标和本部门的目标，以及如何为实现目标做出贡献。

（2）定期（每月、每季、半年、每年）检查完成情况，进行动态管理。

（3）最高管理者可通过日常工作报表掌握目标的实施情况。

（4）在内部审核时对质量目标的符合性及实现情况进行审核，审核结果向管理评审输入。

（5）管理评审时对质量目标的适宜性和有效性进行评审。根据评审结果应对质量目标作调整或更新或新增目标。

（6）一般情况每年底制定下年度的质量目标。

荐读　制度、流程和机制

我们把管理者"建制度，定流程"称之为"例行管理"，将"机制"理论嵌入其中，会让我们的流程具有灵魂；而在大家都认可的前提下，制度/流程执行的效力将得到保证，因为执行的好坏与自己的收益/需求直接相关。

一个老故事

圣诞节到了，一个贫穷母亲只能给她两个儿子一块小小的面饼作为圣诞晚餐。可是两个不懂事的儿子却给他们的妈妈出了个难题，无论她打算怎么分，总有一个儿子说妈妈偏心，把自己这边分得小了。

万般无奈之下，这位妈妈只好想了个办法："老大，你过来，你来切这个饼。但有个条件，你要让你弟弟先挑切好后的半个饼。"

这一下，兄弟俩都没话说了。老大只有尽量切得一般大小，否则自己肯定只能得到小的一半；而老二则只好瞪大眼睛，尽力挑出稍大一点的那块。尽管两块饼肯定大小不一，但兄弟二人只好各自认命，因为在妈妈制定的规则之下，不论谁吃了亏，能怪的只有自己。

"圣诞节快乐"是目的，为了达到这样的目的，母亲制定了"平分面饼"的制度，可只有制度显然达不到预期，于是有了"老大切饼，老二先挑"的流程……

深度思考

我们假设分面饼可以有以下3种做法：

（1）老大先分，老大先得

（2）老大先分，老大后得

（3）还是请母亲作为公正的第三者分

试想建立在方法一的基础上，基于"老大"的大哥谦让，公正的心态，一次可能做到公正，但如果10次，100次呢，老大会不会一直甘心"吃亏"呢？万一"老大哥"不懂事呢？

结果是显而易见的，长此以往，在现有的制度/流程下，最终会将"好人"变成"坏人"。

而建立在方法三的基础上，对于企业来讲，无疑会将流程拉长，并且衍生了第三方的成本；还可能给兄弟俩对其施加影响的可能性。

从上述这个经典故事中，我们看到了做好一件事的三要素：制度、流程与机制。

首先我们对于制度所描述的通常是应该怎么做、必须怎么做的问题，具体是企业价值观、使命、愿景的体现；而对应该由谁来做、哪个部门或岗位来做、如何来做通常靠定流程来实现。

在制度，流程皆存的前提下，故事中兄弟都比较认同方法二的做法，是"机制"发挥了影子作用，也就是通常我们讲的游戏规则支配了利益的博弈；制度、流程、机制三者缺一不可，我们称之为"管理的铁三角"。

第三节　如何制订经营计划

一、经营计划在组织中的重要性

一个组织的经营战略和目标，构建了组织的发展趋势和蓝图，是整个组织全体人员努力的方向和奋斗的目标，组织的战略思想在很大程度上决定了组织未来的发展。在极速变化和竞争激烈的市场环境下，每个组织都面临着生存的危机，具有危机意识和先知先觉的组织方能立于不败之地，长盛不衰。因此，组织应随时掌握外在环境的变化，如市场的趋势、顾客的需求、竞争者的动态、社会文化的变迁等，并应考量内部环境，如资源的多寡、技术能力、过去实绩状况、优势和劣势等，综合考虑制定经营战略和设定长中短期的目标，根据各项目标展开具体行动方案，这就是组织的经营计划。

企业经营计划是企业战略管理过程的战略计划阶段，在经营决策基础上，根据经营目标对企业的生产经营活动和所需要的各项资源，从时间和空间上进行具体统筹安排所形成的计划体系。事实上，经营计划是企业围绕市场，为实现自身经营目标而进行的具体规划、安排和组织实施的一系列管理活动。企业经营计划是企业经营活动的先导，并始终贯穿于企业经营活动的全过程。

组织在实施 ISO 9001:2015 标准时，应与经营战略和目标紧密结合在一起，而不应该看成是两个不同的系统，将它们切割开来管理。如果说经营计划是组织的战略体现，那么实施 ISO 9001:2015 标准就是具体的战术，它是组织战略目标的展开，并将之分解落实到具体的过程和部门中去实施和控制。

二、经营计划管理框架图

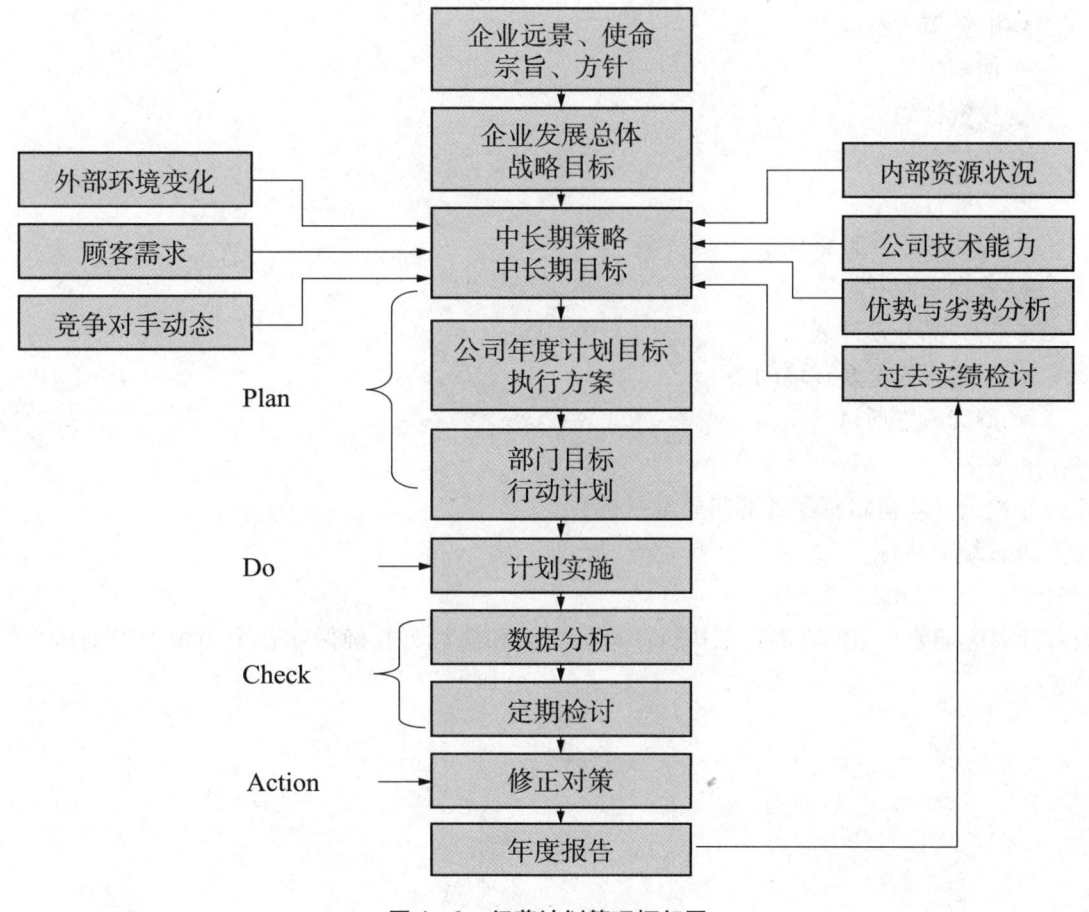

图 4-2　经营计划管理框架图

三、经营计划应包含的基本内容

由于组织规模、产品形态、在产业中所处地位不同,经营计划并无统一的方法和格式,每个组织应根据自身的发展目标来制定适合自身的经营计划。

按经营计划的时间范围分类,包括长期经营计划、中期经营计划和短期经营计划。

长期经营计划:是企业五年和五年以上的长远规划。它的任务是选择、改变或调整企业的经营服务领域和业务单位,确定企业的发展方向和目标,确定实现目标的最佳途径和方法。长期经营计划具有明确的方向性和指导性,具有统率全局的作用,它是一种战略性规划。

中期经营计划:是企业三年至五年的计划。它的任务是建立企业的经营结构,为实现长远经营计划所确定的战略目标设计合理的设备、人员、资金等结构,以形成企业的经营能力和综合素质。中期经营计划起着承上启下的重要纽带作用。

短期经营计划:是企业的年度计划。它的任务是适应企业内外的实际情况,组织和安排好企业的经营活动,以分年度逐步实现企业的经营目标。

经营计划可包括但不限于以下方面的适当内容:

(1) 企业的愿景、使命、宗旨;
(2) 公司质量方针;
(3) 外部环境分析,包括市场趋势、市场占有率、顾客当前和未来的需求和期望、同业经营状况,竞争对手比较、新技术、新材料的应用等;
(4) 内部环境分析,包括企业成长、技术能力、资源的可用性、优势和劣势等;
(5) 中长期计划(3~5年及5年以上);
(6) 年度计划(1年);可包括以下项目:
- 市场开拓、预期销售额
- 财务策划及成本
- 增长预测
- 投资计划
- 工厂/设施规划
- 产能计划
- 采购计划、目标成本
- 人力资源开发
- 新产品开发计划
- 质量、安全及环境问题
- 持续改进项目
- ……

(7) 年度公司质量目标和各部门质量目标;
(8) 过程绩效指标;
(9) 各职能部门的行动方案。

经营计划应随着实施的进展定期执行评审、更新和修订,并确保在整个组织中得到适当的沟通和全面实施。

四、战略规划、经营计划、预算之间的关系

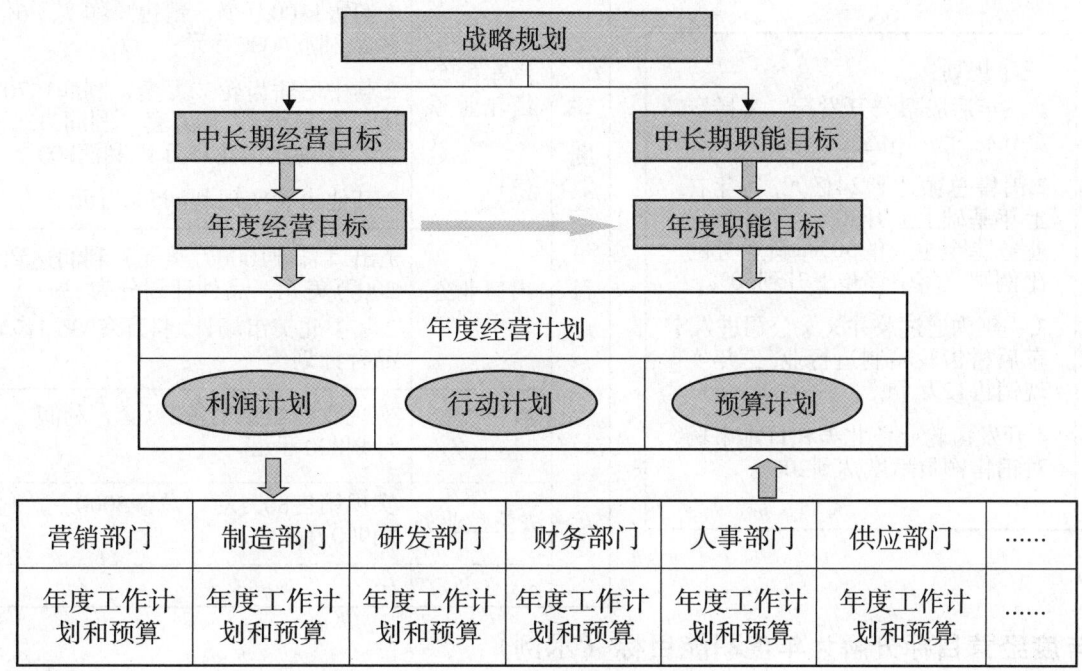

五、从战略规划分解到中长期经营目标和职能目标（示例）

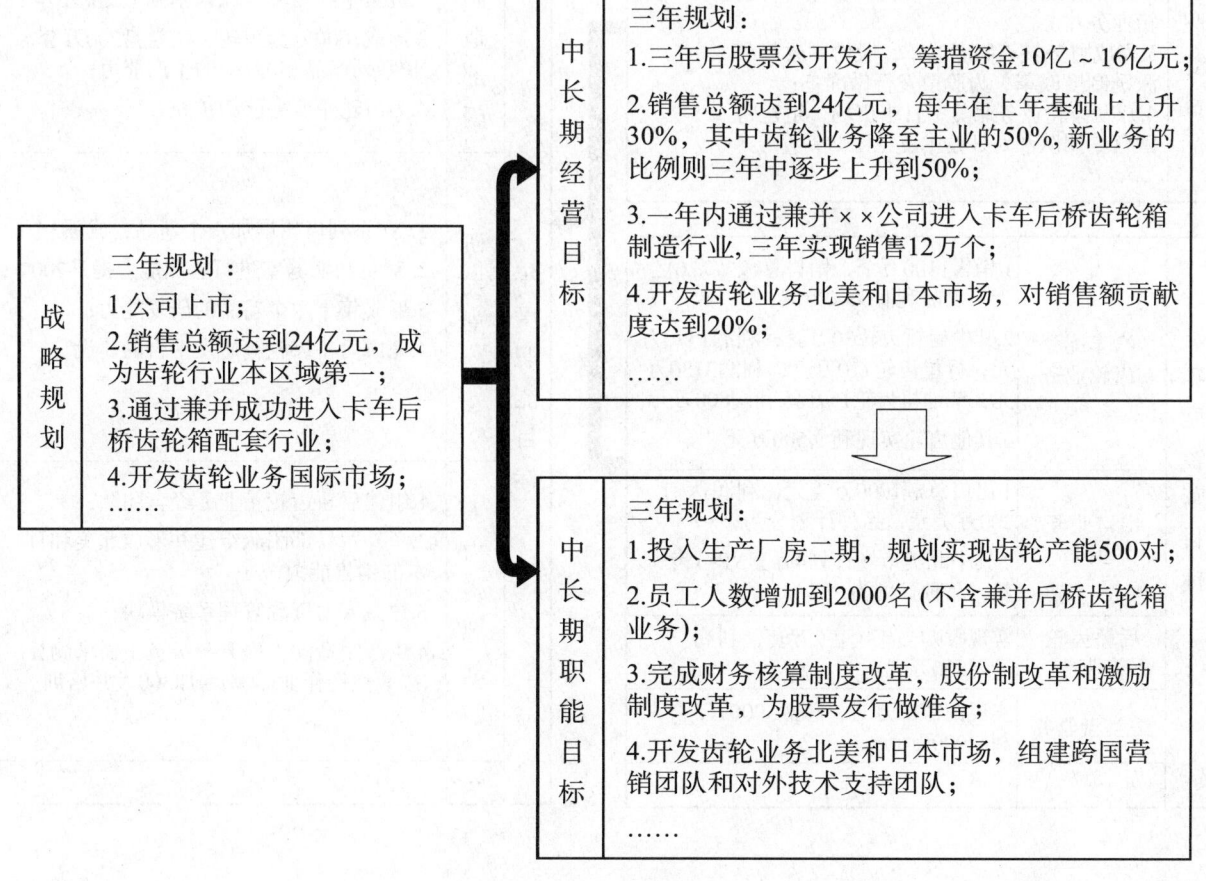

六、中长期目标分解为年度经营目标（示例）

中长期经营目标	三年规划： 1.三年后股票公开发行，筹措资金10亿元～16亿元； 2.销售总额达到24亿元，每年在上年基础上上升30%，其中齿轮业务降至主业的50%，新业务的比例则三年中逐步上升到50%； 3.一年内通过兼并××公司进入卡车后桥齿轮箱制造行业，三年实现销售12万个； 4.开发齿轮业务北美和日本市场，对销售额贡献度达到20%。 ……

年度经营目标	汽车配套齿轮业务	1.销售1100万个，销售总额实现6亿，税前利润6000万元； 2.其中后轿齿轮30万套，利润1570万元；行星齿轮110万套，利润3130万元；柴油机齿轮15万套,利润800万元； 3.其他齿轮实现利润500万元。
	出口业务（单列）	1.出口总额1000万美元，利润达到200万美元，品种计划分为…… 2.其中北美市场计划4万套NP-1齿轮，品种计划为……
	后轿齿轮箱业务	实现收购当年销售2万套，利润计划800万元。
	法兰盘业务	实现销售80万对，总额5000万，利润900万元。
	……	……

七、年度经营目标分解为年度职能目标（示例）

中长期职能目标	三年规划： 1.投入生产厂房二期，规划实现齿轮产能500对； 2.员工人数增加到2000（不含兼并后桥齿轮箱业务）； 3.完成财务核算制度改革，股份制改革和激励制度改革，为股票发行做准备； 4.开发齿轮业务北美和日本市场，组建跨国营销团队和对外技术支持团队； ……

年度经营目标	汽车配套齿轮业务	1.销售1100万个，销售总额实现6亿元，税前利润6000万元； 2.其中后轿齿轮30万套，利润1570万元；行星齿轮110万套，利润3130万元；柴油机齿轮15万套,利润800万元； 3.其他齿轮实现利润500万元。
	出口业务（单列）	1.出口总额1000万美元，利润达到200万美元，品种计划分为…… 2.其中北美市场计划4万套NP-1齿轮，品种计划为……
	后轿齿轮箱业务	实现收购当年销售2万套，利润计划800万元。
	法兰盘业务	实现销售80万对，总额5000万，利润900万元。
	……	……

年度职能目标	生产制造部门	1.生产1100万个各种型号的齿轮，法兰盘80万套； 2.员工生产效率在原来基础上提高10%； 3.形成1600万套齿轮，法兰盘200万套，NP系列产品150万套的生产能力； 4.为齿轮箱业务能力扩充。
	研发部门	1. NP系列齿轮增加六个新品，成熟3个； 2. 对材料实验室进行检测能力提升200%； 3.形成年十六个新品的研发能力； 4.完成后桥齿轮箱研发平台的建设。 ……
	人力资源部门	1.组建后轿齿轮箱业务经营团队； 2.海外贸易部团队组建并形成北美和日本的销售能力…… 3.建立人力资源管理系统模块； 4.生产制造能力提升各级员工需求测算(按原生产作业效率)增加300人并培训。 ……

八、根据年度经营目标和职能目标展开部门工作计划（示例）

年度经营目标	汽车配套齿轮业务	1.销售1100万个，销售总额实现6亿元，税前利润6000万元； 2.其中后轿齿轮30万套，利润1570万元；行星齿轮110万套，利润3130万元；柴油机齿轮15万套，利润800万元； 3.其他齿轮实现利润500万元。
	出口业务（单列）	1.出口总额1000万美元，利润达到200万美元，品种计划分为…… 2.其中北美市场计划4万套NP-1齿轮，品种计划为……
	后轿齿轮箱业务	实现收购当年销售2万套，利润计划800万元。
	法兰盘业务	实现销售80万对，总额5000万，利润900万元。
	……	……

年度职能目标	生产制造部门	1.生产1100万个各种型号的齿轮，法兰盘80万套； 2.员工生产效率在原来基础上提高10%； 3.形成1600万套齿轮，法兰盘200万套，NP系列产品150万套的生产能力； 4.为齿轮箱业务能力扩充……
	研发部门	1. NP系列齿轮增加六个新品，成熟3个； 2.对材料实验室进行检测能力提升200%； 3.形成年十六个新品的研发能力； 4.完成后桥齿轮箱研发平台的建设。 ……
	人力资源部门	1.组建后轿齿轮箱业务经营团队； 2.海外贸易部团队组建并形成北美和日本的销售能力…… 3.建立人力资源管理系统模块； 4.生产制造能力提升各级员工需求测算(按原生产作业效率)增加300人并培训。 ……

营销部门	制造部门	研发部门	财务部门	人力资源部门	供应部门	…
年度工作计划和预算	年度工作计划和预算	年度工作计划和预算	年度工作计划和预算	年度工作计划和预算	年度工作计划和预算	…

九、集团企业年度经营计划制订的流程（示例）

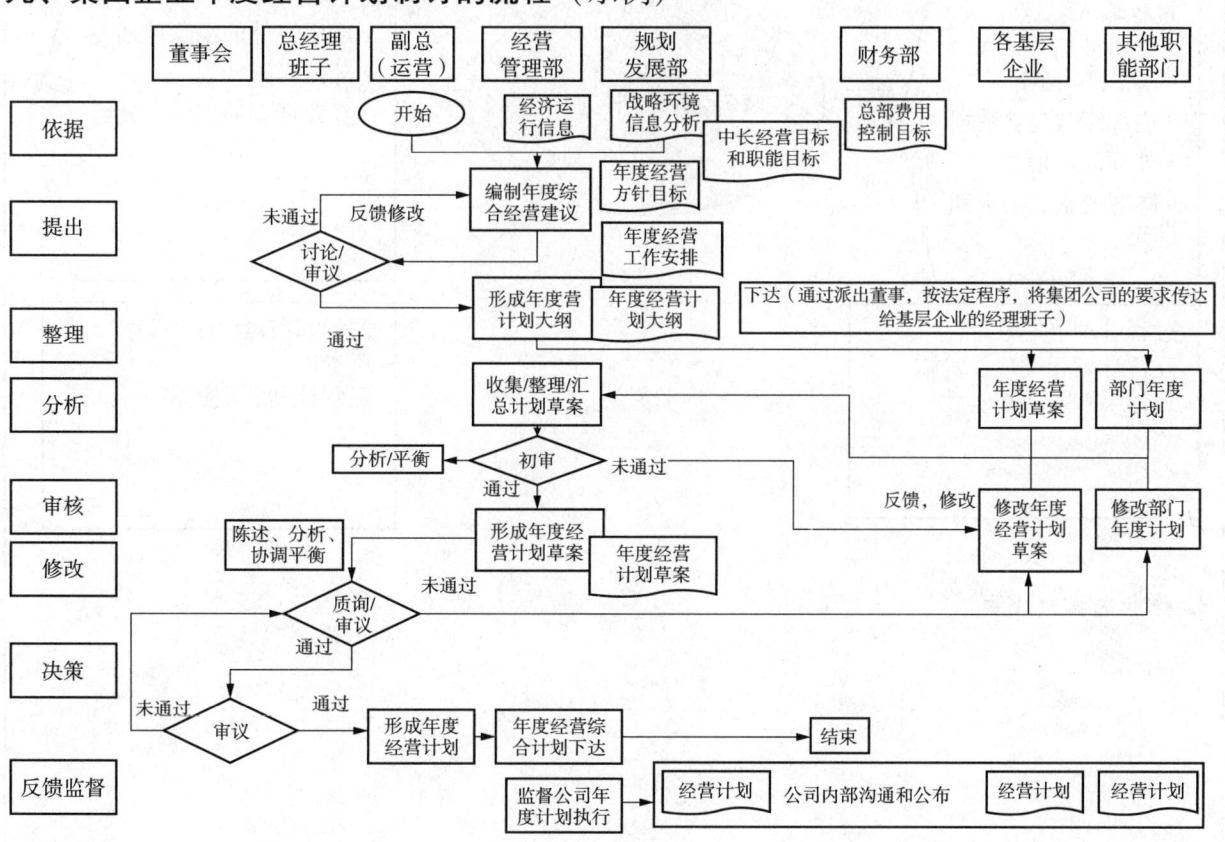

十、中小型企业经营计划管理程序范例

MP 文件范例 1	经营计划管理程序		
文件名称	经营计划管理程序	文件编号：SQ – MP – 01	版本：A
编制部门	总经办	编制日期：2016.08.08	页码：1/3

1. 目的

为规划公司长期经营策略，制定公司中、长期发展计划，持续满足顾客要求，增强顾客信心及满意度，增进经营绩效，特制定本程序。

2. 适用范围

适用于公司经营计划的制定和管理。

3. 定义

无。

4. 经营计划管理过程图或过程乌龟图

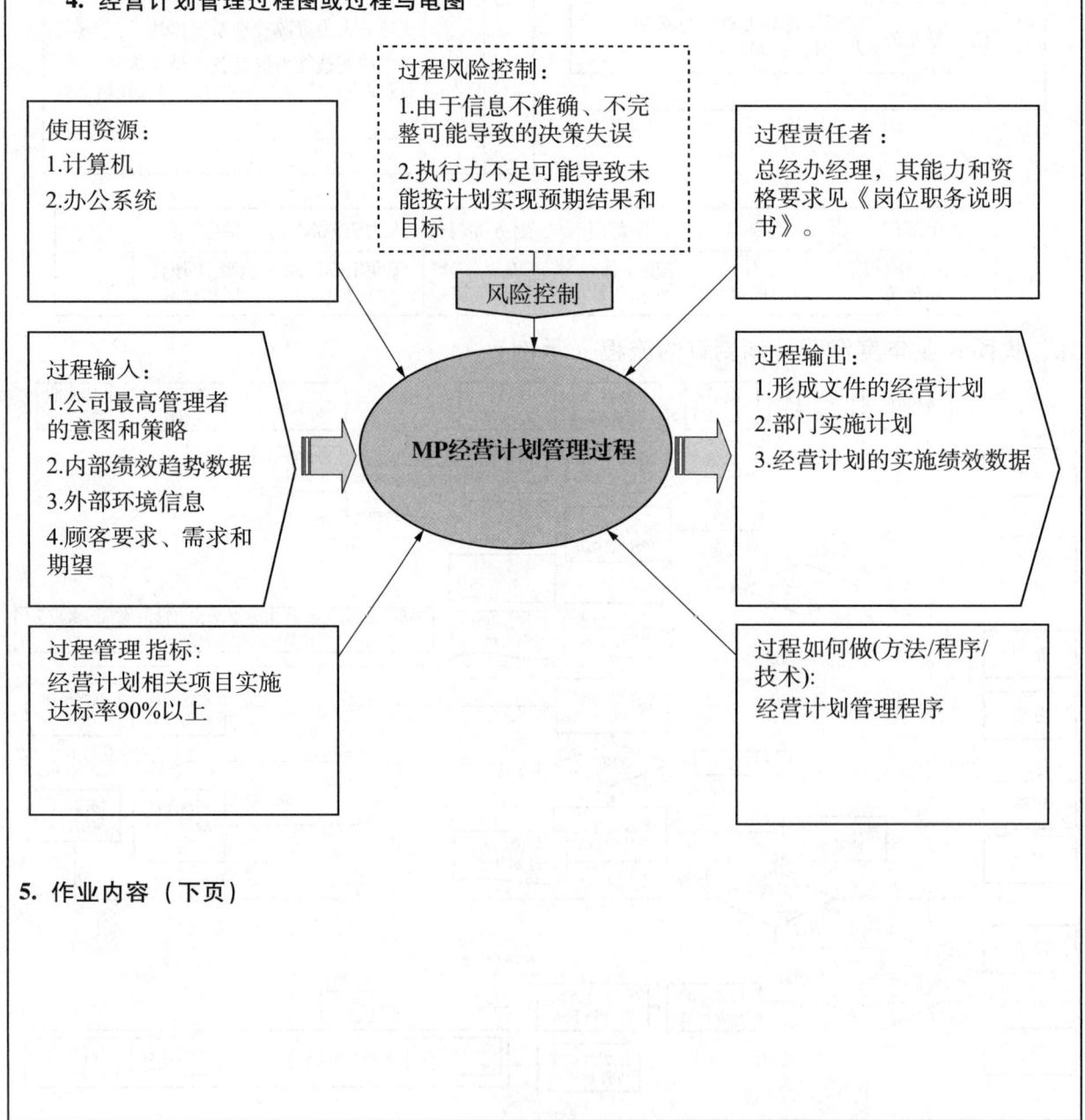

5. 作业内容（下页）

MP 文件范例 1　经营计划管理程序

文件名称	经营计划管理程序		文件编号：SQ-MP-01	版本：A
编制部门	总经办		编制日期：2016.08.08	页码：2/3

序号	经营计划管理作业流程	权责部门/人	作业要求	参考文件/使用表单
5.1	信息收集	各部门	5.1.1　业务部负责收集产品市场动态、发展趋势、同业竞争产品分析、顾客满意度、市场份额、预期销售业绩等相关信息。 5.1.2　财务部负责收集生产成本、销售成本、销售额、利润率、成本目标、预算等信息。 5.1.3　管理部负责收集人力资源需求和开发、资源需求、环境卫生及环保议题等相关信息。 5.1.4　品管部负责收集外部/内部质量相关信息。 5.1.5　生产部负责收集内部生产能力、效率与作业绩效等相关信息。 5.1.6　技术部负责收集新产品开发的相关信息。 5.1.7　设备部负责收集设施设备需求相关信息。 5.1.8　资材部负责供应商和采购成本等相关信息。 5.1.9　各部门主管应对所收集、统计的相关信息作内部讨论并提出部门意见，确保信息的准确性和完整性。	
5.2	分析/评估	总经办	每年12月中各部门须将上述信息呈报给总经办，总经办召集主要干部进行评审和分析，包括： 5.2.1　分析公司的经营能力，如成长趋势、生产能力、效益、安全风险。 5.2.2　可依产品别、顾客别之营业额进行比重分析。 5.2.3　检讨竞争者的市场占有率及价格趋势。 5.2.4　检讨以往经营绩效作策略、预测差异分析。 5.2.5　检讨内外部环境、市场之变动，顾客需求变化、寻求竞争优势，来预防可能的劣势。 5.2.6　掌握的组织变动，行销策略及新产品的开发动向。 5.2.7　根据分析做成SWOT表（优势、劣势、机会、威胁）。	
5.3	中长期经营策略	总经办	5.3.1 依据公司的愿景、经营宗旨和质量方针，综合各项资料来制定公司发展的大方向，提出中长期经营策略。 5.3.2 策略构想应明确化、具体化，以便展开成经营计划书。	

MP 文件范例 1　经营计划管理程序

文件名称	经营计划管理程序	文件编号：SQ-MP-01	版本：A
编制部门	总经办	编制日期：2016.08.08	页码：3/3

序号	经营计划管理作业流程	权责部门/人	作业要求	参考文件/使用表单
5.4	制定中长期计划	总经办	中长期经营计划应包括：产品发展方向、生产规模、市场开拓和销售目标、产品和技术开发、主要成本目标、企业管理的改进、生产力提高、质量水平提升、员工素质的提高及人力资源规划等项目。	
5.5	制定年度计划和目标	总经办 各部门	5.5.1 在中长期经营计划的指导下，结合当前市场趋势、顾客需求和期望及上年度公司业绩、现有资源等，总经办召集各部门主管讨论和制定年度计划和目标，可适当包括以下内容：销售计划、生产计划、新产品开发计划、技术改造计划、质量计划、人才资源开发计划、采购计划等。 5.5.2 年度计划应包括年度公司质量目标和各部门质量目标，并讨论确定每个过程的绩效衡量指标。	
5.6	核准	总经理 总经办	经营计划编制完成后提交总经理审批，若总经理提出修改意见，则由总经办负责修订。	
5.7	经营计划实施	各部门	经营计划经总经理批准发布后，各职能部门均应将经营计划的执行纳入日常管理工作，严格贯彻执行。	
5.8	监控和评审	各部门 总经办	5.8.1 各级管理者必须始终对经营计划的执行情况进行监控（目标值与实际值的比较），各部门依据实际结果进行分析，并于每月、每季、半年、年度提交给总经办上报计划执行结果，总经办召开定期会议评审。 5.8.2 每年管理评审时检讨经营计划执行状况，由各部门报告执行情况及针对计划的差异项目提出说明和改善方案。	《管理评审程序》
5.9	修订与更新	总经办	根据经营计划的实施成效及当前和未来的发展趋势，修订经营计划内容，制定下一年度的经营计划。	

6. 附加说明
　　无。

7. 参考文件
　　《管理评审程序》

8. 使用表单
　　无。

十一、某公司五年发展规划案例

公司五年发展规划

目　录

第一章　指导思想
一、企业发展回顾
二、跨越式发展经营思想
三、公司组织结构图
第二章　五年发展规划
一、企业经营总目标
二、目标实现原则
第三章　五年规划期的主要工作任务
一、建设优秀的企业文化，推动企业快速发展
二、科学发展、建立先进的企业管理模式
三、销售战略和策略
四、持续创新、促进技术的全面进步
五、严格质量管理，塑造品牌形象
六、推行精益化生产模式，提高生产效率
七、加强财务管理、做好资金平衡

第一章　指导思想

一、企业发展回顾

×××电工设备有限公司是国家两部定点的、专业生产各类电力高低压开关设备的企业。历经十多年的奋斗拼搏，公司经济实力不断加强，公司整体综合实力已具规模：公司集产品研发、生产、销售和服务为一体，具有雄厚的技术力量，现有工程技术人员60人，占企业总人数的30%（其中，高级技术管理人员15人，研究开发设计人员20人）；企业总资产达1.2亿元人民币，厂房总面积45000平方米，现代化的标准新厂房位于×××工业园；拥有现代化先进的专业生产设备，其中有：

日本亚玛达（AMADA）58工位高精度最新型的多功位数控转塔冲床；

日本NBO公司产的高性能数控折弯机、数控剪板机组成的CNC加工中心；

自动化及配套齐全的柔性装配生产线。

检验检测设备齐全，在同行业首创先进的产品模拟检测线，更为出厂产品的可靠性及安全性提供了保障。

公司自创立以来，致力于电力成套设备产品的研究与开发，设有专业的产品研发中心和CAD设计中心，注重吸纳国内外先进技术和工艺，科学合理地调整完善产品结构，为项目提供优良的技术解决方案，满足不同客户的技术质量要求，以其优良的品质和服务，赢得了广大客户的信任和好评。

世界电力设备的权威制造商ABB公司于2007年正式授权本公司为ABB联盟厂家，联合制造MNS和UniGera550产品，更促进了公司技术、质量、经营的全面提升。

公司遵循创建智慧健康型企业的指导思想，坚持"顾客满意为标准、全员参入、持续改进、提供优质且具有竞争力的产品和服务"的质量方针，始终把产品质量和对客户的优质服务放在第一位，竭诚为电力成套设备的技术及质量进步而积极努力。

公司坚持"永续经营、达人达己"的企业理念，在努力服务社会的同时，不断的壮大发展自己。目前公司处于快速发展阶段，特制定企业五年发展规划纲要，进行有效的资源整合，坚持不断创新，努力实现企业的新一轮跨越。

二、跨越式发展经营思想

以总经理构思的"永续经营、达人达己，创建智慧、环保、健康型企业"为总目标，抓住机遇，整合有效资源，坚持创新，实现企业的新一轮跨越式发展是企业五年发展的根本指导思想。

（一）有特色的智慧环保健康型企业的显著特征

1. 企业领导团队：
- 以总经理为中心的领导团队符合知识型标准；
- 团队具有健康向上，追求卓越的精神；
- 丰富、全面、合理的专业知识结构；
- 较强的思维决策能力和风险防范意识；
- 团结、进取、和谐、高效。

2. 现代人才观念：
- 将企业人力和劳力逐渐转化为企业人才，激发广大员工的智慧潜质；
- 以人为本，打造健康阳光、工作主动、爱岗敬业、积极向上的员工队伍；
- 重视技术、营销人才的培养和引进，形成技术人才和营销人才双多的哑铃型模式；
- 以人为中心实施管理，重视人员培训和重复开发，持续提升员工的专业知识和技能；
- 鼓励全员参与管理，广纳和奖励员工的合理化建议。

3. 追求科技创新：
- 具有追求更高、更快、更好的创新精神；
- 注重物质形态技术装备（机器、设备、检测手段）的改造更新；
- 重视新产品的研发、推广，支撑企业健康发展过程中的市场新产品需求；
- 加强国内国外行业技术发展趋势的信息收集，并有效加以利用，保持企业技术在行业中的适当地位。

4. 坚持以市场为导向：

企业经营以市场为中心，制定并适时调整经营策略，产品市场面向全国，明确市场定位；坚持企业销售、ABB合作销售与代理商销售的策略，调动一切销售积极性。

5. 学习型企业
- 树立"全员学习，终身学习，学习就是更好的工作"的理念；
- 建立长效学习机制，做到学习的制度化、规范化和经常化；
- 努力营造创建学习型企业的氛围，提高员工崇尚学习的热情。

（二）坚持"永续经营、达人达己"理念，抓住时机促发展

1. "永续经营、达人达己"理念：
- 遵循创建智慧环保健康型企业的指导思想；
- 聚合企业智慧，整合和利用一切有效资源，不断把企业做大做强；
- 在企业不断发展的同时，承担企业的社会责任，与供应商和代理商实现利益双盈，鼓励员工与企业同发展、共成长。

2. 抓住有利时机，促进企业快速发展：

国务院批准出台了《关于支持福建省加快建设海西经济区的若干意见》，为福建省特别是厦门地区的发展起到了不可估量的推动作用，为我们企业的发展提供了一个良好的外部环境和难得的有利机会；银行提高了对我公司信用等级的认证，为企业快速发展中所需资金提供了有力支持；企业的硬件设施已基本完善。位于环东海域思明工业园的1号新厂房已投产，2号厂房即将启用，引进购置的先进生产设备已落位投产；以厦门思明区为主导的政府部门对我企业给予大力扶持，实施行政资源为我企业的发展给予协调和重视；公司与世界500强企业ABB公司建立了品牌及技术型的战略合作关系，企业及产品品牌的知名度、信誉度得到极大提升；基本实现了全国销售网络的布局，产品省外销售已成为公司销售的主渠道。

企业五年发展规划的实现，将是企业发展的里程碑，是完成企业迈入大型规模企业的跨越，（国家宏观控制部门界定：年销售额在0.4亿元~4亿元的企业为中型企业，年销售额达到4亿元以上的为大型企业）。我们必须把握好难得的发展机遇，奋发拼搏，趋势而上，实现五年新一轮跨越式发展。

三、公司组织结构图

〔省略〕

第二章　五年发展规划

一、企业经营总目标

1. 五年经营（销售）目标：

五年内达到5亿元销售额。

2. 新产品项目开发计划：

①2011年完成动态补偿柜产品的开发、鉴定和投产；

②根据市场需求，以满足客户需求为导向，设计开发适销的系列产品，五年规划期内拟开发的新产品项目；

- 软启动系列装置；
- 空调专用控制柜；
- 35KV 高压系列控制柜；
- 变频器产品。

3. 企业经营规模目标：

（1）二年达到厦门地区行业（民营）规模第×名；

（2）三年达到福建省行业（民营）规模第×名；

（3）五年进入全国行业排名榜。

二、目标实现原则

（1）以创建智慧型高科技企业的思想为指导，坚持以人为本，最大化的发挥领导团队和全体员工的智慧和创造力，齐心努力、团结拼搏。

（2）以五年规划目标为总纲，公司的管理机制、经营活动、工作标准及人员配备都要以实现规划目标为最高工作准则，要把目标机制贯穿和落实到每项工作之中。

（3）更加注重自主创新能力。把增强自主创新能力作为推动企业产品结构优化升级并转变为经济增长方式的中心环节。

（4）更加注重精益化生产的推行，建立科学先进的生产管理模式。

（5）坚持"顾客满意为标准，全员参与，持续改进，提供优质且有竞争力的产品和服务"的质量方针。

第三章 五年规划期的主要工作任务

一、建设优秀的企业文化，推动企业快速发展

企业文化是企业与全体员工所共有的价值观、经营理念、思维方式和行为规范的总和，优秀的企业文化是企业的灵魂和核心，是企业发展壮大的源泉和动力。建设优秀且具有特色的企业文化，是公司五年发展规划期的重要内容，其目标是：结合公司五年发展规划和公司自身特点，塑造企业精神、培育经营理念、树立品牌形象、提高职工素质，最终培育和形成上下统一，具有鲜明公司特点的智慧健康型企业文化，为实现公司迈入全国行业排名榜创造良好的政治环境和人文环境。企业文化的建设以企管部为依托，以工作及业务为载体，以企业理念体系的内容为主导，以人力资源管理、技术质量管理、营销和形象创新为主渠道，建立目标责任体系为保证，有计划、分步骤的推进实施。具体为：

第一步：2011年底前，建立健全以总经理为首的公司企业文化建设组织机构，制定公司五年企业文化实施方案，确立企业目标，完善《员工手册》等规范文件，统一企业认识、规范公司干部和职工的行为，强化广大员工的纪律观念、责任意识和创新进取精神，培育企业理念。

第二步：2012年12月前，开展企业文化和品牌升级活动，实施企业形象统一战略，重视并切实做好CIS（企业形象策划）工作。综合运用企业网站、印刷品（产品说明书）、厂服、文具、纪念品、产品包装物、企业电话、广告等载体和形式，建立统一规范的企业识别系统，加大宣传力度，塑造和强化公司企业形象，激发广大干部职工的自豪感，增强其工作的责任感和使命感，提高公司在行业内的知名度、美誉度。

第三步：2013年在前两步工作的基础上，通过总结、提炼、深化，形成具有公司特色的企业文化理念，建立一整套现代化企业管理制度，确立企业精神、完善市场观念、人才观念、质量观念，全面提升企业文化建设水平：企业精神被干部职工高度认同，并自觉实践；科学发展、持续经营、精细管理的观念成为企业的主旋律；企业品牌的知名度，企业形象的美誉度和企业核心竞争能力都全面显著地提升。

二、科学发展，建立先进的企业管理模式

公司的五年发展规划是一个高速度的跨越式发展目标。企业目标定得高一些，体现了企业奋发向上、不断进取的精神，使其具有挑战性和感召力，有利激发全体干部职工齐心协力、努力工作的积极性。但在规划的实施上要把握好挑战性与可行性的有机结合。国家宏观调控政策、金融政策、市场需求、业内竞争态势、企业自身实力和企业决策方略，都是直接影响规划目标能否实现的重要因素。实现企业外部环境、内部条件和企业能力的平衡，促进规划目标稳步协调实施，我们要切实做好的工作是：

1. 建立团结、和谐、高效的领导团队

公司领导团队的价值取向、领导能力和决策能力是五年规划目标能否实现的关键。建立以总经理为首的团结、和谐、高效的公司领导团队是贯穿于整个规划期的中心工作，要通过自身学习提高、相互支持互补和调整充实的方法提高领导团队的整体素质，以适应企业快速发展。

2. 推行科学决策

决策的正确与否和发展成果息息相关，在高目标的快速发展过程中避免大的经营失误，确保发展方向的正确性，要求我们提倡、推行和完善经营决策的科学化。在重大决策中要充分发挥领导团队和广大员工的智慧，全面客观的分析和认识问题，实行优化选择，最大化的实现企业外部环境、内部条件和企业能力的平衡，使决策方案具有可行性，决策结果具有效益性。

3. 实施企业人才战略

支撑发展过程的人才需求，人力资源是企业经营中最重要、最活跃的资源，对企业人力资源进行持续开发，提高职工队伍的整体素质，是企业的长远性战略，五年规划期我们重点要做好：多渠道引进管理、技术、销售优秀人才，优化企业人才结构；有计划、有针对性的对企业员工实施岗位知识、技能培训，开发智能潜力，提高员工素质；完善人力资源考核机制，制定明确、具体、具有可操作性的考核标准，激励员工奋发向上、努力工作；树立以人为本的人才观念，在工作上尊重员工，在生活上关心员工，增强企业凝聚力，促进员工工作的自觉性和主动性。

4. 建立和实施 ERP 信息管理系统

- 2011 年进入新厂区之后要开始进入 ERP 的调查与辅导期；
- 2012 年签订 ERP 实施的相关协议，并且成立网管部门，推进和管理信息系统；
- 2013 年全面实施 ERP 信息系统；
- 2014 年实施自动办公系统，实现无纸化办公。

三、销售战略和策略

销售战略如何与公司发展规划相适应，销售战略如何支撑五年发展规划目标的完成，规划期销售目标如何分解到部门（销售片区、办事处），销售指标如何落实到个人，确保规划期销售目标的实现，是我们确定销售战略行为的出发点。

1. 市场战略

(1) 固定大客户市场战略

包括以下几点含义：

该战略的目的是为了更有效地利用资源，克服本行业中经常出现的一次性项目的缺陷，使得项目资源可重复使用，通过项目建立关系，通过关系支持项目。

该类客户的特征如下：

- 可每年不断提供项目的单位或个人（又可称有项目源的单位和个人）；
- 该类客户一般来讲还具有一定的规模，每年可提供的项目应该不低于百万元；

- 典型的对象包括：工业园区、行业销售（如电力、石化、路桥、煤矿、学院、港务、市政、航空等）、大型企业、品牌房地产公司等。

（2）品牌带动战略

品牌带动有两方面的内容：

最大化的发挥利用本公司与世界500强企业ABB和其他国际品牌公司合作的品牌效应，以其品牌带动本公司的产品销售。

通过优良的产品质量、服务和广泛宣传，提高企业品牌的知名度、美誉度，提高公司产品的销量。

（3）规模市场经济带动战略

- 以公司5年达到5亿元销售额为目标，利用规模化的市场推动企业的发展。
- 有计划的布局外省销售办事处，扩大销售规模。
- 积极主动加入国内行业竞争，发挥资源优势，形成规模态势。
- 在确保产品质量的基础上，优化制造成本，在一定时期内实施以量为主的规模战略。

2. 市场架构的平台建设

（1）建立以西安为中心的西北营销基地，主要以煤矿、电厂为主要营销对象，形成销售规模。

（2）建立以北京为中心的华北基地，主要为：

- 华北市场的销售；
- 建立服务于全国市场的网络辐射平台；
- 进入石化、铁道、电力、煤炭、环保、交通等国内垄断行业的采购名目；
- 建立与全国大型招投标公司的联系和互动；
- 建立各地区的电网入网平台。

（3）调整福建区域的销售结构，将厦门与福建合并成一个销售区域，重点做好福建及其周边区域的营销。

（4）建立以广东、海南、成都、浙江等为主的华东南及西南地区的市场营销结构。

3. 销售渠道的建设

合作销售：通过与ABB等国际品牌的合作，拉动公司产品的销量，提升公司产品在行业的市场影响力。

代理销售：通过代理渠道扩大产品销量，公司优选的代理商应是与企业共同发展的代理单位或个人，通过代理商的桥梁功能，借助代理商接近市场的优势，为企业发展建立灵活的销售渠道。

自主销售：通过公司自己的销售团队与地方的政府、电力单位、设计院、招投标公司、客户等建立销售关系，从而推动产品的自主销售，自主销售模式是公司销售的基础，应始终做好并不断加强。

公开投标：招投标是销售的重要模式，所有方式、渠道的规模销售都必须通过招投标来实现，我们要加强和完善招投标工作的管理，加强与各地电力单位、设计院、招投标公司的联系和互动，根据各地行业不同的特点制定有效的投标策略，提高项目中标率。

4. 建立八大营销关系

建立营销关系应做好以下八个单位的关系：

甲方、电业单位、设计院、招投标公司、总分包公司、供方、同行、政府单位。

5. 建设优秀的销售团队

注重优秀销售人员的引进，要运用多种渠道引进行业内有经验且优秀的销售人员充实公司销售团队。

注重销售人员的专题培训，提高销售人员的业务素质，重视营销团队整体能力的提高，改变过去以个人为单元的销售模式，实现 1+1>2 的销售模型；

加强对销售人员的管理，帮助和指导销售人员做好重点项目的分析，制定有效策略并加强跟踪跟催，提高项目的成功率；

把代理商纳入销售团队管理，指派专人负责代理商的沟通、跟踪和服务，激发代理商的积极性。

建立具有激励性、实用性和科学性的销售政策，对代理商销售、销售价格、销售人员的奖励和考核等制定出全面、实用、量化及可操作的标准规定。严格规范销售绩效考核，鼓励销售人员多签合同，多得销售提成。

四、持续创新、促进技术的全面进步

1. 新产品开发

加强新产品研发中心的建设，完善实验室配备，为新产品项目开发提供组织保障和装备配套。

注重新技术、新工艺的开发应用，采取联合开发和自主开发并举的开发模式，坚持自主创新，把形成自身的技术专利作为工作重点。在认真做好考察评估的基础上，瞄准 1~2 项节能或智能型新产品，采用与院校联合开发的模式，争取用最快的速度、最短的时间完成产品的开发、试制、鉴定及生产，推向市场，形成新的销售增长点。

列入规划期开发的新产品项目，技术含量的定位要高，要在国内同行业具有技术领先地位，形成国内品牌产品，并向国际品牌靠拢。

规划期新产品开发计划的实施，要在确保 2011 年完成动态补偿柜的开发投产的基础上，综合市场需求、技术准备、公司条件等因素适时调整新产品的开发顺序和开发项目。

2. 工程设计

引进和提升设计软件系统，更新和升级技术设计能力，从而达到提高设计水平和设计效率的目标。

加强设计的标准化和设计模块化，提高套图率，从而大幅度提高工程设计效率。加强审图工作，加强设计指导，减少设计错误，提高设计水平。

3. 工艺技术

完善加强工艺的组织机构，加强工艺技术管理。完善工艺规范和工艺守则。制定作业指导书，规范生产现场的操作，提高工艺质量水平。

4. 技术管理

技术管理的重头戏是进行产品的内部定型，通过该工作的开展，提高公司产品的标准化和模块化的程度。

建立公司产品、部件、物料的编号的标准和手册，实现信息化管理。招聘专业对口的技术人员，从技术部开始培训，作为公司的储备干部，为公司其他部门的发展需求提供人才。

要积极争取厦门科委或区科委的支持，力争公司的新品开发工作能够得到国家和政府的资助。

五、严控质量管理，塑造企业品牌形象

1. 质量工作要遵循的原则

视产品为企业形象，视质量为企业生命；

实现预防为主，质量检验与质量控制并存的管理模式。

2. 注重外观质量的雕琢

顾客首先关注的就是外观和工艺质量，因此，我们将其列为重点工作来抓，可以收到投入小见效快的效果，具体措施有如下几点：

- 眉头的重新设计与规范；
- 防污、防尘和保洁；
- 改善包装和运输；
- 随货出厂文件的改善，做到齐全、美观、规范；
- 与工艺相关的其他外观问题的改进提高。

3. 工艺质量

在质量工作原则中，我们提到了要将工作重点转移到制造过程，而工艺质量是制造过程最主要的质量要素，包括以下几条措施：

- 优化工艺流程；
- 健全工艺规范；
- 完善作业指导书；
- 增加二次装配工艺设计和母排设计的工艺设计措施；
- 辅料、零件、工具标准化；
- 严格按工艺流程、图纸、指导书操作和考核。

4. 设计质量

- 加强技术力量，补充技术人员，做好技术能力的储备；
- 由技术部胡工加强设计审核工作（重点）；
- 完善 BOM 单（即材料清单明细）；
- 加强与客户技术交流和沟通；
- 实施技术培训，提高设计人员素质。

5. 加强制造质量的控制

强化工艺巡检（完善钣金柜体的检验，增加装配的巡检制度），要制定工艺巡检制度，包括巡检内容、巡检记录、巡检考核。

工序控制点（或质控点），要设点、建表、记录、控制。

6. 推行全面质量管理，设立专职质量管理人员，负责：

- ISO 9000 质量体系的维护和改善；
- 质量考核工作的完善和加强；
- 加强供方质量管理；
- 3C 认证等相关工作；
- 建立常态化的质量培训机制；
- 质量管理文件化；
- 完善质量信息的统计、分析、改进制度；
- 售后服务部与销售部应该建立销售全过程服务机制，做好售前、售中及售后服务工作；
- 持续开展 QC 小组活动，以推动公司群众性的质量活动的开展；
- 加强进厂检验（适当增加检测手段；制定进厂检验标准；制定分级检验制度）。

六、推行精益化生产模式，提高生产效率

（1）继续完善生产计划、调度、报表系统。将年度计划、月度计划、周滚动计划，工令通知形成一套有机的计划体系，并利用报表制度和市场信息对生产进行有效的调度与控制。形成程序文件，形成制度化工作模型。

（2）坚持生产车间计件生产的生产模式，制定相关的考核标准、工资标准，修改相关的质量考核标准，形成文件化的管理体系。

(3) 要逐步对生产设备、检测设备进行技术改造和更新。

(4) 引入精益化生产的概念，根据公司的发展对生产线的布局和生产方式要勇于创新，进行改进，提高生产的受控程度，推行均衡生产、节拍生产和定额生产制度。

(5) 逐步建立物料的受控体系，从设计物料清单开始，经过库存核对、采购计划、物料跟踪催料、物料齐套、制定缺料清单，缺料追货，紧急采购，紧急补料的物控系统。

(6) 要重视采购管理，引入供应链管理的概念，建立科学的库存管理制度，建立具有优势的采购渠道和采购基地。建立一套完整的供方管理制度。

七、加强财务管理，做好资金平衡

资金保障是规划目标实现的关键。加强财务管理、做好资金平衡，确保企业发展过程的资金需要，是规划期工作的重中之重。

1. 加速资金周转，提高资金利用率

制定资金周转期目标，严格掌控资金流向和使用。

①推行 ABC 管理，按项目计划进度合理采购、库存物料，减少资金占压。

②加速货款回笼，建立货款回笼考核机制，运用滞后回款扣罚利息的政策杠杆，促进销售业务经办人提高货款回笼的责任心和紧迫感。

③认真做好清产核资，努力盘活资金。

④采购物料尽量采用支付银行承兑汇票，增加资金用量和利用率。

⑤提倡艰苦奋斗、勤俭节约办企业的观念，减少一切不必要的支出，把有限的资金投入到应办和必须办的事项，发挥资金的最大效益。

2. 全面实行成本管理，开展成本核算和分析，制定成本控制目标

成本指标分解到部门、车间及资金流的各环节，做到成本指标层层落实，分口分段地进行成本管理和考核，把成本控制工作与部门的经济责任结合起来。

制造部门要负责控制和降低制造成本：

- 提高劳动生产率，降低生产工资成本；
- 做好物料合理库存；
- 加强辅助物料的控制管理；
- 做好物料的节约利用，做好修旧利废工作；
- 加强水、电、气的利用控制；
- 提高车间工人技能素质、提升装配一次合格率的比率。

技术设计部门要负责产品设计成本的控制：

- 认真做好与设计院和客户的技术交底，合理选配元器件；
- 认真做好功能与成本的分析，优化设计方案，在确保产品质量的前提下，做到元器件选型合理；
- 加强项目元器件采购清单的管理控制，避免多购和重复采购的情况发生。

采购部要负责采购成本的控制：

综合物料价格、质量、结算方式因素，优化选择供应商；坚持多询价、询好价、货比三家的采购方法，密切注视市场价格的波动，做到同等物料购进价格最低；

依据项目生产计划，合理掌控项目物料购进的时间点，做到既保障生产又避免占压资金。

财务部要负责对成本的整体控制、监管和考核：

- 汇总编制成本计划和目标，认真进行成本核算；
- 严格控制非生产性成本的审核，控制通信、交通、业务费等的支出；
- 强化对成本的监管和考核职能，及时提报成本纠偏整改方案，监督部门改进。

3. 拓展融资渠道，保障企业发展

企业在加强自身资金积累和资金运作的同时，努力借助金融市场进行外部融资，进而推动企业快速发展是现代企业资金运作的重要环节，是我们在整个规划期必然面对的问题，要高度重视并采取有效措施，多管道的做好外部融资，保障企业发展。

《纲要》规划的五年目标是宏伟的，任务是艰巨的，对公司每一名干部职工的工作都是一个严峻的挑战和考验。我们要在以总经理为首的领导团队带领下，振作精神，齐心协力，充分发挥全体干部职工的智慧才能，为《纲要》目标的实现，为完成企业二次创业的跨越，脚踏实地的奋力拼搏！

（资料来源：百度文库）

十二、某公司三年发展规划案例

企业经营发展计划书

（规划时限：2015—2017 年）

目　录

前言
企划纲要
战略目标
第一章　战略总则与分析
　一、战略总则
　　（一）规则编制背景
　　（二）规划编制及原则
　　（三）规划时限
　二、战略分析
　　（一）企业经营环境分析
　　（二）客户分析
　　（三）企业分析
第二章　战略实施与控制
　一、战略实施
　　（一）品牌战略
　　（二）营销战略
　　（三）人力资源战略
　　（四）财务战略
　二、战略控制
　　（一）事前控制
　　（二）过程控制
　　（三）事后控制
附件：构成本计划书组成部分的相关文件和职能部门计划

前 言

企划纲要：

深圳市×××家具有限公司根据社会发展的现状，结合目前家具定制产业的市场需求，制定适应未来发展需求的企业总目标，并对企业存在的问题和企业的制度进行完善。提高企业员工的工作积极性，提升企业内部职员的工作效率，使企业在三年内业绩达到1.2亿元的总目标！

战略目标：

1. 销售目标

公司三年内将抓住市场机遇，通过稳妥经营，实现1.2亿年销售额。

2. 利润目标：到2017年主线业务实现的净利润占到公司净利润的70%左右；辅线业务实现的净利润占公司净利润的30%左右。

3. 拓展目标：力争三年时间实现企业集团化，到2017年，企业产值达1.2亿元人民币；2020后向上市企业迈进。

4. 三年战略规划

2015年	以现有的家具定制为基础，在现有的战略合作商中新增5家装饰企业
2015年	寻求以家具生活体验的经营模式，建立品牌加盟合作的机制，开发十家战略合作商
2015年	企业实行股份合作管理机制，让企业的高层管理者都成为企业的主人，以此提升员工的主人翁精神
2015年	企业实行绩效考核管理机制，按劳提成，按绩增薪，劳有所获，增强竞争的管理机制
2015年	完成企业内部管理文件规范化、数字化、科学化管理的总体目标
2015年	提升企业文化，增强企业环境卫生管理，加强基层管理人的素质培训，提高员工的综合素质
2016—2017年	每年业绩增长达到15%~20%
	实现企业年度业绩超亿元
	实现自有品牌加盟连锁的经营模式
2020年	开始资本运作、整合资源、扩大企业、强化内部管理、完善产业结构

5. 模式目标

核心业务领域和核心经营战略模式：

未来1~3年内核心业务领域将从专业的酒店定制转向为家具生活体验馆连锁加盟的经营模式，并做到全国主要省级城市都能普及。

根据公司战略发展需要，公司将持续打造核心竞争力，打造适合公司发展的"SKL"（简单的关键）核心经营战略模式，即基于专业化设计、服务管理流程植入，创造最适合家具定制和连锁加盟的模式。该模式有效整合企业战略、发展大纲、企业文化、品牌、产品、营销、管理体制、投资发展等核心领域。

构建独特的家具定制连锁的合作机构、企业定制管理网站和合作经营及代理加盟的三维立体运营模式。实现各地连锁、合作经营及代理加盟的三维盈利点。

以合作经营及加盟经营为基础，通过加盟商来开发企业总体服务渠道枢纽，迅速的在全国范围内设立标准化加盟店，把加盟店作为核心，并最终将深圳市×××家具有限公司打造成为"整体家具定制和家具生活体验的先驱者"。

现依据我公司2015—2017年发展战略规划，结合行业及公司当前发展趋势，特做如下分析并明确实施办法。

第一章 战略总则与分析

一、战略总则

企业发展战略规划是企业发展的灵魂与纲领，指引企业发展方向，明确企业的业务领域，指导企业资源配置，指明企业的发展策略以及发展措施。有利于建立企业和员工的共同愿景，使员工对组织产生归属感和奉献精神，从而更加全身心的投入工作；有利于履行社会责任，扩大就业，保护资源和环境，实现可持续发展。

（一）规划编制背景

深圳市×××家具有限公司创立于2005年，注册资金500万元……

（二）规划编制原则

以铸就高端定制和著名家具品牌，狠抓规范化管理为指导思想，以合作共赢为指导原则，坚持以市场为导向，积极拓展目标市场（设计公司、装饰公司），与之建立战略合作机制。稳定市场占有率，形成品牌输出、产品销售、合作加盟、售后服务"四位一体"的经营格局。通过不断创新和完善，提升员工素质，增强员工和客户的满意度，在业内树立良好的口碑和品牌价值，促进企业持续、稳定、快速、健康发展。

（三）规划时限

三年规划（2015—2017年）

二、战略分析

（一）企业经营环境分析

1. 行业分析

依据中国目前的家具定制和家具生活体验馆连锁的模式，在我国的高端定制和家具生活体验馆连锁市场上，目前的高端定制比例最大。此外，家具生活体验馆的需求量到2015年将以每年20%的速度增长。

（注：装饰公司、设计公司、软装公司的未来发展，必须都要拥有家具实体店才能得到客户的信任，所以家具单一的经营模式在将来的三到五年，将有极大的转变，因为人们对单一的装修及装饰不再满足，生活的需求将会走向更好的家庭文化了，这就是未来整体软装的需求加大从而使家具与软装结合经营的发展方向！）

2. 产业环境

进入21世纪以来，随着人们生活水平的提高，家具产品的需求更倾向于个性化，人们所追求的家庭文化及环境要求也会更高，所以企业对于产品的开发与生产所追求的精细度及产品的个性化要求更高，所以企业时刻要追求于更贴近于生活中人们的需求，而且高端定制拥有的市场份额还远远远无法达到市场的需求，高端定制这个市场需求潜力是巨大的。

3. 经济环境

国内经过30年的经济积累，人民群众的经济基础增强了，当人们的经济及物质都得到满足的情况下，人们对生活环境的观念也就转变了。生活环境有两个方面，一方面是工作环境，这是他工作的企业进行完善，另一方面是家庭的居住环境，那必须是他们自己需要解决的问题。这就产生一个市场的需求，前面我讲到人们追求个性化的观念加重，因为品牌家具有着它的局限性，缺乏灵活度，而灵活的加工制造正是定制企业的优势所在。

4. 市场环境

根据国家统计局对地产及木制品市场的分析，家具定制的需求量将来会更大，现有家具产品缺口主要是在高端定制这一区域，真正达到高端产品的定制企业还是很少。

5. 竞争环境

高端定制需求量大，真正高端品牌国内也就只有那么几家，中端没有领导品牌，市场品牌混乱，竞争激烈，趋向多角化、多极化、国际化发展。

(二) 客户分析

1. 企业消费群体分析

目前产品的消费群体成交量主要以酒店市场为主，在成交客户群体中，服务业中的酒店、会所、KTV 企业占总成交量的 85%，样板房、别墅占总成交量的 10%，其他设计产品占 5%。目前家宅定制只是刚刚起步。（软装公司就是案例）

2. 客户购买动机分析

目前客户购买动机主要有三个方面：一是自家生活水平提高，二是追求个性化的生活，三是居家的文化追求。了解客户购买动机，要求我们要及时跟踪客户，随时关注客户的需求，将相关信息迅速收集，并做好市场拓展。

3. 客户消费承受能力

在成交客户群体中大部分仍以装饰、软装公司、设计公司合作为主，因此企业要不断扩大市场渠道，以满足市场需求。同时增加其他综合项目，以增加公司的业务来源。

(三) 企业分析

1. 企业概况

深圳市×××家具有限公司，坐落于财富聚集的深圳市龙岗×××工业区。深圳市×××家具致力于家具高端定制，针对酒店、会所、娱乐企业的经营管理现状，我们结合自身的定制产品和家具工艺的特点，不断实践并加以改进，生产的产品深得客户的信任。

公司拥有一支 50 多人资深的家具制造精英和精通家具制造企业经营管理的专家、行业技术骨干组成的核心团队，具有高度专业的管理理论素养、丰富的企业管理实践和工作指导的经验。

2. 企业组织架构

（省略）

3. 企业现状分析

(1) 物质资源状况

公司目前厂房面积 22000 平方米，其中办公室面积约有 2800 平方米；厂房 15000 平方米，宿舍面积 4500 平方米。

(2) 人力资源状况

公司目前在职人员 180 人，其中本科__人，大专__人，中专（中技）__人；高层管理人员__人，其中本科__人、大专__人；中层管理人员__人，其中大专__人，人力资源结构中 18～25 岁__人，25～40 岁__人。

目前营销团队共__人，占公司总人数的__%，但营销团队的企业归属性仍较薄弱，为适应战略规划的要求，目前急需组建一支卓越的销售团队，加强对营销人才的培养和建设、进一步提高员工的综合素质。

(3) 人力资源需求状况：（略）

(4) 管理资源状况

公司目前采用职能制组织结构，发挥职能的专业特点，目前正在依据以职能系统为支撑，以诚信、高效、共赢为核心的管理理念，使各职能部门有效运行。

同时，公司较注重员工素质的培养和开发，与外部管理顾问公司达成战略合作关系，吸收先进的管理经验，从而不断提升公司各职能部门的管理能力，为各子公司输送新鲜血液。今后的三年，计划投入20万元培训费用，全面提升我司人员的专业素质以及综合素质。

公司高层具有多年的行业专业背景和丰富的管理经验，亲和力强，工作细心负责，追求细节管理，对市场有敏锐的洞察力和前瞻性，且注重对员工的培训，为员工谋取最大福利。尤其对自身要求严格，学习能力强，意志力坚定，把企业上市作为奋斗目标，把服务社会作为己任，誓把公司做强做大。

第二章 战略实施与控制

一、战略实施

（一）品牌战略

深圳市×××家具有限公司在行业中品牌竞争意识薄弱，缺乏整体品牌营销战略管理。企业要占有市场首先就要提升自己的企业品牌影响力，那么品牌的影响力从那里获取呢？企业增强在行业中的影响力必须从以下几点出发：

1. 品牌定位

（1）首先对制造的产品进行定位，决定产品的风格及走向；
（2）对产品的价值进行定位；
（3）对企业品牌宣传进行定位；
（4）产品的工艺必须要与企业的宣传一致，也就是工艺标准紧跟品牌影响力；
（5）对企业自身的品牌进行定位。

2. 企业的营销体系的定位

（1）营销团队的定位；
（2）品牌宣传的定位；
（3）市场布局的定位；
（4）销售体系的流程管控；
（5）销售岗位人才的定位。

3. 企业形象

（1）企业软实力的包装；
（2）厂区形象包装；
（3）厂内规划规范；
（4）职工着装包装；
（5）产品展示包装。

在品牌战略实施层面，坚持贯彻"以优质的产品拥有市场，诚信的服务赢得客户的信赖"的品牌核心价值理念，在企业的各项经营活动和广告、宣传、终端、产品和服务等各个与消费者沟通的节点上不断传播品牌核心价值理念，不断提升品牌的知名度、美誉度和忠诚度。

（二）营销战略

1. 营销原则

搭建共赢平台是深圳市×××家具有限公司经营战略的重要手段，共赢原则是营销根本。相互间共赢合作才能目标一致，资源共享，同心同德，荣辱与共，携手走向更大的辉煌。

2. 营销理念

树立"全员营销"理念，倡导企业管理以营销管理为中心，营销管理以销售为中心。公司人力资源等皆以指导、监督和服务营销为管理目标和工做出发点。而市场、品牌等皆以指导、监督和服务销售为策略依据和工作落脚点。

3. 产品及定价战略

通过实施产品组合战略，即将产品线划分为连锁品牌系列、酒店定制系列、高端定制系列获得组合竞争优势，最大限度满足不同消费需求和应对竞争。

通过逐渐导入和完善新产品开发战略，实现销售一代、开发一代、研究一代、储备一代的战略体系。通过完善产品线专门化管理，确保各产品的市场成功和利益最大化。

产品定价上通过成本定价和市场定价相结合，并为消费者创造价值感，建立适应多元化渠道发展的完善价格体系。

4. 营销渠道战略

深圳市×××家具有限公司战略创新体现在以品牌促渠道，以品牌拓渠道。

渠道战略模式旨在构建加盟连锁经营和合作经营及代理三维立体渠道。三者相辅相成，相互依存，相互促进。加盟店连锁是经营细胞，合作经营网络是经营触角，代理则是经营保障。各自拓展过程中，其他两者好比左、右组合拳。

深圳市×××家具有限公司加盟连锁是渠道核心。通过在重点区域成立定点加盟来提高品牌形象载体，不断传播公司品牌形象。

确立公司加盟定点连锁的功能定位。各加盟连锁不仅承担着吸引顾客到现场感受的职责，还要以积极主动走出去，进行多元化渠道开发。

合作经营是以家居生活体验馆的形式为基础，积极运用合作店、自营店、挂靠合作等方式投资全国配套企业，按计划推进合作加盟发展，进一步提升公司的综合竞争力。

5. 营销服务战略

不断完善服务的标准化、规范化。

实实在在，切实地为客户提供优质的服务，尤其是及时处理客户需求及管理咨询服务拓展、内训、人才猎头等服务问题。要求每位员工在各自的岗位上担负起应尽的职责，从而提高客户服务的标准化程度。定期进行客户满意度调查，至少每年一次，对客户满意度、客户向心力、客户离心力等问题进行调查，以掌握客户需求的变化和企业为客户创造价值的能力；知道消费者对现有产品的满意之处和不满意之处，知道潜在消费者没有加入消费的顾虑和问题并迅速改进。

同时，将信息化系统导入客户管理，调配专业的营销服务人才组成客服团队，重视客户资源的维护、积累、开发和利用，提升客服在公司的定位，随时解答客户提出的疑问，使客户服务成为公司强有力的竞争王牌，并通过客户口碑的良性循环，培养一批忠诚度较高的客户群体。

（三）人力资源战略

1. 建立强有力的营销团队；
2. 储备人才，做好人才梯队建设；
3. 培养或引进一批专业的管理人才与技术专才；
4. 规划员工的职业生涯，让老员工在企业内部岗位合理流动；
5. 不断提升员工满意度，留住人才，创造人才；
6. 建立科学可行的员工晋升通道，提升个人价值；
7. 健全公司薪酬及劳动保障体系，科学用人、育人，承担社会责任。
8. 完善组织架构，制定科学明确的部门及岗位职责，实现分工合理，权责明确，高效协作。

（四）财务战略

1. 投资战略

投资方向以合作经营投资为主，以较少的资金控股或参股。

2. 融资战略

企业通过股东再投资、银行贷款、原始资本积累等方式进行融资，扩大资本的积累，实现资本运营。融资战略是公司迅速扩大规模的必要手段。

3. 财务监控

财务人员从战略高度开展财务管理工作，进行财务分析，使财务分析成为企业战略决策的重要依据，争取以最少的投入获取最大的产出，努力使财务风险降低到最低水平，绝不能追求短期的经济利益而牺牲长期利益。

二、战略控制

战略控制的主要目的是在企业经营战略的实施过程中，适时监控、检查企业为达到目标所进行的各项活动的进展情况，评价实施企业战略后的企业绩效，并将其与既定的战略目标与绩效标准进行比较，发现战略差距，分析产生偏差的原因，纠正偏差，使企业战略的实施更好地与企业当前所处的内外环境、企业目标协调一致。从控制时间来看，企业的战略控制可以分为以下三类：

1. 事前控制

实施前一个月，企业领导人要进行全体动员，表态实施战略的决心，各部门结合企业三年总体规划目标和要求，制订各部门详细实施计划，该计划要得到企业领导人的批准后方能执行，所批准的内容将成为考核各部门经营活动的重要绩效标准。

2. 过程控制

企业高层领导者要控制企业战略实施中的关键过程或全过程，随时采取控制措施，纠正实施中产生的偏差，引导企业沿着战略的方向进行经营。通过制定标准作业流程、标准指标值等随时修正偏差。

3. 事后控制

将战略活动的结果与控制标准相比较，即在战略计划实施之后，将实施结果与原计划标准相比较，由企业各部门负责人定期将战略实施结果向领导人汇报，由领导人决定是否有必要采取纠正措施。主要手段有预算控制分析会议、重点事项跟进表及各部门例会。

附件：构成本计划书组成部分的相关文件和职能部门计划

《公司年度财务预算计划（2015）》

《年度人力配置标准计划（2015）》

《年度人工成本预算计划（2015）》

《年度税后利润分配计划（2015）》

《目标经营责任书（经营团队·2015）》

《2015年度销售目标分解表》

《年度销售绩效考核办法（2015）》

（资料来源：百度文库）

十三、某中小企业年度经营计划案例

×××机械零部件有限公司	年度经营计划	页次：1/10

经营计划纲要

目　录

一、企业精神、经营理念、质量方针

二、2014 年度经营业绩状况分析

1. 2014 年度销售计划及利润与实际完成对照表

2. 2014 年度各项费用占销售收入比例

3. 根据以上数据分析总结

三、公司内/外部环境分析和年度经营方针

1. 公司内/外部环境分析

2. 2015 年的经营方针

3. 2015 年度公司总体经营目标

四、中短期发展规划

五、2015 年度经营计划目标展开

1. 根据 2015 年度公司目标分解各部门目标

2. 2015 年度销售目标按顾客分解和业务发展策略

3. 年度管理重点——建立系统标准化

4. 各部门管理措施

5. 确保实现计划的重点要求

正　文

一、企业精神、经营理念、质量方针

1. 企业精神：

（1）不畏艰难的拼搏精神

（2）不断发展的创新精神

（3）务实精细的科学精神

（4）立足世界的竞争精神

2. 经营理念：

（1）铸精良产品，为顾客增值

（2）聚同道之人，为员工谋福

3. 质量方针：

- 技术创新，精细制造，持续推动品质改善，满足并超越顾客的需求和期望。

| ×××机械零部件有限公司 | 年度经营计划 | 页次：2/10 |

二、2014年度经营业绩状况分析

1. 2014年度销售计划及利润与实际完成对照表

2014年销售产值、利润计划目标与实际达成对比														
季度项目		第一季度			第二季度			第三季度			第四季度			合计	达成率
季销售	计划	800.0			1100.0			1500.0			1600.0			5000.0	88.26%
	实际	651.0			1042.0			1157.0			1563.0			4413.0	
月销售	计划	300.0	200.0	300.0	400.0	300.0	400.0	500.0	500.0	500.0	500.0	600.0	500.0	5000.0	
	实际	212.0	183.0	256.0	335.0	295.0	412.0	312.0	367.0	478.0	489.0	514.0	560.0	4413.0	
月利润	计划	60.0	40.0	60.0	80.0	60.0	80.0	100.0	100.0	100.0	100.0	120.0	100.0	1000.0	97.23%
	实际	44.0	36.5	52.8	67.8	62.4	87.9	53.5	68.4	106.7	126.3	129.0	137.0	972.3	

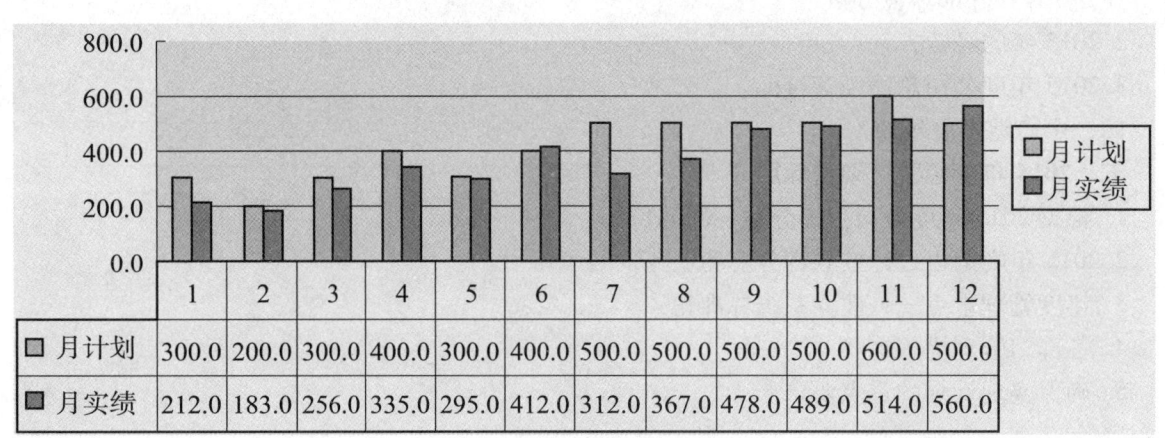

1~12月销售达成状况与计划对比

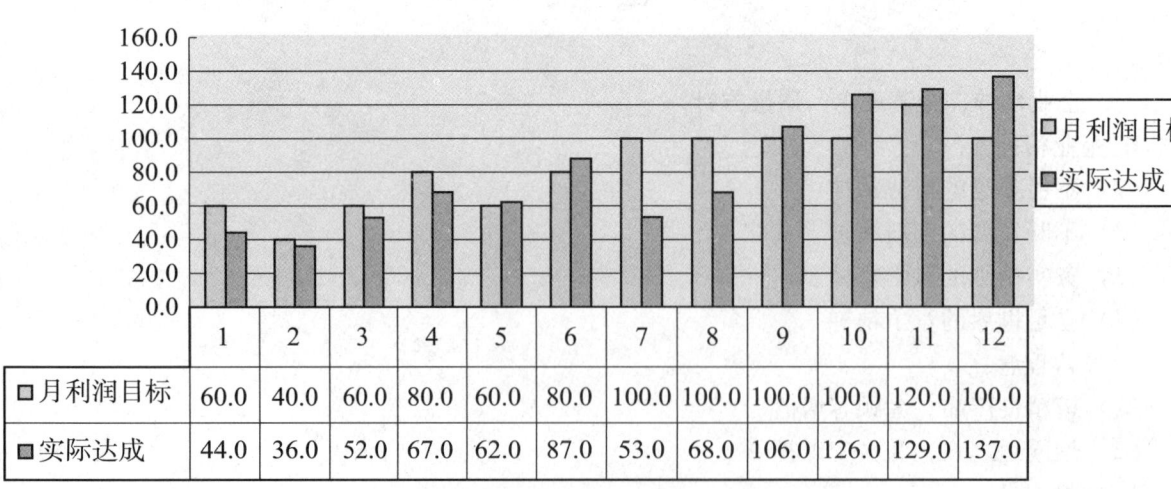

1~12月利润达成实绩与计划对比

×××机械零部件有限公司	年度经营计划	页次：3/10

二、2014年度经营业绩状况分析

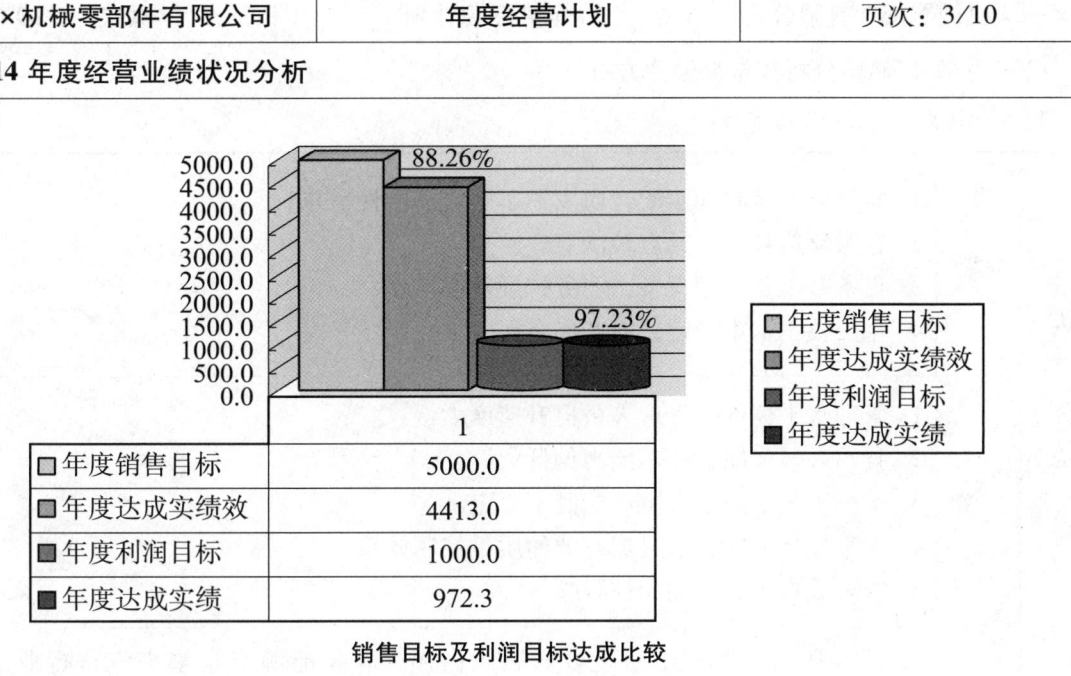

销售目标及利润目标达成比较

2. 2014年度各项费用占销售收入比例

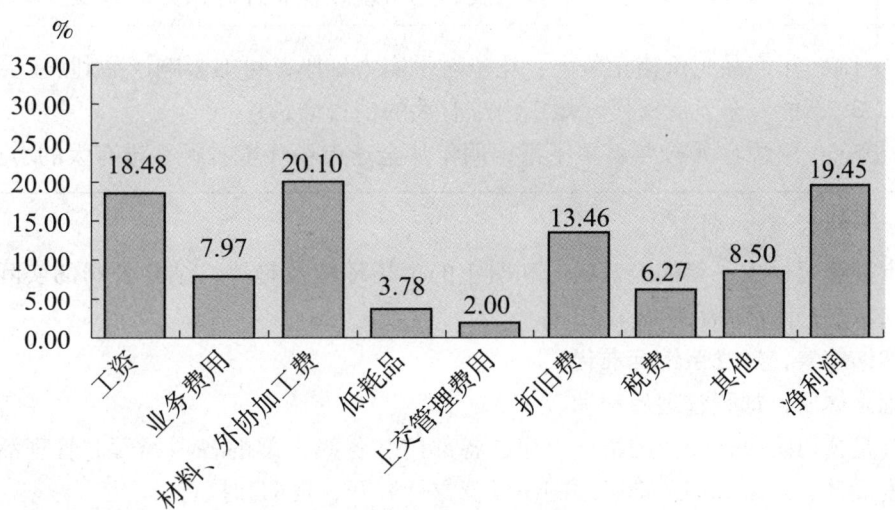

各项费用占销售收入比例

3. 根据以上数据分析总结

（1）销售业绩仅完成88.26%，主要是受A顾客的影响，由于A顾客今年的市场份额减少直接导致我司计划的订单未能实现。其他顾客的订单和预期计划相近，由于没有开发新的顾客，导致销售目标没有实现。

（2）利润目标完成了97.23%，利润率为19.45%，接近20%的目标，主要是在材料使用方面控制比较好，降低了损耗。

×××机械零部件有限公司	年度经营计划	页次：4/10

三、公司内/外部环境分析和年度经营方针

1. 公司内/外部环境分析

内部环境	优势	1. 研发新产品时同步配合研发，了解产品隐性需求； 2. 客服反应及时，顾客较满意； 3. 设备基本是通用设备，业务扩展范围广泛； 4. 生产技工基本稳定，对产能有保障。
	劣势	1. 管理水平偏低，管理人员提升速度太慢； 2. 技术人员欠缺，技术能力偏低； 3. 生产工艺不完整，生产控制不稳定； 4. 质量控制欠缺，未形成有效的质量控制体系； 5. 管理成本较高，利润被吞噬。
外部环境	机会	1. 顾客D在新能源车研发方面属国内领先，新能源车是未来汽车行业的发展趋势； 2. 国家大力支持此行业； 3. 公司品牌在外已有一定知名度，利于新顾客和外部供方的开发。
	威胁	1. 汽车产品、价格竞争大；竞争对手实力雄厚，可能影响产品利润； 2. 新能源车发展缓慢，短期内难有大的销售增长； 3. 主要顾客A今年订单下滑，明年从全球市场环境看顾客难有大的增长。

2. 2015年的经营方针

在认真审视公司过去一年的经营状况和明年的市场环境及趋势，结合公司的实际状况，我们将2015年的经营方针确定为：

开发顾客增销售，建立系统标准化，
牢抓基础强体质，加强管理保利润。

经营方针是公司阶段性经营的指导思想，各部门和各级干部的各项经营、管理活动，包括政策制定、制度设计、日常管理，都必须围绕经营方针展开、贯彻和执行。

3. 2015年度公司总体经营目标

（1）销售目标：2015年销售目标8000万元人民币

（2）利润率目标：20%

（3）净利润目标：1600万元人民币

（4）质量目标：

①顾客批量退货0次

②准时交货率：95%

③顾客满意度90分以上

④一次交检合格率：100%

⑤生产不良率2%以内

×××机械零部件有限公司		年度经营计划		页次：5/10
四、中短期发展规划				
序号	计划项目	计划目标	基本方案	完成期限
1	公司发展规模	2014年产值过5000万 2015年产值过8000万 2016年产值过12000万	1. 理顺管理流程，稳定管理架构，提升加工工艺能力； 2. 稳定现有顾客的同时开发同类顾客，确保业务量稳步上升； 3. 有计划的储备人力资源。	3年
2	生产能力	实现月产5000台配套零部件	1. 扩大生产能力，开发外协配套能力，保证满足顾客需求； 2. 不断改进生产工艺，提高产能； 3. 根据产量新增设备，扩大产能。	3年
3	销售目标	2014—2016年产值每年增长30%以上	1. 稳定目前顾客，品质做到精良，争取顾客更大的生产订单份额； 2. 做到顾客A级供应商。	3年
4	成本控制	全面导入成本观念，落实成本控制管理；通过优化工艺，扩大产能，提高设备利用率；	1. 制定合理完善工艺文件，培训、提高员工操作技能，提高一次交检合格率和按时交货率，降低返修率和报废率； 2. 完善采购外协控制程序，单一产品（工序）培养两家以上合格供应商，协助供应商降低成本； 3. 设备维护与保养，提高设备利用率； 4. 加强现场改善，改进工装夹具或操作方法，提高生产效率。	逐年实施
5	人力资源管理	管理部组织规划实施	1. 定期对各部门组织编制分析评估； 2. 规划专项培训资金，对现有人员进行长期的强化和提升培训； 3. 招聘高技以上学历人员，机械专业人才，保证充足的人力资源储备； 4. 完善员工职业晋升通道，完善激励机制和工资考核机制，为优秀人才创造发展平台； 5. 建立关键人才和特殊岗位人员的引进机制，并做好配套的管理和服务。	逐年实施
6	提案改善和技术改造项目的推进	根据部门的大小，每月完成2~5件提案改善项目	1. 各部门成立攻关小组，持续改善生产上存在的问题，更加优化工艺，达到提升产能或产品质量成效的目的； 2. 制定培训及实施提案奖励措施，加大奖励力度，提高员工提案积极性，创造改善革新的氛围。	逐年实施
7	内部管理提升	全力推动质量管理体系，逐步展开QCC品管圈活动	1. 通过全面推动质量管理体系，不断完善内部管理； 2. 通过QCC品管圈活动并配以激励措施，不断提升管理层能力。	每年
8	顾客满意度提升	顾客整体满意度达到90分	拟订顾客服务计划及沟通机制，就交期、质量、服务等问题适时反馈顾客的需求及意见；及时满足顾客的需求。	每年

×××机械零部件有限公司	年度经营计划	页次：6/10

五、2015 年度经营计划目标展开

1. 根据 2015 年度公司目标分解各部门目标

部门	目标值	计算方法	统计周期	统计部门
业务部	1. 销售产值目标：8000 万元	以实际完成销售额计算	年度	财务部
	2. 货款回收率 90%	当月回款/到期开票应收款×100%	每月	财务部
	3. 顾客满意度 90 分以上	顾客评价得分+公司内部业绩评价得分	年度	业务部
品管部	1. 来料检验失误率 0 次	以来料检验失误次数计算	每月	品管部
	2. 一次交检合格率：100%	（交货总单数－当月退货单数）/交货总单数×100%	每月	品管部
	3. 顾客批量退货 0 次	以每月顾客批量退货次数计算	每月	业务部
	4. 顾客不良退货率 0.5%	顾客不良产品退货数/当月交货总数×100%	每月	业务部
	5. 质量问题客诉 1 次以下	以每月顾客质量投诉次数计算	每月	业务部
	6. 每月顾客供应商考评 B 级以上	按顾客考评成绩计算，质量分应得 80% 的权重分	每月	业务部
生产部	1. 按时交货率：95%	当月按时交货订单总数/当月应交订单总数×100%	每月	业务部
	2. 生产报废率 0.5% 以内	每批次报废数/每批次总数量×100%（以顾客订单号为批次，若订单分多批完成，则按多批计算）	每月	品管部
	3. 生产一次交检合格率：定型产品 98%，非标零件 95%	当月一次交检合格批数/当月交检总批数×100%	每月	品管部
	4. 生产不良率 2% 以内	当月不良品总数/当月生产总数×100%	每月	品管部
	5. 设备故障率 5‰	各部门设备故障台数×班次/总设备台数×班次	每月	生产部
	6. 月工伤事故 0 次	以每月发生的次数计算	每月	管理部
技术部	1. 工艺文件错误 0 次	以生产部发现错误次数计算	每月	生产部
	2. 新产品样件完成准时率 90%	延迟交样件数/总交样件数×100%	每月	业务部
	3. 下料错误 0 次	以错误次数计算	每月	资材部
资材部	1. 采购/外协及时率 95%	按时采购次数/总采购次数×100%	每月	仓库
	2. 供应商考核及时率 100%	按时完成供应商考核数/需考核供应商总数×100%	每月	品管部
	3. 仓储盘点准确率 100%	盘点物料准确数/盘点物料总数×100%	每月	财务部
管理部	1. 公司及各部门培训计划达成率 100%	当月实际培训课程数/当月计划培训课程数×100%	每月	管理部
	2. 人员流失率控制在 6%	当月流失人数/（上月底人数+入职人数－离职人数）×100%	每月	管理部
	3. 安全检查不合格 0 项次	以总公司检查公布不合格项次计算	每月	管理部

×××机械零部件有限公司	年度经营计划	页次：7/10

五、2015年度经营计划目标展开

2. 2015年度销售目标按顾客分解和业务发展策略

序号	顾客	预计订单量
1	A	3200
2	B	2200
3	C	1000
4	D	800
5	新增顾客	800
合计		8000

（1）根据2014年收入、费用表经营数据显示：如果2015年销售8000万元以上，预计人工成本可下降1%，折旧费用可下降1%，其他费用可下降1%，整个利润率会上升3%。现有利率为19.45%，当销售达到8000万元时，净利润可达到22%，可以实现净利润1700万元的目标。

（2）具体策略和思路

①在服务好现有顾客，确保现有顾客订单量的基础上，开发新顾客2~3家，实现新开发顾客年销售800万元的目标。

②组建有市场开发能力的业务团队，年后招聘3~5名有业务开发经验或有业务资源的业务人员。

③建立业务人员的激励机制，新开发顾客按其销售额给予较高的业务提成。

④对业务人员进行市场分析和销售技巧培训。

3. 年度管理重点——建立系统标准化

（1）建立和完善以ISO 9001：2015标准为基础的质量管理体系，以新标准为契机，优化和规范各部门的作业过程，并预计于2016年12月底通过换证审核。

（2）建立绩效考核管理制度，落实直接人员的绩效管理。

（3）建立质量奖惩制度，开展质量月活动。

4. 各部门管理措施

目前公司各部门各项基础管理工作都有待加强，所以在2015年度把基础管理提升作为管理的重点，只有基础工作到位，才能确保各环节的质量得到有效的控制，才能确保生产顺畅和生产效率的提升。

具体措施要从各部门抓起，措施方案如下。

×××机械零部件有限公司	年度经营计划	页次：8/10

五、2015年度经营计划目标展开

部门	基础管理要项	具体实施方法
技术部	1. 建立和完善技术队伍	目前技术人员有4位，部长1人，绘图员1人，工艺工程师1人，编程1人。年后计划招聘2人，有经验的工艺工程师1名，下料及用料管理1人。
	2. 建立和完善产品工艺文件	目前已建立以YD产品H6为代表的详细规范的工艺流程和各工序加工检验标准书，后续对现有定型产品和新产品都必须按此标准建立相应的工序加工检验标准书。
	3. 工装夹具的配套设计和制作	对现有产品的工装夹具配套及适用性进行评估，对欠缺的及不适用的工装夹具进行重新设计和制作，后续的新产品在试产前必须与工艺文件同步完成工装夹具的设计及制作。
	4. CNC编程的管理	年后把CNC编程人员统归技术部管理，所有工件的编程程序统一建档管理，并用硬盘定期备份。
	5. 图纸技术资料管理	所有图纸技术资料和工艺文件的电子档和书面档统一由绘图员管理，控制这些文件的变更版本、发放和回收。
	6. 产品用料管理	由专人负责下料和用料管理，控制产品物料浪费。
	7. 人员培训	采用内训和外训的方式，对技术部人员培训机械制图与设计、CNC编程方法、绘图软件的使用、工装夹具设计要求等方面的知识和技能。由技术部展开年度培训计划。
品管部	1. 建立和完善品管组织	目前品管部门比较薄弱，只有巡检4人，出货检验2人，进料检验1人，计量员1人，三次元检验1人，共9人。年后计划招一名主管和两名检验员，加强夜班的质量控制。
	2. 建立标准与规范	对所有物料和外协件分类建立进料检验标准，根据顾客的产品质量要求建立各型号产品的出货检验标准，按进料和出货的抽样数量要求建立抽样检验标准。
	3. 建立品质控制计划	针对汽车零件和定型产品建立从进料到出货的质量控制计划，确保各阶段都有明确的控制方法。
	4. 修订和完善质量记录表单	目前的进料检验记录、首件检验记录、制程巡检记录、出货检验记录、质量统计记录、量具校正与管理等记录表单都存在不完善不适用之处，必须根据实际状况进行修订。
	5. 建立和完善对量具的监督和管理	目前量检具的管理不到位，现场有些量具已坏或精度不够仍在使用，计划在年前将所有量具收回计量室，全部进行检定和标识，后续由计量员建档和监督管理。
	6. 建立质量数据统计和分析系统	目前品管的数据统计欠缺，从1月开始建立对各供应商、外协厂商的来料品质统计数据，及时将信息反馈给供应商改善，对制程检验、出货检验的合格率、不良率、报废率每日统计，每周汇总进行检讨和反馈，对顾客退货品必须逐个分析和采取纠正措施。
	7. 人员培训	对品管人员实施以下内容培训：机械制图知识、产品知识、加工工艺、基础品管知识、抽样计划、测量仪器的使用和保养，数据统计与分析，不合格的处置和改善措施等。

×××机械零部件有限公司	年度经营计划	页次：9/10

五、2015年度经营计划目标展开

部门	基础管理要项	具体实施方法
生产部	1. 生产设备管理	年前将所有设备进行一次检查和修复，每台设备树立一块标识牌，建立目视化的设备保养指导书和设备操作规程，建立设备保养维修履历表及保养记录，后续由设备管理员每天监督检查设备的保养和清洁。
	2. 工装夹具管理	对所有工装夹具清理，编号完整、清洁和维护，标识清晰，建档可查。此工作2月底完成。
	3. 现场6S管理	现场以各机台范围为责任区域进行规划，分区定位，保持日常清洁、有序的状态，每周进行6S的检查评比，由管理部负责检查和监督。
	4. 生产计划控制	除了要有周的生产计划排程，还要细化到每台机每天的生产排程，充分发挥设备的效率和稼动率。
	5. 人员培训	对生产部员工进行如下方面培训：数控设备的操作与维护，量具的使用和保养，如何识图看图、工艺流程、现场7S管理等。对基层班组长的培训包括：基层干部的角色功能和职责、现场干部的工作计划、布置和督导培训、现场干部如何做好员工培训工作、干部的领导技巧培训、现场干部的团队建设和人际沟通。
管理部	1. 人事行政管理制度建立和完善	之前的人事行政管理制度比较零散，不规范不完整没有形成系统的书面文件，现已安排管理部着手建立，并预计在2月底前印制，发给员工人手一册，并签订承诺书。
	2. 基础设施和固定资产管理	目前基础设施的管理薄弱，由管理部负责建立各部门的基础设施台账，进行编号，日常检查维护，每季度做盘点。建立固定资产管理办法，对固定资产的增补，转移，报废做出规范，由财务每季度盘点检查。
	3. 薪资管理制度建立	建立有前瞻性有激励机制的薪资管理制度，按管理类、技术类、计时类、计件类四个类别进行分等分级的薪资制度，让员工能看到晋升的希望和机会，看到自己努力能达到的预期目标。
	4. 绩效管理制度建立	目前的绩效工资考核基本上是不可靠的，考核指标设定不合理，数据不准确。预计2月讨论和建立各部门的绩效考核指标，指标要和部门目标及过程绩效相结合，建立规范的考核制度，每月10日前进行上月的绩效质询。
资材部	1. 建立供应商和外协厂商的考核和管理	每月统计供应商和外协厂商的供货表现，从来料质量、交货准时性、技术能力、服务及时性、价格等方面进行考评打分，对于表现差的供应商进行辅导或汰换。
	2. 完善仓库管理	目前受场地的影响，仓库的物料、物品积尘很多，部分标识都看不清了，材料、制品积尘易氧化生锈，计划3月做围隔，减少尘污的影响。
财务部	配合做好成本核算	财务成本会计以下单编号核算成本，要求生产部门提供的单据必须准确，否则成本核算也是不准确的。此项要求3月起列入干部考核指标。

×××机械零部件有限公司	年度经营计划	页次：10/10

五、2015 年度经营计划目标展开

 5. 确保实现计划的重点要求
 （1）更新观念，创新管理
  公司认为，要达成 2015 年的经营目标，首先要更新观念，各级干部和全体员工必须彻底摒弃"因循守旧、得过且过、小步前进、作坊经营"的思想观念，以宏观的立场，树立"不进则退"的危机意识，在技术创新、生产管理、采购管理的成本降低、订单评审的合理预测、后勤保障的服务品质、财务监测的深入一线等各方面，创新经营思维、创新管理模式，为公司经营从作坊工厂向现代企业的彻底转型奠定良好的基础。
 （2）切实负责，重在行动
  行动，是一切计划得以实现的首要；执行，是一切目标得以达成的关键。没有行动和执行，一切都是空谈。公司要求各级干部和全体员工以"负责任"的态度做好各项工作，特别是中层干部必须以"责任"主管的立场开展各项工作，不得仍有"功在我责在他"的遇事推诿的恶习和恶行。
  公司强调：干部和员工的价值在于行动和执行，公司将以行动力和执行力考察所有干部，对于那些纸上谈兵、不善作为的干部和员工，将列入员工淘汰计划的首选，首先予以淘汰。
 （3）业绩优先，奖惩落实
  追求利润最大化，永远是企业经营的前提；任何企业的首要社会责任，都是赢得市场，扩大经营，收获利润。
  利润是 2015 年公司经营指标的"核心目标"，销售是实现利润的载体性指标。在这一思想指导下，"业绩定酬，指标量化，逐级捆绑，分层考核"是公司的基本政策取向，中/基层干部和员工以工作业绩指标与上级主管实施紧密捆绑，采用自上而下逐级考核的办法，充分调动全体员工的工作积极性。同时，对于不能胜任本职的干部和员工，采取主动让贤、组织调整、公司劝退、末位淘汰等措施，增强造血功能，提升管理体制。

第五章
企业风险管理方法和应用案例

第一节　ISO 9001:2015标准中与"风险"有关的要求

第二节　为什么要实施风险管理

　　一、有关风险管理的术语和定义

　　二、风险管理的重要性

　　三、实施风险管理的好处

第三节　风险管理的原则和过程

　　一、风险管理原则

　　二、风险管理的过程和步骤

第四节　企业经营风险分析和对策

　　一、企业战略经营架构图

　　二、企业风险管理过程

　　三、企业面对的主要风险及其对策

　　四、如何将风险管理融入过程管理

　　五、风险管理失败案例分析

　　六、风险管理制度范例（适用于经营层级）

　　七、风险管理程序范例（适用于作业层级）

第一节 ISO 9001:2015 标准中与"风险"有关的要求

> **4.1 理解组织及其环境**
> 组织应确定与其宗旨和战略方向相关并影响其实现质量管理体系预期结果的能力的**各种外部和内部因素**。
> 组织应对这些外部和内部因素的相关信息进行监视和评审。
> 注1：这些因素可能包括需要考虑的**正面和负面要素或条件**。
> 注2：考虑来自于国际、国内、地区或当地的各种法律法规、技术、竞争、市场、文化、社会和经济环境的因素，有助于理解外部环境。
> 注3：考虑与组织的价值观、文化、知识和绩效等有关的因素，有助于理解内部环境。

——本条款要求考虑内/外部环境影响组织实现质量管理体系预期结果的正面和负面因素，就是指从组织的经营战略层面识别组织的风险和机遇。

> **4.2 理解相关方的需求和期望**
> 由于相关方对组织稳定提供符合顾客要求及适用法律法规要求的产品和服务的能力**具有影响或潜在影响**，因此，组织应确定：
> a) 与质量管理体系有关的相关方；
> b) 与质量管理体系有关的相关方的要求。
> 组织应监视和评审这些相关方的信息及其相关要求。

——由于相关方的需求和期望会对组织持续提供符合顾客要求和适用法律法规要求的产品和服务的能力产生影响或潜在影响，因此，应在理解相关方的需求和期望的基础上识别风险和机遇。

> **4.4 质量管理体系及其过程**
> 4.4.1 组织应按照本标准的要求，建立、实施、保持和持续改进质量管理体系，包括所需过程及其相互作用。
> 组织应确定质量管理体系所需的过程及其在整个组织中的应用，且应：
> a) 确定这些过程所需的输入和期望的输出；
> b) 确定这些过程的顺序和相互作用；
> c) 确定和应用所需的准则和方法（包括监视、测量和相关绩效指标），以确保这些过程的有效运行和控制；
> d) 确定这些过程所需的资源并确保其可获得；
> e) 分配这些过程的职责和权限；
> **f) 按照6.1的要求应对风险和机遇；**
> g) 评价这些过程，实施所需的变更，以确保实现这些过程的预期结果；
> h) 改进过程和质量管理体系。
> 4.4.2 在必要的范围和程度上，组织应：
> a) 保持文件化信息以支持过程运行；
> b) 保留文件化信息以确信其过程按策划进行。

——本条款要求在策划质量管理体系的过程中，要按照6.1的要求所确定的风险和机遇建立相应的过程进行控制，并且在必要的程度上形成文件和保留记录。

> **5.1 领导作用和承诺**
> **5.1.1 总则**
> 最高管理者应证实其对质量管理体系的领导作用和承诺，通过：
> **d)** 促进使用过程方法和基于风险的思维；
> **5.1.2 以顾客为关注焦点**
> 最高管理者应通过确保以下方面，证实其以顾客为关注焦点的领导作用和承诺：
> a) 确定、理解并持续地满足顾客要求以及适用的法律法规要求；
> **b)** 确定和应对风险和机遇，这些风险和机遇可能影响产品和服务合格以及增强顾客满意的能力；

——本条款要求最高管理者在整个组织中促进使用基于风险的思维，因此，风险的思维是广泛的。风险固有存在于质量管理体系的所有方面之中，在所有体系、过程和职能中都存在风险。基于风险的思维确保在设计和应用质量管理体系全过程中使这些风险都得到识别、考虑和控制。

本条款特别强调要确定和应对能够影响产品和服务的符合性以及增强顾客满意能力的风险和机遇。

> **6.1 应对风险和机遇的措施**
> 6.1.1 在策划质量管理体系时，组织应考虑到4.1所提及的因素和4.2所提及的要求，并确定需要应对的风险和机遇，以：
> a) 确保质量管理体系能够实现其预期结果；
> b) 增强有利影响；
> c) 预防或减少不利影响；
> d) 实现改进。
> 6.1.2 组织应策划：
> a) 应对这些风险和机遇的措施；
> b) 如何：
> 1) 在质量管理体系过程中整合并实施这些措施（见4.4）；
> 2) 评价这些措施的有效性。
> 应对措施应与风险和机遇对产品和服务符合性的潜在影响相适应。
> 注1：通过信息充分的决策，应对风险可选择规避风险，为寻求机遇承担风险，消除风险源，改变风险的可能性或后果，分担风险，或保留风险。
> 注2：机遇可能导致采用新实践，推出新产品，开辟新市场，赢得新顾客，建立合作伙伴关系，利用新技术和其他可行之处，以应对组织或其顾客的需求。

——标准条款6.1提出对风险管理的具体要求和方法，包括确定要应对的风险、策划应对风险的措施、将风险融入质量管理体系过程中、实施策划的措施、评价措施的有效性。条款6.1和条款4.4是结合在一起策划和实施的。

> **8.1 运行策划和控制**
> 为满足产品和服务提供的要求，**并实施第6章所确定的措施**，组织应通过以下措施对所需的过程（见4.4）进行策划、实施和控制。

——本条款强调了"实施第6章所确定的措施"的要求，要求充分考虑第6章所确定的对风险和机遇的应对措施,并在运行过程中实施这些措施。

> **8.3.3 设计和开发输入**
>
> 组织应针对所设计和开发的具体类型的产品和服务,确定必需的要求。组织应考虑:
>
> **e) 由产品和服务性质所导致的潜在的失效后果。**

——本条款提到的潜在失效后果,是指设计和开发对产品的潜在风险,通常通过设计潜在失效模式和后果分析(DFMEA)进行识别、评价和控制。

> **9.1.3 分析与评价**
>
> 组织应分析和评价通过监视和测量获得的适当的数据和信息。
>
> 应利用分析结果评价:
>
> **e) 应对风险和机遇所采取措施的有效性;**

——本条款要求利用数据分析的结果评价针对风险所采取措施的有效性。

> **9.3.2 管理评审输入**
>
> 策划和实施管理评审时应考虑下列内容:
>
> **e) 应对风险和机遇所采取措施的有效性(见6.1);**

——本条款要求最高管理者在进行管理评审时,必须将针对风险和机遇所采取措施的有效性纳入评审。

> **10.2 不合格和纠正措施**
>
> 10.2.1 当出现不合格时,包括来自投诉的不合格,组织应:
>
> a) 对不合格做出应对,并在适用时:
>
> 1) 采取措施以控制和纠正不合格;
>
> 2) 处置后果。
>
> b) 通过下列活动,评价是否需要采取措施,以消除产生不合格的原因,避免其再次发生或者在其他场合发生:
>
> 1) 评审和分析不合格;
>
> 2) 确定不合格的原因;
>
> 3) 确定是否存在或可能发生类似的不合格。
>
> c) 实施所需的措施;
>
> d) 评审所采取的纠正措施的有效性;
>
> **e) 需要时,更新策划期间确定的风险和机遇;**
>
> f) 需要时,变更质量管理体系。
>
> 纠正措施应与不合格所产生的影响相适应。

——本条款 e)的要求是指当对不合格采取有效的纠正措施后,可能消除了某个风险,对于先前确定的这个风险来说,此时已不成为风险了。

从 ISO 9001:2015 标准的上述要求可以看出,企业应识别风险,通过评估确定风险、策划应对风险的措施,将风险控制融入质量管理体系过程中,实施策划的措施、评价应对风险措施的有效性,并适时评审和更新所确定的风险。这就是基于风险的管理思维。

但是，标准并没有规定企业实施风险管理的范围、深度和广度，也没有要求企业建立风险管理体系，这是因为不同规模和类型的企业所面临的风险是不同的。每个企业有其行业的特性，其发展战略各不相同，因此，各企业风险管理的范围、深度和广度应由其自己确定。

在组织实现其目标的能力方面，质量管理体系的全部过程并非代表相同的风险等级，其不确定性的影响对于各组织不尽相同。根据条款6.1的要求，组织有责任应对风险，采取相应措施，包括决定是否保留作为确认风险的证据的文件化信息。

虽然条款6.1规定组织应策划应对风险的措施，但并不要求运用正式的风险管理方法或将风险管理过程形成文件。组织可以决定是否采用超出本标准要求的更多风险管理方法，例如 ISO 31000 或 GB/T 24353《风险管理 原则与实施指南》。本章内容所介绍的风险管理方法是建议性的，供各企业参考使用，企业可选择其他适宜的方法。

第二节 为什么要实施风险管理

一、有关风险管理的术语和定义

1. 风险

不确定性的影响。

注1：影响是指偏离预期，可以是正面的或负面的。

注2：不确定性是指对事件及其后果或可能性的信息缺失或了解片面的状态。

注3：通常用潜在事件和后果，或者两者的组合来表现风险的特性。

注4：通常用事件后果（包括情形的变化）和相应事件发生可能性的组合来表示风险。

注5："风险"一词有时仅在有负面结果的可能性时使用。

2. 风险管理

在风险方面，指挥和控制组织的协调活动。

3. 风险管理方针

组织在风险管理方面的总体意图和方向的表述。

4. 风险管理计划

在风险管理框架内规定用于风险管理的方法、管理要素、资源的方案。

注1：管理要素一般包括程序、操作方法、职责分配、活动顺序和时间安排。

注2：风险管理计划可应用于特定的产品、过程和项目、组织的部分或整体。

5. 风险责任人

具有风险管理责任和权限的个人或实体。

6. 风险管理过程

将管理方针、程序和操作方法系统地应用于沟通、协商、明确环境以及识别、分析、评价、应对、监督与评审风险的活动中。

7. 风险源

可能单独或共同引发风险的内在要素。

注：风险源可以是有形的，也可以是无形的。

8. 事件

某一类情形的发生或变化。

注1：事件可以是一个或多个情形，并且可以由多个原因导致。

注2：事件可以包括没有发生的情形。

注3：事件有时可称为"事故"。

注4：没有造成后果的事件可以被称为"未遂事件"。

9. 后果

某事件对目标影响的结果。

注1：一个事件可能导致一系列后果。

注2：后果可以是确定的，也可以是不确定的，对目标的影响可以是正面的，也可以是负面的。

注3：后果可以被定性或定量描述。

注4：通过连锁反应，最初的后果可能升级。

10. 可能性

某件事发生的机会。

注：无论是以客观的或主观的，定性的或定量的来定义、度量或确定，还是用一般词汇或数学术语来描述（如概率），或一定时间内的频率，在风险管理术语中，"可能性"一词都用来表示某事发生的机会。

11. 风险准则

评价风险重要性的依据。

注1：风险准则的确定需要基于组织的目标、外部环境和内部环境。

注2：风险准则可以源自标准、法律、方针和其他要求。

12. 风险识别

发现、确认和描述风险的过程。

注1：风险识别包括风险源、事件及其原因和潜在后果的识别。

注2：风险识别可能涉及历史数据、理论分析、专家意见以及利益相关方的需求。

13. 风险分析

理解风险性质，确定风险等级的过程。

注1：风险分析是风险评价和风险应对决策的基础。

注2：风险分析包括风险估计。

14. 风险评价

将风险分析的结果与风险准则进行比较，以确定风险和/或其大小是否可以接受或容忍的过程。

注：风险评价有助于风险应对决策。

15. 风险评估

包括风险识别、风险分析、风险评价的全过程。

16. 风险应对

处理风险的过程。

注1：风险应对可包括：

——不开始或不再继续导致风险的行动，以规避风险；

——为寻求机会而承担或增加风险；

——消除风险源；

——改变可能性；

——改变后果；

——与其他各方分担风险（包括合同和风险融资）；

——通过有事实依据的决策保留风险。

注2：针对负面后果风险的应对有时可以称为"风险缓解""风险消除""风险预防"和"风险降低"。

注3：风险应对可能产生新的风险或改变现有风险。

17. 风险控制

处理风险的措施。

注1：控制包括处理风险的任何过程、方针、手段、操作或其他行动。

注2：控制并非总能取得预期效果。

18. 风险规避

决定不参与或退出某一活动，以避免暴露于特定风险。

注：风险规避可依据风险评价的结果和/或法律法规。

19. 风险容忍

组织或利益相关者为实现目标在风险应对之后承担风险的意愿。

20. 风险接受

接受某一特定风险的决定。

注：风险接受可以不经过风险应对，也可以在风险应对过程中发生。

21. 风险分担

涉及与其他各方就风险分配达成协议的风险应对形式。

注1：法律法规可能会限制、禁止或强制进行风险分担。

注2：风险分担可以通过保险或其他合同形式实现。

22. 风险自留

接受某一特定风险的潜在收益或损失。

23. 剩余风险

风险应对之后仍然存在的风险。

注：剩余风险可包括未识别的风险。

24. 监督

持续地检查、监视、密切观察或确认风险状态，以识别与要求或期望绩效的偏离。

注：监督可应用于风险管理框架、风险管理过程、风险或控制。

25. 评审

为实现既定目标而进行的决定某一事项的适宜性、充分性和有效性的活动。

注：评审可应用于风险管理框架、风险管理过程、风险或控制。

二、风险管理的重要性

所有类型和规模的组织在实现其目标和预期结果的经营活动中，都面临使组织不能确定的内部和外部的各种因素和影响。这些事件发生的概率及其影响程度是无法事先准确或相对准确预知的。这些事件将对经营活动产生影响，从而影响组织目标和预期结果的实现。这种在一定环境下和一定限期内客观存在的、影响组织目标和预期结果实现的各种不确定性因素就是风险。

任何类型和规模的组织都面临风险，组织的所有活动也都涉及风险。风险会影响组织目标的实现，这些目标可能关系到组织中从战略决策到运营的各种活动，包括各个过程和具体项目，表现在领导、战略、经营、财务、环境、社会、声誉等各方面。

风险管理通过考虑不确定性及其对目标的影响，采取相应的措施，为组织的运营和决策及有效应对各类突发事件提供支持。风险管理适用于组织的全生命周期，及其任何阶段，其适用范围包括整个组织的所有领域和层次，也包括组织的具体部门活动。

风险管理旨在保证组织恰当地应对风险，提高风险应对的效率和效果，增强行动的合理性，有效地配置资源。有效的风险管理应当融入整个组织的理念、治理、管理、程序、方针策略以及文化等各方面。风险管理意识应当是整个组织文化的一部分。

三、实施风险管理的好处

ISO 31000《风险管理 原则与实施指南》认为，实施风险管理有以下好处：

- 提高风险管理意识；
- 有效配置和使用风险管理资源；
- 实施主动的、前瞻性的管理；

- 改进对机会和威胁的识别；
- 遵守相关法律法规及国际规范的要求；
- 改善内部控制；
- 改进财务报告；
- 改善公司治理；
- 改善运营效果和效率；
- 提高利益相关者的信心和信任；
- 为计划和决策奠定可靠的基础；
- 提高健康、安全和环保水平；
- 改进对事故的预防和处理；
- 减少损失；
- 增加组织的知识，改进组织的学习能力；
- 增强组织的生存和持续发展能力。

第三节 风险管理的原则和过程

一、风险管理原则

为了风险管理有效，组织在实施风险管理时，可遵循以下原则：

1. 控制损失，创造价值

以控制损失、创造价值为目标的风险管理，有助于组织实现目标、取得具体可见的成绩和改进各方面的绩效，包括人员的健康和安全、合规经营、信用程度、社会认可、环境保护、产品质量、项目管理、运营效率、公司治理和声誉等方面。

2. 融入组织管理过程

风险管理不是与组织的主要活动和过程分开的孤立活动。风险管理是管理职责的部分和整合在组织所有过程中的部分。

3. 风险管理支持决策

组织的所有决策都应考虑风险和风险管理。风险管理旨在将风险控制在组织可接受的范围内，有助于判断风险应对是否充分、有效，有助于决定行动优先顺序并选择可行的行动方案，从而帮助决策者做出合理的决策。

4. 应用系统的、结构化的方法

系统的、结构化的风险管理方法有助于提高效率和取得一致、可衡量和可靠的结果。

5. 以信息为基础

风险管理过程要以有效的信息为基础。这些信息可通过经验、反馈、观察、预测和专家判断等多种渠道获取，但使用时要考虑数据、模型和专家意见的局限性。

6. 风险管理依赖于组织环境

风险管理取决于组织所处的外部和内部环境以及组织所承担的风险。需要特别指出的是，风险管理受人文因素的影响，如内部和外部人员的能力、观念和意图。

7. 广泛参与、充分沟通

组织的利益相关方之间的沟通，尤其是组织的决策者在风险管理中适当、及时地参与，有助于保证风险管理的针对性和有效性。

利益相关方的广泛参与有助于其观点在风险管理过程中得到体现，其利益诉求在决定组织的风险偏好时得到充分考虑。利益相关者的广泛参与要建立在其对权力和责任明确认可的基础上。

利益相关者之间需要进行持续、双向和及时的沟通，尤其是在重大风险事件和风险管理有效性等方面需要及时沟通。

8. 持续改进

风险管理是适应环境变化的动态过程，其各步骤之间形成一个信息反馈的闭环。随着内部和外部事件的发生、组织环境和知识的改变以及监督和检查的执行，有些风险可能会发生变化，一些新的风险可能会出现，另一些风险则可能消失。因此，组织应持续不断地对各种变化保持敏感并做出恰当反应。组织通过绩效衡量、检查和调整等手段，使风险管理得到持续改进。

二、风险管理的过程和步骤

风险管理过程是组织管理的有机组成部分，嵌入在组织文化和实践当中，贯穿于组织的经营过程。风险管理过程包括明确环境信息、风险评估、风险应对、监督和检查，其中风险评估又包括风险识别、风险分析和风险评价三个步骤。沟通和记录应贯穿于风险管理过程的各项活动中。

图 5-1 表述了风险管理的过程。

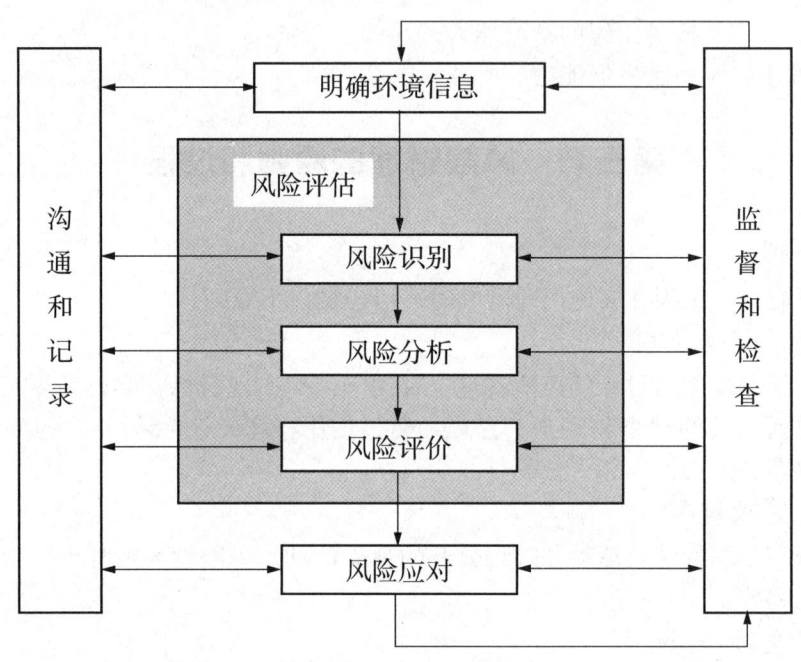

图 5-1 风险管理过程

1. 明确环境信息

通过明确环境信息，组织可明确其风险管理目标，确定与组织相关的内部和外部参数，并设定风险管理的范围和有关风险准则。

（1）外部环境信息

外部环境信息是组织在实现目标过程中所面临的外界环境的历史、现在和未来的各种相关信息。为保证在制定风险准则时，能充分考虑外部利益相关者的目标和关注点，组织需要了解外部环境信息。外部环境信息以组织所处的整体环境为基础，包括法律和监管要求、利益相关者的诉求、与具体风险管理过程相关的其他方面的信息等。

外部环境信息包括但不限于：

——国际、国内、地区及当地的政治、经济、文化、法律法规、技术、金融以及自然环境和竞争环境；

——影响组织目标实现的外部关键因素及其历史和变化趋势；

——外部利益相关者及其诉求、价值观、风险承受度；

——外部利益相关者与组织的关系等。

（2）内部环境信息

内部环境信息是组织在实现目标过程中所面临的内在环境的历史、现在和未来的各种相关信息。

风险管理过程要与组织的文化、经营过程和结构相适应，包括组织内影响其风险管理的任何事物。组织需明确内部环境信息，因为：

——风险可能会影响组织战略、日常经营或项目运营等各个方面，从而进一步影响组织的价值、信用和承诺等。

——风险管理在组织的特定目标和管理条件下进行。

——具体活动的目标和有关准则应放到组织整体目标的环境中考虑。

内部环境信息可包括：

——组织的方针、目标以及经营战略；

——资源和知识方面的能力（如资金、时间、人力、过程、系统和技术）；

——信息系统、信息流和决策过程（包括正式的和非正式的）；

——内部利益相关者及其诉求、价值观、风险承受度；

——组织结构（包括治理结构、任务和责任等）、管理过程和措施；

——与风险管理实施过程有关的环境信息等。

其中，风险管理过程的环境信息根据组织的需要而改变，它包括但不限于：

——所开展的风险管理工作的范围和目标，以及所需要的资源；

——风险管理过程的职责；

——应执行的风险管理活动的深度和广度；

——风险管理活动与组织其他活动之间的关系；

——风险评估的方法和使用的数据；

——风险管理绩效的评价方法；

——需要制定的决策；

——风险准则等。

（3）风险管理的范围、深度和广度

上述内/外部环境分析可以结合 ISO 9001:2015 标准条款 4.1 和 4.2 的要求实施，通过明确内/外部环境信息，来确定风险管理的范围。不同企业所遭遇的风险范围可能是不一样的，企业的风险类别通常包括但不限于以下类型：

- 政策法规风险；
- 经济风险（利率、汇率的变化）；
- 商业风险（如合同关系发生变更）；
- 决策风险；
- 经营风险；
- 市场风险；
- 管理风险；
- 质量风险；
- 环境风险；
- 财务风险、审计风险；
- 安全生产事故风险；
- 自然灾害；
- 公共责任风险；
- 其他：党风廉政风险。

从企业内部控制系统来看，企业一般包括三个层级的风险，即经营层级风险、管理层级风险和作业层级风险。

风险管理的范围是广泛的，对于一般企业来说很难做到面面俱到，企业可根据自身的目标和所面临的关键风险因素，确定风险管理的范围。如投资型企业关注的是投资风险、经济风险、商业风险；银行关注的是信贷风险，防止产生呆账、坏账；酒店关注的是安全风险和经营风险；食品、药品企业关注的是安全风险和政策法规风险。

风险管理的深度是指仅限于经营层级的风险管理，还是深入到管理层级，甚至到作业层级的风险管理。风险管理的广度是指，是实施全面风险管理还是重点风险管理，或者产品风险管理、项目风险管理。企业在明确环境信息后，首先就是要确定自身风险管理的范围、深度和广度，作为制定风险准则的基础。

2. 确定风险准则

风险准则是组织用于评价风险重要程度的标准。因此，风险准则需体现组织的风险承受度，应反映组织的价值观、目标和资源。有些风险准则直接或间接反映了法律和法规要求或其他需要组织遵守的要求。风险准则应当与组织的风险管理方针一致，具体的风险准则应尽可能在风险管理过程开始时制定，并持续不断地检查和完善。

确定风险准则时要考虑以下因素：

——可能发生的后果的性质，类型以及对后果的度量；
——可能性的度量；
——可能性和后果的时限；
——风险的度量方法；
——风险等级的确定；
——利益相关者可接受的风险或可容许的风险等级。

通过对以上因素及其他相关因素的关注，有助于保证组织所采用的风险管理方法适合于组织现状及其所面临的风险。

风险准则是根据具体风险项目来制定的，如经营风险准则、投资风险准则、质量风险准则、产品设计风险准则、安全风险准则、环境风险准则等。

(1) 风险准则一般需要确定风险的严重性（或严重度）、发生的可能性（概率或频度）、风险等级（示例）

风险的严重度水平		
等级名称	代号	系统风险定义
轻度	1	轻度伤害或无伤
中度	2	中等伤害
致命	3	一人死亡或重伤
灾难性	4	多人死亡或重伤

风险的概率分级		
等级名称	发生概率	举例说明
极少	1	$<10^{-6}$
非常少	2	$10^{-4} \sim 10^{-6}$
很少	3	$10^{-2} \sim 10^{-4}$
偶尔	4	$10^{-1} \sim 10^{-2}$
有时	5	$1 \sim 10^{-1}$
经常	6	>1

风险评价准则					
概率		严重程度			
		4	3	2	1
		灾难性	致命	中度	轻度
经常	6	U	U	U	R
有时	5	U	U	R	R
偶尔	4	U	R	R	R
很少	3	R	R	R	A
非常少	2	R	R	A	A
极少	1	A	A	A	A

说明：A：可接受的风险；R：合理可行降低的风险；U：不经过风险/收益分析即判定为不可接受的风险。

（2）定性方法描述风险事件可能性和严重度（示例）

	文字描述一	极低	低	中等	高	极高
可能性	文字描述二	一般情况下不会发生	极少情况下才发生	某些情况下发生	较多情况下发生	常常会发生
	文字描述三	今后10年内发生的可能少于1次	今后5~10年内可能发生1次	今后2~5年内可能发生1次	今后1年内可能发生1次	今后1年内至少发生1次
严重度	文字描述一	极轻微的	轻微的	中等的	重大的	灾难性的
	文字描述二	极低	低	中等	高	极高
	文字描述三	企业生产经营日常运行，不受影响	轻度影响	中度影响	严重影响	重大影响
		较低的财务损失	轻微的财务损失	中等的财务损失	重大的财务损失	极大的财务损失
		负面消息在企业内部流传，企业声誉没有受损	负面消息在当地局部流传，对企业声誉造成轻微损害	负面消息在某区域流传，对企业声誉造成中等损害	负面消息在全国各地流传，对企业声誉造成重大损害	负面消息流传世界各地，政府或监管机构进行调查，引起公众关注，对企业声誉造成无法弥补的损害

（3）定量方法描述风险事件可能性和严重度（示例）

可能性	概率性	一定时期发生的概率	10%以下	10%~30%	30%~70%	70%~90%	90%以上
严重性	损失法	事件经济损失	1万元以下	1~10万元	10~50万元	50~500万元	500万元以上
		企业财务损失占税前利润百分比	1%以下	1%~5%	6%~10%	11%~20%	20%以上

（4）风险等级确定

风险值计算公式：R = P（可能性）×S（严重度）

确定风险等级——风险矩阵图

严重度 \ 可能性	1	2	3	4	5
5	5	10	15	20	25
4	4	8	12	16	20
3	3	6	9	12	15
2	2	4	6	8	10
1	1	2	3	4	5

（5）风险接收准则

通常，如果严重性和可能性的乘积为 1~4 为低风险，为可接受风险；乘积为 5~9 为中风险，为不可接受风险；乘积为 10~25 为高风险，为重大风险，必须有应对措施。

3. 风险评估

风险评估包括风险识别、风险分析和风险评价三个步骤。

（1）风险识别

表 5-1 风险识别、分析和评价表（参考格式）

风险识别					风险分析				风险评价	
部门	产品、过程、活动	风险及其后果描述	风险源	风险类型	现行管理措施	P 发生的可能性（得分）	S 发生的后果严重性（得分）	风险值 $R=P \times S$	风险等级	是否可接受风险（Y/N）

风险识别是发现、认可并记录风险的过程。

风险识别的目的是确定可能影响系统或组织目标得以实现的事件或情况。一旦风险得以识别，组织应对现有的控制措施（诸如设计特征、人员、过程和系统等）进行识别。

风险识别过程包括识别那些可能对目标产生重大影响的风险源、影响范围、事件及其原因和潜在的后果，生成一个全面的风险列表。识别风险不仅要考虑有关事件可能带来的损失，也要考虑其中蕴含的机会。

进行风险识别时要掌握相关的和最新的信息，必要时需包括适用的背景信息。除了识别可能发生的风险事件外，还要考虑其可能的原因和可能导致的后果，包括所有重要的原因和后果。不论风险事件的风险源是否在组织的控制之下，或其原因是否已知，都应对其进行识别。此外，要关注已经发生的风险事件，特别是新近发生的风险事件。

识别风险需要所有相关人员的参与。组织所采用的风险识别工具和技术应当适合于其目标、能力，及其所处的环境。

风险识别方法包括：

- 基于证据的方法，例如检查表法以及对历史数据的审查；
- 系统性的团队方法，例如一个专家团队可以借助于一套结构化的提示或问题来系统地识别风险；
- 归纳推理技术，例如危险与可操作性分析（HAZOP）等。

组织可利用各种支持性的技术来提高风险识别工作的准确性和完整性，包括头脑风暴法及德尔菲法等。

无论实际采用哪种技术，关键是在整个风险识别过程中要认识到人的因素及组织因素的重要性。因此，偏离预期的人为及组织因素也应被纳入风险识别的过程中。

（2）风险分析

①概述

风险分析是根据风险类型、获得的信息和风险评估结果的使用目的，对识别出的风险进行定性和定量的分析，为风险评价和风险应对提供支持。

风险分析能够加深对风险产生的理解。它为风险评价提供输入，以确定风险是否需要处理以及最适当的处理策略和方法。

风险分析要考虑导致风险产生的原因和风险源、风险后果及其发生的可能性，识别影响后果和可能性的因素，还要考虑现有的风险控制措施及其有效性。然后结合风险发生的可能性及后果来确定风险水平。一个风险事件可能产生多个后果，从而可能影响多重目标。

风险分析通常涉及对风险事件潜在后果及相关概率的估计，以便确定风险等级。在某些情况下，例如，当后果很不重要，或者概率极低时，单项的估计可能足以进行决策。

在某些情况下，风险可能是一系列事件叠加产生的结果，或者由一些难以识别的特定事件所诱发。在这种情况下，风险评估的重点是分析系统各组成部分的重要性和薄弱环节，以确定相应的保护和补救措施。

根据风险分析的目的、可获得的可靠数据以及组织的决策需要，风险分析可以是定性的、半定量的、定量的或以上方法的组合。

定性评估可通过"高、中、低"这样的表述来界定风险事件的后果、可能性及风险等级。如将后果和可能性两者结合起来，并与定性的风险准则相比较，即可评估的最终风险等级。

半定量法可利用数字分级尺度来测度风险的可能性及后果，并运用公式将二者结合起来，得出风险等级。

定量分析则可估计出风险后果及其可能性的实际数值，结合具体情境，产生风险等级的数值。由于相关信息不够全面、缺乏数据、人为因素影响等，或是因为定量分析工作无法确保或没有必要，全面的定量分析未必都是可行的或值得的。在此情况下，由经验丰富的专家对风险进行半定量或者定性的分析可能已经足够有效。

如果是定性分析，那么应该对使用的术语进行清晰的说明，并对风险准则的设定基础进行记录。

②现有措施评估

在评估现有措施时，需要解决的问题包括：

- 对于一个具体的风险，现有的控制措施是什么？
- 这些控制措施是否足以应对风险，是否可以将风险控制在可接受的水平？
- 在实际中，控制措施是否在以预订的方式正常运行，当需要时能否证明这些控制措施是有效的？

对于特定的控制措施或一套相关控制措施的有效性水平，可以进行定性、半定量或定量的表示。但在大多数情况下，难以保证高度的精确性。然而，对风险控制效果的测量进行表述和记录是有价值的。因为在对现有控制措施进行改进以及实施不同的风险应对措施时，这些信息有助于决策者进行比较和判断。

③后果分析

通过假设特定事件、情况或环境已经出现，后果分析可确定风险影响的性质和类型。某个事件可能会产生一系列不同严重程度的影响，也可能影响到一系列目标和不同利益相关者。在明确环境信息时，就应当确定所需要分析的后果的类型和受影响的利益相关者。

后果分析可以有从结果的简单描述到制定详细的数量模型等多种形式。

影响可能是轻微后果高概率，或严重后果低概率，或某些中间状况。在某些情况下，应关注具有潜在严重后果的风险，因为这些风险往往是管理者最关心的。在其他情况下，同时分析具有严重后果和轻微后果的风险可能是重要的。例如，频繁而轻微的问题可能具有很大的累积效应。另外，处理这两类截然不同的风险应对措施往往有很大的区别，因此分别分析这两类风险是很必要的。

④可能性分析和概率估计

利用相关历史数据来识别那些过去发生的事件或情况，借此推断出它们在未来发生的可能性。所使用的数据应当与正在分析的系统、设备、组织或活动的类型有关。如果某些事件历史上发生频率很低，则无法估计其可能性。

应对风险事件进行全面的扫描，以识别出最重大的风险或把不太重要和次要的风险排除进一步的分析，由此确保组织资源能集中于应对最严重的风险。进行筛选时，应注意不要漏掉发生频繁低但有重大累积效应的风险。

(3) 风险评价

风险评价是将风险分析的结果与组织的风险准则比较，或者在各种风险的分析结果之间进行比较，确定风险等级，以便做出应对风险的决策。如果该风险是新识别的风险，则应当制定相应的风险准则，以便评价该风险。

风险评价的目的是在风险分析结果的基础上做出关于哪个风险需要处理的决策，以决定优先处理方案。

风险评价涉及将分析过程中发现的风险等级与考虑环境信息时制定的准则进行比较。如果风险等级不符合风险准则，则应当对风险进行处理。

风险评价的结果应满足风险应对的需要，否则，应做进一步分析。有时，根据已经制定的风险准则，风险评价使组织做出维持现有的风险应对措施，不采取其他新的措施的决定。

不同行业所面临的风险严重性不同，以下是高风险、中风险、低风险行业的分类参考。

高风险行业	中风险行业	低风险行业
<ul><li>医药和化学制品制造商</li><li>银行、金融机构</li><li>航空、铁路、公交和地铁系统</li><li>宾馆、饭店旅游公司</li><li>核电厂</li><li>食品制造和分销企业</li><li>夜总会、娱乐休闲场所</li><li>软饮料和果汁生产商</li><li>建筑、房地产公司</li><li>煤气站</li><li>公共设施及私人设施、机场</li><li>水泥供应商和结构工程公司</li></ul>	<ul><li>大学、医院、非营利性机构、教堂、博物馆</li><li>零售连锁店</li><li>生物技术公司</li><li>石油生产商和分销商</li><li>电信公司</li><li>家庭用品制造商</li><li>包装公司</li><li>网络中心组织</li><li>计算机制造商或分销商</li><li>发动机和重金属制造商</li><li>电梯制造商</li><li>医药、卫生所</li><li>超市和购物中心</li><li>烟酒公司</li><li>健康俱乐部、日常护理中心</li></ul>	<ul><li>保险代理</li><li>软件公司</li><li>慈善机构</li><li>广播电视</li><li>财务会计公司</li><li>服饰生产商</li><li>地方性商务企业</li><li>旅行社</li><li>法律公司</li><li>咨询公司</li><li>汽车出租公司</li><li>邮购和目录服务公司</li><li>国际组织</li></ul>

(4) 风险评估注意要点

在风险管理过程中，风险评估并非一项独立的活动，必须整合到风险管理过程的其他组成部分中。进行风险评估时尤其应该清楚以下事项：

- 组织的环境信息和目标；
- 组织可容忍风险的范围及类型，以及对于不可接受风险的处理方式；
- 风险评估的方法和技术，及其对风险管理过程的促进作用；
- 组织内部各部门和人员对于风险评估活动的义务、责任及权利；
- 开展风险评估的可用资源；

- 如何进行风险评估的报告及检查；
- 风险评估活动如何整合进组织日常运行中。

风险评估有助于决策者对风险及其原因、后果和可能性有更充分的理解。这可以为以下决策提供信息：

- 是否应该开展某些活动；
- 如何充分利用时机；
- 是否需要应对风险；
- 选择不同风险的应对策略；
- 确定风险应对策略的优先次序；
- 选择最适合的风险应对策略，将风险的不利影响控制在可以接受的水平。

风险评估活动适用于组织的各个层级，评估范围可涵盖项目、单个活动或具体事项等。但是在不同情境中，所使用的评估工具和技术可能会有差异。以下是风险评估常用的方法，这些方法的详细介绍可参见 GB/T 27921—2011《风险管理 风险评估技术》。

- 头脑风暴法
- 专家调查法
- 风险矩阵法
- 失效模式与后果分析（FMEA）
- 关键风险指标管理
- 层次分析法
- 故障树分析
- 因果分析

- 预先危险分析（PHA）
- 危险与可操作性分析（HAZOP）
- 危险分析与关键控制点法（HACCP）
- 人因可靠性分析（HRA）
- 业务影响分析（BIA）
- 事件树分析（ETA）
- 资本资产定价模型
- 蒙特卡罗方法

4. 风险应对

(1) 概述

风险应对是选择并执行一种或多种改变风险的措施，包括改变风险事件发生的可能性或后果的措施。风险应对决策应当考虑各种环境信息，包括内部和外部利益相关者的风险承受度，以及法律法规和其他方面的要求等。

风险应对措施的制定和评估可能是一个递进的过程。对于风险应对措施应评估其剩余风险是否可以承受。如果剩余风险不可承受，应调整或制定新的风险应对措施，并评估新的风险应对措施的效果，直到剩余风险可以承受。执行风险应对措施会引起组织风险的改变，需要跟踪、监督风险应对的效果和组织的有关环境信息，并对变化的风险进行评估，必要时重新制定风险应对措施。

可能的风险应对措施之间不一定互相排斥。一个风险应对措施也不一定在所有条件下都适用。风险应对措施可包括下列各项：

——决定停止和退出可能导致风险的活动以规避风险；
——增加风险或承担新的风险以寻求机会；
——消除具有负面影响的风险源；
——改变风险事件发生的可能性的大小及其分布的性质；
——改变风险事件发生的可能后果；
——转移风险；
——分担风险；
——保留风险等。

（2）选择风险应对措施

选择适当的风险应对措施时需考虑很多方面，比如：

——法律、法规、社会责任和环境保护等方面的要求；

——风险应对措施的实施成本与收益（有些风险可能需要组织考虑采用经济上看起来不合理的风险应对决策，例如，可能带来严重的负面后果但发生可能性低的风险事件）；

——选择几种应对措施，将其单独或组合使用；

——利益相关者的诉求和价值观、对风险的认知和承受度以及对某一些风险应对措施的偏好。

风险应对措施在实施过程中可能会失灵或无效，因此，要把监督作为风险应对措施的实施计划的有机组成部分，以保证应对措施持续有效。

风险应对措施可能引起次生风险，对次生风险也需要评估、应对、监督和检查。在原有的风险应对计划中要加入这些次生风险的内容，而不应将其作为新风险而独立对待。为此需要识别并检查原有风险与次生风险之间的联系。当风险应对措施影响到组织内其他领域的风险或影响到其他利益相关者时，要评估这些影响，并与有关利益相关者沟通，必要时调整风险应对措施。

决策者和其他利益相关者应当清楚在采取风险应对措施后的剩余风险的性质和程度。

应对风险的措施通常有：规避风险、接受风险、降低风险、转移风险，下面将结合例子进行详细分析。

①规避风险

任何组织对风险的对策，首先考虑到的是避免风险，尤其是对静态风险应尽可能予以避免。凡风险所造成的损失不能由该项目可能获得的利润予以抵销时，回避风险是最可行的简单方法。

局限性：

- 只有在风险可以避免的情况下，避免风险才有效果；
- 有些风险无法规避；
- 有些风险可能规避但成本过大；
- 消极地规避风险，只能使企业安于现状，不求进取。

规避风险的办法，例如：

- 通过公司政策、限制性制度和标准，阻止高风险的经营活动、交易行为、财务损失和资产风险的发生。
- 通过重新定义目标，调整战略及政策，或重新分配资源，停止某些特殊的经营活动。
- 在确定业务发展和市场扩张目标时，避免追逐"偏离战略"的机会。
- 审查投资方案，避免采取导致低回报、偏离战略，以及承担不可接受的高风险的行动。
- 通过撤出现有市场或区域，或者通过出售、清算、剥离某个产品组合或业务，规避风险。

②接受风险

维持现有的风险水平。做法是：

- 不采取任何行动，将风险保持在现有水平。
- 根据市场情况许可等因素，对产品和服务进行重新定价，从而补偿风险成本。
- 通过合理设计的组合工具，抵消风险。

③降低风险

组织在风险不能避免或在从事某项经济活动势必面临某些风险时，首先想到的是如何控制风险发生、减少风险发生，或如何减少风险发生后所造成的损失，即为控制风险、预防和抑制风险。

控制风险主要有两方面意思：一是控制风险因素，减少风险的发生；二是控制风险发生的频率和降低风险损害程度。

利用政策或措施将风险降低到可接受的水平。方法有：

- 将金融资产、实物资产或信息资产分散放置在不同地方，以降低遭受灾难性损失的风险。

- 借助内部流程或行动,将不良事件发生的可能性降低到可接受的程度,以控制风险。
- 通过给计划提供支持性的证明文件并授权合适的人做决策,应对偶发事件。必要时,可定期对计划进行检查,边检查边执行。

以下为降低风险的示例:

风险因素	应对措施		法规、制度
	工程物理法	人类行为法	
火灾	设置防火设施	禁止带入明火、按操作规程作业	按照国家消防法律组织、检查、监督
触电	设置绝缘、屏护栏和间距,试用合格设备	培训安全用电知识、操作规程	按照国家安全、卫生规定检查、监督
偷窃	设置防盗、监控设施	培训人员、监督保安履行职责	根据国家法律惩罚偷窃者
人行道结冰	铲除路面冰块、在路面上撒盐	限制车速	根据国家道路交通管理规定检查、监督驾车者
吸烟	设置防火设备	严禁吸烟、只能在规定区域吸烟	颁布禁烟法律法规
酒后驾车	—	禁止酒后驾车、罚款	违反禁令的人蹲监狱
减少药品副作用	研究	披露药品副作用信息	要求厂商按照有关规定披露药品副作用的信息
污染	设置处理污染的设施	达成利用和处理污染物质的协议	按照国家法律、法规检查、监督

④转移风险

将风险转移给资金雄厚的独立机构。例如:

保险。在明确的风险战略的指导下,与资金雄厚的独立机构签订保险合同。

再保险。如有必要,可与其他保险公司签订合同,以减少投资风险。

通过结盟或合资,投资于新市场或新产品,获取回报。

补偿风险。通过与资金雄厚的独立机构签订风险分担合同,补偿风险。

表5-2 不可接受风险应对措施表(参考格式)

部门	产品、过程、活动	风险及其后果描述	风险源	风险类型	风险等级	现行管理措施	风险应对措施

(3)制订风险应对计划

在选择了风险应对措施之后,需要制订相应的风险应对计划。风险应对计划适当时应当包括以下信息:

——预期的收益;

——绩效指标及其考核方法;

——风险管理责任人及其实施风险应对措施的人员安排;

——风险应对措施涉及的具体业务和管理活动；
——选择多种可能的风险应对措施时，实施风险应对措施的优先顺序；
——报告和监督、检查的要求；
——与适当的利益相关者的沟通安排；
——资源需求，包括应急机制的资源需求；
——执行时间表等。

风险应对计划要与组织的管理过程整合。请参见下页《风险应对计划（示例）》。

（4）风险控制

风险控制包括做出的降低风险或接受风险的决定。风险控制的目的是降低风险至可接受水平。对风险控制所做的努力应与该风险的严重性相适应。决策制定者可采用不同的方法，包括利益—成本分析，以判断风险控制的最佳水平。风险控制重点反映在以下几个问题上：

- 风险是否在可接受的水平以上？
- 可以采取什么样的措施来降低、控制或消除风险？
- 在利益、风险和资源间合适的平衡点是什么？
- 在控制已经识别的风险时是否会产生新的风险，新的风险是否处于受控状态？

5. 监督和检查

组织应明确界定监督和检查的责任。

监督和检查可能包括：

- 监测事件，分析变化及其趋势并从中吸取教训；
- 发现内部和外部环境信息的变化，包括风险本身的变化、可能导致的风险应对措施及其实施优先次序的改变；
- 监督并记录风险应对措施实施后的剩余风险，以便在适当时作进一步处理；
- 适用时，对照风险应对计划，检查工作进度与计划的偏差，保证风险应对措施的设计和执行有效；
- 报告关于风险、风险应对计划的进度和风险管理方针的遵循情况；
- 实施风险管理绩效评估。

风险管理绩效评估应被纳入到组织的绩效管理以及组织对内、对外的报告体系之中。

监督和检查活动包括常规检查、监控已知的风险、定期或不定期检查。定期或不定期检查都应被列入风险应对计划。风险监控可以借助计算机技术和组织现有的一些数据库、平台等。

适当时，监督和检查的结果应当有记录并对内或对外报告。

6. 沟通和记录

（1）沟通

组织在风险管理过程的每一个阶段都应当与内部和外部利相关者进行有效沟通，以保证实施风险管理的责任人和利益相关者能够理解组织风险管理决策的依据，以及需要采取某些行动的原因。

由于利益相关者的价值观、诉求、假设、认知和关注点不同，其风险偏好也不同，并可能对决策有重要影响。因此，组织在决策过程中应当与利益相关方进行充分沟通，识别并记录利益相关者的风险偏好。

内外部沟通与协商发生于风险管理的全过程。

协商与沟通应包括：

- 联系适当的外部利益相关者，保证有效的信息交换；
- 符合法律、规定和公司治理要求的对外报告；

第五章　企业风险管理方法和应用案例

风险应对计划（示例）

风险类别	编号	风险二级分类	风险描述	处理方式	处理类型	处理措施	处理步骤	紧急程度	完成时间	责任人	涉及部门	状态
人员管理	1	安全意识与培养	由于员工缺乏安全意识，用户可能将账户主动借予他人使用或遭受社会工程攻击等，从而用弱口令或随意共享等，导致非授权访问的风险。	降低	管理+技术	管理：《信息安全培训指南》《员工安全行为规范》技术：启用AD域的安全管理功能，制定锁屏策略、口令策略及禁止共享策略。	1. 人力资源部主导，在信息安全小组的协助下，制订、实施信息安全培训计划。2. 员工需要按照规定参加培训，并用参加考核。3. 制定锁屏、桌面净空制度及共享方式。4. 定期对用户的安全行为进行检查与考核。	中	长期	人才开发部	所有部门	实施中
人员管理	2	人员管理	由于缺乏对员工的管理，员工在入职时未进行背景检查，在转岗与离岗时，未有效地回收信息资产，存在非授权访问下的泄露风险。	降低	管理	管理：1.《人力资源管理过程》2.《信息安全违规则》	1. 建立背景检查措施。2. 建立人员转岗、离职管控制。3. 签署保密协议。4. 建立信息安全违规处罚规定。	中	2016.08.08前	人力资源部	所有部门	实施中
访问控制	3	账户与口令管理	由于缺乏账户与口令的管理，用户可能使用弱口令，存在扫描弱口令访问敏感信息的风险。	降低	管理+技术	管理：《访问控制方针》《账号与口令管理过程》；技术：启用AD域的安全管理功能，制定口令策略。	1. 制定账户口令管理制度。2. 制定账户口令管理策略。	高	2016.08.08前	信息安全部	所有部门	实施中
访问控制	4	权限管理	用户权限无法进行审计，无法了解使用应用、享有哪些权限，因而无法及时移除，由于没有规范与监控管理员行为，操作员可能利用自己的特权限来访问敏感信息。	降低	管理	管理：《权限管理规定》	1. 对用户权限与行为进行规范与监控。2. 对操作人员权限与行为进行监控。3. 对管理员权限与行为进行规范与监控	中	2016.08.08前	信息安全部	所有部门	未实施

- 提供沟通和协商的反馈和报告；
- 在发生危机和紧急形势时与利益相关者沟通。

对风险承担责任的人员，应该确保就风险的信息及时地与相关方面进行沟通。

(2) 记录

在风险管理过程中，记录是实施和改进整个风险管理过程的基础。

建立记录应当考虑以下方面：

——出于管理的目的而重复使用信息的需要；

——进一步分析风险和调整风险应对措施的需要；

——风险管理活动的可追溯要求；

——沟通的需要；

——法律法规和操作上对记录的需要；

——组织本身持续学习的需要；

——建立和维护记录所需的成本和工作量；

——获取信息的方法，读取信息的容易程度和储存媒介；

——记录保存期限；

——信息的敏感性。

第四节　企业经营风险分析和对策

一、企业战略经营架构图

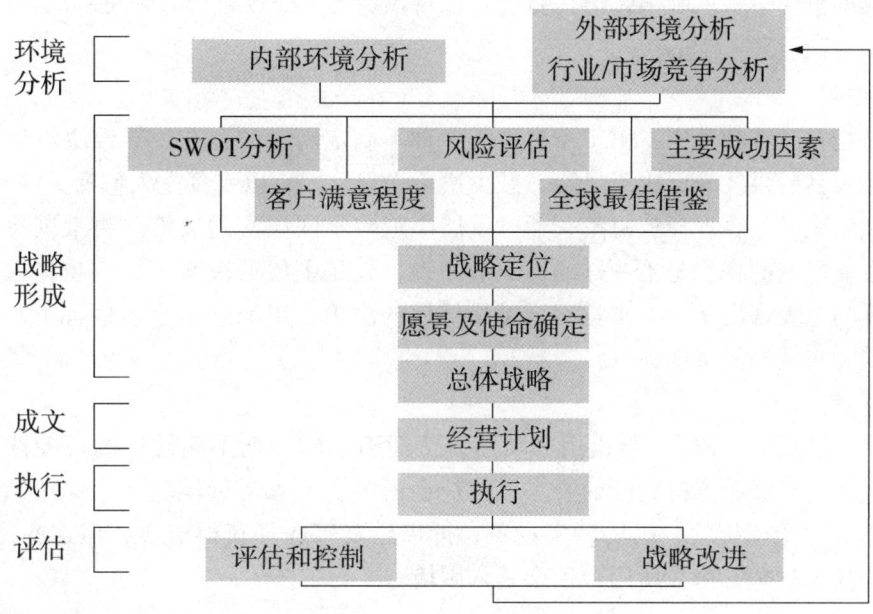

图 5-2　企业战略经营架构图

二、企业风险管理过程

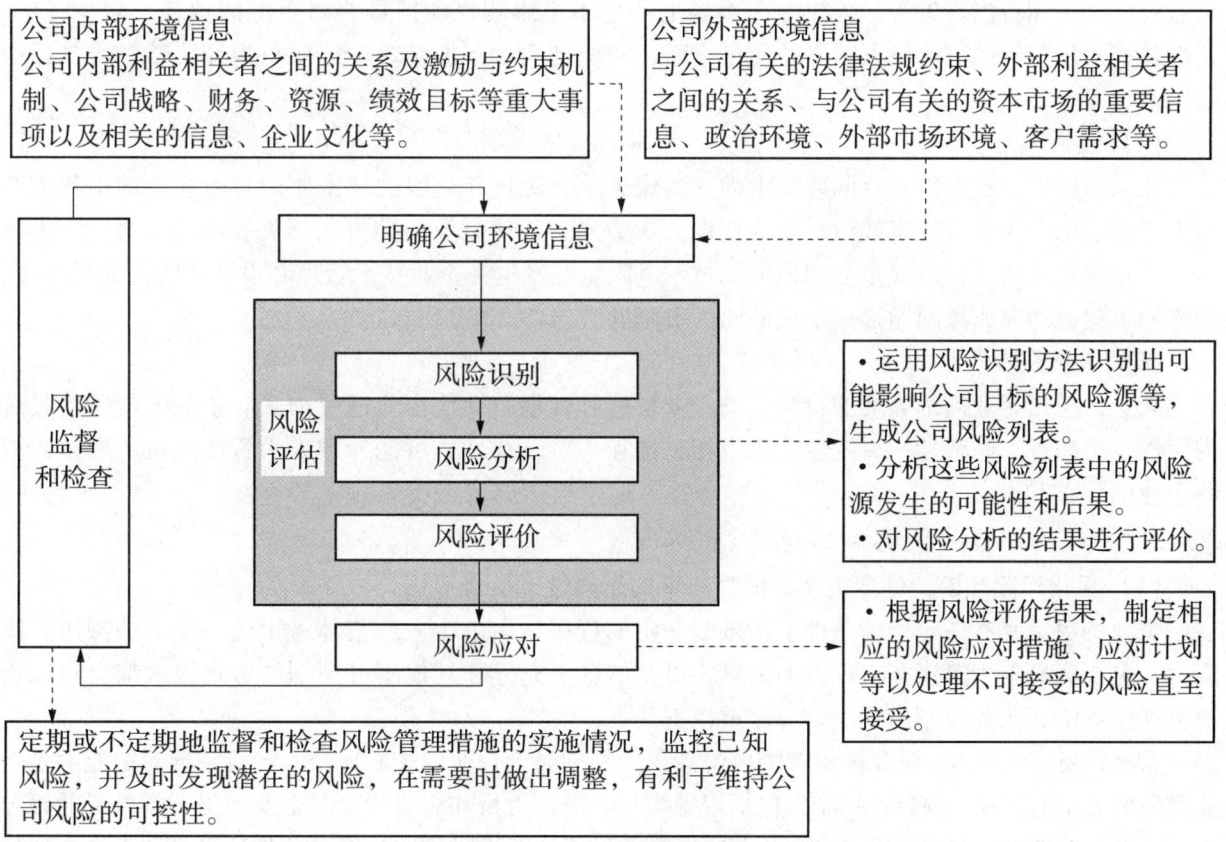

图 5-3　企业风险管理过程

三、企业面对的主要风险及应对策略

每个企业都是在风险中经营的，随着市场经济的发展和经济全球化的推进，企业面临的市场环境越来越复杂，存在的风险较以往更加严峻，更具隐秘性和摧毁力。企业需要正确认识和了解这些风险，并将风险管理融入经营管理的全过程，提高对风险的防范，才能未雨绸缪，防患于未然，使企业在汹涌澎湃的市场中乘风破浪，勇往直前，取得预期的经济效益，实现持续的良性发展。

1. 企业面对的主要风险

(1) 决策风险

决策风险是指在决策活动中，由于主客观等多种不确定因素的存在，导致决策活动不能达到预期目的的可能性及其后果。降低决策风险，减少决策失误，一直以来都是人们所关注和探讨的问题。

决策包括战略决策、管理授权决策、业务发展决策等不同层次的决策。决策风险在每个层次都会发生，但对企业影响的程度是不一样的。一般来说，越是上层的决策，影响越深远，严重程度越大，但往往不易马上表现出来，较难觉察；越是低层的决策，影响就越小，危害小，但往往能立即显示出来，表现为直接的经济损失。

(2) 筹资风险

筹资风险又称"财务风险"，是指由于负债筹资而引起的到期不能偿还的可能性。企业发展到一定程度，必然产生对资金支持的新的要求，往往会面临资金不足的境况，为保持经营活动，企业便会从员工处集资、抵押贷款、租赁厂房设备、拆借融资等途径获得资金，但这些途径各有利弊，如果企业不善于扬长避短，为我所用，便会陷入困境。

(3) 质量风险

质量风险包括资产质量风险和产品质量风险。如果企业经营不佳，效益滑坡，不良资产不断增加，必然会对资产的保值增值造成损害，损害股东的利益；企业产品的实现是一个动态的过程，如果监督控制不到位出现失误，首先会在市场上产生不良影响，动摇顾客对企业的信任，减少订单。其次是产品质量问题可能导致需方的质量索赔，非但合同款不能结算，还要承担经济赔偿或是诉讼的风险。

(4) 技术风险

技术风险即企业对技术合同履行中因无法预见的、防止和克服的技术原因导致交付的工程或产品不符合或部分不符合约定或没有达到预期的参数要求，使企业前期投入损失、不能交付、产生事故、反复维修改造等，造成企业的损失。技术风险主要发生在企业技术管理和设计部门，资料表明，70%的工程或产品质量问题是由于设计原因引起的。

(5) 人员风险

人员风险指企业内部人员的行为偏离企业目标和预期，而使企业遭受损失。企业人员风险具有内因性、可防性、隐蔽性、突发性、职位相关性和不可转移性，可能导致人力资源危机的爆发，威胁企业的生存和发展。

2. 对风险的应对策略和防范措施

(1) 强化风险意识，健全机制，提高决策的正确性

企业的决策是在一定环境条件下，按照一定的程序，由单个人或集体做出的，个人的阅历、决断力、分析甄别能力等诸多主观方面因素，以及信息不充分和其他不可预知的客观因素都会对风险决策产生影响，为此控制风险决策应注重以下几点：

首先，发展领导力，强化决策者的风险意识。领导居于企业的核心地位，各级领导者的能力是企业竞争力大小的关键，领导者的能力包括智慧力量、道德力量和意志力量。企业增强了领导者的领导力，才能使他们在关键的发展战略上，在决定企业发展的关键过程中，以其独特的眼光和力排众议的超常规决策，使企业获得转机。发展领导力并不是发展几个高级领者的领导力，中层干部、部门主管、

项目经理等都有发展领导力的空间，如果每个领导者都发挥自己的智慧力量、道德力量和意志力量，企业就培养出了一个经理者阶层，拥有了一支优秀的队伍，掌握了降低决策风险的主动权。

作为决策责任人，领导者自身应本着积极慎重的原则，要充分了解决策涉及的政策、规定、法律条例和相关的信息，要对决策范围各要素的能力、规模心中有数，这是减小决策风险的基础。中国香港地区首富李嘉诚强调"管理者对自己负责的事和身处的组织有深层的体验和理解最为重要。了解细节，经常能在事前防御危机的发生。"领导者要充分考虑决策的社会、法律、文化背景，在保证决策可执行性的基础上，还要对决策，特别是重大决策的执行前景进行预测分析，着重关注可能遇到的困难和风险，制定应对预案。

其次是建立有效的决策机制，这是防范决策风险的重要保证。通过章程、内部决策制度明确董事会、总经理及部门负责人的分级决策权限，建立严格的董事会决策程序和制度，明确集团公司、控股子公司、投资企业三级决策管理层级，实现适当分权，有效地监督，增加决策的及时性和准确性，从制度上减小决策的风险。

最后是建立风险预警监控体系。这是对决策风险进行全过程控制的重要一环，覆盖企业经营的各个方面，兼有风险预测、风险识别、风险处置等职能。主要功能是通过各职能部门收集和整理的企业能力、效率、水平信息及市场现状、容量、趋势、前景等信息，为决策提供辅助和支持，促进决策最大的可执行性。

（2）注重市场开拓，加快成品资金向结算资金的转化，保持良好的资金流动

市场是企业生存发展的基础和依托，市场营销是企业一项很重要的工作，要做好市场行情的研究，找准企业的市场定位，根据市场特征，确定产品和服务的拓展策略。注重营造企业的服务网络和稳定的顾客群，通过贴心周到的服务，增强顾客依赖，牢固占据市场。在此基础上，依托自身优势，拓展产品范围，扩大市场空间，逐步实现企业的扩张。企业良好的市场发展前景和潜力是减小筹资风险的首要条件。

提高合同的执行能力是加快企业成品资金向结算资金转化的基础。企业要建立有机的合同执行系统，对重要合同（一般来说合同额在百万以上或视具体情况确定标准），企业要自上而下对合同内容进行全面理解和掌握，各职能门明确本单位应承担的责任和进度要求，形成主管领导监督下的层层保证系统，迅速有效地推进合同执行。在产品的交付过程中，注重各种验收资料、试运行检测资料的准备、整理和双方确认签字，这些工作的好坏，直接关系到日后合同款项的结算。在较大项目的结算中，因质量保证期的原因，合同款的结算往往经过较长时间，而这段时间内顾客方的机构变化随时有可能发生，在这种条件下，保持合同物交付的顾客方签字确认材料就成为合同款能否按期结算的关键条件。

加强资金的掌控是减小筹资风险的保障。现金是维持企业经营活动的血液，从日常活动来看，只有提供足够的现金，企业才能正常运转，反之则影响经营活动进程，造成周转不灵，降低盈利能力和偿债力及企业信誉。要保持资金的良好运转，就要随时掌握企业资金运行状态，客观看待损益表和现金表的差异，洞察潜在的成本增加和风险，提高变现能力，盘活资金，促进资金的周转。

（3）创造优秀的产品质量，保持企业资产的稳定和升值

优秀的产品质量是企业立足市场的基石，产品质量通过各环节实现，受到很多因素的影响，要达到预期质量目标，对各环节工作状态的监督和控制是十分必要的。ISO质量管理体系提供了一整套规范的产品实现各过程检查、监督、改进、追溯的措施，保障了产品质量的实现。

要树立居安思危意识，注重企业品牌形象的保护、巩固和传播。积极维护企业多年积累出来的市场声誉和信誉，铸造坚不可摧的诚信，做好企业品牌的推广，提升企业在市场竞争中抗击对手的活力和能力，增强经济效益的创造力，使企业在持续获得显著经济效益的过程中资产价值不断提升。

（4）以先进性和创新要求推进技术工作

企业经济活动中的技术风险直接影响企业和顾客双方的经济利益，影响企业市场形象和信誉，这

要求企业在技术管理工作中，意识上要进步，健全技术风险防控机制，保持产品技术性能先进性和创新性，巩固和增强顾客对企业的认可，吸引顾客的关注。降低技术风险应注重做好以下几点：

首先，日常工作中要做到技术工作要求的准确确认，严格执行技术工作程序，认真开展技术工作成果的论证和认定，确保设计文件的符合性和实效性。技术工作要严谨细致，每项技术参数的变更都要认真记录和评审，预测更改的可行性和后果，保持更改记录和翔实的档案资料，以保持改进型变更的持续执行。

其次，技术工作要以顾客为关注焦点，保持产品性能的时效性和先进性。满足顾客要求是技术工作的目标，由于顾客条件的多样性和差异性，其所要求产品设备的性能和功能也不尽相同，供方认为先进的技术，顾客不一定能采纳，因此每项技术上的改进和优化应以建议的方式向顾客说明，得到顾客的书面确认后再行实施，这样就有效避免了技术不符合的风险。

再次，技术工作要注重保持行业领先性，同竞争对手相比要做到你有我改，你改我优，你优我新。在专业市场中，有的企业换代产品一经推出，就吸引了顾客的高度关注，短期内就被许多顾客确定为免招标供应产品，就是因它焕然一新的专业领先技术。技术管理及工作部门要抓住每一个同国内外同行的技术交流机会，充分了解专业技术发展动态、思路和方向，积极接收、消化新技术并为我所用，形成企业独特的新型产品，保持与专业市场技术潮流的同步。

最后，要下大力气开展技术创新，提高企业自主创新能力。掌握领先的技术，也就跑赢了市场中的竞争。创新是企业适应市场变化的必然选择，是取得主动、引领市场的关键，每个企业都比较注重技术创新，发达国家大企业的研发费用一般不低于销售收入的5%，一般认为企业研发费用占到销售额的2%，企业才能生存，达到5%以上才可产生技术优势。企业要注重技术创新的投入，形成核心技术人员团队，收集、研究、论证顾客远期要求和专业市场技术发展趋势，确定和实施创新纲要和目标，创造条件占据未来的市场。

(5) 以不断发展的企业文化引导员工，形成强大的凝聚力和向心力

人是企业发展的关键因素，人力资源危机也是企业最大的危机，人员的管理不仅要关注人员规划、配置、绩效考评和奖惩，更要关注员工的日常行为管理，建立有效的防范措施，对人员风险行为进行监测、识别诊断及预警控制，以防患于未然。

首先，要加强企业文化建设，建立企业共同理念。企业理念不是一两句口号，而是来自于企业日常的经营管理，是企业发展形成的作风、习惯，对员工通过推进人文管理，将团队意识、共赢意识、发展意识渗透到员工的思想，增进员工依赖企业、忠诚企业，从而促进员工为企业发展而奋斗的自主行为的巩固和增强。

其次，强化对员工行为的监督机制建设，各管理环节层层负责，本着教育人、激励人、成就人的原则，关注员工的行为状态和变化，既要提高人的道德水平和思想修养，也要及时制止和纠正不良行为，做到忠于企业，默默奉献于企业的人得到赏识和褒奖，使置企业利益于不顾的人得到警示和忠告，使破坏企业利益的人得到惩处和约束，保持绝大多数员工为推进经济效益增长而努力的积极性、主动性、创造性和工作激情，从而实现企业经济效益的快速增长，达到股东、企业、员工、顾客和谐的利益统一。

四、如何将风险管理融入过程管理

1. 一般企业的风险范围

一般企业的经营风险范围通常包括但不限于：

- 人力资源风险：包括招不到合格员工、培训不足、流动率高、人才不足、岗位能力不足等。
- 产品设计风险：设计周期长、脱离工艺能力、不满足顾客需求、设计结构不合理、设计材料成本过高等。
- 采购风险：包括采购周期达不到生产要求、质量要求，采购成本过高等。

- 生产风险：包括效率低、延迟交货期、不合格率高、产量过剩、成本过高等。
- 销售风险：包括客户流失、市场份额下降、营销成本过高、回款延期等。
- 质量风险：包括客户退货、投诉、返工、报废、质量折让、索赔等。
- 服务风险：包括客户投诉、承诺过度、服务质量差等。
- 财务风险：包括利率、汇率、资金使用率、投资回报率、资产周转率等。

2. 根据风险项目建立过程控制

风险项目	风险内容	控制过程
人力资源风险	包括招不到合格员工、培训不足、流动率高、人才不足、岗位能力不足等。	人力资源管理过程
产品设计风险	设计周期长、脱离工艺能力、不满足顾客需求、设计结构不合理、设计材料成本过高等。	产品设计控制过程
采购风险	采购周期达不到生产要求、质量要求，采购成本过高等。	供应商管理过程 采购管理过程
生产风险	效率低、延迟交货期、不合格率高、产量过剩、成本过高等。	生产计划管理过程 生产制造控制过程
销售风险	客户流失、市场份额下降、营销成本过高、回款延期等。	市场推广管理过程 销售管理过程 合同评审管理过程
质量风险	客户退货、投诉、返工、报废、质量折让、索赔等。	检验和试验控制过程 不合格品控制过程 客户投诉和退货处理过程
服务风险	客户投诉、承诺过度、服务质量差等。	服务提供控制过程
财务风险	利率、汇率、资金使用率、投资回报率、资产周转率等。	财务投资管理制度 资金使用管理制度

上述仅是一些主要风险的举例，事实上，企业运行的所有过程都存在风险，企业可以将所有的过程应控制的风险识别出来，例如：

序号	过程举例	应控制的风险
1	文件控制过程	发行的文件不适用、现场使用非正式文件、文件未及时正确地发放到相关部门等。
2	图纸技术资料控制过程	图纸制作错误、未按时出图、不按时发放、资料外泄等。
3	设施设备管理过程	作业员错误操作、设备未按计划维护、设备故障率高、设备维修时间长等。
4	工装管理过程	工装未按计划执行维护、错误使用工装等。
5	测量仪器管理过程	测量仪器未按期校正、仪器被错误使用、损坏仪器等。
6	实验室管理过程	实验数据不准确、实验设备的故障、未及时提供数据等。
7	合约/订单评审过程	不能履行合约、交付延期、回款延误等。

序号	过程举例	应控制的风险
8	顾客投诉/退货处理过程	投诉未及时处理、顾客不满意、未消除原因及影响等。
9	设计开发管理过程	设计周期长、脱离工艺能力、不满足顾客需求、设计结构不合理、设计材料成本过高等。
10	变更管制过程	变更的有效性、及时性、变更周期长等。
11	供应商管理过程	供应商交货能力、交货质量、供货价格等。
12	采购管理过程	采购产品质量不合格、采购交期延误、采购订单错误等。
13	外包控制过程	外发加工产品不合格、外发未按时交货、外发加工成本高，外包服务差等。
14	进料检验过程	进料检验不及时、不良材料流入生产部门、检验标识错误等。
15	生产计划管理过程	延迟交货期、产量过剩、计划不当导致经常加班等。
16	生产制造控制过程	不良、返工、报废、产能不足、效率低、成本高等。
17	制程及成品检验过程	检验不及时、顾客验货不合格、顾客退货等。
18	不合格品管制过程	不合格品流出、不合格品呆滞等。
19	产品交货控制过程	未按时交货到客户、交货单据未签收等。
20	售后服务管理过程	服务反应时间慢、服务不满意等。
21	顾客和外部供方财产管理过程	顾客和外部供方财产遗失、损坏等。
22	仓储管理过程	账物不准确、库存呆滞品、库存损失、安全隐患等。
23	顾客满意度管理过程	数据收集不完整、不准确，不满意项目未能改善等。
24	内部审核管理过程	审核策划不充分、审核有效性差、不符合项的未能有效改善结案等。
25	管理评审过程	管理评审输入不完整、资料不充分、输出事项未能有效落实等。
26	不符合与纠正措施过程	不符合未及时有效处理，纠正措施未结案等。
27	提案改善管理过程	提案改善件数少、提案改善成功率低等。

3. 将风险管理融入过程管理中

将风险管理融入过程管理的步骤：

（1）确定控制目标：根据风险内容确定控制风险的目标。

如采购风险：采购周期达不到生产要求、质量要求，采购成本过高等。

对应控制的目标就是：通过选择和评估多家供应商，确定生产交期、产品质量和采购价格满足要求的合格供应商，每种材料或零部件确定2~3家供应商。

（2）建立控制过程：根据控制目标建立供应商管理过程和采购管理过程。

（3）识别控制环节：建立过程流程图，确定控制的关键环节，如采购风险的关键控制环节是样件确认、现场评估、比价议价。

（4）确定控制措施：针对关键环节确定控制方法，如用什么方法、由谁进行样件确认、现场评估的准则是什么、由哪些人去评估、市场价格是多少、我们能接受的价格底线是多少、我们的议价策略是什么？

用流程表示如下：

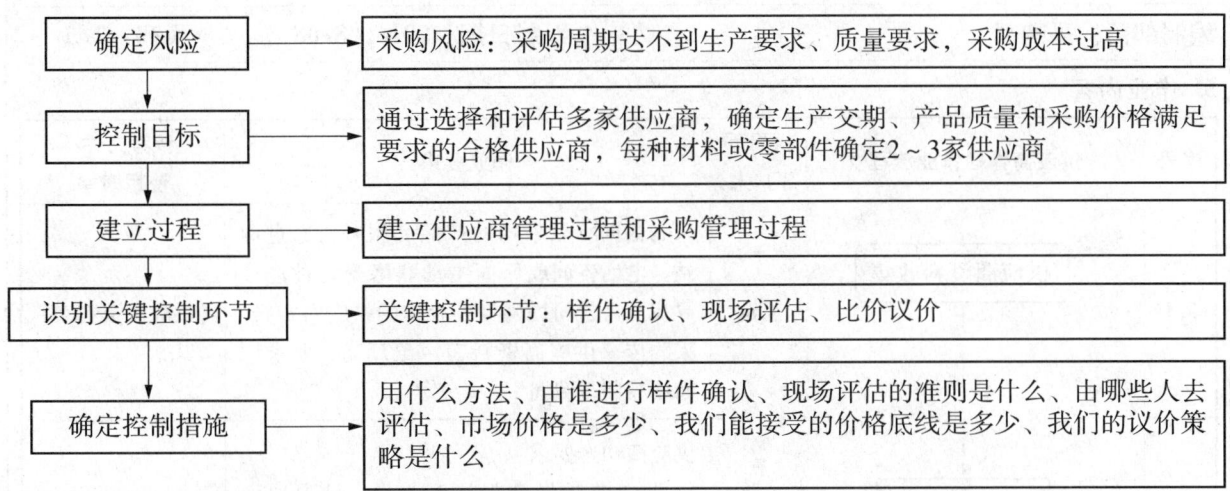

4. 根据风险控制措施建立过程控制文件

文件名称	供应商管理程序	文件编号：SQ-SP-11	版本：A
编制部门：采购部		编制日期：2016.08.08	页码：1/5

1. 目的

为规范对供应商的选择、评估、定期评估和处置的作业方法，确保供应商所提供的产品和服务能满足本公司的要求，特制定本管理程序。

2. 适用范围

适用于公司主材料、辅料、包材供应商及外发加工厂商的管理。

3. 定义

3.1 主材料：直接组成产品的零部件和材料

3.2 辅助材料：模具、刀具、油品、包装材料等

3.3 其他类：生产工序的外包方（委外单位），供服务的外协单位（承运、检测）

4. 供应商管理过程图或过程乌龟图

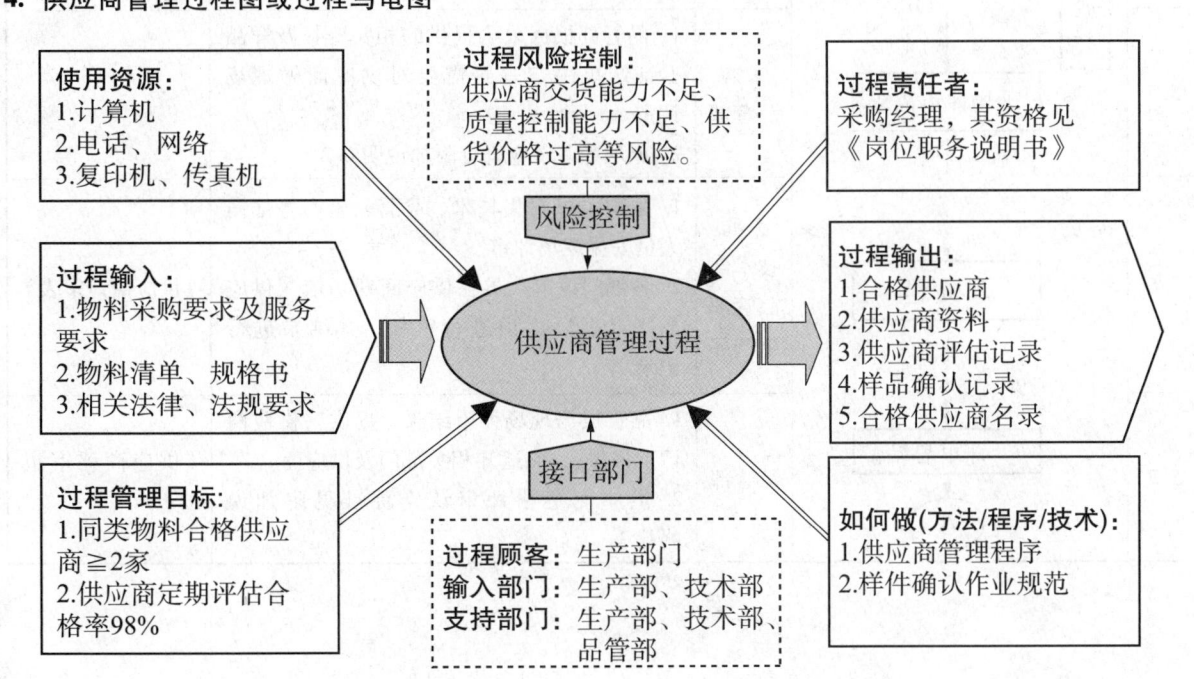

文件名称	供应商管理程序		文件编号：SQ-SP-11		版本：A
编制部门：采购部			编制日期：2016.08.08		页码：2/5

5. 作业内容

序号	供应商管理作业流程	权责部门/人	作业要求	参考文件/使用表单
5.1	供应商资料收集	采购	采购根据所需采购的产品和服务，通过网站、电话咨询或厂商主动联络等各种途径寻找可为公司提供各种合作的供应商资料。采购传《供应商资料表》给厂商，要求厂商填写回传我司。	《供应商资料表》
5.2	初选	采购	供应商初选要求： 1. 供应商质量管理体系要求，见附加说明6.1。 2. 若供应商的生产设备及测量仪器达不到本厂要求，将不予选择。 3. 法规的符合性：用于零件生产的所有采购材料，均必须符合本公司限用物质标准ROHS指令、危险物品的现行政府要求及安全规定、电子信息产品污染控制管理办法。	
5.3	询价/议价	采购	收集供应商报价资料，并进行初步的比价和议价，按公司《议价谈判准则》执行，若价格比市场行情太高，则不考虑选择。	《议价谈判准则》
5.4	样件确认 NG→放弃 OK↓	采购品管部	采购向供应商取得样件，填写《样件确认书》由品管部按《样件确认作业规范》对样品进行检验和测试，如果3次不合格就放弃。	《样件确认书》《样件确认作业规范》
5.5	现场评审需求	采购品管部	1. 品管部根据采购提供的相关资料及样品验证结果决定是否需要对供应商做现场评审。 2. 免现场评审应符合附加说明6.2。	
5.6	现场评审	采购技术部品管部生产部	1. 采购主导召集技术、品管、生产等部门人员安排现场评审。 2. 各部门评审人员在供应商现场依《供应商评审表》逐项进行审核，其结果进行记录。	《供应商评审表》
5.7	评审总结 A	品管部	1. 品管根据现场评审结果，提供《供应商评审报告》，并通知相关部门及供应商。 2. 供应商资格评审认定标准见附加说明6.3。	《供应商评审报告》

文件名称	供应商管理程序		文件编号：SQ-SP-11	版本：A
编制部门：采购部			编制日期：2016.08.08	页码：3/5

序号	供应商管理作业流程	权责部门/人	作业要求	参考文件/使用表单
5.8	取消 ← A 判定 NG / OK	总经理	由品管将评审合格的供应商汇总报告提供给总经理做最终判定。	
5.9	建立供应商名录	采购	1. 将认可供应商登录《合格供应商名录》。 2. 采购定期将《合格供应商名录》发放给相关部门参考。 3. 特殊通融情况见附加说明6.4。	《合格供应商名录》
5.10	批量采购	采购	采购根据《采购管理程序》进行批量采购。	《采购管理程序》
5.11	定期评估 NG → 改善/取消 OK ↑ NG	品管 采购	1. 采购根据《供应商定期评估表》就每季度的供货情况，涉及交期、品质、价格、服务等由相关部门进行评分，对于评为C级的供应商要求改进，并发出《供应商改善通知单》，经再次评定无法改善的供应商则取消合格供应商资格；对于评为D级的供应商由采购主管呈报总经理决定是弃用或派人辅导。 2. 对有两次连续处于C级以下不良记录的供应商，年度评估即不予通过，同时对《合格供应商名录》进行更新。	《供应商定期评估表》 《供应商改善通知单》 《合格供应商名录》
5.12	核准 OK	总经理	经统计的《供应商定期评估表》呈总经理核准。	《供应商定期评估表》
5.13	资料存档	采购 品管	对以上作业所产生的相关资料按《记录控制程序》执行。	《记录控制程序》

文件名称	供应商管理程序	文件编号：SQ-SP-11	版本：A
编制部门：采购部		编制日期：2016.08.08	页码：4/5

6. 附加说明

6.1 供应商质量管理体系的开发

6.1.1 本公司按 ISO 9001:2015 标准的要求对供应商进行质量体系开发。

6.1.2 对已通过 ISO 9001 认证的厂商，要求提供 ISO 9001 证书。

6.1.3 对没有通过 ISO 9001 认证的公司，要辅导其提升质量体系，并要求达到 ISO 9001 质量体系标准及认证。

6.2 可免予现场评审的供应商

6.2.1 生产地在海外

6.2.2 独霸市场的供应商

6.2.3 国内外知名品牌厂商

6.3 供应商资格评鉴认定标准

资格认定	评审结果	备注
认可供应商	85（含）分以上	列为合格供应商正常采购。
有条件认可供应商	75（含）分以上 85 分以下	评审中发现不合格项目，由品管要求及辅导供应商改善，如供应商无任何改善计划及改善结果，则视为不合格供应商。从评审日起半年内不可安排重新评审；如有改善，则视为认可供应商。
不认可供应商	75（不含）分以下	任何一个部门的评审分数低于此分皆包括在内，不认可的供应商不得向其采购，并在 6 个月内不再安排评审。

6.4 特殊情况之通融登录

经评审判定不合格，但符合下列情况者，由采购填写《供应商资料表》经总经理核准后，通融列入临时购买供应商。

6.4.1 卖方独占市场时。

6.4.2 评审分数差异不大，而一时无法找到合适的供应商。

6.5 顾客批准的供货来源

若客户有指定供应商，公司必须经顾客批准的供应商处采购产品、材料或服务，包括工装/量具供应商，但客户指定的供应商也需评审，如判定不合格，需通知客户，由客户确认是否购买，如需要，则登录临时购买供应商。

6.6 供应商定期评核

6.6.1 办理评核单位：品管、采购。

6.6.2 评核时间：供应商评核以"季度"为单位作考核。

6.6.3 供应商评核评核项目及比重：见《供应商定期评估表》。

6.6.4 评核等级分类及处置：（见下表）

文件名称	供应商管理程序		文件编号：SQ-SP-11	版本：A
编制部门：采购部			编制日期：2016.08.08	页码：5/5

评分项目	90~100分	75~89分	60~74分	60分以下
级别	A	B	C	D
等别	优秀	良好	一般	差
措施	若连续两个季度被评为 A 级的厂商，可考虑加大订单量，若季度被评为 D 级的，由采购部主管呈报总经理决定是弃用或派人辅导。对有两次连续处于 C 级以下不良记录的供应商，则考虑取消其资格。			

6.6.5 供应商环境评核：

采购部门配合对供应商的定期评估作业，于每年发出《供应商环境管理问卷表》以了解供应商的环境管理状况，并列入供应商评核项目。采购部门负责告知本公司之环境方针；环境方针如有更新时亦应告知，借此宣传公司进行环境管理的决心。

7. 参考文件

7.1 《采购管理程序》

7.2 《样件确认作业规范》

7.3 《议价谈判准则》

8. 使用表单

8.1 《供应商资料表》

8.2 《样件确认书》

8.3 《供应商评审表》

8.4 《供应商评审报告》

8.5 《供应商改善通知单》

8.6 《供应商定期评估表》

8.7 《合格供应商名录》

8.8 《供应商环境管理问卷表》

五、风险管理失败案例分析

案例1　合俊集团自己打败了自己

风险类型：财务风险

代表企业：合俊集团

创办于1996年的合俊集团，是国内规模较大的OEM型玩具生产商。在世界五大玩具品牌中，合俊集团已是其中三个品牌——美泰、孩子宝以及Spin master的制造商，并于2006年9月成功在中国香港地区联交所上市，到2007年，销售额已超过9.5亿港元。然而，进入2008年之后，合俊的境况急剧下降。2008年10月，这家在玩具界举足轻重的大型公司的工厂没能躲过全球性金融海啸，成为中国企业实体受金融危机影响而倒闭的第一家企业。合俊关闭了其在广东的工厂，涉及员工超过7000人。

金融危机只是催化剂

全球金融危机爆发后，整个玩具行业的上下游供应链进入恶性循环，再加上2008年生产成本持续上涨，塑料成本上升20%，最低工资上调12%及人民币升值7%等大环境的影响，合俊集团的资金链出现断裂。

表面上看起来，合俊集团是被金融风暴吹倒的，但是只要关注一下合俊集团的发展动态就会发现，金融危机只是压倒合俊集团的最后一根稻草。

实际上，合俊集团本身的商业模式存在着巨大的风险。作为一个贴牌生产企业，合俊并没有自己的专利技术，也没有重视生产研发的投入，主要靠的是欧美的订单。

美国的次贷危机发展成金融危机后，首先受到影响的肯定是这些靠出口美国市场过活的贴牌企业。

比较有意思的是，同在东莞，规模和合俊一样也是6000人左右的玩具企业，龙昌公司却在这场风暴中走得很从容，他们的销售订单甚至已经排到了2009年。比较一下两家玩具企业的商业模式就能发现，龙昌公司拥有自主品牌，他们在市场中拼的是品质和科技，并且具有专利300多项，研发投入每年达3000多万元，有300多人的科研队伍。而且龙昌主要走高端路线，比如生产能表演包括太极拳的200多套动作的机器人，生产包含3个专利、能进行二次组合的电子狗等，销售市场也并不依赖国外，而是集中在国内。

2008年11月2日，中央电视台新闻联播记者采访倒闭后的合俊集团时，在现场拍到的产品却是商品的赠品玩具、滑旱冰及骑自行车的护膝、赚几元钱的电子狗等小商品。

盲目多元化造成"失血"严重

其实早在2007年6月，合俊集团已经认识到过分依赖加工出口的危险。2007年9月，合俊计划进入矿业，以约3亿元的价格收购了福建天成矿业48.96%的股权。天成矿业的主要业务是在中国开采贵金属及矿产资源，拥有福建省大安银矿。

合俊集团旗下东莞樟木头合俊樟洋厂核心部门的一位负责人表示，2008年2月、3月，合俊集团付给天成矿业2.69亿元现金，直接导致厂里资金链出现问题。

而公开资料显示，合俊集团2007年10月底曾公告，以3.09亿港元总价收购福建省大安银矿勘探权，以2.69亿港元向独立人士唐学劲收购China Mining Corporation 45.51%的股权，并认购China Mining Corporation本金额4000万港元的可换股债券，兑换后持股量将增至48.96%。首批4000万港元在协议时已经给付。

然而，令合俊集团始料未及的是，这家银矿一直都没有拿到开采许可证，无法给公司带来收益，而3.09亿港元的资金中国矿业也没有按约定返还给合俊公司（上述公告表明，双方约定2008年4月拿不到开采证，将返还收购资金给合俊）。

对于天成矿业的巨额投入，合俊根本未能收回成本，跨行业的资本运作反而令其陷入资金崩溃的泥沼。

随着合俊集团资金越来越紧张，为缓解压力，合俊卖掉了清远的工厂和一块地皮，并且定向增发 2500 万港元。可是，"2500 万顶多维持两个月的工资"。

为了维持公司的日常运营，合俊开始向银行贷款，但不幸的是，银行贷款的途径似乎也走不通了。公开资料显示，合俊集团的贷款银行全部集中在中国香港地区，分别是星展、恒生、香港上海汇丰、瑞穗实业、南洋商业、渣打和法国巴黎银行中国香港地区分行 7 家。

合俊集团 2007 年年报显示，其一年内银行借款额为 2.39 亿港元。"这其中有 1.7 亿左右以公司财产作抵押，剩下数千万主要是老板在中国香港地区的熟人提供担保。"上述负责人透露。但是，合俊集团 2008 年上半年并没能拿到新贷款。

可以说，收购矿业孤注一掷的"豪赌"，赌资本应该是合俊玩具用于"过冬"的"粮食"。没有了这笔巨额资金，合俊最终没能挨过制造业遭遇的冬天。

对自然灾害的风险评估、应对不足

2008 年 6 月，合俊集团在樟木头的厂房遭受水灾，造成的存货受损约达 6750 万港元，导致物料报废，业务中断，集团耗费近一个月时间方恢复正常生产。此次水灾亦严重影响该集团原材料供应的稳定性及现金流量规划，从而影响集团的营运效率。

内部管理失控导致成本上升

合俊集团旗下已倒闭的俊领玩具厂的一位员工称，管理混乱才是合俊倒闭的真正原因，而美国的金融危机只是让这一天提前到来。据该员工反映，其所在部门只是一个普通的生产部门，却设有一个香港经理、一个内地经理、一个主任、一个经理助理、一个高级工程师、一个工程师、一个组长，还有三个工人，一共十人。该部门是一个五金部门，但合俊主要是生产塑胶和毛绒还有充气玩具的，于是上述员工是这样描述他们的工作的："我们 3 个工人扫扫地、擦擦机器，完了就吹牛睡觉，组长就玩手机，我们睡觉他也帮忙站岗，主任天天在办公室上网。两个工程师陪着经理天天出差，有时一个星期看不到人，经理助理负责收发邮件和安排经理出差车，香港经理干什么我们就不知道了。其他的部门除了比我们部门人多以外，其他情况差不多，都是当官的人很多，管事的没有。工人做事是十个人做的事没有十五个人他们不干，今天能干完的事拖也要拖到明天。"

除此之外，合俊集团的物料管理也很松散，公司物品经常被盗，原料当废品卖。而且，生产上也没有质量监控，返工甚至报废的情况经常发生。"一批货不返个几次工是出不了货的，有一批货返了不下十次。厂里的 QC 除了吃饭睡觉拿工资，就没有看到他们干过什么。"这位员工说。

对自身的负债能力预计过高，导致债务风险巨大

截至 2008 年 6 月底，合俊集团总资产 8.35 亿元，总负债 5.32 亿元，其中流动负债 5.3 亿元，净负债比率 71.8%。

案例 2　中信泰富"豪赌"酿成巨大亏空

风险类型：市场风险

代表企业：中信泰富

2008 年 10 月 20 日，中信泰富发出盈利预警，称公司为减低西澳洲铁矿项目面对的货币风险，签订若干杠杆式外汇买卖合约而导致亏损，实际已亏损 8.07 亿港元。截至 10 月 17 日，仍在生效的杠杆式外汇合约按公平价定值的亏损为 147 亿港元。换言之，相关外汇合约导致已变现及未变现亏损总额为 155.07 亿港元。

事件发生后，集团财务董事张立宪和财务总监周志贤辞去董事职务，香港证监会和香港交易所对中信泰富进行调查，范鸿龄离任港交所董事、证监会收购及合并委员会主席、收购上诉委员会和提名委员、强制性公积金计划管理局主席，直至调查终止，中信集团高层人士对中信泰富在外汇衍生品交易中巨亏逾105亿港元极为不满，认为荣智健应对监管疏忽承担责任，可能对中信泰富董事会进行大改组。

而中信泰富的母公司中信集团也因此受到影响。全球最大的评级机构之一的穆迪投资者服务公司将中信集团的长期外币高级无抵押债务评级从Baa1下调到Baa2，基础信用风险评估登记从11下调到12；标准普尔将中信集团的信用评级下调至BBB-待调名单；各大投行也纷纷大削中信泰富的目标价。摩根大通将中信泰富评级由"增持"降至"减持"，目标价削72%至10港元；花旗银行将中信泰富评级降到"沽出"，目标价大削76%至6.66港元；高盛将其降级为"卖出"，目标价大削60%至12.5港元；美林维持中信泰富跑输大市评级，目标价削57%到10.9港元。

除此之外，中信泰富的投资者纷纷抛售股票。一家香港红筹股资金运用部总经理表示："此事对于在港上市的中资企业群体形象破坏极大，对于我们也是敲了一记警钟。"

没有遵守远期合约风险对冲政策

据了解，这起外汇杠杆交易可能是因为澳元的走高而引起的。中信泰富在澳大利亚有一个名为SINO-IRON的铁矿项目，该项目是西澳最大的磁铁矿项目。这个项目总投资约42亿美元，很多设备和投入都必须以澳元来支付。整个投资项目的开支，除16亿澳元之外，在项目进行的25年期内，还要在全面营运的每年度投入至少10亿澳元，为了降低项目面对的货币风险，中信泰富签订了若干杠杆式外汇买卖合约。

为对冲澳元升值影响，中信泰富签订了3份累计股票期权（Accumulator）式的杠杆式合约，对冲澳元及人民币升值影响，其中美元合约占绝大部分。按上述合约，中信泰富须接取的最高现金额为94.4亿澳元。

但问题在于，这种合约的风险和收益完全不对等。所签合约中最高利润只有5150万美元，但亏损则无底。合约规定，每份澳元合约都有最高利润上限，当达到这一利润水平时，合约自动终止。所以在澳元兑美元汇率高于0.87时，中信泰富可以赚取差价，但如果该汇率低于0.87，却没有自动终止协议，中信泰富必须不断以高汇率接盘，理论上亏损可能无限大。

另外，杠杆式外汇买卖合约本质上属于高风险金融交易，中信泰富对杠杆式外汇买卖合约的风险评估不足。

将中信泰富一步步推向悬崖的是一款以澳元累计目标的杠杆外汇合约，即变种累计股票期权。

内部监控失效

第一，授权审批控制失效。中信泰富2008年10月20日宣布，由于发生了上述外汇风险事件，集团财务董事张立宪和财务总监周志贤已辞去董事职务，10月20日起生效。莫伟龙于同日起获委任为集团财务董事。荣智健表示，上述合约的操作者对潜在的最大风险没有正确评估，相关责任人亦没有遵守公司的对冲保值规定，在交易前甚至没得到公司主席的授权。此外，持有中信泰富29%股权的母公司——中信集团，同意为其安排15亿美元备用信贷，利息和抵押品方面按一般商业条件进行。

第二，信息披露的控制存在重大缺陷。对外信息披露制度对重大信息的范围、内容、投资者利益等存在缺陷，发现问题6个星期之后才对外公布，做法令人惊讶，显示出其内部监管存在漏洞，并且质疑中信泰富实际负责公司财务的并非是已经辞职的张立宪和周志贤，而是公司主席荣智健的女儿荣明方。

中国人民大学法学院教授叶林认为，《证券法》对于上市公司信息披露的要求是准确、及时、全面，其中"及时"最难做到。他分析说，中信泰富所做炒汇行为和其主业不同，属于非正常交易。既然是从事外汇期货，就要锁定风险，签订合约之初就要发布公告，说明"存在"潜在的风险。而且在澳元下跌时，公司应该止损，已造成的亏损算也能够算出来。正是由于中信泰富迟迟不公布亏损，才遭到投资者指责。

而内地上市公司信息披露不及时更是常见。他分析说，杭萧钢构曾经将公司将要签订的一份天价订单提前泄密，受到处罚，这是比较例外的事，更多的上市公司则是信息披露不及时。"将生米煮成熟饭了，才向投资者通报一声"，在证监会和两个交易所每年处罚的信息披露问题中，一多半都是由于不及时。

第三，风险管理没有集中。标普分析师认为："中信泰富的风险控制及内部管理问题严重，未来发展战略也需要重新检讨；而风险管理没有集中，也是中信集团乃至多数中资企业一直以来的隐患。"

案例3　三鹿集团败于管理失控

风险类型：运营风险

代表企业：三鹿集团

2008年12月25日，河北省石家庄市政府举行新闻发布会，通报三鹿集团股份有限公司破产案处理情况。三鹿牌婴幼儿配方奶粉重大食品安全事故发生后，三鹿集团于2008年9月12日全面停产。截至2008年10月31日，经财务审计和资产评估，三鹿集团资产总额为15.61亿元，总负债17.62亿元，净资产-2.01亿元，12月19日三鹿集团又借款9.02亿元付给全国奶协，用于支付患病婴幼儿的治疗和赔偿费用。至此，三鹿集团净资产为-11.03亿元（不包括2008年10月31日后发生的各种费用），已经严重资不抵债。至此，经中国品牌资产评价中心评定，价值高达149.07亿元的资产灰飞烟灭。

反思三鹿毒奶粉事件，我们不难发现，造成三鹿悲剧的，三聚氰胺只是个导火索，而事件背后的运营风险管理失控才是真正的罪魁祸首。

醉心于规模扩张，高层管理人员风险意识淡薄

对于乳业而言，要实现产能的扩张，就要实现奶源的控制。为此，三鹿接受了质量低下的原奶。据了解，三鹿集团在石家庄收奶时对原奶要求比其他企业低。

对于奶源质量的要求，一般认为巴氏奶和酸奶对奶源质量要求较高，UHT奶次之，奶粉对奶源质量要求较低，冰激淋等产品更次之。因此，三鹿集团祸起奶粉，也就不足为奇。

另外，三鹿集团大打价格战以提高销售额，挤压没有话语权的产业链前端环节利润。尽管三鹿的销售额从2005年的74.53亿元激增到2007年的103亿元，但是三鹿从未将公司与上游环节进行有效的利益捆绑，因此，上游企业要想保住利润，就必然会牺牲奶源质量。

河北省一位退休高层领导如此评价田文华："随着企业的快速扩张，田文华头脑开始发热，出事就出在管理上。"

企业快速增长，管理存在巨大风险

作为与人们生活饮食息息相关的乳制品企业，本应加强奶源建设，充分保证原奶质量，然而在实际执行中，三鹿仍将大部分资源聚焦到了保证原奶供应上。

三鹿集团"奶牛+农户"饲养管理模式在执行中存在重大风险。乳业在原奶及原料的采购上主要有四种模式，分别是牧场模式（集中饲养百头以上奶牛统一采奶运送）、奶牛养殖小区模式（由小区业主提供场地，奶农在小区内各自喂养自己的奶牛，由小区统一采奶配送）、挤奶厅模式（由奶农各自散养奶牛，到挤奶厅统一采奶运送）、交叉模式（前面三种方式交叉进行）。三鹿的散户奶源比例占50%，且形式多样，要实现对数百个奶站在原奶生产、收购、运输环节实时监控已是不可能的任务，只能依靠最后一关的严格检查，加强对蛋白质等指标的检测，但如此一来，反而滋生了层出不穷的作弊手段。

但是三鹿集团的反舞弊监管不力。企业负责奶源收购的工作人员往往被奶站"搞定"了，这样就形成了行业"潜规则"，不合格的奶制品就在商业腐败中流向市场。

另外，三鹿集团对贴牌生产的合作企业监控不严，产品质量风险巨大。贴牌生产能迅速带来规模的扩张，但也给三鹿产品质量控制带来了风险。

危机处理不当导致风险失控

2007年底，三鹿已经先后接到农村偏远地区反映，称食用三鹿婴幼儿奶粉后，婴儿出现尿液中有颗粒现象。到2008年6月中旬，又收到婴幼儿患肾结石去医院治疗的信息。于是三鹿于7月24日将16个样品委托河北出入境检验检疫技术中心进行检测，并在8月1日得到了令人胆寒的结果。

与此同时，三鹿并没有对奶粉问题进行公开，而其原奶事业部、销售部、传媒部则试图通过奶源检查、产品调换、加大品牌广告投放和宣传软文，将"三鹿"和"肾结石"的关联封杀于无形。

2008年7月29日，三鹿集团向各地代理商发送了《婴幼儿尿结晶和肾结石问题的解释》，要求各代理商以天气过热、饮水过多、脂肪摄取过多、蛋白质过量等理由安抚消费者。

而对于经销商，三鹿集团也同样采取了糊弄的手段，对经销商隐瞒事实造成不可挽回的局面。从2008年7月10日到8月底的几轮回收过程中，三鹿集团从未向经销商公开产品质量问题，而是以更换包装和新标识进行促销为理由，导致经销商响应者寥寥。正是召回的迟缓与隐瞒真相耽搁了大量时间。大规模调货引起了部分经销商对产品质量的极大怀疑，可销售代表拍着胸脯说，质量绝对没有问题。在2008年8月18日，一份标注为"重要、精确、紧急"传达给经销商的《通知》中，三鹿严令各地终端货架与仓库在8月23日前将产品调换完毕，但仍未说明换货原因。调货效果依然不佳，毒奶粉仍在流通。

而三鹿集团的外资股东新西兰恒天然在2008年8月2日得知情况后，要求三鹿在最短时间内召回市场上销售的受污染奶粉，并立即向中国政府有关部门报告。三鹿以秘密方式缓慢从市场上换货的方式引起了恒天然的极大不满。恒天然将此事上报新西兰总理海伦·克拉克，克拉克于9月8日绕过河北省政府直接将消息通知中国中央政府。

另外，三鹿集团缺乏足够的协调应对危机的能力。在危机发生后，面对外界的质疑和媒体的一再质问，仍不将真实情况公布，引发了媒体的继续深挖曝光，以及曝光后消费者对其消费信心不可恢复的恶果。

河北省石家庄市中级人民法院2009年2月12日发出民事裁定书，正式宣布引爆中国"问题奶粉"危机的石家庄市三鹿集团股份有限公司破产。根据三鹿集团破产民事裁定书，被申请人三鹿集团因不能清偿到期债务，并且资产不足以清偿全部债务，符合法定破产条件，被依法宣布破产。

（资料来源：百度文库）

六、风险管理制度范例（适用于经营层级）

MP 文件范例 2　　　　　　　　　　　　公司风险管理制度

第一章　总则

第一条　为规范×××有限公司（以下简称"公司"）的风险管理，建立规范、有效的风险控制体系，提高风险防范能力，保证公司安全、稳健运行，提高经营管理水平，根据《公司法》《会计法》《企业内部控制基本规范》等法律、法规和规范性文件的有关规定，结合公司的实际情况，制定本制度。

第二条　本制度旨在公司为实现以下目标提供合理保证：

（一）将风险控制在与总体目标相适应并可承受的范围内；

（二）实现公司内外部信息沟通的真实、可靠；

（三）确保法律法规的遵循；

（四）提高公司经营的效益及效率；

（五）确保公司建立针对各项重大风险发生后的危机处理计划，使其不因灾害性风险或人为失误而遭受重大损失。

第三条　本制度所称风险管理，是指公司围绕战略及经营目标，通过在管理的各环节和经营过程中执行风险管理的基本流程，建立健全风险管理体系，为实现风险管理的总体目标提供保证的过程和方法。

第四条　公司风险是指未来的不确定性事项可能对公司实现其经营目标的影响。

第五条　按照公司目标的不同对风险进行分类，公司风险分为：战略风险、法律风险、财务风险和经营风险。

（一）战略风险：没有制定或制定的战略决策不正确，影响战略目标实现的负面因素。

（二）法律风险：没有全面、认真执行国家法律、法规和政策规定，影响合规性目标实现的因素。

（三）财务风险：包括财务报告失真风险、资产安全受到威胁风险和舞弊风险。

1. 财务报告失真风险：没有完全按照相关会计准则、会计制度的规定组织会计核算和编制财务会计报告，没有按规定披露相关信息，导致财务会计报告和信息披露不完整、不准确、不及时。

2. 资产安全受到威胁风险：没有建立或实施相关资产管理制度，导致公司的资产如设备、存货、有价证券和其他资产的使用价值和变现能力的降低或消失。

3. 舞弊风险：以故意的行为获得不公平或非正当的收益。

（四）经营风险：经营决策的不当，妨碍或影响经营目标实现的因素。包括但不限于：

1. 生产环节：包括拟订生产计划、开出用料清单、储存原材料、投入生产、计算存货生产成本、计算销货成本、质量控制等。

2. 采购及付款环节：包括采购申请、处理采购单、验收货物、填写验收报告或处理退货、记录应付账款、核准付款等。

3. 销货及收款环节：包括订单处理、信用管理、运送货物、开出销货发票、确认收入及应收账款等。

4. 固定资产管理环节：包括固定资产的自建、购置、处置、维护、保管与记录等。

5. 货币资金管理环节：包括货币资金的入账、划出、记录、报告、出纳和财务人员的授权等。

6. 关联交易环节：包括关联方的界定，关联交易的定价、授权、执行、报告和记录等。

7. 担保与融资环节：包括借款、担保、承兑、租赁、发行新股、发行债券等的授权、执行与记录等。

8. 投资环节：包括投资有价证券、股权、不动产、经营性资产、金融衍生品及其他长、短期投资、委托理财、募集资金使用的决策、执行、保管与记录等。

9. 人事管理环节：包括雇用、签订聘用合同、培训、辞退、计算薪金、计算个人所得税及各项代扣款、薪资记录、薪资支付、考勤及考核等。

第六条 按照风险的影响程度，风险分为低、中、高风险。

第七条 本制度适用于公司及公司控股子公司。

第二章 风险管理组织体系及职责分工

第八条 公司风险管理的组织体系由公司董事会（下设风险管理委员会）、监事会、各职能部门及子公司内设的风险职能部门或岗位构成。

第九条 公司各职能部门为风险管理第一道防线；风险管理委员会及监事会为风险管理第二道防线；董事会及股东大会为风险管理第三道防线。

第十条 公司各职能部门在风险控制管理方面的主要职责：

（一）公司各职能部门按照公司风险管理委员会制定的风险评估的总体方案，根据业务分工，配合内控组织，识别、分析相关业务流程的风险，确定风险反应方案；

（二）根据识别的风险和确定的风险反应方案，按照公司确定的控制设计方法和描述工具，设计并记录相关控制，根据风险管理的要求，修改完善控制设计。包括：建立控制管理制度，按照规定的方法和工具描述业务流程，编制风险控制文档和程序文件等；

（三）组织控制制度的实施，监督控制制度的实施情况，发现、收集、分析控制缺陷，提出控制缺陷改进意见并予以实施。对于重大缺陷和实质性漏洞，除向各子公司领导汇报情况外，还应向公司领导及董事会反馈情况，以便公司监控内部控制体系的运行情况；

（四）配合内控组织等部门对控制失效造成重大损失或不良影响的事件进行调查、处理。

第十一条 公司董事会负责推动公司风险管理体系的建设，并监督其实施的有效性；监事会和风险管理委员会负责建立公司风险管理体系、制度和流程等日常管理工作。

第十二条 公司各职能部门负责人和子公司负责人为风险控制的第一责任人，履行风险控制职能，执行具体的风险管理制度。建立部门内权责明确、相互制衡的岗位职责和部门内全面、合理的风险控制制度，并针对业务主要风险环节制定业务操作流程。

第十三条 控股子公司的风险管理和职责分工的设置，分别参照上述第八条、第九条的规定制定。

第三章 风险管理目标和基本流程

第十四条 公司风险管理的总体目标是：通过风险确认与识别程序，预先发现风险征兆，提前采取必要的预控措施，以达到规避风险，减少损失的目标；对于已发生的风险，首先通过已有的控制措施予以控制，进而采取补偿措施进行控制，把风险损失降低到最小限度。

第十五条 公司风险管理基本流程主要包括：

（一）风险管理策略的制定与实施；

（二）风险评估；

（三）风险监控报告与预警；

（四）风险与危机的处理；

（五）风险管理的监督与改进。

第四章 风险管理策略的制定与实施

第十六条 风险管理策略是指公司根据内外部环境及董事会制定的公司发展战略所确定的公司风险管理总体方针。

第十七条　风险管理策略由风险管理委员会制定，经董事会、监事会评估后确定。监事会、风险管理委员会负责将公司风险管理策略落实到公司制度和流程管理中，协助各业务部门完善其业务制度和流程，并对风险管理策略的实施情况和效果进行检查和评价。

第十八条　现有风险管理策略、制度、流程的可行性或有效性，如因内外部环境发生变化而受到严重影响，应及时进行修订和调整。

第十九条　公司在实施风险管理策略的过程中，建立和不断完善授权体系，公司所有部门和分支机构必须在公司授权范围内开展工作。在各项规章制度中要明确报告路线和程序，使风险信息能够及时传递到相关的部门和公司领导。

第二十条　公司各职能部门可以根据本办法，针对本部门业务的特点，制定本部门业务的风险管理实施细则，纳入公司管理制度体系。

第五章　风险评估

第二十一条　风险评估是指根据公司内外部环境的变化，对公司所面临的风险进行风险辨识、风险分析、风险对策。

第二十二条　公司风险评估主要经过确立风险管理理念和风险接受程度、目标制定、风险识别、风险分析和风险对策六个基本程序来进行。

第二十三条　确立公司风险管理理念和风险接受程度是公司进行风险评估的基础。

（一）公司风险管理理念是公司如何认知整个经营过程（从战略制定和实施到公司日常活动）中的风险为特征的公司共有的信念和态度。公司实行稳健的风险管理理念，对于高风险投资项目采取谨慎介入的态度。

（二）风险接受程度是指公司在追求目标实现过程中愿意接受的风险程度。一般来讲，公司可将风险接受程度分为三类："高""中"或"低"。

高风险是指影响金额达到公司资产总额30%以上或公司主营业务收入30%以上；中风险是指影响金额达到公司资产总额10%以上不足30%或公司主营业务收入10%以上不足30%；低风险是指影响金额达到公司资产总额10%以下或公司主营业务收入10%以下。

公司从定性角度考虑风险接受程度，整体上讲，公司把风险接受程度确定为"低"类，即公司在经营管理过程中，采取谨慎的风险管理态度，可以接受较低程度的风险发生。公司的风险接受程度选择也与公司的风险管理理念保持一致。

第二十四条　目标制定是风险识别、风险分析和风险对策的前提。公司必须首先制定目标，在此之后，才能识别和评估影响目标实现的风险并且采取必要的行动对这些风险实施控制。公司目标包括战略目标、经营目标、合规性目标和财务报告目标四个方面。目标确定必须符合国家的法律法规和行业发展规划，符合公司战略发展计划。

第二十五条　风险识别就是识别可能阻碍实现公司目标、阻碍公司创造价值或侵蚀现有价值的因素。公司可以采取问卷调查、小组讨论、专家咨询、情景分析、政策分析、行业标杆比较、访谈法等识别风险。公司应当准确识别与实现控制目标相关的内部风险和外部风险，以便确定相应的风险承受度。

（一）公司识别内部风险，应当关注下列因素：

1. 董事、监事、经理及其他高级管理人员的职业操守、员工专业胜任能力等人力资源因素。
2. 组织机构、经营方式、资产管理、业务流程等管理因素。
3. 研究开发、技术投入、信息技术运用等自主创新因素。
4. 财务状况、经营成果、现金流量等财务因素。
5. 营运安全、员工健康、环境保护等安全环保因素。

6. 其他有关内部风险因素。

（二）公司识别外部风险，应当关注下列因素：

1. 经济形势、产业政策、融资环境、市场竞争、资源供给等经济因素。
2. 法律法规、监管要求等法律因素。
3. 安全稳定、文化传统、社会信用、教育水平、消费者行为等社会因素。
4. 技术进步、工艺改进等科学技术因素。
5. 自然灾害、环境状况等自然环境因素。
6. 其他有关外部风险因素。

第二十六条 风险分析主要从风险发生的可能性和对公司目标的影响程度两个角度，对识别的风险进行分析和排序，确定关注重点和优先控制的风险。

公司进行风险分析，应当充分吸收专业人员，组成风险分析团队，按照严格规范的程序开展工作，以确保风险分析结果的准确性。

风险分析方法一般组合采用定性和定量方法。在风险分析不适宜采取定量分析的情况下，或者用于定量分析所需要的足够可信的数据无法获得，或者获取成本很高时，公司通常使用定性分析法。公司对风险进行分析，确认哪些风险应当引起重视、哪些风险予以一般关注，对于需要重视的风险，再进一步划分，分别确认为"重要风险"与"一般风险"，从而为风险对策奠定基础。风险的重要程度的判断主要根据风险发生的可能性和影响程度来确定：

（一）如果风险发生的可能性属于"极小可能发生"的，该风险就可不被关注；

（二）如果风险发生的可能性高于或等于"可能发生"，且风险的影响程度小，就将该类风险确定为一般风险；

（三）如果风险发生的可能性等于或高于"风险可能发生"，且风险的影响程度大，就将该类风险确定为重要风险。

第二十七条 风险对策。公司应该根据风险分析的结果，结合风险发生的原因以及承受度，权衡风险与收益，选择风险应对方案：规避风险、接受风险、减少风险或分担风险。

（一）规避风险：指公司对超出风险承受度的风险，通过放弃或者停止与该风险相关的业务活动以避免和减轻损失的对策。

（二）减少风险：指公司在权衡成本效益之后，准备采取适当的控制措施降低风险或者减轻损失，将风险控制在风险承受度之内的对策。

（三）分担风险：指公司准备借助他人力量，采取业务分包、购买保险等方式和适当的控制措施，将风险控制在风险承受度之内的对策。

（四）接受风险：指公司对风险承受度之内的风险，在权衡成本效益之后，不准备采取控制措施降低风险或者减轻损失的策略。

第二十八条 公司在确定具体的风险应对方案时，应考虑以下因素：

1. 风险应对方案对风险可能性和风险程度的影响，风险应对方案是否与公司的风险容忍度一致；
2. 对方案的成本与收益比较；
3. 对方案中可能的机遇与相关的风险进行比较；
4. 充分考虑多种风险应对方案的组合；
5. 合理分析、准确掌握董事、公司管理层及其他高级管理人员、关键岗位员工的风险偏好，采取适当的控制措施，避免因个人风险偏好给企业经营带来重大损失；
6. 结合不同发展阶段和业务拓展情况，持续收集与风险变化相关的信息，进行风险识别和风险分析，及时调整风险应对策略。

第六章 风险监控和预警

第二十九条 公司通过有效的沟通和反馈，使公司领导和有关部门及时了解公司业务和资产的风险状况，相应调整风险管理政策和管理措施。

第三十条 监事会、风险管理委员会对公司的经营计划、战略方案的实施进行实时监控，对各类信息进行记录、汇总、分析和处理，并保留风险管理记录。各部门或岗位向内审机构报送本部门业务风险情况。

第三十一条 公司各职能部门每年对业务范围内的公司风险的控制水平进行一次书面分析和评估，风险管理委员会负责汇总风险评估报告，经监事会审核后上报公司董事会。

第三十二条 公司制定合理、有效的内控措施，包括以下内容：

（一）建立内控岗位授权制度。对内控所涉及的各岗位明确规定授权的对象、条件、范围和额度等，任何组织和个人不得超越授权做出风险性决定；

（二）建立内控报告制度。明确规定报告人与接受报告人，报告的时间、内容、频率、传递路线、负责处理报告的部门和人员等；

（三）建立内控批准制度。对内控所涉及的重要事项，明确规定批准的程序、条件、范围和额度、必备文件以及有权批准的部门和人员及其相应责任；

（四）建立内控责任制度。按照权利、义务和责任相统一的原则，明确规定各有关部门和业务单位、岗位、人员应负的责任和奖惩制度；

（五）建立内控审计检查制度。结合内控的有关要求、方法、标准与流程，明确规定审计检查的对象、内容、方式和负责审计检查的部门等；

（六）建立内控考核评价制度。具备条件的公司应把各业务单位风险管理执行情况与绩效薪酬挂钩；

（七）建立重大风险预警制度和突发事件应急处理机制。明确风险预警标准，对可能发生的重大风险或突发事件，制定应急预案、明确责任人员、规范处置程序，确保突发事件得到及时妥善处理；

（八）建立重要岗位权力制衡制度，明确规定不相容职责的分离。主要包括：授权批准、业务经办、会计记录、财产保管和稽核检查等职责。对内控所涉及的重要岗位可设置一岗双人、双职、双责，相互制约；明确该岗位的上级部门或人员对其应采取的监督措施和应负的监督责任；将该岗位作为内部审计的重点等。

第三十三条 公司相关部门建立风险预警系统，以发现并应对可能出现的风险：

（一）建立财务预警系统。公司及各分支机构的财务部门，通过设置并观察一些敏感性财务指标的变化，对可能或将要面临的财务危机实现进行预测预报。

（二）建立经营管理预警系统。公司及各分支机构的经营管理人员，根据各个业务环节特有的性质来设计不同的风险控制机制，彻底掌握风险的来源和可能的影响。

（三）建立全面的风险信息报告系统。各部门、分支机构，有责任及时、无保留地向公司内审部门报告有关风险的真实信息。

第七章 风险处理

第三十四条 公司建立灵敏高效的风险处理和应急管理机制，以降低风险损失。对新出现的、缺乏风险应急预案的重大风险，风险管理委员会应立即与监事会及公司相关部门协调，组织人员研究制定风险应对方案，并报公司董事会审批后实施。

第三十五条 当风险已经发生，风险单位负责人必须立即向公司风险管理委员会和监事会报告。

第三十六条 风险管理委员会和监事会收到风险报告后，及时对风险进行初步的评判，确定是属于一般性内部风险，还是对企业声誉、经营活动和内部管理造成强大压力和负面影响的企业危机。对一般性风险，责成单位负责人或有关人员负责组织处理；对企业危机，必须按照风险危机程序处理。

第三十七条 企业危机处理程序

（一）成立危机处理机构

危机发生后，公司应在第一时间成立危机处理小组，该小组由公司董事长或总经理担任组长。小组成员至少包括：发生危机单位的第一负责人、风险管理委员会有关人员、公司相关职能部门负责人及其他相关人员。公司董事会授权危机处理小组为处理危机事件的最高权力机构和协调机构，有权调动公司可用资源，有权独立代表公司做出声明、承诺或妥协。

（二）制订危机处理计划

危机处理小组根据现有的资料和情报及企业拥有或可支配的资源来制订危机处理计划。计划必须体现出危机处理目标、程序、组织、人员及分工、后勤保障、行动时间表以及各个阶段要实现的目标，同时还包括社会资源的调动和支配、费用控制和实施责任人及其目标。计划制订完成并获通过后，立即开始进行物质资源调配和准备，展开全面的危机处理行动。

（三）危机处理

1. 对于尚未造成社会影响的事件，在对危机事件进行详细的调查了解和核实的基础上，根据法律和公理，果断做出处理决定，以避免事态的进一步恶化。

2. 对于已造成社会影响的事件，应保持与社会各方的良好沟通，及时披露事实真相，以有助于对事件做出客观公正的报道和评价。

3. 在处理过程中，应处理好与危机事件对方当事人的关系，及时安抚，避免出现纠纷。

4. 在事件处理的全过程，危机处理小组均应与当地政府、监管机构保持紧密联系，及时通报事件进展。

（四）教训总结与责任认定

危机事件处理完成后，危机处理小组应及时向公司董事会提交总结报告，如实反映事件的起因、发生过程、处理方法和结果、责任认定、反映的问题等，并提出整改建议或意见，以避免新的风险和危机发生。

第三十八条 对因决策失误、管理失职、行为失当等原因致使公司出现风险或危机，并造成有形或无形损失的责任人及单位负责人，公司将追究其直接责任或领导责任。

第八章 风险管理的监督与改进

第三十九条 公司建立贯穿于整个风险管理基本流程，联结各上下级、各部门和子公司的风险管理信息沟通渠道，确保信息沟通的及时、准确、完整，为风险管理监督与改进奠定基础。

第四十条 公司各有关部门、子公司定期对风险管理工作进行自查和检验，及时发现缺陷并改进，其检查报告报送公司内审部门备案。

第四十一条 公司监事会和风险管理委员会定期或不定期对各有关部门、子公司能否按照有关规定开展风险管理工作及其工作效果进行监督评价，并将监督评价报告上报董事会。

第九章 附 则

第四十二条 本制度由公司董事会授权内审部门负责解释。

第四十三条 《风险管理实施细则》由风险管理委员会另行制定。

第四十四条 本制度自董事会通过之日起执行。

七、风险管理程序范例（适用于作业层级）

MP 文件范例 3	风险管理程序		
文件名称	风险管理程序	文件编号：SQ–MP–03	版本：A
编制部门	生产部	编制日期：2016.08.08	页码：共 4 页

1. 目的

　　为识别公司生产制造过程和活动中存在的风险，并对风险进行分析和评价，确定不可接受的风险，以便采取措施对其进行控制，确保管理体系的有效运行和实现管理目标。

2. 适用范围

　　适用于本公司生产制造过程和活动中对风险的识别、分析、评价和控制。

3. 定义

　　3.1　风险：不确定性的影响。影响是指偏离预期，可以是正面的或负面的。不确定性是指对事件及其后果或可能性的信息缺失或了解片面的状态。通常用事件后果（包括情形的变化）和相应事件发生可能性的组合来表示风险。

　　3.2　风险源：可能单独或共同引发风险的内在要素。风险源可以是有形的也可以是无形的。

　　3.3　后果：某事件对目标影响的结果。一个事件可能导致一系列后果。

　　3.4　可能性：某件事发生的机会。"可能性"用来表示某事发生的机会。

　　3.5　风险识别：发现、确认和描述风险的过程。风险识别包括风险源、事件及其原因和潜在后果的识别。风险识别可能涉及历史数据、理论分析、专家意见以及利益相关方的需求。

　　3.6　风险分析：理解风险性质，确定风险等级的过程。风险分析是风险评价和风险应对决策的基础。

　　3.7　风险评价：将风险分析的结果与风险准则进行比较，以确定风险和/或其大小是否可以接受或容忍的过程。风险评价有助于风险应对决策。

4. 风险管理过程图或过程乌龟图

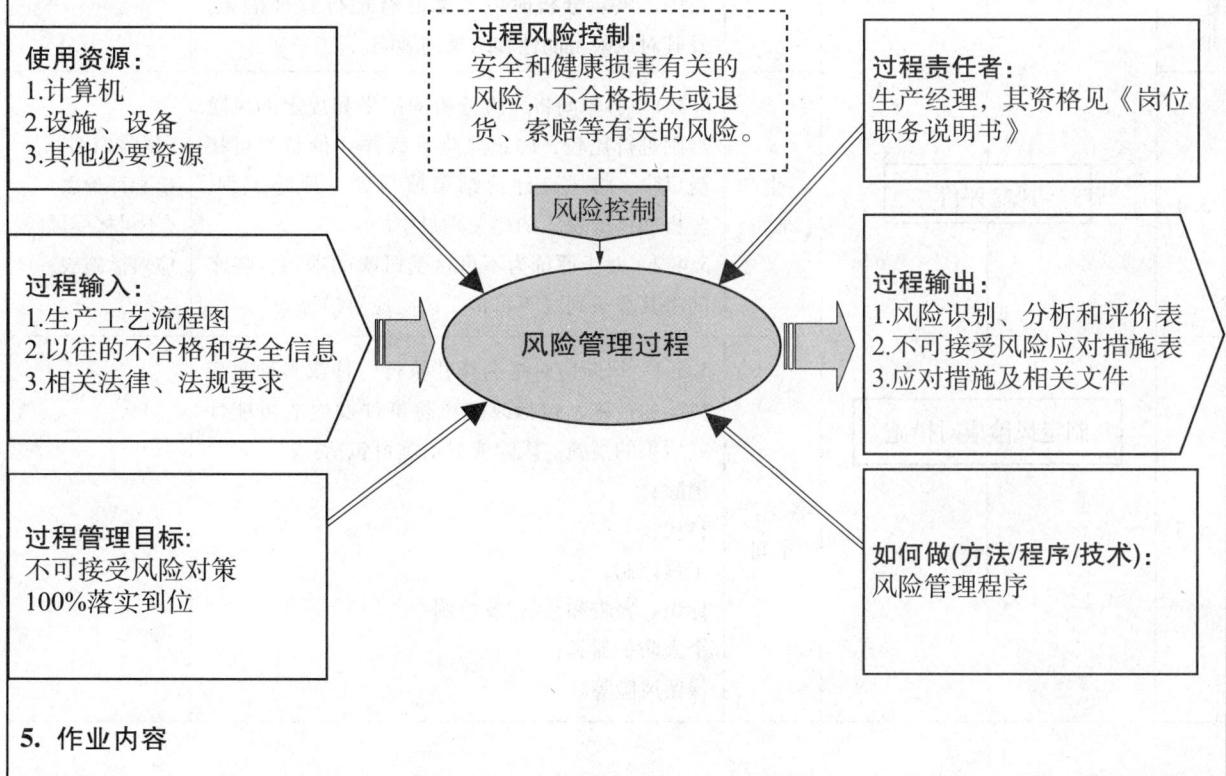

5. 作业内容

序号	风险管理作业流程	责任部门/人	作业要求	参考文件/使用表单
5.1	确定风险准则	生产部	5.1.1 生产部根据公司经营战略、客户要求和质量、环境、安全等法律法规的要求确定公司风险准则。确定风险准则时应考虑以下因素： a) 可能发生风险的性质、类型以及后果的度量； b) 可能性的度量； c) 风险的度量方法； d) 风险等级的确定； 5.1.2 风险准则的具体规定参见附加说明6.1。	
5.2	风险识别	各生产车间	5.2.1 各生产车间根据本车间涉及的产品、过程、活动或设备开展风险识别。 5.2.2 进行风险识别时要掌握相关的和最新的信息，除了识别可能发生的风险事件外，还要考虑其可能的原因和可能导致的后果。 5.2.3 不论风险事件的风险源是否在本部门的控制之下，或其原因是否已知，都应对其进行识别。此外要关注已经发生的风险事件，特别是最近发生的风险事件。 5.2.4 将风险识别结果填写到《风险识别、分析和评价表》的相关栏目中。	《风险识别、分析和评价表》
5.3	风险分析	各生产车间	5.3 各车间对识别出的风险根据风险准则和风险评分标准进行定性和定量分析，并计算风险值记录于《风险识别、分析和评价表》的相关栏目中。风险分析时应考虑已有现行管理措施，及其对风险可能性和结果的影响。	《风险识别、分析和评价表》
5.4	风险评价	各生产车间	5.4.1 各车间将风险分析的结果和规定的风险准则进行比较，确定风险等级并评价是否可接受风险。将风险评价结果填写到《风险识别、分析和评价表》的相关栏目中。 5.4.2 对于评价为不可接受风险的项目，各车间将其登录到《不可接受风险应对措施表》。	《风险识别、分析和评价表》 《不可接受风险应对措施表》
5.5	制定风险应对措施	各生产车间	5.5.1 风险应对是选择并执行一种或多种改变风险的措施，包括改变风险事件发生的可能性或后果的措施。风险应对措施可包括： 消除； 替代； 工程控制； 标识、警告和/或行政控制； 个人防护器具； 保留风险等。	

序号	风险管理作业流程	责任部门/人	作业要求	参考文件/使用表单
5.5	制定风险应对措施(续)	各生产车间	5.5.2 各车间针对不可接受风险，结合现行管理措施制定风险应对措施，并将措施列入《不可接受风险应对措施表》。	《不可接受风险应对措施表》
5.6	审核	各生产车间生产部	5.6.1 各车间将完成的《风险识别、分析和评价表》和《不可接受风险应对措施表》提交生产部审核。 5.6.2 生产部对风险评估结果及其措施进行汇总和核实，对不准确、有遗漏的风险或措施不当的风险提出修改意见，并责成相关部门修订。	《风险识别、分析和评价表》《不可接受风险应对措施表》
5.7	实施风险控制措施	各生产车间	5.7.1 各车间在日常运行和工作中根据策划的风险控制措施执行相关作业活动，并按要求保留相关记录。 5.7.2 在实施过程中，若有新的或更好的控制措施，可以进行补充或修订。	
5.8	监督和审核	生产部	5.8.1 生产部负责对各车间的风险控制措施实施情况进行定期或不定期的检查，并记录监督检查结果，若有不符合则按《不符合纠正措施控制程序》执行。 5.8.2 每年度的内部审核必须将风险管理纳入到审核计划中实施审核。	《不符合纠正措施控制程序》
5.9	评审与更新	各生产车间	5.9 必须将各车间风险应对措施的有效性纳入每年度的管理评审进行评审，根据评审结果可对《风险识别、分析和评价表》和《不可接受风险应对措施表》进行修订和更新。	《风险识别、分析和评价表》《不可接受风险应对措施表》

6. 附加说明

6.1 风险准则规定

6.1.1 根据风险的性质，将风险分为 A 类风险和 B 类风险。

A 类风险定义为：与安全和健康损害有关的风险，如火灾、化学品泄漏、工伤、职业病等；

B 类风险定义为：与导致不合格损失或客户投诉、退货、索赔等有关的风险。

6.1.2 风险等级划分及接受判定

风险值	风险等级	等级描述	接受判定
30~36	V	特别重大风险	不可接受风险
18~25	IV	重大风险	
9~16	III	中等风险	
3~8	II	一般风险	可接受风险
1~2	I	低风险	

6.1.3 风险评分标准

风险类别	P		S		R＝P×S
	事故或危险发生的可能性	权重分	危险程度（可能后果）	权重分	风险值
A类	常常会发生（一年内发生过多次）	6	伤亡事故（伤亡2人以上）	6	
	相当可能发生（一年内发生1次）	5	伤亡事故（伤亡1～2人）	5	
	某些情况下会发生（3年内可能发生1次）	4	永久的全残、有严重功能障碍或急性中毒	4	
	很少情况下才会发生（5年内可能发生1次）	3	重伤，有一般性功能障碍或慢性中毒	3	
	极少情况下才会发生（10年内可能发生1次）	2	轻伤，有轻微功能障碍或轻度毒害	2	
	很不可能发生（10年以上可能发生1次）	1	轻伤，无功能障碍	1	
	发生频度	权重分	后果损失（可能后果）	权重分	风险值
B类	每月1次以上	6	重大财务损失（10万以上）	6	
	每季度1次以上	5	较大财务损失（1万～1万）	5	
	每半度1次	4	中等财务损失（5001～1万）	4	
	每年度1次	3	一般财务损失（2001～5000）	3	
	三年1次	2	较低财务损失（501～2000）	2	
	五年1次	1	轻微财务损失（500以下）	1	

P——事故或事件发生的可能性或频度；
S——危险程度或事故发生后可能导致的后果或损失的严重度；
R——风险数值，R＝P×S。

6.1.4 风险矩阵图

		中等风险（Ⅲ级）	重大风险（Ⅳ级）	特大风险（Ⅴ级）	权重	
一般风险（Ⅱ级）	6	12	18	24	30	36	6	可能性等级
	5	10	15	20	25	30	5	
	4	8	12	16	20	24	4	
	3	6	9	12	15	18	3	
低风险（Ⅰ级）	2	4	6	8	10	12	2	
	1	2	3	4	5	6	1	
	1	2	3	4	5	6	权重	
	结果等级							

6.2 风险培训与沟通

风险管理的知识和方法应列入公司培训计划，对公司各层级人员进行定期或不定期培训。

管理部对各生产车间风险管理的监督检查结果应及时沟通至相关车间。

6.3 风险紧急应变小组

当重大风险事件实际发生时，公司必须组织紧急应变小组进行紧急处置。若A类风险发生时，由管理部主导及时通知相关部门和人员，必要时联络外部行政机构进行处置。若B类风险发生时，则由生产部主导组织相关部门和人员研究处理。

7. 相关文件

7.1 《不符合纠正措施控制程序》

8. 使用表单

8.1 《风险识别、分析和评价表》   8.2 《不可接受风险应对措施表》

第五章　企业风险管理方法和应用案例

风险识别、分析和评价表（参考格式）

风险识别					风险分析				风险评价	
部门	产品、过程、活动	风险及其后果描述	风险源	风险类型	现行管理措施	P 发生的可能性（得分）	S 发生的后果严重性（得分）	风险值 R＝P×S	风险等级	是否可接受风险（Y/N）

不可接受风险应对措施表（参考格式）

部门	产品、过程、活动	风险及其后果描述	风险源	风险类型	风险等级	现行管理措施	风险应对措施

第六章
企业过程管理方法和应用案例

第一节　企业为什么需要过程管理
　　一、当今企业面临的挑战
　　二、通过过程管理实现经营战略和目标
　　三、过程管理的好处
第二节　什么是过程和过程方法
　　一、什么是过程
　　二、什么是过程方法
　　三、过程方法将各相关职能部门有效地联结
　　四、基于PDCA循环质量管理体系模式的说明
第三节　过程类别及其相互关系
　　一、企业的三类过程
　　二、三类过程之间的关联
　　三、过程将顾客、组织和供方三者联结成一条价值链
第四节　企业如何应用过程方法构建管理体系
　　一、企业的成功来自于优异的过程运营
　　二、如何识别企业的顾客导向过程（核心过程）
　　三、如何识别支持过程和管理过程
　　四、确定过程之间的顺序和相互关系
　　五、确定过程应控制的风险和过程目标
　　六、策划对每个过程的管理方法——过程管理图（过程乌龟图）
　　七、将过程形成文件
　　八、建立过程与部门职责对照表
　　九、过程的实施和监测
　　十、过程的分析和改进

第一节　企业为什么需要过程管理

一、当今企业面临的挑战

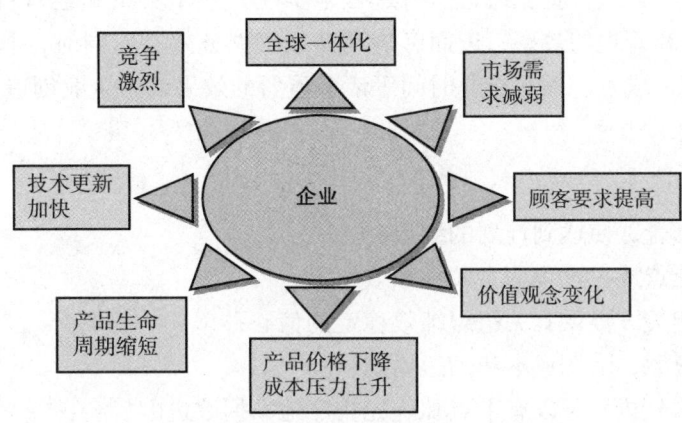

图 6-1　企业面临的挑战

面对上述内/外部环境的冲击，企业如何提升生存价值，如何提升企业赢利能力，如何保持持续经营和发展，是企业必须思考的问题。

正如前面的章节所谈到的，企业应掌握外部环境的变化，如宏观经济、市场的趋势、顾客的需求、国内外竞争者的动态、社会文化的变迁、政策法规局限和机会等，结合内部环境如资源的多寡、人员的能力、过去和当前实绩状况等，综合考虑设定长中短期的策略和目标。

同时，必须完善企业经营体制、创新企业经营思路、转变管理观念，抛弃经验式、粗放式、家族式、专断式的随性管理，建立健全企业内部的科学管理体系。

二、通过过程管理实现经营战略和目标

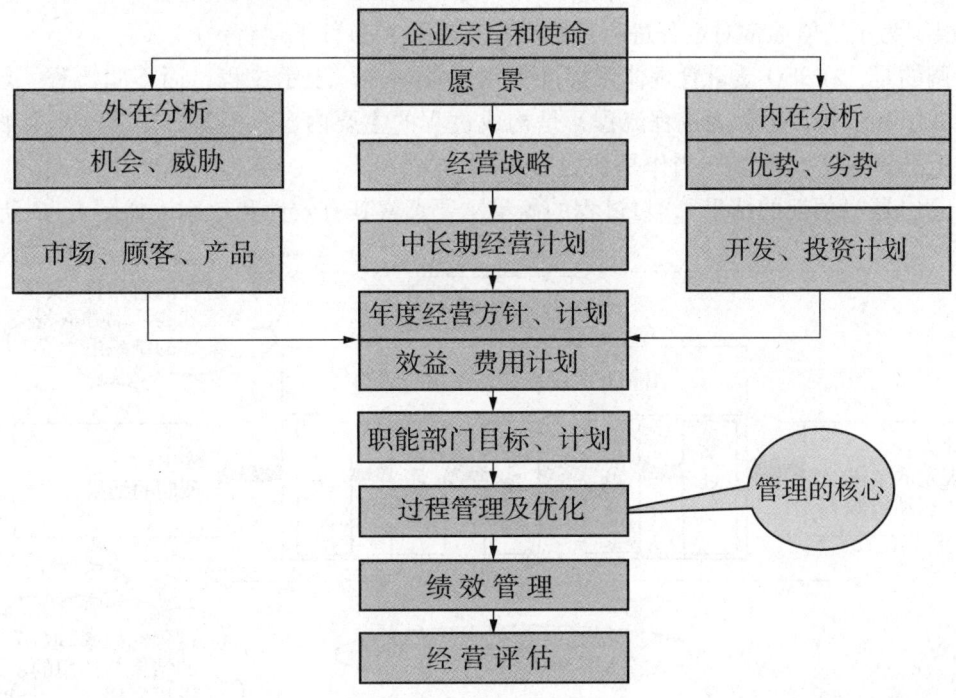

图 6-2　企业战略目标实现

任何结果的输出都是通过过程完成的，如图6-2所示，企业的战略目标和经营计划最终是通过实施过程得以实现的。

美国著名管理学家迈克尔·哈默曾提出，对于21世纪的企业来说，过程将非常关键。优秀的过程将使成功的企业与其他竞争者区分开来。为什么过程对企业来说如此重要呢？因为过程是一个企业所有运作活动的路径和方式，企业通过执行过程来实现其战略决策和经营目标。所以，过程的优劣直接关系到企业运作和管理的效率，进而影响到其最终财务效益。同时，利用过程改进可以带来提高产品质量、降低营运成本、缩短作业时间等诸多重要的效果，为企业创造竞争优势。

三、过程管理的好处

过程管理的好处：

- 过程的整合和结合，使达到计划的结果；
- 能够把努力的焦点放在过程的有效性和效率上；
- 向顾客和其他相关方提供有关组织绩效稳定的信心；
- 通过有效使用资源，降低成本和缩短周期；
- 通过对各过程的分析，可以有重点和优先排序地掌握改进的机会；
- 明确职责，确定衡量过程的指标，促进满足顾客和相关方要求，增强顾客满意。

第二节 什么是过程和过程方法

一、过程

1. 过程的定义（见ISO 9000:2015 3.4.1定义）

利用输入产生预期结果的相互关联或相互作用的一组活动就称为过程。

注1：过程的"预期结果"称为输出，还是称为产品或服务，需随相关语境而定。

注2：一个过程的输入通常是其他过程的输出，而一个过程的输出又通常是其他过程的输入。

注3：两个或两个以上相互关联和相互作用的连续过程也可作为一个过程。

注4：组织为了增值通常对过程进行策划并使其在受控条件下运行。

需要强调的是，在ISO质量管理体系标准中用"process"表示过程，而不叫流程。流程只是过程中的作业顺序和步骤，也称为过程流程，是构成过程的主要内容。但是，很多企业，特别是港台企业，习惯上的说法把"流程"当作是"过程"的含义。

过程的输出是"预期的结果"，对过程的衡量主要考察其有效性和效率，如图6-3所示。

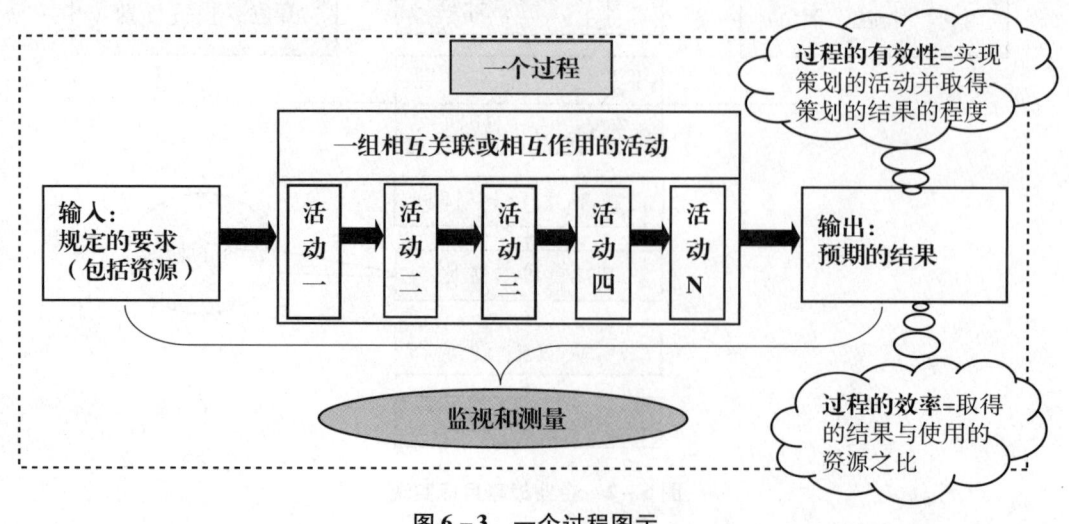

图6-3 一个过程图示

2. 过程的几个特征：

（1）输入和期望的输出是有形的（如产品、材料或零件）或无形的（如能源或信息）。

（2）输出应满足输入的要求。

（3）每个过程都有受过程影响的或按照他们的要求和期望规定过程的输出的顾客和相关方（顾客和相关方可以是组织内部或外部的）。

（4）应有一个系统来收集过程数据，这些数据可进行分析以提供过程绩效和纠正措施或改进需求的信息。

（5）所有的过程应与组织的目标一致，并用来增加价值，与组织的范围和复杂性相匹配。

（6）过程的有效性和效率可通过内部或外部评审来进行评估。

为便于理解，下面用一个例子来进一步说明：

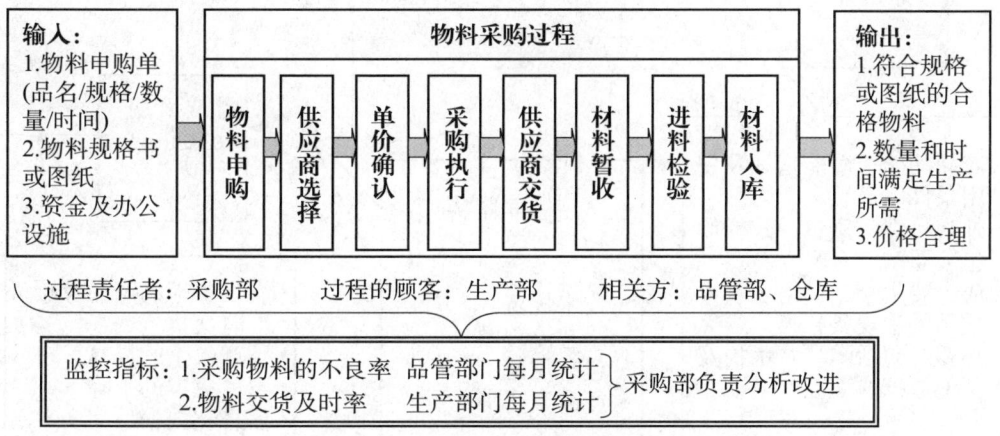

图 6-4 一个过程的例子

过程可以理解为是向过程的顾客（内部顾客或外部顾客）提供产品或服务的增值活动链。

过程很少以孤立的形式出现，通常一个过程的输出直接形成下一个过程的输入。同样，一个过程的输入通常是其他过程的输出。如图 6-5 所示。

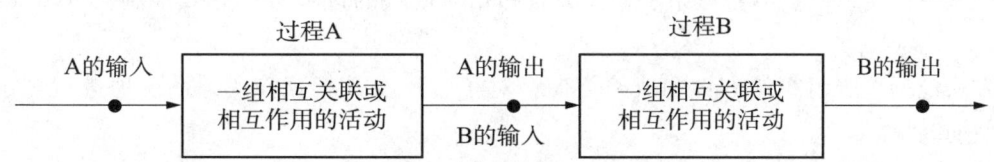

图 6-5 过程的前后衔接

3. 过程的输入、输出及过程间的关联：

过程之间是通过输入与输出发生关联的，一个过程的输入可能来自几个过程的输出，而一个过程的输出又可能为几个过程提供输入。如图 6-6 所示。

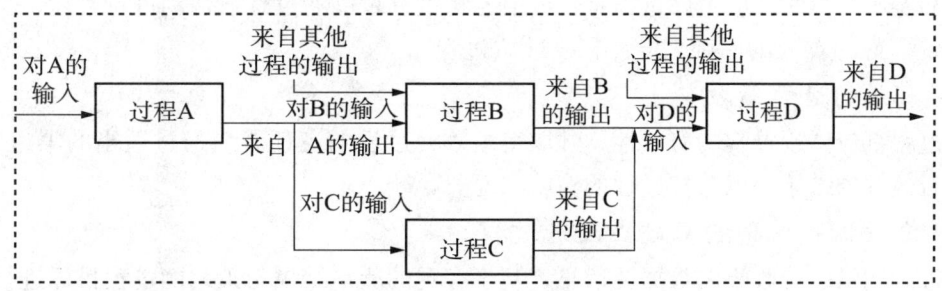

图 6-6 过程的输入、输出及关联

举例如下：

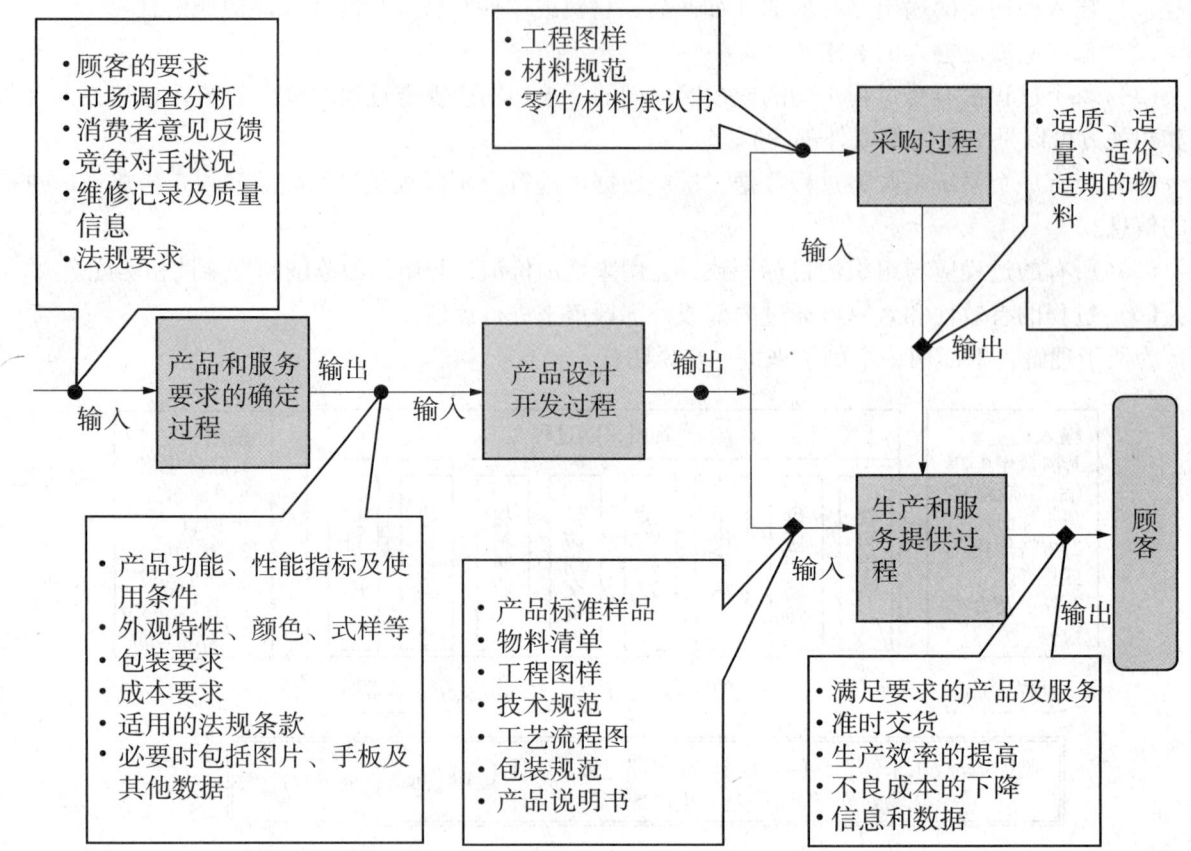

图6-7 过程的输入、输出及关联的例子

二、过程方法

组织在实现其预期结果的过程中，系统地理解和管理相互关联的过程有助于提高组织的有效性和效率。过程方法使组织能够对体系中相互关联和相互依赖的过程进行有效控制，以增强组织整体绩效。

过程方法包括按照组织的方针和战略方向，对各过程及其相互作用，系统地进行规定和管理，从而实现预期结果。

在组织中应用过程方法时，强调以下方面的重要性：

1. 理解并持续满足要求

理解每一个过程的顾客是谁，顾客的要求是什么，需要输入哪些信息和资源，影响过程输出的风险是什么，需要怎样的控制才能输出预期的结果。

2. 需要从增值的角度考虑过程

在策划和实施过程时，应考虑过程是否增值，将没有帮助的过程或活动进行删除、合并或改造。应以"多、快、好、省"的原则来设计和改进"过程"。

3. 获得有效的过程绩效

每一个过程都应体现过程的有效性，并取得绩效，过程的责任者应通过适当的渠道适时获得过程的绩效和有效性的结果，以监控过程的实施状况。

4. 在评价数据和信息的基础上改进过程

应用监视和测量系统收集的数据及信息，基于客观的测量结果与策划的过程目标进行比较分析，找出存在差异，对过程进行持续改进。

三、过程方法将各相关职能部门有效地联结

过程方法导入水平管理，穿越不同职能单位之间的壁垒并把他们的关注焦点集中到组织的主要目标上。它也改进了过程接口的管理（见图6-8）。

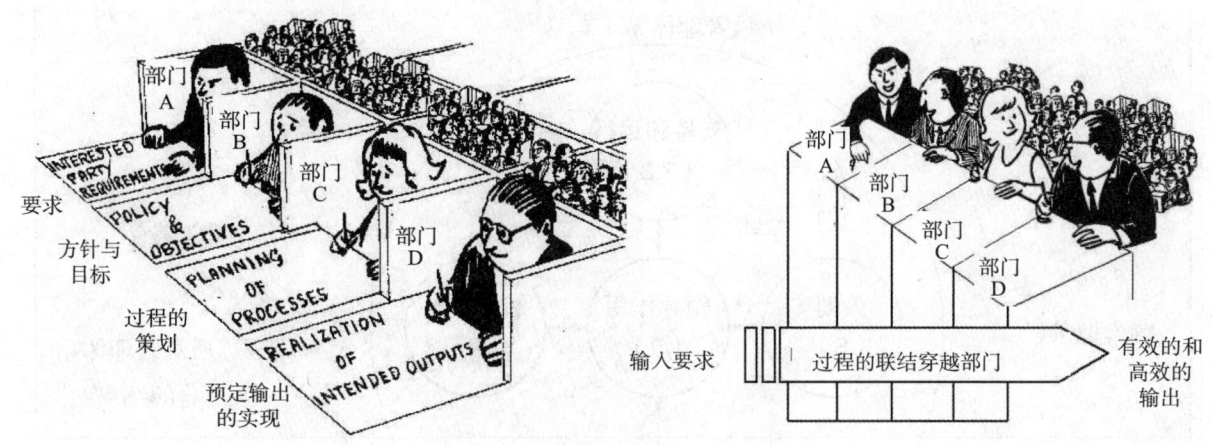

图6-8　过程穿越职能单位之间的壁垒

实现过程管理需要改变传统管理的一些习惯：一是打破职能管理习惯；二是培养系统思维习惯；三是形成绩效导向的企业文化。

打破职能管理习惯。中国企业中的职能部门很大程度上表现为"自利取向"而非"服务取向"。在"自利取向"的情况下，各职能部门特权膨胀，大家都只关注部门的职能完成程度和垂直性的管理控制，只关注上司的感觉，只关注与本部门相关的局部效率，部门之间的职能行为往往缺少完整有机的联系，由此导致企业总体效率下降。因此，必须打破职能区隔习惯。

培养系统思维习惯。过程导向侧重的是目标和时间，即以顾客、市场需求为导向，将企业的行为视为一个总过程上的过程网络，对这个网络进行管理和控制，强调全过程的协调及目标化。每一件工作都是过程的一部分，是过程的节点，它的完成必须满足整个过程的时间要求，时间是整个过程中最重要的因素之一。时间作为基本坐标决定了我们需要系统地思考问题，而不是仅仅依据自己所在的部门或所处的位置。

形成绩效导向的企业文化。形成以绩效为导向的企业文化是过程管理的保障。管理层要重视转变员工观念，通过让员工理解的方式激励员工参与过程管理，重视员工的建议等。没有这样的文化氛围，过程管理只能是流于形式，这也是很多企业引入过程再造不能取得成功的根本原因。

过程方法将各相关职能部门有效地联结，指向共同的目标。

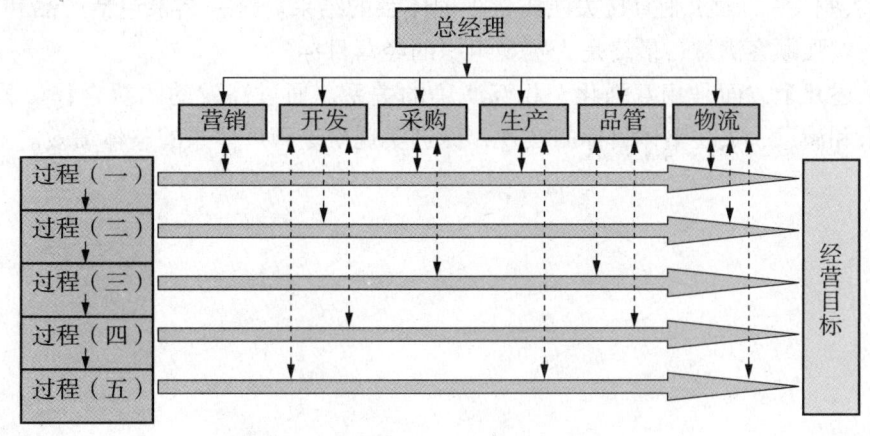

图6-9　过程将各职能部门指向同一目标

四、基于 PDCA 循环质量管理体系模式的说明

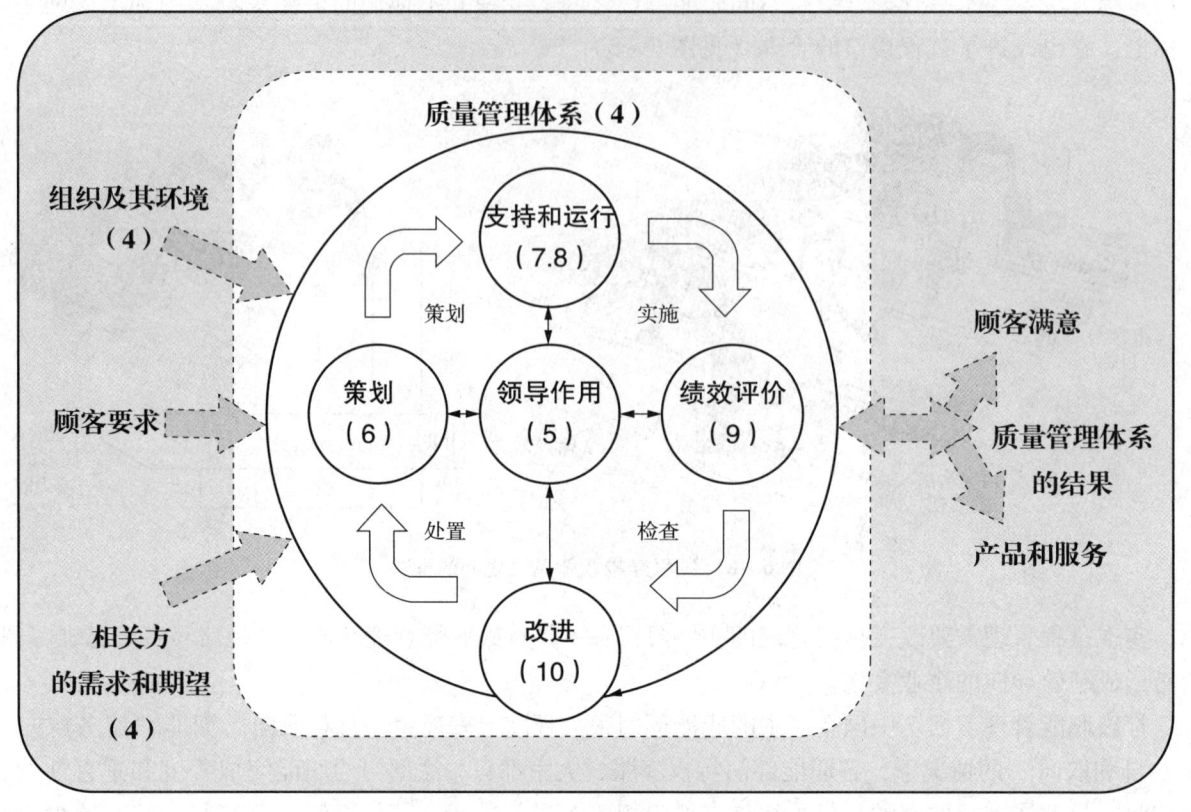

图 6-10　质量管理体系模式图

注：括号中的数字表示标准相应的章节。

这一全新的质量管理体系模型，简要说明如下：

（1）质量管理体系是在领导力驱动下的 PDCA 循环。这意味着管理者特别是最高管理者需要更积极地参与和支持"策划 P—支持和运行 D—绩效评价 C—改进 A"的整个质量管理体系的活动，标准也明确要求最高管理者对质量管理体系的有效性负责。

（2）质量管理体系的输入除了关注顾客要求，还需要考虑组织的内/外部环境信息以及相关方的需求和期望，据以策划、建立、实施、保持和持续改进组织的质量管理体系。

（3）虚线框内是组织的质量管理体系过程，这些过程包括管理过程、顾客导向过程（核心过程）和支持管理。

（4）质量管理体系的输出则直接关注质量管理体系的结果。这一结果包括产品和服务是否满足要求，是否导致增强顾客满意，最终是否实现组织的经营目标。

事实上，上述几个方面是相互强化、相互激励的关系，通过高效的团队合作、关注有效输出、关注顾客的需求和满意、关注整体目标的实现，促进实现质量管理体系的整体绩效。

第三节 过程类别及其相互关系

一、企业的三类过程

一个组织内,无论其过程的多寡或其复杂程度如何,都可以归为三类过程,即顾客导向过程(核心过程)、支持过程和管理过程。它们的定义如下:

1. 顾客导向过程或核心过程(Customer Oriented Process,COP)

顾客导向过程是指以面向顾客直接产生价值增值的过程,或与实现顾客满意关系重大的过程。

这类过程的输入来自顾客,其输出为满足顾客的需求和期望,为顾客产生价值。如产品报价过程、产品和服务的设计和开发过程、合同/订单处理过程、生产和服务提供过程、产品交付过程、顾客反馈处理过程等。

2. 支持过程(Support Process,SP)

支持顾客导向过程和管理过程运行的过程。如人力资源管理过程、设施设备管理过程、信息系统管理过程、工作环境管理过程、采购管理过程、仓储管理过程、检验和试验过程、文件控制过程等。

3. 管理过程(Management Process,MP)

管理过程一般是对组织的战略规划和经营计划、财务预算和规划、风险管理、绩效评价和改进的过程。如战略规划与经营计划管理过程、财务预算管理过程、绩效管理过程、内部审核过程、管理评审过程、纠正措施管理过程、持续改进过程等。

二、三类过程之间的关联

1. 过程型态

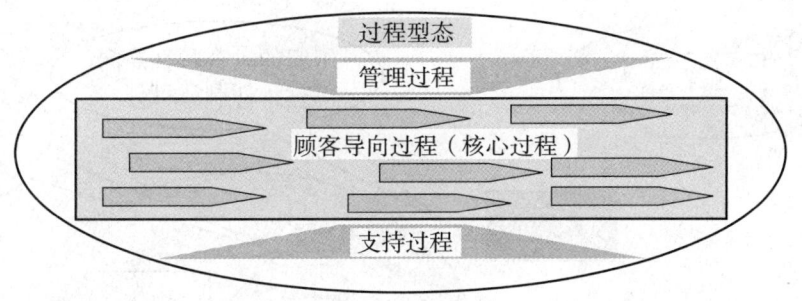

图 6-11 过程形态

上图显示,顾客导向过程是组织的核心过程,组织的整体工作是围绕顾客导向过程展开的,支持过程用于支持顾客导向过程和管理过程的运行,而管理过程则是对顾客导向过程和支持过程进行监视、测量、分析、评价和改进。

2. 三类过程的关联

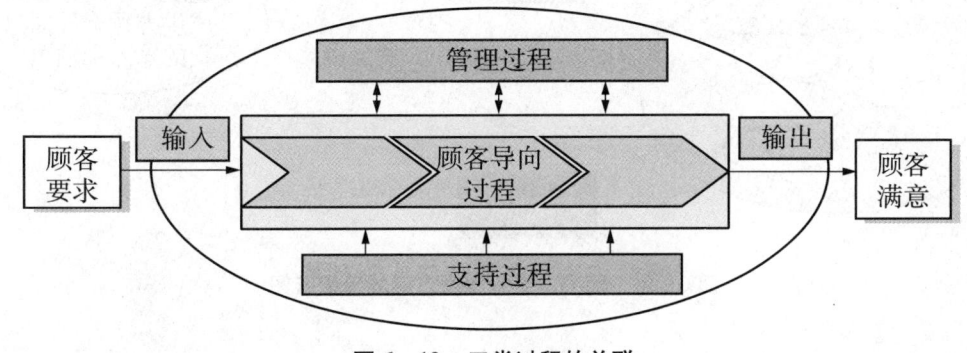

图 6-12 三类过程的关联

3. 顾客导向过程与支持过程的关系

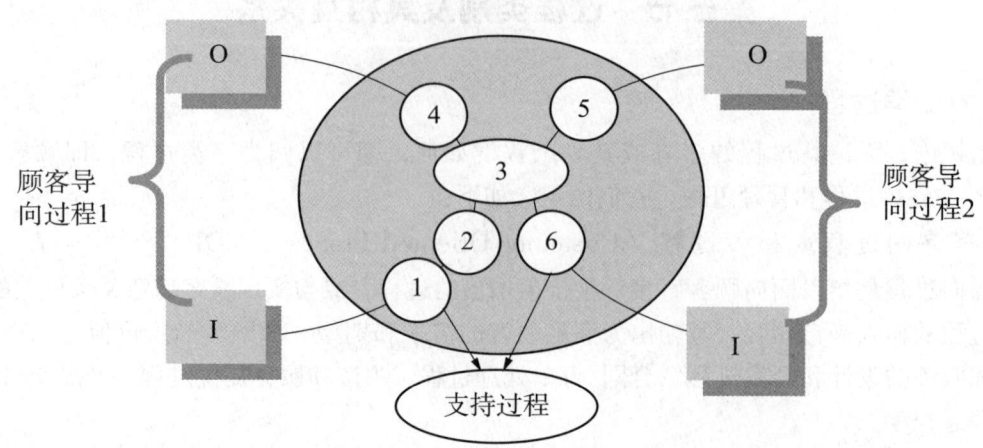

图 6-13 COP 和 SP 之间的关系

一个顾客导向过程可能有一个或多个支持过程，如产品生产过程，其支持过程包括人力资源提供和培训过程，生产设备管理过程，采购过程，检验和测试过程，测量仪器管理过程等；另外，一个支持过程也可能同时支持多个顾客导向过程，如人力资源提供和培训过程，既支持产品生产过程及服务提供过程，又支持设计开发过程，同时还会支持其他的过程。

三、过程将顾客、组织和供方三者联结成一条价值链

通过供应链的过程管理，可以及时有效地满足顾客的需求和期望。过程方法使得顾客、组织和供方三者形成一条价值链。

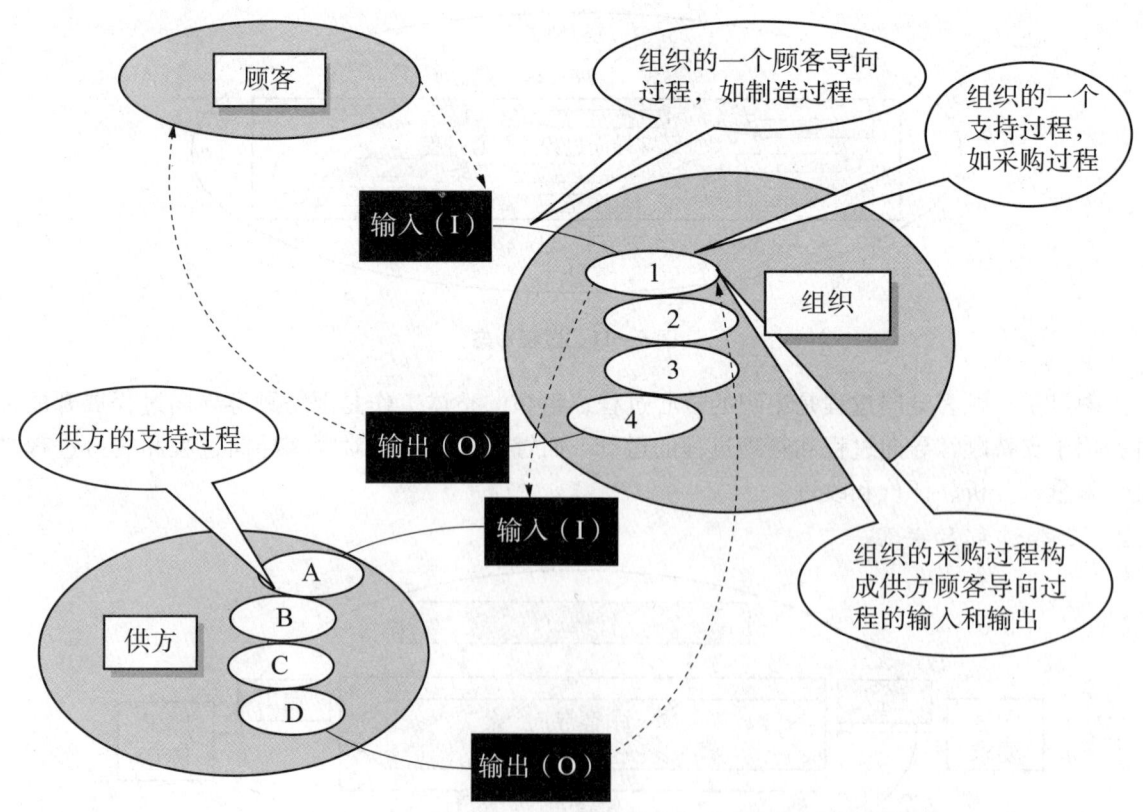

图 6-14 顾客、组织和供方形成价值链图

第四节 企业如何应用过程方法构建管理体系

一、企业的成功来自于优异的过程运营

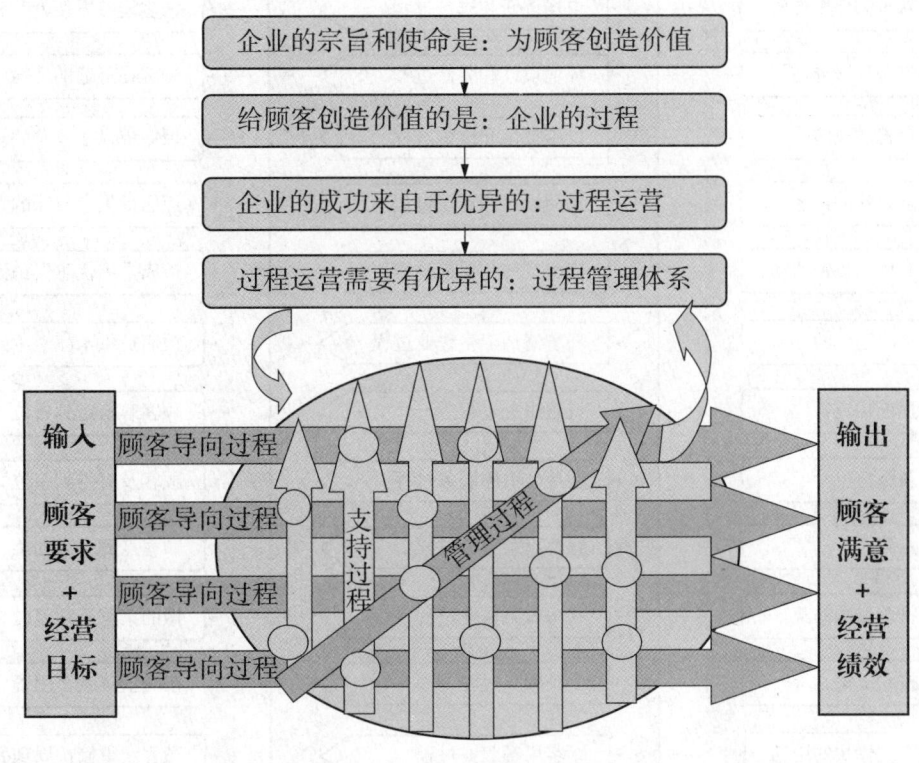

图 6-15 过程运营图

企业的经营目的就是为顾客创造价值并获得经营绩效,而能够实现这一目的的路径就是企业的过程。华为老板任正非多次说过要重视过程:"企业的人是会流动、会变的,但过程和规范会留在华为,必须有一套机制,无论谁在管理公司,这种机制不因人而变。但是过程本身是死的,而使用它的人是活的,需要人对过程的理解。而对过程了解比较多的是管理者,只有他们而不是基层人员,才清楚为什么这样设定过程。"

二、如何识别企业的顾客导向过程(核心过程)

每个企业都有自己独特的使命和战略目标,所经营的产品和服务各不相同,所属类型和企业的规模各异。那么,企业应结合自身行业特点分析通过哪些关键过程和活动可以为顾客创造价值,这些关键过程和活动就是企业的顾客导向过程,也就是核心过程。

现在的问题是,如何识别企业的顾客导向过程。如前所述,顾客导向过程是指输入来自于顾客,输出面向顾客并且为顾客产生价值的过程,下面用饭店的例子来说明。

顾客导向过程是以顾客的需求和期望为出发点,考虑通过怎样的过程和活动去满足顾客的需求和期望。如图 6-16 中的"设施提供和维护过程"和"环境清洁卫生作业过程"对于制造业来说是属于支持过程,因为制造业的顾客不直接接触工厂的设施和环境,它们只是支持生产制造过程。

而对饭店来说,顾客就餐过程中会使用这些设施,并在这些环境中完成用餐体验,是顾客特别关注的因素和条件,也是影响顾客满意度和忠诚度的重要因素。因此对于饭店而言,"设施提供和维护过程"和"环境清洁卫生作业过程"就定义为顾客导向过程。

这里强调一点,图 6-16 中列出的顾客导向过程仅是举例,并非是完整的。各企业应按自己的产品和行业特点,组织内部各职能部门进行讨论,从而识别出适合自身运作和发展的顾客导向过程。

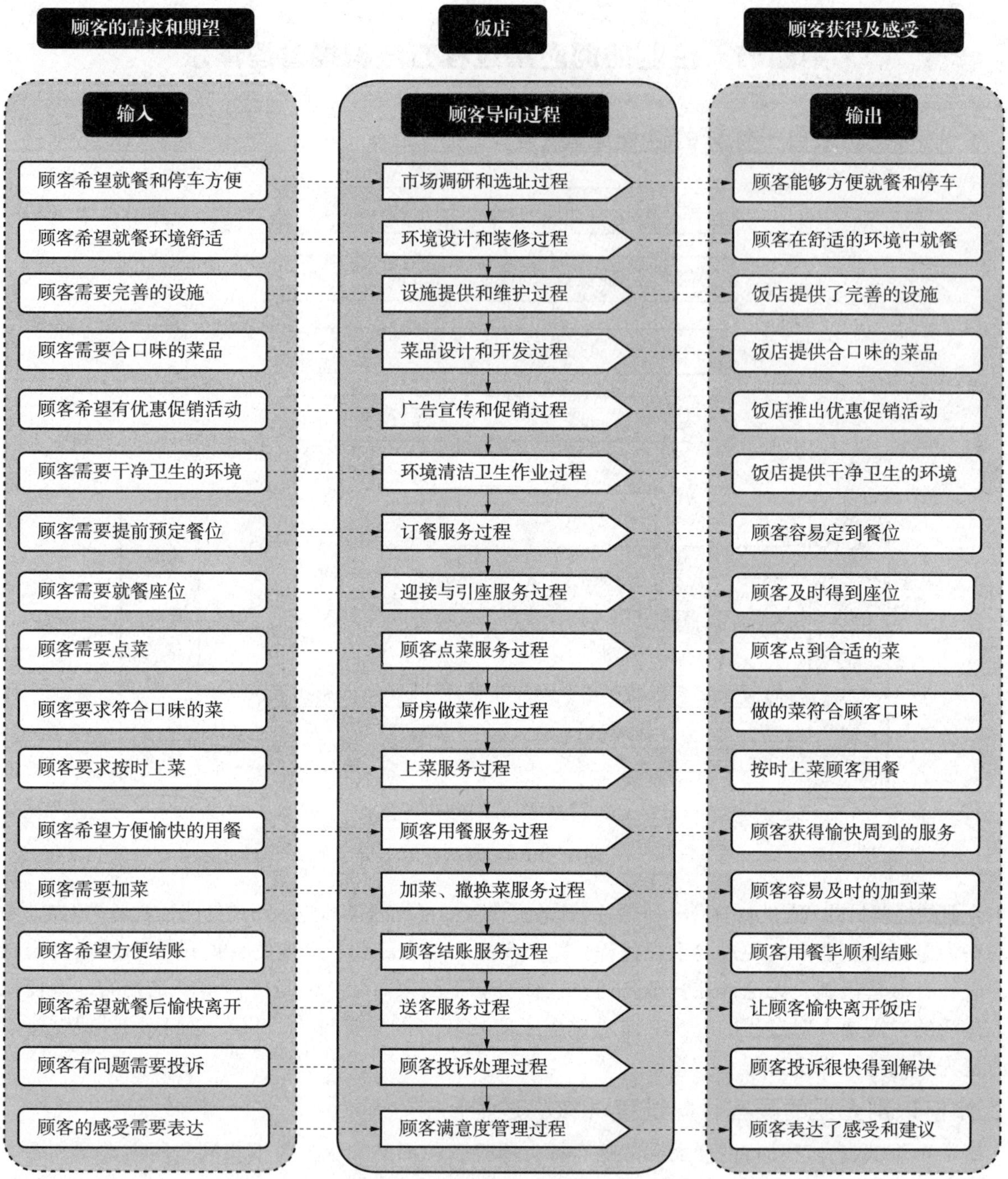

顾客的需求和期望
饭店
顾客获得及感受
输入
顾客导向过程
输出
顾客希望就餐和停车方便
市场调研和选址过程
顾客能够方便就餐和停车
顾客希望就餐环境舒适
环境设计和装修过程
顾客在舒适的环境中就餐
顾客需要完善的设施
设施提供和维护过程
饭店提供了完善的设施
顾客需要合口味的菜品
菜品设计和开发过程
饭店提供合口味的菜品
顾客希望有优惠促销活动
广告宣传和促销过程
饭店推出优惠促销活动
顾客需要干净卫生的环境
环境清洁卫生作业过程
饭店提供干净卫生的环境
顾客需要提前预定餐位
订餐服务过程
顾客容易定到餐位
顾客需要就餐座位
迎接与引座服务过程
顾客及时得到座位
顾客需要点菜
顾客点菜服务过程
顾客点到合适的菜
顾客要求符合口味的菜
厨房做菜作业过程
做的菜符合顾客口味
顾客要求按时上菜
上菜服务过程
按时上菜顾客用餐
顾客希望方便愉快的用餐
顾客用餐服务过程
顾客获得愉快周到的服务
顾客需要加菜
加菜、撤换菜服务过程
顾客容易及时的加到菜
顾客希望方便结账
顾客结账服务过程
顾客用餐毕顺利结账
顾客希望就餐后愉快离开
送客服务过程
让顾客愉快离开饭店
顾客有问题需要投诉
顾客投诉处理过程
顾客投诉很快得到解决
顾客的感受需要表达
顾客满意度管理过程
顾客表达了感受和建议

图 6－16　顾客导向过程识别图

一般制造业的顾客导向过程示例：

顾客导向过程
顾客要求
市场营销过程
合约订单处理过程
生产计划控制过程
生产制造过程
产品交付过程
售后服务过程
顾客财产管理过程
顾客投诉处理过程
市场调查分析过程
产品设计开发过程
变更管理过程
顾客满意度管理过程
顾客满意

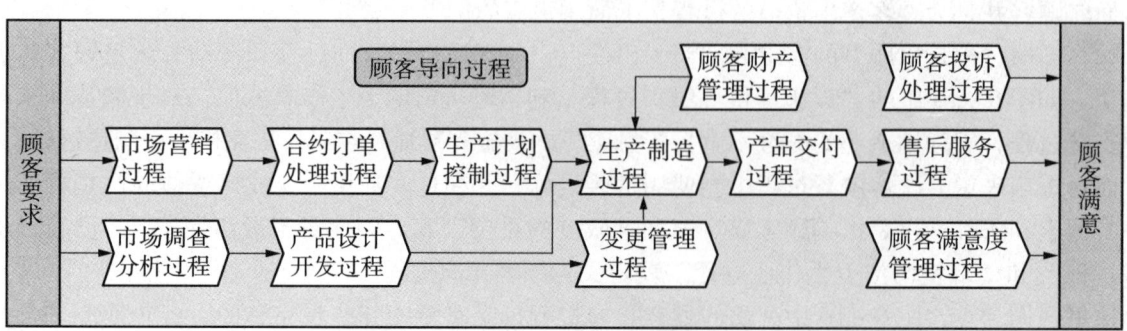

图 6－17　制造业顾客导向过程示例

三、如何识别支持过程和管理过程

支持过程就是为顾客导向过程和管理过程提供人力、培训、基础设施、设备、材料、信息系统、质量控制等的过程。

管理过程一般是指组织的经营战略和计划、财务预算和规划、风险管理、绩效评价和改进的过程。如经营战略与计划管理过程、财务预算管理过程、绩效考核管理过程、内部审核过程、管理评审过程、不符合及纠正措施管理过程、持续改进过程等。

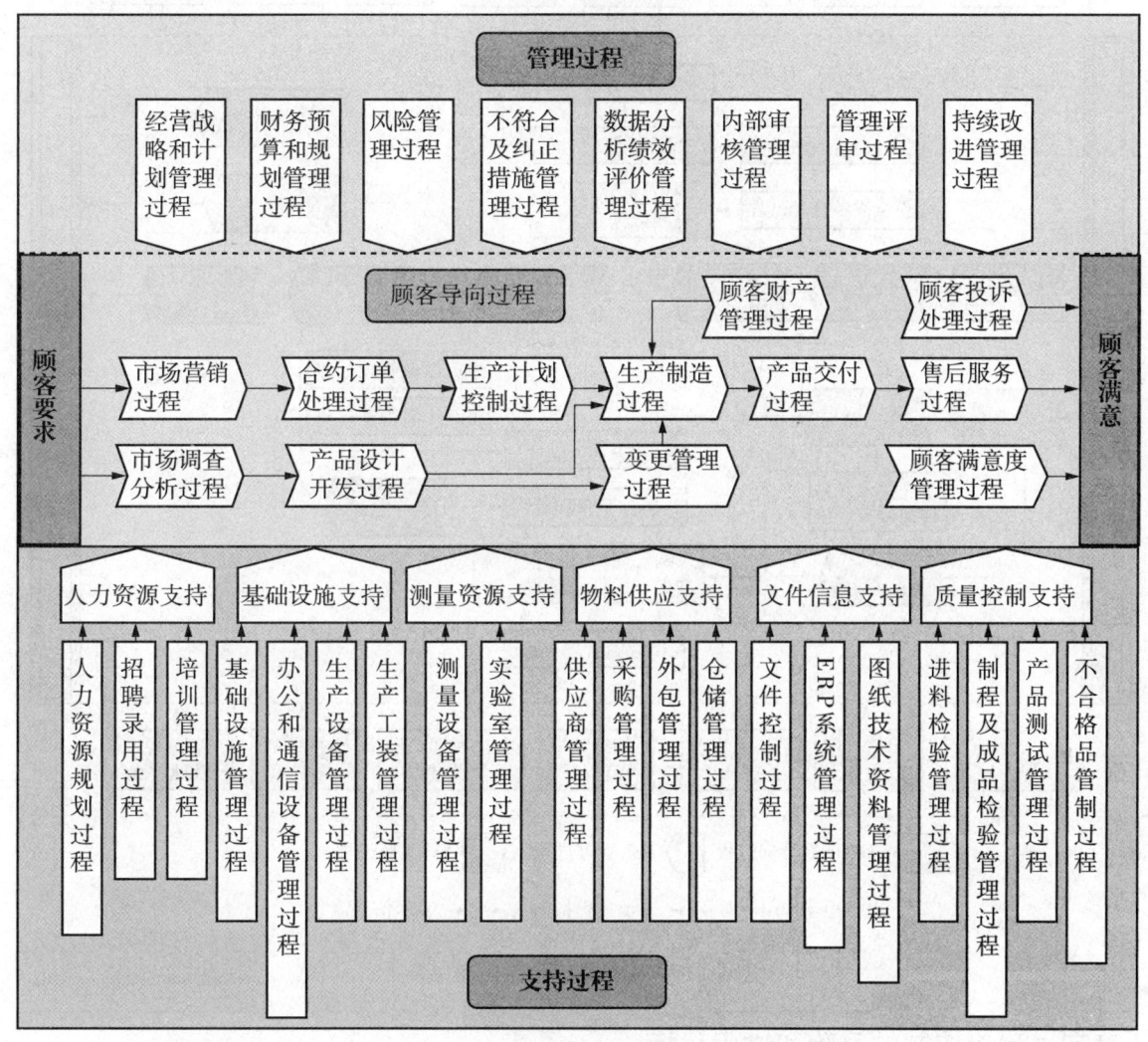

图 6-18 支持过程和管理过程的识别

四、确定过程之间的顺序和相互关系

上面识别了三类过程之后，就需要确定这些过程之间的先后顺序如何，相互作用如何联结，形成过程网络。将上述 COP、SP、MP 三类过程按先后顺序和相互关系形成过程系统图，见图 6-19。

图 6-19 中，管理过程（MP）对所有的顾客导向过程和支持过程都是相互作用的；如战略和经营计划通过展开到顾客导向过程和支持过程中实施、控制并最终实现；如风险管理要融入顾客导向过程和支持过程中进行识别、评价和控制；如不符合与纠正措施对所有过程都是适用的，也就是说所有产品、过程、体系的不符合都可以按此过程执行改进；而内部审核与管理评审是对管理体系所有过程的审核和评价；持续改进包括产品的持续改进、过程的持续改进、体系的持续改进；绩效评价是对管理体系运行的输出结果进行整体评价。

支持过程有些是共同的,如人力资源过程、基础设施过程、办公和通信设施管理过程、文件控制过程、信息系统管理过程等;有些支持过程仅对某个或几个顾客导向过程予以支持,在过程系统图中应将这些过程关系予以标注。

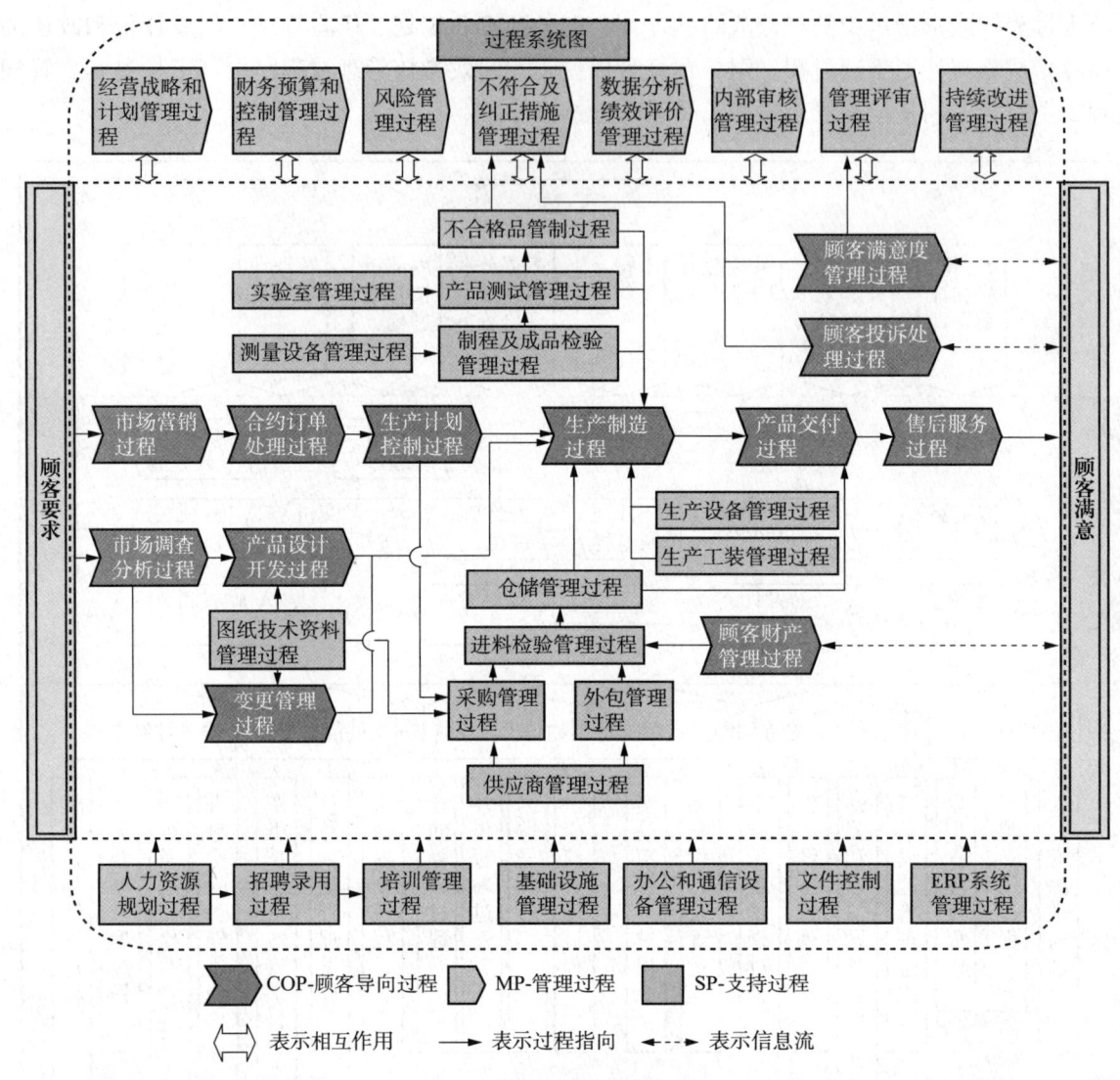

图 6-19　质量管理体系过程关系

五、确定过程应控制的风险和过程目标

一个有效的过程就是其结果确能满足企业目标的过程。理解和控制影响过程的因素,就可控制过程的结果。因此,过程和目标及其风险是联系在一起的,如下示例。

企业战略	经营目标	风险	控制风险的过程	设定过程目标
集中开发新产品,在某个细分市场占有率成为第一	3年内占据市场份额的60%	1. 未能如期开发出满足市场需求的新产品 2. 营销未跟上市场,市场份额萎缩	1. 新产品开发过程 2. 市场营销管理过程	1. 每年推出5款新产品、成功率80%以上 2. 每年销售增长30%

根据上述"过程系统图",现将顾客导向过程、支持过程和管理过程应控制的风险及过程管理目标举例如下:

序号	顾客导向过程	应控制的风险	过程管理目标
COP1	市场调查分析过程	调查范围覆盖面不足、信息不完整	调查范围覆盖80%的顾客或经销商
COP2	产品设计开发过程	设计周期长、开发成功率低	每年推出5款新产品,成功率80%以上
COP3	市场营销过程	客户流失、市场份额下降、销售增长率下降	市场份额每年增长10%,销售额每年增长30%
COP4	合约/订单评审过程	不能履行合约、交付延期	客户履约率100%,交期达成率100%
COP5	生产计划控制过程	订单未能按期完成	生产计划达成率100%
COP6	生产制造过程	不良率高、报废损失大、生产成本高	不良率0.5%,报废损失0.2%,生产成本100%控制在标准成本内
COP7	产品交付过程	未按时交付	100%按时交付到客户
COP8	变更管理过程	未正确变更、变更延期	变更有效性100%,按时完成变更100%
COP9	售后服务过程	未及时服务、服务不满意	100%在规定时间内完成服务,服务满意度90%以上
COP10	顾客财产管理过程	顾客财产遗失、损坏	顾客财产100%完好
COP11	顾客投诉处理过程	投诉未及时处理、处理结果顾客不满意	接到顾客投诉3小时内必须书面回复,同一问题顾客无重复投诉
COP12	顾客满意度管理过程	数据收集不完整、满意度低	调查涵盖100%的顾客,顾客满意度90分以上
序号	支持过程	应控制的风险	过程管理目标
SP1	人力资源管理过程	人力不足、培训不足、流动率高	人员满岗率95%以上,培训合格率100%,人员流动率6%以下
SP2	基础设施管理过程	基础设施供应中断	基础设施完好率100%
SP3	办公和通信设备管理过程	办公和通信设备故障	办公和通信设备故障率5%以内
SP4	文件控制过程	发行的文件不适用、文件未及时正确地发放到相关部门	各部门100%按时获得适用版本的所需文件
SP5	ERP系统管理过程	系统故障导致运行瘫痪	系统维护0故障
SP6	图纸技术资料管理过程	图纸制作错误、未按时出图、不按时发放、资料外泄	图纸发行正确率100%,发放及时率90%以上
SP7	生产设备管理过程	设备未按计划维护、设备故障率高、设备维修时间长	设备故障率5%以内,设备故障停机时间每周合计小于10小时
SP8	工装管理过程	工装未按计划执行维护、错误使用工装	工装维护保养率100%
SP9	测量仪器管理过程	测量仪器未按期校正、仪器被错误使用、损坏仪器	测量仪器100%按时校正合格
SP10	实验室管理过程	实验数据不准确、实验设备的故障、未及时提供数据	实验数据错误0次,实验设备完好率100%

序号	支持过程	应控制的风险	过程管理目标
SP11	供应商管理过程	供应商交货能力不足、交货质量差、供货价格高	列入合格供应商必须100%评估合格，同类物料开发2～3家合格供应商
SP12	采购管理过程	采购产品质量不合格、采购交期延误	采购物料合格率98%，物料交期准时率95%
SP13	外包控制过程	外发加工产品不合格、外发未按时交货	外发加工合格率99%，外发交货准时率98%
SP14	进料检验过程	进料检验不及时、不良材料流入生产部门	进料检验及时率100%，不良材料流入生产0次
SP15	仓储管理过程	账物不准确、库存呆滞品、库存损失、安全隐患	仓储安全事件0次，盘点准确率99.5%
SP16	制程及成品检验过程	检验不及时、顾客验货不合格、顾客退货等	产品一次交检合格率98%，顾客退货次数0次
SP17	产品测试管理过程	测试结果提供不及时、测试结果错误	测试按时完成率100%，测试结果错误0次
SP18	不合格品管制过程	不合格品流出、不合格品呆滞	不合格品非预期使用0次
序号	管理过程	应控制的风险	过程管理目标
MP1	经营战略和计划管理过程	经营战略失误、经营计划未完全落实	经营战略失误项目0次，经营计划落实100%
MP2	财务预算和控制管理过程	财务预算偏差大、投资回报率低	财务预算偏差控制在10%以内，年投资回报率20%
MP3	风险管理过程	风险未识别、措施控制不当	风险事件发生0次
MP4	不符合及纠正措施管理过程	不符合未及时有效处理，纠正措施未结案	纠正措施结案率100%
MP5	数据分析与绩效评价管理过程	绩效评价信息不完整、未按时执行	绩效评价项目100%满足标准要求，按时完成绩效评价
MP6	内部审核管理过程	未按时实施内部审核、不符合项的未能有效改善结案	按时完成内部审核、不符合项的改善结案率100%
MP7	管理评审过程	管理评审输入不完整、资料不充分、输出事项未能有效落实	按时实施管理评审、评审决议事项执行率100%
MP8	持续改进管理过程	持续改进立项少、改善成功率低	每季度至少6个改善立项，改善成功率80%以上

风险管理和过程管理在管理体系中的价值

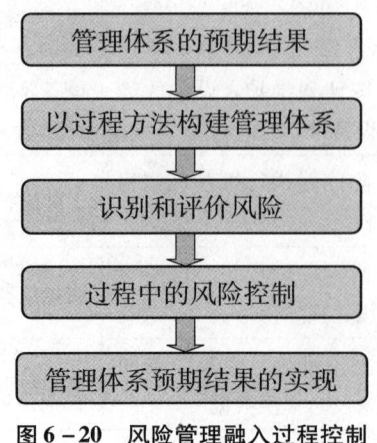

图6-20 风险管理融入过程控制

六、策划对每个过程的管理方法——过程管理图（过程乌龟图）

我们再来回顾一下 ISO 9001：2015 标准对质量管理体系和质量管理体系过程的要求。

4.4 质量管理体系及其过程

4.4.1 组织应按照本标准的要求，建立、实施、保持和持续改进质量管理体系，包括所需过程及其相互作用。

组织应确定质量管理体系所需的过程及其在整个组织中的应用，且应：

a）确定这些过程所需的输入和期望的输出；
b）确定这些过程的顺序和相互作用；
c）确定和应用所需的准则和方法（包括监视、测量和相关绩效指标），以确保这些过程的有效运行和控制；
d）确定这些过程所需的资源并确保其可获得；
e）分配这些过程的职责和权限；
f）按照 6.1 的要求应对风险和机遇；
g）评价这些过程，实施所需的变更，以确保实现这些过程的预期结果；
h）改进过程和质量管理体系。

4.4.2 在必要的范围和程度上，组织应：

a）保持文件化信息以支持过程运行；
b）保留文件化信息以确信其过程按策划进行。

标准要求我们如何建立质量管理体系，以及对确定的质量管理体系过程如何进行管理。

当企业依照前述的方法识别了所有的顾客导向过程（COP）、支持过程（SP）和管理过程（MP）后，接下来就是如何管理这些过程了。按照前述的"PDCA"方法，应对每一个过程进行策划，这时应明确以下九个问题：

- 过程的顾客是谁？
- 需要哪些输入？输入的要求是什么？从哪里得到输入？
- 过程应输出什么？输出应满足怎样的要求？
- 过程需要哪些资源？现有资源充分吗？
- 过程由谁来执行？执行者需要具备什么资格（能力/技能/培训）？
- 过程的步骤及其控制的准则和方法是什么？
- 过程应控制的风险是什么？采取什么措施控制？
- 过程需要形成哪些文件？需要保留哪些记录？
- 过程管理的目标是什么？如何进行测量和计算？

将过程策划的结果填入图 6-21 所示的过程管理图，或称"过程乌龟图"。

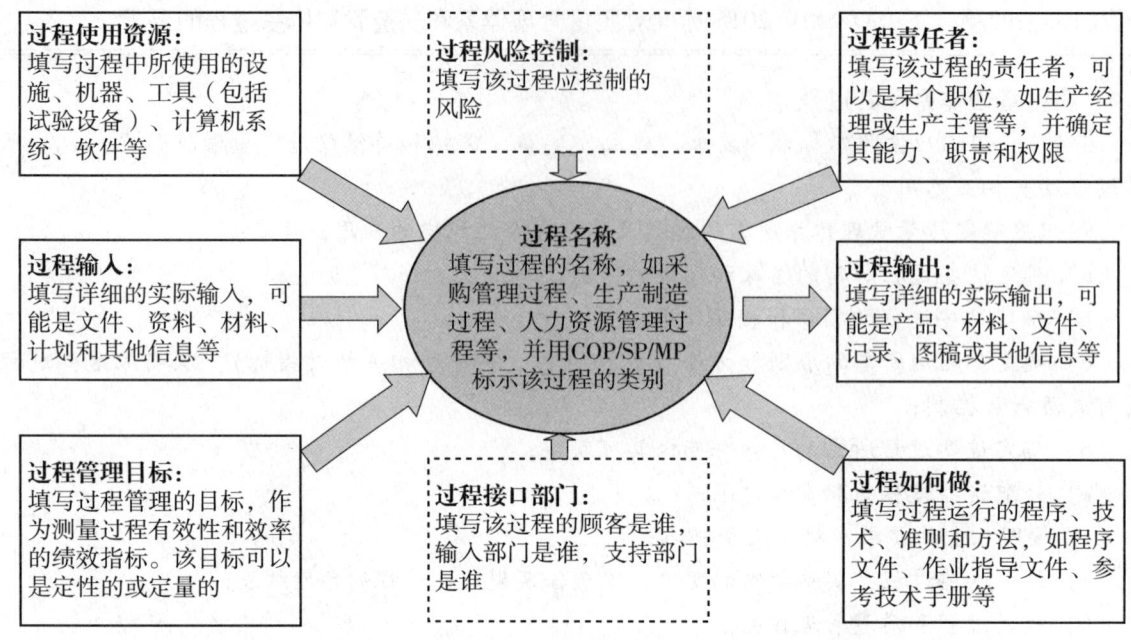

图 6-21　过程管理图或乌龟图

此图给出了使用过程方法进行过程策划和实施时非常有用的工具，它适用于所有过程。
一个采购过程策划的过程乌龟图范例：

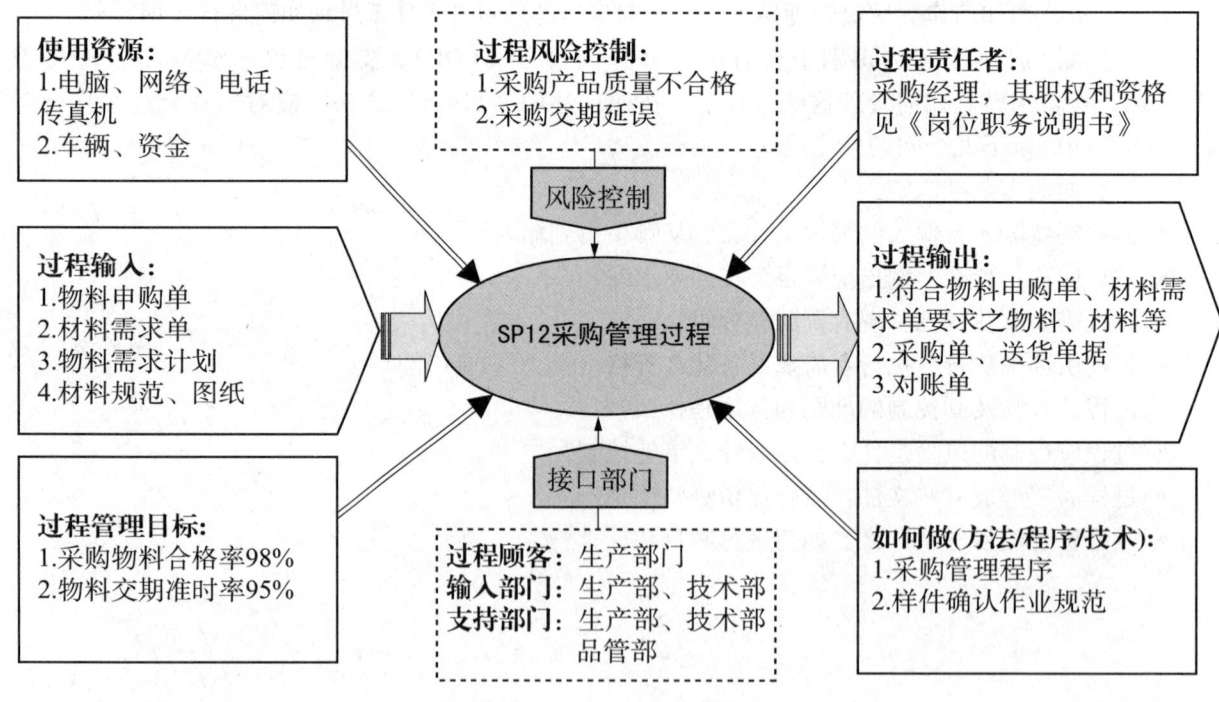

图 6-22　采购过程乌龟图示例

七、将过程形成文件

虽然标准并没有要求哪些过程必须形成文件，但企业根据其自身运行和控制的需要可以决定将所有的过程形成文件。形成文件的主要目的是使各过程始终如一和稳定地运行。

过程文件可以使用很多不同的方法，如程序文件、图形表示法、书面指导书、检查清单、流程图、视觉媒体或软件系统的方法。

以下是一个采购过程形成文件的示例,其他过程均可参考本示例。

【采购管理程序】

文件名称	采购管理程序	文件编号：SQ-SP-12	版本：A
编制部门	资材部	编制日期：2016.08.08	页码：1/3

1. **目的**

   为确保物料、材料的采购能有效控制,及时满足生产和工作需求,特制定本程序。

2. **适用范围**

   适用于本公司所有原材料、辅助材料,其他类物料的采购管理。

3. **定义**

   3.1 主材料：直接组成产品的零部件和材料。

   3.2 辅助材料：模具、刀具、油品、包装材料等。

   3.3 其他类：生产日常用品,行政办公设备和用品,设备零件、五金件等。

4. **采购管理过程乌龟图**

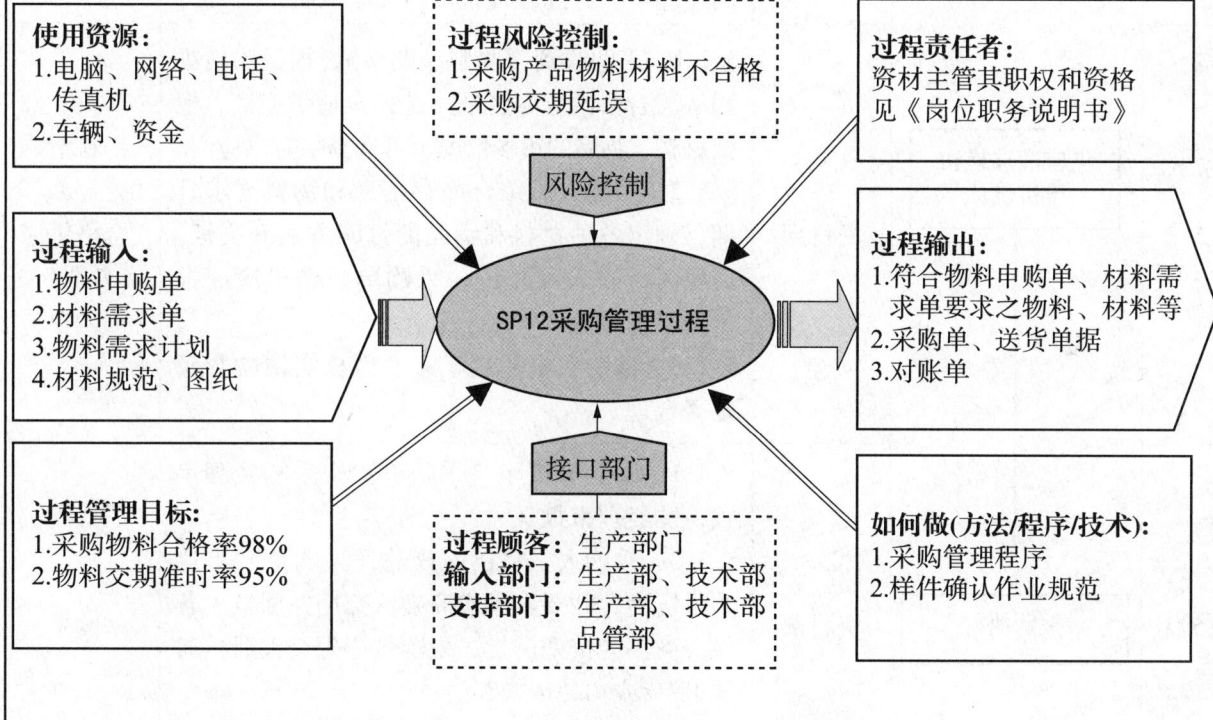

5. **作业内容（下页）**

【采购管理程序】

文件名称		采购管理程序	文件编号：SQ-SP-12	版本：A
编制部门		资材部	编制日期：2016.08.08	页码：2/3
序号	采购作业流程	权责部门/人	作业要求	参考文件/使用表单
5.1	物料申购	需求部门 资材部	5.1.1 生产用的原材料和包装材料由仓库根据"安全库存表"及现有库存量和订单情况填写《物料请购单》，由资材部经理审核、总经理批准后交采购员。 5.1.2 常用必备物品、易耗品由仓库根据库存情况填写《物料请购单》，由资材部经理审批后交采购员。 5.1.3 各相关部门有其他物品、物料及设备需求时，也可填写《物料请购单》，交所属部门经理审核、总经理批准后交采购员。	"安全库存表"《物料请购单》
5.2	供应商选择和单价确认	资材部	5.2.1 采购收到《物料请购单》，根据物料类别从《合格供应商名录》选择合适供应商，根据材料、物品的市场情况也可选择临时供应商。 5.2.2 采购人员结合库存信息和物料需求日期，确定各种材料和物品的订购方式和交期。需要时，采购可先传《采购单》给供应商报价和单价确认。 5.2.3 请购数量超过5万的需核实请购数量是否合理。	《物料请购单》《合格供应商名录》《采购单》
5.3	采购执行	资材部	5.3.1 采购员打印《采购单》交采购经理审核，总经理审批。 5.3.2 采购人员将已签核的《采购单》下达给供应商，并要求供应商确认交期并回复。若供应商不能按期交货，采购员应先交涉后再通知PMC或相关请购部门。 5.3.3 零碎物品可直接询价，现场购买或供应商送货到厂。	《采购单》
5.4	供应商送货	资材部	5.4. 供应商交货必须开"送货单"，由采购人员通知仓管人员签收。	
5.5	材料暂收 A	仓管人员 品管部	5.5.1 仓管人员依照《采购单》核对"送货单"内容，对品名、料号、规格、数量进行确认暂收，按《必检物料和免检物料管理规定》，对必检品通知品管部进行检验。 5.5.2 免检物料由仓库直接进仓。	《采购单》《必检物料和免检物料管理规定》

【采购管理程序】

文件名称	采购管理程序	文件编号：SQ-SP-12	版本：A
编制部门	资材部	编制日期：2016.08.08	页码：3/3

序号	采购作业流程	权责部门/人	作业要求	参考文件/使用表单
5.6	NG→不合格品管制 ←进料检验← A ↓OK	品管部	5.6 品管部质检员依《进料检验程序》进行检验，不合格品依《不合格品管制程序》执行。	《进料检验程序》《不合格品管制程序》
5.7	材料入库	仓管	5.7 仓管人员对检验合格物料依《仓储管理程序》办理入库。	《仓储管理程序》

6. 附加说明

6.1 采购退货处理

  6.1.1 物料退货提出

  a) 进料检验发现采购不合格，由品管部提出。

  b) 在使用过程发现采购不合格，由申购人员或具体使用人提出。

  c) 非月结采购物品退货要求在采购回厂三天内提出。

  d) 月结采购物品退货要求在采购回厂不超过一周内提出。

  6.1.2 不合格确认及退仓

  a) 发现问题及时通知采购人员，以便现场了解情况，查清问题所在，确认能否退货。

  b) 提出退货人填写《退货单》，《退货单》必须填写退货原因和再购时间，然后到仓库办理物料退货手续，将物料交回仓库。

  c) 仓管将《退货单》交一联给采购部，以便登账和督促处理。

  d) 不能退货的交采购和总经理批准，提出处理意见。

  6.1.3 退货处理

  a) 采购员提取《退货单》、供应商"送货单"和物料，通知供应商退货处理。

  b) 退货必须在一周内处理完毕。

  c) 属质量问题必须无条件退换，给我方造成损失的要求赔偿经济损失。

  6.1.4 重新采购

  a) 采购人员根据退货原因、需求规格进行正确选购。

  b) 根据生产需要，急件必须马上采购，其他根据物料需求时间及时回厂。

  c) 物料回厂后仓管员通知相关人员进行确认。

  d) 对物料的检验按《进料检验程序》进行。

7. 参考文件

7.1 《进料检验程序》

7.2 《仓储管理程序》

7.3 《不合格品管制程序》

8. 使用表单

8.1 《物料请购单》　　　8.2 《合格供应商名录》

8.3 《采购单》　　　　　8.4 《退货单》

八、建立过程与部门职责对照表

过程类别	过程名称	总经办	业务部	技术部	采购部	生产部	品管部	管理部	财务部
MP1	经营战略和计划管理过程	●	○	○	○	○	○	○	○
MP2	财务预算和控制管理过程	○	○	○	○	○	○	○	●
MP3	风险管理过程	●	○	○	○	○	○	○	○
MP4	不符合及纠正措施管理过程	○	○	○	○	○	●	○	○
MP5	数据分析绩效评价管理过程	○	○	○	○	○	●	○	○
MP6	内部审核管理过程	●	○	○	○	○	○	○	○
MP7	管理评审过程	●	○	○	○	○	○	○	
MP8	持续改进管理过程	○	○	○	○	○	○	●	○
COP1	市场调查分析过程		●	○					
COP2	产品设计开发过程		○	●	○	○	○		
COP3	市场营销过程		●	○	○	○	○		
COP4	合约/订单评审过程		●	○	○	○	○		
COP5	生产计划控制过程		○		○	●			
COP6	生产制造过程		○	○	○	●	○		
COP7	产品交付过程		○			○		●	
COP8	变更管理过程		○	●	○	○	○		
COP9	售后服务过程		●	○		○	○		
COP10	顾客财产管理过程		○	○	●	○	○		
COP11	顾客投诉处理过程		○	○		○	●		
COP12	顾客满意度管理过程		●	○		○	○		
SP1	人力资源管理过程	○	○	○	○	○	○	●	○
SP2	基础设施管理过程	○	○	○	○	○	○	●	○
SP3	办公和通信设备管理过程	○	○	○	○	○	○	●	
SP4	文件控制过程	○	○	○	○	○	●	○	○
SP5	ERP系统管理过程	○	○	○	○	○	○	●	○
SP6	图纸技术资料管理过程			●	○	○			
SP7	生产设备管理过程				○	●		○	
SP8	工装管理过程				○	●			
SP9	测量仪器管理过程				○	○	●		
SP10	实验室管理过程				○	○	●		
SP11	供应商管理过程				○	●	○	○	
SP12	采购管理过程				○	●	○	○	
SP13	外包控制过程				○	●	○	○	
SP14	进料检验过程				○	○	●		
SP15	仓储管理过程				○	○	○	●	○

过程类别	过程名称	总经办	业务部	技术部	采购部	生产部	品管部	管理部	财务部
SP16	制程及成品检验过程					○	●		
SP17	产品测试管理过程			○		○	●		
SP18	不合格品管制过程			○	○	○	●	○	

注：●表示主导部门　　○表示相关部门

九、过程的实施和监测

为有计划的实施所策划的过程和它们的活动，企业可为过程实施制定一个方案，它包括但不限于：

- 宣传；
- 内部沟通会议；
- 意识和培训；
- 过程更改和修订的管理；
- 管理层参与；
- 数据统计和适用的评审活动。

目的是确保过程能有效地实施，并按计划实施测量、监视和控制。

十、过程的分析和改进

评价从监视和测量所获得的过程数据来量化过程绩效。必要时，使用统计的方法将过程绩效测量的结果与所确定的过程要求比较，以确认过程的有效性、效率和任何纠正措施的需求。根据过程绩效数据来识别过程改进的机会。适当时，向最高管理者报告过程绩效。

应确定实施纠正措施的方法，以消除问题（如错误、缺陷、缺少适当的过程控制）的根本原因。实施纠正措施并验证它的有效性。

一旦达到策划的过程要求，组织应持续地把精力集中在使过程绩效改进到更高水平的行动上。应规定和实施改进的方法（如过程的简化、提高效率、改进有效性、缩短过程的周期时间等），并验证改进的有效性。

可以使用风险分析工具来识别潜在问题，这些潜在问题的根本原因也应得到识别和纠正，避免在具有所识别的类似风险的所有过程中出现。

第七章
质量管理体系文件编写和实施方法

第一节　质量管理体系文件类型及价值

　　一、质量管理体系文件类型

　　二、文件的价值

第二节　质量管理体系文件架构和编写说明

　　一、质量管理体系文件架构

　　二、对质量管理体系文件要求的说明

　　三、文件编写说明

　　四、质量体系文件的评价

第三节　新版质量手册编写说明和手册范例

　　一、质量手册编写说明

　　二、新版质量手册范例

第四节　过程化程序文件编写说明

　　一、关于程序文件的说明

　　二、过程化程序文件编写说明

　　三、过程化程序文件范例

第五节　作业指导书编写说明

　　一、作业指导书是企业质量控制的关键

　　二、作业指导书的编写原则

　　三、作业指导书的编写说明

　　四、作业指导书的参考范例

第六节　质量管理体系实施方法

第一节　质量管理体系文件类型及价值

一、质量管理体系文件类型

1. 质量管理体系的含义

质量管理体系是指在质量方面指挥和控制组织的管理体系。一个组织的质量管理体系应由以下方面构成：

（1）质量管理体系所覆盖的范围；
（2）建立方针和目标以及实现这些目标的过程及其相互关联或相互作用的要素；
（3）符合质量管理体系标准要求的、适合组织自身要求的质量管理体系文件；
（4）与质量管理体系相适应的组织结构、岗位和职责、人员和设施；
（5）组织规定的质量管理活动及其结果。

2. 文件的定义

文件是指信息及其载体。如：质量手册、程序文件、规范、图样、报告、标准、记录等。载体可以是纸张，磁性的、电子的、光学的计算机盘片，照片或标准样品，或它们的组合。

3. 什么是质量管理体系文件

质量管理体系文件是载有组织质量管理的方针、目标、职责分工、运作过程、管理程序、运作方法、作业指导以及全部记录的综合载体。

4. 质量管理体系中使用的文件类型

（1）几种类型的文件的说明：

①质量手册：阐明组织质量管理体系要求的文件。

为了适应组织的规模和复杂程度，质量手册在其详略程度和编排格式方面可以不同。

②质量计划：对特定的客体，规定由谁及何时应用程序和相关资源的规范。

这些程序通常包括所涉及的那些质量管理过程以及产品和服务实现过程。通常，质量计划引用质量手册的部分内容或程序文件。质量计划通常是质量策划的结果之一。

③规范：阐明要求的文件。

规范的示例：如质量手册、质量计划、技术图纸、程序文件、作业指导书。

规范可能与活动有关（如程序文件、过程规范和试验规范）或与产品有关（如产品规范、性能规范和图样）。

④指南：阐明推荐的方法或建议的文件。

⑤程序文件：提供如何一致地完成活动和过程的信息的文件。

⑥作业指导书：有关任务如何实施和记录的详细描述。

作业指导书可以是详细的书面描述、流程图、图表、模型、图样中的技术注释、规范、设备操作手册、图片、录像、检查清单，或这些方式的组合。作业指导书应当对使用的任何材料、设备和文件进行描述。必要时，作业指导书还可包括接收准则。

⑦记录：阐明所取得的结果或提供所完成活动的证据的文件。

记录可用于正规化可追溯性活动，并为验证、预防措施和纠正措施提供证据。通常记录不需要控制版本。

⑧表格：用于记录质量管理体系所要求的数据的文件。

（2）当表格中填写了数据，表格就成了记录。

在质量管理体系文件中通常包括：

①质量方针和质量目标；
②质量手册；
③程序文件；

④作业指导书；
⑤表格；
⑥质量计划；
⑦规范；
⑧外来文件；
⑨记录。

（3）每个组织确定其所需文件的多少和详略程度及使用的载体，取决于下列因素：
①组织的类型和规模；
②过程的复杂性和相互作用；
③产品的复杂性；
④顾客要求；
⑤适用的法规要求；
⑥经证实的人员能力；
⑦以及满足质量管理体系要求所需证实的程度。

有些组织规模较小，产品比较特殊，如软件公司，他们所需的质量管理体系文件可以全部集中在一本质量手册上或仅用过程流程图就可以满足运行需要了。而对于大型集团企业，有集团层级的文件体系，各分公司的运行程序和作业方法，也可能有各自的文件体系。

（4）质量管理体系文件可使用任何类型的媒体，如硬拷贝或电子媒体。使用电子媒体有以下优点：
①相关人员可以随时访问相同的最新信息；
②访问和更改易于完成和控制；
③发放快捷且易于控制；
④可以实现对文件的远程访问；
⑤作废文件的收回简单有效。

二、文件的价值

文件的形成本身并不是目的，它应是一项增值的活动。在质量管理体系中，编制和使用文件是具有动态的增值性的活动，这是人们多年实施质量管理体系的体会。文件的动态性，表现在文件随体系的运作环境的变化而变化，其始终要保持有效；文件的增值性是指人们在文件的执行过程中，不断地改善产品质量、减少损失、提高管理水平，赢得顾客的信任，为企业带来经济效益。

文件能够沟通意图、统一行动，可实现（但不限于）以下目的和作用：
①描述组织的质量管理体系；
②为跨职能小组提供信息以利于更好地理解相互的关系；
③将管理者对质量的承诺传达给员工；
④帮助员工理解其在组织中的作用，从而加深其对工作的目的和重要性的认识；
⑤使管理者和员工达成共识；
⑥说明如何才能达到规定的要求；
⑦提供表明已经满足规定要求的客观证据和质量改进；
⑧提供明确和有效的运作框架；
⑨为新员工培训和现有员工的定期再培训提供基础；
⑩为组织的秩序和稳定奠定基础；
⑪通过将过程形成文件以达到作业的一致性；
⑫为持续改进提供依据；
⑬通过将体系形成文件为顾客提供信心；
⑭向相关方证实组织的能力；

⑮向供方提供明确的框架要求；
⑯为质量管理体系审核提供依据；
⑰重复性和可追溯性；
⑱为评价质量管理体系的有效性和持续适宜性提供依据；
⑲知识分享；
⑳传播和保存组织的经验。一个典型的实例是技术规范，可用于设计和开发新产品或服务的基础。

第二节　质量管理体系文件架构和编写说明

一、质量管理体系文件架构

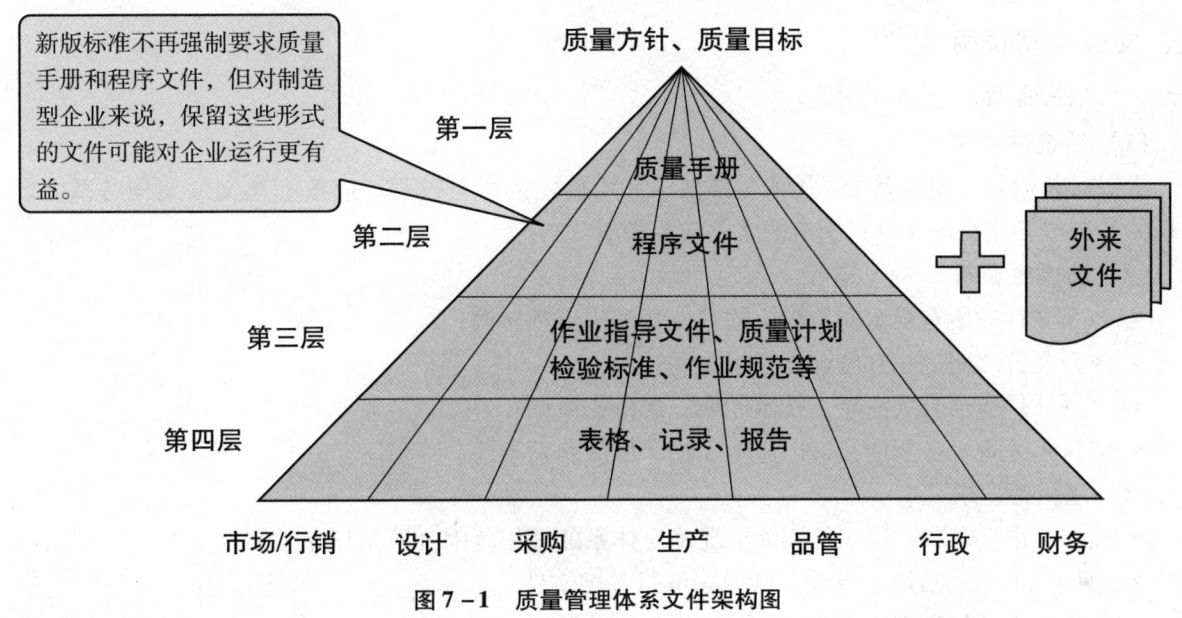

图7-1　质量管理体系文件架构图

1. 质量管理体系文件架构说明

（1）质量管理体系文件架构主要由文件化的质量方针和质量目标、质量手册、程序文件和作业指导文件、质量记录以及外来文件等文件构成。

（2）上述四个层次仅是建议，并非规定的要求。

（3）各层次文件可以分开，也可以合并。各层次间合并还是分开，可由企业根据自己的习惯和需要去决定。

（4）当各层次文件分开时，有相互引用的内容，可附引用内容的文件名称和条目。

（5）下一层次文件的内容不应与上一层次文件的内容矛盾，下一层次文件应比上一层次文件更具体、更详细。

2. 外来文件说明

组织应当在质量管理体系文件中明确哪些是外来文件并对其进行控制。外来文件可包括顾客的图样、规范、法律和法规要求、标准、规章和维护手册等。

二、对质量管理体系文件要求的说明

必须强调的是，标准要求（并且一直如此要求）建立"形成文件的质量管理体系"而不是一个"文件体系"。

新版标准可适用于小型、中型和大型组织。不同组织的形成文件的数量和详略程度与组织的过程活动和所期望的结果相关。

新版标准让组织在选择用什么文件描述质量管理体系时可以更加灵活。这样，可以让每个组织能用最少数量的文件来展示有效的策划、运作和控制各种过程并加以贯彻实施，持续改进质量管理体系的有效性。

但是，这并不意味着组织的管理体系文件越少越好。为了证实过程已经按策划进行，证明产品和服务符合要求，凡是组织能够通过编写文件来为其质量管理体系增值并且证明符合性的地方，尽管标准没有明文规定，组织还是需要编写的，如以下这些文件：

- 过程图、工艺流程图和/或过程描述；
- 组织机构图；
- 规范；
- 工作和/或试验指导书；
- 内部沟通的文件等。

三、文件编写说明

1. 文件编写的基本要求

（1）系统性要求

组织对其质量管理体系中采用的全部要求和所确定的所有过程，应按上述文件架构有系统、有条理的编制成各层次的文件；所有的文件应受控管。

（2）协调性要求

- 体系文件的所有规定应与组织的其他管理规定相协调；
- 体系文件之间应相互协调、互相关联；
- 体系文件应与有关法规、技术标准、规范相协调；
- 应认真处理好各职能接口，避免互相矛盾或职责不清。

（3）适用性要求

- 按照标准要求和本组织的实际情况确定体系的适用范围（不适用条款）；
- 遵循"简单、易懂、有效"的原则编写各类文件；
- 所有文件的规定都应考虑在实际工作中能够做到；
- 编写任何文件都应依据标准的要求和组织的现实；
- 发现了文件的不适合情况，应按规定程序修改。

（4）唯一性要求

- 对一个组织，其管理体系文件是唯一的；
- 通过清楚、准确、全面、简单扼要的表达方式，使对文件的理解是唯一的；
- 不应对同一事项或做法在不同的文件中做出不同的描述；
- 不同组织的文件可具有不同的风格，同一组织的文件也可使用不同的表现形式。

2. 文件编写的方法

由于各组织的规模、企业文化、产品形态、活动的复杂程度不同，标准并未规定质量体系文件编写的方法，以下是常用的三种方法：

（1）自上而下依次展开的编写方法

- 按质量方针、质量目标、质量手册、程序文件、作业指导文件（规范）的顺序编写；
- 此方法利于上一层次文件与下一层次文件的紧密衔接和系统的展开，有助于文件的系统性和完整性；
- 此方法对文件编写人员，特别是手册编写人员对体系标准要求的理解和对组织的各部门运作的熟悉，以及对产品实现过程的全盘了解均有较高的要求；
- 此方法通常适合于新成立的组织。

（2）自下而上综合归纳的编写方法
- 按指导性文件、程序文件、质量手册的顺序编写；
- 此方法适用于原管理基础较好的组织；很多企业在导入 ISO 标准之前，基础性文件都已形成并经过了较长时间的现场运用，在此基础上策划过程文件，容易与实际应用相结合。文件变动也不会太大，各级人员较易接受；
- 此方法应有文件总体方案指导，否则易出现混乱、重复或遗漏；
- 应建立各级文件相对应的清单。

（3）从中间向上下扩展的编写方法
- 先编写程序文件，再开始手册和指导性文件的编写；
- 此方法实际上是从识别过程、确定过程、对过程进行策划开始；然后确定所需的支持性文件，过程控制的文件形成后，再综合编制质量手册；
- 此方法被众多组织普遍使用，可缩短文件编写时间。

3. 文件编写的建议

对于新建立质量管理体系的组织，根据 ISO 9001:2015 强调采用过程方法的要求，在编写体系文件时应考虑：
- 确定为了有效实施质量管理体系所必需的各种过程；
- 理解这些过程之间的相互作用，确定这些过程的接口；
- 将这些过程形成必要的文件，文件化的程度应足以确保过程的有效运行和控制。

对那些现在已经有质量管理体系的组织，为方便过渡到 ISO 9001:2015 标准，以下建议也许有帮助：

对那些现在已经有质量管理体系的组织，不应当为了满足 ISO 9001:2015 标准的要求而把所有文件从头再改写一遍。特别是一个已经按照过程方法，在其建立质量管理体系的基础上正在有效运行的组织。在这种情况下，现有的文件也许是满足要求的，可以利用改版的机会评审现有体系文件的符合性、适宜性和充分性，只要把新的要求加入进去就可以了。

如果一个组织过去并没有采用过程方法，就需要重新识别和确定其过程以及这些过程的顺序和相互作用，并且可能需要全面策划和编写新的文件。组织可以通过这次机会对现有的文件考虑能否加以简化，以便简化他们的质量管理体系。

四、质量体系文件的评价

要确保质量管理体系的有效性，在体系文件发布前首先要对其进行评价；质量体系文件为下列方面提供了证据：

（1）过程已被识别和确定；
（2）职责已被分配；
（3）程序已被批准；
（4）文件处于受控之中。

文件评价的目的是评定组织的质量体系文件是否满足质量体系标准的要求，标准中所要求的各个过程是否都已在体系文件中加以明确规定，且各过程的实施程序是否结合组织的实际情况作了合理的规定，规定的程序是否能满足质量控制和质量保证的需要。

第三节　新版质量手册编写说明和手册范例

一、质量手册编写说明

新版标准不再要求必须建立质量手册，是给很多小规模组织更多的灵活性，而不必死搬硬套编制形式化的质量手册。但对众多企业而言，质量手册能够展现企业的质量方针和质量目标，反映企业对质量管理体系的总体策划，表达质量管理体系的范围，描述质量管理体系的过程及其相互关联和相互作用的关系，明确企业的组织架构和部门职责，为内部质量管理和向顾客提供质量保证提供一致信息。因此，原来就有质量手册的企业就不必要取消，而是将其进行简化修订。

1. 质量手册的定义

质量手册：组织的质量管理体系的规范（ISO 9000:2015 之 3.8.8 定义）。"规范"就是阐明要求的文件（ISO 9000:2015 之 3.8.7 定义），因此，质量手册就是阐明质量管理体系要求的文件。为了适应组织的规模和复杂程度，质量手册在其详略程度和编排格式方面可以不同。

2. 质量手册的编写要求

质量手册应包括：

（1）组织的有关信息，如名称、地址和联络方法，组织的业务范围，对组织的背景、历史和规模的简要描述等附加信息。

（2）如果组织决定在质量手册中阐述质量方针，质量手册可包括对质量方针和质量目标的陈述。

（3）反映体系覆盖的产品范围以及产品实现过程的范围，还应指出体系使用的范围。例如，是集团公司共享，还是子公司独立使用。若有任何不适用的条款，如无产品设计开发责任，应在手册中说明不适用的细节与合理性。

（4）在手册中应策划和确定管理体系的三类过程，并描述过程之间的相互作用。可以建立《过程系统图》或《过程关联图》。

（5）在手册中建立标准与管理体系文件的对照表。

以上只是质量手册应满足的最基本的要求，组织可根据顾客的要求和自身的需要增加适当的内容。

过去在习惯上很多企业将标准条款的全部要求照搬到质量手册中，使得手册过于冗长，也没人愿意去看。新版质量手册的编制要彻底摒弃这种做法，只要将策划的过程及其顺序和相互关系描述清楚，建立标准条款和体系文件的对照表，就能清晰明了的展现体系的整体结构和对标准的应用情况。

二、新版质量手册范例

| 文件名称 | 质量手册 | 文件编号：SQ-QM-01 | 版本：C | 页码 | 1/20 |

目　录

第1章　概述
1.1　质量手册目的与作用
1.2　公司简介
1.3　管理者承诺
1.4　经营理念、质量方针和质量目标
1.5　公司组织架构、职责与权限
第2章　质量管理体系范围
第3章　质量手册引用标准、术语和定义
第4章　质量管理体系
4.1　公司经营计划的制订和执行
4.2　公司质量管理体系模式
4.3　公司质量管理体系的三类过程
4.4　公司质量管理体系的过程管理
4.4.1　质量管理体系的顾客导向过程（COP）
4.4.2　质量管理体系的支持过程（SP）和管理过程（MP）
4.4.3　质量管理体系过程关系图
4.4.4　质量管理体系过程应控制的风险
4.4.5　管理过程（MP）、顾客导向过程（COP）、支持过程（SP）与部门职责对照表
4.4.6　对每个过程的管理要求
4.5　公司质量管理体系文件要求
4.5.1　质量管理体系文件要求
4.5.2　公司质量管理体系文件架构
4.5.3　标准对照与质量管理体系文件展开表
附件：管理者代表授权书

第1章　概述

1.1　质量手册目的与作用

　　为提升公司整体质量管理水平，有力的推动和落实 ISO 9001 质量管理体系，为顾客提供优质的产品和服务，满足顾客和法律法规要求，超越顾客的需求和期望，进而增强公司的竞争力，提升公司整体经营绩效，依据 ISO 9001：2015 标准以及顾客的需求和期望，结合本公司的实际运作编制了本质量手册。

　　本质量手册规定了质量管理体系的基本结构和总体要求。规定了公司的质量方针和目标；确定了公司质量管理体系所需的过程；识别了顾客导向过程、支持过程和管理过程；并确定了过程之间的顺序和相互关系；明确了文件化要求，并对应展开了标准条款在公司各项管理活动中的应用；是实施、保持和改进质量管理体系应长期遵循的文件。

　　本质量手册是本公司质量管理体系的第一级文件，它阐明了质量管理体系的范围及要求。是本公司质量管理的纲领性和指导性文件，经总经理批准后生效。

文件名称	质量手册	文件编号：SQ-QM-01	版本：C	页码	2/20

本质量手册可作为：

(1) 公司内部质量管理体系的指导思想和纲要。
(2) 就质量管理体系要求及其实施方法进行全公司的培训文件。
(3) 为质量管理体系审核提供依据。
(4) 证明本公司质量管理体系满足国际标准要求和顾客要求的依据。
(5) 对外展示公司质量管理和质量保证的企图和决心。

1.2 公司简介

公司名称：×××机械零部件有限公司

地　　址：

电　　话：

主要产品：

生产能力：

×××零部件有限公司创立于××年××月，是一家专业制造高品质机械零配件的合资企业。现有厂房面积××m²，员工××余人，主要经营：机械零部件及精密零件；各种精密模具、工装夹具等。现有三米大行程CNC加工中心及四轴加工中心十多台、车铣复合中心、数控车床、大锥度线切割、高精度内外圆磨床、高精度平面磨床、大行程平面磨床、精密磨床、数控插齿机、车床、铣床、冲床等生产设备及三坐标、二次元、粗糙度轮廓仪、维氏硬度计等多种精密检测仪器/设备，并建立了理化室，可以对材料材质进行金相分析、超声波探伤、金属盐雾试验等，形成了具有一定规模的加工能力和检测手段的专业机械加工生产厂家。

"竭诚服务、攀登管理的高点，精诚合作、融汇科技的顶端"是我们不变的信念；"以人才求创新，以质量求生存，以信誉求发展"是我们的发展理念；"把一切方便让给顾客，把一切困难留给自己"是我们的服务宗旨。

回顾过去，在全体职员工的共同努力下，公司规模不断扩大，产品质量和服务得到了众多顾客的赞誉。展望未来，公司更有决心和信心，为顾客进一步提供优质的产品和服务，为员工创造一个良好的工作和生活环境。

1.3 管理者承诺

为有力的推动和落实ISO 9001:2015质量管理体系，公司最高管理层承诺通过以下活动，来确保建立、实施质量管理体系并持续改进其有效性：

(1) 总经理承担质量管理体系有效性的责任；
(2) 确保制定质量方针和质量目标，并与公司环境和战略方向相一致；
(3) 确保质量管理体系要求融入公司的过程管理中；
(4) 促进使用过程方法和基于风险的思维来建立公司质量管理体系；
(5) 确保获得质量管理体系所需的资源；
(6) 沟通有效的质量管理和符合质量管理体系要求的重要性；
(7) 确保实现质量管理体系的预期结果；
(8) 促使、指导和支持员工努力提高质量管理体系的有效性；
(9) 推动改进；
(10) 支持其他管理者履行其相关领域的职责。

总经理：

日期：　　年　　月　　日

文件名称	质量手册	文件编号：SQ-QM-01	版本：C	页码	3/20

1.4 经营理念、质量方针和质量目标

公司经营理念

公司秉持以诚信为原则、以务实为作风、以主动为精神、以质量为根本、以创新为动力、以发展为出路之经营理念。

诚信——对顾客、对员工、对经营者提供真实的信息，说到一定做到；

务实——实事求是、善用资源、快速高效，及时解决顾客问题；

主动——发自内心、主动积极、群策群力、快速反应；

质量——追求产品质量，更讲究做人、处事的良好品质，做最有价值的企业；

创新——社会不断发展，我们敏锐捕捉、探索求新，不断开发新产品，创造顾客价值；

发展——公司与顾客、员工与公司共同发展，创造三赢的局面。

"以人为本与追求完美"是公司企业文化重要精神所在，以人为本在经营理念的表现上是诚信、主动、务实，追求完美在经营理念上的表现则是质量、创新与发展。

公司将以诚信、务实与主动对待我们所有的员工、顾客、经营者，争取各界对我们的认同与支持；以品质、创新与发展，积极追求经营效率，提升的顾客满意度，创造顾客的竞争力，使公司成为具有生命力、创造力、竞争力的企业，最终达到永续经营。

质量方针

全员参与　持续改善　精益求精　顾客满意

质量方针说明：

全员参与——赋予公司组织内所有部门及成员与质量管理有关的权责，并提供合适的资源，使全体人员能够充分参与质量活动。

持续改善——持续改善企业体质，创造竞争优势，不断地进步。

精益求精——没有最好，只有更好，在产品质量、效率、成本与交期上追求更高，提供给顾客更好的产品和服务。

顾客满意——全力配合顾客，有效利用资源，以最大程度满足顾客的需求和期望。

质量目标

公司质量目标：

1. 准时交付率100%；
2. 销货退回率≤1%；
3. 顾客满意度总平均分≥90分；
4. 年销售增长率30%。

公司根据质量方针制定质量目标，并于每年底的管理评审会议对质量目标的达成状况进行检讨和分析，由各部门和人员提出修订公司次年度质量目标，并根据经营计划和公司质量目标层层分解落实至各责任部门，使之贯彻于质量管理体系中。具体见每年度经营计划中的《公司质量目标和各部门质量目标》。

| 文件名称 | 质量手册 | 文件编号：SQ-QM-01 | 版本：C | 页码 | 4/20 |

1.5 公司组织架构、职责和权限

1.5.1 公司组织架构图

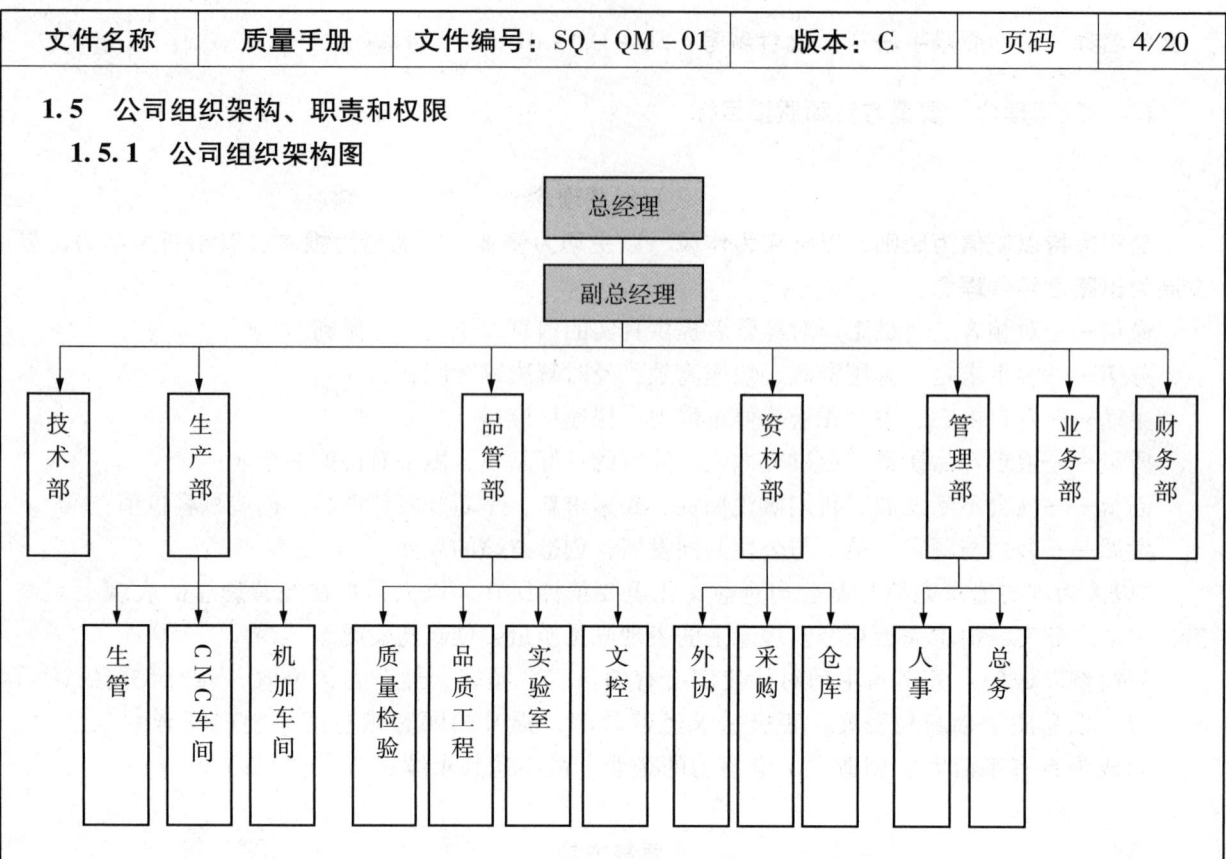

1.5.2 职责与权限

总经理：

(1) 对公司整体的运营发展方向进行构思和计划；
(2) 对年度经营计划及收支预算在定案时作决策，执行时作严密控制，执行后作改进之检讨；
(3) 颁布本公司管理体系方针，批准管理体系手册和程序文件；
(4) 批准组织架构和部门职责；
(5) 定期主持管理评审会议；
(6) 公司管理体系运行的人力、物力的确保，即相关资源的提供；
(7) 健全财务结构，支持公司业务长期发展。

副总经理：

(1) 宣导满足顾客要求的重要性，并确保理解和满足顾客现在和将来的要求与期望；
(2) 根据公司的战略目标制订经营计划，并将质量方针和质量目标形成文件。确保各级人员都理解质量方针，并持久贯彻执行；
(3) 负责质量管理体系的建立、实施和保持，并持续改进其有效性；
(4) 负责公司内部全面管理运作，对各部门主管的选派、委任及监督和协调运作；
(5) 确保在策划和实施质量管理体系变更时保持其完整性；
(6) 定期对质量管理体系进行评审；
(7) 对公司的产品质量负全责；
(8) 向最高管理者报告质量管理体系的绩效及其改进机会。

文件名称	质量手册	文件编号：SQ-QM-01	版本：C	页码	5/20

财务部：
(1) 按年、季、月编制财务收支计划；
(2) 做好资金预算的执行与控制事项，及时记录资金增减变动情况；
(3) 汇总、分析、编制资金来源运用表和差异分析报告并定期上报；
(4) 负责成本核算和费用控制；
(5) 参与公司盘点工作；
(6) 每月应收账款和应付账款的监督和控制；
(7) 负责公司每月员工工资核算和发放；
(8) 做好财务资料、文件、记录的整理、保管和定期归档工作；
(9) 做好保密工作。

管理部：
(1) 建立健全公司人事管理制度；
(2) 负责公司员工需求的预测、招聘、录用、培训、考核、离职等事宜；
(3) 负责人事调动（晋升、提职、调整）及人事纠纷的处理；
(4) 负责人事档案工作的管理，人事接待、内部信息的处理；
(5) 负责管理体系有关的知识宣传，厂区环境绿化工作；
(6) 负责公司行政规章制度的建立、实施及改进；
(7) 负责社保、居住证、消防安全等有关事宜跟有关职能部门进行沟通；
(8) 负责公司保安工作、保护员工生命及公司财产安全；
(9) 负责人资统计（考勤、人员流动状况）。

业务部：
(1) 负责业务市场分析与评估，并不断开发新的顾客扩大企业影响，建立企业信誉；
(2) 负责订单评审工作，并对订单的合理性和有效性负责；
(3) 负责制定出货排程及出货跟催、出货安排事宜；
(4) 负责顾客抱怨/退货信息的接收和处理，及安排补货事宜；
(5) 协调顾客与公司之间的关系，在满足顾客合理要求前提下，确保公司的总体利益；
(6) 定期对顾客满意度进行调查与评估；
(7) 负责定期向总经理汇报年度业务绩效。

技术部：
(1) 制定公司各项技术、工艺标准；
(2) 编制工艺文件，对工艺文件进行审核；
(3) 对生产技术、工艺进行管理与指导；
(4) 处理生产中出现的有关技术问题；
(5) 工装夹具、治具等设计；
(6) 新产品的试制及样板的跟进；
(7) 对技术文件资料进行管理；
(8) 对顾客的反馈信息和投诉配合相关部门进行处理；
(9) 参与订单合同的评审，对合同中有关技术内容进行确认与协调。

文件名称	质量手册	文件编号：SQ-QM-01	版本：C	页码	6/20

品管部：

（1）负责建立健全质量部门组织结构和岗位设计工作，并明确各岗位职责；

（2）建立健全质量控制文件，确保产品质量的稳定及提高；

（3）宣导质量方针、质量目标、对质量控制、质量检验标准等的制定以及监督执行；

（4）负责编制年度、月度工作统计报表，建立和完善质量工作原始记录报表；

（5）进料、制程、成品出货检验质量的管制；

（6）顾客抱怨及退货的处理与改善、追踪、确认；

（7）检验、量测仪器设备的校验的执行与管制，测量系统分析；

（8）对检验产品物品的标识；

（9）供应商质量能力的评签；

（10）负责实验室的工作；

（11）负责主导制程能力评估；

（12）负责管理体系文件的控制。

生产部：

（1）根据业务部下达的生产通知单，做好生产排程和周作业计划编排；

（2）根据生产安排，做好生产前人员、物料、设备、工装夹具及技术资料准备；

（3）负责生产过程控制，保质保量完成生产任务与交期；

（4）定期召开工作例会，解决生产过程中出现的各类问题；

（5）严格工艺纪律，做好产品质量的预防、纠正、改善；

（6）建立、完善各项产品加工工序的标准工时、班产量和单价；

（7）负责生产现场异常情况处理，做好产品工序转换的搬运和防护工作；

（8）负责生产设备和工装夹具的日常维护与保养及工具、刀具、用料管理；

（9）负责生产现场"7S"推行，认真落实安全文明生产，严格要求工人遵守安全操作规程；

（10）负责上报各类生产数据。

资材部：

（1）负责供应商的开发和管理；

（2）负责公司的物料、物品、用品、用具等的采购；

（3）负责生产所需的外协加工控制；

（4）负责控制采购和外协成本；

（5）负责采购的不合格物料处理；

（6）负责仓储管理；

（7）负责仓库盘点、账目的建立；

（8）负责可回收物品的管理和处理。

| 文件名称 | 质量手册 | 文件编号：SQ-QM-01 | 版本：C | 页码 | 7/20 |

第2章 质量管理体系范围

本质量手册依据《ISO 9001：2015 质量管理体系——要求》并结合本公司的实际编制而成，其范围包括：

（1）过程范围：涵盖新样件制作与确认、生产制造、交付的全过程以及相关活动。

（2）不适用说明：本公司产品完全根据顾客提供的图纸和技术资料进行样件制作和生产，产品设计责任由顾客负责，故 ISO 9001 标准8.3 "产品和服务的设计和开发"中关于产品设计的相关内容不适用于本公司质量管理体系。

（3）产品范围：适用于本公司机械零部件和模具配件的生产加工。

（4）本手册使用范围：本质量手册适用于×××机械零部件有限公司。

（5）外包过程：目前公司有部分产品配件和运输服务需要外包方提供，外包商的选择、评估及考核按《供应商管理程序》执行，对外包过程的控制按《外包管理程序》执行。

第3章 质量手册引用标准、术语和定义

3.1 本手册的编制引用了下列标准：

（1）ISO 9000：2015 质量管理体系——基础和术语。

（2）ISO 9001：2015 质量管理体系——要求。

3.2 质量管理体系中几个常用的术语和定义：

3.2.1 改进 improvement

提高绩效的活动

注：活动可以是循环的或一次性的。

3.2.2 持续改进 continual improvement

提高绩效的循环活动。

注：制定改进目标和寻求改进机会是一个持续的过程，该过程使用审核发现和审核结论、数据分析、管理评审或其他方法，其结果通常导致纠正措施或预防措施。

3.2.3 管理 management

指挥和控制组织的协调的活动。

注：管理可包括制定方针和目标以及实现这些目标的过程。

3.2.4 质量管理 quality management

关于质量的管理。

注：质量管理可包括制定质量方针和质量目标，以及通过质量策划、质量保证、质量控制和质量改进实现这些质量目标的过程。

3.2.5 质量策划 quality planning

质量管理的一部分，致力于制定质量目标并规定必要的运行过程和相关资源以实现质量目标。

3.2.6 质量保证 quality assurance

质量管理的一部分，致力于提供质量要求会得到满足的信任。

| 文件名称 | 质量手册 | 文件编号：SQ-QM-01 | 版本：C | 页码 8/20 |

3.2.7 质量控制 quality control

质量管理的一部分，致力于满足质量要求。

3.2.8 质量改进 quality improvement

质量管理的一部分，致力于增强满足质量要求的能力。

注：质量要求可以是有关任何方面的，如有效性、效率或可追溯性。

3.2.9 程序 procedure

为进行某项活动或过程所规定的途径。

注：程序可以形成文件，也可以不形成文件。

3.2.10 外包 outsource

安排外部组织执行组织的部分职能或过程。

注：尽管外包的职能或过程在管理体系范围之内，但是外部组织不在管理体系覆盖范围内。

3.2.11 合同 contract

有约束力的协议。

3.2.12 设计和开发 design and development

将对客体的要求转换为对其更详细的要求的一组过程。

注1：构成设计和开发输入的要求通常是研究的结果，它与形成设计和开发输出要求相比较，可以更概括性地表达为更普通的含意。这些要求通常从特性方面来规定。在一个项目中，可以有多个设计和开发阶段。

注2：设计和开发的性质可使用限定词表示（如产品设计和开发、服务设计和开发或过程设计和开发）。

3.2.13 要求 requirement

明示的、通常隐含的或必须履行的需求或期望。

注1："通常隐含"是指组织和相关方的惯例或一般做法，所考虑的需求或期望是不言而喻的。

注2：规定要求是经明示的要求，如在文件化信息中阐明。

注3：特定要求可使用限定词表示，如产品要求、质量管理要求、顾客要求、质量要求。

注4：要求可由不同的相关方或组织提出。

3.2.14 不合格（不符合）nonconformity

未满足要求。

3.2.15 缺陷 defect

与预期或规定用途有关的不合格。

注1：区分缺陷与不合格的概念是重要的，这是因为其中有法律内涵，特别是在与产品和服务责任问题有关的方面。

注2：顾客希望的预期用途可能受供方所提供的信息的性质影响，如操作或维护说明。

3.2.16 风险 risk

不确定性的影响。

注1：影响是指偏离预期，可以是正面的或负面的。

注2：不确定性是指对事件及其后果或可能性的信息缺失或了解片面的状态。

注3：通常用潜在事件和后果，或者两者的组合来表现风险的特性。

注4：通常用事件后果（包括情形的变化）和相应事件发生可能性的组合来表示风险。

注5："风险"一词有时仅在有负面结果的可能性时使用。

| 文件名称 | 质量手册 | 文件编号：SQ-QM-01 | 版本：C | 页码 | 9/20 |

第4章　质量管理体系

4.1　公司经营计划的制订和执行

本公司最高管理层根据公司的发展需求及产业竞争分析的结果，确定当前和未来的期望，据以制订公司中长期经营计划（3年或更长）和年度经营计划（1年），经营计划可涵盖以下方面的适当内容：

(1) 公司经营策略和方针；
(2) 公司内外环境分析；
(3) 公司优势和劣势，面临的机会和威胁；
(4) 与市场或销售有关的议题；
(5) 产能和效率；
(6) 人力资源规划；
(7) 成本目标；
(8) 新产品开发规划；
(9) 质量目标；
(10) 有关健康、安全与环境的问题；
(11) 持续改进项目；
(12) 其他。

公司经营计划由总经办负责编制和发布，并在整个组织内作适当的沟通。

各部门主管按经营计划所规定的质量目标，展开部门目标和实施方案，并落实到日常管理作业中，以确保经营计划得以实现。

经营计划属管制文件，总经办负责追踪及更新，并于每年经营管理会议中检讨、评审和修订。

公司战略和经营计划框架图：

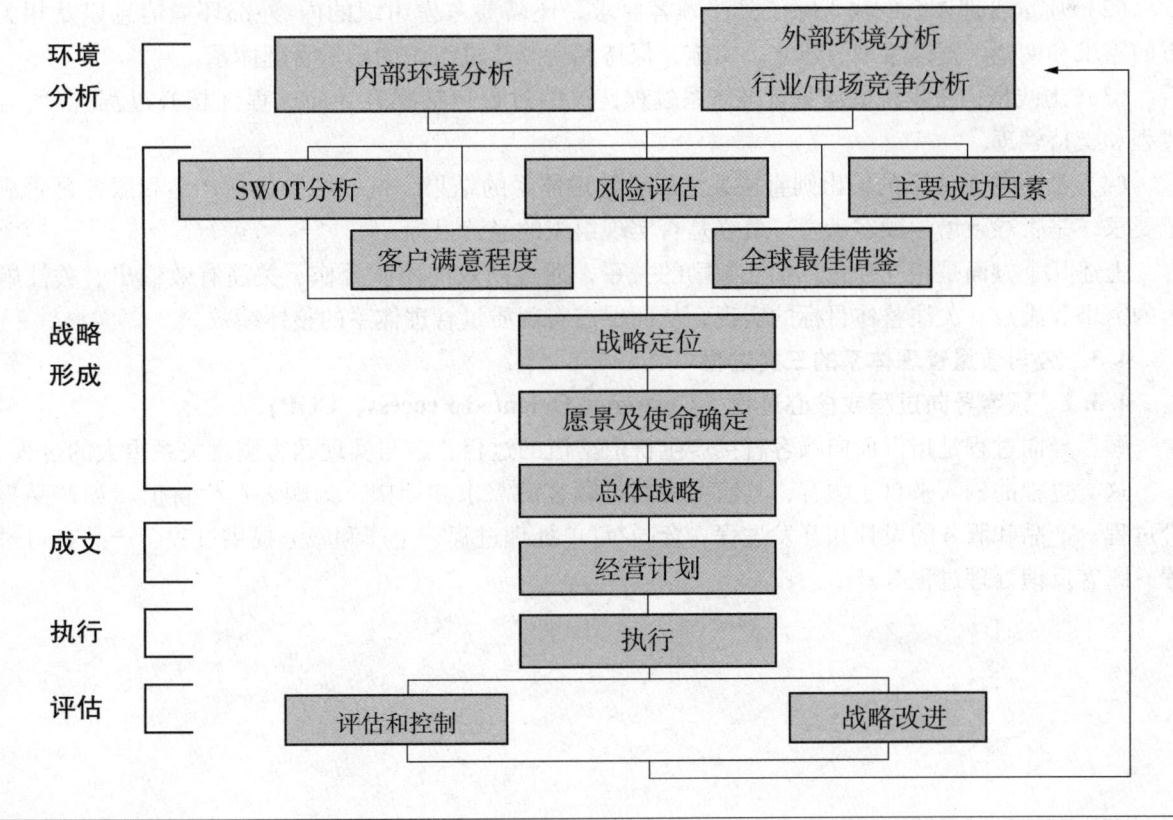

| 文件名称 | 质量手册 | 文件编号：SQ-QM-01 | 版本：C | 页码 | 10/20 |

4.2 公司质量管理体系模式

公司质量管理体系模式遵循 ISO 9001:2015 标准强调的基于 PDCA 循环的模式，如下图：

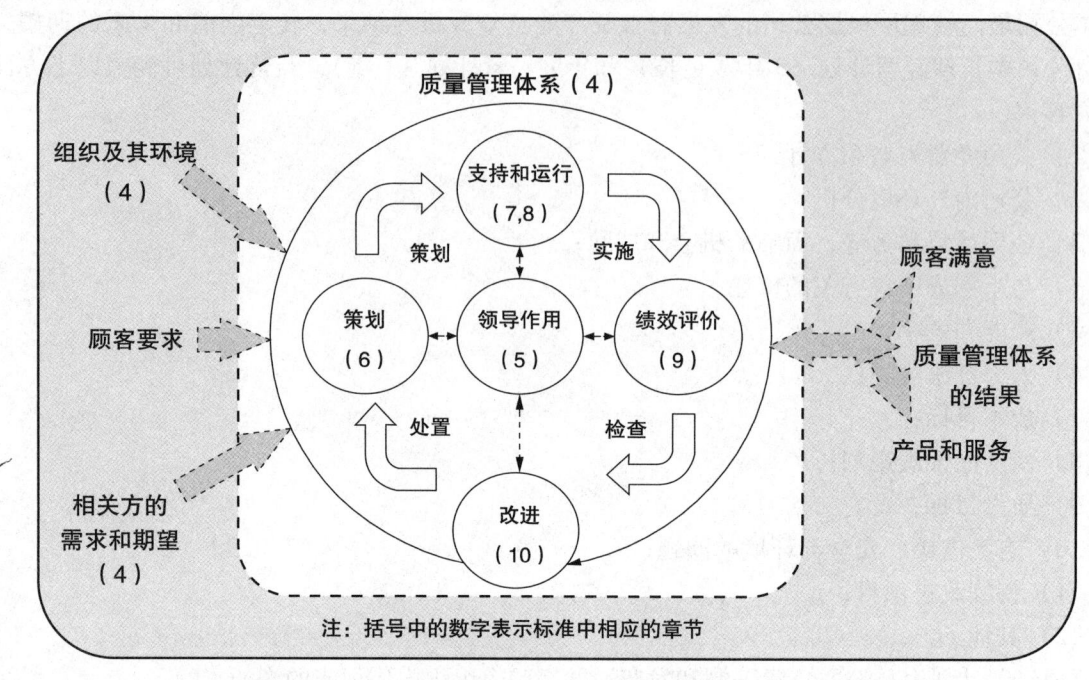

这一全新的质量管理体系模型，简要说明如下：

（1）质量管理体系是在领导力驱动下的 PDCA 循环。这意味着管理者特别是最高管理者需要更积极地参与和支持"策划 P—支持和运行 D—绩效评价 C—改进 A"的整个质量管理体系的活动，标准也明确要求最高管理者对质量管理体系的有效性负责。

（2）质量管理体系的输入除了关注顾客要求，还需要考虑组织的内/外部环境信息以及相关方的需求和期望，据以策划、建立、实施、保持和持续改进组织的质量管理体系。

（3）虚线框内是组织的质量管理体系过程，这些过程包括顾客导向过程（核心过程）、管理过程和支持管理。

（4）质量管理体系的输出则直接关注质量管理体系的结果。这一结果包括产品和服务是否满足要求，是否导致增强顾客满意，最终是否实现组织的经营目标。

上述几个方面是相互强化、相互激励的关系，通过高效的团队合作、关注有效输出、关注顾客的需求和满意、关注整体目标的实现，从而促进实现质量管理体系的整体绩效。

4.3 公司质量管理体系的三类过程

4.3.1 顾客导向过程或核心过程（Customer Oriented Process，COP）

顾客导向过程是指以面向顾客直接产生价值增值的过程，或与实现顾客满意关系重大的过程。

这类过程的输入来自于顾客，其输出为满足顾客的需求和期望，为顾客产生价值。如产品报价过程、产品和服务的设计和开发过程、合同/订单处理过程、生产和服务提供过程、产品交付过程、顾客反馈处理过程等。

| 文件名称 | 质量手册 | 文件编号：SQ-QM-01 | 版本：C | 页码 | 11/20 |

4.3.2 支持过程（Support Process，SP）

支持顾客导向过程和管理过程运行的过程。如人力资源管理过程、设施设备管理过程，信息系统管理过程，工作环境管理过程、采购管理过程、仓储管理过程、检验和试验过程、文件控制过程等。

4.3.3 管理过程（Management Process，MP）

管理过程一般是对组织的战略规划和经营计划、财务预算和规划、风险管理、绩效进行评价和改进的过程。

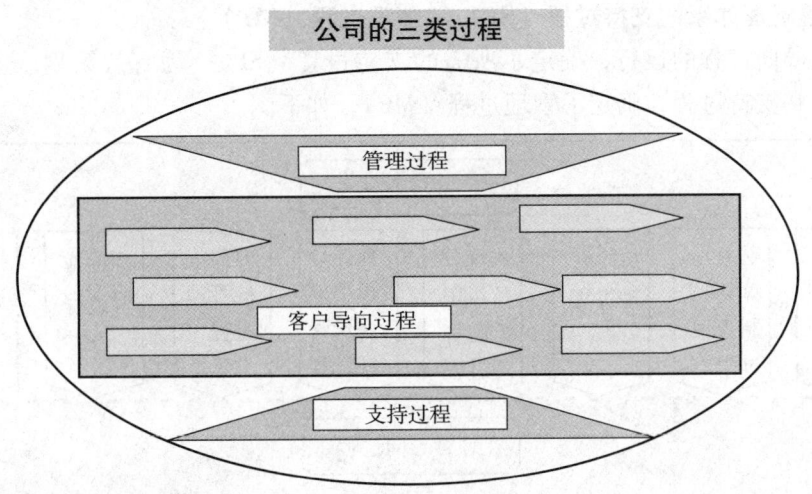

公司的三类过程

4.4 公司质量管理体系的过程管理

公司依照 ISO 9001：2015 标准"4.4 质量管理体系及其过程"条款的要求，以顾客为导向，结合本公司的经营战略需要，识别了顾客导向过程。为满足顾客要求，达成各项目标，配合顾客导向过程的运作，公司确定了相关的支持过程和管理过程，规定了这些过程之间的顺序和相互关系（见"4.4.3 质量管理体系过程关系图"），识别了过程应控制的风险（见"4.4.4 质量管理体系过程风险表"），并要求在程序文件中对每一过程做出"乌龟图"，明确了责任者、输入、输出、使用资源、所使用的程序/方法/技术以及过程的管理目标，并确定了过程应控制的风险，明确了过程的顾客以及相关支持部门。

依照 ISO 9001：2015 标准各条款的要求，规划了适用于公司的各阶层文件，并将标准的要求体现在相应的文件中，具体见《4.5.3 标准对照与质量体系文件展开表》。

4.4.1 质量管理体系的顾客导向过程（COP）

根据公司的业务过程，以及与顾客输入和输出的直接关联，并考虑了对顾客影响的关键因素，确定了以下过程为公司质量管理体系的顾客导向过程，即核心过程。

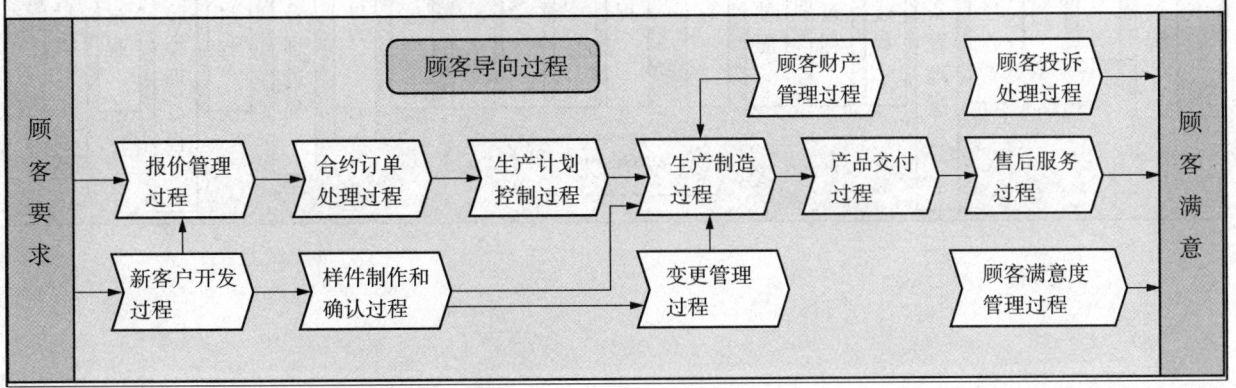

| 文件名称 | 质量手册 | 文件编号：SQ-QM-01 | 版本：C | 页码 | 12/20 |

COP1 新客户开发过程　　　　　COP2 样件制作和确认过程
COP3 报价管理过程　　　　　　COP4 合约/订单处理过程
COP5 生产计划控制过程　　　　COP6 生产制造过程
COP7 产品交付过程　　　　　　COP8 变更管理过程
COP9 售后服务过程　　　　　　COP10 顾客财产管理过程
COP11 顾客投诉处理过程　　　　COP12 顾客满意度管理过程

4.4.2　质量管理体系的支持过程（SP）和管理过程（MP）

为支持顾客导向过程的运行，确定了所需的支持过程（SP），为有效策划、监督、评价和改进顾客导向过程和支持过程，确定了管理过程（MP），如下图。

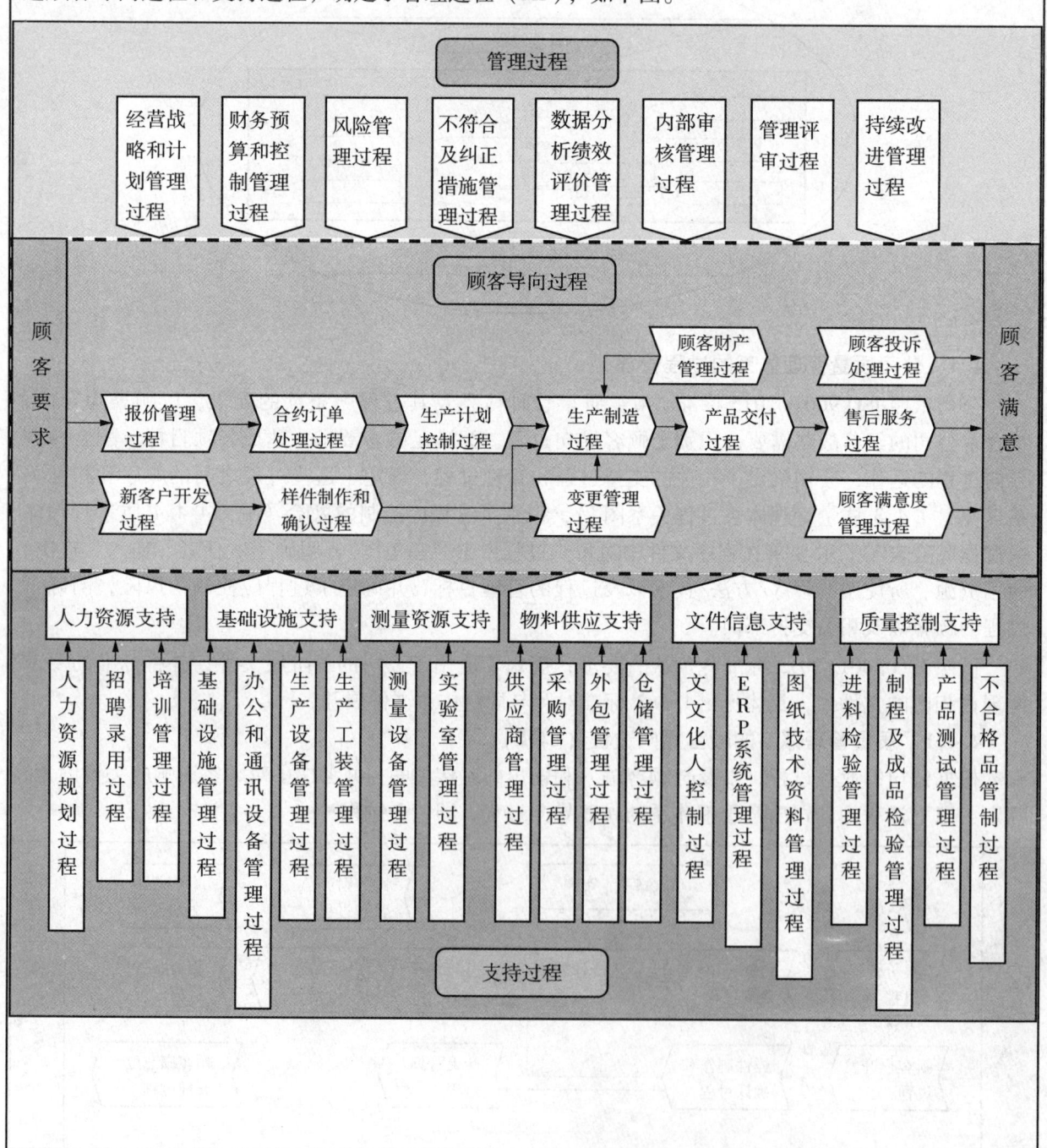

文件名称	质量手册	文件编号：SQ-QM-01	版本：C	页码	13/20

4.4.3 质量管理体系过程关系图

根据上述确定的顾客导向过程、支持过程和管理过程，将这三类过程的顺序和相互关系表述如下：

过程关系图

管理过程（MP）：
- 经营战略和计划管理过程
- 财务预算和控制管理过程
- 风险管理过程
- 不符合及纠正措施
- 内部审核管理过程
- 管理评审过程
- 持续改进管理过程
- 数据分析绩效评价

顾客导向过程（COP）：
- 报价管理过程 → 合约订单处理过程 → 生产计划控制过程 → 生产制造过程 → 产品交付过程 → 售后服务过程
- 新客户开发过程 → 样件制作和确认过程
- 不合格品管制过程
- 实验室管理过程 → 产品测试管理过程
- 测量设备管理过程 → 制程及成品检验管理过程
- 顾客满意度管理过程
- 顾客投诉处理过程
- 生产设备管理过程
- 生产工装管理过程
- 仓储管理过程
- 图纸技术资料管理过程
- 进料检验管理过程
- 顾客财产管理过程
- 变更管理过程
- 采购管理过程
- 外包管理过程
- 供应商管理过程

支持过程（SP）：
- 人力资源规划过程
- 招聘录用过程
- 培训管理过程
- 基础设施管理过程
- 办公和通信设备管理过程
- 文件控制过程
- ERP系统管理过程

左侧：顾客要求　　右侧：顾客满意

上图中，管理过程（MP）与所有的顾客导向过程和支持过程都是相互作用的；如战略和经营计划通过展开到顾客导向过程和支持过程中实施、控制并最终实现；如风险管理要融入顾客导向过程和支持过程中进行识别、评价和控制；如不符合与纠正措施对所有过程都是适用的，也就是说所有产品、过程、体系的不符合都可以按此过程执行改进；而内部审核与管理评审是对管理体系所有过程的审核和评价；持续改进包括产品的持续改进、过程的持续改进、体系的持续改进；绩效评价是对管理体系运行的输出结果进行整体评价。

支持过程有些是共同的，如人力资源过程、基础设施过程、办公和通信设施管理过程、文件控制过程、信息系统管理过程等，有些支持过程仅对某个或几个顾客导向过程予以支持，如图纸技术资料管理过程，对样件制作过程、变更管理过程、采购管理过程、生产制造过程中所涉及的图纸技术资料都起到支持的作用。

· 353 ·

文件名称	质量手册	文件编号：SQ-QM-01	版本：C	页码	14/20

4.4.4 质量管理体系过程应控制的风险

序号	顾客导向过程	应控制的风险
COP1	新客户开发过程	新客户开发不成功、销售增长下降
COP2	样件制作和确认过程	样件制作周期长、样件确认不合格
COP3	报价管理过程	未及时提供报价、报价不合理
COP4	合约/订单评审过程	不能履行合约、交付延期
COP5	生产计划控制过程	订单未能按期完成
COP6	生产制造过程	不良率高、报废损失大、生产成本高
COP7	产品交付过程	未按时交付
COP8	变更管理过程	未正确变更、变更延期
COP9	售后服务过程	未及时服务、服务不满意
COP10	顾客财产管理过程	顾客财产遗失、损坏
COP11	顾客投诉处理过程	投诉未及时处理、处理结果顾客不满意
COP12	顾客满意度管理过程	数据收集不完整、满意度低
序号	支持过程	应控制的风险
SP1	人力资源管理过程	人力不足、培训不足、流动率高
SP2	基础设施管理过程	基础设施供应中断
SP3	办公和通信设备管理过程	办公和通信设备故障
SP4	文件控制过程	发行的文件不适用、文件未及时正确地发放到相关部门
SP5	ERP系统管理过程	系统故障导致运行瘫痪
SP6	图纸技术资料管理过程	图纸制作错误、未按时出图、不按时发放、资料外泄
SP7	生产设备管理过程	设备未按计划维护、设备故障率高、设备维修时间长
SP8	工装管理过程	工装未按计划执行维护、错误使用工装
SP9	测量仪器管理过程	测量仪器未按期校正、仪器被错误使用、损坏仪器
SP10	实验室管理过程	实验数据不准确、实验设备的故障、未及时提供数据
SP11	供应商管理过程	供应商交货能力不足、交货质量差、供货价格高
SP12	采购管理过程	采购产品质量不合格、采购交期延误
SP13	外包控制过程	外发加工产品不合格、外发未按时交货
SP14	进料检验过程	进料检验不及时、不良材料流入生产部门
SP15	仓储管理过程	账物不准确、库存呆滞品、库存损失、安全隐患
SP16	制程及成品检验过程	检验不及时、顾客验货不合格、顾客退货等
SP17	产品测试管理过程	测试结果提供不及时、测试结果错误
SP18	不合格品管制过程	不合格品流出、不合格品呆滞

文件名称	质量手册	文件编号：SQ-QM-01	版本：C	页码	15/20

序号	管理过程	应控制的风险
MP1	经营战略和计划管理过程	经营战略失误、经营计划未完全落实
MP2	财务预算和控制管理过程	财务预算偏差大、投资回报率低
MP3	风险管理过程	风险未识别、措施控制不当
MP4	不符合及纠正措施管理过程	不符合未及时有效处理，纠正措施未结案
MP5	数据分析与绩效评价管理过程	未按时实施内部审核、不符合项的未能有效改善结案
MP6	内部审核管理过程	管理评审输入不完整、资料不充分、输出事项未能有效落实
MP7	管理评审过程	持续改进立项少、改善成功率低
MP8	持续改进管理过程	绩效评价信息不完整、未按时执行

4.4.5 管理过程（MP）、顾客导向过程（COP）、支持过程（SP）与部门职责对照表

过程类别	过程名称	总经办	业务部	技术部	资材部	生产部	品管部	管理部	财务部
MP1	经营战略和计划管理过程	●	○	○	○	○	○	○	○
MP2	财务预算和规划管理过程	○	○	○	○	○	○	○	●
MP3	风险管理过程	●	○	○	○	○	○	○	○
MP4	不符合及纠正措施管理过程	○	○	○	○	○	●	○	○
MP5	数据分析与绩效评价管理过程	○	○	○	○	○	●	○	○
MP6	内部审核管理过程	●	○	○	○	○	○	○	○
MP7	管理评审过程	●	○	○	○	○	○	○	○
MP8	持续改进管理过程	○	○	○	○	○	●	○	○
COP1	新客户开发过程		●	○					
COP2	样件制作和确认过程		○	●	○	○			
COP3	报价管理过程		●	○					
COP4	合约/订单评审过程		●	○					
COP5	生产计划控制过程		○		○	●			
COP6	生产制造过程		○	○		●	○		
COP7	产品交付过程		○				●		
COP8	变更管理过程		○	●	○	○	○		
COP9	售后服务过程		●	○					
COP10	顾客财产管理过程		○	○	●		○		
COP11	顾客投诉处理过程		○	○		○	●		
COP12	顾客满意度管理过程		●	○			○		
SP1	人力资源管理过程	○	○	○	○	○	○	●	○
SP2	基础设施管理过程	○	○	○	○	○	○	●	○

文件名称	质量手册	文件编号：SQ-QM-01		版本：C		页码	16/20

过程类别	过程名称	总经办	业务部	技术部	资材部	生产部	品管部	管理部	财务部
SP3	办公和通信设备管理过程	○	○	○	○	○	○	●	○
SP4	文件控制过程	○	○	○	○	○	●	○	○
SP5	ERP系统管理过程	○	○	○	○	○	○	●	○
SP6	图纸技术资料管理过程			●	○	○	○		
SP7	生产设备管理过程				○	●		○	
SP8	工装管理过程			○		●			
SP9	测量仪器管理过程			○		○	●		
SP10	实验室管理过程			○		○	●		
SP11	供应商管理过程			○	●	○	○		
SP12	采购管理过程			○	●	○	○		
SP13	外包控制过程			○	●	○	○		
SP14	进料检验过程			○	○		●		
SP15	仓储管理过程			○	●	○	○	○	○
SP16	制程及成品检验过程					○	●		
SP17	产品测试管理过程			○		○	●		
SP18	不合格品管制过程			○	○	○	●	○	

注：●表示主导部门　　○表示协办部门

4.4.6 对每个过程的管理要求

各权责部门应对负责的过程按下面的项目进行策划，并将结果填入下图所示的过程管理图，或称"过程乌龟图"中，然后在相应的过程文件中体现。

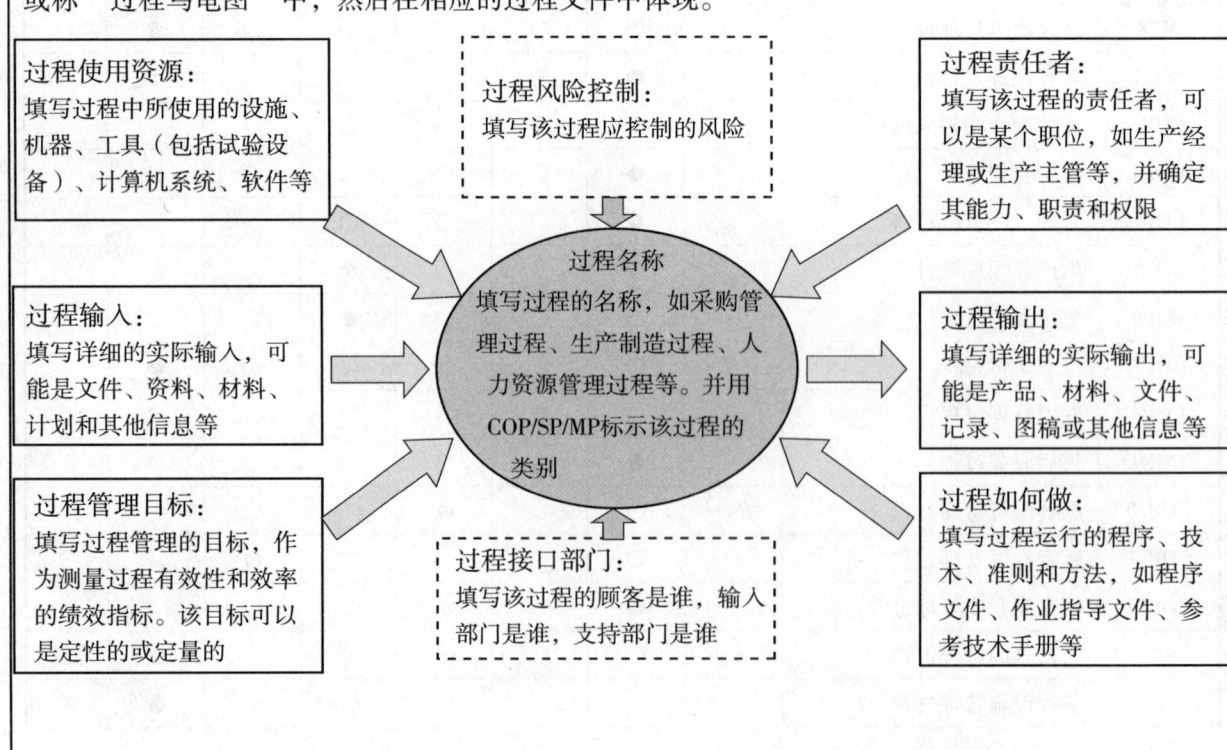

| 文件名称 | 质量手册 | 文件编号：SQ-QM-01 | 版本：C | 页码 | 17/20 |

4.5 公司质量管理体系文件要求

4.5.1 质量管理体系文件要求

根据 ISO 9001:2015 标准的要求和公司运作需要，规定了公司质量管理体系文件，这些文件包括：

(1) 质量方针和质量目标；
(2) 质量手册；
(3) COP、SP、MP 各过程的程序文件；
(4) 各过程控制和部门内部作业控制所需的文件，包括：
- 工艺流程图和/或过程描述；
- 组织机构图；
- 品质控制计划；
- 操作标准；
- 检验标准；
- 规范；
- 设备操作/保养指导书；
- 管理办法等文件。

(5) 质量管理体系运行中产生的所有记录。

4.5.2 公司质量管理体系文件架构

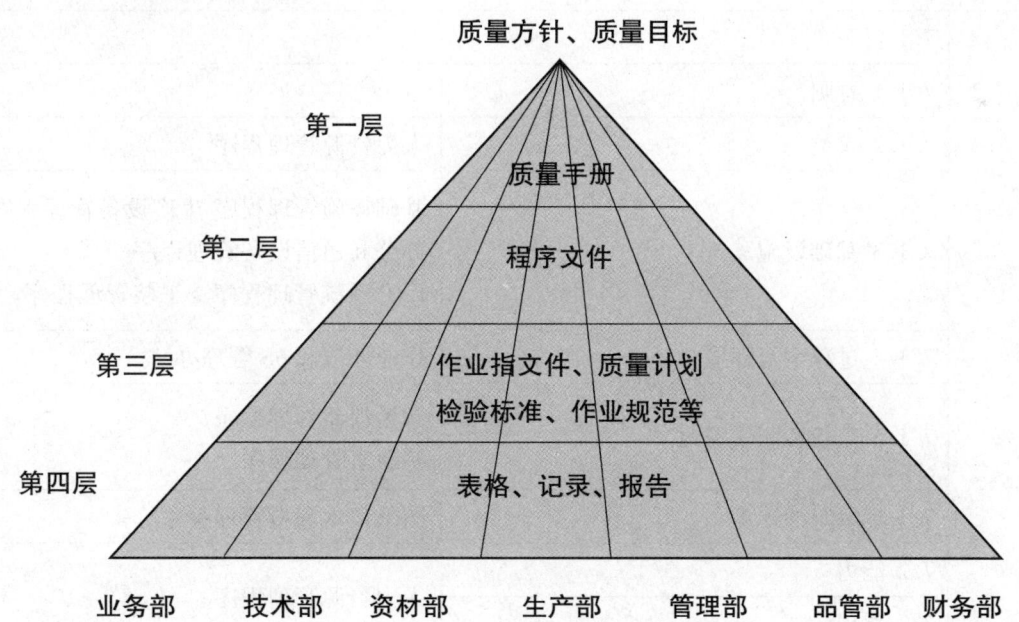

文件名称	质量手册	文件编号：SQ-QM-01	版本：C	页码	18/20

4.5.3 标准对照与质量管理体系文件展开表

	ISO 9001:2015 标准要求	对应的文件
第4章 组织环境	4.1 理解组织及其环境	经营战略和计划管理程序 财务预算和控制管理过程
	4.2 理解相关方的需求和期望	
	4.3 确定质量管理体系的范围	质量手册
	4.4 质量管理体系及其过程	
第5章 领导作用	5.1 领导作用和承诺	质量手册
	5.1.1 总则	
	5.1.2 以顾客为关注焦点	
	5.2 方针	
	5.2.1 制定质量方针	
	5.2.2 沟通质量方针	
	5.3 组织的岗位、职责和权限	
第6章 策划	6.1 应对风险和机遇的措施	风险管理程序
	6.2 质量目标及其实现的策划	公司经营战略和计划、职能部门计划
	6.3 变更的策划	质量手册
第7章 支持	7.1 资源	
	7.1.1 总则	
	7.1.2 人员	人力资源管理程序
	7.1.3 基础设施	基础设施管理程序 生产设备管理程序 办公和通信设备管理程序 ERP系统管理程序 工装管理程序
	7.1.4 过程运行环境	作业环境和6S管理办法
	7.1.5 监视和测量资源	测量仪器管理程序 实验室管理程序
	7.1.6 组织的知识	图纸技术资料管理程序
	7.2 能力	人力资源管理程序
	7.3 意识	
	7.4 沟通	
	7.5 文件化信息	
	7.5.1 总则	质量手册
	7.5.2 创建和更新	文件控制程序
	7.5.3 文件化信息的控制	图纸技术资料管理程序

文件名称	质量手册	文件编号：SQ-QM-01	版本：C	页码	19/20

续表

ISO 9001:2015 标准要求		对应的文件
第8章 运行	8.1 运行策划和控制	品质控制计划　变更管理程序
	8.2 产品和服务的要求	
	8.2.1 顾客沟通	新客户开发程序 报价管理程序 顾客投诉处理程序
	8.2.2 与产品和服务有关的要求的确定	样件制作和确认程序
	8.2.3 与产品和服务有关的要求的评审	合同/订单评审程序
	8.2.4 产品和服务要求的更改	
	8.3 产品和服务的设计和开发	样件制作和确认程序 变更管理程序
	8.3.1 总则	
	8.3.2 设计和开发策划	
	8.3.3 设计和开发输入	
	8.3.4 设计和开发控制	
	8.3.5 设计和开发输出	
	8.3.6 设计和开发更改	
	8.4 外部提供过程、产品和服务的控制	供应商管理程序 采购管理程序 外包控制过程 进料检验管理程序
	8.4.1 总则	
	8.4.2 控制类型和程度	
	8.4.3 外部供方的信息	
	8.5 生产和服务提供	
	8.5.1 生产和服务提供的控制	生产计划管理程序　生产制造管理程序 产品交付管理程序　生产设备管理程序 基础设施管理程序　工装管理程序 作业环境和6S管理办法
	8.5.2 标识和可追溯性	产品标识和追溯管理办法
	8.5.3 顾客或外部供方的财产	顾客财产管理程序
	8.5.4 防护	仓储管理程序
	8.5.5 交付后的活动	售后服务管理程序
	8.5.6 更改控制	变更管理程序
	8.6 产品和服务的放行	制程及成品检验程序 产品测试管理程序
	8.7 不合格输出的控制	不合格品控制程序

文件名称	质量手册	文件编号：SQ-QM-01	版本：C	页码	20/20

续表

ISO 9001:2015 标准要求		对应的文件
第9章 绩效评价	9.1 监视、测量、分析和评价	
	9.1.1 总则	数据分析与绩效评价管理程序
	9.1.2 顾客满意	顾客满意度管理程序
	9.1.3 分析与评价	数据分析与绩效评价管理程序
	9.2 内部审核	内部审核控制程序
	9.3 管理评审	管理评审程序
	9.3.1 总则	
	9.3.2 管理评审输入	
	9.3.3 管理评审输出	
第10章 持续改进	10.1 总则	
	10.2 不合格和纠正措施	不合格品管理程序 不符合及纠正措施管理程序 顾客投诉处理程序
	10.3 持续改进	持续改进管理程序

附件：管理者代表授权书（新版标准不再要求必须任命管理者代表，以下仅是建议）

为有效推动 ISO 9001 质量管理体系，确保质量管理体系的建立、实施、维持和持续改进，经公司高层研究决定，特任命副总经理×××为公司管理者代表，行使如下职权：

1. 确保按照 ISO 9001 标准的要求建立、实施和保持质量管理体系

（1）负责组织相关人员对质量体系进行策划，并协调质量手册、程序文件的编写及修订工作；确保在策划和实施质量管理体系变更时保持其完整性。

（2）推进、协调及监督质量管理体系在各相关部门的有效实施，督促各部门在执行中偏离要求的纠正措施的落实；

（3）确保按计划执行内部审核和管理评审活动。

2. 向公司最高管理层报告质量管理体系的绩效和任何改进的需求

（1）监控质量管理体系运行情况，及时评审其有效性、适宜性并提出改进措施或方案。定期和不定期地向最高管理阶层报告体系运行的绩效和改进机会；

（2）有计划的推进质量体系改进工作，优化过程的运行。

3. 确保在整个组织内提高满足顾客要求的意识

（1）有计划的展开各种宣传、交流以及研讨活动，促使全体员工提升满足顾客要求的意识；

（2）确保建立内、外部客户满意度调查、评价以及改善体系。

4. 负责公司质量管理体系有关事宜与外部各方的联络工作

如负责与认证机构和咨询机构联络有关认证、咨询事宜，并及时了解外部环境的变化和影响等。

总经理：_____   年   月   日

第四节　过程化程序文件编写说明

一、关于程序文件的说明

ISO 9001：2015 标准不再强制要求组织必须编制程序文件，是允许使用本标准的企业在编制质量管理体系文件时可以采用更加灵活的表现形式，但并不是说企业管理体系运行可以没有程序。所谓程序，是指为进行某项活动或过程所规定的途径。程序可以形成文件，也可以不形成文件。当程序形成文件时，通常称为"书面程序"或"形成文件的程序"。含有程序的文件可称为"程序文件"。

每个组织在运行过程中，作业程序总是存在的，只是有些形成了文件，有些没有形成文件，有些形成文件的程序完全用文字表述的，有些是用流程图表述的，但很多企业并没有用过程化方法的思维来编制文件。值得注意的是，并不是用流程图编写文件就是过程化方法，正如上章所谈到的，过程化方法的文件通常要包括过程的输入、输出、使用资源、过程责任者、过程管理目标、过程的作业方法以及过程应控制的风险。

新版标准给了我们重新审视组织的质量管理体系，重新评价、整合和修订质量体系文件的机会，目的是使质量管理体系运行更加简单、有序和高效。

二、过程化程序文件编写说明

为确保规定的程序能得到一致的理解和有效的实施，程序通常都会形成文件。对于质量管理体系所识别的顾客导向过程（COP）、支持过程（SP）和管理过程（MP）均应形成相应的程序文件。程序文件的表达方式可根据组织的习惯、人员的认知能力和文化水平，以适当的方式体现。

以下推荐的一种过程化文件的格式仅供参考，企业可采用其他可行的方法。

1. 过程化程序文件包含的段落和内容说明

程序文件的结构和格式通常由文字内容、流程图、表格以及上述形式的组合表述。通常使用以下的八段式结构。

【1. 目的】——描述本程序文件编制和控制的目的。

【2. 范围】——规定本程序文件的使用和控制范围。

【3. 术语和定义】

——对本程序文件中使用的专用名词和术语给出具体的含义说明，便于文件阅读者和使用者有统一的理解。并不是每一程序文件都必须有术语和定义，而是根据文件的需要而定。如果没有，本段就写"无"。

【4. 过程管理图或"乌龟图"】

——对质量管理体系识别的每一过程应使用过程管理图或"乌龟图"对其控制进行策划，以规定过程管理的关键要素，这些图可以体现在质量手册中，也可以用单独的文件体现，为方便对过程的理解和运用，这里建议直接体现在程序文件中。

【5. 作业内容】

——作业内容是文件的核心，在本段中根据过程的作业步骤画出作业流程图，并配以文字说明每一步骤的作业重点，同时规定相应的职责和作业中需参考的其他文件及使用表单或应产生的记录。

程序文件可引用作业指导书，作业指导书规定了开展活动的方法。程序文件通常用来描述跨职能的活动，作业指导书则通常适用于某一职能内的活动。

对活动描述的详略程度取决于活动的复杂程度、使用的方法以及从事活动的人员所必需的技能和培训的水平。不论其详略程度如何，适用时，对活动的描述应当考虑以下方面：

- 明确组织及其顾客和供方的需要；
- 以与所要求的活动相关的文字描述和（或）流程图的方式描述过程；

- 明确做什么、由谁或哪个职能做，何时、何地以及如何做；
- 描述过程控制以及对已识别的活动的控制；
- 明确与要求的活动有关的文件和记录。

【6. 附加说明】

——本段主要是对在过程流程图中不方便表达的，或需重点强调的，或需要进一步详细说明的内容附加说明，本段也是根据需要而定，如果没有需要附加说明的，就写"无"。

【7. 参考文件】

——本段是列出本文件所关联的或引用的文件名称，以便于查阅和检索。

【8. 使用表单】

——本段是列出本文件所需用到的表单名称，以便于检索和使用。

2. 过程流程图说明

（1）流程符号说明

过程流程图常用符号（最常用前四种）

符号	名称	意义
⬭	作业开始或结束（Start & End）	流程图开始 S 和结束 E
▭	作业活动	具体的任务或工作
◇	决策或判定	不同方案选择
→	路径	动作的逻辑顺序
⬠	文件或记录	输入或输出文件
⬚	归档（Pigeonhole）	文件和档案的存档
┄┄	注解（Comment）	表示附注说明之用
○	连接（Connector）	流程图向另一流程图之出口或从另一地方之入口

（2）流程图的常用类型

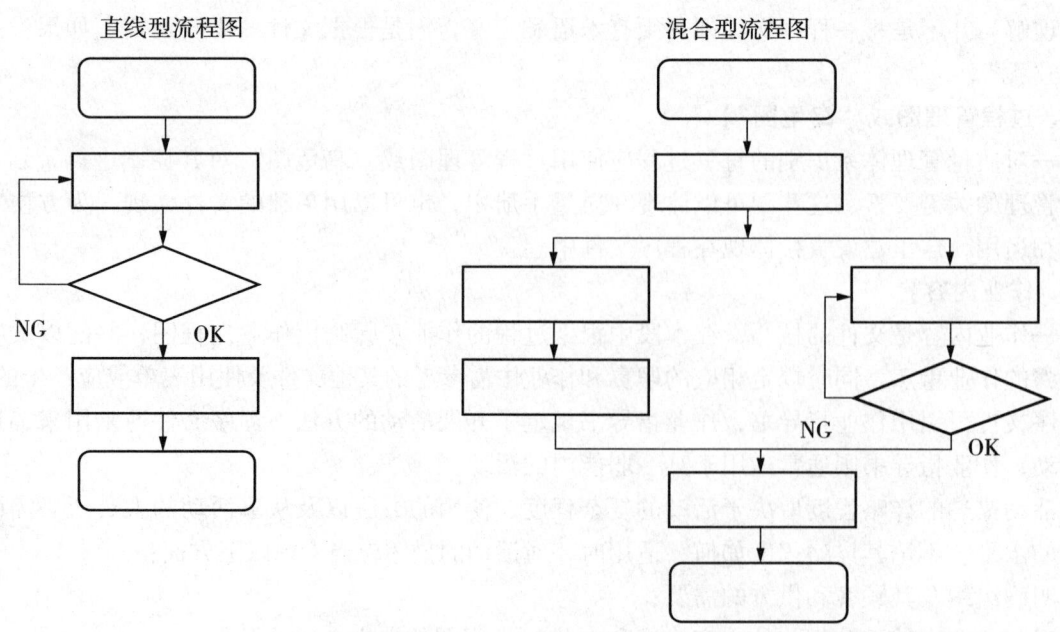

直线型流程图　　　　　　　　混合型流程图

矩阵型流程图

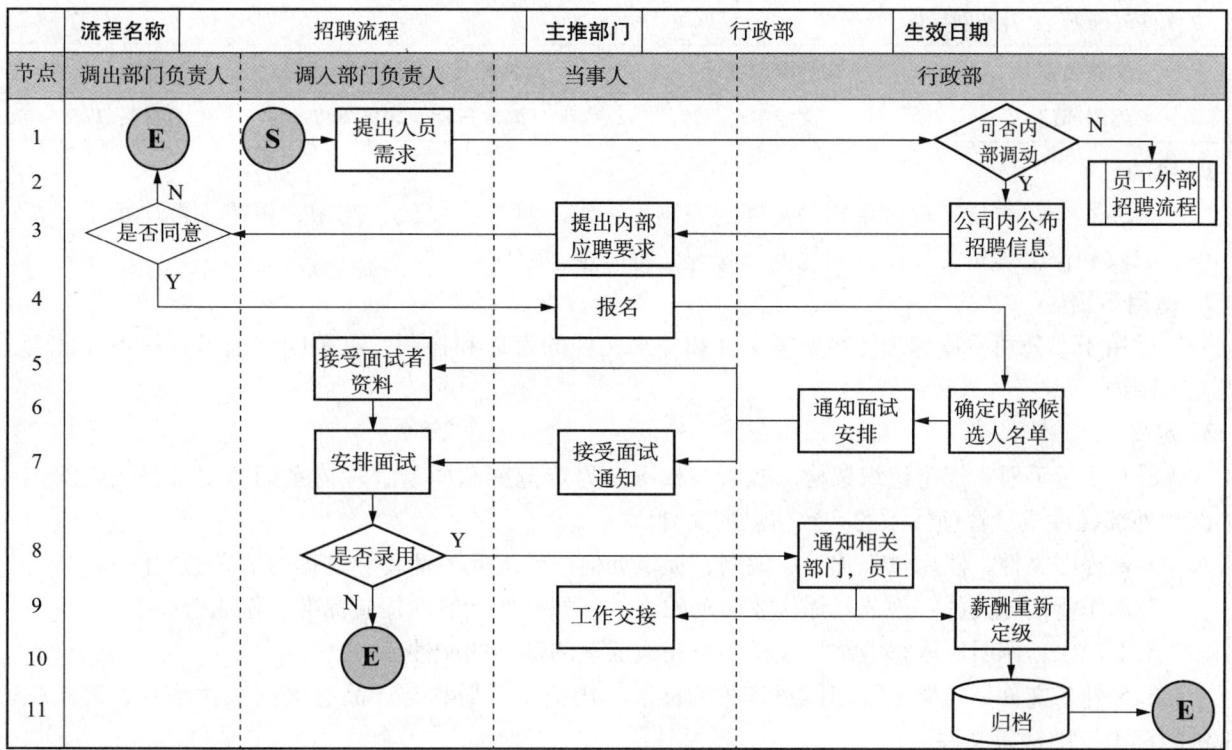

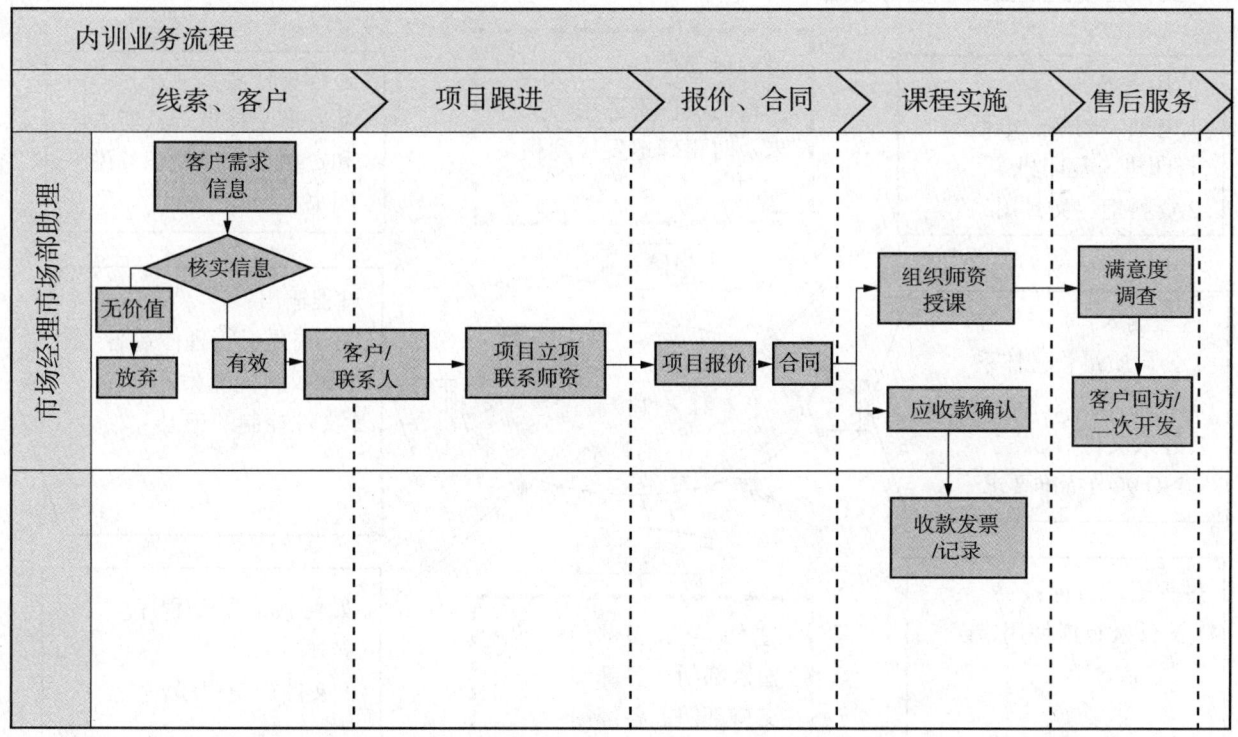

三、过程化程序文件范例

需要注意的是，程序文件是一个过程的文件化形式，换言之，每一个程序文件中都包含了至少一个过程。

1. 常用格式的文件范例

SP 文件范例 1　　文件控制程序

文件名称	文件控制程序	文件编号：SQ-SP-01	版本：A
编制部门	文控中心	编制日期：2016.8.8	页码：1/5

1. 目的

　　为使本公司质量管理体系相关文件的编制、评审、批准、发放、使用、更改、再次批准、标识、回收和作废等相关过程得到规范与管理，特制定本程序。

2. 适用范围

　　适用于本公司质量管理体系所需文件和外来文件的管理和控制，有关图纸技术资料不在此管控范围内。

3. 定义

　　3.1 质量手册：规定组织架构、职责与权限、界定范围和质量管理体系的总要求，向组织内部和外部提供质量管理体系的一致信息的文件。

　　3.2 程序文件：使用过程化方法编制，提供如何一致地完成活动和过程的信息的文件。

　　3.3 作业指导文件：规范具体作业活动的文件。如操作标准、检验标准、作业指导书等。

　　3.4 记录：阐明所取得的结果或提供所完成活动的证据的文件。

　　3.5 外来文件：与质量管理体系有关的标准、规范、手册，与产品有关的法律法规，客户提供的标准、图样等文件。

4. 文件控制过程图或过程乌龟图

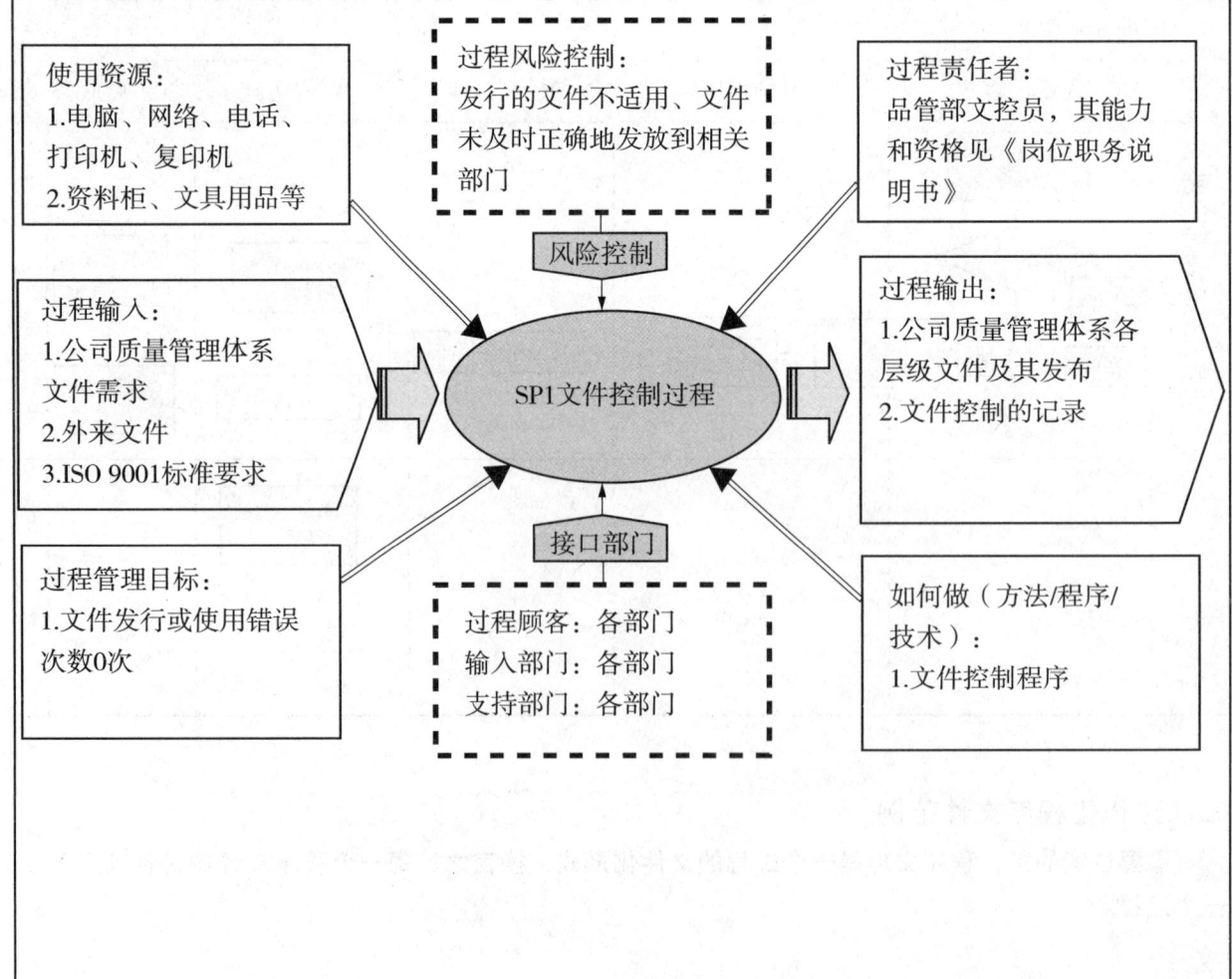

SP 文件范例1	文件控制程序			
文件名称	文件控制程序	文件编号：SQ-SP-01		版本：A
编制部门	文控中心	编制日期：2016.08.08		页码：2/5

5. 作业内容

序号	文件控制作业流程	权责部门/人	作业要求	参考文件/使用表单
5.1	文件制订/修订/废止申请提出 → 评审/批准（NG退回，OK继续）	申请部门	5.1.1 文件制定提出： 公司质量管理体系建立时所需的文件由管理代表和推行小组统一策划制定，当体系运行后因产品或作业控制需要新增文件时由需求部门提出《文件制定/修订/废止申请单》。 5.1.2 文件修订提出： 当出现下列情形时，文件可能需要提出修订： a. 在质量管理体系运行过程中，某个文件不充分或不适宜而需要增删内容时； b. 外部要求变更时； c. 当现有作业流程或方式变更时； d. 纠正预防措施提出修订时； e. 专案改善或持续改进提出修订时。 由需求部门提出《文件制定/修订/废止申请单》。 5.1.3 文件废止提出： 由于产品或过程的更改，文件若不再使用需废止时，由现有权责单位提出《文件制定/修订/废止申请单》，注明废止原因。	《文件制定/修订/废止申请单》
5.2		相关部门管理代表	5.2 申请部门提出的《文件制定/修订/废止申请单》统一交给品管文控，由文控员交与文件运行相关的部门进行评审，评审通过则呈管理代表批准。评审不通过则退回给申请部门。	《文件制定/修订/废止申请单》
5.3	文件制订/修订/废止执行	各相关部门品管文控	经评审和批准通过后，按以下进行作业： 5.3.1 文件制定作业：文件制定由申请部门负责，程序文件按公司标准格式编制，三阶作业指导类文件和表单可根据实际使用情况不拘格式。 5.3.2 文件修订作业：文件修订作业由原文件制定部门负责，通常在原有文件上进行增修，必要时也可改变格式（程序文件除外）。 5.3.3 文件废止作业：文件废止由品管文控将废止文件统一收回。文件废止后，原文件之编号不再重复使用。	

SP 文件范例 1		文件控制程序			
文件名称		文件控制程序		文件编号：SQ-SP-01	版本：A
编制部门		文控中心		编制日期：2016.08.08	页码：3/5
序号	文件控制作业流程		权责部门/人	作业要求	参考文件/使用表单
5.4	文件编号/版本		品管文控	5.4 各部门将新制定或修订的文件电子档提交给品管文控，文控按附加说明"6.2 文件编号和6.3 文件版本"的规定对新增或修订文件进行编号和版本控制。	
5.5	文件审批		管理代表 总经理	5.5 品管文控将文件按附加说明"6.1 文件制定、审查、核准权责表"执行审批，若审批发现不符合要求时返回责任部门重新制修订，直至通过。	
5.6	文件列管		品管文控	5.6 质量管理体系文件均需列管控制，包括质量手册、程序文件、作业指导类文件及表单；由品管文控登记于《文件清单》，原稿由文控保存，不需作任何标记。	《文件清单》
5.7	文件发行		品管文控 各相关部门	5.7.1 质量手册、程序文件和表单给各部门及总经理和管理代表各分发一份，三阶作业指导类文件根据运行实际需要发给相关部门，由文控员用原稿复印所需之份数，在文件上加盖"受控文件"章分发，并记录于《文件发行/回收管制表》。 5.7.2 相关部门接到文件后，在《文件发行/回收管制表》上签名确认。	《文件发行/回收管制表》
5.8	文件补发		品管文控各相关部门	5.8.1 各部门如因文件破损、遗失，或因实际需要须增加使用份数，或须向客户、供应商提供文件，向外部机构提供文件时，需填写《文件补发申请单》提出申请，经相关人员核准后，交文控员办理补发，补发作业与文件发行作业相同。 5.8.2 向外发行的文件不盖"受控文件"章，且不予以回收与更新，由负责外发之单位确保外发文件为最新版本。	《文件补发申请单》《文件发行/回收管制表》
5.9	文件回收		品管文控各相关部门	5.9 当文件经修订重新发行新版时，由文控根据《文件发行/回收管制表》原来发放的部门和份数将旧版文件全部收回，新版文件重新发放和签收。文件作废时，则将全部作废文件收回。	《文件发行/回收管制表》

SP 文件范例 1　文件控制程序

文件名称	文件控制程序	文件编号：SQ-SP-01	版本：A
编制部门	文控中心	编制日期：2016.08.08	页码：4/5

序号	文件控制作业流程	权责部门/人	作业要求	参考文件/使用表单
5.10	文件使用、保存与销毁	文控员	5.10.1　经发行之文件由各部门指定人员管理，文件应放于易于取阅场所或挂置于操作台旁。 5.10.2　文件应保持清晰易读，不可涂改、遗失或损坏。 5.10.3　正式文件之原稿由文控中心保管，已作废或旧版文件由文控盖"作废章"进行保存或由管理代表核准后，进行销毁。 5.10.4　各部门不得保存已回收或作废之版本文件，若作废文件回收再利用，应在文件正面打×或盖"作废章"。	

6. 附加说明

6.1　内部文件的制定/修订、审核、批准权责

文件阶层	名　称	制定/修订	审　核	批准	收发管制单位
一阶	质量手册	品管经理	管理者代表	总经理	品管文控
二阶	程序文件	各部门	管理者代表	总经理	品管文控
三阶	指导书类	各部门	部门主管	管理者代表	品管文控
四阶	表　单	各部门	部门主管	管理者代表	品管文控

6.2　文件编号

　　6.2.1　内部文件编号系统：

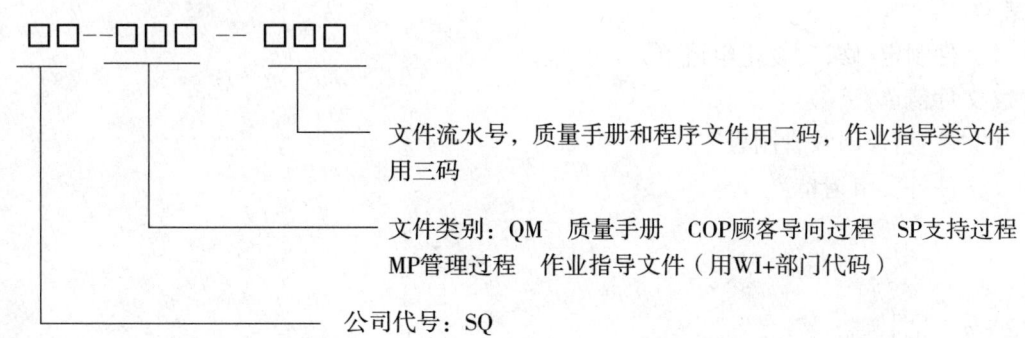

　　6.2.2　表单编号系统：表单编号由文控中心以 SQ + 部门代号 + 流水号（2码）组成，在流水号后，加版本号顺序为 A、B、C……

SP 文件范例 1　文件控制程序

文件名称	文件控制程序	文件编号：SQ－SP－01	版本：A
编制部门	文控中心	编制日期：2016.08.08	页码：5/5

6.3　文件版本：

文件版本号顺序为 A、B、C……，每修改一次后均需更换版本号。

6.4　程序文件撰写格式

6.4.1　内页格式要求八段式：1. 目的　2. 范围　3. 定义　4. 过程乌龟图

5. 作业内容　6. 附加说明　7. 参考文件　8. 使用表单

6.4.2　流程图的表示：

开始和结束用"▭"、作业活动用"▭"

审核、核准、判定用"◇"、流程方向用"——→"、

通过用"OK"、未通过用"NG"。

6.4.3　程序文件首页及内页格式以本文件格式为准。

6.5　质量手册、作业指导书/标准书、表单类文件依实际需要确定格式

6.6　部门代码规定

管理部：GL　技术部：JS　业务部：YW　生产部：SC　品管部：PG

资材部：ZC　财务部：CW

6.7　外来文件管制

6.7.1　外来文件之接收、购入视同制定，更新视同修订，废止为不再使用。

6.7.2　各部门在接收外来文件时，统一交由文控编号登记，再加盖"外来文件"章，其原稿由文管中心保存。外来文件亦须登入《文件清单》，并按使用部门需要分发，分发时填写《文件发行/回收管制表》。

6.7.3　外来文件的编号为 SQ-WL-□□□（流水号 001、002……）。

7. 参考文件

无

8. 使用表单

8.1　《文件制定/修订/废止申请单》

8.2　《文件清单》

8.3　《文件发行/回收管制表》

8.4　《文件补发申请单》

文件制定/修订/废止申请单（格式）						SQ-PG-01A	
□新制定　□修订　□废止							
文件名称							
编号				申请部门			
制定/修订/废止原因： 申请人：　　　　　日期：							
主要修订内容说明：（文件修订时填写） 修订人：　　　　　日期：							
相关部门评审意见：							
□管理部 签名：	□技术部 签名：	□业务部 签名：	□生产部 签名：	□品管部 签名：	□资材部 签名：	□财务部 签名：	
拟分发部门及份数：							
部门	□管理部	□技术部	□业务部	□生产部	□品管部	□资材部	□财务部
份数							
批准意见： 管理代表：　　　　　日期：							

文件清单（格式）						SQ-PG-02A
文件类别：□一阶文件　□二阶文件　□三阶文件						
序号	文件编号	文件名称	页数	生效日期	版本号	备注
文控员：　　　　　　　　　　审核：						

文件发行/回收管制表（格式）　　　　　　　　　　SQ-PG-03A

文件编号	文件名称	版本	页数	份数	生效日期	领用部门签收	签发日期	回收份数	回收日期	文控员	备注
SQ-SP-04	文件控制程序	B	5	1	2016.09.01						

文件补发申请单（格式）　　　　　　　　　　SQ-PG-04A

申请部门：

文件名称	文件编号	版本	份数	申请原因	备注

申请人/日期：　　　　　　　部门主管/日期：

文控审核：　　　　　　　　管理者代表核准：

2. 其他格式的文件范例

(1) 采购预算过程与风险控制

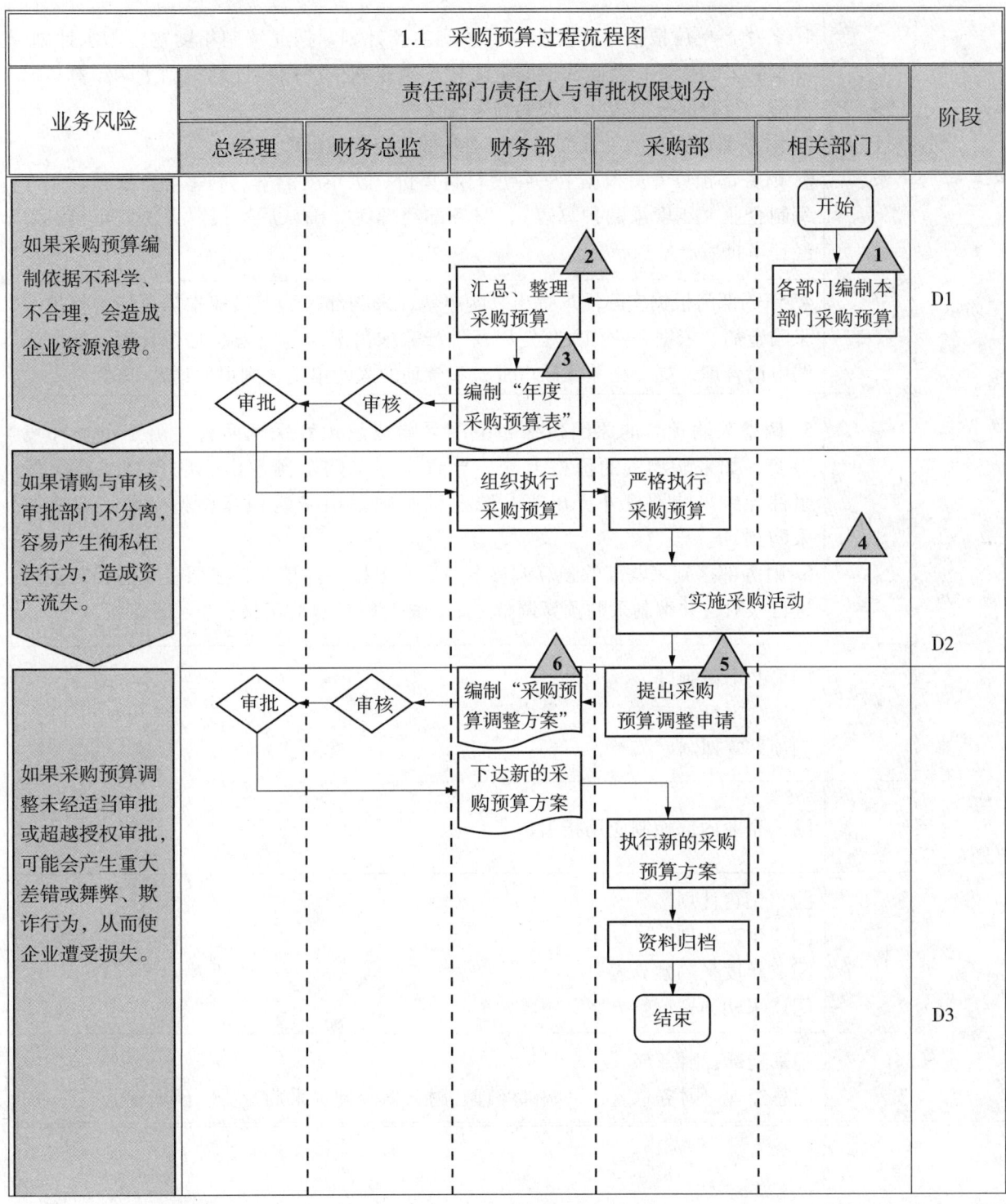

1.2 采购预算过程控制作业说明			
控制事项			详细描述及说明
阶段控制		D1	1. 各生产单位根据年度营业目标预测生产计划，据此编制年度物资需求计划，并编制采购预算；仓储部根据企业相关规定和生产用料计划编制采购预算；研发部、行政部根据实际需求编制采购预算。 2. 财务部预算专员负责汇总、整理各部门提交的采购预算。 3. 财务部预算专员根据上一年度材料单价、次年度汇率、利率等各项预算基准编制企业"年度采购预算表"，财务部经理签字确认后，报财务总监审核、总经理审批后严格执行。
		D2	4. 请购部门根据实际需求提出采购申请，采购部采购专员应根据市场价格填写采购金额，依据企业相关规定以及生产需求情况，判断采购是否合理。如果采购申请合理，提交相关领导审批；不合理的采购申请，则退回请购部门。
		D3	5. 调整采购预算的原因包括超范围采购或超预算采购两种。由于市场环境多变，如采购物资的价格上涨，导致实际采购金额超出采购预算或有突发事件导致采购预算外支出等，采购部必须提出采购预算调整申请，即追加采购预算。 6. 财务部接到采购部的预算调整申请后，根据实际情况，参照企业的相关规定进行核对，并编制采购预算调整方案，提交财务总监审核、总经理审批。
相关规范	应建规范		□采购申请制度 □请购审批制度 □预算管理制度
	参照规范		□《企业内部控制应用指引》
文件资料			□"销售计划" □"生产计划" □"年度采购预算表" □"采购预算调整方案"
责任部门及责任人			□采购部、财务部 □总经理、财务总监、采购部经理、财务部经理、采购专员、预算专员

（2）采购招标过程与风险控制

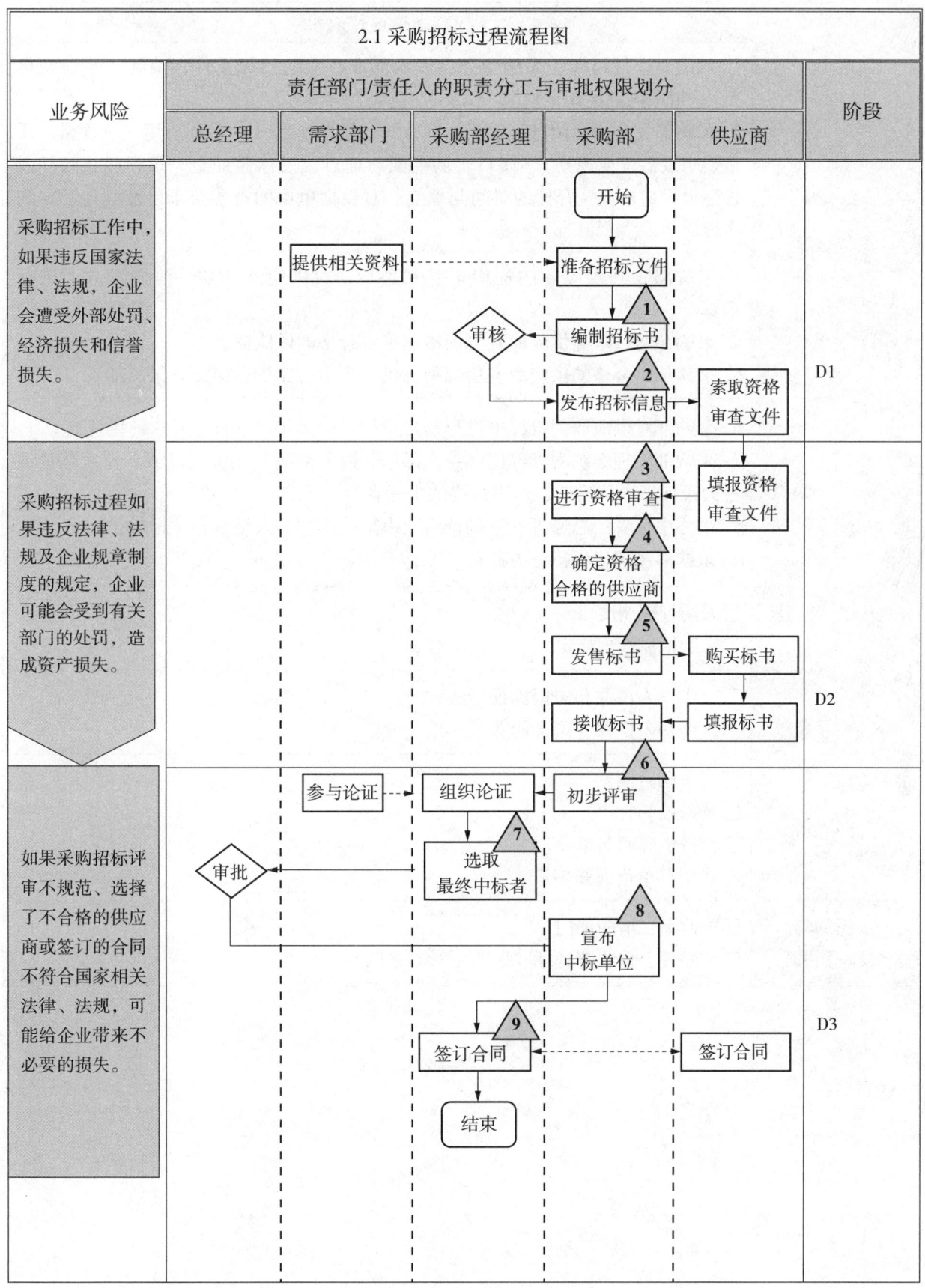

	2.2 采购招标过程控制作业说明	
控制事项		详细描述及说明
阶段控制	D1	1. 对需要进行招标的采购业务，采购部准备采购招标文件，编制《采购招标书》，报采购部经理审核。 2. 采购部发布招标信息，包括招标方式、招标项目（含名称、用途、规格、质量要求及数量或规模）、履行合同期限与地点、投标保证金、投标截止时间及投标书投递地点、开标的时间与地点、对投标单位的资质要求以及其他必要的内容。
	D2	3. 采购部收到供应商的资格审查文件后，对供应商资质、信誉等方面进行审查。 4. 采购部通过审查供应商各方面指标确定合格的供应商。 5. 采购部向合格的供应商发售标书，供应商填写完毕后递交到采购部。
	D3	6. 采购部对供应商的投标书进行初步审核，淘汰明显不符合要求的供应商。 7. 采购部经理组织需求部门、技术部门、财务部门等相关人员或专家对筛选通过的投标书进行论证，选出最终的中标者。 8. 最终中标者经总经理签字确认后，由采购部相关人员宣布中标单位。 9. 采购部经理代表招标方签订《采购合同》。
相关规范	应建规范	□采购管理制度 □采购招标管理规定
	参照规范	□《中华人民共和国招标投标法》 □《中华人民共和国合同法》
文件资料		□《采购合同》 □《采购招标书》 □合格供应商名单 □《中标单位通知书》
责任部门及责任人		□采购部、请购部门 □总经理、采购部经理、采购主管、采购专员

(3) 工程规范控制程序

	×××汽车配件制造有限公司		过程名称	工程规范控制程序	过程负责人
			更改等级	A/0	技术厂长
			页 数		
输入	流程	说明	负责人	输出	过程指标
顾客要求、流程图、控制计划、图纸、APQP等	工程规范来源	确定工程规范	技术厂长		及时评审（7个工作日内）
	编制/接收	技术厂长组织进行工程规范（如作业指导书、包装规范、检验指导书等）编制，顾客如提供工程规范由技术科接收	技术厂长 多功能小组		
	评审	技术科组织对工程规范进行评审，对顾客提供的应进行会审，评审/会审应在7个工作日内完成	技术厂长 多功能小组	工程规范	
《WI-S1-02技术文件管理办法》	分类归档	技术科对各类工程规范进行分类归档，按《技术文件管理办法》进行管理	技术厂长		
	分发	根据使用的需要，技术科确定工程规范的发放范围，并复制、标识（加盖受控印章）、分发	技术厂长	文件领用/回收登记表(QR-S1-02)	
					备注说明
	使用管理	使用部门对各自使用的工程规范进行管理	各部门		
顾客要求；设计变更要求	产品变更 工程变更 过程变更	当顾客有更改要求时，销售公司应填写设计变更单到技术科，明确变更项目、原因及内容，由技术科组织变更；内部有更改要求时要求部门填写设计变更单交技术科，由技术科组织变更，内部变更必要时应取得顾客的批准	销售公司 技术科	设计变更单（QR-S3-01)	
	评审	技术科针对变更需求实施评审	技术厂长	设计变更单（QR-S3-01)	
	通知顾客 实施变更	评审结果如变更可行则实施变更；如顾客要求变更不能实施应通知顾客，顾客不同意的情况下必须实施变更	技术厂长		
	评审 停	对变更的结果实施评审和确认	技术厂长	设计评审、验证及确认记录（QR-S3-02)	
	分发回	对变更的相关文件、工程规范等，技术科根据原先发放的范围重新进行发放，同时收回作废文件	技术厂长	文件领用/回收登记表(QR-S1-02)	
	变更后	变更后在生产中的实施日期应进行记录	技术厂长		

第五节　作业指导书编写说明

一、作业指导书是企业质量控制的关键

作业指导书属于体系文件的第三层次文件，程序文件通常描述跨职能的活动，作业指导书则通常用于某一职能内的活动。

作业指导书是针对某个部门内部或某个岗位的作业活动的文件，侧重描述如何进行操作，是对程序文件的补充或具体化。

对没有作业指导书就会产生不利影响的所有活动，应当制定并保持作业指导书对其实施进行描述。

所谓"制造"，就是以规定的成本、规定的工时，生产出品质均匀、符合规格的产品。如果制造现场的作业，如工序的前后次序随意变更、作业方法或作业条件因人而异有所改变的话，一定无法生产出符合上述要求的产品。因此，必须对作业步骤、作业方法、作业条件加以规定并贯彻执行，形成标准化的指导书。

很多企业都建立有作业指导书，但作业指导书普遍存在的问题是不规范、不全面，内容描述笼统，缺乏准确的定量规定，使操作者在面对诸如温度、湿度、转速、压力、时间、使用量等决定产品质量的参数时，只能凭经验和感觉决定这些参数的值，很容易造成质量问题，导致各工序的质量缺陷。可以这么说，从作业指导书的制作优劣，**可以看出一个企业的质量水平和稳定性。好的质量是靠每个工序的精确控制来实现的，要提高质量就要从研究和分析工序作业指导书开始。增加质量检验和质量管理人员，除了增加成本，对质量提升没有帮助。**

作业指导书的类别，按内容可分为：

（1）用于指导员工操作、施工、检验、安装等具体作业活动的作业指导书。如设备操作指导书、设备保养指导书、工艺规范、作业规范、检验标准、抽样计划、品质控制计划等。

（2）用于指导具体管理工作的各种工作细则、工作指引、管理办法和规章制度等。

（3）用于指导自动化程度高而操作相对独立的标准操作规范。

作业指导书的目的是：技术储备、提高效率、防止再发、教育训练。此外它还可以用作目视化管理的工具。作业指导书是把企业成员所积累的技术、经验，通过文件的方式加以保存，这样才不会因人员的流动使技术、经验跟着流失。

二、作业指导书的编写原则

（1）**目的要明确**：指导书的编写必须围绕目的展开，即遵照制定的标准作业总是能保证生产出相同质量的产品。因此，与实现结果无关的词语、内容不要出现。

（2）**规定结果并说明操作过程的控制方法**：如"安全地上紧螺丝"只是一个结果，应该描述如何上紧螺丝。又如"焊接厚度应为3毫米"是结果，而控制方法是"焊接用2.5A电流和20秒焊接时间才能得到3毫米的厚度"。

（3）**表述要准确，避免抽象**：如"上紧螺丝时用力要合适"。什么是合适的力？这样模糊的词语不宜出现。

（4）**要尽可能数据化、图示化、具体化**：标准中应该多使用图表和数字，使用量化的表达方式。如应该用"操作频率应控制在25次/分"来代替"频率适中"的表达。

（5）**具有可操作性**：指导书必须符合实际作业，即可操作的，而不是形式上的。

（6）**评审和修订**：指导书应定期评审，并适时修订。在优秀的企业，生产总是按标准进行的，因此标准必须是最新的，是当时正确操作情况的反映。

指导书应根据设备的变更、工具的改进、作业方法的改进……而修改。不断修订和完善指导书是任何一项标准的基本要求。但修改必须经过程序，要保证全厂的统一性和协调性，同时要与质量

标准和工时定额等很多标准保持同步修订。

（7）与质量标准统一：指导书的构成要保证产品被正确地制造出来，而且达到质量标准。指导书的质量标准与检验的质量标准是一致的。

因此，制定指导书不只是生产部和技术部的事情，应该由设计部、质量部和生产部门等联合制定，这样才能保证只有一个质量标准。偏离企业市场定位的标准，过高或过低都要付出代价（对生产不利，各个部门不统一，也会造成企业的内耗而导致返工率增加、生产部与质检部发生矛盾等）。

三、作业指导书的编写说明

1. 结构和格式

作业指导书的结构、格式以及详略程度应当适合于组织中人员使用的需要，并取决于活动的复杂程度、使用的方法、实施的培训以及人员的技能和资格。

制定和表述作业指导书可以有多种方式。通常都采用图文并茂的形式。

无论采用何种格式或组合，作业指导书应当与作业的顺序相一致，准确地反映要求及相关活动。为避免混乱和不确定性，应当规定和保持作业指导书的格式或结构的一致性。

2. 作业指导书的内容

作业指导书应当描述关键的活动。作业指导书的详略程度应当足以对活动进行控制。如果相关人员已经获得了正确开展工作所需的必要信息，培训可以降低对作业指导书详尽程度的需求。

作业指导书一般可包括以下内容：
- 名称、编号、颁布日期、版本、编写人、审核人、批准人；
- 目的；
- 范围；
- 职责；
- 工作条件（环境、设备、工装、人员等）；
- 工作流程、步骤、作业方法；
- 日常检查（自查自控、互查互控）；
- 安全注意事项；
- 紧急情况处置；
- 报告或记录要求。

3. 作业指导书的作业要点
- 可以由现场管理干部主导编写，也可由专职的工艺工程师或制造工程师主导编写；
- 应召集包括操作人员在内的组内、组间讨论作业指导书，以确保完整性和可操作性；
- 直接负责人审核；
- 上级批准；
- 统一发布（格式、编号、发行章等）；
- 实施前培训；
- 检查、考核、修订。

四、作业指导书的参考范例

1. 设备类作业指导书

（1）氩弧焊机操作指导书

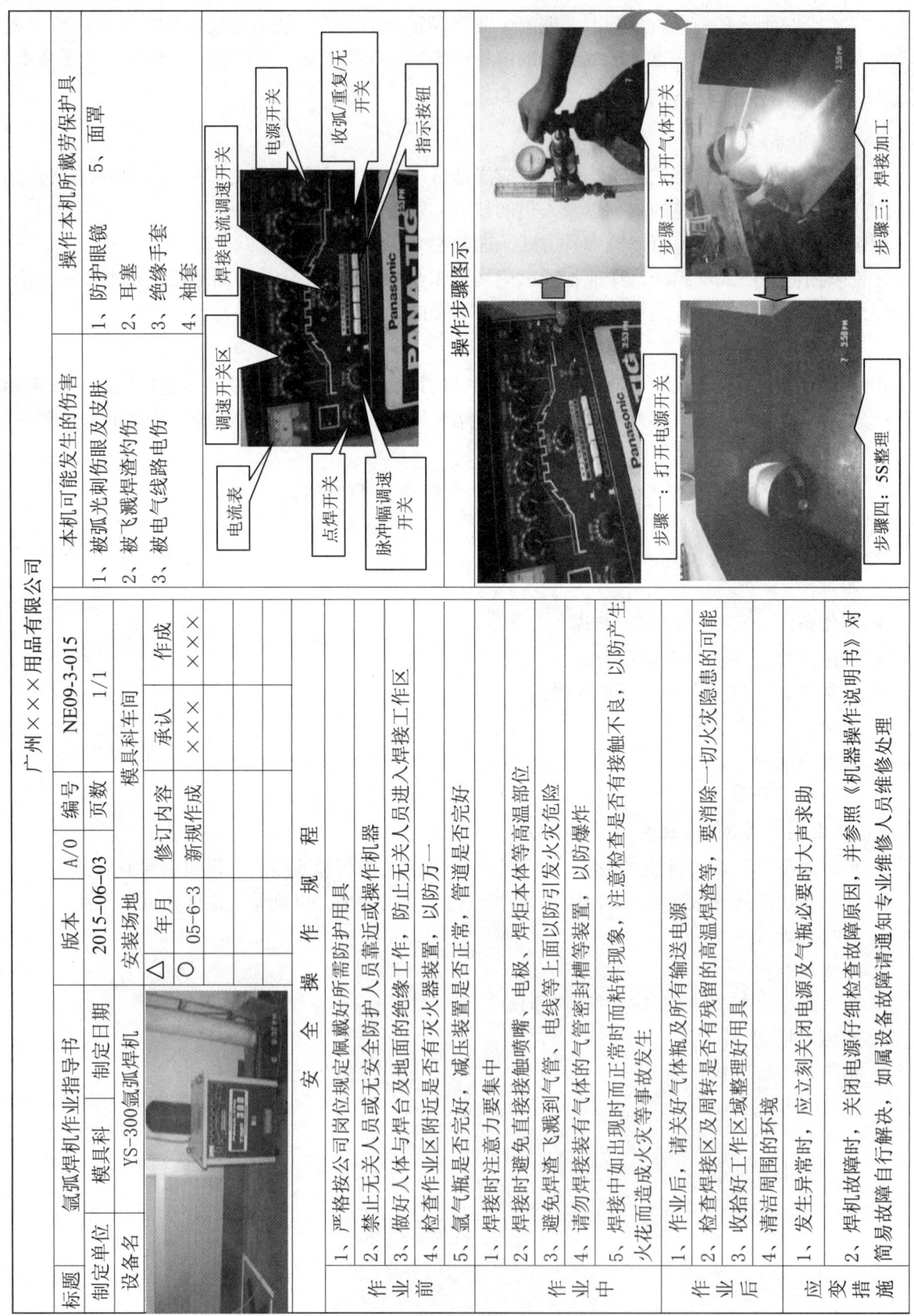

（2）压铸机作业指导书

XXX有限公司	设备操作指导书	设备名称	压铸机	使用车间	压铸车间
		设备品牌		设备编号	

安全操作要求：
1. 设备运行时，上图红色圈中部分禁止手靠近。
2. 接看产品，加原材料或水口料时需佩带防护手套，以免烫伤。
3. 对机器达停止后装卸模具时按下急停键，确保马达停止后方可进行，以免工伤。
4. 设备运行时，上图红色圈中部分禁止摆放杂物和易燃物。

操作方法

按键标注：锁模、停止、电源、急停、喷雾、冲头、半自动、手动、全自动、射料、开模、锁模、扣前、定嘴、离嘴、常速、慢速、快速、冲头选择、喷雾选择、起动、顶针、扣后

1. 开机：按点检表进行点检后顺时针扭开紧急开关，按下电源即进入开机状态。
2. 自动生产操作：按《作业指导书》安装模具后，确认熔炉和射咀嘴温度在参数范围内，将选档键扭到手动，在时间拨码中设定参数，关上防护门按下电源开关，先试压查看产品质量调节参数设定，确定产品质量合格后，将选档键扭至自动即进入自动生产。
3. 关机：当报警指示灯（红灯）亮或产品出现质量异常时，按紧急停止按钮暂停生产，生产结束时，按紧急停键后关机，并按保养表进行保养。

特别要求：
1. 设备使用前：认真按设备点检记录表点检设备，并确认上一班对设备的保养状态。如发现有问题，向机修报告，等异常排除后再进行后面的操作。
2. 设备使用时：发生设备转动部位完全停动后再处理。如遇到问题，及时按下停止键，等待设备转动部位完全停动后再处理。如处理过的问题，应及时报告机修人员处理。
3. 设备使用后：每班下班前应按设备日常保养表内容进行保养。

参数查看：

1. 射咀温度390～450℃熔炉温度450～550℃
2. 射料时间0.2～0.6s 开模（冷却）时间1.0～3.0s
3. 气压3.5～6.5kg
4. 系统总压60～80kg/cm² 或6～8MPa
5. 压射比压5～10MPa

最新/日期：	审核/日期：	年月日	文件编号：	批准/日期：	版本：
编制/日期：					

（3）设备保养指导书

XXX有限公司	设备保养指导书	设备名称		设备品牌	
		文件编号	版本 A/0	发行日期	

设备点检

启动电源前点检：
1. 按日常保养项目，检查上一班是否按要求进行保养。
2. 开机前检查工具、物料等是否放在指定的区域（如图1-1），机台表面无其它杂物。
3. 查看气压是否在0.4～0.6之间（如图1-3）。
4. 目视检查电线是否有脱落。

启动电源后点检：
1. 用手指接近(但勿接触)风管口，感觉是否有风（有风为正常）（如图2-3）。
2. 检查各按钮内指示灯能否正常光亮，（如图2-2、3-1）。

自动生产时点检：
检查设备遇到异常指示灯能否正常报警（设备自动停机）。

一级保养（频次按记录表执行）
1. 设备表面无杂物整理整顿、杂物清除、工件工具在指定的地方摆放整齐。
2. 擦拭设备表面，并清洁码正所经过之处的油污、灰尘。
3. 如图3-3所圈部分，每周加油1次。

二级保养（每月1次）
1. 彻底清洁机器内部、底部。
2. 设备表面彻底清洁。
3. 检查设备内外部有无螺丝松动、零件磨损、电线老化，如有须马上修正。

三级保养（每年1次）
1. 检查马达有无螺丝松动、零件磨损、电线老化，如有须马上修正。
2. 检查皮带是否磨损、老化，如有须马上修正。
3. 拆开如图4-1、图4-2所示的地方，清洁内部，并检查有无螺丝松动、零件磨损、电线老化，如有须马上修正。
4. 查上两级保养记录及维修记录，相关异常点做纠正、预防。

编制：　　　　　审核：　　　　　批准：　　　　　第1页共1页

CNC保养指导书

文件名称	CNC保养指导书	文件编号	WI-SC-013	版本	A
制定部门	生产部	发布日期		页数	1/1

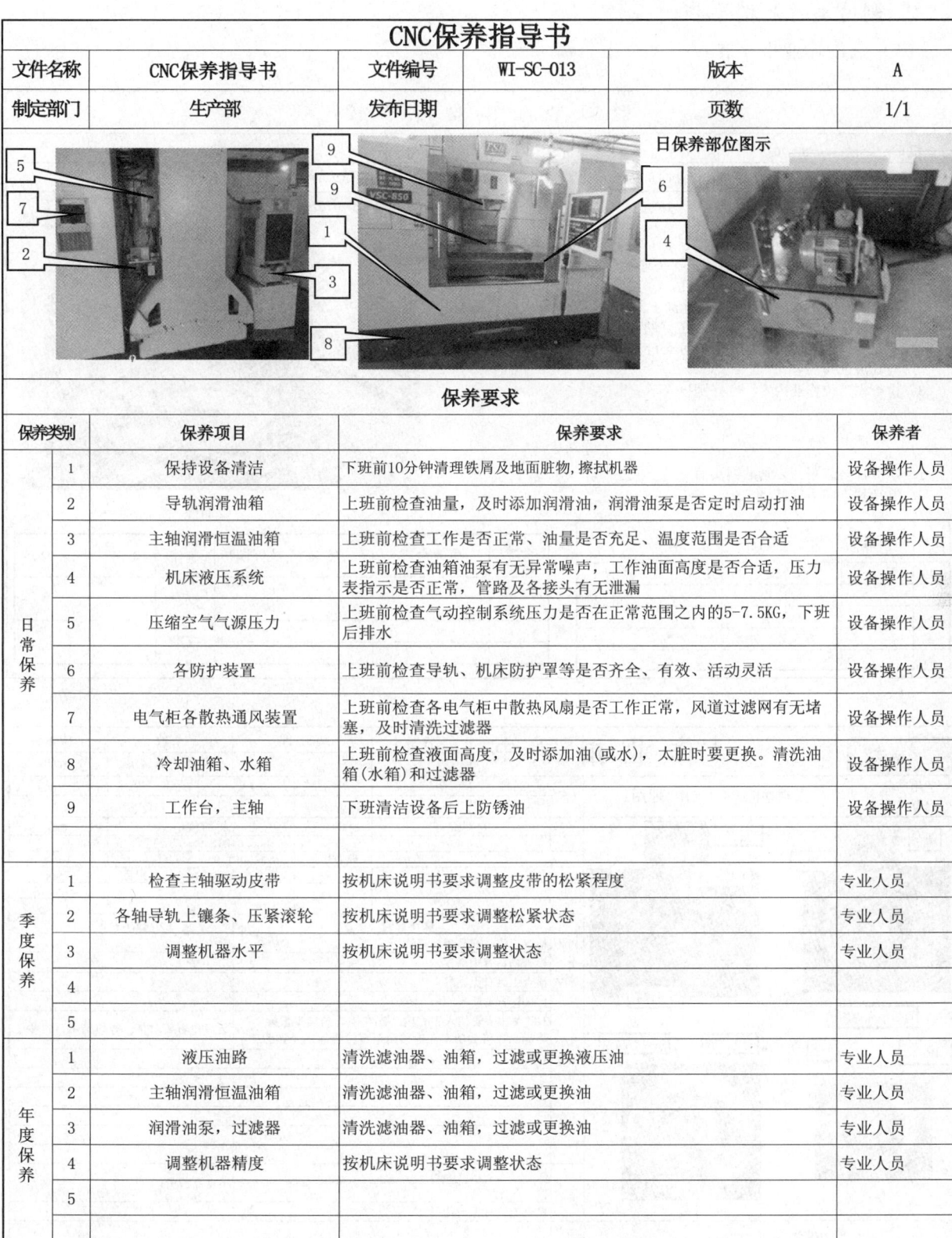

日保养部位图示

保养要求

保养类别		保养项目	保养要求	保养者
日常保养	1	保持设备清洁	下班前10分钟清理铁屑及地面脏物,擦拭机器	设备操作人员
	2	导轨润滑油箱	上班前检查油量,及时添加润滑油,润滑油泵是否定时启动打油	设备操作人员
	3	主轴润滑恒温油箱	上班前检查工作是否正常、油量是否充足、温度范围是否合适	设备操作人员
	4	机床液压系统	上班前检查油箱油泵有无异常噪声,工作油面高度是否合适,压力表指示是否正常,管路及各接头有无泄漏	设备操作人员
	5	压缩空气气源压力	上班前检查气动控制系统压力是否在正常范围之内的5-7.5KG,下班后排水	设备操作人员
	6	各防护装置	上班前检查导轨、机床防护罩等是否齐全、有效、活动灵活	设备操作人员
	7	电气柜各散热通风装置	上班前检查各电气柜中散热风扇是否工作正常,风道过滤网有无堵塞,及时清洗过滤器	设备操作人员
	8	冷却油箱、水箱	上班前检查液面高度,及时添加油(或水),太脏时要更换。清洗油箱(水箱)和过滤器	设备操作人员
	9	工作台,主轴	下班清洁设备后上防锈油	设备操作人员
季度保养	1	检查主轴驱动皮带	按机床说明书要求调整皮带的松紧程度	专业人员
	2	各轴导轨上镶条、压紧滚轮	按机床说明书要求调整松紧状态	专业人员
	3	调整机器水平	按机床说明书要求调整状态	专业人员
	4			
	5			
年度保养	1	液压油路	清洗滤油器、油箱,过滤或更换液压油	专业人员
	2	主轴润滑恒温油箱	清洗滤油器、油箱,过滤或更换油	专业人员
	3	润滑油泵,过滤器	清洗滤油器、油箱,过滤或更换油	专业人员
	4	调整机器精度	按机床说明书要求调整状态	专业人员
	5			

编制:　　　　　　审核:　　　　　　批准:

2. 制造类作业指导书

（1）装配作业指导书

整机装配作业指导书						
机型	SZ-203	工序号	2	文件编号		页码	2/18
作业项目	装配制冷头	作业时间		版本号	REV: A	受控号	

一、作业内容：

1. 取一制冷钢头检查有无划伤、划痕、瑕疵等不良，将不良品挑出。再将 OK 钢头套上橡胶圈后，把探头连接件装入制冷钢头内压紧，连接件螺丝孔要对齐钢头螺丝孔。
2. 取一制冷片在其正反两面均匀地涂上薄薄一层散热膏，然后将制冷片有字面朝上平整地放入加工好的制冷钢头内压平，放入制冷片时要注意方向（连接件槽口对准自己，制冷片线在槽口在左边与其成90度方向）。
3. 检查本工位作业内容、良好则投入下一工位。

二、工艺要求：

1. 制冷片要装平，要紧贴钢头面。
2. 制冷片方向不能装错。

附图：

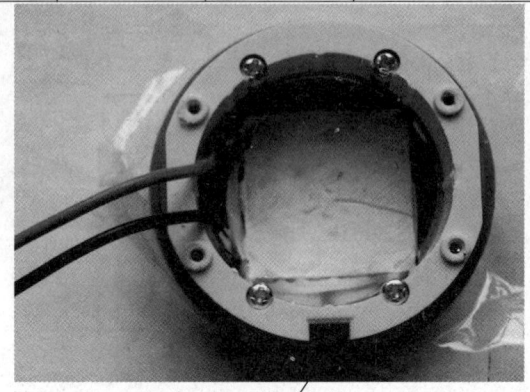

凹槽

序号	物料编号	物料/工具名称	规格	数量
1		制冷钢头		1
2		制冷片		1
3		橡胶圈		1
4		探头连接件		1

更改标记	更改内容	签名	日期	制作	××	×××××
				校对		
				核准		

参考格式2

作业指导书

文件编号		编制日期		页数 第9页 共14页	版本 A/0

适用产品名称及编号	大功率R16/GURE2(通用)	工序名称	组装透镜	标准工时	14"	标准产能/H	257pcs
		工序排号	9	作业类型	包装	人员配置	1人

图一 硅胶片

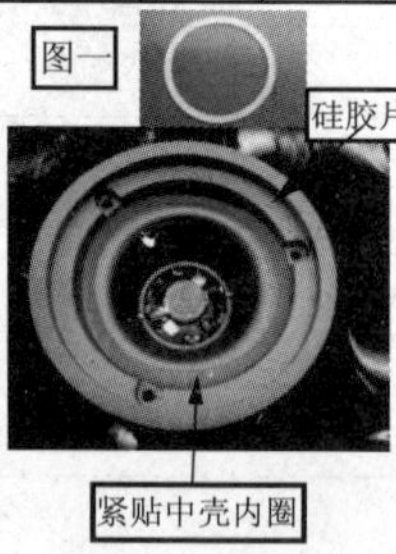

图二 组装透镜 不可倾斜 紧贴中壳内圈

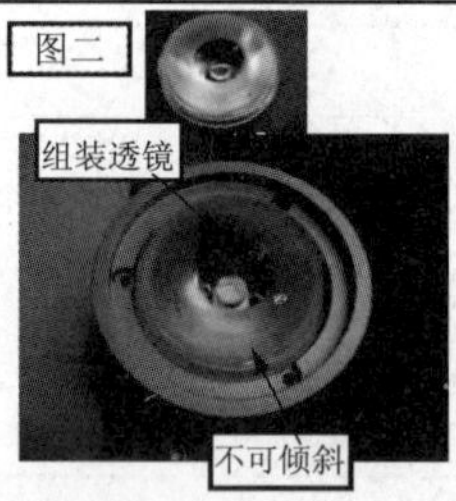

图三 上盖 套入上盖 不可有缝隙

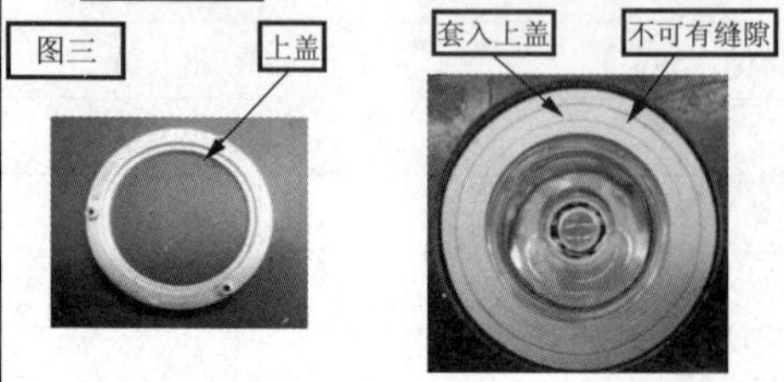

序号	材料编号	材料名称	材料规格	数量
1		透镜	D35.8*H15.9mm，亚克力	1pcs
2		硅胶垫片	硅胶30度, D35.5*T1.0, ROHS	1pcs
3		上盖	铝合金, D50*21mm, 烤漆银色	1pcs
4				
5				

	操作说明	技术要求
检查上工序	检查工位、产品表面清洁 检查物料有无错误 检查工具有无完好	
本工序作业	1.将电子线折弯 2.将大功率安装入中壳内，先在中壳内加少量导热膏，在将大功率在连接筒指定位置伸入（如图二） 3.自检无误后，流入下一工序。	装放位置要对正，导热膏不可过少
自检	检查有无装错或漏装 检查有无装到位 检查透镜有无刮花不良	不良品截出

注意事项：注意大功率线头装放要正确，避免装不到位。

设备及治工具

设备/工装名称	型号	设定条件
静电环	OWS20A	
无尘布		
手指套		

核准		审核		承办单位:
				承办人:

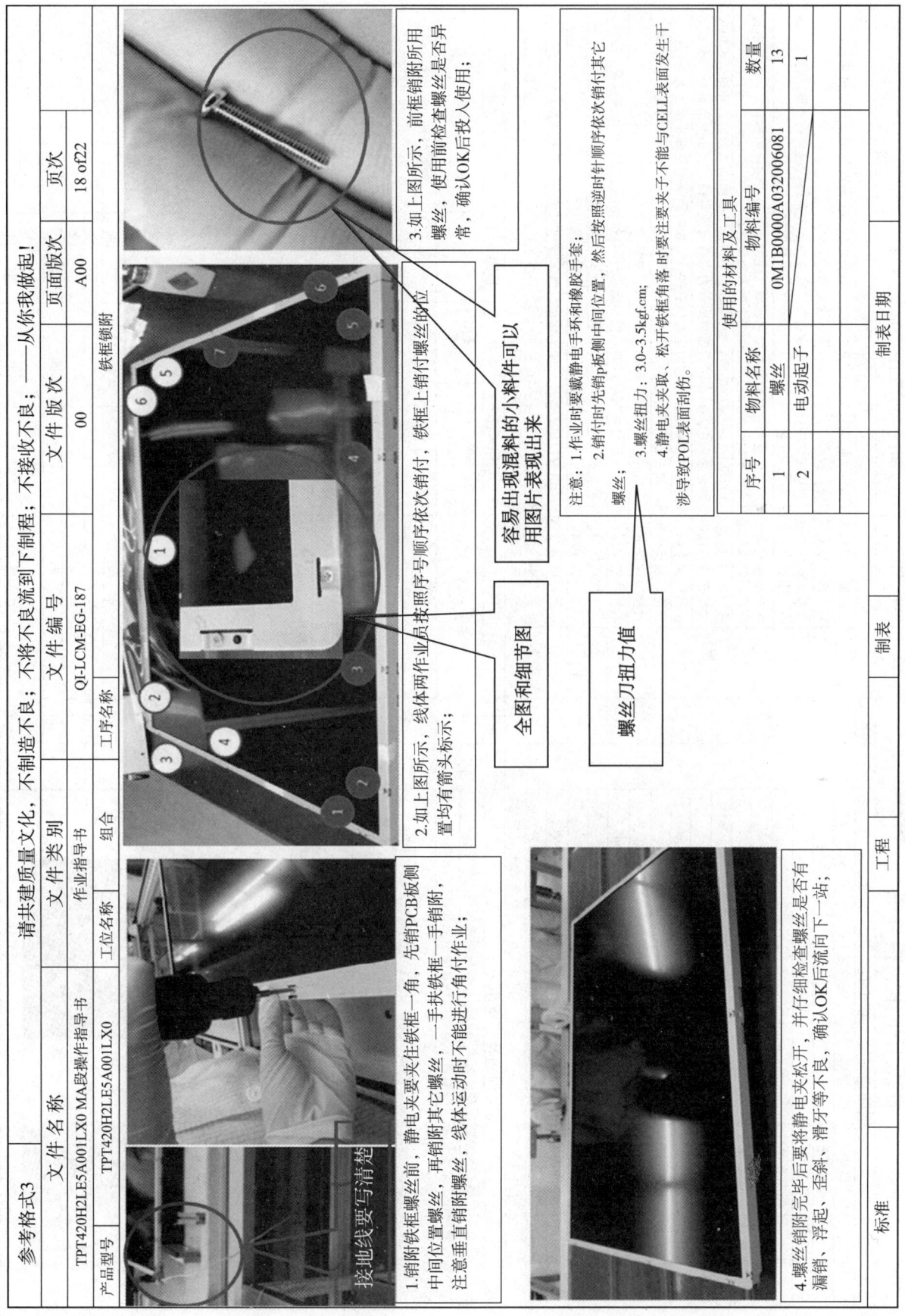

喷塑工序作业指导书

				工序号：	60	工序名称	检验	文件号：
								第8页，共10页

辅助物料及工装工具

序号	名称	规格	数量	单位	备注
1	检验签章		1/人		配套印油、印合
2	划格器/介刀		1	台	
3	镜向光泽仪		1	台	
4	测厚仪		1	台	
5	色差仪		1	台	
6	记录本		6	本	
7	标准板		若干	件	

工艺控制要点

序号	项目	工艺参数	单位	备注
1	附着力	0	级	划百格法
2	光泽度	80-90	%	60°角
3	厚度	45~200	μm	
4	色差	≤0.8		
5	耐冲击力	正冲50；反冲30	kg.cm	无开裂
6	铅笔硬度	1H~2H		中华牌
7	耐中性盐雾	破坏500	h	单边起泡不超过2mm

常见问题及注意事项

1. 发现批量不合格时反馈工艺员处理并有权要求班组停线整改；
2. 外观检验应在正常光线下，检验者眼睛与待测表面距离为400~500mm，角度与水平面约成45~60°角；
3. 全检过程一般毛经验对厚度、色差、光泽度进行目测检验，但如有怀疑时需立即用相应仪器测量判定，仪器检测取点上、中、左、右求五点平均值作为厚度结果；
4. 对线上不合格工件的缺陷部位及时用红色油漆做标记，并严禁盖章；
5. 工艺走点、屏蔽处及焊接夹缝的涂层厚度不做要求；
6. 家用机如是冷板材料要求涂层厚度按正常表面喷涂，其它位置以锌板厚度不做要求。

作业内容及要求

序号		作业内容及要求
1	准备工作	对仪器、记录本、印章、标准板等进行清点检查，如发现异常需及时处理或报告相关领导；要求对零件测厚仪、附着力、光泽度等位置进行首检（含中途材更改粉末厂家变更），首检内容包括外观、色差、厚度、附着力、光泽度等，并按要求填写《喷塑零件首检记录表》；在合格件的内表面适当位置加盖绿色标章或首检盖绿色标章（注意章号与实际日期吻合），不合格件在缺陷处或指定位置署做明显红色标记，以提醒下料人员填入《喷塑零件首检记录表》；
2	日常操作	按每2小时抽查涂层的厚度、光泽度和附着力，每隔1小时对检查涂层首次复检，并将结果填入《喷塑零件性能检验记录表》中，隔1小时后需对附着力进行二次复检，24小时后进行二次复检；正常情况下每天除工检件外，涂层检件统一放在划格件检具内，并注明抽检具体时间，如有异常挂片，复检合格后反馈工艺处理；
3	交接要求	对抽检过程中的不合格件中运转的工件需进行分类、记录，并填写《喷塑零件外观检验记录》；发现检测仪器异常或运转项目的辅助物料需应急时应反馈日常设备管理员处理。
4	交接要求	用于检验需填报的辅助物料或记录本应妥善保管，并如实在《交接班检验记录本》上填写相关内容；下班时需关闭风扇，检查现场清洁卫生工作，保证达到家6S要求；注意关闭电源开关是否完好，确保人身安全；做好检验区域的清洁工作，保证达到家6S要求。

检测方法及频率

序号	检测项目	缺陷特征或工艺要求	检测方法	频率
1	外观质量	无明显偏薄、麻点、黑点、粉团、碰伤、变形、针孔、桔皮起泡等	目测	全检
2	涂层厚度	45-200μm	目测测厚仪	首检，每2小时抽检一次
3	光泽度	80%~90%	镜向光泽仪	首检，每2小时抽检一次
4	附着力	0级、无脱落	划格器/介刀	首检，每2小时抽检一次
5	涂层色差	≤0.8	目测色差仪	首检，每1小时抽检一次
6	耐冲击力	正冲50kg.cm，反冲30kg.cm	冲击试验器	新粉末使用时/随机抽查
7	铅笔硬度	1H~2H	铅笔划线仪	新粉末使用时/随机抽查
8	耐中性盐雾	500h起泡不超标	划格仪盐雾箱	半年/随机抽查

编制		审核		标准化		数据审查		审批	

标记	处数	更改文件号	签名	日期

（2）机械加工类作业指导书

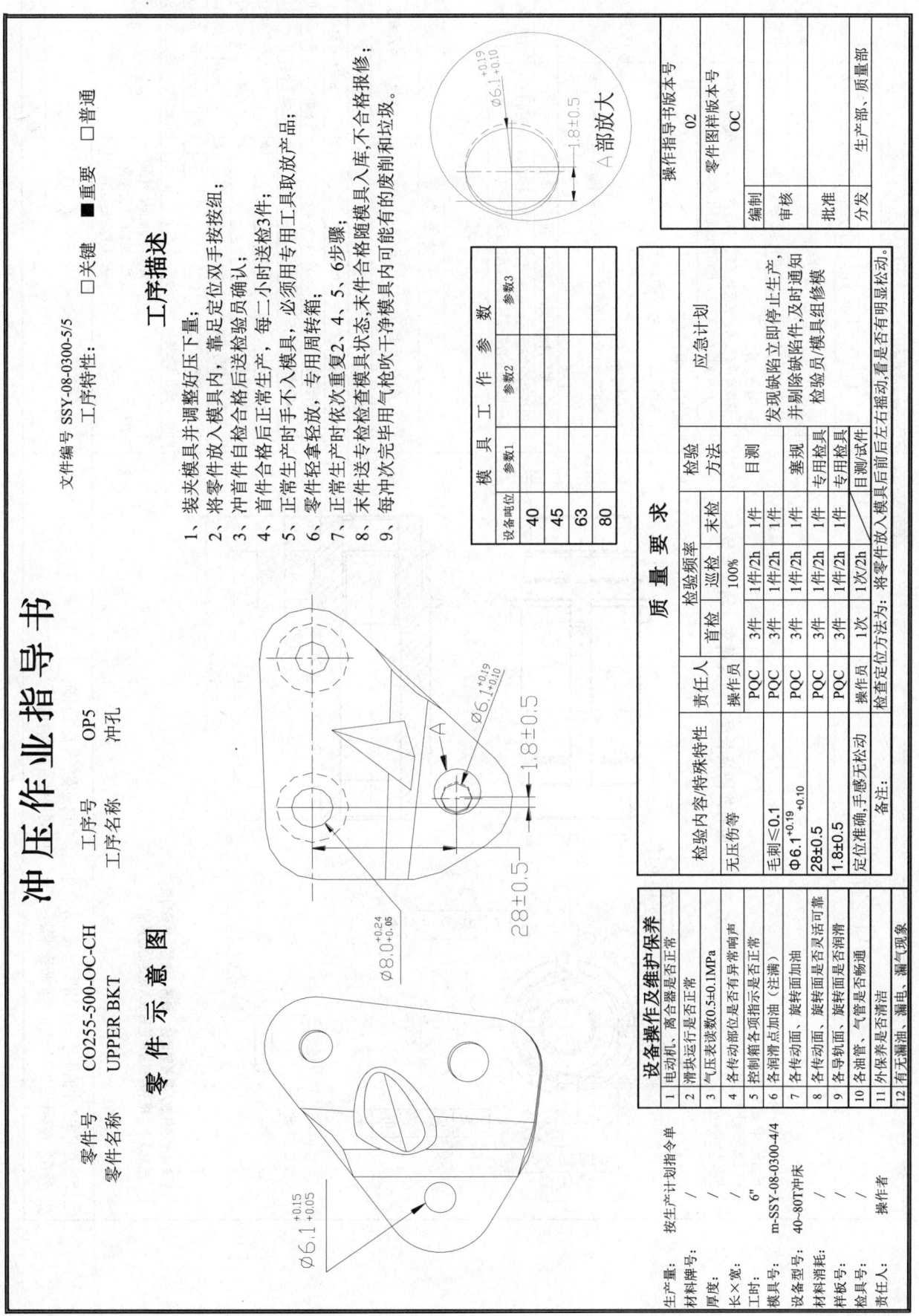

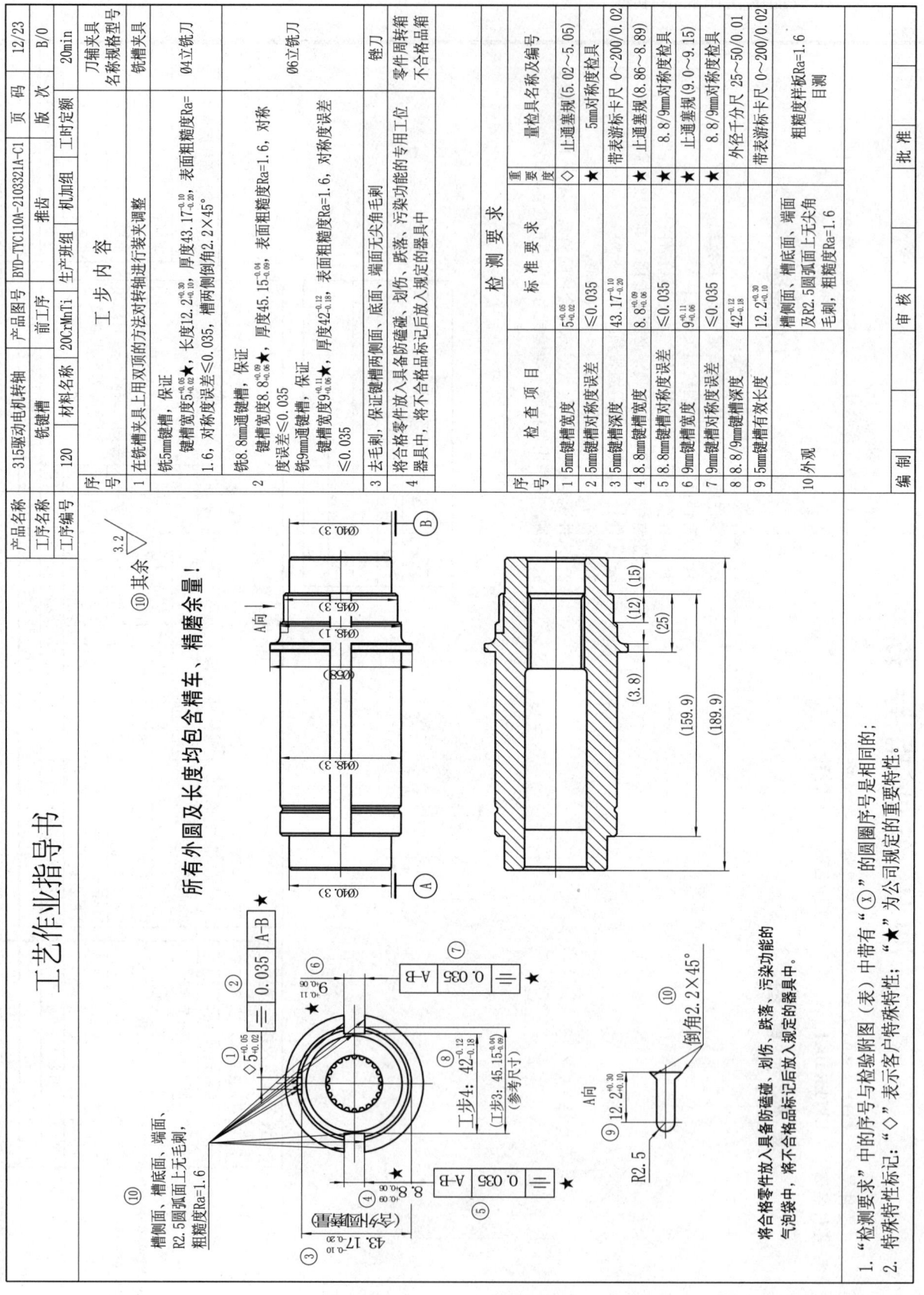

3. 化工油漆类作业指导书
(1) 涂料生产指导书

制定日期		×××化工涂料有限公司	分类编号	QI-PD-007
发行日期			版次	A1

工序名称	彩银漆、冷漆生产	■ 作业要点说明及注意事项：
检验方式	自主检查	1. 确实依照各生产设备的操作作业指导书中规定的事项使用各式机具。 2. 仅可使用 A 厂之机具。 3. 确实将数据填写于生产记录相关字段并盖章以供识别。 4. 原料如有型态、颜色变异应立即反应。 5. 每次下料前，均应参照生产记录单中规定配方量，计算百分比是否相符。 6. 生产记录中配方量小于 0.5kg 时需以电子秤称量，称重时归零动作须落实。 7. 经搅拌机搅拌后颜色若有变异，组长可先做停止搅拌之动作再汇报主管再行处理。
使用表单	生产记录	
使用量仪	目视/磅秤/电子秤/地磅	
异常处理	依质量异常纠正与预防处理程序	
设备工具	磅秤、搅拌机、电子秤、地磅	

制前准备	1. 从生管课领到生产记录准备开始作业 2. 检视空桶、搅拌叶片是否有不洁现象 3. 搬运所需材料至工作位置 4. 准备搅拌时所需工具	管制工程	项目	检验时机/频率	内容	备注
			自主检查	制程中	依检查重点执行	
			送样	制程后	依取样作业指导书执行	

检查重点	项目	标准	方法
	原料外观	不可有杂质、沉淀、颜色及型态变异	目视
	成品外观	呈均一色彩	目视

修订日期	变更内容	核准	审核	制定
	首次发行			

(2) 粉体脱脂剂生产指导书

×××有限公司					
文件名称	粉全脱脂剂生产作业指导书			页次	1/1
制定日期		版本 A	编号	PS－WI－001	
作业流程	作业内容				
配料 ↓ 低速起动 混合机 ↓ 投料 ↓ 混合机高 速运转 ↓ 混合机调回 低带运转 ↓ 检测 ↓ 出料包装 ↓ 入库	1. 配料 　　1.1 根据配方配好原料和半成品放于指定区域 　　1.2 检查设备是否正常 　　　　1.2.1 电源是否正常 　　　　1.2.2 天车、混合机是否可以正常运转 　　　　1.2.3 出料口是否正常 　　　　1.2.4 混合机内是否清干净 2. 以低速 30Hz 起动混合机 3. 根据配方要求 按顺序投料 　　3.1 喷淋脱脂投料顺序图为：721→832→900－1→822 　　3.2 浸泡脱脂投料顺序图为：721→900→832→113→半成品 4. 混合机转速由 30Hz 调高到 50Hz 　　4.1 喷淋脱脂剂高速运转 4 分钟 　　4.2 浸泡脱脂剂高速运转 5 分钟 5. 混合机调回 30Hz 低速运转 6. 检测：取样交品管组检测存档 7. 出料包装：按公司包装要求及产品规格出料包装 8. 入库：包装完成后按公司要求将成品归位，并清理现场				
注 意 事 项	1. 在添加原料的过程中，要注意原料是否有结块现象，并检查是否有纸类等杂物（块状物应打碎，杂物应清除）。 2. 在割开袋口倒原料时，要注意袋口割成直线，以免编织袋上的丝状纤维落在原料中，影响产品品质。 3. 在搅拌过程中，如有转不动的现象，应立即停机查明原因，确认故障排除后方可继续作业。				
核准		审查		制作	

（3）UV平光涂料质量检验标准

制定日期		×××化工涂料有限公司	分类编号	QI－PD－023
发行日期			版次	A1
文件性质	指导书/标准	质量检验标准	页数	1/1
产品名称	UV平光涂料	■ 作业要点说明暨注意事项；		
检验方式	依每批次成品做检验	1. 检验前需先检查试样是否足够，若不够立即重新取样再行检验。 2. 各项检验项目需**经判定合格后，始可填写于生产记录**。 3. 修整配方量如超过原配方量的1/3或添加量超过5%时需依配方卡作业指导书修改配方卡。 4. 修整超过二次仍无法合乎检验标准时，需提报主管核准始能进行第三次修整。		
允收基准	各项检验项目均合乎标准			
取样计划	依每桶成品由作业员取200g作为该批次成品的试样。			
使用量仪	目视/细度计/马表/黏度杯/电子秤/光泽计			
留样	依每桶成品待检验合格后留一玻璃瓶装			
使用记录	生产记录			

检验项目	检验标准	管制方式
细度	20μm以下	原漆以细度计量测
黏度	依配方卡规定	依生产记录规定的比例调合原漆后以岩田杯测试
光泽度	依配方卡上规定	依生产记录规定的比例调合原漆喷涂于试板上后以光泽计量测
干燥度	无指印	依生产记录规定比例调合原漆喷涂于试板上后以紫外线硬化干燥机照射
密着度	零格脱落	依生产记录规定比例调合原漆喷涂于试板上后做百格试验
备注	上列检验方式详阅"各种检验项目作业手册"	

修订日期	变更内容	核准	审核	制定
	首次发行			

(4) 油漆作业指导书

油漆作业指导书	文件编号	xx-J-01-001
	共2页	第1页

1. 主题内容和适用范围

本作业指导书规定了减速机表面油漆的工艺要求。

本作业指导书适用于我公司的三大类产品（3S-3S系列齿轮减速机、LH-圆柱齿轮减速机、CY-摆线针轮减速机）。

2. 主要原料及辅料

 a. H06-2 环氧铁红底漆；

 b. F06-1 红酚醛底漆、天蓝硝基、石膏粉；

 c. C07-5 灰醇酸腻子；

 d. 彩色聚氨脂漆；

 e. 汽油、二甲苯（香蕉水）、润滑脂、白纸、水；

 f. A-2 固化剂。

3. 主要设备和工具

 a. 空气压缩机、排气扇；

 b. 喷枪及辅具；

 c. 调色板、调和棒、油灰刀、配制用具；

 d. 漆刷、钢丝刷、砂皮纸、铁凿、铁锤；

 e. 手动砂轮机、生产流水线、烘干设备、行车；

 f. 代用件代用防护套。

4. 工艺准备

4.1 零件的表面处理

此过程在零件加工完毕后：

 a. 用手动砂轮机、铁凿去除减速机外壳零件非加工表面的飞边、毛刺等，在表面凹凸不平处打磨平整；

 b. 用汽油清洗减速机外壳零件（铸件）表面，去除油污；

 c. 在铸件不加工的内表面涂刷 H06-2 环氧铁红底漆；

 d. 在配制用具上用 F06-1 红酚醛底漆、石膏粉和水调配腻子，腻子的黏度以批刮过程中柔韧性好、不卷边、不存在干、湿不均的现象、容易砂光为准。然后，在零件非加工表面批刮腻子，自干；

 e. 用 C07-5 灰醇酸腻子批刮零件表面并砂光零件入库。

4.2 对于 3SSS 减速机可对以上 4.1 条中（a、b、c、d、e）不作规定

5. 工艺过程

5.1 喷漆前的准备（此过程在产品装配完毕后）

5.1.1 用天蓝硝基、石膏粉、二甲苯和水调配成天蓝腻子，以持修正减速机外壳表面

5.1.2 在配制用具里，用调和棒将彩色聚氨酯漆搅拌均匀，再用适量二甲苯调节油漆的黏度，即以试喷不产生漆膜、流挂为准，油漆调配的颜色应试喷在白纸上，与调色板比照，经车间检验员认可后方能投入使用。如油漆中存在粗颗粒，应用 120~140 目钢丝重叠三层过滤以消除粗颗粒

5.1.3 调配的腻子和油漆的数量应按当天实际需要估算后领用，多余部分允许第二天重新配制使用

5.1.4 与减速机配套电机上的铭牌应在喷漆前涂抹润滑脂（含需要油漆部分的其他铭牌）。

5.1.5 修正

 a. 用汽油或二甲苯（香蕉水）去除减速机表面的油污；

 b. 用配制好的天蓝腻子修正减速机外壳表面，待干；

 c. 用砂皮纸砂光减速机修正处，保证表面平整；

 d. 用喷枪（不带漆罐）将减速机外壳表面灰尘吹净。

	油漆作业指导书	文件编号	xx-J-01-001
		共2页	第2页

5.1.6 其他

  a. 将减速机上的通气帽、油标孔、油管（组件）、油泵（组件）连接孔及安装面用代用件遮盖住；在减速机轴伸端加上或换上代用的防护套。拆下的润滑油泵作为随机附件，放入工位器具；

  b. 开启空气压缩机，使气包压力控制在0.8~1.0Mpa；

  c. 开启排气扇；

  d. 不是油脂润滑的减速机将减速机中的润滑油放净（注：3SSS减速机与规定需带油出厂的产品除外）；若减速机有渗漏油现象时（在总装完毕至喷漆前应保持存油，存油时间应不少于12小时，对于急于交货的情况应确认减速机无渗漏油。）应退回前道工序，本工序由油漆检验员进行监督。

 5.2 喷面漆

  a. 将调制好的合格油漆装入漆罐中；

  b. 在减速机表面均匀地喷一层漆膜，并在室温下自干（一般为2小时以上）。

6. 质量要求

 6.1 减速机表面不露底漆

 6.2 表面油漆应不流挂、不起泡、不起皱、不泛白、无粘物、无明显的砂纸道痕、橘皮等缺陷

 6.3 漆膜厚度应均匀，表面光滑，光泽均匀，无明显色差，外观整洁

 6.4 减速机附件的表面油漆质量，也按减速机的标准要求

 6.5 对有特殊要求产品如油漆的颜色，油漆的特殊要求等，应按订货合同的规定进行作业和检验

7. 检验和入库

 减速机喷涂结束，油漆干燥后，将减速机上的代用件和代用防护套拆下，更换上相应的零件，油塞表面应擦干净并由检验员检查。确认合格后在减速机上铆接已打上技术参数的减速机铭牌，（必要时含其他铭牌），并随同减速机附件和技术文件资料一起入库。此过程由车间检验员进行监督。

8. 安全及注意时项

 8.1 喷涂操作人员必须熟悉喷涂相关设备工具的使用常识和原材料辅料的运输，存放须知，掌握安全操作使用方法

 8.2 严禁在组装和喷涂过程中将喷头对准自己或他人

 8.3 坚持穿戴劳保用具，如工作服、手套、护目镜、口罩呼吸器等，保证操作者身心健康

 8.4 喷涂室内应保持良好的通风环境，严禁烟火，并配合有完善的防火设施

 8.5 操作人员应遵守厂内文明生产等规定

 8.6 工作过程应避免损坏或丢失减速机附件和随机技术性文件

 8.7 工作完毕，应保持室内环境卫生，认真保养设备，工具存放清洁，减速机及附件安放整齐。同时关闭设备电源

 8.8 工作完毕应做好个人卫生工作，防止发生疾病

标记	处数	更改文件号	签字	日期	审核		日期	
					编制部门		技术科	
					编制		会签	
					校对		批准	

油漆操作工自检记录表（工艺过程用）

产品类别 （分3SSS，LH，CY填写）			数量	
日期			合格数量	
自检记录情况	注：合格在"是□"内打"√"不合格在打"否□"内"×"并返工达到要求，自检合格后转入下道工序			
喷漆前 工艺准备	1. 配置好的油漆及其颜色是否符合要求			是□ 否□
	2. 减速机表面修整是否合格			是□ 否□
	3. 空气压缩机气包压力是否在0.8~1.0Mpa之间			是□ 否□
	4. 减速机油标、通气帽、油泵孔等是否换上代用品			是□ 否□
喷漆工艺过程	喷面漆是否按要求进行，干燥时间是否达到要求			是□ 否□
喷漆质量要求	1. 减速机表面不露底漆，是否达到要求			是□ 否□
	2. 表面油漆应不流挂不起泡，不起皱不泛白，无粘物无明显的砂纸道痕，橘皮等缺陷是否达到要求			是□ 否□
	3. 漆膜厚度应均匀，表面光滑，光泽均匀，无明显色差，外观整洁是否达到要求			是□ 否□
	4. 减速面附件—机架的表面油漆质量，也按减速机的标准要求			是□ 否□
	5. 对有特殊要求的产品如油漆的颜色，油漆的特殊要求等，应按订货合同的规定进行作业和检验，检验是否达到要求			是□ 否□
	6. 油漆过程不允许损坏减速机随机来的附件和技术文件资料，检验是否达到要求			是□ 否□
其他	当客户在提货时油漆未干是滞用烘干设备烘干，检验是否达到要求。（有此要求时填写）			是□ 否□
	对于使用润滑油润滑的减速机在总装完毕至喷面漆前应保持存油，存油时间应不少于12小时，对于急于交货的减速和3SS减速机应确认减速机无渗漏油，是否达到要求			是□ 否□
	减速机喷漆完毕检验合格，将减速机上的代用件和代用防护套拆下，更换上相应的零件，油塞表面应擦干净。入库前与生产计划单核对，订好减速机铭牌，并经检验员检验是否合格			是□ 否□
备注				

填表人：

第七章 质量管理体系文件编写和实施方法

4. 检验类作业指导书

(1) 注塑件—汽车灯罩检验指导书

文件编号：GSE-QT-10-938

检查基准书（总成）

机 种	2NK	作成日期		作 成		确 认	
品 名	BSSY						
品 番	33550T0X						
最终客户							
区 分	外购零件 □	自制零件 □	完成品 ■				
生产厂家/生产部门		组装科					

修订记录	版本	日期	修订内容	作成	确认
	A		新规作成		

成品图说明：
- A级面不允许有划伤
- LENS CP 缩水及结合处缩纹的程度
- 皮纹面缩水见限
- 皮纹面不允许有划伤、拉伤、料花及异物，且文字清晰
- 缩水见限度样本
- 气纹见限度样本
- 缩水见限度样本
- 灯泡、海绵垫无漏装
- 海绵垫安装到位，无卷曲
- 文字正确、清晰
- 立柱无断裂
- 请注意内透镜2的安装方法，如果方法不当，则会发生扣不到位，产生异响
- 内透镜1 内透镜2

NO	项目	重要度	规格	检查方法	抽样水准	频率	实施者
1	外观 SS	C	镜面无变色、破裂、刮花 LENS CP、缩水在限度范围内 LENS CP 表面无异物、黑点 皮纹面无划伤、异物、文字清晰 装饰条表面无异物、麻点及裂纹 热板熔接外观参照限度样板 海绵垫完好平整，无卷曲	目视	AQL4.0	1次/2H	作业员（全检）
2	标记	C	标记在指定位置而且清晰无误	目视	AQL4.0	1次/2H	品管员（抽检）
3	嵌合	B	内透镜安装到位 灯座嵌合良好，无松动等不良 无异响	目视	AQL4.0	1次/2H	作业员（全检）
4	尺寸 SS	B	总成符合总成检具检查规格 埋植螺钉高度符合埋植螺钉检具规格	三角尺&段差仪 总成检具 埋植螺钉检具	N≥3个	2次/班	品管员（抽检）
5	性能 SS	B	点灯无短路以及不亮现象 气密无泄漏 配光符合国家法规 绝缘电阻试验＞3MΩ 耐久性试验符合SPEC要求 振动性试验符合SPEC要求	点灯检查机 气密检查机 委托实验	—	全检 1次/月 3次/年	作业员（全检） 实验员
6	装配	C	不漏装，不多装 海绵垫安装到位	目视 目视	N≥1个 AQL4.0 AQL4.1	全数 全数	作业员 作业员

灯座全部用国产灯座

备注：当外观不能判定时参照限度样板

文件编号：GSE-QT-12-325

机种	GB-1		作成日期		
品名	H/L EXT		作成		
品番	33100/33150-S0L-H000-40		确认		
最终客户			承认		
区分	外购零件 □ 自制零件 ■ 完成品 □				

				检查基准书		版本	A		
						日期			
						修订内容	新规作成		
						作成			
						确认			

修订记录

生产厂家/生产部门：成型二科

简图：
灯座孔和位边缘不允许有飞边、毛刺，不能有发白现象
该部位不允许有皮纹拉伤、发白
该部位不允许熔接线、小凹点
备注：产品P.L边缘及各安装孔位无飞边毛刺，无油污，外观面无拉伤，无明显熔接纹、料花、发白的现象

NO	项目	重要度	规格	检查方法	抽样水准	频率	实施者
1	外观	C	不允许有缺料	目视	AQL4.0	1次/2H	作业员（全检）技术员（抽检）
			外观面不允许有冷料纹				
			产品不允许有明显熔接纹				
			P.L边缘不允许有毛刺				
			外观面不允许有砂眼				
			水口边缘无毛刺、无突起				
			不允许有模具划伤和缩水				
2	尺寸	B	不允许有明显变形	目视	N≥5个	1次/班	技术员
3	重量	B	R：413g±10g	电子秤	N≥5个	1次/班	作业员
4	材料	B	PET+PBT EMC 405AX-14A 参照《投料记录》	确认记录	—	1次/班	技术员
5	包装	C	80PCS/车	目视	—	1次/班	作业员
6	批组员	C	参照《批组管理规定》	目视	—	1次/班	作业员

备注：当外观不能判定时，参照限度样板或通过装配效果来确认

(2) 机械压铸件检验规范

文件类别	作业标准书	制定/修订部门	品管部	编号	HP-067
标题	产品检验规范	版本	A	页数	1/1
产品名称	压铸件 KF365			图号	HCKE-365C

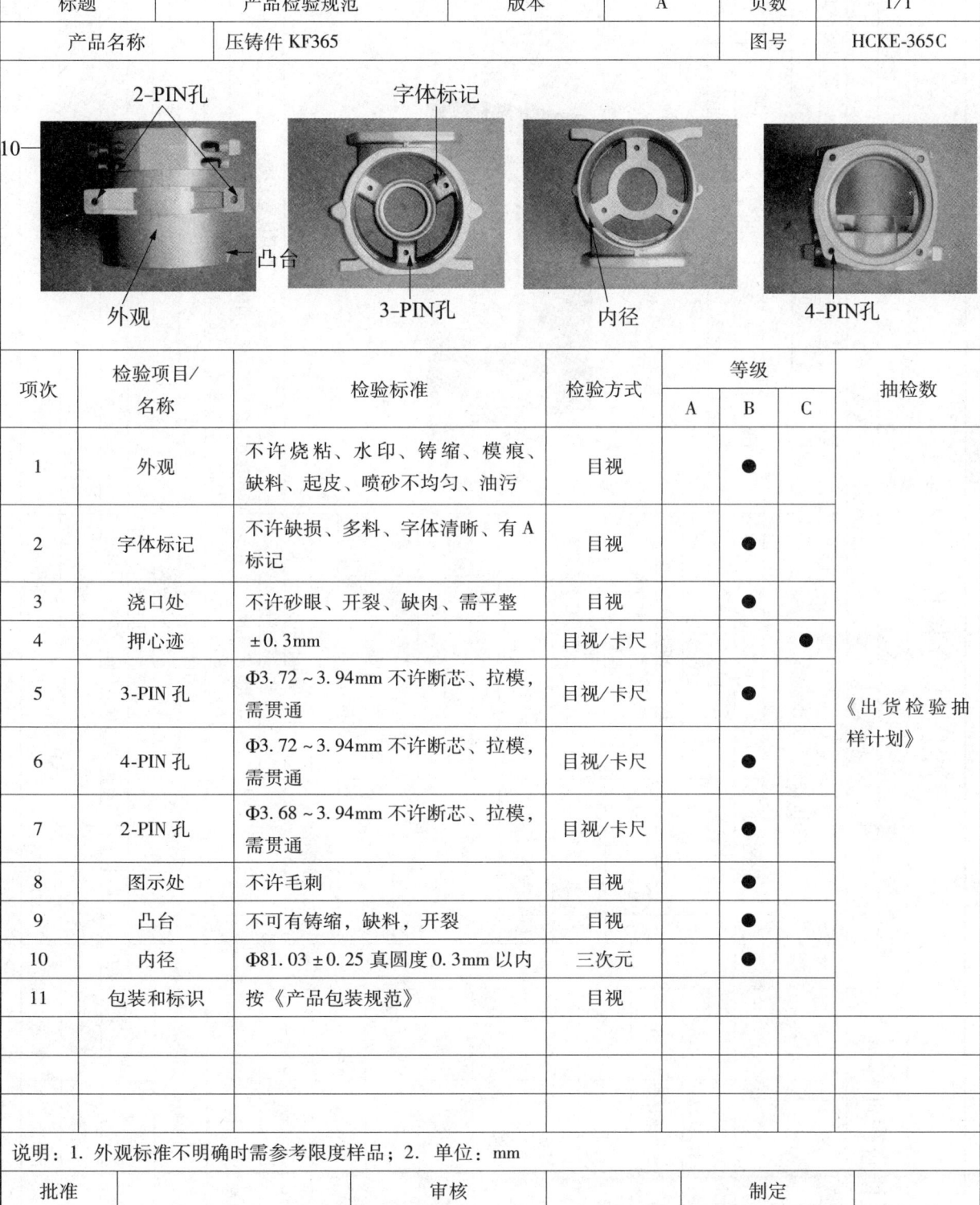

项次	检验项目/名称	检验标准	检验方式	等级 A	等级 B	等级 C	抽检数
1	外观	不许烧粘、水印、铸缩、模痕、缺料、起皮、喷砂不均匀、油污	目视		●		
2	字体标记	不许缺损、多料、字体清晰、有A标记	目视		●		
3	浇口处	不许砂眼、开裂、缺肉、需平整	目视		●		
4	押心迹	±0.3mm	目视/卡尺			●	
5	3-PIN孔	Φ3.72~3.94mm 不许断芯、拉模，需贯通	目视/卡尺		●		《出货检验抽样计划》
6	4-PIN孔	Φ3.72~3.94mm 不许断芯、拉模，需贯通	目视/卡尺		●		
7	2-PIN孔	Φ3.68~3.94mm 不许断芯、拉模，需贯通	目视/卡尺		●		
8	图示处	不许毛刺	目视		●		
9	凸台	不可有铸缩，缺料，开裂	目视		●		
10	内径	Φ81.03±0.25 真圆度0.3mm以内	三次元	●			
11	包装和标识	按《产品包装规范》	目视				

说明：1. 外观标准不明确时需参考限度样品；2. 单位：mm

批准		审核		制定	

（3）冲压件检验指导书

冲压件检验作业指导书

车型	零件号	零件名称	制作部门	技术质量部		
H3	H3-0731	前舱盖锁体外安装支架	制作日期			
			牌号	B210P1	品质检查时间	
			规格	300×230×1.0	首件	5分钟/件
			⇒	生产线 ⇒	抽检	120件/次
			⇒		末检	1分钟/件
			发给地			5分钟/件

品质检查作业标准

	检验性质	方法	合格基准		冲压件检验项目	检查项目	冲压件检验标准步骤	检查方法	检查注意事项
	首件 抽检 末检								
1	样件对比[变化点]	目视	基本一致	首检	1	批次状态		同样件比较	OP10注意拉深到位，标记清晰
2	孔数	检具检测 水性笔计数	无大差 8		2	孔数		白板笔检查	OP20注意修边毛刺、冲孔毛刺
3	开裂	目视	无大差		3	重 开裂·缩颈	（从出毛刺的一面开始） 铅笔检查100mm间隔		OP30注意翻边整形到位
4	暗裂	目视、测定	料厚的30%		5	变形	从内侧看凸R部	油石·触感	OP40注意冲孔毛刺、孔数、上检具测量
5	变形	触感、油石	无大差		6	起皱口叠料	（针对一类表面覆盖件）	目视	
6	起皱、叠料	目视	前次品以下		7	擦伤		与样件对比	
7	擦伤	目视、触感	料厚的20%		8	边毛刺		油石·触感·比较 （砂纸#240）（针对一类表面覆盖件）	
8	边毛刺	目视	0.3mm以下		9	孔毛刺		目视·触感	
9	孔毛刺	目视	0.3mm以下		10	废料压痕		铅笔圈起、白板笔标识	
10	尺寸欠缺	目视	基本一致		11	拉延印记		白板笔圈起、白板笔标识	
11	废料压痕	目视	料厚的20%	抽检	2	开裂·暗裂		目视（标记清晰） （用白板笔圈起） 铅笔检查100mm间隔 从内侧看凸R部	
12	拉延印记	目视	能够识别	末件	3	⇒		从表面检查同一项目，且对比 铅笔检查100mm间隔 从表面看凸R部	
					12			同首件检查同一项目，且对比	

检验需用 工具	纺布手套 手电筒	砂纸、油石	塞尺、钢板尺 游标卡尺	文件受控章	编制： 审核：	校对： 批准：

(4) 灯具成品检验标准

成品检验标准

表单编号：PG-0D-021　　版本：1.0

产品名称：STOCKHOLM 立灯		编号：WL-TD-105004-XXX-003 版本：1.0		生效日期：		
				页码：1/2		
制定：		审核：	批准：	修订号：01		
序号	检验项目	检验标准		检验工具	抽检数量	允收水准
1	缠绕膜	应用力缠紧/裹好，美观		目视	Ⅰ级	AQL2.5
2	打包扣	应用力打紧（把栈板短边用两条打包带打紧）		手拉		
3	打包带					
4	货架箱数	12箱/栈板（加高板：18箱/栈板）		目视		
5	天盖	天盖上加盖相对应的码头章				
6	栈板	参阅图纸（1050040）主要检查栈板的长宽高尺寸即可		卷尺		
7	整栈板（货架）尺寸	L1430*W950*H880mm（公差+15MM）				
8	防护垫	边沿整齐/每个栈板上的防护垫大小均匀，总厚度5mm以上				
9	灯体内包装	见作业流程图				
10	外箱排列方式					
11	包装 PE袋	主要检查图文印刷（打孔）		目视	特殊级	"0-1"标准
12	外箱（白盒）	参阅图纸（105024）（10500424-A）主要检查图文印刷				
		表面不能有手压过的凹面等不良现象				
13	说明书	图文印刷参阅签版样品（注：白纸，如同打印纸）自己增加的				
		抱玻璃页说明书粘贴在玻璃上方的PE袋上，另1页说明书同三				
		三份客户说明书放在一起				
14	包材标签	参阅标签资料，主要检查图文印刷（贴的位置见如下叙述）				
14.1	大黄标	贴在天盖两短边左上角距左边和上边各1.0cm			Ⅰ级	
14.2	彩杯	贴的位置参阅作业流程图（贴在白盒正上方右上角，要贴正）				
14.3	透明标	贴的位置参阅作业流程图，另在标签右侧朝外盖上周数章				
14.4	封箱胶	两边封箱长度均匀一致，不可有折皱的现象				
15	产品 大玻璃罩	检查条纹、汽泡、结晶参阅客户资料 AA-209401-1				AQL2.5
16	内玻璃罩	咬酸玻璃、无汽泡、边沿不割手、无崩口				
17	灯杯	外表面小孔应不割手，与内玻璃上下连接无松动现象		手试	特殊级	
18	灯身	G9陶瓷全牙，报备厂商见Fitting list				
19	电源线	参阅Fitting list或零件表（另：电源线不可脏）		目视/卷尺		
20	灯头					
21	整灯组装	整灯组装反应无其他任何异常				

成品检验标准

表单编号：PG-OD-021 版本：1.0

产品名称： STOCKHOLM 立灯	编号：WL-TD-105004-XXX-003 版本：1.0		生效日期： 页码：2/2
制定：	审核：	批准：	修订号：01

序号	检验项目		检验标准	检验工具	抽检数量	允收水准
22	产品	灯体标签	参阅标签资料，主要检查图文印刷（贴的位置见如下叙述）	目视/卷尺	特殊级	"0-1"标准
22.1		灯头标	贴在配重块上，其具体位置参阅作业流程图		Ⅰ级	
22.2		周数标	贴在配重块上，其具体位置参阅作业流程图			
22.3		瓦特标	贴在灯杯上边沿处，不可遮住灯杯小孔，要贴正			
			（也可参阅作业流程图）除 NA 规格外			
22.4		口吹标	贴在距离大玻璃罩下边沿约100MM处，注意方向要正			
22.5		产地标	适用于 CN 规格（贴的位置可参阅作业流程图）			
22.6		ETL 标	适用于 NA 规格（贴的位置可参阅作业流程图）			
23		灯泡	EU：（G9/40W/230V），GB：（G9/40W/240V）磨砂 NA：（G9/40W/120V）用包装盒装好放在小玻璃罩内	目视	Ⅰ级	
24	功能测试	三分三护线套	在配重底部牙节出线处，电源线与牙节端面成90度，拉动电源线约30~40cm，检验护线套是否有松动或脱落现象，其他有塞护线套的外露部位用手试抠检验	目视/卷尺		
25		拉力测试	NA 规格电源线承受35磅拉力后，接在触摸开关电源线不能脱开，其余规格电源线承受6.2kg/25次。固线处电源线不能移动2.0MM，整条电源线应无任何破损现象	目视/手试	特殊级	"0-1"标准
26		绝缘电阻测试	基本绝缘之间：不小于2MΩ；带电部件与灯体外壳之间不小于4MΩ	高压机		
		坡度测试	NA：8度其他规格：15度测试应通过（也称：稳定性测试）	坡度板		
27		点亮测试	测试结果见作业流程图（插上电源前，手不要触摸灯杯） NA：120V；TW：110V；JP：100V，其他规格：220V	手试	Ⅰ级	
28		扭力测试	三分螺母应过2.5N.M	扭力测试棒		
29		水平测试	水平尺放在组好的玻璃上，水平尺的水泡要置于两条界线中间	水平尺		

备注：

1. 具体情况，（例如，颜色）需参照样板。
2. 以下抽检数量为前三批内均正常出货情况下的参考数据，如记录显示前三批内该产品有异常情况，则抽检数量及方法可参阅最终检验序内之4.2项（检验作业）执行，以上抽检数量对照成品抽检计划表 PG-OD-014-1.0/00 执行。

（5）彩印成品检验指导书

文件编号	SQ－WI/QC05	×××印彩有限公司	制定日期	年 月 日
版本号	A0		生效日期	年 月 日
更改号	0	成品检验作业指导书	页码	第1页共3页

1. 目的
规范成品品管员检验作业标准，提高品管员质量管理水平，更好的控制产品质量。

2. 适用范围
适用于成品品管检验的作业方法和规范。

3. 职责
品管部课长负责本指导书的制定，培养合格的成品检验人员，组织实施和监督执行。
品管部成品全检打包组品管员负责按本作业指导书执行全检、打包和品质异常的判定。

4. 作业内容和规范：
（一）卡纸类/说明书类检验项目，标准与方法：

检验项目及步骤	检验标准	缺点判定 MAT	缺点判定 MIN	使用工具	备注
1. 规格尺寸	以样品或工程图纸为准，量测5PCS允许公差为±1mm	√		卷尺	首件时量测
2. 印刷颜色材质及内容检查	A. 核对品名、料号、文字内容，图案与样品、色稿相符合，页码次序正确、不可有空白页、多页或少页、折反	√		样本	
	B. 字体，图案必须清晰易读，不可有油墨扩散，模糊不清或严重重影、透印、油污	√		目视	
	C. 颜色与承认样本同，量测色差值专色△E≤5，四色套△E≤9	√		样本或色票、色差仪	首件确认目视与样品颜色差异明显时则用色差仪量测
3. 外观检查	A. 方法：目距30cm，角度为45度，上下左右晃动10度，时间5秒；需一页一逐字核对				
	B. 无划/折痕、刮伤小于0.2mm＊6cm 1条，logo文字上不可有。材料污点非主机处正反面小于$2mm^2$，允许3点，每点距离大于5cm，"LOGO"商标上绝对不允许。印刷污点非logo及主机外正反面小于$1.5mm^2$，允许3点，每点距离5cm		√	卷尺、异物测量标准片	目距30cm
	C. 封面上光不能起泡，UV光不能沾花，上光胶不能有明显白点，不明显白点允许10cm内2点。表面不可有任何破损，破损不可超过1mm		√	目测卷尺	
	D. 脏污：可擦拭的用橡皮擦擦拭；不可擦拭的则判定为不良品				
	E. 印刷偏移不可大于1mm				
	F. 成品检验时，每100－200PCS抽10PCS作全检，如无不良则其余作大致整叠翻看即可；如有严重不良则马上对整批作全检		√	目测	目距30cm
4. 成型	A. 折叠方式按样品或工程图，折纸偏移不可大于1mm		√	目测、卷尺	
	B. 装订方式按样品或工程图纸，粘胶必须牢固，粘胶说明书不可有溢胶现象		√	目测	
5. 成品标示	标识清楚，同一产品中不可混有其他料号的产品，标签与实物要相同		√	目测	

6. 客户另有检验规范时，依客户要求进行检验。
7. 出货前检验：依"正常检验单次抽样计划"（附件一）。检验标准：AQL：MA：0.4，MI：1.0。
8. 缺点判定的定义：重缺点（MAT）：指尺寸影响产品的组装，字体无法辨认，品名、料号、文字内容，图案，颜色与样品不相符，页码次序错误、有空白页、多页或少页和装订方式错误，混料。
轻缺点（MIN）：指外观不良且不影响文字内容的辨认和不影响产品的组装。
9. 异常处理：当超过标准或不合格时，也就是当合格量不足订单交货量时，按"不合格品控制程序"及"纠正与预防措施控制程序"处理，并开出"纠正与预防措施处理单"，经部门主管签名后交相关单位处理。
10. 对全检合格的成品，批量超过500PCS的，全检品管员在《成品检验记录表》上进行记录，少于500PCS的，在生产派工单上记录即可。

文件编号	SQ-WI/QC05	×××彩印有限公司	制定日期	年 月 日
版本号	A0		生效日期	年 月 日
更改号	0	成品检验作业指导书	页码	第2页共3页

（二）彩盒类产品检验项目，标准与方法

检验项目及步骤	检验标准	缺点判定 MAT	缺点判定 MIN	使用工具	备注
1. 规格尺寸	以样品或工程图纸为准，量测5PCS 允许公差为±1mm	√		卷尺	以内径为准量测
2. 印刷颜色、材质及内容检查	A. 核对品名、料号、文字内容或图案与样品、色稿相符合，对照派工单检查裱纸瓦楞是否正确	√		样品	
	B. 字体，图案必须清晰易读，不可有油墨扩散，模糊不清或严重重影，两片接彩盒A、B面不可混料		√	目视	
	C. 颜色与样品相同，量测色差值专色△E≤5，四色套△E≤9		√	样品色差仪	目视与样品颜色差异明显时则用色差仪量测
	D. 分色差，同一包内不可有色差，不同包颜色须分开标示		√	目视	
3. 结构检查及可靠性测试	A. 成型测试：切边必须完全切断，不可有毛边，压痕不可过深，造成易断裂。压线处可反白但不能破，油墨层不能脱落	√		目测	
	B. 彩盒成型后，最后一唛切边与箱耳压线平齐，插口易盖不可太松或太紧，折边刀口，裂痕要小于1mm		√	卷尺	目测
	C. 瓦楞的粘贴及糊盒须做破坏测试，糊盒口、粘贴口用手撕开接口处，灰芯纸脱层粘在光面上为合格，允收，否则判不合格		√	目测	首件确认时
	D. 对于糊底的彩盒，在全检过程中要做撑形动作，避免底部开胶的产品流出		√	目测	
4. 外观检查	A. 方法：目距30cm，角度为45度，上下左右晃动10度，时间5秒			目测	做首件时
	B. 无划痕、刮伤为允收，有划痕刮伤的正反面小于0.2mm*5cm 1条，侧面小于0.2mm*8cm 1条。无裂（压）痕，非正面主机大彩盒不超过0.2mm*15cm 1条，小彩盒不超过0.2mm*10cm 1条。有划痕刮伤以不刮到底色露白为主。搬运中撞伤（插头、耳翼处）不超过1cm		√	卷尺	目距30cm
	C. 不允许上光起泡、掉油、掉色、表面异物。材料污点，非logo及正面主机允许3 mm²，15cm内允许两点。印刷污点：非logo及正面主机允许2 mm²，15cm内允许两点。产品"LOGO"商标不可有任何纸点，印刷污点		√	目视	异物测量标准片
	D. 印刷位偏移不大于1mm，糊盒偏位不大于2mm		√	卷尺	
	E. 彩盒边缘脱胶≤2mm允收；溢胶A面不允许，B面允收宽0.5mm，但不能溢到A面；且不能跟上下盒子相连；黏合处破损允许±2mm。检查客户是否有指定去孔	√		目视	异物测量标准片
	F. 折痕，距离45cm，检验在不影响字迹整体视觉边缘，折痕处印刷油墨不可脱落。		√	目视	
	G. 成品检验时，每100~200PCS抽10PCS作全检，如无不良，则其余作大致翻看即可，如有严重不良，则立即对整批做全检。			目视	
5. 成品标识	标识清楚，同一产品中不可混有其他料号的产品，标签与实物要相同	√		目测	

文件编号	SQ－WI/QC05	×××彩印有限公司	制定日期	年 月 日
版本号	A0		生效日期	年 月 日
更改号	0	成品检验作业指导书	页码	第 3 页共 3 页

  6. 制成品检验频率：全检。本公司所制彩盒，尺寸由于均以啤板（模具）加工，所以相关尺寸，只要首件合格后续尺寸即为合格。

  7. 客户另有检验规范时，依客户要求进行检验。

  8. 出货前检验：依"正常检验单次抽样计划"（附件一）。检验标准：AQL：MA：0.4，MI：1.0。

  9. 缺点判定的定义：重缺点（MAT）：指尺寸影响产品的组装，字体无法辨认，品名、料号、文字内容、图案、颜色与样品不相符，产品在成型时破裂、脱胶，彩盒A、B面混料，溢胶把印刷面破坏，标示错误，未按客户的指定要求去孔，成型困难等。

  轻缺点（MIN）：指外观不良且不影响文字内容的辨认和不影响产品的组装。

  10. 异常处理：当超过标准或不合格时，也就是当合格量不足订单交货量时，按"不合格品控制程序"及"纠正与预防措施控制程序"处理，并开出"纠正与预防措施处理单"，经部门主管签名后交相关单位处理。

  11. 对全检合格的成品，批量超过500PCS的，全检品管员在《成品检验记录表》上进行记录，少于500PCS的，在生产派工单上记录即可。

（三）全检打包流程

  1. 清洁工作台，或在全检区域上垫上废纸，以保护产品不刮花、破损和脏污。

  2. 按产品堆放数量一手一手轻拿产品，一次不要拿太多，避免产品跌落，做到轻拿轻放。

  3. 按成品检验项目、标准和方法要求对产品外观、印刷质量、黏合质量等项目进行检验，全检必须认真进行，确保所检产品符合成品检验项目、标准所规定的要求。

  4. 全检合格的产品必须堆放整齐，一定要全检完一单再检查下一单，检查完后要注意清场和防混。

  5. 产品全检合格后，产品打包员按生产派工单要求进行打包，打包后在产品外包装上贴上产品标签，全检品管员要在产品标签上盖章确认产品合格。

  6. 打包包装纸的尺寸以包住彩盒为准，全包者则按彩盒数量体积包装，不同品名规格彩盒分开包装，不可混装；依据彩盒大小分别以每包20个、30个、50个、200个、300个等数量进行包装；包装绳松紧适度以彩盒不变形，不破损为原则；周转箱所装数量不能太多，以纸箱不破为原则。

  7. 打包好的产品叠放整齐，清点数量，最高高度不超过1.8m，并缴库到成品区，同品名同规格的彩盒可放在同一卡板上。

  8. 打包好的产品生产派工单上签名确认，并填写当天全检打包的日报表。

编制		审核		批准	

第六节　质量管理体系实施方法

ISO 9001:2015 标准的第一句话就告诉我们"采用质量管理体系是组织的一项战略决策，能够帮助其提高整体绩效，为推动可持续发展奠定良好基础"。因此，一个组织导入 ISO 9001 需要企业的最高管理者做出战略性的决策。当做出决定后，如何来实施是很多企业面临的问题。以下分五个阶段列出了实施 ISO 9001 的基本方法和步骤，以供参考。

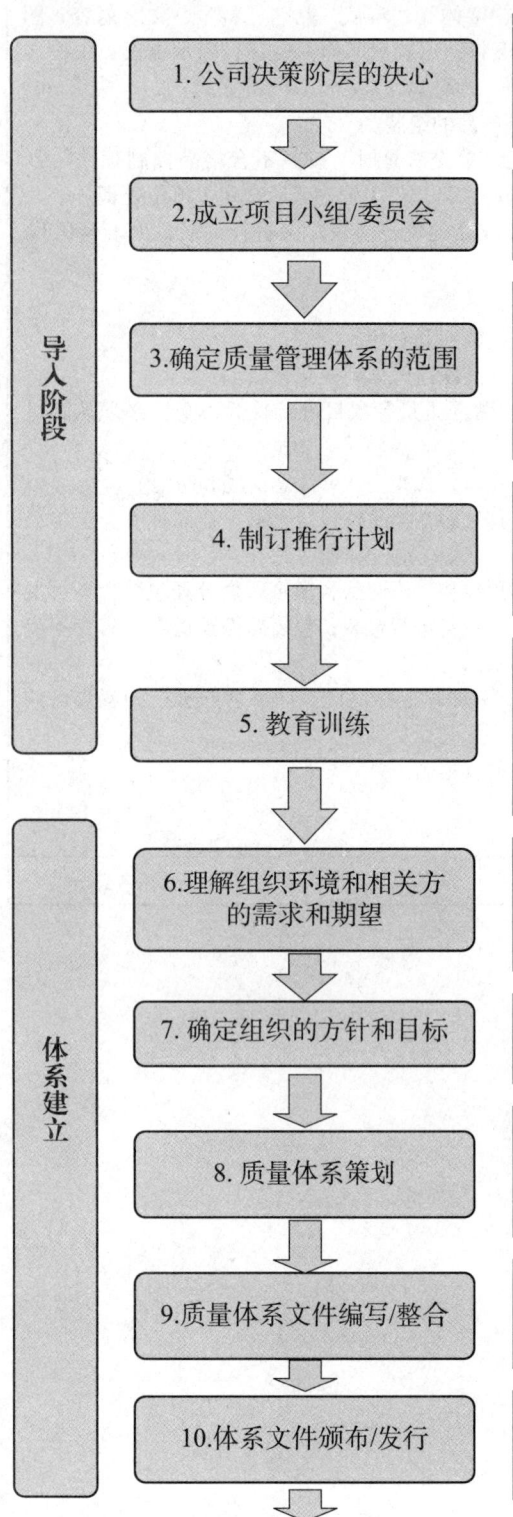

1. 基于顾客和相关方的要求、组织的目的，公司决策阶层达成共识推行 ISO 9001，向整个组织宣导推行的决心，并提供充分的资源。

2. 成立项目小组或委员会，由高阶管理者担任组长或主任委员，各部门主管担任推行委员，并任命一名总干事。

3. 组织需要决定质量管理体系的范围以及认证的范围。要考虑两个方面：①组织是寻求涵盖了公司所有产品线的认证，还是仅对某个或几个产品线的认证。②是集团统筹认证还是分公司（或分厂）独立认证。

4. 一旦确定了组织的 ISO 9001 质量管理体系的范围，接下来就是展开一项计划以引导组织顺利推动质量管理体系并完成认证。

5. 组织可考虑聘请一个广受好评的培训机构来对管理干部和相关人员进行 ISO 9001 标准要求和相关质量管理工具的培训，以使他们理解标准和懂得相关质量管理工具的应用。

6. 组织应确定与其目标和战略方向相关并影响其实现质量管理体系预期结果的各种外部和内部因素，同时确定相关方的需求和期望。

7. 根据企业的战略规划，结合企业的战略目标来建立组织的质量方针和质量目标，作为质量管理体系的宗旨和方向。

8. 在公司现有质量体系的基础上，分析与 ISO 9001 标准要求的差异，以过程化方法来策划组织的质量管理体系，确定文件化的策略，变更现有的文件或建立新的体系文件。

9. 根据策划的结果，整合原有体系文件，并由相关人员负责新增文件或修订文件的编写。

10. 文件编写完成并经权责人员核准后，由文控中心统一发行。

第七章　质量管理体系文件编写和实施方法

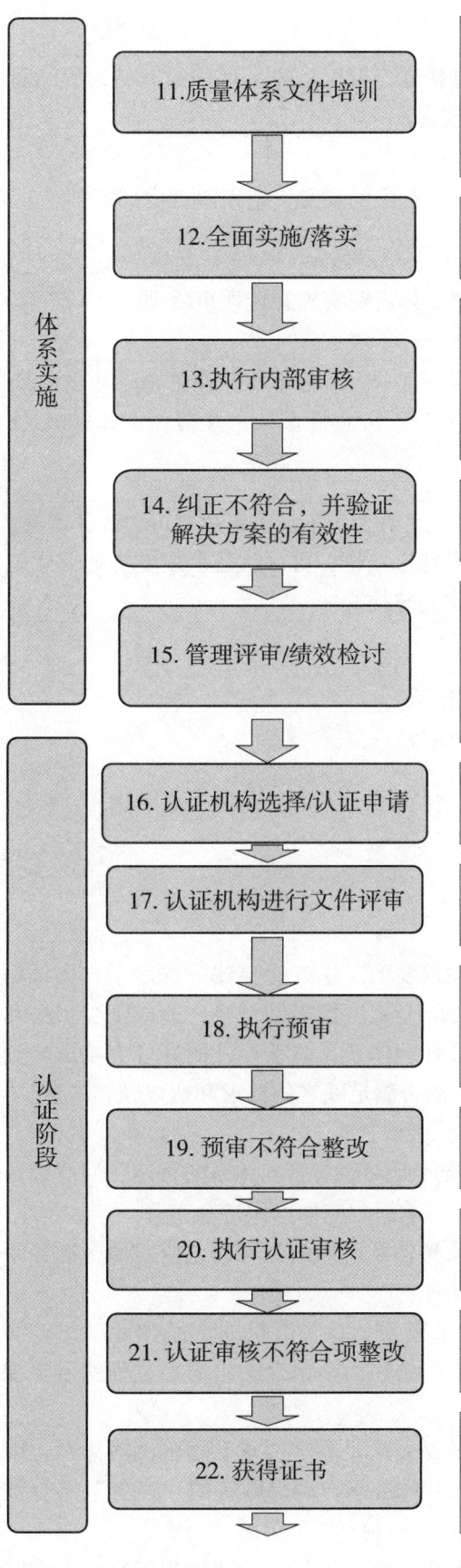

11. 文件发行后，制订培训计划，对全厂各阶层人员进行质量管理体系文件的培训，以使全体人员熟悉质量体系的过程，了解自己的职责、作业内容和作业要求，全员参与质量体系活动。

12. 各部门、各阶层人员切实按照体系文件的要求全面落实推动。

13. 体系实施一段时间（至少三个月）后，由公司授权人员负责策划和实施内部审核，审核整个质量体系，以评估体系、所有过程的实施，及其符合 ISO 9001 和顾客要求的有效性。

14. 对内部审核发现的不符合事项，责任部门应及时提出纠正和纠正措施，内审员应及时验证纠正措施的有效性。

15. 内部审核已经被执行，并且不符合项已经得到纠正和验证，应分析所有必要的输入并进行管理评审。最高管理者评审所有必要的信息并确定其质量体系是否满足 ISO 9001 的要求，及其质量体系的适宜性、充分性和有效性。

16. 组织应选择经国家或国际认可的有资格的认证机构，并提出认证申请。

17. 当最高管理者相信组织已经与要求相符合，并有效地运行，这时候就可以让认证机构进行文件评审。

18. 组织可以在正式认证审核之前，选择进行一次预审，预审是评估组织对 ISO 9001 要求和任何顾客要求的符合性，以确定组织是否准备就绪。

19. 对预审提出的不符合项进行整改，需要强调的是，应将纠正措施应用于其他类似的过程和产品。

20. 当组织已完成认证准备时，由所选择的认证机构来执行审核。

21. 对认证机构审核发现的不符合项执行整改，认证机构可能需要再次到现场进行不符合改善的验证和关闭。

22. 当所有不符合得到改善并关闭后，认证机构将颁发 ISO 9001 证书。一般在不符合项关闭后 60 日以内就能得到证书。

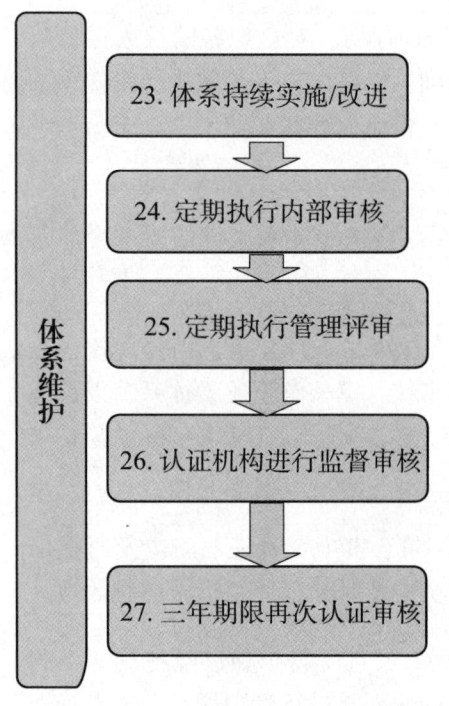

23. 体系持续实施/改进	23. 质量体系通过认证，仅仅是体系运作的开始，后续需要持续的实施和改进。
24. 定期执行内部审核	24. 按组织内部审核程序的规定，定期执行内部审核。
25. 定期执行管理评审	25. 按组织策划的安排定期实施管理评审活动。
26. 认证机构进行监督审核	26. 认证机构每年执行一次监督审核，在证书三年的有效期内一般进行 2 次至 3 次监督审核，并覆盖 ISO 9001 条款的所有要求。
27. 三年期限再次认证审核	27. ISO 9001 证书有效期为 3 年。三年后要再次认证审核。除非认证机构另有特定安排，再次认证审核需要对所有文件和资料进行一次完整提交。

一个组织质量管理体系的设计和实施受下列因素的影响：
（1）组织的环境、该环境的变化以及与该环境有关的风险；
（2）组织不断变化的需求；
（3）组织的具体目标；
（4）组织所提供的产品；
（5）组织所采用的过程；
（6）组织的规模和组织结构。

组织要成功的实施质量管理体系，对体系的策划是至关重要的。这好比要建一栋房子，图纸的设计决定了房子的外形和结构，一旦施工以后再作更改，可能会牵一发而动全身，造成不少损失和延误工期。质量管理体系的策划事实上就是设计组织的质量管理体系，体系设计的好坏直接影响到过程的运作，影响到组织实现目标的有效性和效率，影响到能否满足顾客的要求和达成顾客满意。

质量体系策划和实施时应注意的几个问题：
（1）应结合原有体系基础进行策划。实施 ISO 9001 标准不是对原有管理体系的否定，而应该是提升和发展，企业发展到今天一定有一些成功的经验和方法，策划时应加以保持和完善。
（2）应结合标准的要求进行策划。在系统的识别组织质量体系所需的过程时，应对照标准各章节的要求，将相关条款的要求融入过程中，不能有条款的遗漏。
（3）应根据组织的规模、产品型态和活动的复杂程度来策划。有些组织的产品和活动比较简单，过程就应该简化，如热处理、表面处理和喷涂等。对于产品和活动繁杂的组织，过程就需要细化，组织的支持过程就多一些。
（4）应结合顾客的要求来策划。质量管理体系的目的就是要满足顾客要求和增强顾客满意，因此，策划质量体系过程时应考虑顾客的要求，特别是顾客的特殊要求，确保顾客的"声音"不会被遗忘。
（5）应考虑相关方的需求和期望以及有关法律法规的要求。相关方以及法律法规的要求作为输入应在质量体系过程中得以体现。

第八章
产品设计和开发管理及应用案例

第一节　产品设计和开发概述

　　一、ISO 9001：2015标准对"产品设计和开发"的要求

　　二、新产品开发的重要意义

　　三、对新产品开发的要求

　　四、新产品研制开发的方式

　　五、新产品开发应吸取的经验和教训

第二节　产品设计和开发的五个阶段及其实施方法

　　一、产品设计和开发的五个阶段

　　二、产品设计和开发管理的基本原则

　　三、产品设计和开发各阶段的实施方法

　　1.第一阶段　立项和策划

　　2.第二阶段　产品设计开发和验证

　　3.第三阶段　过程设计开发和验证

　　4.第四阶段　产品和过程确认

　　5.第五阶段　反馈、评定和纠正措施

第三节　产品设计开发应用程序范例

第一节 产品设计和开发概述

一、ISO 9001：2015 标准对"产品设计和开发"的要求

> **8.3 产品和服务的设计和开发**
>
> **8.3.1 总则**
>
> 组织应建立、实施和保持适当的设计和开发过程，以确保后续的产品和服务的提供。
>
> **8.3.2 设计和开发策划**
>
> 在确定设计和开发的各个阶段和控制时，组织应考虑：
>
> a) 设计和开发活动的性质、持续时间和复杂程度；
> b) 所需的过程阶段，包括适用的设计和开发评审；
> c) 所需的设计和开发验证及确认活动；
> d) 设计和开发过程涉及的职责和权限；
> e) 产品和服务的设计和开发所需的内部和外部资源；
> f) 设计和开发过程参与人员之间接口的控制需求；
> g) 顾客和使用者参与设计和开发过程的需求；
> h) 对后续产品和服务提供的要求；
> i) 顾客和其他有关相关方期望的设计和开发过程的控制水平；
> j) 证实已经满足设计和开发要求所需的文件化信息。
>
> **8.3.3 设计和开发输入**
>
> 组织应针对所设计和开发的具体类型的产品和服务，确定必需的要求。组织应考虑：
>
> a) 功能和性能要求；
> b) 来源于以前类似设计和开发活动的信息；
> c) 法律法规要求；
> d) 组织承诺实施的标准或行业规范；
> e) 由产品和服务性质所导致的潜在的失效后果。
>
> 针对设计和开发的目的，输入应是充分和适宜的，且应完整、清楚。
>
> 相互矛盾的设计和开发输入应得到解决。
>
> 组织应保留有关设计和开发输入的文件化信息。
>
> **8.3.4 设计和开发控制**
>
> 组织应对设计和开发过程进行控制，以确保：
>
> a) 规定拟获得的结果；
> b) 实施评审活动，以评价设计和开发的结果满足要求的能力；
> c) 实施验证活动，以确保设计和开发输出满足输入的要求；
> d) 实施确认活动，以确保形成的产品和服务能够满足规定的使用要求或预期用途；
> e) 针对评审、验证和确认过程中确定的问题采取必要措施；
> f) 保留这些活动的文件化信息。
>
> 注：设计和开发的评审、验证和确认具有不同目的。根据组织的产品和服务的具体情况，可单独或以任意组合的方式进行。
>
> **8.3.5 设计和开发输出**
>
> 组织应确保设计和开发输出：
>
> a) 满足输入的要求；
> b) 满足后续产品和服务提供过程的需要；

> c）包括或引用监视和测量的要求，适当时，包括接收准则；
> d）规定产品和服务特性，这些特性对于预期目的、安全和正常提供是必需的。
> 组织应保留有关设计和开发输出的文件化信息。
> **8.3.6 设计和开发更改**
> 组织应对产品和服务设计和开发期间以及后续所做的更改进行适当的识别、评审和控制，以确保这些更改对满足要求不会产生不利影响。
> 组织应保留下列方面的文件化信息：
> a）设计和开发更改；
> b）评审的结果；
> c）更改的授权；
> d）为防止不利影响而采取的措施。

标准要求必须建立、实施和保持产品和服务的设计和开发过程，对每个项目的设计和开发进行策划；明确设计和开发的阶段；确定设计和开发的输入并确保其完整、清楚及满足设计和开发的目的；对设计和开发过程进行控制，包括开展必要的设计评审、验证和确认活动，以获得各阶段期望的结果；形成设计输出，并确保其满足设计输入的要求；识别、评审和控制产品和服务设计以及开发期间和后续所做的更改，以便避免不利影响，确保符合要求。

二、新产品开发的重要意义

加强新产品开发，利国、利民、利企业。其重要意义主要有以下四点：

1. 满足国民经济发展和人们生活水平提高的需要

随着市场经济体制的健全，国民经济发展加快和人民生活水平的提高，市场（用户）对各类产品要求越来越高，呈现出现代化、多样化和个性化的要求。用户购买产品不但要求满足物质上的实用性，还要求满足精神上的享受。老产品已远不能达到这样的要求，企业必须不断进行产品技术创新，开发出新的产品，才能满足市场（用户）的需求。

2. 生产高附加值的新产品，为企业和社会创造更多的财富

企业在现有产品的基础上，不断研究开发新技术，并把这些新技术应用到产品中去，开发出技术含量高和附加值大的新产品，为企业和社会创造更多的财富，为国家富强打基础。

3. 以新产品参与市场竞争，才能取得竞争的胜利

当前，国内外市场竞争越来越激烈，国内市场国际化和全球经济一体化的趋势已经显现。企业在这种激烈竞争的环境中，怎样才能取得竞争的胜利？除提高质量和改善服务外，必须加强新产品开发，以具有21世纪水平的新产品参与市场竞争，才能取得竞争的胜利。

4. 保证企业生存和发展

产品是企业的生命，新产品开发是关系到企业生存和发展的关键问题，尤其在科学技术飞速发展的今天，产品的寿命周期大大缩短，更新换代速度加快，企业要想在日益激烈的竞争中立于不败之地，就必须不断地开发新产品，这不仅关系到企业自身的兴衰，更是企业永续经营的需要。

开发新产品，并以新产品来开拓市场，创造用户，从而提高销售份额，增加经济效益，企业生存和发展才有了保证。

三、对新产品开发的要求

在市场经济条件下，对新产品开发最根本的要求，就是要满足市场和用户的要求，不但要满足用户的显在要求，还要满足用户的潜在要求。开发的新产品不是跟着市场"跑"，而是应当以超前意识引导市场，引导消费。具体有以下几方面要求：

（1）产品功能齐全，性能先进，能满足不同地区、不同类型用户的要求；

(2) 开发周期短、速度快，能适时地投放市场，满足用户的需求；
(3) 质量具有"世界级质量"，安全性和可靠性高，外观具有人见人爱的魅力质量；
(4) 有良好的经济性，使用、维持费用低；
(5) 价格合理，应用价值工程分析，开发成本和生产成本保持合理的水平。

四、新产品研制开发的方式

1. 常用的三种新产品开发的方式

新产品研制开发，根据新产品设计复杂程度、创新程度、企业技术力量和开发资金等，一般常采用以下三种方式：

(1) 企业自己研制开发新产品

企业自己组织技术力量进行新产品开发，很多大型国有企业都是采用这种开发方式。

(2) 引进新产品技术

企业向国内外技术先进的企业引进新产品技术，包括图样和设计资料，培训设计人员等。

(3) 自行研制与技术引进相结合

企业自己派出技术力量与国外技术先进企业联合研制开发新产品。

2. 新产品研制开发方式的选择

企业研制开发新产品选用哪种方式，主要取决于五个要素：技术力量的强弱；需要投放市场的时间（开发周期）；创新的程度；复杂程度和开发资金。

(1) 选用企业自己研制开发新产品方式的条件

当企业开发技术力量雄厚，开发的新产品虽具有一定复杂性和较高的创新性，但开发周期长（有足够研制开发时间），而开发资金雄厚时，可选用自己研制开发的方式。

(2) 选用技术引进开发新产品方式的条件

当新产品复杂程度和创新程度高，属于世界级或世界先进水平，国外已有成熟的产品设计和制造技术；企业迫于竞争急于投放市场，企业自己的技术力量不足，研制开发资金比较充裕，则可采用技术引进方式来开发新产品。这种新产品研制开发方式最大的优点是开发周期短，投放市场速度快；缺点是费用高，若不组织好消化吸收和创新，则可能引进的技术很快就会落后，又需花费很多资金再引进。

(3) 选用自己研制与技术引进相结合方式的条件

当新产品开发周期短，急于投放市场，企业自己有一定的技术力量，但又满足不了开发新产品的时间要求，企业有一定数量的开发经费。这时就可采用自己研制和技术引进相结合的方式来开发新产品。采用这种方式还有两种不同的做法：一是采用自己研制为主，引进为辅；二是引进为主，自己研制为辅。这种开发方式，往往同时具有上述两种开发方式的优点。如能找到合作单位，"研制和引进相结合"是一种好的新产品开发方式。

这种开发方式还有一个优点是，不但研制开发出所需要的新产品，更重要的是通过研制开发培养了一支开发技术队伍，为以后研制开发新产品打下了良好的基础，从长远看，企业应尽可能地采用这种开发方式。

五、新产品开发应吸取的经验和教训

国内不少企业多年来在新产品研制开发工作上，有很多成功经验，但也确实有不少沉痛的教训。初步总结有以下几个方面，供企业今后研制开发新产品时借鉴。

1. 未进行市场调研或调研工作不到位，未能为新产品开发决策提供依据

在市场经济条件下，企业开发新产品必须满足市场和用户的要求，否则，开发的新产品很容易"夭折"。但是，有些企业由于缺乏市场意识和用户意识，开发新产品不进行市场调研或市场调研工作做得不到位，既未掌握科学的市场调查的方法，也没有形成一个连续不间断的市场信息收集系统，未能及时、全面、准确、客观地掌握市场和用户的需求信息。所得到的市场和用户需求信息往往来自于道听途说，或某个部门某个领导人提供的。这样就无法为新产品开发决策提供全面、系统和有

用的信息。

2. 长官意志，决策失误

有些企业新产品开发决策没有科学的决策程序，也未收集信息并进行广泛地论证和可行性分析。而是靠"长官意志"作决策，企业领导说了算。由于企业领导掌握的信息不全面，或仅凭自己跑市场得到的一些信息就作了决策，开发设计人员无权改变，只能服从，造成决策失误，往往使一些新产品"胎死腹中"或投放市场后货不对板，市场不接受。例如，某家电公司新产品开发决策，无科学的决策程序，领导说了算。两年决策开发的17项新产品，成功投产的仅有7个，成功率（命中率）为41%。决策失误的后果，不但造成数目巨大的经济损失，且浪费了本来已人力不足的设计人员的力量。

3. 欲速则不达的教训和磨刀不误砍柴工的经验

有的企业不按新产品开发客观规律办事，只想加快新产品开发并投放市场。对新产品开发过程阶段性工作，强行实施平行工程，缩短时间周期，严重时还搞边设计、边投产，产品未经充分试验和鉴定就投入生产，进而投放市场销售。结果是质量不合格，有的产品发生大的质量事故，只好停产整顿，追回已出厂的产品，造成大量的经济损失。

为了保证新产品开发的质量，国内外有很多好的经验和做法。例如先行技术试验、设计评审、故障分析、实验室试验等等。开展这些活动确实需要一定的时间，从表面上看延长了开发周期，但从保证新产品的质量来看，可使新产品研制开发做到一次成功。否则，从准备工作上看是节省了时间，但由于质量问题不断，为了解决这些质量问题，有些还需补做试验和组织攻关去解决，其总时间不但未节省，甚至还要延长。

4. 未严格贯彻实施新产品开发程序

有些企业虽然已按新产品开发过程的要求建立了新产品开发程序，从决策、设计、试制或试验、扩大试制或试验，分成若干阶段；每个阶段都明确规定了应进行的设计、试制或试验活动。但是企业为了赶时间，把新产品尽快投产和投放市场，往往就不按程序去开展应开展的活动。设计评审和新产品试制或试验鉴定是两项重要的保证新产品质量的活动，为了节省时间也被省掉了。由于违反了新产品研制开发的客观规律，把很多质量问题带到了生产中去，甚至带到用户手中，影响企业的信誉。

第二节 产品设计和开发的五个阶段及其实施方法

一、产品设计和开发的五个阶段

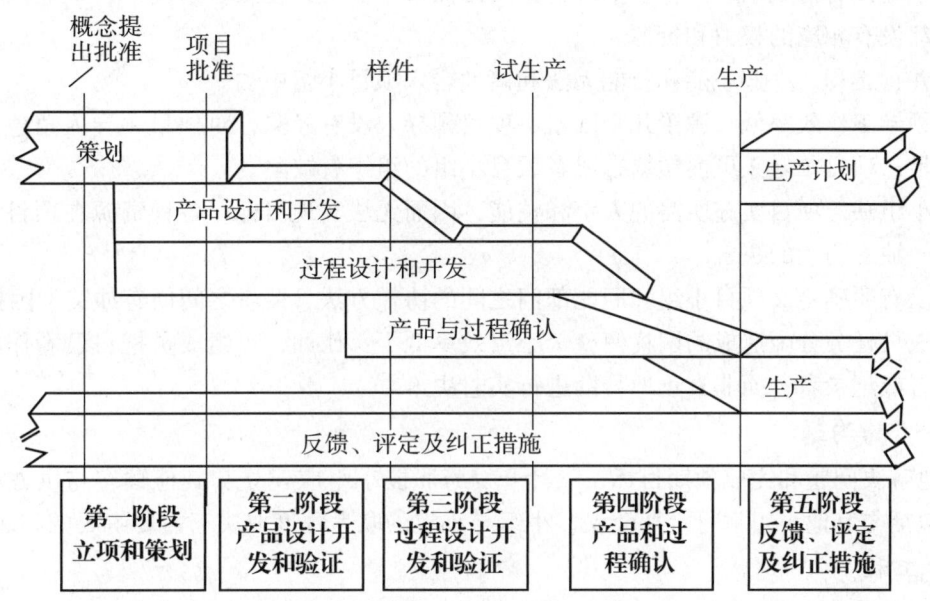

图 8-1 设计开发计划的五个阶段

第一阶段：立项和策划——从产品概念提出到立项和对项目的策划阶段。
第二阶段：产品设计开发和验证——从项目批准到样件完成阶段。
第三阶段：过程设计开发和验证——从样件完成到试生产阶段。
第四阶段：产品和过程确认——从试生产到正式量产阶段。
第五阶段：反馈、评定及纠正措施——从量产、交付到客户反馈阶段。

二、产品设计和开发管理的基本原则

1. 跨职能小组的努力

产品设计和开发成功的关键首先是要指定一位项目负责人，并建立跨职能小组。参加小组的人员适当时可包括设计（技术）、制造、工程、采购、质量、销售、现场服务、供应商、（可行时）顾客代表等。

对于跨职能小组，应确定：
- 每一代表方的角色和职责；
- 确定小组职能及小组成员，哪些个人或供应商应被列入小组成员，哪些可以不需要；
- 理解顾客的需求和期望；
- 对所提出来的设计、性能要求和制造过程评定其可行性；
- 确定成本、进度和应考虑的限制条件；
- 确定所需来自于顾客的帮助；
- 确定文件化过程或方法。

可以通过建立《跨功能小组职责表》，以明确参加小组的各部门人员担当的职责和任务。

许多公司建立了项目小组的组织形式，但大多数效果不佳。针对这些不成功的案例，我们发现以下典型原因：

- 如果项目小组和职能部门的责权不明确，将造成困惑。
- 项目小组没有得到明确授权去实现目标，因而效率低下；在某些情况下，他们只被赋予了责任，却没有相应的权力和资源。
- 缺乏并行工程，一些职能和技能无法和谐地融入项目小组中去。
- 项目领导工作效率低，源于几个因素：项目领导人没有经验；对项目领导人角色不明确；培训不足；项目领导人更换频繁；或者项目小组的组织有缺陷。
- 项目小组缺乏项目实施所需的人手和技能，因而无法实现目标；各种资源在项目小组间调来调去，缺乏明确的决定。
- 由于没有明确定义项目小组和职能部门之间的协作方法，两者之间便有冲突和困扰。
- 小组成员任务分配造成的困扰使整个小组效率低下：比如，小组成员把自己看作职能部门的评估者或记录者，而非真正地帮助进行实时决策。

2. 小组间的沟通

为尽早地解决问题和完成预期目标，设计开发跨职能小组应建立和其他顾客与供方小组沟通渠道，这可以包括与其他小组举行定期会议，小组与小组的联系程度取决于需要解决的问题的数量。

3. 同步工程

同步工程又叫并行工程，是对产品及其制造和辅助过程进行并行、一体化设计，达到替代工程技术实施过程中逐级转换的工程方法。

同步工程是跨职能小组为一个共同目标而奋斗的方法，它将替代逐级转换的工程技术实施过程的各个阶段，其目的是尽早促进优质产品的引入。跨职能小组要确保其他领域或小组的计划和执行活动支持共同目标。

图 8-2 串行过程与并行过程示意图

4. 培训

产品设计开发的成功依赖于有效的培训方案，并对有关满足顾客需要及开发技能的人员进行培训。

应确保具有产品设计责任的人员达到设计要求的能力,且熟练掌握适用的工具和技术。应识别适用的工具和技术。

设计人员需具备的适用技能(可能包括但不限于以下):
- 几何尺寸和公差(GD&T);
- 质量功能展开(QFD);
- 制造设计DFM/装配设计(DFA);
- 试验设计(DOE);
- 失效模式及后果分析(DFMEA/PFMEA等);
- 计算机辅助设计(CAD)/计算机辅助工程(CAE);
- 价值工程;
- 实体造型;
- 仿真技术;
- 统计过程控制(SPC)。

5. 问题的解决

在设计开发过程中,小组应着重于产品设计和过程设计的问题,这些问题可用表示规定职责和时间进度的矩阵表形成文件来跟进解决。在困难的情况下,建议使用多方论证的方法。可使用诸如因果图、试验设计、关键路径法、特性矩阵图、防错等分析技术。

6. 设计开发的进度控制

为确保设计开发的各阶段能顺利完成,跨职能小组在完成组织活动后的第一项工作是制订设计开发的进度计划。应考虑产品的类型、复杂性和顾客的期望来制订进度计划,并应列出任务、安排和其他事项。为便于报告状况,每一事项应具备"起始"和"完成"日期,并记录进展的实际点。

一个完整计划的实现需要合理分工、充分的授权、有效的沟通,以及团队协作等。产品设计开发进度计划应随着项目的进展和变化而改变。

项目计划控制的难点:
- 研究与发展缺乏先例;
- 有未预计到的技术问题;
- 由于新技术或需求变动而造成的计划改变;
- 时间周期不定;
- 专业人员固有的乐观态度;
- 人的生产率的可变性。

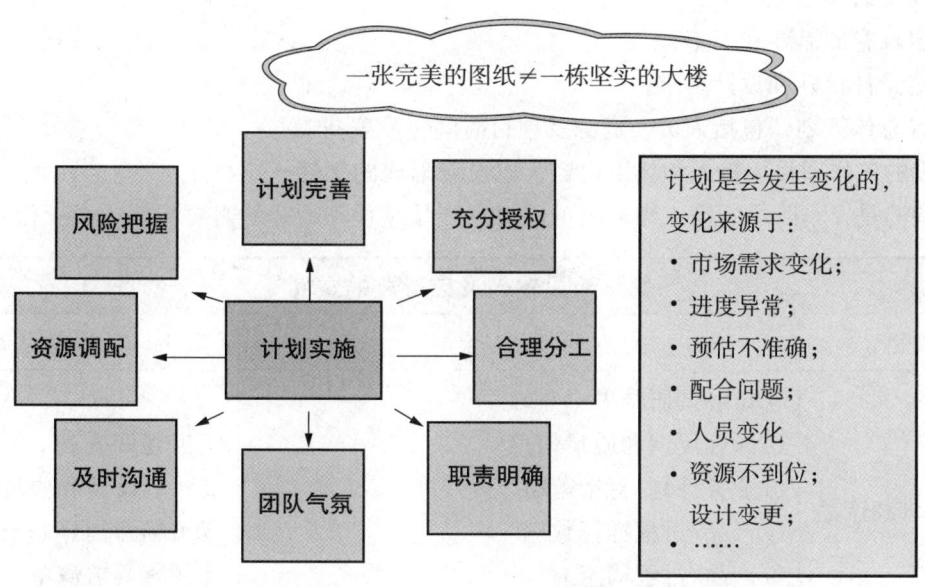

图8-3 设计开发计划有效实施的因素

三、产品设计和开发各阶段的实施方法

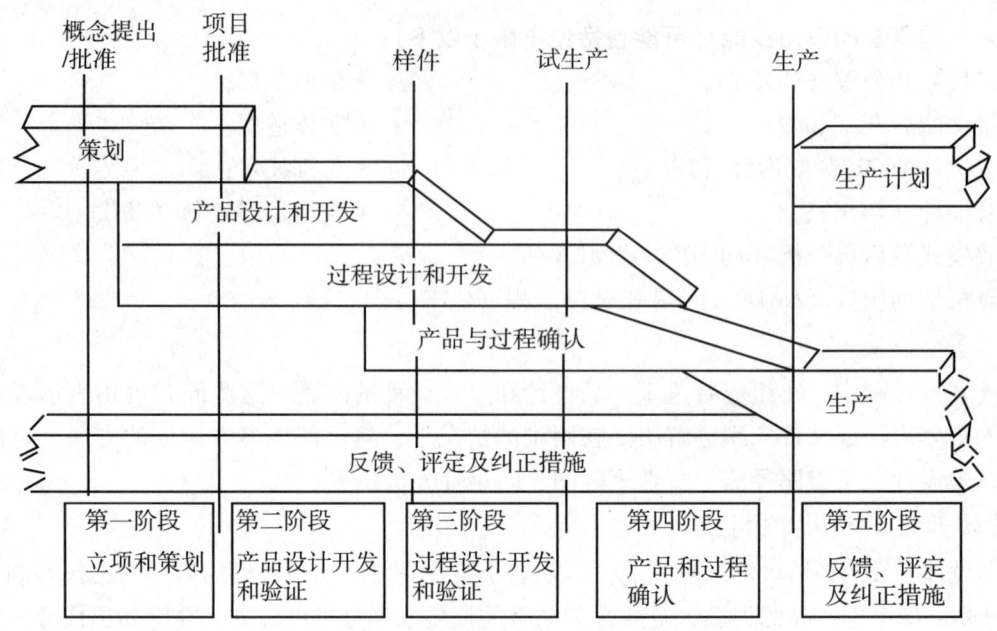

图 8-4 设计开发的五个阶段

1. 第一阶段 立项和策划

这一阶段描述了怎样确定顾客的需要和期望,以计划和规定质量项目。所有的工作都应考虑到顾客,以提供比竞争者更好的产品和服务。

产品创新的成功者无一例外地至少遵循以下三条原则中的一条:第一,时刻聆听顾客的声音,根据他们的需求设计相应的产品;第二,密切关注市场上的顾客和竞争对手的任何变化,把握市场趋势;第三,最大化地利用技术和研发实力实现创新。在产品创新中,企业不但要了解消费者的需求,同时要审视自己的能力,还要预测竞争对手的反应,并准备好相应的战术。

第一阶段工作目的及任务:
(1) 市场调研和信息收集;
(2) 确定顾客的需要和期望;
(3) 确定设计目标和设计要求;
(4) 进行总体策划,包括人员、资源及项目时间进度安排。

第一阶段的工作项目、输入和输出内容,以及应形成的文件:
需要强调的是,本阶段的输入和输出可以根据产品过程和顾客的需要与期望而变化。

第一阶段输入及应形成的文件		
工作项目	输入内容	应形成的文件
1.1 市场调研和产品构想	①市场调研结果 ②顾客反馈和质量信息 ③业务计划/营销策略 ④产品/过程标杆数据 ⑤产品/过程构想 ⑥产品可靠性研究 ⑦来自顾客的输入	①市场调查表 ②顾客反馈和质量信息表 ③市场营销计划 ④顾客要求清单 ⑤新产品可行性分析报告

第一阶段输出及应形成的文件（作为第二阶段的输入）		
工作项目	输入内容	应形成的文件
1.2 成立跨职能小组	组成跨职能小组的部门、成员及其职责	跨职能小组成员职责表
1.3 可行性评审	①确定顾客的要求 ②理解顾客的期望 ③对所提出来的设计、性能要求和制造过程评定其可行性 ④确定成本、进度和必须考虑的限制条件 ⑤确定所需的来自于顾客的帮助 ⑥确定文件化过程或方法 ⑦提出可能存在的问题	新产品可行性评审报告或立项评审报告
1.4 立项批准	批准是否立项	新产品可行性评审报告或立项评审报告
1.5 设计开发策划和确定	①设计开发总计划；包括进行总体策划，明确工作任务、所需资源和时间安排 ②设计目标 ③可靠性和质量目标 ④初始材料清单 ⑤初始过程流程图 ⑥产品和过程特殊特性的初始清单 ⑦产品保证计划	①产品设计开发总计划 ②设计任务书 ③初始材料清单 ④初始过程流程图 ⑤产品和过程特殊特性的初始清单 ⑥产品保证计划
1.6 阶段评审	对策划输出的文件进行评审，提出可能存在的问题	①设计策划评审记录 ②设计输入评审记录

第一阶段作业说明：

（1）市场调研和产品构想

①市场研究

市场调查是认识和研究市场的有效方法。对企业新产品开发和市场营销主要有以下四方面的作用：

- 通过市场信息的分析，有助于企业了解市场和顾客的显在和潜在需求，研制和生产顾客满意的新产品，提高市场占有率；
- 有利于确定适宜的产品价格，确保产品质量档次，提高产品市场竞争能力；
- 有助于制定营销策略和营销方案，正确进行市场定位，确定流通环节和渠道；
- 有助于在正确的营销策略指导下，运用各种营销手段，提高企业的经营管理水平，增加经济效益。

以下来源有助于识别顾客关注的事项/需求，并将这些关注事项转变为产品和过程特性：

- 对顾客的采访；
- 顾客问卷和调查；
- 市场测试和定位报告；
- 新产品质量和可靠性研究；
- 竞争产品质量的研究；
- 顾客满意度调查报告。

表 8-1 顾客调查表—营销功能（示例）

填表日期		填表部门		填表人	

调查项目（请贵公司配合营销员填写，谢谢！）

1. 贵公司有无须增加供应商？　□有　□无

2. 贵公司所需的原料产品购自
　　□国内：　□华东　□华南　□华中　□华北　□东北　□西北　□其他
　　□国外：　□英国　□日本　□德国　□美国　□巴西　□其他

3. 贵公司去年之全球总营业额为：　□$ _____　□¥ _____
　　□1000万以下　□1000万~2000万　□2000万~3000万　□3000万~5000万　□5000万以上

4. 过去曾听说过本公司产品吗？
　　□没有
　　□有　　▲使用者是否满意　　□是　□否
　　　　　　▲使用者是否有提出改进之处，如：□颜色　□外表粗糙　□阻燃性　□耐久性　□吸声性　□安全性

5. 是否有在寻求新的原材料供应商？
　　　　　　　　　　　　　　　　□电子　□五金　□机械　□其他_____
　　□否　□是　▲何种原料及产品　□板材　□管材　□内饰件　□其他_____
　　　　　　　　　　　　　　　　□橡胶　□塑料　□包装　□其他_____

6. 若贵公司在寻求新的原材料供应商
　　▲已有_____家被列入考虑范围
　　▲产品的需求量为每年____套（pcs），平均月供货量为____套（pcs）
　　　希望最早在_____年_____月开始供货

7. 目前所使用其他公司产品的评价：

评价 项目	很满意	满意	一般	不满意	很不满意
外观					
颜色					
耐久性					
吸声性					
阻燃性					

8. 目前对所使用其他公司产品的价格是否满意？
　　□是　可否告知价格_____RMB
　　□否　希望调整价格为_____RMB

9. 对目前对所使用其他公司产品的售后服务是否满意？
　　□满意　可否简述原因：_____．
　　□不满意　可否简述原因：_____

您对产品的意见和建议：

顾客签名/日期：

营销员签名/日期：

②顾客反馈和质量信息

为了评定在产品的设计、制造、安装和使用当中再发生不合格的可能性，应制定一份顾客所关注问题/需要的清单，这些应作为其他设计要求的扩展来考虑并且应包括在对顾客需要的分析中。

以下项目中的许多内容有助于小组识别顾客关注问题/需要，并优选出适当的解决方案：
- 最佳的实践；
- 吸取的教训；
- 工厂内部质量报告；
- 保修报告；
- 内部顾客报告的问题和事件；
- 顾客投诉、退货分析报告；
- 市场退回产品分析；
- 媒体评论和分析，杂志和报纸报道等；
- 销售商的评价；
- 售后服务市场报告；
- 顾客代理所做的内部评价。

③业务计划/营销战略

业务计划和营销策略将为新产品设计开发策划提供方向和制约条件。业务计划可将限制性要求施加给小组［诸如进度、成本、投资、产品定位、研究与开发（R&D）资源］而影响其执行方向。营销战略将确定目标顾客、主要的销售点和主要的竞争者。

表 8-2 市场营销计划—营销功能（示例）

计划周期：				
计划提要：				
市场营销现状	市场形势			
	产品情况			
	竞争形势			
	销售情况			
	宏观环境			
市场营销策略				
战术行动方案				
预算				
控制				
编制		审核		批准

④产品/过程标杆数据

使用的标杆方法将对确定产品/过程绩效指标提供输入。

标杆确定是一种识别比较标准的系统方法，它研究和确定研究对象（产品和过程）可度量的目标（如产品的性能水平、质量可靠性水平、服务水平和价格等），并通过调研来识别竞争对手的水平，识别世界级和最高级的水平。

标杆确定是赶超竞争对手能力的重要依据，是建立产品或过程设计概念的重要输入，也是改进业务和工作方向的重要来源。

标杆确定是指向最好的企业和或行业领先企业，而不是竞争对手。标杆确定活动出发点是明确最优行为。

成功的标杆确定方法为：
- 识别合适的标杆；
- 了解你目前状况和标杆之间产生差距的原因；
- 制定缩小与标杆差距、符合标杆或超过标杆的计划。

⑤产品/过程构想

构想产品具有某些特性、某种设计和过程概论，它们包括技术革新、先进的材料、可行性评估和新技术。所有这些都应用作输入。

⑥产品可靠性研究

产品可靠性研究数据考虑了在一规定时间内零件修理和更换的频率，以及长期可行性、耐久性试验的结果。

可靠性的概念：产品在规定条件下、规定时间内，完成规定功能的能力。可靠性反映的是产品保持其性能的能力，是质量的时间性要求。常用的可靠性指标包括可靠度、平均寿命、失效率等。

- 可靠度：系统在规定的时间内，完成规定任务的概率，实际上是用概率来表达可靠性的程度。
- 失效率：系统在工作到 t 时刻后单位时间发生失效的概率，成为产品在时刻 t 失效率（或故障率）。
- 平均寿命：对于不可修复的系统，指系统失效前的平均工作时间；对于可修复的系统，指两次相邻之间的工作时间。

⑦来自顾客的输入

产品的后续顾客可提供与他们的需要和期望有关的有价值信息，此外，后续产品顾客可能已进行部分或全部前面已提到的评审和研究。顾客或组织应使用这些输入以开发统一的衡量顾客满意的方法。

综合上述信息输入，项目负责人应编制《新产品可行性分析报告》，提交给下一步跨职能小组进行可行性评估。

对于一个企业来说，老板一拍脑袋就可以组织人员开发新产品，那叫做凭感觉做决策，其不科学性是很显然的，产品开发失败的比率肯定会相对较高，这是所有规范的企业都要尽量避免的。编写产品开发可行性分析报告的目的有几个方面，如企业的决策层、财务、物供、开发、生产等相关部门对申请开发的产品有个基本的认识、统一企业内部思想以便全体人员能了解产品开发对企业战略发展的支撑作用、协调内外部资源为产品的顺利开发创造有利环境等，其最终目的是减少企业的投资风险，提高决策的成功率。

那么产品开发可行性分析报告应当包含哪些方面呢？

一是对环境的变化做出假设，包括经济、政治、技术、文化等方面。

二是宏观与微观的市场、用户、竞争信息全部量化。

三是对结果做出三种预测和财务分析,即最佳状况、正常状况、最差状况,如果最差状况可以接受,方能通过。

四是详细的实施方案,包括组织、人员、资金、设备、工作流程,以及"里程碑"式的分阶段检查标准和时间表。

五是对潜在市场变化、潜在用户变化、潜在竞争形势变化、潜在风险、潜在问题有一个具体的分析和应变措施,把意外情况的影响控制在最低水平。

六是对执行的方式、流程有一个明确的描述,以便于他人理解与评估。

新产品可行性分析报告没有什么标准格式,产品的复杂性、技术难易程度不同、投入的人力和资金不同、销售方式不同,所要分析的项目内容就有很大差异。以下的两种格式模板仅供参考。

表8-3 新产品可行性分析报告(参考格式1)

一、引言

1. 编写目的:说明为什么要编写产品开发可行性分析报告。

2. 背景:说明是如何提出本产品的开发申请的。

3. 定义:对报告中涉及的一些术语进行定义和解释。

4. 参考资料:文档引用的素材的来源及遵循的标准。

二、对现有产品的分析

1. 企业现有产品分析:企业内部的同类产品的优缺点分析。

2. 外部产品分析:企业外部同类产品的优缺点分析。

三、对新产品的说明

1. 新产品开发意义:说明新产品的宏观定位及各方面的指标,以及开发新产品的意义。

2. 需求分析:新产品微观性能指标分析以及对原有产品的改进之处。

3. 影响:新产品将对现有的产品体系结构的影响、对软件系统的影响、对生产及设备的影响、对系统运维的影响、对开发过程及开发组织的影响、对经费开支的影响等。

4. 局限性:说明新产品还存在哪些不足之处,以便后续改进。

四、市场分析

1. 分析市场发展历史与发展趋势:说明新产品处于市场发展的什么阶段。

2. 新产品和同类产品的价格分析:比较新产品与企业内部/外部同类产品的价格。

3. 统计当前市场的总额：竞争对手所占的份额，分析新产品能占多少份额。

4. 新产品消费特征分析：包括消费群体特征，消费方式以及影响市场的因素分析。

五、技术和时间分析

1. 技术条件方面的可行性：从技术角度分析本产品"做得了吗？""做得好吗？"。

2. 时间分析：按照正常的运作方式，开发本产品并投入市场还来得及吗？

3. 人力资源分析：开发需要的人员能及时到位吗？

4. 开发环境分析：开发需要的软件硬件能及时到位吗？

六、成本和收益分析

1. 成本分析：包括开发所需的基本建设投资（如购买必要的开发设备）、其他一次性支出（如委托开发的费用）以及非一次性支出（如调研费、差旅费）。

2. 收益分析：包括一次性收益（如直接利润）、非一次性收益（如降低维护成本）以及不可定量的收益（如新产品对企业发展的影响）。

七、产品开发计划

1. 人力资源分析：说明新产品开发需要的各类人力资源（包括外协）。
2. 开发环境分析：包括开发所需的各类设备等，并给出所需设备的购买费用。
3. 开发流程分析：说明开发新产品的步骤（包括委托开发流程）。
4、里程碑设置：设置必要的阶段性的里程碑，分阶段的检查及时间表。

八、风险分析及应对措施

1. 市场风险：
2. 技术风险：
3. 项目管理与组织实施风险。

九、效益评价与分析

1. 经济效益分析：
2. 社会效益评价：
   本项目除具有以上良好的经济效益外，其社会效益同样也较为明显，主要表现在以下两点：
   （1）……
   （2）……

十、结论

对整个可行性分析作一个结论性的小结。

表 8-4　新产品可行性分析报告（参考格式 2）

1. 引言

1.1　编写目的

说明编写本可行性研究报告的目的，指出预期的读者。

1.2　背景

说明：

A. 本项目任务的提出者、执行者、预期的用户定位及实现的产品功能。

B. 本产品在公司研发中的层次，与其他产品线的关系、承担的历史任务等。

1.3　定义

列出本文件中用到的专业术语的定义和外文首字母组词的原词组。

1.4　参考资料

列出引用的参考资料，如：

A. 本项目的项目任务书或合同书。

B. 属于本项目的研发构思输入文件、前期市场调研文件、客户需求分析文件等。

C. 本文件中各处引用的外部文件、产品数据、行业标准。列出这些文件资料的标题、文件编号、发表日期和编制单位，尽量明确这些文件资料的来源。

2. 可行性研究的前提

2.1　条件、假定和限制

说明对这项开发中给出的条件、假定和所受到的限制，如：

A. 建议产品的生命周期；

B. 经费、投资方面的限制；

C. 硬件、软件方面的条件和限制；

D. 法律和知识产权方面的限制；

E. 可利用的信息和资源；

F. 产品发布的最晚时间。

2.2　进行可行性研究的方法

说明这项可行性研究将是如何进行的，建议的方案将是如何评价的。摘要说明所使用的基本方法和策略，如调查、加权、确定模型、建立基准点等。

2.3　评价尺度

说明对系统进行评价时所使用的主要尺度，如费用的多少、产品功能的优先次序、开发时间的长短及客户使用的难易程度。

3. 可行性分析

3.1　技术方面可行性

（1）实现该产品功能是否存在不确认的技术风险？这些技术的使用是否符合公司的技术战略？哪些技术是新的或需要进行修改？为什么？产品开发项目如何面对这种技术风险、内部技术预研、外部技术合作、专利购买？

（2）在多种可选择的技术中选择了哪种技术？为什么？（主要分析本产品赖以生存的关键技术的生命周期及存在或可能出现的替代技术，现已存在的替代技术或替代技术出现后对本产品竞争力的影响及相应的对策）。

（3）描述特殊的工艺和特殊的工具需求（开发、测试、制造、运输等）。

（4）描述产品研发周期内的主要的供应商、合作方的角色。

（5）说明技术共享（从是否借鉴了其他产品的开发成果、利用公司内标准或成熟技术等方面进行说明技术继承；从产品的开发成果是否标准化，可被公司其他产品重用等方面进行说明技术重用）。

（6）公司自主知识产权取得（如技术合作中的知识产权共享与归属）和保护（专利或商业秘密）策略；存在的专利障碍对公司产品开发和销售的影响及相应的规避策略；商标申请策略（沿用公司原有商标还是申请新商标）。

3.2 市场方面可行性

（1）整体市场情况（市场容量、市场增长情况、市场未来趋势、我们的产品市场占有率）。

（2）细分市场情况（根据产品行业特点，分析产品市场情况、客户主要需求（显性/隐形），客户需要的产品必备功能、客户期望的上市时间、客户许可的产品价格、客户希望的购买方式）。

（3）竞争者产品分析（竞争者的产品趋势、产品竞争实力、竞争者价格政策、竞争者产品线构架、竞争者产品推广动向）。

（4）竞争者客户分析（竞争者客户忠诚度分析、导致忠诚度的原因、我们的策略）。

3.3 生产技术方面可行性

（1）产品的制造策略（生产地及生产方式）。

（2）产品的哪些部件需要采用优选库，哪些物料需要重新选择，为什么？

（3）总体工艺路线（生产组织方式）描述。

（4）生产测试概述（哪些测试/检验装备需要重新开发、哪些可以继承、外购、检验/测试能力的储备程度）。

3.4 采购方面可行性

（1）产品的核心部件可以在市场上容易地获得，并且该部件的技术是成熟可靠的。

（2）项目组人员需要与制造人员、采购人员沟通，了解以往物料厂家的质量特点（好、坏）、工艺特点（如封装、贴片等），从而确定各种厂家物料选用的比例。

3.5 法律方面的可行性

法律方面的可行性问题很多，如合同责任、侵犯专利权、侵犯版权等方面的陷阱，务必要注意研究。

3.6 使用方面的可行性

例如，从用户单位的行政管理、工作制度等方面来看，是否能够使用该软件系统；从用户单位的工作人员的素质来看，是否能满足使用该软件系统的要求等，都是要考虑的。

4. 建议的方案

（1）说明产品开发项目组推荐的主要方案和方案的特点（技术、市场、生产）以及推荐考虑的因素。

（2）说明对所建议产品研发的基本目标，如：

a 提议的产品是什么（产品功能、规格、性能、具体用途、结构尺寸）？它的关键部门及原理是什么？

b 产品的独特之处是什么？与竞争对手相比产品的亮点。

c 产品成功的关键要素是什么？公司在该产品上如何成功？（技术领先、功能领先、成本领先、服务领先）。

d 产品阶段分级推向市场的时间。

e 产品的目标客户群。

5. 备选的方案

说明曾考虑过的每一种可选择的系统方案，包括需研发的和从国内国外直接购买的，如果没有供选择的系统方案可考虑，则说明：

5.1 可供选择的系统方案 1

参考前面的提纲，说明可选择的系统方案1，并说明它未被选中的理由。

5.2 可供选择的系统方案 2

按类似前面的方式说明第2个乃至第n个可选择的系统方案。

6. 投资及效益分析

6.1 产品投入部分

6.1.1 开发期研发投入估算

包括从立项开始到产品转产为止的全部研发投入，如果有产品预研，需加入预研费用。

6.1.2 前期市场投入

包括从产品立项开始到市场发布决策评审时的市场销售投入。应由市场营销部估计，如估计困难，可简单估计投入的直接销售人员。

6.1.3 总投入计算

总投入＝开发期研发投入＋前期市场投入

6.2 产品销售收入预测

此部分数据包括产品生产周期各目标市场的销量、价格、销售收入等。

6.3 产品生产制造成本预计

6.3.1 材料成本

产品选用的主要零部件成本费用，估算到部件级即可。

6.3.2 制造成本

制造费用主要是指生产工人的人工费用、生产管理人员的人工费用、生产设备折旧费用、生产用的水电费、生产中发生的消耗等。

6.4 期间费用

期间费用包括销售费用、管理费用、财务费用、服务费用。

6.5 盈亏平衡点

盈亏平衡点＝"利润表"中累计税后利润等于0时，所对应的产品销售量和销售金额。

盈亏平衡时间计算，包括产品从立项开始到达盈亏平衡点的时间。

7. 结论

在进行可行性研究报告的编制时，必须有一个研究的结论。结论可以是：

- □ 可以立即开始进行；
- □ 需要推迟到某些条件（如技术、人力、设备等）落实之后才能开始进行；
- □ 需要对产品目标进行某些修改之后才能开始进行；
- □ 不能进行或不必进行（如因市场不成熟、经济上不合算等）。

（2）成立跨职能小组

项目小组构成是产品开发过程的一个关键要素。一个高效的项目小组能极大地促进沟通、协作和决策。

项目负责人在设计开发初期负责成立跨职能小组，参加小组人员适当时可包括设计（技术）、制造、工程、采购、质量、销售、现场服务、供应商、（可行时）顾客代表等。

尽管大多数公司有正规的项目小组，但多数并不成功。总的来说，由于这些项目小组的构成、角色和责任没有明确的定义，结果使沟通、协调和决策效率低下、纷繁混乱。

小组应有权力也有责任管理所有与开发该特定产品相关的任务。这些特定任务分配到核心小组的每个成员身上,每个成员都利用相应资源完成这些任务。小组成员们为指定给他们的工作确定方向,与职能部门打交道,并参与集体决策。小组可建立《跨职能小组职责表》。

表8-5 跨职能小组职责(示例)

日期:	年	月	日	
客户名称			产品名称	
参与部门	参加人员	职务	主要工作职责/工作内容(举例)	
☐ 设计部			负责编制设计任务书,进行产品可靠性分析,明确设计目标,提出设计要求,编制新产品开发计划,负责模具议价、模具合同签订。内部协调、对外联络。 新产品数模的设计、开发、相应的数模更改,并出具最新数模的二维图纸。提供此产品的模具合同、模具图纸、模具的随时跟踪记录、模具的出厂检验报告,试模必须有人跟踪,模具的相应更改及记录、模具的履历表、模具验收合格后相关资料转交工艺技术科。	
☐ 制造部			负责样件试制、试装评审等,对试生产结果进行总结、评价、确认。负责产品试制、生产、参与评审分析、对量产后的产品进行生产率方面的持续改进。	
☐ 品管部			负责原材料、外购、外协件的质量检验、出具样件检验报告、外观批准报告、类似产品的经验和教训及样件提交的相关文件。负责材料性能试验和提供试验报告,提供测量系统分析报告。	
☐ 市场部			负责开发新产品的市场调查研究,顾客提供产品的接收和转发、负责与客户协调、协助送样、试装、产品最终价格确定。进行使顾客满意的各项活动。	
☐ 工艺部			负责编制样件、试造、量产的控制计划及检查表、确定特殊特性、工程能力、PFMEA分析及检查表、RPN超差纠正预防、图纸、BOM表、包装规范。负责对过程的开发进行总体策划。确定工艺路线,平面布置并评审。制程能力分析、负责过程流程图和检查表、编制特性矩阵图、SPC计划、编制可操作的作业指导书、检验指导书、编制测量系统分析计划和SPC(初始能力研究计划)。另对量产后质量方面的持续改进。	
☐ 资材部			负责原材料及外购外协件的采购。	
☐ 顾客代表			负责按照顾客要求参与选择和确定相关产品和过程的特殊特性,包括产品安全、法规、适用功能以及装配要求; 负责参与各项产品的质量目标的确定,包括产品不良率、过程能力等; 负责参与制定相关的培训目标; 参与设计开发的评审、验证、确认等活动; 参与纠正措施的制定。	
☐ 财务部			负责开发全过程的资金支持,负责对开发该产品进行成本、报价、利润、费用等预算。	
1. 跨功能小组的组长由设部经理指定本部门人员担任。 2. 组员变动时,由各负责部门主动反映给组长协调变更。				
各部门签名:				

(3) 可行性评审

小组的第一项工作就是对上述收集的数据、资料和可行性分析报告进行评审，评审内容包括但不限于：

① 确定顾客的要求；
② 理解顾客的期望，如设计、试验次数；
③ 对所提出来的设计、性能要求和制造过程评定其可行性；
④ 确定成本、进度和必须考虑的限制条件；
⑤ 确定所需的来自于顾客的帮助；
⑥ 新产品开发可能的风险；
⑦ 提出可能存在的问题。

小组将可行性评审结果记录于《立项评审报告》或《新产品可行性评审报告》。

对很多中小企业来说，仅仅是生产材料或零部件，有些是自主设计开发，有些是按客户要求设计开发，可能并不需要编写很详细的可行性分析报告。这时候，用一份可行性评估表就可以完成所需要的评审。以下提供了两种格式供参考（参见表8-6、表8-7）。

(4) 立项批准

在小组可行性评审实施后，对可行性评审发现或提出的潜在问题寻求解决的方法和途径。当小组对这些问题已经解决，就可以提交给最高管理者或授权的设计开发总监进行立项批准。

批准的记录通常在《立项评审报告》或《新产品可行性评审报告》上签署意见。

(5) 设计开发策划和确定

①设计开发总计划

跨职能小组在完成可行性评审后的第一项工作是制订进度计划。应考虑产品的类型、复杂性和顾客的期望来制订进度计划，并应列出工作任务、安排和其他事项。为便于报告状况，每一事项应具备"起始"和"完成"日期，并记录进展的实际点。

设计开发计划的格式请参考以下给出的两种参考范例（参见表8-8，表8-9）。

②设计目标

设计目标就是将顾客的需求和期望转化为初步的可测量的设计目标。设计目标的正确选择确保顾客的需求和期望不会消失在随后的设计活动中。

内容主要包括：产品的功能、性能指标，时间进度要求等，可以包含在设计任务书或其他形式中。（参见表8-9，表8-10）如某自行车的设计目标：①骑行至少3000小时无须保养；②设计寿命为骑行10000小时；③适于99.5%成年男子骑用；④舒适便利的；等等。

③可靠性和质量目标

可靠性目标是在顾客需要和期望、项目目标及可靠性基准的基础上制定的。顾客需要和期望的例子可以是无安全问题和可维修性。有些可靠性基准可以是竞争者产品的可靠性、消费者的报告或在一设定时间内修理的频率。总的可靠性目标可用概率和置信度表示，如故障率、运行多少小时无故障等等。可靠性目标和质量目标可以包含在设计任务书或其他形式中（参见表8-9，表8-10）。

质量目标是基于持续改进的目标，针对具体开发的产品，诸如：

- 百万零件不合格数 PPM；
- 一次合格率；
- 废品率目标；
- 过程能力目标；
- 制造成本目标；
- 生产节拍目标；

……

表8-6 新产品可行性评审表（参考格式1）

客户名称				日期		
产品名称		产品件号		类型	部件□ 总成□ 零件□	

一、客户要求及所提供的样品/资料（由客户/客户代表填写）

客户要求	客户所提供的样品/资料			
	序号	名称	数量	备注
1. 产能要求：年产量预计　　台				
2. 提样时间：	1			
3. 量产时间：	2			
4. 目标价格：	3			
5. 质量要求：	4			
6. 特殊特性：	5			
7. 其他要求：				

二、技术分析（由品技课填写）

1	客户提供的资料是否齐全？	是□ 否□	说明：
2	客户是否有特别技术要求？	是□ 否□	说明：
3	是否有关键技术难点？	是□ 否□	说明：
4	现有技术能力是否能够满足要求？	是□ 否□	说明：
5	是否有其他特别技术说明？	是□ 否□	说明：

结论：

签名：

三、生产分析（由生产部从产线负荷、设备、人员等方面进行评价）

签名：

结论：

四、采购分析（由采购填写）

1、采购周期最长的零件/部件名称：_____　　周期：___天

2、是否有采购难点？	是□ 否□	说明：	
3、采购成本是否可达标	是□ 否□	说明：	

4、其他说明：

结论：

签名：

五、质量分析（由品管填写）

1	现有质量检测是否能够满足客户质量要求？	是□ 否□	说明：
2	如何满足客户质量要求？		

结论：

签名：

六、客户要求分析（由计划运营部填写）

1	交付方式能否满足	是□ 否□	说明：
2	包装要求能否满足	是□ 否□	说明：
3	成本分析是否可行	是□ 否□	说明：

结论：

签名：

七、综合结论：（跨职能小组）

签名：

八、总经理批示：

总经理：

表8-7 新产品可行性评审表（参考格式2）

评审日期： 年 月 日			
新产品名称		开发产品数量	
新产品规格/型号		顾客名称	

一、顾客概况（包括：人员、工厂规模、现有主要产品、年产量、企业性质、生产经营状况、近几年发展情况等）：

二、顾客对新产品开发项目的质量和技术要求及其他基本要求（包括外观、尺寸、功能、性能、材料、装于何种机型、进度要求、数量要求等基本要求）：

三、顾客对新产品的竞争选点情况（包括：有几家竞争对手与顾客配套、竞争对手的质量和技术状况、竞争对手的设计和开发能力状况等）：

四、顾客对新产品定型及认可程序：

五、市场预测（包括：新机型开发进度、何时装机试验、产量计划等）：

六、顾客有关部门/人员的联系电话和地址情况（包括：设计和开发部门、质量管理部门、采购部门、工程技术部门等主要负责人的联系电话和地址）：

七、对新产品的基本构思和采用先进技术的设想及目前现有系统存在的问题：

八、新产品先行试验和关键技术问题及风险分析：

九、新产品开发的时间进度要求：

十、新产品的预计年产量、成本估算、价格预算：附《产品成本核算报价表》

十一、投资预算（包括：人员投资、技术投资、设施/设备投资等）：

十二、产品包装及运送要求：					
十三、结论：					
备注说明：					
参与评审的跨功能小组成员签名					
编制		审核		批准	

表 8-8 设计开发总计划（示例1）

客户名称		产品型号			产品名称	
产品图号		编制人			制/修订日期	
序号	工作项目	负责单位	负责人	预计完成日期	实际完成日期	输出描述
第一阶段：立项和策划						
1	收集客户信息	市场部	李诃	2016.03.05	2016.03.02	《客户要求清单》
2	汇总分析质量问题	品质部				《质量反馈表》
3	成立跨职能小组	开发部主导				《跨功能小组权责表》
4	新产品可行性评估	开发部主导				《新产品可行性评估报告》
5	核准立项	总经理				《新产品可行性评估报告》
6	品质功能展开	跨职能小组				《品质功能展开表》
7	设计开发策划	开发部				《设计开发计划》
8	设计输入评审	跨职能小组				《设计评审记录》
第二阶段：产品设计开发和验证						
1	外观设计	开发部				《产品效果图》
2	结构设计	开发部				产品结构图，PCB结构图，零件图，结构部分BOM，结构，DFMEA
3	电子设计	开发部				电原理图，PCB线路图，电子部分BOM及DFMEA
4	设计评审	跨职能小组				《DFMEA检查表》《设计评审记录》
5	编写设计验证计划，样件控制计划	开发部				《设计验证计划》《样件控制计划》
6	样件制造	工程部				样机
7	设计验证	品质部/开发部				《设计验证记录》
8	样机评审	跨职能小组				《样机评审记录》
9	内部确认	跨职能小组				《样机确认表》
10	送样	市场部				《产品规格书》，样机
11	客户确认	市场部				《产品规格书》

客户名称		产品型号				产品名称	
产品图号		编制人				制/修订日期	
序号	工作项目	负责单位	负责人	预计完成日期	实际完成日期	输出描述	
第三阶段：过程（工艺）设计开发和验证							
1	过程设计	工程部				《工艺流程图》《车间平面布置图》，编制 PFMEA 制定试产控制计划	
2	过程设计输出评审	工程部				工艺流程图检查表 PFMEA 检查表生产场地平面布置图/检查表《控制计划检查表》	
3	工艺指导书编制	工程部				《工艺作业指导书》	
4	制订测量系统分析计划	质量				测量系统分析计划	
5	制订初始过程能力研究计划	质量				初始过程能力研究计划	
6	制定包装规范/包装图	工程部				包装规范/包装图	
第四阶段：产品和过程确认							
1	试产前会议	跨职能小组				会议记录	
2	小批试制生产	生产部				试产记录	
3	测量系统分析	质量				重复性与再现性报告	
4	初始过程能力研究	质量				直方图研究报告、初始过程能力分析报告	
5	设计工程变更	开发部				工程变更通知单	
6	制订量产控制计划	质量				控制计划	
7	正式生产工艺流程图制定	生产				正式工艺流程图	
8	新产品设计定型鉴定	跨职能小组				新产品设计定型鉴定表	
9	新产品正式发布	开发部				正式图纸技术资料分发	
第五阶段：量产（反馈、评定和纠正措施）							
1	制程能力研究及控制	质量				控制图、CPK 报告	
2	量产总结报告	开发部				总结报告	
3	客户反馈	质量				《质量反馈表》	
4	改进	质量/开发部				纠正措施报告	
小组成员签名：							
编制		审核				批准	

表 8-9 新产品开发计划（示例2）

编制部门：　　　　　编制日期：　　年　　月　　日

产品名称			产品编号		规格/型号		顾客名称	
序号		工作内容/项目	负责部门	负责人员	开始日期	完成日期	所需建立的资料	
1	第一阶段　立项和策划	市场调研和开发需求					顾客采购订单（或）市场调研报告（或）高阶管理层指示单	
2		组建跨功能小组					跨功能小组职责表	
3		新产品项目开发之可行性分析和立项					新产品开发可行性和立项报告	
4		新产品开发成本核算报价作业					产品成本核算报价表	
5		编制新产品开发计划					新产品项目开发计划	
6		确定设计目标					设计目标	
7		确定产品可靠性和质量目标					产品可靠性和质量目标	
8		制定新产品项目开发任务书					设计任务书	
9		编制初始材料清单					产品初始材料清单	
10		确定初始过程流程图					初始产品过程流程图	
11		确定产品和过程特殊特性初始清单					初始产品和过程特殊特性清单	
12		编制产品保证计划					产品保证计划	
13		第一阶段输出评审					设计评审记录表	
1	第二阶段　产品设计开发和验证	设计失效模式和后果分析					设计失效模式和后果分析表设计FMEA检查表	
2		设计图纸（外形图、机械图、电子图）					图纸设计原件	
3		图纸确认（如需要）					设计确认记录表	
4		确定产品可制造性和装配设计					产品可制造性和装配设计	
5		制订样件控制计划					（样件）控制计划	
6		编制样件试作和试验验证计划					样件试作和试验验证计划表	
7		样件制造					样件检验和确认记录表	
8		产品设计验证/评审					实验报告单/设计验证记录表	
9		产品设计确认/评审					设计确认记录表	
10		工程图样确认					产品工程图样确认表	
11		制定工程规范					工程规范	
12		制定材料规范					材料规范	
13		图样和规范的更改					设计更改申请单设计更改通知单	
14		确定新设备、工装和设施要求					新设备、工装、量具和试验设备开发计划进度表	
15		确定产品和过程特殊特性					产品和过程特殊特性清单	
16		确定量具/试验设备要求					新设备、工装、量具和试验设备开发计划进度表量具/试验设备检查表	

序号		工作内容/项目	负责部门	负责人员	开始日期	完成日期	所需建立的资料
1	第三阶段 过程设计开发和验证	评审产品/过程质量体系					产品/过程质量体系检查表
2		制定正式过程流程图					产品过程流程图
							过程流程图检查表
3		制定车间平面布置图					车间平面布置图
							车间平面布置检查表
4		制定特性矩阵图					特性矩阵图
5		过程失效模式及后果分析					过程失效模式及后果分析
							过程FMEA检查表
6		编制试生产控制计划					（试生产）控制计划
							控制计划检查表
7		编制过程指导书					相关过程作业指导书
8		制订测量系统分析计划（MSA）					测量系统分析计划
9		制订初始过程能力研究计划					初始过程能力研究计划
10		制定产品包装标准/规范					产品包装规范
11		制造过程设计输出评审					设计评审记录表
12		制造过程策划和开发经验总结					制造过程策划和开发文件/资料汇总一览表
1	第四阶段 产品和过程确认	试生产作业					试生产作业计划表
2		测量系统分析评价					量具重复性和再现性分析报告
3		初始过程能力研究					控制图、CPK计算
4		生产确认试验					试验报告记录表
5		样品送样和确认					客户所需资料和样件确认记录
6		包装评价					产品包装评价表
7		制订生产控制计划					（生产）控制计划
8		质量策划认定					产品质量策划总结和认定报告
1	第五阶段 反馈评定和纠正措施	批量生产					生产计划表、生产过程记录
2		减少变差					控制图、CPK计算
3		改进交付和服务					产品交付绩效统计表
							顾客服务反馈记录表
4		顾客满意					顾客满意度调查表
5		经验累积					绩效统计数据
6							改进措施计划
小组成员签名：							
编制			审核			批准	

表 8-10 新产品设计任务书（示例）

产品名称	前围下护栅总成、前大灯下饰板总成Ⅰ（左/右）		车型	BJ1043 年度车型	开发周期	
项目描述：						
产品功能开发要求	主要功能		开发要求		拟采取的控制手段/测试设备	
产品可靠性要求：						
指标				执行标准		
拉伸强度，Mpa≥22；断裂伸长率,%≥110；弯曲强度（23°），Mpa≥27；冲击强度（悬臂梁），j/m2≥160 洛氏硬度 R, 70~100；热变形温度（0.46Mpa），≥110℃。				依次执行的国家标准有：拉伸强度和伸长率按 GB/T 1040 执行；弯曲强度按 GB/T 9341 执行；冲击强度（悬臂梁）按 GB/T 1843 执行；热变形温度试验按 GB/T 1643 执行；硬度按 GB/T 1033 执行。		
应具有耐高温性、耐热循环性能、耐振动性能、振动耐久性能、耐气候老化性能、整体耐冲击性能和阻燃性能、强度刚度性能。				耐气候老化性能试验按 GB/T 16422.2 的规定执行，燃烧特性试验应按 GB 8410 的规定执行；其他的几种性能按主机厂的标准要求执行。		
产品质量要求：						
前端装饰件表面应光洁，表面应平整、无缩痕，裂纹、无影响外观的熔接痕等缺陷，表面纹理均匀细致，符合造型设计要求。色调应与色样一致，装配尺寸及其偏差应符合图纸要求，镀、涂层表面无气泡、裂纹、剥落、麻点、擦伤、颜色不均匀等缺陷。				外观质量用目测检验的方法进行判定。		
前饰件漆膜表面应光滑平整、光色均匀、光亮如镜，不允许有针孔、裂纹、刮伤、橘皮等缺陷。漆膜厚度≤90。光泽度≥90，冲击强度≥35，硬度≥0.6，附着力≥0 级，其他还具有耐酸、碱性能、耐水性、耐腐蚀性、耐油性、耐磨损性能、耐候性能。				漆膜表面质量的检验方法可按主机厂的要求执行。可以根据我们的能力做出厂检验、定期检验，或委托有资格的国家认可的检验机构给我们检验。其他抽样和判定基准依据主机厂的要求进行。		
质量目标	PPM		废品率%		质量损失率%	CPK
特殊特性要求	参见《产品和过程特殊特性初始清单》					
顾客特殊要求						
其他要求说明						
编制			审核		批准	

表8-11 新产品设计任务书（参考格式）

设计项目				
配备资源				
设计部门/负责人			要求完成时间	
遵循标准/适用法规				
设计输入	1.			
	2.			
	3.			
	4.			
设计任务要求	1.			
	2.			
	3.			
	4.			
	5.			
	6.			
设计输出图纸与技术资料				
编号	内容		设计负责人	完成时间
备注				
批准		审核	编制	
日期		日期	日期	

④初始材料清单

小组在产品/过程构想的基础上应制定一份初始材料清单，并包括早期供应商名单。为了识别初始特定产品/过程特性，有必要事先选定合适的设计和制造过程。

表8-12 产品初始材料清单（格式）

产品名称				顾客名称	
规格/型号				制定日期	年 月 日
序号	材料名称	材料编号	规格/型号	供应商	质量要求
备注					
编制		审核		批准	

⑤初始过程流程图

初始过程流程图是为下一阶段的样件制作做准备，预期的制造过程可以用从初始材料清单和产品/过程设想发展而来的过程流程图来描述。

初始过程流程图没有固定格式，以下仅供参考。

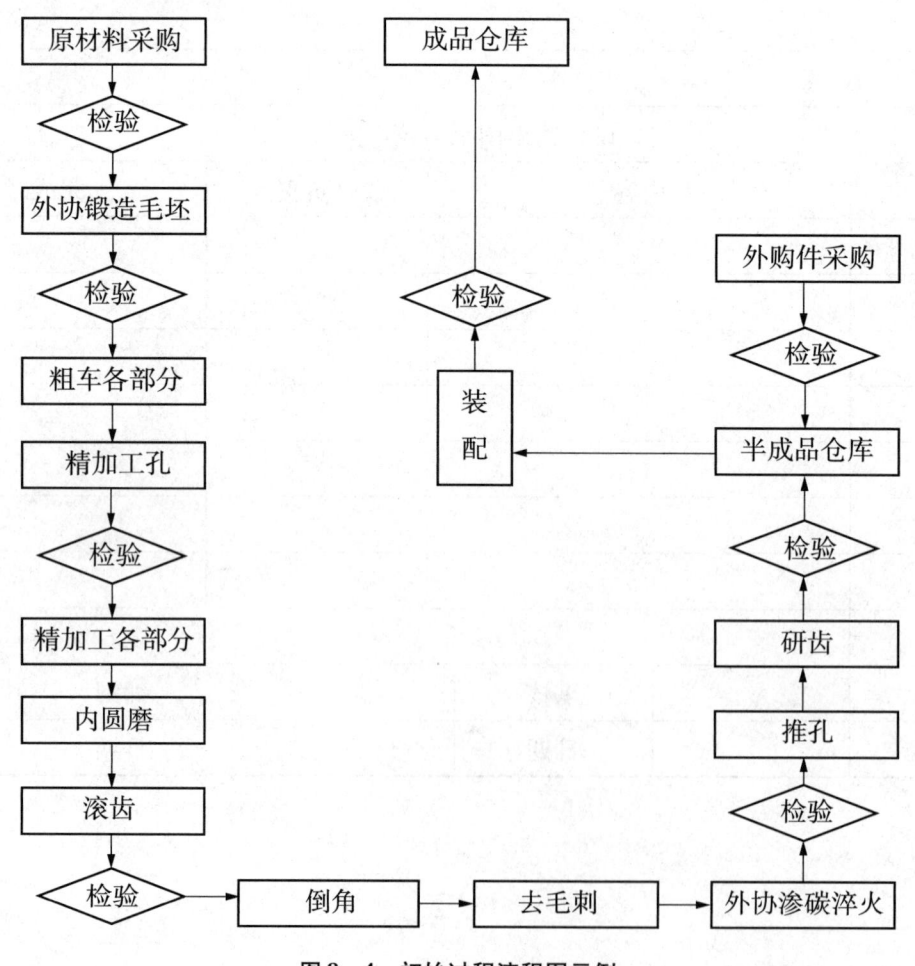

图8-4 初始过程流程图示例

⑥产品和过程特殊特性的初始清单

除了由组织根据产品和过程经验中选择外，特殊的产品特性均由顾客确定。在这一阶段，小组应确保制定出通过对有关顾客需要的期望的输入的分析而得出的产品和过程特殊特性的初始清单。这一清单的制定基于（但不限于）以下方面：

- 基于顾客需要和期望分析的产品设想；
- 可靠性目标和要求的确定；
- 从预期的制造过程中确定的过程特殊特性；
- 类似零件的失效模式及后果分析（FMEA）。

有关产品特性和过程特性：

产品特性是指产品的固有质量特性，如尺寸、外观、功能、性能、可靠性等；

过程特性是指影响过程输出的过程参数，如温度、循环时间、进给速率、气压、扭矩等；

产品特性和过程特性均可分为特殊特性和一般特性，过程控制就是将资源和注意力投入到对特殊特性的关注和控制上。

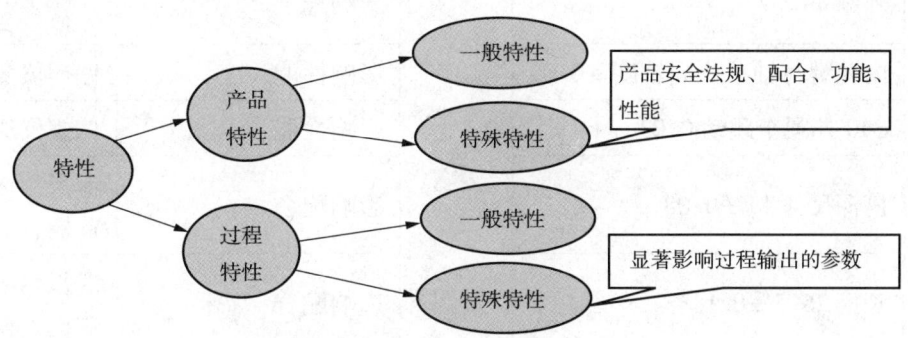

图 8-5　产品特性和过程特性分类

特殊特性的识别主要考虑以下几方面：

- 顾客指定的特殊特性。一般情况下，顾客通过给供应商输入一些要求信息来体现，这些信息包括图样、标准和技术协议等。
- 安全和法规。要从人身安全和政府法规的角度考虑，如车内饰的阻燃性是属于与安全有关的特性；对氮氧化物（NO_x）、一氧化碳（CO）和碳氢化合物（HC）排放的限值要求符合政府法规的要求。
- 产品的功能、性能和可靠性。比如，密封条的密封性，内饰的装饰性，零件与钣金的配合性等。这些特性在产品设计初期一般会由顾客指定，若顾客没有指定，组织应根据经验和知识进行识别。
- 预期的制造过程和经验。这主要从制造企业的经验，对产品实现过程固有的特性进行识别，如一些特殊的制造过程。
- 类似产品的失效分析。从以往类似产品的 FMEA 中寻找经验，转化为产品和过程的特殊特性。

产品和过程特殊特性的识别，应由包括设计、工艺、质量、物料、服务和制造等部门组成的跨职能小组进行，并最终通过评审确定，实现文件化。

特殊特性的符号：

为了保持特性的一致性，特殊特性的符号应统一。有些顾客对特殊特性符号做了特别规定，组织应使用顾客的符号，若顾客同意，组织也可使用自己规定的符号。

以下给出产品和过程特殊特性的例子。

表 8-13 产品/过程特殊特性初始清单（示例）

特性类别	序号	特性项目	特性符号	特性影响	测量控制方法
产品特殊特性	1	硬度 HRC23-28	A	影响产品性能、寿命	硬度仪材质测试
	2	齿部表面硬度 HRC45-50 淬硬层深≥2mm		影响产品性能、寿命	硬度仪淬火后测试
	3	轴承位外圆 $\varphi 35^{+0.010}_{+0.002}$		影响配合及性能	制程中控制图控制
	4	轴承位外圆 $\varphi 30^{+0.025}_{+0.002}$		影响配合及性能	制程中控制图控制
	5	外圆 $\varphi 40^{\ 0}_{-0.016}$		影响配合	外径数显千分尺，首检、自检和巡检
	6	外圆 $\varphi 12.7^{-0.009}_{-0.02}$		影响配合	外径数显千分尺，首检、自检和巡检
	7	内花键与轴承位同轴度≤0.02		影响性能	偏摆仪测量
	8	$\varphi 40$ 外圆全跳动 0.03		影响性能	偏摆仪测量
	9	槽深尺寸 11±0.08		影响配合	卡尺（精度0.02）首检、自检和巡检
	10	长度 26.5±0.1		影响配合	卡尺（精度0.02）首检、自检和巡检
	11	总长度 293±0.15		影响配合	高度尺（精度0.01），首检、自检和巡检
	12	齿位有效长度 $35^{+0.2}_{0}$		影响配合	卡尺（精度0.02）首检、自检和巡检
	13	长度 $60.5^{\ 0}_{-0.12}$		影响配合	高度尺（精度0.01），首检、自检和巡检
过程特殊特性	1	校正插齿位外圆跳动≤0.01mm	B	影响插齿精度	百分表
	2	高频电流、电压、时间		影响产品性能，寿命	高频淬火操作规程
	3	回火温度、时间		影响产品性能，寿命	回火操作规程
备注：以"A"表示"产品特殊特性"，用符号"B"表示"过程特殊特性"。					
跨功能小组成员：					编制日期：

⑦产品保证计划

产品保证计划将设计目标转化为设计要求。跨职能小组在产品保证计划上所做的努力的程度取决于顾客的需要、期望和要求。产品保证计划可采用任何清晰易懂的格式，它可包括但不限于以下措施：

- 列出项目要求；
- 确保可靠性；耐久性的具体措施；
- 评定新技术、材料、包装、制造要求及任何可能会给项目构成风险的影响因素；
- 明确产品设计及工艺设计要注意的问题；
- 初始工程标准要求：以表格形式列出材料，外协件及成品的技术要求。

表 8-14 新产品开发保证计划（参考格式）

顾客名称		产品名称		规格/型号	

一、项目要求概述（简要的说明新产品项目开发的各项要求和/或顾客对产品的各项要求）：

二、风险分析/评估：

序号	项目	可能带来的风险	解决方法	备注
1	新技术			
2	产品复杂性			
3	材料			
4	包装			
5	服务			
6	制造			
7	其他			

三、初始工程标准：

A. 原材料（进料检验和试验）部分：

序号	原材料名称	初始质量要求	控制方法	备注

B. 过程（工序检验和试验）部分：

序号	工序检验项目	初始质量要求	控制方法	备注

C. 成品（最终检验和试验）部分：

序号	成品检验项目	初始质量要求	控制方法	备注

D. 包装要求：

序号	包装检验项目	初始质量要求	控制方法	备注

E. 其他标准要求：

备注	
核准	审查　　　　　　　制表

(6) 阶段评审

阶段评审就是对本阶段策划输出的文件进行评审，目的是确保完整、清楚，满足设计和开发的要求，并解决存在的问题。

本阶段评审的主要文件是设计开发总计划和产品设计任务书。

对设计开发总计划评审的内容可以包括：
- 各阶段工作项目/内容是否遗漏？
- 职责分派是否合理、明确？
- 时间进度是否满足顾客或市场营销策略？
- 各阶段的设计评审、设计验证、设计确认活动是否策划到位？
- 各阶段应输出的文件和资料是否有遗漏？

对产品设计任务书的评审内容可以包括：
- 产品功能、性能等适用性，是否满足用户的要求，以及满意的程度。
- 产品功能、性能等的安全性和环保性是否达到国家有关法规的要求。
- 产品总体设计原则的合理性。
- 基本参数及主要技术经济性能指标的先进性、合理性。
- 外观造型的新颖性、可行性、合理性。
- 产品销售目标市场及其对产品的特殊要求。
- 标准化、通用化的程度及其合理性、经济性。
- 产品开发程序是否明确，需要进行先行技术试验的项目。

本阶段评审的结果应保留《设计开发评审记录》。

跨职能小组成功的关键之一是高层管理者对此工作的兴趣、承诺和支持，小组在每一阶段结束时应将新情况报告给管理者以保持其兴趣，并进一步促进他们的承诺和支持。小组的功能目标就是通过表明已满足所有的策划要求和关注的问题已写入文件列入解决的目标来保持管理者的支持。包括项目进度和对支持所需的资源和人员的策划。

2. 第二阶段 产品设计开发和验证

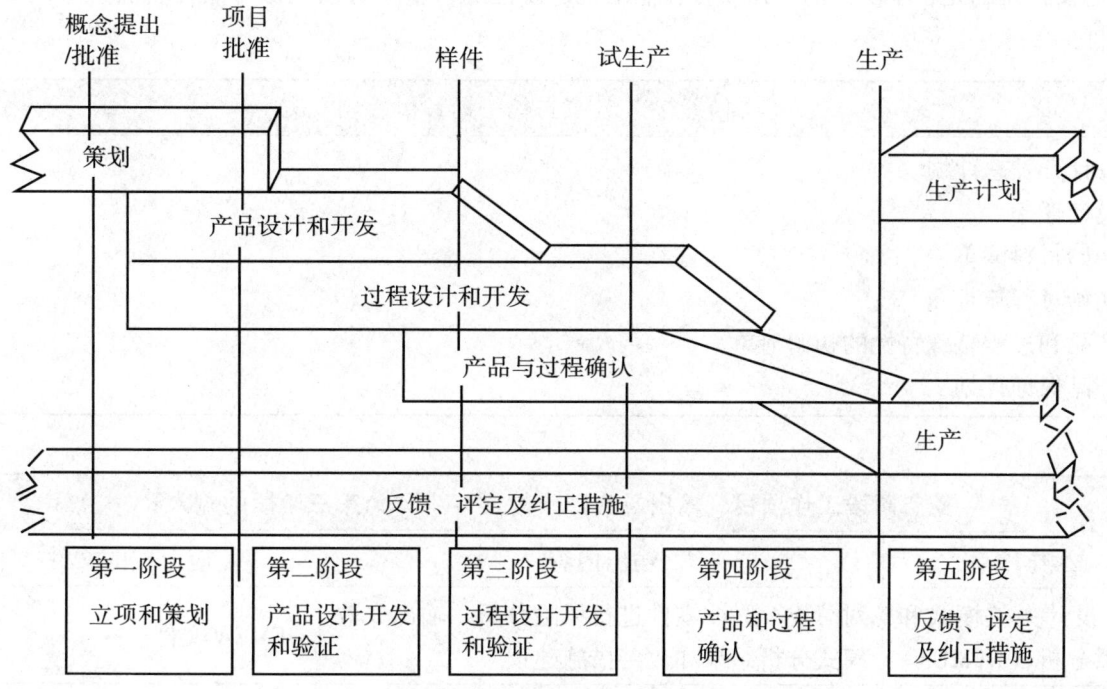

图 8-6 设计开发的五个阶段

本阶段讨论的是如何将设计任务书要求的所有要素转化成能依据其生产的产品图样和技术规范，或产品的配方规范的全部活动。

产品设计是创造性的劳动，是决定产品档次、水平和先天性质量的关键。企业能否搞好产品设计，主要取决于设计人员的技术水平和工作积极性。为此，企业领导应制定激励的政策，采用各种手段，调动设计人员的积极性，充分发挥他们的聪明才智，以便能设计出先进的、完全满足用户需求的产品，为企业生产世界级质量的产品，取得更好的经济效益，做好源头性工作。

需要强调的是，有些企业，设计是由顾客进行或部分由顾客进行的，在这种情况下，小组也应考虑策划过程中的所有设计要素，包括从样件制造到验证产品和有关服务满足顾客呼声目标的所有环节。

一个可行的设计应能满足生产量、工期和工程要求的能力，并满足质量、可靠性、投资成本、重量、单件成本和进度目标等。

第二阶段工作目的及任务：

（1）将顾客及各类要求转化为具体的技术要求；
（2）进行产品设计，包括结构、材料选用、各类参数确定；
（3）进行设计过程中的风险分析，并采取相应措施；
（4）提出设备设施及各类相关要求，制造设计样件。

第二阶段的输入、工作项目和输出内容及应形成的文件：

需要强调的是，本阶段的工作项目和输出是建议性的，企业可以根据产品需要和顾客的要求有选择性的实施。

第二阶段输入（来自第一阶段的输出）
①设计开发总计划
②设计任务
③初始材料清单
④初始过程流程图
⑤产品和过程特殊特性的初始清单
⑥产品保证计划

第二阶段工作项目、输出及应形成的文件（作为第三阶段的输入）		
工作项目	输出内容	应形成的文件
2.1 设计失效模式和后果分析（DFMEA）	对总成/部件/零件进行风险分析，输出失效模式分析结果和改善措施建议	DFMEA 文件
2.2 可制造性和装配设计分析	对制造及装配过程中的变差进行分析，包括公差累积所产生的影响，关键尺寸的离散性，提出产品/工艺设计时需注意的问题	产品可制造性和装配设计分析表
2.3 工程图样	外形图、结构图、电子图、BOM 等	对应的图样和物料清单
2.4 设计评审	设计图样评审结果及改善措施	设计评审记录
2.5 新设备、工装和设施策划和准备	策划和提供新产品所需的新设备、工装和设施	新设备、工装和设施规划表
2.6 量具/试验设备策划和准备	策划和提供新产品所需的新量具和试验设备	量具/试验设备规划表
2.7 样件计划	样件制作计划、样件控制计划	样件制作计划、样件控制计划
2.8 样件制作	样件	样件制作记录
2.9 设计验证	检验和试验结果及改善措施	检验和试验记录实验室报告 设计验证记录
2.10 确定产品和过程特殊特性	产品和过程特殊特性清单	产品和过程特殊特性清单
2.11 工程规范	编制工程规范	工程规格书或产品规格书
2.12 材料规范	编制材料规范	材料规格书
2.13 图样和规范更改	根据评审、验证结果，必要时进行更改	更改通知单 更改后图样和规范
2.14 阶段评审、总结	对设计输出的文件进行评审，提出可能存在的问题	设计评审记录或 设计总结报告

第二阶段作业说明：

（1） 设计失效模式和后果分析（DFMEA）

DFMEA 是由负责设计的工程师/小组早期采用的一种分析技术，用来在最大范围内保证已充分地考虑到并指明各种潜在失效模式及与其相关的起因/机理。DFMEA 是一种对设计风险评估的技术，被认为是一种识别失效潜在影响的严重性的方法，并为采取减轻风险的措施提供了输入。

设计人员针对产品总成/部件/零件进行风险分析，输出对应的总成 DFMEA、部件 DFMEA、零件 DFMEA 等文件，其结果为后续的产品设计提供了防止错误的方法和措施。

DFMEA 是一种动态文件，随顾客需要和期望不断更新，DFMEA 的制定为小组提供了评审上一阶段选择的产品和过程特性做出必要补充、改变或删减的机会。

DFMEA 的开发和编制请参见本书第九章"**产品设计风险分析方法——DFMEA 技术**"的内容。

（2） 可制造性和装配设计分析

可制造性和装配设计是一种同步工程，用来优化设计功能、可制造性和易于装配之间的关系。
设计人员至少要考虑以下所列的项目：
- 设计、概念、功能和对制造变差的敏感性；
- 制造/装配过程；
- 尺寸公差；
- 性能要求；
- 部件数；
- 工序调整；
- 材料搬运。

上述所列可能会根据小组的知识、经验、产品/过程、政府法规和服务要求有所增加。
可制造性和装配设计的原则：
- 尽量减少零件的种类和个数，使用标准件；
- 产品中相似的特征尽量设计成统一的尺寸；
- 避免内加工；
- 避免使用单独的紧固件；
- 在可能的情况下尽量采用成组设计方法；
- 减少零件的处理次数。

以下给出的产品可制造性和装配设计分析表仅供参考（参见 8 – 15）。

（3） 工程图样

这一步骤是设计开发的关键输出，可包括诸如外形图、结构图、电子图、BOM 表等，产品的结构和功能等通过工程图样得以体现。

如果是顾客负责设计，不排除设计小组评审工程图样的职责。工程图样可包括必须在控制计划上出现的特殊特性（政府法规和安全性）。

如没有顾客工程图样，应由设计小组评审组织设计的图样以决定哪些特性影响配合、功能、耐久性和/或政府法规中的安全要求。

应对工程图样进行评审来确定是否具有足够的数据以表明每个零件的尺寸布置。应清楚地标识控制或基准平面/定位面，以便能为现行的控制设计适当的功能量具和设备，应评价尺寸可行性以保证和工业制造测量标准相一致。适当时，小组应保证数学数据和顾客的系统兼容以进行有效的双向交流。

表 8-15　产品可制造性和装配设计分析表（参考格式）

产品名称			规格/型号		

一、设计、概念、功能和对制造变差的敏感性（最佳参数设计）：

制造变差项目	可能的影响	最佳值或最佳公差	允许的公差

二、制造和/或装配过程〔对原规划的做法（初始的制造和装配流程）有哪些缺失，哪些缺失是可以改善的〕：

缺失项目	改善方法	负责部门	负责人	预计完成日期

三、性能要求（对原设计的性能要求有哪些缺失，哪些缺失是可以改善的）：

性能项目	一般要求	可调整的方法

四、部件数（对原规划的部件数，可以调整哪些部分，予以一体化或简化）：

原先部件项目	缺失项目	改善方法	负责人

五、材料搬运（对原规划的材料搬运方式有哪些缺失，哪些缺失是可以改善的）：

原规划的搬运方式	缺失项目	改善方法	负责人

备注			
核准	审查		编制

（4）设计评审

设计评审是定期召开的会议。设计评审由设计部门主导，并且应包括其他被影响的部门。设计评审不但是防止问题和误解的有效方法，而且还提供了监视设计进展及向管理者报告的机制。

应根据设计和开发策划的安排，在设计的适当阶段开展设计开发评审活动，对该阶段设计成果进行系统的评审。

目的是：
- 为了评价设计和开发的结果满足设计要求的能力；
- 识别任何存在的问题，并提出解决问题的措施。

设计开发评审通常可包括：
- 设计输入评审：是对技术任务书及总图（草图）的评审，以确认计划任务书（或合同）要求的满足程度，以及是否具备满足这些要求的条件和能力。这项评审是在设计开发的第一阶段执行。
- 技术评审：是对产品的外形图、结构图、电子图、主要零部件图（草图）等的评审，以确认其设计的正确、合理性。这项评审是在设计开发的第二阶段进行。
- 样件评审：是对手板模型、首件样品的评审，以确认设计方案是否正确与完善，以及是否具备小批量或试生产的条件。这项评审是在设计开发的第二阶段进行。
- 工艺方案评审：是对工艺方案、工艺文件等的评审，以确认工艺设计的正确、合理与完整性。这项评审是在设计开发的第三阶段进行。
- 最终产品评审：是对最终产品是否满足总体设计要求和预期使用要求的鉴定和审查。这项评审是在设计开发的第四阶段进行。

参加评审的人员应包括与所评审的设计开发阶段有关的职能代表，必要时邀请客户参与，也可邀请有关专家参加评审。

设计评审应是正式的、文件化的、系统的、严格的活动，在进行设计评审时至少明确以下四点：
- 明确每次评审的主题及项目；
- 明确每次评审参加的人员及职责；
- 明确评审的方式方法；
- 评审有问题时要有改善措施。

设计评审应考虑的问题：
- 设计输出是否满足输入的要求；
- 设计与过程能力（设备、设施、环境等）的匹配；
- 安全性、可靠性、可维修性要求；
- 部件、子系统、系统工作循环；
- 计算机模拟和台架试验结果；
- 设计失效模式及后果分析（DFMEA）；
- 可制造性和装配设计的评审；
- 功能和操作要求；
- 设计工具（计算机软件、设计模型等）的可靠性；
- 设计背景（设计条件、市场预测等）的有效性；
- 前后工序之间的衔接；例如，让生产方面有关人员参与评审会更有利于提高评审效果和今后的工作。

设计评审的意见和结论应形成记录，记录的内容包括：

评审对象、评审内容、评审意见与建议、评审结论、评审主持人、参加评审的人员、评审日期（参见表8-16，表8-17）。

表 8-16　设计评审记录（参考格式）

评审日期			评审地点		主持人	
参加评审部门						
产品名称			规格/型号		设计负责人	
评审阶段：□设计输入　　□设计输出　　□试作阶段　　□试产后　　□其他_____							
评审范围				评审次数	第_____次评审	
评审项目		评审意见和结论			建议的措施	
会签	部门	签名	部门	签名	部门	签名

表 8-17　产品工程图样确认表（参考格式）

产品名称		订单编号			
规格/型号		顾客名称			
图纸编号		版本			
序号	确认项目	图样编号	顾客对产品质量/技术要求	公司对产品质量/技术要求	确认结果	确认人
备注						

(5) 新设备、工装和设施策划和准备

在 DFMEA，产品保证计划和/或设计评审时可能提出新设备和设施的要求。跨职能小组应建立《新设备、工装、试验设备规划表》以明确这些项目要求和时间进度。小组应保证新的设备和工装有能力并能及时供货。要监测设施进度情况，以确保能在计划的试生产前完工。

此项策划可以和"2.6 量具/试验设备策划和准备"一起策划和考虑。

表 8-18 新设备、工装、试验设备规划表（格式）

产品名称：		图号：	顾客名称：		制订日期：	年 月 日
新设备/工装/试验设备名称	用途	性能/精度要求	所需数量	负责部门	完成日期	预估成本
编制：		审核：			核准：	

表 8-19 新设备、工装、量具和试验设备开发进度表（参考格式）

产品名称		规格/型号				顾客名称	
序号	新设备、工装、量具和试验设备名称	参考图纸/图纸编号	设备类别	制作方式		开发计划时程		备注
				内制	外制	起始日期	完成日期	
备注								
核准			审查			制表		

(6) 量具/试验设备策划和准备

量具/试验设备要求也可在这一时间确定，跨职能小组应该将这些要求增加到进度图表中，监控其进度，以保证满足要求的进度。和上述2.5的要求结合在一起考虑。

(7) 样件计划

为确保按进度完成样件制作及确定各项检验和试验项目，应制订样件制作计划和样件控制计划。

样件控制计划是对样件制造过程中的尺寸测量和材料与功能试验的描述，样件控制计划并不是必需的，跨功能小组可以根据客户要求和自身的需要确定是否制订样件控制计划。

控制计划编制方法和范例请参见本书十一章"**质量控制计划（CP）编制方法和参考实例**"。

此外，必要时还应制订样件制作计划，包括材料取得、时间进度、参与人员等，确保按进度要求完成样件。

表8-20 样件制作计划（参考格式）

产品名称		产品编号		规格/型号	
样件数量		要求完成日期		提交客户日期	
项目	工作内容	负责部门	负责人	开始日期	完成日期
材料准备					
工装准备					
样件制作					
样件检验和测试					

编制/日期：　　　　审核/日期：　　　　批准/日期：

(8) 样件制作

在样件制作过程中要尽可能使用与正式生产相同的工装、供方和制造过程，这样可以避免之后的试产产品与样件产生偏差。

样件制作完成后要进行性能试验，如可靠性和耐久性试验，以验证样件是否符合要求；

如果样件制作或试验是发外时，组织要负责提供技术指导。

样件的制造为小组和顾客提供了一个很好的机会来评价产品或服务满足顾客需求和期望的程度。跨职能小组负责的所有样件都应被评审，以便：

- 保证产品或服务符合所要求的规范和报告数据；

- 保证已对产品和过程特殊特性给予特别的注意；
- 使用数据和经验以制定初始过程参数和包装要求；
- 将关注问题、变差和成本影响传达给顾客。

（9）设计验证

设计和开发验证的目的是为确保设计和开发输出满足输入的要求，确定设计输出与设计输入是否一致，因此，设计验证是针对各阶段设计输出执行的活动。

组织应规定设计验证的时机和验证使用的方法，通常会制订设计验证计划。

设计验证的对象通常包括：

- 设计输出的文件；
- 新材料；
- 新零件；
- 样件；
- 最终产品等。

通过验证检查确保满足在设计和开发过程初期识别的所有要求。对于大型项目而言，这一过程可分到各关键阶段，并在每个阶段结束时进行验证。

验证活动可包括：

- 进行测量、检验、试验；
- 变换方法进行计算；
- 模拟或试用证实、演示；
- 将新设计与已证实的类似设计进行比较；
- 对照类似的产品进行评价等；
- 在发布前检查设计阶段文档。

设计验证通常采取两种或两种以上的方法进行，设计验证的内容必须完整，输入与输出的每一项目均应进行验证，如全尺寸检验，功能和性能试验等。

在很多行业，对设计进行控制的一个重点是试验验证，一些重要零部件必须经过验证合格后方能装机进行整机试验，以判定设计成果的有效性，这也是提高设计成功率的重要措施之一。

在设计验证过程中，应对发现的问题及时采取措施，包括设计更改以满足要求。设计验证的结果和措施的记录应保存。表 8-21 仅提供参考。

表 8-21 样件检验和确认记录表（参考格式）

检验部门：			检验日期：		年 月 日	
产品名称			顾客名称			
规格/型号			样件数量			
检验员			生产日期			
序号	检验项目	产品质量/技术要求	测量设备	检验方法	检验数据	判定
结论						
核准/日期：			审核/日期：			

表8-22 试验报告（参考格式）

试验部门：				试验日期：		年 月 日	
产品名称			规格/型号				
材料名称			材料规格/型号				
顾客名称			委托单编号				
委托试验部门					要求完成试验日期		年 月 日
试样/抽样数量					收样日期		年 月 日
检验类型	□送样　□抽检　□其他_____						
试样等级	□合格品　□试制品　□外购件　□回收品　□其他_____						
实验设备					实验设备编号		
试验名称或项目							
试验的依据和条件及要求							
试验过程和试验数据记录							
试验结果和结论							
确认				审查		实验员	

表8-23 设计验证计划（参考格式）

设计验证计划				DVP编号：			部门编号：			页码1		
				计划编制日期：			计划编制人：					
部件：		件号：		审核/日期：			批准/日期：					
车型：		应用：		来源：	报告完成日期：				报告人： 审核人：			
	试验计划								试验结果			备注
验证项目	程序或标准	测试说明	接受标准	目标要求	测试负责人	测试时间	样本		日期		样本	实际结果
							数量	类型	开始	结束	数量	类型	阶段	

(10) 确定产品和过程特殊特性

在设计开发的第一阶段中，小组在了解顾客的需求和愿望的基础上识别了初始产品和过程特殊特性。本阶段通过样件制作、验证和评审，产品的特殊特性和制造过程的特殊特性就可以确定了，在特殊特性初始清单的基础上进行修订或补充，就成为正式特殊特性清单了。

表 8-24 产品/过程特殊特性清单（示例）

客户名称：　　　　　产品名称：　　　　　图号：

特性类别	序号	特性项目	特性符号	特性影响	测量控制方法
产品特殊特性	1	硬度 HRC23-28	Ⓐ	影响产品性能、寿命	硬度仪材质测试
	2	齿部表面硬度 HRC45-50 淬硬层深≥2mm		影响产品性能、寿命	硬度仪淬火后测试
	3	轴承位外圆 $\varphi 35^{+0.010}_{+0.002}$		影响配合及性能	制程中控制图控制
	4	轴承位外圆 $\varphi 30^{+0.025}_{+0.002}$		影响配合及性能	制程中控制图控制
	5	外圆 $\varphi 40^{\ 0}_{-0.016}$		影响配合	外径数显千分尺，首检、自检和巡检
	6	外圆 $\varphi 12.7^{-0.009}_{-0.02}$		影响配合	外径数显千分尺，首检、自检和巡检
	7	内花键与轴承位同轴度≤0.02		影响性能	偏摆仪测量
	8	$\varphi 40$ 外圆全跳动 0.03		影响性能	偏摆仪测量
	9	槽深尺寸 11±0.08		影响配合	卡尺（精度 0.02）首检、自检和巡检
	10	长度 26.5±0.1		影响配合	卡尺（精度 0.02）首检、自检和巡检
	11	总长度 293±0.15		影响配合	高度尺（精度0.01），首检、自检和巡检
	12	齿位有效长度 $35^{+0.2}_{0}$		影响配合	卡尺（精度 0.02）首检、自检和巡检
	13	长度 $60.5^{\ 0}_{-0.12}$		影响配合	高度尺（精度0.01），首检、自检和巡检
过程特殊特性	1	校正插齿位外圆跳动≤0.01mm	Ⓑ	影响插齿精度	百分表
	2	高频电流、电压、时间		影响产品性能，寿命	高频淬火参数标准
	3	回火温度、时间		影响产品性能，寿命	回火作业指导书
	4	渗碳温度、时间		影响产品性能，寿命	渗碳作业指导书
备注：以"Ⓐ"表示"产品特殊特性"，用符号"Ⓑ"表示"过程特殊特性"。					
跨功能小组成员： 　　　　　　　　　　　　　　　　　　　　　　　　　　　　　　编制日期：					

(11) 工程规范

设计部门应建立工程规范以识别有关部件或总成的功能、耐久性和外观要求。有关检验的样本容量、频率和这些参数的接受标准一般在工程规范的过程试验中予以确定，样本容量和频率也可以列入控制计划中。在这两种情况下，应确定哪些特性影响或控制满足功能、耐久性和外观要求的结果。

这里所说的工程规范通常包括产品规格书或产品技术规范、产品检验规范等。

产品规格书（示例）			
发布日期	2015年6月23日	**规格书编号**	SPQ-JK.25-2015
发布单位	×××照明电气制造有限公司	**产品型号**	LK0122-5W
产品名称	一体化LED天花灯	**产品编码**	
一、目的：明确产品的技术标准，指导产品的检验。			
二、产品图片			
（省略）			
三、产品基本规格参数（根据产品特点自行添加规格参数要求）			
1. 产品外观如上图：未经照明电气制造有限公司市场部确认，供应商不能擅自变更产品外观及配置； 2. 灯具外形尺寸：$\varnothing 108*45mm$； 3. 灯具净重（包括驱动电源）：＿＿＿＿； 4. 灯体颜色：象牙白/沙银/高光； 5. 材质：＊＊铝合金；＊＊PC珠面透镜；＊＊驱动；＊＊弹簧卡； 6. 光源：类型2835贴片；规格20＊20MM六角；功率：1W；（如光源为LED需填写串并方式5串；芯片尺寸＿＿＿＿；芯片厂家＿＿＿＿；封装厂家：＿＿＿＿） 7. 电源驱动方式：恒流驱动； 8. IP等级：20；按防触电保护形式分类：Ⅱ类； 9. 环境温度：工作-20~40℃；储存-20~60℃； 10. 环境湿度：工作20%RH~80%RH；储存20%RH~80%RH； 11. 安装方式：嵌入式；是否需要开孔：$\varnothing 70MM$；（如果需要须填写开孔尺寸） 12. 驱动电源生产厂家：＿＿＿＿；是否可通过EMC检测：无；认证情况：无； 13. 灯具是否可调光或带控制：无； 14. 灯具发光角度是否有明确要求：30； 15. 灯具是否可调节角度：15°。			

四、电气参数要求（根据产品实际参数填写）

项目名称	单位	额定值	备注
输入电压	V	AC220	
输入电流	A	0.041	
灯具功率	W	4.5	
功率因数	PF	≥0.49	
频率	Hz	50	
驱动输出电压	V	DC45-50V	
驱动输出电流	MA	70	
驱动输出功率	W	3.15	上限不超过10%
电源转换效率	%	≥70	

五、光参数要求（按产品特点填写）				
项目名称	单位	额定值		备注
色温	K	3000K	3061	±175
		4000K		
		5700K		
显色指数	Ra	3000K	≥70	
		4000K		
		5700K		
额定光通量	Lm	3000K	390~400LM	≥90%
		4000K		
		5700K		
光效	Lm/W	≥80		
频闪		暂定用200万像素相机拍摄，无频闪现象		

六、可靠性要求（按产品特点填写）		
光通维持率	燃点至3000h时，光通维持率不得低于96%；燃点至6000h时，光通维持率不得低于91.8%；在燃点70%额定寿命时，光通维持率不得低于70%；新品测试要求为100H不低于98%	供应商协议保证
额定寿命&颜色漂移	在额定电压输入，25℃±5℃的使用环境下，工作寿命≥20000h；并且在工作寿命之内，颜色漂移≤0.007	供应商协议保证
质保期	1年	供应商协议保证
开关冲击试验	在环境温度下，给灯具通额定电压，以通15S，断45S为一个循环，持续6000个循环，LED灯具15s开，30s关为一个循环，持续7500个循环。试验完成后，灯管应能正常启动，各项电气性能良好	型式试验
高温高压试验	灯具应在高温高压情况下能正常工作，1.1倍额定电压或1.1倍额定电压上限值，环境温度50℃进行该项测试，试验后灯具应能正常点亮，各项性能正常测试时间为168H，共分为7个周期，每个周期分2个阶段，第一阶段：开21H；第二阶段：关3H；前6个周期进行正常状态测试，第7个周期进行异常状态测试	型式试验

七、安规要求&EMC（外销产品按IEC标准检测，参考GB）		
项目名称	具体要求	备注
标志耐久性	用浸水的布轻擦15s，再用沾汽油的湿布轻擦15s，标记字迹清晰，标贴不易脱落和不曲卷	验货抽检
结构	满足GB 7000.1—2007或IEC 60598—1：2008相关标准要求	型式试验
耐热、耐火、耐电痕	满足GB 7000.1—2007或IEC 60598—1：2008相关标准要求	型式试验
48h潮湿试验后的绝缘电阻和电气强度	（1）将灯具以最不利的方式放置在湿度为95%、25℃的潮湿箱内48H。试验后不应出现任何明显的损坏迹象。立即对灯具进行下述项绝缘耐压试验。 （2）对带电部件和绝缘外壳施加DC500V，1min测定绝缘电阻，SELV部件绝缘，测量的直流电压为100V。安全特低电压（SELV）Ⅰ类/Ⅱ类/Ⅲ类灯具试验后基本绝缘电阻≥1MΩ。非安全特低电压（非SELV）Ⅰ类/Ⅱ类灯具试验后基本绝缘电阻和附加绝缘的最小电阻≥2MΩ，双重绝缘和加强绝缘的最小绝缘电阻≥4MΩ	型式试验

泄漏电流	将灯具以最不利的方式放置在湿度为95%、25℃的潮湿箱内48H。试验后不应出现任何明显的损坏迹象。施加额定电压或额定电压范围上限，历时1min，测得各极与壳体之间的泄漏电流，Ⅰ类灯具泄漏电流≤1mA（额定输入不超过1kVA的固定式，以1.0mA/kV增加，最大值5.0Ma），Ⅱ类灯具泄漏电流≤0.5mA	型式试验
接地规定	将从空载电压不超过12V产生的至少为10A的电流分别接在接地端子或接地触点与各易触及金属部件之间，应通入电流至少1min，接地电阻≤0.5Ω；接地接触面应为裸露金属面；黄绿双色接地线	型式试验
热试验（正常工作）	试验期间和试验结束，被测试部件的温度不超过限值要求	型式试验
防触电保护	绝缘漆不可靠，不作为防触电保护层；带电部件不易触及；基本绝缘金属部件不触及；足够机械强度，牢固固定	型式试验
内部和外部接线	标准型：电线线径：灯具到电源的电气连接件，足够机械强度：一般灯具不小于0.75mm^2，其他不小于1.0mm^2；经济型：外部连接线不小于0.42mm^2。 灯具内配线：正常工作电流大于2A，标称截面积最小0.25mm^2，绝缘层厚度最小0.6mm；正常工作电流小于2A，有机械保护的标称截面积最小0.4mm^2，最小绝缘层厚度0.5mm。 LED模块连接线：最小截面积为0.22mm^2，如使用带状电缆（也称扁平电缆）其最小截面积为0.09mm^2，必须注意：上述横截面积所允许最大电流应考虑（最小10mA—最大3A）给出的额定电流范围	型式试验
爬电距离和电气间隙	按相应产品的企业标准	型式试验
电源端子骚扰电压	没有要求，测试仅供参考	型式试验
谐波电流	按相应产品的企业标准	型式试验
雷击浪涌	符合GB/T 18595—2001或IEC 61547：2009相关标准要求	型式试验
八、包装要求		
项目名称	具体要求	备注
包装规格	50个/内盒，1个/外箱；内盒尺寸及材质：10×6.5×10cm 外箱尺寸及材质：52.5×33.5×22.5cm	
包装结构	必须与包装工程师验证过的包装保持一致，不能擅自变更	
版面内容	美的提供	
九、其他要求		
1. 产品无破损、划痕、变形、黑点、污渍、色差、脱漆、生锈、披锋等不良；面框型材正面拼接缝隙及后面焊点符合美的标准。 2. 内盒/外箱无破损，无明显变形，印刷清晰，标贴牢固位置一致，净毛重标示准确。 3. 产品必须严格按照封样样板和附件BOM清单生产，不能擅自变更。 4. 附件：BOM清单。		

（12）材料规范

针对新开发产品所需的材料或零部件应建立材料规范，包括对涉及材料物理特性、性能、环境、搬运和贮存要求的特性，应对材料规范进行评审。材料规范将输出给采购和质量部门作为物料采购和检验的依据。

（13）图样和规范更改

当需要更改图样和规范时，小组应保证这些更改能立即通知到所有受影响的领域并用适当的书面形式通知这些部门。

表8-25 变更申请（通知）单（格式）

客户名称：		产品名称及图号：		
申请变更部门：		申请日期：		
□客户要求变更　　　　　□公司内部变更				
申请变更原因：				
变更内容：				
申请人：　　　　　　　　　　　　　申请部门主管审核：				
评审结果：				
技术部	生产部	资材部	品管部	业务部
签名：	签名：	签名：	签名：	签名：
变更决定： □同意变更 需变更的文件：□图纸　□工艺文件　□控制计划　□PFMEA　□检验规范　　□其他 变更前已生产产品的处置和标识要求： □不同意变更　　　　不同意变更理由： 预计变更完成时间：＿＿＿＿年＿＿月＿日				
是否需客户确认：　　□不需确认 　　　　　　　　　　□需确认，确认结果：				
总经理核准：　　　　　日期：				
变更执行结果跟踪：　　　实际变更在生产中实施时间：　　年　　月　　日 　　　　　　　　　　　　　技术部跟踪人：　　　日期：				

（14）阶段评审、总结

综合上述设计输出，跨职能小组应评定所提出的设计的可行性，以及所提出的设计能按预订的时间以顾客可接受的成本付诸制造、装配、试验、包装和足够数量的交货。小组对所提出的设计具有可行性的一致性意见和所有需要解决的未决议题应形成文件并提交给管理者以获取其支持。应建立和保留的记录如设计评审记录或设计评审总结报告等。

3. 第三阶段 过程设计开发和验证

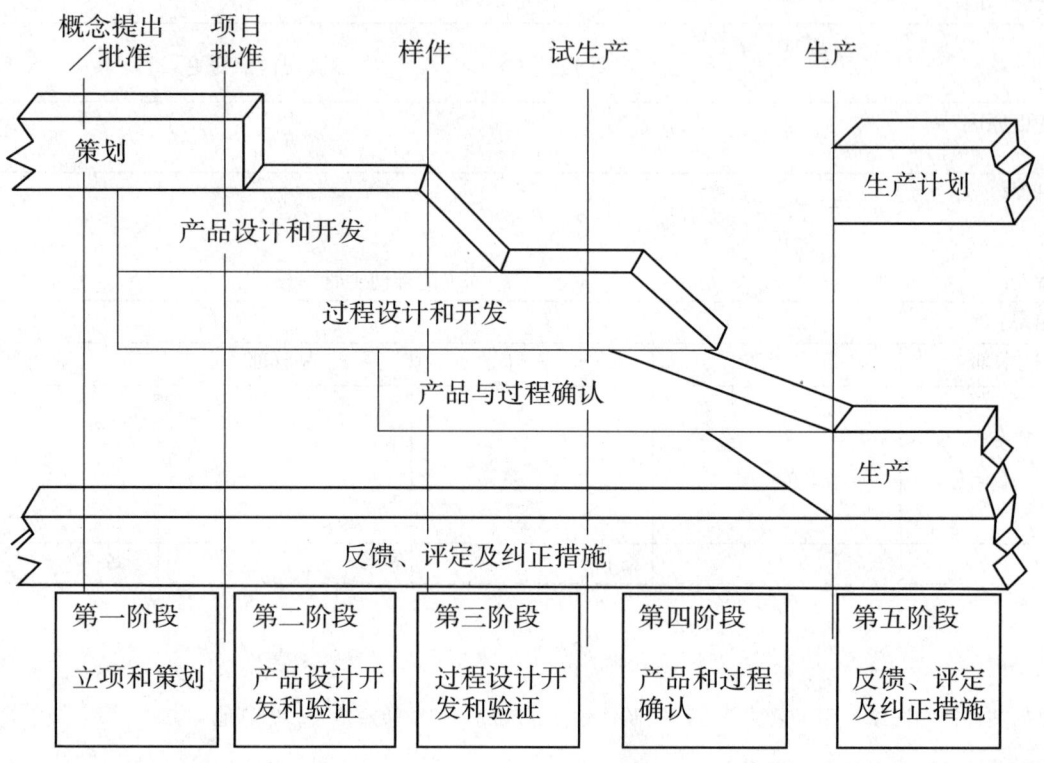

图 8-7 设计开发的五个阶段

当第一阶段与第二阶段被圆满完成后，即应该开始发展制造系统和试生产质量控制计划，使产品能达到设计要求；这一阶段的任务是为了保证开发一个有效的制造系统，这个制造系统应保证满足顾客的要求、需要和期望。

第三阶段工作目的及任务：

（1）将产品设计所输出的技术要求转化为可操作的制造系统；
（2）进行工艺设计，包括加工方法，控制手段，工艺参数；
（3）进行制造过程中的风险分析并采取相应措施；
（4）完成作业指导文件的编制；
（5）为小批试生产做好准备。

第三阶段的工作项目和输出内容及应形成的文件：

需要强调的是，本阶段的工作项目和输出是建议性的，企业可以根据制造过程需要和顾客的要求有选择性的实施。

第三阶段工作项目、输出及应形成的文件（作为第四阶段的输入）		
工作项目	输出内容	应形成的文件
3.1 包装标准或规范	设计产品包装标准或规范	包装标准或规范
3.2 过程流程图	确定过程流程图或工艺流程图	过程流程图或工艺流程图
3.3 车间平面布置图	设计车间生产布局平面图	车间平面布置图
3.4 特性矩阵表	确定过程参数和制造工位之间关系	特性矩阵表
3.5 过程失效模式及后果分析（PFMEA）	对每一生产制造过程进行失效分析，并提出改善措施建议	PFMEA 文件
3.6 试生产控制计划	编制试生产的控制计划	试生产控制计划
3.7 过程指导书	编制各工序的作业指导书	作业指导书和工艺文件
3.8 测量系统分析计划	制订关键量具测量系统分析的计划	测量系统分析计划
3.9 初始过程能力研究计划	确定需使用控制图控制的特性并选择控制图的类型	初始过程能力研究计划
3.10 阶段评审、总结	对过程设计输出的文件进行评审，提出可能存在的问题	设计评审记录或总结报告

第三阶段作业说明：

(1) 包装标准或规范

顾客通常会有包装标准并将其体现到产品包装规范中去。如没有提供标准，则由企业自行设计包装，包装设计应保证产品在使用时的完整性。设计部门应保证设计并开发单个的产品包装（包括内部的分隔部分）。适当时可使用顾客的包装标准或一般包装要求。任何情况下包装设计应保证产品性能和特性在包装、搬运和开包的过程中保持不变。包装应与所有的材料搬运装置，包括机器人相匹配。

(2) 过程流程图

过程流程图系统地表示了现有的或建议的过程流程，它可用来分析整个制造、装配过程从开始到结束的机器、材料、方法和人员变差源。它是用来强调过程变化原因的影响，流程图有助于分析总的过程而不是过程中的单个步骤。当进行 PEMEA 和制作控制计划时，流程图有助于产品质量策划小组将注意力集中在过程上。

在第一阶段建立了初始过程流程图，经过第二阶段的样件制作，基本可以确定正式的过程流程图，用于后续的 PFMEA 分析和控制计划制作。由于产品和过程的复杂程度不同，过程流程图的表达形式可以根据企业的实际情况选择，以下的过程流程图可以参考使用（参见表 8-26）。

零件包装规范

例子

供应商号	供应商名称	确认	作成
71019	广州×××有限公司		

			初版
版次	变化点说明		日期

零件号	TW0A-H010M1
零件名称(中英文)	2NX 右/左后雾灯
零件装配车间（GHAC）	
运输方式	取货物流 □　第三方物流 ✓　自供 □
是否使用中转仓库	是 ✓　否 □
中转仓库：	（广州）储运有限公司
运输时间	供应商至中转仓（小时）：0.5小时
	中转仓/供应商至客户（分钟）：15分钟

包装类别	周转箱+台车 ✓	周转箱+托板 □	其他 □
	通用台车 ✓	专用台车 □	（说明：　）

包装容器提供商：

具体包装信息

信息 包装类别	L(mm)	W(mm)	H(mm)	重量(KG)	单包装收容零件数	是否符合GHAC标准
零件信息	195	85	105	0.14		
周转箱	610	500	300	3.9	6件	是
台车	1580	1090	1240	124.9	108件	是
托盘	540	422	125	1.1	1件	是
标签及其他	125	100				是

注：1、零件重量+周转箱重量≤15KG；　2、重量一栏零件为净重，其他为毛重；
　　3、"是否符合GHAC标准"一栏由GHAC填写。

辅材说明

逐一包装	防尘罩	其它补充：
是 ✓　否 □	有 □　无 ✓	
中空板	泡沫棉	
有 ✓　无 □	有 ✓　无 □	

广本操作工取出零件操作要点提示：
　1. 右手拿住零件垂直向上直接取出

包装品质要点：
　1. 防止镜面划伤

现有量产车型适用

| ACC □ | FIT □ | NX ✓ |
| ODY □ | CITY □ | jB1 □ |

货物包装形态设计（照片或示意图）

图一：单品

易损/易变形部位
部位一：
部位二：

图二：零件+周转箱、零件+台车图片(俯视图或侧视图)

图三：周转箱+台车、周转箱+托板图片(俯视图或侧视图)

说明：图二与图三依实物的包装形态选择添加，以最大限度清晰反应实物包装形态为目的而选择俯视图或侧视图。

客户意见

意见与对策：	零件品质科 确认
意见与对策：	使用车间 确认
意见与对策：	生产管理科 确认
意见与对策：	配套科 确认

表8-26 过程流程图（示例）

零件编号：1227 3267

零件描述：气缸盖垫片（金属型）、（上页、下页 0Cr18Ni9厚度δ0.25±0.01，中间板Ⅰ 0Cr18Ni9厚度δ0.35±0.02，中间板Ⅱ 1Cr17Ni7厚度δ0.25±0.01）

工序号	加工 ●	检验 ■	移动 →	存放 ▲	操作描述	产品特殊特性	过程特殊特性
10		■			按技术要求对原料厚度进行检验	上页、中间板Ⅱ、下页厚度δ0.25±0.01，中间板Ⅰ厚度δ0.35±0.02	
20				▲	原材料入库存放		
30			→		领取原材料到剪裁机前		
40	●				上页冲孔	Φ113+0.5，Φ12.4+0.1，51，52，水孔、燃烧室孔、推杆孔螺栓孔位置和直径尺寸	
50		■			检验		
60	●				上页压波	高度0.3±0.05	
70		■			检验		
80	●				上页打标识、商标、产品号		
90			→		车间内转序		
100	●				下页冲孔	Φ113+0.5，Φ12.4+0.1，51，52，水孔、燃烧室孔、推杆孔螺栓孔位置和直径尺寸	
110		■			检验		
120	●				下页压波	高度0.3±0.05	
130		■			检验		
140			→		车间内转序		
150	●				中间板Ⅱ冲孔	Φ122+0.5，Φ12.4+0.1，水孔、螺栓孔、燃烧室孔、推杆孔位置和直径尺寸	
160		■			检验		
170	●				下页压波	高度0.3±0.05	
180		■			检验		
190			→		车间内转序		
200	●				中间板Ⅱ冲孔	Φ122+0.5，Φ12.4+0.1，水孔、螺栓孔、燃烧室孔、推杆孔位置和直径尺寸	
210		■			检验		
220	●				中间板Ⅱ压波	高度0.3±0.05	
230		■			检验		
240			→		车间内转序		
250	●				中间板Ⅰ冲孔	Φ106±0.2，Φ12.4+0.1，水孔、螺栓孔燃烧室孔、推杆孔位置和直径尺寸	

续表

零件编号：1227 3267

零件描述：气缸盖垫片（金属型）、（上页、下页0Cr18Ni9厚度δ0.25±0.01，中间板Ⅰ 0Cr18Ni9厚度δ0.35±0.02，中间板Ⅱ 1Cr17Ni7厚度δ0.25±0.01）

工序号	加工 ●	检验 ■	移动 →	存放 ▲	操作描述	产品特殊特性	过程特殊特性
26		■			检验		
27	●				中间板Ⅰ翻边	3.5±0.2	
		■			检验		
			→		车间内转序		
	●				将上页、下页、中间板Ⅰ、中间板Ⅱ进行表面处理		
	●				将上页、下页、中间板Ⅰ、中间板Ⅱ进行滚涂FQ-HD		涂料 FQ-HD 配比 500:2000
	●				将上页、下页、中间板Ⅰ、中间烘烤		温度115℃±5℃；时间10±1min
		■			检验		
			→		车间内转序		
	●				将上页、下页、中间板Ⅰ、中间板Ⅱ按照顺序进行组装，铆钉眼	Φ3.5，Φ5+1，0.9±0.05等尺寸	
		■			检验		
			→		车间内转序		
	●				表面喷涂FQ-B		涂料FQ-B配比 500:(15-25):200
	●				烘干		温度150℃±5℃；时间15±1min
		■			检验		
			→		转序到包装车间		
		■			外观检验		
	●				包装		
				▲	入库		

编制/日期：　　　　　　　　　　　　　　　批准/日期：

(3) 车间平面布置图

应制定并评审车间生产现场的平面布置,以确定重要控制项目的可接受性,例如:
- 检测点;
- 控制图的位置;
- 目视辅具的应用;
- 中间维修工位;
- 不合格材料的贮存区。

生产布局的意义和目的:

对人:
- 提高工作热情;
- 减少不必要动作和走动。

对材料:
- 减少材料、产品的运输距离和次数;
- 减少中间制品。

对管理:
- 简化管理;
- 实现均衡生产。

对于利用率:
- 提供人和设备的利用率。
- 提高空间的利用率;

所有的物流都要与过程流程图和控制计划相协调。

车间平面布置图的开发,应有利于优化材料运输、处理、车间空间的增值使用,并应当通过此过程促进材料的同步流动。

一种较为典型的能够优化物料运输、促进物流同步流动,减少在制品的"U"布局,如图8-6所示:

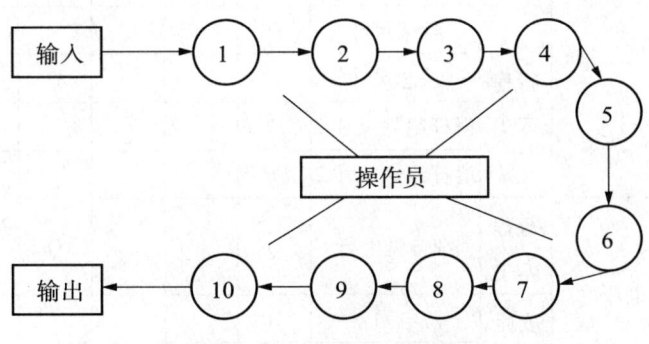

图8-8 平面布局图示例

(4) 特性矩阵表

特性矩阵图是推荐用来显示过程参数和制造工位之间关系的分析技术,特性矩阵用于确定重要特性,制造关系越多,特性控制越重要。

制定特性矩阵分析方法是对零件图上的尺寸和/或特性编号并对每一制造工序编号,表的顶部为所有的制造工序和工位,过程参数列在左栏内。制造关系越多,特性控制就越重要,不论矩阵图的大小,特性的逆向关系是很明显的。典型的矩阵表如表8-27,表8-28所示。

表 8-27 特性矩阵表（示例1）

生产工序编号 产品特性	001	002	003	004	005	006	007	008	009	010	011	012	013	014
板厚	F			F	F	F			C					
除油缸 1202 活性含量	C			F	F	F			C					
活性缸钯含量	C			F	F	F			C					
沉铅缸铜离子含量	C			F	F	F			C					
锡缸硫酸含量	C			F	F	F			C					
pH 值											F	C		

说明：F 表示该工序严重影响某项产品特性。C 表示该工序影响某项产品特性。

表 8-28 特性矩阵表（示例2）

制定部门：研发部　　　　　　　　　　　　　　　　　　　　　　　　　　日期：2012/4/17

产品名称：电磁阀　　　　　　产品编号：ZHV-0520L-3.8××

产品特殊 特性编号	系统（总成）产品 特殊特性具体描述	子系统（零部件） 特殊特性具体描述		产品（零件）编号/名称					
				骨架	外壳	盖板	铁芯	滑杆组件	弹簧	漆包线
1	漏气量	垫片硬度					Q			
		垫片表面光洁度					Q			
		弹簧弹力大小							Q	
2	排气速度	骨架中心孔大小		Q						
		骨架侧面孔大小		Q						
		行程 大小	骨架尺寸	Q						
			铁芯尺寸				Q			
			滑杆组件尺寸1					Q		
			滑杆组件尺寸2					Q		
3	最低动作电压	行程 大小	细分见上行	Q			Q	Q		
		安匝 数	电阻	R						Q
			匝数	R						Q

说明：Q 代表强相关性，R 代表一般相关性。

（5）过程失效模式及后果分析（PFMEA）

PFMEA 是对制造过程风险分析的一种技术，应在开始生产之前、产品质量策划过程中进行，它是对新的/修改的过程的一种规范化的评审与分析；是为新的/修改的产品项目指导其预防、解决或监视潜在的过程问题。PFMEA 是一种动态文件，当发现新的失效模式时需要对它进行评审和更新。

PFMEA 的开发和编制请参见本书第十章 "制造过程风险分析方法——PFMEA 技术" 的内容。

（6）试生产控制计划

试生产控制计划是对样件研制后批量生产前进行的尺寸测量和材料、功能试验的描述。试生产控制计划应包括正式生产过程确认前要实施的附加产品/过程控制。试生产控制计划的目的是遏制初期生产运行过程中或之前的潜在不符合。例如：

- 增加检验次数；
- 增加生产过程中的检查和最终检验点；
- 统计评价；
- 增加审核；
- 防错装置。

更多地了解控制计划的建立和保持，请参见本书第十一章"**质量控制计划（CP）编制方法和参考实例**"的内容。

（7）过程指导书

跨职能小组应确保向所有对过程操作负有直接责任的操作人员提供足够详细的可理解的过程指导书，这些指导书的制定依据以下资料：

- 失效模式及后果分析（FMEA）；
- 控制计划；
- 工程图、性能规范、材料规范、目视标准和工业标准；
- 过程流程图；
- 特性矩阵图；
- 包装标准；
- 过程参数；
- 生产者对过程和产品的经验和知识；
- 过程的操作者。

用作标准操作程序的过程指导书应予以公布，指导书应包括诸如机器的速度、进给量、循环时间等设定的参数，这些说明应使操作人员和管理人员易于得到。有关过程指导书制定的有关信息可参阅适当的顾客详细要求。作业指导书的表述形式可根据企业的产品及过程复杂程度来选择确定。

（8）测量系统分析计划

此项工作是建议性的，企业可根据顾客要求及自身的产品特性测量需求有选择的实施。测量系统分析的目的是确保量具和检测设备的精密度和准确度满足测量要求，并且持续保持稳定，从而对量具的偏倚、线性、稳定性、重复性和再现性进行分析和研究。具体分析方法请参考有关测量系统分析的书籍。

表 8-29　测量系统分析（MSA）计划（参考格式）

□年度计划　□新产品初始计划										
仪器名称	仪器编号	型号	精度	测定范围	MSA周期	分析项目				备注
						稳定性	偏倚	线性	重复性和再现性 R&R	风险分析法	
制订：			审核：				核准：			

(9) 初始过程能力研究计划

初始过程能力研究的目的是确定生产过程是否能生产出满足顾客要求的产品。初始过程研究关注的重点是产品和过程的特殊特性，并且是计量型数据。

在本阶段制订一个初始过程能力计划，是为下阶段的试生产过程进行能力研究做好准备。控制计划中被标识的特殊特性将作为初始过程能力研究计划的基础。

具体实施方法请参考有关统计过程控制的书籍。

表 8-30 初始过程能力研究（SPC）计划（参考格式）

产品名称：		图号：			
序号	工序名称	特殊特性	规格/公差	控制图类型	样本数/频率
制订：		审核：			

(10) 阶段评审、总结

要求跨职能小组在制造过程设计开发结束时安排正式的评审，以增强管理者的承诺。该评审的目的就是将项目状况通报高层管理者并获得他们的承诺，协助解决任何未决的议题。

管理者支持包括：确认计划、提供资源、配备工作人员，以满足所需的能力。

应保留阶段评审和总结的记录，包括所采取任何措施的记录。

4. 第四阶段　产品和过程确认

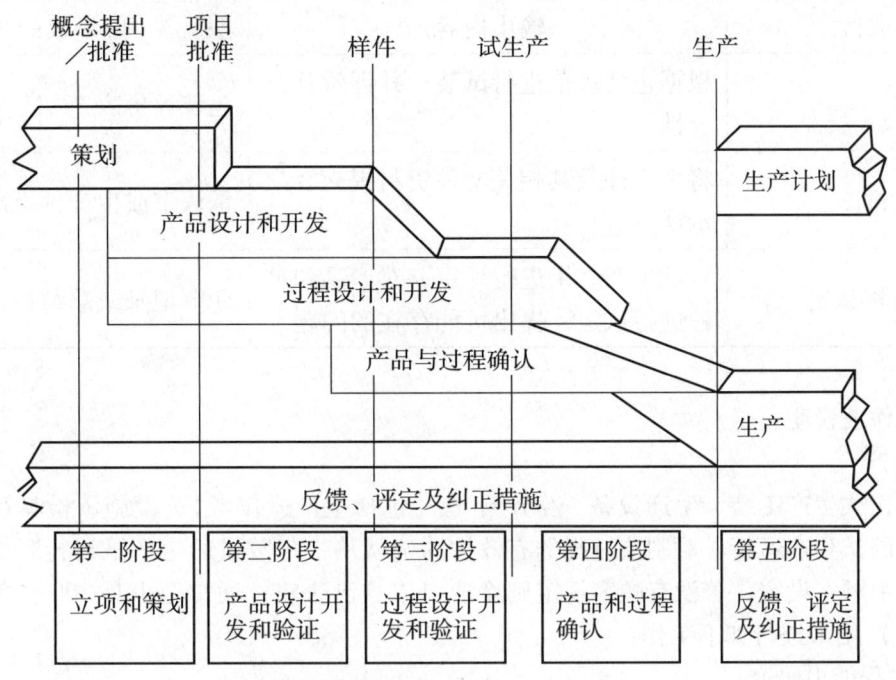

图 8-9　设计开发的五个阶段

本阶段讨论通过一定数量的试生产运行评价来对产品和制造过程进行确认。

在试生产运行中，跨职能小组应确认是否遵循了控制计划和过程流程图，产品是否满足顾客的要求，还应注意正式生产运行之前有关关注问题的调查和解决。

第四阶段工作目的及任务：
- 进行小批试生产，对产品设计及工艺设计进行确认；
- 通过试生产得到生产件，向顾客进行生产件批准；
- 完成对测量系统分析及初始过程能力的研究；
- 完善控制计划、作业文件，为批量生产做好准备。

第四阶段的工作项目和输出内容及应形成的文件：

需要强调的是，本阶段的工作项目和输出是建议性的，企业可以根据生产过程控制的需要和顾客的要求有选择性的实施。

第四阶段工作项目、输出及应形成的文件（作为第五阶段的输入）		
工作项目	输出内容	应形成的文件
4.1 试生产	小批量试生产、生产件样品	试生产计划 试生产检验记录 试生产评审报告
4.2 测量系统评价	按计划进行测量系统分析	测量系统分析报告
4.3 初始过程能力研究	按计划进行控制图分析和 PPK 计算	控制图、PPK 数据
4.4 生产确认试验	对生产件进行测试和试验	试验报告
4.5 生产控制计划	在试生产控制计划的基础上完善生产控制计划	生产控制计划

第四阶段工作项目、输出及应形成的文件（作为第五阶段的输入）		
工作项目	输出内容	应形成的文件
4.6 包装评价	根据包装规范进行试装，并评价其符合性	包装评价表
4.7 生产件批准	将生产件及其相关文件资料提交客户承认	承认书或生产件批准报告
4.8 产品和过程认定	对试生产结果进行评审，对产品和过程进行认定，提出可能存在的问题	评审记录或总结报告

第四阶段作业说明：

（1）试生产

必须采用正式生产工装、生产设备、生产环境（包括生产操作者）、设施、检具和生产节拍来进行一定数量的试生产运行。对制造过程的有效性的确认从一定数量的生产试运行开始。试生产的最小数量通常由顾客设定，若没有顾客规定则企业可以自己决定，通常至少是 300 件数量。试生产的输出（产品）用来进行如下工作：

- 初始过程能力研究；
- 测量系统评价；
- 生产节拍证实；
- 过程评审；
- 生产确认试验；
- 生产件批准；
- 包装评价；
- 首次合格能力（FTC）；
- 样品生产零件；
- 标准样件（按要求）。

在试生产前，通常需要制订《试生产计划》，以使相关准备工作有序展开。

表 8-31　试生产计划（参考格式）

制订部门：				制订日期：		年　月　日	
产品名称		产品编号		规格/型号		顾客名称	
试生产数量		试生产日期		结束日期		提交顾客确认日期	
试验项目								
序号	工作内容/项目		负责部门	负责人员	起始日期	预计完成日期		备注
备注							
核准			审查			制表	

(2) 测量系统评价

在试生产当中或之前，应使用规定的测量装置和方法按工程规范、控制计划标识的特性进行测量系统的评价，根据上一阶段制定的测量系统分析计划执行。

具体分析方法请参考有关测量系统分析的书籍。

(3) 初始过程能力研究

在试生产过程中，应对控制计划中标识的特性按上一阶段制定的初始过程能力分析计划进行初始过程能力研究。该研究评价生产过程的稳定性及过程能力是否满足质量要求。

具体实施方法请参考有关统计过程控制的书籍。

(4) 生产确认试验

生产确认试验是指确认由正式生产工装和过程制造出来的产品是否满足工程标准的工程试验，包括外观要求。《试验报告》参考格式见下页表8-32。

(5) 生产控制计划

生产控制计划是对控制零件和过程的系统的书面描述。生产控制计划是一种动态文件，应根据实际生产经验来更新控制计划。生产控制计划是在试生产控制计划基础上的扩展和完善，为正式量产给生产者提供生产过程控制的系统方法。

更多地了解控制计划的建立和保持，请参见本书第十一章"**质量控制计划（CP）编制方法和参考实例**"的内容。

(6) 包装评价

根据包装规范进行试装运，所有的试装运（可行的情况下）和试验方法都应评价产品免受在正常运输中损伤和在不利环境下受到保护。顾客规定的包装不排除组织对包装方法的评价。

《产品包装评价表》参考格式见下页表8-33。

(7) 生产件批准（客户承认）

生产件批准是根据客户的要求，提供生产件样品和相关文件资料给客户批准，目的是提供证据以证明所有的客户要求被组织正确地理解，并且证明在一定生产节拍的实际生产运行中，制造过程拥有持续满足这些要求的潜在能力。

(8) 产品和过程认定

在试生产圆满完成后，跨职能小组应对其进行评审并对此工作做正式的认定，在首次产品交货之前需要对以下项目进行评审：

①过程流程图：验证过程流程图的合理性；

②控制计划：对于所有受影响的操作、控制计划是否做出规定；

③过程指导书：验证过程指导书的合理性及与控制计划一致性。将过程指导书和过程流程图与控制计划进行比较；

④量具和试验设备：当按控制计划需要特殊量具、检具或试验设备时，要对量具的重复性和再现性及正确用法进行验证；

⑤所需的能力证实：通过初试过程能力研究结果来证实过程满足生产质量要求。

跨职能小组应能表明满足所有的策划要求或关注问题的解决，并且安排一次管理者评审。该评审的目的将项目状况通报给高层管理者以取得他们的承诺以在未决议题中得到其帮助。

表 8−32 试验报告（参考格式）

试验部门：				试验日期：	年　月　日	
产品名称			规格/型号			
材料名称			材料规格/型号			
顾客名称			委托单编号			
委托试验部门				要求完成试验日期	__年__月__日	
试样/抽样数量				收样日期	__年__月__日	
检验类型	□送样　□抽检　□其他_____					
试样等级	□合格品　□试制品　□外购件　□试生产样件　□其他_____					
实验设备			实验设备编号			
试验名称或项目						
试验的依据和条件及要求						
试验过程和试验数据记录						
试验结果和结论						
确认		审查		实验员		

表 8-33 产品包装评价表（参考格式）

产品名称		产品编号	
规格/型号		顾客名称	
纸箱尺寸： 刀卡尺寸： 平卡尺寸：			
每层数量： 总计层数： 每箱数量： 产品单重： 每箱净重： 每箱毛重：			
耐变形试验	试验条件： 试验方法： 试验数量： 试验结果：		
评价结果			

| 评价人： | 审核： | 核准： |

5. 第五阶段 反馈、评定和纠正措施

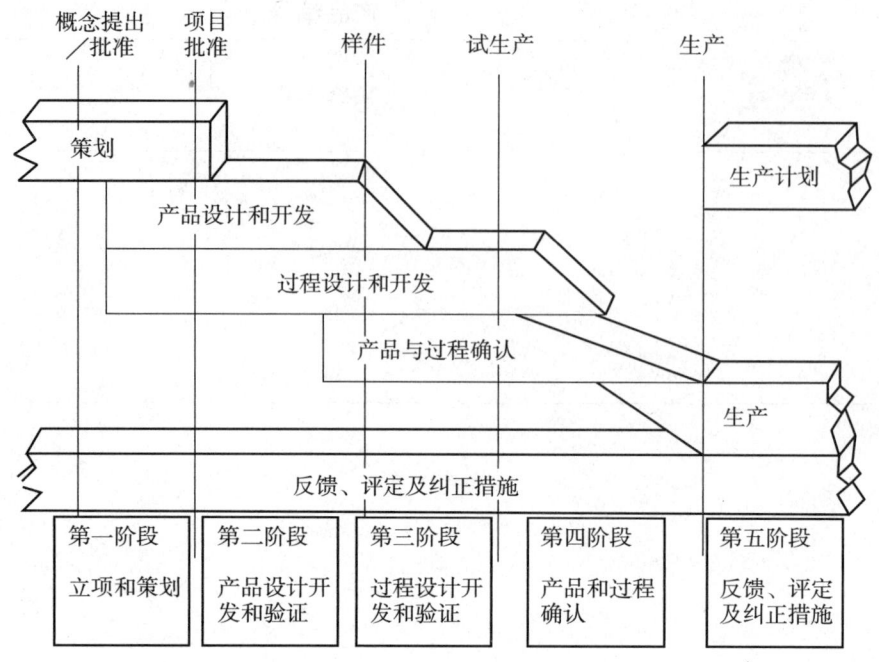

图 8－10 设计开发的五个阶段

本阶段正式开始批量生产，在产品正式批量生产过程中，如果之前的设计不足或存在缺陷，此时可能会暴露出来，这也是评价产品质量策划工作的有效性的时候。在这一阶段，应收集足够的数据并进行评价，以分析过程的稳定性及变差的原因。组织有责任使所有特性满足顾客的要求，特殊特性必须符合由顾客规定的指标。

第五阶段工作目的及任务：
（1）对前阶段的策划进行评定，必要时采取相应纠正措施；
（2）对生产过程实施持续不断的改进；
（3）向顾客持续提供合格产品，并使其持续满意；
（4）不断改进交付和服务；
（5）总结经验和教训。

第五阶段的工作项目和输出内容及应形成的文件：

第五阶段工作项目、输出及应形成的文件		
工作项目	输出内容	应形成的文件
5.1 减少变差	通过控制图分析过程中的变差原因、并采取措施减少变差	控制图 CPK 计算 纠正措施报告
5.2 增进顾客满意	顾客反馈信息评审和改进	顾客反馈意见表 顾客满意度调查表
5.3 改进交付和服务	交付的改进、服务的改进	
5.4 吸取的教训/最佳实践的有效使用	将所获得的经验和教训应用到其他产品和过程中	

第五阶段作业说明：

（1）减少变差

在正式批量生产中，控制图和其他统计技术应作为识别过程变差的工具，分析和纠正措施应用来减少变差。反映的是制造过程的呼声：生产过程中还有什么问题？怎么去减少？

用控制图和其他统计技术识别变差的特殊原因和普通原因，并找出减少这些变差的途径。

持续改进：除了注意特殊原因变差，还要寻求减少和消除普通原因变差，从而达到持续改进制造过程。

应提出包括成本、时间进度和预期改进在内的建议，以供顾客评审。

组织应使用工具，如价值分析、失效分析，以提高质量和降低成本。对于长期能力、变差的特殊与普通原因的详细资料参见统计过程控制的有关书籍。

（2）增进顾客满意

通过批量生产交付给顾客或推向市场后，组织应收集顾客或市场反馈的信息，并将这些信息通知到生产部门、设计部门和质量部门，以便及时采取相应的改善措施。

在这一阶段，组织和顾客可以学到的东西最多，可以评价产品质量策划工作的有效性。

组织应和顾客成为伙伴，通过合作以进行必要的改变来纠正缺陷，以提高顾客满意。

组织应定期实施顾客满意度调查，主动了解顾客的呼声，不断增进顾客满意。

（3）改进交付和服务

在产品的交付和服务阶段，组织和顾客要继续进行合作以解决问题并作持续改善。

对于顾客的更换零件和服务作业也同样要达到质量、成本和交付的要求。我们的目标是首次质量，但是，如果问题或缺陷发生在现场，组织和顾客形成一个有效的伙伴关系以便纠正问题并满足最终用户是必要的。

在这一阶段所获取的经验为顾客和组织提供了所需的知识来建议通过简化过程、库存和质量成本达到降低价格，并为下一个产品提供合理的零件或系统。

（4）吸取的教训/最佳实践的有效使用

在产品质量策划及与顾客合作交流过程中，我们吸取的教训/最佳实践的获得、保存和运用知识是有益的。这些教训或实践经验可通过各种方法得到，包括：

- 产品不良的报告；
- 来自维修或其他性能指标的数据；
- 纠正措施计划；
- 相似产品和过程的"交叉参考"；
- DFMEA/PFMEA 的研究。

传统习惯上的设计开发管理到量产阶段就结束了，但对整个产品质量策划而言，贯穿于整个产品生命周期，并不是在产品量产就结束。

此外，在产品设计开发中必须关注成本。产品成本的绝大部分在设计阶段就已基本确定。设计者的思想、产品结构所反映的思维方式、拟选用的材料，决定了产品成本中占最大部分的物料成本以及生产方式。能否降低产品成本，始于设计阶段，并在很大程度上取决于设计者是否具备成本意识及其认识程度。

降低开发成本的基本方法：

- 加强成本意识、忧患意识的教育；
- 提高产品的稳定性、可靠性；
- 通过标准零件的使用、减少零件数量、使用行业标准零件，从而降低原料、物料的消耗；
- 充分利用公司资源，实现最大限度的资源共享、信息共享、技术共享，避免重复开发；
- 合理安排项目进度，做到人尽其才，物尽其用，保证各项工作任务的顺利进行。

第三节 产品设计开发应用程序范例

COP 文件范例 4	产品设计开发管理程序 1		
文件名称	产品设计开发管理程序	文件编号：SQ－COP－04	版本：A
编制部门	技术部	编制日期：2016.08.08	页码：1/5

1. 目的

　　为了使公司的产品设计开发和过程设计开发及生产准备工作能有序、顺利地进行，确保产品质量，以最低的成本及时提供优质产品，以满足客户和相关法规的要求，特制定本程序。

2. 适用范围

　　适用于本公司新产品设计和开发管理。

3. 定义

　　无

4. 产品设计开发管理过程图或过程乌龟图

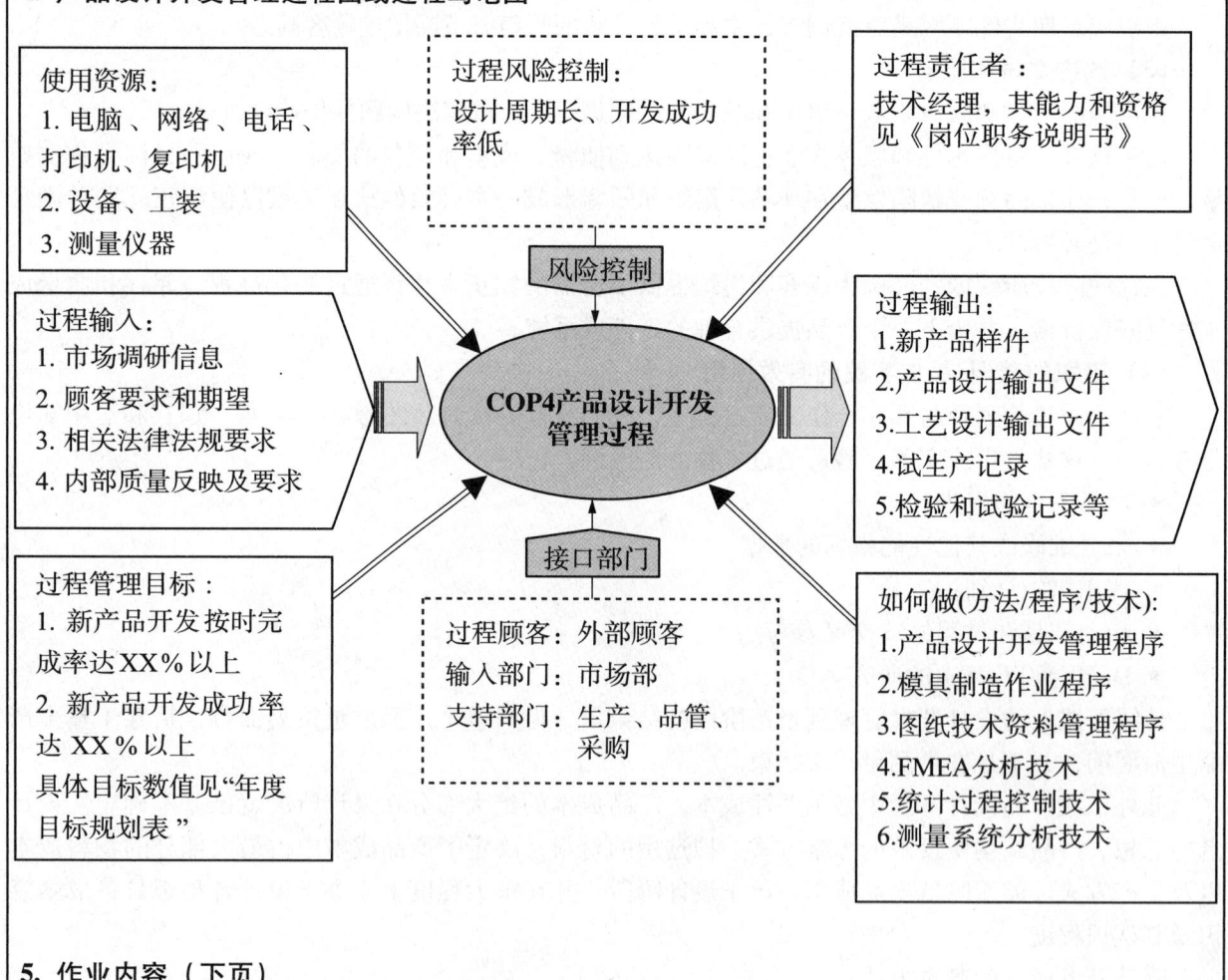

5. 作业内容（下页）

COP 文件范例4	产品设计开发管理程序1			
文件名称	产品设计开发管理程序	文件编号：SQ－COP－04		版本：A
编制部门	技术部	编制日期：2016.08.08		页码：2/5
序号	产品设计开发作业流程	权责部门/人	作业要求	参考文件/使用表单
5.1	新产品开发信息收集	市场部/品管部	5.1.1 市场部收集客户信息，了解客户的要求。包括外观、功能、性能、安全特性、可靠性及法律法规要求，以及市场需求、趋势、价格和同类产品信息，做成《客户要求清单》连同客户的相关资料，图片等交给技术部。 5.1.2 品管部反馈包括同类产品在客户使用过程中和生产中发生的质量问题，做成《质量反馈表》交给技术部。	《客户要求清单》《质量反馈表》
5.2	成立跨功能小组	技术部经理	5.2 技术部经理组织成立跨功能小组，并确定每个成员的权责，填写好《跨功能小组成员职责表》。	《跨功能小组成员职责表》
5.3	可行性评估 NG 存档 OK	技术部市场部	5.3 通过对市场部，品管部收集到的客户信息及客户要求，提出新产品开发构思，并将新产品的构思结合本公司的实际情况分析研究，对开发的可行性进行评估，如市场预测分析，产品的技术水平，新材料新工艺的可操作性，生产能力，质量保证能力，时间进度要求等进行分析，并将结果填入《新产品可行性评估表》，同时跨功能小组通过对客户的要求和期望分析识别出产品和过程的初始特殊特性，填写于《特殊特性初始清单》。	《新产品可行性评估表》《特殊特性初始清单》
5.4	核准立项 NG OK	总经理	5.4 总经理审查《新产品可行性评估表》对新产品是否进行开发做出批示，由市场部以《样品需求单》通知技术开发作业。	《样品需求单》
5.5	初始材料分析	技术部	5.5 由技术部按客户的要求项目展开初始材料分析填于《初始材料表》内。	《初始材料表》
5.6	成本分析/报价	采购部市场部	5.6《初始材料表》发送给采购部进行原材料的报价，并转换为《原价构成表》交市场部，市场部依《报价管理程序》去执行报价作业。	《原价构成表》《报价管理程序》
5.7	设计开发策划 A	技术部跨功能小组成员	5.7 技术部召开会议，确定每一阶段的设计项目和项目负责人，要求的起始及终止时间，应输出什么资料。填写《设计开发计划总表》，跨功能小组评审的《设计开发计划总表》各项内容，并签名执行。	《设计开发计划总表》

COP 文件范例 4	产品设计开发管理程序 1			
文件名称	产品设计开发管理程序	文件编号：SQ-COP-04		版本：A
编制部门	技术部	编制日期：2016.08.08		页码：3/5
序号	产品设计开发作业流程	权责部门/人	作业要求	参考文件/使用表单
5.8	A → 核准（NG/OK）	技术部经理	5.8 技术部经理对《设计开发计划总表》各项内容进行核准签名。	《设计开发计划总表》
5.9	设计开发展开	技术部	5.9 各项目负责人根据客户的要求，并按《设计开发计划总表》要求的进度进行设计。	《设计开发计划总表》
5.10	外观/结构设计	项目负责人	5.10 由项目负责人按照客户产品的结构要求进行设计 FMEA 分析，包括产品的总体结构、零部件结构。输出产品外观图、零件图、结构部分 BOM 表。	《设计FMEA》《外观图》《组合图》《部品图》
5.11	小组评审（NG/OK）	跨功能小组	5.11 技术部召集跨功能小组对上述设计资料进行评审，并研讨《设计验证计划》《初始过程流程图》依照设计 FMEA 权责表对设计 FMEA 进行评审。	《试作工艺流程图》《试作控制计划》《设计验证计划》
5.12	样品试作	技术部	5.12 按设计要求试作样件，并在《样品试作单》上记录试作过程中出现的问题。	《样品试作单》
5.13	设计验证（NG）	项目工程师品管部	5.13 验证项目负责人根据《产品验证计划》中的内容进行验证，并在验证报告中记录各项的验证方法及参数，以供跨功能小组作为设计评审的依据。	《试作样品检查表》《信赖性测试报告》
5.14	设计变更 → 设计评审（NG/OK）	跨功能小组	5.14.1 跨功能小组根据《产品验证计划》的各项记录，识别存在的问题，及找出改正措施。 5.14.2 评审新产品需要哪些新设备，新工装及设施，将其要求列入《新设备工装和设施规划表》。 5.14.3 评审产品和过程有哪些特殊特性及如何控制这些特殊特性，并列入《产品和过程特殊特性表》。 5.14.4 评审需要用到哪些试验设备，并列入《量具试验设备规划表》。	《新设备工装和设施规划表》《量具试验设备规划表》《产品和过程特殊特性表》

COP 文件范例4	产品设计开发管理程序1			
文件名称	产品设计开发管理程序		文件编号：SQ-COP-04	版本：A
编制部门	技术部		编制日期：2016.08.08	页码：4/5
序号	产品设计开发作业流程	权责部门/人	作业要求	参考文件/使用表单
5.15	内部确认 NG 设计更改 OK	技术部	5.15.1 跨功能小组根据《客户要求清单》确认样品是否符合设计的要求，是否能满足客户要求。 5.15.2 小组对所确认的设计具有可行性的一致性意见，做出《小组可行性承诺表》。	《小组可行性承诺表》
5.16	送样	市场部	5.16 市场部将样品及客户需要的相关样件资料一并送交客户，客户签收。	《样件承认书》《样品移交单》
5.17	客户确认 NG	市场部	5.17 市场部跟踪客户确认，确认结果回签到《样件承认书》上并回传给技术部存档。	《样件承认书》
5.18	OK 制造过程设计	生技科	5.18 生技科根据样品及《初始过程流程图》开展以下工作： 1) 制作过程流程图； 2) 绘制车间平面布置图； 3) 制程FMEA； 4) 试产控制计划； 5) 过程指导书； 6) MSA计划； 7) 初始过程能力研究计划； 8) 由技术部设计包装标准/规格，并下发包装规范。	《工艺流程图》《车间平面布置图》《试产控制计划》《制程FMEA》《作业标准表》《包装规范》《MSA计划》《制程能力PPK研究计划》
5.19	试产通知	生产部	5.19 生产部确定试产时间，负责人，试产数量等事项并制作《制造部制令明细表》《试产前会议通知》交总经理审批并下发给相关单位。	《制造部制令明细表》《试产前会议通知》
5.20	试产前会议	生技科	5.20 生技科主导试产前会议，项目负责人对注意事项进行检讨。	《试产前会议记录》
5.21	试产	生产部	5.21 生产部按《工艺流程图》和《试生产控制计划》组织试产，同时做好如下工作： a. MSA评价； b. 初始过程能力研究； c. 生产确认试验； d. 包装评价。	《工艺流程图》《试生产控制计划》《包装评价表》

COP 文件范例 4	产品设计开发管理程序 1			
文件名称	产品设计开发管理程序	文件编号：SQ-COP-04		版本：A
编制部门	技术部	编制日期：2016.08.08		页码：5/5
序号	产品设计开发作业流程	权责部门/人	作业要求	参考文件/使用表单
5.22	试产后会议	生技科	5.22.1 生技科、技术部、品管部、生产部就试产结果进行评审。 5.22.2 检讨试产控制计划，找出试产过程中哪些没有得到或没有更好控制的特殊特性，做成《生产控制计划》。 5.22.3 做好试产评审记录。	《试产后会议记录》《生产控制计划》
5.23	资料修订	技术部	5.23 试产后技术部门及各相关部门作资料修订，并完整样件提交所需的文件资料。	
5.24	质量策划认定	跨功能小组成员	5.24 跨功能小组进行质量策划认定： 1）生技科在试产前对控制计划是否适合是否完善做出认定； 2）对作业标准表做出认定； 3）对生产、检验试验设备设施进行认定等； 4）做出《产品策划总结和认定报告》。	《产品策划总结和认定报告》
5.25	正式量产	生产部	5.25 正式量产。生产部按生产工作单指示，按正常的作业程序进行生产，并根据生产过程中出现的问题及各种报表反映的数据分析总结。	《生产计划管制程序》《制程管制程序》
5.26	交付与服务	生产部/市场部	5.26 市场部根据客户要求，按时按量及指定的地点交货，并做好质量跟踪记录和售后服务。	《产品交货管理程序》
5.27	顾客反馈	市场部	5.27 市场部收集客户反馈的信息，包括客户抱怨，跟踪调查客户对产品的满意度，包括外观，功能性能、包装、交货准时率、服务等各方面内容；并把信息及时反馈到相关部门。具体按《客户抱怨/退货管理程序》和《客户满意度管理程序》执行。	《客户抱怨/退货管理程序》《客户满意度管理程序》
5.28	持续改善	责任单位	5.28 各部门按市场部/品管部反馈回来的信息及生产过程中出现的问题，进行检讨、改善，并从中吸取经验教训，以达到持续改进的目的。	《纠正与预防措施程序》

相关文件和使用表单此处省略，可参考前面的表单范例使用。

COP 文件范例5	产品设计开发管理程序2（适用于简单的产品设计）		
文件名称	新产品设计开发管理程序	文件编号：SQ-COP-05	版本：A
编制部门	技术部	编制日期：2016.08.08	页码：1/5

1. 目的

为确保对新产品设计开发各阶段进行有效控制，及时为客户提供优质产品，特制定本程序。

2. 适用范围

适用于客户委托设计和自主设计的管制。

3. 定义

3.1 新产品：指那些由本公司专门设计、开发、制作，并由市场部推向市场的产品及为客户设计开发的产品。

3.2 设计输入：指客户或市场的要求经确认并加以书面化的各种文件。

3.3 设计输出：指完成设计过程后形成的采购、生产、检验和试验、服务等所依据的各种技术文件。

3.4 设计评审：指对设计进行的正式的、文件化的、系统性的评价。目的是考察设计是否满足客户的全部要求及符合成本原则。

4. 新产品设计开发管理过程图或过程乌龟图

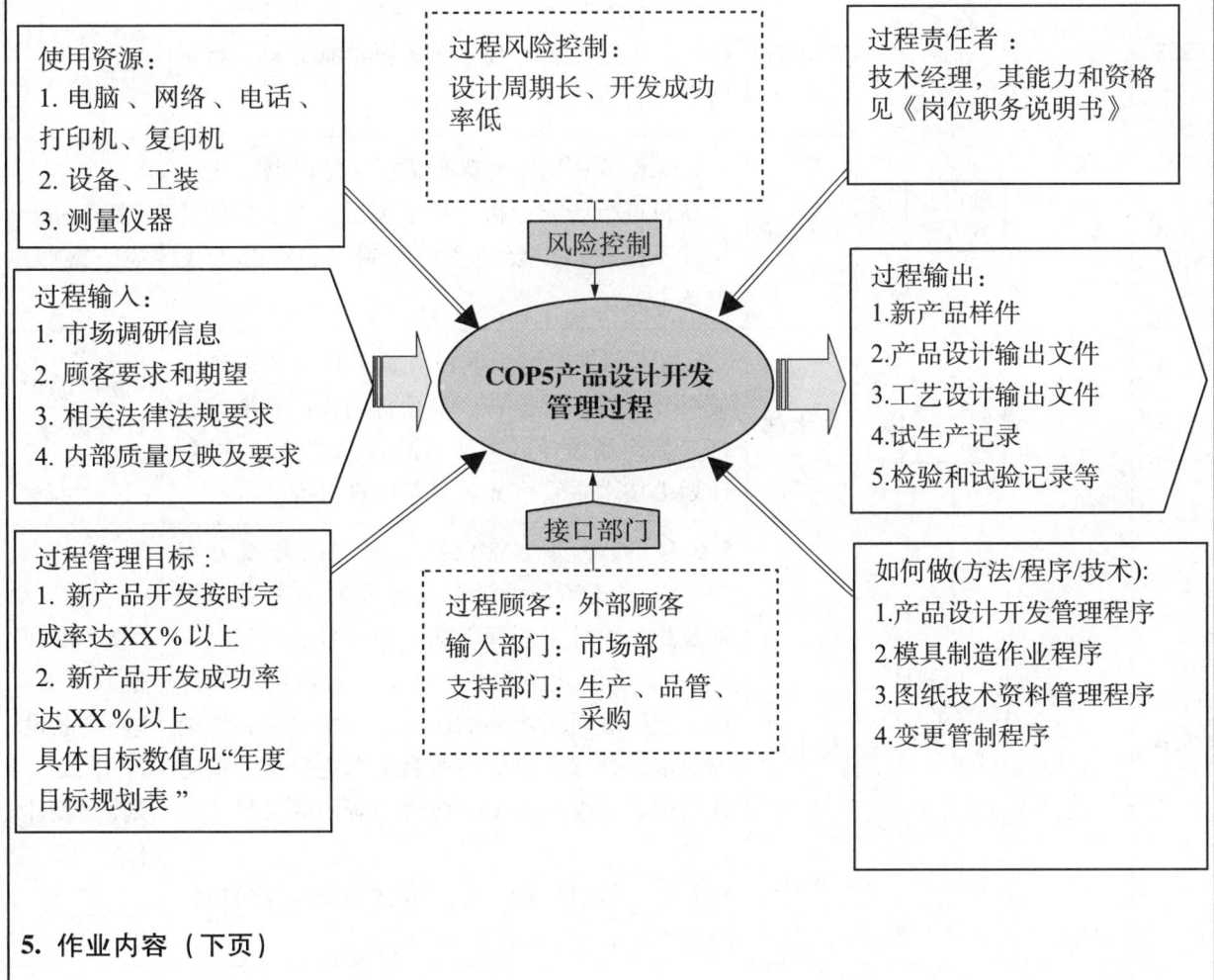

5. 作业内容（下页）

COP 文件范例 5	产品设计开发管理程序 2（适用于简单的产品设计）			
文件名称	新产品设计开发管理程序		文件编号：SQ-COP-05	版本：A
编制部门	技术部		编制日期：2016.08.08	页码：2/5
序号	新产品设计开发作业流程	权责部门/人	作业要求	参考文件/使用表单
5.1	新产品开发提案	市场部	5.1 市场部根据市场信息、客户要求及公司新产品开发战略，提出新产品开发建议，并填写《新产品开发建议书》呈部门经理核准后交给技术部。	《新产品开发建议书》
5.2	可行性评审 NG→存档 OK	技术部各部门	5.2 由技术部依《新产品开发建议书》初步确定新产品的规格特性及安规、专利的鉴别，如评估后具有市场开发价值，须进行可行性分析及填写《可行性评估报告书》，并依照权限呈核，同时召开新产品提案会议，讨论新产品规格特性及制造可行性等，并记录于《可行性评估报告书》。	《可行性评估报告书》
5.3	核准立项 NG OK	技术部	5.3 技术部将《可行性评估报告书》呈总经理核准，决定是否立项。若未核准则放弃，将资料存档备查。	《可行性评估报告书》
5.4	确定开发方案	技术部	5.4 技术部主管对《新产品开发建议书》之开发项目进行研究分析，指定项目负责工程师及设计工程师，并会同他们编制《新产品开发方案书》。	《新产品开发方案书》
5.5	制订开发计划	技术部	5.5 技术部主管组织项目负责工程师及设计人员召开会议，根据新产品预订的投产日期，制订《新产品设计开发计划》及总体设计方案。计划由技术主管审核后呈总经理批准。	《新产品设计开发计划》
5.6	下达设计任务书	技术部	5.6.1 技术部主管根据《新产品开发方案书》及《新产品设计开发计划》向项目工程师及相关设计工程师下达《设计任务书》。 5.6.2 《设计任务书》作为设计新产品的依据，应明确对新产品的性能、环境安全和法规等要求，并尽其可能将所有要求定量化，指明其引用之标准，必要时应说明所用的材料、工艺等。 5.6.3 《设计任务书》由技术部主管编制，经理审批。	《新产品开发方案书》《新产品设计开发计划》《设计任务书》

COP 文件范例 5	产品设计开发管理程序 2（适用于简单的产品设计）			
文件名称	新产品设计开发管理程序	文件编号：SQ-COP-05		版本：A
编制部门	技术部	编制日期：2016.08.08		页码：3/5
序号	产品设计开发作业流程	权责部门/人	作业要求	参考文件/使用表单
5.7	结构设计	技术部	5.7 结构工程师根据《设计任务书》之要求，进行总体结构设计，包括产品外形结构及内部结构，绘制产品结构图，零部件图以及工模夹具图纸、编制产品图纸清单。	《设计任务书》
5.8	电子设计	技术部	5.8 电子工程师根据《设计任务书》及其他相关技术资料与信息，以产品结构图为基础设计绘制相应电路图、PCB 板、液晶体等相关电子、电器元器件图纸。	《设计任务书》
5.9	BOM确定	技术部	5.9 项目工程师编制《物料清单（BOM）》，确定外购与自制零件。如属外购材料或零件，须填写《新物料样品采购单》经技术主管批准交采购部采购，采购回的新物料样品之规格性能须经工程设计人员测试合格方能用于新产品。	《物料清单（BOM）》《新物料样品采购单》
5.10	模具制造	模具部	5.10 如属自制的零部件如胶壳、塑胶配件，则需编制自制零部件清单，同时签发《模具制造通知单》经技术部主管审批后连同有关图纸及技术资料由文控人员依《图纸与技术资料管制程序》发放至模具部，模具部负责制造模具，本厂无能力制造的模具由其申请外发制造，详见《模具制造作业程序》。	《模具制造通知单》《图纸技术资料管制程序》《模具制造作业程序》
5.11	新产品样件制作	技术部	5.11.1 当新产品所需的模具、物料、仪器或设备均已齐备时，项目工程师应组织有关人员进行新产品试制。注塑部准备相应的胶壳及配件。 5.11.2 项目工程师会同电子工程师及机械工程师、IE 工程师根据产品图纸、物料清单及相关工程技术资料，试制新产品。 5.11.3 各参与试制新产品的人员，在试制过程中必须严肃认真地做好新产品试制记录，及时反映试制过程中发现的问题和缺陷，必要时提出修改意见。	

COP 文件范例 5	产品设计开发管理程序 2（适用于简单的产品设计）			
文件名称	新产品设计开发管理程序		文件编号：SQ-COP-05	版本：A
编制部门	技术部		编制日期：2016.08.08	页码：4/5

序号	产品设计开发作业流程	权责部门/人	作业要求	参考文件/使用表单
5.12	新产品测试	技术部	5.12.1 新产品试制出来后，工程设计人员需对试制品的各项功能和性能进行检验和试验，以确定是否满足设计要求和规范。必须保存测试记录。 5.12.2 若试制品不合格，项目工程师应组织设计人员分析原因，提出修改方案并实施，直到修改完成后，重新试制新产品。	
5.13	新产品样件评审	技术部	5.13.1 技术部召集设计人员及各部门相关人员召开设计评审会议，根据新产品样件及相关测试报告，对产品的外观、功能、安全性、可靠性及生产制造的方便性，产品成本进行评审。 5.13.2 项目工程师将评审结果记录于《设计评审记录》，并由各参加评审单位会签。若评审不合格，则由相关责任人跟进改善，直到问题解决。	《设计评审记录》
5.14	新产品样件确认	技术部各部门	5.14.1 设计确认必须在设计验证合格后才能进行，确认前的验证试验必须在规定的操作使用条件下进行。 5.14.2 首先必须对与新产品有关的模具、夹具以及新产品首次使用的新型电子元件进行确认，并做好相应的记录。 5.14.3 确认形式：由市场部、技术部、品管部、生产部、采购部等职能部门负责人以及各工程设计人员以会议形式进行确认。必要时交样品给客户进行确认。 5.14.4 确认合格后必须有与会人员会签《设计确认记录》，并交总经理批准。若为定向设计，必须有客户代表的书面批准方可生效。 5.14.5 公司新产品的确认样品须由技术部、生产部、品管部签名，以作样品留存和对比。	《设计确认记录》
5.15	工艺文件制作	技术部品管部	5.15 试制品评审合格后，由 IE 工程师编制生产工艺流程、生产排拉图、作业指导书等相关技术文件，品管部编制 QC 检验规范等。	

COP 文件范例 5	产品设计开发管理程序 2（适用于简单的产品设计）			
文件名称	新产品设计开发管理程序	文件编号：SQ－COP－05		版本：A
编制部门	技术部	编制日期：2016.08.08		页码：5/5
序号	产品设计开发作业流程	权责部门/人	作业要求	参考文件/使用表单
5.16	技术文件转移	技术部	5.16 技术部负责将产品相关图纸、技术资料、工艺文件、作业指导书等发放到生产部门、采购部门和品管部门。具体按《图纸技术资料管制程序》执行。	《图纸技术资料管制程序》
5.17	新产品试产	生产部技术部品管部	5.17.1 新产品试制完成评审、验证、确认合格后技术部应建议新产品进行批量试产，由技术部填写《新产品试产通知单》，由经理审核，总经理批准，分别发至采购部、生产部、品管部。 5.17.2 试产之前由试产部门备好各种物料，准备好工治具及安排作业人员。试产时，生产主管通知技术部设计人员、品管部有关人员到现场监督指导，及时纠正各作业工序中之不当之处。	《新产品试产通知单》
5.18	试产总结	生产部技术部品管部	5.18 试产完成后，生产主管将试产情况记录于《新产品试产鉴定报告》，由生产部经理召开小批量试产后评审会议，总结试产中存在的问题，并予以落实相关解决方案，评审结果记录于《新产品试产鉴定报告》。	《新产品试产鉴定报告》
5.19	正式量产	生产部技术部	5.19 试产评审合格后，由总经理在《新产品试产鉴定报告》上签字批准，产品可投入正式量产。技术部负责完善各类技术文件。	《新产品试产鉴定报告》
5.20	反馈、跟踪和改进	生产部技术部	5.20 在新产品正式生产当中，若发现技术或工艺问题，生产部应及时反馈给技术部，技术部负责跟进问题的解决，若涉及工程变更时，则按《变更管制程序》执行。这种改进应持续于产品生命周期内。	《变更管制程序》

6. 附加说明

　　无

7. 参考文件

　　7.1 图纸与技术资料管制程序

　　7.2 模具制造作业程序

　　7.3 变更管制程序

8. 使用表单

　　8.1《新产品开发建议书》

　　8.2《可行性评估报告书》

　　8.3《新产品开发方案书》

　　8.4《新产品设计开发计划》

　　8.5《设计任务书》

　　8.6《设计评审记录》

新产品开发建议书（格式）		HD－EN－01A
市场调研或客户要求简要说明：（如内容较多可加附页）		
产品功能性能要求		
适用法律法规要求		
产品外观特性		
建议包装要求		
预计出厂成本及售价		
拟投放市场的地区、时间和数量：		
技术部意见：		
批准	审核	编制
日期	日期	日期

可行性评估报告书（格式）						HD – EN – 02A	
产品名称			型号		日期		
产品主要功能说明							
竞争者分析							
未来市场潜在性							
产品特殊专利							
开发产品所预计占有市场领域							
未来产品发展趋势							
产品制造可行性							
产品成本预估							
预计新产品开发周期							
其他事项							
评审结论							
评审人员会签							
技术主管				总经理核准			

新产品开发方案书（格式）				HD－EN－03A	
产品类别			产品型号		
主要功能及要求描述：					
项目	开发方案		项目负责人		备注
产品外形设计					
电子功能					
机械结构设计					
模具设计					
模具制造					
产品零配件开发					
产品包装设计					
批准		审核		编制	
日期		日期		日期	

新产品设计开发计划表（格式）					HD – EN – 04A
产品名称		产品型号		编制日期	
序号	工作项目	负责单位	负责人	预计日期	实际完成日期
第一阶段：开发立项及计划					
1	新产品开发建议	市场部			
2	新产品可行性评估	开发部主导			
3	核准立项	总经理			
4	成立项目小组	开发部主导			
5	设计开发策划	开发部			
6	开发计划评审	项目小组			
第二阶段：产品设计和开发					
1	外观设计	开发部			
2	结构设计	开发部			
3	电子设计	开发部			
4	包装设计	开发部			
5	模具设计与制造	模具部			
6	设计评审	项目小组			
第三阶段：样件生产、验证和确认					
1	编写制初始工艺流程图/工艺文件	开发部			
2	检验标准、规范制定	品管部			
3	样件制造	研发部			
4	设计验证	品管部/开发部			
5	设计评审	项目小组			
6	内部确认	项目小组			
7	送样	市场部			
8	客户确认	市场部			
第四阶段：试生产					
1	试产前会议	项目小组			
2	小批试制生产	生产部			
3	新产品设计定型鉴定	项目小组			
第五阶段：量产					
1	正式量产	生产部			
2	量产总结报告	项目小组			

编制：　　　　　　　　审核：　　　　　　　　批准：

设计任务书（格式）					HD－EN－05A	
设计项目				任务书编号		
配备资源						
设计部门/负责人				要求完成时间		
遵循标准/适用法规						
设计输入	1.					
	2.					
	3.					
	4.					
设计任务要求	1.					
	2.					
	3.					
	4.					
	5.					
	6.					
设计输出图纸与技术资料						
序号	编号		内容		设计负责人	完成时间
备注						
批准			审核		编制	
日期			日期		日期	

设计评审记录（格式）					HD－EN－06A	
评审日期		评审地点		主持人		
参加评审部门						
设计产品类别		型号		设计负责人		
评审阶段：试产后评审						
评审范围		评审次数		第_____次评审		
评审内容	评审要点					存在问题
	A. 设计是否满足了产品、工艺或服务的所有规定要求。					
	B. 产品设计与加工要求是否相符。					
	C. 产品是否满足了安全性和可信性要求。					
	D. 是否已经选择了适当的材料和设备。					
	E. 设计是否满足了所有预期的环境和载荷条件。					
	F. 零部件要素是否标准化？是否具有互换性、维修性和替换性？					
	G. 实施设计的计划（如采购、生产、检验和试验）在技术上是否可行？					
	H. 其他相关事项。					
评审意见结论						
会签	部门	签名	部门	签名	部门	签名
批准		审核		编制		
日期		日期		日期		

第九章 产品设计风险分析方法——DFMEA技术

第一节　产品设计失效风险的影响

　　一、什么是失效

　　二、失效给企业带来的后果

　　三、不同阶段失效的损失程度

　　四、失效对质量的影响

第二节　FMEA概述

　　一、FMEA的基本概念

　　二、FMEA的应用和发展

第三节　设计潜在失效模式及后果分析（DFMEA）

　　一、DFMEA概述

　　二、设计FMEA的策划和编制说明

　　三、DFMEA案例参考

第一节　产品设计失效风险的影响

一、什么是失效

失效（Failure）：是指实体全部或部分失去了完成其功能的能力。其中实体是指产品、过程或系统。

潜在失效：有可能发生，但不一定会发生的失效。

对产品而言，失效有以下三种情况：

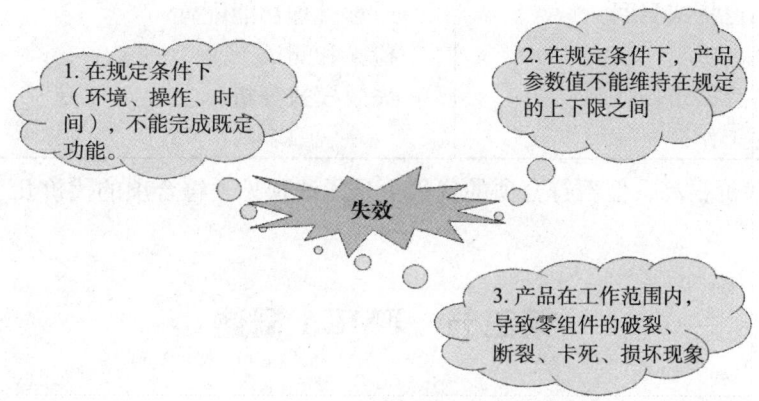

图 9-1　失效的三种情况

二、失效给企业带来的后果

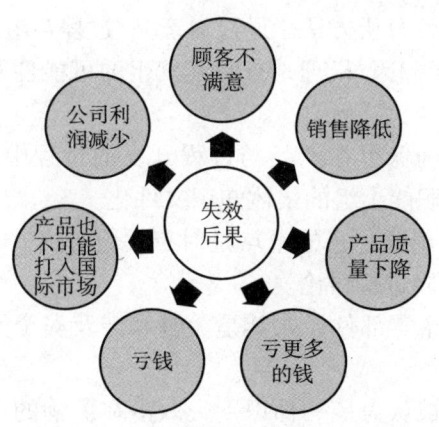

图 9-2　失效给企业带来的后果

三、不同阶段失效的损失程度

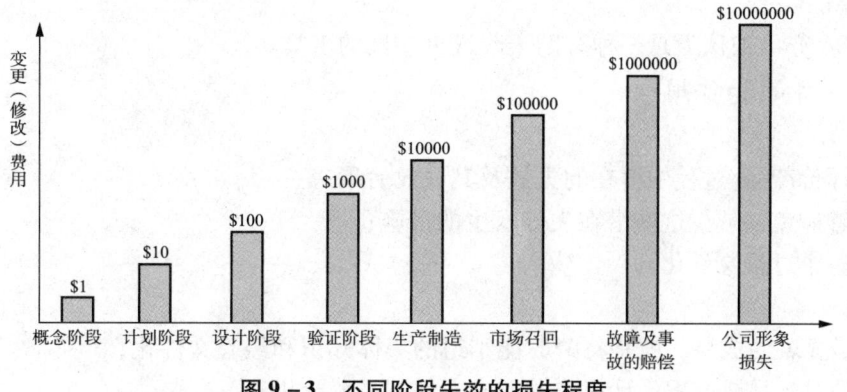

图 9-3　不同阶段失效的损失程度

四、失效对质量的影响

所有的制造问题中有 80% 是由糟糕的设计（包括产品设计和过程设计）引起的。

对于许多制造过程，缺陷产品仍然以百分数来衡量，而不是以百万件中缺陷产品数来衡量。

不符合的代价	符合的代价
索赔	设计评审、验证、确认
重新设计	实验设计
返工、报废	培训
产品退货或召回	质量管理功能配置
官司	检验和测试
销售丢失市场	失效模式分析
失去工作	

做到符合项的代价很高，但不符合项的代价更是无法预见，符合项的代价几乎等同于防止失效的代价。

第二节　FMEA 概述

一、FMEA 的基本概念

1. 什么是 FMEA

FMEA 是英文 Potential Failure Mode and Effects Analysis 的简称，也就是潜在失效模式及后果分析，它是一种系统化的可靠性定性分析方法。通过对产品/过程各组成部分进行事前分析，发现、评价产品/过程中潜在的失效模式及起因/机理，查明其发生的可能性及对系统的影响程度，以便采取措施进行预防。

FMEA 是一种分析方法，它确保了在产品与过程开发的过程中，考虑并且处理了潜在的问题。FMEA 最显著的成果，就是将跨职能小组的集体知识文件化。

风险评估是评估与分析的一部分，它的重点是对有关设计（产品和过程）、功能和应用变更的评审，对潜在失效可能带来的风险进行讨论。

FMEA 应当关注产品的每一个零部件，尤其是关键和涉及安全问题的零部件或过程，更应当受到优先关注。

作为风险评估工具，FMEA 被认为是一种识别失效潜在影响的严重性的方法，并为采取减轻风险的措施提供了输入。

在许多应用中，FMEA 也估计失效的原因及其导致的失效模式的发生的可能性，通过提供对失效模式的可能性的测量扩大分析。为了将风险降低到最小，需减少失效发生的可能性，从而增加产品和过程的可靠性。

因此，FMEA 亦可被认为是一种有助于改进可靠性的工具。

2. FMEA 的目的和作用

（1）目的：

- 发现和评价产品/过程中潜在的失效及其失效后果；
- 找到能够避免或减少这些潜在失效发生的措施；
- 将上述整个过程文件化。

（2）作用：

- FMEA 最显著的成果，就是将跨职能小组的集体知识和经验文件化；
- FMEA 是对产品或过程设计正式的形成文件的系统分析；

- FMEA 由负责产品设计和过程设计的工程师于早期设计过程中完成；
- FMEA 确定了潜在的失效模式和初步的措施，以避免那些潜在失效的产生；
- FMEA 是"事前"行为，而不是"事后"操作。事先花时间很好地进行综合的 FMEA 分析，能够容易、低成本地对产品或过程进行修改，从而减轻事后修改的危机；
- FMEA 能够减少或消除因修改而带来更大损失的机会。

3. FMEA 应用的三种情形

（1）新设计、新技术或新过程
- 在新产品设计的时候要作完整的设计 FMEA 分析；
- 在引入新技术的时候要作全部的新技术 FMEA 分析；
- 在设计新的制造过程时要作完整的过程 FMEA 分析。

（2）对现有设计或过程的修改（假设现有的设计或过程已有一个 FMEA）
- 当对现有的产品作设计修改时，要对修改的部分以及由于修改所产生的相互影响作 FMEA 分析；
- 当对现有的制造过程作修改时，要对修改的过程作 FMEA 分析。

（3）将现有设计或过程用于新的环境、场所时

当现有设计或过程应用在另一个新的环境或场所，应对现有的设计或过程在新环境或场所上的影响进行分析。

因此，FMEA 是一份动态文件，FMEA 不是一劳永逸的事，而是随着产品或过程的更改不断的修订。FMEA 是对设计过程中所用技术和经验的总结。一份好的 FMEA 文件提供给后续的产品设计或过程设计很好的思考和借鉴。

4. FMEA 的参与者

对任何公司而言，FMEA 都是非常重要的活动。FMEA 的开发是一个涉及整个产品实现过程的多方论证的活动，它的有效实施依赖于良好的策划。这个过程需要大量的时间并且对所需资源的承诺至关重要。

FMEA 开发的关键就是过程所有者以及高级管理者的承诺。

FMEA 由多功能小组开发，小组规模会根据设计的复杂性和公司规模大小而有所不同。小组成员要有相关的技术知识，足够的时间，以及管理者批准的权限。

典型的 FMEA 多功能小组成员包括但不限于：

产品工程师　　制造工程师　　质量工程师　　操作人员
供应商代表　　顾客代表　　　管理层

FMEA 小组组长应该在具有相关经验和必要授权的情况下进行选择小组成员。

5. FMEA 的两种类型

（1）**FMEA 包括：DFMEA**，产品设计潜在失效模式和后果分析；**PFMEA**，制造过程潜在失效模式和后果分析。

（2）两种 FMEA 的区别：

设计 FMEA——用来在产品交付生产前，重点分析由设计缺陷引起的产品潜在失效模式；

过程 FMEA——用来分析制造与装配过程，重点分析由制造或装配过程缺陷引起的潜在失效。

（3）FMEA 的时间顺序

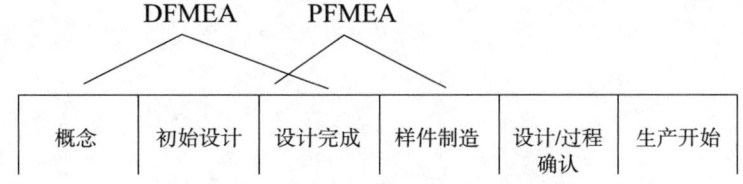

图 9-4　FMEA 的时间顺序

DFMEA——完成时间在早期的图样完成但任何工装的制造和生产设备开发和采购开始之前；

PFMEA——开始于基本的操作方法讨论完成时，完成时间早于生产计划制订和生产批准之前。

6. FMEA 的逻辑顺序

下表描述了进行 FMEA 的顺序。FMEA 是以表格的形式展开，但这并不是简单的填写一下表格，而是要理解 FMEA 的过程，以便消除风险并策划适宜的控制方法以确保顾客满意。

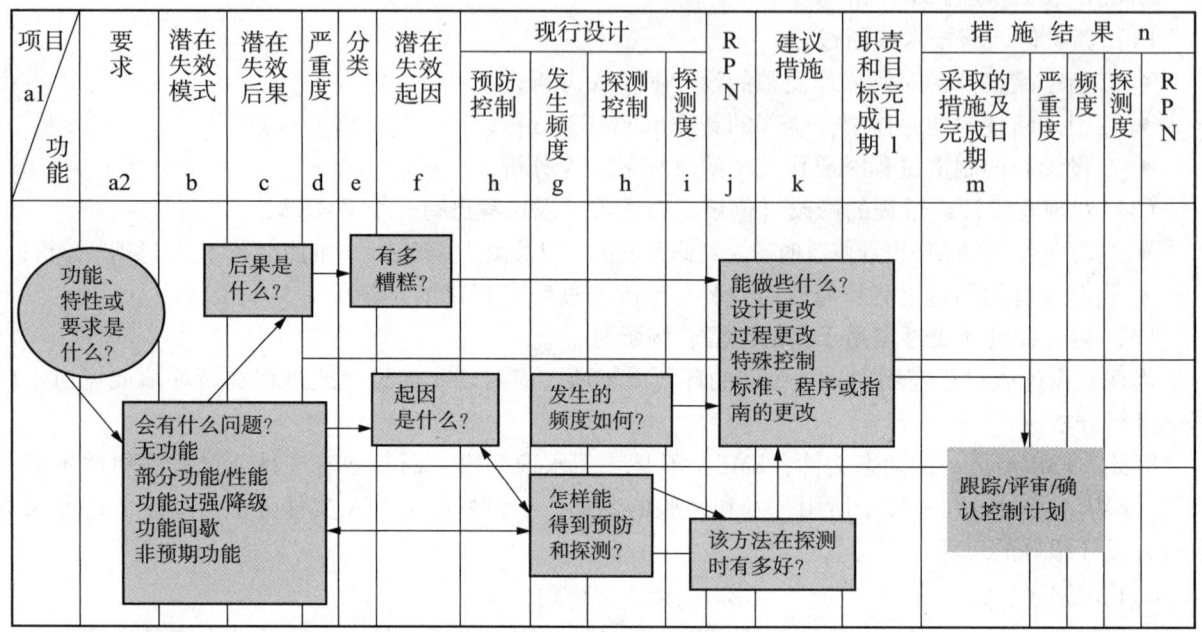

二、FMEA 的应用和发展

（1）20 世纪 50 年代初期，美国格鲁曼公司（Grumman）第一次把 FMEA 思想用于一种战斗机的操纵系统的设计分析，取得较好效果，以后逐渐推广。

（2）20 世纪 60 年代中期用于美国航天工业。（阿波罗）

（3）1974 年用于美国海军。（MIC - STD - 1629A 军标）

（4）1985 年国际电工委员会（IEC）公布了 FMEA 标准：IEC 812。

这个标准被我国等同采用为 GB 7826—87：《系统可靠性分析技术，失效模式和效应分析（FMEA）程序》。

（5）1993 年由美国三大汽车公司（通用、福特、戴姆勒克莱斯勒）编制成手册以配合 QS—9000 的实施。发行版本：1993 年 2 月第一版，1995 年 2 月第二版，2001 年 7 月第三版，2008 年 7 月第四版。

（6）ISO/TS 16949 & IATF16949 质量管理体系要求必须进行设计 FMEA 和过程 FMEA。

（7）现今，FMEA 技术已被广泛用于制造业。

第三节 设计潜在失效模式及后果分析（DFMEA）

一、DFMEA 概述

1. 什么是 DFMEA

DFMEA 是由负责设计的工程师/小组早期采用的一种分析技术，用来在最大范围内保证已充分地考虑到并指明各种潜在失效模式及与其相关的起因/机理。

应评估最终的产品以及每个与之相关的系统、子系统和零部件。

2. DFMEA 的目的

DFMEA 通过以下几方面降低风险支持设计过程：

(1) 有助于对设计包括功能要求和设计方案在内的设计进行客观评价；
(2) 对制造、装配、服务和回收要求的最初设计进行评价；
(3) 提高在设计/开发过程中已考虑潜在失效模式及其对产品运行影响的可能性（概率）；
(4) 为全面、有效的设计、开发和项目确认的策划提供更多的信息；
(5) 根据潜在失效模式对"顾客"的影响，对其进行排序列表，进而建立一套改进设计和开发试验的优先控制系统；
(6) 为建议和跟踪降低风险的措施，提供一个公开的讨论形式；
(7) 为将来阐述售后市场关切情况、评价设计更改及开发先进的设计提供参考（如学到的经验）。

3. DFMEA 的编制及完成时间

(1) 在一个设计概念最终形成之时或之前开始；
(2) 在产品开发各阶段中，当设计有变更或得到其他信息时，应及时、不断地修改；
(3) 并最终在产品加工图样完成之前全部结束。

4. DFMEA 中顾客的定义

DFMEA 中的顾客包括：

(1) 最终使用者；
(2) 直接顾客；
(3) 政府法规机构。

5. 小组的努力

DFMEA 由负有设计职责的设计工程师领导的具有代表性的多学科（或跨功能）小组进行开发和维护。

负责设计的工程师被预期能够直接地、主动地联系所有有关部门的代表。这些专家和负责的领域应包括但不限于装配、制造、设计、分析/试验、可靠性、材料、质量、服务和供方，以及下一个较高阶或低阶的组装或系统、子系统或零组件设计部门。

6. 可制造性、可装配性、可维修性的考虑

DFMEA 应当包括所有在制造或装配过程中可能发生的且由设计所导致的潜在失效模式和原因。这种失效模式可以通过设计变更来减少（如防止零件错误装配的设计特性—防错）。

当这些失效模式没有在 DFMEA 分析中得到减少，则这些失效模式的识别、影响和控制应该传递到 PFMEA 中，PFMEA 应覆盖这些内容。

DFMEA 不依靠过程控制来克服潜在的设计缺陷，但它会把制造和装配过程中的技术、物理限制考虑在内。例如：

- 必要的拔模斜度
- 表面处理的限制
- 装配空间（工具的可达性）

- 钢材强度的局限性
- 公差/过程能力/性能

产品投入使用后，DFMEA 还应考虑产品服务性和可回收性：
- 便利的维修工具
- 简便的诊断方法
- 材料分类标志（回收利用）
- 材料/化学品，是否满足环保要求

7. 设计 FMEA 的作业流程

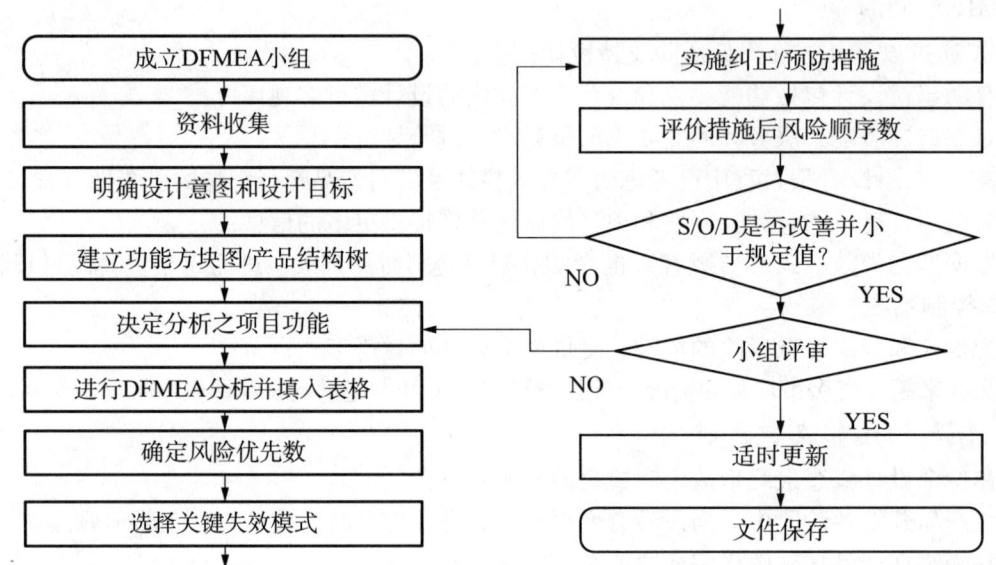

图 9-5 DFMEA 的作业流程图

二、设计 FMEA 的策划和编制说明

对一个产品设计有效分析的首要任务是：建立小组，确定范围，建立描述产品功能和要求的框图或者参数图。

DFMEA 过程可以根据组织的产品开发过程来安排。

DFMEA 应当开始于信息的建立以理解被分析的系统、子系统或零部件，并定义它们的功能要求和特性。

1. 明确设计意图和设计目标

设计 FMEA 的第一步就是要明确设计意图和设计目标。应从列出设计希望做什么及不希望做什么开始，如设计意图、顾客需求。

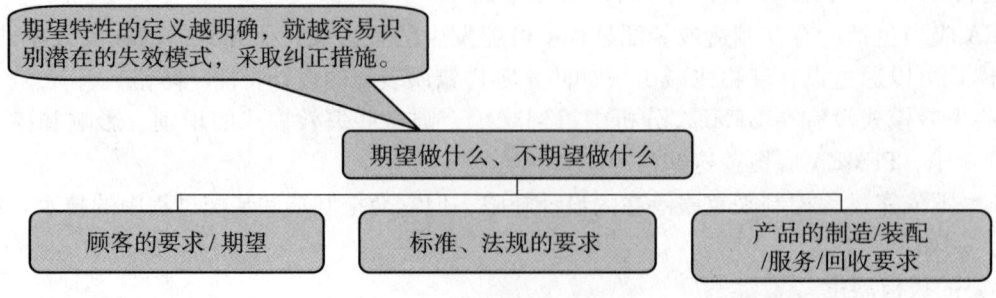

图 9-6 设计意图与设计目标

2. 画出系统、子系统或零部件的方块图或树形图

系统名称：音响用喇叭

型名：SG – C05103 – S

FMEA 编号：20090306

环境温度：–25℃ ~50℃　　　湿度 20% ~95%

□框内为零件　　　_____表示相连的　　　-------表示不相连　　　数字表示连接方法

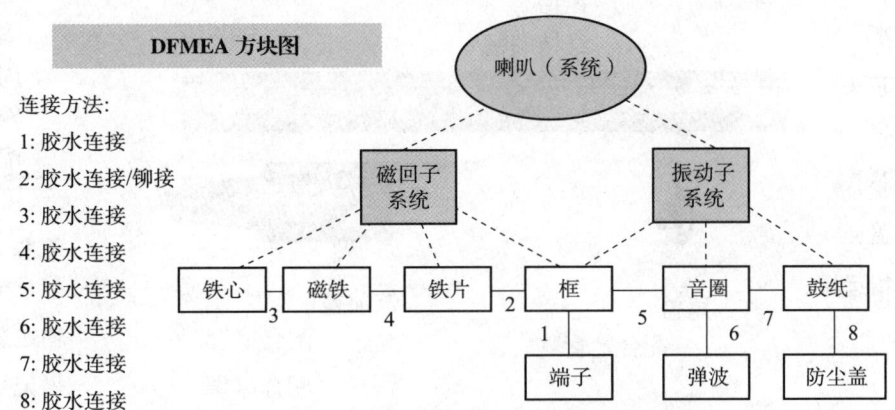

图 9 – 7　音响用喇叭方块图（示例）

产品方块图显示的是产品零部件之间的物理、逻辑关系。方块图显示了在设计范围内零部件与子系统的相互作用。这个相互作用包括：信息、能量、力或液体的流。

方块图的目的在于理解对系统的要求或输入、基于输入或所实施的功能产生的活动，以及交付物或输出。

方块用线连接而成，每一个方块与产品的一个主要部件或过程的一个主要步骤相对应。线表示产品部件是怎样相关的，或相互的界面。对于方块图，组织须以最好的方法或格式来做。

用于准备 DFMEA 的方块图应有复印件与 DFMEA 附在一起。

3. 决定分析之项目功能

DFMEA 过程里的另一个步骤就是确定设计的功能要求和接口要求。例如：

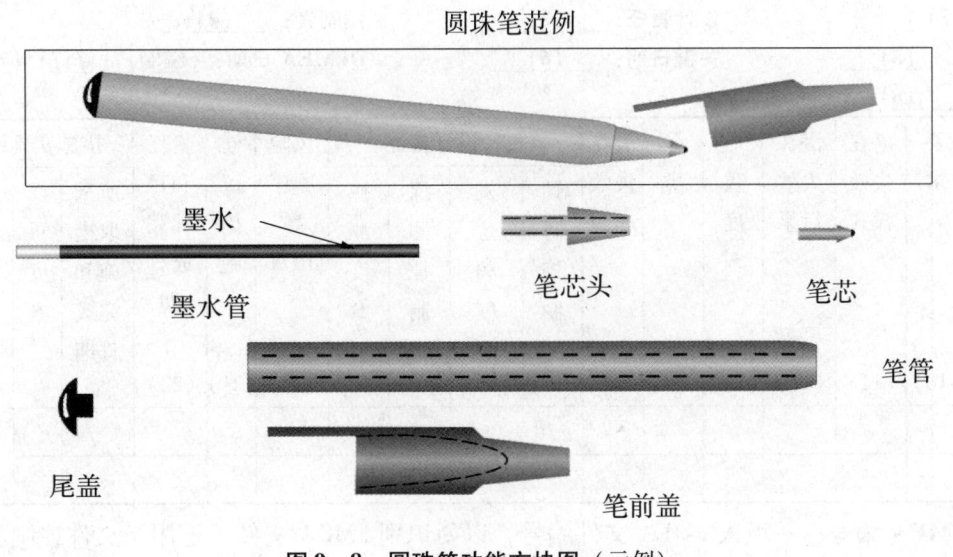

图 9 – 8　圆珠笔功能方块图（示例）

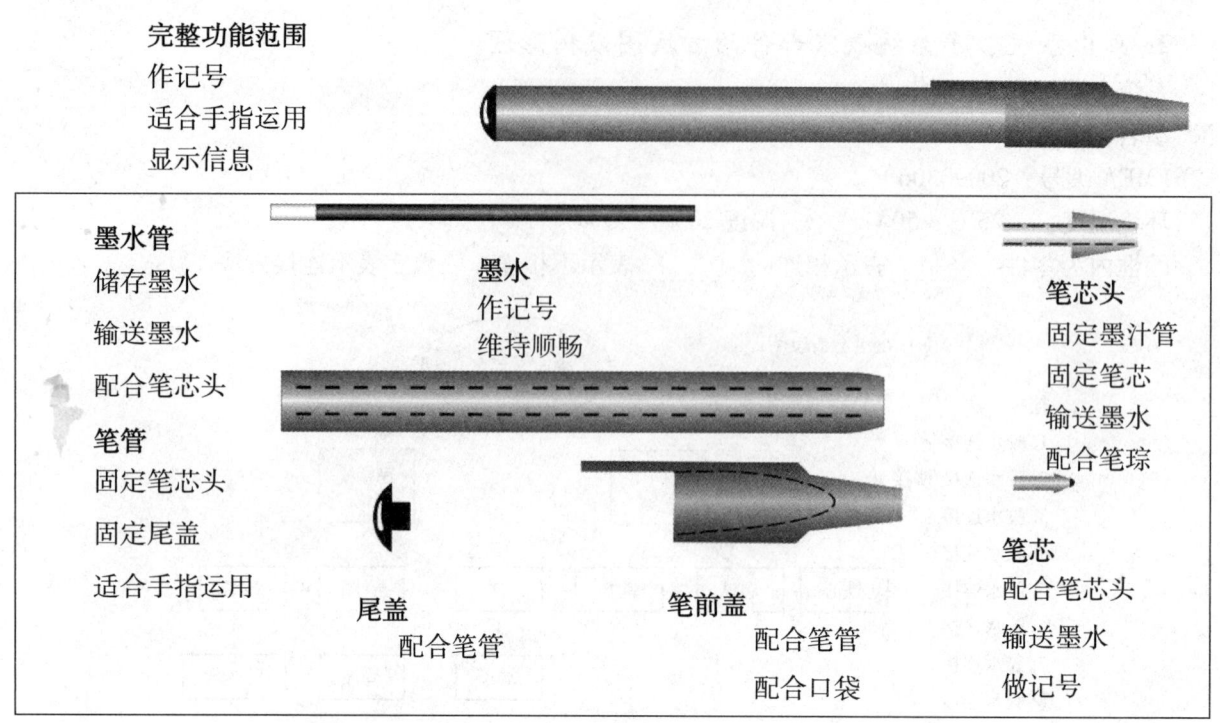

图9-9 圆珠笔功能图

4. DFMEA 分析和编制说明

根据功能方块图对各子系统、零部件分别进行失效模式和后果分析，按照设计 FMEA 表的栏目的逻辑顺序逐项分析填入表格。

以下所用的 DFMEA 表为 FMEA 第四版的格式，是一种通用的格式。对比第三版的格式而言，将"要求"栏目单独列出，便于"功能"和"要求"的分开描述；将"预防控制"栏放在"发生频度"栏左边，更好地显示预防控制和发生频度级别排序的关联。

设计潜在失效模式与后果分析（设计 FMEA 表）															
____系统 ____子系统 零部件___(2)___ 产品名称：___(5)___ 核心小组：___(8)___					设计责任：___(3)___ 关键日期：___(6)___					编号：___(1)___ 页码：第 页，共 页 编制者：___(4)___ DFMEA 日期：（编制）（修订）(7)					
项目 功能	要求	潜在失效模式	潜在失效后果	严重度 S	分类	潜在失效起因	现行设计控制			风险顺序数 RPN	建议措施	责任和目标完成日期	措施实施结果（23）			
							预防控制	发生频度 O	探测控制	探测度 D				所采取措施和完成日期	严重度 S	频度 O	探测度 D	RPN
(9)	(10)	(11)	(12)	(13)	(14)	(15)	(17)	(16)	(18)	(19)	(20)	(21)	(22)				

（1）**FMEA 编号**——填入 FMEA 文件编号，以便识别 FMEA 文件。这用于文件控制。

（2）**系统、子系统或零部件名称及编号**——输入需要分析的系统、子系统或零部件的名称及编号。如喇叭系统、振动子系统、零部件音圈。

(3) 设计责任——填入负有设计责任的组织、部门和小组。
(4) 编制者——填入负责编制 DFMEA 工作的工程师姓名、电话。
(5) 产品名称——填入 DFMEA 的设计产品名称。
(6) 关键日期——填入 FMEA 初次预订完成的日期,该日期不应超过计划的量产设计发布的日期。
(7) FMEA 日期——填入编制 FMEA 原始稿的完成日期和最新修订的日期。
(8) 核心小组——填入负责开发 DFMEA 小组成员。联系信息(如名字、电话号码和 Email)可附在补充文件中。

项目 功能	要求	潜在失效模式	潜在失效后果	严重度 S	分类	潜在失效起因	现行设计控制			风险顺序数 RPN	建议措施	责任和目标完成日期	措施实施结果(23)			
							预防控制	发生频度 O	探测控制	探测度 D				所采取措施和完成日期	严重度 S	频度 O	探测度 D	R P N
(9)	(10)	(11)	(12)	(13)	(14)	(15)	(17)	(16)	(18)	(19)	(20)	(21)	(22)				

(9) 项目/功能——用尽可能简明的文字来说明被分析项目满足设计意图的功能,包括该系统运行环境(规定温度、压力、湿度范围、设计寿命)相关的信息(度量/测量变量)。如果该项目有多种功能,且有不同的失效模式,应把所有的功能单独列出。

关于系统、子系统、零部件的功能及失效模式的树形图:

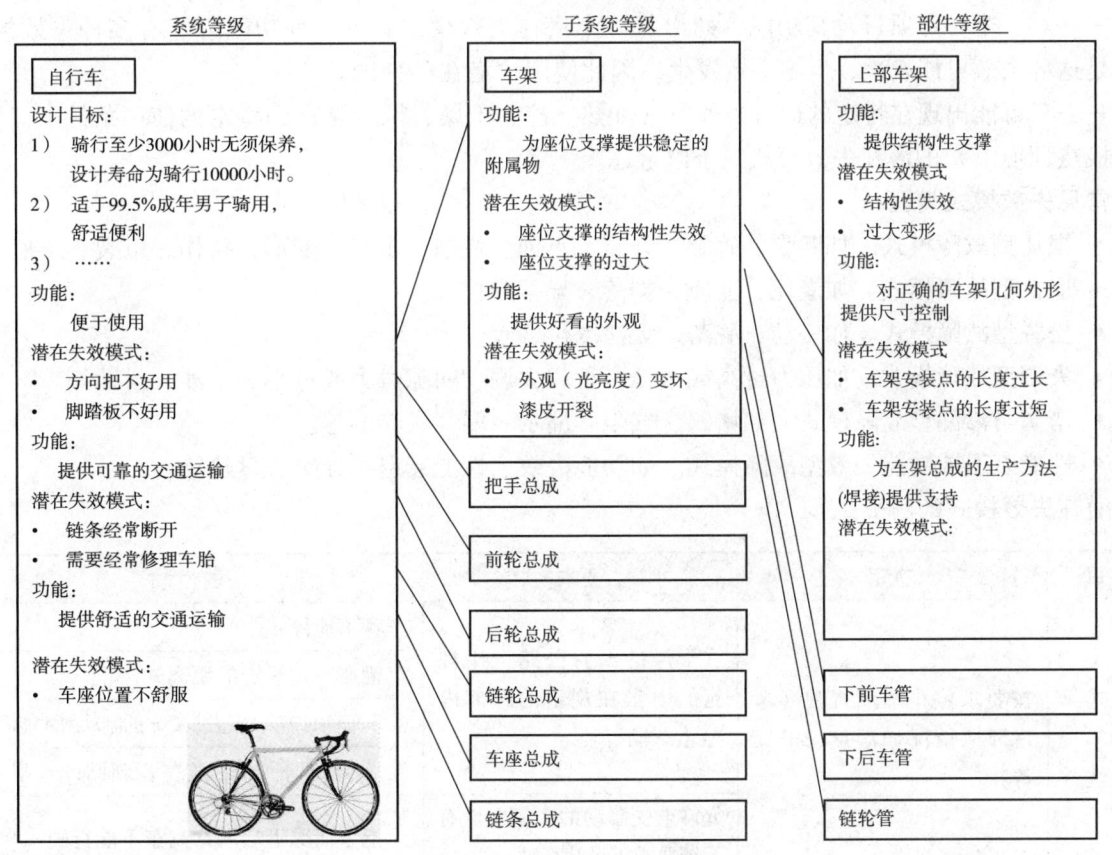

图 9-10 自行车失效树形图

项目:输入通过方块图和其他图纸以及由小组进行的其他分析所识别的项目或零件。

所使用的术语应该与顾客要求、使用在其他设计开发文件和分析中的一致，以确保可追溯性。

功能：填入根据顾客要求和小组讨论必须符合设计目的的那些需要进行分析的项目的功能。如果项目在不同的潜在失效模式下的功能超过一个以上，建议单独列出每一个功能和相关的失效模式。

(10) 要求

填入需要分析的每一个功能的要求（要求是基于顾客的要求和小组的讨论）。如果在不同的失效模式下，功能有一个以上的要求，建议单独列出每一项要求和功能。

项目/功能	要求	潜在失效模式	潜在失效后果	严重度S	分类	潜在失效起因	现行设计控制			风险顺序数RPN	建议措施	责任和目标完成日期	措施实施结果（23）			
							预防控制	发生频度O	探测控制	探测度D				所采取措施和完成日期	严重度S	频度O	探测度D	RPN
(9)	(10)	(11)	(12)	(13)	(14)	(15)	(17)	(16)	(18)	(19)	(20)	(21)	(22)				

(11) 潜在失效模式

——所谓潜在失效模式是指部件、子系统或系统有可能会未达到或不能实现项目/功能栏中所描述的预期功能的情况（如预期功能失效）。这种潜在的失效模式可能会是更高一级的子系统或系统的潜在失效模式的起因或者是更低一级的部件的潜在失效模式的影响后果。

——识别与功能/要求相关的潜在失效模式。潜在失效模式应用专业性的术语来描述，而不同于顾客所见的现象。

——对一个特定项目及其功能，列出每一个潜在失效模式，每一种功能可能有多种失效模式。前提是这种失效可能发生，但不一定发生，因此使用"潜在"一词。

——只可能出现在特定的运行条件下（如热、冷、干燥、粉尘等）和特定的使用条件下（如极冷、极热环境下）的潜在失效模式应予以考虑。

常见失效模式类型：
- 损坏型故障模式。如断裂、碎裂、开裂、点蚀、烧蚀、击穿、变形、拉伤、龟裂、压痕等。
- 退化型故障模式。如老化、变质、剥落、异常磨损等。
- 松脱型故障模式。如松动、脱落、无法复位、咬住等。
- 失调型故障模式。如压力过高或过低、行程失调、间隙过大或过小、干涉、抖动等。
- 堵塞与渗漏型故障模式。如堵塞、气阻、漏水、漏气、渗油等。
- 性能衰退或功能失效型故障模式。如功能失效、性能衰退、异响、过热等。

潜在失效模式的例子：

项目	功能	要求	失效模式
盘式刹车系统	按要求停止车辆行驶（考虑环境情况如湿度、干燥等）	在干燥的沥青公路上用规定的力量在规定的距离内停止车辆行驶	车辆不能停止
			车辆在超过规定的距离外停止
			停止车辆时需要用超过XXg的制动力才能停止
			无指令情况下启动；或汽车行驶部分受阻
		允许未受制动的车辆在没有系统要求下继续行驶	无指令情况下启动；汽车不能行驶
刹车转轴	允许将力从刹车片传到轮轴	必须传递规定转矩抗力到轮轴	未能有效传递转矩抗力

——在确定所有的失效模式后，可通过对以往运行不良的研究、关注点、问题报告以及小组的"头脑风暴"来对分析的完整性进行确认。

项目/功能	要求	潜在失效模式	潜在失效后果	严重度 S	分类	潜在失效起因	现行设计控制			风险顺序数 RPN	建议措施	责任和目标完成日期	措施实施结果（23）			
							预防控制	发生频度 O	探测控制	探测度 D				所采取措施和完成日期	严重度 S	频度 O	探测度 D	RPN
(9)	(10)	(11)	(12)	(13)	(14)	(15)	(17)	(16)	(18)	(19)	(20)	(21)	(22)				

(12) 潜在失效后果

——潜在失效的后果定义为顾客感受到的失效模式对功能的影响。

——要根据顾客可能发现或经历的情况来描述失效的后果，要记住顾客既可能是内部的顾客也可能是最终用户。

——如果失效模式可能影响安全性或法规的符合性，要清楚地予以说明。

——典型的失效后果可能是：噪声、粗糙、漏气、无法运作、外观不良、不适的异味、不稳定、发热……

从上表中展开的潜在失效后果的例子：

项目	失效模式	后果
盘式刹车系统	车辆不能停止	车辆控制减弱；与法规不符
	车辆在超过规定的距离外停止	车辆控制减弱；与法规不符
	停止车辆时需要用超过 XXg 的制动力才能停止	与法规不符
	无指令情况下启动；或汽车行驶部分受阻	减短刹车片寿命；降低汽车控制
	无指令情况下启动；汽车不能行驶	顾客不能驾驶车辆

失效后果可以从以下几方面考虑：
- 对完成规定功能的影响；
- 对上一级系统完成功能的影响；
- 对系统内其他零件的影响；
- 对顾客满意的影响；
- 对安全和政府法规符合性的影响；

——失效的后果应按照所分析的具体的系统、子系统和零部件之间存在着的一种系统层次上的关系。例如，一个零件可能会断裂，这样会引起总成的振动、从而导致一个系统间歇性运行。系统的间歇性运行可能会造成性能的下降并最终导致顾客的不满。分析的意图就是在小组所拥有的知识层次上，尽可能地预测到失效的后果。

——可运用失效链分析方法，搞清楚直接后果、中间后果和最终后果。

失效链示例：

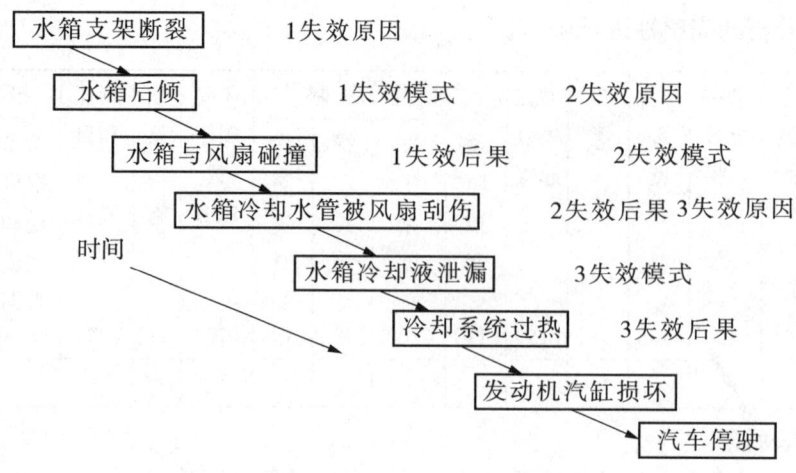

图 9-11　失效链示例

(13) **严重度（S）**

——严重度是对一个假定失效模式的最严重影响的评价等级。
——严重度是在单独 FMEA 范围内的一个比较级别。
——FMEA 小组应对评价准则和分级规则达成一致意见，并一贯使用它们。
——当严重度数值定为 9 或 10 时，要特别的关注。严重度数值定级为 1 的失效模式不应进一步的分析。

表 9-1　推荐的 DFMEA 严重度评价准则

后果	判定准则：对产品影响的严重度（顾客影响）	级别
不符合安全和/或法规要求	潜在失效后果影响产品安全和/或涉及不符合政府法规，失效发生时无警告	10
	潜在失效后果影响产品安全和/或涉及不符合政府法规，失效发生时有警告	9
主要功能丧失或降级	主要功能丧失（产品不能运行，但不影响安全操作）	8
	主要功能降级（产品可运行，但性能水平降低）	7
次要功能丧失或降级	次要功能丧失（产品可行驶，但舒适性/便利性功能丧失）	6
	次要功能降级（产品可行驶，但舒适性/便利性性能水平降低）	5
其他功能不良	外观或噪声不符合要求，产品可使用，大多数顾客（>75%）会发现这些缺陷	4
	外观或噪声不符合要求，产品可使用，很多顾客（50%）会发现这些缺陷	3
	外观或噪声不符合要求，产品可使用，被有识别能力的顾客（<25%）会发现这些缺陷	2
没有影响	没有可辨识的影响	1

——组织可对准则进行修改，不推荐修改 9 和 10 的准则。
——严重度可以通过修改设计、使之补偿来减轻失效的后果从而减低严重度等级。如："瘪胎"可以减轻突然爆胎的严重度，"安全带"可以减轻车辆碰撞的严重程度。
9~10：与安全/法规有关；5~8：与性能/功能有关；2~4：与外观、噪声和感觉有关。

严重度判别流程：

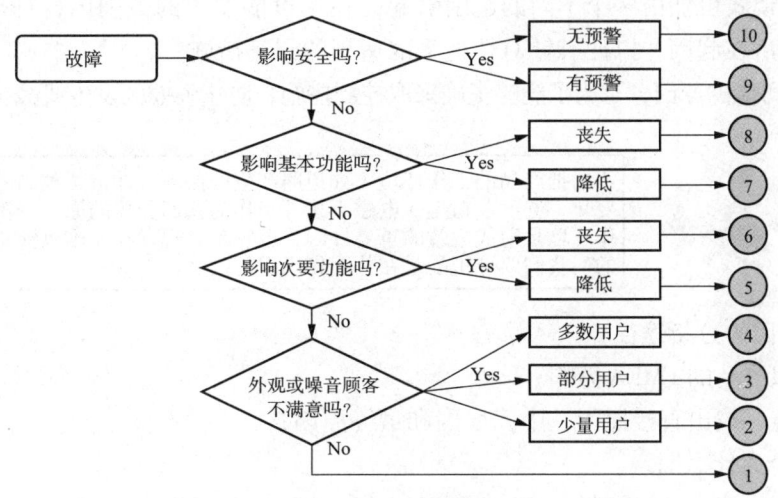

图 9-12 严重度判别流程

(14) 分类

——本栏位可用来强调高优先的失效模式和它们对应的起因。

——作为分析的结果，小组可使用这个信息标识特殊特性。顾客可能会要求标识产品特殊特性和过程特殊特性符号以及它们的用法。

——如果一个特性在设计记录中被指定为特殊特性，但是在 DFMEA 中没有识别出对应的设计失效模式，这表明设计 FMEA 分析不足。

一个关于"分类"标识的例子：

项目 / 功能	要求	潜在失效模式	潜在失效后果	严重度 S	分类	潜在失效起因	现行设计控制			险顺序数 RPN
							预防控制	发生频度 O	探测控制	探测度 D	
(9)	(10)	(11)	(12)	(13)	(14)	(15)	(17)	(16)	(18)	(19)	(20)
O形密封圈	密封制冷剂	制冷剂泄漏	空调失效	8	▲	O形密封圈选型不正确	O形密封圈标准设计评审	2	原型样品测试	5	80

"▲"表示特殊特性符号。

项目 / 功能	要求	潜在失效模式	潜在失效后果	严重度 S	分类	潜在失效起因	现行设计控制			风险顺序数 RPN	建议措施	责任和目标完成日期	措施实施结果 (23)			
							预防控制	发生频度 O	探测控制	探测度 D				所采取措施和完成日期	严重度 S	频度 O	探测度 D	RPN
(9)	(10)	(11)	(12)	(13)	(14)	(15)	(17)	(16)	(18)	(19)	(20)	(21)	(22)				

(15) 潜在失效起因

失效原因：在 DFMEA 中是指引原失效模式的可能的设计薄弱点，其结果就是失效模式。

——一个失效模式可能由多个不同的起因引起，在尽可能发生的范围内，列出对每个失效模式的所有可以想到的潜在起因，以便有针对性地采取适当的纠正措施。

——研究失效可能的原因，是为了能够正确采取控制措施，防止失效的发生或减少其发生的可能性。

 不要把产品的工作环境（如道路产生的振动、冲击、气温的变化、湿度、粉尘、电磁干扰等）作为我们分析的原因。工作环境是造成失效的重要外因，但它是客观存在，难以控制的。我们要分析的是在外因作用下的内因。

潜在失效的起因的分析途径：
- 现有的类似产品的 FMEA 资料；
- 应用失效链，找出直接原因、中间原因和最终原因；
- 应用"五个为什么"；
- 应用因果图，从人、机、料、法、环境等方面分析；
- 应用排列图、散布图、试验设计等方法，从可能的多因素原因中找出主要原因；
- 应用失效树分析（FTA）找出复杂系统的失效原因；
- 充分发挥小组的经验，采用头脑风暴法，对可能的原因进行归纳分析。

潜在失效起因的例子：

失效模式	机理	起因
车辆不能停止	从刹车板到刹车片没有传递制动力	由于不适当的防腐蚀，机械连接破裂
		由于密封设计，主要的汽缸真空空间被锁住
		由于不正确的连接器转矩规范，液压管松动，液压丧失
		由于液压管道弯曲/压缩，规定了不恰当的液压管材料，液压丧失
车辆在超过规定的距离外停止	减低了从刹车板到刹车片的制动力	由于不恰当的润滑规范，机械连接僵硬
		由于防腐蚀不充分，机械连接被腐蚀
		由于液压管道弯曲，规定了不适当的液压管材料，液压部分流失
无指令情况下启动；或汽车行驶部分受阻	刹车片没有弹起来	由于表面处理没有促使足够的自身清洁和防腐措施，腐蚀或轨道上污物沉淀或有刹车片有洞眼
无指令情况下启动；汽车不能行驶	液压没有恢复	由于密封设计，主缸真空被锁住
无指令情况下启动；或汽车行驶部分受阻	刹车片没有弹起来	由于表面处理没有促使足够的自身清洁和防腐措施，腐蚀或轨道上污物沉淀或有刹车片有洞眼

典型的失效起因可包括但不限于：
- 规定的材料不正确
- 表面精加工规范不当
- 设计寿命设想不足
- 行程规范不当
- 应力过大
- 维护说明书不充分
- 润滑能力不足
- 规定的摩擦材料不当
- 规定的公差不当

——在识别失效的潜在要因时，对失效的特定要因使用简明描述，如规定的螺钉长度不足。像"不足的设计"或"不恰当的设计"这样不明确的短语不应使用。

项目 / 功能 (9)	要求 (10)	潜在失效模式 (11)	潜在失效后果 (12)	严重度 S (13)	分类 (14)	潜在失效起因 (15)	现行设计控制			风险顺序数 RPN (20)	建议措施 (21)	责任和目标完成日期 (22)	措施实施结果 (23)			
							预防控制 (17)	发生频度 O (16)	探测控制 (18)				所采取措施和完成日期	严重度 S	频度 O	探测度 D	R P N
										探测度 D (19)							

(16) 频度（O）

——频度是指在设计的寿命中某一特定起因发生的可能性。
——描述频度级别数是重在其含义，而不是具体的数值。
——通过设计更改或设计过程更改来预防或控制该失效模式的起因是降低频度级别数的唯一途径。
——潜在失效起因出现频度的评估分为 1~10 级。在确定此值时，应以以前类似产品内外部失效的原始数据为基础。

表 9-2 推荐的 DFMEA 频度评价准则

失效的可能性	评价准则：针对起因发生频度（设计项目/产品寿命/可靠性）	评价准则：针对起因发生频度（每个项目/产品发生事故）	等级
非常高	没有历史的新技术/新设计	≥100 次每 1000 个中，≥10%	10
高	新设计、新应用或使用寿命/操作条件的改变情况下不可避免的失效	50 次每 1000 个，5%	9
	新设计、新应用或使用寿命/操作条件的改变情况下很可能发生的失效	20 次每 1000 个，2%	8
	新设计、新应用或使用寿命/操作条件的改变情况下不确定是否会发生的失效	10 次每 1000 个，1%	7
中等	频繁的失效发生在类似设计或设计模拟和试验中	2 次每 1000 个，0.2%	6
	偶尔失效发生在类似设计或设计模拟和试验中	0.5 次每 1000 个，0.05%	5
	只有单次失效发生在类似设计或设计模拟和试验中	0.1 次每 1000 个，100ppm	4
低	只有单次失效发生在几乎相同的设计或设计模拟和试验中	0.01 次每 1000 个，10ppm	3
	无明显失效发生在几乎相同的设计或模拟和试验中	≤0.001 每 1000 个，1ppm	2
非常低	失效通过预防控制来消除	失效通过预防控制消除	1

——潜在失效起因出现频度的评估分为 1~10 级，在确定频度值时，需考虑以下问题：
- 类似的部件、子系统或系统的维修史/现场经验如何？
- 部件是沿用先前水平的部件、子系统或系统还是与其相类似？
- 部件是否与先前水平的部件有着根本的不同？
- 部件是否是全新的？
- 部件的用途是否有变化？
- 是否采取了预防性控制措施？

——应采用一致的频度分级规则，以保持连续性。频度数是 FMEA 范围内的相对级别，它不一定反映实际出现的可能性。小组应对相互一致的评定准则和定级方法达成一致意见，尽管对个别产品分析可作调整。频度应采用上表作为评价准则来进行估算。

项目 / 功能 (9)	要求 (10)	潜在失效模式 (11)	潜在失效后果 (12)	严重度S (13)	分类 (14)	潜在失效起因 (15)	现行设计控制			风险顺序数RPN (20)	建议措施 (21)	责任和目标完成日期 (22)	措施实施结果（23）			
							预防控制 (17)	发生频度O (16)	探测控制 (18)				所采取措施和完成日期	严重度S	频度O	探测度D	RPN
									探测度D (19)							

（17）、（18）现行设计控制

——现行设计控制是指已被或正在被同样或类似的设计所采用的那些措施（如设计评审、台架/试验室试验、可行性评审、样件试验、道路试验）。小组应一直致力于设计控制的改进；例如，在实验室创立新的系统试验或创立新的系统模型化运算方法等。

有两种类型的设计控制：

预防：防止失效的起因或失效模式出现，或者降低其出现的概率。

探测：在项目投产之前，通过分析方法或物理方法，探测出失效的起因或者失效模式。

如果可能，最好的途径是先采用预防控制。假如预防性控制被融入设计意图并成为其一部分，它的可能性会影响对频度的定级，也就是说如果使用了预防设计控制，发生失效的频度会降低，因此"频度"栏放在"预防"之后。探测度的最初定级将以探测失效起因或探测失效模式的设计控制为基础。

对于设计控制，设计FMEA表中设有两栏（单独的预防控制栏和探测控制栏），以帮助小组清楚地区分这两种类型的设计控制。这可迅速而直观地确定这两种设计控制均已得到考虑。

典型的预防控制方法：

- 标杆分析研究；
- 失效安全设计；
- 设计和材料标准（内部和外部）；
- 文件——从相似设计中学到的最佳实践、经验教训等的记录；
- 模拟研究——概念分析，建立设计要求。

典型的探测控制方法：

- 文件评审；
- 样件试验；
- 确认试验；
- 模拟研究——设计确认；
- 试验设计——包括可靠性测试；
- 使用相似零件的原型。

预防与探测设计控制示例

失效模式	起因	预防控制措施	探测控制措施
汽车不能停止	由于防腐蚀保护不充分，引起机械连接断裂	按照原材料标准MS-845设计	环境应力测试03-9963
	由于密封设计，引起的主缸真空锁闭	用相同的工作循环要求进行替代件设计	压力可变性测试—系统等级
	不正确连接器扭矩规范导致液压管松动，引起制动液的流失	按照扭矩要求MS-3993设计	振动步进应力试验18-1950
	由于液压管弯曲/压缩，或者规定不适当的管道材料，引起制动液流失	按照原材料标准MS-1178设计	试验设计（DOE）—管道回复能力

现行设计控制的方法：
- 防止起因的发生或减少频率；
- 查出原因，采取措施；
- 查明失效模式。

优先运用第一种方法，其次用第二种方法，最后用第三种方法。

特别注意： 用于制造、装配过程的检验和试验不能视为设计控制。

项目/功能	要求	潜在失效模式	潜在失效后果	严重度 S	分类	潜在失效起因	现行设计控制			风险顺序数 RPN	建议措施	责任和目标完成日期	措施实施结果（23）			
							预防控制	发生频度 O	探测控制	探测度 D				所采取措施和完成日期	严重度 S	频度 O	探测度 D	R P N
(9)	(10)	(11)	(12)	(13)	(14)	(15)	(17)	(16)	(18)	(19)	(20)	(21)	(22)				

(19) 探测度（D）

——探测度是对设计控制中所列的探测方法好坏程度的定级，是在单独的 FMEA 范围中的一个比较的等级。当有多个探测控制方法时，可将每个控制方法填入该栏目中，并在探测栏中记录下最低的等级值。

——现行设计探测控制的推荐方法之一就是假定失效已经发生，然后评估现行设计控制探测这个失效模式的能力。不要因为频度低而理所当然地假定其探测度等级低。

——为提高探测度，计划的设计控制（如确认和/或验证等活动）需要不断地改进。

表 9-3 推荐的 DFMEA 探测度评价准则

探测概率	评价准则：被设计控制探测到的可能性	等级	探测可能性
无探测概率	无现行设计控制；无法探测或不可分析	10	几乎不可能
在任何阶段都不容易探测	设计分析/探测控制的探测能力很弱；	9	很微小
在设计定型后，设计发布之前	在设计定型后，设计发布之前，使用通过/不通过试验对产品进行确认	8	微小
	在设计定型后，设计发布之前，通过试验到失效的测试对产品进行确认（对系统或子系统进行测试，直到故障发生；进行系统相互作用试验等）	7	很低
	在设计定型后，设计发布之前，通过老化试验对产品进行确认（在耐久性试验之后进行系统或子系统测试，如功能检查）	6	低
在设计定型之前	在设计定型之前，进行产品确认（可靠性试验、开发/确认试验），使用通过/不通过试验来确认（如性能接受标准、功能检查等）	5	中等
	在设计定型之前，对产品进行确认（可靠性试验、开发/确认试验），使用试验直到失效的测试来验证，如持续试验直到有泄露、弯曲、破裂等现象	4	中等偏高
	在设计定型之前，对产品进行确认（可靠性试验、开发/确认试验），使用老化试验来确认（如数据趋势、前/后的数据等）	3	高
仿真分析相互关联性	设计分析/探测控制的探测能力很强。仿真分析（如 CAE，FEA 等）在设计定型前，与实际或预期的操作条件关联性很高	2	很高
探测不适用；失效预防	由于有了设计方案（如已证实的设计标准、最佳实践或常用材料等）的充分预防，失效原因或失效模式无法发生	1	几乎可以确定

<table>
<tr><td rowspan="2">项目
功能</td><td rowspan="2">要求</td><td rowspan="2">潜在失效模式</td><td rowspan="2">潜在失效后果</td><td rowspan="2">严重度S</td><td rowspan="2">分类</td><td rowspan="2">潜在失效起因</td><td colspan="4">现行设计控制</td><td rowspan="2">风险顺序数RPN</td><td rowspan="2">建议措施</td><td rowspan="2">责任和目标完成日期</td><td colspan="5">措施实施结果（23）</td></tr>
<tr><td>预防控制</td><td>发生频度O</td><td>探测控制</td><td>探测度D</td><td>所采取措施和完成日期</td><td>严重度S</td><td>频度O</td><td>探测度D</td><td>RPN</td></tr>
<tr><td>（9）</td><td>（10）</td><td>（11）</td><td>（12）</td><td>（13）</td><td>（14）</td><td>（15）</td><td>（17）</td><td>（16）</td><td>（18）</td><td>（19）</td><td>（20）</td><td>（21）</td><td>（22）</td><td></td><td></td><td></td><td></td><td></td></tr>
<tr><td></td><td></td><td></td><td></td><td></td><td></td><td></td><td></td><td></td><td></td><td></td><td></td><td></td><td></td><td></td><td></td><td></td><td></td><td></td></tr>
</table>

（20）风险顺序数（RPN）

①风险评估

风险顺序数（RPN）是严重度（S）、频度（O）和探测度（D）的乘积。RPN =（S）×（O）×（D）

S = Severity 严重度　O = Likelihood of Occurrence 频度　D = Likelihood of Detection 探测度

风险顺序数（RPN）是用来协助排列措施优先等级的方法之一。在单一 FMEA 范围内，此值（在 1 ~ 1000 之间）可用于设计中所担心的事项的排序。

实际作业中，不建议仅仅采用 RPN 限值来决定是否需要采取措施。

例如，如果顾客任意选一个值 100 作为下面表格中的限值，那么小组就要求对 RPN 值为 112 的特性 B 采取措施。

项目	严重度	频度	探测度	RPN
A	9	2	5	90
B	7	4	4	112

在这个例子，特性 B 的 RPN 较高，但是优先措施应该为严重度等级较高的特性 A，尽管它的 RPN 较低，而且 90 也低于限值。

②决定措施优先度

一旦小组完成对失效模式和后果、起因和控制的分析，包括严重度、频度和探测度的等级的初步识别，就必须决定是否需要进一步努力以降低风险。因为本身固有的资源、时间、技术和其他方面的控制，他们需选择如何更好地为这些措施排列优先等级。

小组最初的焦点应该导向严重度最高的失效模式。当严重度达到 9 或 10 时，小组必须确保通过现有的设计控制和建议措施阐明对此风险的控制。

对严重度是 8 或小于 8 的失效模式，小组就应该考虑频度及探测度的最高的起因。小组的责任是查看识别的信息，找出解决方案和确定如何排列降低风险的努力的顺序以便更好地服务于其组织和顾客。

很多企业采用 RPN 的限值（如当 RPN = 100 时）作为采取措施的依据，这只是习惯上的做法，并没有一个要求强制采取措施的 RPN 值。

优先级别的选取应当建立在对严重度、发生频度、探测度的分析上，而不仅是通过 RPN 限值来决定。

项目 / 功能	要求	潜在失效模式	潜在失效后果	严重度 S	分类	潜在失效起因	现行设计控制			风险顺序数 RPN	建议措施	责任和目标完成日期	措施实施结果（23）			
							预防控制	发生频度 O	探测控制	探测度 D				所采取措施和完成日期	严重度 S	频度 O	探测度 D	RPN
(9)	(10)	(11)	(12)	(13)	(14)	(15)	(17)	(16)	(18)	(19)	(20)	(21)	(22)					

(21) 建议措施

应首先针对高严重度、高 RPN 值和小组指定的其他项目进行预防/纠正措施的评价。任何建议措施的意图都是要依以下顺序降低其风险级别：严重度、频度和探测度。

一般实践中，不管其 RPN 值是多大，当严重度是 9 或 10 时，必须予以特别注意，以确保现行的设计控制或预防/纠正措施针对了这种风险。

建议措施的主要目的是通过改进设计、降低风险，提高顾客满意度。

在对严重度值为 9 或 10 时的项目给予特别关注之后，小组再考虑其他的失效模式，其意图在于降低严重度，其次频度，再次探测度。以下例子是解释降低这些级别的方法：

降低严重度级别（S）：只有设计更改才能降低严重度等级。

高严重度等级的失效模式可通过设计修改来降低，设计修改可弥补或减轻失效导致的严重度。

如设计安全带和增加安全气囊可以减轻因撞车导致的伤害。

任何设计更改小组都应该进行评审以确定对产品功能性和过程导致的后果。

为了达到这种方法的最好效果和最大效率，产品和过程的设计更改应在开发过程的早期执行。

降低频度级别（O）：

频度等级的降低可能受由设计修改消除或控制失效模式的一种或多种起因或机理的影响。以下措施应予以考虑，但不限于这些：

- 为消除失效模式的防错设计；
- 修改设计几何尺寸和公差；
- 修改设计以降低压力或替代不耐用（高失效可能性）零部件；
- 增加余量；
- 修改材料规范。

降低探测度级别（D）：

推荐方法是使用防错装置。设计确认/验证措施的增加仅仅导致探测度级别的降低。在一些案例中，为增加探测的可能性（也就是降低探测度级别）特定零部件的设计更改是必需的。

此外，以下应予以考虑：

- 试验设计（特别是多种或相互作用的起因存在时）；
- 修改试验计划。

需要注意的是，只有设计更改才能导致严重度的降低。只有通过设计更改消除或控制失效模式的一个或多个起因/机理才能有效地降低频度。增加设计确认/验证措施将仅能导致探测度值的降低。由于增加设计确认验证不是针对失效模式的严重度和频度的，所以，该种措施是不太期望优先采用的。

对于一个特定的失效模式、起因、控制的组合，如果小组评价认为无须采用建议措施，则应在本栏内注明"无"。填入"无"并注明基本的理由将是非常有用的，特别是在高严重度的情况下。

起因、控制和建议措施示例

	失效模式	起因	预防控制措施	探测控制措施	建议措施
盘式刹车系统	汽车不能停止	由于防腐蚀保护不充分，引起机械连接断裂	按照原材料标准 MS-845 设计	环境应力测试 03-9963	将原材料换成不锈钢
		由于密封设计，引起的主缸真空锁闭	用相同的工作循环要求进行替代件设计	压力可变性测试—系统等级	用结转密封设计
		不正确连接器扭矩规范导致液压管松动，引起制动液的流失	按照扭矩要求 MS-3993 设计	振动步进应力试验 18-1950	将连接由插销式修改成快速连接
		由于液压管弯曲/压缩，或者规定不适当的管道材料，引起制动液流失	按照原材料标准 MS-1178 设计	试验设计（DOE）—管道回复能力	将胶管由 MS-1178 改为 MS-2025 以增加强度

项目/功能	要求	潜在失效模式	潜在失效后果	严重度 S	分类	潜在失效起因	现行设计控制			风险顺序数 RPN	建议措施	责任和目标完成日期	措施实施结果（23）			
							预防控制	发生频度 O	探测控制	探测度 D				所采取措施和完成日期	严重度 S	频度 O	探测度 D	RPN
(9)	(10)	(11)	(12)	(13)	(14)	(15)	(17)	(16)	(18)	(19)	(20)	(21)	(22)				

（22）责任和目标完成日期

把负责完成每一项建议措施的组织和个人名称，包括目标完成日期填在本栏中，设计责任工程师或小组组长负责确保所有的建议措施被实施并被充分阐明。

（23）措施实施结果

这一部分用来标识任何完成措施的结果和它们对严重度、频度和探测度（S，O，D）等级及 RPN 值的影响。

所采取措施及完成日期：

当措施实施后须对所采取措施进行简短描述及填入实际完成日期。

严重度、频度、探测度和 RPN 值：

在预防/纠正措施完成后，确定和记录措施执行之后的严重度、频度和探测度等级。单独的措施只能降低严重度、频度和探测度其中之一，不能同时对三者产生影响。

计算和记录措施执行之后的风险优先指数 RPN 值。

所有修改后的 RPN 值应被评审，以确保其合理性。如果需要考虑进一步措施，要重新分析，焦点应该始终放在持续改进上。

5. 设计 FMEA 跟踪和维护

负责设计的工程师应负责保证所有的建议措施已被实施或已妥善落实。FMEA 是一个动态文件，它不仅应体现最新的设计水平，而且还应体现最新相关措施，包括开始生产后所发生的措施。

负责设计的工程师可采用几种方式来保证所关注的问题得到明确并且所建议的措施得到实施。这些方式包括但不限于以下内容：
- 确认达成设计要求；
- 评审工程图样和规范；
- 确认与装配或制造文件的结合和一致性；
- 评审过程 FMEA 和控制计划。

只要有产品设计变更就应该根据需要评审并更新 DFMEA。"建议措施"更新内容应该和措施的最终结果（哪些措施起作用了，哪些没有起作用）一起包含在后续设计 FMEA 中。

对设计 FMEA 的维护应包括对用于 DFMEA 的等级的定期评审，具体的重点应放在频度和探测度等级上。当产品更改或设计过程控制改进时，这就尤为重要。另外，在售后市场出现问题的情况下，等级应该进行相应的修改。

6. 设计 FMEA 的应用

如果一个新的项目或应用在功能上与现有产品是相似的，可以使用之前的设计 FMEA 作为参考。将一个基本上好的设计 FMEA 作为起点，这将为利用过去的经验和知识提供了最佳的机会。如果稍有不同，小组应识别这些不同点并将重点放在不同点的影响上。

DFMEA 的作用

在设计阶段使用 FMEA 时，能够用以下方法降低产品的失效风险：
- 有助于对设计要求及设计方案进行客观评价；
- 有助于制造、装配、服务和回收要求的最初设计；
- 为全面、有效的设计试验和开发项目的策划，提供更多的信息；
- 为建议和跟踪降低风险的措施提供一个公开的讨论形式；
- 为将来分析研究现场情况，评价设计的更改及开发更先进的设计，提供参考。

7. DFMEA 的注意要点

设计 FMEA 在体现设计意图的同时，还应保证制造或装配能够实现设计意图。

设计 FMEA 不是靠过程控制来克服设计中潜在的缺陷，但的确要考虑制造/装配过程中技术的/物质的限制，例如：
- 必要的拔模斜度；
- 表面处理的限制；
- 装配空间/工具可操作性；
- 钢材硬度的限制；
- 公差/过程能力/性能。

设计 FMEA 也可以考虑到产品维护（服务）和回收利用技术的/物质的限制，如：
- 工具的可获得性；
- 诊断能力；
- 材料分类符号（回收利用）。

8. 设计 FMEA 的多层次关联

DFMEA 在设计层面（即系统、子系统和部件）上的不同级别是通过要因——失效模式——失效后果之间的关联来连接，以下有两个连接路径（见图 9-13）。

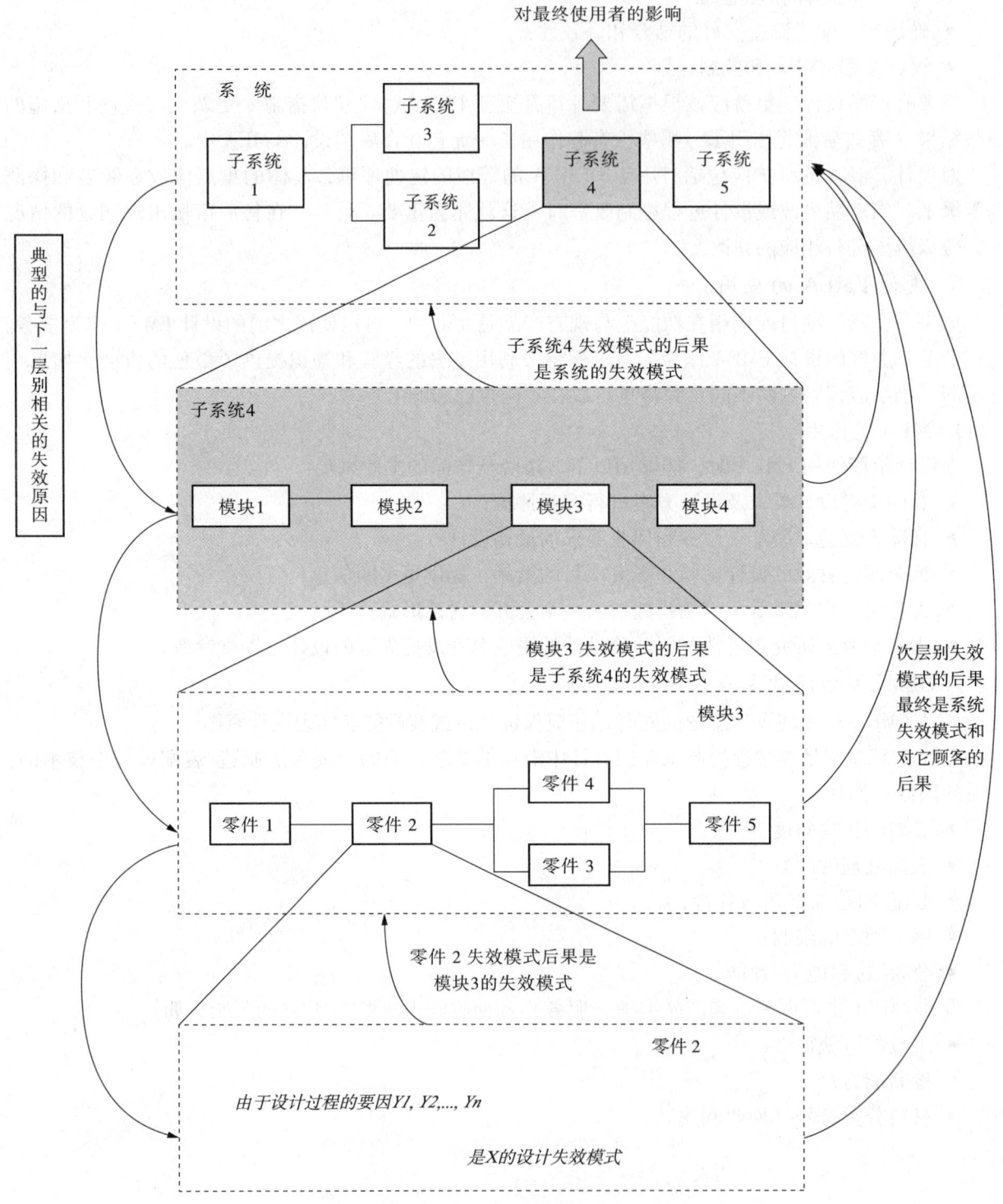

图 9-13 DFMEA 的多层次关联

从低层次到高层次：

一个给定层次上的失效模式的后果是下一个更高层次的失效模式。

例如，零件 2 失效模式的后果可能是直接或间接地导致另一个部分失效从而成为模块 3 的失效模式。模块 3 的失效模式后果是子系统 4 的失效模式。子系统 4 的失效模式的后果即是导致对顾客的影响。因此，在任何层次上的失效模式的后果可能最终变成系统的失效模式，对顾客/使用者产生相关的影响。

从高层次到低层次：

此关联从高层次到下个低层次是有关失效实体而非一个纯粹的起因和后果关系，因为在一个在DFMEA开发过程中，起因已被标识在每个层次里，处理设计过程仅间接与失效原因关联。

理解这些关系将会提供一致的分析并且节省在 DFMEA 开发上的努力。

三、DFMEA 案例参考

某音响喇叭设计 FMEA 部分示例

设计潜在失效模式与后果分析（设计 FMEA 表）															
扬声器系统									编号：SPK-SG-C053							
振动子系统									页码：第1页，共1页							
零部件音圈			设计责任：刘工				编制者：张工							
产品名称/型号：VWCC 喇叭			关键日期：2015.08.09				DFMEA 日期：2015.07.30（编制）（修订）							
核心小组：制造—裴松 技术—刘工 技术—张工 采购—巫颂 品管—列明 销售—钱渝															
项目/功能	要求	潜在失效模式	潜在失效后果	严重度S	分类	潜在失效起因	现行设计控制			风险顺序数RPN	建议措施	责任和目标完成日期	措施实施结果			
							预防控制	发生频度O	探测控制 探测度D				所采取措施和完成日期	严重度S	频度O	探测度D	RPN
音圈功能：当音圈通过电流时，并切割磁体中的磁力线，产生上下运动，带动鼓纸，推动空气，发出声音。	音量和音质符合要求	阻抗偏小	喇叭性能降低，导致：声音偏小、效率偏低	5		音圈阻抗规定太低	5	LCR或阻抗测试器检测	5	125	测试音圈DCR，试作再测喇叭ACR是否达到要求	刘工 2015-08-05	根据测试结果提高DCR	5	2	5	50
				5	◆	音圈线径规定太小	按照音圈公式计算并测量	3	原型样品测试	4	60	无					
				5		音圈的圈数规定太少	按照音圈公式计算	3	原型样品测试	4	60	无					
				5		音圈卷巾规定太矮	按照音圈公式计算	3	原型样品测试	4	60	无					

潜在失效模式及后果分析（设计FMEA）

系统 _____										FMEA编号：AB-001								
子系统 _____										页码：第1页，共1页								
零部件：LH前门密封			设计责任：车身工程部							编制者：泰恩-车身工程师								
车型年/车辆类型：201X/鹰牌 4门轿车			关键日期：201X 03 01							FMEA日期：（编制）201X 03 22（修订）201X 07 14								
核心小组：史绮丽-汽车产品部；利恩斯-生产部；福科特-工程部																		

项目 功能	要求	潜在失效模式	失效的模式潜在后果	严重度	分类	失效的潜在要因	控制预防	发生率	现行设计 控制探测	探测率	RPN	建议措施	职责&目标完成日期	措施结果 采取措施和生效日期	严重度	发生率	探测度	RPN
L.H前门 H8HX-0000-A —上、下车 —保护乘员免受天气、噪声、侧碰撞的影响 —车门附件，如后视镜、门锁、门窗升降器等的固定支撑	维护内门板的完整	完整被破坏，内门板有空气进入	车门内板下部腐蚀 车门寿命降低，导致： • 因漆面生锈，使顾客对外观不满 • 损害车门内附件的功能	5		内门板上边缘规定的保护蜡太低	设计要求（#31268）和最好实践（BP3455）	3	车辆耐久性试验 T-118（7）	7	105	试验室加速腐蚀试验	A.Tate 车身工程师 0X 09 03	基于试验结果（试验编号1481），上边缘规范上升到125 0X 09 30	5	2	7	70
						蜡层厚度规定不足	设计要求（#31268）和最好实践（BP3455）	3	车辆耐久性试验 T-118（7）	7	105	试验室加速腐蚀试验	A.Tate 车身工程师 0X 09 03	试验结果显示规范厚度是充足的0X 09 30	5	2	7	70
						规定的蜡层厚度不足	MS-1983 工业标准	2	物理和化学实验室试验一报告编号1265报告（5）车辆耐久性试验 T-118（7）	5	50	在蜡层上做设计试验分析	J.Smythe 车身工程师 0X 10 18	在规定厚度上显示了25%的变异，是可接受的	5	2	7	70
						角落设计预防喷枪到不所有面积		5	用功能不影响进行设计辅助调查（8）车辆耐久性试验 T-118（7）	7	175	利用正式量产喷腊设备和特定的蜡进行小组评价	T.Edwards 车身工程师和总装部门 0X 11 15	基于试验结果，在受影响的区域增加3个排气孔	5	1	7	35
						车门板之间空间，容不下喷头作业		4	喷头入口图纸评估（4）车辆耐久性试验 T-118（7）	4	80	利用辅助设计模型和喷头进行小组评价	车身工程师和总装部门 0X 11 15	评价显示入口合适 0X 12 15	5	4	4	80

第十章 制造过程风险分析方法——PFMEA技术

第一节　制造过程风险分析PFMEA概述

  一、什么是PFMEA

  二、PFMEA中小组的努力

  三、PFMEA的编制及完成时间

  四、PFMEA的注意要点

  五、DFMEA和PFMEA的主要区别

  六、过程FMEA的作业流程

第二节　过程FMEA的策划和编制说明

  一、明确过程意图和质量目标

  二、建立过程流程图

  三、PFMEA分析可利用的其他工具和信息

  四、PFMEA的分析和编制说明

  五、过程FMEA跟踪和维护

  六、过程FMEA的联系

  七、FMEA结果之应用

  八、PFMEA案例参考

第一节 制造过程风险分析 PFMEA 概述

一、什么是 PFMEA

PFMEA 指的是制造过程潜在失效模式和后果分析，PFMEA 通过以下方式减少风险，支持制造过程开发：

- 识别和评价过程功能和要求；
- 识别和评价产品和过程相关的潜在失效模式以及潜在失效对过程和顾客造成的后果；
- 识别潜在制造或装配过程的要因；
- 识别聚焦于降低发生率或提高探测失效情况的过程控制的过程变量；
- 确保纠正/预防措施和控制的优先系统的建立。

PFMEA 主要是由负责制造的工程师/小组早期采用的一种分析技术，用来在最大范围内保证已充分地考虑到并指明制造过程中各种潜在失效模式及与其相关的起因。

PFMEA 以其最严密的形式总结了小组进行过程设计时的设计思想和经验。

过程 FMEA 中"顾客"的定义，一般是指"最终使用者"，但也可以是后续或下游制造或装配作业、服务工作以及政府法规。

二、PFMEA 中小组的努力

PFMEA 开发成功的关键是跨职能小组的共同努力并有效的工作。负责制造/装配的工程师负责领导小组的工作。

小组成员包括但不限于设计、装配、制造、材料、质量、服务、供应商，以及负责下一道装配的部门。

PFMEA 应当起到一个催化剂的作用，刺激受影响区域的相互交流，体现了小组在任何制造过程策划中正常经历的思维过程和小组努力的结果。

三、PFMEA 的编制及完成时间

PFMEA 是一份动态的文件，应该：

- 在可行性分析阶段或之前开始；
- 而且在设计变更或过程变更后，应及时不断地修改；
- 并在生产用工装到位之前完成。

应考虑从个别的零部件到装配所有制造作业；包括工厂内的所有能影响制造和装配作业的过程，如材料的接收、运输、储存、搬运或标识等。

建议对新的或修改的过程进行较早的评审和分析，以便在新产品或零部件项目的制造策划阶段，对潜在过程的关注问题进行预测、解决或监控。

四、PFMEA 的注意要点

PFMEA 假定所设计的产品能够满足设计意图。

PFMEA 不依靠产品设计更改来克服过程的局限。但是它考虑与策划制造或装配过程相关的产品设计特性以确保在可能的范围内产品符合顾客需要和期望。

在 PFMEA 开发过程中，小组可识别那些可消除或降低过程失效模式发生的设计机会。例如，给一个领部件增加一个特性以及给一夹具增加一个匹配特性将消除操作者将零部件装错方向的可能性。应当把这些信息告知设计负责工程师，供其考虑和可能的实施。

PFMEA 假定从上一工序接受的产品（材料）是合格的。

PFMEA 假定操作人员不存心违反操作规程。

PFMEA 一般认为机械、设备满足它们的设计要求。

五、DFMEA 和 PFMEA 的主要区别

DFMEA 和 PFMEA 使用表格的形式虽然是一样的，填写的步骤也相同，但两者之间有较大的区别，主要区别如下：

（1）分析对象不同：DFMEA 是针对产品的系统、子系统和零部件进行分析，而 PFMEA 是针对制造过程的每一个作业步骤进行分析。

（2）潜在失效模式不同：DFMEA 的失效模式是从产品的项目/功能上思考会发生什么问题，描述的是产品功能失效所出现的现象；而 PFMEA 的失效模式是从作业上思考会发生什么问题，描述的是作业过程失效所出现的现象。

（3）潜在失效后果不同：DFMEA 的失效后果主要是对最终顾客的影响，也包括对制造的影响；而 PFMEA 的失效后果除了对最终顾客的影响，还必须考虑对下一道工序或后续工序的影响。

六、过程 FMEA 的作业流程

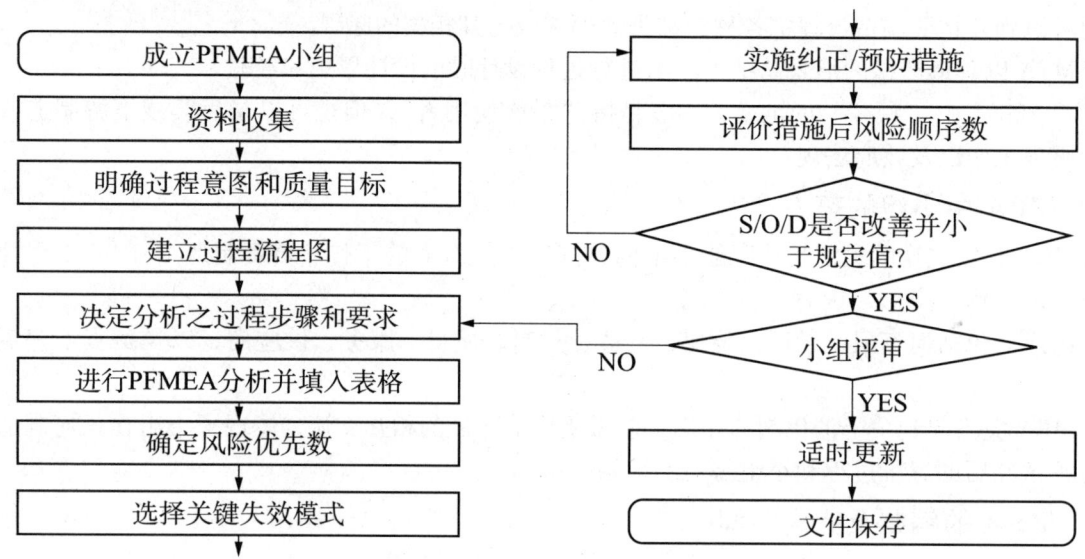

图 10-1　PFMEA 的作业流程图

第二节　过程 FMEA 的策划和编制说明

一、明确过程意图和质量目标

负责过程的工程师应明确过程希望做什么及不希望做什么，过程要达到的结果是什么，满足怎样的要求。

要考虑从个别零部件到成品的所有制造作业。每一阶段的制造过程所要达到的结果和要求可能是不一样的，责任工程师应将这些要求明确列出，以便 PFMEA 分析能全面识别所有的潜在失效模式。

过程的质量目标是什么？——确定过程的质量目标，如 CPK 值、直通率、PPM、报废率等。

二、建立过程流程图

1. 过程流程图与 PFMEA 的联系

过程流程图描述的是产品在整个过程中，从来料到出货的流程。它包括制造装配过程中的每个步骤，以及它们相关的输出（产品特性、要求、交付物等）和输入（过程特性、变差来源等）。过程流程的细节取决于过程开发的讨论阶段，初始流程图通常被认为是高层级的过程图，需要更为详细的分析来识别潜在的失效模式。

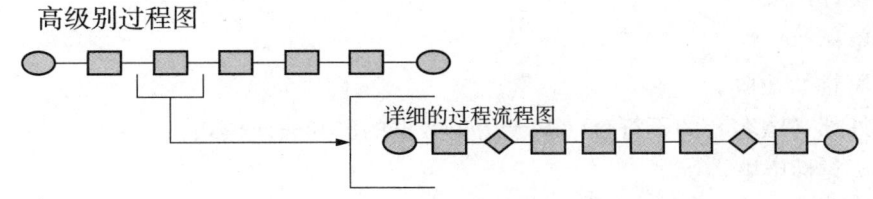

图 10-2 过程流程图示例

编号	制造 ◆	移动 ●	存储 ▲	检查 ■	操作描述	编号	产品特性	编号	控制特性
5	◆				切断拉索套管	5-1	长度尺寸		
								5-2	切品平齐
10	◆				将防尘胶套装上拉索套管	10-1	安装尺寸		
						10-2	拉脱力不小于100N	10-3	涂规定量的303胶水
								10-4	303胶水在有效期内
15	◆				铆压套管接头C、D	15-1	拉脱力不小于200N	15-2	铆压模具###，压床压力？MPa
20	◆				切断钢丝绳	20-1	长度尺寸		
								20-2	两端不松散
								20-3	切割时压缩空气压力大于0.5MPa
25	◆				铆压接头A	25-1	拉脱力不小于3000N	25-3	铆压模具###
								25-3	压床压力？MPa
30	◆				将已铆压接头A的钢丝绳穿进套管合件			30-1	在钢丝绳上涂适量的规定的润滑脂
35	◆				铆压接头B	35-1	拉脱力不小于3000N	35-2	铆压模具###
								35-3	压床压力？MPa
				■	成品检验		按《成品检验规范》		
40		●	▲		入库	40-1	产品编号、合格证、批次标	40-2	包装箱；按批次堆放；

PFMEA 应当和过程流程图内的信息保持一致。过程流程图的范围包括所有从单个零部件到总成（包括发运、接收、材料运输、存储、传递、标签等）的所有制造操作。可以使用过程流程图来进行预风险评估，识别可能对产品制造装配造成影响的操作或单个步骤，预风险评估应当包括在 PFMEA 内。

2. 建立过程流程图包括以下作业

（1）识别顺序和过程中的作业步骤；
（2）画出流程图，从左到右或从上到下，用标准的符号和箭头连接每个步骤；
（3）评审过程流程图：

- 过程是否符合标准，或者操作者是否使用相同的方法进行操作；
- 操作步骤是否重复或无序；
- 操作步骤是否为无增值劳动；
- 操作步骤是否频繁出现错误；
- 操作步骤是否循环返工。

三、PFMEA 分析可利用的其他工具和信息

其他有助于小组讨论过程要求的工具和信息来源包括：

- DFMEA；

- 图样和设计记录；
- 过程清单；
- 关联（特性）矩阵；
- 内部和外部（顾客）的不符合（基于历史数据的已知失效模式）；
- 质量与可靠性历史。

建立分析范围后，小组应当开始评审过往经历的信息。评审区域包括：

- 以往产品和过程设计实验中的经验教训；
- 任何可以建立最佳实践的信息，例如指南和标准，标准件标识，防错方法。

从以往的相似产品和过程设计获得的质量性能信息包括：一次通过率（含在线末及每个操作工位）、PPM、过程能力指数（CPK 和 PPK）和保修指标。信息可以成为确定严重度、发生频度和探测度等级的有用指标。

四、PFMEA 的分析和编制说明

PFMEA 的开发是通过识别每个过程/功能的要求来实现的。要求是指每个操作/步骤的输出，并且与产品要求有关，它描述了每个过程/功能应当实现的目标，为小组识别潜在失效模式提供了一个基础。

为了确保持续性，我们强烈建议由同一个跨职能小组开发过程流程图、PFMEA 和控制计划。

下表中的栏目顺序和栏目是通用的，组织也可以根据需要作适当调整。

过程潜在失效模式及后果分析（过程 FMEA）															FMEA 编号 __A__

过程名称： __B__	过程职责： __C__	编制人： __H__	页码：共___页，第___页
产品名称/型号： __D__	关键日期： __E__	FMEA 日期：(制定)　　(修订) __F__	
核心小组： __G__			

过程步骤/功能	要求	潜在失效模式	潜在失效后果	严重度S	分类	潜在失效起因	现行过程控制			R P N	建议措施	职责和目标完成日期	措施实施结果			
							预防控制	发生频度O	探测度控制 探测度D				采取的措施完成日期	严重度S	频度O	探测度D / R P N
a1 a2	b	c	d	e	f	g	h	i	j	k	l	m				n

FMEA 编号（A）：填入用以识别 FMEA 文件的编号，用于文件控制。

过程名称（B）：填入受分析的过程名称。如加工过程、装配过程、喷涂过程等。

过程职责（C）：输入负责过程设计的组织、部门或小组。

产品名称/型号（D）：输入将会受被分析的过程影响的产品名称/型号。

关键日期（E）：输入初次 FMEA 应完成的日期，不能超过计划的生产开始日期。

FMEA 日期（F）：输入初始 FMEA 的完成日期，以及最近的修订日期。

核心小组（G）：输入负责开发 PFMEA 的小组成员名字及联系方式。

编制人（H）：输入编制 PFMEA 的负责工程师的姓名、联系方式。

第十章 制造过程风险分析方法——PFMEA 技术

过程步骤/功能	要求	潜在失效模式	潜在失效后果	严重度S	分类	潜在失效起因	现行过程控制			RPN	建议措施	职责和目标完成日期	措施实施结果			
							预防控制	发生频度O	探测控制 探测度D				采取的措施完成日期	严重度S	频度O	探测度D	RPN
a1	a2	b	c	d	e	f	h	g	h	i	j	k	l	m			n

（a1）**过程步骤**：根据编号的过程和术语，输入受分析的过程步骤或操作的标识。返工和返修操作也应当包括在内。

（a1）**过程功能**：输入与每个受分析的过程步骤/操作相应的过程功能。过程功能描述的是操作的目的。如果给定的操作有多个过程功能，每一个过程功能都应排列在表中以帮助开发相关失效模式。

（a2）**要求**：写出所分析的过程步骤/操作的每一个过程功能的要求。要求是符合设计意图或其他顾客要求的规定过程的输入。如果给出的功能有多种要求，为了便于分析，各与失效模式相关的要求都应该列在表上。

过程步骤/功能	要求	潜在失效模式	潜在失效后果	严重度S	分类	潜在失效起因	现行过程控制			RPN	建议措施	职责和目标完成日期	措施实施结果			
							预防控制	发生频度O	探测控制 探测度D				采取的措施完成日期	严重度S	频度O	探测度D	RPN
a1	a2	b	c	d	e	f	h	g	h	i	j	k	l	m			n

（b）**潜在失效模式**

潜在失效模式按照过程不能符合过程要求（包含设计意图）来定义。在编制 PFMEA 中，假设外购零部件/原材料是正确的。当历史资料指出外购零部件的质量缺陷时，PFMEA 小组可以作为例外，这不是过程本身的问题，而应该是供应商和来料控制的内容。小组也应假设产品的基本设计是正确的，但是，如果有一些设计问题会导致过程问题，这些问题应该与设计小组进行交流以取得解决方案。

根据过程要求（如过程流程图）对特定的操作列出潜在失效模式。假设失效可能会发生但不一定会发生。失效模式应该用技术术语进行描述，而不同于顾客所见的现象。

过程步骤/功能/要求栏，包括潜在失效模式的示例

过程步骤/功能	要求	潜在失效模式
操作 20#工序：使用扭矩枪把坐垫安装在座椅轨道上	四个螺钉	少于四个螺钉
	规定的螺钉	使用了错误的螺钉（直径更大）
	装配顺序：首先在右前孔拧螺钉	螺钉扭入其他孔洞里
	螺钉被完全拧入	螺钉没有完全扭入
	按照动态扭矩规格来扭转螺钉	螺钉扭矩太高
		螺钉扭矩太低

· 519 ·

在考虑过程潜在失效模式时，经常使用"零件为什么会被拒收？"的思考方法。

例一：焊接过程零件被拒收可能因为"焊不透""焊穿""焊接后零件变形"等。

例二：一个箱体与箱盖装配后被拒收的潜在原因是："不密封"、"漏装零件"、"未注润滑剂"等。

对于试验、检验过程有两种可能的失效模式：接受不合格的零件；拒收合格的零件。

典型的失效模式可以是但不限于下列情况：

弯曲	毛刺	孔错位
断裂	开孔太浅	漏开孔
转运损坏	脏污	开孔太深
表面太粗糙	变形	表面太平滑
开路	短路	贴错标签

过程步骤/功能	要求	潜在失效模式	潜在失效后果	严重度S	分类	潜在失效起因	现行过程控制			RPN	建议措施	职责和目标完成日期	措施实施结果			
							预防控制	发生频度O	探测控制	探测度D				采取的措施完成日期	严重度S	频度O	探测度D	RPN
a1 a2		b	c	d	e	f	h	g	h	i	j	k	l	m				n

（c）潜在失效后果

潜在的失效后果是指失效模式对顾客的影响。

要根据顾客可能发现或经历的情况来描述失效的后果，顾客可能是内部顾客，也可能是外部最终的顾客。

PFMEA 中的产品后果应该与 DFMEA 中对应的一致。

如果失效模式可能影响安全或导致不符合法规，这应在 PFMEA 中清晰地阐述。

对最终使用者，失效后果应该按产品或系统性能来陈述。如果顾客是下游操作/工序。后果应按照过程/操作性能来阐述。

如某尺寸超差会导致：

下一工序：在加工 20# 不能钻孔；

后工序：在加工 70# 不能将部件定位；

后工序：不能将部件装入高一层次的组件；

零件：零件功能部分丧失；

产品：产品功能故障。

对最终使用者，失效后果一律用产品或系统的性能来描述；如	如果顾客是下一道工序或后续工序/工位，失效的后果应用过程/工序性能来描述。例如：
噪声　　　　　粗糙 工作不正常　　费力 异味　　　　　不能工作 工作减弱　　　不稳定 间歇性工作　　阻力 泄漏　　　　　外观不良 报废　　　　　顾客不满意	无法紧固　　　不能配合 无法钻孔/攻丝　不能连接 无法安装　　　不匹配 无法加工表面　引起工装过度磨损 损坏设备　　　危害操作者

为了确定潜在后果，以下问题应该考虑：

①此潜在失效模式是否实际上妨碍了下面作业，或对设备或操作者造成潜在伤害吗？

这包括不能在后续顾客的设备上装配或与零部件不匹配。如果这样，则评价制造影响，不要求进一步的分析。例子包含：

- 在操作 X 不能安装；
- 与顾客设备不匹配；
- 与顾客设备不能联结；
- 在操作 X 不能钻孔；
- 在操作 X 引起过多的刀具磨损；
- 在操作 X 损坏设备；
- 在顾客设备上危及操作者。

注：应该识别发生影响的场所、位置或操作。如果是顾客的设备，也应该阐述。

②对最终使用者的潜在后果是什么？

除了任何已策划或实施的控制，包括防错或防误之外，考虑最终使用者将注意或经历什么。这些信息可以从 DFMEA 获得。例子包含以下：

噪声、费力、异味、间歇性操作、漏水、大量浪费、无法校准、难以控制、外观不良。

③如果失效后果在抵达最终使用者之前被探测出来，会发生什么情况？

在现有或接受场所的潜在后果也需要考虑。例子包括：

- 流水线停止；
- 停止出货；
- 流水线减速；
- 产品 100% 废品；
- 增加人力维持所需的流水线速度。

注：当考虑问题 2 和问题 3 时，如果识别出多个潜在后果，所有的失效后果都要列出来，但是当对产生的严重度等级进行文件化时，仅仅考虑最严重的后果。

潜在失效后果示例		
要求	潜在失效模式	潜在失效后果
四个螺钉	少于四个螺钉	最终顾客：坐垫松动，有噪音； 制造和装配：停止出货，对受影响的部分进行额外挑选和返工
规定的螺钉	使用了错误的螺钉（直径更大）	制造和装配：不能在位置上安装螺丝
装配顺序：首先在右前孔拧入螺钉	螺钉拧入其他孔洞里	制造和装配：难以安装螺丝在原来的位置
螺钉被完全拧入	螺钉没有完全拧入	最终顾客：坐垫松动，有噪声制造和装配：对受影响的部分进行额外挑选和返工
按照动态扭矩规格来扭转螺钉	螺钉扭矩太高	最终顾客：由于螺钉断裂导致坐垫松动，有噪声制造和装配：对受影响的部分进行额外挑选和返工
	螺钉扭矩太低	最终顾客：由于螺丝逐步松动导致坐垫松动有噪声制造和装配：对受影响的部分进行额外挑选和返工

过程步骤/功能	要求	潜在失效模式	潜在失效后果	严重度S	分类	潜在失效起因	现行过程控制			RPN	建议措施	职责和目标完成日期	措施实施结果			
							预防控制	发生频度O	探测控制				采取的措施完成日期	严重度S	频度O	探测度D	RPN
a1	a2	b	c	d	e	f	h	g		i	j	k	l	m			n

（d）严重度 S

严重度是对一个已假定失效模式的最严重影响的评价等级。

严重度是在单独 FMEA 范围内的一个比较级别。

减少严重度级别的方法：只能通过设计变更或对该过程重新设计来实现。

表 10-1 推荐的 PFMEA 严重度评估准则

后果	准则：对产品影响的严重度（对顾客的影响）	等级	后果	准则：对过程影响的严重度（对制造/装配的影响）
不符合安全和/或法规要求	在没有预警情况下，潜在失效模式影响产品安全，和/或包含不符合政府法规的情形	10	不符合安全和/或法规要求	可能在没有预警情况下危害操作者（机械或装配）
	在有预警情况下，潜在失效模式影响产品安全，和/或包含不符合政府法规的情形	9		可能在有预警情况下危害操作者（机械或装配）
基本功能丧失或功能降级	基本功能丧失（产品不能运行，但不影响产品安全）	8	严重中断	100%的产品是废品。流水线停止或停止出货
	基本功能降级（产品可以运行，但是性能下降）	7	显著中断	生产运转一定会产生部分（少于100%）废品。偏离基本过程，包括降低生产线速度或增加人力
舒适功能的丧失或降级	舒适功能丧失（产品可操作，但舒适/便利功能丧失）	6	中等中断	100%的产品必须离线返工后再被接受
	舒适功能降级（产品可操作，但舒适/便利功能降低）	5		一部分（少于100%）产品必须离线返工后再被接受
令人不舒服的项目	产品可运行，但有外观、可听噪音等项目不合格，并且被绝大多数（>75%）顾客察觉到	4	一般中断	在加工前100%须在位置上返工
	产品可运行，但有外观、可听噪音等项目不合格，并且被许多（50%）顾客察觉到	3		在加工前部分须在位置上加工
	产品可运行，但有外观、可听噪音等项目不合格，但只被少数（<25%）识别能力敏锐的顾客察觉到	2	微小中断	对过程，操作或操作员造成轻微的不便
没有影响	没有可识别的影响	1	没有影响	没有可识别的影响

第十章 制造过程风险分析方法——PFMEA 技术

过程步骤/功能	要求	潜在失效模式	潜在失效后果	严重度S	分类	潜在失效起因	现行过程控制			RPN	建议措施	职责和目标完成日期	措施实施结果			
							预防控制	发生频度O	探测控制	探测度D				采取的措施完成日期	严重度S	频度O	探测度D	RPN
a1	a2	b	c	d	e	f	h	g	h	i	j	k	l	m			n	

(e) 分类

这一栏可以用来对特殊的过程特性进行分类；例如，关键、重要、主要。对特殊特性在分级栏中用适当的字母或符号注明。

在 PFMEA 内识别到严重等级为 9 或 10 的特殊特性时，由于会影响到工程设计，所以应当告知负责设计的工程师。

例子：

过程潜在失效模式及后果分析（过程 FMEA）

FMEA 编号：FM012
页码：共 __1__ 页，第 __3__ 页
过程名称：销轴加工　　过程职责：制造工程部　　编制人：刘方渝
产品名称/型号：SCAR-03　　关键日期：2015.9.16　　FMEA 日期：（制定）2015.9.8（修订）
核心小组：顾小筑、刘方渝、可可、克里希、夏骁

过程步骤/功能	要求	潜在失效模式	潜在失效后果	严重度S	分类	潜在失效起因	预防控制	发生频度O	探测控制	探测度D	RPN	建议措施	职责和目标完成日期	采取的措施完成日期	严重度S	频度O	探测度D	RPN
a1	a2	b	c	d	e	f	h	g	h	i	j	k	l	m				n
车外圆	将轴外径车到指定尺寸,并保持外观光洁	外径大	返工,加工量增加	5	◆	刀具磨损	均值-极差图管制	3	首件确认,员工自检	5	75	无						
						车床主轴磨损	定期维护	2	每班点检	7	70	无						
		外径小	报废	8	◆	进刀量过大	均值-极差图管制	4	首件确认,员工自检	5	160	定位防错	工装组 2015.09.30	在工装上增加了定位防错,9月28日完成	8	2	5	80
		表面粗糙	返工	5		刀具磨损		4	首件确认,员工自检	5	100	更改刀具	资材部 2015.09.30	更换了新的刀具供应商和硬度更好的新型号刀具,9月26日完成	5	2	5	50

过程步骤 / 功能	要求	潜在失效模式	潜在失效后果	严重度 S	分类	潜在失效起因	现行过程控制			R P N	建议措施	职责和目标完成日期	措施实施结果			
							预防控制	发生频度 O	探测控制				采取的措施完成日期	严重度 S	频度 O	探测度 D	R P N
a1	a2	b	c	d	e	f	h	g	h	i	j	k	l	m			n

（f）潜在失效起因

潜在失效起因是指失效是怎么发生的，并依据可以被纠正或被控制的情形来描述。

失效的潜在起因是设计或过程弱点的显示，其后果就是失效模式。

在尽可能的范围内，针对每一个潜在失效模式确定并列出每个可以想到的失效起因。应该尽量准确完整地详细阐述每个起因。将起因分开可使每一种起因得到重点分析，可产生不同的测量、控制和措施计划。所分析的失效模式可能是由一种或一种以上的起因导致的。这使得表中的起因有多行内容。

在编制PFMEA过程中，小组应假设原材料/外购零部件是正确的。当历史资料指出外购零部件质量缺陷时，小组可判为例外。

应列出具体明确的错误或故障（如没有安装密封垫或密封垫安装反了）。而不应该使用模糊的措辞（如操作错误或密封垫错误安装等）。

在编制PFMEA中，小组需要确保将设计可能导致潜在过程失效模式的局限与设计功能联系在一起。

典型的起因可包括但不限于以下情况：

- 扭矩不正确——过大、过小；
- 焊接不正确——电流、时间、压力；
- 润滑不良或无润滑；
- 错装、漏装；
- 定位器有碎屑；
- 损坏的工装；
- 不正确的机器设置等；
- 不正确的程式编制。

描述应具体，而不应含糊、笼统，如工艺参数不对、操作错误、机器失效等。

过程步骤 / 功能	要求	潜在失效模式	潜在失效后果	严重度 S	分类	潜在失效起因	现行过程控制			R P N	建议措施	职责和目标完成日期	措施实施结果			
							预防控制	发生频度 O	探测控制				采取的措施完成日期	严重度 S	频度 O	探测度 D	R P N
a1	a2	b	c	d	e	f	h	g	h	i	j	k	l	m			n

（g）频度（O）

频度是指具体的失效起因发生的可能性。

描述频度级别数是重在其含义，而不是具体的数值。

在1至10等级范围内评估失效潜在要因的发生可能性。应使用一致发生率排序系统以确保连续性。在 FMEA 范围内的发生率排序值是一个相对等级，不一定反映发生的实际可能性。

表 10-2　推荐的 PFMEA 发生频度评价准则

失效的可能性	准则：PFMEA 原因的发生频度 （每个项目/每个产品出现的故障）	等级
非常高	≥100 次，每 1000 个；≥10%	10
高	50 次每 1000 个；5%	9
高	20 次每 1000 个；2%	8
高	10 次每 1000 个；1%	7
一般	2 次每 1000 个；0.2%	6
一般	0.5 次每 1000 个；0.05%	5
一般	0.1 次每 1000 个；100PPM	4
低	0.01 次每 1000 个；10PPM	3
低	≤0.001 次每 1000 个；1PPM	2
非常低	失效通过预防控制消除了	1

表 10-2 中的数据用来表示在过程执行中预期的失效的次数或比率。如果可从类似过程获得统计数据，这数据可用于确定发生频度等级。在其他情况下，主观评价在表的左边栏目用语言进行描述，以及使用适当的过程知识确定等级。

频度数的估计依赖于以往类似过程数据的收集，如类似过程 CPK、合格率、PPM、市场反馈等信息。

通过设计更改或设计过程更改来预防或控制该失效模式的起因是降低频度级别数的唯一途径。

小组应该在评价准则和排序系统上意见一致并连续地使用，即使是由于个别过程分析而修改了准则。发生频度应该以上表为指南使用 1 到 10 的等级来评价。

过程步骤/功能	要求	潜在失效模式	潜在失效后果	严重度S	分类	潜在失效起因	现行过程控制			RPN	建议措施	职责和目标完成日期	措施实施结果			
							预防控制	发生频度O	探测控制D				采取的措施完成日期	严重度S	频度O	探测度D	RPN
a1　a2		b	c	d	e	f		g	h	i	j	k	l	m			n

（h）现行过程控制

现行的过程控制是对尽可能阻止失效模式或失效起因的发生，或者探测将发生的失效模式或失效起因的控制的描述。

有 2 种过程控制可以考虑：

预防：消除（预防）失效起因的发生或失效模式的发生，或降低其发生率。

探测：识别（探测）失效起因或失效模式，并引导至纠正措施或防范措施的开发。

如果可能的话，建议首先使用预防控制。发生频度的级别确定将受预防控制影响。而探测度的级别将受探测失效起因或探测失效模式的过程控制的影响。

有几种过程控制方法：

a）防错；

b）统计过程控制（SPC）；

c）首件检查、制程中抽检；

d）完成品全检。

可能的话，最好利用第 1 种管制；再使用第 2 种管制；最后才使用第 3、4 种管制。

对于预防控制和探测控制本 PFMEA 表例子有两个单独的栏目以帮助小组清晰区分这两种类型的控制。这可以很直观地确定这两种过程控制是否已经予以考虑。

潜在失效起因和控制示例

要求	失效模式	起因	预防控制	探测控制
螺钉被完全拧入	螺钉没有完全拧入	操作工没有将螺帽扳手与作业面保持垂直	培训操作者	在螺帽扳手内加入角度传感器来发现螺纹错扣的情况；直到符合要求，才允许部件从装置内转移
按照动态扭矩规格来扭转螺钉	螺钉扭矩太高	操作工将扭矩设置太高	密码保护控制板（只有技术维修人员有密码）	在设置程序内加入扭矩确认箱，运行前确认设置
		技术维修人员将扭矩设置太高	技术维修人员培训	在设置程序内加入扭矩确认箱，运行前确认设置
			设置说明书内添加设置参数	
	螺钉扭矩太低	操作工将扭矩设置太低	密码保护控制板（只有技术维修人员有密码）	在设置程序内加入扭矩确认箱，运行前确认设置
		技术维修人员将扭矩设置太低	技术维修人员培训	在设置程序内加入扭矩确认箱，运行前确认设置
			设置说明书内添加设置参数	

过程步骤/功能	要求	潜在失效模式	潜在失效后果	严重度 S	分类	潜在失效起因	现行过程控制			RPN	建议措施	职责和目标完成日期	措施实施结果			
							预防控制	发生频度 O	探测控制				采取的措施	严重度 S	频度 O	探测度 D	RPN
a1	a2	b	c	d	e	f		g	h	i	j	k	l	m			n

（i）探测度（D）

探测度是指现有过程控制栏里的最佳探测控制相关的等级。假设失效模式发生探测到的可能性。

为了获得一个较低的探测度等级，一般来讲须改善现有的探测控制。

当识别出一种以上控制时，建议每一种控制的探测方法应包含在控制描述中。在探测度栏记录最低的等级值。

假设失效已经发生，然后评价所有"现行过程控制"防止有不合格或缺陷的零件被交运出去的能力。

不要因为发生频度低而擅自推断探测度级别也低。一定要评价过程控制探测到低频度失效模式或预防它们在过程中进一步发生的能力。

随机质量抽查不大可能去探测某一孤立存在的缺陷，也不应该影响探测度等级。

表 10-3 推荐的 PFMEA 探测度评价准则

探测机会	评价准则：过程控制探测的可能性	级别	探测可能性
没有探测机会	没有现有控制，不能探测或不能分析	10	几乎不可能
在任何阶段不太可能探测	失效模式和/或错误（原因）不容易探测（如随机检查）	9	非常微小
加工后问题探测	操作者通过目视/排列/耳听法的事后失效模式探测	8	微小
从源头进行的问题探测	操作者通过直观/目视/排列/耳听法在工位上做失效模式探测或操作者通过使用特性测量（通/止，手动转矩检查等）做加工后探测	7	非常低
加工后问题探测	操作者通过使用各种测量进行加工后失效模式探测或操作者在位置上通过使用特性测量做事后失效模式探测（行/不行，手动转矩检查等）	6	低
从源头进行的问题探测	操作者通过使用各种测量进行工位上的失效模式或错误（原因）探测，或由工位上的自动化控制设备探测不符合零件并通过指示灯、鸣声通知操作者。在作业前准备和首件检查时进行测量（仅用于探测作业前准备的起因）	5	中等
加工后问题探测	由自动化控制进行加工后失效模式探测。这种自动化控制能探测不符合零件并锁定零件以防止进一步的操作	4	中上
开始时问题探测	由自动化控制进行工位上失效模式探测。这种自动化控制能探测不符合零件，并自动锁定工位上的零件以防止进一步的操作	3	高
错误探测和/或问题预防	由自动化控制进行工位上错误（起因）探测。这种自动化控制能探测错误和预防不符合零件的制造	2	非常高
错误预防	以夹具设计、机械设计或零件设计所做的错误（起因）预防，通过过程/产品设计进行防错项目，从而避免制造不符合零件	1	几乎肯定

小组在评价准则和排序系统上应保持意见一致并持续的使用，即使由于对个别产品的分析而对准则作了修改。探测度应使用上表的指南来评价。

决定措施的优先级别

当小组完成以上 PFMEA 步骤后，就需决定是否需要进一步采取措施降低风险，选取最佳的优先措施。

小组最先关注的应当是严重度最高的失效模式。当严重度等级达到 9 或 10，小组必须确保该风险已经通过现有过程控制或者建议措施得到处理。

严重度小于 8 的失效模式，小组应当考虑到最高发生频度或探测度等级的原因，关注已识别到的信息，商讨一个方法，并确定如何最优的排列风险降低措施的顺序以最好地服务于组织和顾客。

过程步骤 / 功能	要求	潜在失效模式	潜在失效后果	严重度 S	分类	潜在失效起因	现行过程控制			RPN	建议措施	职责和目标完成日期	措施实施结果			
							预防控制	发生频度 O	探测度控制				采取的措施完成日期	严重度 S	频度 O	探测度 D	RPN
a1	a2	b	c	d	e	f		h		i	j	k	l	m			n

风险评估：

（j）风险顺序数（RPN）

帮助决定优先措施的方法之一就是使用风险顺序数：

RPN = 严重度(S) × 发生频度(O) × 探测度(D)

在单独的 FMEA 范围内，数值可以在 1 到 1000 之间变化。

不推荐单独使用 RPN 限值来决定是否需要采取措施。

例如，顾客如果在下面不合理地使用了 100 这个限值，组织就会对 RPN 为 112 的特性 B 采取措施。在这个例子中，特性 B 的 RPN 更高，但还是应当先处理 A，因为它的严重度等级为 9，尽管 A 的 RPN 为 90，低于限值。

项目	严重度	发生频度	探测度	RPN
A	9	2	5	90
B	7	4	4	112

没有一个要求规定强制采取措施的 RPN 限值。

建立限值可能会促使小组成员产生错误行为：即小组成员花时间去试图求证一个低发生频度或低探测度等级的数值，以期降低 RPN。这种做法是不可取的，因为这种行为会使引起失效模式的真正问题得不到解决，只是让 RPN 低于限值。因此小组讨论时，RPN 值可以作为有效的工具，但不建议单独使用 RPN 限值来决定采取措施的优先级别。

建议的方法：

FMEA 小组在初次进行 PFMEA 分析时，可以先预订一个决定措施的优先级别，如规定在以下的四种情况下为优先采取措施的顺序：

严重度（S）≥8 时；

严重度（S）×发生频度（O）≥30 时；

发生频度（O）×探测度（D）≥30 时；

RPN = 严重度（S）×发生频度（O）×探测度（D）≥100 时；

在实际分析中可根据情况作适当的调整，总之，FMEA 是持续改进的工具。如果初期 RPN≥100 的失效模式已采取了措施减少或消除，为持续改进的需要，可以调整为 RPN≥80 时就应采取措施。

如果一份 FMEA 文件没有任何的建议措施，这样的 FMEA 是没有任何意义的，一种形式而已。

过程步骤 / 功能	要求	潜在失效模式	潜在失效后果	严重度 S	分类	潜在失效起因	现行过程控制			R P N	建议措施	职责和目标完成日期	措施实施结果			
							预防控制	发生频度 O	探测控制				采取的措施完成日期	严重度 S	频度 O	探测度 D	R P N
a1	a2	b	c	d	e	f	h	g	h	i	j	k	l	m			n

（k）建议措施

应首先针对高严重度、高 RPN 值和小组指定的其他项目进行预防/纠正措施的评价。任何建议措施的意图都是要依以下顺序降低其风险级别：严重度、频度和探测度。

一般实践中，不管其 RPN 值是多大，当严重度是 9 或 10 时，必须予以特别注意，以确保现行的过程控制或预防/纠正措施针对了这种风险。

降低严重度等级：只有设计或过程修改可降低严重度等级。

任何产品/过程的设计更改，小组都应该进行评审，以确定对产品功能和过程的影响。

要取得这种方法的最大有效性和最佳效率，应该在过程开发早期对产品和过程设计执行更改。例如，如果需要降低严重度，在过程开发早期即需要考虑对过程技术的应用。

降低发生频度（O）等级：为了降低发生频度，过程和设计修改可能是需要的。

发生频度级别的降低可能被通过产品或过程设计的修改消除和控制一种或一种以上失效模式的要因影响。

可以进行使用 SPC 统计方法来推断过程变异来源的研究。从这些研究而产生的措施可降低发生频度。

降低探测（D）级别：更推荐使用防错方法。

探测方法的重新设计可导致探测度级别的降低。一些案例中，过程步骤的设计更改可能会增加探测的可能性（也就是降低探测度级别）。一般来讲，提高探测控制要求对过程变异显著原因和特殊原因的知识和理解。增加检验频率通常不是一种有效的措施，应该作为临时方法来使用以收集过程的额外的信息，便于能执行永久的预防/纠正措施。

对过程措施的评估可包括但不限于以下几项之一的评审：

- 过程 DOE（试验设计）的结果或其他可应用试验；
- 修改过程流程图、生产线布置图、作业指导书或预防性维护计划；
- 对设备、夹具或机械规范的评价；
- 新的或修改后的感应/探测装置。

如果进行的评价没有产生对具体的失效模式/要因/控制组合的建议措施，则在这栏中填入"无"加以标识。填入"无"并注明理由是非常有用的，特别是在严重度高的情况下。

总的来说：

- 预防措施（降低发生频度）比探测措施更好；
- 只有设计或过程修订能够降低严重度等级；
- 通过对过程和设计进行修订，从而降低频度发生等级；
- 对探测方法的重新设计会降低探测度等级。增加检验频次不是有效措施，只能作为临时的手段。

过程步骤 / 功能	要求	潜在失效模式	潜在失效后果	严重度 S	分类	潜在失效起因	现行过程控制			RPN	建议措施	职责和目标完成日期	措施实施结果			
							预防控制	发生频度 O	探测控制 探测度 D				采取的措施完成日期	严重度 S	频度 O	探测度 D	RPN
a1	a2	b	c	d	e	f		g	h	i	j	k	l	m			n

(l) 责任及目标完成日期

填入负责完成每项建议措施的个人或组织的名字包括目标完成日期。过程负责工程师、小组领导有责任确保所有建议措施得到实施或充分阐述。

(m-n) 措施实施结果

这个部分识别任何完成措施的结果和它们对S、O、D级别和RPN的影响。

(m) 采取的措施和完成日期

在措施得到执行以后，填入对采取措施的简要描述和实际完成日期。

(n) 严重度、发生频度、探测度和RPN

在预防/纠正措施得到执行以后，确定和记录所导致的严重度、频度和探测度级别。

计算和记录措施导致的风险优先系数（RPN）。

所有修改后的等级应被评审，单独的措施不能保证问题得到解决，因此适当地分析或测试应该作为验证来完成。如果需要考虑进一步措施，要重新分析。焦点应该始终放在持续改进上。

原因、控制和建议措施的运用示例

过程步骤/功能	要求	失效模式	原因	预防控制	探测控制	建议措施
操作20（使用扭矩枪把坐垫安装在座椅轨道上）选择四个螺钉	安装四个螺钉	少于四个螺钉	由于疏忽大意，少安装了螺钉	用视觉帮助识别正确的数量 操作员培训	在岗位上目视检查	岗位上的扭矩监控：如果螺钉少于四个，则停止生产线
	规定的螺钉	使用了错误的螺钉（直径更大）	在岗位上有相似螺钉	用视觉帮助识别正确的螺钉 操作员培训	在岗位上目视检查	岗位上的角度监控：如果角度不符合，则停止生产线 防错设计：在岗位/产品内使用一种螺钉
操作20（使用扭矩枪把坐垫安装在座椅轨道上）从右前方的孔开始，按照要求的扭矩将每个螺钉扭入	装配步骤：首先将螺钉扭入右前孔	螺钉扭入其他孔	有多个孔洞需要操作员安装螺钉	用视觉帮助识别第一个螺钉的位置	在岗位上目视检查	在螺帽扳手内加入位置传感器，直到运行到了正确的孔才允许工具的操作

五、过程 FMEA 跟踪和维护

负责设计的工程师应负责保证所有的建议措施已被实施或已妥善落实。PFMEA 是一个动态文件，任何按要求做出的产品或过程的变更或更新都应当经过评审。

PFMEA 的持续维护还应包括对 PFMEA 的评分等级做定期的评审。要特别关注发生频度和探测度等级，尤其当改进是通过产品或过程的变更，或过程控制的改进来实现的时候，更显重要。此外，当有现场问题或生产问题发生时，如生产中断，应当对等级做出相应的调整。

将一个基本上合理的 PFMEA 作为起始点，就可以最大限度的利用过去的经验和知识。如果一个新项目或新应用和当前产品或功能相似，那么可以使用统一的 PFMEA。如果有轻微差异，小组应当识别并着重于这些差异所带来的影响。

六、过程 FMEA 的联系

PFMEA 并不是一个孤立的文件。图 10－3 显示了一些通用的联系。

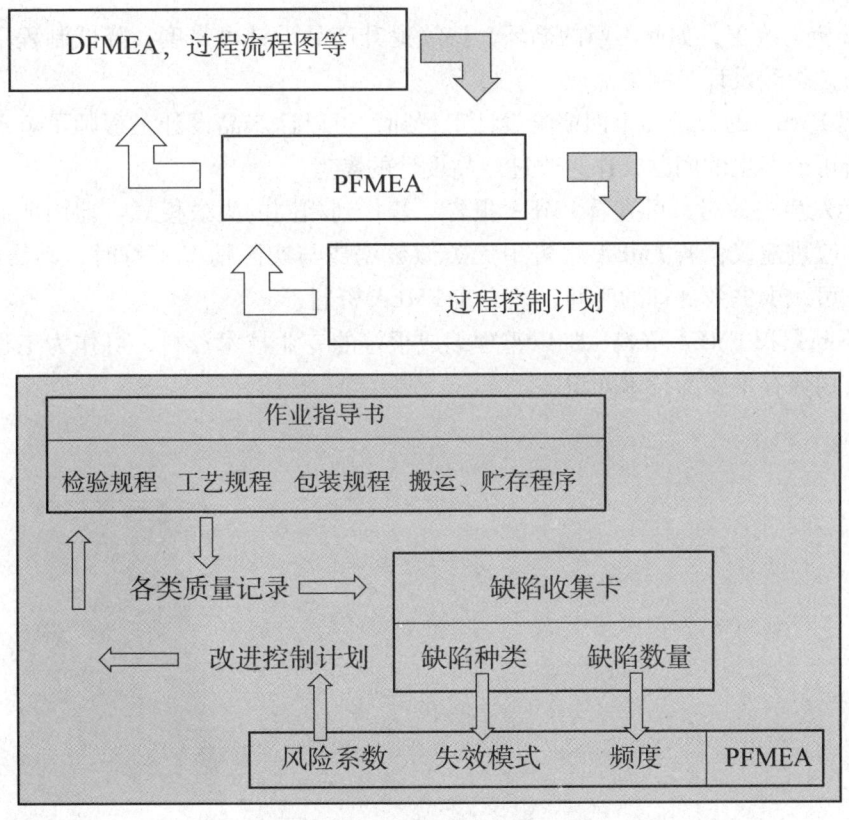

图 10－3　过程 FMEA 的联系

1. 同 DFMEA 的联系

在 PFMEA 的开发过程中，要注意利用创建 DFMEA 时获得的信息和知识。但两者之间的联系并不是一直明显，两者的侧重点不同。DFMEA 侧重于零件功能，而 PFMEA 侧重于制造步骤和过程。例如，项目/功能—设计并不等同于过程功能/要求；潜在设计失效模式不等同于潜在过程失效模式；失效模式的潜在设计原因不等同于失效模式的潜在过程原因。然而，将设计与过程的整个分析作比较，可以建立一个联系。这种联系存在于 DFMEA 和 PFMEA 分析过程中识别出的特性之间。

另一个联系存在于失效（DFMEA）的潜在设计原因与潜在过程失效模式（PFMEA）之间。例如，孔的特性设计可以导致一个特定的失效模式，相应的过程失效模式是指过程没有能力按照设计来制造相同特性。在这个例子中，失效的潜在设计原因（孔直径设计过大）会和潜在过程失效模式

（孔钻的过大）相似。其失效模式的最终影响相同，但引起结果的原因不同。

2. 同控制计划的联系

此外作为 PFMEA 活动结果建议措施和后续跟进的需要，应开发一个控制计划。一些组织可能不选择在 PFMEA 中明确识别出相关的产品和过程特性。在这种情况下，控制计划的"产品特性"部分可以从"过程功能/要求"栏中的要求衍生，"过程特性"部分可从"失效模式的潜在起因"栏衍生。

在小组开发控制计划时，小组需确保 PFMEA 现有控制与控制计划中明确的控制方法一致。

七、FMEA 结果的应用

（1）在对新产品设计或制造过程进行 FMEA 时，类似产品设计与过程的 FMEA 数据是重要的参考数据。

（2）应从关键性的失效模式中根据其重要性，建立改进行动的优先级，集中资源，循序改善产品设计或制造过程。

（3）重复分析、改善，如此不断的循环，持续提升产品设计可靠度，降低制程不良率或提高不良品的检测能力，提升设计与制造品质。

（4）将过程 FMEA 的分析结果回馈给设计工程师，可以让产品设计工程师了解现行的设计在实际进入制程时所可能产生的问题，作为改进产品设计的参考。

（5）当实际发生失效时，可查看 FMEA 报告，若找到相同的失效模式、原因或后果时，可立即应用已分析过的改进建议；若 FMEA 报告中无类似数据或与实际情况不符时，则修改 FMEA 资料，如此相互配合，可减少失效处理的时间，并充实 FMEA 资料。

（6）经由不断累积 FMEA 资料，加以整理编成很好的专业技术资料，可作为工程师训练的参考教材，亦可为公司保存重要的技术知识。

八、PFMEA 案例参考

案例 1 轴加工 PFMEA 部分示例

加工制程FMEA

过程名称：轴加工　　　　过程责任部门：技术部　　　　FMEA编号：
产品名称/型号：　　　　　关键日期：　　　　　　　　　页码：　第 1 页，共 6 页
跨功能小组：　　　　　　　　　　　　　　　　　　　　编制日期：（制定）　　　　　（修订）

序号	过程/功能	要求	潜在失效模式	潜在失效后果	严重度(S)	分类	潜在失效起因	频度(O)	现行预防过程控制	现行探测过程控制	探测度(D)	风险顺序数RPN	建议的措施	负责人及完成日期	采取措施	措施结果 S	O	D	RPN
11	热处理（齿部高频淬火、回火）	齿部表面硬度	硬度过硬	脆性大，易崩裂	7		淬火温度偏高回火时间不足	2	高频、回火参数设定表	首件确认，自检、巡检，洛氏硬度仪测量	5	70							
		齿部表面硬度	硬度不够	影响性能和使用寿命	7	★	加热不足，冷却不良	2	高频、回火参数设定表		5	70							
		淬硬层深度	淬硬层深度过浅	使产品性能、功能降级	7		淬火电流频率偏高时间过短	2	电流频率和时间设定表	每批次抽检2-3件，金相检测	6	84	无						
		齿部表面无缺陷	齿表面淬火裂纹	开裂报废	7	★	齿部表面或划痕在淬火后形成的应力集中	2	对齿部做回火处理	每批次抽检2-3件，探伤检测	6	84	100%做探伤检测	品管主管 2015.07.18	采用了100%探伤检测后，无缺陷品流出	7	2	5	70
							加热温度过高或冷却太急	2	淬火温度和冷却速度设定表	每批次抽检2-3件，探伤检测	6	84							
13	双顶精车外圆各台阶尺寸	按工序图纸外圆尺寸	尺寸超差	影响后工序加工，故少数报废	7		1.在高速切削中刀刃上产生积屑瘤	2	采用切削液冷却降温防止积屑瘤产生	首件确认，巡检，数显外径千分尺测量	5	70							
							2.调机操作时的对刀误差	3	采用试切削法调机		5	105	每次调机后需领班确认正常方可生产	生产主管 2015.07.15	修订生产控制计划实施后未再发生超差情况； 2015.09.08	7	2	5	70
		卡环槽尺寸	卡环槽尺寸超差	装配不良	6		2.刀具磨损	2	刀具寿命管理，定时修磨或更换刀具	首件确认，自检，巡检，数显外径千分尺测量	5	60							
							3.刀具未对准	3	岗前培训		5	90	每次调机后需领班确认正常方可生产	生产主管 2015.07.15	修订生产控制计划实施后，再发生超差情况； 2015.09.08	6	2	5	60

案例2 车门内部人工涂蜡 PFMEA 部分示例

潜在失效模式和后果分析（过程FMEA）

项目：
型号年/项目：
核心小组：
设计职责：
关键日期：
FMEA编号：
页码：
编制：
FMEA日期（原始）：

过程步骤功能	要求	潜在失效模式	潜在失效后果	严重度	分类	潜在失效的起因	现行过程控制 预防控制	现行过程控制 探测控制	发生频度	探测度	风险顺序数 RPN	建议措施	职责&目标完成日期	措施结果 采取的措施和实际完成日期	严重度	发生频度	探测度	RPN
操作70 车门内部人工涂蜡	为覆盖车门内部，车门下层表面涂厚度规定的蜡	在指定的表面的涂蜡不足	内门板完整性被破坏；车门下层表面腐蚀；车门寿命降低，导致：-使用一段时间后生锈，使顾客对外观不满意；-车门内附件功能下降	5		人工插入喷头不够深入	无	每小时目视检查，检查膜膜厚度（深度仪）和范围	8	5	200	给喷蜡枪加装深度限位器	制造工程师 0X 10 15	增加限位器在线上检查喷蜡枪	5	2	5	50
												使喷蜡作业自动化	制造工程师 0X 12 15	由于同一条线上门的复杂程度不同，因此拒绝该项建议				
						喷头堵塞	在开始和停机后试验喷雾形状。按照预防维护程序清洗喷头	每小时目视检查，检查膜膜厚度（深度仪）和范围	5	5	125	使用试验设计确定粘度、温度和压力	制造工程师 0X 10 01	确定温度和压力限定值，并安装控制器，控制图显示过程已受控。Cpk=1.85	5	1	5	25
						因撞击使喷头变形	依预防维护程序维护喷头	每小时目视检查，检查膜膜厚度（深度仪）和范围	2	5	50	无						
a1	a2	在指定的表面的涂蜡过多				喷蜡时间不足	无	按作业指导书进行批量抽样（每班10个门），检查全部分喷蜡范围	5	7	175	安装喷蜡定时器	维修部门 xx/xx/xx	安装了自动喷蜡定时器，控制打开喷头，定时器控制关闭。	5	1	7	35
		b	c	d	e	f	g	h	i	j	k	l	m	n				

A / H F
B D G
C E

第十一章
质量控制计划（CP）编制方法和参考实例

第一节　质量控制计划（CP）概述
　　一、什么是质量控制计划
　　二、质量控制计划涵盖的三个不同阶段
　　三、质量控制计划应包含的要素
　　四、制订并实施控制计划的益处

第二节　质量控制计划的编制方法
　　一、控制计划栏目说明
　　二、制作控制计划需用到的工具
　　三、控制方法与控制水平
　　四、控制计划的制作流程
　　五、控制计划编制案例
　　六、控制计划在各阶段的实施和连接

第三节　控制计划参考实例
　　一、以设备设定为主的过程
　　二、以机器参数为主的过程
　　三、以夹具/输送台为主的过程
　　四、以工装为主的过程
　　五、以操作人员为主的过程
　　六、以预防性维护为主的过程
　　七、以部件或材料为主的过程
　　八、以环境为主的过程

第一节 质量控制计划（CP）概述

一、什么是质量控制计划

质量控制计划，简称控制计划（CP），控制计划对用来最大限度地减少过程和产品变差的系统作了简要的书面描述。制订控制计划是质量策划过程的一个重要阶段。

以下是控制计划的通用格式，不同企业根据需要或顾客要求也可以作适当调整。

表 11-1 控制计划（格式 1）

□样件 □试生产 □生产 控制计划编号：			主要联系人/电话：		日期（编制）：	日期（修订）：
零件编号/最新更改等级：			核心小组：		顾客工程批准/日期（如需要）：	
零件名称/描述：			供方/工厂批准/日期：		顾客质量批准/日期（如需要）：	
供方/工厂：		供方代码：	其他批准/日期（如需要）：		其他批准/日期（如需要）：	

零件/过程编号	过程名称/操作描述	机器、装置夹具、工装	特性			特殊特性分类	方法					反应计划
			编号	产品	过程		产品/过程规范/公差	评价/测量技术	样本		控制方法	
									容量	频率		

控制计划是总体质量体系不可分的部分，并被作为一个动态文件，应和其他有关文件联合起来使用。控制计划不能替代包含详细的操作者指导书的信息。

一个单一控制计划可以适用于以相同过程、相同原料生产出来的一组和一个系列的产品。为了有助于说明，必要时可对控制计划附上简图。为了支持控制计划，要不断改善和运用过程监视指导书。

实际上，控制计划描述了过程的每阶段所需的控制措施，包括进料、加工和出货，并保证所有的过程输出满足要求所需的阶段性措施。在正式生产运行当中，控制计划提供了用来控制特性的过程监视和控制方法。由于期望过程是不断更新和改进的，因此控制计划反映了与这种过程的改变状况相对应的战略。

控制计划在整个产品生命周期中被保持并使用。在产品生命周期的早期，它主要是对过程控制的初始计划起到成文、交流目的，它指导在生产中如何控制过程并保证产品质量。最终，控制计划作为一动态文件，反映当前使用的控制方法和测量系统。控制计划随着测量系统和控制方法的评价和改进而被修订。

为了达到过程控制和改进的有效性，应对过程有一个基本的了解。为了达到对过程更好地了解，建立一个跨职能的小组通过利用所有可用的信息来制订控制计划，这些信息包括：

- 过程流程图；
- 设计/过程失效模式及后果分析；
- 特殊特性；
- 从相似零件得到的经验；
- 小组对过程的了解；
- 设计评审；

- 优化方法（如 QFD，DOE 等）。

二、质量控制计划涵盖的三个不同阶段

适当时，控制计划应覆盖三个不同的阶段：

1. 样件阶段

对样件制造中将进行的尺寸测量、材料和性能试验的描述。如果顾客要求，组织应有样件控制计划。

2. 试生产阶段

对样件制造后，全面生产前将进行的尺寸测量、材料和性能试验的描述。试生产被定义为在产品实现过程中样件制造后可能要求的一个生产阶段。

3. 生产阶段

在批量生产中，对产品/过程特性、过程控制、试验和测量系统的形成文件的描述。

每个零件应有一个控制计划，但是在很多情况下，一个系列的控制计划可以覆盖采用通用过程生产的多个相似零件。控制计划是质量策划的一项输出。

三、质量控制计划应包含的要素

制订控制计划至少应包括以下内容：

1. 基本资料

（1）控制计划编号；
（2）发布日期和修订日期；
（3）顾客信息（见顾客要求）；
（4）组织名称/指定的现场；
（5）零件编号；
（6）零件名称/描述；
（7）工程更改等级；
（8）覆盖的阶段（样件、试生产、生产）；
（9）主要联系人；
（10）零件/过程步骤编号；
（11）过程名称/作业描述。

2. 产品控制

（1）与产品有关的特殊特性；
（2）其他要控制的特性（编号、产品或过程）；
（3）规范/公差。

3. 过程控制

（1）过程参数；
（2）与过程有关的特殊特性；
（3）制造用机器、卡具、夹具、工具。

4. 方法

（1）评价测量技术；
（2）防错；
（3）样本容量和频次；
（4）控制方法。

5. 反应计划和纠正措施

（1）反应计划（包括或引用）；
（2）纠正措施。

四、制订并实施控制计划的益处

1. 质量的提高

控制计划方法减少了浪费并提高了在设计、制造和配合中产品的质量。这一结构性方法为产品和过程提供了一完整的评价。控制计划识别过程特性并帮助识别导致产品特性变差（输出变量）的过程特性的变差源（输入变量）。

2. 顾客满意度的提高

控制计划聚集于将资源用于与对顾客来说重要的特性有关的过程和产品。将资源正确分配在这些重要项目上有助于在不影响质量的情况下降低成本。

3. 信息交流

作为一个动态文件，控制计划明确并传达了产品/过程特性、控制方法和特性测量中的变化。

第二节 质量控制计划的编制方法

一、控制计划栏目说明（1~26项）

表11-2 控制计划（格式2）

第___页 共___页

①□样件 □试生产 □生产 控制计划编号：②			主要联系人/电话 ⑦		日期（编制） ⑩		日期（修订） ⑪	
零件编号/最新更改等级 ③			核心小组 ⑧		顾客工程批准/日期（如需要） ⑫			
零件名称/描述 ④			供方/工厂批准/日期 ⑨		顾客质量批准/日期（如需要） ⑬			
供方/工厂⑤	供方代码⑥		其他批准/日期（如需要） ⑭		其他批准/日期（如需要） ⑭			

零件/过程编号⑮	过程名称/操作描述⑯	机器、装置夹具、工装⑰	特性			特殊特性分类㉑	方法				反应计划㉖
			编号⑱	产品⑲	过程⑳		产品/过程规范/公差㉒	评价/测量技术㉓	样本㉔		控制方法㉕
									容量	频率	

1）样件、试生产、生产	表示适当的分类： • 样件——在样件制造过程中，进行的尺寸测量、材料和性能试验的描述； • 试生产——在样件试制后试生产，进行的尺寸测量、材料和性能试验的描述； • 生产——在正式生产中，产品/过程特性、过程控制、试验和测量系统的全面文件化的描述。
2）控制计划编号	输入控制计划文件编号以用于追溯。对于多页的控制计划则填入页码（第___页 共___页）
3）零件编号、最新更改等级	填入被控制的系统、子系统或部件编号。适用时，填入源于图样规范的最近工程更改等级（即图样的修订版本）和/或发布日期。
4）零件名称/描述	填入被控制产品/过程的名称和描述。
5）供方/工厂	填入制订控制计划的公司和适当的分公司/工厂/部门的名称。
6）组织代码（供应商代码）	填入按客户采购机构要求的识别号（供应商代号）。
7）主要联系人/电话	填入负责控制计划的主要联系人姓名和电话号码和其他联系信息，如电子邮箱。

8）核心小组	填入负责制定控制计划最终版本的人员姓名和电话号码及其他信息，如电子邮箱。建议将所有小组成员的姓名、电话和地址都包括进所附的分配表中。
9）组织/工厂批准/日期	制订控制计划的工厂/公司批准。
10）日期（编制）	填入首次编制控制计划的日期。
11）日期（修订）	填入最近修订控制计划的日期。
12）顾客工程批准/日期	如必要，获取顾客负责的工程部门批准。
13）顾客质量批准/日期	如必要，获取顾客负责的质量代表批准。
14）其他批准/日期	如必要，获取其他同意的批准。
15）零件/过程编号	该项编号通常参照过程流程图。如果有多零件编号存在（组件），那么应相应地列出单个零件编号和它们的过程编号。
16）过程名称/操作描述	系统、子系统或部件制造的所有步骤都在过程流程图中描述。识别流程图中最能描述所述活动的过程/操作名称。
17）制造用机器、装置、夹具、工装	适当时，对所描述的每一操作识别加工装备，诸如制造用的机器、装置、夹具或其他工具。
特性（包括18、19、20）	识别该过程/操作需要控制的产品特性或制造过程参数。
18）编号	这个编号是指产品特性或过程特性的编号。必要时，填入诸如（但不限于）过程流程图、已编号的计划、图纸等相互参照用的编号。
19）产品（特性）	产品特性是指在图样或其他主要工程信息中所描述的部件、零件或总成的特点或性能。核心小组应从所有来源中组成重要产品特性的产品特殊特性，所有的特殊特性都应列在控制计划中，此外制造者可将在正常操作中进行过程常规控制的其他产品特性都列入。
20）过程（特性）	过程特性是与被识别产品特性具有因果关系的过程变量（输入变量）。过程特性仅能在其发生时才能测量出。核心小组应识别和控制其过程特性的变差以最大限度减少产品变差。对于每一个产品特性，可能有一个或更多的过程特性。在某些过程中，一个过程特性可能影响数个产品特性。
21）特殊特性分类	这一栏目用来标注被确定为特殊特性的符号。
方法（包括22～25项）	使用程序和其他工具控制过程的系统的计划。
22）产品/过程规范/公差	规范/公差可以从各种工程文件，诸如（但不限于）图样、材料标准、计算机辅助设计数据、制造和/或装配要求中获得。
23）评价/测量技术	这一栏标明了所使用的测量系统和测量方法。它包括测量零件/过程/制造装置所需的量具、检具和/或试验装置。
24）样本容量/频率	当需要取样时，列出相应的样本容量和频率。
25）控制方法	对于一个有效的控制计划，这是一个至关重要的因素。这一栏包含了对操作将怎样进行控制的简要描述，必要时包括程序编号。 所用的控制应是基于对过程的有效分析。控制方法取决于所存在的过程类型。可以使用（但不限于）统计过程控制、检验、防错和抽样计划等来对操作进行控制。 控制计划的描述应反映在制造过程中实施的策划和战略。如果使用复杂的控制方法，计划中将引用特定的文件名称和/或编号。
26）反应计划	反应计划规定了为避免生产不合格产品或操作失控所需要的纠正措施。这些措施通常应是最接近过程的人员（操作者、作业准备人员或主管）的职责，并应在计划中清晰地指定。 在所有的情况下，可疑或不合格的产品由反应计划指定的负责人员进行清晰地标识，隔离和处理。本栏还可用来标注特定的反应计划编号并标识反应计划的负责人员。

二、制作控制计划需用到的工具

在策划控制计划时，需在控制计划中明确何时、何地针对什么，由谁采取何种行动来监控和控制过程变异，要达到以上目标，需要相应的技术和工具来支持。制作控制计划时常用到的工具有：控制图、防错法、标准操作规程、测量系统分析、预防性维护等，这些工具的作用如下。

工具	在控制计划中的作用
控制图	对过程输入和输出变量的稳定性进行监控，对异常变化起预警作用
防错法	预防某种特定错误的产生，将该缺陷降为0
标准操作规程	规范作业方法，减少人为因素引起的过程变异
测量系统分析	确保过程数据的真实有效性
预防性维护	通过日常点检及维护保证过程相关设备工具等工作处于最佳状态

三、控制方法与控制水平

根据一个组织控制方法的先进程度，可判断其过程控制水平的高低，下表列出了不同的控制方法对应的控制水平。

控制方法	说明
（1）仅有口头作业指导，无书面操作标准	过程控制水平很低的公司一般未采用书面化的作业指导，仅靠师傅带徒弟或命令式的方法进行口头"作业指导"，其结果会造成过程的巨大变异，基本谈不上控制，目前手工作坊式的小公司中这种方法比较常见。
（2）存在书面文件形式的作业指导	过程控制水平稍高的公司均有书面形式的作业指导文件对大多数作业进行规范，以降低作业的随意性，减少过程变异。这是目前大多数普通公司的平均水准。
（3）作业方法完全标准化且通用性很强	过程控制水平比"2"高些的公司作业方法完全标准化，且通用性很强，这样过程变异和资源成本降至较低水平。目前管理水平较高的公司达到了这一水准。
（4）对过程进行统计过程控制（SPC）	对过程进行统计过程控制，提早发现过程变异并采取必要的纠正/预防行动，这是过程控制的较高境界，目前只有少数的一流公司能达到这一水准。
（5）大面积采用防错法	全面采用防错法，将人为可能的不良降至接近"0"，这是从预防角度着手进行过程控制，目前不少公司部分采用了防错法，但有系统地全面采用防错法的公司还很少。
（6）过程六西格玛设计	对过程进行六西格玛设计，从源头上防止过程异常变异的产生，这是过程控制的最高境界，也是各组织追求的目标。

四、控制计划的制作流程

控制计划是组织向顾客证明其实现产品/服务质量要求的具体措施，作为监督和评定产品/服务是否符合质量要求的依据的重要文件，是实现产品/服务质量的一份指南，控制计划水平的高低直接决定了一个组织的过程质量保证能力，进而影响顾客满意度，因而制作一份高质量的控制计划对组织来说至关重要。

作业流程　　　　　　　　　　　流程各步骤说明

作业流程	流程各步骤说明
组织跨功能小组	（1）组织跨功能小组 跨功能小组的目标是制订高水平的控制计划。小组成员分别来自质量、技术、制造、采购、业务等控制计划涉及的部门。小组组长一般由技术部或品管部门人员担任。对小组成员的要求为： ①熟悉所要制作控制计划的产品和过程； ②熟悉公司文件体系； ③掌握一定的统计知识，了解 SPC； ④最好有相关的经验。 以上要求并非在小组成立伊始每个组员均能达到；小组成立后需有针对性地进行相关培训，在短时间内提升组员的能力；并对类似的控制计划范本进行解析和传阅，以使组员能尽快进入角色。
制作过程流程图	（2）制作过程流程图 过程流程图是描绘过程工作状况的一份新路图，是我们认识过程、进而对其进行改善的有力工具。它用简单的目视方式表现复杂的过程本身，使分析过程的各步骤得到控制。所以在制订控制计划前必须制作反映过程真实状况的流程图，这是制订控制计划的基础。
确认客户关键要求	（3）确认客户关键要求 对与客户要求密切相关的关键要求，如关键质量、关键交付、关键成本等应识别和确定。制作控制计划、对过程进行控制的最终目的是为提升过程能力和满足客户要求，因此在制订控制计划时明确客户的关键要求是十分重要的。
确定过程关键输出变量	（4）确定过程的关键输出变量 过程输出往往较多，我们最关心的是与客户紧密相关的过程输出，对此类输出进行识别和控制是提升客户满度的关键。这类关键输出变量在控制计划中往往表现为某项产品特性。
确定过程关键输入变量	（5）确定过程的关键输入变量 过程输入决定了过程输出，一般而言，过程输入往往非常多，它们综合作用于过程，对过程的影响千差万别。但根据柏拉图法则，仅有"关键的少数"输入变量对过程输出起着决定性影响，大多数输入变量均被归入"次要的多数"中。在制订一个新过程的控制计划时，须采用因果分析等技术对过程的输入变量进行筛选，以确认过程的关键输入变量。

第十一章 质量控制计划（CP）编制方法和参考实例

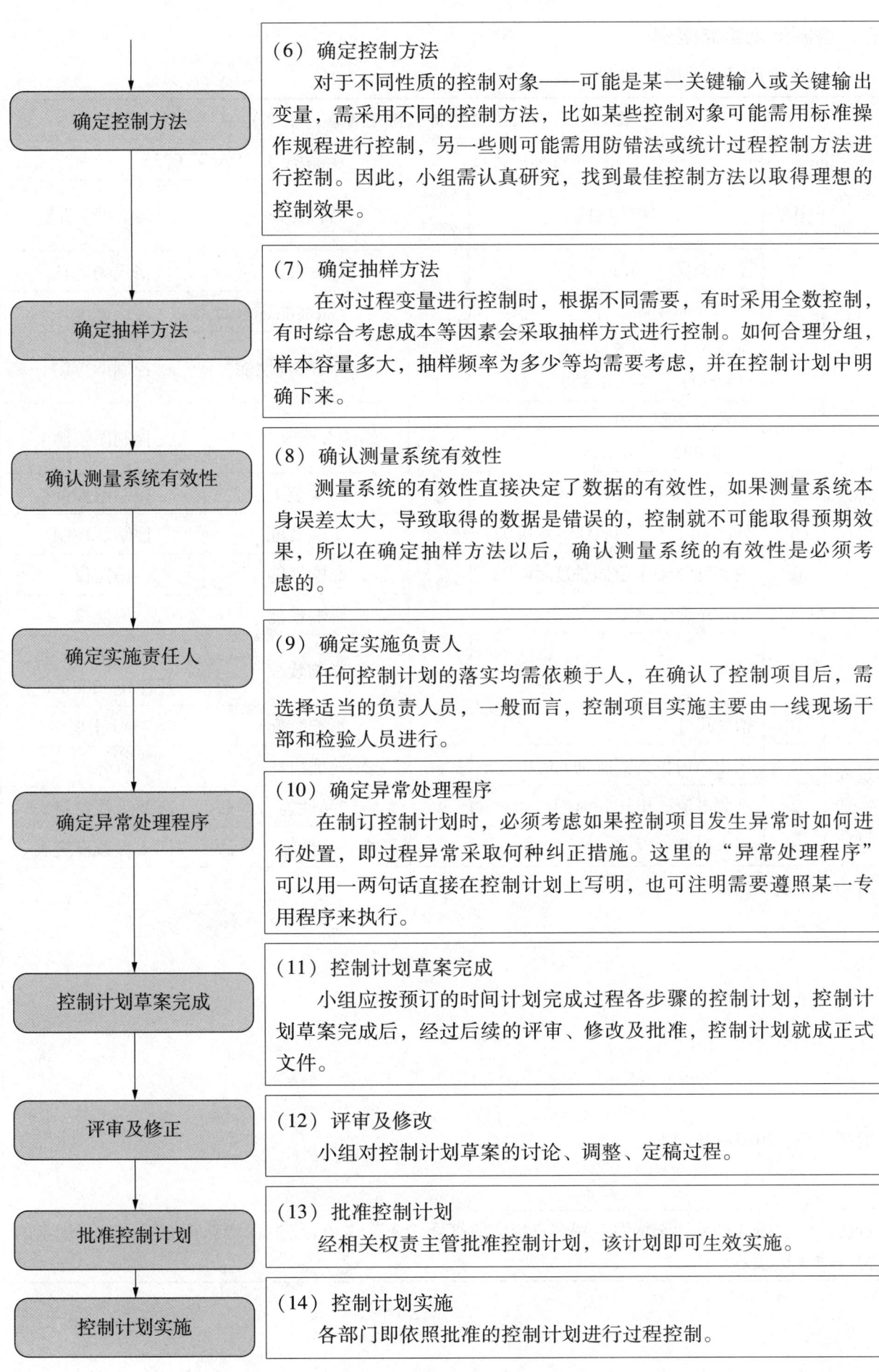

（6）确定控制方法

对于不同性质的控制对象——可能是某一关键输入或关键输出变量，需采用不同的控制方法，比如某些控制对象可能需用标准操作规程进行控制，另一些则可能需用防错法或统计过程控制方法进行控制。因此，小组需认真研究，找到最佳控制方法以取得理想的控制效果。

（7）确定抽样方法

在对过程变量进行控制时，根据不同需要，有时采用全数控制，有时综合考虑成本等因素会采取抽样方式进行控制。如何合理分组，样本容量多大，抽样频率为多少等均需要考虑，并在控制计划中明确下来。

（8）确认测量系统有效性

测量系统的有效性直接决定了数据的有效性，如果测量系统本身误差太大，导致取得的数据是错误的，控制就不可能取得预期效果，所以在确定抽样方法以后，确认测量系统的有效性是必须考虑的。

（9）确定实施负责人

任何控制计划的落实均需依赖于人，在确认了控制项目后，需选择适当的负责人员，一般而言，控制项目实施主要由一线现场干部和检验人员进行。

（10）确定异常处理程序

在制订控制计划时，必须考虑如果控制项目发生异常时如何进行处置，即过程异常采取何种纠正措施。这里的"异常处理程序"可以用一两句话直接在控制计划上写明，也可注明需要遵照某一专用程序来执行。

（11）控制计划草案完成

小组应按预订的时间计划完成过程各步骤的控制计划，控制计划草案完成后，经过后续的评审、修改及批准，控制计划就成正式文件。

（12）评审及修改

小组对控制计划草案的讨论、调整、定稿过程。

（13）批准控制计划

经相关权责主管批准控制计划，该计划即可生效实施。

（14）控制计划实施

各部门即依照批准的控制计划进行过程控制。

五、控制计划编制案例

1. 识别产品/过程特殊特性

表 11-3 产品/过程特殊特性清单（示例）

客户名称：DAY　　　　　产品名称：转轴　　　　　产品图号：DAYZZ0036

特性类别	序号	特性项目	特性符号	特性影响	控制/测量方法
产品特殊特性	1	全轴调质（40Cr）		影响产品性能、寿命	洛氏硬度仪
	2	齿部表面硬度		影响产品性能、寿命	洛氏硬度仪
	3	轴承位外圆 φ35（+0.002，+0.018）		影响装配及性能	控制图控制
	4	轴承位外圆 φ30（+0.002，+0.015）		影响装配及性能	控制图控制
	5	外圆 φ40（-0.016，0）	◆	影响装配	控制图控制
	6	外圆 φ12.7（-0.009，-0.02）		影响装配	控制图控制
	7	内花键与轴承位同轴度≤0.02		影响性能	偏摆仪
	8	φ40 外圆全跳动		影响性能	偏摆仪
	9	槽深尺寸		影响装配	卡尺（精度0.02，量程0-200mm）
	10	槽宽尺寸		影响装配	通/止规
过程特殊特性	1	校正插齿位外圆跳动≤0.01mm		影响插齿精度	百分表
	2	高频电流、电压、时间	★	影响产品性能，寿命	高频参数设定表
	3	回火温度、时间		影响产品性能，寿命	回火参数设定表

跨功能小组成员：

编制日期：2015-08-06

备注：以上述"产品特殊特性"用客户指定的符号"◆"表示、"过程特殊特性"用公司规定的符号"★"表示。

2. 建立过程流程图

表 11-4 过程流程图（示例）

客户名称：DAY　　　　产品名称：转轴　　　　产品图号：DAYZZ0036-C

编号	加工工序	加工内容	特性分类	加工设备
01	下料	材料 40Cr，Φ50×316；		锯床
02	打中心孔	夹 A 外圆，偏右端面，打 A4.0/8.0 型中心孔，总长保持 315mm；		数控车床
03	粗车 I	夹 A 外圆，顶右端中心孔，对刀右端面，按图示加工各尺寸；		数控车床
04	粗车 II	夹 Φ44 外圆，以 Φ49 右台阶端面定位，平端面，保持 313.5mm；打 A4.0/8.0 型中心孔；按图示加工左端各尺寸；		数控车床
05	调质	外协调质处理，硬度 HRC25-35；	◆	
06	研磨中心孔	用研磨顶尖研磨两端中心孔；		车床
07	车外圆	按图示双顶加工各尺寸；		数控车床
08	钻孔	夹 Φ42 外圆，找正 Φ37 外圆，跳动≤0.10mm，钻 Φ14 孔，深 41mm；		钻床
09	车齿位	夹 A 外圆，台阶端面粗定位，打表校正 Φ37 外圆，跳动≤0.003mm，平左端面见光，总长保持 313±0.1mm，然后按图示加工各尺寸；		数控车床
10	磨齿位	按图示双顶磨出各尺寸；		外研磨床
11	插齿	工装装夹，打表校正插位外圆跳动≤0.01mm；选择合理的切削用量，按参数要求插齿，保证棒间距 15.11~15.19 及齿圈径向跳动≤0.02mm；		插齿机
12	高频淬火	齿部表面高频淬火，HRC45-50，淬硬层深大于 2mm；低温回火 HRC45-50；	◆ ★	高频机 回火炉
13	研磨中心孔	研磨两端 60°基准面；		车床
14	精车 I	双顶按图加工各尺寸，保证各尺寸公差要求；		数控车床
15	精车 II	双顶中心孔，按图加工 Φ47×5 及右边各尺寸；		数控车床
16	铣键槽	按图示加工 2 个键槽，去除毛刺；	◆	CNC
17	攻牙	用 Φ4.2 钻头钻 M5 底孔，深 21mm；攻螺纹，保证螺纹有效长度为 10mm；		钻床
18	精磨外圆	双顶磨出图示各尺寸，保证各尺寸公差；	◆	外圆磨床
19	检验	送品管检验；		
20	包装	清吹、防锈、包装。		

3. 编制控制计划（示例）

DAYZZ0036 转轴控制计划											
☐样件 ☐试生产 ■生产			主要联系人/电话：					日期（编制）：2014-11-12			日期（修订）：2015-07-16	
控制计划编号：BC-CP-012												
零件编号/最新更改等级：DATZZ0036-C			核心小组：					顾客工程批准/日期（如需要）：/			
零件名称/描述：0036转轴			供方/工厂批准日期：2015-07-18					顾客质量批准/日期（如需要）：/			
供方/工厂：			供方代码：	其他批准/日期/（如需要）：				其他批准/日期/（如需要）：/				

过程编号	过程名称/操作描述	机器/装置/夹具/工装	特性		特殊特性分类	方法				执行者	控制方法	反应计划
			编号/产品	过程		产品/过程规范/公差	评价/测量技术	样本容量	频率			
	进料检验	叉车	外观			无生锈、变形、缺料、裂纹等	目测	100%	每批	IQC	来料检测记录	按不合格品管理程序处置
			材质			40Cr	验证质保书	1次	每批			
			尺寸			Φ50	卡尺	抽检	每批			
			探伤			无裂纹、气孔	探伤仪	3pcs	每批	试验员	探伤检测报告	
01	下料	锯床	总长			316	卡尺	1pcs	每小时	IQC	(首检/自检)/记录	隔离/标识/调机
02	平端面打中心孔	数控车A4/D8.0中心站	总长			314.5	卡尺	1pcs	每小时	IPQC/作业员	(首检/巡检/自检)/记录	隔离/标识/调机
			锥度			60度	锥度量规	1pcs	每小时			
03	粗车Ⅰ	数控车	外径			Φ33	卡尺	1pcs	每小时	IPQC/作业员	(首检/巡检/自检)/记录	隔离/标识/调机
						Φ44						
						Φ49						
			长度尺寸			293						
						203.5±0.05						
						36.5						
04	粗车Ⅱ	数控车A4/D8.0中心站	长度尺寸			313.5	卡尺	1pcs	每小时	IPQC/作业员	(首检/巡检/自检)/记录	隔离/标识/调机
						106.5±0.05						
						84						
			锥度			60度	锥度量规					
			外圆尺寸			Φ38	卡尺					
						Φ45						
05	调质	外协处理	全轴硬度		◆	HRC25-35	硬度计	3pcs	每批	IQC	来料检测记录	隔离/标识/退货
06	研磨中心孔	车床	表面粗糙度			Ra0.8	样板比对	1pcs	每小时	IPQC/作业员	(首检/巡检/自检)/记录	隔离/标识/返工
07	车外圆	数控车	外圆尺寸			Φ37(-0.2,0.1)	卡尺	3pcs	每小时	IPQC/作业员	(首检/巡检/自检)/记录	隔离/标识/调机
						Φ42(-0.2,+0.1)						
						Φ32(-0.2,+0.1)						
			表面粗糙度			Ra3.2	样板比对	1pcs	每小时			
08	钻孔	钻床	内孔尺寸			Φ14×深53	卡尺	5pcs	每小时	IPQC/作业员	(首检/巡检/自检)/记录	隔离/标识/调机
09	车齿位	数控车	内孔尺寸			Φ17.08(+0.11,0)	卡尺	3pcs	每小时	IPQC/作业员	(首检/巡检/自检)/记录	隔离/标识/调机
			外圆尺寸			Φ20.5×5						
						Φ37(+0.2,+0.1)						
			长度尺寸			36±0.5						
						313±0.1						
10	磨齿位	外圆磨	外圆尺寸			Φ7(0,-0.02)	数显千分尺	3pcs	每小时	IPQC/作业员	(首检/巡检/自检)/记录	隔离/标识/调机
						Φ32(0,-0.02)	数显千分尺					
			表面粗糙度			Ra1.6	样板比对	1pcs	每小时			

第十一章 质量控制计划（CP）编制方法和参考实例

过程编号	过程名称/操作描述	机器/装置/夹具/工装	特性 编号	特性 产品	特性 过程	特殊特性分类	方法 产品/过程/规范/公差	方法 评价/测量技术	样本 容量	样本 频率	执行者	控制方法	反应计划
11	插齿	插齿机			插齿位外围跳动	★	≤0.01mm	百分表测量		每次调机时校正	调机师		重新校正
					花键尺寸		Z=17/压力角30度/大径19.58/小径17.08/齿槽宽1.693-1.743	花键塞规	100%	连续	IPQC/作业员	（首检/巡检/自检）/记录	隔离/标识/调机
12	高频淬火	高频机/回火炉			电流/电压/时间	★	《高频参数设定指导书》	目视仪表		每次调机时设定并记录	调机师	《高频参数记录表》	调整
					回火温度/时间	★	《回火参数设定指导书》	目视仪表		每次调机时设定并记录	调机师	《回火参数记录表》	调整
				齿表硬度		◆	HRC45-50	硬度计	2pcs	每批	IPQC/作业员	（首检/巡检/自检）/记录	标识/调试
				淬硬层深		◆	>2mm	测厚仪					
13	研磨中心孔	车床		表面粗糙度			Ra0.8	样板比对	1pcs	每小时	IPQC/作业员	（首检/巡检/自检）/记录	隔离/标识/返工
14	精车Ⅰ	数控车		尺寸			Φ34.3(+0.03,0)	千分尺	2pcs	每小时	IPQC/作业员	（首检/巡检/自检）/记录	隔离/标识/调机
							Φ42(-0.31,-0.47)	卡尺					
							Φ47						
							Φ35.3						
							60.5(0,-0.1)						
							81.5±0.05						
							22.5						
							R0.75×Φ33.5						
15	铣键槽	CNC加工中心		键槽尺寸		◆	1(+0.030,+0.005)	针规	1pcs	每小时	IPQC/作业员	（首检/巡检/自检）/记录	隔离/标识/调机
						◆	2-8(-0.036,0)	内径千分尺					
						◆	32(0,-0.2)	卡尺					
							11±0.08						
16	攻牙	钻床		螺纹尺寸			M5*10	螺纹塞规	5pcs	每小时	IPQC/作业员	（首检/巡检/自检）/记录	隔离/标识/调机
17	精磨外圆	外圆磨		表面粗糙度			Ra0.8/1.6	样板比对	1pcs	每小时	IPQC/作业员	（首检/巡检/自检）/记录	隔离/标识/调机/纠正预防措施单
				外圆尺寸			Φ34(0,0.02)	数显千分尺	3pcs				
						◆	Φ35(+0.018,+0.002)	数显千分尺	5pcs			均值—极差图	
						◆	Φ40(0,-0.016)	数显千分尺	5pcs			均值—极差图	
						◆	Φ12.7(-0.009,-0.02)	数显千分尺	5pcs			均值—极差图	
						◆	Φ30(+0.002,+0.015)	数显千分尺	5pcs			均值—极差图	
18	成品检验						按《成品检验规范》		抽检	每批	PQC	成品检验报告	按不合格品管理程序处理
19	包装						按《产品包装规范》		100%	连续	作业员		返工
说明：			◆——产品特殊特性					★——过程特殊特性					

编制：　　　　　审核：　　　　　批准：

六、控制计划在各阶段的实施和连接

控制计划在各阶段的实施和连接如下图：

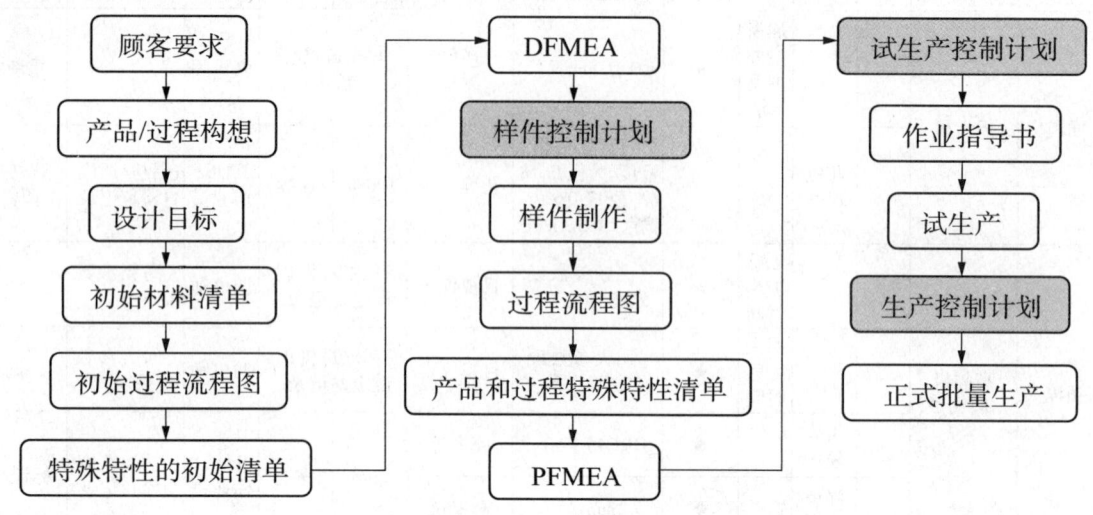

图 11 -1 控制计划在各阶段的实施和连接

过程流程图、PFMEA 与控制计划之间的关联

三者之间使用的编号、符号、作业步骤及工序名称、产品特性、过程特性等的描述应该用统一的语言和符号。

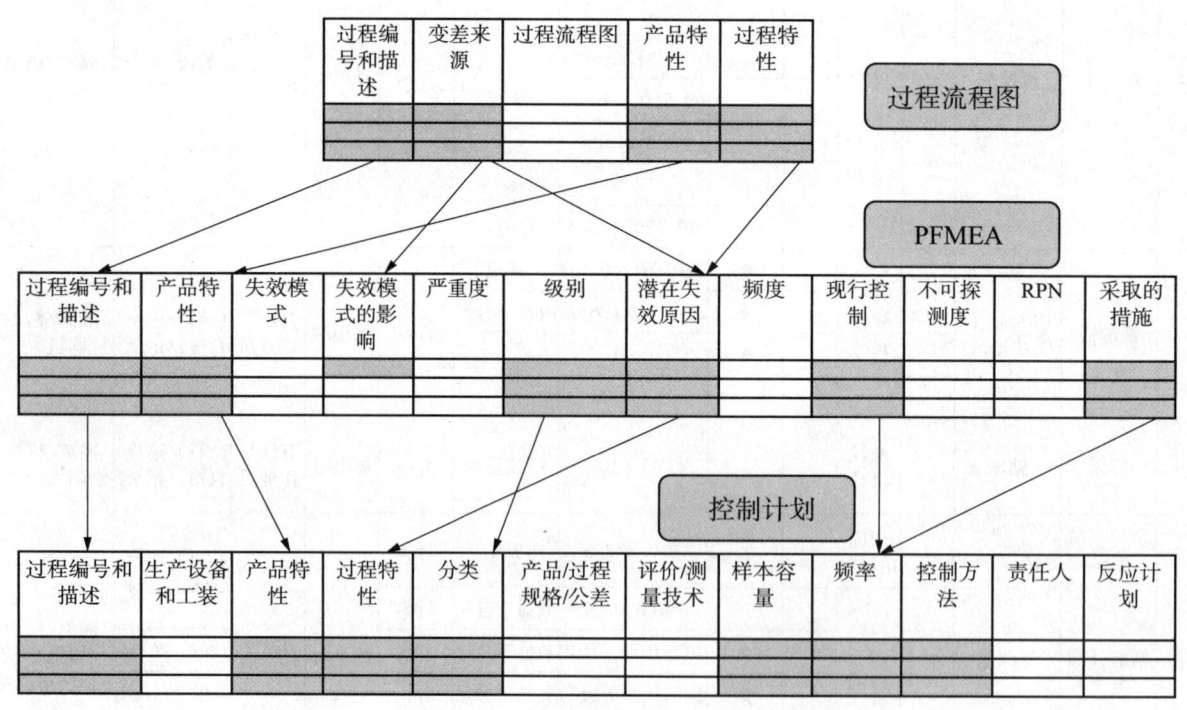

图 11 -2 过程流程图、PFMEA 和控制计划之间的关联

第三节　控制计划参考实例

一、以设备设定为主的过程

以设备设定为主的过程由于过程具有很高的能力和稳定性，因此设定是影响产品变差的主要变量。网格塑料件是由塑料注塑机生产出来，在模具确定后，机器应进行调节以生产出尺寸合格的部件，部件表面应没有伤痕、流痕和缩痕。注塑机的所有参数都是由计算机控制的，因而具有高重复性。设定卡上规定了机器所有设定的规范，按规范设定调整机器后即生产出一件样品，要对该样品安装孔和周边配合性进行关键控制尺寸的检验，并对该样品进行目测。

- 在这类过程当中，设定是关键的变量。对产品特性的能力研究表明如果设定适当，则操作具有很高的能力和稳定性。设定规范成为影响产品特性的过程特性；
- 过程特性的控制类别包括首件检验，以及对机器是否按批准的设定卡正确设定的验证；
- 对产品特性进行测量以保证设定正确，并且没有产生异常的特殊原因。在一般情况下，在检验之间可以使用批控制。

表 11-5　网格件注塑成型的控制计划　　第×页　共×页

□样件　□试生产　■生产 控制计划编号　001					主要联系人/电话			日期（编制）		日期（修订）
零件编号/最新更改等级					核心小组			顾客工程批准/日期（如需要）		
零件名称/描述：注塑成型网格件					供方工厂批准/日期			顾客批准/日期（如需要）		
供方/工厂 B 网格件公司，3号工厂			供方代码 0123		其他批准/日期（如需要）			其他批准/日期（如需要）		
零件/过程编号	过程名称/操作描述	机器、装置夹具、工装	特性			特殊特性分类	方法			反应计划
			编号	产品	过程		产品/过程规范/公差	评价测量技术	样本	
									容量 / 频率 / 控制方法	
3	注塑成型	机器编号 1-5	18	外观		*	无伤痕、无流痕、无缩痕	目测样板比对	1件 / 首件时机 / 首件记录表	通知工长
									100% / 连续 / 自检单	调整/再检查
		机器编号 1-5	19	安装孔位置		*	"X"孔位	#10夹具	1件 / 首件时机 / 首件记录表	调整/再检查
							25±1mm		5件 / 每小时 / $\bar{X}-R$ 图	隔离并调整
		机器编号 1-5	20	尺寸		*	间隙 ±0.5mm	#10夹具	首件 / 首件时机 / 首件记录表	调整并再检查
		#10 夹具	21	周边配合		*	间隙 3±0.5mm	检查与#10夹具4个定位的差距	5件 / 每小时 / $\bar{X}-R$ 图	隔离并调整
		机器编号 1-5	22		成型机的参数设定		见附件设定卡	复查设定卡并进行机器设定	每一次设定 / 首件检查检查员验证安装调整	调整并重置机器

二、以机器参数为主的过程

机器参数是影响过程输出的变量。

某一组织生产一种将电子元件焊在板上的线路板,适当的焊接为主要的产品特性。对于波峰焊机而言,波峰高度和焊料浓度是两个主要的过程特性。自动进料器可以通过感应波峰高度并在高度降低时供给额外的焊料来控制。焊料必须抽样并测试其浓度,特殊产品特性要进行100%的通电测量。

- 机器的安装调整在本类型的过程中是主要影响输出的变量,这些过程特性是需要进行控制和测试的变量,以确保所有的产品满足顾客的要求;
- 控制的类型包括参数的自动调节装置和对过程参数进行统计测量并记录在控制图中(即单值移动极差图 $X - \bar{R}m$);
- 产品特性使用防错法或统计取样来进行测量,以保证所有的产品符合顾客的要求。

表11-6 电路板波峰焊的控制计划　　　　　　第×页,共×页

□样件　□试生产　■生产 控制计划编号　002						主要联系人/电话					日期(编制)	日期(修订)
零件编号/最新更改等级 电路10/8						核心小组 见附件					顾客工程批准/日期(如需要)	
零件名称/描述 电子电路板						供方/工厂批准/日期					顾客质量批准/日期(如需要)	
供方/工厂 ACR控制			供方代码 439412			其他批准/日期(如需要)					其他批准/日期(如需要)	
零件/过程编号	过程名称/操作描述	机器、装置夹具、工装	特性			特殊特性分类	方法				控制方法	反应计划
			编号	产品	过程		产品/过程规范/公差	评价测量技术	样本			
									容量	频率		
2	焊接	波焊机		波峰高度			2.0±0.25mc	传感器连续检验	100%	连续	自动检验(防错)	调整和再试验
				焊料浓度	*		标准#302B	样品试验、试验室环境	1件	4小时	$X - \bar{R}m$ 图	隔离并再试验

三、以夹具/输送台为主的过程

夹具——夹具的变差导致了产品的变差。

金属铸件装载在一个带有数个夹具的7个工位的旋转机上,该铸件由旋转机带动在切割头下旋转,每个零件都有一个经加工的平面,在该平面上切割的垂直性和深度是很关键的。切割的深度和垂直性是产品的主要特性。除切割工具外,去掉碎屑和夹具的正确调节可能很大程度上影响特殊产品特性。

- 过程特性包括夹具或输送台之间的变差,夹具或输送台之间的尺寸差异及零件的位置都能导致产品的变差。此外碎屑在夹具上的累积也能导致产品位置的夹具的变差;
- 对夹具/输送台过程特性的控制类型由装载规程、夹具/输送台调节和维护(清扫)进行;
- 在夹具/输送台为主的过程中,通常很难测量产品特性,因此对于特殊产品特性而言,需要经常进行产品取样统计。

表 11-7 气缸体加工的控制计划   第×页，共×页

□样件 □试生产 ■生产 控制计划编号 12345M			主要联系人/电话				日期（编制）		日期（修订）
零件编号/最新更改等级 54321231/D			核心小组 见附件				顾客工程批准/日期（如需要）		
零件名称/描述 发动机气缸体			供方/工厂批准/日期				顾客质量批准/日期（如需要）		
供方/工厂 ABC 公司 2 号工厂		供方代码 12345M	其他批准/日期（如需要）				其他批准/日期（如需要）		

零件/过程编号	过程名称/操作描述	机器、装置、夹具、工装	特性			特殊特性分类	方法				反应计划
			编号	产品	过程		产品/过程规范/公差	评价测量技术	样本	控制方法	
									容量	频率		
3	加工平面"A"	旋转机	51	切入深度		*	2±0.25	深度仪	5	每夹具小时	$\bar{X}-R$ 图	隔离重调整和重新安装
		夹具 #10	52	垂直切割		*	90±1°	量具 050	1 件	每 4 小时	$X-Rm$ 图	隔离并重调整和重新安装
		夹具 #10	53		将铸件固定于夹具上进行正确定位		夹具上不得有碎屑	目测	1 件	每一循环后		重新调节吹气

四、以工装为主的过程

工装的寿命与设计特性是影响过程输出的变量。

金属板冲压模具用来生产具有多角度和冲孔的钢架。冲孔的直径不能有明显的变化，因此它是一个特殊特性，冲孔对部件是关键的。部件的角度是关键的，其中两个角度标为特殊特性。过去这类工装的问题是孔的冲头破损，而且在形成产品（托架）的角度时，工装上的移动零件也能发生变化。

- 过程特性依赖工装，工装可能会出现断裂的地方或其移动部件偶尔的/永久地不能移动，工装还可能被磨损或被不正确地修理，这些工装上的问题影响了产品特性；
- 以工装为主的过程的控制类型主要体现在产品上。首件检验可以验证工装是否已被正确修复。在操作过程中工装的失效可能不被发现，因此，批控制是适当的，同时也需要用防错技术对孔或尺寸进行检查；
- 产品特性是正常工装寿命性能的一个非常重要的度量。

表 11-8 金属板冲压的控制计划   第×页，共×页

□样件 □试生产 ■生产 控制计划编号 004			主要联系人/电话				日期（编制）		日期（修订）
零件编号/最新更改等级 4321234/E			核心小组 见附件				顾客工程批准/日期（如需要）		
零件名称/描述 座椅架			供方/工厂批准/日期				顾客质量批准/日期（如需要）		
供方/工厂 Ace 冲压厂		供方代码 23456N	其他批准/日期（如需要）				其他批准/日期（如需要）		

零件/过程编号	过程名称/操作描述	机器、装置、夹具、工装	特性			特殊特性分类	方法				反应计划
			编号	产品	过程		产品/过程规范/公差	评价测量技术	样本	控制方法	
									容量	频率		
4	形成金属架	冲压模具 (13-19)	6	孔			出现孔	光束/光传感器	100%	不断进行	自动检测（防错）	隔离并更换孔冲头

五、以操作人员为主的过程

系统对操作人员的知识和控制具有敏感性和依赖性。

前照灯的校准是轿车和货车装配中的最后工序之一。将含有两个气泡水准仪（Bubble levels）的校准装置连接到前照灯上，操作人员通过旋转校准螺钉来调节前照灯直到气泡中心处于水平。FMVSS 要求正确的前照灯校准，因此它是一特殊产品特性。特殊过程特性是操作者的知识和控制以确保两个气泡在校准中居中标准。特殊产品特性的测量，通过将前照灯照在测量光型的前照灯校准仪上进行。

表 11-9　以操作人员为主的控制计划　　　　　　　　　第×页，共×页

□样件　□试生产　■生产 控制计划编号　005							主要联系人/电话				日期（编制）	日期（修订）
零件编号/最新更改等级 54321234/B							核心小组				顾客工程批准/日期（如需要）	
零件名称/描述 前照灯校准							供方/工厂批准/日期				顾客质量批准/日期（如需要）	
供方/工厂			供方代码				其他批准/日期（如需要）				其他批准/日期（如需要）	
零件/过程编号	过程名称/操作描述	机器、装置、夹具、工装	特性			特殊特性分类	方法					反应计划
			编号	产品	过程		产品/过程规范/公差	评价测量技术	样本		控制方法	
									容量	频率		
5	前照灯对光	对光装置		被调节的灯具		*	灯光检验规程 SPEJ599	气泡位置居中	100%	连续	P 图	调节并进行再试验
		对光装置		被调节的灯具		*	灯光检验规程 SPEJ599	气泡位置居中	5	每1000辆	检查单	遏制并进行再检验

六、以预防性维护为主的过程

装备的维护为影响过程输出的主变量。

对装饰性部件的油漆操作需要洁净的装置和无尘的工作场所。无尘油漆为特殊产品特性，油漆装置和油漆室应定期清洁以防止在油漆过程中进入灰尘。因此过程特性就是定期的清洁、修理和更换。

- 定期维护为过程特性。当发现有输入变量时，更换已磨损的部件、清洁工作、调节工具和其他的维护工作对产品特性具都有影响，应受到控制；
- 这些过程特性的控制类型包括拟定定期的维护程序和设立监测警告装置；
- 在每次维护后检查产品特性以验证过程是否正常运行。

表 11-10　喷涂油漆的控制计划　　　　　　　　　　第×页，共×页

□样件　□试生产　■生产 控制计划编号　007							主要联系人/电话				日期（编制）	日期（修订）
零件名称/描述 网格							供方/工厂批准/日期				顾客质量批准/日期（如需要）	
零件/过程编号	过程名称/操作描述	机器、装置、夹具、工装	特性			特殊特性分类	方法					反应计划
			编号	产品	过程		产品/过程规范/公差	评价测量技术	样本		控制方法	
									容量	频率		
1	喷涂油漆	静电杯#110			喷涂油漆		每平方英寸少于6个微粒	目测	100%	检验	检查单	清洁喷枪并进行再检查
		油漆控制器			油漆控制		按 J2154	油漆计量器和控制器		连续	自动进行油漆计量以防出现涂膜	再次标定和调整

七、以部件或材料为主的过程

部件/材料的特性是影响过程输出的变量。

汽车罩盖由 SMC 制成。SMC 为模塑化合物，它对温度敏感，有一个特定的贮存期限；混合是关键，如果材料未能正确地混合、处理或循环，那么生产出来的部件可能变得很脆。在托架的一端的施力规范为特殊产品特性。特殊过程特性为正确地配料、贮存和使用材料数据控制。顾客要求每一批化合物和材料的试验室报告和记录材料的日期数据化以保证正确的循环。

- 材料或部件为本过程的特性。材料或部件中发现的变化将影响过程的输出；
- 过程特性的控制类型包括各种测试和控制所用材料或部件规范的方法（控制图、试验室报告、防错）。

表 11-11　以部件或材料为主的控制计划　　　　第×页，共×页

□样件　□试生产　■生产 控制计划编号　002						主要联系人/电话			日期（编制）	日期（修订）
零件编号/最新更改等级						核心小组			顾客工程批准/日期（如需要）	
零件名称/描述 汽车罩盖						供方/工厂批准/日期			顾客质量批准/日期（如需要）	
供方/工厂			供方代码 4000-1			其他批准/日期（如需要）			其他批准/日期（如需要）	
零件/过程编号	过程名称/操作描述	机器、装置、夹具、工装	特性			特殊特性分类	方法			反应计划
			编号	产品	过程		产品/过程规范/公差	评价测量技术	样本 容量　频率 　控制方法	
1	模制部件	机器 #20 工具 IS-IB		力		*	必须经受10N的垂直方向力	悬臂梁式冲击试验	前5件　每小时　失效可靠性图表试验至11N	隔离、分析材料
2	材料接收				材料含量			进厂检验	1件　批　试验室报告#G9441	退回供方
3	混合操作	组合混合机 #23			混合比		3:1:2	试验室装置#11#22	1件　批　试验室报告#G9442	隔离和调节混合比
4	贮存材料				存储		存储寿命	每批第一件目视控制	1件　批　每次混合后记录"最后使用"	弃置和/或退回供方
					温度		67-72°F	温度传感器	100%　连续　通过使用对温度限值自动调节并带备用报警的防错措施	再标定

八、以环境为主的过程

气候变量，诸如温度、湿度、噪声、振动对过程输出具有主要影响。

湿度对注塑成型机具有不利的作用。塑料材料吸收了空气中湿气而导致被注塑部件的缺陷，材料干燥器装在成型机上可减少此缺陷。

在过程正常运行情况下，干燥器的正常工作是过程特性；

本过程特性的控制类型为对干燥器有计划的定期检查以保证其开动并正常工作；

对于产品特性的检验，首件实行目测检验，以后进行定期检查。

表 11-12 以环境为主的控制计划　　　　第×页，共×页

□样件　□试生产　■生产 控制计划编号　1240			主要联系人/电话				日期（编制）		日期（修订）
零件编号/最新更改等级			核心小组				顾客工程批准/日期（如需要）		
零件名称/描述 I/P 夹子（塑料）			供方/工厂批准/日期				顾客质量批准/日期（如需要）		
供方/工厂		供方代码 34567J	其他批准/日期（如需要）				其他批准/日期（如需要）		

零件/过程编号	过程名称/操作描述	机器、装置、夹具、工装	特性			特殊特性分类	方法				反应计划
			编号	产品	过程		产品/过程规范/公差	评价测量技术	样本		控制方法
									容量	频率	
8	注塑成型部件	注塑成型机#22	12		原材料（丸）干燥器		相对湿度最大为0.1%	干燥器上的湿度计	1	每小时	记录单	调节干燥器、干燥材料并进行再鉴定

第十二章
数据统计分析评价与绩效考核

第一节　监视、测量、分析和评价的策划

　　一、ISO 9001：2015对监视、测量、分析和评价的要求

　　二、对监视、测量、分析和评价的策划

第二节　数据统计分析和评价

　　一、各部门目标统计分析

　　二、利用统计分析结果进行绩效评价

第三节　目标管理和绩效考核

　　一、什么是目标管理

　　二、目标管理的应用

　　三、目标管理的特点

　　四、目标管理的操作方法和实施原则

　　五、目标管理的优缺点

　　六、什么是绩效管理

　　七、绩效考核中的关键绩效指标（KPI）

　　八、绩效考核设计总体思路

　　九、绩效考核的维度、考核内容和评价主体设计

　　十、绩效考核标准的策划和确定

　　十一、绩效系数等级设定和绩效工资的计算

　　十二、绩效考核常规流程

　　十三、绩效管理体系的特点

第一节　监视、测量、分析和评价的策划

一、ISO 9001：2015 对监视、测量、分析和评价的要求

对监视、测量、分析和评价的要求体现在标准的"9.1.1 总则"和"9.1.3 分析和评价"中，具体要求如下：

9　绩效评价

9.1　监视、测量、分析和评价

9.1.1　总则

组织应确定：

a）需要监视和测量什么；

b）需要用什么方法进行监视、测量、分析和评价，以确保结果有效；

c）何时实施监视和测量；

d）何时对监视和测量的结果进行分析和评价。

组织应评价质量管理体系的绩效和有效性。

组织应保留适当的文件化信息，以作为结果的证据。

9.1.3　分析与评价

组织应分析和评价通过监视和测量获得的适当的数据和信息。

应利用分析结果评价：

a）产品和服务的符合性；

b）顾客满意程度；

c）质量管理体系的绩效和有效性；

d）策划是否得到有效实施；

e）应对风险和机遇所采取措施的有效性；

f）外部供方的绩效；

g）质量管理体系改进的需求。

注：数据分析方法可包括统计技术。

9.1.1 条款强调的是监视、测量、分析和评价过程的策划，是对"监视、测量、分析和评价"的总体要求。要求组织策划监视、测量、分析和评价的对象、方法和时机，以确保监视、测量、分析和评价活动的有效性，并用于评价质量管理体系绩效和有效性的方法。

9.1.3 条款规定了所获取的数据和分析结果的评价至少应包括以下方面的内容：

a）产品和服务的符合性；

——根据条款"8.5.1 生产和服务提供的控制"中的监视和测量活动和"8.6 产品和服务的放行"中的验证活动，收集、统计和分析产品和服务的符合性数据，如产品的合格率、不良率、PPM 等；如服务的等待时间、顾客问题解决的及时性、访问便利、清洁度等。

b）顾客满意程度；

——即条款"9.1.2 顾客满意"的监视和评审结果。

c）质量管理体系的绩效和有效性；

——对条款"4.4"中的过程绩效目标和"6.2"中的质量目标进行分析和评价；

d）策划是否得到有效实施；

——可以通过条款"9.2 内部审核"的结果来评价；

e）针对风险和机遇所采取措施的有效性；

——根据条款"6.1"策划的应对风险和机遇的措施，评价这些措施的有效性。

f）外部供方的绩效；

——根据条款"8.4"外部供方的绩效监视结果来评价；

g）质量管理体系改进的需求。

——可通过过程的特性和趋势分析、产品的特性和趋势分析，如关键特性使用控制图、推移图等监视；通过内部审核和管理评审的输出等；评价质量管理体系的改进需求。

通过数据分析应得出质量绩效的趋势和过程运行绩效的趋势，这些数据应与组织的目标和过程衡量指标进行比较，以找出存在的不足，并确定迅速解决与顾客相关问题的优先顺序，确定与顾客相关的关键趋势和相互关系，以支持管理评审、中长期和短期经营计划的决策。

数据应与竞争对手或适当的标杆企业进行比较，以了解组织的优势与劣势，确定组织的机会与威胁，为经营计划的制订或调整提供依据。

二、对监视、测量、分析和评价的策划

公司目标和部门目标统计分析规划（示例）					
部门	目标值	计算方法	统计评价周期	数据统计和提供部门	数据分析和改进部门
公司	1. 销售额目标8000万	年度产品销售额总和	每年	财务部	业务部
	2. 销售增长率30%以上	（本年度销售额总和－上年度销售额总和）÷上年度销售额总和	每年	财务部	业务部
	3. 利润率目标20%	（年度销售总收入－年度总支出）÷年度总支出	每年	财务部	各部门
	4. 顾客批量退货0次	以30件为批量，统计批退次数	每月	业务部	品管部
	5. 订单交期达成率98%以上	按回复客户交期与实际交货日期比较，计算方法：当月按时交货订单总数÷当月应交订单总数×100%	每月	业务部	业务部
	6. 交货合格率100%	（交货总订单数－客户判定不合格订单数）/交货总订单数×100%	每月	业务部	品管部
	7. 客户满意度85分以上	客户评价得分＋公司内部绩效评价得分，具体按《客户满意度管理程序》统计	每月	业务部	各部门
业务部	1. 销售额目标8000万	与公司目标相同		与公司目标相同	
	2. 销售增长率30%以上				
	3. 订单交期达成率：98%				
	4. 客户满意度85分以上				
技术部	1. 新产品开发按时完成率达85%以上	新产品按时完成项目数/开发计划项目数×100%	每季度	技术部	技术部
	2. 新产品开发成功率达80%以上	新产品开发成功项目数/实际开发项目数×100%	每年度	技术部	
生产部	1. 订单按时完成率98%	（当月计划完成订单数－当月实际完成订单数）÷当月计划完成订单数×100%	每月	业务部	生产部
	2. 制程不良率2%以内	当月不良品总数/当月生产总数×100%	每月	品管部	
	3. 一次交检合格率98%以上	当月一次交检合格批数/当月交检总批数×100%	每月	品管部	
	4. 生产报废率≤0.5%	当月报废总金额/当月生产总产值×100%	每月	财务部	
	5. 安全事故0次	以每月发生的次数计算	每月	管理部	

公司目标和部门目标统计分析规划（示例）					
部门	目标值	计算方法	统计评价周期	数据统计和提供部门	数据分析和改进部门
品管部	1. 进料检验失误率 0 次	以生产部门反馈来料问题的次数计算	每月	生产部	品管部
	2. 交货合格率 100%	与公司目标相同	与公司目标相同		
	3. 顾客批量退货 0 次	^	^		
	4. 质量问题客诉每月 1 次以内	以每月顾客质量投诉次数计算	每月	业务部	
资材部	1. 采购物料和外发加工批次合格率 98%	采购物料和外协件合格批数/采购物料和外协件交货总批数×100%（以一个材料号或一个产品号算一批）	每月	品管部	资材部
	2. 采购物料和外发加工准时交货率 96%	采购物料和外协件准时交货批数/采购物料和外协件交货总批数×100%（以一个材料号或一个产品号算一批）	每月	资材部	
	3. 仓储盘点准确率 100%	盘点物料准确种数/盘点物料总种数×100%（以一个材料号或一个产品号算一种）	每月	财务部	
管理部	1. 公司及各部门培训计划达成率 100%	当月实际培训课时数/当月计划培训课时数×100%	每月	管理部	管理部
	2. 人员流失率控制在 6% 以内	当月流失人数/上月底人数×100%	每月		
财务部	1. 资金使用浮动在预算的 15% 以内	（各部门每月实际使用资金额－当月预算资金额）/当月预算资金额×100%	每月	财务部	财务部各部门
	2. 利润率目标 20% 以上	与公司目标相同	与公司目标相同		

过程管理目标统计分析规划（示例）					
部门	主导的过程	过程管理目标	计算方法	统计评价周期	数据统计和提供部门	数据分析和改进部门
业务部	COP 市场营销管理过程	1. 销售额目标 8000 万	与部门质量目标相同			业务部
		2. 销售增长率 30% 以上	与部门质量目标相同			
		3. 市场份额增长率 10% 以上	本年度市场占有率－上年度市场占有率 市场占有率＝本公司市场占有份额/市场总份额×100%	每年	业务部	
	COP 新客户开发过程	1. 新客户开发成功率 80% 以上	开发成功客户数/开发总客户数×100%	每年	业务部	
		2. 新客户年销售额 1000 万以上	本年度新开发客户的销售总额	每年	财务部	
	COP 报价管理过程	接到客户报价资料 3 个工作日内输出报价单，延误次数 0 次	统计每月报价延误的次数	每月	财务部	
	COP 合约/订单评审过程	1. 客户未按合同履约的次数 0 次	统计客户未按合同履约的次数	每月	业务部	
		2. 订单交期达成率 98% 以上	与部门质量目标相同			
	COP 产品交货管理过程	产品交货延误次数 0 次	统计每月交货延误的次数	每月	业务部	业务部
	COP 客户服务管理过程	服务满意率 90% 以上	按客户服务满意度调查结果统计	半年	业务部	

过程管理目标统计分析规划（示例）							
部门	主导的过程	过程管理目标	计算方法	统计评价周期	数据统计和提供部门	数据分析和改进部门
业务部	COP 顾客或供方财产管理过程	客户或供方财产异常0次	统计客户或供方财产异常的次数	每月	业务部	业务部
	COP 客户投诉/退货处理过程	客户投诉3个工作日内完成回复，同一问题无重复投诉	每月统计未按时回复的次数，及重复投诉的次数	每月	业务部	业务部
	COP 客户满意度管理过程	客户满意度85分以上	与部门质量目标相同			
技术部	COP 产品设计开发过程	1. 新产品开发按时完成率达85%以上	与部门质量目标相同			
		2. 新产品开发成功率达80%以上	与部门质量目标相同			
	COP 样件制作和确认过程	1. 样件按时完成率90%	样件按时完成数/交付样件总数×100%	每月	业务部	技术部
		2. 样件一次交检合格率达95%以上	样件交付一次合格数/交付样件总数×100%	每月	业务部	
	COP 变更管理过程	变更错误0次	统计当月变更错误的次数	每月	技术部	
	SP 图纸技术资料管理过程	图纸技术资料发行错误0次	统计当月图纸技术资料发行错误的次数	每月	技术部	
生产部	COP 生产计划控制过程	订单按时完成率98%	与部门质量目标相同			
	COP 生产制造过程	1. 制程不良率2%以内	与部门质量目标相同			
		2. 一次交检合格率98%以上	与部门质量目标相同			
		3. 生产报废率≤0.5%	与部门质量目标相同			
	SP 设施设备管理过程	1. 设备月总故障时间小于30小时	统计每月设备故障停机维修的总时间	每月	生产部	生产部
		2. 设备故障率小于10%	每月设备发生故障的机台数/设备机台总数×100%（仅包括需要维修的故障，不包括日常调机、调试）	每月	生产部	
	SP 工装管理过程	工装维护良好率100%	（工装总数－工装异常数）/工装总数×100%（以每月盘点结果统计数量）	每月	生产部	
品管部	SP 进料检验过程	进料检验失误率0次	与部门质量目标相同			
	SP 制程及成品检验过程	1. 交货合格率100%	与部门质量目标相同			
		2. 顾客批量退货0次	与部门质量目标相同			
		3. 质量问题客诉每月1次以内	与部门质量目标相同			
	SP 不合格品管制过程	不合格品被错误使用或被错误出货0次	统计不合格品被错误使用或被错误出货的次数	每月	品管部	品管部
	SP 测量仪器管理过程	测量设备100%按期校正合格	每半年全厂检查一次，统计未按期校正的仪器数量	半年	品管部	
	SP 实验室管理过程	实验数据错误0次	每月统计实验数据错误的次数	每月	品管部	
	SP 文件控制过程	文件发行或使用错误次数0次	每半年全厂检查一次，统计文件发行或使用错误的数量	半年	品管部	
	SP 记录控制程序	记录按规定保存，无遗失、损坏	每半年全厂检查一次，统计记录未按规定保存、遗失、损坏的数量	半年	品管部	

过程管理目标统计分析规划（示例）							
部门	主导的过程	过程管理目标	计算方法	统计评价周期	数据统计和提供部门	数据分析和改进部门
品管部	MP 不符合及纠正措施管理过程	纠正措施结案率 100%	统计每月纠正措施未结案件数	每月	品管部	品管部
	MP 数据分析与绩效评价管理过程	数据信息错误 0 次	统计每月各部门提供的数据信息错误次数	每月	品管部	
	MP 内部审核管理过程	内部审核不符合项改善有效率 100%	统计不符合项未有效改善的件数（每年内部审核之后）	每年	品管部	
资材部	SP 供应商管理过程	供应商定期评估合格率 90%	供应商定期评估合格率家数/评估总家数×100%	每月	资材部	资材部
	SP 采购管理过程 SP 外包控制过程	1. 采购物料和外发加工批次合格率 98%	与部门质量目标相同			
		2. 采购物料和外发加工准时交货率 96%	与部门质量目标相同			
	SP 仓储管理过程	仓储盘点准确率 100%	与部门质量目标相同			
管理部	SP 人力资源管理过程	1. 公司及各部门培训计划达成率 100%	与部门质量目标相同			
		2. 人员流失率控制在 6% 以内	与部门质量目标相同			
财务部	MP 财务预算和控制管理过程	1. 资金使用浮动在预算的 15% 以内	与部门质量目标相同			
		2. 利润率目标 20% 以上	与部门质量目标相同			
总经办	MP 经营战略和计划管理过程	经营计划相关项目实施达标率 90% 以上	在年度管理评审中评价	每年	总经办	总经办
	MP 风险管理过程	不可接受风险对策 100% 落实到位	在年度管理评审中评价	每年	总经办	
	MP 管理评审过程	管理评审输出决议事项的完成率 100%	在年度管理评审中评价	每年	总经办	
	MP 提案改善与持续改进过程	提案改善实施成功率 80% 以上	提案改善实施成功项目数/提案实施总项目数×100%	每年	总经办	

上述"质量目标和过程管理目标统计分析规划表"的几点说明如下：

（1）上述质量目标和过程管理目标是参考性的，各组织应根据自身过程的风险和管理的需要而设定，切忌照搬硬套。

（2）公司目标和各部门质量目标单独列出是基于重点管理的原则，因为每个部门要监控的过程目标可能比较多，质量目标则是管控的重点。通常，质量目标会列入绩效考核。

（3）过程管理目标统计分析规划表中包括了质量目标，是因为所有的目标都是通过过程控制来实现的。质量目标和过程联结更容易监控和实现。

（4）质量目标和过程目标都必须有明确的计算及评价方法，否则会出现理解和计算上的差异。

（5）有些目标的数据统计和提供是由别的部门做的，这是为了统计的方便性和数据的客观性，但数据的分析和问题的改进则必须是由主导部门负责。

第二节 数据统计分析和评价

一、各部门目标统计分析

1. 业务部目标统计分析

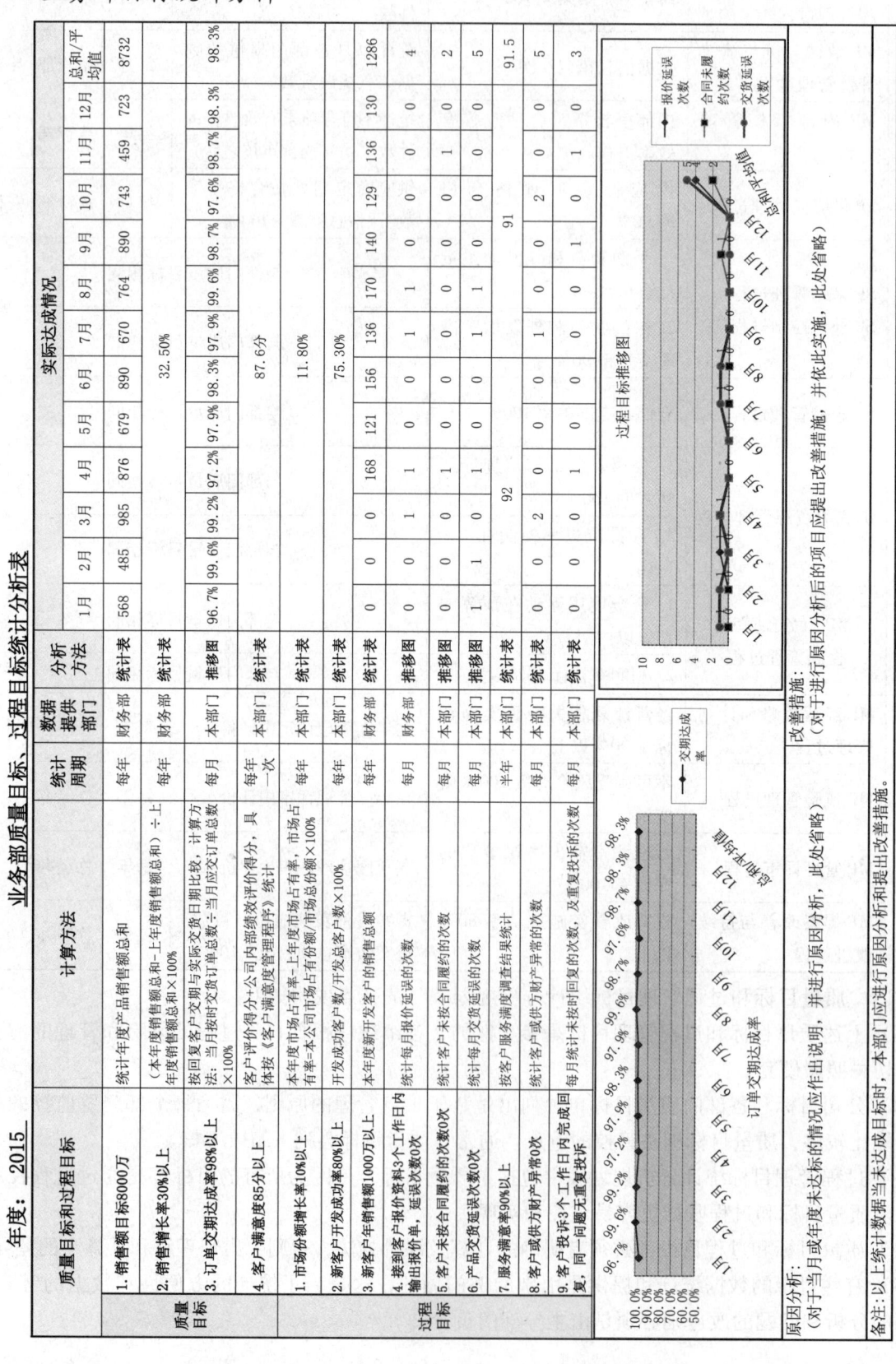

2. 技术部目标统计分析

技术部质量目标、过程目标统计分析表

年度：2015

	质量目标和过程目标	计算方法	统计周期	数据提供部门	分析方法	实际达成情况												总和/平均值
						1月	2月	3月	4月	5月	6月	7月	8月	9月	10月	11月	12月	
质量目标	1. 新产品开发按时完成率达85%以上	新产品按时完成项目数/开发计划项目数×100%	每季度	技术部	统计表		88%			82%			78%			86%		84%
	2. 新产品开发成功率达80%以上	新产品开发成功项目数/实际开发项目数×100%	每年度	技术部	统计表						75%							75%
过程目标	1. 样件按时完成率90%	样件按时完成数/交付样件总数×100%	每月	业务部	推移图	82%	85%	78%	92%	87%	88%	90%	79%	85%	84%	82%	88%	85%
	2. 样件一次交检合格率95%以上	样件交付一次合格数/交付样件总数×100%	每月	业务部	推移图	98%	95%	93%	92%	97%	96%	95%	95%	94%	90%	92%	93%	94%
	3. 变更审错0次	统计当月变更审错的次数	每月	技术部	推移图	1	0	0	1	0	0	0	0	0	0	1	0	3
	4. 图纸技术资料发行错0次	统计当月图技术资料发行错误的次数	每月	技术部	推移图	0	0	1	0	0	0	2	1	0	0	0	0	4

样件按时完成率和一次交检合格率推移图

变更错误次数和图纸资料错误次数推移图

原因分析：
（对于当月或年度未达标的情况应作出说明，并进行原因分析，此处省略）

改善措施：
（对于进行原因分析后的项目应提出改善措施，并依此实施，此处省略）

备注：以上统计数据当未达成年度目标时，本部门应进行原因分析和提出改善措施。

制表： 部门最高领导审核：

3. 生产部目标统计分析

年度：2015

生产部质量目标、过程目标统计分析表

质量目标和过程目标	计算方法	统计周期	数据提供部门	分析方法	实际达成情况												总和/平均值
					1月	2月	3月	4月	5月	6月	7月	8月	9月	10月	11月	12月	
质量目标																	
1. 订单按时完成率98%	（当月计划完成订单数÷当月实际完成订单数）÷当月计划完成订单数×100%	每月	业务部	推移图	98%	99%	100%	96%	97%	99%	95%	98%	99%	94%	92%	98%	97.1%
2. 制程不良率2%以内	当月不良品总数÷当月生产总数×100%	每月	品管部	推移图	1.8%	1.6%	1.3%	1.9%	1.5%	1.6%	1.4%	1.8%	1.9%	2.0%	1.7%	1.3%	1.7%
3. 一次交检合格率98%以上	当月一次交检合格批数÷当月交检总批数×100%	每月	品管部	推移图	99%	97%	98%	100%	97%	100%	98%	97%	100%	99%	98%	97%	98.3%
4. 生产报废率≤0.5%	当月报废总金额÷当月生产总产值×100%	每月	财务部	推移图	1.25%	0.14%	0.24%	0.13%	0.23%	0.35%	0.18%	0.33%	0.23%	0.41%	0.34%	0.27%	0.34%
5. 安全事故0次	以每月发生的次数计算	每月	管理部	统计表	0	0	0	0	0	0	1	0	0	1	0	0	2
过程目标																	
1. 设备月总故障小于30小时	统计每月设备故障停机维修的总时间	每月	生产部	柱状图	18	20	24	25	31	19	21	22	27	29	18	22	23
2. 设备故障率小于10%	每月设备发生故障的机台数÷设备总机台数×100%（不包括日常调机、调试）	每月	生产部	推移图	8%	7%	6%	4%	9%	5%	9%	8%	9%	10%	12%	8%	7.9%
3. 工装维护良好率100%	（工装总数-工装异常数）/工装总数×100%（以每月盘点结果统计数量）	每月	生产部	推移图	100%	100%	100%	98%	99%	100%	100%	100%	100%	100%	100%	100%	99.8%

原因分析：（对于当月或年度未达标的情况应作出说明，并进行原因分析，此处省略）

改善措施：（对于进行原因分析后的项目应提出改善措施，并依此实施，此处省略）

备注：以上统计数据当年未达成目标时，本部门应进行原因分析和提出改善措施。

制表：　　　　　　　　　　　　　部门最高领导审核：

4. 品管部目标统计分析

年度：2015

品管部质量目标、过程目标统计分析表

	质量目标和过程目标	计算方法	统计周期	数据提供部门	分析方法	实际达成情况												
						1月	2月	3月	4月	5月	6月	7月	8月	9月	10月	11月	12月	总和/平均值
质量目标	1. 进料检验失误率0次	以生产部门反馈来料问题的次数计算	每月	生产部	推移图	0	0	2	0	1	3	0	1	2	3	1	2	15
	2. 交货合格率100%	(交货总订单数-客户判定不合格订单数)/交货总订单数×100%	每月	业务部	推移图	100%	99.8%	99.6%	100%	100%	100%	100%	100%	99.5%	99.7%	100%	99.6%	99.9%
	3. 顾客批量退货0次	以30件为批量，统计批次数	每月	业务部	推移图	0	1	1	0	0	0	0	0	1	3	0	2	6
	4. 质量问题顾客诉每月1次以内	以每月顾客质量投诉次数计算	每月	业务部	推移图	0	1	2	0	0	0	0	0	2	0	0	2	8
过程目标	1. 不合格品被错误使用或被错误出货0次	统计不合格品被错误使用或错误出货的次数	每月	品管部	统计表	0			0		0	0	0	0		0	0	5
	2. 测量设备100%按期校正合格	每半年全厂检查一次。统计未按期校正的仪器数量	半年	品管部	统计表			3						2				2
	3. 实验数据错误0次	每月统计实验数据错误的次数	每月	品管部	统计表	0			0	0	0	0	0	1	1	1	0	6
	4. 文件发行或使用错误数0次	每半年全厂检查一次。统计文件发行或使用错误的数量	半年	品管部	统计表			4						5				8
	5. 记录发放按规定保存、损坏、遗失	每半年全厂检查一次。统计记录未按规定保存、损坏的数量	半年	品管部	统计表			3						1				4
	6. 纠正措施销案率100%	统计每月纠正措施数据未结案件数	每月	品管部	统计表	0	0	2	1	1	1	1	2	1	1	0	1	11
	7. 数据信息错误0次	统计不合格品部门提供的数据信息错误次数	每月	品管部	统计表	0					0						1	1
	8. 内部审核不符合项改善有效率100%	统计不符合项改善未有效率的件数（每年内部审核之后）	每年	品管部	统计表												0	0

交货合格率推移图（此处省略）

次数推移图（此处省略，含进料检验失误次数、客户批次次数、不合格错误使用或出货次数）

原因分析：（对于当月或年度未达标的情况应作出说明，并进行原因分析，此处省略）

改善措施：（对于进行原因分析后的项目应提出改善措施，并依此实施，此处省略）

备注：以上统计数据当年度未达成目标时，本部门应进行原因分析和提出改善措施。

制表： 部门最高领导审核：

5. 资材部目标统计分析

资材部质量目标、过程目标统计分析表

年度：2015

质量目标和过程目标		计算方法	统计周期	数据提供部门	分析方法	实际达成情况												
						1月	2月	3月	4月	5月	6月	7月	8月	9月	10月	11月	12月	平均值
质量目标	1. 采购物料和外发加工批次合格率98%	采购物料和外协件合格批次数/采购物料和外协件交货总批数×100%（以一个材料号或一个产品号算一批）	每月	品管部	推移图	98.7%	97.9%	96.7%	95.8%	99.5%	98.4%	96.0%	98.2%	98.8%	96.8%	97.8%	99.4%	97.8%
	2. 采购物料和外发加工准时交货率96%	采购物料和外协件准时交货批数/采购物料和外协件交货总批数×100%（以一个材料号或一个产品号算一批）	每月	资材部	推移图	95.4%	96.7%	97.6%	95.4%	98.6%	99.2%	94.5%	95.1%	95.8%	97.6%	98.5%	94.7%	96.6%
	3. 仓储盘点准确率100%	盘点物料准确种数/盘点物料总种数×100%（以一个材料号或一个产品号算一种）	每月	财务部	推移图	99.8%	99.7%	99.6%	99.4%	99.8%	99.7%	99.0%	99.1%	99.6%	99.5%	99.3%	99.7%	99.5%
过程目标	供应商定期评估合格率90%	供应商定期评估合格家数/评估总家数×100%	每月	资材部	推移图	92.0%	95.0%	97.0%	92.0%	94.0%	93.0%	89.0%	88.0%	84.0%	89.0%	94.0%	92.0%	91.6%

盘点准确率和供应商定期评估合格率推移图

采购物料和外发加工批次合格率和准时交货率推移图

原因分析：
（对于统计数据当月未达成目标时，本部门应进行原因分析和提出改善措施，此处省略）

改善措施：
（对于进行原因分析后的项目应提出改善措施，并依此实施，此处省略）

备注：以上统计数据当年度未达成目标时，本部门应对未达标的情况作出说明，并进行原因分析后提出改善措施。

制表：　　　　　　　　　　　　　　　　　　　　部门最高领导审核：

6. 管理部目标统计分析

管理部质量目标、过程目标统计分析表

年度：2015

质量目标和过程目标	计算方法	统计周期	数据提供部门	分析方法	实际达成情况													
					1月	2月	3月	4月	5月	6月	7月	8月	9月	10月	11月	12月	平均值
1. 公司及各部门培训计划达成率100%	当月实际培训课时数/当月计划培训课时数×100%	每月	管理部	推移图	100%	100%	100%	96%	98%	98%	96%	98%	99%	96%	100%	100%	98.5%
质量目标 2. 人员流失率控制在6%以内	当月流失人数/上月底人数×100%	每月	管理部	推移图	5.4%	6.7%	7.6%	5.4%	8.6%	7.2%	4.5%	5.1%	5.8%	7.6%	5.5%	4.7%	6.2%

培训计划达成率推移图

人员流失率推移图

原因分析：
（对于当月或年度未达标的情况应作出说明，并进行原因分析，此处省略）

改善措施：
（对于进行原因分析后的项目应提出改善措施，并依此实施，此处省略）

备注：以上统计数据当未达成目标时，本部门应进行原因分析和提出改善措施。

部门最高领导审核：

制表：

7. 财务部目标统计分析

财务部质量目标、过程目标统计分析表

年度：2015

质量目标和过程目标	计算方法	统计周期	数据提供部门	分析方法	实际达成情况												
					1月	2月	3月	4月	5月	6月	7月	8月	9月	10月	11月	12月	平均值
质量目标 1.资金使用浮动在预算的15%以内	（各部门每月实际使用资金额-当月预算资金额）/当月预算资金额×100%	每月	财务部	推移图	12.5%	13.8%	10.6%	3.5%	6.7%	8.9%	9.1%	11.8%	12.7%	13.6%	12.5%	11.2%	10.6%
2.利润率目标20%	（年度销售总收入-年度总支出）÷年度总支出	每年	财务部	统计表	21.2%												

资金使用浮动率推移图（资金使用浮动率）

原因分析：
（对于当月或年度未达标的情况应作出说明，并进行原因分析，此处省略）

改善措施：
（对于进行原因分析后的项目应提出改善措施，并依此实施）

备注：以上统计数据当当月未达成目标时，本部门应进行原因分析和提出改善措施。

部门最高领导审核：

制表：

以上各部门的数据统计分析是根据"质量目标和过程管理目标统计分析规划表"中所确定的分析项目和统计周期进行的，上表中的每个目标数据结果应有原始数据的支持。

二、利用统计分析结果进行绩效评价

根据标准条款"9.1.3 分析与评价"中规定的要求,应对以下项目进行评价,这些评价并非只在年度进行,可以是每月、每季度、半年度和年度进行持续的评价,以便及时纠正问题,并找到改进的机会。

1. 产品和服务的符合性评价

以年度平均值为例,将产品符合性目标与实际值比较如下:

产品符合性的目标值	年度平均值或总和	差异值
1. 交货合格率100%	99.9%	0.1%
2. 顾客批量退货0次	3	+3
3. 制程不良率2%以内	1.7%	-0.3%
4. 一次交检合格率98%以上	98.3%	+0.3%
5. 生产报废率≤0.5%	0.34%	-0.17%
6. 采购物料和外发加工批次合格率98%	98.2%	+0.2%

从以上数据比较可知,只有顾客批量退货次数超标,其他均达成目标值。

2. 顾客满意程度评价

顾客满意度通常每年进行1~2次调查和评价,依据《客户满意度管理程序》执行,以下为年度客户满意度调查结果汇总:

客户满意度统计表						HC-YW-13A
1. 客户满意度调查得分:占满意度的60%						
得分 客户名称	各项目得分					合计得分
	产品质量 30分	服务质量 10分	交货时效 20分	技术能力 20分	问题解决及时性20分	
A	28	9	18	18	18	91
B	27	8	18	18	19	90
C	28	10	20	20	18	96
D	28	9	18	18	18	91
E	26	8	18	18	19	89
F	25	10	18	19	17	89
总平均分	27	9	18.3	18.5	18.2	91
客户提出问题点和建议要求:						
A 客户: (1)原有常规品的交期很准时,新品交期回复后,经常会变更; (2)品质不太稳定; (3)支付磨具费的磨具不能妥善保管,出现过遗失和损坏; (4)希望贵司的品质能更好,同时给贵司的新品也请得到足够的重视,以便双方能长期合作。 B 客户: (1)交货货期有待提升,对应我司的反应速度有待提升,之前出现过不良品; (2)纳期要完善,反应要及时,保证没有不良品流向客户。 C 客户:						

> （1）需进一步优化加工工艺，降低加工成本，从而配合我司降低采购成本，请认真对待此要求；
> （2）加强质量意识及信息沟通，避免一些细节问题造成的小问题发生，出厂检验需仔细严肃。

客户满意度统计表															HC－YW－13A
2. 公司内部目标监控结果得分：占满意度的40%														
监控目标	月份实绩数据												累计或平均值	得分
	1	2	3	4	5	6	7	8	9	10	11	12		
a. 客户抱怨次数	0	1	2	0	0	0	0	0	2	1	0	2	8	10
b. 准时交货率	98%	100%	99%	98%	98%	98%	99%	100%	99%	98%	99%	98%	99%	9
c. 交货合格率	100%	99.8%	99.6%	100%	100%	100%	100%	100%	99.5%	99.7%	100%	99.6%	99.9%	10
d. 客户退货次数	0	1	1	0	0	0	0	0	1	0	0	0	3	4
以上评分根据《客户满意度管理程序》规定的评分方法如下： 　a. 客户抱怨：年度客户抱怨未超过10件则评10分，每超过1件，扣除1分（扣完10分为止）； 　b. 准时交货率：100%达成得分10分，每降低1个百分点，扣除1分（扣完10分为止）； 　c. 交货合格率：100%合格得分10分，每降低1个百分点，扣除1分（扣完10分为止）； 　d. 批量退货事件：全年未发生事件得分10分，每发生1件扣除2分（扣完10分为止）。													
本项累计得分＝33分														
3. 两项计算总满意度得分：91×60%＋33＝87.6分														
备注：														
统计人：　　　　　　　　日期：　　　　　　　　审核：														

公司设定的客户满意度目标是85分以上，从上述两项结果相加得分是87.6分，达成了预期的目标，但也还存在以下的问题：

（1）从客户调查反馈信息看，交货时效和问题解决的及时性需要提高；

（2）从内部监控目标看，顾客批量退货有3次，扣了6分，此项得分比较低；

（3）从客户提出的建议看，需进一步优化加工工艺，降低加工成本，配合客户采购策略。

3. 质量管理体系的绩效和有效性的评价

从上述各部门的数据统计结果的年度平均值看，质量目标总共是22项，达成10项，达成率45.5%；过程目标是25项，达成8项，达成率是32%；综合这两项数据说明，质量管理体系虽然在全公司持续的实施和推动，但在绩效和有效性方面是不足的。

公司的总体经营目标，如销售额、销售增长率、利润率目标、订单交期达成率、交货合格率、客户满意度等方面都有较好的表现和绩效。

4. 策划实施是否得到有效的评价

从目标实现的结果来看，业务部在新客户开发、报价管理、合同/订单评审、产品交货、客户投诉/处理等过程的实施有效性不足；技术部在新产品开发、样件制作、变更管制、图纸技术资料管理等过程的实施有效性不足；生产部在生产计划控制、安全管理、工装管理等过程的实施有效性不足；品管部在进料检验、制程及成品检验、测量设备管理、文件控制、不符合及纠正措施管理等过程的实施有效性不足；资材部在采购管理、外发加工、仓储管理等过程的实施有效性不足；管理部在人力资源管理过程方面的实施有效性不足。

5. 针对风险和机遇所采取措施的有效性的评价

这是针对经营计划中SWOT分析的结果，所识别的风险和机遇从而策划应对这些风险和机遇的措施进行评价。可以根据措施的实施状况，以及实现经营目标的程度来评价其有效性。

6. 外部供方的绩效的评价

根据《供应商管理程序》对采购供方和外包供方进行定期评价，并将每月的评价结果进行年度汇总。以下为供应商定期评估表的举例，C级（含）以下为定期评估不合格。

供应商定期评估表												HC-ZC-04A
2015 年度　　12 月份　　评估日期：2015年12月30日												
序号	供应商名称	交货合格率（占50分）				交货及时率（占30分）				配合度（占20分）	总分数	等级	备注
		交货批数	合格批数	合格率	得分	交货批数	准时批数	及时率	得分				
1	A	24	23	95.8%	48	24	20	83.3%	25	16	89	B	
2	B	18	18	100%	50	18	17	94.4%	28.3	18	96.3	A	
3	C	35	26	74.3%	37	35	22	62.9%	18.8	12	67.8	C	
4	D												
5	E												
6	F												

说明：1. 交货合格率得分＝（交货总批数－不合格批数）/交货总批数×50
　　　2. 交货及时率得分＝（交货总批数－逾期批次）/交货总批数×30
　　　3. 配合度得分由资材部根据供应商的服务配合情况进行评分，满分20分；
　　　4. 等级划分：90分以上为A级；75~89分为B级；60~74分C级；60分以下为D级；
　　　5. 评估结果处理：被评为C级（含）以下者于当月发出《供应商改善通知单》。

经办人：　　　　　　　　　　　核准：

基于前面资材部数据统计分析表中，供应商定期评估合格率目标为90%，实际的评估结果是：

1月	2月	3月	4月	5月	6月	7月	8月	9月	10月	11月	12月	平均值
92.0%	95.0%	97.0%	92.0%	94.0%	93.0%	89.0%	88.0%	84.0%	89.0%	94.0%	92.0%	91.6%

从每个月的评估结果看，7、8、9、10四个月是不达标的，应对不合格的供应商提出改善要求，或派工程师对供方进行辅导，以提升其能力。

7. 质量管理体系改进的需求的评价

从每月、每季度、每半年和年度的数据统计分析和评价，及时发现质量管理体系运行中存在的问题，识别改进的需求和机会，并有针对性地采取纠正和纠正措施，以持续改进质量管理体系的适宜性、充分性和有效性。

第三节 目标管理和绩效考核

一、什么是目标管理

经典管理理论对目标管理的定义为:目标管理是以目标为导向,以人为中心,以成果为标准,而使组织和个人取得最佳业绩的现代管理方法。目标管理亦称"成果管理",俗称责任制,是指在企业全体员工的积极参与下,自上而下地确定工作目标,并在工作中实行"自我控制",自下而上地保证目标实现的一种管理办法。

美国管理大师彼得·德鲁克(Peter F. Drucker)于1954年在其名著《管理实践》中最先提出了"目标管理"的概念,其后他又提出"目标管理和自我控制"的主张。德鲁克认为,并不是有了工作才有目标,而是相反,有了目标才能确定每个人的工作。

所以"企业的使命和任务,必须转化为目标",如果一个领域没有目标,这个领域的工作必然被忽视。因此管理者应该通过目标对下级进行管理,当组织最高层管理者确定了组织目标后,必须对其进行有效分解,转变成各个部门以及各个人的分目标,管理者根据分目标的完成情况对下级进行考核、评价和奖惩。

目标管理提出以后,便在美国迅速流传。时值第二次世界大战后西方经济由恢复转向迅速发展的时期,企业急需采用新的方法调动员工积极性以提高竞争能力,目标管理的出现可谓应运而生,遂被广泛应用,并很快为日本、西欧国家的企业所仿效,在世界管理界大行其道。

二、目标管理的应用

目标管理最为广泛的是应用在企业管理领域。企业目标可分为战略性目标、策略性目标以及方案、任务等。一般来说,经营战略目标和高级策略目标由高级管理者制定;中级目标由中层管理者制定;初级目标由基层管理者制定;方案和任务由实施者制定,并同每一个成员的应有成果相联系。自上而下的目标分解和自下而上的目标期望相结合,使经营计划的贯彻执行建立在职工的主动性、积极性的基础上,把企业职工吸引到企业经营活动中来。

目标管理方法提出来后,美国通用电气公司最先采用,并取得了明显效果。其后,在美国、西欧、日本等许多国家和地区得到迅速推广,被公认为是一种加强计划管理的先进科学管理方法。中国20世纪80年代初开始在企业中推广,采取的干部任期目标制、企业层层承包等,都是目标管理方法的具体运用。

目标管理的具体形式各种各样,但其基本内容是一样的。所谓目标管理乃是一种程序或过程,它使组织中的上级和下级一起协商,根据组织的使命确定一定时期内组织的总目标,由此决定上、下级的责任和分目标,并把这些目标作为组织经营、评估和奖励每个单位和个人贡献的标准。

三、目标管理的特点

目标管理指导思想上是以Y理论为基础的,即认为在目标明确的条件下,人们能够对自己负责。具体方法上是泰勒科学管理的进一步发展,它与传统管理方式相比有鲜明的特点,可概括为:

1. 重视人的因素

目标管理是一种参与的、民主的、自我控制的管理制度,也是一种把个人需求与组织目标结合起来的管理制度。在这一制度下,上级与下级的关系是平等、尊重、依赖、支持,下级在承诺目标和被授权之后是自觉、自主和自治的。

2. 建立目标体系

目标管理通过组织内的过程设计,将组织的整体目标逐级分解,转换为各单位、各员工的分目标。从组织目标到经营单位目标,再到部门目标,最后到个人目标。在目标分解过程中,权、责、利三者已经明确,而且相互对称。这些目标方向一致,环环相扣,相互配合,形成协调统一的目标体系。只有每个人员完成了自己的分目标,整个企业的总目标才有完成的希望。

3. 重视成果

目标管理以制定目标为起点，以目标完成情况的考核为终结。工作成果是评定目标完成程度的标准，也是人事考核和奖评的依据，成为评价管理工作绩效的唯一标志。至于完成目标的具体过程、途径和方法，上级并不过多干预。所以，在目标管理制度下，监督的成分很少，而控制目标实现的能力却很强。

具体特点：

（1）员工参与管理：目标管理是员工参与管理的一种形式，由上下级共同商定，依次确定各种目标。

（2）以自我管理为中心：目标管理的基本精神是以自我管理为中心。目标的实施，由目标责任者自我进行，通过自身监督与衡量，不断修正自己的行为，以达到目标的实现。

（3）强调自我评价：目标管理强调自我对工作中的成绩、不足、错误进行对照总结，经常自检自查，不断提高效益。

（4）重视成果：目标管理将评价重点放在工作成效上，按员工的实际贡献大小如实地评价一个人，使评价更具有建设性。

四、目标管理的操作方法和实施原则

1. 操作方法

目标管理的具体做法分三个阶段：第一阶段为目标的设置；第二阶段为实现目标过程的管理；第三阶段为测定与评价所取得的成果。

（1）目标的设置

这是目标管理最重要的阶段，第一阶段可以细分为四个步骤：

①高层管理预订目标，这是一个暂时的、可以改变的目标预案。即可以由上级提出，再同下级讨论；也可以由下级提出，上级批准。无论哪种方式，必须共同商量决定；其次，领导必须根据企业的使命和长远战略，估计客观环境带来的机会和挑战，对该企业的优劣有清醒的认识。对组织应该和能够完成的目标心中有数。

②重新审议组织结构和职责分工。目标管理要求每一个分目标都有确定的责任主体。因此制定目标之后，需要重新审查现有组织结构，根据新的目标分解要求进行调整，明确目标责任者和协调关系。

③确立下级的目标。首先下级明确组织的规划和目标，然后商定下级的分目标。在讨论中上级要尊重下级，平等待人，耐心倾听下级意见，帮助下级发展一致性和支持性目标。分目标要具体量化，便于考核；分清轻重缓急，以免顾此失彼；既要有挑战性，又要有实现可能。每个员工和部门的分目标要和其他的分目标协调一致，支持本单位和组织目标的实现。

④上级和下级就实现各项目标所需的条件以及实现目标后的奖惩事宜达成协议。分目标制定后，要授予下级相应的资源配置的权力，实现权责利的统一。由下级写成书面协议，编制目标规划表，整个组织汇总所有资料后，形成组织总体目标规划表。

（2）实现目标的过程管理

目标管理重视结果，强调自主、自治和自觉，并不等于领导可以放手不管，相反由于形成了目标体系，一环失误，就会牵动全局。因此领导在目标实施过程中的管理是不可缺少的。首先进行定期检查，利用月度、季度等例行目标检讨会进行；其次要向下级通报进度，便于互相协调；最后要帮助下级解决工作中出现的困难问题，当出现意外、不可预测事件严重影响组织目标实现时，也可以通过评审，修改原定的目标。

（3）总结和评估

达到预订的期限后，下级首先进行自我评估，提交书面报告；然后上下级一起考核目标完成情况，决定奖惩；同时讨论下一阶段目标，开始新循环。如果目标没有完成，应分析原因总结教训，切忌相互指责，以保持相互信任的气氛。

2. 实施原则：

目标管理是现代企业管理模式中比较流行、比较实用的管理方式之一。它的最大特征就是方向明确，非常有利于把整个团队的思想、行动统一到同一个目标、同一个理想上来，是企业提高工作效率、实现快速发展的有效手段之一。

搞好目标管理并非一般人想象的那么简单，必须遵循以下四个原则：

（1）目标制定必须科学合理

目标管理能不能产生理想的效果、取得预期的成效，首先就取决于目标的制定，科学合理的目标是目标管理的前提和基础，脱离了实际的工作目标，轻则影响工作进程和成效，重则使目标管理失去实际意义，影响企业发展大局。

（2）督促检查必须贯穿始终

目标管理，关键在管理。在目标管理的过程中，丝毫的懈怠和放任自流都可能前功尽弃。作为管理者，必须随时跟踪每一个目标的进展，发现问题及时协商、及时处理、及时采取正确的补救措施，确保目标运行方向正确、进展顺利。

（3）成本控制必须严肃认真

目标管理以目标的达成为最终目的，考核评估也是重结果轻过程。这很容易让目标责任人重视目标的实现，轻视成本的核算，特别是当目标运行遇到困难可能影响目标的适时实现时，责任人往往会采取一些应急的手段或方法，这必然导致实现目标的成本不断上升。作为管理者，在督促检查的过程当中，必须对运行成本作严格控制，既要保证目标的顺利实现，又要把成本控制在合理的范围内。因为，任何目标的实现都是要考虑成本的。

（4）考核评估必须执行到位

任何一个目标的达成、项目的完成，都必须有一个严格的考核评估。考核、评估、验收工作必须选择执行力很强的人员进行，必须严格按照目标管理方案或项目管理目标，逐项进行考核并得出结论，对目标完成度高、成效显著、成绩突出的团队或个人按章奖励；对失误多、成本高、影响整体工作的团队或个人按章处罚，真正达到表彰先进、鞭策落后的目的。

五、目标管理的优缺点

目标管理在全世界产生很大影响，但实施中也出现许多问题。因此必须客观分析其优劣势，才能扬长避短，收到实效。

1. 目标管理的优点

（1）目标管理对组织内易于度量和分解的目标会带来良好的绩效。对于那些在技术上具有可分性的工作，由于责任、任务明确，目标管理常常会起到立竿见影的效果，而对于技术不可分的团队工作则难以实施目标管理。

（2）目标管理有助于改进组织结构的职责分工。由于组织目标的成果和责任力图划归一个职位或部门，容易发现授权不足与职责不清等缺陷。

（3）目标管理启发了自觉，调动了员工的主动性、积极性、创造性。由于强调自我控制、自我调节，将个人利益和组织利益紧密联系起来，因而提高了士气。

（4）目标管理促进了意见交流和相互了解，改善了人际关系。

2. 目标管理的缺点

在实际操作中，目标管理也存在许多明显的缺点，主要表现在：

（1）目标难以制定。组织内的许多目标难以定量化、具体化；许多团队工作在技术上不可解；组织环境的可变因素越来越多，变化越来越快，组织的内部活动日益复杂，使组织活动的不确定性越来越大。这些都使组织的许多活动制定数量化目标是很困难的。

（2）目标管理的哲学假设不一定都存在。Y理论对于人类的动机作了过分乐观的假设，实际中的人是有"机会主义本性"的，尤其在监督不力的情况下。因此许多情况下，目标管理所要求的承诺、自觉、自治气氛难以形成。

（3）目标商定可能增加管理成本。目标商定要上下沟通、统一思想是很费时间的；每个单位、个人都关注自身目标的完成，很可能忽略了相互协作和组织目标的实现，滋长本位主义、临时观点和急功近利的倾向。

（4）有时奖惩不一定都能和目标成果相配合，也很难保证公正性，从而削弱了目标管理的效果。

鉴于上述分析，在实际中推行目标管理时，除了掌握具体的方法以外，还要特别注意把握工作的性质，分析其分解和量化的可能；提高员工的职业道德水平，培养合作精神，建立健全各项规章制度，注意改进领导作风和工作方法，使目标管理的推行建立在一定的思想基础和科学管理基础上；要逐步推行，长期坚持，不断完善，从而使目标管理发挥预期的作用。

六、什么是绩效管理

绩效管理是指为实现组织发展战略和目标，采用科学的方法，通过对员工个人或群体的行为表现、劳动态度和工作业绩，以及综合素质的全面监测、考核、分析和评价，充分调动员工的积极性、主动性和创造性，不断改善员工和组织的行为，提高员工和组织的素质，挖掘其潜力的活动过程。

绩效管理是一个持续的交流过程，该过程是由员工和他或他的上级管理人员之间达成的协议来保证完成，并在协议中对未来工作达成明确的目标和理解。

绩效管理的思想精髓是以人为本，让员工充分参与企业的管理过程，重视员工的发展，在完成企业目标的同时，实现员工个人价值和职业生涯计划。它可以解决以往管理过程中的多元目标问题，使员工与团队、企业目标一致，确立"双赢"理念。

绩效管理首先要解决几个问题：

（1）就目标及如何达到目标需要达成共识；

（2）绩效管理不是简单的任务管理，它特别强调沟通、辅导和员工能力的提高；

（3）绩效管理不仅强调结果导向，而且重视达成目标的过程。

七、绩效考核中的关键绩效指标（KPI）

KPI 即用来衡量某一部门或某一职位工作绩效表现的具体量化指标，是对工作完成效果的最直接衡量方式。关键绩效指标来自于对企业总体战略目标的分解，反映最能有效影响企业价值创造的关键驱动因素。关键绩效指标通常就是公司的经营目标和各部门的质量目标。设立关键绩效指标的价值在于：使经营管理者将精力集中在对绩效有最大驱动力的经营行动上，及时诊断生产经营活动中的问题并采取提高绩效水平的改进措施。

KPI 指标并不一定能直接用于或适合所有岗位的人员考核，但因为 KPI 指标能在相当程度上反映组织的经营重点和阶段性方向，所以成为绩效考核的基础。

企业目标和绩效管理的关联如下：

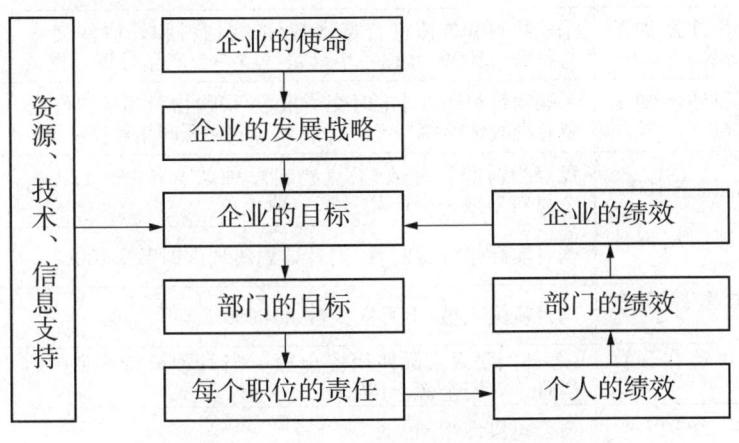

图 12-1　企业目标和绩效管理图

例如，下面这家公司的公司目标和部门目标可以作为关键绩效指标（KPI）用于考核：

部门	目标值	计算方法	统计评价周期	数据统计和提供部门
公司	1. 销售额目标 8000 万	年度产品销售额总和	每年	财务部
	2. 销售增长率 30% 以上	（本年度销售额总和－上年度销售额总和）÷上年度销售额总和	每年	财务部
	3. 利润率目标 20%	（年度销售总收入－年度总支出）÷年度总支出	每年	财务部
	4. 顾客批量退货 0 次	以 30 件为批量，统计批退次数	每月	业务部
	5. 订单交期达成率 98% 以上	按回复客户交期与实际交货日期比较，计算方法：当月按时交货订单总数÷当月应交订单总数×100%	每月	业务部
	6. 交货合格率 100%	（交货总订单数－客户判定不合格订单数）/交货总订单数×100%	每月	业务部
	7. 客户满意度 85 分以上	客户评价得分＋公司内部绩效评价得分，具体按《客户满意度管理程序》统计	每月	业务部
业务部	1. 销售额目标 8000 万	与公司目标相同	与公司目标相同	
	2. 销售增长率 30% 以上			
	3. 订单交期达成率：98%			
	4. 客户满意度 85 分以上			
技术部	1. 新产品开发按时完成率达 85% 以上	新产品按时完成项目数/开发计划项目数×100%	每季度	技术部
	2. 新产品开发成功率达 80% 以上	新产品开发成功项目数/实际开发项目数×100%	每年度	技术部
生产部	1. 订单按时完成率 98%	（当月计划完成订单数－当月实际完成订单数）÷当月计划完成订单数×100%	每月	业务部
	2. 制程不良率 2% 以内	当月不良品总数/当月生产总数×100%	每月	品管部
	3. 一次交检合格率 98% 以上	当月一次交检合格批数/当月交检总批数×100%	每月	品管部
	4. 生产报废率≤0.5%	当月报废总金额/当月生产总产值×100%	每月	财务部
	5. 安全事故 0 次	以每月发生的次数计算	每月	管理部
品管部	1. 进料检验失误率 0 次	以生产部门反馈来料问题的次数计算	每月	生产部
	2. 交货合格率 100%	与公司目标相同	与公司目标相同	
	3. 顾客批量退货 0 次			
	4. 质量问题客诉每月 1 次以内	以每月顾客质量投诉次数计算	每月	业务部
资材部	1. 采购物料和外发加工批次合格率 98%	采购物料和外协件合格批数/采购物料和外协件交货总批数×100%（以一个材料号或一个产品号算一批）	每月	品管部
	2. 采购物料和外发加工准时交货率 96%	采购物料和外协件准时交货批数/采购物料和外协件交货总批数×100%（以一个材料号或一个产品号算一批）	每月	资材部
	3. 仓储盘点准确率 100%	盘点物料准确种数/盘点物料总种数×100%（以一个材料号或一个产品号算一种）	每月	财务部
管理部	1. 公司及各部门培训计划达成率 100%	当月实际培训课时数/当月计划培训课时数×100%	每月	管理部
	2. 人员流失率控制在 6% 以内	当月流失人数/上月底人数×100%	每月	
财务部	1. 资金使用浮动在预算的 15% 以内	（各部门每月实际使用资金额－当月预算资金额）/当月预算资金额×100%	每月	财务部
	2. 利润率目标 20% 以上	与公司目标相同	与公司目标相同	

八、绩效考核设计总体思路

以公司（大团队）、部门（小团队）和员工的三层目标责任体系和绩效管理体系为基础，实现"四大平衡"，即：

- 短期业绩与长远发展平衡；
- 个人、团队与公司平衡；
- 业务部门和职能部门平衡；
- 业绩好的部门和业绩欠佳的部门平衡。

1. 员工个人绩效

考核每个员工能力和业绩表现。包括两个维度：能力、业绩。

2. 部门（团队）目标绩效

考核每个部门职能范围内目标任务的完成情况及取得的最终业绩和效果。包括四个维度：

- 目标任务
- 服务
- 管理
- 团队

3. 公司整体目标绩效

考核评价公司整体的业绩水平和目标完成情况。包括两个维度（前期）：

- 目标任务
- 财务指标

九、绩效考核的维度、考核内容和评价主体设计

层次	考核维度	评价内容	评价主体
个人	业绩表现	个人工作业绩	自评＋直接上级＋考核小组修正
	职业化素质	能力/行为表现	
部门	任务绩效	部门目标任务完成情况	部门自评＋直接上级＋考核小组修正
	服务绩效	内外部客户的服务满意情况	
	管理绩效	部门内部制度建设、业务流程优化情况	
	团队绩效	关键人才培养、团队建设情况	
公司	目标绩效 财务绩效	公司目标任务完成情况、财务目标情况	考核小组＋公司领导

十、绩效考核标准的策划和确定

各部门、岗位的绩效考核标准是根据公司目标和部门目标来设定关键绩效指标（KPI）的，在与各部门相关人员充分沟通和讨论的基础上确定考核标准，以下仅为参考范例。

年　　月绩效考核表

姓名：_____　部门：_____　岗位：_____　填表日期：___年___月___日
　　　　　　　　人事行政部　　　　人事行政经理

序	考核项目	计算方法	目标	考核标准	考核说明	权重分	实际业绩	数据来源	自评得分	上级评分
1	绩效考核管理	及时性、系统性、准确性	100%	按规定完成每月考核评估、统计、绩效反馈和面谈。每延迟1天或面谈，每个案件扣2分；未及时处理部门绩效考核投诉案件时，三天内处理完毕，每一人扣3分。	1.月考核评估、统计报表，结果运用每月18日前完成；2.收到各部门绩效考核投诉案件时，三天内处理完毕；3.对评分为D、E级的绩效部门5天内进行面谈。	15	100%	本部门	15	15
2	数据报表管理	及时性、准确性	100%	考核结果汇总表、人事报表及考勤统计数据报表。每出现差错一处扣1分，每出现遗漏一处扣1分。	以《部门月报表提交管理资料》为依据	15	100%	本部门	15	15
3	人员流失率	员工流失数量/[(期初人数+期末人数)/2]×100%	8%	入职15天以上员工。包括辞退、辞职、自离和开除的人数。每增加或降低0.5%，扣加或扣减2分。最高30分	见《人员流失统计表》	30	10%	本部门	22	22
4	员工培训达成率	当月实际培训时数÷当月计划培训时数×100%	100%	每月公司统一安排的培训不少于1次，且管理人员培训时数累计不低于2小时，其他人员培训时数累计不得低于1%，每降低1%扣2分。	见《月度培训计划表》、《培训记录表》	20	96%	本部门	12	12
5	消防安全执行力	消防设施检查每月一次，消防演习每年一次	100%	消防设施检查每月底、消防演习每年10月前执行一次，并有记录，未执行一次扣5分。	见《消防设施检查表》和消防演习记录	10	100%	本部门	10	10
6	7S检查	按规定频次组织检查	100%	对厂区现场和宿舍的评比每月至少执行一次，总结报告于检查后一周内公布，每延期一天扣2分。	见《7S检查评比表》及其总结报告	15	100%	本部门	15	15
7	工作任务完成	按未能按时完成的项数计算	0次	每出现一项加扣3分，扣完权重分为止。以上级对其职责范围内的工作事项评定。	由总经理按月度工作计划评定	15	1项	总经理	10	5
					合计总分	120			99	94

确认签字：本人_____　直接上级_____　考核结果得分＝（自评得分＋直接上级考核得分）÷2＝（99+94）÷2＝96.5

绩效等级：_____　部门系数：_____　公司系数：_____　绩效工资底：_____　个人实得绩效工资：_____

年　　月绩效考核表

姓名：_____　部门：_____　岗位：　生产经理　　填表日期：　　年　　月　　日

序	考核项目	计算方法	目标	考核标准	考核说明	权重分	实际业绩	数据来源	自评得分	上级评分
1	产量	当月总产量	4.5万件	以成品提供当月收到的合格产品数据为准，每增加或降低1%，加或扣2分。基准分值为20分，最高分值不超过25分。	以《送货单》为依据，见《成品月统计报表》	25	48000	业务部	27	27
2	辅料损耗率	当月各班各种辅料损耗总数÷当月各班各种辅料总数×100%	2%	辅料损耗率增加0.5%，加2分；损耗率减少0.5%，扣2分。基准分为10分，最高分值不超过14分。	以《损耗报告单》和《退料单》为依据	14	1.5%	本部门	12	12
3	主料损耗率	当月各种主料损耗总数÷当月各种主料总数×100%	0.5%	每降低或增加0.1%，加或扣2分。基准分为10分，最高分值不超过14分。	以《损耗报告单》和节损的《退料单》为依据	14	0.2%	本部门	14	14
4	部门人员流失率	员工流失总数÷[（期初人数＋期末人数）/2]×100%	8%	入职车间15天以上员工。包括辞退、开除的人数；辞职、自离，每增加或降低1%，扣或加1分。基准分为10分，最高分值不超过12分。	见人事行政提供的《人员流失表》为依据	12	11%	行政部	7	7
5	质量合格率	当月合格品总数÷当月总产量×100%	95%	每月总产量中不符合质量标准的返工产品超出或降低1%，扣或加2分。基准分为15分，最高分值不超过20分。	以成品《返工单》为依据	20	94%	质检部	17	17
6	绩效考核管理	及时性、系统性、准确性	100%	按制度规定的时间完成下属人员月度考核表的制定、审核、评估和沟通工作。每延迟1天扣2分；未及时处理部门绩效考核投诉案件，每个案件扣2分；未按考核结果公布考核结果，每人扣2分。	1.月考核评估、统计报表、结果运用每月18日前完成；2.收到各部门绩效考核投诉案件时，三天内处理完毕。3.对考评为D、E级的绩效部门进行面谈。	10	100%	本部门	10	10
7	数据报表管理	及时性\准确性	100%	生产日报表、月报表等内容必须清楚准确。每延迟一天扣0.5分每出现差错扣1分、每出现漏报1分。基准分为10分，最高分为15分。	见《部门月报表管理记录》	10	100%	本部门	10	10
8	工作任务完成	按未能按时完成的项数计算	0次	每出现一项扣3分，扣完权重分为止。以上级对其职责范围内的工作事项评定	由总经理按月度工作计划评定	15	1项	总经理	10	5
				合计总分		120			107	102

考核结果得分＝（自评得分＋直接上级考核得分）÷2＝（107＋102）÷2＝104.5

个人实得绩效工资：_____　绩效工资底：_____

确认签字：本人_____　直接上级：_____

绩效系数：_____　部门系数：_____　公司系数：_____

十一、绩效系数等级设定和绩效工资的计算

1. 个人绩效工资系数

公司将员工个人的绩效考核结果分为：A（优秀）、B（良好）、C（合格）、D（差）、E（较差）五个等级，个人考核分数、等级转换及绩效工资系数关系如下：

绩效等级	A	B	C	D	E
个人考核分数	100（不含）以上	90~100分	80~89分	70~79分	70（不含）分以下
个人绩效工资系数	1.2	1.0	0.9	0.8	0.7

2. 部门绩效系数

部门经理（最高主管）的得分即为该部门总体得分，即部门经理的考核结果直接影响部门全体员工的绩效工资，部门绩效系数确定为0.8~1.2，分为五级：

绩效等级	A	B	C	D	E
部门主管得分	100（不含）以上	90~100分	80~89分	70~79分	70分（不含）以下
部门绩效系数	1.2	1.1	1.0	0.9	0.8

3. 公司绩效系数

根据公司总体业绩或目标完成情况，公司绩效系数确定为0.8~1.2，分为五级：

绩效等级	A	B	C	D	E
完成目标比率	100%（不含）以上	90%~100%	80%~89%	70%~79%	70%（不含）以下
公司绩效系数	1.2	1.1	1.0	0.9	0.8

4. 员工个人实得绩效工资

个人实得绩效工资＝标准绩效工资×个人绩效工资系数×部门绩效系数×公司绩效系数

5. 案例

老李在一家电器公司销售部任职销售经理，该公司实施以"目标责任制"为主导的绩效考核，公司每月度进行一次考核，并将员工的工资分为基本工资和绩效工资，二者的比例与员工个人的工作岗位性质及职务挂钩。绩效工资根据员工的业绩情况通过考核发放，基本工资根据员工的出勤情况发放。小张的月薪为8000元，其中月薪的60%为绩效工资，月薪的40%为基本工资。

2015年，公司制定的销售总目标是1.2亿元的销售额，第一季度完成2000万元的销售额。通过目标分解，作为销售部门直接责任人，小张将在以下考核周期分别完成以下目标：1月600万元、2月400万元、3月1000万元。

2015年1月，小张出勤率为100%。小张1月完成销售额800万元。根据综合考评，小张1月份个人的绩效考核得分为92分。

假设小张所在公司运用的绩效考核方法与上述一致，请根据小张1月的绩效考核结果计算小张1月份的月工资总额。

解：

（1）计算个人绩效工资系数：假设得分92分

对应等级为：B，对应系数为：1.0

（2）计算部门绩效系数（销售经理的绩效系数）：假设得分：95分

对应等级为：B，对应系数为：1.1

(3) 计算公司绩效系数：目标：600万元，完成：800万元

目标达成率：133%，对应等级：A 对应系数：1.2

(4) 计算个人实得绩效工资

= 标准绩效工资 × 个人绩效工资系数 × 部门绩效系数 × 公司绩效系数

= (8000 × 60%) × 1.0 × 1.1 × 1.2

= 6336 元

(5) 小张月工资总额：基本工资 + 绩效工资

= (8000 × 40%) + 6336

= 9536 元

十二、绩效考核常规流程

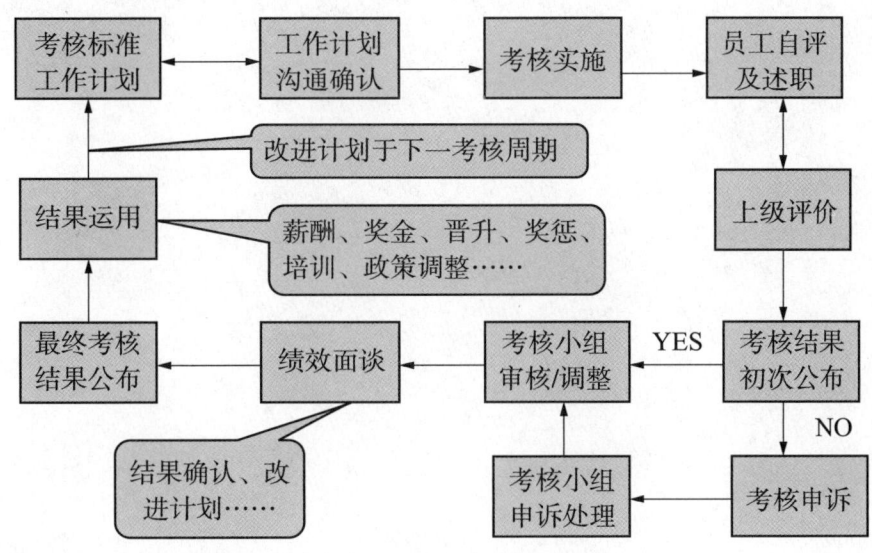

图 12-2 绩效考核常规流程

十三、绩效管理体系的特点

(1) 三次绩效沟通——绩效前沟通、绩效中沟通和绩效后沟通。

绩效前沟通即绩效目标的确定：也就是员工和其直接上级主管双方在充分沟通的基础上，就绩效目标的设定达成一致意见。

绩效中沟通即绩效辅导：直接主管在工作过程中发现员工存在工作情绪或工做出现困难时，给予必要的帮助和指导，以帮助员工顺利完成工作任务。

绩效后沟通即绩效面谈：直接主管对员工在绩效周期内的业绩和行为表现进行分析，让员工清楚自己的优点和不足，并就下一绩效周期的改进方向达成共识。

(2) 绩效管理通过实施目标管理，有效促使权力下放，强调部门团队和员工自我管理、自我激励和自我约束。

(3) 绩效管理特别强调团队协作，能有效避免相互推诿责任的现象，有利于改善部门协作关系，增强团队合作意识。

(4) 绩效管理通过动态考核评价每个部门和员工的成长与发展，引导有效的竞争，能够形成"追求卓越、拒绝平庸"的绩效文化氛围，体现了"赛马不相马"原则。

(5) 绩效管理实现了"两变"，即变"为了完成任务来控制人——通过做事来管人"的管理模式为"通过培养人，激励人，来实现目标——管好人来更好做事"的管理模式；变管理者"监工"角色为"领导、激励与教练"角色，做到了"以人为本"。

（6）绩效管理从多角度、全面、系统地进行了考核，真正做到了"公平、公正、客观"。将员工、团队和公司的绩效有机结合起来，促使员工既要关注个人绩效，也要关心团队绩效和公司绩效；既要重视短期利益，也要注重长远利益，使员工"心往一处想，劲往一处使"，朝着一个共同的目标奋进，实现了员工、团队和公司的"共赢"。

第十三章
COP/SP/MP过程化程序文件范例

第一节　顾客导向过程（COP）程序范例

第二节　支持过程（SP）程序范例

第三节　管理过程（MP）程序范例

第一节 顾客导向过程（COP）程序范例

以下的顾客导向过程及其格式都是参考性的，不同企业可以根据自身的实际情况确定其顾客导向过程（COP）及其文件形式。

COP 文件范例 1	市场营销管理程序		
文件名称	市场营销管理程序	文件编号：SQ－COP－01	版本：A
编制部门	市场部	编制日期：2016.08.08	页码：共 5 页

1. 目的

为使市场营销能有效地开展，确保客户及公司的利益得到保障，特制定本程序。

2. 适用范围

适用于市场营销及相关活动的管理。

3. 定义

无。

4. 市场营销管理过程图或过程乌龟图

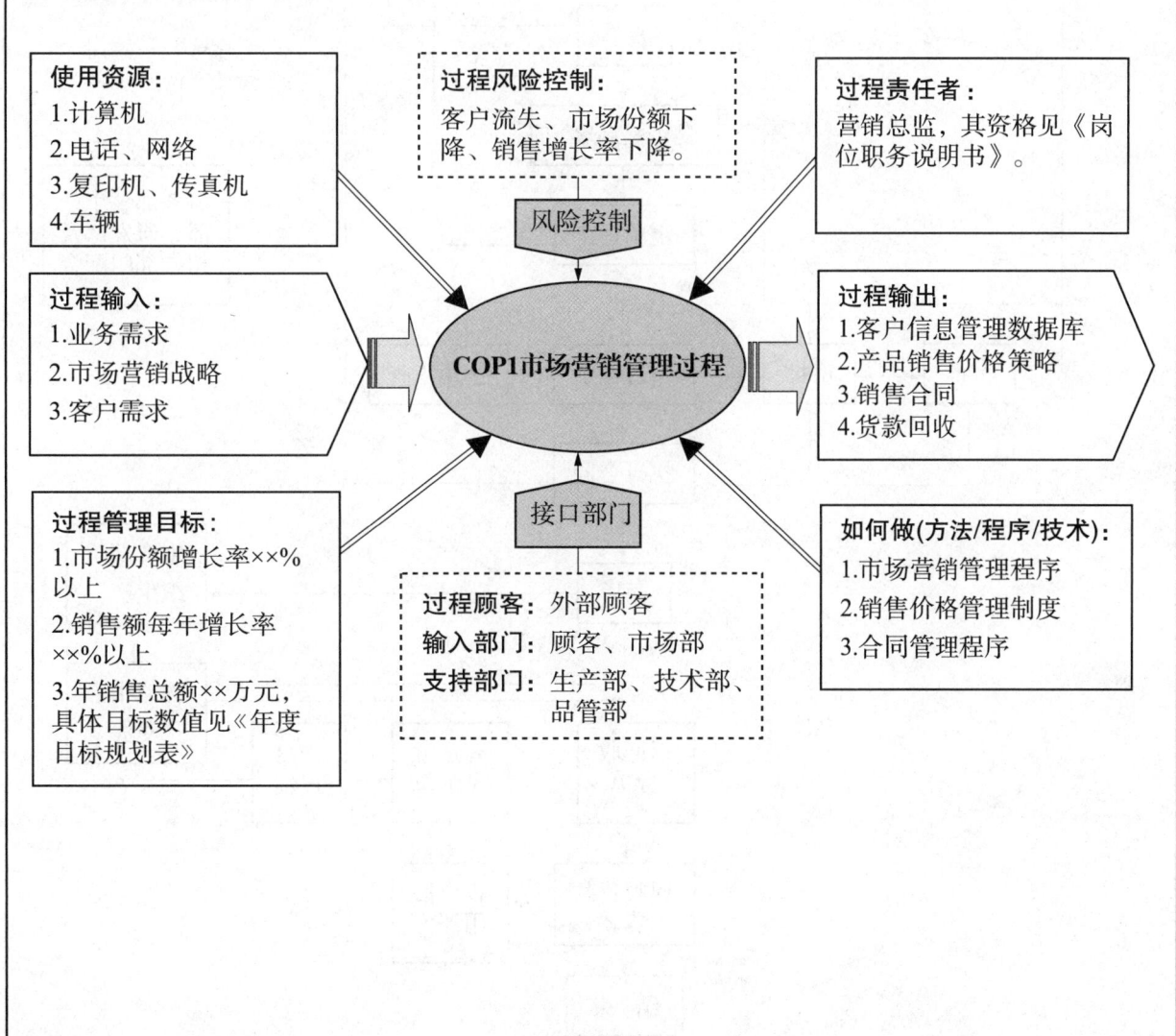

5. 市场营销管理流程

部门名称	营销中心		流程名称		市场营销管理流程	
部门	总经理	营销总监	营销中心	市场部	信息部	相关部门

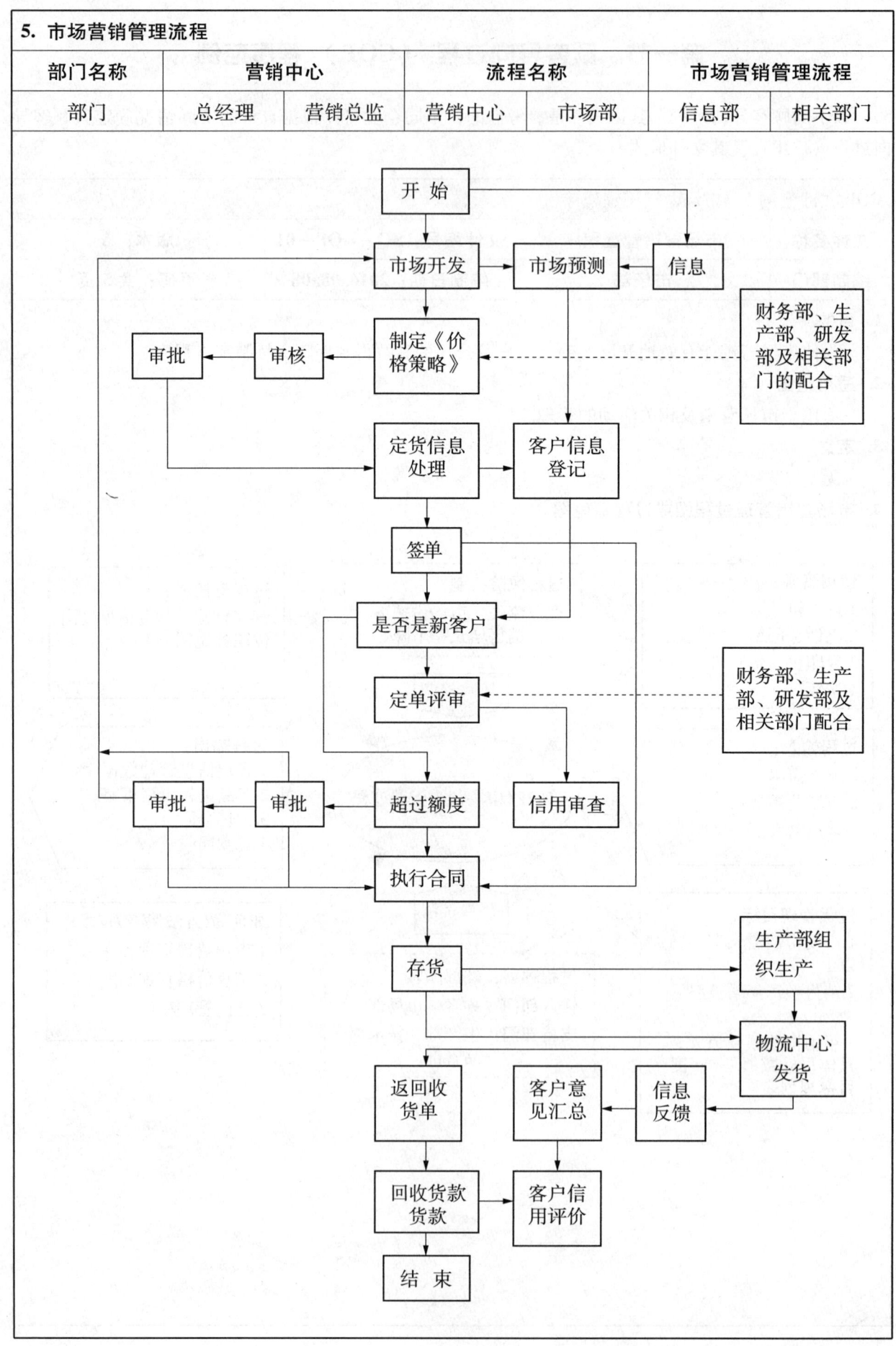

6. 作业内容、重点及标准

作业步骤	作业内容、重点及标准	时限	相关资料
市场开发	作业内容：		《客户信息管理数据库》
	由营销中心协同信息部，收集市场需求信息。	根据实际	
	由市场根据市场需求信息和前期市场开发的情况，对市场进行分析，并做好产品宣传。	1个工作日内	
	重点：		
	潜在的市场需求信息。		
	标准：		
	客户需求信息的品种、规格、数字。		
制定价格策略	作业内容：		《产品销售价格策略》《产品价格表》
	由市场营销中心组织企业内财务部、生产部、质量部、供应部等职能部门联合开会制定《产品销售价格策略》。	1个工作日内	
	《产品销售价格策略》包括正常价格、占领市场价格、维持市场价格以及折扣条件、折扣比例等，作为市场营销工作的依据。	1个工作日内	
	报营销总监审核，营销总监应提出自己的意见和建议。	1个工作日内	
	报总经理审批。	即时	
	重点：		
	制定《产品销售价格策略》时应明确营销人员、营销中心以及营销总监和总经理的权限。		
	标准：		
	编制具体《产品价格表》。		
订货信息处理	作业内容：		《客户信息管理数据库》
	营销中心接到客户的订货信息后，将客户信息（包括客户的名称、企业性质、法人、规模、所在地、联系方式、定货量等）登记备案。	1个工作日内	
	按订货的品种、数量、价格、客户情况、市场等条件决定订货信息是由营销人员处理或交给上级决定。	1个工作日内	
	重点：		
	客户信息备案。		
	销售价格的确定。		
	标准：		
	确定适宜的价格。		
营销能决定的订单	作业内容：		《销售价格管理文件》
	营销人员审查客户订货信息。	即时	
	如果客户的订货信息符合企业制定《产品销售价格策略》的条件和要求，由营销人员直接处理并执行销售任务。	1个工作日内	
	营销人员的销售执行情况及发生的问题应及时报告营销中心主管。	随时	
	重点：		
	营销人员果断处理授权范围内的订单。		
	标准：		
	营销人员的业绩统计。		

作业步骤	作业内容、重点及标准	时限	相关资料
新客户情况的调查	作业内容：		《客户信誉调查表》
	对新开发的客户，营销中心通过各种渠道了解其基本需求状况。	根据实际	
	营销中心在商谈合同之前需要对该客户的信用进行调查，以便确定合同中关于赊销/回款方式等方面的条款。	1个工作日内	
	对于信用合格的客户可以准备拟订合同。	1个工作日内	
	经调查，情况不明或信誉欠佳的客户，应按相应的销售策略妥善进行处置。	即时	
	重点：		
	客户情况调查。		
	标准：		
	及时对新客户进行信誉分类。		
订单评审	作业内容：		《合同评审制度》
	营销中心接到新客户订单后对客户订单进行审查。	1个工作日内	
	如果新客户的订货信息不符合企业制定的《产品销售价格策略》的条件和要求，如价格低、数量大、新品种或市场应急要等情况，则需要由参与制定《产品销售价格策略》的部门集体对订单进行评审。	1个工作日内	
	营销中心的审查意见报营销总监审批。	1个工作日内	
	营销中心根据审批意见处理订单。	1个工作日内	
	如果订单条件超越了营销总监的审批权限，则须报总经理审批。	1个工作日内	
	重点：		
	订单评审需要足够的市场调研信息，以便在盈利与市场之间进行审定，并提出意见。		
	合理确定营销总监和总经理的审批权限。		
	标准：		
	填写《合同评审记录》。		
执行合同	作业内容：		《销售合同》
	执行经过审批的《销售合同》。	根据实际	
	重点：		
	编制销售计划，检查库存。		
	确保客户的要求得到满足。		
	标准：		
	落实合同中规定的各项条款。		
备货及送货操作	作业内容：		《发货手续及相关的文件》《订单生产与研发手续及相关的文件》
	营销中心根据订货的品种和数量决定是进行存货销售，还是待研发、生产以后再进行销售。	1个工作日内	
	如果是存货销售，则将发货证明及客户信息交仓储部、物流部负责安排送货。	1个工作日内	
	如果没有现货库存，则需要备货。		
	备货要根据订货是新品种或已有品种，将任务转交给技术研发部或生产部完成。		

作业步骤	作业内容、重点及标准	时限	相关资料
备货及送货操作	**重点：**		
	落实货源，营销中心负责交付过程中的各个环节，确保按合同要求做到准确无误。		
	新产品包括用户订货及样品，是企业发展的一个风向标，需要格外注意其中的每个细节。		
	标准：		
	履行交付手续，填写各种记录。各种记录务必准确、及时、客观。		
售后服务	**作业内容：**		《售后服务的手续及相关的规定文件》《客户意见汇总报告》
	物流部送货完成后将客户的收货单返回营销中心。	随时	
	营销中心负责受理客户投诉、访问、理赔。	根据实际	
	营销中心将售后服务部收集到的产品质量问题、服务问题、客户需要等意见反馈给信息部和市场部。	根据实际	
	市场部负责将意见汇总并总结成文。	每月一次	
	将汇总的意见上报市场部和营销中心主管及营销总监，作为制定企业营销战略及下一步营销计划的根据。	根据实际	
	重点：		
	售后服务各环节。		
	信息的汇总、总结。		
	标准：		
	按要求综合总结客户信息；填写相应的记录，记录务必准确、及时、客观。		
回收货款操作	**作业内容：**		《营销考核相关制度》
	营销中心按合同约定收回货款。	依合同规定时间	
	收回的货款报财务部结账。	即时	
	如果出现问题，按合同规定处理；问题严重者，经总经理批示后，报司法部门解决。	依违约情况	
	重点：		
	按期、足额收回货款。		
	标准：		
	按照销售提成奖励办法和绩效管理制度进行考核。		

COP 文件范例 2	新客户开发管理程序		
文件名称	新客户开发管理程序	文件编号：SQ – COP – 02	版本：A
编制部门	业务部	编制日期：2016.08.08	页码：1/3

1. 目的

为使客户开发过程得到有效管控，确保客户及公司的利益得到保障，特制定本程序。

2. 适用范围

适用于所有新客户开发过程的管理。

3. 定义

无。

4. 新客户开发管理过程图或过程乌龟图

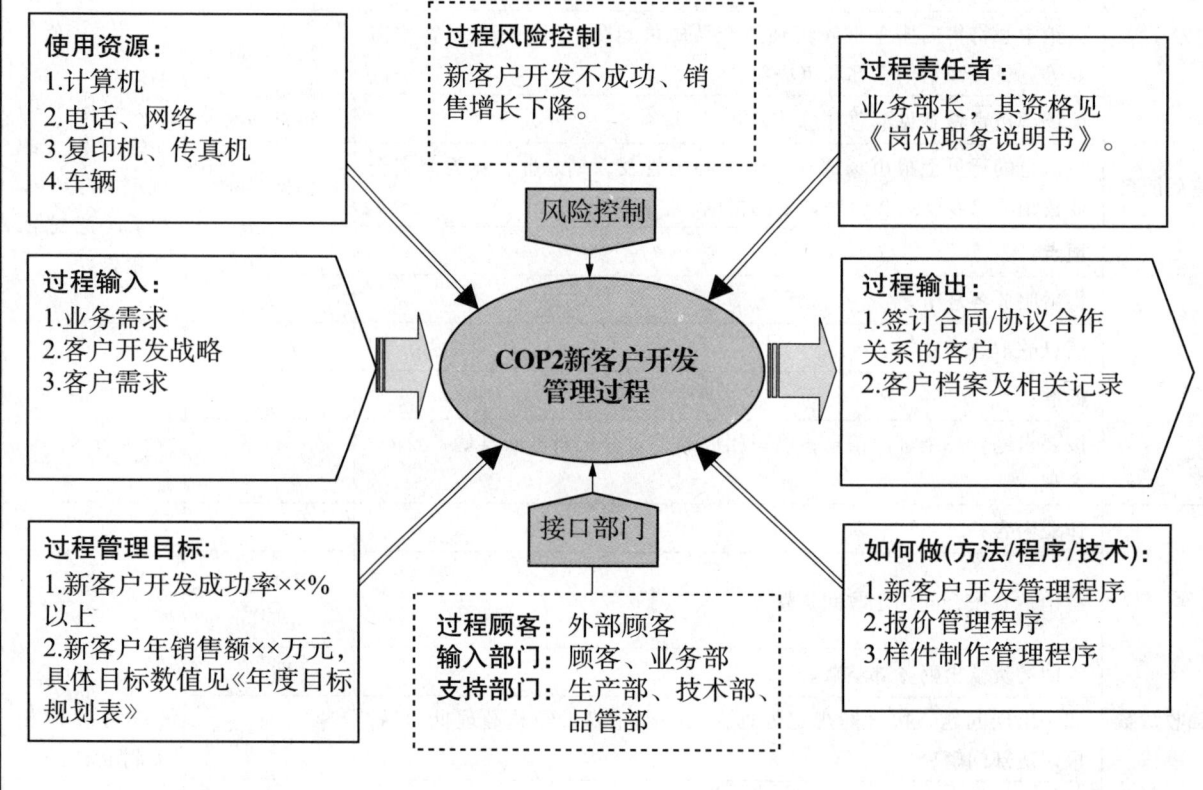

5. 作业内容（下页）

COP 文件范例 2	新客户开发管理程序			
文件名称	新客户开发管理程序		文件编号：SQ－COP－02	版本：A
编制部门	业务部		编制日期：2016.08.08	页码：2/3
序号	新客户开发流程	权责部门/人	作业要求	参考文件/使用表单
5.1	客户信息收集	业务人员	5.1 业务人员根据公司客户开发战略和市场定位，通过网络、展销会、宣传广告、朋友介绍、客户推荐等渠道主动搜集与公司产品相关的潜在客户信息。	
5.2	客户分析	业务人员	5.2 业务人员从客户的产业特性、企业性质和规模、生产和销售情况、现有供应商情况等方面对收集的客户信息进行分析，筛选出潜在的重点客户，并建立客户档案。	
5.3	确定目标客户	业务人员 业务部长	5.3 业务人员将分析结果向业务部长汇报，必要时和部长一起研究分析，然后确定目标客户。	
5.4	客户联络	业务人员	5.4 业务人员设法联系客户相关人员，如采购部人员、技术部人员、品管部人员等，尽可能联系到客户的高管或部门主管等关键人物，了解客户的详细信息。	
5.5	拜访客户	业务人员	5.5 业务人员在了解客户具体需求后，设法拜访客户，在拜访客户前应做好充分的准备，如公司资料、时间、地点、双方会谈人员等，每次拜访客户后均要填写《客户拜访记录表》，以便后续跟踪。	《客户拜访记录表》
5.6	邀约考察	业务人员	5.6 通过拜访客户建立初步的意向，业务人员可邀请客户来我司考察。若客户同意来厂考察，业务应事先向部长报告，确认后及时汇报给总经理，各部门做好资料和现场的安排和准备。客户也可能不考察工厂就要求直接报价。	
5.7	客户来厂考察	业务人员	5.7.1 业务人员与客户确认具体来厂考察时间、来访人员及考察的主要内容，并事先做好妥善安排。 5.7.2 来访当天，业务人员应充分做好接待工作，按客户的参访要求安排相关活动，展现公司水平和风貌。	

COP 文件范例 2	新客户开发管理程序			
文件名称	新客户开发管理程序	文件编号：SQ－COP－02		版本：A
编制部门	业务部	编制日期：2016.08.08		页码：3/3
序号	新客户开发流程	权责部门/人	作业要求	参考文件/使用表单
5.8	产品报价	业务部	5.8 客户参访后，业务人员要及时跟进客户对我司提出的问题和要求，以增强客户对我司的信心。当客户有意向时，会给我们产品报价，业务部按《报价管理程序》执行报价。	《报价管理程序》
5.9	单价确认 NG→重新报价或放弃	业务人员 客户	5.9 客户对我司提出的报价做出确认，当客户提出调低价格时，业务人员应向部长汇报，考虑重新报价或放弃。	《报价管理程序》
5.10	OK 合同签订	业务人员 客户	5.10.1 当客户确认单价后，在正式下单前或下单的同时须双方签订采购合同或协议，业务人员应认真阅读和分析客户合同内容，必要时应组织技术人员、品管人员、生产人员对产品相关要求进行确定和评审，确认公司有能力满足客户的要求，并确保双方的利益。 5.10.2 合同/协议的原件交财务保管，业务部留存一份复印件备查。	
5.11	样件单/批量单	客户 业务人员	5.11.1 客户可能会下样件单先做样件确认，此情况按《样件制作管理程序》执行。 5.11.2 客户也可能直接下批量订单，此时按《订单评审管理程序》执行。	《样件制作管理程序》《订单评审管理程序》

6. 附加说明

业务人员通过客户拜访或客户考察工厂后仍没有意向下单的客户，应列入日常的重点跟踪客户。对于已下样件单或批量单的客户，要做好日常的跟踪服务，确保能及时满足客户的质量和交期要求。

7. 参考文件

7.1 《报价管理程序》

7.2 《样件制作管理程序》

7.3 《订单评审管理程序》

8. 使用表单

8.1 《客户拜访记录表》

客户拜访记录表（格式）				HC - YW - 15A
业务人员		拜访日期		
客户名称				
客户地址				
企业性质		行业类别		
联系人		职位		
联系电话		邮箱地址		
主要访谈对象				
拜访目的				
客户需求				
客户反馈问题				
解决方式				
遗留问题				
后续行动计划				

COP 文件范例3	报价管理程序		
文件名称	报价管理程序	文件编号：SQ-COP-03	版本：A
编制部门	业务部	编制日期：2016.08.08	页码：1/2

1. 目的

为合理报价，确保公司与客户双方的利益，并使后续产品单价管理可以得到有效管控，特制定本程序。

2. 适用范围

适用于本公司客户所有新产品的报价。

3. 定义

无。

4. 报价管理过程图或过程乌龟图

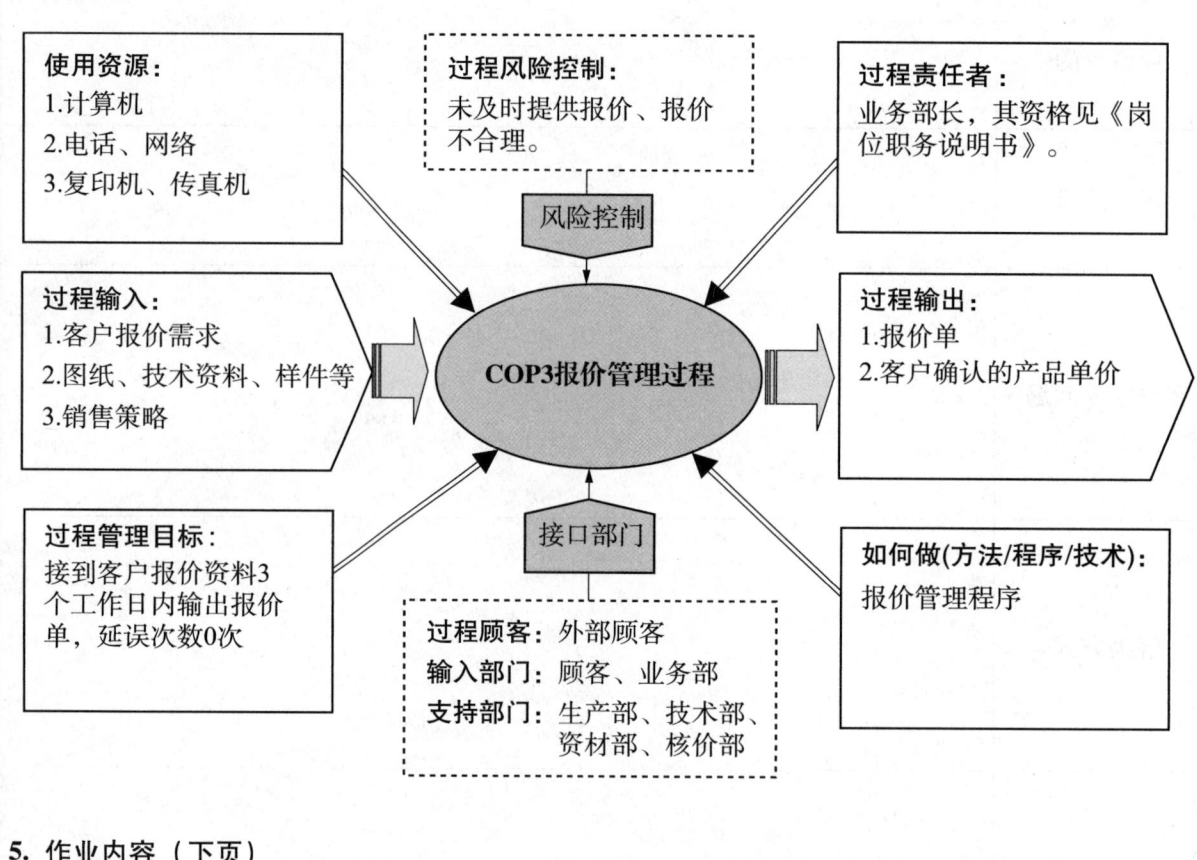

5. 作业内容（下页）

COP 文件范例3	报价管理程序				
文件名称	报价管理程序		文件编号：SQ–COP–03		版本：A
编制部门	业务部		编制日期：2016.08.08		页码：2/2
序号	报价管理作业流程	权责部门/人	作业要求		参考文件/使用表单
5.1	客户报价需求	业务部	5.1 业务部接到客户报价需求时，负责获取客户提供的样件、图纸、技术资料等，并由业务部人员将所有客户要求填写到《报价需求表》，然后交核价部。		《报价需求表》
5.2	产品报价分析	核价部	5.2 核价部根据业务部提供的《报价需求表》、图纸资料或样件，进行材料核算、加工费用分析、包装及运输费用分析等，将各项费用分析结果填入《产品报价分析表》，确认无误后交给业务部。		《报价需求表》《产品报价分析表》
5.3	核算单价	业务人员	5.3 业务部根据《产品报价分析表》结合公司的营运管理费用和利润等，核算产品单价并填写《报价单》。		《产品报价分析表》《报价单》
5.4	单价核准	业务部长	5.4 业务部长对业务人员输出的《报价单》进行审查和核准产品最终的报价。当产品单价低于公司利润点时，需向总经理报告，并由总经理核准。		《报价单》
5.5	输出报价	业务人员	5.5 业务部按客户要求的格式提供《报价单》，若客户没有要求，则按公司的《报价单》格式提供报价。		《报价单》
5.6	客户确认	业务人员	5.6 业务人员跟进客户对报价的确认，若客户确认有问题，由业务人员与客户协商，必要时再重新核算单价，按5.3条执行。若客户给出的价格低于公司利润点则放弃。由业务部将客户确认的资料存档。		
5.7	资料归档	业务部	5.7.1 业务助理将《产品报价分析表》与《报价单》及客户确认资料一起存档，以备日后查询。 5.7.2 每月将本月新报价的《产品报价分析表》与《报价单》汇总提交给财务部。		《产品报价分析表》《报价单》

6. 附加说明

　　客户对已确认的产品单价提出需要调低价格时，或因原材料价格上涨，人工成本上升等因素导致我司需要向客户提出调高产品价格时，由业务部重新填写《报价单》后依5.3开始运作。

7. 参考文件（无）

8. 使用表单

　　8.1 《报价需求表》

　　8.2 《产品报价分析表》

　　8.3 《报价单》

报价需求单（格式）		HC – YW – 16A
客户名称：		
产品类别：	产品名称	图号
预计订单量：		

客户要求内容：

A. 客户提供信息：☐图纸　　☐标准或规范　　☐样品　　☐其他＿＿＿＿

B. 产品技术要求：

C. 产品质量要求：

D. 产品包装及标识要求：

E. 送货地点：

F. 其他要求：

G. 要求报价日期：

业务人员：	业务部长：	日期：

产品报价分析表（格式）							HC-YW-02A	
1. 客户名称：								
2. 产品类型：		产品名称：			产品图号：			
3. 要求报价日期：								
一、材料评估								
品名	规格	材质	重量（kg）	材料单价（元/kg）	材料费（元）	运输成本	采购周期	
费用合计								
二、外协加工评估								
品名/工序	外协加工费用	包装方式	包装成本	运输成本				
费用合计								
三、生产加工评估								
品名	加工工序	机器类别	夹/模具费用	加工工时	产能/小时	人工成本	耗材费用	
费用合计								
四、包装及其他评估								
品名	包装成本	运输成本						
费用合计								
费用总计								
核价人：		审核：			日期：			

COP 文件范例 4　**产品设计开发管理程序 1**——见第八章《产品设计和开发管理及应用案例》
COP 文件范例 5　**产品设计开发管理程序 2**——见第八章《产品设计和开发管理及应用案例》

COP 文件范例 6　合约/订单评审程序			
文件名称	合约/订单评审程序	文件编号：SQ – COP – 06	版本：A
编制部门	业务部	编制日期：2016.08.08	页码：1/3

1. 目的

　　为保证公司能满足客户的要求，并能及时合理安排生产，故对客户下的订单进行有效评审，特制定本程序。

2. 适用范围

　　适用于本公司所有客户订单的评审。

3. 定义

　　无。

4. 合约/订单评审过程乌龟图

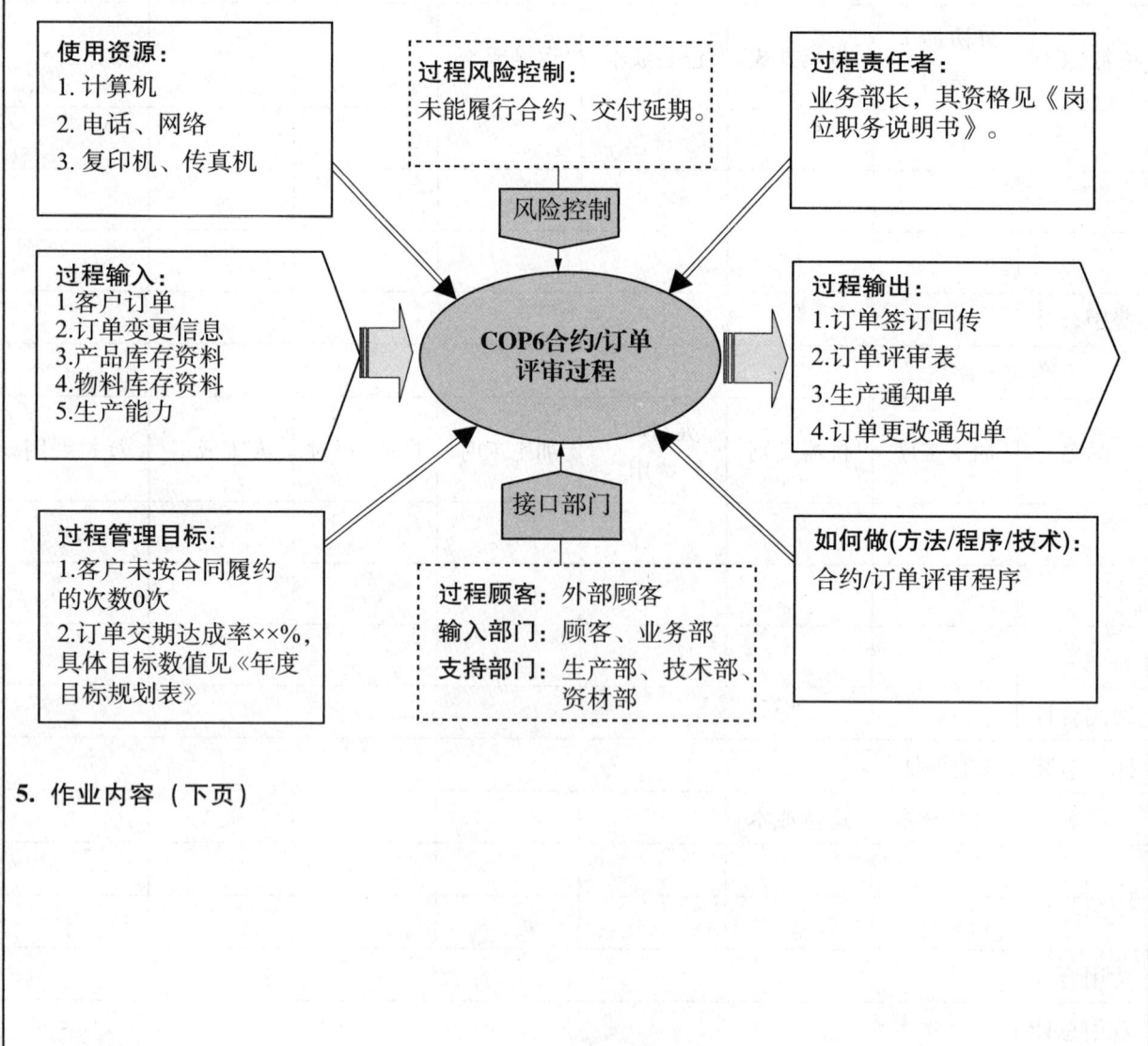

5. 作业内容（下页）

COP 文件范例6	合约/订单评审程序			
文件名称	合约/订单评审程序	文件编号：SQ－COP－06		版本：A
编制部门	业务部	编制日期：2016.08.08		页码：2/3
序号	合约/订单评审作业流程	权责部门/人	作业要求	参考文件/使用表单
5.1	订单接收	业务部	5.1 业务部收到客户之订单需交业务部部长审核后复印至财务部作结存之用，原件留业务部，待完成订单后连同出货单一并交至财务部。	
5.2	订单评审 NG 订单协调 NG OK 客户取消订单 订单调整 OK	业务部技术部生产部	5.2.1 业务部收到客户订单时应审查产品名称、图号、数量、交货期、交货地点及其他各项要求。 5.2.2 对于新产品订单由业务部填写《订单评审表》连同图纸，交技术部进行技术能力评审。 5.2.3 对于未报价产品依《报价管理程序》进行报价及签订相关协议。 5.2.4 对于客户紧急订单或交期少于生产周期时，业务部应填写《订单评审表》交生产部评审是否有能力按期完成。 5.2.5 常规订单业务部应先查是否有库存品，若有库存品应减除库存量。	《订单评审表》《报价管理程序》
5.3	订单回签	业务部	5.3 如不能满足订单的要求由业务部以电话或书面及时与客户联络协调，若可以满足或协调后的调整可以满足，由业务人员签回或以协调结果签回客户订单。	
5.4	生产通知	业务部技术部生产部	5.4.1 业务人员将确定的客户订单输入电脑系统，并开出《生产通知单》连同相关图纸技术资料一起交给技术部，同时将《生产通知单》的电子档发给技术部助理和生产部生管员。 5.4.2 技术部完成图纸审查和转换，技术部长在《生产通知单》上签名确认后交生产部长确认交期并签名。经签核完整的《生产通知单》原件交回业务部，技术部保存复印件。	《生产通知单》
5.5	订单变更 A	业务部	5.5.1 对已确定的订单，当客户提出减少或取消订单时，业务部应先了解该订单的生产情况，若已投入生产，要评估造成的损失，并向客户协商处理。	

COP 文件范例6	合约/订单评审程序			
文件名称	合约/订单评审程序	文件编号：SQ-COP-06		版本：A
编制部门	业务部	编制日期：2016.08.08		页码：3/3
序号	合约/订单评审作业流程	权责部门/人	作业要求	参考文件/使用表单
5.5	A ↓ 订单变更	业务部	5.5.2 当确认要变更时，向生产部、技术部、资材部发出《订单更改通知单》。 5.5.3 如总经理/业务部长查核产品库存量及参考所有客户订单资料决定作为库存产品时，则不需发出《订单更改通知单》。 5.5.4 客户要求调整交期时，业务部应先和生产部协调，了解实际生产情况及其他客户订单交期，在可能情况下尽量满足客户要求；若可行应及时回复客户和通知生产部；若不可行，应向客户说明原因。 5.5.5 如因本公司机器、人员或其他客观因素造成无法完成订单时，由业务部以书面或电话方式联络客户，生产部调整生产排程表。	《订单更改通知单》
5.6	↓ 订单跟踪	业务部	5.6.1 业务部追踪订单厂内生产情况及订单完成交货情况。 5.6.2 与客户随时保持联络，了解需求信息。	

6. 附加说明

业务部应每月底将本月的客户订单和已交货订单汇总后交财务部，以便财务部做财务报表和成本分析。

7. 参考文件

7.1《报价管理程序》

8. 使用表单

8.1《订单评审表》

8.2《生产通知单》

8.3《订单更改通知单》

订单评审表（格式）							HC－YW－04A	
（此评审表仅限于新产品订单或紧急订单或客户交期少于正常生产周期的情况下使用）								
经办人		送审日期		订单号			数量	
客户名称		产品名称		图号				
客户提供信息及要求： 业务部长：								
技术评审								
设备能力： 加工工艺能力： 检验/试验能力： 其他： 综合评定：□可行 □不可行　说明：_____ 技术部长： 日期：								
交期评审								
□可行　　对其他订单无影响 □可行　　但会影响以下订单交期： □不可行　原因是： 生产部长： 日期：								
其他说明：								

订单更改通知单（格式）					HC－YW－05A	
客户名称		订单号		图号		
客户要求变更内容：						
订单是否已生产： □是，已生产产品处置方法： □否，停止生产，按变更后要求执行 □其他处理方式：						
发放部门：□技术部　　□生产部　　□品管部　　□资材部						
业务员：		业务部长：		通知日期：		

COP 文件范例 7	样件制作管理程序（适用于无设计责任的组织）		
文件名称	样件制作管理程序	文件编号：SQ－COP－07	版本：A
编制部门	技术部	编制日期：2016.08.08	页码：1/3

1. **目的**

　　为确保样件的制作能有效控制，满足客户的质量和交期要求，特制定本程序。

2. **适用范围**

　　适用于客户样件制作的管制。

3. **定义**

　　无。

4. **样件制作管理过程图或过程乌龟图**

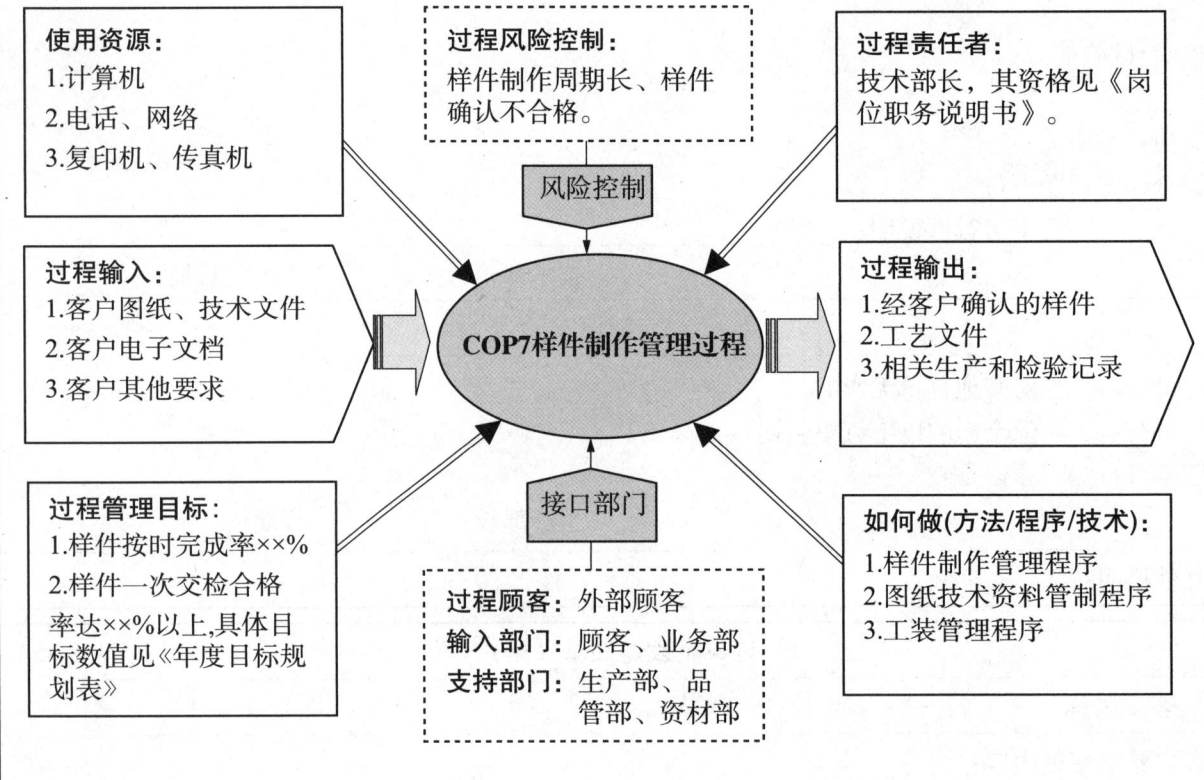

5. **作业内容（下页）**

COP 文件范例7	样件制作管理程序（适用于无设计责任的组织）			
文件名称	样件制作管理程序	文件编号：SQ–COP–07		版本：A
编制部门	技术部	编制日期：2016.08.08		页码：2/3
序号	样件制作作业流程	责任部门/人	作业要求	参考文件/使用表单
5.1	客户信息输入	业务部	5.1.1 业务部收到客户的订单和图纸、技术文件、样品等资料时，应确认这些资料是否清晰和完整。 5.1.2 业务部应整理好客户图纸及相关技术资料并制作《生产通知单》一并交给技术部。	《生产通知单》
5.2	技术评审 NG/OK	技术部 业务部	5.2 技术部对客户提供的图纸和技术要求进行评审，若有不完整、不清晰、不合理之处，或有相互矛盾之处，技术部应及时反馈给业务部，由业务部与客户联络协调，直至达成一致的意见。技术评审结果记录于《订单评审表》。	《订单评审表》
5.3	材料申购	技术部	5.3 技术部根据图纸和工件尺寸要求计算所需材料后填写《下料单》给资材部采购材料。	《下料单》
5.4	工艺制作	技术部	5.4 技术部长安排工艺工程师负责编制工艺文件，工艺文件应按公司规定的格式编制，应尽可能做到合理、完整、有效。	
5.5	检验标准制作	技术部	5.5 技术部根据编制的工艺文件制定该样件或产品的检验标准，应列出每个工序的关键尺寸和特殊检验要求。	
5.6	生产单和技术文件发放	技术部	5.6 技术部将《生产通知单》和图纸、工艺文件等发放给样件组，检验标准发给品管部，具体按《图纸技术资料管制程序》执行。	《图纸技术资料管制程序》
5.7	工装制作	技术部	5.7 技术部负责规划和设计样件所需的工装，工装的制作具体按《工装管理程序》执行。	《工装管理程序》
5.8	样件加工	样件组	5.8 样件组负责按产品图纸和工艺要求进行加工，并做好自检工作。加工中若有与工艺文件不一致时，要记录实际的作业工序和加工方法，包括加工时间等，在样件生产完成后及时将情况反馈给相应的工艺工程师。	

COP 文件范例 7		样件制作管理程序（适用于无设计责任的组织）			
文件名称		样件制作管理程序	文件编号：SQ－COP－07		版本：A
编制部门		技术部	编制日期：2016.08.08		页码：3/3
序号	样件制作作业流程	责任部门/人	作业要求		参考文件/使用表单
5.9	返工或报废 ← 终检 NG / OK ↓	品管部	5.9 完工后的样件，由样件组送交品管部检测，品管按检验标准进行检测，并提供《成品检验报告单》。不合格则返工或报废重做。检验合格样件品管负责送交仓库。		《成品检验报告单》
5.10	包装入库	仓库	5.10 仓库负责按客户包装要求对样件进行包转和入库。		
5.11	送样或交货	业务部	5.11 业务部负责送样或交货给客户，具体按《产品交货管理程序》执行。		《产品交货管理程序》
5.12	客户确认 NG→A / OK ↓	客户业务部	5.12 客户对我司提供的样件或产品进行验收。对于样件确认，业务人员须请客户提供书面的确认记录。如果客户无法提供，业务人员在和客户口头确认验收通过后，应填写我司的《样件确认记录表》，代表客户确认该样件合格，交回给技术部。如客户验收不合格则返回5.2执行。		《样件确认记录表》
5.13	结案	技术部	5.13 技术部将《样件确认记录表》及相关图纸技术资料归档，作为后续订单生产的依据。		

6. 附加说明：

无。

7. 参考文件

7.1 《图纸技术资料管制程序》

7.2 《工装管理程序》

7.3 《产品交货管理程序》

8. 使用表单

8.1 《生产通知单》

8.2 《订单评审表》

8.3 《下料单》

8.4 《成品检验报告单》

8.5 《样件确认记录表》

下料单（格式）　　　　　　　　　　　　　　　　　　　　　HC-ZC-10A

序号	下料日期	客户	下单编号	零件名称	图号	材质	图纸要求尺寸	开料尺寸	数量（件）	材料交付日期

制定：　　　　　　　　　　　审核：

样件确认记录表（格式）　　　　　　　　　　　　　　　　　HC-JS-12A

客户名称		产品名称				数量	
图号					确认日期	年　月　日	
项目	确认内容		确认结果			存在问题	
			符合	不符合	不相关		
外观	产品外观是否符合要求？						
材质	产品材质是否符合要求？						
硬度	产品硬度是否符合要求？						
尺寸	产品尺寸是否符合要求？						
包装	产品包装是否符合客户要求？						
标识	产品标识是否符合要求？						
其他1							
其他2							
综合判定	□合格　　　　□不合格（不合格处理方式：□退回返工　□报废重做）						
业务人员			业务部长				
备注：							

COP 文件范例 8　生产计划管理程序

文件名称	生产计划管理程序	文件编号：SQ－COP－08	版本：A
编制部门	生产部	编制日期：2016.08.08	页码：1/3

1. 目的

　　为有效管制生产计划的顺利执行，使订单能够正确及时安排生产，满足客户交期，特制定本程序。

2. 适用范围

　　适用于本公司产品订单之生产排程和管制。

3. 定义

　　无。

4. 生产计划管理过程图或过程乌龟图

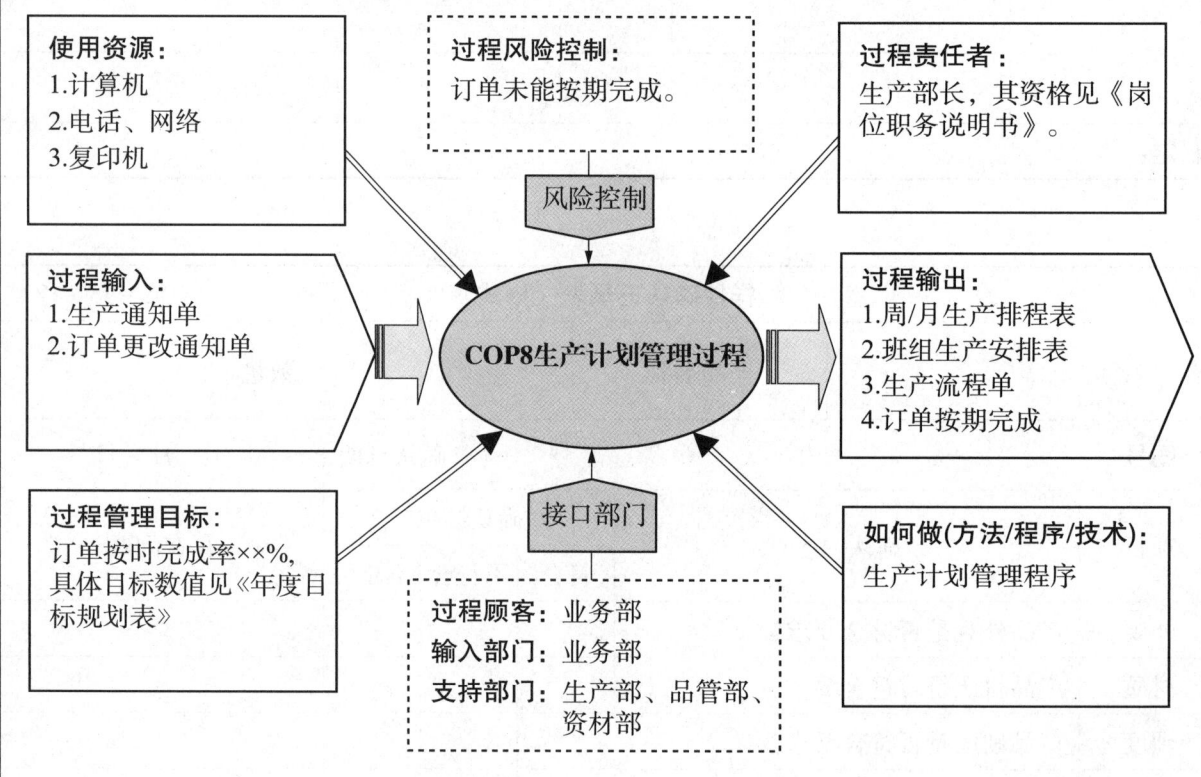

5. 作业内容（下页）

COP 文件范例 8　生产计划管理程序			
文件名称	生产计划管理程序	文件编号：SQ-COP-08	版本：A
编制部门	生产部	编制日期：2016.08.08	页码：2/3

序号	生产计划管理作业流程	权责部门/人	作业要求	参考文件/使用表单
5.1	生产通知	业务部	5.1　业务部接收顾客订单后将其转换成《生产通知单》，经审核确认后发放到生产部。	《生产通知单》
5.2	生产准备	生产部	5.2.1　生产部根据《生产通知单》和工艺要求查核生产治具、夹具、刀具是否齐备。 5.2.2　图纸和工艺文件是否准备妥当。 5.2.3　生管员跟踪生产所需物料是否已下料采购或是有库存物料。	《生产通知单》
5.3	生产排程研讨	生产部	5.3　生产部长根据《生产通知单》的交期要求，必要时组织生管员、车间主管一起研讨订单生产排程，结合人力情况、设备情况进行协调和合理安排，最大限度地满足客户生产订单的交期要求。	《生产通知单》
5.4	月/周生产计划编排	生管员	5.4　生管员根据研讨结果编制《周/月生产排程表》，发放给生产部长和各车间主管。	《周/月生产排程表》
5.5	加工指令	生管员	5.5　生管根据《生产通知单》和工艺流程打印《生产流程单》和各工序的《生产加工单》，连同相应图纸一起装入生产资料袋，便于各工序的加工流转和跟踪。	《生产通知单》《生产流程单》《生产加工单》
5.6	车间班组计划	车间主管	5.6　各车间主管按照《周/月生产排程表》在每天下班前编制好各班组第二天的《班组日生产计划表》，并组织班组长研讨如何落实完成。	《班组日生产计划表》
5.7	生产执行	车间/班组	5.7　各车间、班组按照《周/月生产排程表》和《班组日生产计划表》，依《生产制程管制程序》组织生产和管制。	《周/月生产排程表》《班组日生产计划表》《生产制程管制程序》
5.8	进度监控 Ⓐ	生管	5.8　生管根据《周/月生产排程表》跟踪每个订单的生产进度，以确保交期，当进度异常时，应及时联络相关部门采取措施，同时车间采取增加人员、加班等措施，或视情况采取外协，具体参照《外协管理程序》执行。	《周/月生产排程表》《外协管理程序》

COP 文件范例 8　生产计划管理程序

文件名称	生产计划管理程序	文件编号：SQ－COP－08	版本：A
编制部门	生产部	编制日期：2016.08.08	页码：3/3

序号	生产计划管理作业流程	权责部门/人	作业要求	参考文件/使用表单
5.9	A → 订单更改	业务部 生产部	5.9.1　业务部接到客户减少订单或取消订单或调整交期通知时，应向生产部发出《订单更改通知单》，必要时进行变更评审。 5.9.2　生产部接到订单变更后，应及时调整生产排程，并通知到各车间或班组。 5.9.3　车间班组按变更要求执行。	《订单更改通知单》
5.10	交货跟踪确认	业务部 生产部	5.10　业务部提前一天将次日要出的货开好《出货通知单》交生管，生管跟踪落实拟出货订单的完成，以便做好交货准备，按时交货。	《出货通知单》

6. 附加说明

6.1　业务部根据每周客户订单的交货变化情况，在每周五前将下周的交货计划交给生产部生管，生管根据业务提供的周交货计划调整《周/月生产排程表》，以便生产和业务需求协调统一，最大限度地满足客户的交货要求。

6.2　遇下列情形生管应调整生产计划排程：

6.2.1　客户临时增加或减少订单；

6.2.2　原物料供应无法配合时；

6.2.3　制程、机器设备发生异常无法生产时；

6.2.4　其他不可预计状况导致生产变动时。

7. 参考文件

7.1　《生产制程管制程序》

7.2　《外协管理程序》

8. 使用表单

8.1　《生产通知单》

8.2　《周/月生产排程表》

8.3　《生产流程单》

8.4　《生产加工单》

8.5　《订单更改通知单》

8.6　《班组日生产计划表》

8.7　《出货通知单》

COP 文件范例 9	生产加工管制程序		
文件名称	生产加工管制程序	文件编号：SQ – COP – 09	版本：A
编制部门	生产部	编制日期：2016.08.08	页码：1/3

1. 目的

为对生产制程各工序作业进行有效管制，确保生产顺畅、保质保量完成生产任务，满足客户要求，特制定本程序。

2. 适用范围

适用于产品生产加工制程的管制。

3. 定义

无。

4. 生产加工管制过程图或过程乌龟图

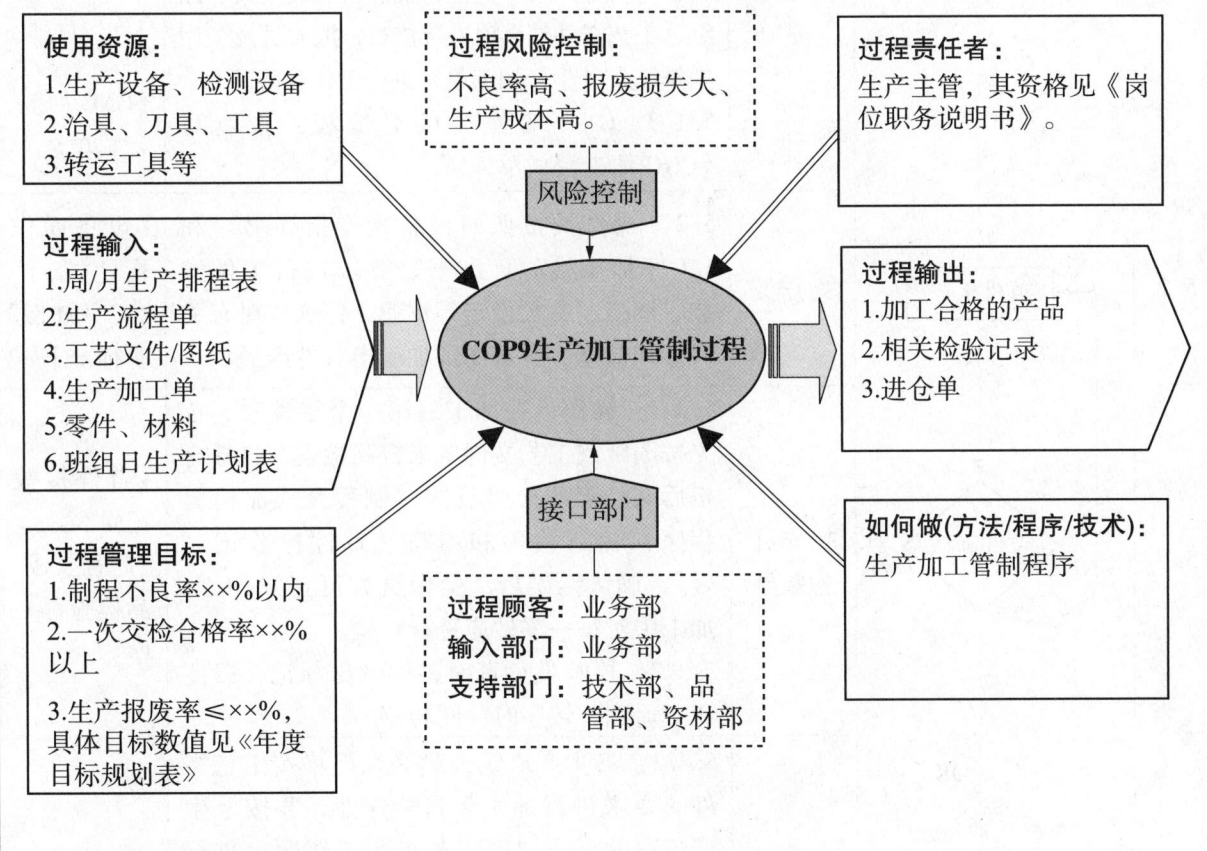

5. 作业内容（下页）

COP 文件范例 9	生产加工管制程序			
文件名称	生产加工管制程序	文件编号：SQ-COP-09		版本：A
编制部门	生产部	编制日期：2016.08.08		页码：2/3
序号	生产加工管制作业流程	权责部门/人员	作业要求	参考文件/使用表单
5.1	生产准备	车间主管 班长 编程员	5.1.1 各车间主管按照《周/月生产排程表》在每天下班前编制好各班组第二天的《班组日生产计划表》，并组织班组长研讨如何落实完成。 5.1.2 各班组按照《班组日生产计划表》，依据《生产流程单》或加工工艺卡及相关资料，对所属人员、物料、设备、工装夹具、图纸、工艺文件等事项进行核对，把人员及工序安排填入《生产加工单》进行工作分派。 5.1.3 CNC 编程员负责编程，并填写《CNC 加工程式单》。	《周/月生产排程表》 《班组日生产计划表》 《生产流程单》 《生产加工单》 《CNC 加工程式单》
5.2	首件生产	操作员	5.2 操作员按照《设备操作指导书》和《工序加工检验标准书》要求进行工件安装、调机、参数设定等作业，仔细核对有关尺寸和数据，并按图纸加工出首件产品。	《设备操作指导书》 《工序加工检验标准书》
5.3	首件确认 NG/OK	操作员 检验员	5.3.1 操作员在加工好第一个零件时，首先按图纸或工艺文件要求自我检查，自检合格后交品管部检验员按《制程及成品检验程序》执行检验和填写《首件检验记录表》，确认无误后，操作员方可正式加工，加工中对每一零件应进行自检。 5.3.2 检验员负责对首件做出标记，以便比对追溯，转序时一同转序。	《首件检验记录表》 《制程及成品检验程序》
5.4	生产作业控制	车间班组	5.4.1 各生产班组人员必须严格按工艺文件的要求进行加工和自检作业，并按《生产流程单》或加工工艺卡的工序顺序进行转序，车间主管及班长应不定时地进行巡查和督导，及时纠正不良操作行为或异常情况，确保按质按量完生产任务。 5.4.2 车间主管、班组长除监督生产任务完成之外，还必须做好如下生产作业控制： 1）工作现场的 7S 规范要求； 2）产品的存放和转移，如暂存区、转序区、待检区、合格区、不合格区等； 3）产品的标识和《生产流程单》流转跟踪。	《生产流程单》 《7S 管理办法》

COP 文件范例 9	生产加工管制程序			
文件名称	生产加工管制程序		文件编号：SQ-COP-09	版本：A
编制部门	生产部		编制日期：2016.08.08	页码：3/3
序号	生产加工管制作业流程	权责部门/人员	作业要求	参考文件/使用表单
5.5	制程检验 NG → 不合格品管制 OK ↓	车间主管 班组长 质检员	5.5.1 车间主管、班长每日必须对各工序加工的零件进行不定时巡检，及时发现制程中出现的问题和采取纠正措施。 5.5.2 品管部检验员按《制程及成品检验程序》执行制程巡检。	《制程及成品检验程序》
5.6	成品检验 NG → 不合格品管制 OK ↓	品管部	5.6 品管部检验员按照《制程及成品检验程序》执行成品检验，当发现有不合格品时，按《不合格品管制程序》执行处理。	《制程及成品检验程序》《不合格品管理程序》
5.7	产品入库	品管 生管 仓管	5.7 经品管部检验员完成产品检验，做好合格标识，检验员填写《进仓单》，检验员把产品送到仓库，交仓管员签名，并办理产品入库手续。产品进仓时必须附有合格的产品检验记录。	《进仓单》
5.8	数据统计和跟进	车间主管 班组长 生产文员	5.8.1 各车间主管、班组长，每日十点前将前一日的《生产加工单》交到生产部文员处，作为员工工资结算和生产进度跟进。 5.8.2 生管应将每日订单完成情况记入《周/月生产排程表》便于订单跟踪，各车间、班组应配合生管及时调整人员、设备或采取其他措施，来完成生产任务。	《生产加工单》《周/月生产排程表》

6. 附加说明

  6.1 首件确认时机：

  a. 每日刚开始生产时；

  b. 换机、换人、换产品生产时；

  c. 修机、异常处理后，重新生产时。

  6.2 车间生产用的工具、刀具领用管理一般采用以旧换新，领用人负责日常维护和保管，对于不再使用的工具、刀具要及时退还给仓库。

  6.3 设备、工装的使用、维护、保养依《生产设备管理程序》和《工装管理程序》执行。

  6.4 制程中重大品质异常依《不符合及纠正措施管理程序》执行。

  6.5 制程中产品标识和追溯依《产品标识与追溯程序》执行。

  6.6 制程中不合格品的处理按《不合格品管制程序》执行。

7. 参考文件（略）

8. 使用表单（略）

COP 文件范例 10　产品交货管理程序

文件名称	产品交货管理程序	文件编号：SQ－COP－10	版本：A
编制部门	业务部	编制日期：2016.08.08	页码：1/3

1. 目的

　　为确保按客户的要求准确及时地将产品交货给客户，并做好安全和防护工作，特制定本程序。

2. 适用范围

　　适用于本公司所有产品交货的管制。

3. 定义

　　无。

4. 产品交货管理过程乌龟图

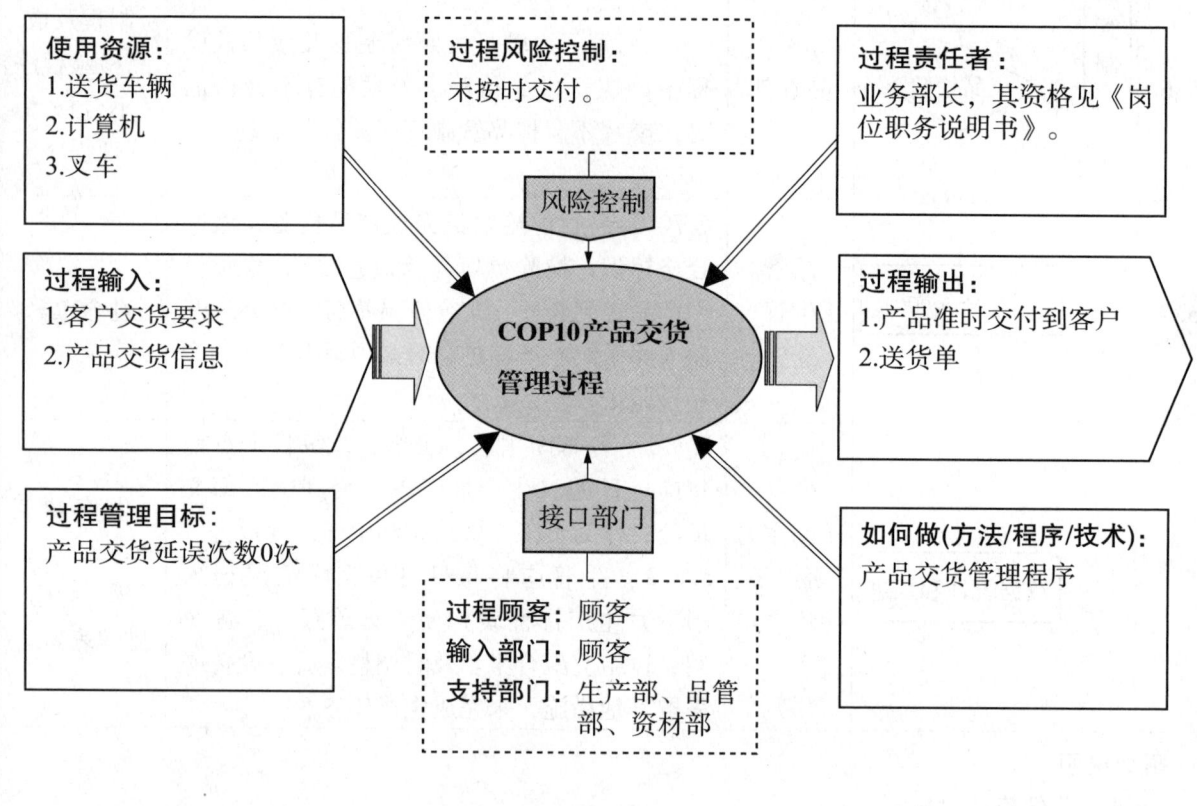

5. 作业内容（下页）

COP 文件范例 10		产品交货管理程序			
文件名称		产品交货管理程序	文件编号：SQ－COP－10		版本：A
编制部门		业务部	编制日期：2016.08.08		页码：2/3
序号	产品交货作业流程	责任部门/人	作业要求		参考文件/使用表单
5.1	交货信息	业务部	5.1.1 公司通过网络通信系统，用于接收客户的订单信息和交货计划。 5.1.2 按客户要求在产品交货前提供《送货明细表》给客户确认。		《送货明细表》
5.2	交货准备	业务部 生产部 仓管员	5.2.1 业务部根据每周客户订单的交货变化情况，在每周五前将下周的交货计划交给生产部生管，生管根据周交货计划调整生产排程，以便生产和业务需求协调统一，最大限度地满足客户的交货要求。 5.2.2 出货当日业务部开好《送货单》交仓管员，仓管员接到《送货单》，确认好数量与品名规格，按要求打好标识，并按《产品包装规范》包装好产品。 5.2.3 仓库将包转好的产品放置于待出货区并做好标识及附上检验报告，通知业务跟单可以送货。 5.2.4 出货时，送货员与仓管应做好交接清点，仓管做好成品出库报表和相关数据的登记。 5.2.5 产品出货应按"先进先出"的原则，对于入库超过三个月的产品，在出货前仓管应以《产品再检通知单》通知品管部重新检验，确认合格后方可出货。		《送货单》 《产品包装规范》 《产品再检通知单》
5.3	产品防护	仓库 业务部	5.3 产品搬运和运输时应做好防护作业，避免重摔及重压以防损坏产品。如有异常发生时应检查产品是否有损坏，并交品管人员对产品进行重检以确认质量。		
5.4	交货作业	司机 业务跟单	5.4.1 正常情况下，送货用公司车送货，忙时由管理部租用外部车辆，租用外部车辆时，必须有业务人员跟单随同到客户处。 5.4.2 为配合客户如期交货，业务人员跟单须与客户及时联络各项信息，确保将出货产品准时送交客户指定地点。 5.4.3 送交客户接收产品后，《送货单》必须由客户签收并带回公司。		《送货单》
5.5	出货账务管理	仓管员 业务部 财务部	5.5.1 出货的《送货单》第一联仓管员做好出货登记及成品账务处理。 5.5.2 所有出货客户签收的《送货单》都由业务员确认后交财务相关人员做出货明细表及后续账务处理。		《送货单》

COP 文件范例 10	产品交货管理程序		
文件名称	产品交货管理程序	文件编号：SQ－COP－10	版本：A
编制部门	业务部	编制日期：2016.08.08	页码：3/3

6. 附加说明

　　6.1 产品交货时如产生附加运费，由业务部负责按客户别统计，内容包括：日期、客户、订单号产品名称、数量、原因、金额等。

　　6.2 业务部以每张订单送货完成或以当月送货数量为准，整理对账单发至客户核对无误后方可开具发票，由财务部负责款项的回收及每月开票回款情况的汇总。

7. 参考文件

　　7.1《产品包装规范》

8. 使用表单

　　8.1《送货明细表》

　　8.2《送货单》

　　8.3《产品再检通知单》

产品再检通知单（格式）					HC－YW－08A	
送检部门		送检日期		要求检验完成时间：		
客户		产品名称		图号		
入库时间		入库数量		送检数量		
检验内容及要求： 报检人：						
品管检验结果：（附检验报告） □合格　　　□不合格						
检验员：		品管主管：			日期：	

COP 文件范例 11	变更管理程序 1		
文件名称	变更管理程序	文件编号：SQ–COP–11	版本：A
编制部门	技术部	编制日期：2016.08.08	页码：1/4

1. 目的

  为确保技术变更的及时性、有效性，保证生产的顺畅作业，提高生产效率和使顾客满意，特制定此程序。

2. 适用范围

  适用于本公司内部提出的技术变更及客户提出的变更管制。

3. 定义

  无。

4. 变更管理过程图或过程乌龟图

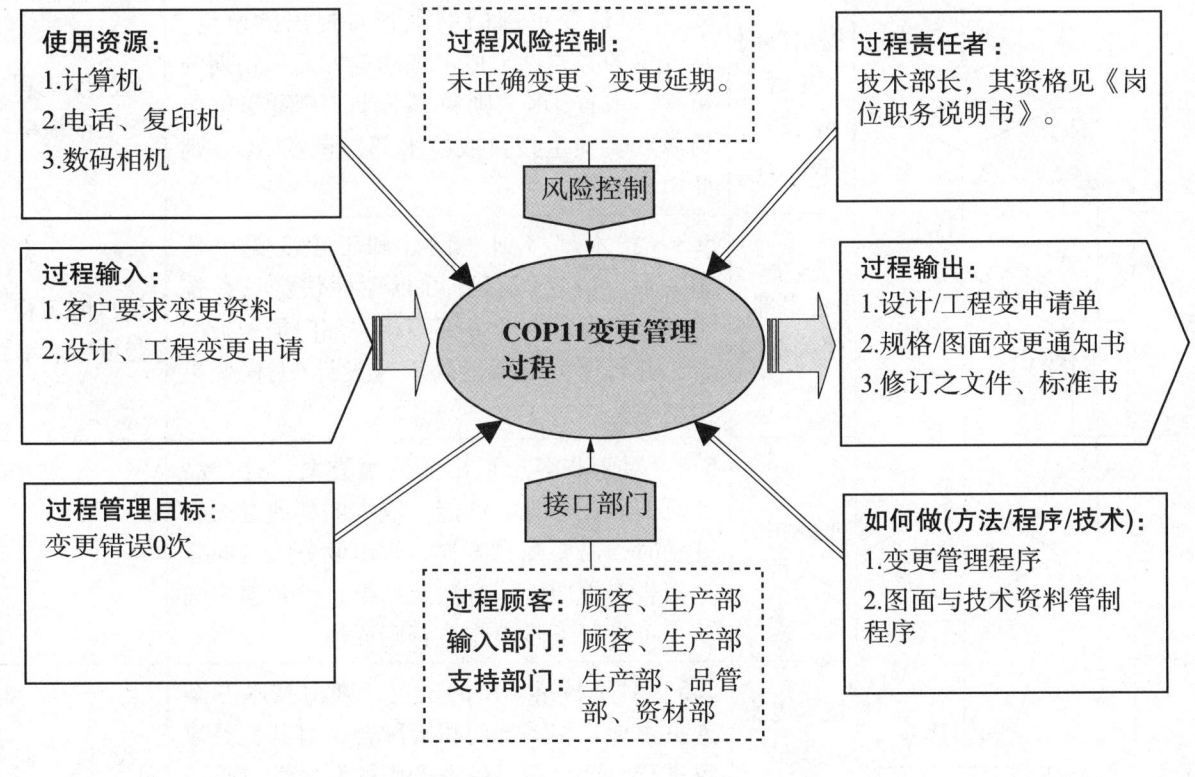

5. 作业内容（下页）

COP 文件范例 11	变更管理程序 1			
文件名称	变更管理程序	文件编号：SQ-COP-11		版本：A
编制部门	技术部	编制日期：2016.08.08		页码：2/4
序号	变更管理作业流程	权责部门/人	作业要求	参考文件/使用表单
5.1	变更需求提出	业务及生产部门相关人员	5.1 在生产过程中，客户要求变更时，会通知业务相关人员，业务部则将其转化为《设计/工程变更申请单》的形式提出申请，在表中"□设计变更"打"√"；因降低作业难度或其他原因需变更时，则由制造部或相关单位申请人以《设计和工程变更申请单》的形式提出申请，在表中"□工程变更"打"√"。	《设计/工程变更申请单》
5.2	审核	提出部门主管 生技科 技术部	5.2 申请变更部门的主管对提出的申请，从变更的必要性、成本变动等方面作初期的审查。审查 OK，则将《设计/工程变更申请单》转交生技科或技术部，审查 NG，则此申请取消。	《设计/工程变更申请单》
5.3	可行性评估	技术部相关部门	5.3 技术部接到《设计和工程变更申请单》后，应立即召开可行性评估会议，技术部、品保部、业务部等相关部门须积极配合，并将评审结果记录于《设计/工程变更申请单》。	《设计/工程变更申请单》
5.4	客户确认	业务相关人员	5.4 对于非客户提出的变更方案，且产品变更前后在外观、性能、成本或其他方面有变动时，需要知会客户，则由业务人员向客户报告变更原因、方法及结果，得到客户确认才可进行下步工作，否则取消。	
5.5	变更验证	技术专案人员 生技科 相关部门	5.5 对于核准 OK 的变更，则由技术专案人员主导，相关部门积极配合，对其变更建议进行验证分析，保证变更的有效性。验证方法可以是少批量试产等，需通过信赖性测试要求。	《设计/工程变更申请单》
5.6	变更确认	技术部主管	5.6 技术部主管须分析验证过程，审定验证结果，确保生产顺畅、客户满意。	《设计/工程变更申请单》
5.7	技术资料修订	技术部专案人员	5.7 变更确认后，技术部专案人员须对相应图面及技术资料做修订，重新制作和审核，依《图面和技术资料管制程序》运作。	《设计/工程变更申请单》《图面和技术资料管制程序》

COP 文件范例 11	变更管理程序 1			
文件名称	变更管理程序	文件编号：SQ–COP–11		版本：A
编制部门	技术部	编制日期：2016.08.08		页码：3/4
序号	变更管理作业流程	权责部门/人	作业要求	参考文件/使用表单
5.8	变更通知	技术部专案人员 技术部资料管理员	5.8 变更后的技术资料审核 OK 后，技术部资料管理员须以《规格/图面变更通知书》形式，通知各相关部门进行变更作业，并将变更后的技术资料同时分发到各相关部门。	《仕样/图面变更通知书》
5.9	变更执行	制造部品保部及相关部门	5.9 接到变更通知后，各相关部门须严格依《规格/图面变更通知书》及相关技术资料的规定内容作业，尤其注意变更作业内容，不得出错。	《规格/图面变更通知书》
5.10	变更追踪	生技科品保部相关部门	5.10 对于变更作业的实际执行情况，品管、生技及相关部门须进行追踪确认工作，保证变更的有效性。	

6. 附加说明

6.1 变更前，已生产产品的处理方式：

6.1.1 客户有明确要求区分时，按客户要求执行；

6.1.2 客户无明确要求时，由业务部主管，根据变更内容及对客户生产所造成的影响程度做出判定，依判定结果执行。

6.2 对于客户提出的变更，公司必须及时评审、发放和实施，变更评审时间不应超过 3 个工作日，责任部门应在《规格/图面变更通知书》上记录实际变更在生产中执行的日期。

6.3 任何影响客户要求的产品实现的更改（包括制程、材料、材质、供货商等）需要通知客户并要得到客户同意，对客户专有设计，关系到产品的尺寸/功能/安装的影响（包括性能或耐久性）应与客户共同评审，以便能正确评估所有的影响。当客户有要求对变更影响的产品进行验证或标识时，公司均须按其执行。

7. 参考文件

7.1 《图面和技术资料管制程序》

8. 使用表单

8.1 《设计/工程变更申请单》

8.2 《规格/图面变更通知书》

COP 文件范例 12	变更管理程序 2		
文件名称	变更管理程序	文件编号：SQ – COP – 12	版本：A
编制部门	技术部	编制日期：2016.08.08	页码：1/3

1. 目的

为确保技术变更的及时性、有效性，保证生产的顺畅作业，提高生产效率和使顾客满意，特制定此程序。

2. 适用范围

适用于本公司内部提出的技术变更及客户提出的变更管制。

3. 定义

无。

4. 变更管理过程图或过程乌龟图

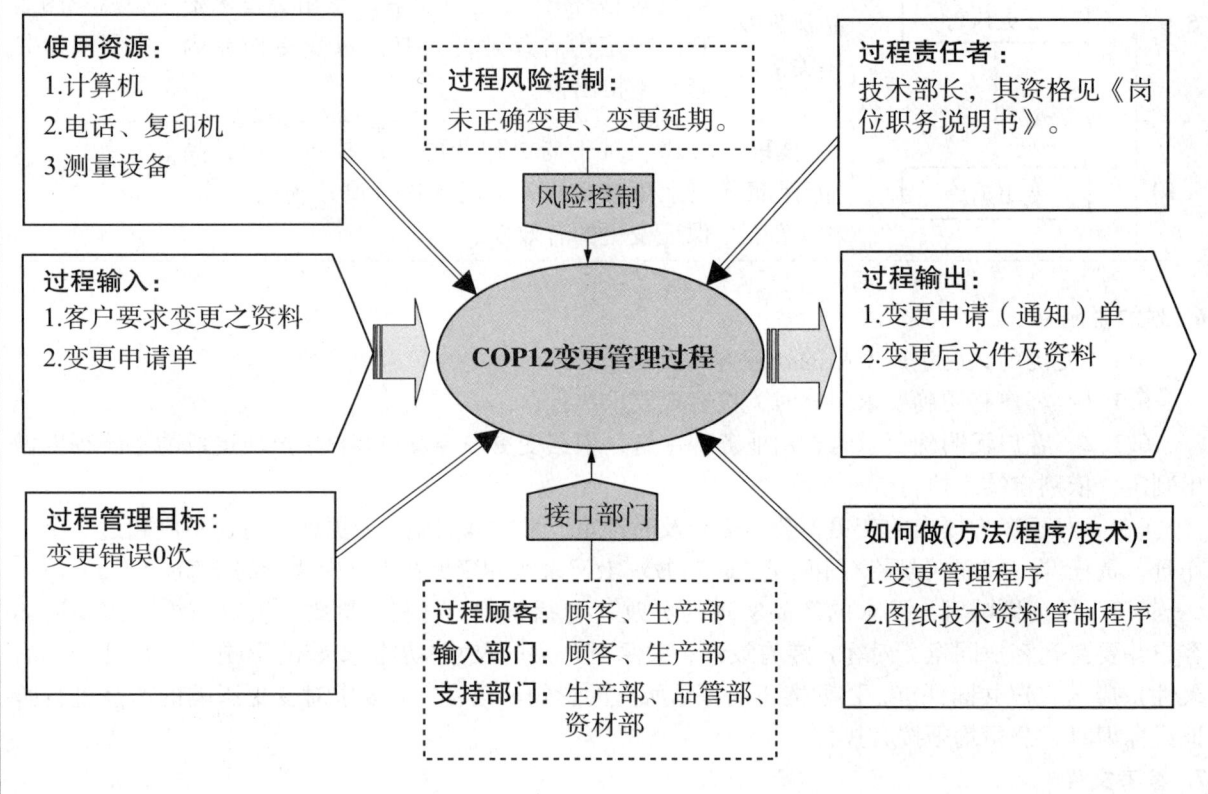

5. 作业内容（下页）

COP 文件范例 12	变更管理程序 2			
文件名称	变更管理程序	文件编号：SQ – COP – 12		版本：A
编制部门	技术部	编制日期：2016.08.08		页码：2/3

序号	变更作业流程	权责部门/人	作业要求	相关文件/表单
5.1	变更需求提出	业务部 生产部 技术部	5.1.1 在生产过程中，客户要求变更时，由业务部将其转化为《变更申请（通知）单》的形式提出申请。 5.1.2 为提升品质或效率需变更时，由生产部或技术部以《变更申请（通知）单》的形式提出申请。	《变更申请（通知）单》
5.2	变更评审	技术部 相关部门	5.2.1 提出申请部门将《变更申请（通知）单》及相关图纸资料统一提交给技术部初审。 5.2.2 技术部初审通过，再交各相关部门评审会签，必要时开会研讨。	《变更申请（通知）单》
5.3	变更核准	总经理 客户	5.3.1 正常的图纸变更或工艺变更由技术部长批准即可，若涉及设施设备新增或成本上升时必须经总经理批准才可变更。 5.3.2 若公司内部提出的变更，影响到客户要求时，必须经客户确认才可变更。	《变更申请（通知）单》
5.4	变更执行	技术部 生产部	5.4.1 技术部负责有关文件及图纸技术资料的变更，并按《图纸技术资料管制程序》发放和回收，同时将《变更申请（通知）单》交相关部门。 5.4.2 生产部门按变更后的图纸技术资料执行。 5.4.3 品管部按变更后的要求进行相关检验和测试。	《变更申请（通知）单》 《图纸技术资料管制程序》
5.5	变更追踪/确认	技术部	5.5 对于变更作业的实际执行情况，由技术部门进行追踪确认工作，并将结果记录在《变更申请（通知）单》上，保证变更的有效性。	《变更申请（通知）单》
5.6	资料更新和保存	各部门	5.6.1 若变更涉及制程 FMEA 和控制计划、检验规范等文件时，责任部门应对其进行更新。 5.6.2 对变更所产生的记录依《记录控制程序》执行。	《记录控制程序》

COP 文件范例 12　变更管理程序 2

文件名称	变更管理程序	文件编号：SQ－COP－12	版本：A
编制部门	技术部	编制日期：2016.08.08	页码：3/3

6. 附加说明

6.1　变更前，已生产产品的处理方式：

6.1.1　客户有明确要求区分时，按客户要求执行；

6.1.2　客户无明确要求时，由业务部主管，根据变更内容及对客户生产所造成的影响和程度做出判定，依判定结果执行。

6.2　对于客户提出的变更，公司必须及时评审、发放和实施，变更评审时间不应超过 3 个工作日，责任部门应在《变更申请（通知）单》上记录实际变更在生产中执行的日期。

6.3　任何影响客户要求的产品实现的更改（包括制程、材料、材质、供货商等）需要通知客户并要得到客户同意。对客户专有设计，关系到产品的尺寸/功能/安装的影响（包括性能或耐久性）应与客户共同评审，以便能正确评估所有的影响。当客户有要求对变更影响的产品进行验证或标识时，公司均须按其执行。

7. 参考文件

7.1　《图纸技术资料管制程序》

7.2　《记录管制程序》

8. 使用表单

8.1　《变更申请（通知）单》

变更申请（通知）单（格式）				
客户名称：	产品名称及图号：			申请日期：
申请变更部门：		□客户要求变更		□公司内部变更
申请变更原因：					
变更内容： 申请人：　　　　　　　　　　　　　申请部门主管审核：				
变更前产品确认（以下由业务部确认并填写）：				
1. 变更前生产中是否有在制品？				
□无　　　□有，生产中在制品的订单号：　　　在制品数量：　　　件 　　　　　　　在制品处置方法：				
2. 变更前是否有库存品？				
□无　　　□有，库存品的订单号：　　　　　　库存品数量：　　　件 　　　　　　　库存品处置方法：				
各部门评审意见：				
技术部	生产部		资材部	品管部
签名：	签名：		签名：	签名：
变更决定（技术部填写）：				
□同意变更 需变更的文件：□图纸　□工艺文件　□控制计划　□PFMEA　□检验规范　□其他： 预计变更完成时间：＿＿年＿月＿日 □不同意变更 不同意变更理由：＿＿＿＿＿＿＿＿＿＿＿＿＿＿＿＿＿＿＿＿＿＿＿＿				
客户确认（业务部填写）：□不需确认 　　　　　　　　　　　　□需确认，确认结果：＿＿＿＿＿＿＿＿＿＿＿＿＿＿＿＿				
总经理核准（若涉及设施设备新增或成本上升时须经总经理批准才可变更）： 签名：　　　　　　　日期：				
变更执行结果跟踪：	实际变更在生产中实施时间：＿＿年＿＿月＿＿日			
技术部跟踪人：	日期：＿＿年＿＿月＿＿日			

COP 文件范例 13	客户服务管理程序		
文件名称	客户服务管理程序	文件编号：SQ－COP－13	版本：A
编制部门	技术部	编制日期：2016.08.08	页码：1/2

1. 目的

　　为了解客户的需求和期望，并及时提供必要的服务，以建立长久客户关系和使客户满意，特制定此程序。

2. 适用范围

　　凡与本公司有交易的客户或本公司认可的潜在客户且声誉佳者均适用。

3. 定义

　　无。

4. 客户服务管理过程图或过程乌龟图

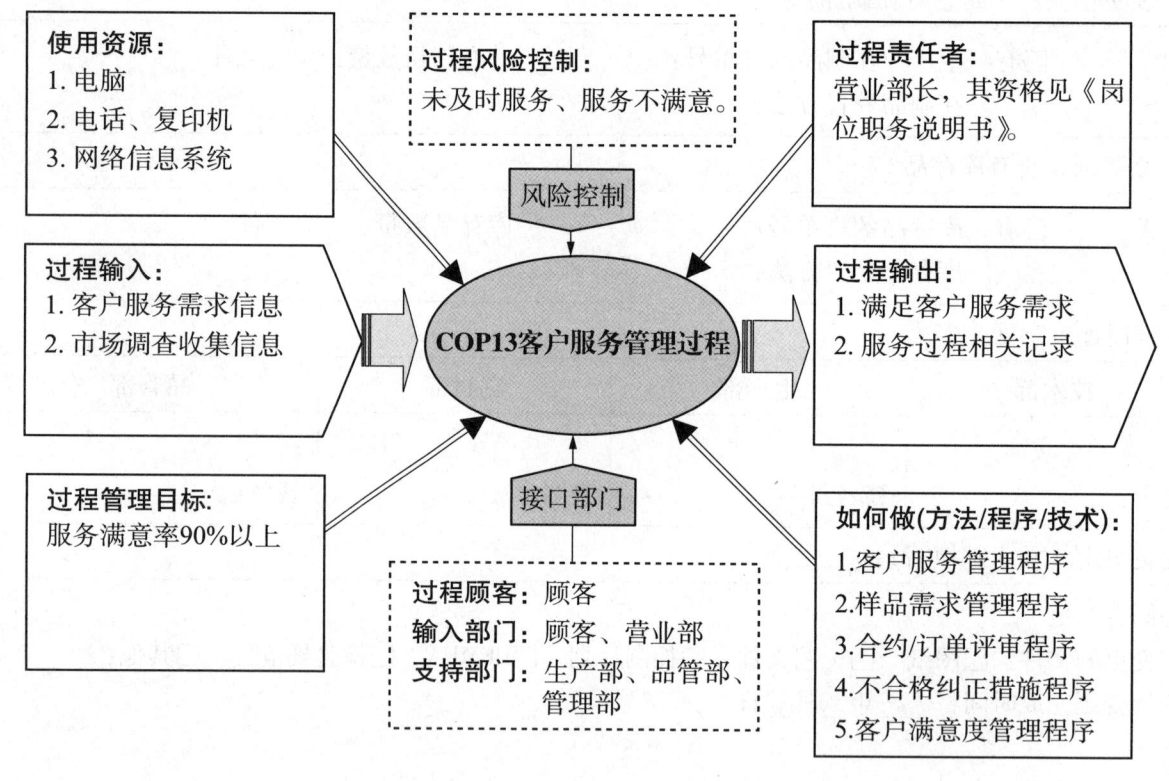

5. 作业内容（下页）

COP 文件范例 13	客户服务管理程序			
文件名称	客户服务管理程序	文件编号：SQ－COP－13		版本：A
编制部门	技术部	编制日期：2016.08.08		页码：2/2

序号	客户服务作业流程	责任部门/人	作业要求	参考文件/使用表单
5.1	客户服务时机	客户营业部	5.1 客户服务时机 5.1.1 售前服务： 　a. 营业部主管与业务员参展时得到新客户资料。 　b. 经其他客户介绍的新客户。 　c. 看到本公司的广告而前来洽询的新客户。 5.1.2 售后服务：业务员于客户使用本公司产品后，对产品使用情况及服务内容的反映的掌控，或公司有新产品或市场新讯息可提供客户参考时。 5.1.3 业务员接获客户要求公司提供样品时。	
5.2	资料或样品提供	营业部	5.2 营业部主管与业务员接获新客户或原有客户前来索取本公司之相关商品资料（如商品型录、色卡、样品等）时，应及时给予提供和满足，样品提供则依《样品需求管理程序》之相关规定办理。	《样品需求管理程序》
5.3	跟进客户	营业部	5.3 业务员主管与客户联系后或提供样品后，应记录于《工作日志表》，并追踪客户目前营运状况与样品使用情形，是否需要提供进一步服务或可下单。	《工作日志表》
5.4	客户订单处理	营业部	5.4 对于客户下单、评审、订单安排、订单变更和交期异常处理按《合约/订单评审程序》执行。	《合约/订单评审程序》
5.5	拜访客户	营业部	5.5 业务员应定期拜访客户，在拜访客户前，应先以电话联络确认客户是否方便受访。业务员将每次客户访谈情况记录于《客户拜访记录表》。	《客户拜访记录表》
5.6	客户反馈问题处理	营业部 品管部 生产部	5.6 业务员将访谈收集到的客户反馈信息进行整理。对于客户提出的有关产品改进意见将其提交给技术部门研究，提出有关质量或交付问题，则按《不符合纠正措施管理程序》执行。	《不合格纠正措施管理程序》
5.7	客户满意度管理	营业部	5.7 营业部每年度对所有交易的客户进行一次客户满意度调查，收集客户对交期、质量、服务等方面的意见，并针对客户提出的意见进行改善，具体按《客户满意度管理程序》执行。	《客户满意度管理程序》

6. 附件说明：（略）
7. 参考文件：（略）
8. 使用表单：（略）

COP 文件范例 14 客户或供方财产管理程序

文件名称	客户或供方财产管理程序	文件编号：SQ－COP－14	版本：A
编制部门	业务部	编制日期：2016.08.08	页码：1/3

1. 目的

为确保客户或供方所提供的原物料、模治具、样品、图纸资料等财产能得到有效的使用和适当的储存与维护，特制定此程序。

2. 适用范围

客户或供方提供的原物料、模治具、样品、包装材料、技术资料均适用。

3. 定义

客户或供方财产：是指其所有权归属客户或供方所有的材料、零配件、包装用具、工装治具、样品、图纸、技术资料等。

4. 客户或供方财产管理过程图或过程乌龟图

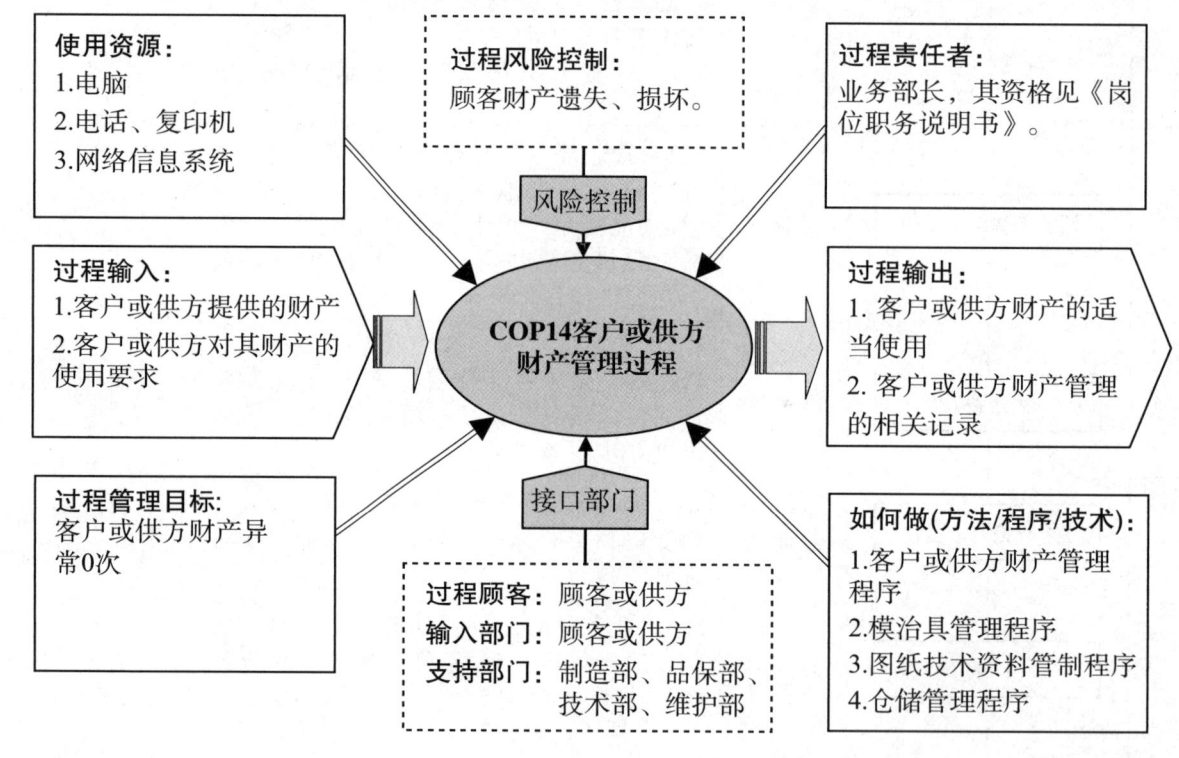

5. 作业内容（下页）

COP 文件范例 14		客户或供方财产管理程序			
文件名称		客户或供方财产管理程序	文件编号：SQ－COP－14		版本：A
编制部门		业务部	编制日期：2016.08.08		页码：2/3
序号	客户或供方财产管理流程		权责部门/人	作业要求	参考文件/使用表单
5.1	客户或供方财产接收		业务部 技术部	5.1 业务部与技术部负责接收客户或供方提供的图纸技术资料、治工具、模具、检测设备等财产的接收。	
5.2	验收 NG		技术部	5.2.1 技术部负责对以上接收的客户或供方财产进行验收。 5.2.2 验收不合格时，分别由业务或技术部与客户或供方沟通处理。	
5.3	OK 建立清册		业务部 技术部	5.3.1 技术部与业务部分别对各自接收的客户或供方财产（除图纸技术资料）记录于《客户或供方财产一览表》进行管制，以利于客户或供方收回时及时提供。 5.3.2 图纸技术资料依《图纸技术资料管制程序》进行管理，不纳入以下管理要求。	《客户或供方财产一览表》《图纸技术资料管制程序》
5.4	财产转移		技术部 业务部 各使用部门	5.4 技术部接收的客户或供方财产依生产需要使用《财产转使用部门通知单》进行移转，并于《客户或供方财产一览表》进行登记，其记录需转业务保存。	《财产转使用部门通知单》《客户或供方财产一览表》
5.5	财产标识		制造部 品保部 维护部	5.5.1 涉及客户或供方提供的模治具、设备必须转维护部依《模治具管理程序》作永久性标识并清晰可见。 5.5.2 其他客户或供方财产同样地做出明确标识，如标识客户或供方名称、代码等。	《模治具管理程序》
5.6	财产维护		制造部 品保部 维护部	5.6.1 各部门在使用过程中须妥善保管、轻拿轻放，同时须保持其清洁。 5.6.2 维护过程中发现对标签不清晰、破损、脏乱需及时更新。	
5.7	异常处理		制造部 品保部 维护部 业务部	5.7.1 各部门对客户或供方财产使用过程中有出现损坏、遗失及其他不可使用状况必须立即反应于业务，业务填写《客户或供方财产异常反馈单》与客户进行沟通，协商处理方式。 5.7.2 以上异常状况业务部须于《客户或供方财产一览表》中做好相应记录。	《客户或供方财产异常反馈单》《客户或供方财产一览表》
5.8	记录保存		制造部 品保部 维护部 业务部	5.8 各部门在客户或供方财产管理过程中形成的相关记录须依《记录管制程序》进行适当保存。	《记录管制程序》

COP 文件范例 14	客户或供方财产管理程序		
文件名称	客户或供方财产管理程序	文件编号：SQ－COP－14	版本：A
编制部门	业务部	编制日期：2016.08.08	页码：3/3

6. 附加说明

客户提供的物料由业务通知仓库接收，并建立客户物料的《客户或供方财产一览表》，应有特别的客户财产标识，以清楚识别权属关系，其他的管理依《仓储管理程序》执行。

7. 参考文件

7.1 《模治具管理程序》

7.2 《图纸技术资料管制程序》

7.3 《仓储管理程序》

7.4 《记录管制程序》

8. 使用表单

8.1 《客户或供方财产一览表》

8.2 《财产转使用部门通知单》

8.3 《客户或供方财产异常反馈单》

客户或供方财产一览表（格式）							HX－R－123
序号	客户或供方名称	财产名称	财产编号	接收日期	用途	放置区域	备 注

客户或供方财产异常反馈单（格式）					HX－R－125
日期	客户或供方名称	财产名称	数量	异常描述	处理建议

业务主管：

COP 文件范例 15　客户投诉/退货处理程序

文件名称	客户投诉/退货处理程序	文件编号：SQ－COP－15	版本：A
编制部门	业务部	编制日期：2016.08.08	页码：1/3

1. 目的
　　明确规定客户投诉/退货的处理方式，确保客户投诉/退货得到妥当处置，并采取有效的纠正措施，防止问题的再发生，特制定本程序。

2. 适用范围
　　适用于本公司客户的所有投诉及退货处理。

3. 定义
　　无。

4. 客户投诉/退货处理过程图或过程乌龟图

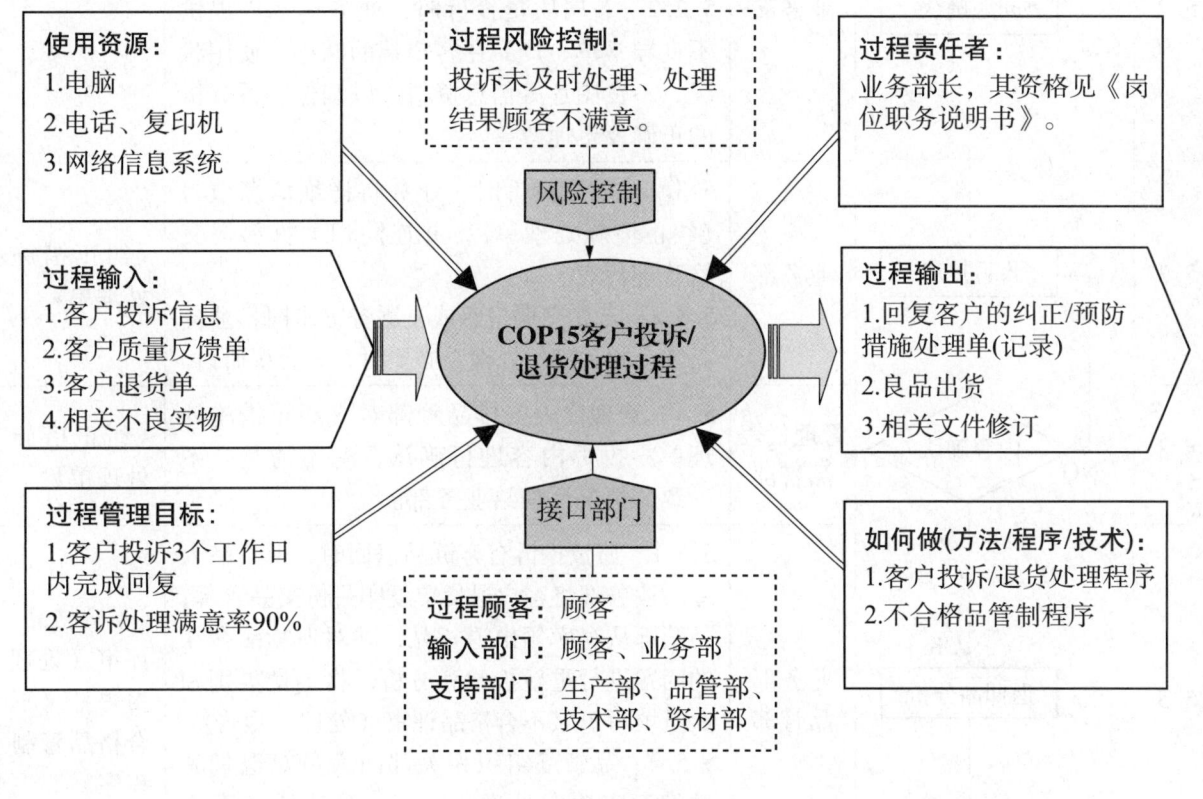

5. 作业内容（下页）

COP 文件范例 15	客户投诉/退货处理程序			
文件名称	客户投诉/退货处理程序	文件编号：SQ－COP－15		版本：A
编制部门	业务部	编制日期：2016.08.08		页码：2/3
序号	客户投诉/退货处理流程	权责部门/人	作业要求	参考文件/使用表单
5.1	客户反馈	业务部	5.1 业务部在受理客户投诉时，不论客户是以何种方式（口头或是书面）反映问题，需确实了解客户投诉的事项。	
5.2	问题确认	业务部	5.2.1 业务部将收到的客户投诉信息进行分析，确定是质量问题还是交期问题或是服务等问题。 5.2.2 若属质量投诉时，业务请客户提供不良异常单、产品在客户端的储存、使用状况、不良图片等信息资料，以确保客诉分析的正确及迅速改善。	
5.3	投诉提出	业务部	5.3.1 质量投诉时，业务将详细信息填写《纠正措施处理单》，并连同相关资料提交给管理代表。 5.3.2 若属交期报怨或是服务需求时，业务需知会相关部门处理，必要时召开会议研讨。	《纠正措施处理单》
5.4	内容确认 NG	管理代表品管部	5.4 管理代表安排品管部对《纠正措施处理单》投诉内容进行确认，有不清楚、不一致的情况反馈给业务部。	《纠正措施处理单》
5.5	退回品分析 OK	业务部品管部	5.5.1 质量投诉有客诉品退回时，退货品入库后业务部将客户退货单复印一份交品管部，品管部从仓库领出退货品，并对退货品存在的问题进行重新检验和分析，将不良类别和数量填写于《不合格品评审（处理）报告》。 5.5.2 品管部组织相关部门人员对退货品进行评审确定处理的方式，具体按《不合格品管制程序》执行。	《不合格品评审（处理）报告》《不合格品管制程序》
5.6	紧急对策	相关部门	5.6.1 质量不良时，可按 6.1 附加说明采取紧急补救措施，以确保客户利益不受到影响。 5.6.2 交期投诉或是服务需求时，相关部门应立即分析原因进行处理。	
5.7	Ⓐ 原因分析	责任部门	5.7 责任部门根据《纠正措施处理单》进一步调查、分析发生问题的真正原因，并记录于《纠正措施处理单》，或附分析报告，以作为拟定改善对策的依据。	《纠正措施处理单》

COP 文件范例 15　客户投诉/退货处理程序

文件名称	客户投诉/退货处理程序	文件编号：SQ-COP-15	版本：A
编制部门	业务部	编制日期：2016.08.08	页码：3/3

序号	客户投诉/退货处理流程	权责部门/人	作业要求	参考文件/使用表单
5.8	对策提出	责任部门	5.8　责任部门依据所分析的原因制定纠正措施，有需要时召集相关部门人员研究，以防问题再次发生。相关措施应填入《纠正措施处理单》。	《纠正措施处理单》
5.9	回复客户	业务部	5.9　业务部依客户要求格式回复给客户，若客户无规定格式的，则以《纠正措施处理单》回复给客户，必要时由品管部人员前往处理。回复期限应在收到客户投诉或退货品后三个工作日内完成。	《纠正措施处理单》
5.10	对策执行	责任部门	5.10　责任部门按《纠正措施处理单》确定的纠正措施实施。	《纠正措施处理单》
5.11	改善确认	品管部	5.11　品管部负责追踪确认改善措施的执行情况及其有效性、合理性，并将执行的证据填入《纠正措施处理单》内。若措施无效，责任部门需从5.7重新分析。	《纠正措施处理单》
5.12	措施展开和标准化	责任部门	5.12.1　经确认改善对策有效后，责任部门应将措施进行横向展开，以防止类似问题在其他产品或过程中出现。 5.12.2　责任部门须将有效的措施和方法写入相关程序或作业指导文件中，以使措施标准化。	
5.13	资料汇总	品管部	5.13　每月客户反馈问题由品管部整理成《客户反馈问题月统计表》，并于品质月会中检讨。	《客户反馈问题月统计表》

6. 附加说明
　　6.1　紧急对策说明，按客户投诉问题的紧急情况，可采取以下补救措施：
　　6.1.1　退货品能返工的及时返工，检验合格后送货。
　　6.1.2　不能返工的马上安排生产，及时送货。
　　6.1.3　重大客诉问题时召开客诉检讨会议及供货商物料质量检讨会议。
　　6.2　客户在产品使用中发现的少数不良品退回厂时，由品管部填写《不合格品评审（处理）报告》进行评审，以确定是否需提出《纠正措施处理单》，若需提出，则由品管部提出，具体从上述5.5开始执行。

7. 参考文件
　　7.1　《不合格品管制程序》

8. 使用表单
　　8.1　《纠正措施处理单》
　　8.2　《客户反馈问题月统计表》
　　8.3　《不合格品评审（处理）报告》

COP 文件范例 16	客户满意度管理程序		
文件名称	客户满意度管理程序	文件编号：SQ – COP – 16	版本：A
编制部门	业务部	编制日期：2016.08.08	页码：1/3

1. 目的

通过对客户满意度的调查，收集客户对我公司提供的产品和服务的意见，结合本公司产品实现过程的绩效评价，以确定任何可改进之处，从而增强客户满意。

2. 适用范围

适用于公司已批量交货的客户满意度调查和管理。

3. 定义

客户满意：客户对其要求已被满足的程度的感受。客户抱怨是客户满意度低的一种表达方式，客户没有抱怨并不等于客户很满意。

4. 客户满意度管理过程乌龟图

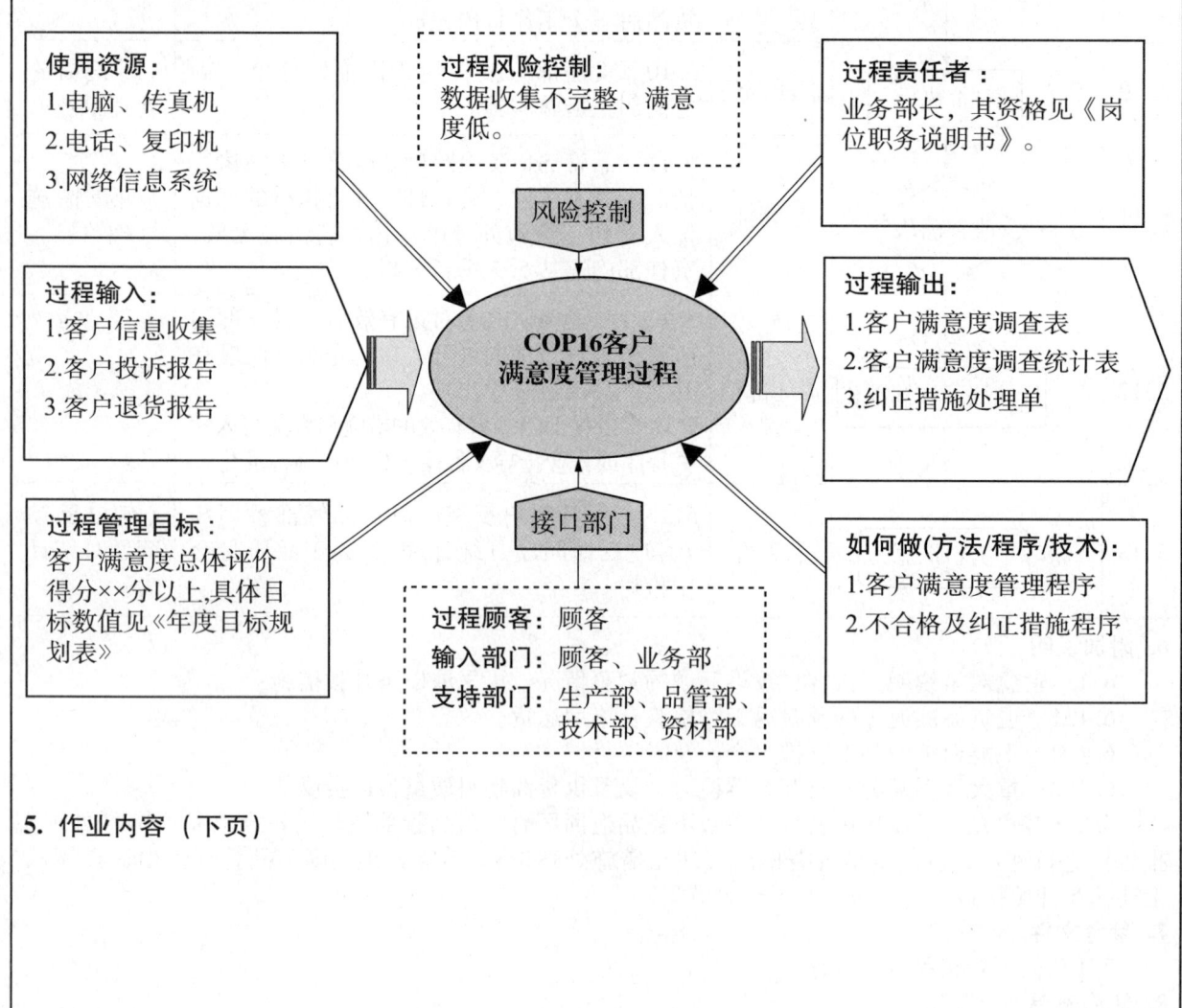

5. 作业内容（下页）

COP 文件范例 16	客户满意度管理程序			
文件名称	客户满意度管理程序	文件编号：SQ-COP-16		版本：A
编制部门	业务部	编制日期：2016.08.08		页码：2/3
序号	客户满意度管理作业流程	权责部门/人	作业要求	参考文件/使用表单
5.1	客户满意调查规划	业务部	5.1.1 业务人员负责规划客户满意度调查项目，主要针对公司提供的产品质量、服务质量、交货时效、问题解决及时性和技术能力等项目进行调查。 5.1.2 每年对有长期业务往来的全部客户进行调查。对临时性客户由业务人员决定是否调查。 5.1.3 长期密切合作客户每年至少进行一次调查。	
5.2	发出调查表	业务部	5.2.1 由业务将《客户满意度调查表》以传真或电邮或其他方式发出至客户，由调查人员注明回复时间。 5.2.2 客户未在规定期内回复的，由调查人员书面或电话向客户查询，以及时收集调查信息。	《客户满意度调查表》
5.3	汇总分析	业务部	5.3.1 由调查人员对客户调查信息进行整理分类汇总，并填写《客户满意度统计表》。 5.3.2 由调查人员对调查结果采用分级法和计分法进行评价，分级计分法具体方案见附加说明 6.1。	《客户满意度统计表》
5.4	满意度检讨及对策	业务部相关部门	5.4.1 由业务部组织召开客户满意度检讨会，特别是对客户不满意的项目及意见进行分析研讨。 5.4.2 根据检讨结果，确认需改善项目后由业务部开出《纠正措施处理单》给责任部门提出改善对策，并依《不合格及纠正措施管理程序》追踪至结案。 5.4.3 对于调查结果客户满意的项目各部门需持续保持。	《纠正措施处理单》《不合格及纠正措施管理程序》
5.5	追踪/回复	业务部	5.5 业务负责追踪措施的实施状况，经确认取得成效的措施，交由管理者代表审查后，将《纠正措施处理单》传真给客户。	《纠正措施处理单》
5.6	输入管理评审	品管部	5.6 客户满意度调查和改善的资料输入每年的管理评审检讨，并作为质量管理体系绩效的测量和评价。	

COP 文件范例 16　客户满意度管理程序

文件名称	客户满意度管理程序	文件编号：SQ – COP – 16	版本：A
编制部门	业务部	编制日期：2016.08.08	页码：3/3

6. 附加说明

　　6.1　计分评定方式依据评分项目与评分等级进行打分，最后所得总平均分占客户满意度的 60%，其评分标准为：

评分比例	30%	10%	20%	20%	20%
项目	产品质量	服务质量	交货时效	技术能力	问题解决及时性
非常满意（A）	30	10	20	20	20
满意（B）	28	9	18	18	18
较满意（C）	24	8	16	16	16
一般（D）	20	6	12	12	12
不满意（E）	15	5	10	10	10

　　6.2　除了定期的满意度调查，业务部须对以下绩效指标进行统计和监视：

　　　a. 交付产品的质量性能，如交货合格率；

　　　b. 客户生产中断，如产品批退次数；

　　　c. 按计划交付的绩效，如交货准时率；

　　　d. 关于质量或交付问题的顾客通知，如每月客户投诉次数。

业务部每月统计上述指标的数据，并根据波动情况进行分析，如与目标/指标差距较大或向坏的趋势变化时应提出《纠正措施处理单》进行改善。

　　6.3　上述监控指标的绩效评价占客户满意度的 40%，按年度的汇总或平均值评定，方法如下：

　　　a. 客户抱怨：年度客户抱怨未超过 10 件则评 10 分，每超过 1 件，扣除 1 分（扣完 10 分为止）；

　　　b. 准时交货率：100% 达成得分 10 分，每降低 1 个百分点，扣除 1 分（扣完 10 分为止）；

　　　c. 交货合格率：100% 合格得分 10 分，每降低 1 个百分点，扣除 1 分（扣完 10 分为止）；

　　　d. 批量退货事件：全年未发生事件得分 10 分，每发生 1 件扣除 2 分（扣完 10 分为止）。

　　6.4　6.1 和 6.3 项得分相加后的总分为客户满意度得分，目标为 85 分，未达标则须提出改善对策。

7. 参考文件

　　7.1　《不合格及纠正措施管理程序》

8. 使用表单

　　8.1　《客户满意度调查表》

　　8.2　《客户满意度统计表》

　　8.3　《纠正措施处理单》

客户满意度调查表（格式）		HC－YW－13A
客户名称		客户地址	
联系电话		联系传真	

尊敬的客户：

  非常感谢贵公司长期以来对我公司的支持和信任，为更好地为贵公司服务，我公司特推出此项调查活动，期望贵公司批评指教，并提出宝贵意见，我们表示衷心感谢！

  请您在认为适当的地方打"√"，并传回本公司。本公司将对您不满意的事项予以改善。

  非常感谢您的合作，敬请于　　月　　日前填好此调查表回传本公司。如有任何疑问，请与_____联系，谨此致谢！传真：_____

<table>
<tr><td rowspan="3">客户评价意见、建议及要求</td><td colspan="6">客户评价意见：非常满意（A）　满意（B）　较满意（C）　一般（D）　不满意（E）</td></tr>
<tr><td colspan="6">
产品质量　□　□　□　□　□
服务质量　□　□　□　□　□
交货时效　□　□　□　□　□
技术能力　□　□　□　□　□
问题解决及时性　□　□　□　□　□
</td></tr>
<tr><td colspan="6">
请您列出敝公司存在的问题点：

您对敝公司有什么建议和要求：

</td></tr>
</table>

客户评价人签名：	日期：

客户满意度统计表（格式）							HC-YW-13A

1. 客户满意度调查得分：占满意度的60%

得分　　客户名称	各项目得分					合计得分
	产品质量	服务质量	交货时效	技术能力	问题解决及时性	
总平均分						

客户提出的主要问题：

2. 公司内部监视指标绩效结果得分：占满意度的40%

绩效项目	月份绩效数据												累计或平均值	得分
	1	2	3	4	5	6	7	8	9	10	11	12		
a. 客户抱怨次数														
b. 准时交货率														
c. 交货合格率														
d. 客户退货次数														

本项累计得分 =

3. 两项计算总满意度得分：

备注：

统计人：　　　　　　日期：　　　　　　审核：

第二节 支持过程（SP）程序范例

SP 文件范例1　　文件控制程序——见第七章《质量管理体系文件编写和实施方法》

SP 文件范例2	图纸技术资料管制程序1（适用于无产品设计，由客户提供图纸资料的企业）		
文件名称	图纸技术资料管制程序	文件编号：SQ－SP－02	版本：A
编制部门	技术部	编制日期：2016.08.08	页码：1/4

1. 目的

为使本公司在接收到客户的工程图样和技术文件后能及时正确的评审、发放和实施，并保证公司内所有图纸技术资料能得到正确有效的管制。

2. 适用范围

适用于客户提供的图纸技术资料及本公司编制的图纸/技术文件的管制。

3. 定义

无。

4. 图纸技术资料管制过程图或过程乌龟图

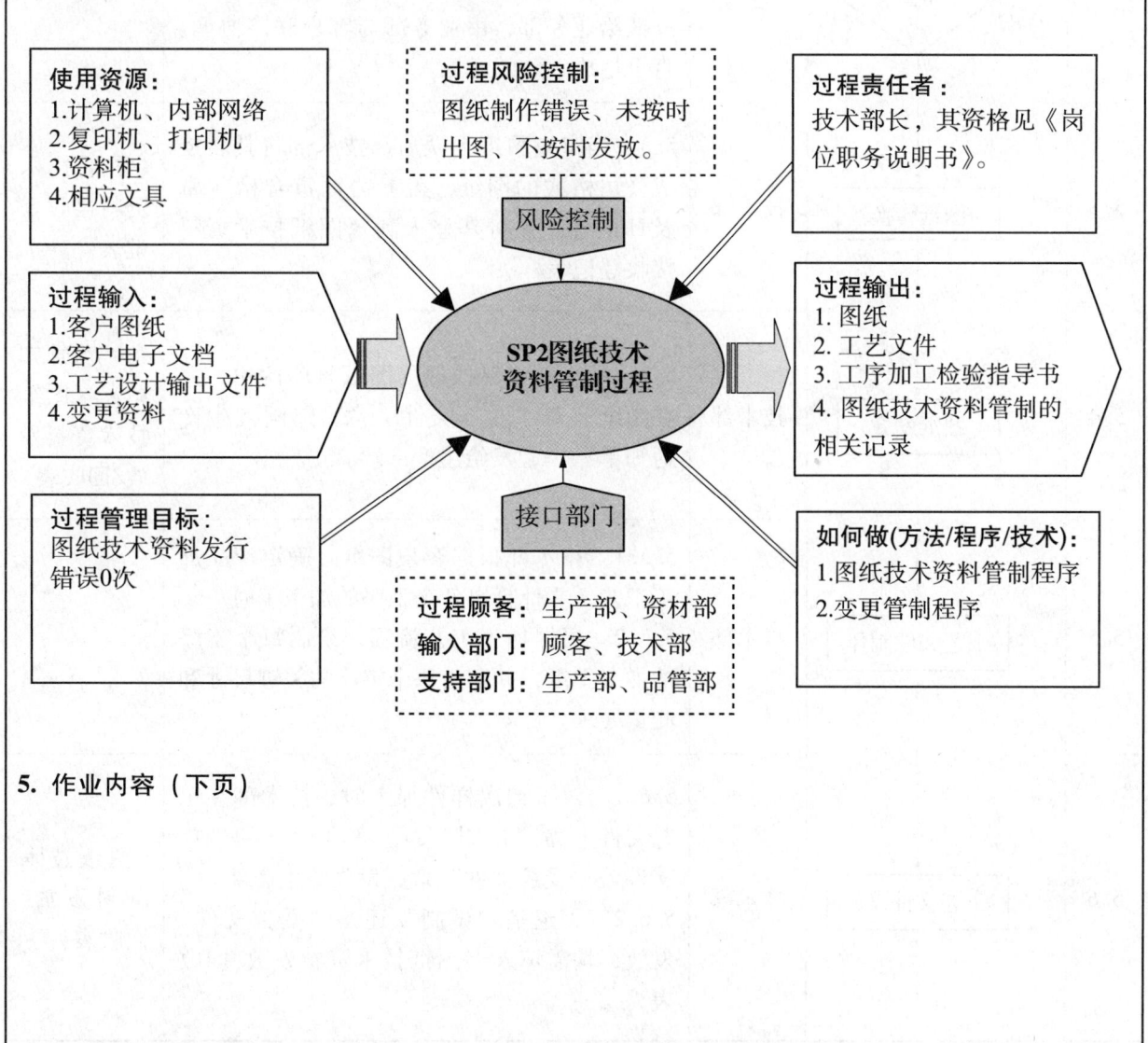

5. 作业内容（下页）

SP 文件范例 2	图纸技术资料管制程序 1（适用于无产品设计，由客户提供图纸资料的企业）			
文件名称	图纸技术资料管制程序	文件编号：SQ-SP-02		版本：A
编制部门	技术部	编制日期：2016.08.08		页码：2/4
序号	图纸技术资料管制流程	责任部门/人	作业要求	参考文件/使用表单
5.1	客户图纸接收	业务部	5.1.1 业务部收到客户的图纸技术资料时，应审查图纸资料是否完整和清晰。 5.1.2 业务部应整理好客户图纸技术资料和相应的《生产通知单》及时交给技术部。 5.1.3 若业务部需保留图纸时，应按客户类别建立目录和排序，以便于取用和查询。	《生产通知单》
5.2	审查（NG/OK）	技术部 业务部	5.2 技术部对客户提供的图纸技术资料进行详细的审查，若有不完整、不清晰、不合理之处，或有相互矛盾之处，技术部应及时反馈给业务部，由业务部与客户联络协调，直至达成一致的意见。	
5.3	图纸转换	技术部	5.3 当审查图纸无误后，技术部将其转换成公司格式的图纸，盖上"评审合格"章及日期章，并将其登入到《图纸技术资料接收登记表》。	《图纸技术资料接收登记表》
5.4	图纸发放	技术部	5.4 技术部将转换好的图纸复印两份，并在图纸上盖"受控文件"章，连同《生产通知单》一起发给生产部。	《生产通知单》《图纸技术资料发放/回收表》
5.5	工艺文件制作	技术部	5.5.1 技术部根据客户图纸，确定产品加工工艺，并计算出各个工序的加工工时。 5.5.2 根据加工工艺流程，绘制每个工序的加工图纸，并列出每个工序的关键尺寸和测量要求。	
5.6	工艺文件发放	技术部	5.6.1 对于初次样件加工时，技术部在工艺文件上盖"试制"章。正式生产的工艺文件盖"受控文件"章，发放给生产部。 5.6.2 无论是"试制"还是"受控文件"发放，均需填入《图纸技术资料发放/回收表》。	《图纸技术资料发放/回收表》

SP 文件范例 2	图纸技术资料管制程序 1（适用于无产品设计，由客户提供图纸资料的企业）		
文件名称	图纸技术资料管制程序	文件编号：SQ－SP－02	版本：A
编制部门	技术部	编制日期：2016.08.08	页码：3/4

序号	图纸技术资料管制流程	责任部门/人	作业要求	参考文件/使用表单
5.7	使用及保管	生产部品管部	5.7.1 生管将收到的图纸盖上"生产用图"章，并妥善保管，且不得自行复印。 5.7.2 生管根据需要将图纸装入生产资料袋发给车间使用，产品加工完成经检验合格后，图纸应交回到生管处。 5.7.3 正式生产的工艺文件使用时，由生产文员应先过塑再发给车间使用，使用完后应完整的交回生产文员保管。 5.7.4 工序外协用图纸，由生管复印一份加盖"外协图纸"章交资材外协员。 5.7.5 各单位使用图纸资料时，不得涂改、损坏或遗失。	
5.8	图纸资料补发	使用部门技术部	5.8 使用部门若有损坏或丢失或有新需求时，则需填写《图纸技术资料补发申请单》，经部门最高主管审核，技术部主管批准后方可进行补发。技术部将补发的图纸信息登录到《图纸补发登记表》，以便查阅。	《图纸技术资料补发申请单》《图纸补发登记表》
5.9	图纸资料变更	技术部使用部门	5.9.1 技术部接到客户变更的图纸技术资料时，经部门最高主管确认后重新发行，回收旧版图纸资料，并登入《图纸技术资料发放/回收表》。 5.9.2 在执行《变更管制程序》时，如需对相应图纸技术资料做修订，作业方法同 5.9.1。	《图纸技术资料发放/回收表》《变更管制程序》
5.10	图纸资料回收及作废	技术部使用部门	5.10.1 生产加工使用后的图纸由生产部生管员回收，外协加工使用完的图纸由仓管回收，并于每月底统一交回技术部。 5.10.2 收回之图纸技术文件由技术部最高主管确定是否需报废处理或留存，报废处置可以烧毁或用碎纸机处理，应确保图纸技术文件不要流出厂外。	

SP 文件范例 2	图纸技术资料管制程序 1（适用于无产品设计，由客户提供图纸资料的企业）		
文件名称	图纸技术资料管制程序	文件编号：SQ-SP-02	版本：A
编制部门	技术部	编制日期：2016.08.08	页码：4/4

6. 附加说明：

    6.1 当生产工序外协时，外协所需图纸技术资料由生管将生产用图纸复印后加盖"外协图纸"章，交给外协员外发使用；如果是整单外协则由技术部向资材部发出《生产通知单》，所需外协图纸由技术部复印后盖"外协图纸"章交资材外协员。外协厂必须将图纸资料连同加工产品一起送回公司，由外协员负责监控。

    6.2 技术部应保证按顾客要求的时间安排及时评审、发放和实施所有顾客图纸/规范及其更改。及时评审应当尽快进行，不应超过 3 个工作日。

    6.3 保密要求：无论电子文件或书面文件，任何人不得将其私自向外流传或带出厂，以确保顾客委托的正在开发的产品、项目和有关产品的信息得到保密。

7. **参考文件**

    7.1 《变更管制程序》

8. **使用表单**

    8.1 《生产通知单》

    8.2 《图纸技术资料接收登记表》

    8.3 《图纸技术资料发放/回收表》

    8.4 《图纸技术资料补发申请单》

    8.5 《图纸补发登记表》

图纸技术资料接收登记表（格式） HC–JS–15A

客户名称：

序号	图号	图纸技术文件名称	版本号	接收日期	接收人	备注

图纸技术资料分发回收表（格式） HC–JS–16A

图纸、技术资料编号	内容	版本号	分发日期	分发部门	份数	签名	回收日期	回收员

图纸技术资料补发申请单（格式） HC–JS–17A

申请单位：　　　　　订单号：　　　　　申请日期：

产品名称	图号	补发原因	份数	要求日期

申请人：　　　审核（申请部门主管）：　　　批准（技术部主管）：

图纸补发登记表（格式） HC–JS–18A

代号	客户	产品名称	产品图号	接收人签名	日期	生产图	电子图	备注

SP 文件范例3	图纸技术资料管制程序2（适用于有产品设计责任的企业）		
文件名称	图纸技术资料管制程序	文件编号：SQ-SP-03	版本：A
编制部门	技术部	编制日期：2016.08.08	页码：1/3

1. 目的

为使本公司技术资料的编制、评审、批准、发放、使用、更改、再次批准、标识、回收和作废等有严明的运作管制，做到资料的准确性，防止技术资料遗漏及非正常外传，特制定此程序。

2. 适用范围

适用于本公司产品设计开发和变更过程中的技术资料管制，包括产品及各类部件图纸、产品技转资料、产品规格书、BOM、FMEA、物料承认书、产品标准件等。

3. 定义

3.1 规格书：指产品经客户承认后技术部所制作的样板规格书，所有涉及生产的相关单位正常作业一律以此为标准。

3.2 《试作规格书》：指试作完毕后，由技术部开发组负责人填写，随样送往客户的规格书。

3.3 《承认规格书》：指量试OK后，技术部发行的正式规格书。

4. 图纸技术资料管制过程图或过程乌龟图

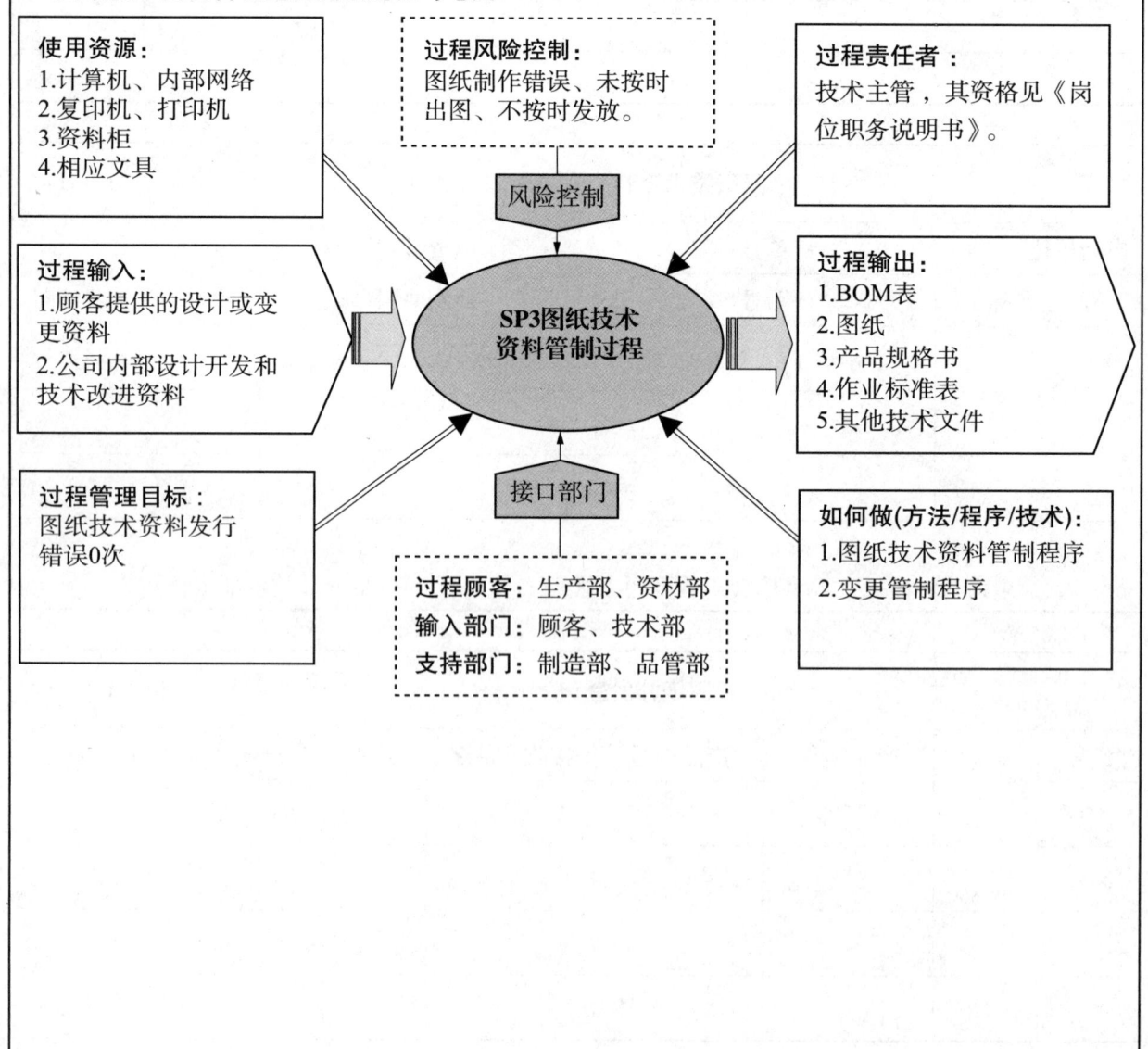

SP 文件范例 3	图纸技术资料管制程序 2（适用于有产品设计责任的企业）		
文件名称	图纸技术资料管制程序	文件编号：SQ－SP－03	版本：A
编制部门	技术部	编制日期：2016.08.08	页码：2/3

5. 作业内容

序号	图纸技术资料管制流程	责任部门/人	作业要求	参考文件/使用表单
5.1	图纸及技术资料制作	技术部专案负责人	5.1 专案担当人员根据前期客人确认并签回的《样品承认书》或者客人承认的样品，制作公司内部生产时所需的图纸及技术资料。包括：《材料明细表》、《产品作业标准书》、《制品规格书》、部品图纸、成品图纸、装配图、包装作业指示图等。资料制作过程中须用规定的标准格式，图纸视情况需注明制作要求。	
5.2	编号及版本	技术部专案负责人	5.2 专案担当人需在图框或对应技术固定格式内注明料号及版本，版本依1、2、3、4……排序。	
5.3	审核 NG OK	技术部主管	5.3 图纸及技术资料由专案人员制作完毕后，交于技术部主管审核。	
5.4	批准 NG OK	技术部经理	5.4 如果审核OK则交于技术部经理核准；如果审核和核准结果NG，则由专案人员对其重新修正及制。	
5.5	登录	资料管理员	5.5 图纸、技术资料由技术部最高主管核准生效后，由技术部资料管理员将其登录在《图纸和技术资料一览表》内。	《图纸和技术资料一览表》
5.6	分发	资料管理员	5.6 登录OK后，由技术部资料管理员依公司内各部门所需，分发图纸、技术资料，并让相关单位签收《图纸、技术资料分发签收表》，需详细记录，不可漏写或错写。	《图纸、技术资料分发签收表》
5.7	使用 A	各相关部门	5.7 图纸、技术资料发行到各相关单位（如品管、制造、生管、采购……）后，各单位应依图纸、技术资料为标准，认真作业；或者督促厂商按标准规范作业，保证达到其技术要求。	

SP 文件范例 3　图纸技术资料管制程序 2（适用于有产品设计责任的企业）

文件名称	图纸技术资料管制程序		文件编号：SQ-SP-03	版本：A
编制部门	技术部		编制日期：2016.08.08	页码：3/3
序号	图纸技术资料管制流程	责任部门/人	作业要求	参考文件/使用表单
5.8	A → 变更	业务制造技术相关单位	5.8　当客户要求或制造困难或其他原因，导致图纸或技术资料须变更时，则按《变更管制程序》，将图纸、技术资料由旧版变更为新版，制作过程中，仍依5.1至5.4的流程作业。	《变更管制程序》
5.9	回收/作废	技术部资料管理员	5.9　图纸、技术资料新版发行后，由使用资料的相关单位的文员对其部门使用的旧版资料进行归类收集，并交于技术部资料管理员做回收整理，盖作废章。	
5.10	保存	技术部资料管理员	5.10　图纸、技术资料的旧版COPY件，背面可做白纸二次利用。原稿由技术部保存，时间为2年；新版资料的保存时间为此机种停止生产后2年时间。	

6. 附加说明

　　6.1　客户工程标准/规范评审要求

　　对客户的工程标准/规范，技术部应按客户的时间要求及时认真评审、分发、实施，评审时间不应超过3个工作日。

　　6.2　客户图纸技术资料的管理

　　对客户E-mail或传真的资料，应由技术部收集管理加盖《外来资料管制章》，以便于与内部资料区分、使用、保存。

　　6.3　保密

　　对于关系到知识产权或客户特别强调不可外露的技术资料，由专案担当人特殊保管，不可传阅至任何人（包括本部门的其他专案人员）。

　　6.4　外发管制

　　对于外发至厂商的技术资料，由采购开发人员COPY发行，并要求厂商对我司的图要妥善使用保存，不可外传。

7. 参考文件

　　7.1　《变更管制程序》

8. 使用表单

　　8.1　《图纸和技术资料一览表》

　　8.2　《图纸、技术资料分发签收表》

SP 文件范例 4　记录控制程序

文件名称	记录控制程序	文件编号：SQ-SP-04	版本：A
编制部门	品管部	编制日期：2016.08.08	页码：1/3

1. 目的

为确保记录能得到有效识别与保存，以证明质量管理体系的有效运作以及满足法律法规和客户要求，提供有效与可追溯的证据，特制定本程序。

2. 适用范围

适用于公司质量管理体系有关的各项记录，包括来自客户及供应商的记录资料。

3. 定义

记录：阐明所取得的结果或提供所完成活动的证据的文件。

4. 记录控制过程图或过程乌龟图

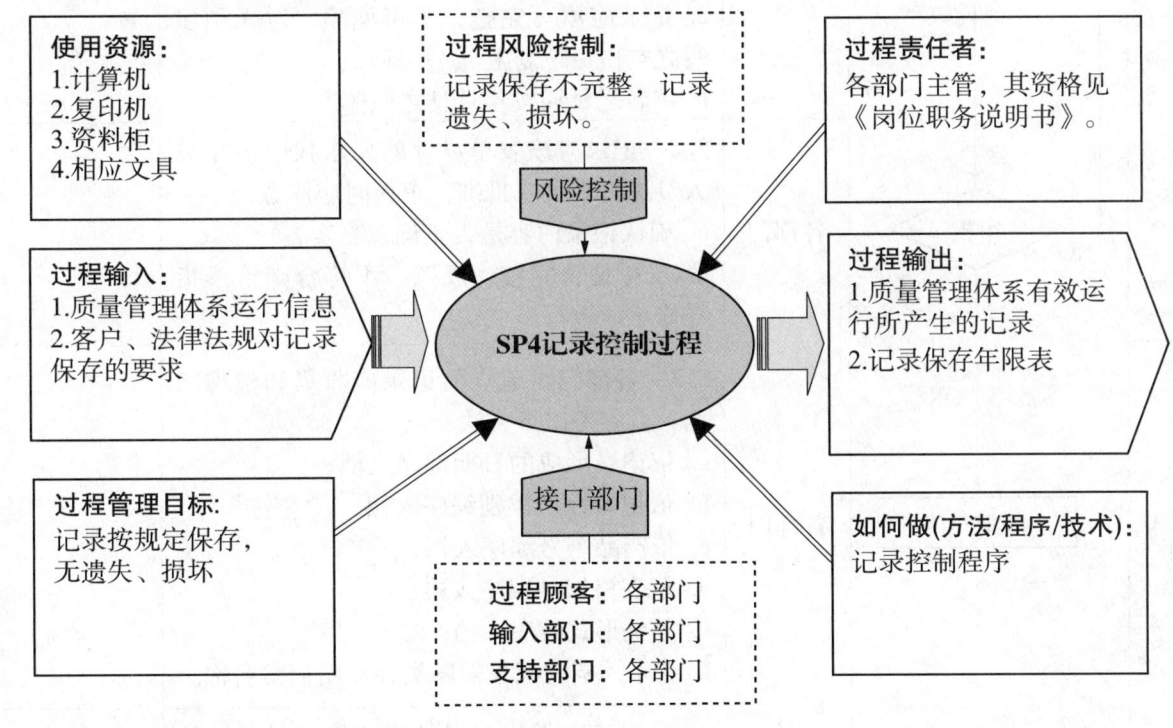

5. 作业内容（下页）

SP 文件范例 4　记录控制程序

文件名称	记录控制程序	文件编号：SQ－SP－04	版本：A
编制部门	品管部	编制日期：2016.08.08	页码：2/3

序号	记录控制作业流程	权责部门/人	作业要求	参考文件/使用表单
5.1	记录建立	各部门	5.1 根据质量管理体系文件的要求，在体系实施运行过程中必须建立相应的记录，在建立记录时应遵守以下要求： a. 字迹应清晰可辨且保持整洁； b. 不可使用铅笔书写； c. 内容若有涂改应于涂改处签名； d. 记录内容应真实，可追溯； e. 记录应填写完整，不可漏填，对无须填写之空白栏位划上〔/〕标示； f. 签名之日期按年月日之顺序。	
5.2	审核（NG）	各部门	5.2 记录应按表单设计的要求权限由相关人员进行审核或批准，审核时应注意： a. 确认记录内容是否正确、真实； b. 填写是否完整、规范，不符合则给予指导修正或重写。	
5.3	收集归挡（OK）	各部门	5.3 各部门对建立的记录应收集和整理归档，可参考以下方法： a. 依记录形成的日期编序入档； b. 依记录性质类别编序入档； c. 依产品型号编序入档； d. 依表格编号编序入档； e. 其他形式编序入档； f. 编序入档的记录需归类并注明档案名称。	
5.4	保存期限	品管部 各部门	5.4 品管部根据记录的重要性，对每一种记录制定其保存期限，并建立《记录保存年限表》，各部门必须在保存期限内妥善保存好相关记录，若有客户或法规的要求时，则按其规定的保存期限执行。	《记录保存年限表》
5.5	记录存档（A）	各部门	5.5.1 各部门需指定专人以资料柜或纸箱进行保存； 5.5.2 记录过多时，可装箱存放，但应建立《入箱记录登记表》，确保可有效快捷地检索记录； 5.5.3 记录需保存在无腐蚀、清洁、干燥、防火、防盗的适宜环境，以防止损坏、变质和丢失。	《入箱记录登记表》

SP 文件范例4	记录控制程序			
文件名称	记录控制程序	文件编号：SQ-SP-04		版本：A
编制部门	品管部	编制日期：2016.08.08		页码：3/3
序号	记录控制作业流程	权责部门/人	作业要求	参考文件/使用表单
5.6	(A) 查阅归还	各部门	5.6 跨部门查阅需经部门主管同意，合同有要求时，客户需查阅与其产品有关的记录需由部门经理同意，记录的查阅者应保持记录的完整，不得转借、涂改、抽换、损坏或丢失。	
5.7	记录销毁	各部门	5.7 对保存到期记录，各部门根据记录的重要性确定销毁方式，对涉及技术机密或商业机密的记录，须用碎纸机碎掉或烧毁，普通记录若当回收纸利用时，应在记录的正面打"×"或盖"作废"章。	

6. 附加说明

记录保存年限的特别规定：

（1）所有内部审核记录、客户审核记录、认证审核记录、管理评审记录，至少保存3年；

（2）其他若有客户要求和法律法规要求则按其执行；

（3）本公司的相关记录依《记录保存年限表》执行。

7. 参考文件

无

8. 使用表单

8.1 《记录保存年限表》

8.2 《入箱记录登记表》

记录保存年限表（格式）　　HC-PG-05A

序号	记录名称	表单编号	版本号	存档方式	存档部门	保存期限	备注
1	《送货单》	HC-YW-07	B	书面文档	业务部	3年	
2	《送货明细表》	HC-YW-09	B	书面文档	业务部	1年	
3	《出货通知单》	HC-YW-10	B	书面文档	业务部	1年	

入箱记录登记表（格式）　　HC-PG-06A

部门：

序号	记录名称	表单编号	入箱日期	检索方式	存档部门	存档期限	经手人	报废日期	备注

SP 文件范例 5	人力资源管理程序		
文件名称	人力资源管理程序	文件编号：SQ－SP－05	版本：A
编制部门	管理部	编制日期：2016.08.08	页码：1/3

1. 目的

为确定并提供有效实施质量管理体系所需要的人员，并对所有从事影响质量管理体系绩效和有效性工作的人员鉴定其培训需求并达成其能力，特制定本程序。

2. 适用范围

适用于本公司与质量管理体系相关的所有员工。

3. 定义

无。

4. 人力资源管理过程图或过程乌龟图

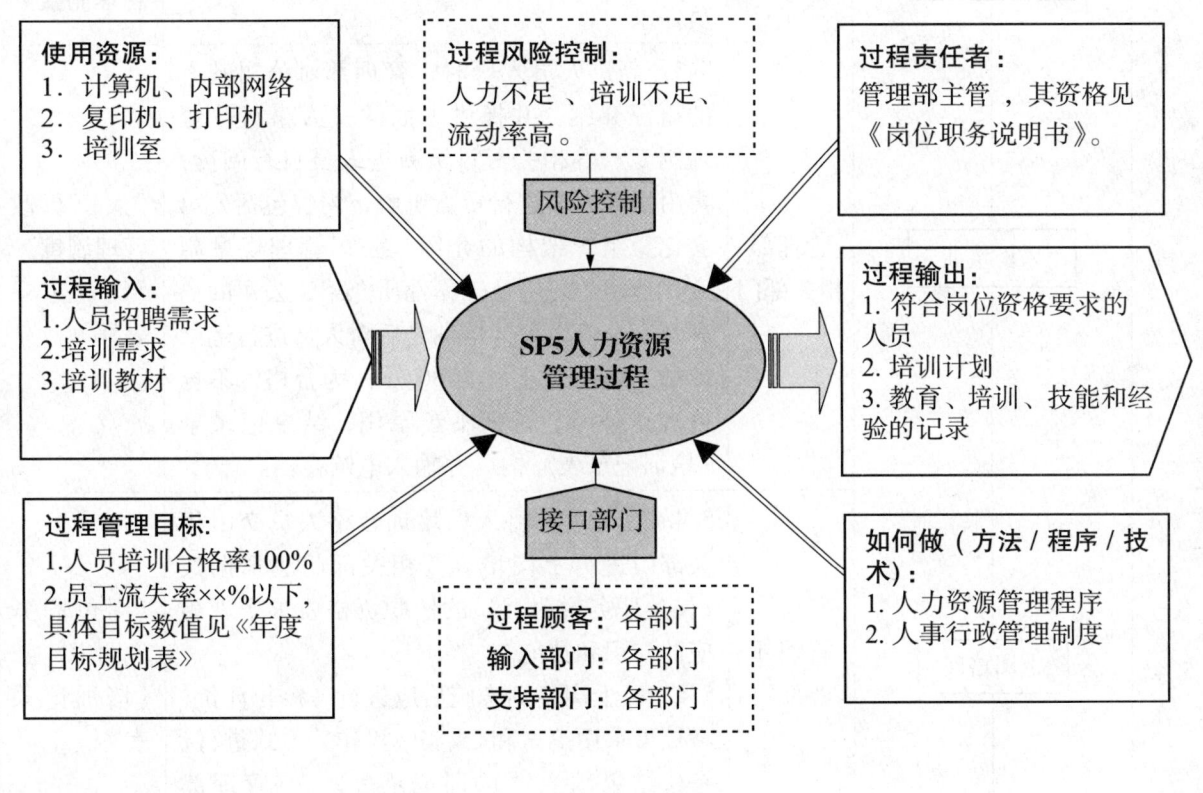

5. 作业内容（下页）

SP 文件范例 5　人力资源管理程序

文件名称	人力资源管理程序	文件编号：SQ-SP-05	版本：A
编制部门	管理部	编制日期：2016.08.08	页码：2/3

序号	人力资源管理作业流程	权责部门/人员	作业要求	参考文件/使用表单
5.1	人员需求提出	各部门 管理部	5.1 各部门根据岗位需求及公司发展需要，需补充人员时应填写《人员增补申请单》，经部门主管、总经理批准后交管理部进行招聘。	《人员增补申请单》
5.2	招聘/录用	管理部	5.2 管理部按公司《人事行政管理制度》进行招聘和录用工作，及时满足各部门的人员需求。	《人事行政管理制度》
5.3	入厂培训	管理部 相关部门	5.3 新进人员入厂时，管理部对公司基本的概况介绍，并提供书面的《人事行政管理制度》等相关资料给新进人员自行阅读，再由培训人员进行重点讲解，内容包括公司文化及组织架构的介绍、公司管理规章制度、公司的环境及工作性质介绍、公司的福利及安全卫生等，培训之后对人员进行笔试评估，80分以上（含80分）为合格，不合格者需补考，否则不予录用，结果记录于《培训记录表》内，并输入电脑存档。	《人事行政管理制度》《培训记录表》
5.4	上岗培训	管理部 各部门	5.4.1 管理部将入厂培训合格人员交由相关部门进行上岗培训，相关部门应根据其《岗位职务说明书》的任职资格要求培训相应的知识和技能。 5.4.2 上岗培训实施后应进行考核与评价，考核可采用笔试和/或实际操作等方式进行，考核结果填入《培训记录表》，交管理部存档。	《岗位职务说明书》《培训记录表》
5.5	在职培训计划	管理部 各部门	5.5 各部门根据公司发展规划和部门培训需求，制订每个年度的培训计划，于每个年度末提交下一年度度的《培训计划表》给管理部汇总，管理部分析和整合培训资源，支持和满足各部门的培训需求。	《培训计划表》
5.6	计划核准	管理部 各部门	5.6 各部门每年度度的《培训计划表》应由本部门最高主管审核，提交管理代表批准后执行。	《培训计划表》

SP 文件范例 5	人力资源管理程序				
文件名称	人力资源管理程序		文件编号：SQ-SP-05		版本：A
编制部门	管理部		编制日期：2016.08.08		页码：3/3
序号	人力资源管理作业流程	权责部门/人员	作业要求		参考文件/使用表单
5.7	实施培训	管理部各部门	5.7 管理部按各部门年度《培训计划表》监督实施。管理部依厂内实际需求安排内部讲师培训或请外部讲师到厂授课。		《培训计划表》
5.8	内部培训	管理部各部门	5.8.1 各部门依年度的《培训计划表》规定的时间和培训内容对所属人员进行培训，并填写《培训记录表》交管理部。 5.8.2 公司统一规划的培训课程由管理部负责安排，培训的具体时间、地点、内容、主讲人、参加人、培训方式等由管理部在培训前负责通知，并在培训结束后做好《培训记录表》。		《培训计划表》 《培训记录表》
5.9	外部培训	管理部各部门	5.9 由管理部收集外部培训信息，交各部门主管选择适当课程和确定培训人员，在参加外部培训前应提出《外部培训申请单》，经部门主管审核后，呈总经理核准方可外出培训。		《外部培训申请单》
5.10	训练评估 NG/OK	管理部各部门	5.10.1 内部培训评估，由培训部门以考试、提问、实际操作等方式进行考核评估，其相关记录交管理部输入《教育训练履历表》。 5.10.2 所有经外部培训的合格人员，其相关资料交管理部存档并记入《教育训练履历表》。		《教育训练履历表》
5.11	记录存档	管理部	5.11 教育、培训、技能和经验的记录按《记录管制程序》归档保存。		《记录管制程序》

6. 附加说明：

6.1 各部门主管应建立本部门岗位人员的《岗位职务说明书》，并明定其资格要求、培训需求和工作职责。管理部于每年底做一次员工问卷调查，了解员工的需求和认知并改善之。

6.2 针对特殊岗位人员的资格，由各部门按《特殊岗位人员资格鉴定表》鉴定其资格，符合要求方能上岗。

7. 参考文件

7.1 《人事行政管理制度》

7.2 《记录管制程序》

8. 使用表单

8.1 《人员增补申请单》

8.2 《培训计划表》

8.3 《培训记录表》

8.4 《外部培训申请单》

8.5 《教育训练履历表》

8.6 《特殊岗位人员资格鉴定表》

人员增补申请单（格式） HC－GL－01A

填表日期：　　年　月　日

申请部门		增补岗位		增补人数	
紧急程度	□特急　□急　□一般			希望到职日期	
增补原因	□职位空缺　□辞职补充→已离职人员姓名：_____ 离职时间：_____ □储备人员　□扩大编制　□新增设岗位　□其他_____ □辞退补充→已辞退人员姓名：_____ 辞退时间：_____					
增补人员要求	性别：_____　年龄：_____　学历：_____ 工作年限：_____　专业：_____　其他要求：_____					
增补人员职务说明						
应具备基本知识						
应具备技能						
申请人			部门主管		
管理部意见	1. 申请增补理由是否属实：　□属实　□不属实　原因：_____ 2. 是否同意增补：□同意　□不同意　原因：_____ 3. 拟到岗时间：_____ 管理部主管：_____　　　　　　日期：_____					
总经理批准	签名：_____　　　　　　日期：_____					
申请部门根据《岗位职务说明书》详细填写《人员增补申请单》，管理部须了解部门的招聘需求。						

年度培训计划表（格式）　　　　　　　　　HC－GL－02A

部门：　　　　　　　　　　　　　　　　填表日期：　　年　月　日

培训对象	培训内容	培训时数	实施月份													培训讲师	内训/外训	考核方式
			1	2	3	4	5	6	7	8	9	10	11	12			

编制：　　　　　　　审核：　　　　　　　核准：

培训记录表（格式）　　　　　　　　　　　HC－GL－03A

类别：　　□入厂　　□岗前　　□在职培训

培训内容：　　　　　　　　　　培训日期：

培训讲师：　　　　　地点：　　　　　培训时间：

部门	姓名	考核方式	结果	部门	姓名	考核方式	结果

记录人：

外部培训申请单（格式） HC－GL－05A

填单日期：	年　月　日				
申请人		部门		职务	
受训日期	年　月　日至　　年　月　日				
课程名称				讲师	
举办单位				受训地点	
受训人员					
培训费用					
训练目的：					

主管审核：	总经理批准：
签名：　　　　　日期：	签名：　　　　　日期：

教育训练履历表（格式） HC－GL－06A

姓名		工号		所属部门		入厂日期		
受训日期	受训内容		讲师	课时	考核结果	训练方式		证书号
						内训	外训	

特殊岗位人员资格鉴定表（格式） HC－GL－04

岗位名称：

鉴定项目 人员姓名	学历	专业知识	操作技能	所受训练	资格证书	鉴定结果	鉴定日期	鉴定人员

SP 文件范例6	设施设备管理程序		
文件名称	设施设备管理程序	文件编号：SQ-SP-06	版本：A
编制部门	管理部	编制日期：2016.08.08	页码：1/4

1. 目的

为确保公司设施设备的正常运行和安全性，提高设备的稳定性和效率，以期能降低制造成本，并提高产品质量，特制定本程序。

2. 适用范围

本公司所有的设施设备的管理均适用。

3. 定义

3.1 日保养：设备的外观、工作台面清洁，运动部位润滑，关键部位点检等日常保养。

3.2 月保养：机器设备易损零件及电器安全点检查。

3.3 年度保养：更换易损零部件，判定相关零件使用期限，设备全面清洁保养。

4. 设施设备管理过程图或过程乌龟图

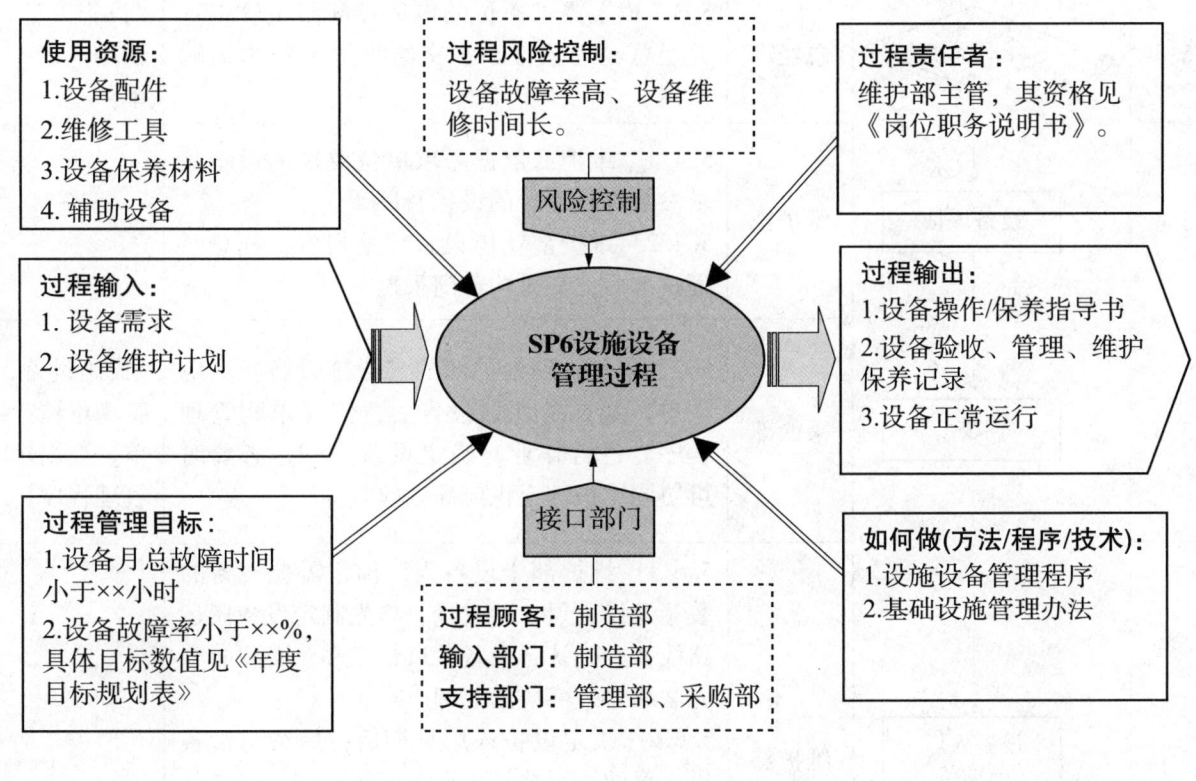

5. 作业内容（下页）

SP 文件范例 6　设施设备管理程序

文件名称	设施设备管理程序	文件编号：SQ-SP-06	版本：A
编制部门	管理部	编制日期：2016.08.08	页码：2/4

序号	设施设备管理作业流程	权责部门/人	作业要求	参考文件/使用表单
5.1	设备需求规划	制造部 维护部 技术部	5.1.1 制造及生管因应产能增加和自动化需要而进行设备的预购计划评估。 5.1.2 维护部本身对导入新技术和改善方案，对现有设备做评估。 5.1.3 技术部新产品导入进行设备评估。	
5.2	设备需求提出	需求部门	5.2 经上述评估后，由需求部门填写《设施设备新增申请单》提出需求申请。	《设施设备新增申请单》
5.3	审查核准（NG）	总经理	5.3 以上需求单位的申请经部门主管审查并经总经理核准后，交给维护部作为请购依据。	《设施设备新增申请单》
5.4	设备评估（OK）	维护部	5.4.1 维护部依据需求单位要求的设备需求参数寻找适合的设备及厂商。 5.4.2 维护部输出设备评估报告，经总经理核准后，交采购部门采购	
5.5	采购	采购部	5.5 采购收到维护部的《设施设备新增申请单》及设备评估报告后，依《采购管理程序》进行作业，确定设备交期，必要时可协同维护部至供应商处验收。	《设施设备新增申请单》《采购管理程序》
5.6	设备入厂前准备	维护部	5.6.1 维护部于设备入厂前，需就设备的装箱及设备尺寸、重量，事先制定设备搬运路线，并确认各设备入口长宽高，必要时事先联络管理部协助处理。 5.6.2 决定设备入厂日期后，后续与设备供应商的协议并订定设备安装日期。 5.6.3 维护部于设备入厂前依相关单位决议的摆放位置先做事先定位的动作，同时根据设备规格事先通知设施部，且于设备入厂前完成用电用气的安装。	
5.7	设备安装	维护部 供应商	5.7.1 设备进厂后维护部人员需及时知会设备厂商进行拆箱及清点备件，若本厂自行拆箱的设备请拆箱单位将实物拍照存盘。 5.7.2 由维护部人员与设备供货商共同进行设备的安装及调试动作。	

SP 文件范例 6	设施设备管理程序			
文件名称	设施设备管理程序	文件编号：SQ-SP-06		版本：A
编制部门	管理部	编制日期：2016.08.08		页码：3/4
序号	设施设备管理作业流程	权责部门/人	作业要求	参考文件/使用表单
5.8	设备验收	维护部	5.8.1 设备安装好后通电试机，调试正常后进行整机性能检测、试生产，同时需由设备供应方对维护部工程师进行使用、维修、维护、保养的教育训练。一切正常后最终验收投入生产运作，并认真填写《设备验收报告单》并呈各级主管签核。 5.8.2 若验收不合格则通知采购联系厂商处理。	《设备验收报告单》
5.9	编号列管	维护部	5.9.1 验收合格后，依机器设备编号原则编号，并登录于《生产设备一览表》进行列账管理（设备编号原则详见6.1）。 5.9.2 维护部负责编写相应的《设备操作/保养指导书》。	《设施设备一览表》
5.10	设备使用/维护保养	制造部 维护部	5.10.1 操作员加工时必须按照各类《设备操作指导书》的要求进行操作或调机，如果发现设备有异常情况时，应立即停机并报告车间负责人处理。 5.10.2 遵照《设备保养指导书》的保养项目和要求，操作员负责日常保养和点检工作，并记录于《设备日常保养记录表》；设备维修师负责月度、年度保养和维护工作，并记录于《设备维修/保养履历表》。	《设备操作/保养指导书》《设备日常保养记录表》《设备维修/保养履历表》
5.11	设备故障维修	使用单位 维护部	5.11.1 当设施设备出现故障时，由使用单位填写《设施设备维修单》，设备维修师接到维修单后，立即到机台查看，初步判定故障原因，如果能够维修解决，就内部维修；如果内部不能解决，则向总经理提出外部维修申请。 5.11.2 总经理批准后由维护部联系外部维修单位来厂进行维修，直至正常使用。 5.11.3 无论内部还是外部维修，维修结果都必须有该设备所属单位验收签字，内/外部维修记录由设备维修师填写在《设备维修/保养履历表》中。	《设施设备维修单》《设备维修/保养履历表》
5.12	设备报废	维护部 管理部	5.12 因生产设备使用年限过长或维修费用较大，维护部依实际情况分析、评估、核算有无维修可能，若无维修可能，由维护部填写《报废申请单》，经部门主管审核，总经理批准后，由维护部协同管理部执行报废处理。	《报废申请单》

SP 文件范例 6	设施设备管理程序		
文件名称	设施设备管理程序	文件编号：SQ-SP-06	版本：A
编制部门	管理部	编制日期：2016.08.08	页码：4/4

6. 附加说明

　　6.1 机器设备编号

　　机器设备编号方式如下：

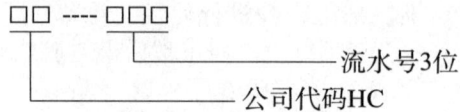

流水号3位
公司代码HC

　　6.2 设备维修备品备件

　　6.2.1 维护部应列出关键设备的易损配件，并填入《设备易损配件清单》中，注明型号、规格、用途、需求量，采购按计划采购，保持一定库存量。对于临时急需的备品备件，采购部应优先予以采购。

　　6.2.2 设备易损件应根据情况定期更换，并记录在《设备维修/保养履历表》中。

　　6.3 基础设施的管理

　　基础设施包括供水、供电、供气、制冷、消防、厂房建筑物、电梯设施等，这些基础设施的管理依照《基础设施管理办法》执行。

7. 参考文件

　　7.1 《采购管理程序》

　　7.2 《基础设施管理办法》

8. 使用表单

　　8.1 《设施设备新增申请表》

　　8.2 《设备验收报告单》

　　8.3 《设施设备一览表》

　　8.4 《设备日常保养记录表》

　　8.5 《设备维修/保养履历表》

　　8.6 《设施设备维修单》

　　8.7 《报废申请单》

　　8.8 《设备易损配件清单》

设施设备新增申请表（格式）　　　　　　　　　　　　　　　　　HC–GL–13A

设施设备名称	品牌/型号	用途	购置数量	单价	金额	需求时间

申请购置金额：	佰　　拾　　万　　仟　　佰　　拾　　元　　¥：

申请原因：

申请部门		申请人		申请日期	

批准：	董事会意见：
总经理：　　　　日期：　年　月　日	签名：　　　　日期：　年　月　日

设备验收报告单（格式）　　　　　　　　　　　　　　　　　　　HC–GL–14A

设备名称		制造商		型号/规格	
购买时间		安装日期		使用部门	
验收项目	验收内容		验收结果		
检查相关技术资料	设备使用说明书及相关技术资料是否齐全				
附加配件	按装箱单清点附件、工具及相关配置设施				
外观	机床外表有无碰伤，变形及其他零件损坏				
空机试验	设备电器、电路、机械运行是否正常；各项操作功能是否正常，油路、管道是否畅通。				
试件运行	加工产品能否达到品质要求				
精度与其他	是否满足要求				
结论					
检查人员签名/确认	设备管理员：_____　　生产部：_____				
设备配置	功率			出厂编号	
	配置				
设备录入资产管理系统	机台编号			资产编号	

设施设备一览表（格式） HC-GL-15A

设备编号	设备名称	型号/规格	功能用途	制造商	出厂编号	资产编号	购买日期	使用单位	备注

设备日常保养记录表（格式） HC-GL-16A

年　　月份　　　使用单位：　　　　　　保养责任人：

设备编号		名称		型号	

项次	保养项目	保养周期	1	2	3	4	5	6	7	8	9	10	11~31
1	清理铁屑及地面脏物，擦拭机器	日											
2	滑轨及滑动部位的润滑与防锈	日											
3	切削液及各油面高度	日											
4	各变速手柄及其他挂挡手柄的位置	日											
5	检查（正、反）转是否正常	日											
6	检查自动进刀及纵向与横向是否灵活正常	日											
7	放气、排水	日											
8	周围环境	日											
9	机床的接地	日											
10	切削液更换	周											
11	主轴圆盘清洗	周											
12	丝杆及光杆上润滑油	周											
保养人签名		白班											
		夜班											
备考：1. 判定符号："√"良好；"×"异常；"○"休息日。2. 发现有异常时，应立即向所属主管报告，所属主管确认后应立即通知相关人员处理。		监督人											

异常说明

设备维修/保养履历表（格式）　　HC-GL-17A

设备名称		机台编号		规格/型号		使用单位	
资产编号		制造商				安装日期	

维修记录					保养记录			
维修日期	故障现象	故障原因	维修措施、更换零部件	维修人	保养日期	保养部位	更换零部件	保养人

设施设备维修单（格式）　　HC-GL-18A

提出单位：		提出人：		日期：	年　月　日
设备名称：		设备编号：		设备型号：	
故障发生时间	日　时　分	提出时间：	日　时　分	□紧急	□普通

一、设备故障说明：（提出单位填写）

填写人：

二、故障发生主要原因：（设备维修员填写）

设备维修员：

三、判定：　□内部维修　　　□委外维修（外修需总经理批准）
　　　　　　预计委外维修费用：
审核：　　　　　　批准：

四、维修部位及更换零部件：

本次维修费用：　　　　　　　　　　设备维修员：

五、维修结果确认：（提出单位填写）

□已修好，设备可正常运行　　设备修复时间：　　日　　时　　分
□还存在问题，问题点是：

确认人：　　　　　　　　　　日期：

设备易损配件清单（格式）

HC－GL－19A

配件名称	用途	单位	要求存量	备注

制定：　　　　　审核：　　　　　日期：

报废申请单（格式）

HC－GL－20A

报废类型：　□工装　　□设备　　□量检具

申请部门：	申请日期：　年　月　日

名称	编号	型号/规格	已使用年限/寿命	备注

报废原因：

申请人：

报废后处理方式：

部门主管意见：

签名：

总经理意见：

签名：

SP 文件范例 7	模治具管理程序		
文件名称	模治具管理程序	文件编号：SQ-SP-07	版本：A
编制部门	维护部	编制日期：2016.08.08	页码：1/4

1. 目的

为使本公司的模治具从设计到报废有一个良好的管制秩序，保证生产的顺利进行，特制定本程序。

2. 适用范围

适用于本公司生产用模治具（含客户或供方提供的模治具）的管制。

3. 定义

无。

4. 模治具管理过程图或过程乌龟图

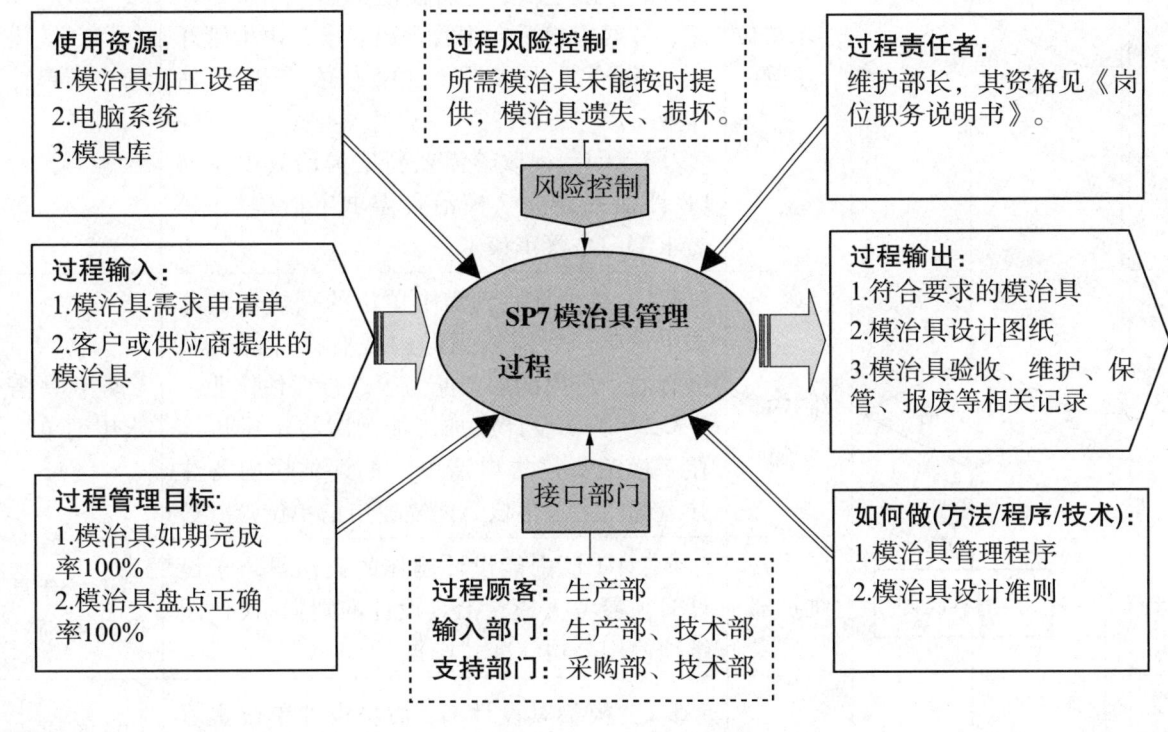

5. 作业内容（下页）

SP 文件范例 7	模治具管理程序			
文件名称	模治具管理程序	文件编号：SQ-SP-07		版本：A
编制部门	维护部	编制日期：2016.08.08		页码：2/4
序号	模治具管理作业流程	权责部门/人	作业要求	参考文件/使用表单
5.1	模治具需求提出	需求单位	5.1 由需求单位依生产状况评估模治具需求后填写《模治具需求申请单》呈需求部门主管审核。	《模治具需求申请单》
5.2	审核 NG/OK	需求单位主管	5.2.1 技术部需求测量治具时由相关工程师开立《模治具需求申请单》，呈需求部门主管审核。 5.2.2 制程中要追加模治具由主导PE考虑，并经审核后向生管提出要求，由生管开立《模治具需求申请单》，依产能评估作业。 5.2.3 因制程改善需要新增模治具由主导PE评估并开立《模治具需求申请单》，呈需求部门主管审核。	《模治具需求申请单》
5.3	设计评估 NG/OK	维护部	5.3.1 维护部收到需求单位的《模治具需求申请单》后需依据厂内现有设计能力及供货商、厂内的加工能力等进行评估作业。 5.3.2 若无设计或加工能力时将由维护部在《模治具需求申请单》的评估栏内备注并经部门主管审核后回复原申请单位。	《模治具需求申请单》
5.4	模治具设计	维护部	5.4 对于厂内能设计制作的模治具，于设计时须参考《模、治具设计准则》，设计图纸须使用公司标准"图框"。	《模、治具设计准则》
5.5	图纸审核 NG	维护部	5.5.1 模治具设计OK后呈设计单位主管审查，部门主管核准。 5.5.2 图纸的归档及改版依《图纸技术资料管制程序》作业。	《图纸技术资料管制程序》
5.6	模治具加工	维护部 采购	5.6.1 内制加工时需按《操作标准书》的要求作业且须符合设计要求。 5.6.2 加工OK并组装好后需填写耗材呈签，测量治具送至设计者以便进行下一步作业。 5.6.3 需外制的模治具由治具加工部门填写《请购单》并经审核后交采购单位依《采购管制程序》执行外发加工。	《操作标准书》《采购管制程序》

SP 文件范例 7	模治具管理程序			
文件名称	模治具管理程序	文件编号：SQ-SP-07		版本：A
编制部门	维护部	编制日期：2016.08.08		页码：3/4

序号	模治具管理作业流程	权责部门/人	作业要求	参考文件/使用表单
5.7	重加工或变更设计 ← NG 验收 → OK	维护部 制造部	5.7.1 内制模治具在验收时需确认加工尺寸、公差、材质等是否符合要求，并将验收结果记录于《验收单》。 5.7.2 若加工尺寸、公差、材质等不符要求则退回加工部门或供货商重新加工。 5.7.3 若不合格原因为设计问题则需修改设计并重新加工。 5.7.4 外制模治具于收货确认后 7 个工作日内完成验收，并于《验收单》中注明请购单单号及需求单编号。	《验收单》
5.8	入库	维护部	5.8 验收 OK 后由模治具设计工程师填写《模治具移转清单》经审核后交模治具管理员进行入库作业。	《模治具移转清单》
5.9	借用/归还	生产单位	5.9 生产单位根据生产实际，在生产前 4 小时提出生产计划并将要使用到的模、治具列成清单后到维护部借出。该批产品制作完毕要及时清洁并归还，归还的模治具要求是合格的。	
5.10	维修/维护/保养	维护部	5.10.1 使用单位在使用中出现故障需开立《生产设施维修处理单》并及时通知维护部人员立即维修，维修人员维修 OK 后要在《生产设施维修处理单》上填写相关内容并注明不良原因。 5.10.2 使用单位在使用中要注意保持模治具的清洁，不得在模治具上乱写乱画，更不得拆卸或加装零件。 5.10.3 模治具管理人员对归还的模治具要进行外观检查，对标示模糊的要及时更新，对有线材、组件等外观上弄坏的由借出单位给维修人员修复 OK 后才能归还存入柜中。	《生产设施维修处理单》
5.11	定期盘点	维护部	5.11 模治具每年 3 月、6 月、9 月、12 月要求盘点一次，参考《模治具点检管制表》内容进行作业，其中 3 月及 9 月只针对最近三个月无借出归还记录的模治具进行盘点，6 月及 12 月进行全盘。	《模治具点检管制表》

SP 文件范例7　模治具管理程序

文件名称	模治具管理程序		文件编号：SQ-SP-07	版本：A
编制部门	维护部		编制日期：2016.08.08	页码：4/4
序号	模治具管理作业流程	权责部门/人	作业要求	参考文件/使用表单
5.12	模治具报废	使用部门 维护部	5.12.1　如使用中出现结构上损坏无法修复，由损坏者提出损坏原因交部门主管确认并填写《生产设施维修处理单》，由维护部ME维修人员确认并在《生产设施维修处理单》上签名注明需要报废，维护部主管复核，再填写《报废申请单》呈上级主管审核，并由责任单位提出需求重新设计制作。 5.12.2　如因产品本身改版导致模治具报废，由治具加工部门填写《报废申请单》并在其附言内注明原因，呈上级主管审核后作报废处理。	《生产设施维修处理单》《报废申请单》

6. 附加说明

6.1　客户或供货商提供的模治具由接收单位填写《财产转使用部门通知单》并注明客户（供货商）代码，经审核后转维护部依公司模治具编码准则编号后进行入库作业。其永久性标识需包含客户（供货商）代码。

6.2　模治具编码原则

　　1　2　3　4　5　6　7　8　9　10　11　12　13　14　15　16　17　18

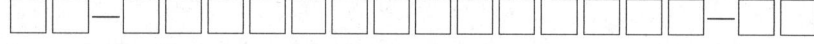

第1、2码：SB：半成品测座
　　　　　　SH：热压后测座
　　　　　　SE：成品测座
　　　　　　FA：组装治具
　　　　　　FP：加工治具

第3-16码：机型：行+列+工程别码+特殊码

第17-18码：流水号

7. 参考文件

7.1　《操作标准书》

7.2　《采购管理程序》

8. 使用表单

8.1　《模治具需求申请单》

8.2　《验收单》

8.3　《模治具移转清单》

8.4　《生产设施维修处理单》

8.5　《模治具点检管制表》

8.6　《报废申请单》

8.7　《财产转使用部门通知单》

SP 文件范例 8	工装管理程序		
文件名称	工装管理程序	文件编号：SQ – SP – 08	版本：A
编制部门	生产部	编制日期：2016.08.08	页码：1/3

1. 目的

为使本公司的工装从设计到报废有一个良好的管制秩序，保证生产的顺利进行，特制定本程序。

2. 适用范围

适用于公司模具、夹具、治具、检具（含客户提供的治具、检具）的管制。

3. 定义

工装：指生产或检验用的模具、夹具、治具、检具等。

4. 工装管理过程图或过程乌龟图

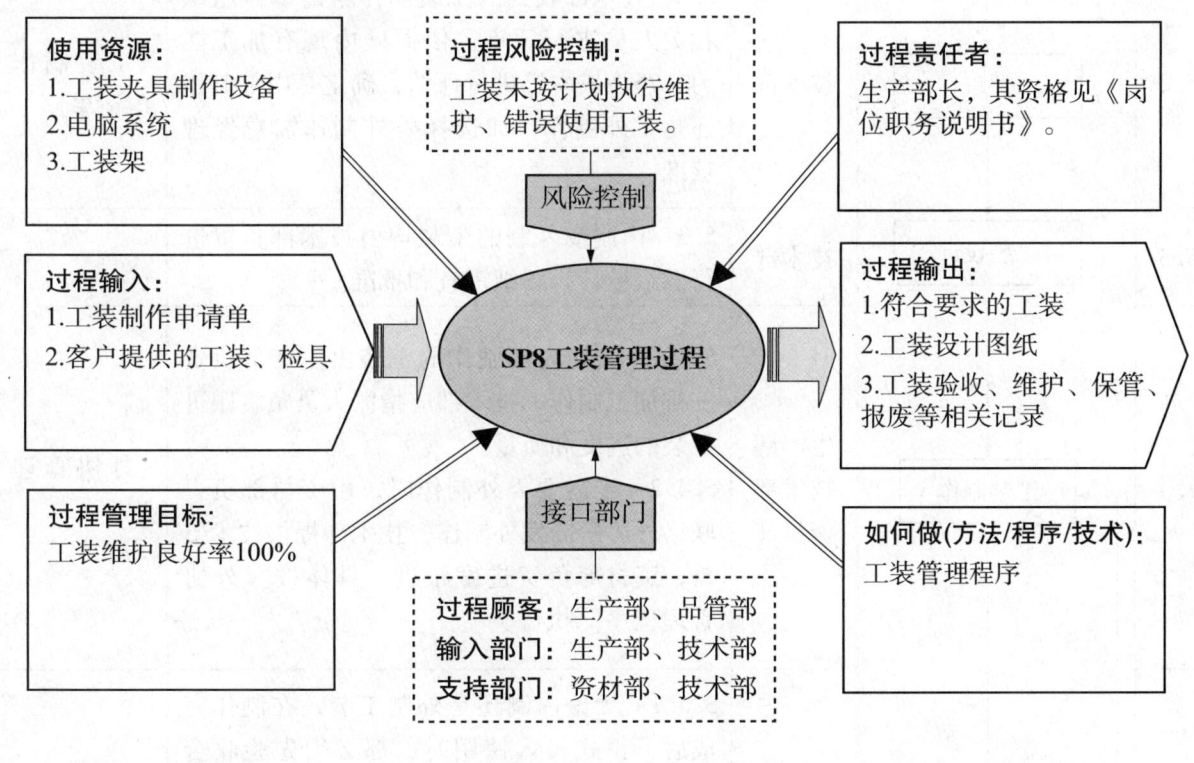

5. 作业内容（下页）

SP 文件范例 8	工装管理程序				
文件名称	工装管理程序		文件编号：SQ-SP-08		版本：A
编制部门	生产部		编制日期：2016.08.08		页码：2/3
序号	工装管理作业流程	权责部门/人	作业要求		参考文件/使用表单
5.1	工装需求申请	需求单位	5.1 在新产品导入阶段由技术部负责工装需求的申请，在产品量产后，增加工装或修改工装时由生产部门提出申请，检具的制作需求由品管部提出申请，各需求部门须填写《工装制作申请单》，报部门主管核准。		《工装制作申请单》
5.2	评审	技术部	5.2 技术部收到《工装制作申请单》组织相关人员进行评审，依据厂内现有加工能力、经济成本等进行评估，确定是内部制作还是委外制作，如选择委外制作需总经理核准。		《工装制作申请单》
5.3	工装设计	技术部	5.3 内制或外制的工装均由技术部负责进行图纸设计，图纸审查和批准。		
5.4	工装制作	生产部 技术部 资材部	5.4.1 公司内部制作的工装由生产部负责安排加工制作，技术部应指派人员负责跟进工装的进度和质量。 5.4.2 当需要委外制作时，由资材部负责联络外协厂商发外制作，技术部提供技术支持，资材部负责进度跟进，具体按《外协管理程序》执行。		《外协管理程序》
5.5	工装验收 NG	技术部 使用部门	5.5.1 无论内制还是外制工装，在制作完成后，正式投入使用时，都必须先验收合格，验收由技术部和使用单位共同完成，并填写《工装检具验收单》。 5.5.2 工装验收时需确认加工尺寸、公差、材质等是否符合要求，并将验收结果记录于《工装检具验收单》。若有加工尺寸、公差、材质等不符要求的情况则退回生产部或外协商重新加工。		《工装检具验收单》
5.6	OK 工装管理	使用部门	5.6 经验收合格的工装检具，使用部门将其登录于《工装总览表》，并按客户名称或产品型号分类，标识清晰，整齐有序放置于工装架上。		《工装总览表》

SP 文件范例 8	工装管理程序			
文件名称	工装管理程序	文件编号：SQ-SP-08		版本：A
编制部门	生产部	编制日期：2016.08.08		页码：3/3
序号	工装管理作业流程	权责部门/人	作业要求	参考文件/使用表单
5.7	使用/保养	使用人员	5.7 使用人员在使用工装时，根据工装架上的标识取用。使用完后，应清洁干净，涂上防锈油防止生锈，然后放回到原来的工装架上的位置。	
5.8	定期盘点	使用部门	5.8 使用部门每季度末按照《工装总览表》，对本部门所属工装进行一次盘点，盘点合格的工装继续使用，不合格的工装作修复或报废处理。	《工装总览表》
5.9	工装报废	使用部门	5.9 经使用或点检无法修复的工装，使用部门填写《报废申请单》经部门主管审核，总经理核准后作报废处理。报废后应在《工装总览表》上备注。	《报废申请单》《工装总览表》

6. 附加说明

6.1 客户提供的工装检具由业务部接收后转交使用部门，使用部门负责登入《工装总览表》，并注明客户名称，同时在客户的工装检具上刻上永久性标识。当发现工装不适用或发生遗失、损坏等情况时，应及时向客户报告，按客户要求的方式处理，并保存相关处理的记录。

6.2 工装编号规则

6.2.1 车间治夹具编号：客户代码+产品图号+流水号（二码）

客户代码：HD-富达，YYL-亚有隆，DZ-大卓等等。

如 HD-JS300.10016-01 表示用于富达客户，产品图号为 JS300.10016 的第一套工装。

6.2.2 品管夹检具编号：

购买的检具按出厂编号，自制的夹检具由品管部按类别进行编号，只要不出现编号重复即可。

7. 参考文件

7.1 《外协管理程序》

8. 使用表单

8.1 《工装制作申请单》

8.2 《工装检具验收单》

8.3 《工装总览表》

8.4 《报废申请单》

工装制作申请单（格式）　　　　　　　　　　　　HC－SC－25A

申请单位：					
申请单位填写	工装名称：		申请数量：		
	工装用途：		申请日期：	期望完成日期：	
	规格/要求说明：				
	支援需求：				
	附图：□工装设计图　□零件图　□产品图　□装配图　□其他：				
	申请人：	申请单位主管核准：		日期：	
制作单位填写	受单日期		内制安排日期		预计完成日期
	指派负责人		□内制	外制理由	□内制排程紧张，要求外制配合制作
			□外制		□超出内制能力，要求外制配合制作
	制作说明：				
	部门主管：		总经理核准：		

工装总览表（格式）　　　　　　　　　　　　HC－SC－27A

使用单位：

工装编号	名称	用途	制作年月	制造商	状态	备注

制定：　　　　　　　审核：

工装/检具验收单（格式）						HC－SC－26A	
工装名称：		编号：					
制作单位		数量		验收日期		年　月　日	
NO	验收项目	规范/要求	检验结果		判定	备注	
1							
2							
3							
4							
5							
6							
7							
8							
9							
10							
11							
12							
13							
14							
15							
综合验收情况说明	验收人：		部门主管确认：			日期：	
使用部门确认	使用部门主管确认：				日期：		
备注：							

SP 文件范例 9　测量设备管理程序

文件名称	测量设备管理程序	文件编号：SQ－SP－09	版本：A
编制部门	品管部	编制日期：2016.08.08	页码：1/4

1. 目的

为规范测量仪器和检测设备的校正和管理，确保检验和试验结果的有效性，为产品符合规定的要求提供证据，特制定本程序。

2. 适用范围

适用于本公司对产品和过程控制所需的所有测量和试验设备的管理。

3. 定义

3.1　计量员：从事测量仪器的内部校验和管理工作，经公司内部或外部相关仪器校正与管理培训，具备校验资格的人员。

3.2　内校：由计量员依据作业指导书或计量检定规程，在公司内部执行仪器校验。

3.3　外校：当内部无能力校正或用于追溯的标准件送外部校验或联络至现场校验。外部机构需具备国家认可的资格。

4. 测量设备管理过程图或过程乌龟图

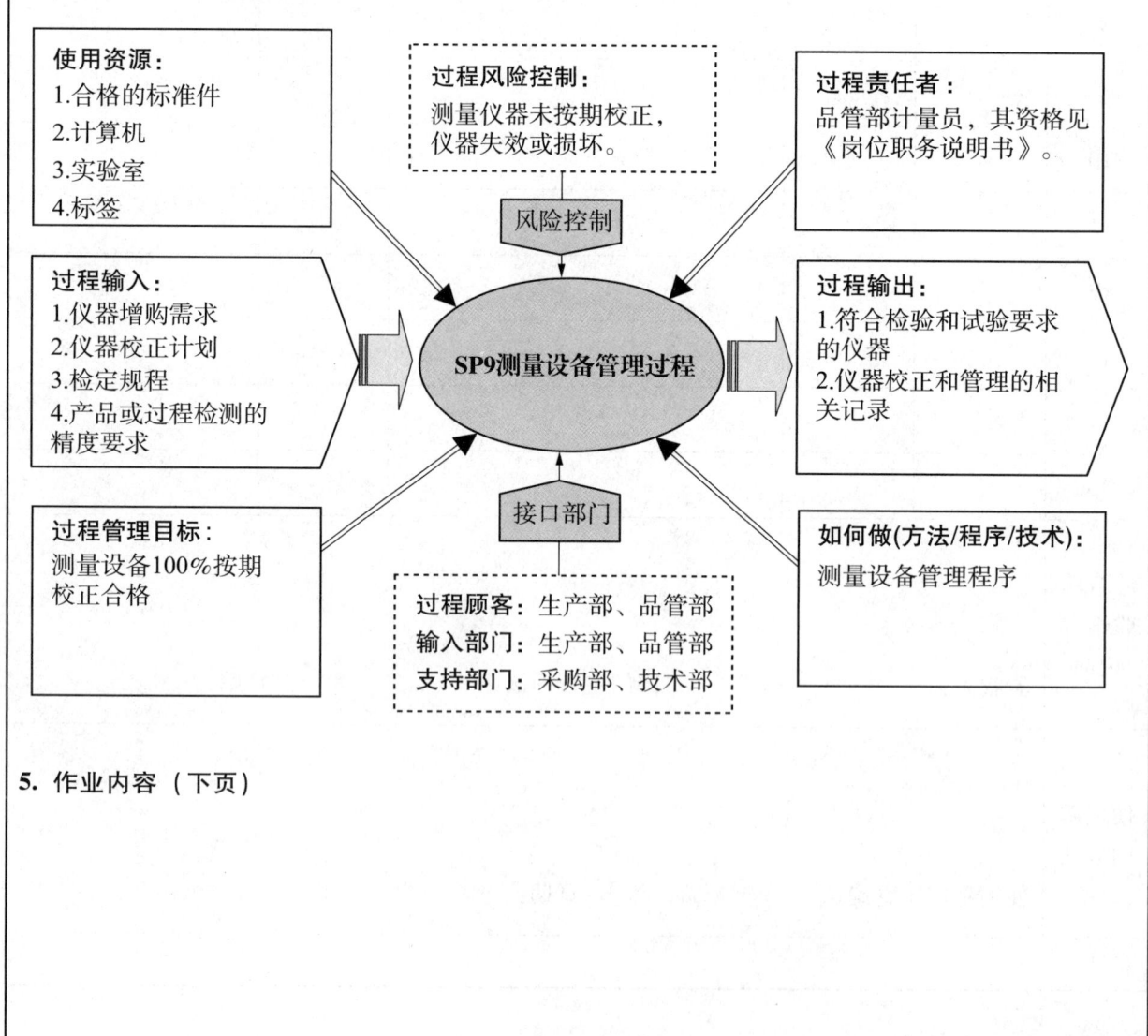

5. 作业内容（下页）

SP 文件范例 9	测量设备管理程序			
文件名称	测量设备管理程序		文件编号：SQ-SP-09	版本：A
编制部门	品管部		编制日期：2016.08.08	页码：2/4

序号	测量设备管理作业流程	权责部门/人	作业要求	参考文件/使用表单
5.1	测量仪器请购	需求单位	5.1 需求单位根据使用需要提出《物料申购单》交部门主管审核。	《物料申购单》
5.2	审核 NG/OK	部门主管 总经理	5.2 部门主管根据具体情况审核实用性和必要性，审核后交总经理批准，转资材部执行。	
5.3	仪器购买	资材部	5.3 资材部接《物料申购单》后，按《采购管理程序》实施采购。	《物料申购单》《采购管理程序》
5.4	验收 NG/OK	计量员 资材部	5.4 购入的量测仪器由品管部计量员按相应的检定规程和仪器说明书对其验收。不合格则返回采购退货处理，合格予以接收。	
5.5	编号/登记/收发	计量员	5.5.1 计量员校验合格的量测仪器，对其进行编号，并登记于《测量仪器/设备总表》，仪器编号原则见附加说明6.1。 5.5.2 仪器收发需登记于《量测仪器收发明细表》内。	《测量仪器/设备总表》《量测仪器收发明细表》
5.6	确定校正周期	计量员	5.6 根据测量仪器本身性能、对产品质量的影响程度、仪器的使用频率和使用的环境状况等因素来确定其校正周期，并登录于《测量仪器/设备总表》中。	《测量仪器/设备总表》
5.7	确定校正方式	计量员	5.7 计量员考虑仪器的校正能力和校正成本来确定校正方式，分为内校和外校。内校由公司内部计量员执行，外校选择国家认可的计量机构执行。	
5.8	制订校正计划	计量员	5.8 计量员根据周期和校正方式，做成校验计划，填写《年度测量仪器校验计划表》。	《年度测量仪器校验计划表》
5.9	校正通知 A	计量员 相关部门	5.9 计量员根据计划表，将到期校验的量测仪器填写于《测量仪器校正通知单》，在到期校验之前通知相关单位，相关单位根据生产协调，分批交计量员实施校验。	《测量仪器校正通知单》

SP 文件范例 9	测量设备管理程序			
文件名称	测量设备管理程序	文件编号：SQ-SP-09		版本：A
编制部门	品管部	编制日期：2016.08.08		页码：3/4
序号	测量设备管理作业流程	权责部门/人	作业要求	参考文件/使用表单
5.10	执行校正	计量员	5.10.1 内校：计量员依据相应的《仪器内校指导书》对其进行校验，做成《测量仪器内校报告》。 5.10.2 外校：送于指定的经国家认可的机构实施外校，外校后必须附检验报告。	《仪器内校指导书》 《测量仪器内校报告》
5.11	结果判定和标识	计量员	5.11.1 内校：校正完成后，根据校正结果对量测仪器进行判定。判定结果有合格/禁用/限用。 a. 符合允收标准为合格，绿色标签标识。 b. 用于某一范围或某一量程的测量，为限用，用黄色标签标识。 c. 淘汰、超期返修或不合格为禁用，用红色标签标识。 5.11.2 外校：外校结果回厂后，计量员需参考国家标准并根据本公司的实际需求对其进行判定。 5.11.3 计量员根据判定结果对量测仪器进行标识，贴附相应的标签。	
5.12	仪器使用	使用部门	5.12 使用部门应遵守仪器的操作方法正确使用仪器，防止不必要的调整和损坏，发现仪器偏离标准范围时，应及时送交计量室进行校正或调整。	
5.13	仪器维修	使用部门 计量员	5.13 各使用单位发现测量仪器有损坏或测量失效时，应及时送计量室，计量员确定内部维修或委外维修，维修后需重新校正判定合格并贴上校验标签方可使用。	
5.14	仪器报废	品管部	5.14 不合格需报废的量测仪器，由计量员填写《报废申请单》，由品管主管审核确认，总经理核准后报废处理，该报废仪器注明于《测量仪器/设备总表》中。	《报废申请单》 《测量仪器/设备总表》
5.15	记录保存	品管部	5.15 所有相关资料，按《记录管制程序》执行。	《记录管制程序》

SP 文件范例 9	测量设备管理程序		
文件名称	测量设备管理程序	文件编号：SQ-SP-09	版本：A
编制部门	品管部	编制日期：2016.08.08	页码：4/4

6. 附加说明

6.1 仪器编号管理原则如下

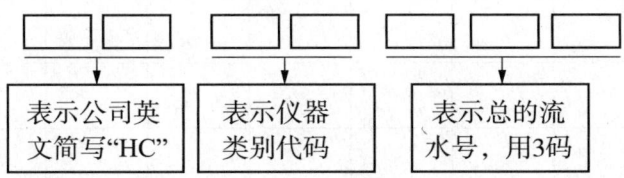

仪器类别代码以仪器前两个字的汉字拼音第1个字母组合表示如：卡尺-KC，千分尺-QF，电子称-DZ。

6.2 仪校环境：本公司仪校的作业环境管制条件，温度20℃±5℃，相对湿度60%±20%，仪校在计量室内进行。

6.3 校准/验证记录：对所有量具、测量和试验设备都应提供校准/验证活动的记录，用以提供符合确定的产品要求的证据。记录应包括：

6.3.1 设备标识，包括校准设备所依据的测量标准；

6.3.2 由工程更改所引发的修订，若涉及测量和试验仪器变更的时候，要对所用的仪器进行适用性评估

6.3.3 在校准/验证时任何超出规范的读数，及在校准/验证后有关符合规范的数据要记录在相关的报告上。

6.3.4 超出规范条件下影响的评估，在校准或使用中发现量测仪器异常，必须对该量测仪器之前所测量过的产品进行追溯检验，评定其检验、测量和试验结果的有效性，同时对量测仪器进行校正或修理。

6.3.5 在可疑产品或材料已发运的情况下，品管人员应通知业务人员知会客人，并根据不符合的影响度进行相应的处理。

6.4 量测仪器的使用、维护与保管

6.4.1 仪器使用人员应熟练掌握量测仪器的性能、使用方法和维护保养知识，严格遵守操作规则。

6.4.2 严禁将量测仪器用于非计量检测及超负荷使用，严禁使用不合格或无标识的量测仪器。

6.4.3 量测仪器在使用过程中要轻拿轻放、严禁私自拆卸。

6.4.4 量测仪器与试验设备存放场所须避免高温、高湿，有腐蚀及其他高侵害的环境。

7. 参考文件

7.1 《采购管理程序》

8. 使用表单

8.1 《物料申购单》

8.2 《测量仪器/设备总表》

8.3 《测量仪器收发明细表》

8.4 《年度测量仪器校验计划表》

8.5 《测量仪器校正通知单》

8.6 《测量仪器内校报告》

8.7 《报废申请单》

测量仪器/设备总表（格式）　　　　　　　　HC－PG－22A

序号	设备名称	品牌	精度(MM)	型号规格	出厂编号	本厂编号	购入日期	校正日期	校正周期	设备状况	保管人

制表：　　　　　　　　　　　　　　审核：

测量仪器收发明细表（格式）　　　　　　　　HC－PG－18A

序号	设备名称	品牌	型号规格	设备编号		购入日期	校正日期	校正周期	领用日期	领用人	经手人
				出厂编号	本厂编号						
1											
2											
3											
4											
5											
6											

年度测量仪器校验计划表（格式）　　HC-PG-19A

年度：　　　　　　　　　　　　　　　制定日期：　　年　月　日

序号	仪器名称	编号	测量范围	精度	校验方式 || 校正周期	月份												
					内校	外校		1	2	3	4	5	6	7	8	9	10	11	12

制定：　　　　　　　　　审核：　　　　　　　　　批准：

测量仪器校正通知单（格式）　　HC-PG-21A

部门								交检日期
序号	名称	精度	型号规格	出厂编号	本厂编号	领用人	校准日期	备注

通知日期：　　　年　月　日　　　　　　　　　　　　　　　　计量员：

通用（带表□数显□游标□深度□）卡尺校准报告							HC－PG－20A
计量器具名称：		出厂编号：			本厂编号：		
型号规格	~ mm	分度值：	mm	校准日期		年 月	日
制造厂				下次校准日期		年 月	日
本次校准使用的主要测量标准							
名称		编号		名称		编号	
卡尺专用量块		90020		刀口尺		6476	
外径千分尺		1162384		量块		50820	
本次校准的技术依据文件				JJG 30－2002 通用卡尺检定规程			
校准地点：		计量室		温度 ℃		湿度 %RH	

校准项目		标准允差（mm）	实测值	11. 主尺示值校验（mm）		
				标称值（L）	标准允差（mm）	示值误差（mm）
1. 外观		无明显缺陷		41.20	—	±0.02
2. 各部分相互作用		顺畅、可靠		81.50 51.20	—	±0.02
3. 外量爪测量面平面度		≤0.003		121.80 121.50 101.20		±0.02
4. 深度尺测量面平面度		深度尺≤0.005		191.80		±0.03
5. 刀口内量爪	尺寸偏差	0.01		201.50		±0.04
	平行度	≤0.01		291.80		±0.04
6. 圆弧内量爪	尺寸	分度值整倍数		400.00		±0.05
	平行度	≤0.01		500.00		±0.05
7. 零位误差	零标记	±0.005		600.00		±0.07
	尾标记	±0.01		800.00		±0.07
8. 带表卡尺示值变动性		不超过分度值1/2		100.00		±0.10
9. 数显示值变动性		≤0.01		测深尺示值校验（mm）		
10. 数显示值稳定性		≤0.01		20.00	±0.01□	±0.02□

注：关于测量结果不确定度的说明：
1. 依据 JJF 1059—1999 测量不确定度评定与表示；
2. 本次测量结果不确定度：0.01mm（L≤500mm）□（K＝2）；0.02mm（L≤1000mm）□（K＝2）。

校准结论： □所校项目合格 □按校准结果使用	校验员：	核验员：

SP 文件范例 10	实验室管理程序		
文件名称	实验室管理程序	文件编号：SQ-SP-10	版本：A
编制部门	品管部	编制日期：2016.08.08	页码：1/4

1. 目的

明确公司内部实验室设施应有的范围，包括进行要求的检验、试验或校准的能力，并对实验过程进行有效的控制，确保产品质量满足规定的要求，特制定本程序。

2. 适用范围

适用于本公司实验过程控制和实验室的管理。

3. 定义

内部实验室：负责公司原物料、样件、半成品、成品的相关实验和测试的场所及其实验设备。

4. 实验室管理过程图或过程乌龟图

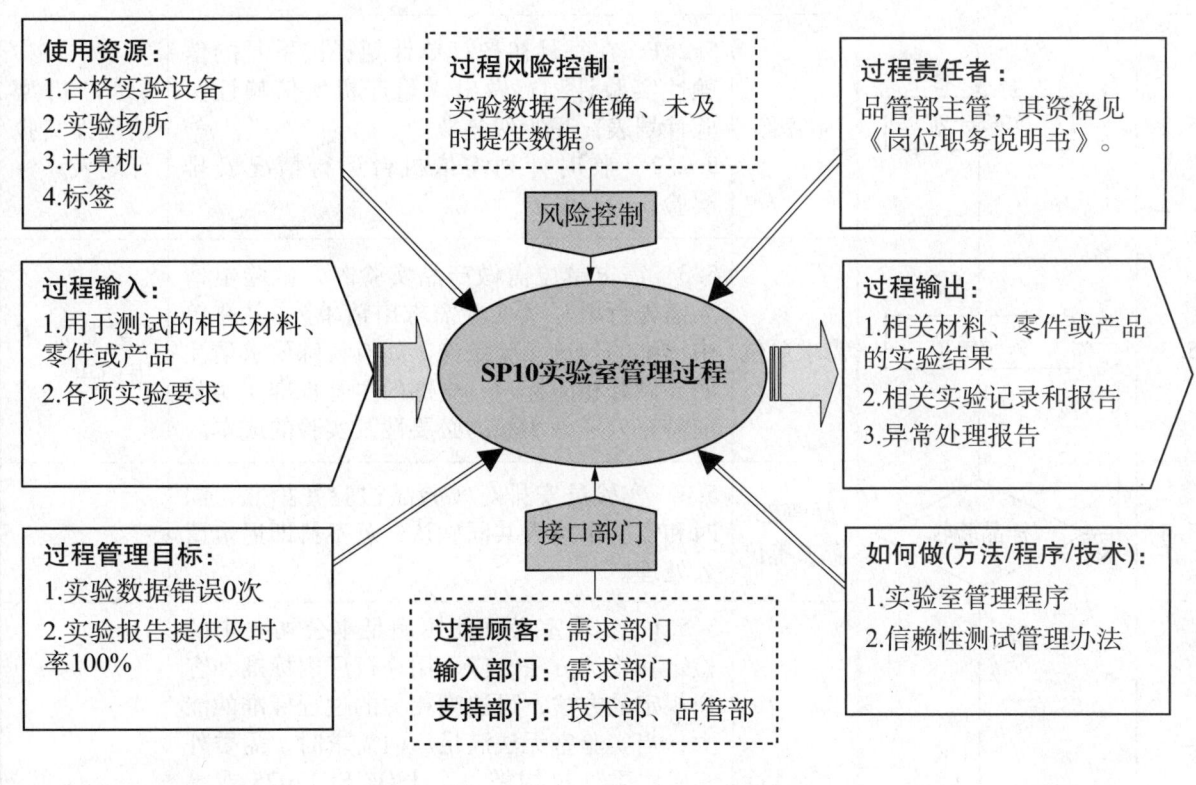

5. 作业内容（下页）

SP 文件范例 10	实验室管理程序			
文件名称	实验室管理程序	文件编号：SQ-SP-10		版本：A
编制部门	品管部	编制日期：2016.08.08		页码：2/4
序号	实验室管理作业流程	权责部门/人	作业要求	参考文件/使用表单
5.1	实验室规划	品管部	5.1.1 实验室方针：客观、准确、及时地提供实验数据，确保产品质量满足规定的要求。 5.1.2 实验范围及硬件设施的规划见附加说明 6.1 和 6.2。 5.1.3 实验设备校正和管理参照《测量设备管理程序》执行。	《测量设备管理程序》
5.2	实验计划	品管部	5.2.1 在每月初按订单计划提出下月的信赖性实验计划，做出《量产机型信赖性实验计划表》呈上级签核。 5.2.2 临时计划需依机台运行情况安排实验；	《量产机型信赖性实验计划表》
5.3	实验申请	需求单位	5.3 需求单位需做产品实验时，试验申请人需先行填写《实验需求申请单》，并在单中详细的勾选实验条件，如有特殊要求请注明并做好相应标示，交部门主管批准。实验前需充分考虑实验的必要性及实验的成本。	《实验需求申请单》
5.4	样品验收 NG	品管部 需求单位	5.4 实验员安排对实验品检验并拍照，同时和实验申请人共同确认，若不符即退申请人处理。	
5.5	实验执行 OK	品管部	5.5.1 实验室必须使用满足本公司要求的检定和检测方法，应采用现行厂内标准和客户规定的方法，可追溯相关的过程标准的能力，当实验室无法满足厂内需求时，需委外实验，委外机构需符合 ISO/IEC17025 或等同于国家标准，并要求其提供相关证书及测试报告即可。 5.5.2 实验员严格按照《信赖性管理办法》执行实验。 5.5.3 各机型在实验中需注明实验参数及机台运行标示。	《信赖性测试管理办法》
5.6	实验过程控制	品管部	5.6.1 建立《实验进度管控表》并定期更新，在每周三及周六发给相关单位知悉。 5.6.2 做实验动态的时候，每天至少两次观看产品的变化，若发现异常状况需及时知会部门主管，并告知试验申请人员，必要时会同相关人员分析。	《实验进度管控表》

SP 文件范例 10	实验室管理程序			
文件名称	实验室管理程序	文件编号：SQ－SP－10		版本：A
编制部门	品管部	编制日期：2016.08.08		页码：3/4

序号	实验室管理作业流程	权责部门/人	作业要求	参考文件/使用表单
5.7	结果确认 OK	品管部 需求单位	5.7 实验完成后由实验员与实验需求者共同确认，需根据产品检验标准结合试验真实状况，对试验做出正确的判定，并填写《信赖性测试报告》。	《信赖性测试报告》
5.8	NG 实验异常追踪	品管部及需求单位	5.8 实验发生的异常由实验单位开出《实验异常处理报告单》，对异常的分析及改善报告要及时地追踪，若申请人有异议会同实验员通知双方主管确认，同机型或同一物料的实验，如上次的异常未回复将拒收。	《实验异常处理报告单》
5.9	实验报告	各相关部门	5.9.1 针对量产机型于实验后的产品良品要交收入库，不良品维修或报废处理； 5.9.2 《信赖性测试报告》需实验完成后24小时内发出，信赖性异常需上级主管核准后方可发出。 5.9.3 实验报告送给相对应的部门文员，实验产品通知实验申请人领回。	《信赖性测试报告》
5.10	记录保存	品管部	5.10 实验过程相关记录依《记录管制程序》保存。	《记录管制程序》

6. 附加说明

6.1 实验室的试验范围：

表1 实验室业务范围及实验方法

序号	试验名称	试验方法
1	冷热冲击试验	按试验冷热冲击操作说明
2	高温高湿试验	按高温高湿试验操作说明
3	振动试验	按振动试验操作说明
4	摔落试验	按摔落试验操作说明
5	高压加速寿命试验	按高压加速寿命试验操作说明
6	HRB、HRC 硬度试验	按硬度计操作指导说明
7	三坐标试验	按三次元操作规程及保养说明
8	盐水喷雾试验	按盐水喷雾试验操作说明
9	千分尺、内径分厘卡内部校验	依据相应的内校规程标准进行
10	高度规、数显千分尺内部校验	依据相应的内校规程标准进行

SP 文件范例 10　实验室管理程序

文件名称	实验室管理程序	文件编号：SQ-SP-10	版本：A
编制部门	品管部	编制日期：2016.08.08	页码：4/4

6.2　实验室的硬件设施：

表 2　实验室硬件设施及用途

序号	型号的名称	用途	放置场所
1	冷热冲击试验机	测试产品在温度冲击变化中的能力	实验室
2	恒温恒湿试验机	测试产品抗高低温、湿度的能力	实验室
3	振动试验机	测试产品抗运输的能力	实验室
4	摔落试验机	测试产品抗摔落的能力	实验室
5	高压加速寿命试验机	测试产品抗高压的能力	实验室
6	三次元	测试产品的坐标的能力及量规校正	实验室
7	硬度计	测试铁圈及铝锭硬度的能力	实验室
8	盐水喷雾试验机	电镀层的抗腐蚀能力测试	实验室
9	块规	卡尺、千分尺、高度规等内校	实验室

6.3　实验室人员资格及职责：

6.3.1　品管主管为实验室主管，对实验室系统及质量运作负责，具有 2 年以上工作经验。

6.3.2　仪器人员与试验人员皆须符合《特殊岗位人员资格鉴定办法》的管理，通过专业的培训获得实验上岗资格，熟悉实验设备/仪器的操作方法和技能，以其专业的立场对测试结果负责。

6.4　试验室环境控制：

为确保试验结果的准确性，实验室的环境温度需控制在 20℃±5℃范围内；湿度控制在 50%–70%，由实验负责人监控，在执行校正和实验阶段，温、湿度每 2 小时记录一次于《温湿度记录表》上以作管制。

6.5　实验统计方法的应用

对形成数据的实验活动，应运用适当的统计技术对其结果进行分析和评审，以判定其精度变化趋势，进而确认仪校或测试结果的可靠性。

7. 参考文件

　　7.1　《测量仪器管理程序》
　　7.2　《信赖性测试管理办法》
　　7.3　《特殊岗位人员资格鉴定办法》

8. 使用表单

　　8.1　《量产机型信赖性实验计划表》
　　8.2　《实验需求申请单》
　　8.3　《实验进度管控表》
　　8.4　《信赖性测试报告》
　　8.5　《实验异常处理报告单》
　　8.6　《温湿度记录表》

实验需求申请单（格式）					HC－R－151	
申请单位		申请日期		需求完成时间		
实验品名称		实验品型号		数量		
产品用途		特殊说明				

1. 测试条件：

☐静态低温储存（☐－30℃/96hours ☐－10℃/96hours）　　☐低温动态（☐－20℃/96hours ☐0℃/96hours）

☐静态温度循环（－20℃/30mins→25℃/5mins→70℃/30mins→25℃/5mins×10）

☐静态高温储存（☐80℃/96hours ☐60℃/96hours）　　☐高温动态（☐70℃/96hours ☐50℃/96hours）

☐静态高温高湿　（☐40℃with90%RH；96hours　☐60℃with90%RH；96hours）

☐ESD 测试　　　　　　　（☐Air　☐Contact）

☐摔落测试（☐X. Y. Z 共三个方向；高度120cm 每方向各一次）

☐振动测试（☐10～55Hz，持续1分钟，x、y、z 三方向振幅1.50mm，每方向持续振动2小时）

☐高压加速寿命测试（☐120℃100%RH ☐压力1.0kg/cm² ☐时间：60HRS）

☐冷热冲击（高温70℃/30mins、低温－20℃/30mins，高低温转换时间于5mins 钟之内，共10个循环

2. 其他（请详细填写测试条件）……………………………………………………☐

_____

3. 随附文件（规范、客户提供之规格书）………………………………………☐

_____

1. 受测产品取得方式　（1）申请者提供 …………………………………………☐

　　　　　　　　　　　（2）其他_____ …………………………………☐

2. 测试报告　（1）不需报告 ……………………………………………………☐

　　　　　　　（2）需出具测试报告 ……………………………………………☐

（以上部份请送测单位详细填写后发送至实验室）

品管评估说明：				
实验室收件：点收受测品并回复预计完成时间：_____ 接收者签名：_____				
验证结果	☐OK　☐NG　（详见《信赖度测试记录表》）			
实验单位			申请单位	
核准		实验员	核准	申请人

信赖性测试报告（格式）		HC－R－153
检验日期（Date）： 检验员（Inspector）：		
机型（Model）：	Report No.：	
受测物（Sample Name）：	入检数（Q'Ty）：	
测试项目（Test Item）：		
测试目的（Description of Test）：		
测试条件（Test Condition）：		
测试设备（Test Equipment）：		

项目 No.	试验项目 Inspecting Items	试验结果 Inspecting Result
1		
2		
3		

测试结果（Summary of Test）：

改善建议（Suggestion）：

POWERTIP TECHNOLOGY CORPORATION

核准 APPROVED BY：	审查 CHECKED BY：	制作 PREPARED BY：

实验进度管控表（格式）									HC－R－152
编号	提案日期	机型	实验项目	申请人	申请单位	投入时间	预计完成时间	实际完成时间	备注

制定： 审核：

SP 文件范例 11	供应商管理程序		
文件名称	供应商管理程序	文件编号：SQ-SP-11	版本：A
编制部门	资材部	编制日期：2016.08.08	页码：1/4

1. 目的

为规范对供应商的选择、评估、定期评估和处置的作业方法，确保供应商所提供的产品和服务能满足本公司的要求，特制定本程序。

2. 适用范围

适用于公司主材料、辅料、包材供应商及外发加工厂商的管理。

3. 定义

3.1 主材料：直接组成产品的零部件和材料。

3.2 辅助材料：模具、刀具、油品、包装材料等。

3.3 外协：生产工序的外包，服务（如承运、检测）的外包。

4. 供应商管理过程图或过程乌龟图

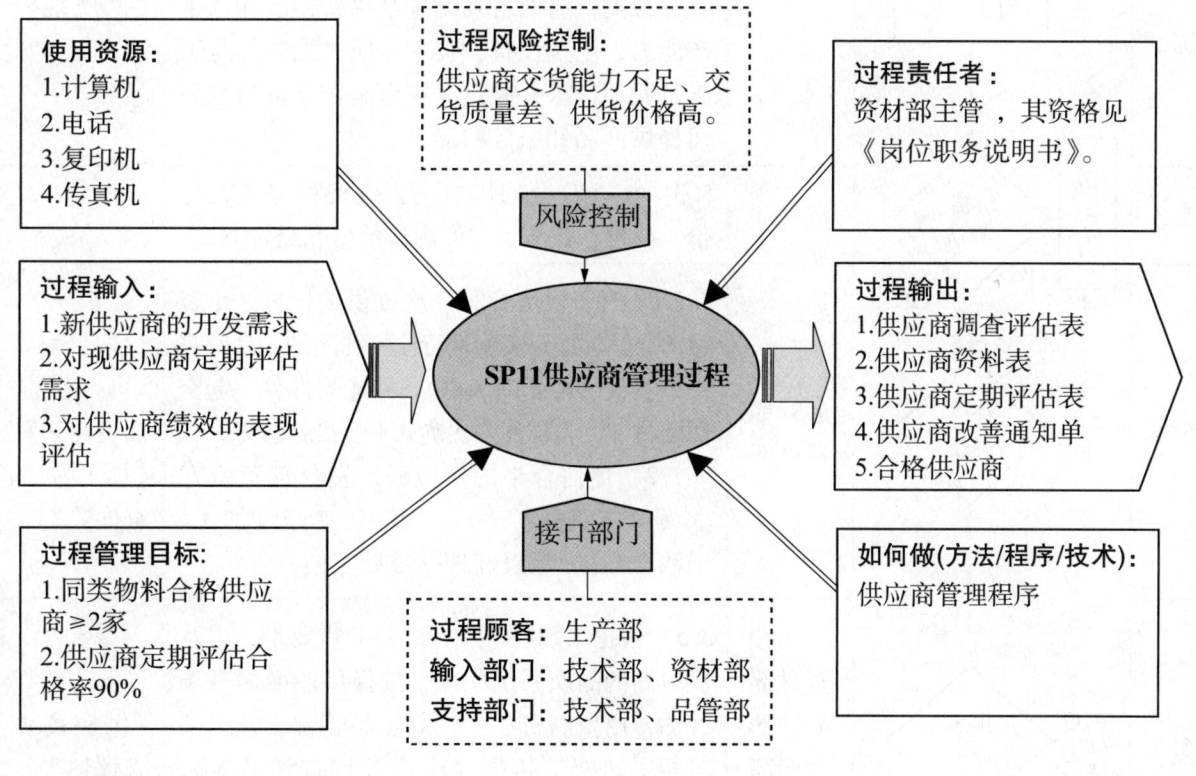

5. 作业内容（下页）

SP 文件范例 11		供应商管理程序			
文件名称		供应商管理程序	文件编号：SQ-SP-11		版本：A
编制部门		资材部	编制日期：2016.08.08		页码：2/4
序号	供应商管理作业流程	权责部门/人	作业内容		参考文件/使用表单
5.1	供应商资料收集	资材部	5.1 根据所需采购的物料和外协需求，通过网站、电话咨询、宣传资料、别人推荐或厂商主动联络等各种途径寻找可为公司提供各种合作的供应商信息。		
5.2	初步筛选	资材部	5.2 资材部根据供应商提供的资料进行初步筛选，并发《供应商调查评估表》和《供应商资料表》给供应商做自我调查及填写基本资料；要求供应商在一周内回传，资材部根据供应商自我调查结果，初步评估生产能力，生产设备、技术、质量控制等是否满足我司需求，确定供应商是否具备为我公司提供产品和服务的能力。		《供应商调查评估表》《供应商资料表》
5.3	放弃 ← NG — 价格确认 — OK ↓	资材部	5.3 初选符合的供应商，由资材部进行比价、议价，并与供应商确认价格和交货方式。		
5.4	样件确认 NG	品管部 资材部	5.4.1 对于供应商第一次提供的样件，由资材部交品管部对实物进行检验和测试，品管将结果填入《样品确认单》，并连同样件一起交回资材部，若样件多次确认不合格就放弃。 5.4.2 评估合格的供应商，资材部负责建立《供应商资料表》，并与其签订《加工/采购合同》，呈总经理核准后存档。		《样品确认单》《供应商资料表》《加工/采购合同》
5.5	现场评估 NG→供方改善 OK	资材部 品管部 生产部 技术部	5.5 根据采购物料或外协件的重要性，以及供应商的品质系统状况，选择供应商做现场评估，由资材部、生产部、品管部、技术部等相关人员，依据《供应商调查评估表》，对供应商进行现场评估，评估达80分者方为合格，低于80分的通知供应商改善。		《供应商调查评估表》
5.6	建立供应商名录	资材部	5.6 将已评估合格的新供应商纳入《合格供应商名录》，并将供应商资料归档。		《合格供应商名录》
5.7	批量采购/外协 A	资材部	5.7 资材部根据《采购管理程序》或《外协管理程序》进行批量采购或外协。		《采购管理程序》《外协管理程序》

SP 文件范例 11　供应商管理程序

文件名称	供应商管理程序	文件编号：SQ-SP-11	版本：A
编制部门	资材部	编制日期：2016.08.08	页码：3/4

序号	供应商管理作业流程	权责部门/人	作业内容	参考文件/使用表单
5.8	定期评估（A）	资材部各部门	5.8.1 资材人员根据《供应商定期评估表》就每月度的供货情况，如交期、品质、服务配合度由相关部门进行评分，对于评为C级（含）以下者要求改进，并发出《供应商改善通知单》。对于评为D级的供应商由资材部呈报总经理决定是弃用或派人辅导改善。 5.8.2 对累计3次评为D级的供应商，年度评估即不予通过，同时从《合格供应商名录》中去除。 5.8.3 经统计的《供应商定期评估表》呈资材部长核准。	《供应商定期评估表》《供应商改善通知单》
5.9	资料存档	资材部	5.9 对以上作业所产生的相关资料资材部进行保存，以便追溯。	

6. 附加说明

6.1　供应商质量管理体系的开发

6.1.1　本公司按 ISO 9001:2015 标准的要求对供应商进行质量体系开发。

6.1.2　对已通过 ISO 9001 认证的厂商，要求提供 ISO 9001 证书。

6.1.3　对没有通过 ISO 9001 认证的公司，要辅导其提升质量体系，并要求达到 ISO 9001 质量体系标准及认证。

6.2　可免于现场评审的供应商：

a. 生产地在海外；

b. 独霸市场的供应商；

c. 国内外知名品牌厂商。

6.3　法规的符合性

用于产品生产的所有采购材料，均必须满足对限制有毒、危险物品的现行政府环境及安全法规的要求。

6.4　顾客批准的供货来源

若客户有指定供应商，公司必须从经顾客批准的供应商处采购产品、材料或服务。虽然是客户指定的供应商，也应实施与其他供应商相同的控制。客户指定供应商采购产品、材料或服务，但并不能免除组织提供合格产品、材料或服务的责任。

6.5　特殊情况的通融登录：

经评审判定不合格，但符合下列情况者，由采购填写《供应商资料表》经总经理核准后，通融列入临时购买供应商。

a. 卖方独占市场时；

b. 评审分数差异不大，而一时无法找到合适的供应商。

SP 文件范例 11　供应商管理程序

文件名称	供应商管理程序	文件编号：SQ-SP-11	版本：A
编制部门	资材部	编制日期：2016.08.08	页码：4/4

6.6　供应商资格评定标准：

资格认定	评审结果	备注
认可供应商	80（含）分以上	列为合格供应商正常采购
有条件认可供应商	70（含）分以上 80 分以下	评审中发现不合格项目，由品管要求供应商改善后再评估，如供应商无任何改善计划及改善结果，则视为不合格供应商。从评审日起 6 个月内不可安排重新评审；如有改善，则视为认可供应商。
不认可供应商	70（不含）分以下	评审分数低于此分时，不得向其采购，限期整改，并在 6 个月内不再安排重新评审。

6.7　供应商定期评估分级标准：

评分项目	90~100 分	75~89 分	60~74 分	60 分以下
级别	A	B	C	D
等别	优秀	良好	一般	差
措施	对于被评为 A 级的厂商，可考虑加大订单量，若连续 2 月被评为 D 级的，由资材部主管呈报总经理决定是弃用或派人辅导。对有 3 次连续处于 D 级的供应商，则考虑取消其资格。			

7. 参考文件

　　7.1　《采购管理程序》

　　7.2　《外协管理程序》

8. 使用表单

　　8.1　《供应商资料表》

　　8.2　《供应商调查评估表》

　　8.3　《供应商改善通知单》

　　8.4　《样品确认单》

　　8.5　《加工/采购合同》

　　8.6　《合格供应商名录》

　　8.7　《供应商定期评估表》

供应商资料表（格式）				HC-ZC-01A	
供应商名称：		成立时间：			
法人代表：	企业性质：□外资　□中外合资　□台资　□港资　□民营企业　□其他_____				
详细地址：		电话：		传真：	
业务联系人：		职务：		手机：	
品管负责人：		职务：		手机：	
公司占地面积：		厂房面积：			
公司总人数：		管理人数：		品管人数：	
公司主要经营业务：				年生产量：	
付款方式：					
文件化系统　□有　□无	□质量手册　□程序文件　□控制计划　□生产作业指导文件 □其他_____				
可否提供出厂检验记录	□可提供完整记录　□可提供部分记录　□不能提供记录　□其他_____				

	设备名称	规格/型号	制造商	数量	已使用年限
主要生产设备					

	设备名称	规格/型号	制造商	数量	已使用年限
主要检验设备					

以上由供应商填写，以下由本公司填写

该供应商符合下列哪些条件？

□样件合格　□价格优势　□技术优势　□有完整的质量体系　□质量优良　□知名企业
□独占市场　□行业领先　□通过 ISO 9000 认证　□技术、质量尚可，但一时找不到更合适供应商
□现场审核通过　　□其他_____

评审结果	□列入长期合作供应商 □列入临时供应商，根据供应商表现再作评估	资材部	品管部
		签名：	签名：
		日期：	日期：

供应商调查评估表（示例）　　　　　　　　　　HC-ZC-02A

供应商名称：　　　　　　　　　　　　评审日期：　　年　月　日

NO	评审项目	评审内容	评审结果				问题点
			符合 3	多数符合 2	少数符合 1	不符合 0	
1	质量体系	是否建立了书面质量管理体系？					
2		是否有质量手册？					
3		是否有内部过程运行的文件？					
4		是否有书面的组织架构？					
5		是否清楚地定义各部门工作职责？					
6		是否有独立的品管部门负责质量控制？					
7	质量控制	是否具有书面的进料检验规范和抽样标准？					
8		是否具有书面的制程检验标准？					
9		是否有书面的成品检验规范？					
10		检验规范是否满足图纸和客户的要求？					
11		材料、制品、成品是否有明确的标识及区隔？					
12		各阶段检验作业是否按文件要求执行？					
13		各阶段是否有完整的检验记录并保存？					
14	量测仪器管理	有无量测仪器管理规定或程序？					
15		量测仪器是否有列管理清单，是否有定期校正并有校正标识？					
16	不合格管理	是否有不合格品的处理作业程序？					
17		当发生不合格情况时，有无按规定进行处理？					
18		有无进行不良分析，纠正措施？					
19	生产管理	生产各工序是否有作业指导书或工艺文件？					
20		作业员是否明确作业内容，重要管理项目？					
21		是否有做首件确认和自主检查？					
22		生产能力是否能满足订单需要？					
23		是否有书面的生产计划排程？					
24		生产现场是否实施5S管理？					
25	技术管理	是否有为生产制定工艺文件或作业指导书？					
26		是否有对图纸技术资料发放和使用进行有效控制？					
27		对图纸变更是否有管制方法？					
28	设备管理	有无机器设备管理清单及定期点检的规范和实施记录？					
29		生产设备的设定条件有无确认，设备作业开始时是否进行了点检？					
30		有无对治具、模具的管理方法？					
31	仓储管理	材料、半成品、成品是否有程序规范，并被妥善的处理、储存、包装、运送？					
32		仓库是否明确的分类？					
33		标识及账目是否清楚？					
34		不合格品是否有明确标识和区隔？					

供应商调查评估表（格式） HC－ZC－02A

供应商名称：			评审日期：	年 月 日			
NO	评审项目	评审内容	评审结果				问题点
			符合 3	多数符合 2	少数符合 1	不符合 0	
35	客诉处理	有无书面的客诉处理程序？					
36		是否有明确职责人员来处理客户投诉？					
37		对客户投诉问题是否有采取纠正措施，防止再发生？					
38	培训管理	是否有制订整年度或季度的训练计划并确实在实施？					
39		对所有从事影响质量活动的人员是否已提供相应的教育训练，并进行考核？					
40		对于特殊岗位是否有特定之教育训练并满足资格要求？					
		合计					总分：

评分说明：总分120分，评分等级如下：

等级	分数	处置
A	100~120分	优秀，优先列入合格供应商，优先下单
B	80~99分	良好，列入合格供应商，正常下单
C	70~79分	一般，通知供应商改善后再评估
D	70分以下	差，限期整改后再评估或放弃

	本公司	供应商
核准	评审人员（资材部/品管部/生产部/技术部）	被审核方人员

样品确认单（格式） HC－ZC－08A

供应商名称		品名/规格		数量	
图号			检测日期		年 月 日
NO.	检测项目	规范/要求	检测结果	判定	备注
1					
2					
3					
4					
综合检测情况说明		检测人：		部门主管确认：	日期：
使用部门确认		使用部门主管确认：		日期：	
备注：					

合格供应商名录（格式）

HC-ZC-08A

序号	供应商名称	联系人	电话	传真	主要供应物料或服务	地址	登录日期	备注

编制： 审核：

供应商定期评估表（格式）

HC-ZC-04A

_____年度 _____月份　　评估日期：　　年　月　日

序号	供应商名称	交货合格率（占50分）			交货及时率（占30分）			配合度（占20分）	总分数	等级	备注
		交货批数	合格批数	合格率	得分	交货批数	准时批数	及时率	得分				

说明：1. 交货合格率得分 =（交货总批数 - 不合格批数）/交货总批数 ×50

2. 交货及时率得分 =（交货总批数 - 逾期批次）/交货总批数 ×30

3. 配合度得分由资材部根据供应商的服务配合情况进行评分，满分20分；

4. 等级划分：90分以上为A级；75～89分为B级；60～74分C级；60分以下为D级；

5. 评估结果处理：被评为C级（含）以下者于当月发出《供应商改善通知单》。

经办人：　　　　核准：

供应商改善通知单（格式）				HC-ZC-03A		
供应商名称			供方联系人			
联系电话			传真			
产品名称			产品编号			
考核结果		考核项目		总分	得分	级别
存在问题和建议						
	负责人：		日期：		审核：	
供方措施回复	（请在一个工作周内回复）					
供应商签字：		日期：		盖章：		
品管部确认：		日期：		管理代表审核：		

SP 文件范例 12　采购管理程序

文件名称	采购管理程序	文件编号：SQ－SP－12	版本：A
编制部门	资材部	编制日期：2016.08.08	页码：1/3

1. 目的

　　为确保物料、材料的采购能有效控制，及时满足生产和工作需求，特制定本程序。

2. 适用范围

　　适用于本公司所有主材料、辅助材料，其他类物料的采购管理。

3. 定义

　　3.1　主材料：直接组成产品的零部件和材料。

　　3.2　辅助材料：模具、刀具、油品、包装材料等。

　　3.3　其他类：生产日常用品，行政办公设备和用品，设备零件、五金件等。

4. 采购管理过程图或过程乌龟图

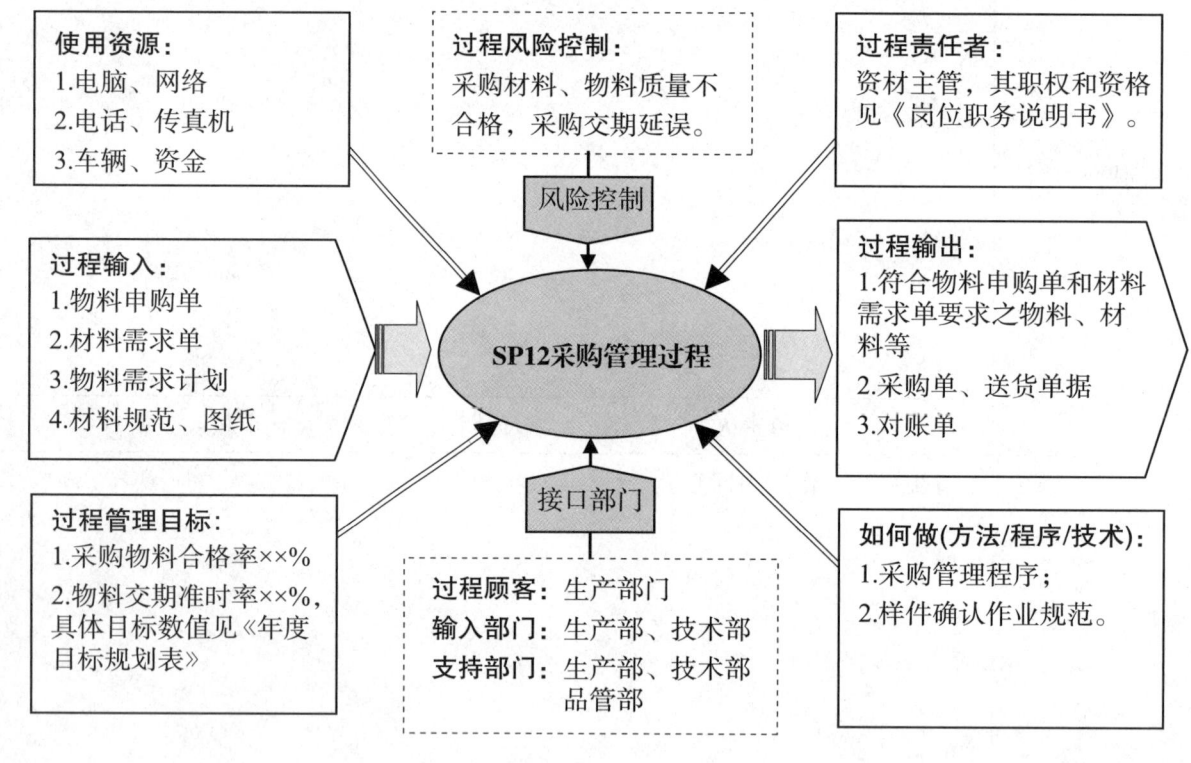

5. 作业内容（下页）

SP 文件范例 12	采购管理程序			
文件名称	采购管理程序	文件编号：SQ-SP-12		版本：A
编制部门	资材部	编制日期：2016.08.08		页码：2/3
序号	采购管理作业流程	权责部门/人	作业要求	参考文件/使用表单
5.1	物料申购	需求部门 资材部	5.1.1 生产用的原材料和包装材料由仓库根据"安全库存表"及现有库存量和订单情况填写《物料请购单》由资材部经理审核、总经理批准后交采购员。 5.1.2 常用必备物品、易耗品，由仓库根据库存情况填写《物料请购单》由资材部经理审批后交采购员。 5.1.3 各相关部门有其他物品、物料及设备需求时，也可填写《物料请购单》，交所属部门经理审核、总经理批准后交采购员。	"安全库存表"《物料请购单》
5.2	供应商选择和单价确认	资材部	5.2.1 采购收到《物料请购单》，根据物料类别从《合格供应商名录》选择合适的供应商，根据材料、物品的市场情况也可选择临时供应商。 5.2.2 采购人员结合库存信息和物料需求日期，确定各种材料和物品的订购方式和交期。需要时，采购可先传《采购单》给供应商报价和单价确认。 5.2.3 请购数量超过5万的需核实请购数量是否合理。	《物料请购单》《合格供应商名录》《采购单》
5.3	采购执行	资材部	5.3.1 采购员打印《采购单》交采购经理审核，总经理审批。 5.3.2 采购人员将已签核的《采购单》下达给供应商，并要求供应商确认交期并回复。若供应商不能按期交货，采购员应先交涉后再通知PMC或相关请购部门。 5.3.3 零碎物品可直接询价，现场购买或供应商送货到厂。	《采购单》
5.4	供应商送货	资材部	5.4 供应商交货必须开"送货单"，由采购人员通知仓管人员签收。	
5.5	材料暂收	仓管人员 品管部	5.5.1 仓管人员依照《采购单》核对"送货单"内容，对品名、料号、规格、数量进行确认暂收，按《必检物料和免检物料管理规定》，对必检品通知品管部进行检验。 5.5.2 免检物料由仓库直接进仓。	《采购单》《必检物料和免检物料管理规定》

SP 文件范例 12　采购管理程序

文件名称	采购管理程序	文件编号：SQ-SP-12	版本：A
编制部门	资材部	编制日期：2016.08.08	页码：3/3

序号	采购管理作业流程	权责部门/人	作业要求	参考文件/使用表单
5.6	不合格品管制 ← NG ← 进料检验 ◇ → OK	品管部	5.6 品管部质检员依《进料检验程序》进行检验，不合格品依《不合格品管制程序》执行。	《进料检验程序》《不合格品管制程序》
5.7	材料入库	仓管	5.7 仓管人员对检验合格物料依《仓储管理程序》办理入库。	《仓储管理程序》

6. 附加说明

　6.1　采购退货处理

　　6.1.1　物料退货提出

　　a. 进料检验发现采购不合格，由品管部提出。

　　b. 在使用过程发现采购不合格，由申购人员或具体使用人提出。

　　c. 非月结采购物品退货要求在采购回厂三天内提出。

　　d. 月结采购物品退货要求在采购回厂不超过一周内提出。

　　6.1.2　不合格确认及退仓

　　a. 发现问题及时通知采购人员，以便现场了解情况，查清问题所在，确认能否退货。

　　b. 提出退货人填写《退货单》，《退货单》必须填写退货原因和再购时间，然后到仓库办理物料退货手续，将物料交回仓库。

　　c. 仓管将《退货单》交一联给采购部，以便登账和督促处理。

　　d. 不能退货的交采购和总经理批准，提出处理意见。

　　6.1.3　退货处理

　　a. 采购员提取《退货单》、供应商"送货单"和物料，通知供应商退货处理。

　　b. 退货必须在一周内处理完毕。

　　c. 属质量问题必须无条件退换，给我方造成损失的要求赔偿经济损失。

　　6.1.4　重新采购

　　a. 采购人员根据退货原因、需求规格进行正确选购。

　　b. 根据生产需要，急件必须马上采购，其他根据物料需求时间及时回厂。

　　c. 物料回厂后仓管员通知相关人员进行确认。

　　d. 对物料的检验按《进料检验程序》进行。

7. 参考文件

　7.1　《进料检验程序》

　7.2　《仓储管理程序》

　7.3　《不合格品管制程序》

8. 使用表单

　8.1　《物料请购单》

　8.2　《合格供应商名录》

　8.3　《采购单》

　8.4　《退货单》

物料申购单（格式）								HC-ZC-09A	
申请		确认			批准				
申购单位：				申购日期：					
序号	物料名称	规格型号		特殊要求	数量	单位	需求日期	备注	
1									
2									
3									
4									
5									
6									

第一联：资材（白色）　　第二联：财务（红色）　　第三联：仓库（蓝色）

退货单（格式）							HC-ZC-16
供应商：					日期：	年　月　日	
送货单号：		物料编号：			订单号：		
产品名称	型号/规格		退货原因		数量	单位	单价	金额

①品管：　　　②收货人：　　　③资材：　　　④仓库：

SP 文件范例 13　外包管理程序

文件名称	外包管理程序	文件编号：SQ－SP－13	版本：A
编制部门	资材部	编制日期：2016.08.08	页码：1/3

1. 目的

　　对外发加工作业进行管制，确保外发加工工件及产品能够满足本公司质量和交期的要求，特制定本程序。

2. 适用范围

　　适用于本公司外发工件加工和整单外包的控制。

3. 定义

　　外包是指本公司基于技术能力、成本、设备或产能等的考虑，对组成产品的零部件、半成品、成品委托外部厂商加工或处理。

4. 外包管理过程过程图或过程乌龟图

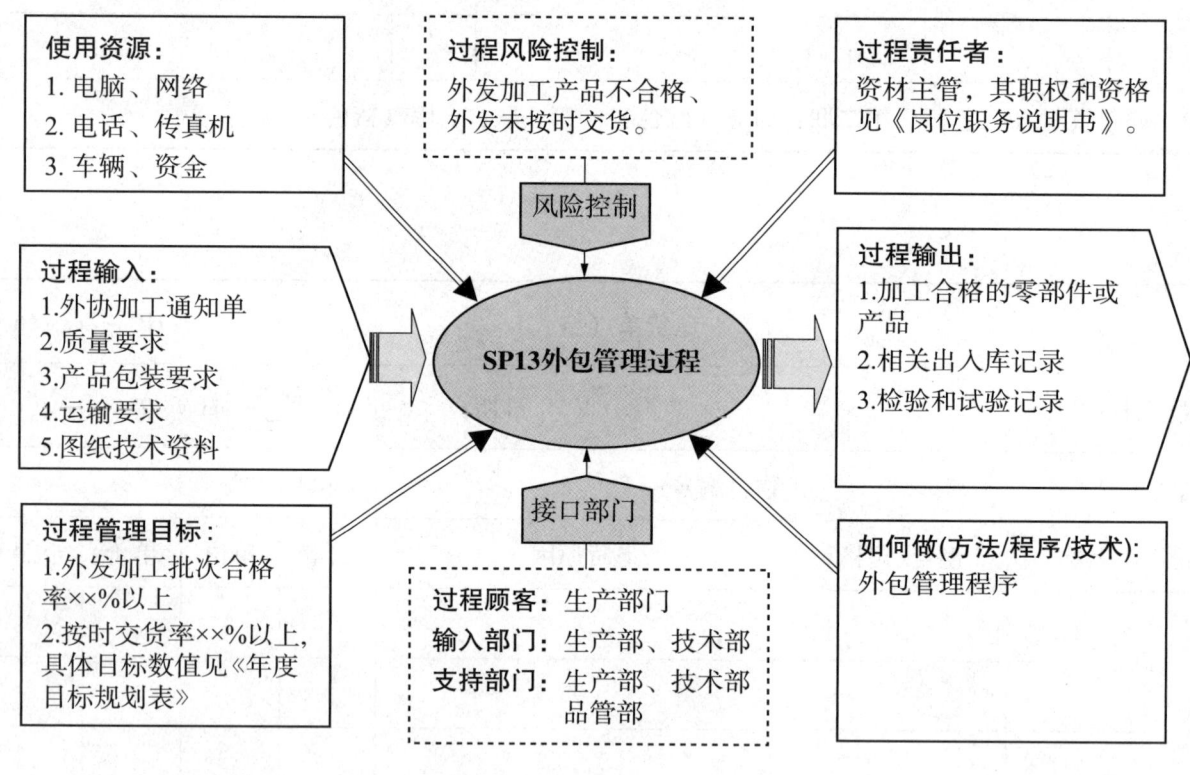

5. 作业内容（下页）

SP 文件范例 13	外包管理程序			
文件名称	外包管理程序		文件编号：SQ-SP-13	版本：A
编制部门	资材部		编制日期：2016.08.08	页码：2/3
序号	外包管理作业流程	权责部门/人	作业要求	参考文件/使用表单
5.1	外发加工提出	生产部 技术部	5.1.1 生产工序外发由生产部依据《生产通知单》、工艺文件要求及生产能力提出工序外发加工要求，并填写《外发加工通知单》。 5.1.2 整单外发由技术部提供《生产通知单》并注明是整单外发。	《生产通知单》《外发加工通知单》
5.2	开单交接	生管员 仓管员 外发员	5.2.1 生管员将外发产品及《外发加工通知单》交仓管点收签字确认。 5.2.2 生管员将《外发加工通知单》及外发所需图纸交外发员确认外发要求及交期。	《外发加工通知单》
5.3	选择外协厂商	外发员	5.3.1 外发员接到《外发加工通知单》根据《合格供应商名录》选择相应的外发加工厂商。 5.3.2 若需要寻找新的外发供应商，则根据《供应商管理程序》执行。	《合格供应商名录》《供应商管理程序》
5.4	签订加工合同	外发员 资材部长	5.4 由外发员和外发厂商在外发之前与其签订《加工/采购合同》交资材部长核准后签字盖章。	《加工/采购合同》
5.5	加工品外发	外发员 外发商	5.5 外发员根据《外发加工通知单》上的品名、数量到仓库提货，或由外发商拿《外发加工通知单》到仓库提货。	《外发加工通知单》《加工/采购合同》
5.6	跟催	外发员	5.6 外发员根据《外发加工通知单》的要求，进行质量和交期的跟进。	《外发加工通知单》
5.7	产品回厂	仓管员	5.7 若是整单外发，厂商送货必须有订单或合同，工序外发必须有《外发加工通知单》，连同外发图纸和送货单。仓管员核对品名、图号、数量相符，否则仓管可拒收，同时告知生管员外发已回厂。	《外发加工通知单》《加工/采购合同》
5.8	检验 NG/OK 不合格品管制	仓管员 质检员	5.8 外发回厂后，仓管员填写《进料检验通知单》及时通知质检员检验，质检员按《进料检验程序》执行检验，不合格按《不合格品管制程序》处理。	《进料检验通知单》《进料检验程序》《不合格品管制程序》
5.9	收料入库	仓库员	5.9 检验合格时，仓管员按合格品数量开《收料单》收货入库，不合格品通知外发员退回外发厂商处理。	《收料单》
5.10	领用或出货	生产部 仓库	5.10 外发加工品若需生产再加工，则由生产部在《外发加工通知单》签收领出生产。不需加工者则仓库储存待出货。	《领料单》

SP 文件范例 13		外包管理程序		
文件名称	外包管理程序		文件编号：SQ-SP-13	版本：A
编制部门	资材部		编制日期：2016.08.08	页码：3/3

6. 附加说明

　6.1　整单外发规定：

　6.1.1　整单外发时由业务部向资材部发出《生产通知单》，资材部确认交期，若交期不能满足，资材部应及时与业务部沟通处理。

　6.1.2　所需外发图纸由技术部复印后盖"外发图纸"章交资材外发员，外发作业按上述流程执行。

　6.1.3　外发厂送货时必须将图纸资料连同加工产品一起送回公司，由外发员负责监控。

　6.1.4　整单外发检验合格入库时由仓库开《收料单》和《进仓单》。

　6.2　对外发厂的要求

　6.2.1　如果有客户指定的外发厂商，则按其要求执行，特殊产品可发给公司指定的外发商加工。

　6.2.2　资材部必须和外发厂商签订有关质量和交货期的协议并跟进。外发商损坏的产品和材料必须按要求赔偿。

　6.3　外发对账规定

　资材部每月将《外发加工通知单》、《加工/采购合同》、厂商送货单据、《收料单》进行对账整理交财务部。每张《外发加工通知单》或《加工/采购合同》所要求的外发项目和数量必须全部完整方可对账付款，对于超出《外发加工通知单》或《加工/采购合同》的数量，财务部可拒绝对账付款，退回资材部处理。

7. 参考文件

　7.1　《进料检验程序》

　7.2　《供应商管理程序》

　7.3　《不合格品管制程序》

8. 使用表单

　8.1　《外发加工通知单》

　8.2　《合格供应商名录》

　8.3　《加工/采购合同》

　8.4　《收料单》

　8.5　《进仓单》

　8.6　《进料检验通知单》

　8.7　《生产通知单》

NO：0000001		外发加工通知单（格式）					HC-ZC-12A	
外发厂商名称：					日期：		年　月　日	
下单编号	订单号	产品名称	图号	数量	单位	外发加工要求	要求回厂日期	
生产：		资材：		仓库：		供应商确认：	产接收：	
本单四联：存根（白）　　外发厂（红）　　资材（蓝）　　门卫（黄）								

进料检验通知单（格式）									HC-ZC-17A
通知部门：							日　期：		
供应商名称	材料/产品名称	下单编号	图号/规格	批量数	接收时间	IQC（签名）	完成时间	检验完成仓库接收签名	
备　注：									

SP 文件范例 14	仓储管理程序		
文件名称	仓储管理程序	文件编号：SQ－SP－14	版本：A
编制部门	资材部	编制日期：2016.08.08	页码：1/4

1. 目的

  为确保对各项原材料、物料、加工件、半成品、成品、辅助材料、易耗品等的收、发、存管理，保证、账、物、卡的一致性，特制定本程序。

2. 适用范围

  适用于本公司各仓储场所之原物料、半成品、成品、包耗材及客提供物料的管理。

3. 定义

  无。

4. 仓储管理过程图或过程乌龟图

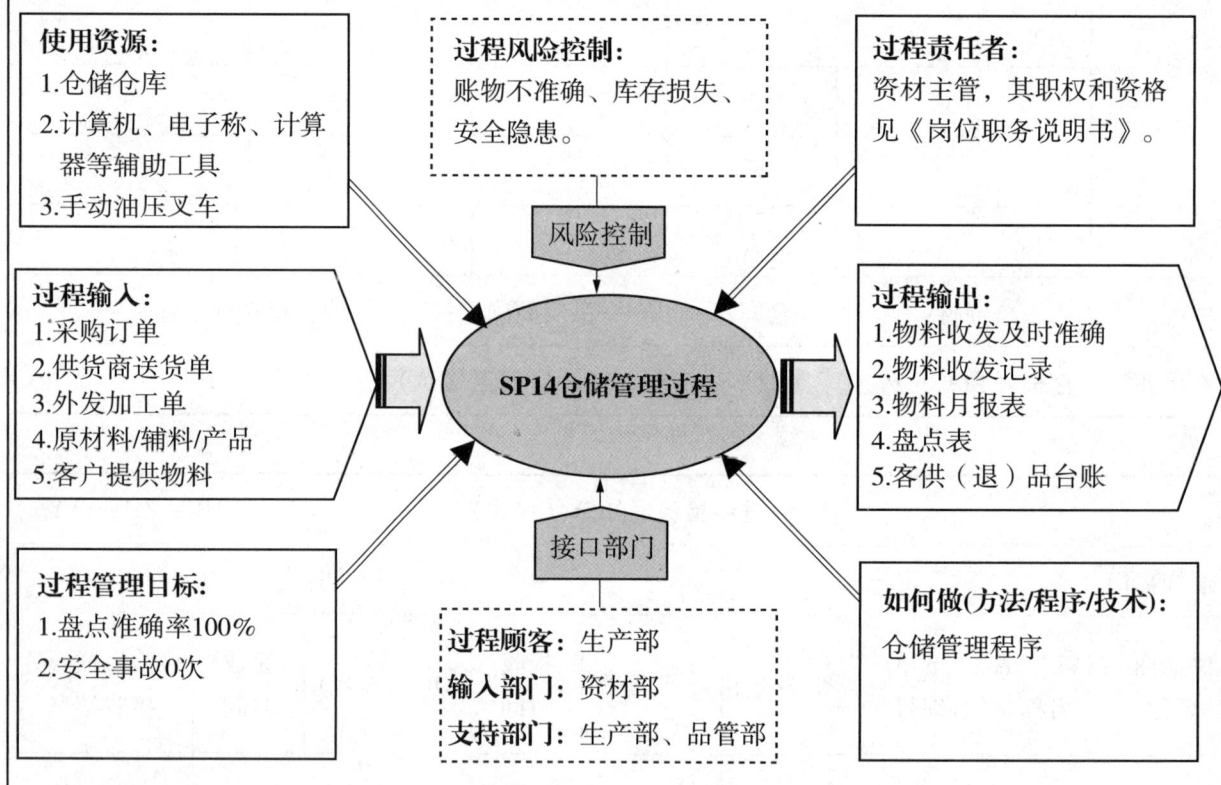

5. 作业内容（下页）

SP 文件范例 14　仓储管理程序					
文件名称		仓储管理程序	文件编号：SQ–SP–14		版本：A
编制部门		资材部	编制日期：2016.08.08		页码：2/4
序号	仓储管理作业流程	权责部门/人	作业要求		参考文件/使用表单
5.1	收料作业	仓管员 资材部	5.1.1　请购物料到厂后由资材部接单并安排送货厂商将物料放在指定位置并通知仓管员收货，仓管根据《请购单》、《收货单》对采购物料的种类、数量、规格进行核对暂收。 5.1.2　在验收核对时，如发现与申请采购的物料不符时，可拒绝签收并及时通知资材部磋商解决。		《请购单》《收货单》
5.2	检验 NG／OK 不合格品管制	品管部 相关部门	5.2.1　仓管将暂收的《收货单》输入电脑系统进行订单冲单后按《必检与免检品划分规定》，对必检品由仓管填写《进料检验通知单》交进料品管检验。 5.2.2　品管接单后核对物料依《进料检验程序》进行检验。 5.2.3　生产用零配件由物料仓管与生产部门一同检验。		《进料检验程序》《收货单》《进料检验通知单》《必检与免检品划分规定》
5.3	入库	品管部 资材部 生产部	5.3.1　经检验合格物料由品管张贴合格标签于物料上入库，免检品由仓管直接整理入库，每日需做好相应报表。 5.3.2　本司生产的产品入库，经品管检验合格后，由生产部门知会仓管，并会同仓管点数，确认后由仓管打印《入库单》交生产部门核对后入库，仓管每日需填写《产品仓库进出日报表》。		《产品仓库日进出报表》《入库单》
5.4	储存管理	生管部 品管部 生产部	5.4.1　合格入库的物料/产品应按编号、种类整齐有序的放在指定位置，存放方式要确保稳定安全，贮存大件产品单层叠放不得超过3米，其他小件产品不得超过2米。 5.4.2　物料/产品要分区摆放，合格品与不合格品，分开存放，并标示清楚。 5.4.3　产品储存过程中，要预防受潮、碰撞、腐蚀，对仓库内超过6个月的产品或物料由仓管填写《产品再检通知单》，通知品管进行复检以便及时发现问题。 5.4.4　物料/产品在搬运和存放过程中，严禁乱堆、乱放。 5.4.5　仓管应对每种物料、产品建立销存卡，并确保账物卡一致。		《产品再检通知单》

SP 文件范例 14	仓储管理程序		
文件名称	仓储管理程序	文件编号：SQ-SP-14	版本：A
编制部门	资材部	编制日期：2016.08.08	页码：3/4

序号	仓储管理作业流程	权责部门/人	作业要求	参考文件/使用表单
5.5	出库作业	生产部仓库	5.5.1 产品出库依照《周交货计划》备料，经品管确认合格后安排装车出货，凭《装车记录》交生管员列印 ERP 中《销货单》，仓库在账本做好记录。 5.5.2 物料出库按《物料仓领料登记表》的内容发放。 5.5.3 生产部门依生管编排的《生产排程表》开《领料单》/《物料仓领料登记表》交仓管备料、发料，发料时应遵循先进先出的原则。生产部门人员在领料时，与仓管当面清点并签名认可，仓库应做好《物料进出日报表》或《产品仓库日报表》，并录入 ERP 系统。	《周交货计划》 《装车记录》 《物料仓领料登记表》 《移转单》 《销货单》 《物料进出日报表》 《产品仓库日报表》
5.6	退料作业	生产部品管部资材部	5.6.1 生产过程中发现所领物料不良，由生产部门填写《入库单》，由品管确认，交仓库签收，入库产品存放于不良品仓。 5.6.2 如属原材料或委外加工产品不良由生管填写《退货单》交采购或直接知会厂商。	《入库单》 《退货单》
5.7	盘点作业	生管部品管部生产部	5.7 仓管员于每月 3 日前需对上月产品/物料进行一次盘点，每年元月 5 日前需做年度盘点，盘点结果记录在《月份物料盘点表》或《月份产品盘点表》/《月份刀具盘点表》中，并交一份给财务。	《月份物料盘点表》 《月份产品盘点表》 《月份刀具盘点表》
5.8	账目管理	生管部生产部	5.8.1 所有收、发、存必须凭单作业，严禁无单发料，特殊情况必须填写《非正常移转单》并签名，事后及时补单。 5.8.2 仓库账务务必做到"日清月结"，且当天的单据需在当天登记完毕，每日做好《刀具进出日报表》、《物料仓收料登记表》、《物料仓发料登记表》。 5.8.3 所有单据必须分类保存完整，不得遗失，保存期限依《记录管制程序》处理。	《非正常移转单》 《物料仓收料登记表》 《物料仓发料登记表》 《记录管制程序》

SP 文件范例 14　仓储管理程序

文件名称	仓储管理程序	文件编号：SQ – SP – 14	版本：A
编制部门	资材部	编制日期：2016.08.08	页码：4/4

6. 附加说明

6.1　客户提供物料的管理

6.1.1　客户提供物料其进料接收、检验、搬运、储存、包装、防护参照《客户或外部供方财产管理程序》作业。

6.1.2　在标示卡上标识该提供物料的客户名称或编号。

6.2　客退品管理

6.2.1　客退品由业务部附上客户退货单据，仓库按单据入库，并通知品管处理。

6.2.2　品管开《领料单》领取，并按《客户投诉/退货管理程序》处置。

6.3　废品管理

废品管理按《废品管理规定》执行

6.4　物品搬运管制

6.4.1　搬运时作业人员应视对象的特性、体积、重量、包装方式等选择适当的搬运工具及搬运方式。

6.4.2　高度不可妨碍推车人的视线，物品应集中摆放在卡板上，且同时视其行径路线宽度，应在安全速度下推拉车，避免翻倒为原则。

6.4.3　搬运时应避免重摔及重压以防损坏产品。

6.4.4　搬运中如有异常发生时（如为掉落）应检查外箱是否有破损，并送品管人员对产品进行重检以确认质量。

6.5　易耗品安全库存管理

常用必备物品、易耗品，如刀具、砂纸等，仓库应建立《易耗品安全库存一览表》规定最低库存要求，当低于安全库存时，仓管填写《请购单》向资材部提出申购。

6.6　库存管理系统以 ERP 系统管理，有效优化库存、提高库存周转及账目管理。

7. 参考文件

7.1　《进料检验程序》

7.2　《不合格品管制程序》

7.3　《记录管制程序》

7.4　《客户投诉/退货管理程序》

7.5　《客户或外部供方财产管理程序》

7.6　《必检与免检品划分规定》

7.7　《废品管理规定》

8. 使用表单

8.1　《请购单》

8.2　《进料检验通知单》

8.3　《入库单》

8.4　《产品再检通知单》

8.5　《移转单》

8.6　《物料进出日报表》

8.7　《月份盘点表》

8.8　《非正常移转单》

8.9　《易耗品安全库存一览表》

8.10　《收货单》

8.11　《产品仓库日进出报表》

8.12　《退货单》

8.13　《物料仓领料登记表》

8.14　《销货单》

8.15　《产品仓库日报表》

产品再检通知单（格式） HC-ZC-18A

送检部门		送检日期		要求检验完成时间：	
客户		产品名称		图号	
入库时间		入库数量		送检数量	

检验内容及要求：

报检人：

品管检验结果：（附检验报告）
　　□合格　　　□不合格

检验员：　　品管主管：　　日期：

盘 点 表（格式） HC-ZC-19A

月份：　　受盘部门：　　　　　　　　　第　页　共　页

序号	类别	品名	规格	单位	账面数量	初盘数量	复盘数量	盘盈/盘亏	备注

复盘组长：	复盘人：	初盘人：
财　务：	陪盘人：	盘点日期：

易耗品安全库存一览表（格式） HC-ZC-20A

序号	仓库名称	物料编码	品 名	规 格	单位	最低库存数量	备注

编制：　　　　　　　　　　　　　审核：

SP 文件范例 15	进料检验程序		
文件名称	进料检验程序	文件编号：SQ-SP-15	版本：A
编制部门	品管部	编制日期：2016.08.08	页码：1/3

1. 目的

为保证进料的质量、数量、规格等符合本公司的要求，提供良好的物料，满足生产的所需，特制定本程序。

2. 适用范围

适用于本公司所有原材料、辅助材料、外发加工品的检验管理。

3. 定义

进料检验：对供应商提供的原材料、辅助材料，或由外发加工商协助加工的产品进行的检验。

4. 进料检验过程图或过程乌龟图

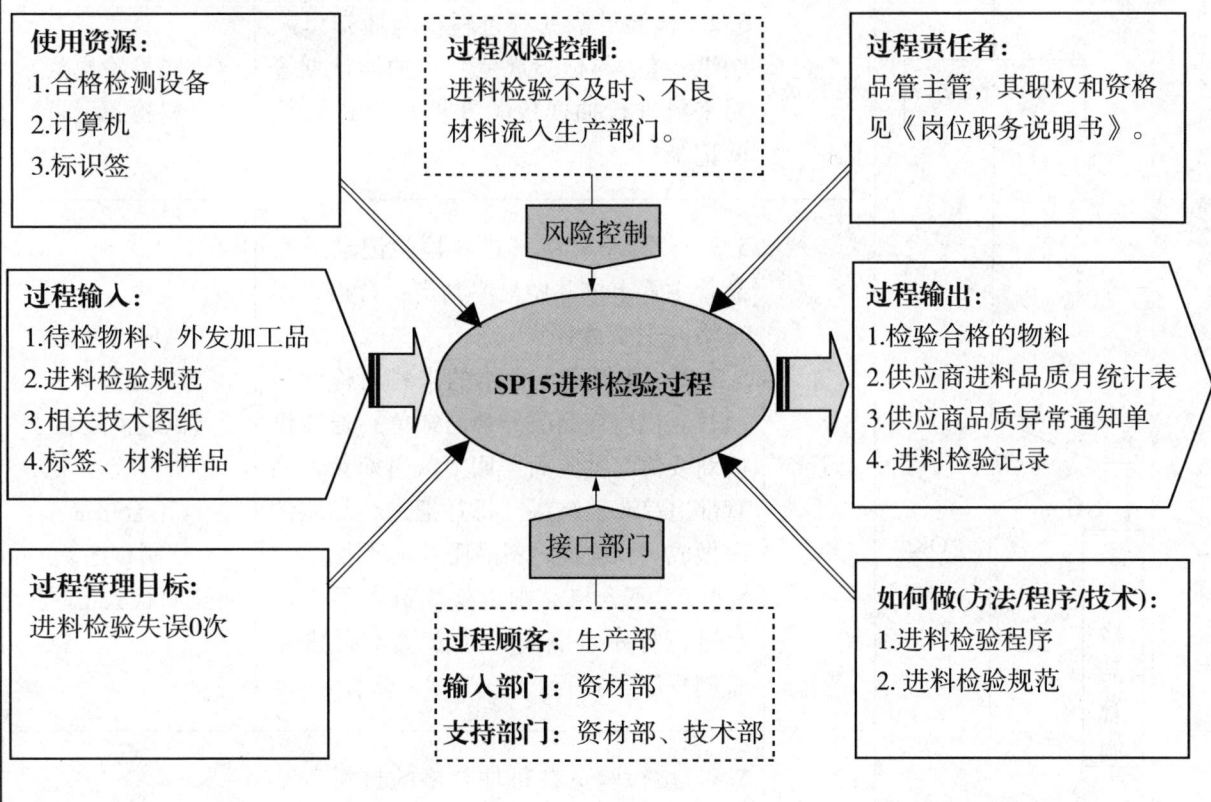

5. 作业内容（下页）

SP 文件范例 15		进料检验程序			
文件名称		进料检验程序	文件编号：SQ－SP－15		版本：A
编制部门		品管部	编制日期：2016.08.08		页码：2/3
序号	进料检验作业流程	权责部门/人	作业要求		参考文件/使用表单
5.1	进料通知	仓管员	5.1 仓管员收料时，核对送货数量及送货单据，将材料或外协件放置于指定待检区，并填写《进料检验通知单》交品管部检验。		《进料检验通知单》
5.2	执行检验	检验员	5.2 检验员依据《进料检验通知单》、图纸、《进料检验规范》和抽样计划等对来料进行抽样检验并填写《进料检验记录》。		《进料检验规范》《进料检验记录》
5.3	判定 NG／OK 不合格品管制	品管部	5.3.1 检验员将《进料检验记录》交品管主管审核并做最终判定：合格、不合格（退货或评审）。 5.3.2 凡判定不合格的来料由检验员填写《供应商品质异常通知单》通知供应商改善，供应商需回复改善对策，品管部追踪改善结果。每月把进料品质情况做成《供应商进料品质月统计表》。 5.3.3 不合格品则由检验员将不合格品进行标示、隔离，并依《不合格品管制程序》执行。		《供应商品质异常通知单》《供应商进料品质月统计表》《不合格品管制程序》《进料检验记录》
5.4	标识	品管部	5.4 由检验员在每件合格的材料上贴上合格标识，不合格品每件贴上不合格标签。如果是外协件，则每批产品需贴一个合格或不合格标签。		
5.5	入库	仓库	5.5.1 仓管员按品管的标识，对合格材料进行入库，并依《仓储管理程序》进行管理。 5.5.2 检验合格的外协件则放置于车间指定位置，由仓库通知生产领用。		《仓储管理程序》

SP 文件范例 15　进料检验程序

文件名称	进料检验程序	文件编号：SQ-SP-15	版本：A
编制部门	品管部	编制日期：2016.08.08	页码：3/3

6. 附加说明

6.1　产品及材料检测要求：

对公司没有能力检验的材料或检测项目，可要求厂商提供检测报告，品管可依厂商提供的合格检验报告视同合格处理，必要时可取样送有国家认可资格的外部机构检测。

6.2　外观检验要求：

检验区域的照明亮度规定为：

- 1 米以上 2 米以下的距离，日光灯不得少于两根（40W/每根）；
- 1 米以下的距离，日光灯可以 1 根（40W/每根）；
- 外观分为 A、B、C、D 面，A、B 面重点检验；
- 每两月更换日光灯一次。

6.3　公司可采用以下一种或几种方法保证采购或委外产品的质量能满足规定的要求：

6.3.1　通过接收统计数据，并对其进行评价；

6.3.2　结合可接受的已交付产品的质量记录，对供应商进行现场评定；

6.3.3　由指定的实验室进行的材质、硬度或性能评价；

6.3.4　与顾客达成一致的其他方法。

7. 参考文件

7.1　《进料检验规范》

7.2　《不合格品管制程序》

7.3　《仓储管理程序》

8. 使用表单

8.1　《进料检验通知单》

8.2　《进料检验记录》

8.3　《供应商进料品质月统计表》

8.4　《供应商品质异常通知单》

进料检验记录（格式）

HC-PG-04A

检验日期：					
物料名称：		物料型号/规格：		供应商：	
进料类别：		下单编号：		数　量：	
检验项目	检验标准	抽检数量	检验结果	不合格数量	判　定 OK/NG
结论	□合格　　□不合格　（处置：　□退货　　□评审）				
备注：					
检验员：			审核：		

供应商进料品质月统计表（格式）

HC-PG-05A

供应商名称	检验批数	合格批数	不合格批数（　批）				不合格项目	合格率	备注
			退货	特采	返工/返修	挑选使用			
月累计									
制表/日期：					审核/日期：				

供应商品质异常通知单（格式）					HC – PG – 07A	
供应商：					日期：	
材料/产品名称		进料日期		进料数量		
抽检数量		不良数量		不良比率		
订单号		联络人		传真号码		

不合格描述：（IQC 填写）

评审结果	□退货　　□特采　　□其他
	填单人：　　　　　审核：

供应商原因分析：（供应商填写）

签名：　　　　　日期：

供应商改善对策：（供应商填写）

签名：　　　　　日期：

改善效果确认：（IQC 填写）	I Q C
	完成日期

＊厂商接到此单后，需于三日内做出回复，由品管部 IQC 作追踪，结果记录存档。

品管部主管审核：　　　　　　　　　　　　　　　　　　　　　　日期：

SP 文件范例 16　制程及成品检验程序

文件名称	制程及成品检验程序	文件编号：SQ－SP－16	版本：A
编制部门	品管部	编制日期：2016.08.08	页码：1/3

1. 目的

　　为确保生产制程及成品的质量能有效控制，以满足客户要求，特制定本程序。

2. 适用范围

　　适用于本公司生产制程中的半成品、加工品、成品等检验的管制。

3. 定义

　　无。

4. 制程及成品检验过程图或过程乌龟图

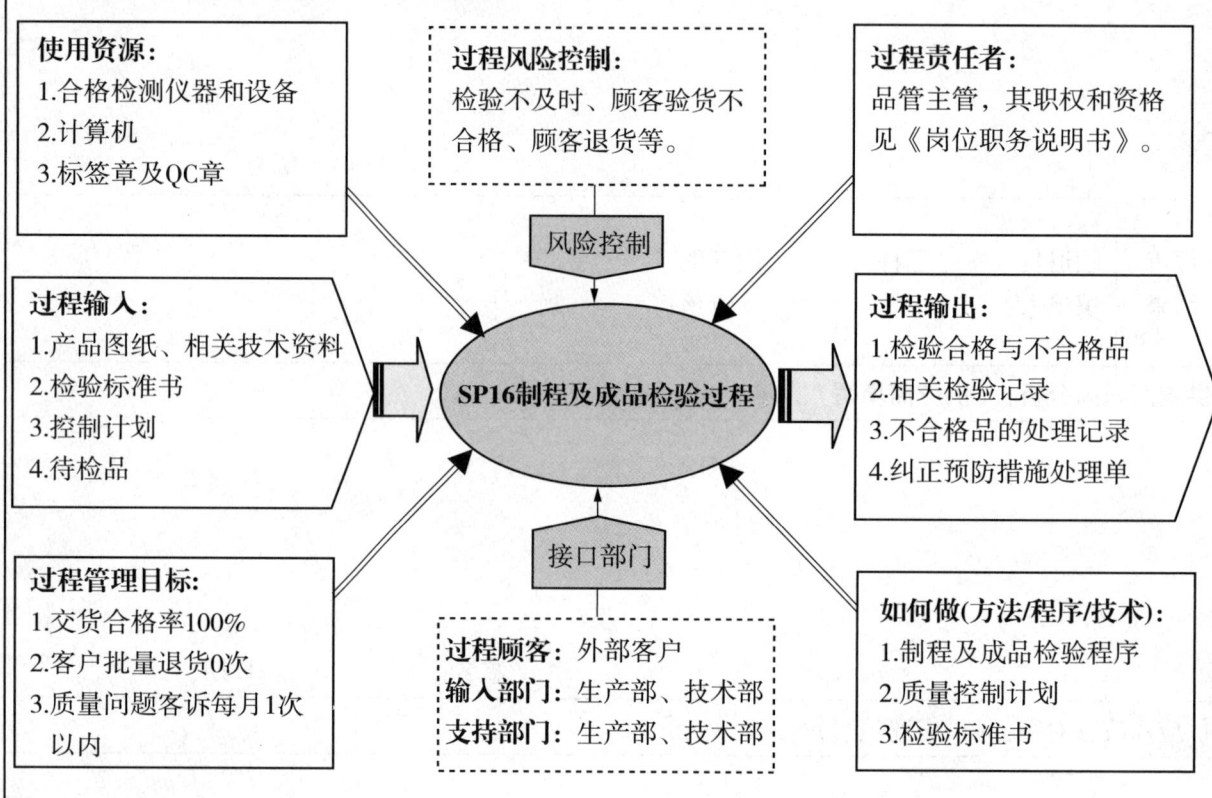

5. 作业内容（下页）

SP 文件范例 16	制程及成品检验程序				
文件名称	制程及成品检验程序		文件编号：SQ-SP-16		版本：A
编制部门	品管部		编制日期：2016.08.08		页码：2/3
序号	制程及成品检验作业流程	权责部门/人	作业要求		参考文件/使用表单
5.1	首件生产	生产人员	5.1 生产部门依照《生产制程管制程序》在正式生产前先做首件加工。		《生产制程管制程序》
5.2	首件确认 NG/OK	生产人员 质检员	5.2.1 操作员在加工好第一个零件时，首先按图纸或工艺文件要求自我检查，自检合格后交质检员，质检员依样品、图纸、工艺文件进行重要尺寸、外观等检验。合格由质检员在首件产品上作合格标示放置于加工机台旁做样板参照，并做好《首件检验记录表》。不合格则由生产部门作调整，并重新试作，直至首件确认合格为止。 5.2.2 首件确认时机： a. 每日刚开始生产时； b. 换机、换人、换产品生产时； c. 修机、异常处理后重新生产时。		《首件检验记录表》
5.3	正式生产	生产部门	5.3 首检合格后，生产部门依据生产排程进行正式生产，并依照《生产制程管制程序》对生产制程实施控制。		《生产制程管制程序》
5.4	自主检查	操作员	5.4 生产操作员在作业过程中依照工艺图纸和《加工作业指导书》进行自主检查，发现问题自我纠正或报告现场干部。		《加工作业指导书》
5.5	巡回检验 NG（不合格品管制）/OK	生产人员 品管主管	5.5.1 质检员依照工艺图纸和《加工作业指导书》及《控制计划》进行巡回检验，并记录于《制程检验报告表》上。 5.5.2 质检员应对生产过程的每一工序进行巡回检验，如发现异常问题立即知会现场干部应急处理。 5.5.3 若在生产过程中质检员发现连续3件以上返工或报废，则由制程检验员立即通知品管部部长及现场主管决定是否停止生产，然后填写《纠正预防措施处理单》，交生产部门进行原因分析和提出纠正措施。 5.5.4 制程巡检中发现的不合格品依《不合格品管制程序》处理。		《加工作业指导书》《控制计划》《制程检验报告表》《纠正预防措施处理单》《不合格品管制程序》
5.6	转序检验 NG/OK	质检员	5.6 当工序完工后，制程检验员依《生产流程单》和图纸进行转序检验，合格的由生产作业员转入下一工序，并填写好《制程检验报告表》，不合格品依《不合格品管制程序》处理。		《生产流程单》《制程检验报告表》《不合格品管制程序》

SP 文件范例 16　制程及成品检验程序

文件名称	制程及成品检验程序	文件编号：SQ-SP-16	版本：A
编制部门	品管部	编制日期：2016.08.08	页码：3/3

序号	制程及成品检验作业流程	权责部门/人	作业要求	参考文件/使用表单
5.7	成品送检	生产部	5.7　产品最终完工后由生产部将产品、随同图纸、《生产流程单》放置于成品待检区。	《生产流程单》
5.8	成品检验 NG→不合格品管制 / OK	品管部	5.8.1　成品检验员按图纸及《成品检验规范》等执行检验。 5.8.2　检验合格后，填写"合格标签"，检验不合格时应填写"不合格"标签，按《不合格品管制程序》处理。 5.8.3　检验完成后，成品检验员需填写《成品检验报告单》交品管部长审核。	《成品检验规范》《成品检验报告单》《不合格品管制程序》
5.9	成品入库	检验员 仓管员	5.9　成品检验员填写《进仓单》，将《成品检验报告单》及合格标签连同产品一起送交仓库入库。	《进仓单》《成品检验报告单》

6. 附加说明

6.1　外观检验要求：

　　6.1.1　检验区域的明亮度规定1M以上、2M以下的距离，日光灯照明不少于2支40W、1M以下的距离，日光灯照明不少于1支40W。若客户有特定要求时，依客户要求进行。

　　6.1.2　品管应建立有关颜色、纹理、金属亮度等外观项目的标准样品或以图面加文字说明。

　　6.1.3　应对外观标准样品及评价设备进行维护和控制。

　　6.1.4　对从事外观评价人员的能力和资格依《特殊岗位人员资格鉴定表》进行验证。

7. 参考文件

　　7.1　《生产制程管制程序》

　　7.2　《不合格品管制程序》

　　7.3　《加工作业指导书》

　　7.4　《控制计划》

　　7.5　《成品检验规范》

8. 使用表单

　　8.1　《首件检验记录表》

　　8.2　《制程检验报告表》

　　8.3　《纠正预防措施处理单》

　　8.4　《成品检验报告单》

　　8.5　《进仓单》

　　8.6　《生产流程单》

SP 文件范例 17	不合格品管制程序		
文件名称	不合格品管制程序	文件编号：SQ-SP-17	版本：A
编制部门	品管部	编制日期：2016.08.08	页码：1/5

1. 目的

确保对进料不合格品、制程及成品的不合格品、客户退货不合格品的管制，避免不合格品的不当使用或出货，并对不合格原因采取措施改善，保障公司的生产与交货的顺利进行，特制定本程序。

2. 适用范围

适用于本公司从进料（包括外协件）、制程、成品、客户退货的不合格品的管制。

3. 定义

无。

4. 不合格品管制过程图或过程乌龟图

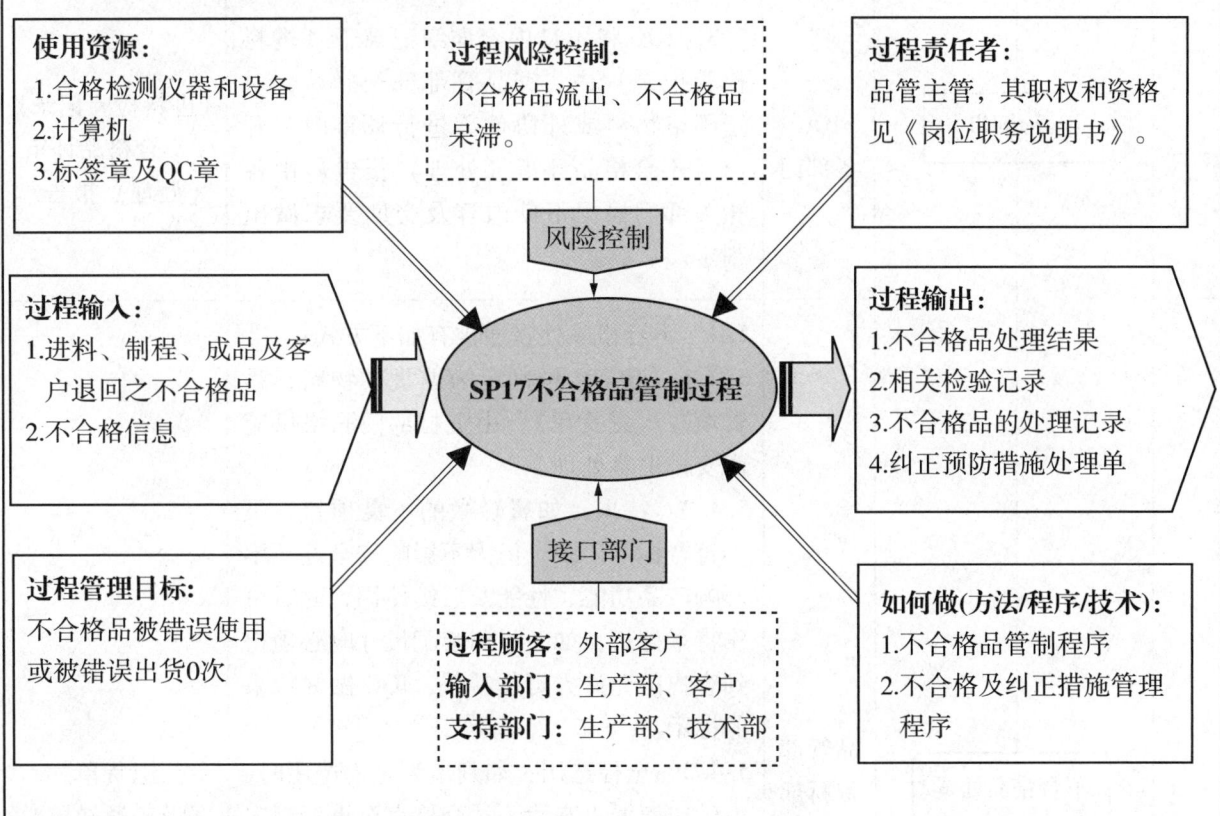

5. 作业内容（下页）

SP 文件范例 17　不合格品管制程序

文件名称	不合格品管制程序	文件编号：SQ－SP－17	版本：A
编制部门	品管部	编制日期：2016.08.08	页码：2/5

序号	1. 进料不合格品管制流程	权责部门/人	作业要求	参考文件/使用表单
5.1	不合格品标识	IQC	5.1　经 IQC 检验判定为不合格品时，在不合格产品及物料上贴上不合格标签。	
5.2	隔离	IQC 仓管员	5.2　IQC 在物料上标示不合格标签时，由仓管人员置于不合格品区，并做好隔离。	
5.3	记录/评审	IQC 各部门	5.3　IQC 将不良内容详细记录于《进料检验记录》内，交品管部部长确认，对于不格物料或外协件需进行评审时，开出《不合格品评审（处理）报告》由各相关部门根据不良内容及交期要求做出判定。	《进料检验记录》《不合格品评审（处理）报告》
5.4	不合格品处置	品管部 资材部 生产部	5.4　不合格品处置通常有如下方式： 5.4.1　退货：经判定为退货的物料，品管填写《退货单》，由资材部门联络供应商安排退货处理。 5.4.2　特采：如属轻微的不良项目，虽不符合标准要求，但因不影响安全性、不影响产品功能、性能及后续使用，此时可作特采处理，如关系到装配尺寸时必须得到客户的允许方可作特采，IQC 做好特采的标示。 5.4.3　全检选用：如判定为全检选用时，由供应商派人来我公司全检直至重新判定合格为止。如供应商同意委托本公司处理，并愿意承担不良品损失及相关全检费用的，可由品管部派人代为全检，扣其供应商全检工时费。 5.4.4　返工处理：当不良品判定为返工处理时，由品管部开出《返工通知单》交生产部，生产部负责安排人员返工，返工产生的所有费用，由资材部联络供应厂商扣款处理。不合格品经返工后，须重新检验合格方可使用。	《退货单》《返工通知单》

SP 文件范例 17	不合格品管制程序			
文件名称	不合格品管制程序	文件编号：SQ-SP-17		版本：A
编制部门	品管部	编制日期：2016.08.08		页码：3/5

序号	2. 制程及成品不合格管制流程	权责部门/人	作业要求	参考文件/使用表单
5.1	不合格品标识	质检员	5.1 在制程巡检、转序检验、成品检验时发现的不合格品，由质检员对不合格品贴上红色"不合格标签"进行标识。	
5.2	隔离	质检员 生产人员	5.2 各相关人员应将不合格品放置于规定的不合格区域，合格品与不合格品必须隔离，防止误用。	
5.3	记录/评审	质检员 生产人员	5.3.1 制程中发现的不合格品由质检员将不合格品的数量和性质详细记录于《不合格品处置单》，交品管部长审核和相关部门确认，如果判定为报废时，由技术部计算材料报废金额和工时费用。当制程中发生重大异常时，需开出《不合格品评审（处理）报告》由相关部门做出评审判定。 5.3.2 成品检验不合格时，检验员将《成品检验报告单》交品管部长确认，并根据不合格开出《不合格品评审（处理）报告》由相关部门做出评审判定。	《不合格品处置单》《不合格品评审（处理）报告》《成品检验报告单》
5.4	不合格品处置	质检员 生产人员	5.4 对不合格品处置方法如下： **5.4.1 报废：**当不良品判定为报废时，品管需填写《废品申报单》交相关部门确认后呈品管部长审核，经总经理批准后予以报废。品管部将报废品送回仓库存放。 **5.4.2 全检选用：**不良项目影响使用或客户不可接收的不良品，经相关部门确认后，全检挑选出不良品。 **5.4.3 返工处理：**当不良品判定为返工处理时，由品管部开出《返工通知单》交生产部，生产部负责安排人员返工，经返工返修之后的产品必须由质检员重新检验，填写相关的检验记录。 **5.4.4 特采：**不良项目比较轻微，因不影响后序使用或经品管部长与客户联系可以接收，可作特采处理。特采的半成品或成品，品管需追踪后工序的使用情况及客户的反馈。	《废品申报单》《返工通知单》
5.5	纠正措施	相关部门	5.5 当发生批量不良或报废时，品管部应填写《纠正措施处理单》，并依《不合格及纠正措施管理程序》执行。	《纠正措施处理单》

SP 文件范例 17　不合格品管制程序

文件名称	不合格品管制程序	文件编号：SQ-SP-17	版本：A
编制部门	品管部	编制日期：2016.08.08	页码：4/5

序号	3. 客户退货品管制作业流程	权责部门/人	作业要求	参考文件/使用表单
5.1	客户退货信息	业务部 品管部	5.1　业务人员接获客户的退货要求，将退货信息通知品管部，必要时由品管部去客户处确认不良品是否需退货。	
5.2	退货接收	仓管 品管部	5.2　当确认必须退货时，由业务部派人到客户处将货品运回，客退品应先入库，由仓管依客户退货单核对退货状态、产品、数量，无误后在退货单上签名，将退货品移到"不良品区"，仓管及时通知品管部处理。客户的退货单业务应复印给仓管和品管部各一份。	
5.3	退货品分析	仓管 品管部	5.3.1　品管部从仓库领出退货品，并对退货品存在的问题进行重新检验和分析，将不良类别和数量填写于《不合格品评审（处理）报告》。 5.3.2　品管部组织相关部门人员对退货品进行评审确定处理的方式。	《不合格品评审（处理）报告》
5.4	退货品处理	生产部 品管部	5.4.1　如需返工，由品管部开出《返工通知单》交生产部，生产部负责安排人员返工处理。 5.4.2　对于不可返工的产品由质检员填写《废品申报单》申请报废。	《返工通知单》《废品申报单》
5.5	重检 NG/OK	品管部	5.5　经返工返修之后的产品必须由质检员重新检验，填写相关的检验记录。	
5.6	入库	品管部	5.6　品管把返工后检验合格的产品交回仓库。入库时品管必须贴上合格标签。	

6. 附加说明

6.1　不合格品特别情况：

状态未标识或可疑的产品，应归为不合格品，并按不合格品进行管制。

6.2　特别返工要求：

品管部协同生产部门制定有特殊返工要求的产品的"返工作业指导书"，这些指导书应使适当的人员得到并使用。所有经过返工的产品在外观上不得有明显可见的返工痕迹，除非是事先已获得客户的核准。

6.3　客户通知：

一旦发现不合格品被发运，品管应通知业务立即告知客户，并视不合格的影响与客户协商采取相应的措施。

SP 文件范例 17	不合格品管制程序		
文件名称	不合格品管制程序	文件编号：SQ – SP – 17	版本：A
编制部门	品管部	编制日期：2016.08.08	页码：5/5

6.4 客户特许：

当产品或制造过程不符合客户要求时，在继续生产之前，应获得顾客的让步或偏离许可，生产部应保持授权的期限或数量方面的记录，当授权期满时，还应确保符合原有的或替代的规范和要求，经授权的产品装运时，在每一包装上作恰当的标识。

6.5 针对现场的不良率较高的不合格品或需要重点管制的特性项目，运用相关的统计技术分析后，由品管部制订出优先降低不合格品计划，经相关部门进行原因分析、改善行动、效果追踪后，于每月品质月会进行检讨，记录及结果交由管理代表审核，资料备档。

7. 参考文件

7.1 《产品标识和追溯管理办法》

7.2 《不合格及纠正措施管理程序》

8. 使用表单

8.1 《进料检验记录》

8.2 《不合格品评审（处理）报告》

8.3 《退货单》

8.4 《不合格品处置单》

8.5 《成品检验报告单》

8.6 《废品申报单》

8.7 《返工通知单》

8.8 《纠正措施处理单》

不合格品评审（处理）报告（格式）		HC-PG-16A
编号：		
不合格类别：□来料　□制程　□成品　□客户退货　□其他_____		
不合格品名称：	不合格品来源：	
批　量：	不合格数：	不合格率：
客户代号：	订单号：	提出人：
不合格描述 （检验人）	签名：　　　　　　　　　　　　　　　　　　日期：	
技术部评审	签名：　　　　　　　　　　　　　　　　　　日期：	
生产部评审	签名：　　　　　　　　　　　　　　　　　　日期：	
资材部评审	签名：　　　　　　　　　　　　　　　　　　日期：	
品管部评审 及处理意见	□返工　　□全检选用　　□报废　　□退货　　□特采 是否提出纠正预防措施：　□是　　　　□否 签名：　　　　　　　　　　　　　　　　　　日期：	
管理代表确认 （必要时）	签名：　　　　　　　　　　　　　　　　　　日期：	
备注	1. 保存单位：品管部，保存期限两年。 2. 来料不合格评审顺序为：品管部提出—技术部—资材部—品管部（处理意见），生产急件由管理代表确认。 3. 制程和成品不合格评审顺序为：品管部提出—技术部—生产部—品管（处理意见），报废件或生产急件由管理代表确认。客退品评审顺序与此相同。 4. 请各评审责任部门及时向下传递，评审期限不超过一天，评审人不在由代理人评审。	

返工通知单（格式）				HC – PG – 16A	
日期： 年 月 日					
类别： □进料/外协 □制程 □成品 □客户退货 □其他_____					
产品名称		返工原因		生产工序	
图号				责任人员	
订单编号				品管员	
返工数量				品管主管	
处理方法： 责任部门签名： 日期：					
实际返工人员			实际返工工时		
返工后检验结果： □合格 □不合格（□重新返工 □报废） 品管员： 日期：					
备注					
说明：1. 返工部门接到此单后需立即查明不良原因及责任人员并确定处理方法； 2. 返工完成后应将此单及返工好的产品一起交回品管部；由品管员重新检验合格后方可转入下一工序生产或入库； 3. 进料及外协返工，由生产部安排合适人员执行，返工费用报资材部由供应商负担。					

废品申报单（格式）					HC – PG – 16A
部 门： 日 期：					
类 别：□原物料 □外协件 □半成品 □成品 □客退品 □耗材 □其他（ ）					
产品名称及图号	下单编号	数量	报废原因		作业者
备 注					
总经理	品管部		技术部	资材部	申请人

第三节 管理过程（MP）程序范例

MP 文件范例 1　经营计划管理程序——见第四章《企业方针、目标和经营计划制定》
MP 文件范例 2　公司风险管理制度——见第五章《企业风险管理方法和应用案例》
MP 文件范例 3　风险管理程序——见第五章《企业风险管理方法和应用案例》

MP 文件范例 4	财务预算和控制管理程序		
文件名称	财务预算和控制管理程序	文件编号：SQ－MP－04	版本：A
编制部门	财务部	编制日期：2016.08.08	页码：1/3

1. 目的

为规范全公司预算管理，保证公司经营活动在预算规定的框架内运行，有效控制不必要的成本开支和浪费，特制定本程序。

2. 适用范围

适用于本公司各项经营活动所需资金的预算管理。

3. 定义

无。

4. 财务预算和控制管理过程图或过程乌龟图

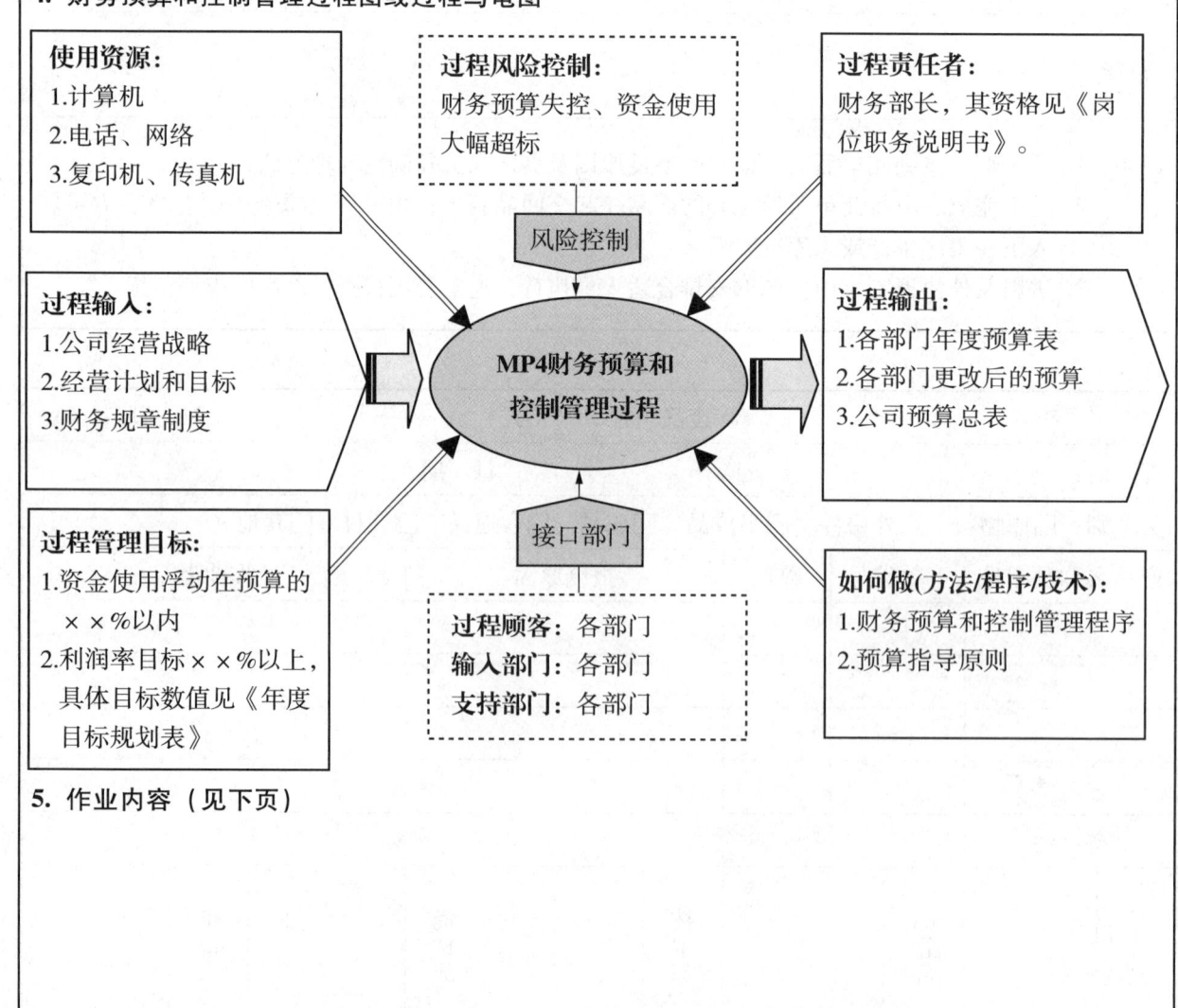

5. 作业内容（见下页）

MP 文件范例 4	财务预算和控制管理程序				
文件名称	财务预算和控制管理程序		文件编号：SQ-MP-04		版本：A
编制部门	财务部		编制日期：2016.08.08		页码：2/3
序号	财务预算和控制作业流程	权责部门/人	作业要求		参考文件/使用表单
5.1	汇总预算执行情况	财务部	5.1 财务部长于每年底汇总本年度各部门预算执行情况，找出预算执行偏差原因，并上报。		
5.2	制定/修改预算指导原则	财务部	5.2 财务部长根据公司下年《公司年度经营目标和计划》，制定/修改预算指导原则（公司年度计划公布后7日内）。		《公司年度经营目标和计划》
5.3	审批 NG	总经理	5.3 下年度《预算指导原则》报总经理审批（2日内）。		《预算指导原则》
5.4	各部门制定财务预算	各部门部长	5.4 结合公司及部门年度计划，各部门根据《预算指导原则》和经营目标，制定本部门财务预算，注明资金使用范围，做成《部门财务预算表》提交财务部（公司年度计划公布10日内完成）。		《预算指导原则》《部门财务预算表》
5.5	制定公司总预算	财务部	5.5 根据指导原则和公司经营目标，平衡各部门财务预算，制定《公司预算总表》（7日内完成）。		《公司年度经营目标和计划》《公司预算总表》
5.6	召开各部门预算规划会议	财务部	5.6 财务部召开各部门预算规划会议，讨论/平衡预算（7日内完成）。		《部门财务预算表》《公司预算总表》
5.7	各部门预算调整后汇总	财务部	5.7 财务部将调整后的各部门预算汇总，并上报《预算汇总明细表》给总经理（3日内完成）。		《预算汇总明细表》
5.8	审批 NG	总经理	5.8 总经理审批各部门调整后的财务预算，对预算金额及资金使用范围提出审批意见（2日内）。		《预算汇总明细表》
5.9	发布各部门财务预算	财务部	5.9 财务部将最终确定的各部门年度预算通知各部门。		《部门财务预算表》
5.10	预算执行	各部门	5.10 从公司年度预算审批之日起，各部门执行本年度的年度预算。		
5.11	实际执行与预算对比	各部门	5.11 每月7日前，将上月实际执行与上月预算对比，并编制《部门预算执行对照表》。		《部门预算执行对照表》

MP 文件范例 4　财务预算和控制管理程序

文件名称	财务预算和控制管理程序	文件编号：SQ-MP-04	版本：A
编制部门	财务部	编制日期：2016.08.08	页码：3/3

序号	财务预算和控制作业流程	权责部门/人	作业要求	参考文件/使用表单
5.12	各部门提预算更改需求	各部门	5.12　各部门根据需要提出《预算更改需求单》，并注明变动金额及更改原因。	《预算更改需求单》
5.13	审核 OK/NG	财务部	5.13　财务部在预算更改需求提出1日内审核、平衡、批准/驳回预算更改需求。	《预算更改需求单》
5.14	批准 OK/NG	总经理	5.14　各部门预算更改需求由总经理审批。	《预算更改需求单》
5.15	预算更改并执行	各部门部长	5.15　财务部根据总经理审批意见，对原预算进行更改，并通知相关部门执行更改后的预算。	《部门财务预算表》

6. 附加说明

在预算执行当中，若公司有重大决策，需投入较大资金时，由执行部门单独提报给总经理审批后交财务备案。

7. 参考文件

《预算指导原则》

8. 使用表单

8.1 《部门财务预算表》

8.2 《公司预算总表》

8.3 《预算汇总明细表》

8.4 《部门预算执行对照表》

8.5 《预算更改需求单》

MP 文件范例 5	不合格及纠正措施管理程序		
文件名称	不合格及纠正措施管理程序	文件编号：SQ－MP－05	版本：A
编制部门	品管部	编制日期：2016.08.08	页码：1/3

1. 目的

为及时有效地处理不合格，必要时采取纠正措施，防止和消除实际的或类似的不合格，实现本公司质量管理体系的持续改进，特制定本程序。

2. 适用范围

适用于本公司产品、过程、质量管理体系有关的已发生的或类似的不合格所应采取的纠正措施。

3. 定义

3.1 纠正：为消除已发现的不合格所采取的措施，使其满足规定的要求。

3.2 纠正措施：为消除已发生的不合格原因所采取的措施，防止不合格的再发生。

4. 不合格及纠正措施管理过程图或过程乌龟图

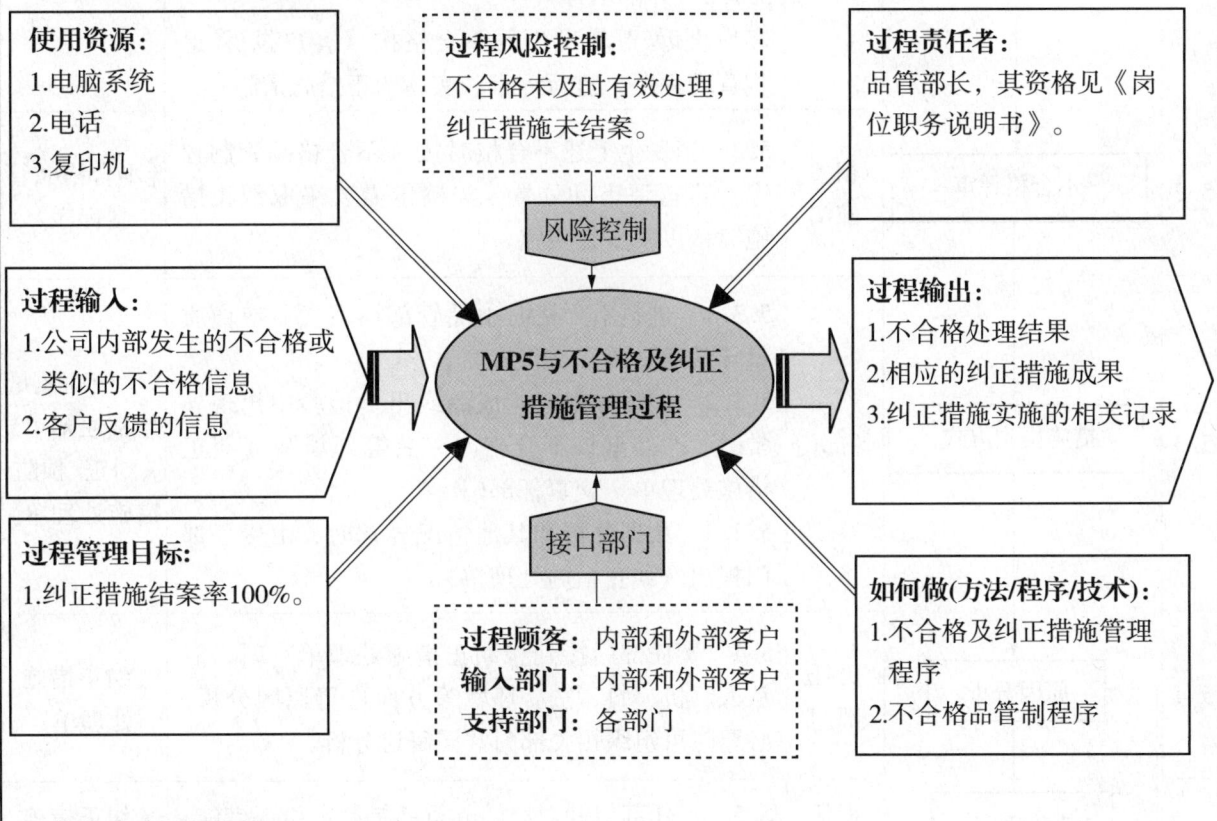

5. 作业内容（下页）

MP 文件范例 5　不合格及纠正措施管理程序

文件名称	不合格及纠正措施管理程序	文件编号：SQ-MP-05	版本：A
编制部门	品管部	编制日期：2016.08.08	页码：2/3

序号	不合格纠正措施作业流程	权责部门/人	作业要求	参考文件/使用表单
5.1	不合格的发生	各部门	5.1.1　内部不合格： a. 进料检验不合格时 b. 制程中出现质量异常时 c. 成品或出货检验不合格时 d. 产品审核不合格时 e. 数据分析发现异常时 f. 其他不合格情况发生时 5.1.2　外部不合格 客户投诉/退货发生的不合格按《客户投诉/退货管理程序》进行评审和实施纠正措施措施。	《客户投诉/退货管理程序》
5.2	不合格评审	相关部门	5.2　当发生上述不合格时按《不合格品管制程序》进行评审和处置，当确定需要采取纠正措施时依以下步骤实施。	《不合格品管制程序》
5.3	措施提出方式	各部门	5.3.1　进料不合格时由品管部填写《供应商质量异常通知单》交供应商。 5.3.2　制程异常时、成品或出货检验中出现异常时、产品审核不合格时，品管部填写《纠正措施处理单》交责任部门。 5.3.3　数据分析和其他情况异常时，由责任部门提出《纠正措施处理单》	《供应商质量异常通知单》《纠正/预防措施处理单》
5.4	原因分析	责任部门	5.4　责任部门接到《纠正措施处理单》时，需从人、机、料、法、环境等方面进行原因分析，必要时可组织相关部门共同研讨分析。	《纠正措施处理单》
5.5	措施制定	责任部门	5.5　责任部门针对原因分析结果制定纠正措施，在制定措施时应尽可能使用防错方法。	《纠正措施处理单》
5.6	措施执行	相关部门	5.6　责任部门及时按纠正措施要求执行，在执行纠正措施的过程中应记录执行的结果。	
5.7	效果确认（NG/OK）	品管部相关部门	5.7.1　品管部对纠正措施的实施状况进行追踪，并确认实施的效果，将结果记录在《纠正措施处理单》上。 5.7.2　确认结果未达成改善目标时，需由相关部门再次原因分析，从5.4开始执行。	《纠正措施处理单》

MP 文件范例5	不合格及纠正措施管理程序				
文件名称	不合格及纠正措施管理程序		文件编号：SQ-MP-05		版本：A
编制部门	品管部		编制日期：2016.08.08		页码：3/3
序号	不合格纠正措施作业流程	权责部门/人	作业要求		参考文件/使用表单
5.8	措施应用	品管部 责任部门	5.8 由品管部主导，相关部门参与，讨论如何将纠正措施和实施的控制方法应用于其他类似的过程和产品，以消除类似不合格原因。		
5.9	标准化/结案	品管部 责任部门	5.9 经追踪验证改善有效的措施，需纳入相关文件进行规范，由此引起的文件变更，按《文件控制程序》作业。		《文件控制程序》

6. 附加说明

　　无

7. 参考文件

　　7.1《客户投诉/退货管理程序》

　　7.2《不合格品管制程序》

　　7.3《文件控制程序》

8. 使用表单

　　8.1《纠正措施处理单》

　　8.2《供应商品质异常通知单》

纠正措施处理单（格式）				HC－PG－10A
发出日期： 年 月 日				
提出部门		发生时间	发生场所	
	□紧急事件		□一般事件	

问题描述：
问题分类：□原材料　□外协件　□在制品　□成品　□客户投诉　□其他：_____
问题说明：（包括客户、产品名称、订单号、不良数量、不良现象、不良比率等描述）

　　　　　　　　　　　　　　　　　　　　　　　　提出人签名：　　　　　　日期：

改善责任归属：□技术部　□生产部　□品管部　□资材部　□业务部　□其他：

原因分析（发生原因及流出原因）：（责任部门填写）

　　　　　　　　　　　　　　　　　　　　　　　　责任人签名：　　　　　　日期：

紧急临时对策：（责任部门填写）

对策预计完成时间：　　　　　　　　　责任人签名：　　　　　　日期：

制定纠正措施：（责任部门填写）
对策方法：□变更流程　□检讨管理　□改善方法　□改善设备/工具　□教育训练　□其他：_____
须建立或修订文件：□工艺文件　□检验标准书　□程序文件　□作业指导书　□其他：_____
具体措施阐述：

措施预计完成时间：　　　　　　　　　责任部门签名：　　　　　　日期：

改善执行效果确认：（品管部填写）
（1）教育记录：□有　□无　教育结果如何：　　　　　　　　　跟踪时间：

（2）文件变更：□有　□无　具体描述：　　　　　　　　　　　跟踪时间：

（3）依标准执行：□有　□无　具体描述：　　　　　　　　　　跟踪时间：

（4）改善效果描述：　　　　　　　　　　　　　　　　　　　　跟踪时间：

确认签名：　　　　日期：　　　　品管主管：　　　　　　日期：

管理代表签核：　　　　　　　　　　　　　　　　　　　　　　日期：

MP 文件范例6	数据分析与绩效评价管理程序		
文件名称	数据分析与绩效评价管理程序	文件编号：HC-MP-06	版本：A
编制部门	品管部	编制日期：2016.08.08	页码：1/3

1. **目的**

   为规划数据的收集、分析和应用，为质量管理体系的绩效评价提供依据，并寻求持续改进的机会，特制定本程序。

2. **适用范围**

   适用于本公司产品、过程、质量体系有关的数据分析与绩效评价，包括内部数据和来自外部的数据。

3. **定义**

   无。

4. **数据分析与绩效评价管理过程图或过程乌龟图**

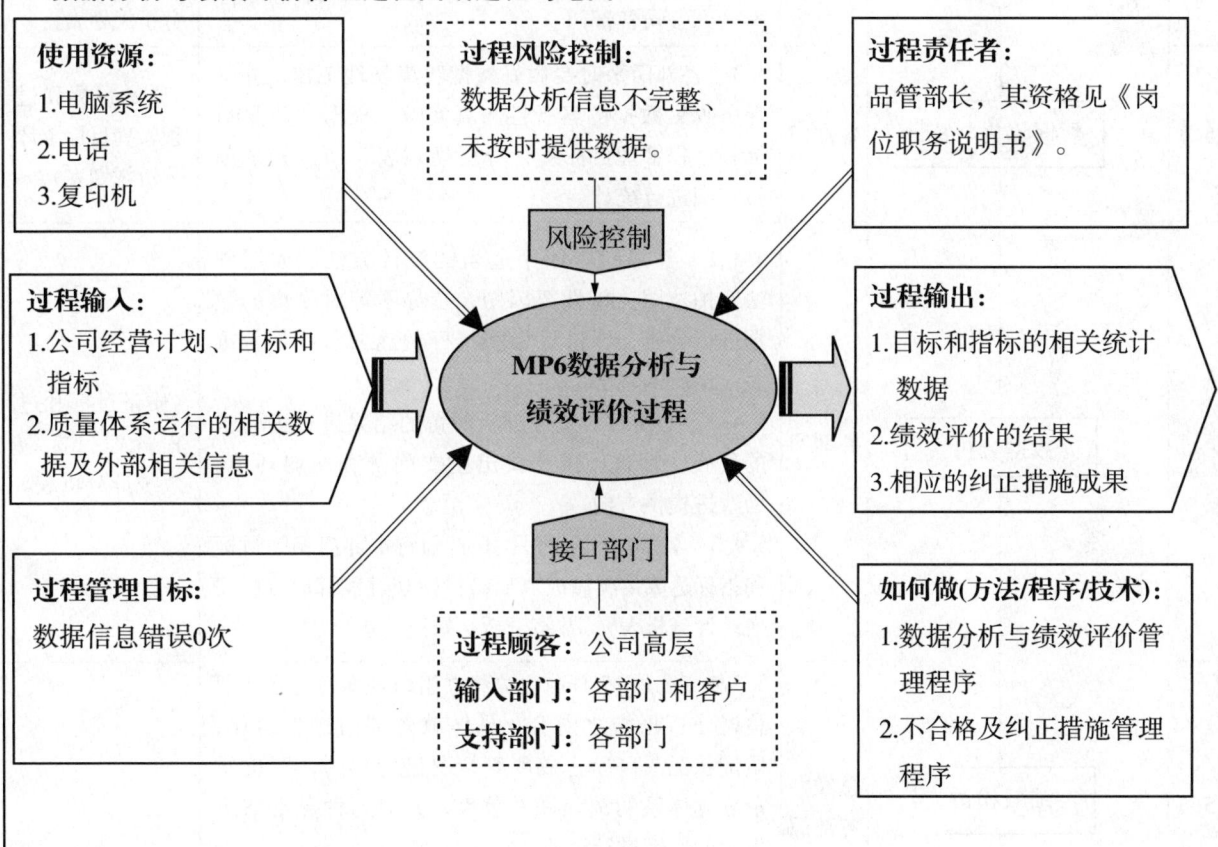

5. **作业内容（下页）**

MP 文件范例 6　数据分析与绩效评价管理程序					
文件名称	数据分析与绩效评价管理程序		文件编号：HC－MP－06		版本：A
编制部门	品管部		编制日期：2016.08.08		页码：2/3
序号	数据分析与绩效评价流程		权责部门/人	作业要求	参考文件/使用表单
5.1	数据分析规划		品管部	5.1　品管部于每年元月份根据年度经营计划中规定的质量目标和质量管理体系过程COP/SP/MP中规定的管理目标，将需统计分析的项目进行规划，汇总于"质量目标和过程管理目标统计分析规划表"，确定目标指标数据、计算方法及统计周期等。	《质量目标和过程管理目标统计分析规划表》
5.2	审核 NG　　OK		总经办	5.2　品管部将《质量目标和过程管理目标统计分析规划表》提交总经办审核其可行性和合理性后发放到公司各部门。	《质量目标和过程管理目标统计分析规划表》
5.3	数据收集与统计		各部门	5.3　各部门平时要做好数据收集整理工作，并确保所收集数据的客观性与真实性。根据"质量目标和过程管理目标统计分析规划表"所规划的项目定期进行统计。	《质量目标和过程管理目标统计分析规划表》
5.4	数据分析		各部门	5.4.1　各部门应使用适当的统计方法，如层别法、柏拉图、特性要因图、趋势图等对收集的数据进行分析，评价目标和指标的达成状况，着重关注运行的趋势。 5.4.2　必要时对统计分析所得的结果进行进一步的分类、筛选、排序找出主要问题和薄弱环节，为改进提供方向。 5.4.3　各部门须于每月10日前将本部门相关目标和指标达成情况做成《质量目标和过程管理目标绩效统计分析表》，并将分析结果提交总经办。	《质量目标和过程管理目标绩效统计分析表》
5.5	绩效检讨		总经办各部门	5.5.1　每月15日前由总经办组织各部门主管共同检讨分析报告之内容，具体就各部门过程运作、质量状况、目标达成度等情况进行检讨，评价质量管理体系的绩效和有效性，并对各种异常情况发生的原因进行讨论。 5.5.2　每年度的管理评审对全年的目标指标达成情况进行年度绩效评价	
5.6	改善对策		各部门	5.6　各部门针对目标和指标未达成的项目或数据分析显示其趋势变坏的项目提出相应的改善对策，依《不合格及纠正措施管理程序》执行改善。	《不合格及纠正措施管理程序》
5.7	持续改进		各部门	5.7　各部门应持续关注改善的实施和效果，并记录改善结果，于次月会议中说明改善状况，同时将有效地改善对策标准化。各部门应用数据分析和纠正措施进行持续改进。	

MP 文件范例 6	数据分析与绩效评价管理程序		
文件名称	数据分析与绩效评价管理程序	文件编号：HC – MP – 06	版本：A
编制部门	品管部	编制日期：2016.08.08	页码：3/3

6. 附加说明

6.1 数据分析结果的应用

6.1.1 对于公司层级数据所呈现的结果及趋势须与下列对象进行比较分析：

A. 公司外部：竞争厂商或适当之标杆企业；

B. 公司内部：经营计划中制定的目标；

6.1.2 比较分析的结果应于每月质量会议中由总经办提出报告。

6.1.3 未达成目标或明显劣于竞争厂商或标杆企业者应于质量会议中加以检讨，必要时，负责部门须提出改善对策，并于次月会议中说明改善状况。

6.1.4 公司内、外部数据的分析结果应妥善应用于改善质量及提高绩效等方面，尤其是与顾客相关的问题，应配合客户满意度调查、客户反馈意见等确定解决客户问题的优先顺序，以执行适当的改善活动。

6.1.5 公司内、外部数据应作为编制经营计划时适当地参考及应用。

7. 参考文件

《不合格及纠正措施管理程序》

8. 使用表单

无

MP 文件范例 7　内部审核管理程序

文件名称	内部审核管理程序	文件编号：SQ – MP – 07	版本：A
编制部门	品管部	编制日期：2016.08.08	页码：1/4

1. 目的
通过执行定期与不定期的内部审核，验证公司质量管理体系是否有效实施与保持，以便于及时发现问题，并采取适当的纠正措施，确保质量管理体系持续的符合性和有效性，特制定本程序。

2. 适用范围
适用于本公司质量管理体系的内部审核。

3. 定义
3.1　审核：为获得审核证据并对其进行客观的评价，以确定满足审核准则的程度所进行的系统的、独立的并形成文件的过程。

3.2　质量体系审核：是对公司质量管理体系覆盖的所有过程、活动、区域和责任部门进行的全面审核。

4. 内部审核管理过程图或过程乌龟图

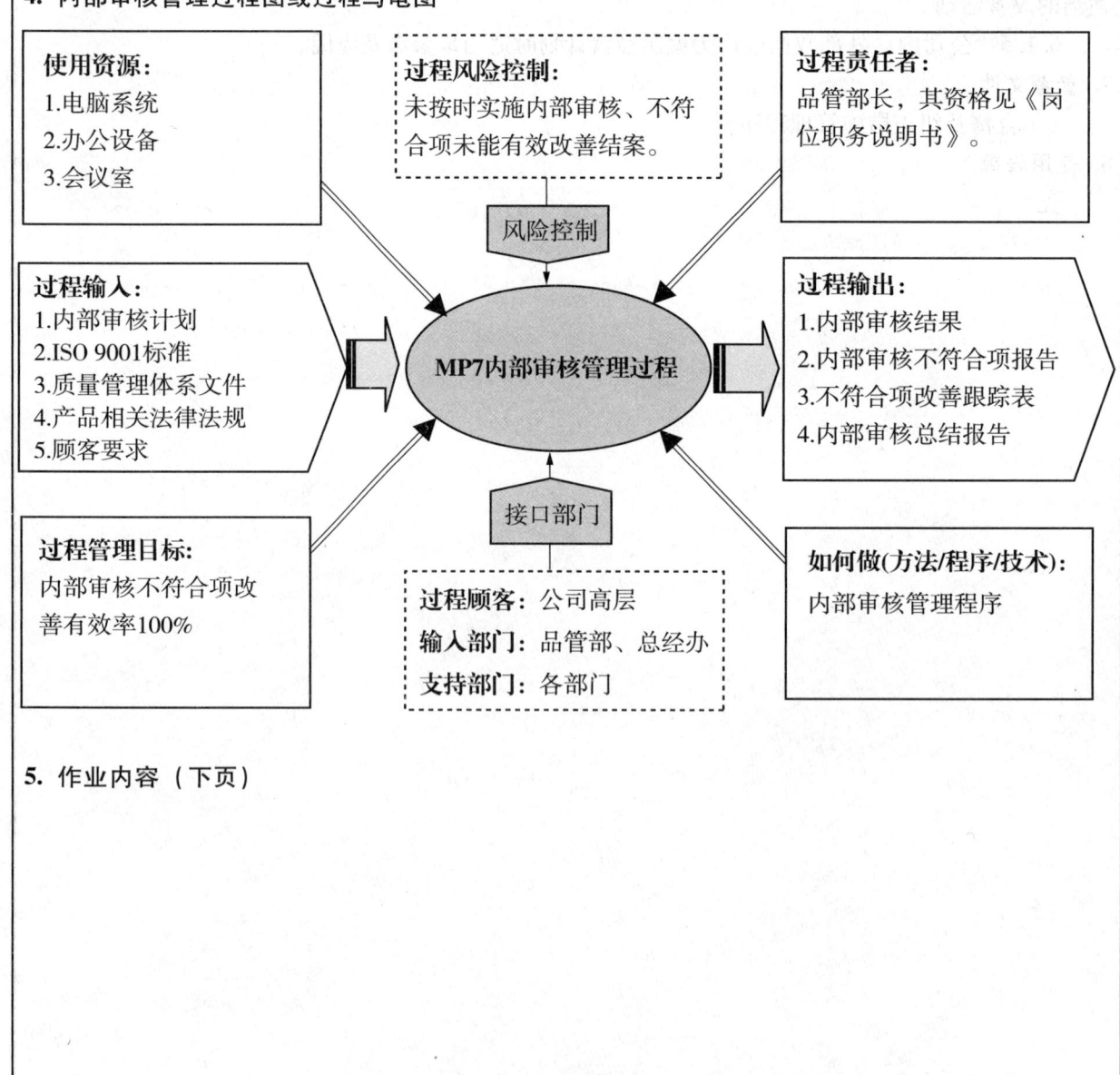

5. 作业内容（下页）

MP 文件范例7	内部审核管理程序			
文件名称	内部审核管理程序		文件编号：SQ-MP-07	版本：A
编制部门	品管部		编制日期：2016.08.08	页码：2/4
序号	内部审核作业流程	权责部门/人	作业要求	参考文件/使用表单
5.1	内部审核策划	品管部 管理代表 总经理	5.1.1 品管部于每年初制订本年度内部审核计划列入《内审与管理评审规划表》，每年度实施一次定期审核，由管理代表核准。 5.1.2 管理代表可根据具体需要提出不定期的质量体系审核，经总经理批准后执行。 5.1.3 品管部负责内部审核的策划、组织及实施。	《内审与管理评审规划表》
5.2	成立审核小组	管理代表	5.2.1 管理者代表指派审核组长和审核员，委任者需符合资格要求，且不可审核与自己相关的工作。 5.2.2 审核组长与审核员资格详见《特殊岗位人员资格鉴定表》。	《特殊岗位人员资格鉴定表》
5.3	制订内部审核计划	审核组长	5.3 审核组长至少提前一周制订《内部审核执行计划》，内容包括审核员承担的任务和日程安排。提前通知各部门及相应审核员，以明确审核任务及做好审核前准备。	《内部审核执行计划》
5.4	审核准备	审核组长 审核员 各部门	5.4.1 各审核员接到审核计划后，如对审核日期和负责审核的范围有异议，通知审核组长，经协调后可做调整。 5.4.2 各审核员根据自己负责审核的过程和区域，提前熟悉被审核方的运行过程和文件，并编制《质量体系审核检查表》。 5.4.3 各部门应做好审核前的准备工作，配合审核活动的实施。	《质量体系审核检查表》
5.5	首次会议	审核组长 相关人员	5.5 审核组长在审核前召开首次会议，说明审核的目的、范围及日程排定，参会者为管理代表、审核员及各部门代表。	
5.6	执行审核	审核员 各部门	5.6.1 审核员参照内审检查表，与被审核部门进行面谈，并要求提供相应的证据，包括文件、记录或其他信息。 5.6.2 审核员必须秉持公正及客观的态度对被审核部门实行审核，并将审核证据记录于内审检查表。 5.6.3 被审核部门必须全力配合审核员审核。对审核中发现的不符合项有异议时，应当场说明实际情形，由审核员确认和判定，审核完成后被审核方需签名确认。	《质量体系审核检查表》

MP 文件范例 7	内部审核管理程序			
文件名称	内部审核管理程序	文件编号：SQ-MP-07		版本：A
编制部门	品管部	编制日期：2016.08.08		页码：3/4

序号	内部审核作业流程	权责部门/人	作业要求	参考文件/使用表单
5.7	不符合项检讨	审核员 审核组长 各部门	5.7.1 现场审核完成后，审核组长召集审核员汇报各自审核发现的问题，对不符合项进行讨论和确认，依附加说明 6.1 判定属一般不符合还是严重不符合。 5.7.2 不符合项由审核员开出《内部审核不符合项报告》，并交被审核部门负责人签名确认。	《内部审核不符合项报告》
5.8	末次会议	审核员 审核组长 各部门	5.8 由审核组长安排通知各审核员及各部门主管召开结束会议，会议由审核组长主持，内容包括： a. 审核组长报告本次审核情况； b. 审核的不符合项提出； c. 审核员与被审核部门主管确认不符合与不符合改善的沟通； d. 提出不符合项要求改善完成的日期； e. 发生争议时管理者代表裁示。	
5.9	改善/追踪	审核员 各部门	5.9.1 被发现有不符合的部门根据《内部审核不符合项报告》所列项目提出原因分析和改善对策，并切实执行，然后交相应审核员再追踪确认。 5.9.2 审核员根据各部门提出的完成日期对纠正措施进行追踪确认。确认改善后的效果记录《内部审核不符合项报告》中。若改善无效，则要求责任部门重新原因分析和拟定新的改善对策，直至不符合项关闭。	《内部审核不符合项报告》
5.10	内审总结报告	审核组长	5.10 审核组长将结案的《内部审核不符合项报告》整理，并将本次审核过程及结论做成《内部审核报告》。	《内部审核报告》
5.11	输入管理评审	品管文控	5.11 所有审核资料由品管文控保存至少三年，并于管理评审时提供管理者代表输入管理评审会议讨论和跟进。	

MP 文件范例 7	内部审核管理程序		
文件名称	内部审核管理程序	文件编号：SQ－MP－07	版本：A
编制部门	品管部	编制日期：2016.08.08	页码：4/4

6. 附加说明

6.1 审核发现的判定

6.1.1 不符合项判定

（1）严重不符合项

a. 体系运行出现系统性失效，如某一体系要求、某一关键过程重复出现失效现象；

b. 体系运行出现区域性失效，如某一部门、场所的全面失效现象；

c. 影响产品或体系运行的后果严重的不符合事项。

（2）一般不符合项：

a. 一般的、个别的、偶然的、独立的失效事件；

b. 对某个系统或审核区域的有效性影响轻微的事件。

6.1.2 符合：审核中没有发现一般或严重不符合项。

6.1.3 改进意见：审核员根据被审核方提供的资料或根据经验判断有发生趋势的潜在不合格，对被审核方提出的改进意见。

7. 参考文件

无。

8. 使用表单

8.1 《内审与管理评审规划表》

8.2 《内部审核执行计划》

8.3 《质量体系审核检查表》

8.4 《内部审核不符合项报告》

8.5 《内部审核报告》

8.6 《特殊岗位人员资格鉴定表》

MP 文件范例 8　管理评审程序

文件名称	管理评审程序	文件编号：SQ-MP-08	版本：A
编制部门	总经办	编制日期：2016.07.19	页码：1/3

1. 目的

　　为使质量管理体系符合公司的战略、方针与目标，评审及改善各项经营管理系统运作问题，确保质量体系持续运作的适宜性、充分性和有效性，特制定本程序。

2. 适用范围

　　适用于公司质量管理体系运行绩效和改进需求的各项评审。

3. 定义

　　无。

4. 管理评审过程图或过程乌龟图

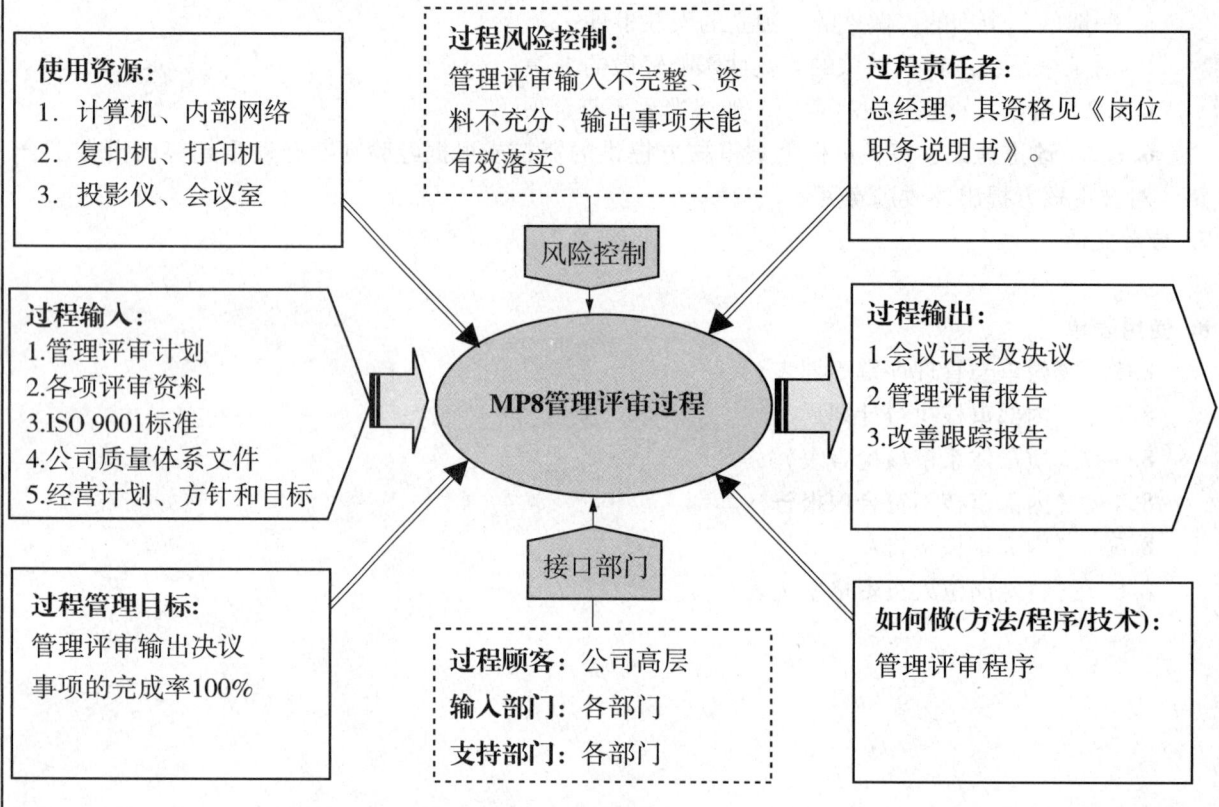

5. 作业内容（下页）

MP 文件范例 8	管理评审程序			
文件名称	管理评审程序	文件编号：SQ-MP-08		版本：A
编制部门	总经办	编制日期：2016.07.19		页码：2/3
序号	管理评审作业流程	权责部门/人	作业要求	相关文件/表单
5.1	管理评审策划	管理代表	5.1 管理代表于每年初策划本年度的管理评审时间，列入《内审与管理评审计划表》以便按时实施评审工作。管理评审可以每月进行阶段评审和每年底召开一次综合评审。管理评审通常由总经理主持，以会议的形式进行，参加成员包括管理者代表及各部门负责人等管理层干部。	《内审与管理评审规划表》
5.2	评审通知	管理代表	5.2.1 阶段评审定于每月15日进行，遇休息日则提前召开，管理代表口头通知各部门。 5.2.2 年度评审根据计划，由管理者代表决定具体评审日期，提前发出《会议通知单》通知评审参与成员，以便提前准备评审输入的相关资料。	《会议通知单》
5.3	评审准备	各部门 管理代表	5.3 月度评审每月10日前各部门提交上月各个项目的评审资料给管理代表。年度评审则按《会议通知单》要求准备的事项，做好相应评审输入资料，提前一周提交管理者代表审核。	《会议通知单》
5.4	评审召开	总经理 管理代表 各部门主管	5.4 管理评审会议由总经理主持，月度评审主要针对目标指标达成情况、质量异常情况、客户反馈情况、满足客户要求的程度进行评审；年度评审项目按附加说明6.1中所规定的评审输入项目逐项进行提报和讨论。	
5.5	评审输出	总经理 管理代表 各部门主管	5.5 经评审分析与讨论后，对质量管理体系需改进事项进行决议，管理评审的输出应包括与以下方面有关的任何决定和措施： a. 有关产品、过程、体系的改进机会； b. 质量管理体系变更的需求； c. 资源需求。	
5.6	评审报告	管理代表	5.6.1 管理代表负责对评审项目及讨论结果、决议事项等记录进行汇总整理，编制"管理评审报告"，并将决议跟进事项做成《管理评审决议事项跟踪表》，作为管理体系改善之依据。 5.6.2 "管理评审报告"交总经理核阅，分发至各相关部门，原稿保存于文控中心。	《管理评审决议事项跟踪表》

MP 文件范例 8　管理评审程序

文件名称	管理评审程序		文件编号：SQ-MP-08	版本：A
编制部门	总经办		编制日期：2016.7.19	页码：3/3
序号	管理评审作业流程	权责部门/人	作业要求	相关文件/表单
5.7	改善跟踪	各部门管理代表	5.7　各部门根据评审会议决议事项进行改进，管理者代表及时追踪改善完成情况，结果记录于《管理评审决议事项跟踪表》中，于下次管理评审会议中提报。	《管理评审决议事项跟踪表》
5.8	记录保存	文控中心	5.8　文控中心负责保存每次管理评审的相关记录，保存期限至少三年。	

6. 附加说明

6.1　管理评审的输入项目

策划和实施管理评审时应考虑下列内容：

a. 以往管理评审所采取措施的情况；

b. 与质量管理体系相关的内外部因素的变化；

c. 下列有关质量管理体系绩效和有效性的信息，包括其趋势：

1. 顾客满意和有关相关方的反馈；
2. 质量目标的实现程度；
3. 过程绩效以及产品和服务的合格情况；
4. 不合格及纠正措施；
5. 监视和测量结果；
6. 审核结果；
7. 外部供方的绩效；

d. 资源的充分性；

e. 应对风险和机遇所采取措施的有效性；

f. 改进的机会。

7. 参考文件

无

8. 使用表单

8.1　《内审与管理评规划表》

8.2　《会议通知单》

8.3　《管理评审决议事项跟踪表》

内审与管理评审规划表（格式）														HC－PG－14A
编制日期：2016.01.05														
类别	时间	2016 年度												2017 年度
		1月	2月	3月	4月	5月	6月	7月	8月	9月	10月	11月	12月	1月
质量体系内审	计划				●							●		
	实际													
管理评审	计划	◎	○	○	○	○	○	○	○	○	○	○	○	◎
	实际													
备注："●"表示内部审核，"○"表示月度评审，"◎"表示年度评审														
编制： 审核： 核准：														

管理评审决议事项跟踪表（格式）					HC－PG－44A
NO.	决议事项	责任人员	完成日期	追踪确认结果	确认者

会议通知单（格式）		HC－PG－03A
发文单位		
主旨		
地点		
时间	＿＿＿年＿＿月＿＿日＿＿时＿＿分至＿＿时＿＿分	
主持人		
与会者		
会议内容：		
会议要求及准备事项：		
受文者		
拟订： 日期： 核准：		

MP 文件范例 9	提案改善与持续改进管理程序		
文件名称	提案改善与持续改进管理程序	文件编号：SQ－MP－09	版本：A
编制部门	总经办	编制日期：2016.08.08	页码：1/3

1. 目的

为建立开展持续改进和促进创新环境的过程，使公司持续不断地改善技术、品质、生产力、交期及环境等事项，激励全员参与改善活动，特制定本程序。

2. 适用范围

适用于本公司全体员工的提案改善活动。

3. 定义

无。

4. 提案改善与持续改进管理过程乌龟图

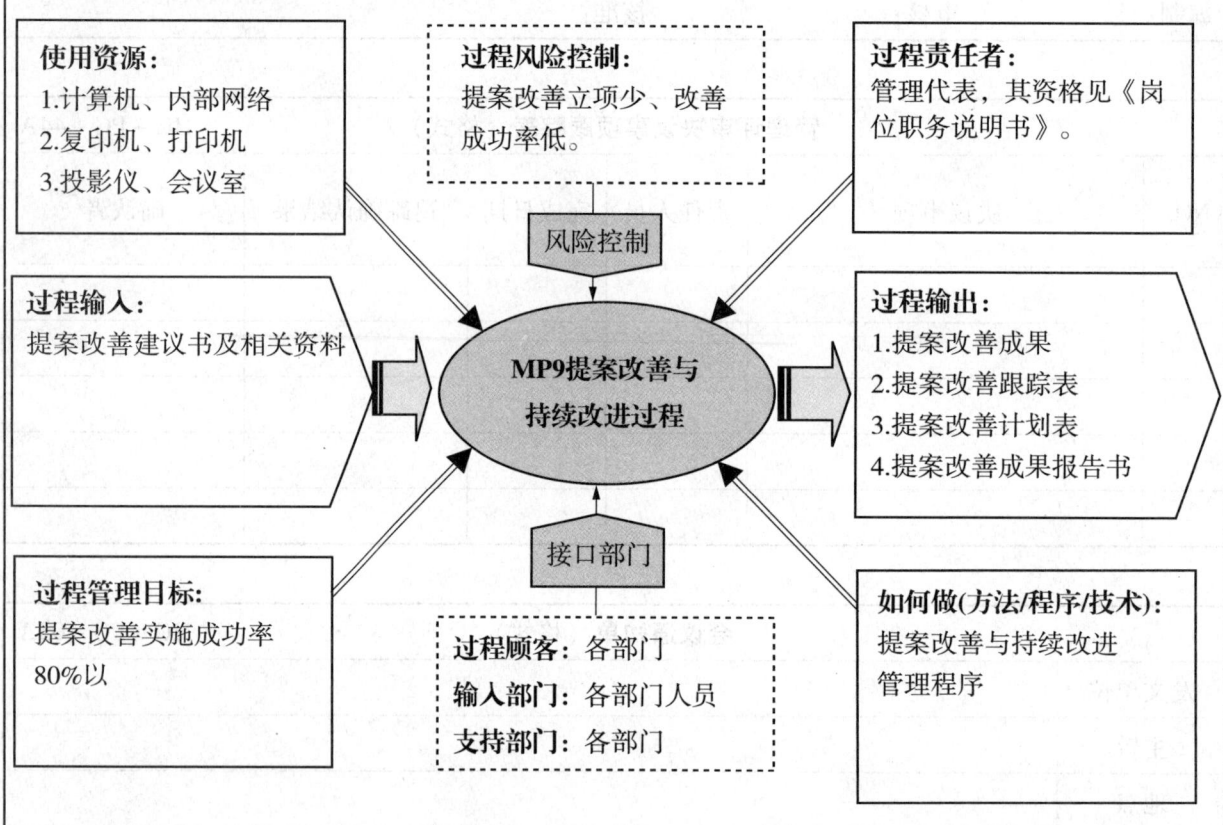

5. 作业内容（下页）

MP 文件范例 9	提案改善与持续改进管理程序			
文件名称	提案改善与持续改进管理程序	文件编号：SQ－MP－09		版本：A
编制部门	总经办	编制日期：2016.08.08		页码：2/3
序号	作业流程	权责部门/人	作业要求	参考文件/使用表单
5.1	提案提出	提案人	5.1 各部门人员均可根据附加说明 6.1 规定的提案改善受理范围提出改善建议，由提案人填写《提案改善建议书》，提交给管理代表。	《提案改善建议书》
5.2	提案评审 NG→取消 / OK	管理代表 相关部门	5.2 管理者代表审核《提案改善建议书》改善项目，召集相关部门评审提案改善内容，依提案之实用性、可行性及有效性作评估，决定是否采纳。若提案判定不适用，则取消其提案，并告知提案人。	《提案改善建议书》
5.3	成立项目改善小组	管理代表 项目小组	5.3 若判定采用，由管理代表根据案件涉及的部门及人员成立"提案改善小组"，并确定项目组长，项目组长适当时可由技术主管、品管主管、生产主管或由管理代表指派人员担任，项目组长将提案改善登录于《提案改善跟踪表》。	《提案改善跟踪表》
5.4	提案改善计划	项目小组	5.4.1 项目改善小组研讨并制订《提案改善计划表》，其内容包括预期目标、改善方法、投入资源、改善步骤及进度等。 5.4.2 《提案改善计划表》呈管理代表审核，若涉及重大流程变更，设备更新投资等投入较大或存在风险时必须呈总经理核准。	《提案改善计划表》
5.5	提案实施/检讨	项目小组 管理代表	5.5.1 项目改善责任部门应按核准的《提案改善计划表》执行，并可依实际执行情况适时修正计划，小组应视需要自行召开会议，确认任务的达成状况。 5.5.2 项目组长应适时向管理者代表报告执行进度及成果，并提出可能需要的支持。	
5.6	提案改善报告	项目小组	5.6.1 项目组长应追踪和确认改善效果，如已达成目标可列入结案，项目组长将结果填入《提案改善成果报告书》，送管理代表审核后呈总经理核准。 5.6.2 适当时可将改善的方法延伸至其他产品或作业活动，或建立标准化作业。 5.6.3 若因事前评审预估不足，导致改善未能达到原定目标，则应提出说明方可结案。	《提案改善成果报告书》

MP 文件范例 9　提案改善与持续改进管理程序

文件名称	提案改善与持续改进管理程序		文件编号：SQ – MP – 09	版本：A
编制部门	总经办		编制日期：2016.08.08	页码：3/3
序号	作业流程	权责部门/人	作业要求	参考文件/使用表单
5.7	提案奖励	项目小组	5.7.1 项目改善小组应对提案取得的效益进行评估，经济效益应计算出实际的金额，无形效益指出具体事例，并将其填写到《提案改善成果报告书》，送管理者代表审核后呈总经理核准。 5.7.2 公司鼓励全体员工积极参与提案改善，凡是采纳的提案，无论取得效果如何至少给予 50 元奖励。若提案改善取得了一定的经济效益，扣除改善成本，至少给予 30% 的奖励。 5.7.3 员工提案的数量，达成效益等将作为评优、评先进的优先条件，也将作为员工考核及升职、调薪的依据。	《提案改善成果报告书》

6. 附加说明

 6.1　提案改善案件受理范围

 凡对本公司经营有益的改善意见、发明、构想均可作为提案内容：

  a. 管理方式的改进事项；

  b. 加工技术、操作方法、作业流程的改进事项；

  c. 质量的改进事项；

  d. 设备、测试治工具的新设计或修改事项；

  e. 新产品的开发及产品包装与外观的改进事项；

  f. 原材料的节省、废料的利用及其他成本降低的事项；

  g. 工厂安全、整理、整顿及机器工具保养事项；

  h. 产品用途新发现；

  i. 意外事件的防止；

  j. 工作环境的改善；

  k. 其他有利于本公司的成本降低、效益提高的事项。

7. 参考文件：

 无

8. 使用表单

 8.1《提案改善建议书》

 8.2《提案改善跟踪表》

 8.3《提案改善计划表》

 8.4《提案改善成果报告书》

提案改善建议书（格式）				HC-PG-40A	
提案日期	年 月 日		提案编号		
部门		提案人		部门主管	
事项描述：			提案建议：（可附详细方案）		
附件： □图纸 □样品 □资料 □其他_____		预估效益：			
评审结论	□采用 □不采用	评价：			
评审人员会签					
项目小组成员					
项目组长		评审日期：		管理代表	
总经理意见： 签名： 日期：					

提案改善跟踪表（格式）											HC-PG-41A
年份：											
序号	提案编号	提案人	提出日期	部门	项目主题	改善计划表编号	实施日期		成果报告书编号	结案日期	登记人
							起始	完成			

提案改善计划表（格式）			HC－PG－42A	
提案编号：		提案人：	提案改善计划编号：TA－JH－年月日	
项目主题		预期目标		
项目组长		项目组成员		

一、现况调查及说明

二、实施方案/计划内容说明			需投入资源	预估费用

实施事项	实施方法	负责人	起始日	计划完成日	验收人	验收结果

编制人：　　　　　日期：　　　　　管理代表核准：

总经理意见：

签名：　　　　　日期：

提案改善成果报告书（格式）				HC－PG－43A	
提案人：		提案编号：		本报告编号：TA－BG－年月日	
项目主题		预期目标			
项目组长		项目组成员			
项目主要执行事项			负责人		执行结果
效益分析	经济效益计算	项目投入的成本： 项目已产生的效益： 项目预期效益：			
	无形效益	□质量提高　　□交期缩短　　□制度改善　　□士气提高 □环境卫生改善　□企业形象提升　□安全性提高　□其他 具体事例说明：			
奖励人员					
奖励方案说明					
项目组长			日期：	管理代表核准	

总经理意见：

签名：　　　　　　　　　　　　日期：

第十四章
内部审核和管理评审实施方法

第一节　内部审核概述
　　一、有关审核的基本概念
　　二、基于过程的审核方法
第二节　内部审核实施方法
　　一、内部审核的流程
　　二、内部审核的策划
　　三、内部审核的准备
　　四、内部审核的实施
　　五、纠正措施跟踪和验证
　　六、内部审核报告
　　七、记录整理和保存
第三节　管理评审的策划和实施
　　一、实施管理评审的目的和意义
　　二、管理评审的策划
　　三、管理评审的实施
　　四、管理评审报告
　　五、管理评审决议事项的落实和追踪
　　六、管理评审记录

第一节　内部审核概述

一、有关审核的基本概念

1. 什么是审核

审核就是为获得审核证据并对其进行客观的评价，以确定满足审核准则的程度所进行的、系统的、独立的、并形成文件的过程。

内部审核，也称为第一方审核，由组织自己或以组织的名义进行，由与被审核的活动无责任关系的人员进行，以证实独立性。

外部审核包括通常所说的"第二方审核"和"第三方审核"。

第二方审核由组织的相关方（如顾客）或由其他人员以相关方的名义进行。

第三方审核由外部独立的审核组织进行，如提供合格认证/注册的组织或政府机构。

在一个受审核方，对两个或两个以上管理体系（如质量和环境管理体系）同时进行的审核，这种情况称为"结合审核"。

在一个受审核方，由两个或两个以上审核组织所进行的审核，这种情况称为"联合审核"。

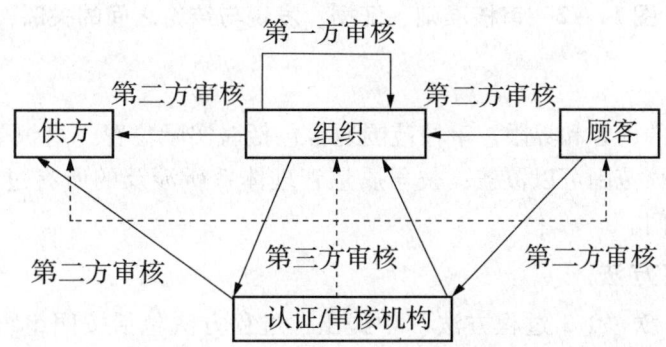

图 14-1　第一方、第二方、第三方审核之间的关联

2. 审核准则

审核准则就是用于与客观证据进行比较的一组方针、程序或要求。审核准则是用于与审核证据比较的依据。

内部审核的准则包括：
- ISO 9001 标准的要求；
- 公司管理体系文件（包括质量方针、目标、质量手册、程序文件、作业指导文件等）；
- 适用于产品和服务的法律法规要求；
- 顾客合同及要求等。

3. 审核证据

审核证据就是与审核准则有关的并且能够证实的记录、事实陈述或其他信息。审核证据可以是定性的或定量的。

审核证据可以是记录、报告、客观事实的陈述、文件、样品、图片、现场、现物等。

4. 审核发现

审核发现就是将收集的审核证据对照审核准则进行评价的结果。

审核发现通常表述为三种：符合、不符合、观察建议项。

不符合又可分为：一般不符合和严重不符合。

审核发现可导致识别改进的机会或记录良好实践。

5. 审核结论

审核结论就是审核组考虑了审核目标和所有审核发现后得出的最终审核结果。

审核结论包括以下三种：

- 符合审核准则；
- 基本符合，但有一些需纠正之处；
- 不符合，有重大缺陷。

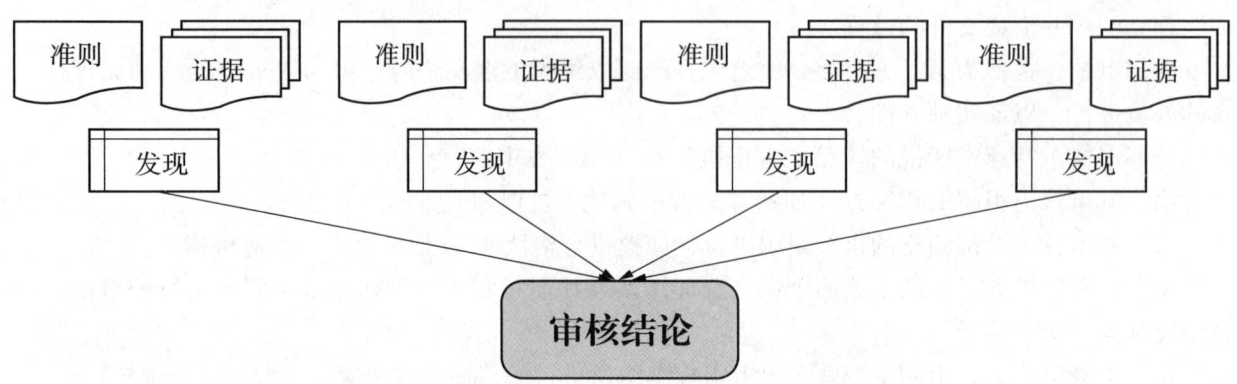

图 14-2　审核准则、证据、发现与结论之间的关联

6. 审核范围

审核范围就是审核的内容和界限。审核范围通常包括对实际位置、组织单元、活动和过程的描述。一次完整的内部审核范围可以覆盖：公司质量管理体系所涉及的所有过程、所有活动和区域，以及所有相关的职能部门。

二、基于过程的审核方法

在 ISO 9001 标准条款"0.3 过程方法"中提出：过程方法包括按照组织的质量方针和战略方向，对各过程及其相互作用，系统地进行规定和管理，从而实现预期结果。

过程方法在质量管理体系中应用时强调以下方面的重要性：

- 理解并持续满足要求；
- 从增值的角度考虑过程；
- 获得有效的过程绩效；
- 在评价数据和信息的基础上改进过程。

评价质量管理体系有效性最常用的方法便是内部审核，因此，基于上述要求，我们应使用基于过程方法来审核组织的质量管理体系。

基于过程的审核方法就是按照组织所识别和确定的过程来审核组织质量管理体系的符合性和有效性。

通过利用过程方法的审核，更好地了解企业怎样利用过程方法把前因后果串联起来，进行系统的管理，研究每个过程的有效性，从而达到整个企业绩效的提升和持续改进的目的。如果按职能部门或者条款来审核，往往容易把过程切割开来，而去注意各条款的符合性，基本上只是一种符合性的审核。

1. 什么是基于过程的 CAPD 审核方法

众所周知的 PDCA 循环是"策划→实施→检查→处置"，PDCA 是策划、实施和改进质量管理体系及其过程的基本方法。而基于过程的审核是从"检查→处置→策划→实施"这一思路展开的，因此称为 CAPD 审核方法，这一方法的审核思路如下：

C（Check，检查）：根据组织的测量结果，审核员将该过程的实际绩效指标与组织的预期绩效指标进行比较（找到审核的切入点）；

A（Action，处置）：根据指标的比较结果，审核员追踪组织是否针对绩效结果进行了分析并就此采取了相应的补救措施或进行了持续改进，以及了解它们的实施结果；

P（Plan，策划）：针对原有的已确定的过程，审核员检查组织的策划情况，并评估该过程能否确保组织满足预期绩效目标；

D（Do，实施）：按照组织的策划要求，审核员检查过程的实施情况和关注其有效性。

CAPD，即基于某一过程的结果来判断该过程的策划及相关支持活动的有效性，来寻找有关过程的改进机会的一种审核方式。根据过程的结果（该过程当前绩效与预期绩效的比较），审核员判断影响该过程结果的可能因素，即涉及过程的人、机、料、法、环、测量等管理因素，来寻找下一步审核的关注点。它有助于审核员较快地发现组织过程及其活动中存在的薄弱环节，以及它们之间接口存在的问题。

CAPD 审核方法适用于每一过程的审核思路和路径，而在某一特定的审核中，还应根据具体过程的特征有不同的侧重点和审核路径。

基于过程的审核方法在汽车行业得到了广泛的实践和应用。本书第六章建议的过程管理工具——"乌龟图"，是过程分析和审核非常有用的一种方法，见下图：

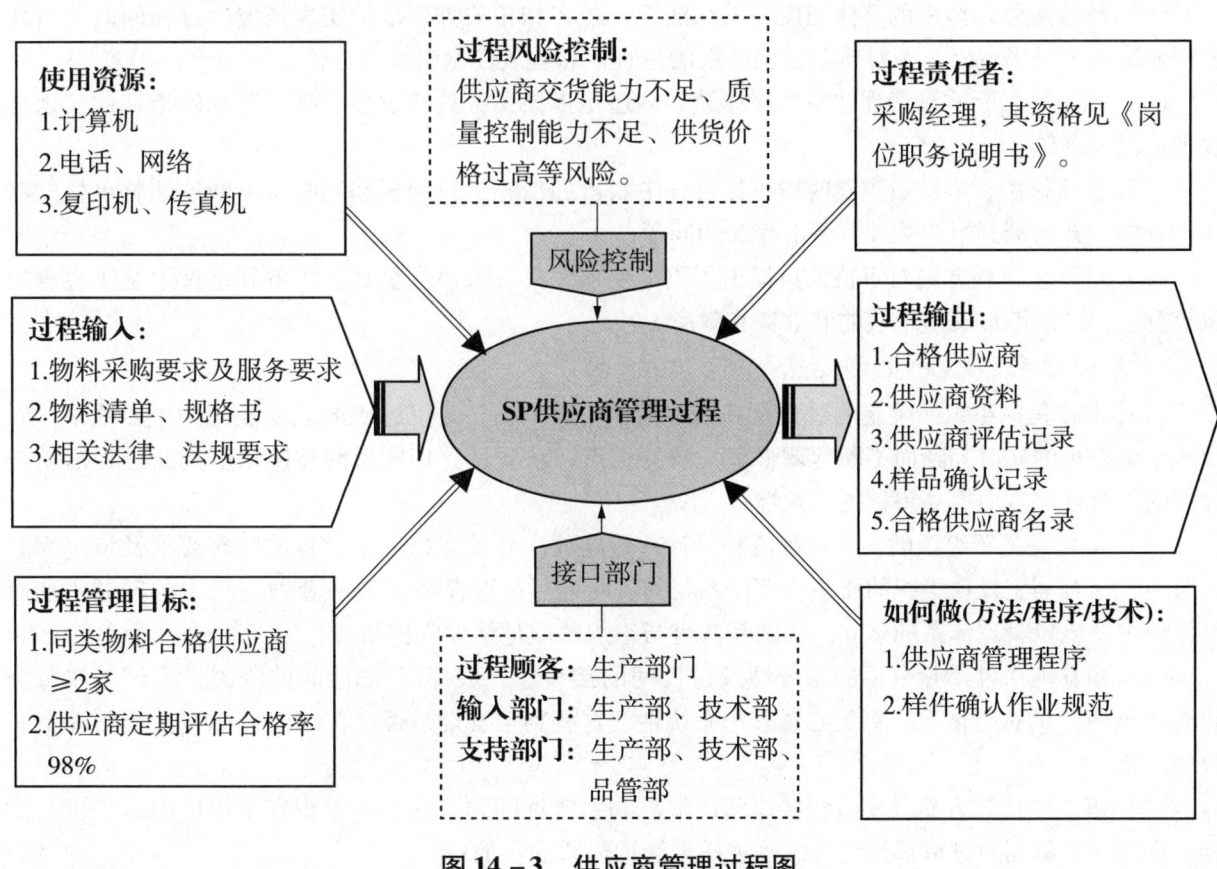

图14-3 供应商管理过程图

根据上图，对于分析和审核任何一个过程应关注以下方面的问题：
- 过程的要求/过程的输入是什么？
- 过程的输出是什么？（过程的顾客要什么）
- 该过程要控制哪些风险？控制风险的措施是什么？
- 通过什么资源/硬件（设备、工装、模具等）来满足？
- 谁负责此过程？（由谁进行、人员的技能、知识、培训、资格）

- 过程如何执行？（规范/程序/作业指导书）
- 该过程的关键衡量指标是什么？（本过程要达到的目标）
- 过程的实际绩效是多少？当不能满足顾客要求时，做些什么？
- 采取了哪些纠正/预防措施，这些措施对实现目标的进展如何？

用过程方法审核，要求审核员在审核过程中及时找到适宜的切入点，然后进行追溯，对审核员的灵活性、敏感性、专业性都提出了较高的要求。

2. 基于过程审核的主要思路

（1）按照组织所确定的过程类型及过程之间的内在连接关系，对审核的路径进行策划和实施审核；

（2）过程化审核始终以满足组织的顾客要求作为审核的关注点，并以顾客导向过程（COP）作为审核的主线；

（3）在对顾客导向过程（COP）实施审核的同时，关注与之相关的支持过程和管理过程的作用和绩效；

（4）针对每一个过程的审核，以该过程的绩效指标为切入点，通过追踪其业绩表现以及过程之间的输出/输入的关系，从系统的角度评价该过程在质量管理体系中的作用及其有效性；

（5）从质量管理体系的整体角度，关注法规、顾客和相关方要求的实现情况、过程间的接口和过程的绩效情况等方面，并对质量管理体系的适宜性和有效性做出综合评价；

（6）无论是判断质量管理体系的整体绩效，还是审核一个具体过程，都以其绩效指标的实现与改进情况为基础；

（7）在审核中，审核员应随时对审核过程中获得的信息进行分析和判断，不断地调整审核的路径和方向，并追溯到组织管理体系上存在的问题；

（8）过程化审核方法对审核人员提出了更高要求，只有审核人员真正了解和掌握了基于过程的审核方法，才能够体现出审核的有效性和效率。

3. 基于过程审核的主要优点

（1）审核是以组织所确定的过程及其绩效指标为切入点，并以组织的业绩表现为主要线索，同时基于审核员的实时判断而不断地调整审核的重点，从质量管理体系的整体角度判断过程活动与标准的符合性，进而提高审核的有效性；

（2）审核是基于组织的实际业务流程设计审核路径，并关注每一个过程的顾客要求及该过程的有效性，这有利于发现组织的质量管理体系与其实际运行是否存在"说一套做一套"的问题，从而确保组织的质量管理体系的建立、实施和改进与组织的质量绩效紧密结合；

（3）审核时关注质量目标的系统性及过程间的接口，打破部门/职能间的隔阂，不仅关注每个职能"分内"的执行情况，更关心过程的系统性，这有利于发现是否存在部门目标与过程目标不一致的问题；

（4）审核中比较容易发现过程接口间的缺陷和系统性问题，这有利于识别不增值的过程以及持续改进过程，从而通过审核达到持续改进质量管理体系的目的；

（5）审核员提问的对象是与过程相关的活动本身而不是标准条款，使得审核方法容易为受审核方所理解。

第二节　内部审核实施方法

一、内部审核的流程

内部审核一般包括以下几个步骤：

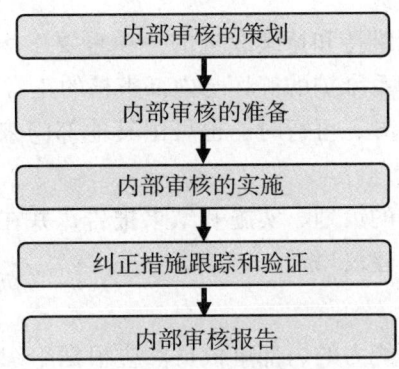

图14-4　内部审核流程

二、内部审核的策划

内部审核的策划应包括以下几方面的主要内容：

1. 明确内部审核的目的

组织内部审核的目的包括：

(1) 评价质量管理体系是否符合 ISO 9001 标准的要求和顾客的要求；
(2) 确定质量管理体系是否符合组织自身的质量管理体系要求；
(3) 验证组织所建立的质量管理体系是否得到有效的实施和保持；
(4) 验证组织质量管理体系达成质量方针、质量目标和过程指标的有效性；
(5) 提供被审核方改进的机会，作为组织持续改进的手段之一；
(6) 作为外部审核前的准备，并向外部提供有效性的证据。

2. 确定内部审核的范围

内部审核的范围应覆盖组织质量管理体系涉及的所有职能部门、过程、活动、场所和班次（如白班和夜班）。与质量管理无直接相关的作业可不纳入内部审核，如厂规厂纪、薪资制度等。

3. 明确内部审核的准则

内部审核的准则一般包括以下几项：

(1) 组织所选定的质量管理体系标准（如 ISO 9001，ISO 14001 标准）；
(2) 组织建立的正式发布的质量管理体系文件；

包括质量方针、质量目标、质量手册、程序文件、管理办法、作业指导书、检验标准书、控制计划等，以及组织规定的表单格式。

(3) 与产品有关的法律法规的要求；

如与产品有关的安全法规、质量法规、有毒有害物质和环境法规等。

(4) 与顾客签订的合同或订单的要求，此外，顾客可能有其他特殊要求。

4. 确定内部审核的频次和时机

内部审核的频次是由组织策划决定的，标准并未规定间隔时间。通常是每年实施一次，如果质量体系运行和落实度不够好，也可每半年执行一次，两次执行的时间间隔不应超过 12 个月。

内部审核的时机，在质量体系建立初期应在体系文件发布运行三个月后进行，质量管理体系所涉及的内容较多，有些过程需要一定的时间运行才能完整的实施，才能验证其符合性和有效性。如果文件多数未实施，则不应安排内部审核。

定期的内部审核一般在认证机构审核前的一至二个月进行，以确保对内部审核发现问题的全部整改完成，为外部审核做准备。

当组织发生重大质量异常或出现顾客重大质量投诉时，可考虑进行临时的内部审核的。

5. 明确内部审核的主导职责

内部审核是组织质量管理体系维持和持续改进的一项重要工作，也是一项长期的工作，需要一个部门来主导。实践证明，质量体系维护的好坏与内部审核的正常实施与否有着密切的关系。通常，内部审核工作由质量管理部门来主导，可行时，也可由其他部门来主导，规模大的企业往往成立一个专职的部门来主导。

主导的部门负责整个内部审核的策划、实施和结果报告，并在管理评审中提出报告和讨论，适时向组织的最高管理层提出改进的建议。

6. 内部审核员的培训

内部审核需要一批合格的、有能力的内部审核员。应根据组织的规模和质量体系的复杂度来规划内审员的人数，并有计划的展开培训，可聘请一个广受好评的顾问机构进行系统的培训，也可委派种子人员到外部机构培训合格后，作为内部培训的讲师。

内部审核员的选择应考虑其对组织质量管理体系的了解和认知程度，具有一定的学历和工作经验、有一定的表达和沟通能力且正直公正的人员。应考虑内审员的广泛性，各职能部门均应安排适当数量的内审员培训，不应集中在一个或几个部门。

内部审核员的资格要求：

根据 ISO 19011：2011《管理体系审核指南》，质量管理体系审核员应当具有下列知识和技能：

（1）与质量有关的方法和技术：使审核员能检查质量管理体系并形成适当的审核发现和结论。这方面的知识和技能应当包括：

- 质量术语；
- 质量管理原则及其运用；
- 质量管理工具及其运用（如：统计过程控制，失效模式和影响分析等）。

（2）过程和产品（包括服务）：使审核员能理解审核范围内的技术内容。这方面的知识和技能应当包括：

- 行业特定的术语；
- 过程和产品（包括服务）的技术特性；

7. 制订内部审核的年度计划

年度内部审核计划是确定整个年度执行内部审核的次数和实施的月份，由指定的内部审核主导部门制定，应在每年底制订下年度的计划或在年初制订本年度的计划，年度内部审核计划应公布或发行给组织各职能部门。

年度内部审核计划，有滚动式和集中式两种。如前所述，内部审核是以过程化审核方法来展开的，因此，应以组织质量管理体系所识别的过程来制订计划。

（1）集中式审核计划

集中式审核计划就是集中在几天之内把各过程、活动/产品、场所、部门全部审核完，通常是一年审核 1~2 次。

对于规模大、过程复杂的组织适合用滚动式审核计划，中小型企业适合用集中式审核计划。

（2）滚动式审核计划

滚动式审核计划通常为一年或半年一个审核周期，在一个审核周期内逐月展开对全部过程、活动/产品、场所、部门完成一次完整的审核。

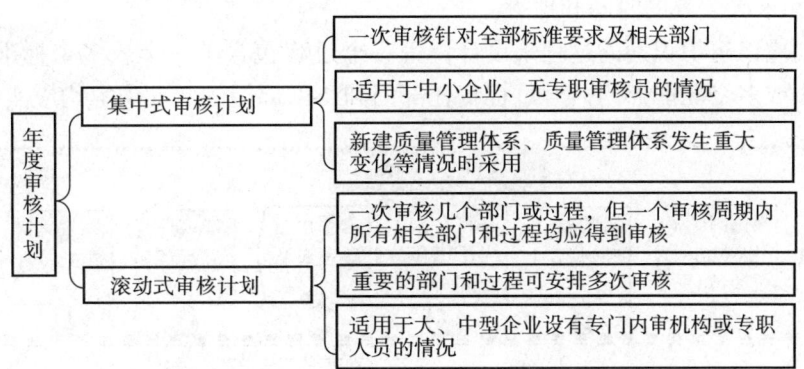

图 14-5　集中式和滚动式审核计划的区别

三、内部审核的准备

内部审核的准备一般包括以下工作内容：

- 成立内部审核小组
- 编制本次审核的执行计划
- 通知被审核方和审核员
- 收集并审阅有关文件
- 编制审核检查表

1. 成立内部审核小组

在每次内部审核之前应先成立审核小组，审核小组由一名审核组长和若干名审核员组成，审核员的多少根据组织的规模大小和过程复杂程度来决定。管理层指派审核组长，并选择审核员。审核组长应由对质量管理体系较熟悉、对公司的生产和运作较了解、具有较强的组织和沟通能力的管理者来担任。

(1) 在选择和安排审核员时应遵守以下原则：

- 审核员应经过培训合格，并由组织的最高管理者或管理代表授权；
- 审核员不能审核自己的工作，以确保审核的客观性和公正性。

(2) 审核组长应具备的知识和能力的要求：

- 资格——即必须是经过培训合格的内部审核员。
- 工作经验——审核组长比起审核组员来要有较多的审核经验。
- 组织能力——审核组长应有组织管理整个审核工作的能力。

(3) 审核员应具备的基本素质要求

- 开放式思维——愿意考虑不同的想法和观点；
- 善于交往——与人交往的能力和技巧；
- 反应能力——对外界的直觉反应能力；
- 执着——对发现的问题作系统的跟踪；
- 正直——真实、客观，不偏颇。

2. 编制内部审核的执行计划

(1) 审核计划应包括以下内容：

- 审核目的；
- 审核准则和引用文件；
- 审核范围，包括受审核之职能部门和过程；
- 进行现场审核活动之日期和地点；

- 现场审核活动的预期时间和期限,审核员的安排;
- 首次会议和末次会议的时间和地点。

内部审核计划应以组织识别的过程来设计,每一个过程包含了一个或多个标准的条款,同时一个过程又涉及一个或多个职能部门,对过程责任部门和协助部门的活动内容均应实施审核。

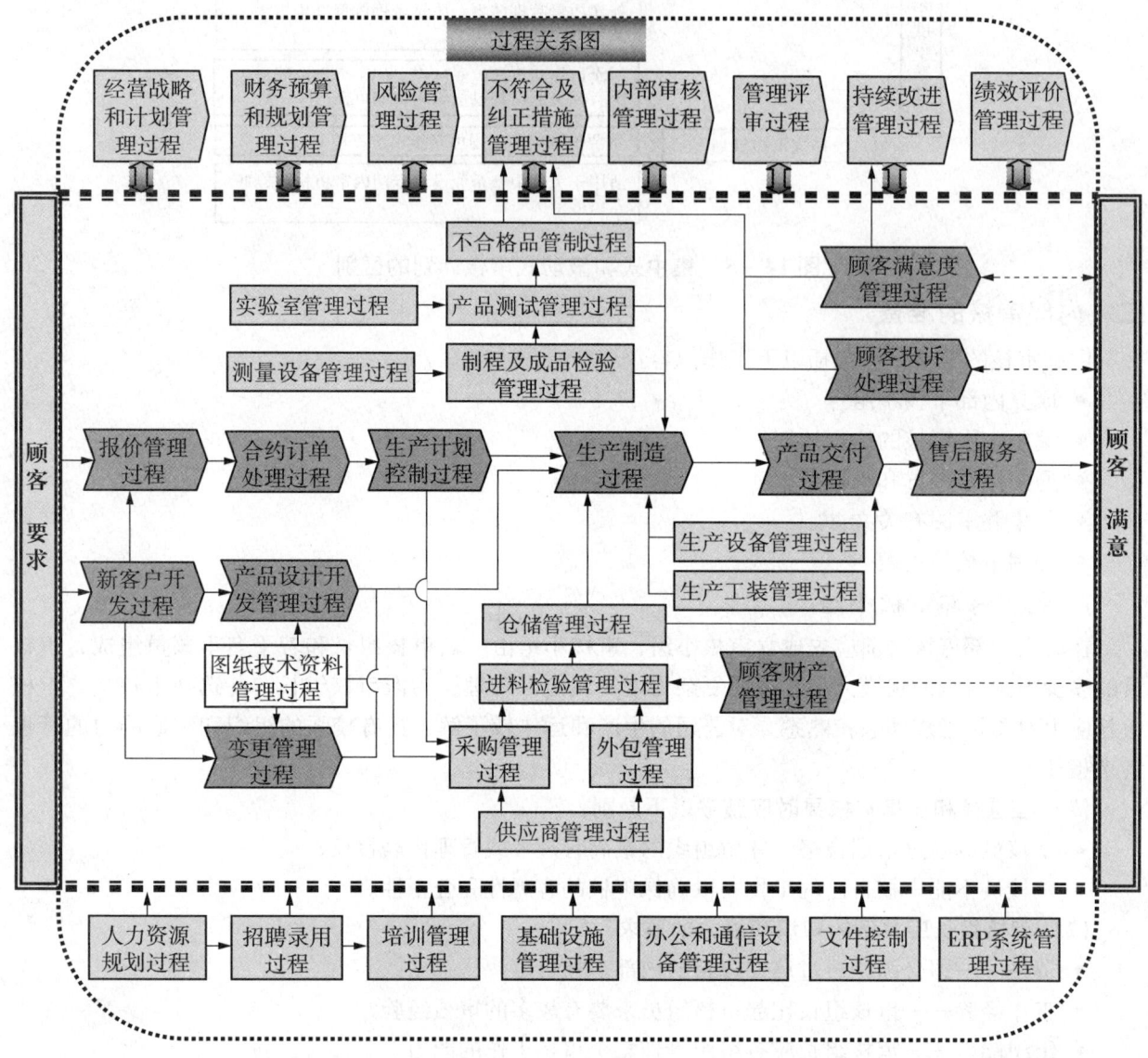

图 14-6 过程关系图

根据过程的负责部门,在制订内部审核执行计划时,可以按部门所主导的过程来安排,参考范例如下:

表 14-1 内部审核执行计划(示例)

一、审核目的:确定公司质量管理体系是否符合标准的要求及自身规定的要求,验证是否持续实施和保持,并确定质量管理体系运行的有效性以及寻找改进的机会。
二、审核范围:公司质量管理体系所涉及所有职责部门、所有过程、活动及场所。
三、审核准则(依据):ISO 9001:2015 标准,公司质量管理体系文件,顾客订单/合同要求,与产品有关的法律法规要求。
四、审核组成员:组长 1 位,审核员 8 位 组　长:孙宏　　　审核员:王强　李风　贺晓　周力　龚伟　何丽　粟标　潘山

五、审核时间：2016 年 6月15—16 日

六、首次会议时间：6月15日 8：30~8：50　　　　　　　地点：一楼会议室

七、末次会议时间：6月17日 16：00~17：30　　　　　　地点：一楼会议室

八、审核计划发布日期/范围：　　　2016.06.08/发放总经理、各部门主管、各审核员

九、审核日程表

日期/时间	被审核过程	类别	相关的标准要素	总经办	业务部	技术部	资材部	生产部	品管部	管理部	财务部	审核员
6/15日 9：00~ 12：00	领导作用、体系策划	手册	5.1~5.3/4.3/4.4/6.3	●	○	○	○	○	○	○	○	王强 李风
	经营战略和计划管理过程	MP1	4.1/4.2/5.2/6.2	●	○	○	○	○	○	○	○	
	风险管理过程	MP3	6.1/4.4/9.1.3	●	○	○	○	○	○	○	○	
	管理评审过程	MP6	9.3/10.2	●	○	○	○	○	○	○	○	
	持续改进管理过程	MP7	10.1/10.3	●	○	○	○	○	○	○	○	
6/15日 9：00~ 11：00	财务预算和规划管理过程	MP2	4.1/4.2/9.1.3	○	○	○	○	○	○	○	●	孙宏
6/15日 13：30~ 16：30	新客户开发过程	COP1	8.2.1/8.2.2		●	○						贺晓 周力
	报价管理过程	COP3	8.2.1		●	○	○	○	○			
	合约/订单评审过程	COP4	8.2.2/8.2.4		●	○	○	○	○			
	产品交付过程	COP7	7.5.1		●		○	○	○			
	售后服务过程	COP9	8.5.5		●	○		○	○			
	顾客满意度管理过程	COP12	9.1.2		●	○						
6/15日 14：00~ 17：00	产品设计开发管理过程	COP2	8.1/8.3.1~8.3.5		○	●	○	○	○			龚伟 何丽
	变更管理过程	COP8	8.3.6/8.5.6		○	●	○	○	○			
	图纸技术资料管理过程	SP6	7.5.2/7.5.3			●	○	○				
6/15日 9：00~ 11：30	顾客财产管理过程	COP10	8.5.3		○		●	○	○			粟标 潘山
	供应商管理过程	SP11	8.4			○	●	○	○			
	采购管理过程	SP12	8.4.3			○	●	○	○			
	外包控制过程	SP13	8.4.2/8.4.3			○	●	○	○			
	仓储管理过程	SP15	8.5.4/8.5.2/7.1.4				●	○			○	
6/16日 9：00~ 12：00	生产计划控制过程	COP5	8.5.1		○		○	●				王强 李风
	生产制造过程	COP6	8.5.1/8.5.2/7.1.4		○		○	●	○			
	生产设备管理过程	SP7	7.1.3/8.5.1				○	●	○			
	工装管理过程	SP8	7.1.3/8.5.1			○		●				

日期/时间	被审核过程	类别	相关的标准要素	被审核的主导部门和关联部门							审核员
				总经办	业务部	技术部	资材部	生产部	品管部	管理部	财务部	
6/16日 9:00~12:00 13:30~16:30	文件控制过程	SP4	7.5	○	○	○	○		●	○	○	龚伟 何丽
	测量仪器管理过程	SP9	7.1.5				○	○	●			
	实验室管理过程	SP10	7.1.5/7.1.4				○		●			
	进料检验过程	SP14	8.4.2				○		●			
	制程及成品检验过程	SP16	8.6/8.5.2					○	●			
	产品测试管理过程	SP17	8.6/8.5.2			○			●			
	不合格品管制过程	SP18	8.7/10.2/8.5.2			○	○	○	●	○		
	顾客投诉处理过程	COP11	8.2.1/10.2/7.4		○	○		○	●			
	不符合及纠正措施管理过程	MP4	10.2	○	○	○	○	○	●	○	○	
	内部审核管理过程	MP5	9.2	○	○	○	○	○	○	○	○	
6/16日 9:00~12:00	人力资源管理过程	SP1	7.1.2/7.2/7.3/7.4	○	○	○	○	○	○	●	○	粟标 潘山
	基础设施管理过程	SP2	7.1.3/8.5.1	○	○	○	○	○		●		
	办公和通信设备管理过程	SP3	7.1.3	○	○	○	○	○		●	○	
	ERP系统管理过程	SP5	7.1.3	○	○	○	○	○	○	●	○	
	绩效评价管理过程	MP8	9.1.1/9.1.2/7.4	○	○	○	○	○	○	●	○	

说明：
1. 审核员收到本审核计划后认真准备相关审核资料，现场审核完成后，如有不符合项需在审核当日与审核组长确认，并开出《内部审核不符合项报告》交责任部门签认。
2. 被审核部门/人接到审核计划后，准备好相关资料，并安排好本部门工作，确保在规定的审核时间内本部门人员能充分配合审核工作。
3. ●为过程的主导部门，○为关联部门。

编制：　　　　　　　　　　审核：　　　　　　　　　　批准：

3. 通知被审核方和审核员

内部审核执行计划应至少在审核一周前完成，并将此计划发放给受审核方和审核员，以便于受审核方和审核员做好审核前的准备工作。

4. 收集并审阅有关文件

审核员在收到审核计划后，根据自己所承担的审核任务，收集和审阅受审核方相关的文件和资料，包括质量手册、质量目标、过程文件、相关的作业规范、合同或法规等，为编制审核检查表做准备。

5. 编制审核检查表

在实施内部审核之前审核员应对负责审核的过程文件进行详细阅读，了解过程之间的顺序和相互关系，熟悉被审核方的运作，了解公司目标和被审核方的部门目标之间的关联，了解过程的职责分配，必要时可事先到现场去观察、沟通和了解，综合这些情报信息来编制检查表。

编制审核检查表的好处，一方面是审核员可预先熟悉需审核的过程和审核内容，明确审核的方法，另一方面检查表可作为现场审核的指引，避免关键审核内容的遗漏，使审核过程规范化，并作为审核的记录。

对于审核检查表的设计，标准并未有规定的格式，可对照标准条款的要求、组织的质量手册和过程文件来确定审核的项目和内容。根据审核执行计划，应以组织所识别的实际过程运作来设计检查表，以体现过程化的审核方法。参考格式如下。

表 14-2　内部审核检查表（示例）

过程主控部门：品管部		过程协助部门：业务部、生产部、资材部			
审核员：		审核日期：			
被审核的过程类别、过程名称及相关的标准条款	审核内容		审核中的观察和证据记录	结果判定	不符合项责任部门
顾客导向过程 COP	**对过程策划和管理的审核：**				
	1. 该过程的输入和输出是什么？				
	2. 该过程需要哪些资源？这些资源如何得到满足？				
	3. 过程的责任者是谁？其资格是否满足要求？				
	4. 是否有确定衡量该过程有效性的目标或指标？这些目标或指标是否有按规定的时间作数据统计？				
	5. 当过程的目标或指标未能达成时是否做了分析？在条件可能的情况下采取了哪些纠正措施？若达成，有什么新的提升计划？				
	6. 该过程应控制哪些风险？为控制风险策划了哪些措施？				
	7. 有哪些书面化的程序或方法来实施过程？				
顾客抱怨/退货处理过程 8.2.1/10.2	**对过程执行的审核：**				
	1. 业务部在接收到客户抱怨时，如何确实了解客户抱怨之事项？				
	2. 质量问题抱怨，业务是否将抱怨的详细信息填写于《纠正/预防措施处理单》并提交给品管部？				
	3. 若属交期问题报怨或是服务需求时，业务是否有知会相关部门处理，必要时召开会议检讨？				
	4. 品管收到《纠正/预防措施处理单》是否对抱怨内容、实物及不良标示进行确认？				
	5. 有客诉品退回时，品管部是否对不良品进行分析，并将结果填写于《纠正/预防措施处理单》？				
	6. 针对客户抱怨事项，是否有采取紧急措施以满足客户的需求？				
	7. 责任单位是否进行了调查分析发生问题的真正原因，并记录于《纠正/预防措施处理单》？				
	8. 是否制定了纠正措施，以防问题再次发生？				
	9. 业务部是否在3个工作日内将改善措施回复给客户？				
	10. 纠正措施是否得到实施和落实？				
	11. 品管部是否有追踪确认改善措施的执行情况及其有效性、合理性，并将执行的证据填入《纠正/预防措施处理单》内？				
	12. 经确认有效的改善对策和方法是否进行横向展开，以防止类似问题在其他产品或过程中出现？				
	13. 是否将有效的措施和方法写入相关程序或作业指导文件中，以使措施标准化？				
	14. 品管部是否将每月客户反馈问题整理成《客户反馈问题月统计表》？				
备注：审核结果判定：　用 Y 表示符合，N 表示不符合，A 表示需改进。					
审核组长复核签名：　　　　　　　　　　被审核方确认签名：					

上例检查表的审核内容分过程策划和管理及过程执行两个部分,过程策划和管理的 7 项内容对所有过程的审核都是适用的,过程运作需根据组织实际过程的活动和要求来审核。其他过程的检查表可参考以上检查表来编制。

(1) 在编写检查表时,审核的思路应体现:
- 关注过程的有效性;
- 关注过程实施符合 ISO 9001 要求和组织自身要求;
- 关注过程的能力和风险;
- 遵循 PDCA 思想。

(2) 检查表的作用和局限性

①作用:
- 明确审核要点和审核方法;
- 是指导审核思路的路线图;
- 确保重要的事项不致遗漏;
- 减少组员之间不必要的重复;
- 保持审核的方向和节奏;
- 体现审核的正规化和专业性;
- 记录审核的发现,正面和负面。

②局限性:
- 事前准备的检查表可能限制审核员的发挥。
- 由于事先编写的检查表可能覆盖面不全,审核员可能遗漏重要的事项。

审核检查表编制的质量直接影响到内部审核的质量,因此,审核员编制完成检查表后应交审核组长评审或由内部审核小组集体评审,以确保标准的所有条款不会遗漏,所有过程的重要事项不会遗漏。

四、内部审核的实施

内部审核实施阶段包括以下方面内容:
- 召开首次会议;
- 执行现场审核;
- 审核组会议,讨论并确定不符合项及编写不符合项报告;
- 汇总分析审核结果;
- 召开末次会议。

1. 召开首次会议

首次会议通常在现场审核的当日由审核组长主持召开,参加会议的人员包括组织的管理代表、最高管理者、受审核方负责人和审核组成员。首次会议内容包括以下事项:

(1) 本次审核的目的和范围;
(2) 审核的准则;
(3) 审核组成员;
(4) 说明此次审核的具体日程和人员安排;
(5) 澄清审核计划中不明确或有遗漏或需调整的内容;
(6) 说明审核的方法;
(7) 各部门需配合及准备的事项。

审核组长说明完毕后,请管理者代表或最高管理者讲话,以表示最高管理者的重视。首次会议时间一般不超过半小时,并做好会议记录和签到。

2. 执行现场审核

(1) 使用过程化审核方法进行现场审核的思路和要点

根据审核计划和审核检查表，应采用过程化审核的方法。过程化审核方法是通过组织所确定的固有过程来审核组织的系统以及各过程的运作。根据过程数据，选择没有按照顾客要求执行的那些区域。通过评审过程中的不同区域，可能发现顾客不满意的来源。当所有产品都满足顾客的要求时，可依据测量和目标来审核持续改进的成果。

审核应从过程的策划和管理开始，询问过程的责任者：

- 是否了解过程的输入和输出是什么？输出给谁？输出应满足怎样的要求？
- 过程需要哪些资源，这些资源是如何被满足的？
- 过程的执行者如何满足资格和能力的要求？
- 该过程应控制哪些风险？为控制风险策划了哪些措施？

接下来是审核过程的衡量指标：

- 这些衡量指标是否达到？针对组织规定的过程衡量指标来询问和查证数据。
- 为达到目标和指标，他们做了些什么？比如计划、方案、措施。
- 是否有被顾客提出需要改进的地方？如顾客投诉或抱怨。
- 如果没有达成部门的目标和过程指标，采取了哪些纠正措施的活动？
- 如果他们达成了这些目标和指标，是否有采取措施来持续改进过程？

通过询问和查证来验证过程是否被完整地策划，是否被相关人员理解、实施和维持。

过程化审核方法超越了传统的"部门局限"和"空间局限"，沿着过程的"路线"逐一审核每一个步骤的实施。一个过程可能涉及多个部门和不同的现场，对这些部门和现场均需审核到，才能确保对一个过程的完整审核，才能评价该过程的符合性和有效性。不仅是着重每个职能分内的工作，更是着重这些职能之间是否相互连接以产生预期的效果。

(2) 信息收集的来源

审核就是为了获得审核证据，审核证据来源于各方面的信息，所选择的信息源可以根据审核的范围和复杂程度而不同，可包括：

①与各阶层人员的面谈；
②对活动、周围工作环境和条件的观察；
③文件，例如：方针、目标、计划、程序、标准、指导书、执照和许可证、规范、图样、合同和订单；
④记录，例如：检验记录、会议纪要、审核报告、方案监视的记录和测量结果；
⑤数据的汇总、分析和绩效指标；
⑥受审核方抽样方案的信息，抽样和测量过程控制程序的信息；
⑦其他方面的报告，例如：顾客反馈、来自外部和供方等级的相关信息；
⑧计算机数据库和网站。

(3) 现场审核的技巧

①面谈

审核过程就是与被审核方进行交流和沟通的过程，审核员为获得审核证据，就必须与受审核方面谈，面谈的技巧和方法直接影响到审核的成功与否。

面谈是收集信息的一个重要手段，应当在条件许可并以适合于被面谈人的方式进行。面谈应注意的事项：

a. 问对人

- 询问过程的责任者；

- 询问客观事实的当事人；
- 询问客观事实的证明人；
- 必要时向对方上级核实职责范围。

b. 问对问题
- 问其职责范围内的问题；
- 基于审核准则提出问题，必要时做出解释；
- 避免容易引起歧义的问题，勿以己度人；
- 有目的地提问，始终清楚自己的目的；
- 提问以寻找证据；
- 提问以寻找不符合的原因；
- 提问以澄清不清楚之处；
- 不要轻易用提问打断对方的陈述；
- 不要提出外行问题。

c. 多问开放式问题
- 开放式问题能够了解更多信息；如 What/Where/Who/When/Why/How？
- 尽量少用是或否就可以回答的封闭式问题。

例如对供应商管理过程的审核：

封闭式提问：
- 有无合格供方名录？
- 有无供方评价准则？
- 是否进行了供方评价？
- 有无定期评价供方的绩效？

开放式提问：
- 在什么时机需要选择供应商？
- 合格供应商必须满足哪些资格和条件？
- 正在采购的供应商是否满足了条件要求？
- 这些供应商的供货绩效如何？
- 这些绩效的数据来源和评估方法？
- 对表现好的供应商给予哪些奖励措施？
- 对差的供应商有哪些管控措施和进行哪些帮助，是否有提升？
- 对供应商监控哪些指标，以促进供应商制造过程的改进？

d. 结合使用其他类型提问
- 以启发式问题开始；
- 以开放式问题了解总体；
- 以递进式问题了解流程；
- 以开放式问题了解实际做法；
- 以假设式问题求证风险；
- 以开放式问题查明问题的影响；
- 以开放式问题寻求问题的原因；
- 以封闭式问题确认审核发现。

e. 创造良好沟通环境
- 礼貌、和气地提出问题；
- 解释提问原因，解释做记录的原因；

- 不要以问题回应对方的问题；
- 在被审核方的正常工作时间和工作地点面谈；
- 尽量使对方放松；
- 勿使用挑衅性问题和指责质疑式问题；
- 注意提问的语气和声调；
- 及时总结面谈的结果，并感谢对方。

②查看和证实

面谈和查看是审核中不可分开的审核方法。很多情况下，审核员不能仅根据被审核人员的回答就判断是否符合，而需要通过查看来进一步证实。查看对象可包括文件、记录、现场和实物等。

a. 查看应根据审核的目的有的放矢地进行，如：

- 当审核生产车间的工作环境时，进门时先看通道是否畅通无阻，物料物品是否整齐有序，采光是否适合操作，地面是否清洁，生产无用之物是否滞留作业现场，温度、湿度是否会影响产品的质量等。
- 为了查看生产工艺的执行情况，应从整个工艺流程中选择重点工序，详细查阅其工艺文件后再仔细与实际操作相核对，并检查该工序的实物质量是否符合规定要求。
- 为查看生产设备的操作和维护，应观察操作员是否按操作规程进行作业，并查看设备的清洁和维护记录，可请操作员讲解维护的部位和维护的方法等。
- 为验证控制计划的符合性和实施情况，审核员可根据控制计划的工程步骤，逐项核对控制的特性、规范的要求、测量的方法、抽样的数量和频率、记录的方法等。
- 为审核统计技术的应用情况，审核员须查看特殊特性清单、计划使用的控制图、抽样的数据、所使用的测量系统、控制图的稳定性和制程能力等。
- 为了审查设计更改的控制，除了查阅设计更改单填写项目的完整性，是否经过权责部门和人员评审和批准，还应检查相关职能部门的更改实施情况，是否得到最新更改的文件，如图纸、检验标准书、控制计划等。

b. 查看的方法包括横向展开和纵向展开

有些过程或标准要素涉及多部门和多个场所时，应横向展开审核，如文件控制，不仅仅是查看文控中心的文件和记录，还应查看各部门持有的文件和保持的状况；审核产品标识时，应审核进料仓储、生产制程、成品检验、包装到出货的各个环节是否按要求作了正确和完整的标识。审核工作环境时，不仅生产车间的工作环境要查看，也要查看仓储环境、实验室环境、检验场所的环境等。

纵向展开又包括顺向查看和逆向查看。

顺向查看就是沿着一条主线，按事情发生的先后顺序，从起因查到结果。如审核采购过程，应从供应商选择评估开始到物料申购、物料审核、采购订单、采购批准、订单发出、订单跟踪、供应商送货、进料检验到入库等顺序进行审核。

逆向查看是从结果往前查看，亦即反方向查看，如查看一个完整产品的生产过程，可以从成品开始，反顺序查看成品的装配过程，了解装配过程后再依次观察部件、组件、零件的加工过程，最后查看外购件和外发加工件的进货过程。再如，根据顾客反馈的意见或投诉，查看出货记录，根据订单号查看入库和生产记录，再查看到订单评审，如此即可发现过程中存在问题的环节。

逆向查看的特点，一是先看最终结果可获得的总体印象，再看前面环节时容易理解；二是先从输出端发现问题，再看前面环节时可突出重点寻找问题的根源。

在面谈和查看过程中，**面对被审核人员的"无错"声明，要寻找客观的符合的证据予以证实；面对被审核人员"不符合"的声明，要相信他们的话，但不要责备他们。**

审核员必须善于通过比较，跟踪不同来源所获取的同一信息，从其中的差别来验证体系运行情况，如在文件和记录中怀疑存有问题，则通过现场观察去验证文件的适用性和记录的真实性，不能仅看某方面有问题的线索，而不通过事实去验证，以免发生错误判断。

③审核时的抽样

不论是内部审核，还是顾客审核或第三方验证机构审核，都是采用抽样审核的方法。因为在半年或一年的审核周期内，被审核方的过程运作和质量活动产生了大量的数据和记录，在有限的审核时间内无法对所有的证据进行查看和证实，也是不必要的。因此在审核各项目时应采用抽样审核的方法。

抽样时应注意的要点：

- 典型性：抽取最能反映问题实质的产品作为样本，如调查设备检测能力时应多抽产品关键项目的检测设备的能力和证据。
- 均衡性：应反映不同时间、地点、产品、活动、人员对某一活动的实施情况，确保能反映全貌，若把样本集中在某一范围，这仅能反应活动的局部。
- 一定的数量：一般抽3~12个，具体量视对象的基数和调查项目的重要程度和复杂程度，以确保观察结果的置信程度。在样本较少的情况下，若时间允许，也可全部查看。

通过抽样查看和证实，当没有客观证据证明受审核方质量体系某环节的工作存在问题时，应当认为该项工作是符合的；而不应该在一个部门检查没有发现问题时，仍继续增加抽样数量，直到找到问题为止，这种做法不仅违背了抽样检查法则，而且影响审核工作的进度。但如果发现了不符合的线索，可适当增加抽样量，以判断是偶然现象还是多次重复发生的现象。

④审核中的记录

审核员在审核时，应随时记录审核发现的证据，包括符合和不符合的证据。如果有两位内审员一同审核，可指定专人作为重点记录者，便于负责提问和查证的审核员集中精力考虑提问和查核证据。记录应详细、具体，具有说服力并可作为追溯的依据，一般应包括：

a. 审核的地点或场所；
b. 被提问人的姓名或工号及其职务；
c. 合同/订单的编号，文件、记录的名称和编号，以及被检查样本的大小；
d. 被检查的产品、材料或仪器设备的名称、型号、规格或编号等；
e. 不符合发生的时间和地点等；
f. 确保记录是事实，确保证据可以再现，可以再次验证审核发现。

对受审核方做得较好的情况也应作适当记录，并在末次会议中提出表扬或在审核报告中加入一些肯定的评语，使受审核方感到审核员并不只是找问题，他们也能看到好的方面。

3. 审核组会议

各审核员现场审核完成后，审核组长应召集审核小组会议，讨论如下内容：

（1）各审核员报告审核的结果，包括审核发现的不符合及做得较好的部门；
（2）对有争议的不符合或审核员自己不能确定的不符合提出讨论；
（3）针对审核目的，评审审核发现以及在审核过程中所收集的其他适当信息，确定需提出书面报告的全部不符合项；
（4）形成审核结论。考虑审核过程中固有的不确定因素，对审核结论达成一致；审核结论可陈述诸如以下内容：

- 管理体系与审核准则的符合程度；
- 管理体系的有效实施、保持和改进；
- 可能导致有关改进、顾客审核、认证或注册或未来审核活动的建议。

4. 不符合项报告

对于审核组确定的不符合项都必须写出书面不符合项报告，末次会议后提交受审核方进行原因分析和提出改善对策。如果是观察建议事项，就不需写书面报告，只作口头报告和观察项记录。

不符合事项定义：与审核准则不符，或能导致不合格的行为或偏差。

(1) 不合格的形成：

①标准所要求的没有策划到，即文件不符合标准；

②文件要求的实际未做到，即现状不符合文件；

③做到的没有达到目标，即结果不符合目标。

(2) 不符合事项分类：

①严重不合格：

a. 体系某条款完全没有执行；

b. 同一条款有多个不符合事项，使得该条款无法有效执行；

c. 后果严重，如导致不合格品交货；

d. 任何可能导致产品或服务失效或预期的使用性能严重降低的不合格；

e. 根据判断和经验表明，很可能导致质量管理体系失效或严重降低控制过程和产品保证能力的不合格。

②一般不合格：

a. 单独违反体系/程序要求事项，且不会引起显著风险；

b. 组织文件化质量体系的某一部分不符合 ISO 9001；

c. 在公司质量体系中发现的某个条款的一个失误；

d. 个别的、偶尔的、暂时的、不会影响体系运作的不符合。

(3) 审核中发现的观察/改进建议事项：

①审核员根据被审核方提供的审核信息，或根据经验判断有发生不符合的可能，如果不加以控制则可能会出现不符合，因此作为观察建议事项提出。

②根据组织的运行绩效和运行能力，审核员认为在现有业绩的基础上还有能力作进一步的提升，因此提出改进建议事项。不符合项报告的内容一般应包括以下项目：

a. 受审核部门及审核日期；

b. 审核员姓名；

c. 审核的过程及对应的标准条款；

d. 不符合事实的描述；

e. 不符合原因分析；

f. 应采取的纠正及纠正措施；

g. 纠正措施的验证。

(4) 不合格事实描述：

- 有可追溯性，写明所涉及的时间、地点、人物（写其职务）、发生的情况；
- 事实准确、可验证，不遗漏任何有用的信息，也不要太冗长；
- 易于理解、文字简练，别人能看明白，观点、结论要从事实描述中自然显露；
- 使用受审核方的专业术语，以使受审核方准确理解事实的内容。

(5) 不符合描述例子：

在审核产品 JY-10MG-0150 的硫化过程中，发现某些实际控制参数与策划的要求不一致。如：

a. PQC 实际控制硫化尺寸为 7.5 ± 0.5 mm 而控制计划（Rev：B）要求为 7.5 ± 0.3 mm；

b. 7#硫化机压力实际设定为 6-8Mpa，而硫化工艺卡（Rev：B）要求为 8-10Mpa。

在描述不符合项时，应先指出问题结论，再描述不符合的事实，如上述"发现某些实际控制参数与策划的要求不一致"这是问题结论，其后的事实是支持这一结论的证据。

表14-3 内部审核不符合项报告（示例）　　　　　SQ-PG-37A

受审核部门	加工车间	审核日期	2016.06.16	报告编号	2016-06-05
审核内容	生产设备管理过程（对应标准条款7.1.3）			审核员	张强

此不符合事项需于　6　月　30　日前提出纠正措施并完成整改

不符合事项描述：（审核员填写）

  在审核加工车间生产设备管理时，发现个别设备未按点检和保养要求执行。如，

  作业员周华在早上上班操作编号：D-LC-15机床，依作业要求，开机台前需检查切削油、液压油是否正常，但实际工作时没有落实，并且该作业员不知如何去检查切削油、液压油是否正常。

  不符合涉及的标准条款：<u>7.1.3 基础设施</u>

  不符合项性质：■一般不符合　　□严重不符合

受审核部门确认：	朱民	审核员：	张强

原因分析：（受审核方填写）

  该员工从其他岗位调过来，员工调换机台后干部没有按《人力资源管理程序》要求对员工做好培训。

             受审核方责任人：朱民　日期：2016.06.20

纠正、纠正措施或预防措施：（受审核方填写）

纠正（针对不符合采取的行动）：

  依《设备保养指导书》及《设备日常点检保养表》中的内容对该员工进行教育培训。

  纠正措施：

  对策方法：□变更流程　■检讨管理　□改善方法　□改善设备/工具　■教育训练　□其他_____

  须建立或修订文件：□工艺文件　□检验标准书　□程序文件　□作业指导书　□其他_____

  具体措施阐述：

  今后有新员工或调岗员工时，按《人力资源管理程序》要求先培训再上岗，同时要求所有员工对所操作机台必须按规定的时间进行保养，组长每天对机台进行检查和核对。

措施预计完成时间：2016.06.28　　　受审核方责任人：朱民　日期：2016.06.20

跟踪验证改善执行效果：（审核员填写）

  （1）教育记录：■有　□无教育　结果如何：　　　　　　　　　　跟踪时间：2016.06.30

跟踪检查2016.6.28日加工车间已对周华进行了培训和实作考核，考核成绩为83分。

  （2）资料/文件变更：□有　■无　具体描述：　　　　　　　　　　跟踪时间：

  （3）依标准执行：■有　□无　具体描述：　　　　　　　　　　　跟踪时间：2016.06.30

  （4）改善证据描述：　　　　　　　　　　　　　　　　　　　　　跟踪时间：

  询问该员工并检查了保养记录均符合要求，同时抽查了FG2-22作业员和FG2-13作业员对机台操作保养均熟悉作业并有保养记录。

           审核员：张强　　　　　　　　　审核组长：刘伟

管理代表签核：		日期：

汇总审核结果

审核组长对不符合项进行汇总分析。

表 14-4　内部审核不符合项分布汇总表（示例）

审核类型：例行内部审核							
审核日期：2016-06-15~16							
不符合项分布汇总							
不符合标准条款 \ 受审核部门	业务部	技术部	生产部	资材部	品管部	总经办	合计
8.5.1　生产和服务提供的控制			2				2
9.1.2　顾客满意	1						1
9.1.3　分析和评价		2					2
7.5　文件化信息		1					1
8.5.2　标识和可追溯性			1				1
8.7　不合格输出的控制			1				1
8.5.4　防护				1			1
7.1.5　监视和测量资源					1		1
8.1　运行策划和控制					1		1
7.2　能力					1		1
9.3　管理评审						1	1
合计	1	3	4	1	3	1	13

5. 开末次会议

末次会议由审核组长主持，参加人员与首次会议的人员相同。会议内容一般包括：

（1）感谢各受审核部门的支持和配合；

（2）重申本次审核的目的、范围、审核准则；

（3）报告审核情况；

（4）宣读不符合项并对不符合做简要分析；

（5）对有争议的不符合进行澄清和说明；

（6）要求责任部门进行原因分析和采取纠正措施，并规定完成日期；

（7）做出审核结论。

审核组长根据《不符合项分布汇总表》内容说明上述事项，最后请最高管理者或管理代表讲话，对审核结果进行评价，提出改进意见等，以便引起各部门的重视。

五、纠正措施跟踪和验证

末次会议后，责任部门应针对发生的不符合进行原因分析和采取纠正措施。纠正措施的实施期限一般为30天以内，如因客观原因不能按期完成，需由责任部门向管理者代表说明原因，可适当延期。

审核组应对纠正措施的实施情况和有效性进行跟踪和验证，确保不符合项得到及时关闭。一般情况下，纠正措施的跟踪和验证应由原审核员来执行，验证内容包括：

（1）提出的纠正措施是否得到实施？
（2）实施后的效果如何，是否还有类似问题的发生？
（3）实施情况是否有相应证据，这些证据是否按规定保存？
（4）如果涉及文件的增修，是否形成了文件，该文件是否被正式发布并得到执行？

审核员应将验证的证据详细记录于《不符合项报告》的对应栏目，最后呈交审核组长确认。如此，这项不符合项即可关闭。

六、内部审核报告

审核报告是对本次审核的总结和给出审核结论，必须以正式的书面文件来表述，应由审核组长负责编写。审核报告应当提供完整、准确和清晰的审核结果，并经管理者代表批准后发放至有关领导和部门。

内部审核报告内容应包括：

（1）审核目的；
（2）审核范围；
（3）审核准则；
（4）审核组长和成员；
（5）审核实施情况；
（6）不符合项的统计分析；
（7）质量管理体系审核结论；
（8）提出纠正措施要求；
（9）审核报告的发放范围。

七、记录整理和保存

标准条款"9.2 内部审核"要求组织"保留作为实施审核方案以及审核结果的证据的文件化信息"，也就是说内部审核必须保留记录。

内部审核的文件记录适当时可包括：

（1）年度内部审核计划；
（2）内部审核执行计划或方案；
（3）内部审核检查表及审核证据；
（4）不符合项报告及纠正措施记录；
（5）不符合项分布及汇总表；
（6）首次会议记录；
（7）末次会议记录；
（8）内部审核报告；
（9）内部审核员资格证书。

内部审核的结果作为管理评审的输入，于每次管理评审中进行报告。

内部审核相关记录的保持期限至少为三年，因为认证证书有效周期是三年。

表 14-5　内部审核报告（示例）

编制日期：2016-06-30　　　审核类别：■质量管理体系审核	
审核性质：■定期审核，□临时性审核	报告编号：QMS20160630
审核目的	验证公司建立的质量管理体系是否符合所策划的安排及与 ISO 9001 标准要求的符合性，确定是否得到有效的实施和维持，并寻找改进的机会。
审核范围	公司质量管理体系所涉及所有职责部门，全部过程、活动及场所。
审核准则	■ISO 9001 标准，■公司质量管理体系文件，■适用于产品的法律法规 ■合同及客户要求
审核组织	审核组长： 审核成员： 受审核部门主要参与者：
审核日期	2016 年 6 月 15~16 日
本次审核实施情况	本次审核综述： （1）本次内部审核是 ISO 9001 质量管理体系建立后的第二次审核，审核工作共持续了 2 天，在各部门负责人及陪审人员的大力配合和支持下，本次内部审核得以顺利完成并取得了预期效果。 （2）依据审核范围，审核员审核了本公司不同部门各过程所有作业，审核是基于抽样并通过面谈、查看、观察、验证等方法，评审了选定的过程、过程的结果和相关的记录，并评价了被审核的过程是否符合标准要求和质量体系相关文件所规定的要求。 （3）本次审核采用基于过程的审核方法，对每个过程所涉及的部门应执行的事项都有安排审核，能查看到过程的连贯性和过程之间的接口。对公司 ISO 9001 运作过程的完整性检查起到较好作用。 （4）为了确保审核工作按计划完成和报告结果，审核组组织召开了首次会审议和末次会议。 （5）依据审核准则和审核证据，审核组确定了审核发现并发出了《内部审核不符合项报告》。
不合格项统计分析	本次审核共发现了 13 个一般不符合项，没有严重不符合项，具体见《内部审核不符合项分布及汇总表》，不符合项是分散的，没有集中在某个部门或某个条款，体现了这些不符合是单一的，偶然的不符合。
质量管理体系审核总体结论	本次审核已达到预订的目的，审核组证实公司质量管理体系整体运行情况良好。 （1）符合性方面：公司的质量管理体系符合 ISO 9001 标准要求及客户的要求。 （2）有效性方面：公司的质量管理体系之运行，符合质量管理体系文件的要求，基本实现了各项目标和绩效指标，整体来说是有效的。 （3）虽有发现不符合项，但其不会严重影响体系的符合性和有效性，且提供了持续改进体系的机会。
提出纠正措施要求	本报告如实地反映了审核过程和审核结果，现场审核中发现的不合格项，受审部门负责人确认了不符合事实，并调查分析造成不合格的原因，有针对性地提出了纠正措施（包括完成纠正措施的期限），所有不符合项要求在 2016 年 6 月 30 日前完成纠正措施计划的实施（应保存有关记录）并通知审核员验证，同时，各部门也需关注 ISO 9001 运行过程中不足之处，并举一反三持续改善每一过程。
总结报告发放范围	总经理/管理者代表/各部门
本报告附件及记录	■内部审核执行计划　■内部审核检查表　■不符合项报告　■不符合项分布及汇总表　■首次会议记录　■末次会议记录　□其他：内部审核员资格鉴定表
管理者代表	审核组长

第三节 管理评审的策划和实施

一、实施管理评审的目的和意义

管理评审是由组织的最高管理者就战略、方针和目标对质量体系进行定期的、系统的评价。管理评审的目的是确保质量管理体系持续的适宜性、充分性和有效性。组织领导层应理解和明确管理评审的目的。

1. 质量管理体系持续的适宜性

组织质量管理体系所处的内部、外部环境是不断变化的，这些变化体现在：
（1）组织机制与组织机构的变化；
（2）顾客的要求或期望的变化；
（3）国内、国际市场情况的变化；
（4）组织产品有关的新技术、新工艺、新设备的出现；
（5）组织遵循的相关法律、法规或标准的变化；
（6）产品更新换代、开发新产品带来的变化等。

上述这些变化必然对组织的质量管理体系带来影响，有可能导致质量方针、质量目标的变更。为保持质量管理体系的持续适宜性，组织的最高管理者通过管理评审来重点评审经营计划、质量方针、质量目标、体系文件、组织结构、资源配置等方面的持续适宜性，及时地调整或改进原有的质量管理体系，以达到质量管理体系持续地与内、外环境变化相适应的目的。

2. 质量管理体系持续的充分性

质量管理体系的充分性，至少包括以下三个方面：
（1）过程控制的充分性。就是要求识别和确定组织质量管理体系的所有过程，确定过程的输入和输出，给过程分派职责，并规定这些过程的运行准则和方法，使过程能够有效和高效地运行。
（2）资源的充分性。包括人员、基础设施设备、过程运行环境、监视和测量资源、信息和知识的运用等方面。
（3）人员能力的充分性。对从事的工作影响质量管理体系绩效和有效性的人员，必须确保其具备所需的能力。

如果组织的过程不能够得到完整识别和确认，或资源配置不充分，就会导致过程控制的不充分、某些过程的失控，最终会导致组织提供的产品与服务偏离顾客的要求与期望。

由最高管理者亲自主持的管理评审活动将识别充分性方面的问题，并持续地满足质量管理体系所需的充分性。

3. 质量管理体系持续的有效性

有效性是指质量管理体系所策划的各项管理活动，各过程的控制活动是否达到了所期望的目标和指标，是否达到了经营计划中所规定的方针和目标。在持续的有效性方面，管理评审应重点评审体系的实施效果（内、外部审核结果），过程的绩效和产品的符合性，质量事故及不良成本，顾客抱怨或投诉，纠正和预防措施及效果，顾客满意度，组织的绩效趋势，以往管理评审改进措施的完成情况及效果验证，其他方面改进的建议等。

管理评审也是持续改进的方法之一，其意义在于：
（1）识别质量管理体系中存在的问题；
（2）评价组织质量管理体系改进的机会；
（3）评价质量管理体系变更的需要。

二、管理评审的策划

1. 管理评审的策划

（1）管理评审的依据是相关方的期望，主要是顾客的期望和最高管理者的期望，以及法律、法规的要求，并要考虑质量概念的发展、新技术采用、市场战略、社会需求和环境条件的变化等。

（2）管理评审应按策划的时间间隔进行，通常每年至少进行一次。但当市场和组织内部发生较大变化、连续出现重大质量事故或被顾客投诉时，应及时进行管理评审。

（3）管理评审活动由最高管理者主持，参加评审会议的人员一般为组织管理层成员和有关职能部门的负责人。

（4）管理评审应有前瞻性，高瞻远瞩，审时度势，坚持质量管理体系的持续改进，适应未来市场的需求。

（5）管理评审计划。

最高管理者可亲自或指定某一职能部门编制管理评审计划，下表是一份《管理评审计划》的示例。该计划规定了开展管理评审的时间、管理评审的目的、管理评审的内容，并对管理评审输入信息的有关主管部门提出要求，要求其针对质量管理体系运行某一专题开展调查、搜集数据、监视测量以及统计方面的工作，为管理评审的输入做好准备。管理评审计划经最高管理者签发后，提前通知参加管理评审的人员及有关部门。

组织的管理评审，并不要求一次解决所有的输入和问题，但管理评审计划应体现满足管理评审的所有输入要求。组织可将管理评审作为单独的活动来开展，也可与相关的活动一起开展（如战略策划、商业策划、年会、运营会议、其他管理体系标准评审、月度或季度的管理例会、质量例会等），协调安排，以增加价值、避免管理层重复参会。

2. 管理评审的输入要求

根据标准条款"9.3 管理评审"的要求，管理评审的输入应包括：

（1）以往管理评审所采取措施的实施情况；

——即过去的管理评审决议事项的实施情况和跟踪结果报告，特别是未能实施或实施不到位的情况。

（2）与质量管理体系相关的内外部因素的变化；

——评价标准条款4.1所识别的内外部环境因素的变化情况。

（3）有关质量管理体系绩效和有效性的信息，包括下列趋势性信息；

①顾客满意和相关方的反馈；

——包括条款9.1.2顾客满意度及4.2相关方的需求和期望的变化，以及8.2.1中有关产品和服务的顾客反馈，包括顾客抱怨。

②质量目标的实现程度；

——评价条款6.2质量目标及其实现的策划。

③过程绩效以及产品和服务的符合性；

——条款4.4中的过程绩效指标和8.6中验证的产品和服务符合性数据。

④不合格以及纠正措施；

——条款10.2不合格和纠正措施的实施情况。

⑤监视和测量结果；

——条款9.1.1监视和测量的策划和实施结果。

⑥审核结果；

——包括条款9.2内部审核的结果、顾客对组织的审核结果和外部第三方认证审核结果。

⑦外部供方的绩效。

——条款"8.4"外部供方的绩效监视结果。

（4）资源的充分性；

——条款7.1所涉及的资源的充分性评价。

（5）应对风险和机遇所采取措施的有效性（见6.1）；

——条款6.1识别的风险和机遇，及应对这些风险和机遇所采取措施的有效性。

（6）改进的机会；

——参与评审的各职能部门针对条款10.1的要求提出改进的机会。

（7）组织可选择在管理评审中评审新产品推广、财务结果、新商机等项目，以便确定组织是否实现了预期结果。

3. 管理评审的输出要求

管理评审结果必须有输出，输出应包括但不限于：

（1）改进的机会；

——确定评审输入中提出的改进机会。

（2）质量管理体系所需的变更；

——为确保适宜、充分和有效，质量管理体系是否需要作必要的更改；质量方针、质量目标是否需要作必要的修订。

（3）资源需求；

——根据上述资源充分性的评审，确定需要补充哪些资源。

4. 管理评审的资料准备

各有关部门和责任人在收到管理评审计划后，应指派人员积极准备负责提报的相关资料，这些资料应包括评审周期内的完整数据，并对数据进行层别和分析，可行时，应做成统计图表，以便直观显示过程业绩的趋势和变化。

管理评审资料应提前呈送管理者代表审核，以确保数据的准确性和完整性。

三、管理评审的实施

管理评审通常以会议的形式进行，管理评审会议由最高管理者主持，公司领导成员以及有关部门负责人和有关人员参加。会议议程如下：

（1）与会人员签到；

（2）总经理致辞，并简要说明本次评审的目的、评审依据和评审项目等；

（3）按照《管理评审计划》安排的各项内容，进行有关专题的汇报、提出建议，组织进行讨论；

（4）做出解决问题的决定或措施，作为管理评审会议的决议。

管理评审的决议事项应包括以下方面的内容：

（1）有关质量管理体系及其过程有效性改进的决定和措施，如过程变更、体系文件修改、职责分配、目标修订等；

（2）与顾客要求有关的产品改进的决定和措施，如产品的质量特性、设计更改等；

（3）有关资源需求的决定和措施，如人力资源需求和分配，设施设备的增添等。

管理评审的输出应能对照输入的项目做出。

表 14-6 管理评审计划（示例）

时间	2016年7月29日14时		地点	第一会议室	主持人		总经理
管理评审目的	评价公司质量管理体系持续的适宜性、充分性和有效性，识别改进的机会。						
评审依据	ISO 9001标准、公司经营计划和目标、顾客需求和期望、相关的法律法规						
参加人员							

管理评审内容：

序号	提报项目及内容		提报部门/人	资料提供
1	以往管理评审所采取措施的实施情况	即过去的管理评审决议事项的实施情况和跟踪结果报告，特别是未能实施或实施不到位的情况。	总经办	总经办
2	与质量管理体系相关的内外部因素的变化	就是针对内部环境的优势、劣势，外部环境的机会、威胁分析（SWOT分析）的结果是否发生了变化？若有变化，会对质量管理体系运行有什么影响？	总经办	总经办
3	顾客满意和相关方的反馈	1. 客户满意度调查分析的结果、顾客或经销商反馈意见等（有关交付、服务、质量等方面问题）。	市场部	市场部
		2. 客户投诉情况及其处理结果。	品管部	品管部
		3. 来自于供应商反馈的意见（采购提供）、企业员工反馈意见（管理部提供）、企业高层或股东意见（总经办提供）。	管理部	采购部 管理部 总经办
4	质量目标的实现程度	公司目标和各部门目标达成情况的数据。	各部门	各部门
5	过程绩效以及产品和服务的符合性，监视和测量结果	统计各个过程的管理目标达成情况的数据，包括产品和服务质量符合性数据，如产品合格率、不良率、报废率、产品可靠性测试结果、退货率等。	各部门	各部门
6	不合格以及纠正措施	公司内部和外部发生的不合格事件，以及对应的纠正措施实施结果。	品管部	品管部
7	审核结果	内部审核结果报告	品管部（企业根据部门职能确定）	品管部
		顾客审核结果报告		
		认证机构审核结果报告		
8	外部供方的绩效	对外部供方定期考核评价（质量、交期、服务等）的结果	采购部	采购部 品管部
9	资源的充分性	质量体系运行所需的资源是否充分，需要哪些补充？如人员、设施、设备、通信、运输、服务设施等。	各部门	各部门
10	应对风险和机遇所采取措施的有效性（见6.1）	公司所策划的应对风险和机会的措施实施结果的有效性。各部门负责过程的风险控制措施的有效性。	各部门	各部门
11	改进的机会	由各部门提出针对产品和服务、过程、质量管理体系的有关事项的改进意见。	各部门	各部门

会议要求：

管理评审输入资料请于7月25日17:00前提交至总经办审核。

受文者：

编制： 日期： 核准： 日期：

四、管理评审报告

管理评审的输出应形成管理评审报告。管理评审报告是一份重要的文件,由总经办或管理者代表组织编写,最高管理者签核,可发放至中层以上管理干部。管理评审报告应包括以下内容:

(1) 管理评审的目的;
(2) 管理评审的依据;
(3) 评审的时间、地点、主持人和参加的人员;
(4) 评审项目的主要内容;
(5) 评审的决议事项和改进措施;
(6) 评审结论;
(7) 报告分发的部门和人员;
(8) 报告编制者和最高管理者批准签名。

具体格式参见表14-8。

五、管理评审决议事项的落实和追踪

管理评审做出的决定和措施,应规定执行部门和责任人以及预订完成日期,并指定人员进行跟踪落实,其实施结果作为下次管理评审的输入。具体格式参见表14-7。

六、管理评审记录

保持管理评审记录是标准的要求,也是对管理评审做出的改进措施进行跟踪的需要。管理评审记录通常包括:

(1) 管理评审计划;
(2) 参加管理评审人员的签到表;
(3) 管理评审会议提报资料;
(4) 管理评审报告;
(5) 管理评审报告的发放登记;
(6) 管理评审决议、措施的跟踪报告。

上述文件应归档保存,保持期望通常为三年。

表14-7 管理评审决议事项跟踪表(格式)

NO.	决议事项	改善措施	责任人员	完成日期	跟踪确认结果	确认者
1						
2						
3						
4						
5						
6						
7						
8						

表 14-8 管理评审报告（格式）

评审时间		地点		主持人	
参加人员					
评审目的					
评审依据					
评审项目及内容记录	（1）以往管理评审所采取措施的实施情况 （2）与质量管理体系相关的内外部因素的变化 （3）顾客满意和相关方的反馈 （4）质量目标的实现程度 （5）过程绩效以及产品和服务的符合性，监视和测量结果 （6）不合格以及纠正措施 （7）审核结果 （8）外部供方的绩效 （9）资源的充分性 （10）应对风险和机遇所采取措施的有效性 （11）改进的机会				
评审结论					
评审输出的决议事项和措施					
附件资料					
报告分发部门和人员					

编制：	日期：	核准：	日期：

本书主要参考文献

（1）GB/T 19000—2015，（等同于 ISO 9000：2015），质量管理体系——基础和术语（报批稿）.

（2）GB/T 19001—2015，（等同于 ISO 9001：2015），质量管理体系——要求（报批稿）.

（3）GBT 24353—2009，风险管理原则与实施指南.

（4）GBT 23694—2013，风险管理术语.

（5）GB 27921—2011 风险管理风险评估技术.

（6）GBT 19023—2003（ISO/TR 10013：2001），质量管理体系文件指南.

（7）中国认证认可协会. 质量管理体系审核员 2015 版标准转换培训教材. 中国质检出版社和中国标准出版社，2015 年 9 月第一版.

（8）美国三大汽车公司克莱斯勒、福特、通用版权所有的以下手册：

产品质量先期策划和控制计划（APQP&CP）　　　第二版 2008 年 7 月

潜在失效模式与后果分析（FMEA）　　　　　　　第四版 2008 年 6 月

（9）徐君. 企业战略管理（第二版）. 清华大学出版社，2013.

（10）谢建华. 质量管理体系 ISO 9001&TS16949 最新应用实务. 中国经济出版社，2013.

（11）谢建华. ISO/TS 16949 五大技术工具最新应用实务. 中国经济出版社，2015.

（12）GB/T 19011：2011（等同于 ISO 19011：2011），管理体系审核指南